福建年鉴

2020

中共福建省委　福建省人民政府　主办

福 建 年 鉴 编 纂 委 员 会 编纂

海峡出版发行集团 | 福建人民出版社

THE STRAITS PUBLISHING & DISTRIBUTING GROUP | FUJIAN PEOPLE'S PUBLISHING HOUSE

图书在版编目（CIP）数据

福建年鉴．2020/福建年鉴编纂委员会编纂．--福州：福建人民出版社，2020.12
ISBN 978-7-211-08577-4

Ⅰ.①福… Ⅱ.①福… Ⅲ.①福建—2020—年鉴 Ⅳ.①Z525.7

中国版本图书馆 CIP 数据核字（2020）第 235789 号

福建年鉴 2020

编　　纂：福建年鉴编纂委员会
责任编辑：何水儿
出版发行：福建人民出版社
电　　话：0591-87533169（发行部）
网　　址：http://www.fjpph.com
电子邮箱：fjpph7211@126.com
地　　址：福州市东水路 76 号
邮政编码：350001
经　　销：福建新华发行（集团）有限责任公司
印　　刷：福州德安彩色印刷有限公司
地　　址：福州市金山浦上工业区 B 区 42 幢
开　　本：889 毫米×1194 毫米　1/16
印　　张：39
字　　数：1464 千字
版　　次：2020 年 12 月第 1 版　　2020 年 12 月第 1 次印刷
书　　号：ISBN 978-7-211-08577-4
定　　价：380.00 元

编制单位：福建省地图出版社　审图号：闽S（2020）65号　资料截至2019年12月

《福建年鉴 2020》编纂委员会

林承通　省委非公企业和社会组织工委书记
胡为兴　省委保密办主任
陈巧玲　省委机要局局长
陈添贵　省委文明办主任
欧岩峰　省高级人民法院副院长
欧秀珠　省人民检察院常务副检察长
时尽岭　省军区政治工作局主任
张灿民　省发展和改革委员会主任
林和平　省教育厅厅长（省委教育工委书记）
陈秋立　省科学技术厅厅长
翁玉耀　省工业和信息化厅厅长
冀萌新　省民族与宗教事务厅厅长
杜清森　省公安厅党委副书记、常务副厅长
池秋娜　省民政厅厅长
邬勇雷　省司法厅厅长
余　军　省财政厅厅长
林卫宪　省人力资源和社会保障厅厅长
叶　敏　省自然资源厅厅长
付朝阳　省生态环境厅厅长
林瑞良　省住房和城乡建设厅厅长
黄祥谈　省交通运输厅厅长
赖　军　省水利厅厅长
黄华康　省农业农村厅厅长
吴南翔　省商务厅厅长
吴贤德　省文化和旅游厅厅长
柳　红　省卫生健康委员会主任
伍　斌　省退役军人事务厅厅长
刘　琳　省应急管理厅厅长

杨　红　省审计厅厅长

王天明　省政府外事办公室主任

黄　莼　省政府国有资产监督管理委员会主任

陈照瑜　省林业局局长

林锡能　省海洋与渔业局局长

黄培惠　省市场监督管理局局长

李　强　省广播电视局局长

林作明　省体育局局长

陈立华　省统计局局长

林凤祥　省人防办主任

赖诗卿　省医疗保障局局长

薛鹤峰　省金融监管局局长

李　斌　省信访局局长

叶雄彪　省政府新闻办主任

陈起东　省机关事务管理局局长

陈荣辉　省数字办主任

孙建平　省粮食和物资储备局局长

柯南木　省监狱管理局局长

傅柒生　省文物局局长

俞开海　省市场监督管理局副局长、省药品监督管理局局长

胡忠昭　省委党校常务副校长

黄　誌　省委党史研究和地方志编纂办公室主任

卓兆水　省档案局局长

张宗云　福建日报社社长

陈秋平　省政府发展研究中心主任

陈祥健　省社会科学院党组书记

陈永共　省农业科学院党委书记

章正样　省社会主义学院党组书记

张作兴　省供销合作社联合社党组书记
丁文清　省总工会党组书记
肖华鑫　共青团福建省委书记
包　方　省妇联副主席
曾能建　省科协党组书记
林蔚芬　省社科联党组书记
王秋梅　省文联党组书记
陈式海　省侨联党组书记
江荣全　省台联党组书记
邵　旭　省残联党组书记
陈　震　省贸促会党组书记
黄　玲　省中华职教社党组书记
蒋少云　省国家安全厅厅长
单　强　中国人民银行福州中心支行行长
赵　静　省税务局局长
程建军　省通信管理局局长
丛　林　中国银保监会福建监管局局长
林　林　中国证监会福建监管局局长
尤猛军　福州市人民政府市长
黄文辉　厦门市人民政府常务副市长
刘　远　漳州市人民政府市长
王永礼　泉州市人民政府市长
余红胜　三明市人民政府市长
李建辉　莆田市人民政府市长
袁超洪　南平市人民政府市长
张国旺　龙岩市人民政府市长
梁伟新　宁德市人民政府市长
林文耀　平潭综合实验区管委会主任

福建年鉴编纂委员会办公室

主　　　任：黄　誌（兼）　省委党史方志办主任

副　主　任：林　浩　省委党史方志办副主任

　　　　　　王盛泽　省委党史方志办副主任

　　　　　　汪一朝　省委党史方志办一级巡视员

　　　　　　俞　杰　省委党史方志办一级巡视员

　　　　　　戴振华　省委党史方志办二级巡视员

　　　　　　钟健英　省委党史方志办二级巡视员

《福建年鉴 2020》编审人员

主　　　　　编：黄　誌

副　　主　　编：林　浩（常务）　王盛泽　汪一朝　俞　杰

执行副主编（社长）：欧长生

责　任　编　辑：卓亦明　林丹英　郑　菜　林忠玉　吴朝庭

彩　版　策　划：张　强

编辑说明

一、《福建年鉴》是中共福建省委、省人民政府主办、福建年鉴编纂委员会编纂、福建年鉴社具体承编、福建人民出版社出版、国内外公开发行的综合性年刊，是对外集中展示福建省年度发展概况的权威性资料文献，具有政府公报性质。

二、《福建年鉴》以马克思列宁主义、毛泽东思想、邓小平理论、“三个代表”重要思想、科学发展观、习近平新时代中国特色社会主义思想为指导。汇集全省年度经济、政治、文化、社会、生态等领域发展状况。《福建年鉴》1985 年创办，每年出版一卷。2020 卷为第 36 卷。

三、《福建年鉴》的框架结构由类目、分目、条目组成。全书条目统一用黑体加【】表示，下一层次标题用楷体区别。

四、《福建年鉴 2020》着重反映 2019 年福建省的基本情况。全书设福建名片、福建要闻、特载、八闽关注、大事记、省情概貌、中共福建省委员会、福建省人民代表大会、福建省人民政府、中国人民政治协商会议福建省委员会、纪检监察、民主党派和工商联、群众团体、法治、军事、退役军人事务、应急管理、外事侨务港澳事务、闽台交流合作、自然资源管理、经济管理、市场监督、财政税务、金融、城乡建设、生态环境、农业农村、工业、民营经济、海洋经济、数字福建、交通邮政、信息业、商贸流通服务业、对外及港澳台经济贸易、中国（福建）自由贸易试验区·福州新区、教育、科学技术、社会科学、文化旅游、卫生体育、社会生活、市县概况、人物、统计资料、附录、索引等 47 个类目，约 140 万字。

五、《福建年鉴 2020》对编写大纲进行修订。修订后的大纲主要在体现福建特色上着力，增设了民营经济、海洋经济、数字福建 3 个具有福建特色的类目，展现了福建在此三方面取得的良好成绩。年鉴还突出了福建坚持高质量发展方面所取得的辉煌成就，记述了福建在脱贫攻坚战中的全社会共同参与的情况。此外，在福建要闻中增加了新冠肺炎疫情防控的内容，展现福建全省上下奋起抗疫的感人场面。

六、《福建年鉴 2020》所用稿件，由省直各部门，各市、县（区）政府及有关单位提供。引用的统计数字，凡国家有统一规定范围、口径和计算方法的，均按国家统一规定统计，并经省统计局审核。地区生产总值和各产业增加值、工业总产值、农林牧副渔业总产值等指标的绝对值、比重按现价计算，增长速度按可比价格计算；其他价值量指标的绝对值及增长率，一般按当年价格计算。

七、为便于读者查阅，本卷在卷首设有目录，英文目录编至栏目；卷后配有索引，采用内容分析法，内容按汉语拼音字母顺序排列。

数知福建

福建省森林覆盖率 66.8%

土地面积 12.40 万平方千米

年末户籍人口 3896.47 万人

常住人口 3973 万人

设区市 9 个、平潭综合实验区，县（市、区）85 个

地区生产总值 42395.00 亿元

第一产业增加值 2596.23 亿元

第二产业增加值 20581.74 亿元

第三产业增加值 19217.03 亿元

三次产业比重 6.1:48.6:45.3

人均地区生产总值 107139 元

社会消费品零售总额 18896.83 亿元

货物出口总额 8281.55 亿元

货物进口总额 5025.81 亿元

实际利用外商直接投资 460953 万美元

地方一般公共预算收入 3052.93 亿元

一般公共预算支出 5077.93 亿元

居民消费价格指数 102.6

全社会用电量 2402.34 亿千瓦时

货物周转量 8296.62 亿吨千米

旅客周转量 1190.02 亿人千米

港口货物吞吐量 59483.99 万吨

航空货运量 28 万吨

铁路货运量 4086 万吨

公路货运量 87317 万吨

邮电业务总量 3880.76 亿元

国内旅游收入 7393 亿元

国际旅游外汇收入 1024348 万美元

城镇居民人均可支配收入 45620 元

农村居民人均可支配收入 19568 元

城镇居民人均住房建筑面积 43.5 平方米

农村居民人均住房建筑面积 76.34 平方米

普通高等学校在校学生数 86.12 万人

医院、卫生院床位数 188146 张

粮食种植面积 82.24 万公顷

粮食产量 493.90 万吨

福建名片

生态福建丝路扬帆
外交部在北京向世界推介福建

■ 生态优势是福建最具竞争力的优势，福建的水、大气、生态环境质量保持全优。2019 年，福建森林覆盖率为 66.8%，连续 40 年居全国第一。图为摄于 2019 年的世界文化与自然双重遗产武夷山国家风景名胜区的马头岩景点和生态茶园（林忠玉 摄）

2019 年 7 月 5 日，外交部福建全球推介活动在外交部南楼蓝厅举行，此次推介活动的主题是“新时代的中国：生态福建、丝路扬帆”。共有来自 140 个国家的驻华使节、国际组织代表及部分世界 500 强企业、知名跨国企业负责人、台港澳侨代表和中外媒体记者等 500 余人参会。

福建省委书记于伟国在推介会上表示，生态福建喜迎八方宾朋，丝路扬帆共绘开放蓝图。在中华人民共和国成立 70 周年之际，外交部在这里向全球推介和展示福建发展的新成就，必将让更多外国朋友了解福建，更好地促进福建与世界各国的友谊与合作。

生态优势是福建最具竞争力的优势，福建的水、大气、生态环境质量保持全优。2018 年，福建的森林覆盖率为 66.8%，连续 40 年居全国第一；在中国工程院 2019 年发布的生态文明指数中，福建排名全国第一。福建是中国首个生态文明试验区，近三年，福建实施了 38 项重点改革，其中全流域上下游生态补偿、生态区位商品林赎买、排污权交易、绿色金融等制度创新，促进了生态保护与经济发展相协调。

福建一直走在对外开放的前沿。福建是古代海上丝绸之路的重要枢纽，泉州港曾是“东方第一大港”，福建向海而生、因海而兴，近年来，福建对“一带一路”建设参与国家和地区的贸易和投资大幅增长。

“我们诚邀世界各地的朋友，亲身来感受福建的魅力，与我们共同分享福建发展机遇，来福建一定福气多多。”推介会上，于伟国代表福建向世界发出邀请。

推介活动前，举办了福建省与跨国企业合作恳谈会，近 30 家跨国企业、金融机构、商协会、投资贸易促进机构的代表与会洽谈，共谋商机。

福建名片

用好“三明经验”推动医改

2019 年，国务院深化医药卫生体制改革领导小组印发《关于进一步推广福建省和三明市深化医药卫生体制改革经验的通知》，要求 2019 年 12 月底前，各省份结合实际制定推广福建省和三明市医改经验、深化医改的工作方案，明确本地区各设区市和相关部门具体任务并组织实施，落实 7 方面 24 项重点任务。这是 2016 年以来，国家再次发文力推三明经验，体现了以医药、医疗、医保“三医”联动持续推进改革，啃下医改“硬骨头”的决心。

2012 年，福建省三明市发起了一场改革——从监控重点药品开始，进而以药品耗材治理改革为突破口，深化医药、医疗、医保“三医”联动改革。具体来说，实行药品耗材联合限价采购，推进医疗服务价格调整、薪酬分配制度创新、医保支付方式改革，并不断深化药品限价采购制度、医保结算标准、医疗共同体建设等“三医”改革。这场改革当年就使职工医保扭亏为盈，不仅缓解了看病难、看病贵，还推动医疗体系从以治病为中心转向以健康为中心。

当前，医改已进入深水区，剩下的都是难啃的“硬骨头”。目前，全国公立医院均已取消药品加成，国家组织药品集中采购和使用试点已扩展至全国，全国各地均已开始建设医联体、医共体，基层家庭医生签约制度已全国推广。要看到，上述改革仅仅是一个开头，后续须以“一盘棋”思维联动其他方面措施，配套推进。这样，才能突破原有利益藩篱，建立新的机制。比如取消药品加成之后，须统筹推进补偿机制、薪酬制度、医保支付方式等改革，真正破除以药补医，否则很容易“按下葫芦浮起瓢”；“4+7”试点全国扩围后，集中采购的药品顺利进入医院，患者用上这些药品，改革才能惠及群众。而药品如何在临床得到合理使用、如何保护医务人员使用带量采购药品的积极性等，涉及医疗、医保等方面，须有配套措施，才能确保患者享受到改革成果。

“三医”充分联动、“一盘棋”推进改革，是改革能否成功的关键，而这正是三明医改难能可贵的地方，是其作为全国范本的“底气”和“资本”，也是改革最难的地方。“三医”要像一台机器有关联的部件一样，一个部件动了，整台机器都要协调动起来，使其达到最和谐的运行状态。此次出台的文件对三明的宝贵经验进行了提炼和总结，有助于其他地区学习借鉴，聚焦以药补医、过度治疗、大处方等群众反映强烈的沉疴痼疾，加快推进健康中国建设。

有了好的经验，接下来就是落实推广的过程。在学习三明经验的过程中，各地要拿出决心和勇气，结合实际探索出更适合自身的改革路径，让百姓真正享受到改革红利。

■2019 年 12 月，由国家卫生健康委员会主办的进一步推广福建省和三明市医改经验现场会在三明召开（三明市卫健委供稿）

福建名片

福建自贸试验区发布30项最佳创新举措 多项在全国复制推广

2014年12月12日，国务院决定设立中国（福建）自由贸易试验区，并于2015年4月21日挂牌运行，四年多来，福建自贸试验区作为“改革创新试验田”结出累累硕果。2019年11月27日，在福建自贸试验区最佳创新举措和平台发布会上，共发布了30项最佳创新举措和10个最佳创新平台。

获奖的创新举措和创新平台经过四轮筛选，从400多项创新举措和一批创新平台中推选出。这些创新举措涉及投资便利化、贸易便利化、金融改革与创新、对台与海丝合作、事中事后监管等五大方面；而创新平台涵盖先进制造业、现代服务业等重点领域，具有实施效果良好、社会影响力大等特点。此次发布的多项创新举措走在全国前列。例如，率先推出的关检“一站式”查验，为全国关检机构改革探索了经验；厦门工程建设项目审批制度改革，成为全国改革试点的样本等。此外，多项创新举措被全国、全省复制推广。例如，银税互动、关数e有力破解了企业特别是中小微企业融资难的痛点、堵点问题；对外贸易经营者备案和原产地企业备案“两证合一”、船舶证书联合办理有效帮助企业降低了经营成本；知识产权综合保护和管理机制，推动了知识产权快速协同保护等。

打造“改革创新试验田”离不开平台做支撑。自贸试验区依托一批优质的创新平台，着力培育新业态，持续做大经济流量。例如，福建国际贸易单一窗口，实现对国际贸易主要环节、主要进出境商品和主要出入境运输工具的三个全覆盖，共服务企业6万多家，日均单证处理量超过27万票；马尾基金小镇，管理基金规模1400多亿元，占福建全省六成以上；厦门“一站式”航空维修基地，2018年产值达140多亿元，占全国1/4。

自设立以来，福建自贸试验区坚持大胆试、大胆闯、自主改，不断创新体制机制，加大对外开放力度，形成了一批独具福建特色、对台先行先试的制度创新体系，彰显了改革开放的试验田作用。截至2019年底，累计推出实施创新举措15批410项，其中，全国首创157项、对台先行先试89项。

■2019年9月25日，福平铁路平潭海峡公铁两用大桥全线贯通（平潭综合实验区管委会供稿）

中国金鸡百花电影节落户厦门

■ 图为第 28 届中国金鸡百花电影节开幕式（郑晓东 摄）

2019 年 11 月 19—23 日，第 28 届中国金鸡百花电影节在厦门举办。电影节期间，举行了影展活动，包括国产新片推介展映、金鸡国际影展、港澳台影展几个独立板块；举办了中国电影高峰论坛、导演论坛、新时代中国电影投资与发展论坛三大学术性主题论坛，以及其他系列活动。同时，首创金鸡电影创投大会，打造电影新人、投资人和制片人的交流融汇平台，为中国电影扬帆助力。围绕电影节，厦门市推出 13 项系列活动、14 项系列配套活动，覆盖 6 个行政区，开展胶片电影露天放映、影视音乐展、影迷嘉年华等文化活动，让电影节成为市民群众的文化节日。

11 月 19 日，第 28 届中国金鸡百花电影节在厦门开幕。开幕仪式上宣布，从 2019 年起，金鸡奖将每年评选一次，并连续五届在福建厦门举办。中共中央政治局委员、中宣部部长黄坤明出席开幕式并致辞。中宣部常务副部长、国家电影局局长王晓晖，中国文联党组书记、副主席李屹，省委副书记、省长唐登杰，以及省市领导胡昌升、梁建勇、郑新聪等出席开幕式。来自电影界的代表 1000 余人参加开幕式。

11 月 23 日，第 32 届中国电影金鸡奖颁奖典礼暨第 28 届中国金鸡百花电影节闭幕式在厦门举行。第 32 届中国电影金鸡奖获奖名单逐一揭晓。省委书记于伟国，中国文联党组书记、副主席李屹出席，并为获得终身成就电影艺术家荣誉的3位表演艺术家杨在葆、王铁成、许还山颁奖。国家电影局副局长孟祥林，中国电影家协会主席陈道明，中国影协分党组书记、驻会副主席张宏，省市领导胡昌升、梁建勇、郑新聪、吴洪芹、郭宁宁、刘献祥、庄稼汉、陈家东、张健等出席。老中青电影界代表和影迷观众共 6000 多人参加盛典。本届金鸡奖共收到各片种报名影片 277 部，评选产生最佳故事片、最佳编剧、最佳导演、最佳女主角、最佳男主角等 19 个奖项。其中，《流浪地球》获最佳故事片奖，林超贤凭借《红海行动》获最佳导演奖，阿美、王小帅凭借剧本《地久天长》获最佳编剧奖，王景春、咏梅凭借电影《地久天长》分别获最佳男主角和最佳女主角，王志飞、吴玉芳分别凭借《古田军号》《送我上青云》获最佳男配角和最佳女配角。福建电影制片厂的《古田军号》还获得最佳音乐奖。

福 建 要 闻

■2019 年 8 月 12 日，省委书记于伟国（前排左一）在宁德福安调研（张永定 摄）

■2019 年 4 月 17 日，省长唐登杰（左四）率领省委省政府工作检查组到顺昌县生态运营管护中心检查工作（张永定　摄）

福建要闻|共和国 70 华诞

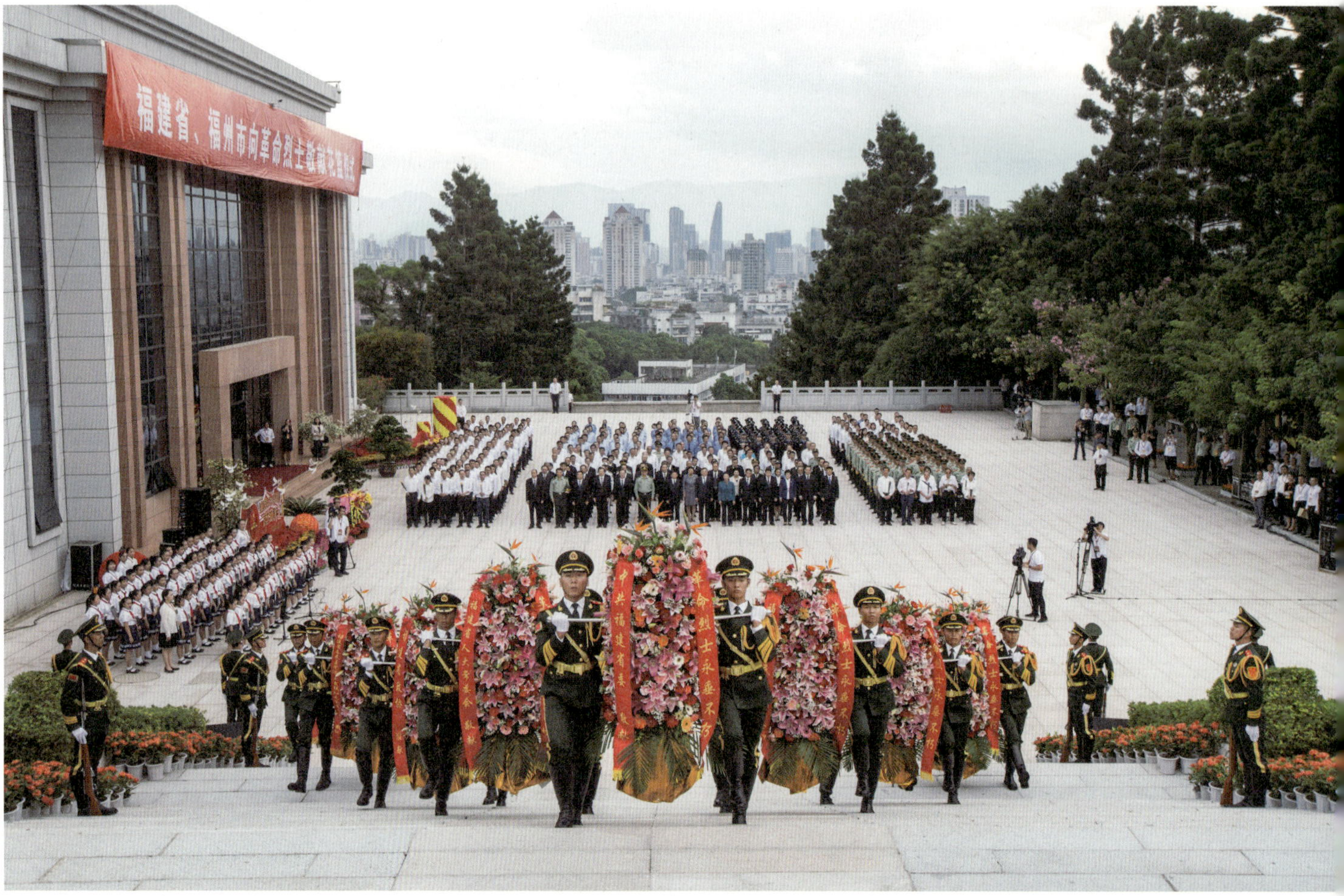

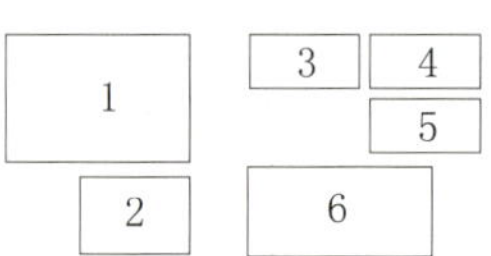

1. 2019 年 9 月 30 日上午，福建省、福州市向革命烈士敬献花篮仪式在福州文林山革命陵园隆重举行（张永定　摄）
2. 2019 年 9 月 30 日晚，福建省庆祝中华人民共和国成立 70 周年焰火晚会在福州市闽江两岸盛大举行（张永定　摄）

3. 2019 年 9 月 18 日，泉州鲤城区中小学、幼儿园共同举行“万人同歌、祝福祖国”庆祝中华人民共和国成立 70 周年活动。图为泉州七中活动现场（潘登　摄）
4. 2019 年 10 月 1 日，福州一零售店店主通过手机收看庆祝中华人民共和国成立 70 周年大会直播（游庆辉　摄）
5. 2019 年 10 月 1 日，前往厦门鼓浪屿的厦鼓轮渡上，游客们挥舞国旗同声高唱《我和我的祖国》（陈立新　摄）
6. 2019 年 10 月 1 日，福州各界人士在五一广场观看升国旗仪式（张永定　摄）

福建要闻 | 经济建设

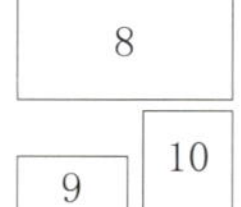

1. 2019 年 4 月 26 日，福州地铁 2 号线开通试运营，总长约 30 千米，与 1 号线形成十字交叉。图为市民体验 2 号线试乘活动（张斌　摄）
2. 2019 年 4 月 29 日，福厦高铁首孔箱梁成功架设，标志着福厦高铁顺利进入上部施工阶段（施辰静　摄）
3. 2019 年 9 月 25 日，平潭海峡公铁大桥合龙，意味着世界最长、全国首座跨海峡公铁两用大桥建成（张斌　摄）
4. 2019 年 9 月 26 日，“鼓浪屿”号豪华邮轮在厦门母港举行命名暨首航仪式（施辰静　摄）
5. 2019 年 9 月 29 日，国内海陆一体化集成度最高的海上升压站在福清兴化湾海上风电场吊装完成，标志着国内 3450 吨以上海上升压站实现完全自主设计、制造、运输和安装（长江三峡集团福建能源投资有限公司供稿）
6. 2019 年 10 月 12 日，霞浦县东安岛海防大桥正式通车，结束了东安岛人民靠渡船出岛的历史。图为当地群众走上新桥庆祝大桥通车（姜克红　摄）
7. 2019 年，中核集团漳州核电项目开工建设。图为 10 月 16 日漳州核电 1 号机组浇筑混凝土施工现场（中核国电漳州能源有限公司供稿）

8. 2019 年，上汽宁德基地投产。上汽集团乘用车宁德基地项目是宁德市唯一的整车项目，也是福建省设计产能最大的新能源乘用车生产项目。图为 12 月 8 日拍摄的基地一角（闽东日报社供稿）

9. 2019 年 12 月 24 日，古雷炼化一体化乙烯装置成功吊装（漳州市政府办供稿）

10. 2019 年 12 月 25 日，厦门地铁 2 号线正式启用，厦门地铁开启“双线时代”。图为市民在吕厝站进行 1、2 号线换乘（施辰静 摄）

福建要闻 | 科技创新

1. 2019 年 2 月 12 日，福建省祥云生物科技发展有限公司建成全国首个全自动银耳工厂化罐栽生产线，并采用“物联网管理 + 可追溯监管”手段，强化产品质量安全。图为生产线一角（游庆辉　摄）
2. 2019 年 3 月 4 日，漳州科华技术有限公司建成全省规模最大的电波暗室 EMC 检测实验室（林忠　摄）
3. 2019 年 4 月 1 日，总重量 3 万吨的厦门后溪长途汽车站主站房完成 90 度旋转，创造了中国平移面积最大、荷载最重、距离最远的单体建筑平移纪录（王协云　摄）
4. 2016 年至 2019 年，三钢集团累计投入 30 多亿元用于科技创新、技术改造。图为 2019 年 4 月 18 日拍摄的三明三钢集团车间生产线，机器人代替工人承担繁重危险的工作（张永定　摄）
5. 2019 年 6 月 16 日，福建医科大学附属协和医院心外科团队成功为患者进行了国产“人工心脏”植入手术。这是全省首例国产“人工心脏”植入手术（石美祥　摄）
6. 2019 年，位于漳州市芗城区的闽光带钢厂技改项目，规划建成年产 80 万吨优质带钢生产线，项目实现智能化管理，采用天然气供能，可大幅度减少空气污染。图为 7 月 10 日拍摄的生产线一角（林忠　摄）

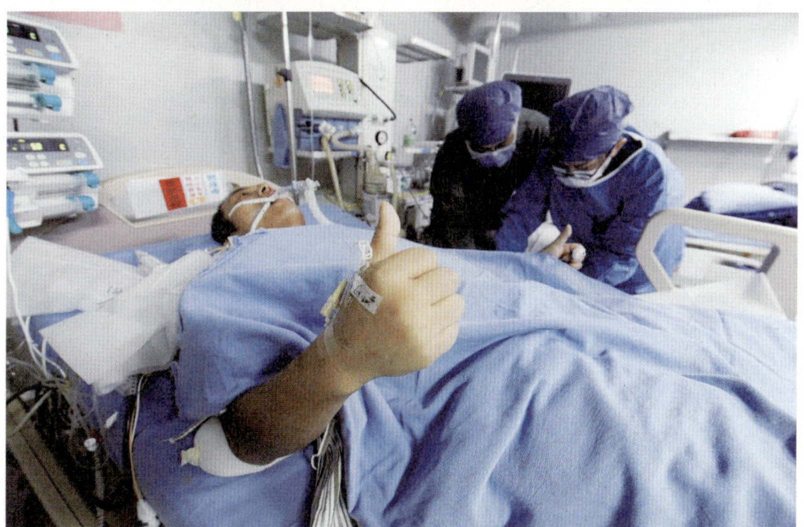

福建要闻｜数字生活

1		4	
2	3	5	6

1. 2019 年 4 月 19 日，福州 5G 产业促进大会现场，由福建移动、福州大学、中兴通讯和东南汽车联合研发的 5G 远程驾驶成为现场焦点（游庆辉　摄）
2. 2019 年 4 月 23 日，福州瑞芯微电子公司在开发者大会展示最新开发的 AI 芯片。该芯片采用 3D 建模，避免了用人脸照片解锁的问题（游庆辉　摄）
3. 2019 年 4 月 24 日，福州仓山区第一中心幼儿园使用全国首创的“儿童接送机器人”。该机器人基于人像识别功能，防止孩子被冒领（游庆辉　摄）

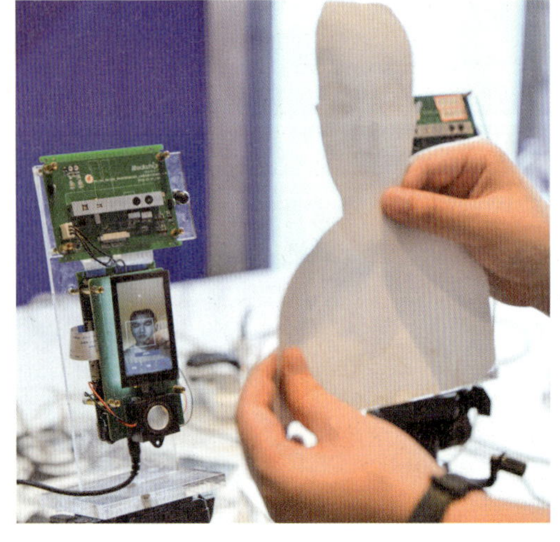

4. 2019 年 5 月 6 日，第二届数字中国建设成果展览会上，观众在展馆内了解 3D 人脸重建技术（张斌　摄）
5. 2019 年 5 月 7 日，观众在第二届数字中国建设成果展览会上体验智能警用头盔。该头盔连接 5G 网络后能够实现车辆识别、人脸扫描等功能（张斌　摄）
6. 2019 年 11 月 8 日，第十届海峡两岸机械产业博览会暨第十二届中国龙岩投资项目洽谈会上，运用 5G 网络能够自动调整、反应快、姿态稳、定位准、可搭载多种设备的四足机器人“莱卡狗”，吸引参观者围观（张斌　摄）

福建要闻 | 生态发展

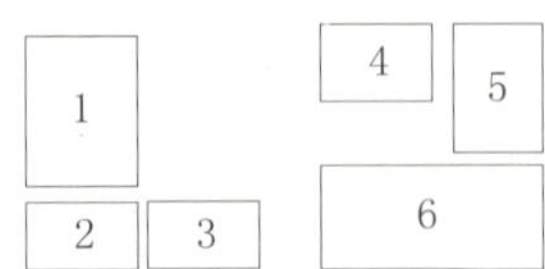

1. 2019 年 1 月 1 日，全长约 23 千米的厦门山海健康步道开放，形成贯穿本岛东西方向的步行通廊。图为步道一角（施辰静　摄）
2. 2019 年 2 月 1 日，福州最美晋安河水上游览线路开航。图为游客乘船领略内河治理成果和生态福州美景（游庆辉　摄）
3. 2019 年 4 月 10 日，霞浦县开展海上养殖综合整治。图为渔民在长春镇海域运送新型环保材料改造的渔排设施（姜克红　摄）
4. 2019 年 5 月 11 日，福州市华大街道屏东社区开展垃圾分类主题宣传月活动。图为社区居民参与垃圾分类互动游戏（游庆辉　摄）
5. 2019 年 8 月 3 日，2019 年首届福清开渔节暨海洋文化旅游节在福清市沙埔镇开幕。图为开幕式后渔船驶向大海（姜克红　摄）
6. 2019 年，漳州市龙文区碧湖生态园内一座湖心小岛成为鹭鸟栖息繁衍的家园。图为 11 月 13 日拍摄的湖心岛一角（姜克红　摄）

分类主题

福建要闻 | 闽台交流

1. 2019 年 1 月 20 日，700 余吨来自台湾高雄的货物乘“台北快轮”抵达福建平潭港。“平潭—高雄”货运直航航线由此顺利实现首航（张斌　摄）
2. 2019 年 4 月 13 日，2019 闽台匠人大会在福州举行，10 名来自闽台两地的青年匠人分别向 10 位闽台知名匠师行拜师礼（游庆辉　摄）
3. 2019 年 5 月 17 日，福州琅岐对台综合客运码头举行马尾琅岐至马祖客运航线首航，这条新“两马”航线的航程较之前缩短了三分之一（ 游庆辉　摄）

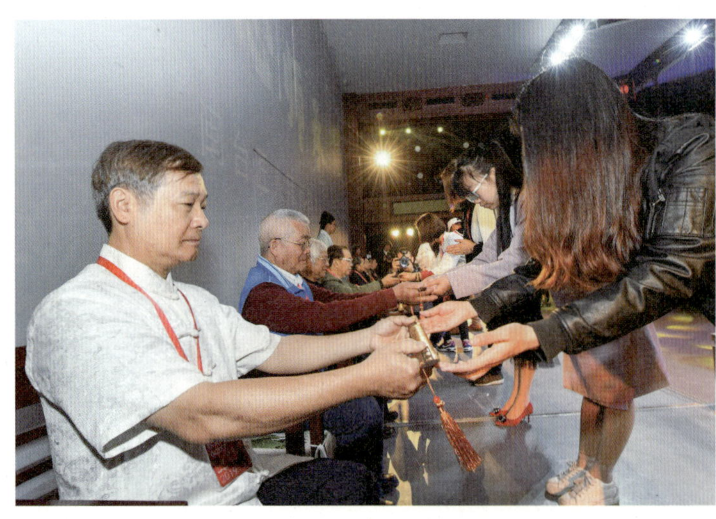

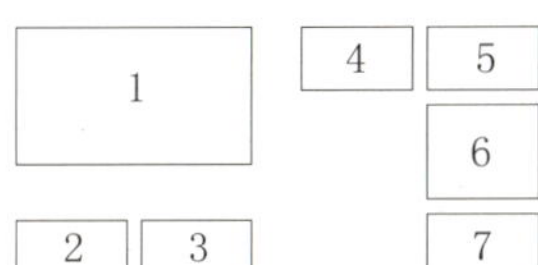

4. 2019 年 6 月 15 日，第十四届台湾专业人才就业创业暨台生实习见习厦门对接会在厦门市举行。图为台湾青年在对接会上与招聘人员交流（姜克红 摄）
5. 2019 年 7 月 10 日，大陆首个台胞医保服务中心——莆田市涵江区台胞医保服务中心在莆田涵江医院揭牌（张斌 摄）
6. 2019 年 8 月 6 日，2019 年两岸青年服饰设计创业大赛在福州三坊七巷开幕。图为模特们展示由两岸大学生们设计的服饰（张斌 摄）
7. 2019 年 11 月 2 日，2019 “象屿杯” 两岸四大高校围棋与人工智能邀请赛在厦门开赛（施辰静 摄）

福建要闻|文体活动

1. 2019 年 4 月 9 日，霞浦县下浒镇，主要由当地小学生组成的“长风足球队”在沙滩球场上训练（王东明　摄）
2. 2019 年 6 月 6 日，闽侯县大樟溪，近百艘民间龙舟用传统龙舟竞渡的方式迎接端午节的到来（姜克红　摄）
3. 2019 年 10 月 25 日，2019 年海峡两岸大学生篮球赛开幕仪式在福州举行，两岸共 16 支大学球队参赛。图为中国篮球协会主席姚明出席开幕式并为小篮球项目表演开球（张斌　摄）
4. 2019 年 11 月 4 日，2019 年全国男子水球锦标赛在将乐县举行，共有 7 支省市代表队参赛。图为比赛现场（张斌　摄）

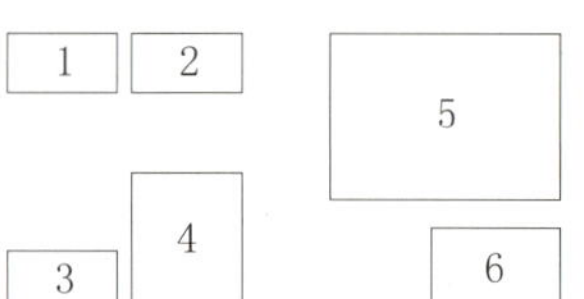

5. 2019 年 11 月 23 日，第 32 届中国电影金鸡奖颁奖典礼暨第 28 届中国金鸡百花电影节闭幕式在厦门海峡大剧院举行（张永定　摄）

6. 2019 年 12 月 1 日，2019 年国际大体联足球世界杯男子组决赛在晋江市足球公园进行，乌拉圭共和国大学队夺得冠军（王东明　摄）

福建要闻｜经贸展会

1. 2019 年 5 月 1 日，龙岩首届文旅康养产业博览会开幕。图为展会现场（张斌　摄）
2. 2019 年 5 月 18 日，第二届 21 世纪海上丝绸之路博览会在福州举行，吸引 80 个国家和地区共 101 个团组近千人，以及 160 家境内外采购商团组前来参会参展。图为展厅一角（张斌　摄）
3. 2019 年 5 月 30 日，2019 海峡（福州）渔业周•中国（福州）国际渔业博览会上，一粒重达 278.8 千克、直径 82.5 厘米的鱼丸打破世界纪录，成为全球最大的包心鱼丸。图为现场烹煮鱼丸（王东明　摄）

4. 2019 年 9 月 8 日，第二十一届厦门国际投资贸易洽谈会的跨国公司对接会上，各国客商在交流（施辰静　摄）

5. 2019 年 11 月 1 日，第十二届海峡两岸（厦门）文化产业博览交易会开幕，3 位来自泉州的蟳埔女身着传统服饰参观游览（姜克红　摄）

6. 2019 年 11 月 18 日，第十一届海峡两岸现代农业博览会暨第二十一届海峡两岸花卉博览会在漳州举行。图为群众参观特色果蔬展（林忠　摄）

福建要闻｜新冠肺炎疫情防控

2020年伊始，新型冠状病毒肺炎疫情突然来袭，病毒肆虐，全国进入了抗击疫情的紧急状态。1月22日，福建省首例输入性新冠肺炎病例确诊。面对这场生死攸关的严峻考验，按照中央部署，福建与全国各地一样，全省上下奋起抗击，与疫魔展开了一场殊死搏斗。

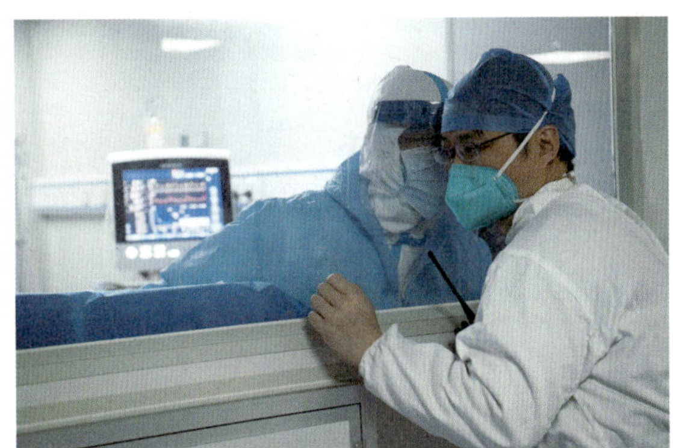

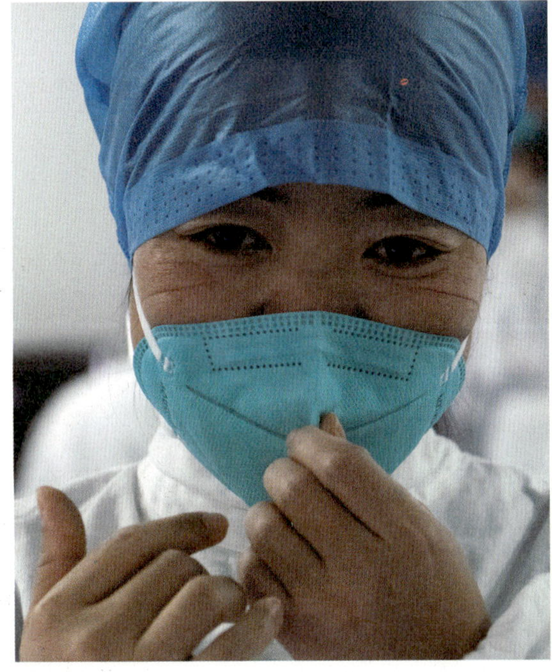

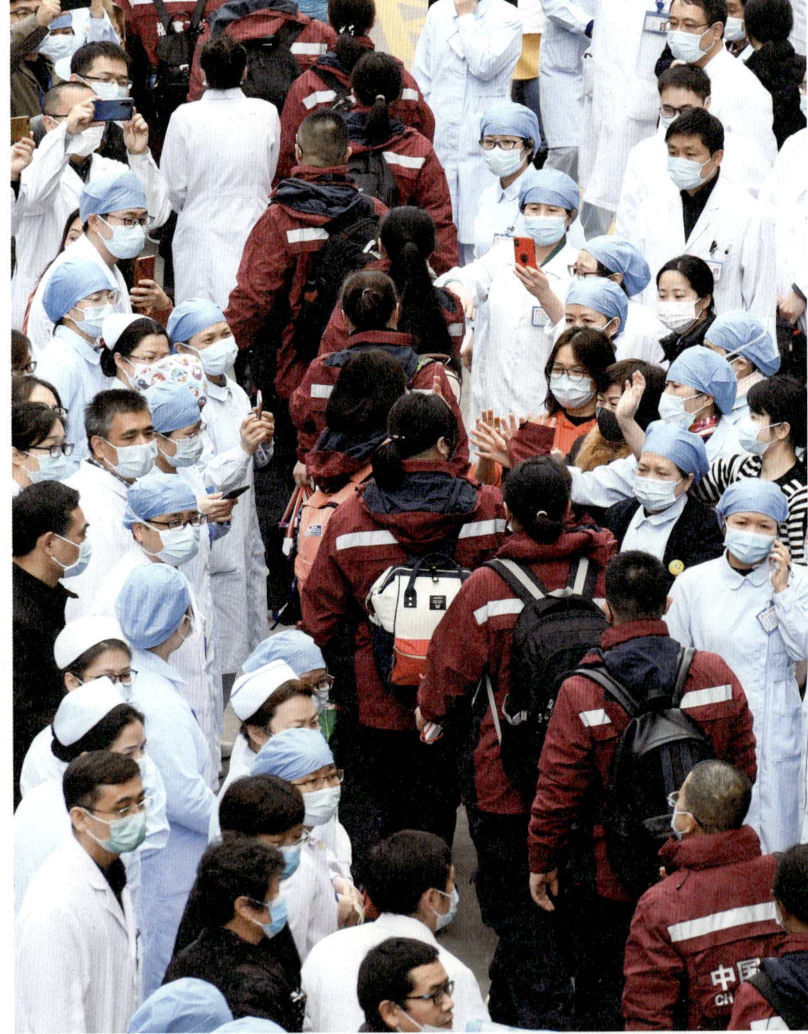

1. 2020 年 1 月 30 日，省内专业防护服生产商福建春晖服装科技有限公司员工加班生产防护服（张永定　摄）
2. 2020 年 1 月 31 日，福州市定点集中救治医院——福州肺科医院内，隔离病房内外两位医护人员隔着玻璃简单沟通（王毅　摄）
3. 2020 年 1 月 31 日，福州市定点集中救治医院——福州肺科医院内，一位长时间坚守在一线的护士，眼眶下被防护口罩勒出了两道血印（王毅　摄）
4. 2020 年 2 月 11 日，福建医科大学附属第一医院派出医疗队驰援湖北宜昌。这是福建省对口支援湖北宜昌抗击新冠肺炎的首个支援队。图为队员亲属及医院同事前来送行（姜克红　摄）
5. 2020 年 2 月 13 日，福建医科大学附属协和医院派出 139 名白衣战士增援武汉。图为出征的医护人员注射免疫制剂（王毅　摄）
6. 2020 年 2 月 13 日，由福建省立医院、福建医科大学附属协和医院分别组建的两支医疗队共计 277 人宣誓出征，驰援湖北武汉（张永定　摄）
7. 2020 年 2 月 15 日，福州首条民用口罩生产线“雷神一号”在福州爹地宝贝股份有限公司投产，每分钟可生产口罩 650 ～ 800 片（王东明　摄）
8. 2020 年 2 月 17 日，600 吨蔬菜类产品在福州东站装车，准备运往湖北。连日来，福建省农业农村厅组织 12 个优质蔬菜生产基地全力采摘，确保把新鲜优质的蔬菜产品第一时间送到湖北抗疫第一线（王东明　摄）

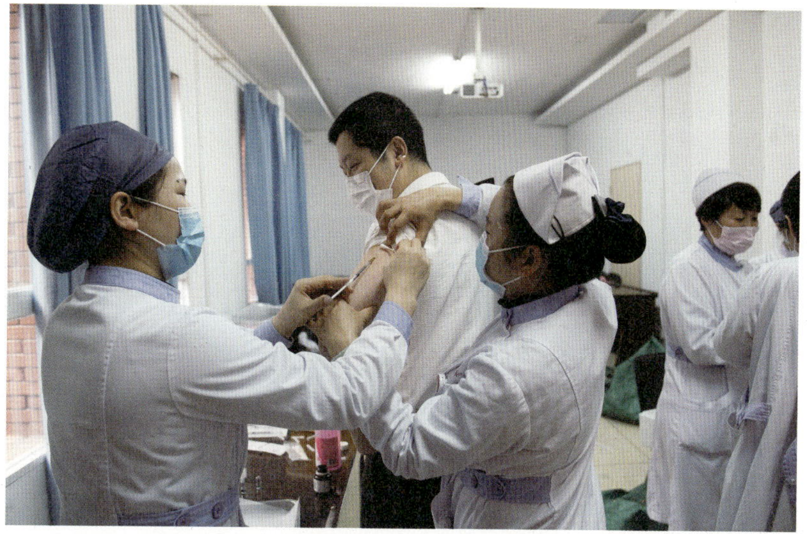

福建要闻 | 乡村振兴

■当地文旅企业联手台湾茶企共同打造的樱花茶园成为闻名全国的网红打卡点。图为2019年2月拍摄的游客们在漳平市永福镇樱花茶园游玩（张耀辉 摄）

■屏南县龙潭村于2017年开始引入文创人才，先后对60余栋古宅进行重新设计和修复，每年接待观光游客近10万人。图为2019年6月拍摄的龙潭村西溪与修复后的古民居（姜克红 摄）

■拥有800多年历史的长泰县珪后村持续加大古村落保护力度，打造“珪荷园”赏花景观，发展传统古村生态游。图为2019年7月拍摄的游客在珪后村赏荷（游斐渊 摄）

■华安县坪水村于 2016 年启动实施乡村旅游示范村建设，用不到三年时间，将一个原本“臭、脏、乱”的畲村改造成充满畲族风情的旅游名村。图为 2019 年 8 月拍摄的村庄墙画（饶超毅　摄）

■2019 年 10 月拍摄的大田县济阳乡济中村五彩夜景，千年古村的灯光秀成为该村历史生态游的新亮点（陈广程　摄）

福建要闻｜乡村振兴

■连家船民以船为家、常年在海上浮沉，“上无片瓦、下无寸土、漂泊无依”。随着连家船民安居工程的落实，他们不仅逐渐上岸定居、形成村落，也发展出了独特的发展模式和脱贫致富道路，溪邳村就是其中的典型代表。图为2019年3月7日拍摄的福安市溪邳村连家船民的岸上新居（姜克红　摄）

■1988年，下党乡建乡之初是宁德地区4个特困乡之一，也是全省唯一的“五无乡”：无公路、无自来水、无电灯照明、无财政收入、无政府办公场所。通过发展旅游业及茶业，下党乡农民人均年纯收入从1989年的不足200元增长至2019年14777元。图为2019年8月8日拍摄的寿宁县下党乡夜景（林熙　摄）

2020 福建年鉴 FUJIAN YEARBOOK
目录

中共福建省委员会

福建省人民政府

中国人民政治协商会议福建省委员会

纪检监察

民主党派和工商联

群众团体

军　　事

退役军人事务

应急管理

外事 侨务 港澳事务

闽台交流合作

自然资源管理

经济管理

市场监督

财政 税务

金 融

农业 农村

工　业

民营经济

海洋经济

数字福建

交通 邮政

信 息 业

中国（福建）自由贸易试验区·福州新区

教　育

科学技术

卫生　体育

社会生活

市县概况

统计资料

附 录

索 引

Content

Feature Article

Highlights of Fujian

Chronicle of Event

Brief Introduction of Fujian

Fujian Provincial Committee of the Communist Party of China

Fujian Provincial People's Congress and Its Standing Committee

Foreign Affairs, Overseas Chinese Affairs, Hong Kong and Macao Affairs

Fujian-Taiwan Exchanges and Cooperation

Natural Resources Management

Economic Management

Market Supervision

Finance and Taxation

Financial Industry

Urban and Rural Development

Ecological Condition

Agriculture and Countryside

Industry

Private Economy

Ocean Economy

Digital Fujian

Transportation and Post

Information Industry

Commercial Circulation and Service Industry

Foreign Trade, Trade with Hong Kong, Macao and Taiwan

Fuzhou New Area of China (Fujian) Pilot Free Trade Zone

Education

Science and Technology

Social Sciences

Culture and Tourism

Health and Sports

Social Life

Counties and Cities

Personage

Statistics

Appendix

Index

龙岩：红土地，正青春

山林掩映下，古田会议旧址静伫。“古田会议永放光芒”8个大字，在阳光下熠熠生辉。九十载光芒闪耀，给了闽西大地怎样的精神力量，当下又焕发出怎样的时代气质？

“红旗跃过汀江，直下龙岩上杭。”再访红色闽西，一路思索，一路感悟。

不甘人后有劲头

地处闽西，龙岩多山。大山曾挡了龙岩人的路，却抑不住他们的劲。“闹革命走前头，搞生产争上游。”闽西红土地上，始终有一股发展不甘人后的劲。

开山铺路，数字见证豪迈。

自1957年鹰厦铁路贯通漳平后，到21世纪以来掀起高速公路、高速铁路建设热潮，龙岩先后建成通车里程673千米的7条高速公路、营业里程744千米的7条干线铁路（其中3条高铁）和1个机场，实现县县通高速、乡乡通干线、村村通客车。山峦叠翠中，红色苏区变身“绿色枢纽”。

产业谋划，大山里有格局。

从上杭山沟中走出的紫金矿业，眼下正布局全球。在非洲刚果河流域，集团投资的卡莫阿卡库拉铜矿正在紧锣密鼓建设中。

26年前的紫金矿业，还只是上杭县的矿产公司，凭借丰富的紫金山金铜矿资源，靠山吃山。日子过得滋润，可紫金矿业不想待在“舒适区”，2005年毅然迈出国门，搏击国际市场。如今的紫金矿业，位列全球有色金属企业前十。

龙头起，产业活。立足自身禀赋，龙岩构建起有色金属、机械装备、文旅康养等六大产业。2018年，地区生产总值2393.3亿元，财政总收入296.8亿元，分别为中华人民共和国成立初期的300多倍、3000多倍。

改革创新有勇气

夜幕降临，武平县东留镇的公路上，依旧车流不息。

一盆盆名为“富贵籽”的观赏花卉，正被装车运往沿海市场。它们来自周边山林，林下种植、林下采摘，年产值超过3.5亿元。

花香飘远，“富”留当地。这一切，都得益于2002年开始的集体林权制度改革。林改前，“要致富，偷砍树，一夜变成万元户”；林改后，“管好自家山，看好自家林”，林下“花开富贵”，变绿成金。

红色基因赋予了龙岩人不惧牺牲的刚强勇毅，也给了他们不惧难题的创新勇气。从水土流失治理的“长汀经验”到“林改第一县”武平，从行政审批服务的“龙岩标准”到新型职业农民培养的“龙岩模式”，闽西红土地瞄的是难题，破的是困局。

过去，因为开发企业办证手续烦琐等原因，购房人从交房到拿证少则几月，多则数年。龙岩梅林新村福乐花园小区的产权证，一拖就是20多年。2018年9月，业主们不得不向新任市委主要领导写信诉苦。

“我们不能再等，先走一步看看。”2019年5月，龙岩在中心城区推行不动产登记改革。新建商品房项目，住权与产权同步，“交房即交证”。龙岩从此又多了一项改革“第一”，领跑福建，闻名全国。

忠诚干净有担当

10万儿女参军，2.36万烈士牺牲——闽西大地，浸润着鲜血、镌刻着忠诚。“听党话，跟党走”，是龙岩人的红色基因。

"红土先锋"，是龙岩打出的党建品牌。700多个工作室，就为了解决群众身边的件件小事。

龙岩公交公司"红土先锋党支部工作室"，听到市民反映某小学没有直达公交车的"吐槽"后，马上开通了51路"党员示范线路"公交车。"为群众做好一件件小事，心近了，先锋作用也就体现了。"工作室负责人欧月萍这样理解"先锋"的含义。

这里正风肃纪，不惧硬骨头。

公款存储，利益纠缠大，以权揽储等乱象多。龙岩率先"亮剑"，出重拳专项整治，定制度斩断利益链条。全市300多亿元公款存储行为有效规范，每年通过竞争性存储使国有资产保值增值十余亿元。

2018年9月，首届"中国廉洁创新奖"授予龙岩。龙岩市纪委负责同志表示："敢于啃硬骨头，这是龙岩人应有的担当。"

毛泽东同志曾在这里写下名句："一年一度秋风劲，不似春光，胜似春光。"90年过去，这里春光依旧，红土地，正青春。

（转载自《人民日报》2019年12月28日第4版　颜珂　刘晓宇）

福建连城：昔日红色热土　今日绿色发展

这是一片红色的土地。

位于福建西南部的龙岩市连城县，曾是"二十年红旗不倒"的中央苏区组成部分。

那些曾见证中国革命跌宕起伏的朋口战役、温坊战斗及松毛岭阻击战都发生在这片红色圣地上。广大军民为保卫中央苏区和掩护中央红军主力战略大转移浴血奋战、壮烈牺牲的浩荡之气至今响彻山谷。

这是一片绿色的沃土。

中华人民共和国成立70年来，连城人民不等不靠，发扬艰苦奋斗、百折不挠的红色精神，把昔日的穷乡僻壤，建设成为经济实力稳步提升、民生事业快速发展、绿水青山宜居宜业的美丽家园。

2019年3月10日，习近平总书记参加十三届全国人大二次会议福建代表团审议时强调："要做好革命老区、中央苏区脱贫奔小康工作。""要饮水思源，决不能忘了老区苏区人民。""加快老区苏区发展，要有长远眼光，多做经济发展和生态保护相协调相促进的文章。"

谨记谆谆教诲，铭记殷殷嘱托。

福建连城的干部群众，扎根在无限赤诚的光辉之地上，正努力书写新时代新连城建设的亮丽篇章。

立足优势，绿色农业助力脱贫攻坚

7月的连城，阳光炙热，生机盎然。

一条崭新的道路伸向文亨镇田心村，幢幢小楼点缀在绿树之间。68岁的黄仕欢老伯正在村里的庄济家庭农场里忙活着，沁人心脾的百香果挂在枝头，黄老伯正盼着它们赶紧长大。

"人多地少，饭总是吃不饱。"黄老伯儿时的记忆总是和挨饿相关。如今，这位和土地打了一辈子交道的老农靠种百香果摆脱了贫困。

岗岭重叠、群山起伏的连城八山一水一分田，是典型的福建山区贫困县。

70年前，连城的农民主要从事单一的粮食生产，到1949年连城县粮食总产量才3.22万吨。

随着改革开放的东风，家庭联产承包责任制把农民从土地上解放出来，连城的粮食生产和多种经营得到全面发展。

"温饱是解决了。"黄仕欢向记者回忆，一年种两茬水稻，家里的口粮没有问题，"想要盖两层楼还是困难。"

县扶贫办产业股股长林纪生说："连城有20多万农村人口，单靠种粮食的收益有限，为了帮助农民们加快增收致富的步伐，我们必须立足优势发展特色农业。"

2018年，文亨镇政府依托庄济家庭农场流转租用了连片土地16亩，有多年种植经验的庄济家庭农场负责人谢金华，给村民们带来了"致富果"。

"百香果当年种植当年挂果，在市场上既可以做鲜果，还能深加工。老百姓收益来得快，现在大家都叫它'致富果'!"谢金华说。

对于黄仕欢这样的贫困户，文亨镇政府利用扶贫资金免费给他建设大棚、提供种苗，农场则给认领种植的贫困户提供技术指导，并帮助他们回收、销售。黄仕欢去年种了两亩百香果，由于管理上心，每亩百香果收益超过4000元，顺利脱了贫，今年的他信心满满。"比我以前种水稻效益翻了好几倍，今年管理要是跟上了，预计收成会更好。"

稻农变果农，效益翻了番。

依托绿水青山、生态优良的"禀赋"，连城充分打造现代农业优势。近些年来，连城红心地瓜干持续排在全国农产品薯业品牌首位；冠豸山铁皮石斛入选闽西"八大珍"；连城白鸭入选闽西"八大鲜"；连城兰花荣获国家地理标志产品和中国驰名商标认证……特色农业也成为这个省级贫困县精准扶贫、精准脱贫的有力抓手。

连城县林坊镇张坊村的张裕灶有3个孩子，妻子生病，家庭的重担全压在这个40多岁的男人身上。"打零工挣不到什么钱。”

2018年，县里实施激励性产业扶贫项目，村里的扶贫干部张光炼找到张裕灶商量，鼓励他选择养福建黄兔来增收脱贫。“政府提供幼崽和兔笼，专家来培训，青草青菜我们村里有很多，供他养兔子不成问题。”张光炼说。

“一只兔子可以卖七八十块钱，我现在养了80多只，大的卖掉，好的种兔留着产仔。”在张裕灶的兔舍里，他给记者算了一笔账，养兔子一年可以挣好几千块钱，他还打算把院子空地也利用起来，扩大养殖规模。

“农业是连城的特色和优势。”连城县扶贫办产业股股长林纪生告诉记者，截至2018年底，连城县实施了249个激励性产业扶贫项目，促进贫困户稳固增收。“政府搭台，贫困户唱戏，扶贫与扶志相结合，最终实现贫困群众的自我造血。”

从温饱不足到决胜全面小康，连城县脱贫攻坚取得了决定性进展。截至2018年底，连城县建档立卡贫困户6265户14839人，已经通过产业扶贫结合其他各种扶贫措施全部实现脱贫。

点绿成金，“冠豸山水”助推全域旅游发展

“绮丽壮观，不虚此行!”爬上冠豸山山顶，来自厦门的陈先生已经汗流浃背，他用衣袖草草擦去额头的汗水，赶紧用镜头记录下眼前的风景。

距离连城县县城1.5千米的冠豸山，山体雄奇险峻，因其主峰形似古代监察御史官帽“獬豸冠”而得名。

山下的老人告诉记者，在过去，这里是一片深僻的山林，是虎豹豺狼出没的地区。20世纪以来，连城不断打造冠豸山旅游名片，如今这里已经是国家AAAA级景区。山上，奇峰峻石，地势险要；山后，温柔秀丽的石门湖，碧水映丹山，更显风景的俊美。群山环绕，绿意葱葱，每年全国各地的游客纷至沓来。

生态美、百姓富。连城的绿色聚宝盆还不仅于此。

“游客来了之后，爬完山还能干嘛？我们守着一流的生态资源，一定要利用起来，更好地推进全县景区旅游向全域旅游、观光旅游向休闲度假旅游转变。”曾在旅游部门工作多年的连城华闽冠豸旅游股份有限公司副总经理汤泉东有着自己的思考。

为了加快提升连城县旅游档次，串联周边多个景点，2018年1月，连城启动了冠豸山风景区索道项目建设。日前，走进索道项目建设现场，记者看到，索道下站房主体结构已完成，14个索道支架已安装完毕，工人们正在进行运输站内索道设备的安装与调试。

据了解，索道位于冠豸山风景区主景区天池与长寿亭之间，总投资1.2亿元，全长2300米，线路高差23米，建成后将成为福建省唯一的全透明轿厢进口索道。

“客运索道建成后，将实现从空中俯瞰丹霞绝景的新视野，大大提升冠豸山景区的观赏价值，同时游客游览时间由2.5个小时延长到5个小时。我们也将抓住这个机遇，把连城旅游从景点游到休闲游转变。”冠豸山风景区管委会相关负责人表示。

良好的绿色生态，是连城的突出优势。连城全县森林覆盖率80.9%，居福建省第二，拥有“国家生态旅游示范区”冠豸山、“中国十大最美村镇”培田古村落、天一温泉度假村3个国家AAAA级旅游景区和“世界A级自然保护区”梅花山等一系列旅游文化资源。

“连城是原中央苏区的核心区之一，以前这里交通闭塞，我们拥有着丰富的生态资源、红色资源却‘养在深闺人未识’。”连城旅游部门相关负责人表示。

近些年来，随着连城机场、赣龙铁路、高速、高铁实现全覆盖，路网交通四通八达。连城推动全域旅游持续发力，通过把旅游和生态文化、客家文化、红色文化、民俗文化有机融合，大力发展“旅游+体育”“旅游+温泉疗养”“旅游+客家民俗”“旅游+休闲农业”等项目，不断打响“冠豸山水、价值连城”金字品牌。

在“绿水青山就是金山银山”发展理念引领下，连城县的绿色生态红利不断释放。数据显示，2018年，连城全县接待游客1093.6万人次，同比增长29.2%，首次突破千万人次关口，旅游收入73.2亿元，同比增长43.7%。一个封闭落后的小山城正成为全国知名旅游目的地。

从无到有，瞄准绿色新兴产业实现经济转型升级

山脚下的连城工业园内，车来车往，机器轰鸣。

在福建国冠新能源科技有限公司的生产车间里，工人正在给刚生产出来的锂电池充电；工厂门口，工人们正在将包装好的电池装进大型货车，不久后，这些电池将被发往全国各地，应用到电脑、相机、智能玩具等数十种数码产品中。

“我们生产的锂电池高能量密度，循环寿命长，反复充放电300多次后，能量预留在80%以上。”福建国冠新能源科技有限公司副总经理李洋说。

作为一家集研发、设计、制造、销售为一体的锂电池行业高新技术企业，福建国冠新能源科技有限公司在深圳创业多年。两年前，深圳提出转型发展，一批制造业准备产业转移，福建国冠也在寻找落脚点。

福建连城工业园区管委会主任黄养生清晰地记得，2017年他和县里领导去招商的情景。“我们一个山区县要想把人家吸引过来，就得靠满满的诚意，要土地给土地，要政策给政策。”

连城县的招商诚意打动了福建国冠新能源科技有限公司，最终企业落户连城工业园区。仅用一年的时间，公司的一期项目1.5亿元日产15万只电池的生产线就建成投产，年销售额1.8亿元，目前2期项目投资2亿元的动力电池项目正在谋划中。

这样的速度，在黄养生看来，是一个内陆山区县对经济

发展工业强县的强烈渴望。

“新中国成立初期，连城县可以说是一穷二白。整个县只有一些为生活服务的手工业，1950 年全县工业总产值只有 76.1 万元。”黄养生表示。

地处闽西山区的连城，和沿海城市比，区位条件不突出，和内陆其他地区比，政策优势不明显。

“改革开放后，我们也陆陆续续建起了一些乡镇企业。由于前些年当地投资环境欠佳，招来的企业又比较散，到 2015 年，园区凋敝，留下了一大批‘僵尸企业’。”黄养生说。

彼时，珠三角、长三角产业转移方兴未艾，连城县痛定思痛，一方面盘活“僵尸企业”“腾笼换鸟”，一方面拿出满满的诚意和优质的服务，瞄准一些高新、绿色、能形成产业链的企业，把他们吸引过来集聚发展。

连城县中触电子有限公司也是连城县邀来的“金凤凰”。在公司的无尘生产车间，生产部经理齐永振指着生产线上的大尺寸触摸屏向记者介绍：“我们的生产线采用全自动设备，目前能生产 80 寸以上，最高达 100 寸的超大尺寸触摸屏，广泛应用于广告机和教育系统。”

据了解，作为福建省制造业单项冠军，连城县中触电子有限公司生产的各尺寸电容触摸屏，目前已经应用于大众、本田、众泰等多款智能汽车和银行 ATM 机、医疗工控设备等触摸屏和触控一体机整机系列，2018 年公司产值达 5 亿元。

从无到有，从单一产品到产业链布局，连城工业园区走出了一条新生之路。

经过几年的运转，连城已形成光电产业园、锂电池产业园、新材料产业园、手机平板电脑全产业链等多个产业集群。“培育园区龙头企业，通过龙头企业以商引商，重点引进‘补链、强链、扩链’的大项目，让链条向上和向下越拉越长，产生集聚效应。”黄养生介绍。

从贫困落后的山区县，到闽西经济强县，连城工业经济正不断突破提速。2016 年至 2018 年，连城工业园区每年的产值增长 50%左右，2018 年产值达 70 亿元，2019 年预计突破 100 亿元。

连城的发展只是福建奋勇赶超的缩影。中华人民共和国成立以来，福建从经济发展相对落后省份迈入先进行列，从交通闭塞之地变成通达世界的便捷之地，从绝对贫困变成小康富裕，谱写了社会主义建设的光辉篇章。全省地区生产总值、财政总收入、城镇居民人均可支配收入、农村居民人均纯收入分别由中华人民共和国成立初期的 12.73 亿元、2.2 亿元、106 元、69.97 元，提高到 2018 年的 3.58 万亿元、5045 亿元、42121 元、17821 元。

70 年前，福建人民在这片红色土地上浴血奋战；70 年后，敢为人先、锐意进取、奋发有为的福建人民继承先辈们的精神，将绿色发展作为红色老区的名片，敲开了山区跨越发展的大门，不断推动福建朝着建设“机制活、产业优、百姓富、生态美”新福建的宏伟蓝图迈进！

（转载自人民网 2019 年 9 月 17 日　曹松　陈博）

福建援疆：产业带动　增强加快发展内生动力

福建省对口支援新疆工作二十年来，坚持优势互补、合作共赢，通过项目和产业带动，为当地加快经济发展注入强劲的内生动力。

2019 年 11 月 19 日，“福建援疆工作 20 年”主题宣传活动采访团到恒安（昌吉）纸业有限公司、新疆新铝铝业有限公司实地了解福建援疆产业企业生产情况。

恒安（昌吉）纸业有限公司位于新疆昌吉国家高新技术产业开发区，占地 303.85 亩，是由福建恒安集团有限公司和恒安（中国）投资有限公司共同出资筹建，注册资本 1.3 亿元，投资总额 3.29 亿元，主要生产高档生活用纸、湿巾纸、妇幼卫生用品。

“在这里我们都像一家人一样，过年的时候公司会把所有的维吾尔族员工都召集到一块一起过年，唱歌跳舞，其乐融融，氛围非常好。”恒安昌吉公司车间包装组组长陈虹说。

目前，恒安（昌吉）纸业有限公司已解决当地 300 人的就业需求，促进了当地机械加工业和物流业、物业等相关产业的发展，带动就业近 100 人。“我在这里工作 5 年了，很感谢福建援疆引进的企业给了我们工作的机会。”维吾尔族姑娘米合热古丽说。

新疆新铝铝业有限公司作为福建省产业援疆项目，于 2010 年 9 月入驻昌吉国家高新区“福建工业园”，是集铝合金型材的研发、生产、销售为一体的新型现代化企业，占地面积 310 亩。项目总投资 4.5 亿元，注册资金 1 亿元。

据了解，援疆二十年来，包括恒安（昌吉）纸业有限公司、新疆新铝铝业有限公司在内，福建省累计实施对口援疆项目 500 余个，投入资金 33.7 亿元，按照科学发展、全面支援、加强协作、促进互利的原则，在深入推进脱贫攻坚、项目援建、产业带动、人才援疆、交往交流交融等工作上持续聚焦用力。

其中，2017 年以来，第七批援疆工作队推动落地产业援疆项目 127 个，投资合同总额 181.31 亿元，实际到位资金 84.29 亿元，产业援疆项目到位资金达同期福建省项目援疆资金的近 10 倍，解决就业 5300 人，其中新疆籍 3500 人。

2017年8月，第七批援疆工作队还策划推动成立了昌吉州福建商会，并举办了首届福建商人节。昌吉州福建商会会长林强表示，商会的成立，为更好地服务企业，促进昌吉经济更好更快发展搭建了一个联谊、交流、合作、发展的平台，成为福建企业家发展壮大的基地、对外展示的窗口、回报社会的沃土。

截至目前，商会协助昌吉州招商落地福建籍企业项目18个，到位资金近28亿元。目前，会员企业资产规模约150亿元，实现年营业收入约100亿元，利税约15亿元。

（转载自人民网2019年11月23日　焦艳）

福建：久久为功，走好绿色发展之路

水可兴万利，亦可为大患。20年前，一个“变害为利，造福人民”的重大决定，开启了莆田“久久为功”的治水之路。

木兰溪从“水患”向“水利”华丽转身，这是习近平生态文明思想的先行探索，彰显的是治理者的初心和智慧。

“生态就是民生，环境就是福祉。”回想木兰溪综合治理20年来的发展，莆田力奴鞋业总经理林金星对“变害为利，造福人民”这八个字的体会尤为深刻。他说，华亭镇华林工业园区位于木兰溪城厢段上游，昔日隐患之河已蝶变为景观之城，建成了莆田鞋艺小镇。

坚持一张蓝图绘到底，莆田市委市政府带领人民接力建设木兰溪四期治理工程，从“水安全”迈向“水生态”。2019年11月，水利部在全国范围内遴选出拟建设示范河湖（第一批）17个，莆田木兰溪入选。

仙游县度尾镇作为木兰溪上游的乡镇，“信心更足，责任更重。”度尾镇党委书记官金华说，镇里着重从源头治理入手，开展专项整治，全镇流域内水质明显提升，境内木兰溪干流水质保持三类以上。

“保护木兰溪，功在当代，利在千秋，需要坚持不懈、久久为功。”仙游县委副书记张福清说，接下来，要持续完善“政府引导、部门督促、协会帮助、全社会参与”工作机制，在全社会营造爱护母亲河、保护生态环境的良好氛围。

河畅、水清、岸绿、景美，不仅是木兰溪沿岸百姓的奋斗目标，更是八闽儿女内心的真切渴望。

2002年，福建成为全国首批生态省建设试点省之一。2016年，国务院印发《国家生态文明试验区（福建）实施方案》，确定福建为全国首个国家生态文明试验区。

在逐绿而行的生态发展之路上，福建省各地牢记嘱托，坚持把生态文明理念融入美丽福建建设的方方面面，不断书写生态文明建设的生动样本，“绿水青山就是金山银山”成为共识，“点绿成金”的故事时时上演。

（转载自《福建日报》2019年12月28日第1版）

福建“数字时代”改变生活：物物互通　事事网办　业业创新

有福之城，茉莉飘香！

五月的福州再次迎来数字中国建设峰会，闽江之畔涌动着“数字时代”的新浪潮。2019年5月6—8日，第二届数字中国建设峰会在福建省福州市召开。

一年前，首届数字中国建设峰会在福州召开，习近平总书记致信祝贺首届数字中国建设峰会开幕。习近平在贺信中说，2000年我在福建工作时，作出了建设数字福建的部署，经过多年探索和实践，福建在电子政务、数字经济、智慧社会等方面取得了长足进展。

“数字福建”的推进，深刻影响着八闽大地的发展，成为“数字中国”建设的思想源头和实践起点。如今，福建省信息化综合指数、互联网普及率、两化融合水平、数字经济总量均居全国前列，呈现出“处处相连、物物互通、事事网办、业业创新”的良好态势。

数字化，为福建的腾飞插上“翅膀”，改变着群众的生产生活方式。

物物互通，数字改变群众生活

军门社区坐落在福州市中心的安泰河畔。人民网记者于第二届数字中国建设峰会召开前走进军门社区，发现这里的街巷整洁有序，温和的风裹挟着花香吹拂而来，每个角落都充满着和谐与温馨。

军门社区，似乎与普通的老旧小区别无二致，但是在这个小区里，从头顶的监控摄像头，到脚下的井盖，都有可能“暗藏玄机”。作为福建省首个智慧社区，军门社区里安装了20多类近1000个物联网设施。

在社区的服务中心大厅里，一块大屏幕“铺满”了整个墙面，屏幕上显示着社区的3D影像图，记录着大到居民的信息，小到垃圾桶“溢满”的情况。这里是智慧社区的“大脑中枢”。

作为智慧社区的“中枢神经”，系统的触角正往军门社区的各个角落延伸。据介绍，军门社区安装了智能灯杆、智能井盖、智能烟感等“上天入地”的智能设备，这些“感觉神经”为社区消防监测、环境监测、治安监控等布下了严密的安全网。

记者注意到，大屏幕底端有“社区治理”“社区服务”“安全管控”三个部分，点击进入“社区服务”的选项后，屏幕右侧显示栏上详细记录着军门社区“养老机构”“老年人情况”“独居老人”等针对社区老年人服务的详情。社区所有独居老人的信息均被录入智慧社区系统，为了避免独居老人发生意外，还在老人家中安装了智能水表。

“独居老人所有的用水数据都会通过智能水表传输到智慧社区系统。”福州市鼓楼区数字办的工作人员刘葳介绍，系统会通过大数据对独居老人的用水行为特征进行建模，监测老人用水情况，一旦发生用水异常，那么智慧社区系统就会发出预警提示。

刘葳举了个例子：如果一位老人通常的用水高峰期在早上5—8点，若某日智能水表监测到老人在这个时间段没有用水，那么老人有可能发生了突发情况，数据的异常会触发智慧社区系统预警，随即以短信形式通知社区服务人员及时上门走访。

智慧社区的打造呼应着人民群众对美好生活的向往。依托物联网设备自动化感知采集，实现社区资源和设施的数字化管理，大大提升了出入管理、安全防控、消防感知、环境卫生、家具检测、生活服务等方面的智能化水平……物联网，让军门社区成为智慧社会的“样本”，也让民众感受到了“数字改变生活”。

在智慧社会建设上，福建取得了不少新成效。福建省领导于4月在国务院新闻办举行的新闻发布会上透露，教育“班班通”工程全面覆盖福建全省中小学，促进城乡优质教育资源共享；实现社保卡覆盖全省城乡居民，做到一卡就诊、一卡结算，建立全省统一的居民健康档案，推进数字化医院建设，有效缓解居民“看病难”问题；积极推进“智慧公路”“智慧港航”“智慧运管”建设，人脸识别、车牌识别、移动支付等新技术在交通领域推广应用；食品安全“一品一码”、国际贸易“单一窗口”、雪亮工程等信息化应用走在全国前列；全省公共服务均等化、普惠化、便捷化水平进一步提升。

深耕多年，福建的物联网产业已经走在全国的前列，涌现出一批国家级物联网实验室和行业领先的龙头企业，例如新大陆集团的二维码识读设备技术居国内第一，上润公司的高精度压力传感器技术居全球前三，联迪公司的POS机市场占有率居国内第一、全球前四……由此形成了集信息感知、传输、处理、应用于一体的物联网产业链条，为智慧社会建设打下了基础。

物联网是一片产业“热土”，八闽大地蓄力待发，抢占发展先机：福州推动企业加强射频识别、传感器元件、北斗终端、基带芯片、无线传感器网络等技术攻关；厦门是全国物联网应用的源头之一，初步形成了包括射频识别、传感器、设备、软件、系统集成、电信运营及物联网服务在内的较为完整的产业链体系；泉州是全国物联网首批示范城市；漳州在食品安监和智能用电终端等领域集中发力……

2019年福建省政府工作报告中提出“深化数字福建建设，加快数据资源整合共享，大力发展大数据、物联网、人工智能、5G商用和区块链产业”。与物联网相仿，5G也是新技术的代表，2019年首次被写入福建省的政府工作报告中，也由此拉开了福建“抢滩”5G商用的序幕。

就在2019年4月24日，福建省通信管理局局长张丽娟拨通了福建首个5G语音和高清视频通话，音质清澈的语音和画质清晰的画面通过5G网络传输到手机屏幕上的那一刻，意味着福建首次实现了不换卡不换号场景下5G手机间的高清视频通话。

在火热的5G领域，福建一马当先。目前，福建已相继发布了首辆5G公交车、首辆5G远程无人驾驶车辆等一批5G商用发展成果，接二连三的“首发”预示着5G距离福建人的生活并不遥远。

张丽娟介绍，目前福州、厦门、莆田、平潭等城市积极开展5G试点，基础电信运营企业已成功部署5G独立组网和非独立组网网络，福建全省建成近千个5G站点，初步实现了城市核心地段、重点商圈和会展场馆等区域的5G网络覆盖，为5G飞入寻常百姓家奠定了基础。

第二届数字中国建设峰会期间，在数字中国建设成果展展馆里，实现了5G信号主场馆全面覆盖，并为参会者带来一批5G和智能化新体验。

目前，福建已经开始尝试在很多传统产业主动“拥抱”5G产业应用，例如，福建移动、福建电信、福建联通、中海创等企业已经在高清直播、VR、智慧医疗、智慧工业、无人驾驶等基于5G的应用场景中做出了实践，福建的5G商用驶入了“快车道”。

事事网办，企业“多走网路、少跑马路”既方便又放心

“现在还真方便，供电营业厅我一次没进，公司的用电增容工程就办好了！”去年6月，福建青拓实业股份有限公司法人代表周玉泉通过“掌上电力”APP申请高压用电工程报装，没想到，当天国网宁德供电公司业扩联合服务中心就派来了专属客户经理协助办理用电立项有关事项，仅用30个工作日就完成高压新装240兆伏安专用主变一台的全流程，满足了青拓实业扩大生产的用电需求。

快，是数字化政务带给周玉泉最直观的感受。办事从“一天三四趟”变成了“一趟不用跑”，并且政府办事效率提高了，质量却没“打折”，这让企业的获得感更强了。

知识产权是很多进出口企业，特别是外贸代理企业绕不

开的问题，由于知识产权专业知识的欠缺和知识产权确认渠道的缺乏，进出口侵权货物违法的情况时有发生。

针对这种情况，厦门海关推出全国海关首个知识产权保护APP，可实现对知识产权预确认咨询、备案查询、法律法规查询和侵权线索举报，为外贸企业提前甄别外贸订单中存在的知识产权风险，帮助企业避免因信息不对称导致侵权的情况发生。

同时，将知识产权边境保护的关口前移，在货物实际进出口前对货物的知识产权状况进行预确认，货物实际通关时可以实现快速验放，大大缩短货物的通关时间。

同样是在知识产权领域，在福州软件园里，福建省知识产权局推出的“知创福建”平台于2018年正式运营，平台借助互联网、大数据等现代信息技术撬动管理部门治理变革，打造了知识产权一站式、综合性公共服务平台。

据悉，“知创福建”推动了管理方式由分散向综合转变，打破了知识产权多头管理结构和传导阻滞，将涉及商标、专利、版权等知识产权的举报投诉案件及时转送相关主管部门处理，利用知识产权局与公安、法院、检察院、海关等建立的协作对接机制，在制度建设、执法协助等方面开展合作。

从“线下办事”，到“线上办事”，再到“事事网办”，企业办事既“方便”又“放心”，数字化政务成了改善营商环境、增强企业获得感的重要一环。

“现在办税确实比过去便利很多，手机代开纸质发票服务，多数业务都能网上办理，福州的中心五城区还新建有不少24小时自助办税厅，办税更快，体验更佳了。”网上办税缴费的便利性，让福州新紫阳大酒店管理有限公司财务经理李燕钦的获得感十足。

近年来，福建省税务局加速推广全流程电子税务局，努力实现更多办税事项“一趟不用跑”，纳税人一次登录可在线办理6类122个涉税事项，除部分需流转外部门协办的涉税事项外，其余涉税事项均能全程在线办理。

此外，福建省税务局开发了“闽税通”移动办税APP，登记信息、专票代开、社会保险费缴纳、企业零申报等10余个事项可在手机上随时办理，有效解决办税跑远路、排长队、成本高等问题。

为了打破传统纳税人上门采集实名信息工作模式的制约，福建省税务局还引入“腾讯慧眼”实名认证系统，在全国第一个实现税务公安身份数据联网比对和实名认证，依托图像识别、声音识别、大数据分析等先进技术，改变原来人工比对的方式，纳税人可以通过“张张嘴、眨眨眼”刷脸的方式，平均每次仅需1～3分钟，就可以在网上高效完成实名办税信息采集认证。

据福建省发改委营商环境与信用建设处副处长于海介绍，福建大力推行“一网通办、信息共享”，福建全省网上办事大厅已与43个省直部门和各市、县实现互联互通，基本实现“纵向到底、横向到边”全覆盖，省级审批服务事项网上可办率超过90%，市县超过70%。同时，构建以闽政通APP为基础的全省一体化移动便民服务平台，尽可能让企业和群众办事“像网购一样方便”。

在电子政务应用上，福建一年来实现了新拓展：在全国率先建成全省统一的政务信息网、电子政务外网和无线政务专网，形成覆盖省市县乡四级的网络体系；全面建成福建全省网上办事大厅，“12345”政务服务平台覆盖所有市县；全省86%的行政审批和公共服务事项实现了“一趟不用跑”“最多跑一趟”，省市县三级审批服务事项网上可办率超过90%；全省一体化掌上服务平台闽政通APP功能不断完善，基本实现高频便民事项“马上办、掌上办”；率先推行文件证照电子化应用，基本实现群众凭身份证号码、企业凭统一社会信用代码就可以办理个人和涉企服务事项。

业业创新，数字经济日新月异

清溪潺潺，缓缓流过福建省泉州市安溪县，浇灌了安溪的万亩茶园。安溪产好茶，但也无法摆脱小绿叶蝉的虫害问题。“虫害防治手段依赖化学防治或物理防治，但是传统的物理防治效率低下，而化学药剂会带来农残超标、土地污染等严重问题。”福建司雷植保技术有限公司董事长万佳介绍。

对于绿色防治虫害的思考，催生出了智慧农业。司雷是安溪当地的一家虫害防治解决方案供应商，运用生物信息对抗技术和声光电效应，绿色、安全地防治虫害，辅之以农业物联网管理平台，实时提供农作物生长状态及环境数据，运用这套系统，司雷服务了安溪超过一万亩的茶园，茶叶的亩产量提高了30%～38%。

不论是虫情防控，还是农作物生长监测，安溪的万亩茶园需要大批量地实时采集和传输茶园的环境、地理、虫情、农作物等方面的数据，因此需要足够强大的大数据中心来支撑。“安溪的中国国际信息技术（福建）产业园为和司雷有着一样需求的企业提供了条件。”万佳说。

在安溪的南翼新城，一栋栋高楼拔地而起，在四周村居民房的映衬下，显得格外醒目，这便是中国国际信息技术（福建）产业园。依托产业园，这个因传统茶产业而闻名遐迩的闽南县城，在“数据‘云’领未来”的数字化浪潮中，一马当先。

走进产业园大楼，可以隐约听见计算机运行的“嗡嗡”声，大楼内的一间间机房里，共放置着4600个标准机柜——这里是华东南地区规模最大、等级最高的数据中心，也是全国30多家企业和10多个云平台的“大脑”，存储着海量数据。据悉，产业园目前已基本完成“三中心三基地”建设，包括数据中心、信息技术教育实训中心、APEC电子商务工商联盟国际交流中心和信息技术服务外包产业基地、国际数字媒体产业基地、海西电子商务产业集群基地。

同样在泉州，在距离安溪县30千米外的南安市，一个用“芯”打造的半导体高新技术产业园正在紧锣密鼓地建设中。

泉州半导体高新技术产业园又被称为“泉州芯谷”，致力于打造“千亿级”的半导体产业基地，而南安分园区是泉州芯谷的核心区，其定位是“化合物半导体”高新技术产业园区。

据泉州半导体高新技术产业园区管委会副主任、南安分园区管委会主任蔡映辉介绍，南安分园区目前已引进三安半导体、富辰封测、安芯设备等高科技项目，并且正在持续凸显产业集聚的优势，吸引越来越多化合物半导体上下游企业入驻园区。

三安高端半导体系列项目是“泉州芯谷”南安分园区引进的首个龙头项目，该项目主要包括高端氮化镓业务、高端砷化镓业务、集成电路业务和特种封装业务四大板块。“项目建设完成后，将有效解决我国当前 III－V 族化合物半导体核心材料、器件和应用端的技术分离难题。”蔡映辉表示。

三安光电是国内第一家化合物半导体大规模制造平台，从最基础的芯片开始，用了近 18 年的时间打通了化合物半导体制造平台的上游环节，目前是全世界 LED 产能规模最大的半导体厂商。三安光电总经理助理、资深总监陈文欣介绍，未来三安光电核心价值，就在于化合物“芯动力”的规模化制造能力。为此，三安光电正紧抓在整个规模化制造能力方面的布局，其中三安泉州芯谷项目建设就是其中重要的一笔。

从智慧农业、“云”生态，到半导体产业，再到数字经济产业链涵盖的产业群，福建的数字经济飞速发展、日新月异，成为经济高质量发展新引擎。2018 年，福建全省数字经济规模超 1.3 万亿元，信息化对经济高质量发展的叠加、放大和倍增作用日益显现。

如今，福建初步形成以电子信息制造业为基础，以软件和信息技术服务业、通信服务业为增长点，以大数据、物联网、云计算、移动互联网、人工智能、卫星应用产业为突破口的数字经济发展新格局。

踏浪而行，择水而歌。作为数字中国建设的思想源头和实践起点，数字福建已结出累累果实，并依托数字中国建设峰会，开启新航程。

（转载自人民网 2019 年 5 月 6 日　余尤宜　詹托荣　林晓丽）

五个聚焦，营造“三创”发展好环境

近日，厦门大学福建省新型先进动力工程研究中心独立设计、研制、生产的“南强一号”高速无人机，完成了地面发动机试车和长距离高速滑跑等全部试飞前准备，即将挑战超声速飞行的技术难关，检验福建省在先进动力和高速无人飞行系统方面的重要阶段性进展。

上半年，福建省发改委启动工程研究中心三年行动计划，围绕集成电路、高端装备、人工智能、新能源、新材料和生物医药等重点领域，梳理推动 223 项关键技术开展攻关，依托全省 98 家国家级、国家地方联合共建以及省级工程研究中心（实验室），致力于突破一批关键核心技术、转化一批重大科研成果、引导一批产业项目落地。“南强一号”高速无人机，正是三年行动计划攻关突破的成果。

习近平总书记参加十三届全国人大二次会议福建团审议时强调：“要营造有利于创新创业创造的良好发展环境。要向改革开放要动力，最大限度释放全社会创新创业创造动能，不断增强我国在世界大变局中的影响力、竞争力。”

省发改委深入学习贯彻习近平总书记重要讲话精神，按照省委十届八次全会工作部署，一方面牵头会同有关单位建立会商机制，将全会出台的营造有利于创新创业创造良好发展环境的 46 条实施意见细分为 120 项工作任务，定期协调推动，一方面以创新研发、产业发展、扩大开放、深化改革等为抓手，围绕五个聚焦逐项落深落细落实省委任务。目前，46 条实施意见全部启动，120 项具体任务中，69 项已出台政策文件或建立工作机制，16 项正在研究准备出台相关政策文件或建立工作机制，35 项长期持续推进。

聚焦平台引领，提升创新能力。建设福州市“中国福建光电信息科学与技术实验室”、厦门市“中国福建能源材料科学与技术实验室”、泉州市“中国福建化学工程科学与技术实验室”、宁德市“中国福建能源器件科学与技术实验室”等首批 4 家福建省实验室。围绕闽东北、闽西南两大协同发展区，引导工程研究中心联合地方政府、龙头企业、高校和科研机构等，共同建设山海协作创新中心，为山区特色产业发展提供技术支撑，已分别在连城、柘荣落地福建省光电信息技术、高端药物制剂两家山海协作创新中心。将中国·海峡创新项目成果交易会打造为创新的平台、创业的桥梁、创造的载体，第十七届“6·18 创交会”共对接合同项目 7106 项，总投资 1786 亿元。顺利举办第二届数字中国建设峰会，签约落地项目 308 个。

聚焦产业升级，构筑创业高地。培育千亿元产业集群和战略性新兴产业集群，建立企业库和项目库重点跟踪推动，2019 年产值超千亿元集群可达 18 个，上半年高技术产业增加值同比增长 13.9%，福州获批列入国务院表彰的战略性新兴产业集群工作真抓实干成效明显的城市之一；深入实施数字经济领跑行动，数字经济规模达 1.4 万亿元，增速居全国第 2 位；推动服务业高质量发展，规模以上服务业营收同比增长 14%，增速居全国第 4 位。以国家级双创示范基地为载体完善创业服务体系，推动福州新区、泉州丰泽区和厦门火炬高技术产业开发区国家级双创示范基地建设再上新台阶，开展了 2019 年双创活动周、“创响中国”等系列活动，充分激发创新创业创造活力，2019年泉州丰泽区列入国务院办公厅正向激励。

聚焦人才培育，激发创造活力。升级省引才“百人计划”，新增特级人才项目、青年人才项目。实施特级后备人才、青年拔尖人才、“创业之星”、“创新之星”等“八闽英才”培育工程。实施高技能人才振兴计划。支持高校、科研院所等国有企事业单位专业技术人员兼职创业、在职创业或离岗创业。深化“亲清润闽商，促进两健康”活动，引导企业家心无旁骛做实业。

聚焦扩大开放，释放发展动能。发挥多区叠加优势，推进“丝路海运”“丝路飞翔”“丝路茶道”等工程，目前，已发布港口、航线、海铁联运等12项“丝路海运”服务标准，得到100多家国内外港口航运物流企业积极响应，加入“丝路海运”的国际航线达50条，截至8月底，已完成1092个航次，集装箱吞吐量92.7万标箱，同比增长10.79%。在负面清单之外的领域，全面清理取消对外资单独设置的准入限制。建成国际贸易“单一窗口”3.0版。

聚焦便民服务，优化营商环境。深化“放管服”改革，全省取消和下放行政审批服务事项770项，审批服务事项网上可办率达97.55%，“一趟不用跑”和“最多跑一趟”事项占比分别达29.3%和60.3%。深化投资项目并联审批制度改革和商事制度改革，对106项涉企行政审批事项实施“证照分离”。推进综合监管、“互联网+监管”、信用监管等新型监管方式，其中依信用风险对企业分类抽查的做法，受到国务院办公厅肯定并向全国推广。

省发改委负责人表示，下一阶段，省发改委将按照省委年中推进会的要求，在创新驱动上再发力，加快筹建福建省创新研究院，持续培育千亿元产业集群、战略性新兴产业集群，深入实施制造业高质量发展，梳理主导产业，研究龙头企业壮大计划；在创业服务上再优化，大力减税降费减负，构建政务服务“一张网”，完善闽政通APP功能；在激发活力上再提升，支持双创示范基地建设向纵深推进，进一步释放双创活动周、“创响中国”、“6·18创交会”等载体平台功能，办好第三届数字中国峰会，持续大力发展数字经济；在扩大开放上再拓展，引导多区叠加联动互动，有效扩大利用外资，加快推进两大协同发展区建设，为坚持高质量发展落实赶超提供坚实保障。

（转载自《福建日报》2019年9月16日第1版）

2019年福建如何坚持高质量发展落实赶超？听唐登杰省长这么说

2019年1月14日，福建省十三届人大二次会议开幕，福建省省长唐登杰代表省政府向大会作政府工作报告。2019年坚持高质量发展落实赶超，福建各项工作如何开展？在报告中，唐登杰给出了一份详尽的方案。

唐登杰从着力创新驱动，培育高质量发展新引擎；着力转型升级，强化高质量发展新支撑；着力改革开放，激发高质量发展新活力；着力乡村振兴，拓展高质量发展新空间；着力区域协调，构建高质量发展新格局；着力生态建设，厚植高质量发展新优势；着力民生改善，共享高质量发展新成果等7个方面为2019年福建各项战略工作谋划布局。

唐登杰指出，做好2019年工作，要以习近平新时代中国特色社会主义思想为指导，全面贯彻党的十九大和十九届二中、三中全会精神，紧紧围绕统筹推进“五位一体”总体布局和协调推进“四个全面”战略布局，坚持稳中求进工作总基调，坚持新发展理念，坚持高质量发展落实赶超，坚持以供给侧结构性改革为主线，坚持深化市场化改革、扩大高水平开放，继续打好三大攻坚战，加快实体经济创新转型，加快建设现代化经济体系，加快推进闽东北、西南两大协同发展区建设。

在创新驱动方面，要始终把创新摆在发展全局的核心位置，搭建更多创新平台，吸引更多创新人才，应用更多创新成果，提升经济创新力和竞争力。持续加大财政奖补力度，建立创新激励与企业财税贡献、产出、研发投入等绩效挂钩机制，力争全省研发投入增长22%以上。

在转型升级方面，要引导主导产业强链条、壮集群，新兴产业快成长、上规模，现代服务业提比重、促融合，加快推动质量变革、效率变革、动力变革。实施百亿龙头成长计划，聚焦规模优势明显、产业链整合能力突出的龙头企业，培育一批名企、名牌、名品，力争主营业务收入超百亿元企业达45家。

在改革开放方面，要认真贯彻习近平总书记在庆祝改革开放40周年大会上的重要讲话，落细落实省委十届七次全会部署的8个方面93条深化改革扩大开放新举措，大力弘扬特区精神、晋江经验，推动新时代改革开放再出发。加快发展更高层次的开放型经济。在新起点上全面融入“一带一路”建设，发挥侨的优势，推动海丝核心区建设走深走实，实施丝路海运、丝路飞翔、国际合作示范园区建设、境外经贸合作重点园区建设、远洋渔业基地建设、文化旅游品牌塑造、扩大国际朋友圈等七大标志性工程，推进古泉州（刺桐）等申遗，形成更多可视性成果。促进闽台经济社会融合发展。以习近平总书记在《告台湾同胞书》发表40周年纪念会上的重要讲话为指引，发挥对台特色优势，在经贸合作畅通、基础设施联通、能源资源互通、行业标准共通以及基本公共服务均等化、普惠化、便捷化上先行先试，推动与金门马祖通水通电通气通桥。

在乡村振兴方面，要坚持农业农村优先发展，以实施乡村振兴战略为总抓手，巩固发展“三农”持续向好形势。打好精准脱贫攻坚战。深化山海协作，推动原中央苏区、革命老区、少数民族聚居区、海岛等欠发达地区加快发展。加强东西部扶贫协作和对口支援，持续推进闽宁扶贫协作。加快发展特色现代农业。实施“藏粮于地、藏粮于技”战略，巩固提升粮食产能，加快建设800万亩水稻生产功能区，切实保障粮食安全。

在区域协调方面，要加强统筹协调，突出项目带动，创新协作机制，大力推进闽东北、闽西南两大协同发展区建设，在新的起点上加快一体化进程。推进基础设施互联互通。坚持规划先行，抓好149个重大协作项目，推动重点城际铁路、福厦客专、厦门新机场、福州长乐国际机场二期扩建等重大项目，建成通车地铁福州2号线、厦门2号线，开工双龙铁路（福建段）。

在生态建设方面，要贯彻落实习近平生态文明思想，打好污染防治攻坚战，全面加强生态环境保护，全面提升生态环境质量，加快建设美丽福建。做好“生态＋”文章，鼓励有条件的地方建设生态廊道、城市“绿心”、郊野公园，为群众提供更多绿色休憩空间。全面推进节能降耗和清洁生产改造，培育壮大节能环保、循环型生态绿色产业。深化国家生态文明试验区建设。总结提升、复制推广三年建设经验，完善改革配套体系和技术标准，推出更多标识度高、影响力大的创新举措。

在民生改善方面，要坚持以人民为中心的发展思想，尽力而为，量力而行，不断增强人民群众获得感、幸福感和安全感。织牢社会保障网。实施就业优先战略和更加积极的就业政策，重点抓好高校毕业生、农民工、退役军人等群体就业，力争城镇新增就业50万人，城镇登记失业率控制在4.2%以内。加快补齐民生短板。2019年投入371.37亿元，办好27件省委省政府为民办实事项目，着力解决群众所急所盼。

（转载自人民网 2019年1月14日　张子剑）

先行先试善作善成　福建工业互联网发展驶入快车道

福建是数字中国的思想源头和实践起点，历届福建省委省政府高度重视高新信息技术发展。早在1982年，福州就在全国率先上马万门程控，掀开了福建省信息通信业快速发展的新征程。当前，数字经济正从消费领域向着工业领域延伸，信息技术与工业领域融合的应用场景更多、技术要求更高、价值链更长，空间巨大，发展工业互联网成为加快数字中国建设创新步伐的重要动力。

福建拥有比较完整的工业体系，具备特殊的产业基础优势，正紧抓工业互联网发展的新机遇，发扬敢拼会赢的福建精神，积极推动工业互联网发展先行先试、善作善成。

上下协同，汇聚发展力量

2018年被业界称为工业互联网元年，不少传统企业也积极拥抱工业互联网。今年，国务院政府工作报告提出：“打造工业互联网平台，拓展‘智能＋’，为制造业转型升级赋能，让工业互联网热再升温。”

福建省高度重视工业互联网发展，先后出台《关于深化“互联网＋先进制造业”发展工业互联网的实施意见》《加快推动企业“上云上平台”行动计划（2018—2020）》等文件，组织成立了福建工业互联网专项工作组。福建省通信管理局也将发展工业互联网作为信息通信业推动数字经济发展的重要切入点，专门成立信息通信业推进工业互联网工作领导小组，梳理出台2019工业互联网推进工作重点，发挥政府引导、企业主体和第三方中坚力量作用，有力推进全省工业互联网网络改造、技术研发、应用示范进程。

为抢抓5G发展先机，促进新一代信息技术与先进制造业深度融合发展，福建省强化部门协同合作，成立“数字福建5G应用创新工作推进组”，开展5G创新产品的设计、开发，关键技术验证、优化，以及商业模式探索、孵化，着力推动交通、能源、纺织、制造等重点领域5G创新技术成果转化落地。

此外，福建省积极推进新一代信息技术与实体经济深度融合，加强与制造业企业、实体企业，以及金融服务企业、产业界与学术界等各方的协同。一方面，积极参与重点项目、工程申报建设，福建省工业和信息化厅、财政厅、通信管理局组织基础电信企业、福耀玻璃、中海创、福富软件、福州市电子信息集团等企业提前谋划做好2019年制造业高质量发展项目申报，并做好网络与安全方向的项目联合推报。另一方面，指导相关企业加快谋划成立“福建工业互联网产业联盟”，通过搭建产学研用多方开放合作交流平台，推动科技创新成果快速向应用转化，助力全省制造业加速迈向产业价值链中高端。

强化支撑，网络基础不断完善

福建省信息通信业积极发挥网络优势，不断提升网络建设，全力促进信息通信网络服务支撑实体经济转型升级。截至目前，福州国家级互联网骨干直联点带宽达540G，是开通时的3倍，省际出口带宽达20T。光网、4G、NB-IoT网络全面覆盖城乡，固定宽带家庭普及率和移动宽带用户普及率分别为124%和102%，分居全国第2位和第8位。IPv6网络侧改造任务全面完成，IPv6活跃用户数2852.4万，占比达51.6%。

同时，福建省信息通信业始终秉承主动对接、深度融合、个性化服务的理念，继续推动网络管道的智能化改造，在工厂内，推动网络IP化、扁平化、柔性化技术改造和建设部署；在工厂外，加快低功耗、广域网、5G等研究与应用，提供高可靠、低时延、高安全、可定制的网络服务。全省工业互联网标杆网络正加速形成：福建电信与福耀玻璃共同打造的MEC网络运行稳定、可拓展能力强，将逐步推广到福耀集团各分厂无线网络建设应用中；福建移动联合福州大学、东南汽车共同打造的远程驾驶项目，充分利用5G网络低时延、高可靠性能，成为本土车联网应用典范；福建联通与永荣集团合作加快推进5G网络切片技术在工控现场实时通信、海量传感器与AI平台交互中的应用，联合厦门BRT采用MEC加移动网络技术实现辅助驾驶功能，有效提升了车辆行驶安全性。

如果说网络是工业互联网的基础，那么标识解析体系就是工业互联网的中枢神经，是实现工业全要素、各环节信息互通的关键枢纽。福建省通信管理局高度重视工业互联网标识解析体系建设，积极争取工业和信息化部支持，协调福州、泉州等设区市出台扶持政策。先后组织专家赴福州电子信息集团、福耀玻璃、永荣控股、东南汽车等企业开展实地调研，指导企业开展标识解析技术创新和应用示范。

在2019年5月第二届数字中国建设峰会期间，国家工业互联网标识解析二级节点（福州）正式上线运行。该项目建设包括标识基础平台、应用服务平台、行业节点运营三部分，为福州、福建乃至全国工业互联网提供高效、稳定的标识解析服务。在项目建设过程中，福州市大力推动建设，给予政策资金支持，福州市电子信息集团作为承建方积极推动，打造汽车玻璃箱体上下游流转管理、装配式建筑全过程管理、纺织产品质量溯源及智慧园区建设管理4个典型应用，有效促进企业降本增效，为全省制造业转型升级赋智赋能，助力“数字福建”建设。

一体两翼，应用和安全同步推进

近年来，福建省工业和信息化厅狠抓平台经济发展，涌现出若干在行业具有影响力的工业互联网龙头企业及一批特色鲜明的工业互联网平台，推动传统制造业拥抱“智能+”，释放数据资源价值，促进实体经济发展渐入佳境。

目前，福建省形成了以“福企网”为代表的基础服务平台、以省汽车集团新能源车数据监控平台为代表的行业服务平台和以友达光电、路达卫浴、盈趣科技等为代表的企业平台。在试点示范打造方面，“爱普云平台智能网关数据采集解决方案”被列入全国工业互联网平台解决方案试点示范；南威软件“智能交通大数据服务平台”、美亚柏科“城市公共安全管理平台”、榕基软件“公共信用大数据综合应用服务平台的关键技术研发及产业化”等项目获评全国大数据产业发展试点示范；嘉泰数控“工业互联网APP解决方案”、厦门天马“掌上天马”、中科云创“基于中科云创云中控工业物联网设备远程监控运维服务平台的工业互联网APP解决方案”、闽光软件“设备点检APP系统”等入选全国工业互联网APP优秀解决方案。

在福建，海创云、摩尔云、鞋创云等一批日渐成熟的平台，正在打造连接大量企业和设备、承载海量应用和数据的平台，释放工业互联网集约效益。其中，由摩尔软件打造的“摩尔云”就像建在云端的软件“工厂”。内设“仓库”，存放着摩尔软件在百余家大型企业MES系统上的知识积累。它们是开源的，可被开发者依需求提取出来，“装配”成成品（工业App）。同时，新成果同样可以留存于平台，既能作为“商品”出售或出租，也能作为新的“原材料”，在开发中实现迭代和复用。

安全和发展是一体之两翼，随着工业互联网快速发展，工控系统安全逐步从封闭走向开放，给网络安全防护带来严峻挑战。为此，福建省通信管理局主动作为，加快构建工业互联网行业发展与安全监管综合平台，初步实现与国家级工业互联网安全监测与态势感知平台安全威胁信息双向交换，有力提升了全省工业互联网安全隐患排查、攻击发现、应急处置和攻击溯源能力。同时，福建省工业和信息化厅举办的工业控制系统信息安全攻防大赛和安全技术论坛，成为网络安全人才培养和技术创新的重要平台，目前已形成一批工控安全特色企业，如中海创集团在全球首次实现控制系统的软硬件分离，有效解决国外成套系统的信息安全隐患；美亚柏科成为国内电子数据取证与网络信息安全行业的龙头企业。

畅行工业互联网，让福建经济活力四射。2018年，全省规模以上工业增加值同比增长9.1%，居东部首位；全省两化融合发展指数居全国第7位；通过国家两化融合管理体系贯标评定的企业数居全国第1位。

（转载自人民网2019年6月11日 张子剑 陈拓）

外交部福建全球推介活动在北京举办

2019年7月5日，外交部和福建省委省人民政府在北京成功举办“新时代的中国：生态福建，丝路扬帆”全球推介活动。通过举办主题推介会、综合展览展示、跨国企业恳谈会、冷餐交流会等，全方位展示中华人民共和国成立70年，特别是改革开放40年来，福建在政治建设、经济建设、文化建设、社会建设、生态文明建设和国际交往等方面取得的巨大成就，展现了新时代新福建加快建设开放型经济新体制、与世界合作共赢的坚定追求和生动实践。

全球推介活动主题推介会发出福建邀约世界的最强音。国务委员兼外交部部长王毅、省委书记于伟国、外交部党委书记齐玉、省长唐登杰等部、省领导与来自140个国家的驻华使节、国际组织代表，及部分世界500强企业、知名跨国企业负责人、台港澳侨代表和中外媒体记者等，共500余人出席推介会。推介会开始前，与会嘉宾观看了5分钟暖场片和8分钟主题推介片。福建历史醇厚之美、绿色生态之美、科技创新之美、开放包容之美牢牢抓住嘉宾眼球。王毅和于伟国先后在会上致辞，唐登杰进行主题推介，印度尼西亚驻华大使周浩黎、日本驻华大使横井裕、法国驻华大使黎想分别介绍了各自国家与福建交流合作情况。王毅指出，福建坚决贯彻习近平总书记提出的建设“生态省”战略，大力推进生态文明试验区建设，稳步推进21世纪海上丝绸之路核心区建设，传承弘扬开放和拼搏的优良传统，必将在新的时代开辟新的天地、实现新的辉煌。于伟国和唐登杰代表全省3900多万人民热情邀请世界各地朋友前来福建，感受福建独特魅力、分享福建发展机遇、深化务实合作交流。

全球推介活动综合展览展示讲述新时代新福建建设的生动故事。展览展示分为“习近平主席的福建情缘”“奋进70年：福建故事”“生态福建　绿色发展”“丝路扬帆　共同繁荣”“闽台融合　第一家园”“山海文明　仪象万千”和非遗展区等部分，采用图片、实物、多媒体、工艺展示、互动体验等方式，生动展现福建的独特魅力和发展成果。与会嘉宾纷纷驻足观看各块精心制作的展板，端详新时代新福建新面貌，畅谈与福建的特殊缘分。王毅与省领导会见后，和部分出席活动的驻华大使在于伟国、唐登杰、郑新聪、郭宁宁等省领导的陪同下，参观了展览展示，对福建生态文明建设、海丝核心区建设、脱贫攻坚、闽台融合等领域取得的显著成效频频给予点赞。在观看“万里茶道”展板并亲口品尝福建茶之后，王毅称赞：“大红袍，天下第一。”

全球推介活动跨国企业恳谈会宣介福建优越的国际营商环境。来自世界500强企业和知名跨国公司代表、外国驻华商协会代表、全球大型金融机构代表、台港澳企业代表和全省重点企业代表60余人出席恳谈会。外交部副部长张汉晖到会致辞，他用翔实的数据向与会嘉宾说明，福建已成为中国最具活力、最具成长性的投资热土。副省长郭宁宁从态势、产业、环境、政策4个方面表达福建进一步扩大开放的诚意，热情邀请各国企业来闽投资兴业。埃克森美孚（中国）投资有限公司董事长万立帆，戴尔科技集团全球执行副总裁、大中华区总裁黄陈宏，ABB集团亚洲、中东及非洲区首席财务官康亮，麦克赛尔控股株式会社会长千岁喜弘等嘉宾，分享本企业在福建的发展与收获，更是在嘉宾中引起共鸣。

全球推介活动冷餐交流会提升闽菜国际知名度和美誉度。冷餐会现场以“山海相融，味及八方”为主题，集齐全省九市一区的美食、糕点、水果、酒水、饮料和茶叶，让各国驻华使节和国际组织代表享受了一场舌尖上的闽菜文化盛宴。为此次冷餐会专门研发的“素版佛跳墙”，首试食签化、手指餐和中餐国际范做法，开创“闽菜冷餐”的全新品种，有力地推动闽菜走向世界。现场精选产自宁夏的“闽宁情”葡萄酒作为用酒之一，向世界讲述福建与宁夏长达23载的协作情义，深受嘉宾赞赏。而洒满现场的新鲜茉莉花，更是让冷餐会处处充满清香，“清新福建”扑鼻而来。斯里兰卡、马拉维、阿尔及利亚、哥斯达黎加等国大使纷纷在冷餐会上表达了对福建的倾心和向往，并希望加强与福建的合作交流。

该活动的成功举办，进一步宣介习近平新时代中国特色社会主义思想的世界意义，展示新时代新福建建设的巨大成就和良好发展潜力，激发广大闽籍华人华侨和台湾同胞的爱国爱乡热情，使福建知名度、影响力大幅提升，福建海纳百川、对外开放形象大幅提升，福建人民自豪感、凝聚力大幅提升，为谱写新时代新福建建设新篇章凝聚强大正能量。

第六届世界闽商大会在福州召开

2019年6月18日，由中共福建省委、福建省人民政府、中华海外联谊会和中华全国工商业联合会共同主办的“第六届世界闽商大会”在福州海峡国际会展中心举行，来自102个国家和地区的闽商精英和各界嘉宾1800余人汇聚榕城，共话创新创业创造，凝心凝智凝力，增强信心力量，坚定不移扩大高水平对外开放和积极参与经济全球化，坚持做好自己的事。全国政协副主席、全国工商联主席高云龙，中央统战部副部长谭天星，福建省委书记于伟国等领导分别发表重要讲话。活动由省长唐登杰主持。

大会以“凝心凝智凝力，创新创业创造”为主题，进一步贯彻落实习近平总书记参加十三届全国人大二次会议福建代表团审议时的重要讲话精神，聚焦新福建建设发展面临的宝贵历史机遇、强劲发展势头，进一步展示“敢为天下先、爱拼才会赢”的闽商风采，突出福建地处两岸交流前沿优势和加快建设台胞台企登陆的第一家园呈现的商机，引导广大闽商和海内外企业家到闽投资兴业，共同参与新一轮改革开放，为推动福建高质量发展落实赶超提供更大力量支撑。活动现场，菲华商联总会理事长林育庆、世茂集团董事局主席许荣茂、宝龙集团发展有限公司董事局主席许健康、安踏体育用品有限公司董事局主席丁世忠分别代表海外、香港、澳门、内地闽商在会上发言。

本届世界闽商大会与第十七届中国·海峡创新项目成果交易会、第九届民企产业项目洽谈会相互衔接，相互交融，相得益彰。开幕式上，现场签约重大产业项目30个，项目总投资1082亿元，涉及高新技术材料、新能源、生物医药、智能制造、人工智能、5G产业等领域。会议还表彰了有突出贡献的福建省非公有制经济优秀建设者，发布了世界闽商大会会歌《天下闽商》和《闽商蓝皮书》，举办了“闽商大数据”上线仪式，追溯闽商光辉历程，弘扬闽商精神，为中华人民共和国成立70周年献礼。此外，大会还举办了闽商发展高峰论坛，邀请国内知名经济学专家作主题演讲。

通过闽商大会这个重要平台，进一步挖掘和加强境内外闽商资源整合，营造福建尊商、重商、亲商、助商的浓厚氛围，引导广大闽商明确方向、增强信心、坚定决心、鼓足干劲，更加注重创新、踏实创业、着力创造，推动最大限度释放闽商创新创业创造动能。

“时代楷模”杨春：平安中国建设实践的先进模范

杨春，1969年5月出生，福建宁德人，中共党员，1991年8月参加公安工作，历任福建省宁德市公安局蕉城分局交警中队民警、刑警中队副中队长、石后派出所所长、刑侦大队大队长，生前为宁德市公安局蕉城分局党委委员、副局长、一级警长，一级警督警衔，曾先后荣立个人二等功1次、三等功2次以及各类专项先进个人等荣誉。2019年1月23日凌晨，杨春因长年超负荷工作，在单位值班时突发心梗，牺牲在工作岗位上，年仅49岁。

杨春牺牲后，国务委员、公安部部长赵克志，省委书记于伟国等领导先后9次作出重要批示，要求做好杨春家属善后及杨春同志先进事迹宣传、表彰等工作。福建省委、宁德市委、蕉城区委分别追授杨春为全省、全市、全区“优秀共产党员”荣誉称号；公安部党委、省委政法委、宁德市委、省公安厅党委、市委政法委、市公安局党委、蕉城区委分别作出向杨春学习的决定。6月25日，中组部、中宣部追授杨春第九届全国“人民满意的公务员”荣誉称号，杨春的姐姐杨丽代表其赴京参加第九届全国“人民满意的公务员”和全国“人民满意的公务员集体”表彰大会，受到中共中央总书记、国家主席、中央军委主席习近平亲切接见。7月16日，中共福建省委追授杨春“全省优秀共产党员”荣誉称号。7月31日，人社部、公安部联合追授杨春“全国公安系统一级英雄模范”称号。8月30日，中宣部追授杨春“时代楷模”称号。

莆田市木兰溪治理实践经验在全国推广

莆田市木兰溪治理，是习近平总书记亲自擘画、全程推动治水和生态保护工作的先行探索，他在福建工作时就针对木兰溪治理提出了“变害为利、造福人民”的目标和“既要治理好水患，也要注重生态保护；既要实现水安全，也要实现综合治理”的总体要求。1999年至今的20年间，历任莆田市委、市政府始终贯彻落实习近平同志要求，坚持“一张蓝图绘到底”的精神和全流域系统治理的方法，从攻克技术、资金和拆迁等难题建设木兰溪下游防洪工程开始，逐步走向全流域防洪、生态、文化的统筹兼顾，实现从“水患之河”到“安全之河”的华丽转身，继而向“生态之河”挺进，成为推动当地经济腾飞的“发展之河”。莆田市也成为“全国水生态文明建设试点城市”，打造出全国生态文明建设的木兰溪样本。2019年7月22日，莆田木兰溪生态文明建设实践入选由中组部组织编选出版的《贯彻落实习近平新时代中国特色社会主义思想在改革发展稳定中攻坚克难案例》一书，成为生态文明建设篇选编的全国30个案例之一。

莆田市委、市政府高度重视木兰溪综合治理工作，专门出台《深入贯彻落实习近平总书记治理木兰溪的重要理念，打造人与自然和谐共生美丽莆田的行动方案》，并通过市人大决议；成立全流域系统治理领导小组，组建专职办事机构，市领导坐镇指挥，高位协同推进行动方案落细落实。同时，依托市水务集团创新投融资、建设、运维等，统筹推进木兰溪水生态修复和综合治理、水利博物馆等重大项目，引导社会资本参与打造样本河湖。市委开展木兰溪治理专项巡察，成立巡察反馈问题整改督导组，在主题教育专项整治中开展木兰溪治理专项行动，跟踪落实问题。莆田市还在全省率先成立公检法服务保障河长制工作站、警务队、审判点等工作机制，设立水生态环境违法犯罪举报电话，“生态司法＋审计”衔接机制入选“2019年度福建法院十大改革创新亮点举措”。在督查的同时，出台全流域系统治理一线专项考核方案，搭建项目一线识别、锻炼、培养干部的平台，评选、表彰“十佳护河使者”，推进容错纠错制度落深落实。

莆田市持续巩固生态文明的木兰溪样本。通过全流域系统治理，高起点编制全流域系统治理规划，木兰溪入海口整治、水系连通等工程列入中央补助；出台流域系统治理和片区开发建设行动计划，沿溪建设东圳精神等教育基地，沿水配建木兰陂等十大生态亲水公园。建设全国首批示范河湖，出台进一步强化河长职责，划定管理范围并纳入“多规合一”管理，创新河长职责“三个三”，创设网络河长，建设“防洪保安全、优质水资源、健康水生态、宜居水环境”的幸福河，河长日入选全国基层治水十大经验候选名单。建设全国黑臭水体治理示范城市，编制流域水污染防治规划，开展碧水攻坚“三巩固”行动，规范住宅阳台废水排放管理，建设污水零直排区，建成水环境综合管理平台，流域内各汇水支流国省控断面水质合格率100%。

木兰溪治理是“变害为利、造福人民”的生动实践，为加强流域水资源节约、水生态保护修复、水环境治理、水灾害防治以及全面推进生态文明建设提供了借鉴，为坚持绿色发展理念和久久为功、系统治理的思想提供了经验，为建设美丽中国提供了生动范本。

为民办实事，提升百姓幸福感

2019年，福建省一般公共预算支出5077.93亿元。其中，民生相关支出占一般公共预算支出比重约为76.7%，持续10年保持超7成水平，主要包括教育支出968.54亿元、社会保障和就业支出507.89亿元、医疗卫生支出467.76亿元、城乡社区事务支出558.87亿元等。全省各级部门加快实施民生需求保障行动，坚持以人民为中心，尽力而为、量力而行，加强普惠性、基础性、兜底性民生建设，使改革发展成果更多更公平惠及全体人民，进一步提升人民群众的获得感、幸福感、安全感。全省城镇新增就业64.3万人，失业人员实现再就业25.3万人，就业困难人员实现就业3.74万人，年末城镇登记失业率为3.5%，比上年末下降0.21个百分点。全年居民人均可支配收入35616元，比上年增长9.1%，扣除价格因素，实际增长6.3%。按常住地分，农村居民人均可支配收入19568元，比上年增长9.8%，扣除价格因素，实际增长6.9%；城镇居民人均可支配收入45620元，比上年增长8.3%，扣除价格因素，实际增长5.6%。

全省各级各有关部门严格按照省委和省政府的安排部署，如期完成年初承诺的27项为民办实事项目。下达省级以上补助资金140.7亿元，占年度计划126.8%。其中，下达2.34亿元推进养老服务工程建设，新建居家社区养老服务照料中心162个、农村幸福院904个；落实奖补乡镇敬老院491所；新建11所民办养老机构，新增床位2398张。下达2.41亿元治理“餐桌污染”建设“食品放心工程”，查处违法行为4134起，查获不合格食品159.84吨，破获食品犯罪案件1797起，捣毁各类“黑作坊”“黑窝点”1584个；新认证“三品一标”农产品431个，评定“福建十大农产品区域公用品牌”10个、“福建名牌农产品”30个，创建食品安全社会共治示范县（市）9个、省级餐饮服务食品安全示范街2条、餐饮服务“明厨亮灶”示范单位100家；全省主要农产品抽检总体合格率98.6%，加工食品抽检总体合格率99%，没有发生较大及以上级别的食品安全事故。下达17.16亿元（含中央）提升基本公共卫生服务能力。下达2.05亿元提升妇幼医疗服务供给质量。下达2亿元开展县级公立医院能力提升。下达1.24亿元提升公共体育服务供给质量。下达6.03亿元（含中央）新开工建设公办幼儿园221所。下达8.1亿元实施公共就业服务工程，城镇登记失业率3.5%，控制在4.2%目标以内，帮助就业困难人员享受政策25144人次；完成全省“三支一扶”招募561人，完成300名大学生志愿服务欠发达地区和300名服务社区招募工作；支持建设10家省级创业孵化基地。下达6亿元（含中央）推动实施校舍安全长效保障机制，竣工校舍面积38.5万平方米。下达3.44亿元推进高水平教师队伍建设，开展省级师资培养培训5.1万人次，将23个省级扶贫开发工作重点县的14958名乡村教师生活补助标准从每人每月400元提高到500元，对新补充的5002名特岗教师按照每位教师每年1.5万元的标准连续补助3年。下达4.35亿元开展残疾人助残工程，扶助4000名困难残疾人就业创业，资助1.2万名残疾人托养服务；落实困难残疾人生活补贴每人每月70元，一级重度残疾人护理补贴每人每月110元，二级重度残疾人护理补贴每人每月60元。下达2100万元完成造福工程易地扶贫搬迁956户3924人。下达3.62亿元（含中央）支持现代乡村建设，开展695个建档立卡贫困村村级集体经济发展试点运营，每村补助60万元，试点收益返还试点村集体；上杭、福安等2个全国试点县（市）和福清、海沧、长泰、晋江、沙县、荔城、武夷山等7个省级试点县（市、区）均建立县级文明实践中心，建立乡镇实践所129个、村实践站1673个，开展文明实践志愿服务活动3万多场次。下达11.04亿元提高城乡居民最低生活保障标准，所有县（市、区）实现低保标准城乡一体化，全省平均标准达7350元/年。下达4.33亿元治理农村生活污水垃圾，建成乡镇污水处理设施115个，新建、改造村庄三格化粪池40.88万户，在83个试点村开展生活垃圾干湿分类试点。下达13.88亿元（含中央）实施“四好农村路”工程，建设、改造农村公路1930千米，改造危桥200座，提升农村公路安保5190千米，建成乡镇综合运输服务站25个。实施金融惠农工程，下达农业保费保险补贴2.71亿元；下达0.4亿元实施新型农村金融机构定向费用补贴；继续对符合条件的村镇银行按其当年贷款平均余额的2%给予补贴。下达1.33亿元新建、改扩建公共厕所3518座，新建旅游厕所656座。下达26.2亿元（含中央）加快保障性安居工程建设，新开工各类棚户区改造项目6.43万套，基本建成4.92万套；推进租赁住房和共有产权住房建设，福州市新开工3708套、新增市场供应4546套，厦门市新开工10058套、新增市场供应5805套。下达0.4亿元推进城市公共停车设施建设，新增城市公共停车泊位1.35万个。下达1.2亿元完成整治修复城镇老旧街巷（坊）12条，保护利用传统村落（历史文化名镇名村）12个。下达0.92亿元（含中央）整治道路交通安全隐患1853处。下达7.84亿元补助安全生态水系建设，完成综合治理河长756.25千米。下达3.61亿元开展小流域综合治理，完成82条小流域综合治理项目，全省小流域Ⅰ～Ⅲ类水质比例同比提升8个百分点，达92.8%。下达4.53亿元（含中央）完成水土流失综合治理130万亩。下达0.77亿元提升城市供水水质，完成老旧水厂工艺提升改造25座，老旧供水管网改造710千米、“一户一表”改造16万户。下达2.62亿元开展市政污水管网建设，新建、改造市政主次污水管网1820千米。

编辑：吴朝庭

1月

3日 兴证国际从港交所创业板转至主板上市，成为福建省金融企业第一家主板上市公司。

4日 省海洋与渔业局举行水产品质量安全“一品一码”全程追溯系统上线运行发布会。该系统上线标志着福建省进入水产品质量安全“源头可溯、去向可追、风险可控、公众参与”的赋码监管时代。

5日 福建省第一单政策性农业气象巨灾指数保险在中国人寿财险宁德市中心支公司寿宁县营销服务部出单。该保单由寿宁县凤阳镇政府拨款投保，在保险期间，凤阳镇辖内因低温、台风、强降水等主要气象灾害造成的农业损失而产生的施救费用，将由保险公司进行补偿。

4—6日 国务委员、公安部部长赵克志在福建调研并看望慰问基层民警。省领导王宁、王洪祥、檀云坤、田湘利分别陪同调研或参加座谈。

8日 国家科学技术奖励大会在北京举行。福建省7项成果获2018年度国家科学技术奖。其中，厦门大学主持完成的“金属纳米材料的表面配位化学”获国家自然科学奖二等奖，厦门钨业股份有限公司参与完成的“基于硫磷混酸协同浸出的钨冶炼新技术”获国家技术发明奖二等奖，厦门亿力吉奥信息科技有限公司和国网福建省电力有限公司参与完成的“复杂大电网时空信息服务平台关键技术与应用”、福建省农业科学院土壤肥料研究所参与完成的“我国典型红壤区农田酸化特征及防治关键技术构建与应用”、厦门金龙联合汽车工业有限公司参与完成的“基于共用架构的汽车智能驾驶辅助系统关键技术及产业化”、新大陆科技集团有限公司参与完成的“城市集中式再生水系统水质安全协同保障技术及应用”、福建傲农生物科技集团股份有限公司参与完成的“猪抗病营养技术体系创建与应用”获国家科学技术进步奖二等奖。

13—17日 中国人民政治协商会议第十二届福建省委员会第二次会议在福州召开。大会收到提案824件，经审查立案773件。

14—18日 省十三届人大二次会议在福州召开。大会表决通过《关于福建省人民政府工作报告的决议》《关于福建省2018年国民经济和社会发展计划执行情况及2019年国民经济和社会发展计划的决议》《关于福建省2018年预算执行情况及2019年预算的决议》《关于福建省人民代表大会常务委员会工作报告的决议》《关于福建省高级人民法院工作报告的决议》《关于福建省人民检察院工作报告的决议》。

18日 顺昌至邵武高速公路通车运营。该项目是闽赣大通道的重要一环，全长66.56千米，概算投资60.62亿元，于2016年4月18日开工，2019年1月建成，提前3个月完成。

18日 全国首个茶微生物生化工程研究院在宁德市福建仙洋洋生物科技有限公司成立。该研究院全称为工业微生物发酵技术国家工程研究中心茶微生物生化工程研究院，由国家发展改革委与福建省联合共建，旨在围绕生物制造业发展的关键共性问题，开展生物药物、类维生素、氨基酸等方面研究。

21日 金风科技首台6.7MW机组在福清江阴的福建三峡海上风电国际产业园下线。该机组叶轮直径154米，是亚太地区投运的最大海上风电机组。

21日 工信部、民政部、国家卫健委三部门联合在北京召开全国智慧健康养老产业大会，并发布第二批智慧健康养老示范企业26家。厦门智宇孝老集团获批成为全省首家入选的全国智慧健康养老示范企业。

21—23日 全国政协副主席、交通运输部党组书记杨传堂率全国政协农业和农村委员会调研组在闽围绕推进“四好农村路”建设开展专题调研，并在福州举行调研座谈会听取情况介绍。调研组先后赴福州、泉州、龙岩等地，进村入户实地了解情况。

23—25日 全国政协副主席刘奇葆率全国政协调研组在闽调研地方政协工

作，并在福州、宁德召开座谈会。调研组深入蕉城区政协、宁德新时代能源公司、连江县政协、鼓楼区东街街道政协联组委员之家等基层政协组织和委员履职一线，与基层委员、群众面对面交流。

24日 福建自贸试验区厦门片区颁发福建省首张进口非特殊用途化妆品备案电子信息凭证，来自台湾面膜品牌提提研的厦门子公司成为首家获得备案凭证的企业。

26日 中共福建省委原副书记、福建省政协原副主席何少川遗体告别仪式在福州举行。何少川于2019年1月22日零时16分在福州逝世，享年82岁。

1月 省文物局公布第一批省级考古遗址公园，其中列入评定名单8个，即昙石山考古遗址公园、东溪窑（南靖、华安）考古遗址公园、德化窑考古遗址公园、永春苦寨坑考古遗址公园、将乐岩仔洞考古遗址公园、明溪南山考古遗址公园、浦城猫耳山考古遗址公园、平潭壳丘头考古遗址公园；列入立项名单2个，即漳平奇和洞考古遗址公园、平潭海坛海峡水下考古遗址公园。

2月

1日 习近平总书记给厦门大学管理学院外籍教授潘维廉回信，祝贺他《我不见外——老潘的中国来信》一书出版，感谢他把人生30年的宝贵时光献给中国的教育事业，相信他将会见证一个更加繁荣进步、幸福美好的中国，一个更多造福世界和人类的中国，潘维廉笔下的中国故事也一定会更精彩。

2日 福建省2019年春节团拜会在福州西湖宾馆举行。省委书记、省人大常委会主任于伟国，省长唐登杰，东部战区陆军司令员徐起零、政委廖可铎，省政协主席崔玉英，在闽过年的中央和国家部委机关有关领导，省委、省人大常委会、省政府、省政协领导，省法院、省检察院领导，全国政协专委会领导，全国人大专委会委员，省级领导，驻闽部队领导，地方和部队老同志，各界人士代表等出席团拜会。

2日 国家发展改革委等7部委确定首批100个国家农村产业融合发展试点示范园名单。福建省武夷山市和建宁县入选首批示范园名单。

7日 经评估验收合格，南平市延平区非洲猪瘟疫区于零时起解除封锁。至此，全省3起非洲猪瘟疫情全部解除封锁，福建省恢复为非洲猪瘟非疫情省份。

12日 省政协原副主席、台盟福建省委会原主委叶庆耀遗体告别仪式在厦门举行。叶庆耀于2019年2月6日8时50分在厦门逝世，享年93岁。

18日 国家市场监督管理总局、国家标准化管理委员会召开新闻发布会，批准发布由福建省市场监管局牵头、福建省标准化研究院主导制定的GB/T37072－2018《美丽乡村建设评价》国家标准。

26日 全国妇联决定授予阎锡蕴等10位杰出女性全国三八红旗手标兵称号。福建省长汀县策武镇南坑村党支部书记沈腾香获该称号。

26日 经中共中央批准，胡昌升任中共厦门市委书记。

2月 省委编办、省市场监管局、南平市委编办、省标准化研究院等联合制定全国首个政府部门权责清单省级地方标准。这是福建省权责清单制度化建设的一项创新性成果，也是全国首个权责清单管理地方标准。

2月 根据财政部公布的2018年国家首批99家“双创”特色载体名单，福建省有福州高新技术产业园（福州软件园）、厦门火炬高技术产业开发区、将乐经济开发区、福建闽北经济开发区、龙岩高新技术产业开发区5个园区入围，共计获得中央财政资金支持2.5亿元。

3月

1日 全国首家特殊（视障）儿童康复门诊在泉州揭牌。揭牌仪式上，省残联与福建医科大学附属第二医院签订高位对接协议。

6日 中宣部、财政部、文化和旅游部、国家文物局公布《革命文物保护利用片区分县名单（第一批）》。福建省有45个县（市、区）分别入选原中央苏区片区、海陆丰片区、闽浙赣片区。其中，梅列、延平、新罗等41个县（市、区）入选原中央苏区片区，列入原中央苏区片区的诏安、平和同时入选海陆丰片区，延平、屏南等13个县（市、区）入选闽浙赣片区。

7日 工信部授予厦门市“中国特色软件名城”称号。至此，全省有福州、厦门2个“中国特色软件名城”。

8日 平潭举行“台商台胞金融信用证书”颁证暨授信签约仪式，中国人民银行平潭综合实验区支行为16名在岚台商台胞颁发金融信用证书。

12日 《八闽文库》全媒体出版工程启动仪式在福州举行。省委常委、秘书长、宣传部部长梁建勇出席仪式并讲话，副省长杨贤金出席仪式。

19日 在杭州举办的全国室内田径锦标赛总决赛女子60米决赛中，福建选手葛曼棋跑出7秒10的优异成绩，创造新的全国纪录。

26日 “全福游、有全福”——2019福建旅游全媒体推介会在北京人民网1号演播大厅举行。副省长杨贤金出席推介会并致辞。

28日 省十三届人大常委会第九次会议闭幕。会议表决通过《福建省非物质文化遗产条例》和《关于办理省十三届人大二次会议主席团交付审议的代表议案的决定》。会议决定批准《福州市城市内河管理办法》《漳州市市区内河管理规定》《南平市城市绿地管理办法》《宁德市霍童溪流域保护条例》。

29日 由省委宣传部、省双拥办、省军区政治工作局联合主办的首届福建省“国防人物”颁奖仪式在福州举行。省委副书记、福州市委书记王宁，副省长郑新聪，省军区副政治委员李弘出席活动并为获奖人选颁奖。首届福建省“国防人物”评选确定15名正式人选，并确定15名提名奖获得者。

3月 公安部下发通报，要求各级公安机关深入学习宣传新时代“漳州110”精神，引导激励广大公安民警进一步牢记宗旨、坚定信念、勇于担当、忠诚履职，全力做好维护国家政治安全和社会稳定的各项工作。

3月 中宣部命名第五批全国学雷锋活动示范点和岗位学雷锋标兵。福建省上杭县公安局古田派出所女警巡逻服务队、福州市法律援助中心被命名为全国学雷锋活动示范点，南平市武夷山车站公安派出所民警郭忠被命名为岗位学雷锋标兵。

4月

2日 闽西南协同发展区建设工作座谈会在厦门召开。省委书记于伟国强调，要推动闽西南协同发展区朝着更深、更广、更紧密融合的方向迈进，形成高质量的区域一体化发展和区域竞争新格局。省长唐登杰主持会议。

15—18日 全国人大常委会副委员长吉炳轩率调研组一行到闽，先后赴三明、龙岩就革命老区脱贫攻坚工作开展专题调研。省人大常委会副主任黄琪玉参加座谈并陪同调研。

15—19日 全国政协常委、港澳台侨委员会副主任裘援平率调研组到闽，与福建省政协联合开展“国际经贸环境变化对港澳台侨企业的影响及对策”专题调研。全国政协常委、港澳台侨委员会副主任、台盟中央专职副主席吴国华，省政府副省长郭宁宁，省政协副主席王惠敏参加相关活动。

16日 省委书记于伟国在福州会见英国约克公爵安德鲁王子一行。英国哈德斯菲尔德大学校长鲍勃·克莱恩、伦敦都市大学校长琳·德布斯、英国驻广州总领事梅凯伦等随行到访。会见后，福建师范大学、英国哈德斯菲尔德大学的负责人分别代表双方签订合作办学协议。

18日 应联合国经济社会事务部邀请，副省长郑建闽率福建代表团在纽约联合国总部参加“‘菌草技术’：‘一带一路’倡议促进落实联合国2030年可持续发展议程重要贡献高级别会议”，并在会上发言。

18日 纪念红四军首次入闽90周年座谈会在长汀县召开。与会人员一同重温红四军首次入闽的光辉历程，缅怀老一辈无产阶级革命家的不朽功勋。

19日 福建广生堂药业股份有限公司非酒精性脂肪肝病全球创新药GST-HG151临床试验获国家药品监督管理局批准。临床前研究显示，GST-HG151具有改善肝功能的作用和明显的抗纤维化效果。

22日 闽宁互学互助对口扶贫协作第二十三次联席会议在福州举行。福建省委书记于伟国、宁夏回族自治区党委书记石泰峰讲话，宁夏回族自治区政府主席咸辉介绍经济社会发展、脱贫攻坚和闽宁扶贫协作开展情况，福建省省长唐登杰主持会议，宁夏回族自治区政协主席崔波出席会议。

23日 省政府发布《福建省高等学校考试招生综合改革实施方案》，提出福建省2020年实施新的高职院校分类考试招生制度，2021年实施新的普通高等学校考试招生制度，逐步形成分类考试、综合评价、多元录取的高等学校考试招生模式。根据方案，2019年福建省高考将实行“3＋1＋2”模式。

26日 第七届中国戏剧奖在广西南宁揭晓。福建省芳华越剧团尹派“非遗”传承人、一级演员陈丽宇凭借越剧《团圆之后》获第七届中国戏剧奖·梅花表演奖（第29届中国戏剧梅花奖）；福建省实验闽剧院编剧王羚创作的闽剧剧本《双蝶扇》获第七届中国戏剧奖·曹禺剧本奖（第23届曹禺剧本奖）。

28日 省政府办公厅印发《福建省降低社会保险费率综合工作方案》，明确从2019年5月1日起，全省企业职工基本养老保险单位缴费费率从18%降至16%（厦门市企业职工基本养老保险单位缴费费率，按国家规定制订省级统筹过渡办法）；机关事业单位养老保险单位缴费费率从20%同步降至16%；企业和机关事业单位养老保险参保职工缴费费率维持8%不变。

29日 生态环境部公布11个“无废城市”建设试点城市名单。光泽县作为全国唯一的县级代表，以特例身份参加试点。

5月

1日 福建农林大学庄伟建教授主持的研究成果《栽培种花生基因组揭示了豆科植物的核型、多倍体进化和作物驯化》在国际学术权威刊物《自然·遗传学》杂志发表。该项研究在全世界范围内首次破译四倍体栽培种花生的全基因组，对全球花生的遗传改良具有里程碑意义。

5日 省委书记于伟国、省长唐登杰在福州先后与中国联通董事长王晓初、百度公司董事长兼首席执行官李彦宏、中国建设银行董事长田国立、中兴通讯公司董事长李自学等参加第二届数字中国建设峰会的嘉宾座谈并出席合作协议签约仪式。

6日 台湾王氏宗亲会荣誉理事长王金平率家人、宗亲近百人抵达厦门，开启为期3天的祭祖寻根之旅。省委常委、厦门市委书记胡昌升会见王金平一行。

6日 生态环境部和福建省政府签署共建“数字生态”示范省战略合作协议，建立部省合作机制，开展战略合作，共建“数字生态”示范省。

6—8日 以“以信息化培育新动能 用新动能推动新发展 以新发展创造新辉煌”为主题的第二届数字中国建设峰会在福州举行。中共中央政治局委员、中宣部部长黄坤明出席峰会开幕式并发表主旨演讲。十二届全国政协副主席、国家电子政务专家委员会主任王钦敏出席开幕式；省委书记于伟国，中宣部副部长、中央网信办主任、国家网信办主任庄荣文分别致辞；省长唐登杰主持开幕式。峰会期间，福建各地洽谈对接的数字经济项目587个，其中签约落地项目308个，总投资超过2500亿元，涵盖物联网、大数据、人工智能、芯片等多个领域。

9日 全省首档省地联合全媒体问政节目《问政平潭》上线，并通过微信公众号、网站等平台进行直播。

9—12日 首届世界残疾人沙滩排球国际赛在平潭龙王头沙滩开赛。来自中国、美国、澳大利亚、德国等8个国家的10支残疾人沙排队伍参赛。

10—12日 福建省部分全国人大代表围绕脱贫攻坚主题赴宁德市调研。全国人大外事委员会副主任委员张志军，省人大常委会党组书记、副主任张广敏，全国人大华侨委员会委员叶双瑜等参加调研。调研组一行实地察看宁德时代新能源、上汽宁德基地、中铝东南铜冶炼基地、青拓集团等“金娃娃”项目，并前往宁德市摆脱贫困主题馆、寿宁下党乡、屏南双溪安泰艺术城、屏南仙山牧场等地，深入了解脱贫攻坚、乡村振兴的做法与成效。

13日 武夷山市政府承办的中国技能大赛“武夷山”杯首届全国评茶员职业技能竞赛总决赛在武夷山市开幕。中华全国供销合作总社副主任王伟出席开幕式。此次竞赛是评茶员职业领域举办的首个国家级赛事。

17日 第二届海丝博览会暨第二十一届海交会投资促进大会在海峡国际会展中心举行。省委副书记、福州市委书记王宁，斯里兰卡旅游发展和宗教事务部国务部长兰吉特·阿鲁维哈，中国人民对外友好协会副会长宋敬武，省领导周联清、李德金，国家部委有关负责人，外国使领馆官员，城地组织亚太区、国际友城、对口协作城市、对口帮扶城市、商协会、重点客商代表等1000多人出席活动。

17日 “两马”新航线——福州马尾琅岐至马祖南竿福澳港航线开通，成为连接榕马两地中心区最快速、最便捷的交通枢纽和贸易通道。

17—18日 甘肃省党政代表团到闽学习考察。两省在福州召开扶贫协作座谈会，就进一步深化对口扶贫协作、推动闽甘共同发展进行深入交流。福建省委书记、省人大常委会主任于伟国，甘肃省委书记、省人大常委会主任林铎在会上讲话。福建省委副书记、省长唐登杰出席座谈会。在闽期间，代表团先后赴厦门、福州等地，考察厦门国贸控股集团和福州飞凤山智能公园、甘肃岷县农特馆等项目，并就深入推进定西市与福州市、临夏州与厦门市扶贫协作进行交流。甘肃省领导宋亮、王嘉毅，福建省领导王宁、胡昌升、郑新聪、郑建闽参加有关活动。

18—22日 第二届21世纪海上丝绸之路博览会暨第二十一届海峡两岸经贸交易会在福州举行。围绕“拓展海丝合作、深化两岸融合、共享发展成果”主题，举行丝路中欧投资论坛、海洋经济与城市发展·港口合作论坛、海峡两岸供应链融合发展高峰论坛3大平行论坛和10余场配套活动。

18日 国家电网福建公司泉州通港500千伏变电站竣工投运。该变电站是全国首次采用调控系统远程“一键顺控”操作启动送电的500千伏变电站，将传统的人工倒闸操作模式转变为智能操作模式。

20日 经联合国老龄研究所积极老龄化专家委员会认证，诏安县获“世界长寿乡”称号。

22日 澳蓝（福建）实业有限公司、福建星云电子股份有限公司、福建宏贯路桥防腐科技股份有限公司等10家福建省企业入选工信部第一批专精特新“小巨人”企业。

26日 由八一电影制片厂、福建电影制片厂有限公司联合出品的大型红色史诗电影《古田军号》，在龙岩古田举行“成功从古田开始”全国路演专场活动。

30日 农村人居环境整治暨“厕所革命”现场会在宁德市召开。中共中央政治局委员、国务院副总理胡春华出席会议并讲话。会后，胡春华到宁德市蕉城区金涵畲族乡、霍童镇、八都镇，实地了解农村人居环境整治和改厕工作情况。省委书记于伟国、省长唐登杰分别陪同调研或参加会议。

30日 2019海峡（福州）渔业周·中国（福州）国际渔业博览会在福州开幕。来自日本、澳大利亚、加拿大、巴西、泰国、韩国、印度尼西亚等34个国家和地区的近400家企业参展，总展位数1870个。成功签约项目13个，签约总金额227亿元。

6月

3日 “廊桥申遗·全民参与”2019年闽浙木拱廊桥全国高校巡回展在上海复旦大学开幕。福建省寿宁县、屏南县、周宁县、政和县和浙江省泰顺县、庆元县、景宁畲族自治县通过联合巡展，促进廊桥文化的普及、推广。

5日 第二届中国生态文明奖揭晓。福建省武夷山市生态环境局获评为先进集体，长汀县三洲镇戴坊村村民兰林金、福建师范大学教授刘剑秋获评为先进个人。

7日 全省首个乡镇级融媒体中心——晋江市安海融媒体中心启用。安海融媒体中心由福建日报报业集团旗下《晋江经济报》与安海镇党委政府合作创办。

11日 中宣部在江西于都、瑞金和福建长汀、宁化举行“壮丽70年·奋斗新时代——记者再走长征路”主题采访活动启动仪式。中共中央政治局委员、中宣部部长黄坤明出席并讲话。福建省委书记、省人大常委会主任于伟国在长汀会场出席活动并致辞。

14日 2019年世界计量经济学会亚洲年会（2019 AMES）在厦门大学开幕。年会专门设置“中国经济科学发展战略规划”圆桌论坛，组织海内外嘉宾围绕“中国经济学科的发展现状”“中国经济学家未来可在哪些领域取得有重大国际影响的理论突破和方法突破”等议题进行探讨。

14日 福建省骨科联盟在福州成立。该联盟由福建省创伤医学中心及福建医科大学附属第一医院骨科发起，首批68家单位加入联盟。

16日 第十一届海峡论坛在厦门举行。中共中央政治局常委、全国政协主席汪洋出席论坛并致辞。

17日 全国政协副主席、中华全国工商业联合会主席高云龙在福州与参加第六届世界闽商大会的部分闽商代表座谈交流。省委书记于伟国出席并讲话，省长唐登杰主持。国家有关部委领导，省委、省人大常委会、省政府、省政协领导参加座谈。

18日 第六届世界闽商大会、第十七届中国·海峡创新项目成果交易会和第九届福建省民营企业产业项目对接洽谈会在福州开幕。全国政协副主席、中华全国工商业联合会主席高云龙出席开幕式并讲话。省委书记于伟国讲话，省长唐登杰主持。来自100多个国家和地区的闽商与海内外嘉宾参加。

18日 “福建省院士专家工作站授牌暨院士项目签约仪式”在福州举行。现场签约院士团队项目15个、海智项目1个，并为5家全国模范院士专家工作站、10家福建省示范院士专家工作站、56家新建福建省院士专家工作站、18家2019年重新认定福建省级院士专家工作站授牌。

18日 “中国扶贫第一村”福建福鼎市磻溪镇赤溪村和“精准扶贫首倡地”湖南湘西土家族苗族自治州花垣县十八洞村，在十八洞村举行签约仪式，缔结脱贫致富奔小康姊妹村。

19日 福州闽侯县开展古村落·古厝文化生态司法保护专项行动，揭牌成立全省首个“古村落·古厝文化生态司法保护示范点”，并为志愿者队伍代表授旗。

19—21日 2019（第十四届）中国卫生信息技术及健康医疗大数据应用交流会在西安举行。会上，厦门大学附属中山医院、厦门大学附属第一医院获国家医疗健康信息互联互通五级乙等授牌（全国累计17家医院通过五级测评），成为全省首批获该等级测评结果的医疗单位。

20日 福建省首家人工智能学院、人工智能研究院在福州大学揭牌。同时，组建绿色智慧能源互联网、大数据与智能技术等首批6个人工智能研究方向的校企联合实验室和产教融合创新基地。

20日 “网红”品牌“鹿角巷”著作权之争在厦门市思明区法院公开开庭。该庭审是全国首场“5G＋VR”庭审，由最高人民法院新闻局、福建省高级人民法院、厦门市中级人民法院、厦门市思明区人民法院、厦门广电集团联合举办庭审5G网络互动直播，吸引1200万网友在线观看旁听。

22日 第一届洞天福地研究与保护国际学术研讨会在宁德蕉城开幕，来自中、德、荷、日、韩各国和中国台湾地区的25位专家学者参会，围绕洞天福地的具体内涵、文化渊源及相关保护工作等主题，展开跨学科、跨文化对话。

25日 第九届全国“人民满意的公务员”和“人民满意的公务员集体”表彰大会在北京举行。福建省5名公务员和3个集体受到表彰。其中，宁德市公安局蕉城分局原副局长杨春被追授为全国“人民满意的公务员”称号，福州市园林中心杨晓、厦门市湖里区委台港澳工作办公室方旭明、明溪县司法局城关司法所方秋轩、莆田市湄洲湾北岸经济开发区交通运输局谢超群被授予全国“人民满意的公务员”称号，福建省环境监察总队、福州市行政（市民）服务中心管理委员会、晋江市公安局刑事侦查大队被授予全国“人民满意的公务员集体”称号。

27日 2019年“闽茶海丝行”活动在马来西亚首都吉隆坡启动。福建省代表团与来自马来西亚政商界代表、茶界代表、侨领代表等150多人参加启动仪式。

28日 全省首个高校科技特派员工作站——武汉理工大学三明科技特派员工作站揭牌成立。自2019年起，武汉理工大学将根据三明地区产业发展需要，每年选派一批专家教授作为服务三明地区的科技特派员，以柔性形式入驻工作站。

7月

1日 中国证监会同意福建福光股份有限公司（简称“福光股份”）科创板首次公开发行股票注册。福光股份成为福建省首家取得证监会批准的科创板注册企业。

2日 福建省开通首条“卢森堡—郑州—厦门—洛杉矶”第五航权货运航线。

5日 外交部福建全球推介活动在北京举行。国务委员兼外交部部长王毅、省委书记于伟国出席主题推介并致辞，外交部党委书记齐玉出席活动，省长唐登杰进行推介。印度尼西亚、日本、法国等国驻华大使先后致辞。

5日 自然资源部中国地质调查局与福建省政府在福州进行会商，并签署新一轮战略合作协议。自然资源部党组成员、中国地质调查局局长钟自然，副省长李德金出席会议并讲话。

6—8日 中共中央政治局委员、中宣部部长黄坤明在福建调研，详细了解革命遗址遗存保护利用和基层宣传文化工作情况，并深入社区、农村、企业和宣传文化单位，听取基层干部群众的意见建议。省委书记于伟国陪同调研。

8日 省农科院茶叶研究所“国家土壤质量福安观测实验站”入选第二批国家农业科学观测实验站，成为福建省首个国家农业科学观测实验站。

9日 以“中老两国社会主义现代化建设的规律”为主题的第八次中老两党理论研讨会在福建厦门举行。中共中央政治局委员、中央书记处书记、中宣部部长黄坤明，老挝人革党中央政治局委员、中央书记处书记、中组部部长占西·普西坎，老挝人革党中央书记处书记、中宣部部长吉乔·凯坎皮吞出席开幕式。省委书记于伟国，省领导胡昌升、梁建勇、郑新聪参加有关活动。

10日 中国大陆首个台胞医保服务中心在莆田涵江医院揭牌成立。台胞就诊后签订相关委托文件，便可实现一站式的医保报销服务。

11日 平潭至高雄海上客运航线“海峡号”完成首航。该航线总里程178海里，单次海上航程仅需4.5小时。至此，平潭率先实现与台湾北、中、南部港口客货运直航全覆盖。

11日 福建品尚征信有限公司与台湾中华征信所签署全面战略合作协议。这是两岸民间征信机构首次合作。

12日 福建首个省级湿地公园——福建鸣溪省级湿地公园，在福州通过专家组评审。湿地公园地处明溪县，规划面积609.64公顷，湿地面积392.16公顷，其中永久性河流湿地382.05公顷、洪泛平原湿地5.45公顷、稻田湿地4.66公顷，湿地率（不含稻田湿地）为63.56%。

15日 泉州市鲤城区以古厝为载体，打造的全国法院首家家事文化馆——鲤城区人民法院家事文化馆开馆。

16日 中共福建省委发文追授杨春“全省优秀共产党员”称号。

18日 福建省与中国银行在福州签署全面深化战略合作协议。省委书记于伟国、省长唐登杰，中国银行党委书记、董事长刘连舸出席签约仪式。省领导郑新聪、郭宁宁，中国银行副行长林景臻出席签约仪式。

18日 全国首个网约车运营服务管理地方标准——《厦门市网约车运营服务管理标准》发布实施，标准包括运营条件、服务规范、运营管理、信息安全、安全与应急、监督管理6个部分。

18日 由福州市马尾区委、区政府牵头，福州物联网产业基地承建，中国电信福建省分公司总集成的全国首个大规模应用窄带物联网（NB—IoT）技术的“智慧校园”（智慧后勤系统）项目，在中央党校（国家行政学院）开通。

19日 国务院新闻办公室在北京举行以“坚定不移推动绿色发展的福建实践——加快建设高素质高颜值的新福建”为主题的庆祝中华人民共和国成立70周年福建专场新闻发布会，来自境内外媒体的89位记者参会。省委书记、省人大常委会主任于伟国作主题发布并回答记者提问。省委副书记、省长唐登杰回答有关提问。国务院新闻办公室新闻局局长、新闻发言人胡凯红主持新闻发布会。

21—23日 江西省党政代表团到福建考察交流。闽赣两省在福州召开座谈会，共商推动两省交流合作上新水平。福建省委书记于伟国、江西省委书记刘奇讲话，福建省省长唐登杰、江西省省长易炼红分别介绍两省经济社会发展情况。在闽期间，江西省代表团先后赴厦门、宁德、福州等地，考察自贸试验区建设和新技术、新能源产业发展，以及文化遗产保护、民生改善和城乡发展等情况。

25日 福建省在上交所发行274亿元地方政府专项债券。至此，全省2019年度8次发债全部成功，新增地方政府债务限额1009亿元，首次突破千亿元。同时，首次发行30年期一般债券和20年期专项债券。

25日 纪念中共闽西“一大”召开90周年座谈会在上杭县蛟洋镇举行。

25日 福建省首单重大水利项目专项债券——城乡供水一体化项目收益与融资自求平衡专项债券在上海证券交易所发行。该专项债券首期发行总额8亿元，发行利率3.78%，期限为20年。

26日 省十三届人大常委会第十一次会议闭幕。会议表决通过《福建省城乡生活垃圾管理条例》《福建省行政执法条例》《福建省电梯安全管理条例》。会议批准《三明市城市园林绿化管理条例》《莆田市湄洲岛保护管理条例》。会议批准耕地占用税福建省适用税额方案，批准2018年省级决算。会议表决通过省人大常委会关于许可对省十三届人大代表林绍坤采取刑事强制措施的决定和省人大常委会代表资格审查委员会关于个别代表的代表资格的报告。省十三届人大代表林绍坤涉嫌犯罪，省人大常委会决定许可对其采取刑事强制措施，依照代表法有关规定，暂时停止林绍坤执行代表职务。会议表决通过省人大常委会有关任免名单。因工作需要，免去杨贤金的省政府副省长职务。

28日 由福建省政府外事办主办，美国福建华人联合会、福建日报社东南网美国站承办的“魅力福建 兴业热土”图片展在纽约华埠开幕。图片展为期3天。

29日 厦门市大数据安全开放平台上线。这是全国首个采用“数据安全屋”技术开展政务大数据安全开放应用的平台，也是全国首个致力于构建大数据开放生态合作的平台。

31 日 “天翼智家，美好生活”双千兆城市启动大会在福建会堂举行。标志着数字福建基础设施迈向新台阶、百姓家庭信息生活更加智慧化，福建省国民经济和社会信息化发展迈入“5G＋光宽”双千兆时代。

31 日 人力资源和社会保障部、公安部联合追授杨春“全国公安系统一级英雄模范”称号。

7 月 由福建福宁船舶重工有限公司建造的国内最大深远海鲍鱼养殖平台“福鲍 1 号”在福安建成。“福鲍 1 号”长 37.3 米、宽 33.3 米，设计吃水深度 6.6 米，总面积 1228.4 平方米，总造价 1000 万元，是国内首制的智能环保型鲍鱼养殖平台。

7 月 顺昌县在福建海峡股权交易中心挂牌的竹林碳汇达成交易。此次竹林碳汇项目以每吨 18 元的单价销售 6.9 万吨给三明智胜化工股份有限公司，成交额 124.2 万元，系全国首笔竹林碳汇交易。

8月

4 日 中共中央总书记、国家主席、中央军委主席习近平给福建省寿宁县下党乡的乡亲们回信，祝贺他们实现脱贫，鼓励他们发扬滴水穿石精神，走好乡村振兴之路。习近平在回信中说：“得知下党实现脱贫，乡亲们的日子越过越红火，我非常高兴。向大家致以衷心的祝贺！”习近平指出，希望乡亲们继续发扬滴水穿石的精神，坚定信心、埋头苦干、久久为功，持续巩固脱贫成果，积极建设美好家园，努力走出一条具有闽东特色的乡村振兴之路。

7 日 省委书记于伟国、省长唐登杰在福州与来闽出席 2019 届引进生座谈会的北京大学、清华大学、中国人民大学、复旦大学、上海交通大学、同济大学、北京协和医学院、中国科学院大学等全国重点高校负责人座谈。

8 日 平潭综合实验区开发的“企业开办全程网上办”系统上线运行，成为全省首个实现企业开办全程网上办的地区。此次“全程网办”改革，实现内资企业开办营业执照办理、公章刻制、社保登记的全程“网上办”“无纸化”“零见面”。

9 日 首届中国人工智能峰会暨多媒体信息识别技术竞赛成果发布会在厦门举行。来自 31 个单位的 35 支队伍获 A 级证书，并评选出 16 个 AI 创新之星项目。中央网信办副主任杨小伟，工信部副部长陈肇雄，公安部副部长林锐，福建省委常委、厦门市委书记胡昌升出席会议并致辞。

15—20 日 全国政协副主席苏辉率领全国政协中华人民共和国成立 70 周年伟大成就考察团在闽考察“中华人民共和国成立 70 周年伟大成就”。省委书记于伟国、省长唐登杰、省政协主席崔玉英在福州与考察团一行座谈交流。考察团深入企业、农村和城市社区与基层委员、群众面对面深入交流，实地考察了解 70 年来特别是改革开放以来福建省各项事业取得的成就。

17 日 福州海关缉私局联合中国海警东海分局、福建省打私办开展“707 陆海联动”打击成品油走私专项查缉行动。抓获犯罪嫌疑人 80 余人，查获涉案船舶 7 艘，现场查扣涉嫌走私成品油 1000 余吨、油款现金近 2000 万元。

19 日 第十五届精神文明建设“五个一工程”表彰座谈会召开，福建省成为全国首个实现每个评奖类别都有作品获奖的省份。福建省有 6 部作品获奖，其中电影《古田军号》、电视剧《可爱的中国》2 部作品获特别奖，闽剧《生命》、广播剧《闽宁镇》、歌曲《时代号子》、长篇小说《海边春秋》4 部作品获优秀作品奖。

20 日 顺昌县检察院提起的全省首例捍卫英雄烈士荣誉刑事附带民事公益诉讼案件一审宣判。被告人黄某某犯寻衅滋事罪，被判处有期徒刑 7 个月，并被判令在判决生效后 10 日内在国家级媒体上书面公开道歉。

21 日 由省文化改革发展工作领导小组办公室、省商务厅、中国国际贸易促进委员会福建省委员会共同举办的“福建文化精品金砖国家（巴西）展览会”在巴西圣保罗开幕。

21—23 日 国务院副总理、国务院医改领导小组组长孙春兰在福建调研并出席医改推进现场会。省委书记于伟国，省长唐登杰分别陪同调研或参加会议。

23 日 平潭综合实验区自然资源与空间信息时空云项目通过验收。这标志着全省首个智慧城市时空大数据与云平台建设项目全部完成。

27 日 第 18 届世界中学生运动会组委会成立大会暨第一次全体会议在晋江召开。组委会主席、教育部部长陈宝生，组委会主席、省长唐登杰出席会议并讲话。

28 日 来自福建宁德的赖小娟在第十届全国残疾人运动会田径项目女子 F57 级标枪决赛中，四破全国纪录，最终以 25.42 米的成绩夺得冠军。

29 日 一辆车牌号为“ATB·1282”的台湾地区机动车从平潭口岸通关入境，平潭交警现场为其核发临时入境机动车号牌与行驶证。这是福建省首辆试点以“保函”形式担保的临时入境台湾地区机动车。

30 日 中宣部在北京向全社会宣传发布杨春的先进事迹，追授他“时代楷模”称号。省委常委、宣传部部长梁建勇，副省长、省公安厅厅长田湘利出席发布仪式。

31 日 天津大学福州国际校区一期工程动工暨滨海新城五所学校集中开学活动举行。省委副书记、福州市委书记王宁，天津大学党委书记李家俊，新加坡国立大学常务副校长梅彦昌出席活动。天津大学福州国际校区由福州市出资建设，天津大学联合国际知名高校合办。

9月

4日 第四届全省“人民满意的公务员”和“人民满意的公务员集体”表彰大会在福州举行。会前，省委书记于伟国、省长唐登杰与福建省第九届全国“人民满意的公务员”和“人民满意的公务员集体”、第四届全省“人民满意的公务员”和“人民满意的公务员集体”受表彰的代表座谈。

4日 省委书记于伟国、省长唐登杰在福州会见第47届南丁格尔奖章获得者福建省立医院主任护师李红。省领导郑新聪、郭宁宁参加会见。

4日 文化和旅游部公示首批通过验收认定的71个国家全域旅游示范区名单。福建省永泰县、武夷山市、武平县3地入选。

5日 第七届全国道德模范座谈会在北京召开，并举行颁奖仪式。福建省东山县百货公司退休干部林建德、福清市城头镇吉钓岛医生王锦萍分别获评为诚实守信和助人为乐类全国道德模范。此外，福建省推荐的江华、陈小山等8人获第七届全国道德模范提名奖。

7日 以“共商港航合作、共建丝路通道、共享经贸繁荣”为主题的首届丝路海运国际合作论坛在厦门开幕。省委书记、省人大常委会主任于伟国作主旨演讲，省长唐登杰主持开幕式。交通运输部副部长刘小明、埃及前总理伊萨姆·阿卜杜勒·阿齐兹·沙拉夫、博鳌亚洲论坛原秘书长龙永图、塞尔维亚矿业和能源部部长阿莱克桑达尔·安蒂奇、中国远洋海运集团有限公司董事长许立荣等与会嘉宾先后发言。

7日 首届以“构建工业互联生态体系，推进制造业高质量发展”为主题的2019中国国际工业互联网创新发展大会开幕式及主论坛在厦门举行。工信部党组成员、总工程师张峰，福建省副省长李德金，塞尔维亚副总理兼商贸、旅游和电信部部长拉希姆·利亚伊奇出席，并在开幕式上致辞。

7日 中国农村专业技术协会“福建建瓯闽北乌龙茶科技小院”举行揭牌仪式。这是中国农技协在福建成立的首批5家科技小院之一，也是全国首个茶产业科技小院。

8日 主题为“开放融合促发展、双向投资便利化”的2019国际投资论坛在厦门举行。省委书记、省人大常委会主任于伟国，塞尔维亚副总理拉希姆·利亚伊奇，山西省省长楼阳生，中国国际投资促进会会长马秀红先后致辞。省长唐登杰出席论坛。来自多个国家的政要、驻华大使，国家有关部委领导，兄弟省（区、市）领导，国内知名企业负责人等参加论坛。

8日 2019首届“一带一路”农产品农资（电商）交易会在厦门国际会展中心开幕，同期举办2019首届“一带一路”农产品农资投资合作高峰论坛。中华全国供销合作总社党组成员、理事会副主任蔡振红，副省长李德金，中国食用菌协会会长顾国新以及海内外专家学者、业界代表出席活动。

8日 省商务厅联合印度尼西亚驻广州总领事馆在厦门举办以“共建‘一带一路’，共创繁荣发展”为主题的中国（福建）—印尼双向投资合作推介会。印度尼西亚驻华大使周浩黎、副省长郭宁宁出席推介会并致辞。

9日 福建银保监局在福州举办福建银行业保险业消费者权益保护工作推进会暨全省消费者权益保护服务中心成立大会，省市9家消保中心投运。这标志着福建在全国率先建立银行保险消费纠纷第三方解决机制。

20日 平潭台胞台企金融消费权益保护中心签约揭牌。该中心由福建省金融消费权益保护协会、人民银行平潭综合实验区支行、平潭综合实验区行政审批局联合成立，是大陆首个台胞台企金融消费权益保护中心。

24日 省监委召开第一届特约监察员聘请会议，优选聘请28名特约监察员。省委常委、省纪委书记、省监委主任刘学新为特约监察员颁发聘书并讲话。

26日 福建人民革命大学建校70周年纪念会在福州召开。会议强调，要牢记习近平总书记嘱托，传承红色基因，把革命前辈开创的伟大事业不断推向前进。省委书记于伟国作出批示，省委副书记、福州市委书记王宁出席会议并讲话。福建革大老同学代表王一士、同学会会长张诗椿在会上发言。

26日 福建省第十三届人民代表大会常务委员会第十二次会议通过决定，任命林宝金为福建省人民政府副省长。

27日 省长唐登杰在福州会见第五届福建省“荣誉公民”并向他们颁发荣誉证书。副省长郭宁宁参加会见。第五届福建省“荣誉公民”共8位，分别是：日本长崎县知事中村法道、宁德时代新能源科技股份有限公司首席技术官博阁仁、福建奔驰汽车有限公司总裁兼首席执行官郭鹏凯、福州大学土木工程学院院长布鲁诺、日本财团理事长尾形武寿、百威亚太区总裁兼首席执行官杨克、福建省博特生物科技有限公司特聘研究员伊格、华侨大学教授菲利普。

28日 上汽宁德基地项目竣工投产，首款投产车型——插电混动名爵eHS下线。省委书记于伟国、省长唐登杰、上汽集团董事长陈虹出席竣工仪式并共同启动基地投产。

28日 连接闽粤两省的龙岩至龙川铁路福建段开工建设，标志着福建将再增一条出省快速铁路通道。龙龙铁路东起龙岩市新罗区，途经上杭、武平县进入广东省，终到广东龙川，为双线高速铁路，设计时速250千米。

28日 全国首家火车站党建联盟服务综合体——“八闽第一站”公共服务平台在福州火车站启用。这是福州市晋安区、晋安区茶园街道联合福州火车站等29家火车站片区“薪火”党建联盟单位，为过往旅客与辖区居民打造的服务、管理综合平台。

28—29日 省委书记于伟国赴宁德寿宁县调研，深入下党乡及企业园区，与基层干部群众一起深入学习习近平总书记给下党乡乡亲们的回信精神，研究贯彻落实的具体举措，强调要牢记习近平总书记嘱托，发扬滴水穿石精神，持续巩固脱贫成果，努力走出一条具有闽东特色的乡村振兴之路。省领导郑新聪、李德金参加活动。

29日 由省委、省政府主办的庆祝中华人民共和国成立70周年闽港澳台四地联欢晚会在省奥体中心举行。省委书记、省人大常委会主任于伟国，省长唐登杰，省政协主席崔玉英等领导，港澳台闽籍乡亲福建参访团成员，各界代表等一同观看演出。

30日 经省委研究，省政府发文对2018年度在科学技术进步活动中作出重要贡献的科学技术人员和组织给予奖励，为获奖者颁发奖状、证书和奖金。其中，授予福建省科学技术重大贡献奖2人，福建省自然科学奖19项（一等奖4项、二等奖4项、三等奖11项），福建省技术发明奖3项（均为三等奖，一、二等奖空缺），福建省科学技术进步奖173项（一等奖24项、二等奖58项、三等奖91项）。

30日 福建省各界庆祝中华人民共和国成立70周年大会在福州举行。省委书记、省人大常委会主任于伟国讲话。省长唐登杰主持。东部战区陆军司令员徐起零，省政协主席崔玉英出席。各界代表1500多人参加庆祝大会。

30日 烈士纪念日向革命烈士敬献花篮仪式在福州文林山革命陵园举行。省委书记、省人大常委会主任于伟国，省长唐登杰，东部战区陆军司令员徐起零，省政协主席崔玉英与各界代表一起，向烈士纪念碑敬献花篮，深切缅怀革命烈士的丰功伟绩。省委副书记、福州市委书记王宁主持仪式。

10月

1日 福建省庆祝中华人民共和国成立70周年升国旗仪式在福州五一广场举行。省委书记、省人大常委会主任于伟国，省长唐登杰，东部战区陆军司令员徐起零，省政协主席崔玉英，与各界代表一起出席升国旗仪式。

7日 庆祝妈祖信俗列入世界非遗十周年暨妈祖羽化升天1032周年纪念大会在莆田湄洲岛举行。

8—10日 全国人大常委会副委员长、九三学社中央主席武维华率全国人大常委会渔业法执法检查组到闽开展执法检查。检查组分别到福州、宁德开展实地检查，并召开座谈会，听取省政府及有关部门关于贯彻实施渔业法情况汇报。省委书记、省人大常委会主任于伟国，省长唐登杰与检查组一行在福州进行座谈。

11日 省委书记于伟国、省长唐登杰在福州会见德国莱法州州长玛卢·德莱尔一行。德国驻华大使葛策、莱法州议会议长亨德瑞克·亨瑞希，省领导郑新聪、郭宁宁，前驻德大使史明德参加会见。会见后，唐登杰与德莱尔共同签署《福建省政府和莱法州政府关于推动“中德（福建）教育合作与发展中心”建设的备忘录》，双方相关院校、部门签署具体合作协议。

12日 连接霞浦县东安岛和溪南台江码头的东安岛跨海大桥通车，结束了东安岛群众靠渡船出岛的历史。大桥全长721米、宽9米，总投资5600万元。

13日 2019年国际大体联足球世界杯的比赛场馆——晋江足球公园启用，并迎来首场专业赛事。这是福建省首座专业足球公园。

15日 以“光影熠福、丝路扬帆”为主题的第六届丝绸之路国际电影节在福州开幕。来自俄罗斯、巴基斯坦、泰国、意大利、斯洛文尼亚、印度尼西亚等25个国家的电影业界人士参加电影节。省委副书记、福州市委书记王宁，省委常委、宣传部部长梁建勇，副省长郭宁宁，国家电影局副局长李国奇等出席开幕式。

16—18日 省委书记于伟国、省长唐登杰率福建省代表团赴宁夏回族自治区，研究推动闽宁互学互助、对口协作。宁夏回族自治区党委书记石泰峰、自治区主席咸辉陪同考察。

20日 国家数字经济创新发展试验区启动会在第六届世界互联网大会上召开。会议发布《国家数字经济创新发展试验区实施方案》，并向福建省、浙江省、河北省（雄安新区）、广东省、重庆市、四川省6个“国家数字经济创新发展试验区”授牌，启动试验区创建工作。

29日 2019年南岛语族考古研究高端研讨会在平潭举行。来自全国各地的40多名文博界专家、学者参会，为实验区文博考古事业发展建言献策。

29日 福建省直接采认台湾地区职业技能资格先行先试活动在平潭举行，省人社部门向首批获直接采认职业技能资格的70名台湾居民颁发国家职业资格证书。

31日 民建中央爱国主义教育基地揭牌仪式在古田干部学院（龙岩市社会主义学院）举行。全国人大常委会副委员长、民建中央主席郝明金，省委常委、统战部部长邢善萍出席。

31日 福建省河湖健康研究中心在福州发布《福建省河湖健康蓝皮书》，在全国率先提出和建立省级全域性河湖健康评估体系，并公布全省流域面积在200平方千米（含）以上的179条河流的最新“健康体检报告”。

11月

1日 全国政协副主席梁振英到闽出席闽港“一带一路”高峰研讨会。受省委书记于伟国委托，省长唐登杰在厦门会见梁振英一行及参会的部分香港嘉宾。

1日 以“发展蓝色伙伴关系 构建海洋命运共同体”为主题的2019厦门国际海洋周在厦门开幕，近40个“一带一路”沿线国家和地区的500名官员、专家学者、有影响力企业代表和国际组织代表参会。自然资源部党组成员、国家海洋局局长王宏，副省长李德金参加开幕式并先后致辞。

1日 以“妈祖文化·海洋文明·人文交流”为主题的第四届世界妈祖文化论坛暨第二十一届中国·湄洲妈祖文化旅游节在莆田市湄洲岛举行。全国政协副主席、民革中央常务副主席郑建邦出席会议并宣布论坛开幕，副省长林宝金出席会议并致辞。

2日 以“联系、联通、联动”为主题的闽港“一带一路”高峰研讨会在厦门召开。来自福建、香港各界的500多位嘉宾参加。

2日 福建省闽东南地质大队在德化县南埕镇塔兜与前锋村交界处的浐溪旁发现中温地热资源，井口温度达到91.3℃。这是省内唯一自然涌出的超过90℃的中温地热。

7—8日 国家农村集体产权制度改革第一督查组到闽开展专项督查。省委书记于伟国、省长唐登杰在福州与中央农办副主任、农业农村部副部长韩俊带领的督查组一行座谈。督查组深入福州、厦门的社区与乡村实地了解农村集体产权制度改革推进情况，现场开展督查指导，并召开督查座谈会。省领导王宁、李德金参加有关活动。

11日 全省科技特派员制度推行20周年总结工作视频会议在福州召开。省委书记于伟国出席会议并讲话。省长唐登杰主持会议。南平市、武平县、漳州钜宝生物科技公司负责人和科技特派员代表作发言。

15日 福建省“第一次全国海洋经济调查”档案工作通过国家验收，最终归档案卷658卷5363件，并率先进驻中国海洋档案馆。至此，福建省历时3年多的海洋经济调查工作全面完成。

15日 在全国森林城市建设座谈会上，全国绿化委员会、国家林业和草原局宣布，批准28个城市为国家森林城市，其中福建省南平市、宁德市与平潭综合实验区在列。至此，全省9个设区市和平潭综合实验区全部晋级国家森林城市。

18日 由国家制造强国建设战略咨询委员会主办，省工信厅、泉州市政府、中国电子信息产业发展研究院承办的2019国家制造强国建设专家论坛（泉州）暨“提升传统产业竞争力”系列活动在泉州开幕。工信部部长苗圩出席活动并讲话，中国工程院原院长、国家制造强国建设战略咨询委员会主任周济，副省长林宝金出席开幕式。

18日 2019年国际射联步手枪世界杯总决赛在莆田开幕。国家体育总局局长苟仲文、国际射联秘书长拉特那出席开幕式，副省长林宝金宣布开幕。

19日 第28届中国金鸡百花电影节在厦门开幕。中共中央政治局委员、中宣部部长黄坤明出席开幕式并致辞。受省委书记于伟国委托，省长唐登杰代表省委、省政府向电影节开幕表示热烈祝贺，向各位来宾表示诚挚欢迎。中宣部常务副部长、国家电影局局长王晓晖，省领导胡昌升、梁建勇、郑新聪等出席开幕式。

19日 中国科学院大学、中国科学院海西研究院、泉州市政府和晋江市政府签订合作办学四方协议。中国科学院大学福建学院智能制造学院落地晋江。

21日 福州市台江区人民法院福州古厝与文化遗产保护巡回法庭揭牌成立。这是全省首个文化遗产保护巡回法庭，是福建司法助力文化遗产保护传承的一项创新举措。

22日 福建省政府与北京大学在福州签订新一轮省校战略合作协议。省校双方进一步完善合作机制，在战略决策咨询、科技开发与成果转化、教育合作、人才培养和干部交流、医疗卫生、文化发展等方面深化合作。省长唐登杰、北京大学党委书记邱水平出席签约仪式。

22日 中国科学院、中国工程院公布2019年新当选的院士名单。其中，在厦门工作的中国科学院城市环境研究所研究员朱永官当选中国科学院院士，出生并成长在龙岩永定区的华东理工大学教授涂善东当选为中国工程院院士。

23日 由中国文联、中国电影家协会和厦门市政府共同主办的第32届中国电影金鸡奖颁奖典礼暨第28届中国金鸡百花电影节闭幕式在厦门海峡大剧院举行。中国文联党组书记、副主席李屹，福建省委书记于伟国出席，并为杨在葆、王铁成、许还山3位老艺术家颁发终身成就奖。

25—28日 全国人大常委会副委员长张春贤率全国人大常委会调研组到福州、厦门、南平开展社会救助立法调研。省委书记于伟国、省长唐登杰在福州与调研组一行座谈。

26日 由全国总工会与中央网信办联合主办，福建省总工会、厦门市总工会联合承办的2019年“网聚职工正能量 争做中国好网民”主题活动在厦门举行。全国总工会党组书记、副主席、书记处第一书记李玉赋，省委常委周联清等出席活动。

27日 省十三届人大常委会第十三次会议表决通过《福建省人民代表大会常务委员会关于加强文化和自然遗产保护利用工作的决议》。这是全国省级人大首个出台关于加强文化和自然遗产保护利用工作的决议。

27日 来自台湾台北的王珮琪收到大陆首本直接采认台湾地区专门职业及技术人员（技术士）相应资格的职称证书。王珮琪在台湾获得的“都市计画技师”资格，经比照、认定后可对应大陆“土建专业工程师（城乡规划）”中级职称。

28—29日 福建省党政代表团赴上海市学习考察。中共中央政治局委员、上海市委书记李强，福建省委书记、省人大常委会主任于伟国就深化拓展两地合作深入交流。上海市市长应勇、市人大常委会主任殷一璀、福建省省长唐登杰参加有关活动。

29—30日 福建省党政代表团赴浙江学习考察。福建省委书记、省人大常委会主任于伟国与浙江省委书记、省人大常委会主任车俊在杭州就深化闽浙合作进行深入交流。福建省省长唐登杰、浙江省长袁家军参加活动。

12月

1日 中非共和国总统图瓦德拉在首都班吉举行的61周年国庆庆典上，为6名中国援非菌草技术专家颁授国家感谢勋章，表彰他们为中非农业发展所作贡献。获勋专家来自福建农林大学国家菌草工程技术研究中心，其中菌草技术发明人林占熺获指挥官勋章、2名专家获军官勋章、3名专家获骑士勋章。

3日 福建省屏南县被住建部列入全国美好环境与幸福生活共同缔造活动第一批试点县，成为全省首个试点县。

4日 在福建联通构建矛盾纠纷多元化解平台发布会上，福建省内首个矛盾纠纷多元化解平台——“慧合解”发布。省政协副主席刘献祥出席发布会并讲话。

4—6日 由人力资源和社会保障部举办的首届全国技工院校学生创业创新大赛决赛在安徽合肥落幕。福建省龙岩技师学院的“新型自动平口接地线夹具”项目获得大赛一等奖。

5日 2019年“宪法进社区主题日”全国主场活动在福州市举行。活动以“弘扬宪法精神，推进社区治理体系和治理能力现代化”为主题，推动社区居民群众和社区组织深入学习宪法，弘扬宪法精神，维护宪法权威，增强法治意识。

5—7日 由中国考古学会、福建省文物局、三明市政府联合主办的万寿岩遗址国际学术交流会在三明市举行。来自国内外的46名专家参加交流会，并实地考察万寿岩遗址。其间，还举行中科院古脊椎动物与古人类研究所万寿岩遗址科研科普基地揭牌仪式。

6日 以“世界遗产·文明交流、互鉴融合”为主题的第三届中国世界遗产（福州）高峰论坛在福州举行。全国政协副主席、民盟中央常务副主席陈晓光，全国人大常委会委员、民盟中央副主席张平，中共福建省委常委、统战部部长邢善萍，福建省政协副主席、民盟福建省委会主委阮诗玮出席论坛开幕式。

7日 第二届“世界中医药科技大会暨中医药国际贡献奖（科技进步奖）颁奖大会”在福州举行。国家中医药管理局副局长孙达、福建省政协副主席阮诗玮等领导嘉宾出席，并为第二届中医药国际贡献奖（科技进步奖）获奖者颁奖。来自14个国家和地区的专家学者参会。

7—8日 首届中国红色文化传承与创新发展全国学术研讨会在三明学院举行。来自全国30余所高校、研究机构的专家学者参会。

9日 农业农村部农村社会事业促进司、国家发改委社会发展司、中国经济信息社在北京联合发布首批18个全国农村公共服务典型案例，其中，莆田“一网四化”构筑农村留守儿童关爱体系成为全省唯一入选案例。

9日 国台办批复同意福建省在莆田市设立“海峡两岸生技和医疗健康产业合作区”。这是全国首个国家级生技和医疗健康类对台经贸合作载体平台。

10日 三省四地金融改革试验区启动交流活动在龙岩举行。经国务院批准，福建省宁德市、龙岩市成为国家级普惠金融改革试验区。

12—15日 首届福建商圈（步行街）博览会暨消费品采购会在福州举办。这是全国首创以商圈（步行街）经济为主题的展会。

13日 省委书记于伟国、省长唐登杰在福州会见受中非共和国总统图瓦德拉委派来闽访问的中非农业和农村发展部部长奥诺雷·费祖雷一行。副省长李德金参加会见。

18日 福建省（龙岩）第三代社会保障卡首发仪式在龙岩举行，12名来自龙岩企业、学校、医院等各界代表领取全省首批第三代社保卡。这标志着福建省第三代社保卡发行正式启动。

18日 南平市浦城县与喜马拉雅签订战略合作协议，启动国内首个“有声城市”示范城建设。

21日 在吉林长春召开的中国改革（2019）年会上，公布10个“2019中国改革年度案例”，其中福建省2个改革案例入选，即“福建省国家生态文明试验区创新探索”和“‘军门社区工作法’促进社区治理现代化”。

24日 厦门海事局在全国首次试点开展港内航行船舶“多证合一”改革。这一改革将有效解决过去船舶证书办理周期长、证书有效期限不一致和船方跑办证次数多及成本高等问题。

25日 国家林业和草原局公布2019年试点国家湿地公园验收结果。福建省的漳平南洋国家湿地公园、武平中山河国家湿地公园完成试点建设，通过国家验收，跻身国家湿地公园。

28日 纪念古田会议90周年大会在福建龙岩举行。中共中央政治局委员、中宣部部长黄坤明出席并讲话。中央军委委员、中央军委政治工作部主任苗华主持会议。中央和国家部委、中央军委机关、相关军队单位负责人，福建省四套班子负责人，老战士、老同志代表和红军亲属、烈属、烈士遗属代表，全省各界群众和部队官兵代表等1200人参加大会。

31日 由厦门万泰沧海生物技术有限公司与厦门大学联合研制的双价人乳头瘤病毒疫苗（大肠杆菌），由国家药品监督管理局批准上市。这是首家获批的国产人乳头瘤病毒疫苗，针对HPV16、18型，适用于9～45岁女性。

12月 《长汀县国家森林城市建设总体规划（2019—2030年）》通过专家评审，标志着长汀县建设国家森林城市工作将全面展开。长汀成为全省首个启动国家森林城市创建的县级城市。

（翁祖彪）

编辑：吴朝庭

省情概貌

自然地理

【位置面积】 福建位于中国东南沿海，东隔台湾海峡与台湾相望。陆地平面形状似一斜长方形，东西最大间距约480千米，南北最大间距约530千米。全省大部分属中亚热带，闽东南部分地区属南亚热带。全省土地总面积12.4万平方千米，海域面积13.6万平方千米。

【地形地貌】 福建省境内峰岭耸峙，丘陵连绵，河谷、盆地穿插其间，山地、丘陵占全省总面积的80%以上，素有“八山一水一分田”之称。地势总体上西北高东南低，横断面略呈马鞍形。因受新华夏构造的控制，在西部和中部形成北（北）东向斜贯全省的闽西大山带和闽中大山带。两大山带之间为互不贯通的河谷、盆地，东部沿海为丘陵、台地和滨海平原。

闽西大山带以武夷山脉为主体，长约530千米，宽度不一，最宽处达百余千米。北段以中低山为主，海拔大都在1200米以上；南段以低山丘陵为主，海拔一般为600～1000米。位于闽赣边界的主峰黄岗山海拔2158米，是中国大陆东南部的最高峰。整个山带，尤其是北段，山体两坡明显不对称：西坡陡，多断崖；东坡缓，层状地貌发育。山间盆地和河谷盆地中有红色砂岩和石灰岩分布，构成瑰丽的丹霞地貌和独特的喀斯特地貌景观。

闽中大山带由鹫峰山、戴云山、博平岭等山脉构成，长约550千米，以中低山为主。北段鹫峰山长百余千米，宽60～100千米，平均海拔1000米以上；中段戴云山为山带的主体，长约300千米，宽60～180千米，海拔1200米以上的山峰连绵不绝，主峰戴云山海拔1856米；南段博平岭长约150千米，宽40～80千米，以低山丘陵为主，一般海拔700～900米。整个山带两坡不对称：西坡较陡，多断崖；东坡较缓，层状地貌较发育。山地中有许多山间盆地。

东部沿海海拔一般在500米以下。闽江口以北以花岗岩高丘陵为主，多直逼海岸。戴云山、博平岭东延余脉遍布花岗岩丘陵。福清至诏安沿海广泛分布红土台地。滨海平原多为河口冲积海积平原，这些平原面积不大，且为丘陵所分割，呈不连续状。闽东南沿海和海坛岛等岛屿风积地貌发育。

陆地海岸线3751.5千米，以侵蚀海岸为主，堆积海岸为次，岸线十分曲折。潮间带滩涂面积约20万公顷，底质以泥、泥沙或沙泥为主。港湾众多，自北向南有沙埕港、三都澳、罗源湾、湄洲湾、厦门港和东山湾等6大深水港湾。岛屿星罗棋布，共有岛屿2214个，平潭岛现为全省第一大岛，原厦门岛、东山岛等岛屿已筑有海堤与陆地相连而形成半岛。 （黄继富）

【气候】 2019年，福建省少冷寒、多暖热，雨季雨涝和夏秋冬气象干旱皆重，极端天气气候事件多见。年内经历1次寒潮、5次强对流、7个台风（1个登陆）、10次高温、20场暴雨过程和夏秋冬气象干旱，气象灾害损失略少于近十年均值，气候年景中等偏差。

主要气候特点：四季气温皆偏高，以冬、秋季为甚。上半年阴雨寡照、强降水频发，下半年气温持续偏高、降水异常偏少，导致前涝后旱，年内降水量和日照时数反差明显。雨季7月14日结束，为历史最迟；持续76天，接近历史之最；降水量833毫米，为近50年最多。台风登陆个数少，影响个数接近常年，其风雨影响以大风为主，程度较轻。夏秋季持续异常温高少雨，致福建省出现大范围气象干旱。

气温。全省年平均气温20.4℃，偏高0.9℃，并列1961年以来历史最高值。各县（市）平均气温均较常年偏高，其中大部分县（市）偏高1℃以上，以漳州偏高1.7℃为最。

降水。全省平均年降水量1657.8毫米，较常年偏多3.6毫米。总体呈沿海偏少、内陆偏多的分布特征；32个县（市）偏多，以龙岩偏多30%为最；34个县（市）偏少，以仙游偏少24%为最。

日照。全省年平均日照时数1705.4小时，较常年偏多3.3小时。总体呈北部偏少、南部偏多的分布特征；11个县（市）年日照时数较常年偏少100小时以上，以福清偏少202.7小时为最；12

个县（市）年日照时数较常年偏多100小时以上，以安溪偏多187.9小时为最。

【自然灾害】 2019年，福建省气象灾害以暴雨洪涝灾害为重，风雹、气象干旱灾害次之，台风灾害轻；气象灾害损失主要集中于闽西北地区。

低温雨雪冰冻。年内主要有4次强冷空气过程，分别出现在1月22—24日、3月22—24日、12月3—5日和12月27—29日，其中12月3—5日过程达寒潮标准。12月4—6日，光泽、建宁、连城、仙游出现初霜和结冰，德化九仙山、石牛山出现积雪和雨雾凇，柘荣、周宁、寿宁等地迎来降雪。

强对流天气。年内出现5次强对流天气，分别出现在2月20日、3月21日、4月10日、4月22日和4月24—26日。其中，4月24—26日过程范围大、强度强、致灾重。

暴雨。年内出现20场暴雨过程，以7月2—10日过程为最强，6月7—13日过程次之。7月2—10日过程的出现时段、持续天数和降水强度均为历史同期罕见；松溪、邵武、建阳、建宁和浦城日降水量破7月历史同期纪录，其中浦城破历史极值；由于强降水集中，叠加效应明显，导致多地出现城市内涝、山洪、地质灾害。

台风。年内有7个台风登陆或影响福建省，接近常年（6.9个）。其中：1个登陆台风，为第11号台风"白鹿"（强热带风暴级），登陆个数偏少（常年1.4个）；6个影响台风分别为5号台风"丹娜丝"（热带风暴级）、7号台风"韦帕"（热带风暴级）、9号台风"利奇马"（超强台风级）、13号台风"玲玲"（超强台风级）、17号台风"塔巴"和18号台风"米娜"。总体上，台风对福建省的影响轻；强热带风暴"白鹿"登陆东山沿海致闽南风雨；6个影响台风对福建省造成的风雨影响以大风为主，程度较轻，灾害也较轻。

高温。年内出现10次高温过程，其中8月8—15日过程强度最强，过程范围广，持续时间长，有4县（市）日最高气温刷新或持平当地历史纪录。

气象干旱。年内出现夏秋冬气象连旱。7月中旬起全省持续温高雨少，大部分地区出现较严重的夏秋冬气象干旱，逾半数县（市）连旱日数超过46天，其中有3县（市）连旱日数超过100天。受10月26—28日、12月4—6日和12月18—21日降水影响，各地气象干旱先后明显缓解。（孙雁冰）

【水文】 2019年，福建省前涝后旱，全年遭遇9场致洪性强降雨、1个登陆台风和6个影响台风，出现夏秋冬连旱。

雨情。降雨分布不均，雨季异常集中。全省平均降雨量1637毫米，较常年略多1%。其中，4—7月降雨量1033毫米，较常年同期偏多21%；8—12月降雨量243毫米，较常年同期偏少49%。雨季自4月30日开始，7月14日结束，结束时间为1961年以来最迟；历时长达76天，仅次于1982年77天的历史极值。雨季全省平均降雨量833毫米，仅次于1968年836.8毫米的历史极值，较常年同期多55.5%；特别是5月15日至7月15日期间，接连遭遇6轮持续性强降雨，历时长、间歇短、雨量大、范围广，极端性强，全省累计平均降雨量740毫米，最大点建阳坳头站达1631毫米，三明、南平、龙岩等地区反复遭受暴雨侵袭。

水情。径流前丰后枯，洪水场次较多。各主要江河总来水量983.5亿立方米，较常年偏多20%，其中4—7月径流636亿立方米，偏多40%；8—10月径流134亿立方米，偏少21%。主要江河中，闽江、汀江和交溪分别偏多30%、17%、2%，晋江持平，九龙江、木兰溪分别偏少9%、1%。超警河流多，全省41条河流发生超警戒洪水150站次，其中8条发生超保证洪水12站次；闽江出现早汛，7月份发生同期罕见洪水，三大主要支流建溪、富屯溪、沙溪控制站洪峰水位多次超警戒超保证水位，沙溪支流陈大站5月16日出现建站以来最大洪水，池潭、水口水库最大入库流量分别达6000立方米/秒、20800立方米/秒。中小河流洪水量级高，沙溪支流碧溪发生重现期50年洪水、文川溪发生重现期40年洪水；建溪支流松溪、崇阳溪发生重现期20年洪水。

风情。台风影响总体偏弱。福建省先后遭遇"丹娜丝""韦帕""利奇马""白鹿""玲玲""塔巴""米娜"等7个台风，除"白鹿"以10级强度登陆东山县沿海、带来较明显风雨过程外，其余台风影响较弱。受台风"白鹿"影响，福建省中南部地区出现暴雨、局部大暴雨，有14个县（市、区）53个乡（镇、街道）过程雨量超过100毫米，最大为安溪县大坪乡198毫米。

潮情。受天文大潮影响，沿海潮位站出现超警戒高潮位208站次，超警戒幅度0.08～0.70米，其中九龙江口3月22日出现超保证0.03米高潮位。

旱情。7月中旬起，受台风影响偏弱和持续高温少雨影响，福建省出现较严重的夏秋冬三季连旱，逾半数县（市）连旱日数超过46天，局部地区农业生产、农村人饮受到一定影响。

灾情。全省有65个县（市、区）741个乡镇127.11万人（次）受灾，倒塌房屋0.7万间，因灾死亡4人；农作物受灾10万公顷、成灾5.9万公顷、绝收1.77万公顷，减产粮食19万吨；工矿企业停产253个，铁路中断1条次，公路中断972条次，武夷山机场关停1次，供电中断537条次，通信中断917条次；损坏堤防1327处152.43千米、护岸6830处、水闸135座、灌溉设施1.12万处、水文测站6个；直接经济总损失116.96亿元，水利设施损失32.35亿元。

汛末水库蓄水状况。全省水库蓄水总量比上年略有减少，但总体保持平稳。其中，21座大型水库蓄水总量78.63亿立方米，占正常高蓄水总量的74%，较常年同期偏少5%；121座中型水库蓄水总量16.89亿立方米，占正常高蓄水总量的60%，较常年同期偏少11%。（张智杰）

资　　源

【土地资源】 根据福建省2018年度土地变更调查成果，至2018年12月31日，全省土地总面积12.40万平方千米，占全国土地总面积的1.3%。其中，耕地1336525.22公顷，园地764318.54公顷，林地8323980.66公顷，草地230270.27公顷，城镇村及工矿用地646140.95公顷，交通运输用地223021.22公顷，水域及水利设施用地543783.95公顷，其他土地328747.05公顷。

【水资源】 2019年，福建省水资源总量1363.87亿立方米，人均拥有水资源量3432.85立方米。其中，地表水1362.51亿立方米，地下水和地表水不重复量1.36亿立方米。行政分区中，地表水资源量最多的是南平市，为378.27亿立方米，最少的是平潭综合实验区，为1.65亿立方米，分别占全省地表水资源量的27.76%、0.12%。地表水资源量中，闽江749.58亿立方米、九龙江141.85亿立方米、汀江107.97亿立方米、交溪60.85亿立方米、晋江51.42亿立方米、木兰溪11.53亿立方米。其中，闽江地表水资源量最多，占全省主要江河水资源总量的66.74%。全年外省入境水量26.19亿立方米，本省出境水量147.25亿立方米。全省入海水量1139.07亿立方米（不含过境水量）。（张智杰）

【矿产资源】 至2019年底，列入福建省矿产资源储量表的非普通建筑用砂类固体矿产118种，其中能源矿产1种（煤）、金属矿产28种、非金属矿产89种。已上表矿区总数1755个，按矿产资源储量规划划分，大型矿区73个、中型矿区249个。

【海洋资源】 福建省海域总面积13.6万平方千米，海洋功能区划面积海域37647平方千米。大陆海岸线长3752千米，居全国第二位，全省有海岛2214个，数量居全国第二位。（杨柏兴）

【生物资源】 野生动物资源。根据动物地理区划，福建省属于东洋界华中区丘陵平原亚区和华南区闽广沿海亚区交错地带，记录到脊椎动物近1700种，约占全国种类的1/3，其中哺乳类147种、鸟类557种、爬行类123种、两栖类46种、鱼类820种。全省分布国家重点保护野生动物164种，其中陆生国家一级保护野生动物18种、国家二级保护野生动物103种；水生国家一级保护野生动物4种、国家二级保护野生动物39种。野生植物资源。植物种类以亚热带成分为主，区系成分较复杂，种类繁多。据近年调查统计，全省有高等植物5064种，占全国高等植物种类的15.7%。其中蕨类382种、裸子植物70种、被子植物4251种、苔藓植物361种。国家重点保护野生植物52种，其中国家一级保护植物8种、国家二级保护植物44种，包括蕨类植物10种、裸子植物12种、被子植物30种。福建特有植物39科113种。

【森林资源】 根据第九次全国森林资源清查结果，福建省森林覆盖率66.80%，继续保持全国第一，森林面积811.58万公顷，森林蓄积72938万立方米。与第八次全国森林资源清查相比，森林面积净增10.31万公顷，森林覆盖率由65.95%提高到66.80%，森林蓄积净增1.21亿立方米。实现福建省委省政府提出“森林覆盖率继续保持全国首位”目标，提前两年实现省“十三五”规划提出全省森林覆盖率和森林蓄积量“双增”目标。（刘建波）

生态环境质量

【大气环境质量】 2019年，福建省城市环境空气质量总体保持优良。9个设区城市及平潭综合实验区的环境空气质量平均达标天数比例为98.3%。9个设区城市环境空气质量综合指数范围2.61～3.57，首要污染物为臭氧。空气质量从相对较好开始排名，依次为：南平、龙岩、宁德、莆田、厦门、福州、三明、泉州、漳州。平潭综合实验区环境空气质量综合指数2.25，首要污染物为臭氧。在全国168个重点城市中，厦门、福州空气质量排名分别为第4位、第6位。

全省背景空气质量颗粒物浓度下降较为明显。可吸入颗粒物（PM_{10}）、细颗粒物（$PM_{2.5}$）年均浓度有较大幅度的下降，臭氧、氧化亚氮年均浓度小幅下降，二氧化硫年均浓度持平，二氧化碳、甲烷年均浓度小幅上升。全省酸雨频率有所下降。降水pH年均值5.37，酸雨出现频率23.7%，比上年降低6.2个百分点。

【水环境质量】 2019年，福建省水环境质量总体保持优良。主要河流水质总体保持优，集中式生活饮用水源地水质保持优，主要湖泊水库水质基本保持稳定，近岸海域海水水质总体较好。全省12条主要河流Ⅰ～Ⅲ类水质比例为96.5%，比上年同期提高0.7个百分点。全省小流域Ⅰ～Ⅲ类水质比例为92.8%，比上年同期上升8.2个百分点。全省118个县级及以上集中式生活饮用水水源Ⅰ～Ⅲ类水质比例为100%，与上年同期持平。全省19个淡水湖泊水库Ⅰ～Ⅲ类水质比例为84.2%，比上年同期下降5.3个百分点。全省近岸海域优良水质（第一、二类水质）比例为85.1%，与上年同期持平。

【声环境质量】 2019年，福建省城市声环境质量继续保持稳定，全省24个城市道路交通噪声昼间平均等效声级为68.2dB（A）。其中，道路交通噪声强度评价为一级的城市13个，占54.2%；二级的城市8个，占33.3%；三级的城市3个，占12.5%。全省24个城市区域声环境质量昼间平均等效声级为56.0dB（A），各城市区域声环境质量总体处于二级和三级水平。其中，区域声环境质量达到二级的城市11个，占45.8%；三级的城市13个，占54.2%。

【辐射环境质量】 2019年，福建省环境电离辐射水平处于天然本底正常涨落范围内。运行核电厂、省放射性废物库及核技术利用单位周围环境电离辐射水平未见明显变化。环境电磁辐射水平、电磁辐射设施周围环境敏感目标的电磁辐射水平低于国家规定的控制限值。

（林 靖）

人文历史

【八闽史迹】 闽地境内重峦叠嶂，河谷和盆地错落其间；气候温和湿润，资源丰富。优越的自然条件适宜于人类生息、繁衍。据2007年福建省文物局统计，全省有古遗址3537处、古墓葬954处。其中，已知旧石器文化遗址或旧石器出土地点、化石地点45处；旧石器时代向新石器时代过渡期的小石器地点数百处；新石器时代和青铜器时代文化遗存3000余处。遗址主要分布在闽江、晋江、九龙江、汀江及其支流河溪两岸，形成闽江下游和闽东沿海区、闽江上游闽北河谷区、闽南粤东沿海区、闽中内陆和闽西地区4个区系。到新石器时代后期，早期先民活动地域已扩展到闽中内陆、闽西腹地，基本遍及闽地全境。

古闽先民生产生活主要特征有：沿海地区，先民依山面海，从事以海洋为主的活动，生产生活具有鲜明的海洋文明特征；内陆地区，先民依水而居、水宿山行，从事采集、狩猎和山地农业为主，生产生活具有独特的农业文明特征。

古闽先民促进多元文化的交流融合。闽江流域是古闽文化发展的中心地区之一，在这一文化体系中，闽江下游是土著文化核心地区，早期古文化发展序列清楚，一脉相承，土著文化内涵比较单纯而富有特色，延续性比较明确；上游地区由于地理位置影响，受到来自境外的不同文化更深刻的影响，内涵相对复杂一些。古闽文化在吸收外来文化辐射的同时，闽江流域也逐步产生向外的文化影响和传播。

（李连秀）

【福建籍开国上将】 叶飞（1914.5—1999.4），福建南安人，生于菲律宾奎松省，原名叶启亨，曾用名叶英、小叶。优秀的共产主义战士、无产阶级革命家、军事家。1918年归国。1928年加入中国共产主义青年团。1932年3月转入中国共产党，同年到闽东参与创建闽东苏区和游击武装。曾任中共闽东特委书记、闽东军政委员会主席兼红军闽东独立师政治委员，领导军民坚持了极其艰苦的三年游击战争。抗日战争全面爆发后，任新四军第三支队六团团长。1941年皖南事变后，任新四军第一师一旅旅长兼政治委员、副师长。1944年12月起任苏中区党委书记、苏中军区司令员。1945年4月起任苏浙军区副司令员。1946年起任山东野战军第一纵队司令员，华东野战军第一纵队司令员兼政治委员、第一兵团副司令员兼第一纵队司令员，第三野战军十兵团司令员，福建军区司令员。中华人民共和国成立后，曾任中共福建省委第一书记（1954年10月至1967年初），福建省省长（1954年10月至1959年1月），福建省政协主席（1959年2月至1964年9月），南京军区副司令员，福州军区司令员兼政治委员，第一届、二届、三届国防委员会委员。“文化大革命”后历任国家交通部部长，人民解放军海军第一政治委员、司令员，第六、第七届全国人大常委会副委员长等职。1955年9月被授予上将军衔。曾获一级八一勋章、一级独立自由勋章、一级解放勋章。1988年7月被授予中国人民解放军一级红星功勋荣誉章。中共第八届中央候补委员、委员（八届十一中全会增选），第十届中央候补委员，第十一届、十二届中央委员。1999年4月18日在北京逝世。

杨成武（1914.10—2004.2），福建长汀人。原名杨能俊。优秀的共产主义战士、无产阶级革命家、军事家。1928年加入中国共产主义青年团。1929年2月参加长汀县农民暴动，加入中国工农红军。1930年5月转入中国共产党。历任红军连政治委员、教导大队政治委员、团政治委员、师政治委员、师长等职，参加了中央苏区历次反“围剿”和长征。1936年入抗日红军大学学习。抗日战争全面爆发后，任八路军第一一五师独立团团长、独立第一师师长兼政治委员、晋察冀军区一分区司令员兼政治委员。率部参加平型关战斗和百团大战。指挥了著名的黄土岭战斗，击毙日军“蒙疆驻屯军”最高司令官阿部规秀中将。后任中共晋察冀边区第一地委书记、冀中军区司令员。解放战争时期，历任晋察冀军区第三纵队司令员、晋察冀野战军第二政治委员、华北军区第三兵团司令员、第二十兵团司令员等职。中华人民共和国成立后，曾任天津警备区司令员、京津卫戍区副司令员，华北军区参谋长、副司令员，京津卫戍区司令员，人民解放军副总参谋长兼北京军区司令员，代理总参谋长，中共中央军委副秘书长，副总参谋长兼福州军区司令员，中国人民政治协商会议第六届全国委员会副主席等职。第一届、二届、三届国防委员会委员。1955年9月被授予上将军衔。曾获一级八一勋章、

叶飞（省革命历史纪念馆 供稿）

杨成武（省革命历史纪念馆 供稿）

一级独立自由勋章、一级解放勋章。1988年7月被授予中国人民解放军一级红星功勋荣誉章。中共第八届中央候补委员，第十一届、十二届中央委员，1967年3月经中共中央决定任中央军委委员（任职至1968年3月）、常委（任职至1968年3月），1967年9月任中央军委办事组组长（任职至1968年3月），中共十一届一中全会任中央军委委员。2004年2月14日在北京逝世。

刘亚楼（1910.3—1965.5），福建武平人，原名刘振东。优秀的共产主义战士、无产阶级革命家、军事家。1929年8月加入中国共产党，同年底参加中国工农红军。红军时期，历任红四军十一师政委、红一军团第二师政委、第一师师长。抗日战争初期，任抗日军政大学训练部部长、教育长。1939年1月入莫斯科伏龙芝军事学院学习。1946年回国后，任东北民主联军参谋长、中共中央东北局委员。1948年1月至1949年3月任东北军区、东北野战军参谋长，平津战役中曾任天津前线总指挥。1949年4月任四野十四兵团司令员。中华人民共和国成立以后，任空军司令员，国防部副部长兼国防部第五研究院院长，国防科委副主任，第一届、二届、三届国防委员会委员。1955年9月被授予上将军衔。曾获一级八一勋章、一级独立自由勋章、一级解放勋章。中共第八届中央委员。1965年5月7日在上海逝世。

刘亚楼（省革命历史纪念馆　供稿）

（黄超凡）

建置　区划

【建置沿革】　古近代时期。西周时福建称闽越，《周礼·夏官》称七闽。战国末，无诸据有福建及其毗邻的浙南、赣东、粤东地区，自称闽越王，建都于冶（今福州），此为福建有政权之始。秦时平百越，削去无诸王号。秦始皇三十三年（前214年），设置闽中郡，治东冶（今福州），福建为闽中郡辖区的一部分，从此福建作为一个行政区划出现在中国的版图上。汉高祖立无诸为闽越王，都东冶。西汉昭帝始元二年（前85年）立为冶县（后复名东冶），东汉改为东侯官。汉建安八年（203年），析东侯官置建安县，此时福建有侯官、建安、南平、汉兴和东冶5个县。三国吴永安三年（260年）设置建安郡，治建安（今南安市丰州镇），辖建安、南平、将乐、建平、东平、昭武、吴兴7个县。西晋太康三年（282年）设置晋安郡，治原丰，属扬州。南朝梁天监（502—519）年间析晋安郡置南安郡，治南安；陈永定（557—559）年间析晋安郡置闽州，改晋安郡为丰州。隋开皇元年（581年）废郡，改丰州为泉州，大业元年（605年）更名为闽州，大业三年又废州改设为建安郡。唐武德元年（618年）改建安郡为建州，治闽县（今福州）；武德五年设置丰州，治南安，武德六年分置泉州，治闽县；贞观元年（627年）丰州并入泉州；垂拱二年（686年）析出泉州南部设置漳州，治漳浦（今云霄）；圣历二年（699年）泉州析地设置武荣州，治南安；景云二年（711年）武荣州更名为泉州，治晋江，后改泉州为闽州，治闽县（今福州）；开元十三年（725年）闽州更名为福州；开元二十一年设置福建经略使，“福建”之称由此始；天宝元年（742年）改属江南东道，改福建经略使为长乐经略使；乾元元年（758年）以长乐郡为福州都督府，经略使改为都防御使；上元元年（760年）升格为节度使；大历六年（771年）置都团练观察处置使；乾宁三年（896年）置威武军节度使，治福州。五代时后梁开平三年（909年）封王审知为闽王，贞明六年（920年）在福州设立大都督府；后唐长兴四年（933年）福州升为长乐府；后晋开运二年（945年）改长乐府为东都。宋代雍熙二年（985年）设立福建路，下辖福、泉、建、汀、漳、南剑六州和邵武、兴化两军，时全省已有42个县。元代至元十四年（1277年）在泉州设立行宣慰司，第二年改为行中书省，后行省迁回福州。明代改设福建布政使司，治福州，辖8府1州60县。清代继承明制，省辖府、县两级，省府之间设道；康熙二十三年（1684年）福建省增设台湾府；光绪十二年（1886年）台湾从福建析出设立台湾省；清末，全省行政区划为宁福、兴泉永、汀漳龙、延建邵4道，福州、福宁、兴化、泉州、汀州、漳州、延平、建宁、邵武9府，永春、龙岩2州，58县、6厅。

民国时期。福建省行政区划废府、州、厅，实行省、道、县三级制。民国元年（1912年），全省划分为东路、南路、西路、北路4道。民国3年（1914年），以原辖区改为闽海道（闽东）、厦门道（闽南）、汀漳道（闽西）、建安道（闽北）4道。合并闽县、侯官为闽侯县；建安、瓯宁为建瓯县；改永春、龙岩2州为永春、龙岩2县；同安县析厦门岛设置思明县，析浯州岛（金门岛）和大、小嶝岛置金门县；改永福县为永泰县；全省4道61县。民国4年（1915年），诏安县析桐山岛和漳浦县的古雷岛设置东山县。民国14年（1925年），废除道制，实行省、县两级制。民国17年（1928年），设置华安县。民国22年（1933年），十九路军在福州发动“福建事变”，成立中华共和国人民革命政府，定福州为首都，将福建划为闽海、延平、兴泉、龙汀4个省和福州、厦门两个特别市，辖64个县。民国23年（1934年），人民革命政府解散，又成立福建省政府，7月实行行政督察专员公署制度，将全省划分为10个行政督察区公署，辖64个县，8月光泽县由江西省划归福建省管辖。民国24年（1935年），设立厦门市，撤销思明县。民国

27年（1938年），福建省政府迁往永安，全省行政区划为7个行政督察区、1个市、62个县、7个特区。民国29年（1940年），建瓯析出部分行政区域设置水吉县，沙县、永安和明溪析出部分行政区域设置三元县。民国30年（1941年），福州沦陷，第一区专署迁往福安。民国32年（1943年），全省行政区划调整为8个行政督察区、2个市、64县、2个特区。民国33年（1944年），闽侯县更名为林森县。民国34年（1945年）9月设置周宁县，10月设置柘荣县，11月省政府迁回福州。民国35年（1946年），福州市成立，全省行政区划调整为9个行政督察区、2个市、66个县。民国36年（1947年），全省行政区划调整为7个行政督察区，福州、厦门2个市，67个县，10个区，899个乡（镇）。

中华人民共和国时期。1949年8月24日，福建省人民政府成立，9月，省人民政府公布福建省行政区划通令，将全省行政区域分为福州、厦门2个市，8个行政督察专区和67个县。1950年3月，8个专区依次更名为建瓯、南平、福安、闽侯、泉州、漳州、永安、龙岩专区；9月，泉州专区更名为晋江专区，漳州专区更名为龙溪专区，建瓯专区更名为建阳专区；德化县由永安专区划归晋江专区，林森县复名为闽侯县；11月，设立泉州市、漳州市（县级）。县以下的行政区划，仍维持旧政权的区划。1951年，福州市设立鼓楼、大根、小桥、台江、仓山、水上、盖山、鼓山、洪山9个区；废除国民党政权的901个旧乡（镇）、10265个保和131978个甲。1952年，福州市设立新店区，厦门市设立开元、思明、鼓浪屿3个区。1954年，厦门市设立禾山区。1955年，撤销福州市盖山、鼓山、洪山、新店4个区。1956年，撤销建阳专区，所辖各县划归南平地区；撤销闽侯专区，所辖闽侯县划归省直辖，长乐、连江、罗源3县划归福安专区，永泰、福清、平潭3县划归晋江专区；撤销永安专区，所辖三元、明溪2县划归南平专区，大田划归晋江专区，永安、清流、宁化、宁洋4县划归龙岩专区；撤销水吉县，其行政区域分别并入建阳、建瓯和浦城县；撤销宁洋县，其行政区域分别并入漳平、永安和龙岩县；撤销柘荣县，其行政区域并入福鼎县；福州市撤销大根、小桥、水上3个区，其行政区域分别并入鼓楼区、台江区和仓山区；三元、明溪2个县合并为三明县；析南平县城区，设立南平市（县级）。1957年，全省辖2个地级市、5个专区、3个县级市、7个市辖区、63个县、337个区、4223个乡。

1958年，中国基层政权改制为政社合一的人民公社，全省共建656个人民公社；撤销厦门市禾山区，闽侯县划归福州市，同安县由晋江专区划归厦门市。1959年，恢复闽侯专区，辖原福州市的闽侯县，原南平市的闽清县，原福安专区的长乐、连江2县和原晋江专区的永泰、福清、平潭3个县，专署驻闽侯县；原南平专区的松溪、政和2县划归福安专区。1960年，设立三明市（地级），以三明县城区为三明市行政区域，南平专区的三明县归三明市管辖；清流、宁化2县合并设立清宁县，清宁县驻原宁化县政府驻地，原清流县部分行政区域分别并入永安、连城2县；松溪、政和2县合并设立松政县，松政县驻原松溪县政府驻地；龙溪、海澄2县合并设立龙海县，龙海县驻石码镇；撤销南平县并入南平市（县级）；福州市设立马尾区。1961年，恢复柘荣县；撤销清宁县，恢复清流县、宁化县。1962年，撤销松政县，恢复松溪县和政和县；连江县、罗源县分别从闽侯专区和福安专区划归福州市；龙岩专区的永安、清流、宁化3县划归三明市。1963年，设立三明专区，三明市改为县级市，三明专区辖三明市和三明、永安、清流、宁化4个县；福州市撤销马尾区；福州市的连江、罗源2县和南平专区的古田、屏南2县划归闽侯专区；晋江专区的大田县划归三明专区。1964年，以南平市、建瓯县、顺昌县的部分行政区域析出建西县；三明县更名为明溪县。1965年全省共辖2个地级市、7个专区、6个市辖区、4个县级市、63个县、1258个人民公社。

1966年，厦门市开元区更名为东风区，思明区更名为向阳区。1968年，福州市鼓楼区更名为红卫区，台江区更名为赤卫区，仓山区更名为朝阳区；福州市、厦门市均设立郊区。1970年，撤销建西县，其行政区域并入顺昌县；撤销柘荣县，其行政区域分别并入福安、福鼎2县；撤销松溪、政和2县，合并设立松政县；福州市撤销郊区，设立马江区和北峰区；福安专区的松政县划归南平专区；闽侯专区的古田、屏南、连江、罗源4个县划归福安专区；晋江专区的莆田、仙游2个县划归闽侯专区；厦门市的同安县划归晋江专区；南平专区的尤溪、沙县、将乐、泰宁、建宁5个县划归三明专区；南平专区驻地由南平市迁驻建阳县；福安专区驻地由福安县迁驻宁德县；闽侯专区驻地由闽侯县迁驻莆田县。1971年，各专区更名为地区；南平地区更名为建阳地区；福安地区更名为宁德地区；闽侯地区更名为莆田地区。1973年，莆田地区的闽侯县划归福州市，晋江地区的同安县划归厦门市。1974年，恢复柘荣县；撤销松政县，恢复松溪县和政和县。1975年，福州市撤销北峰区设立郊区。1976年全省辖2个地级市、7个专区、9个市辖区、4个县级市、62个县、835个人民公社、129个镇（街人民公社）。

1978年，厦门市设立杏林区；福州市设立环城区，撤销马江区；福州市红卫、赤卫、朝阳3个区分别更名为鼓楼区、台江区、仓山区。1979年，厦门市东风、向阳2区分别更名为开元区和思明区。1981年，撤销龙岩县，设立龙岩市（县级）。1982年，福州市设立马尾区，撤销环城区。1983年，撤销三明地区，设立三明市（地级），三明市设立梅列区和三元区；撤销莆田地区，所属闽清、永泰、长乐、福清、平潭5个县划归福州市管辖，莆田、仙游2个县划归晋江地区；撤销邵武县，设立邵武市（县级）；设立莆田市（地级），莆田市设立城厢区和涵江区，辖原晋江地区的莆田、仙游2个县；宁德地区的连江、罗源2个县划归福州市。1984年，撤销人民公社，设立乡镇建制；撤销永安县，设立永安市（县级）；全省辖4个地级市、5个专区、14个市辖区、6个县级市、59个县、189个镇、1076个乡、18个民族乡。

1985年，撤销晋江地区，设立泉州市（地级），泉州市设立鲤城区；撤销龙溪地区，设立漳州市（地级），漳州市设立芗城区。1987年，厦门市设立湖里区，郊区更名为集美区；晋江县析出石狮市。1988年，建阳地区驻地从建阳县迁驻南平市，并更名为南平地区；撤销宁德县，设立宁德市（县级）。1989年，撤销崇安县，设立武夷山市（县级）；撤销福安县，设立福安市（县级）。1990年，撤销福清县，设立福清市（县级）；撤销漳平县，设立漳平市（县级）。1992年，撤销晋江县，设立晋江市（县级）；撤销建瓯县，设立建瓯市（县级）。1993年，撤销南安县，设立南安市（县级）；撤销龙海县，设立龙海市（县级）。1994年，撤销南平地区，设立南平市（地级），原县级南平市改设延平区；撤销长乐县，设立长乐市（县级）；撤销建阳县，设立建阳市（县级）。1995年，福州市调整5个市辖区行政区域，同时将郊区更名为晋安区；撤销福鼎县，设立福鼎市（县级）。1996年，撤销同安县，设立厦门市同安区；漳州市析出芗城区和龙海市部分行政区域，设立龙文区；撤销龙岩地区，设立龙岩市（地级），原县级龙岩市改设新罗区。1997年，泉州市析出鲤城区部分行政区域，设立丰泽区和洛江区。1999年，撤销宁德地区，设立宁德市（地级），原宁德市改设蕉城区。2000年，泉州市析出惠安县部分行政区域，设立泉港区。2002年，莆田市撤销莆田县，设立荔城区和秀屿区，同时调整城厢区和涵江区行政区域。2003年，厦门市撤销开元区、鼓浪屿区，其行政区域并入思明区，同安区析出东部5镇设立翔安区，杏林区划出1个街道办事处和1个镇归集美区管辖，杏林区政府驻地迁驻海沧镇，并更名为海沧区。2014年，南平市撤销建阳市（县级），设立建阳区；南平市政府驻地由延平区迁驻建阳区；龙岩市撤销永定县，设立永定区。2017年，福州市撤销长乐市（县级），设立长乐区。至2019年底，全省辖9个设区市、29个市辖区、12个县级市、44个县、184个街道办事处、653个镇、251个乡、19个民族乡。

（陈　荔）

【行政区划】　2019年，福建省有1例县政府驻地迁移、2例乡改镇、1例增设街道情况。莆田市人民政府将仙游县人民政府驻地从鲤城街道八二五大街919号迁至鲤城街道清源东路1号（省政府2019年1月2日批准）；龙岩市人民政府撤销永定区堂堡乡、岐岭乡建制，设立堂堡镇、岐岭镇（省政府2019年12月23日批准）；漳州市人民政府同意龙文区蓝田街道、朝阳街道行政区划变更，增设景山街道办事处（漳州市政府2019年9月6日批准）。

2019年福建省行政区划统计表

全省合计	9个设区市　29个市辖区　12个县级市　44个县	
福州市	鼓楼区	鼓楼区　台江区　仓山区　马尾区　晋安区　长乐区　闽侯县　连江县　罗源县　闽清县　永泰县　平潭县　福清市
厦门市	思明区	思明区　海沧区　湖里区　集美区　同安区　翔安区
莆田市	城厢区	城厢区　涵江区　荔城区　秀屿区　仙游县
三明市	梅列区	梅列区　三元区　明溪县　清流县　宁化县　大田县　尤溪县　沙　县　将乐县　泰宁县　建宁县　永安市
泉州市	丰泽区	鲤城区　丰泽区　洛江区　泉港区　惠安县　安溪县　永春县　德化县　石狮市　晋江市　南安市　金门县
漳州市	芗城区	芗城区　龙文区　云霄县　漳浦县　诏安县　长泰县　东山县　南靖县　平和县　华安县　龙海市
南平市	建阳区	延平区　建阳区　顺昌县　浦城县　光泽县　松溪县　政和县　邵武市　武夷山市　建瓯市
龙岩市	新罗区	新罗区　永定区　长汀县　上杭县　武平县　连城县　漳平市
宁德市	蕉城区	蕉城区　霞浦县　古田县　屏南县　寿宁县　周宁县　柘荣县　福安市　福鼎市

福建省行政区划统计表（至2019年12月）

级别/数量/地市	县级				乡级					说　明
	区	市	县	小计	街道	镇	乡	民族乡	小计	
福州市	6	1	6	13	43	99	45	2	189	含马祖乡
厦门市	6			6	26	12			38	
漳州市	2	1	8	11	13	87	20	3	123	
泉州市	4	3	5	12	30	108	24	1	163	含金门县
三明市	2	1	9	12	13	77	50	2	142	
莆田市	4		1	5	8	40	6		54	
南平市	2	3	5	10	24	72	43		139	
龙岩市	2	1	4	7	14	89	29	2	134	
宁德市	1	2	6	9	13	69	34	9	125	
合计	29	12	44	85	184	653	251	19	1107	含金门县、马祖乡

华侨华人 台胞

【华侨华人】 福建是中国重要侨乡，华侨华人在福建经济社会发展中发挥着重要而独特的作用，是福建的一大特点、独特优势和宝贵资源。至2019年底，闽籍华侨华人有1580万人，约占全球华侨华人总数的1/4，仅次于广东居全国第二位。分布在世界188个国家和地区，以亚洲、北美洲、欧洲为主，东南亚地区占87%，人数排名前三的是印度尼西亚（400万人）、马来西亚（360万人）和菲律宾（180万人）。改革开放以来，福建省新侨数量增长十分迅速，约有200万人，位居全国前列，新侨区也从传统的东南亚一带向美、欧、澳、非等地扩展。

闽籍侨胞具有人数众多、分布广泛、实力雄厚、人才辈出等特点。截至2019年底，海外闽籍侨胞总资产超过1万亿美元，约占全球华商企业资产的1/4。东南亚国家约70%的民营经济掌握在华侨华人手中，其中一大批闽籍侨胞创办经营的企业甚至控制着当地的经济命脉。在几个主要东南亚国家的富豪排行榜中，闽籍华人都占有很高比重，菲律宾、印度尼西亚、新加坡排名前20的富豪中有10位闽籍华人，马来西亚排名前20的富豪中有16位闽籍华人。海外闽籍社团约有2000个，其中侨务部门联系掌握的重点社团有400余个，不少社团还以社团联会形式组成更大的社团联合体。社团和社团联会把海外闽籍乡亲紧密团结在一起，功能也逐步从传统的联谊向商贸、科技、教育、文化等领域延伸，成为福建省对外交流合作的重要桥梁与纽带。改革开放以来，全省实际利用侨资918.44亿美元，占实际利用外资金额的79.57%，侨胞在福建的捐赠金额累计达280.9亿元，为经济社会发展作出了重要贡献。（卢 旭）

【台湾同胞】 至2019年底，在福建省定居的台胞有17000多人，其中，全国人大代表3名，全国政协委员3名，福建省人大代表4名，省政协委员14名，厅级干部15名。（周清英）

人　口

【概况】 2019年，福建人口总量平稳增长，生育水平有所降低，劳动年龄人口比重继续下降，城镇化水平稳步推进，迈向更高质量发展阶段。

【年末常住人口】 截至2019年底，福建省常住人口3973万人，其中，男性人口2021万人，占50.9%，女性人口1952万人，占49.1%，男女性别比为103.5。全年净增人口32万人，比2018年末增长0.8%，增幅与上年持平，人口总量继续保持低速平稳增长的态势。

【人口自然增长】 2019年，福建省人口出生率12.9‰，比上年降低0.3个千分点，全年出生人口51.0万人，比上年减少0.8万人。全省人口死亡率6.1‰，比上年降低0.1个千分点，死亡人口24.2万人，比上年减少0.1万人。全省人口自然增长率由2018年的7.0‰降至2019年的6.8‰，自然增长人口由2018年的27.5万人减到2019年的27.0万人。全省人口出生率和出生总量回落，主要有两方面因素：一是育龄妇女持续减少。2019年全省15～49岁育龄妇女总量在2018年的基础上继续减少8万人，20～34岁生育旺盛期妇女减少15万余人。二是育龄妇女生育水平有所下降。全省育龄妇女总和生育率、一孩和二孩生育率均比上年有所下降。2019年，全省育龄妇女总和生育率1.54，比上年降低0.12，其中，一孩、二孩生育率分别下降1.2个和5.7个千分点，多孩生育率提高0.6个千分点。

【人口城镇化水平】 截至2019年底，福建省城镇常住人口2642万人，比2018年末增加49万人，增长1.9%，增幅比2018年降低0.4个百分点。常住人口城镇化率66.5%，比2018年的65.8%高出0.7个百分点，增幅比2018年降低0.3个百分点。

【人口年龄结构】 2019年末，福建省0～15岁、16～59岁、60岁及以上人口分别为708万人、2683万人和582万人，占总人口比重的依次为17.8%、67.5%和14.7%，人口年龄结构延续2010年以来少年、老年人口占比逐年提高、青年人口占比逐年下降的整体趋势。其中，16～34岁人口的比重由2018年的27.6%降为2019年的26.6%，降低1个百分点，劳动力资源特别是青年劳动力的减少，将对福建省未来的劳动力供给、就业产生深远影响。随着20世纪50年代中后期生育高峰时期出生的婴儿逐步进入老年期，福建省60～70岁老年人口规模明显扩大，2019年60～70岁的低龄老年人口比上年增长约10万人，老龄化速度加快。

【流动人口】 截至2019年底，福建省常住人口中省外户籍的流入人口463万人，比上年增加2万人。与此同时，本省户籍的流动人口保持小幅增加，2019年本省户籍流动人口735万人，比上年增加6万人，增长0.8%，增量和增幅均比上年有所增长，占全省总人口的比重为18.5%，与上年持平。

【家庭规模】 2019年，福建省平均家庭户规模一直保持在3人以上。随着住房条件改善和家庭生育观念转变，越来越多的大家庭“裂变”为小家庭，“两口、三口之家”成为现代家庭的主流，单人家庭、单亲家庭、“丁克家庭”、“空巢家庭”等特殊家庭比例逐步提高，2019年全省平均家庭户规模减少到2.9人。（李丽精）

语　言

【概况】 福建是汉语方言最复杂的省份之一，全国各大方言区中，福建占5

种。闽方言和客家方言也都有在区外相互穿插分布。闽南话在闽中、闽北、闽东都有方言岛。客家话在闽北、闽东也有不少小方言岛。在武平县的中山镇通行的“军家话”是比较接近赣方言的方言岛。

【闽方言】 福建分布最广的是闽方言，境内的闽方言又分为5个区。闽东方言区，分布在闽江下游的福州、闽侯、长乐、福清、平潭、永泰、闽清、连江、罗源、古田、屏南等11个地区的是南片，以福州话为代表；分布在福安、宁德、周宁、寿宁、柘荣、霞浦、福鼎等7个地区的是北片，以福安话为代表。莆仙方言区，分布在莆田、仙游、涵江3个地区，以莆田话为代表。闽南方言区，分布在泉州、厦门、漳州3个市，包括厦门、金门、泉州、晋江、南安、惠安、永春、德化、安溪、同安、大田、漳州、龙海、长泰、华安、南靖、平和、漳浦、云霄、东山、诏安以及龙岩、漳平等地，以厦门话为代表；泉州、漳州、龙岩3种口音都有些差异。闽中方言区，分布在永安、沙县、梅列、三元等4地，以永安话为代表。闽北方言区，分布在建瓯、松溪、政和、南平、顺昌（东南部）、建阳、崇安、浦城（南部）等地，以建瓯话为代表。

【客家方言】 福建客家方言分布在闽西的宁化、清流、长汀、连城、上杭、永定、武平以及闽南的平和、南靖、诏安的西沿，以长汀话为代表。在闽、客、赣3种方言之间，明溪、将乐、顺昌一带也可以说是过渡区，因为那里的方言兼有3种方言的特点。

【吴方言】 福建省吴方言分布在浦城县的中北部和浙江省连界，当地的语言是和浙江方言相近的吴方言。

【官话方言岛】 福建省的官话方言岛主要在南平市区和西芹一带、长乐区的琴江村，以及浦城的临江镇。

【畲语】 福建省畲语主要指居住在闽东的福安、罗源、宁德等地，闽北的建瓯、建阳、顺昌等地，以及闽中的永安、漳平等地的畲族同胞所讲的话，也是一种保留着一些本族语言特色，并和客家话相近，又吸收一些当地闽方言成分的带有混合性质的语言，通常也称为畲语。（李如龙）

民族　宗教

【民族】 福建省是少数民族散居省份，56个民族成分齐全，根据2010年第六次全国人口普查数据，全省少数民族人口79.69万人，占全省总人口的2.16%。世居的少数民族有畲族、回族、满族、蒙古族等。其中，畲族人口全国最多，共有36.55万人，占全国畲族人口的51.58%，占全省少数民族人口的45.87%；回族人口11.6万人，占全省少数民族人口的14.56%，是全国回族发祥地之一；高山族人口423人，占大陆高山族人口的10.55%，是大陆高山族人口较多的省份之一。全省有19个民族乡（其中畲族乡18个、回族乡1个）、1个省级民族经济开发区（福安畲族经济开发区）和567个民族村。

（郑　铤）

【宗教】 福建有佛教、道教、伊斯兰教、天主教、基督教五大宗教。至2019年12月31日，经依法登记的宗教活动场所有6945处，其中佛教3592座，道教1087座，伊斯兰教5座，天主教161座，基督教2100座。依法登记备案的宗教教职人员13864人，县级以上爱国宗教团体327个。福建佛学院、福建神学院、闽南佛学院、海峡道教学院（筹）4所宗教院校在校生共计800余人。各级人大、政协安排宗教界代表人士460人。全省10平方米以上民间信仰活动场所约28000处，省级已确定民间信仰活动场所联系点224处，备案登记民间信仰活动场所145处。（高　静）

经济社会发展

【概况】 2019年，福建省生产总值42395亿元，比上年增长7.6%；一般公共预算总收入5147.25亿元，增长2%；地方一般公共预算收入3052.93亿元，增长1.5%；固定资产投资增长6%；进出口总额增长7.8%，其中出口额增长8.7%；实际使用外资增长3.3%；社会消费品零售总额增长10%；居民消费价格总水平上涨2.6%；城镇登记失业率3.5%；城镇居民人均可支配收入45620元，增长8.3%；农村居民人均可支配收入19568元，增长9.8%；节能减排降碳年度目标全面完成。2019年，福建省经济下行压力较大，实体经济发展仍面临不少困难，发展不平衡不充分问题还较突出，区域协作、城乡一体化水平有待提升，巩固拓展生态环境优势还要下更大力气，安全生产风险防控能力和防灾减灾救灾能力还要进一步提高，政府治理能力还需加强，机关效能建设还要进一步深化。

【重要领域改革】 2019年，福建省全面落实中央改革部署，省委确定的238项改革举措稳步推进。地方政府机构改革全面完成，组织机构和管理体制进一步优化。坚持市场化、法治化、国际化原则，深化“放管服”改革，落实市场准入负面清单制度，推进工程建设项目审批“四统一”，全面推行“双随机、一公开”监管，行政审批和公共服务事项“一趟不用跑”和“最多跑一趟”占比超过90%。全省半数以上县域组建紧密型医共体，率先全省跟进国家药品集中采购和使用试点，率先实行职工医保基金省级统筹，福建省和三明市深化医改经验在全国进一步推广。推进普惠金融和绿色金融改革创新，国务院批准宁德、龙岩设立普惠金融改革试验区，金融服务实体经济作用增强。处置各类金融风险，地方政府债务余额控制在中央核定限额内，不良贷款率比2019年初降低0.33个百分点，区域金融形势总体稳定。推进国有资本投资、运营公司改革试点，混合所有制经济加快发展。农村承包地确权登记颁证全面到户，农村集体产权制度改革覆盖全省，国有林场改革通过国家验收。全面取消高速公路省界收费站。高质量完成第四次全国经济普查。审计“经济体检”作用有效发挥。

【创新驱动发展战略实施】 2019年，福建省坚持创新引领，以“用”为导向，打通创新链、产业链、价值链，新动能对稳增长、扩就业、调结构发挥重要支撑。强化科技创新激励，加强知识产权保护，14项成果获2019年度国家科学技术奖，实现翻番，每万人拥有发明专利11.1件，比上年增长12.8%。全省参与制定和修订国家标准123项、行业标准65项，新增地方标准86项。光电信息、能源材料、化学工程、能源器件等4家省创新实验室和10个省级科技创新平台启动建设。构建高技术企业成长加速机制，培育“双高”企业和“专精特新”企业，高成长企业超过400家，高新技术企业4800家。帮扶民营企业，开展“三个一百”活动，引导民营企业创新转型，高新技术企业中民营企业占98%。

【供给侧结构性改革深化】 2019年，福建省落实巩固、增强、提升、畅通的方针，“三去一降一补”成果不断巩固，市场主体活力明显增强，优质产品和服务有效供给持续增加。运用市场化、法治化手段促进产能过剩行业加快出清，规模以上工业增加值比上年增长8.8%、利润总额增长7.4%。落实更大规模减税、更大力度降费政策，一般工商业电价降幅超过10%，用电容量160千瓦以下的小微企业用电实现“零费用”接入，省定涉企行政事业性收费实现“零收费”，全年新增减税降费超过600亿元，减轻企业负担超过900亿元。完成清理拖欠民营企业中小企业账款的年度目标任务。以有效投资补短板、增后劲，制造业投资比上年增长16.2%，技改投资增长19.1%。

【区域协调和城乡融合发展】 2019年，福建省编制完成闽东北、闽西南协同发展区发展规划，实施区域协作项目226个，推动区域协作常态化、市场一体化、基本公共服务均等化，区域协调发展向更高层次迈进。平潭海峡公铁大桥合龙，福州至长乐机场城际铁路及双龙铁路开工建设，厦门新机场、长乐机场二期扩建工程立项获批。光电信息、生物医药领域山海协同创新中心启动建设。统筹城乡基础设施建设，新改扩建城市道路1500千米、各类市政管网5700千米，新增城乡公共停车泊位8万个，新建改造城乡公厕3518座，新建改建农村公路1930千米，全省农村集中供水率93.4%，高于全国平均水平。实施乡村振兴十大行动，50个重点县、100个特色乡镇、1000个建制村试点示范建设取得实效。

【对外开放和闽台融合发展】 2019年，福建省主动融入国家开放大局，发挥多区叠加优势，对外开放水平提升。丝路海运、丝路飞翔等海丝核心区建设八大工程深入实施，丝路海运突破1800个航次，丝路飞翔空中航线近400条，与共建“一带一路”国家和地区贸易额比上年增长16.3%。国际友城109对，“朋友圈”进一步扩大。36项自贸试验区创新成果在全国复制推广，率先建成国际贸易单一窗口3.0版，率先开展海关“两步申报”改革试点。应对中美经贸摩擦影响，支持企业拓展多元化市场，市场采购贸易、跨境电商等外贸新业态发展壮大。参加第二届中国国际进口博览会，采购成交和招商引资成果丰硕，全年亿元以上外资大项目比上年增长26.9%。外交部福建全球推介活动、2019厦洽会暨丝路投资大会、海丝博览会成功举办。外事、侨务服务大局能力增强，闽港闽澳交流合作更加密切。积极探索新路，坚持应通尽通，落实惠台利民政策，深化闽台交流合作。全面推开台资企业资本项目便利化试点政策，实际使用台资比上年增长8.1%。向金门地区供水稳定运行，向马祖近期供水工程启用，与金马通电通气通桥前期工作有序推进。平潭“一岛两窗三区”建设提质增速，对台交流、产业培育、生态优化实现新提升。平潭与台北、台中、高雄三大港口实现客货并行，马尾琅岐对台客运码头建成投用。深化行业标准共通，4500多名在闽台胞取得国家职业技能资格。厦门长庚医院成为大陆首家台资三甲医院。海峡论坛、世界妈祖文化论坛、海峡青年节、旅博会等成功举办。入闽台胞超过387万人次，赴闽实习就业创业台湾青年超过3.6万人。

【制造业和新兴产业】 2019年，福建省坚持以智能制造为主攻方向，加快传统产业改造升级步伐，智能制造试点示范企业达125家，国家级制造业单项冠军数量居全国第五位。推进两化融合，深化“互联网＋先进制造”，3.3万家企业用上云计算平台。推进制造业与现代服务业融合发展，服务型制造示范企业108家。着力建链、强链、补链，提升产业链水平，新型显示、集成电路、半导体照明等实现全产业链发展，以上汽宁德基地为龙头的新能源汽车产业集群加快形成，中化泉州乙烯、古雷炼化一体化等石化重大项目加快推进。实施百亿元龙头成长计划和千亿元集群培育计划，营业收入超百亿元的工业企业46家，产值超千亿元的产业集群19个。实施新兴产业倍增工程，完善“一个行业一个规划一个政策”工作机制，新型功能材料、生物医药等4个集群入围国家战略性新兴产业集群，战略性新兴产业增加值达5500亿元，比上年增长28%。举办第二届数字中国建设峰会，中国人工智能大赛永久落户福建省，5G商用启动，物联网产业产值超千亿元，数字经济规模1.7万亿元，数字产业化、产业数字化加快推进。国家海洋经济发展示范区建设开局良好，一批智慧海洋、蓝色产业项目加快建设，海洋生产总值比上年增长11%。实施促进平台经济、总部经济发展的政策措施，新业态新模式成为经济发展新亮点，规模以上服务业营业收入增长15%。推动文旅深度融合，武夷山、永泰和武平获评首批国家全域旅游示范区，“全福游、有全福”品牌效应显现，游客总量、消费总额分别比上年增长16.5%和22.1%。

【特色现代农业】 2019年，福建省实施特色现代农业“五千工程”，十大乡村特色产业全产业链总产值1.78万亿元，千亿元产业增至8个，规模以上农产品加工企业销售收入超万亿元，无公害、绿色、有机和地理标志农产品4578个。出台《关于新时代坚持和深化科技特派员制度的意见》，省级科技特派员覆盖所有乡镇，带动3.57万户农民创业增收。非洲猪瘟、松材线虫病等重大动植物疫病有效防控，生猪产能加快恢复，猪肉市场供应基本稳定。建成130万亩（8.67万公顷）高标准农田，划定800万亩（53.33万公顷）水稻生产功能区，粮食生产保持稳定。

【民生保障和改善】 2019年，福建省全面贯彻党中央关于脱贫攻坚决策部署，坚持精准扶贫精准脱贫基本方略，狠抓脱贫攻坚责任、政策和工作落实，脱贫攻坚年度任务全面完成，至年底，全省现行标准下农村建档立卡贫困人口全部实现脱贫，2201个建档立卡贫困村全部脱贫摘帽。加快老区苏区脱贫奔小康，老区苏区生产总值增速、农民人均可支配收入增速均高于全省平均水平。少数民族聚居区、海岛等欠发达地区加快发展。援疆援藏援宁援甘扎实有效。坚持就业优先，加大援企稳岗力度，完成职业技能提升培训30.95万人次，城镇新增就业64.3万人，失业人员再就业25.3万人，就业形势总体稳定。聚焦办好人民满意的教育，促进教育公平，新建和改扩建公办幼儿园200所，新增学位6万多个，义务教育城乡一体化步伐加快，高考综合改革稳步实施，职业教育改革深入推进，“双一流”建设加快，教育发展主要指标居全国前列。推进医疗资源提质扩容，2家医院进入全国最佳医院百强，69个县（市、区）公立综合医院医疗服务能力进一步提升，福州滨海新城医院、复旦大学附属中山医院厦门医院列入国家首批区域医疗中心建设单位，省儿童医院、妇产医院、疾控中心、川大华西厦门医院等卫生健康重点项目加快建设。城乡居民基本医疗保险和城乡医疗救助省级财政补助超过100亿元。城乡居民基本保险基础养老金省定最低标准提高到每人每月123元，高出国家标准35元，城镇职工养老保险退休人员基本养老金提高5%，居家、社区、机构养老服务覆盖面扩大。退役军人五级服务保障体系实现全覆盖，合法权益得到有效维护。坚持“房住不炒”定位，强化精准调控，完成棚户区改造6.4万套，新增供应租赁住房和共有产权房超过1万套，多主体供给、多渠道保障、租购并举的住房制度加快建立。完善公共文化服务体系，基层综合性文化服务中心实现乡镇（街道）全覆盖。新增全国文物保护单位32处、中国历史文化名镇名村34个、中国传统村落265个，6部作品获中宣部“五个一工程”奖、获奖数全国第二，金鸡奖落户厦门精彩开局。举办国际大体联足球世界杯，在第二届全国青运会上获得金牌和奖牌数量均实现倍增，全民健身广泛开展。坚持和发展新时代“枫桥经验”，福州军门社区和厦门深田社区治理经验在全国推广。扫黑除恶专项斗争深入推进，群众安全感率98.9%。落实安全生产责任和管理制度，强化安全风险分级管控和隐患排查治理双重预防，安全生产形势总体稳定，生产安全事故起数、死亡人数分别比上年下降17.7%和9.5%。加强应急管理和防灾减灾救灾能力建设，防抗台风强降雨、地灾等自然灾害有力有效。坚持“四个最严”要求，深化“餐桌污染”治理，有效保障食品药品安全。推进民族团结进步事业，提升宗教工作法治化水平。加强工会、共青团、妇女、儿童、老年人工作，社会福利、残疾人、慈善、人防等工作取得新成效，社会救助标准实现城乡一体化。推进军民融合发展，双拥共建创新提升，完善现代化国防动员体系。

【生态省建设】 2019年，福建省坚持“绿水青山就是金山银山”的理念，推进国家生态文明试验区建设，22项改革经验在全国推广，实现“三年三步走、年年出成果”。武夷山国家公园体制试点有力推进，排污权、碳排放权、用能权交易体系基本健全，区域空间生态环境评价全面推开，生态司法保护机制不断完善，环保垂管改革基本完成，建成全国首个生态环境亲清服务平台。木兰溪系统治理经验在全国宣传推广，南平、三明、龙岩等地绿色发展创新实践取得新实效。环境保护和污染防治力度加大，实施“1+7+N”污染防治攻坚战计划，蓝天、碧水、净土三大保卫战有力推进。九市一区空气质量达标天数比例98.3%，$PM_{2.5}$年均浓度下降至每立方米24微克。12条主要河流优良水质比例96.5%，县级以上饮用水水源地水质达标率100%、饮用水综合合格率99.8%。土壤环境风险防控体系加快建立，重点行业企业用地调查全面铺开。闽江流域山水林田湖草生态保护修复工程深入实施。中央生态环境保护督察反馈意见整改落实扎实推进，解决群众身边突出生态环境问题的长效机制不断健全。绿色生产生活方式加快形成，有效落实绿色产业指导目录，水电、核电、风电等清洁能源装机比重超过56%。推广绿色出行，“电动福建”加快建设，城市公交车中新能源汽车占75.9%。城镇新建民用建筑全面执行绿色建筑标准。深入开展“一革命四行动”（农村生活垃圾治理、污水处理、农房整治、村容村貌提升行动和厕所革命），农村人居环境持续改善。厦门市、福州五城区垃圾分类全面推行。完成植树造林超过7.13万公顷，城市绿道超过1100千米，人均公园绿地面积14.7平方米，九市一区全部晋级国家森林城市，全省森林覆盖率继续保持全国首位。

（省政府办公厅）

经济体制改革

【放管服改革】 2019年，福建省在全国率先开展市场准入负面清单工作试点，全面实施市场准入负面清单（2018年版），破除不合理门槛限制。率先开展2019年度存量文件清理，制定《2019年度清理现行排除限制竞争政策措施的工作方案》，清理废除妨碍统一市场和公平竞争的各种规定和做法，清理工作有序推进。推行“互联网＋政务服务”，全省依申请审批服务事项网上可办率96.55%；“一趟不用跑”和“最多跑一趟”事项占比89.68%。7月22日，国办专报刊登《福建加速推进“一趟不用跑”，打造政务服务升级版》，肯定福建省的做法。全国工商联《2019年万家民营企业评价营商环境报告》明确“企业对浙江、上海、江苏、山东、福建、湖南、天津、北京等地的政务环境给予高度认可”。率先建成省级统一身份认证平台，完成与国家政务服务平台及60个省内政务服务平台身份认证对接，初步实现全国（省）“一号通认”。按照“四级四同”要求省级职能部门均梳理并公布省、市、县三级行政审批服务事项通用目录。首创“一网一窗，随时可办”服务模式，实现“互联网＋不动产登记”全省全覆盖；探索不动产抵押登记全程电子化，推行“不见面全程网办”。落实自贸试验区“证照分离”改革全覆盖试点工作，对所有涉企经营许可事项分别按照直接取消审批、审批改为备案、实行告知承诺、优化准入服务等四种方式实施“证照分离”改革。从2019年12月1日起，对中央层面设定的523项涉企经营许可事项和地方层面设定的11项涉企经营许可事项，推动照后减证和简化审批，并全部纳入清单管理，向社会公开并定期调整。健全公开透明监管规则，推进“双随机、一公开”监管和信用监管、重点监管等结合，组织全年跨部门联合抽查，参与部门23个次，抽查各类企业7万多家，健全与新兴产业相适应的包容审慎监管方式。

【营商环境优化】 2019年，福建省改善营商环境指标。全面取消企业银行账户许可，全省实现开办企业时间压缩至5个工作日以内；不动产一般登记、抵押登记办理时间压缩到5个工作日以内；全省用户办电平均时长压缩1/3，全省所有市、县160千瓦以下用户全部实现低压接入，中小微企业获得电力实现“零审批、零费用、零上门”；推行纳税“套餐式”服务，13个法定涉税事项和首次领用发票事项均可通过网上一次性无障碍办理，全省首次申领增值税发票提速至1个工作日内办结。进出口整体通关时间压缩1/3。闽政通APP开通企业刻章网上办理功能。加快工程建设项目审批制度改革，持续推进审批提速，投资项目审批时间压缩至法定时限40%，不同类型工程项目审批时间分别压减至90、70、50个工作日，比国家要求大幅压缩。上线运行省、市两级审批平台，实现国家、省、市三级审批平台互通对接，做到审批事项在线办理和实时监管；建成全省中介服务交易平台，实现一地入驻、全省通用，规范中介服务。健全社会信用体系，在重点行业领域建立信用“红黑名单”制度，依法依规对严重失信的“黑名单”主体实施联合惩戒。强化信用信息归集，对所有归集至省平台的符合标准的“双公示”信息进行集中公示。规范行政处罚信息信用修复的受理、初审、复审工作程序以及审核标准，实施依企业信用风险分类开展差别化监管，有效打造宽严有度、刚柔并济、“无事不扰”的营商环境。

【供给侧结构性改革】 2019年，福建省推进供给侧结构性改革。化解过剩产能，推进“僵尸企业”分类处置，基本淘汰9万吨/年及以下煤矿，退出电解铝产能7.5万吨，提前2年完成国家发改委等6部门要求的目标任务。加大降本减负力度，全省企业养老保险缴费费率降至16%。完成工商业用电并表。减免不动产登记费、高速公路车辆通行费，降低港口服务收费。开展清理规范政府部门下属单位涉企收费、中介机构收费，年减轻企业负担约0.24亿元。降低燃气工程安装收费标准，年减轻企业负担约3.8亿元。落实清理拖欠企业账款，提前完成国家“对拖欠企业的款项年底前要清偿一半以上”任务。深化自然资源管理制度改革，规范省域内补充耕地指标调剂行为，实现补充耕地指标省域范围内调剂，2019年以来跨县调剂补充耕地指标2273.3公顷，解决各地经济建设占用耕地和补充耕地不平衡的问题。推进矿业权出让制度改革，持续减少矿业权数量，全省矿业权总数减少到1580个，属历史最低值。深化电力体制改革，推进增量配电业务改革试点项目建设，共有4批17个增量配电业务改革试点项目列入国家试点项目名单，实现试点项目设区市级全覆盖。扩大电力直接交易规模和市场主体范围，启动福建省电力现货市场试运行工作，开展现货市场结算工作。推动先进制造业与现代服务业深度融合，全省现有国家服务型制造示范企业（项目、平台）19个、省级139个，国家级和省级工业设计中心分别有17家、73家，厦门、泉州获评服务型制造示范城市。推进基础设施领域补短板，印发实施福建省《关于保持基础设施领域补短板力度的实施意见》和《2019年投资工程包实施方案》，建立全省基础设施领域补短板工作协调机制，全年实施37个投资工程包。探索建立基础设施投资基金，按照市场化方式分别设立铁路投资基金和高速公路产业投资基金，其中，铁路投资基金总规模100亿元，首期规模60亿元；高速公路产业投资基金总规模50亿元，首期规模20亿元。

【创新驱动】 2019年，福建省推进创新驱动。加快建设创新型省份，修订省企业技术中心管理办法和省行业技术开发基地暂行管理办法，组织实施一批省级技术创新重大项目。引导工程研究中心联合地方政府、龙头企业、高校和科研机构等，共建山海协作创新中心。制定福建省创新实验室体制机制创新的指导意见，最大限度地赋予省创新实验室科研和管理自主权，批复设立省创新研究院。实施新兴产业倍增工程，印发2019年战略性新兴产业重点项目计划，跟踪推动重点项目197个，投资总额超1700亿元。印发2019年战略性新兴产业发展工作要点，推进新兴产业倍增工程。加快实施创新能力突破行动，鼓励社会资本参与建设和发展新型研发机构，新评估命名32家省级新型研发机构。落实企业研发经费分段补助、高新技术企业培育等政策，开展10家省级制造业创新中心试点建设，组织实施2019年省级技术创新重大项目。建立和完善产学研协同创新、“双创”孵化培育等机制，推进科技企业孵化器建设，开发和完善省级科技企业孵化器的备案和评估网络系统，构建“众创空间—孵化器—加速器—产业园”的创业孵化链条。完善省级高新技术企业培育库，建设省高新技术企业培育工作系统，搭建“一站式”管理服务平台，提高高技术企业认定管理服务水平。深化项目评审、人才评价、机构评估改革，进一步简化和规范项目立项、过程管理和验收流程，赋予科研人员自主选择和调整技术路线的权利。建立健全“双随机”抽查制度，减少项目实施周期内的各类评估、检查、抽查、审计等活动。树立重科技成果转化、重科技创新、重知识产权转化运用的职称评审导向，鼓励科技人员参与制定标准，以具体项目、奖项、专利等替代论文要求。开展特殊人才评审工作，全省130位来自科技、工程、经济等领域的特殊人才取得高级职称。推进科研管理体制机制改革。修订完善省级科技计划项目经费管理办法，赋予项目承担单位预算调剂和科研仪器设备采购等更大的人财物支配权。研究出台《关于进一步促进高校和省属科研院所创新发展政策贯彻落实的七条措施》，解决政策执行难点堵点问题，赋予科研机构和人员更大自主权。推动福厦泉国家自主创新示范区体制机制创新，福州片区与国内一流高校院所合作共建“大院大所大实验室”、厦门片区“互联网＋技术转移”新模式已在全国推广，泉州片区引进国家集成电路产业投资基金共建泉州半导体高新区。

【区域协调发展机制构建】 2019年，福建省加快构建区域协调发展机制。打造“丝路海运”品牌。围绕航运物流全流程，发布港口、航线、中转等12项服务标准，完善“丝路海运”标准体系，持续提升品牌核心竞争力。推进“丝路海运联盟”筹建工作，与境内外港口、航运企业联动日益密切，与周边地区的海铁联运、水水中转更加高效。健全闽东北和闽西南两大协同发展区协调发展机制。完成两个协同发展区发展规划编制，谋划梳理两个协同发展区重大项目台账。扩大对革命老区、中央苏区支持。推进一批互联互通重大基础设施、优势互补产业协作项目建设，提高山海协作水平，推动工业转型升级。支持设立创新平台，为老区苏区发展提供支撑。推动国家级、省级新型城镇化试点。印发实施年度全省新型城镇化工作要点，组织福建省第二批国家新型城镇化综合试点经验总结。高质量推进特色小镇创建，协调推进特色小镇投资工程包建设。

【市场主体活力激发】 2019年，福建省继续激发市场主体活力。完善国有企业法人治理结构。加强外部董事人才队伍建设，制定省属企业外部董事管理办法、薪酬管理办法和董事会及董事考核评价暂行办法等一系列配套制度，建立外部董事人才库。推动国有企业混合所有制改革。明确要求省属企业新设企业原则上必须是民营资本及其他各类所有制资本参与的产权多元化混合所有制企业，解决“国有企业不愿混，民营企业不敢混”的问题。运用基金放大国有资本助推企业改革，设立省国改基金参与员工持股试点、混改项目。缓解“融资难、融资贵”问题。完善支持民营和小微企业发展一系列政策措施，引导金融机构提升民营、小微企业服务水平。推进应收账款融资试点，20家试点核心企业帮助上游150多家中小微企业实现应收账款融资超7亿元、83家政府性融资担保机构为1.33万户（次）小微和“三农”主体提供259.31亿元融资担保增信服务。推动民营企业扩大发债规模，推进民营企业到银行间市场发债；落实上市公司纾困工作，帮助15家暂时遇到困难的上市公司渡过难关。打造优秀企业家队伍。实施企业家素质提升工程，启动“闽商学习会”，搭建闽商互学互促的学习交流平台。多举措构建亲清政商关系，全面开展服务民营企业“三个一百”活动，省市县区党政主要领导召开民营企业座谈会，帮助企业解决各类困难与问题。深化理想信念教育，举办福建省非公有制经济人士学习贯彻习近平新时代中国特色社会主义思想主题培训班，激发民营企业家听党话跟党走的自觉性。

【财政金融体制完善】 2019年，福建省继续完善财政金融体制。支持发展创业投资。推动企业赴科创板上市，“一企一策”协调解决企业上市过程中遇到的问题。加强与境内外交易场所的沟通合作，推动省政府与上交所签署战略合作备忘录。年内，全省新增12家境内外上市企业，IPO融资76.86亿元。加快发展普惠金融和绿色金融。宁德、龙岩获批为国家普惠金融改革试验区。复制推广福建省特色的涉农信贷“三朵金花”——福田贷、快农贷、福林贷，引导金融机构推出契合小微、“三农”、民生发展需求的普惠金融产品。推动福建省绿色金融改革试验区创建工作。推动海峡股权交易中心建设集用能权、碳排放权、排污权交易功能的要素资源交易流转平台。完善金融风险监测、评估和处置机制。加强全省信贷风险防控，组织开展贷款风险分类偏离度调查，摸清信贷风险底数，压实金融机构信贷风险防控责任。合力打击各类非法金融活动，加强无证经营支付业务整治工作力度。推动银行业机构继续加大清收、核销等处置力度，防止关注类贷款向不良贷款劣变。做好互联网金融和网贷整治工作，盯防重点地区的网贷机构风险动态，加强对网贷机构的动态监测和穿透式监管。

【医药卫生体制改革】 2019年，福建省深化医药卫生体制改革。推进医疗卫生改革。加强公立医院党的建设，全面实行党委领导下的公立医院院长负责制，修订完善公立医院党委会议事规则等决策制度，明确“三重一大”（重大事项决策、重要干部任免、重要项目安排、大额资金的使用）事项为党委会议决策范围，建立健全党务工作机构，加强基层党组织建设。以章程为统领完善医院内部管理制度，全省制定章程的公立医院占比达到71.8%，遴选44家公立医院开展建立健全现代医院管理制度试点工作。推出院长目标年薪制、薪酬总额核定、绩效考核等“组合拳”，在全国率先实现公立医院薪酬制度改革全覆盖。县域医共体建设扩大到全省41个县域，遴选26个县（市、区）作为国家紧密型县域医共体试点。启动省疾控中心综合改革试点，推动医改向公共卫生领域拓展。推进医药领域改革。6月1日起在全国率先以省为单位全面跟进实施国家组织药品集中采购和使用试点工作，至11月底，全省节约医疗费用5.35亿元。动态调整医疗服务价格，及时将控费腾出的空间转换为医疗服务收入。完善药品货款统一结算制度，规范全省医保定点公立医疗机构药品货款结算秩序。推进医保制度改革，在全国率先建立城镇职工医保基金全省统筹调剂制度，合理均衡地区间医保基金负担。推动跨省异地就医结算，扩大省内联网定点范围，全省有跨省异地就医定点医疗机构692家，每个县（区）至少有1家跨省异地就医定点医院，跨省就医备案范围扩大到就医设区市。国务院医改领导小组在福建省召开全国医改推进现场会，推广福建省医改经验。在全国公立医院综合改革效果评价中福建省继续位居全国前列，获得了全国最高金额的绩效奖励。

【民生社会事业领域改革】 2019年，福建省继续推进民生社会事业领域改革。深化教育领域改革。规范学前教育改革发展，省级建立生均公用经费学前教育奖补机制。落实消除义务教育学校大班额专项规划，全省义务教育阶段大班额数占比降至1.6%。深化城区义务教育学校“小片区管理”、农村薄弱学校“委托管理”、集团化办学等改革。出台福建省高考综合改革实施方案，开展高考综合改革相关配套文件研制、修订工作。推进产教融合建设试点，启动省级产教融合型城市、企业建设试点工作。构建多元化人才培养模式，落实一流专业、一流课程“双万计划”，完善一流人才培养体系。推进民办教育规范健康发展，营造支持社会力量兴办教育的良好氛围。完善社会保障机制。持续推进建筑业按项目参保工作，推进企业职工基本养老保险公共服务城乡一体化，畅通福建省户籍农村居民参保渠道。健全完善社会救助机制，实现全省社会救助标准城乡一体化。总结提炼福建省居家和社区养老改革试点成果，推动有条件的乡镇敬老院转型升级为农村区域性养老服务中心。推进旧屋区和老旧小区精准整治改造。制定福建省城市老旧小区改造实施方案，建立政府统筹组织、职能部门协调指导推进、街道具体实施、社区协调推进、居民全程参与的工作模式，将改造范围扩展到老旧街区和老旧片区。（李江城）

精神文明建设

【公民思想道德建设】 2019年，福建省抓住中华人民共和国成立70周年契机，组织开展中华人民共和国成立70周年、“讲文明树新风”、“八不行为规范”主题公益广告宣传，据福建省广告监测平台监测数据显示，2019年传统媒体发布公益广告总数125.98万条次，其中电视96.14万条次，广播29.14万条次，报纸6971条次。利用春节、元宵、清明、端午、七夕、中秋、重阳、农民丰收节等节点，在福州市鼓楼区、上杭县、漳州市龙文区、南平市、惠安县、宁德市、武平县举办“我们的节日”省级主场文化活动。组织开展“全闽共舞、礼赞新中国”第三届广场舞大赛，举办各级赛事94场，吸引1600支队伍超3万名群众参与比赛。组织开展第七届全国道德模范和第六届省级道德模范评选表彰活动，2人获全国道德模范、8人获全国道德模范提名、25人获省级道德模范称号。组织开展道德模范国庆、春节关爱慰问活动，发放资金117.5万元。40人上榜中国好人、120人上榜福建好人，在宁德市、福清市、长泰县、惠安县举办道德模范和身边好人现场交流活动。文明风网、“文明福建”微信公众号刊发信息1.5万篇、评论1600多篇。人民网福建频道“正气微视频”专栏、“文明八闽”抖音官方号、新闻频道《文明福建》电视专栏上线。

【新时代文明实践中心】 2019年，福建省委常委会专题研究新时代文明实践中心建设试点工作，省委省政府把新时代文明实践中心建设试点工作列入2019年为民办实事项目，给予2个全国试点县和7个省级试点县各100万元经费支持。省委宣传部、文明办列支200万元工作经费支持上杭、福安2个全国试点县建设。制定《福建省新时代文明实践志愿服务机制建设实施方案》，省委宣传部领导、试点工作指导组成员单位及省委宣传部相关处室分别与各试点县（市、区）建立挂钩联系制度。上杭县、福安市2个全国试点和福清市、海沧区等7个省级试点都建立县级中心，建设乡镇实践所129个、村实践站1673个，2个全国试点县所站建设实现全覆盖。9个试点县注册志愿者超65万人，常态化开展政策宣讲、扶贫帮困、文化惠民等文明实践志愿服务活动，全年开展11200多场次，受益群众300多万人次，试点工作受到社会各界好评。10月，中央确定福建省第二批全国试点县20个，全省全国试点县总数22个。

【群众性精神文明创建活动】 2019年，福建省修订《福建省精神文明创建活动管理办法》，对创建标准、申报考评、表彰奖励、监督管理等条款进行系统性、规范性调整。制定文明城市、文明村镇、文明单位、文明校园届中测评操作手册，精减各类材料审核条目近1/4，材料审核均采用电子申报、网上评判方式进行。健全完善落实暗访督查、结对帮扶、内部通报、公开曝光、约谈退出五项创建机制，从测评组织、软件开发、考察项目和点位选择、考评方式、应对突发状况等五个方面重点优化文明城市“第三方”暗访工作，对全省93个县（市、区）开展常态化实地暗访，避免文明创建“大呼隆”“一阵风”现象，推动各地注重平常保持常态。印发《关于做好第十四届涉改省级文明单位参评对象补申报工作和明确第十三届省级文明单位奖励金发放有关事项的通知》，审核和补申报涉改文明单位867个，确保涉改省级文明单位日常创建和届中初评平稳有序、顺利衔接。完成省级文明城市、文明村镇、文明单位、文明校园届中初评工作。贯彻落实《福建省文明乡风建设专项小组工作方案》，建设省级“文明乡风联系点”29个、公民思想道德教育馆9个，发放建设补助资金315万元。

【未成年人思想道德建设】 2019年，福建省抓住清明、“六一”、“七一”、“十一”等时机，开展清明祭英烈、“童心向党”歌咏、“向国旗敬礼、做新时代好少年”网上签名寄语、红色基因传承等爱国主义教育活动，举办“我与祖国共奋进”歌咏展演活动13场。举办“少年中国颂”大型校园诵读活动，组织名家名师走进70所中小学集中录制经典名篇诵读节目13期。开展“新时代好少年”推选活动，举办福建省“新时代好少年”先进事迹发布会，林峻德获全国“新时代好少年”称号，11人获福建省“新时代好少年”称号。组织开展“新时代好少年”暑期研学实践活动。举办乡村学校少年宫项目建设培训班，组织现场观摩活动，21所新建少年宫项目全面建成投入使用。持续培育“一宫一品”，下拨150万元专项资金扶持特色品牌项目50个。推进文明校园与乡村学校少年宫共建工作，已有107所全国和省级文明校园与中央项目校结对共建。组织开展“心理健康进基层”公益巡讲活动，举办第7、第8期专题培训班，培训200名基层辅导骨干人员。开展“文明校园竞晒”活动，征集文明校园创新案例60多篇。开展“公共文化服务校园行”活动，全年有54个文化服务单位与学校对接开展优秀传统文化进校园专场活动833场次。

【诚信建设】 2019年，福建省将诚信建设纳入意识形态巡视巡查内容，推动福建省集中治理诚信缺失突出问题落地落实。召开省诚信建设工作推进会，深化19项诚信缺失突出问题专项整治工作，健全完善诚信红黑榜发布制度，推进整合完善社会征信体系。开展“诚信经营示范街区”创建活动，确认第二批福建省诚信经营示范街区17条。

【志愿服务】 2019年，福建省委编委批复在省委文明办综合处加挂志愿服务工作处。举办学习贯彻习近平总书记致中国志愿服务联合会第二届会员代表大会贺信精神座谈会，举办“书写新时代的雷锋故事——省市‘12·5’国际志愿者日”主题活动，举办全省及市、县（区）各类志愿服务骨干培训班，受训人数5000多人次，推进“助力新福建，建功新时代”活动，围绕助老扶幼、助学帮困、应急救灾、生态环保等12个重点领域开展志愿服务活动，推进23个“福建省助力乡村振兴发展志愿服务中心”建设，组织“百家优秀志愿服务组织”宣传展示、“志愿八闽行，共筑中国梦”主题项目大赛、全国“四个100”志愿服务先进典型推选、“五星级志愿者”评定。《福建志愿服务条例》立法工作列入省政府2020年立法计划提请审议项目。至年底，全省注册志愿者512.34万人，注册志愿服务团体5.34万个，开展志愿服务项目45.12万个，累计开展志愿服务时长9673.23万个小时。

（江化林）

编辑：林忠玉

重大决策

【概况】 2019年，中共福建省委以习近平新时代中国特色社会主义思想为指导，深入贯彻落实习近平总书记重要讲话重要指示批示精神，全面贯彻落实党的十九大和十九届二中、三中、四中全会精神，增强“四个意识”、坚定“四个自信”、做到“两个维护”，围绕统筹推进“五位一体”总体布局和协调推进“四个全面”战略布局，坚持新发展理念，紧扣稳中求进工作总基调，紧扣供给侧结构性改革，紧扣高质量发展，先后召开省委十届八次、九次全会，打好“三大攻坚战”，做好“六稳”工作，统筹做好稳增长、促改革、调结构、惠民生、防风险、保稳定工作，努力在营造良好发展环境上再创佳绩，在推动两岸融合发展上作出示范，做好革命老区、中央苏区脱贫奔小康工作，以党的政治建设为统领推进党的各方面建设，推动全省经济社会持续健康发展，新时代新福建建设迈出新步伐。

【习近平新时代中国特色社会主义思想学习贯彻】 2019年，中共福建省委聚焦学懂弄通做实，持续兴起习近平新时代中国特色社会主义思想“大学习”热潮，引导党员干部原原本本学、深入系统学、长期跟进学、结合实际学，结合学习贯彻习近平总书记在福建工作时的创新理念和生动实践，用好《习近平在厦门》《习近平在宁德》《习近平在福州》鲜活教材，深化对习近平新时代中国特色社会主义思想理论逻辑、实践逻辑的认识和领会，把对习近平总书记的深厚爱戴之情转化为推动事业发展的强大动力。贯彻落实习近平总书记重要讲话重要指示批示精神和党中央决策部署，成立深入学习贯彻落实工作小组，省委主要负责同志担任组长，直接抓、具体抓、深入抓、持续抓，确保取得实实在在成效。

学习贯彻习近平总书记在参加十三届全国人大二次会议福建代表团审议时发表的重要讲话精神。习近平总书记的重要讲话，为新时代新福建建设赋予重大使命，是对全省干部群众的极大鼓舞，是对各项工作的极大推动。省委以习近平总书记重要讲话精神统揽新福建建设，以贯彻落实为主线统领全年和今后工作。召开省委十届八次全会全面部署，作出关于深入学习贯彻习近平总书记重要讲话精神的决定，制定4份实施意见、145项具体措施，细化分解330项工作清单，成立4个工作组，逐条逐项抓好落实。在重要讲话发表半年及年底等重要时间节点召开推进会，对贯彻落实情况进行再部署再推动再深化。

学习贯彻党的十九届四中全会精神。这次全会首次系统描绘中国特色社会主义制度的“图谱”，深刻阐释中华人民共和国70年奇迹背后的制度“密码”，清晰指明迈向“中国之治”新境界的明确路径。召开省委十届九次全会，审议通过实施意见，对坚持和完善中国特色社会主义制度、推进国家治理体系和治理能力现代化进行具体部署，明确提出坚持和完善党的领导制度体系、坚持和完善人民当家作主制度体系、坚持和完善中国特色社会主义法治体系等11个方面53项重点任务，具体推进新时代新福建治理现代化。

建立“三四八”贯彻落实机制。习近平总书记重要讲话重要指示批示是党内政治要件，是做好福建各项工作的根本遵循。为防止学习领会不全面、不深入，抓落实前紧后松、缺乏“常”“长”两字，一阵子、一般化，甚至出偏差、掉链子，确保学习贯彻落实深入具体、持之以恒、全面到位，省委总结提升行之有效的做法，建立“三四八”贯彻落实机制。即：在时间维度上抓好“年初研究部署、年中协调推进、年底总结提升”3个具体阶段，在此基础上按要求每年3月向党中央专题报告、向全省通报，再开展新一轮的深入贯彻落实；在工作全链条上突出“全面学习领会、深化细化措施、逐条逐项推进、检验落实成效”4个重点，形成完整的贯彻落实链条；在工作具体进程上抓好“严格对标对表、夯实主官主责、精细分解分工、强化盯办推进、着力落细落实、接受干群监督、加强激励奖惩、持续巩固深化”等8个环节，推动学习贯彻落实走深走实。开展“回头看”，对习近平总书记党的十八大以来重要指示批示，逐一建立工作台账，形成工作清单、任务清单、责任清单，实行月报制度，动态跟踪推进。特别是对习近平总书记关于福建工作的重要讲话重要指示批示，一件一件检查贯彻落实情况，总结经验成效，查找差距不足，深化贯彻落实措施。

【党中央部署的重大活动组织开展】 2019年，福建省按照党中央部署，精心谋划、周密组织重大活动，教育引导全省干部群众始终坚持党的领导，坚定不移走中国特色社会主义道路。举办福建省庆祝中华人民共和国成立70周年系列活动。以习近平同志为核心的党中央隆重举办系列庆祝活动，充分展示中华人民共和国成立70年来的辉煌成就，凝聚党心民心、彰显国威军威、振奋民族精神、激发各方面力量。习近平总书记发表系列重要讲话，极大地激发全党全军全国各族人民和海内外中华儿女的爱国热情和奋进精神。省委按照党中央统一部署，开展福建省系列庆祝活动，进一步焕发全省广大干部群众爱国奋进的热情和干劲。特别是组织香港、澳门、台湾闽籍乡亲3个参访团参加庆祝大会、联欢晚会等活动，凝聚爱国爱港爱澳和“两岸一家亲”的深厚民族感情。

开展“不忘初心，牢记使命”主题教育。省委围绕深入学习贯彻习近平新时代中国特色社会主义思想根本任务，把“两个维护”作为最高政治原则和根本政治规矩，贯彻“十二字”总要求、“五句话”具体目标、“四个贯穿始终”重点措施，推动取得重要成果。省委常委班子围绕“践行初心使命、坚定理想信念、加强政治建设、牢记为民宗旨、主动担当作为、严明纪律规矩”6个专题带头开展集中学习研讨，常委班子成员带头宣讲，带头下基层讲党课，带头紧密结合实际贯彻落实，带动党员干部学习220多万人次，提高知信行合一的能力。抓好党中央明确的8个方面突出问题专项整治，两批单位共查找32594个专项整治具体问题，整改28228个。着力解决群众最急最忧最盼问题，开展“找差距、抓落实、解难题、化积案”专项行动，化解难题积案1365个，全省累计为群众办实事好事31.6万件。

学习贯彻习近平总书记关于文化和自然遗产保护工作的重要论述和《〈福州古厝〉序》重要文章，做好第44届世界遗产大会筹办工作。把筹办第44届世界遗产大会作为重大政治任务，召开全省工作会议、省委常委会会议、专题会议、省政府常务会议等进行部署，上下联动、横向合力，高标准谋划推进筹备工作，并以此为契机，推动全省文化和自然遗产保护利用、城乡面貌品质“两个新提升”。制定深入学习贯彻习近平总书记重要论述加强新时代文化和自然遗产保护利用工作的意见，出台文物保护利用改革、历史文化名城名镇名村传统村落和历史建筑保护利用、建立自然保护地体系等3个实施方案，颁布《福建省非物质文化遗产条例》，把八闽大地上的“真宝贝”精心呵护好。

【经济持续健康发展】 2019年，中共福建省委和省政府始终围绕习近平总书记亲自擘画的“机制活、产业优、百姓富、生态美”新福建宏伟蓝图，以新发展理念为引领，把做好“六稳”工作与创新驱动发展、深化供给侧结构性改革、深化改革开放一体推进，推动经济社会持续健康发展。全省生产总值比上年增长7.6%，总量42395亿元，居全国第八位，规模以上工业增加值增长8.8%，战略性新兴产业增加值增长25%，社会消费品零售总额增长10%，全省出口逆势增长8.7%，城乡居民人均可支配收入分别增长8.3%、9.8%。

打好三大攻坚战。防范化解重大风险，梳理排查8个领域68个风险点，制定实施272条具体应对措施，突出加强金融风险监测、妥善化解地方政府债务风险，全省不良贷款率在连续3年下降的基础上，2019年再降低0.33个百分点，12月末为1.14%，地方政府债务余额严格控制在中央核定限额内。推进精准脱贫，全省建档立卡贫困人口全部脱贫，贫困村全部摘帽，省级扶贫开发工作重点县全部达到退出标准，按照“四不摘”的要求做好稳定脱贫工作。抓好污染防治，九市一区空气质量达标天数比例98.4%，12条主要河流优良水质比例96.5%，县级以上饮用水水源地水质达标率100%。

深化供给侧结构性改革，加快制造业高质量发展。落实“巩固、增强、提升、畅通”八字方针，实施百亿元龙头成长计划和千亿元集群培育计划，主营业务收入超百亿元的工业企业45家，产值超千亿元的产业集聚18个。综合运用市场机制、经济手段、法律手段，坚决处置一批“僵尸企业”。实施新一轮技术改造专项行动，省技改基金规模年内增至120亿元，带动企业技改投入1000多亿元，新增利税200多亿元。加快培育发展新动能，实施新兴产业倍增工程，新型功能材料、生物医药等4个集群入围国家战略性新兴产业集群。举办第二届数字中国建设峰会，数字经济规模1.7万亿元。

向改革开放要动力，营造有利于创新创业创造的良好发展环境。学习贯彻习近平总书记关于全面深化改革的重要论述，按照中央深改委部署，谋划推进福建省全面深化改革各项工作，研究制定进一步深化改革扩大开放8个方面93条措施，推出231项具有引领性、带动性、标志性的改革举措。制定构建高技术企业成长加速机制等46条具体举措，着力解决影响创新创业创造的突出体制机制问题。深化“放管服”改革，行政审批和公共服务事项“一趟不用跑”和“最多跑一趟”占比超过90%；实施省工程研究中心三年行动计划，挂牌成立省创新研究院和光电信息、能源材料、化学工程、储能电池等省创新实验室。帮助民营企业实现创新发展，新增减税降费超过600亿元，减轻企业负担超过900亿元；设立150亿元省级纾困基金，发行20亿元纾困专项债。着力在建设开放型经济新体制上走前头，深化海丝核心区建设，丝路海运突破1800个航次，丝路飞翔空中航线近400条，与共建“一带一路”国家和地区贸易额增长超过13%；36项自贸试验区创新成果在全国复制推广。

深化国家生态文明试验区建设。学习贯彻习近平生态文明思想，加快生态省建设，创新发展水土流失综合治理“长汀经验”，莆田木兰溪治理、福州水系综合治理等经验得到复制推广。深化生态领域体制机制创新，国家生态文明试验区22项改革经验在全国推广。建立省级党政领导挂钩督办和一周一督办、一会诊、一协调、一推动“四个一”工作机制，抓好中央环保督察反馈问题整改。

【海峡两岸融合发展】 2019年，福建省学习贯彻习近平总书记关于对台工作的重要论述，落实中央“31条”“26条”惠台措施，推出福建省“66条”“42条”具体措施，以“通”促融、以“惠”促融、以“情”促融。实际使用台资比上年增长8.1%。向金门地区供水稳定运行，向马祖近期供水工程启用，与金马通电通气通桥前期工作有序推进。首家两岸律师事务所联营办公室在厦门自贸片区成立，首家台胞医保服务中心落地莆田，首个台胞台企金融消费权益保护中心落户平潭。在旅游、建筑、环保、医疗、教育、农渔业、冷链物流等领域深化行业标准共通，推进平潭综合实验区建设。举办第十一届海峡论坛，台胞参与人数创历史新高。

推进区域协调发展，探索具有福建特色的乡村振兴之路。贯彻落实党中央关于实施区域协调发展战略的重大部署，加快闽东北、闽西南两大协同发展区建设，实施区域协作项目226个，平潭海峡公铁大桥铺轨，福州、莆田至长乐机场两条城际铁路、厦门新机场、长乐机场二期扩建工程等项目有序推进。学习贯彻习近平总书记给寿宁县下党乡的乡亲们回信精神，实施乡村振兴十大行动、特色现代农业“五千工程”，茶叶、水产等十大乡村特色产业全产业链总产值突破1.7万亿元，千亿元产业增至8个。省级科技特派员覆盖所有乡镇，带动9.5万户农民创业增收。

持续保障和改善民生。全省民生支出占一般公共预算支出78.6%，27件为民办实事项目全面落实。城乡居民基本医疗保险和城乡医疗救助省级财政补助超过100亿元，城乡居民省级基础养老金最低标准提高到123元，高出国家标准35元，退休人员基本养老金提高5%。制定全面推广“三明经验”、深化医药卫生体制改革的意见和8份配套文件，率先全省跟进国家药品集中采购和使用试点，率先实行职工医保基金省级统筹。坚持“房住不炒”定位，完成棚户区改造6.4万套。新建、改扩建公办幼儿园200所，新增学位6万多个，省儿童医院、妇产医院等重点项目加快建设。坚决开展扫黑除恶专项斗争，群众安全感率98.9%。落实安全生产责任，生产安全事故起数、死亡人数分别比上年下降17.3%和8.2%。防抗“利奇马”“白鹿”等6轮强台风强暴雨，最大限度减少人员财产损失，因灾死亡4人。

【全面从严治党】 2019年，中共福建省委始终牢记习近平总书记强调的“党的建设一刻也不能放松”重要要求，全面贯彻新时代党的建设总要求，发扬充沛顽强的斗争精神和彻底的自我革命精神，做好中央巡视长效整改“后半篇文章”，落实“五抓五看”和“八个坚定不移”具体措施，提高党的建设质量。坚持把党的政治建设摆在首位。制定以党的政治建设为统领全面推进党的各方面建设31项具体措施，开展全面从严治党主体责任落实情况检查。严明政治纪律和政治规矩，全年立案审查涉及违反政治纪律行为的案件253件，处分278人。加强干部和人才队伍建设。坚持新时代好干部标准，突出政治标准，做好干部选拔任用工作。实施优秀年轻干部“432”梯次培养计划。制定实施《2019—2022年福建省干部教育培训规划》，开展“十个专题”培训。健全正向激励、容错纠错等机制，落实关心关爱基层干部20条措施，促进干部担当作为。加强基层党组织建设。完成整顿软弱涣散基层党组织1813个。强化城市基层党建系统建设，统筹推进国企、高校、民营企业、社会组织、新兴业态和互联网企业党的建设，非公有制企业和社会组织党组织覆盖率达86%和80%。持之以恒正风肃纪。落实中央八项规定及其实施细则精神，全年查处违反中央八项规定精神问题2069件，处理2828人，给予党纪政务处分1812人。力戒形式主义、官僚主义，实实在在为基层减负，全年查处形式主义、官僚主义问题1729件，处理2773人。保持反腐败高压态势。实施靶向治疗、精准惩治，全年立案11675件，其中厅级56件；给予党纪政务处分11680人，涉嫌犯罪移送检察机关490人。巩固发展安定团结政治局面。完善党委领导人大工作机制，支持省人大及其常委会依法履行职责。加强政协协商民主建设，提升政协工作整体水平。紧紧围绕大团结大联合主题，巩固和发展爱国统一战线。

（陈　雪）

重要会议

【省委十届八次全会】 2019年5月22日，中共福建省委十届八次全体会议在福州召开。出席会议的省委委员59名、候补委员14名。参加会议的有：省人大常委会、省政府、省政协党员负责人，省法院院长、省检察院检察长，省人大常委会、省政府、省政协秘书长，省直单位和中直单位驻闽机构党组（党委）主要负责人，省纪委常委、省监委委员，各设区市委书记、市长，平潭综合实验区党工委书记、管委会主任，各县（市、区）委书记、县（市、区）长，在闽的十九大代表和省第十次党代会代表中的部分专家学者、基层、企业代表。第一次全体会议参会人员扩大到非中共党员省级领导，在闽的全国人大、政协专委会成员，担任过副省级以上领导职务的老同志，省各民主党派、工商联主要负责人和无党派人士代表，在榕省直单位副厅级以上领导干部。会议讨论《中共福建省委关于深入学习宣传贯彻习近平总书记在参加十三届全国人大二次会议福建代表团审议时重要讲话精神的决定》和4个具体实施意见，表决通过《中国共产党福建省第十届委员会第八次全体会议决议》。

会议指出，习近平总书记在参加十三届全国人大二次会议福建代表团审议时的重要讲话，为新时代新福建建设赋予重大使命、带来重大机遇、注入重大动力，是指导新时代新福建建设的纲领性文献。全省各级党组织和广大党员干部要认真学习、深刻领会、全面贯彻，坚定自觉用以统一思想和行动，统揽新时代新福建建设，确保“四个意识”“四个自信”“两个维护”发自内心、成为自觉，确保新时代新福建建设始终沿着以习近平同志为核心的党中央指引的正确方向阔步前进，确保习近平总书记重要讲话精神不折不扣落深落细落实。

会议强调，深入学习贯彻习近平总书记重要讲话精神，做好福建工作，总的要求是坚持以习近平新时代中国特色社会主义思想为指导，深入学习贯彻党的十九大精神，深入学习贯彻习近平总书记对福建工作的重要讲话重要指示批示精神，围绕统筹推进“五位一体”总体布局和协调推进“四个全面”战略布局，坚持稳中求进工作总基调，坚持新发展理念，坚持高质量发展落实赶超，进一步做好稳就业、稳金融、稳外贸、稳外资、稳投资、稳预期工作，统筹做好稳增长、促改革、调结构、惠民生、防风险、保稳定工作，推进闽东北、闽西南协同发展区建设，努力在营造良好发展环境上再创佳绩；在推动两岸融合发展上作出示范，在建设开放型经济新体制上走在前头，谱写新时代新福建建设新篇章。一要革除体制机制障碍，在营造有利于创新创业创造的良好发展环境上取得新突破。坚定“再创佳绩”的信心决心，深入实施创新驱动发展战略，突出“松绑”“放活”提升创新活力，突出高效服务构筑创业高地，突出人才支撑激发创造活力，最大限度激发全社会创新创业创造动能，加快建设科技创新强省。二要全面落实各项政策措施，在帮助民营企业创新发展上取得新突破。增强服务意识，用心用情用力做好“加减乘除”法，加力扶持、提振信心，减税降费、降本减负，加快转型升级、放大“乘数效应”，破除壁垒、清除障碍，全力支持民营企业创新转型、做大做强，推动福建省由民营经济大省向民营经济强省转变。三要建设开放型经济新体制，在吸引优质生产要素集中集聚上取得新突破。牢记“走在前头”重要要求，大胆先行先试，最大限度发挥多区叠加优势；狠抓招商引资，最大程度提升外资质量水平；优化口岸环境，最大力度推动外贸转型升级，着力构建全面开放新格局，加快建设对外开放强省。四要探索海峡两岸融合发展新路，在建设台胞台企登陆的第一家园上取得新突破。发挥独特优势、积极主动作为，以“通”促融、以“惠”促融、以“情”促融，推进应通尽通、惠台利民、文化交流等走深走实，努力把福建建设成为两岸往来最便捷、合作最紧密、政策最开放、服务最贴心、交流最活跃、情感最融洽的“第一家园”。五要扎实做好老区苏区脱贫奔小康工作，在老区苏区振兴发展上取得新突破。带着感情、带着责任打好老区苏区脱贫攻坚战，坚持精准方略，着力解决“两不愁、三保障”问题，加快基础设施完善和产业发展，补齐民生社会事业短板，推进老区苏区生产发展、生活富裕、生态良好。六要加快国家生态文明试验区建设，在推动生态省建设上取得新突破。落实“绿水青山就是金山银山”的理念，在制度创新上见实效、在绿色发展上花力气、在污染防治上下重拳，推动福建省生态文明建设取得更大成果。

会议要求，各级党委（党组）要坚决扛起全面从严治党的政治责任、主体责任、第一责任，以党的政治建设为统领，全面落实新时代党的建设总要求，深化落实省委“五抓五看”“八个坚定不移”具体部署，不断提高党的建设质量，为新时代新福建建设提供坚强保证。要强化政治领导，开展“不忘初心，牢记使命”主题教育，始终在思想上政治上行动上同以习近平同志为核心的党中央保持高度一致。坚定政治信仰，用习近平新时代中国特色社会主义思想武装头脑。突出政治标准，建设忠诚干净担当的高素质专业化干部队伍。增强政治功能，提升基层党组织组织力。保持政治定力，坚持不懈抓作风建设，集中整治形式主义、官僚主义。永葆政治本色，巩固发展反腐败斗争压倒性胜利。

会议强调，全省各级党组织和广大党员干部要突出机制创新、苦干实干、责任压实，以真抓的实劲、敢抓的狠劲、善抓的巧劲、常抓的韧劲，推动各项工作任务落地见效。要强化忧患意识、底线思维，努力做好自己的事，保持战略定力，坚定信心决心，做好“六稳”工作，推进高质量发展，发展更高层次的开放型经济，维护社会大局稳定，以新时代新福建建设成果检验贯彻落实成效。

【省委十届九次全会】 2019年12月5日，中共福建省委十届九次全体会议在福州召开。出席会议的省委委员66名、候补委员14名。参加会议的有：省人大常委会、省政府、省政协党员负责人，省法院院长、省检察院检察长，省人大常委会、省政府、省政协秘书长，省直单位和中直单位驻闽机构党组（党委）主要负责人，省纪委常委、省监委委员，各设区市委书记、市长，平潭综合实验区党工委书记、管委会主任，各县（市、区）委书记、县（市、区）长，在闽的十九大代表和省第十次党代会代表中的部分专家学者、基层、企业代表。第一次全体会议参会人员扩大到非中共党员省级领导，在闽的全国人大、政协专委会成员，担任过副省级以上领导职务的老同志，省各民主党派、工商联主要负责人和无党派人士代表，在榕省直单位副厅级以上领导干部。会议以习近平新时代中国特色社会主义思想为指导，深入学习贯彻党的十九届四中全会精神，讨论于伟国受省委常委会委托作的工作报告，研究部署推进新时代新福建治理现代化，审议通过《中共福建省委深入贯彻〈中共中央关于坚持和完善中国特色社会主义制度、推进国家治理体系和治理能力现代化若干重大问题的决定〉的实施意见》和《中国共产党福建省第十届委员会第九次全体会议决议》。

会议强调，学习宣传贯彻党的十九届四中全会精神，最重要的是要坚定中国特色社会主义制度自信，毫不动摇坚持和巩固中国特色社会主义制度，与时俱进完善和发展中国特色社会主义制度，严格遵守和执行制度，坚定不移沿着中国特色社会主义道路前进。要把传承和弘扬习近平总书记在福建工作时的探索实践、创新理念，贯彻落实习近平总书记对福建工作的重要讲话重要指示批示精神，与推进治理体系和治理能力现代化紧密结合起来，坚定不移按照习近平总书记擘画的蓝图、指引的方向前进，切实把党的十九届四中全会精神落实到新时代新福建建设全过程各方面。

会议强调，要深入贯彻落实党的十九届四中全会精神，推进新时代新福建治理现代化。要以党的政治建设为统领，严格落实“两个维护”的制度机制，建立“不忘初心，牢记使命”长效机制，深化省委“三四八”贯彻落实机制，全面推行“四下基层”“四个万家”群众工作机制，深化“五抓五看”“八个坚定不移”具体部署，把坚持和完善党的领导制度体系落到实处。要巩固和发展生动活泼、安定团结的政治局面，坚定不移走中国特色社会主义政治发展道路，用制度形式保证人民在国家治理中的主体地位，更好体现人民意志、保障人民权益、激发人民创造，把坚持和完善人民当家作主制度体系落到实处。要持续深化法治福建建设，坚持依法治省、依法执政、依法行政共同推进，推进立法精准化、精细化、精品化，把全部政府活动纳入法治轨道，深入践行司法为民，把坚持和完善中国特色社会主义法治体系落到实处。要着力建设人民满意的服务型政府，健全“马上就办、真抓实干”工作机制，持续提高行政效能、增强政府公信力、优化营商环境，把坚持和完善中国特色社会主义行政体制落到实处。要始终突出高质量发展，坚持新发展理念，创新发展“晋江经验”，深化供给侧结构性改革，进一步激发各类市场主体活力、激发创新创业创造活力，建设更高水平开放型经济新体制，把坚持和完善社会主义基本经济制度落到实处。要大力推动文化强省建设，健全用党的创新理论武装党员、教育人民工作体系，深入实施红色基因传承工程，健全文化和自然遗产保护利用机制，完善文化创作体系，落实落细意识形态工作责任制，把坚持和完善繁荣发展社会主义先进文化的制度落到实处。要不断满足人民日益增长的美好生活需要，坚持尽力而为、量力而行，确保全面覆盖，加快补齐短板，完善供给体系，把坚持和完善统筹城乡的民生保障制度落到实处。要扎实推进更高水平的平安福建建设，健全平安福建建设工作协调机制，坚持和完善新时代“枫桥经验”，健全对黑恶势力打深打透、长效常治机制，把坚持和完善共建共治共享的社会治理制度落到实处。要持之以恒抓好生态省建设，巩固深化国家生态文明试验区建设成果，探索“绿水青山”转化为“金山银山”价值实现机制，打好蓝天、碧水、净土三大保卫战，守护好八闽大地这个福建人民永远的家园，把坚持和完善生态文明制度体系落到实处。要服务祖国和平统一大业，探索海峡两岸融合发展新路，实施便利香港、澳门居民在闽发展的政策措施，全面对接粤港澳大湾区建设，把坚持和完善“一国两制”制度体系落到实处。要勇于推进自我革命，处理好监督全覆盖与抓重点、权力与责任、治标与治本的关系，健全纠治“四风”长效机制，拓展“1+X”监督机制，构建一体推进不敢腐、不能腐、不想腐体制机制，把坚持和完善党和国家监督体系落到实处。

会议要求，全省各级党委（党组）要切实加强领导，牢牢把握正确方向，层层压实工作责任，切实强化制度执行，全面提升治理能力，着力把制度优势更好转化为治理效能。（陈　雪）

深化改革

【概况】 2019年，中共福建省委全面深化改革委员会把思想和行动统一到党中央关于全面深化改革的重大决策部署要求上来，围绕统筹推进“五位一体”总体布局和协调推进“四个全面”战略布局，按照中央深改委统一部署，坚持稳中求进工作总基调，以供给侧结构性改革为主线，聚焦制约高质量发展的体制性障碍、机制性梗阻和政策性创新问题，注重思想引领，凝聚改革共识；注重对标对表，贯彻落实中央要求；注重先行先试，打造特色亮点；注重协同高效，推进集成改革；注重惠民利民，增强人民群众改革获得感；注重落地见效，完善改革推进机制，全面深化改革工作呈现出有力有序、蹄疾步稳的良好态势，为坚持高质量发展落实赶超、推进新时代新福建治理现代化提供动力支撑和体制机制保障。

【党中央改革部署贯彻落实】 2019年，福建省委深改委扛起全面深化改革主体责任，坚持在大局下谋划、在大势中推进、在大事上作为，以省委“三四八”贯彻落实机制为抓手，主动对标党中央改革决策部署，统筹全局，协调各方，确保福建全面深化改革始终沿着正确方向前进。对标对表党的十九届四中全会作出的重大决策部署，召开省委十届九次全会，审议通过《中共福建省委深入贯彻〈中共中央关于坚持和完善中国特色社会主义制度、推进国家治理体系和治理能力现代化若干重大问题的决定〉的实施意见》，持续推动各项改革举措上升为制度成果、集成为制度优势、转化为治理效能，把党的十九届四中全会精神落实到新时代新福建建设全过程各方面。对标对表党中央对改革推进中不同阶段的新部署新要求，推动年度改革重点任务29项、重点改革突破事项56项、督察项目26项落实到位；审议涉及重点领域、关键环节的改革文件（方案）16个，听取重点专项改革进展情况和基层探索创新典型经验汇报13个，确保党中央改革决策部署在福建落地落实、取得成效。对标对表党的十八届三中全会以来党中央作出的重大改革决策部署，对《福建省全面深化改革领导小组专项工作小组重点改革任务实施规划（2014—2020年）》落实情况进行全面盘点和评估。规划明确的253项重点任务已完成207项，其余正序时推进；巩固提升生态文明建设、医药卫生体制改革、科技创新、自贸试验区建设等领域探索实践成果，努力打造医改、林改等具有引领示范意义的改革品牌。

【全面深化改革组织领导】 2019年，福建省坚持党对全面深化改革工作的集中统一领导，建立全面深化改革问题导向、经验复制推广和推进落实“三个机制”。压紧压实改革责任，紧盯责任主体，抓住“关键少数”，构建横向到边、纵向到底的改革责任链条，省委主要领导亲自抓生态文明试验区、医改、自贸试验区等重大改革任务的协调推进，建立省委常委挂钩联系重大改革项目制度。抓改革督察问效，完善省委深改委、专项工作小组、省委改革办分级督察机制，结合省委和省政府工作检查、巡视巡察、民主党派民主监督等形式开展改革督察，推行“一季一通报、半年一小结、年终算总账”机制。营造改革浓厚氛围，结合庆祝中华人民共和国成立70周年系列活动，加强宣传推介，在《人民日报》、中央电视台等中央媒体及省内主要媒体刊发专题文章、播出专题节目，启动全省改革微信公众号“改革屏道”，全方位展示福建改革成效，传播福建改革“好声音”“正能量”，推动全社会关心改革、支持改革、参与改革、落实改革。

【省委深改委会议】 2019年，中共福建省委全面深化改革委员会召开6次会议。2月28日，中共福建省委全面深化改革委员会第三次会议在福州召开，传达学习贯彻习近平总书记在中央全面深化改革委员会第六次会议上的重要讲话精神，总结2018年全省改革工作，研究部署2019年改革任务，听取长汀县水土流失治理等工作情况汇报，审议《省委全面深化改革委员会专项工作小组联络员会议制度》《省委全面深化改革委员会办公室工作细则》《长汀县推进水土流失精准治理实施方案》等有关改革文件。5月10日，中共福建省委全面深化改革委员会第四次会议在福州召开，传达学习贯彻习近平总书记在中央全面深化改革委员会第七次会议上的重要讲话精神，听取加快科技创新推动高质量发展等工作情况汇报，审议《关于加强县级融媒体中心建设的实施方案》等有关改革文件。5月29日，中共福建省委全面深化改革委员会第五次会议在福州召开，审议《福建省疾控中心综合改革试点方案》《关于推进国有资本投资、运营公司改革试点的实施方案》等有关改革文件。7月3日，中共福建省委全面深化改革委员会第六次会议在福州召开，传达学习贯彻习近平总书记在中央全面深化改革委员会第八次会议上的重要讲话精神，听取福建自贸试验区制度创新成果复制推广等工作情况汇报，审议《福建省关于加强文物保护利用改革的工作方案》等有关改革文件。8月15日，中共福建省委全面深化改革委员会第七次会议在福州召开，传达学习贯彻习近平总书记在中央全面深化改革委员会第九次会议上的重要讲话精神和致中国志愿服务联合会第二届会员代表大会贺信精神，听取福建省推动落实省委全面从严治党“八个坚定不移”具体要求的创新实践情况汇报，审议《福建省红十字会改革方案》等有关改革文件。10月16日，中共福建省委全面深化改革委员会第八次会议在福州召开，传达学习贯彻习近平总书记在中央全面深化改革委员会第十次会议上的重要讲话精神，听取县域集成改革试点筹备工作情况汇报，审议《福建省工商联深化改革总体方案》等有关改革文件。

【创新创业创造良好发展环境营造】 2019年，福建省按照习近平总书记关于“通过全面深化改革开放，给创新创业创造以更好的环境”的重要指示，实施创新驱动发展战略，深化福厦泉国家自主创新示范区建设，出台营造有利于创新创业创造的良好发展环境46项措施，出台研发投入分段补助、加计扣除、引进重大科研机构、促进高校和省属科研院所创新发展等措施，挂牌成立省创新研究院和光电信息、能源材料、化学工程、能源器材4家省创新实验室，探索构建以企业为主体、市场为导向、产学研深度融合的技术创新体系。建立完善产学研协同创新、“双创”孵化培育等机制，构建“众创空间—孵化器—加速器—产业园”的创业孵化链条。建立健全围绕产业引才聚才的制度机制，实施“海纳百川”高端人才聚集计划，推动人才向产业、企业、重大项目集聚。持续创新科技特派员制度，促进科特派从地方实践上升为国家制度性安排。

【民营企业创新发展】 2019年，福建省按照习近平总书记关于“坚持‘两个毫不动摇’，落实鼓励支持民营经济发展的各项政策措施”“帮助民营企业实现创新发展”的重要指示，创新发展“晋江经验”，优化支持民营企业转型升级的政策措施，着力破解制约民营经济发展的堵点痛点。健全完善党政领导与企业家恳谈会、重点帮扶企业名单和党政领导干部挂钩民营企业制度，完善“政企直通车”制度，构建亲清新型政商关系。培育“双高”企业和“专精特新”企业，做大做强民营企业高新技术企业群体，高新技术企业中民营企业占98%。推进普惠金融改革和绿色金融改革创新，宁德、龙岩创建国家级普惠金融改革试验区获国务院批准。

【开放型经济新体制构建】 2019年，福建省按照习近平总书记关于“不断探索新路，吸引优质生产要素集中集聚，全面提升福建产业竞争力，力争在建设开放型经济新体制上走在前头”的重要指示，发挥多区叠加优势，加快探索建设更高层次更高水平对外开放的体制机制。推进海丝核心区建设，实施丝路海运等“海丝”核心区建设八大工程，丝路海运突破1800个航次，丝路飞翔空中航线近400条，与共建“一带一路”国家和地区贸易额增长超过13%，举办2019厦洽会暨丝路投资大会、“海丝”博览会。推进自贸试验区建设，率先开展海关“两步申报”改革试点，提前2年建成国家贸易单一窗口3.0版，36项自贸试验区创新成果在全国复制推广。

【闽台融合发展】 2019年，福建省按照习近平总书记关于“在推动两岸融合发展上作出示范”的重要指示，结合贯彻习近平总书记在《告台湾同胞书》发表40周年纪念会上的重要讲话精神和“探索海峡两岸融合发展新路”新要求，努力建设台胞台企登陆的第一家园，落实“31＋66＋42”条惠台措施，扩大平潭“一岛两标”试点，推动形成台湾青年就业创业基地73家，入驻台资企业2074家，吸引台湾青年就业创业5216人，首家两岸律师事务所联营办公室在厦门自贸试验片区成立，首家台胞医保服务中心落地莆田，首家台胞台企金融消费权益保护中心落户平潭，厦门集美获国台办授牌“海峡两岸交流基地”。

【老区苏区振兴发展】 2019年，福建省按照习近平总书记关于“梳理排查、抓紧工作、确保老区苏区在全面建成小康社会进程中一个都不掉队”“走出一条具有闽东特色的乡村振兴之路”的重要指示，加快探索精准扶贫、精准脱贫体制机制，深化精准帮扶、精准退出、精准管理机制，建立返贫监测预警机制，补齐“三保障”和饮水安全短板。推进产业扶贫，帮助4.4万贫困人口就业，率先实施精准扶贫医疗叠加保险政策，70个老区苏区县全部实现低保、特困供养和临时救助指标城乡一体化，实现建档立卡贫困人口和贫困村全部脱贫，尚未摘帽的6个重点县全部达到退出标准，“宁德模式”被誉为“中国特色扶贫开发道路的典范”。

【生态文明体制改革】 2019年，福建省按照习近平总书记关于“在体制机制创新上下功夫，为其他地区探索改革的路子”的重要指示，持之以恒抓好生态省建设，深化国家生态文明试验区建设，生态文明指数位居全国第一，“国家生态文明试验区创新探索”实践入选“2019中国改革年度十佳案例”。在制度创新上持续先行，莆田木兰溪治理等第三批12项改革成果在全省复制推广，连江生态产品市场化改革、南平深化集体林权改革践行“两山”理论等22项改革成果向全国复制推广。在绿色发展上持续先行，统筹推进省市县国土空间规划编制工作，启动全省区域空间生态环境评价，深入推进全民所有自然资源资产有偿使用制度改革，深化综合性生态保护补偿试点等改革，启动第二批生态产品市场化试点改革，完善环境权益交易制度。在保护环境上持续先行，在全国率先建立守护海岸线生态检察协作机制，建立公益诉讼一体化办案机制，推广漳州生态司法四同步修复治理做法，全面做好设区市级及以上城市生活垃圾分类工作，全面推进闽江流域山水林田湖草生态保护修复，打造三明将乐常上湖生态修复等15个创新示范精品工程。

【两大协同发展区建设机制健全】 2019年，福建省建立统筹领导机制，成立闽东北、闽西南两个协同发展区建设领导小组，完善联席会议制度，高起点、高标准编制规划，加快推进重大协作项目建设。完善区域互联互通机制，南龙铁路开通运营，全省快速铁路环线闭合，厦门新机场、福州机场二期项目前期工作取得重大进展，主要城市形成“一体化”生活圈。深化山海协作机制，新能源汽车、新材料、石化等产业链合作深度拓展，闽江、九龙江等重点跨市流域综合治理深入推进。租赁房屋常住人口在城市公共户口落户全面落实，2019年末全省常住人口城镇化率为66.5%，比全国高出5.9个百分点。

【“放管服”改革】 2019年，福建省在全国率先开展市场准入负面清单工作试点，取消和下放行政审批服务事项770项，“一趟不用跑”和“最多跑一趟”事项占比超过90%。率先建成省级统一身份认证平台，首创“一网一窗、随时可办”服务模式，开办企业、不动产登记时间压缩至5个工作日以内，中小微企业获得电力实现“零审批、零费用、零上门”。厦门市在全国首创“e政务”便民服务模式，被群众誉为“家门口不打烊的政务服务窗口”。

【医药卫生体制改革】 2019年，福建省巩固提升“三明医改”经验，推进“三医联动”改革，制定出台“1＋8”文件，实施医疗“创双高”，跟进国家药品集中采购和使用试点，国务院医改领导小组发文推广福建和三明医改经验。在全国率先开展省疾控中心综合改革试点，推动医改向公共卫生领域拓展。实施公立医院薪酬制度改革，建立工资总额正常增长机制，构建现代医院管理制度，完善医疗全行业综合监管机制，公立医院综合改革效果评价连续四年获得全国第一。在全国率先建立城镇职工医保基金全省统筹调剂制度，推进医疗保障制度、医保支付方式、医疗服务价格改革。全省半数以上县域组建紧密型医共体，医疗机构之间壁垒逐步打通。

【民生领域改革】 2019年，福建省统筹推进教育体制改革，深化城镇小区配套幼儿园专项治理，推动县域内城乡义务教育一体化建设，开展产教融合建设试点改革，推进省级产教融合型城市、企业试点建设。深化文化事业体制改革，推进新时代文明实践中心建设，健全公共文化服务体系。加快社会保障领域制度改革，实施就业优先战略和更加积极的就业政策，健全完善社会救助机制，推进企业职工基本养老保险公共服务城乡一体化。建立完善社会共建共治共享机制，坚持和发展新时代“枫桥经验”，福州军门社区和厦门深田社区治理经验在全国推广。建立健全群众权益保障机制，完善人权司法保障制度，开展公益诉讼规范化建设，推广行政执法公示、执法全过程记录、重大执法决定法制审核“三项制度”，加强公共法律服务体系建设，首创“阶梯式从宽量刑机制”和“全面法律援助模式”。

【党的建设体制改革】 2019年，福建省结合开展“不忘初心，牢记使命”主题教育，制定出台强化组织领导、加强巡回指导、专项整治具体问题和加强检测评价的制度机制，推动管党治党政治责任落深落细落实。加强干部队伍建设，推动公务员职务职级并行，构建精准科学选人用人机制。加强基层组织建设，制定出台增强基层党组织政治功能和组织力的7项制度。建立完善“1+X”监督机制，推动党中央重大决策部署和省委要求落地见效。分类分步骤推进派驻机构改革，省市县三级纪委监委驻党政机关派驻纪检监察组全部挂牌，实现派驻监督全覆盖。完善监督检查与审查调查协作配合机制，创新“四访”工作机制，交叉巡察经验做法得到中央纪委国家监委肯定。推动建设扶贫（惠民）资金在线监管平台，监管资金37项144亿元，惠及群众630多万人。

【集成改革试点】 2019年，福建省推动有条件的地方和领域开展系统集成改革，鼓励支持基层开展原创性、差异化改革实践，增强改革的系统性、整体性、协同性。选取晋江、福清、沙县、集美四地作为第一批省级县域集成改革试点单位，率先探索县域治理体系和治理能力现代化新路径。福州探索居家社区养老服务集成改革，南平探索生态资源市场化运作模式，在全国首创“生态银行”模式，泉州深化基层治理相关领域协同创新，三明系统推进老区苏区脱贫奔小康，推动单项试点向综合性改革转变。

（林清林）

军民融合

【概况】 福建省委军民融合办自2018年8月组建以来，贯彻习近平强军思想和习近平总书记关于军民融合深度发展重要论述，推动军民融合深度发展，受到中央上级机关、驻闽部队表扬30余次。

【军民融合发展格局构建】 2019年，福建省委军民融合办提高站位，构建融合发展新格局。省委高度重视军民融合发展，组织召开省委军民融合发展委员会第三次全体会议。省委十届九次全会明确提出大力建设全国军民融合深度发展典范区域的目标，省政府在2020年政府工作报告中对推动军民融合深度发展作出具体部署。完成全省军民融合系统领导机构和工作机构组建，优化调整产业发展、科技创新等专项统筹小组职责任务，进一步理顺各级军民融合发展委员会与各级专门委、办关系，努力构建统筹有力、上下联动、协调顺畅的军民融合组织管理体系。健全政策法规体系，出台军民融合法治建设实施方案、加快推动军民融合产业发展十一条措施等政策文件，发挥法律、政策、制度对军民融合发展的支撑保障作用。组织编制协同发展区军民融合发展规划，推动各地在空间布局、项目建设、产业发展、能力培育等方面加强统筹协调、配合协作。制定计量、高等教育等领域军民融合发展实施方案。盘点军民融合发展“十三五”规划明确的重点任务推进情况，推动规划有效实施。

【军民融合发展优势培植】 2019年，福建省委军民融合办着力需求牵引，厚植融合发展新优势。结合高质量发展落实赶超要求，突出项目带动、基础融合、成果对接，把国防要求贯彻落实到经济建设全过程、各领域，推动协调发展、平衡发展、兼容发展。将军民融合重要项目纳入省重点项目，坚持“一季一督查、一月一协调”制度，促进早开工、早投产、早见效。全年组织多场大型军民融合项目对接活动。引导扶持一批技术或产品入选国家“民参军”推荐目录，部分企业获得军工相关资格认证，部分企业进入军队后勤供应商库。推动共建“一带一路”空间信息走廊海丝研究院等实体化平台，建设海丝信息港等卫星示范应用工程；举办国家民用卫星遥感数据（高分专项）产业化推进会，承办第二届数字中国建设峰会卫星应用分论坛；支持省内高校开展民用航天“十三五”预研项目，推动福建省成为国家卫星应用创新资源汇聚地、卫星应用产业示范区和海丝卫星服务基地。

【军民融合发展活力激发】 2019年，福建省委军民融合办着力创新驱动，激发融合发展新活力。优化科技创新资源配置，挖掘社会科技创新潜力，加强科技创新、成果转化、支撑保障三大平台建设。开展产业链关键技术攻关和推广应用。设立福建军民融合战略研究院，搭建军民融合战略和理论研究平台；推动成立军民融合科技创新联盟、教育培训联盟、金融服务联盟；成立省军民融合发展促进会、企业商会，为军民融合发展提供支撑保障。

【军民融合发展成果共享】 2019年，福建省委军民融合办着力军地联动，共享融合发展新成果。发挥军地军民各自优势，巩固发展坚如磐石的军政军民关系，为形成全要素、多领域、高效益的军民融合发展格局奠定坚实基础。推动军队后勤社会化保障试点，漳州市成为全军副食品军民融合区域集中筹措试点地区。推进福建空域精细化管理改革试点，福州、厦门机场航班准点率大幅提高。完成好各批次军交保障任务。提升国防动员能力，全省建设一批国家级、省级国民经济动员中心和支前物资供应站。加强新时代党政军警民合力强边固防，探索“智慧海防”建设，“平安海域”建设成效明显，在全国性重大活动安保中发挥重要作用。 （林欣眉）

组织工作

【政治统领】 2019年，福建省各级组织部门坚持以习近平新时代中国特色社会主义思想为指导，贯彻党的十九大和十九届二中、三中、四中全会以及省委十届八次、九次全会精神，贯彻落实新时代党的建设总要求和新时代党的组织路线，按照中央部署和省委要求，组织开展“不忘初心，牢记使命”主题教育，以组织体系建设为重点，着力建设忠诚干净担当的高素质干部队伍，着力集聚爱国奉献的各方面优秀人才，为坚持高质量发展落实赶超、加快新时代新福建建设提供坚强组织保证。把握学习贯彻习近平新时代中国特色社会主义思想这一根本任务，加强党员干部教育培训工作。实施“习近平新时代中国特色社会主义思想教育培训工程”。举办专题班、中青年干部培训班等班次27期，培训干部5387人次，其中厅级176人次，处级及其他干部5211人次，重点加强习近平新时代中国特色社会主义思想教育，突出政治训练，培养斗争精神。深入学习贯彻十九届四中全会精神，指导各地各单位对县处级以上党员领导干部进行全员轮训，着力提升干部的制度执行力和治理能力。贯彻落实《2018—2022年全国干部教育培训规划》。围绕省委省政府重大决策部署，谋划全省干部教育培训工作。开展省管干部“十个专题”培训，围绕贯彻习近平总书记在参加十三届全国人大二次会议福建代表团审议时的重要讲话精神，设置全面推进党的建设、营造有利于创新创业创造的良好发展环境、探索海峡两岸融合发展新路、做好革命老区中央苏区脱贫奔小康工作、坚持高质量发展落实赶超等5大类10个专题，培训500人次。推动各级各类专题培训。举办省管主要领导干部“坚持底线思维着力防范化解重大风险”专题班，厅级主要领导干部以及各县（市、区）委书记共404人参加学习。开展扶贫培训，全省举办各类专题班300多期，培训3.8万人次，通过网络平台培训扶贫干部8.92万人次。举办4期新福建大讲堂，帮助干部拓宽理论视野，培养创新思维。

【干部队伍建设】 2019年，福建省树立鲜明选人用人导向，激励干部担当作为。突出政治标准，坚持以事择人。制定《福建省领导干部政治素质考察办法（试行）》，建立干部政治素质档案，实行政治表现“首问”、政治廉洁表现“双鉴定”“双签字”等制度，严把政治素质关。健全干部综合分析研判和比选机制，2019年省委研究调整9批省管干部，总体反映良好。全面推行蹲点调研、一线考核。2019年全省各地通过蹲点调研提拔重用优秀干部1116名，实行一线或专项考核发现使用优秀干部1258名，重实干、重实绩的用人导向更加鲜明。加大关心关爱力度。颁行《关于认真抓好关心关爱基层干部有关政策落实的通知》，确保干部合理的津贴、补贴应发尽发，该有的休假、体检等权益应享尽享，推动乡镇“五小设施”建设实现全覆盖。发放省级关心关爱专项资金647.7万元，对因公牺牲、因公致残的生活困难基层干部、党员及其家属等5类对象1519人进行重点关心关爱。实施容错澄清保护机制，全省实施容错干部68人，对189名干部进行澄清保护。牵头全面清理规范“一票否决”和签订责任状事项，为基层减负松绑，促干部担当作为。牵头抓好干部不担当不作为专项整治。结合开展主题教育，牵头开展深入调研，梳理出6个方面12条干部不担当不作为新情况新表现，研究制定整治工作方案，提出28条具体措施，推进干事创业精气神不够、患得患失、不担当不作为问题专项整治。同时，把干部担当作为情况作为选人用人专项检查的重要内容，突出发现、惩戒一批庸懒无为干部。

【公务员管理与改革】 2019年，福建省推进公务员管理与改革，提高新时代公务员工作规范化、法制化水平。严格按政策规定和工作程序，平稳实施公务员职务与职级并行制度。围绕职级套转和晋升、职数统筹和管理等，制定4个答复意见，强化政策解读和业务指导。全省各地各部门的职级设置和套转均已全部完成，职级晋升工作有序开展，一大批对党忠诚、政治坚定、工作业绩突出的优秀干部得到有效激励。推进公务员分类改革，完成2019年公务员各项分类考录任务，“四级联考”公开招考公务员2471人。完善干部激励保障体系，及时制定福建省职级并行制度职级序列工资政策和相关津贴补贴参考标准，做好“1+X”津贴补贴专项督查工作。做好第九届全国“人民满意的公务员”和“人民满意的公务员集体”评选推荐工作，福建省获评全国“人民满意的公务员”5名、“人民满意的公务员集体”3个。组织做好福建省第四届“人民满意的公务员”和“人民满意的公务员集体”评选表彰工作，表彰全省“人民满意的公务员”30名、“人民满意的公务员集体”15个。

【基层党建】 2019年，福建省坚持固本强基，分领域推进基层党建工作。抓党建促脱贫攻坚、促乡村振兴，以基层党建高质量为打赢脱贫攻坚战、推动乡村振兴奠定坚实基础。突出抓好村党组织书记队伍建设，建立村（社区）党组织书记县级备案管理制度，“一人一档”“一村一册”建好台账，村级党组织书记的信息建档工作完成79.5%。扶持发展村级集体经济，制定《关于坚持和加强农村基层党组织领导 扶持壮大村级集体经济的实施方案》，从2019年起到2022年，在全省范围内扶持2000多个行政村发展壮大集体经济。2019年省级财政配套资金3亿元，共扶持975个村，每个扶持村补助总额不少于60万元。消除5万元以下薄弱村，10万元以上收入村达到63.2%。推动软弱涣散基层党组织专项整治，通过开展“三个一遍”摸排行动，全省共排查并整顿软弱涣散基层党组织1827个。统筹推进各领域基层党建工作。开展党支部“达标创星”活动，针对不同领域支部工作实际，进行分级分类、评星定级，通过抓两头、带中间，全面加强党支部标准化、规范化建设。实施《关于加强和改进新时代机关党的建设的意见》。推进街道管理体制改革，福州、厦门等6个示范市基本完成改革。推进“党组织建在小区上”，建立小区党支部4212个。在全国城市基层党建创新案例评选中，福建省7个案例入选最佳案例、优秀案例，入选数居全国前列。847家具有独立法人的国有企业，完成将党建工作写入公司章程。公办高校教师党支部书记“双带头人”比例90.9%。推进非公企业和社会组织党建工作，抓住园区和乡镇（街道）两个关键，全省非公企业党组织覆盖率85.59%，社会组织党组织覆盖率80.43%；实施党建强企“联合行动”，推动各级涉企部门帮助民企解决问题1.8万多件；实施“出资人红色教育”工程，全省举办培训班386期，培训1.6万人次；连续在福建电视台推出10集《红色引擎》专题片，发挥典型示范作用。加强党员管理，解决流动人才党员组织关系“应转不转”、管理刚性约束不足等问题。督促各级党组织严格执行《中国共产党党员教育管理工作条例》，探索党员分类管理办法，抓好排查解决农村发展党员违规违纪问题试点工作。

【人才强省战略】 2019年，福建省坚持以产引才、以才促产，深入实施人才强省战略。推动实施重大人才工程。实施“海纳百川”高端人才聚集计划，推进省引才“百人计划”，实行靶向引才育才，加快培养和引进福建省急需紧缺的高层次人才。围绕福建省三大主导产业和战略性新兴产业发展需求，推进重点产业精准引才专项行动，注重以产业招揽人才、以项目对接人才。从北京大学、清华大学、中国人民大学等著名高校，选拔引进党政类、国企类、教育科研类、医疗卫生类、规划建设类引进生共103名。举办第三届“人才福建周”，与北京大学、清华大学、中国科学院大学、天津大学4所高校签署9份合作协议。承办中组部组织的在京医务专家和“全国人民满意的公务员”代表来闽休假活动，得到中组部肯定。开展“院士专家八闽行”“医务专家师带徒”等活动，加强项目对接、资源共享，打造柔性引才“福建模式”。健全完善人才政策体系。制定《福建省高层次人才认定和支持办法》，打通现有人才和新引进人才通道，解决人才政策多而散等问题。出台《关于鼓励引导人才向艰苦边远地区和基层一线流动的实施方案》，提出21个方面65条具体措施，解决基层反映强烈的人才短板问题。制定福建省产业领军团队、特级后备人才、“雏鹰计划”青年拔尖人才、“创新之星”、“创业之星”人才等各类人才的遴选和支持办法，构建具有福建独特优势的人才体制机制。深化闽台人才交流合作。落实国台办“31条措施”和福建省“66条实施意见”措施，研究制定台湾优秀毕业生来闽就业奖励补助和过渡期服务实施细则。举办闽台人才融合发展成果展，促成闽台机构现场签约75项；举办两场海峡两岸人才交流合作大会，促成闽台意向合作项目491个、签约项目186个。做实做细台湾人才服务保障工作，推广台湾人才驿站做法，帮助解决实际困难和问题，增强台湾人才对祖国大陆的认同感、归属感，努力把福建建成台胞台企登陆的第一家园。（郑泽鑫）

宣传工作

【习近平新时代中国特色社会主义思想“大学习”热潮持续兴起】 2019年，中共福建省委成立学习贯彻落实习近平总书记重要讲话重要指示批示精神和党中央各项决策部署工作小组，深化“三四八”贯彻落实机制。组织理论学习，协助做好省委14次中心组学习组织工作，分专题召开8场习近平新时代中国特色社会主义思想系列研讨会，把《习近平在宁德》《习近平在厦门》《习近平在福州》系列采访实录纳入各级党委（党组）理论学习中心组学习重要内容，组织一系列学习宣传、座谈交流活动。围绕学习宣传贯彻习近平总书记在十三届全国人大二次会议福建代表团审议时重要讲话精神和对福建工作的重要讲话重要指示批示精神，开展“牢记总书记嘱托，奋力谱写八闽大地发展新篇章”“习近平总书记考察福建5周年”等重大主题宣传，组织好学习研讨、座谈交流、研究阐释等系列活动，引导广大党员干部坚定自觉用习近平总书记重要讲话重要指示批示精神统揽新时代新福建建设。健全分众化互动化宣讲机制，围绕“不忘初心，牢记使命”主题教育，开展宣讲18万余场，受众812.5万人次；围绕学习宣传贯彻党的十九届四中全会精神，省委常委带头深入高校讲思政课，各级开展宣讲近1.3万场，受众142万人次。基层理论宣讲工作在中宣部评选中获奖数量6项，实现先进集体、个人和优秀理论宣讲报告、微视频"满堂红"，获奖数量位列全国首位。建好用好"学习强国"福建平台，日人均积分居全国第5。深化理论研究阐释，围绕习近平同志在闽工作期间的创新理念和重大实践，开展"晋江经验""具有闽东特色的乡村振兴之路"等重大课题研究，在中央"三报一刊"发表理论文章21篇，福建省国家社科基金项目185个，其中重大项目12个。修订再版《福州古厝》，《摆脱贫困》推出西里尔蒙古文版。漳州"四大新讲堂"、厦门创建全国文明城市经验做法入选由中组部组织编写的"贯彻落实习近平新时代中国特色社会主义思想、在改革发展稳定中攻坚克难案例"丛书。

【庆祝中华人民共和国成立70周年宣传教育组织】 2019年，福建省委省政府组织庆祝中华人民共和国成立70周年系列活动和宣传教育。举办外交部福建全球推介活动和国新办福建省主题新闻发布会，全网阅读量逾37亿次，组织10场主题新闻发布会；举办"新时代、新福建"大型主题展，组织好闽港澳台四地联欢晚会，多角度展现70年来福建沧桑巨变。打响"壮丽70年·奋斗新时代"宣传战役，"记者再走长征路"活动在福建长汀、宁化及江西启动，在中央媒体推出"共和国发展巡礼"福建篇，推出流量超过"10万+"的融媒体作品200多个，开展百姓宣讲、文艺展演、快闪等群众性活动，仅国庆期间就举办1027场次，形成礼赞新中国、奋进新时代的浓厚氛围。

【宣传和舆论引导】 2019年，福建省委宣传部深入宣传阐释党的十九届四中全会、全国"两会"、十九届中央纪委三次全会，以及省委十届八次、九次全会和全省"两会"、省纪委十届四次全会等重要会议精神，开展"新时代新作为新篇章""坚持高质量发展落实赶超"等重大主题采访28次，协调中央媒体来闽集中采访40多次，10件新闻作品获第29届中国新闻奖，其中一等奖2件，创历史最好成绩。推动新闻发布、新闻通气制度化，召开省级新闻通气会25次、发布会48场，成功处置一系列突发事件敏感舆情。实施媒体融合发展三年规划，省级财政安排专项资金支持省主要媒体推进媒体深度融合；6家报纸进入"报纸融合传播力百强榜"，东南卫视居全国省级卫视综合影响力指数第8位，84家县级融媒体中心全部挂牌成立，基本完成"三定"方案并接入省级技术平台。实施网络内容建设工程，成立省级互联网行业党委和自媒体联盟，形成网上宣传强大合力，推动习近平总书记重要讲话重要活动宣传牢牢占据网上首页首屏头条。扎实推进数字福建建设，成功举办第二届数字中国建设峰会。

【社会主义核心价值观建设】 2019年，福建省委宣传部实施时代新人培育工程，加强思想道德建设，深入开展焦裕禄、廖俊波、张富清、黄文秀、杨春等先进典型学习宣传，一批重大典型荣获国家荣誉称号和"最美奋斗者"、时代楷模、道德模范等称号，谷文昌纪念馆获评全国爱国主义教育示范基地。省委会同中宣部、中央军委政治工作部举行纪念古田会议90周年大会，加强党史、新中国史、改革开放史教育，组织一系列主题采访、慰问演出，开展松毛岭战役课题研究，弘扬古田会议精神。实施革命文物保护利用工程，加快长征国家文化公园建设。创新完善精神文明创建制度机制，修订创建活动管理办法，完善落实5项常态长效机制。推进志愿服务制度化常态化，建立29个省级"文明乡风联系点"和17条省级诚信经营示范街，22个新时代文明实践中心全国试点在打通宣传服务群众"最后一公里"上取得重要进展。

【文艺高峰工程】 2019年，闽剧《双蝶扇》获曹禺剧本奖，闽剧演员周虹获文华表演奖，越剧演员陈丽宇获中国戏剧梅花奖。电视剧《可爱的中国》《绝境铸剑》收视率居全国前列，歌剧《松毛岭之恋》、闽剧《生命》省内外巡演反响热烈，电影《谷文昌》摄制完成。电影《古田军号》、闽剧《生命》等6部作品在"五个一工程"评选中获奖，数量居全国第二，福建省成为文艺改革以来首个实现"满堂红"的省份；福建出品和参与制作的5部电视剧在央视播出，数量居全国第二。实施影视繁荣创作计划，打造厦门、平潭、泰宁影视基地，《我和我的祖国》《古田军号》《小小的愿望》《误杀》等福建出品和联合出品的电影票房44.57亿元，全国票房前30位的国产影片中，福建省有两部，数量居全国第三，福建省作为第一出品单位的电影票房居全国第五。举办第六届丝绸之路国际电影节。举办第28届中国金鸡百花电影节，成为规模最大、规格最高、参与电影艺术家最多、影响最广的一届，厦门获得未来10年每年一届的中国电影金鸡奖举办权。

【文化改革发展】 2019年，福建省加强文化遗产保护利用，省委专题研究部署新时代文化和自然遗产保护利用工作，下发"1＋3"文件，出台全国首个省级人大加强文化和自然遗产保护利用工作的决议。筹办第44届世界遗产大会，实现全省文化和自然遗产保护利用、城乡面貌品质"两个新提升"。33处文物列入第八批全国重点文物保护单位，《福建省非物质文化遗产条例》颁布实施。实施文化惠民提升工程，基层综合性文化服务中心实现乡镇（街道）全覆盖，持续打造"全民阅读""百姓大舞台""福建文化惠民卡"等品牌。深化"艺术扶贫""党媒扶贫"，推进151个未摘帽建档立卡贫困村广播电视覆盖，"广告精准扶贫"央视项目8个、省级及以下项目28个，累计屏幕价值8.24亿元，受益农户66万，助推老区苏区脱贫奔小康。深化文化体制改革，加强国有文化资产重大变动前置审核，健全完善国有文化企业经营业绩考核办法、省级文化企业工资决定机制改革实施办法。健全现代文化产业体系和市场体系，推进文化产业龙头促进计划，推动文化与旅游、科技、金融等融合发展，规模以上文化企业实现营业收入5087.66亿元，比上年增长15.4%。打造“全福游·有全福”品牌，全年接待旅游总人数、旅游总收入分别比上年增长16.5%、21.5%。

【对外对台宣传和文化交流】 2019年，福建省制定促进闽台文化旅游融合发展十条措施，打造海峡论坛、海峡两岸文博会、海峡两岸图交会等交流平台，扩大“福建文化宝岛行”等品牌影响，每年吸引一大批台湾同胞特别是青少年来闽参访交流。实施海丝文化交流工程，打响“海丝国际艺术节”“海丝茶道”“全球闽南人春晚”“视听福建”等外宣品牌，建成海外文化驿站等海外平台，推进“海外中餐馆传播中华文化”项目。全省文化产品进出口额49.1亿美元，比上年增长24.07%。加强对外传播能力建设，做强外宣骨干媒体，建好丝路华文媒体协作网。

【党的建设和宣传文化队伍建设】 2019年，福建省以党的政治建设为统领，深化落实“五抓五看”“八个坚定不移”，引导党员干部增强“四个意识”、坚定“四个自信”、做到“两个维护”。把开展主题教育与增强“四力”结合起来，创设“宣传干部研习讲坛”，成立“青年干部新思想学习会”，组织宣传干部开展“读原著、学原文、悟原理”“好记者讲好故事”“文艺志愿者下基层”等主题活动，省委宣传部增强“四力”教育实践工作得到中宣部肯定。推进干部队伍建设整体提升工程，制定实施2019—2022年宣传干部教育培训规划，分别有5人、8人入选全国文化名家暨“四个一批”人才、宣传思想文化青年英才。省委宣传部机关干部深入一线开展“我为宣传思想工作找问题”活动，梳理排查65个难题积案，62个整改任务得到初步落实。开展形式主义、官僚主义专项整治，全年文件和会议分别比上年下降55.5%、78.5%。

（陈孝申）

统战工作

【思想政治引领】 2019年，福建省统战部门坚持把加强思想政治引导作为常抓不懈的首要任务，采取形式多样的教育培训，引导统战干部和统战成员自觉用新思想武装头脑、指导实践，树牢“四个意识”、坚定“四个自信”、做到“两个维护”。开展“不忘初心，牢记使命”主题教育，把学习教育、调查研究、检视问题、整改落实贯彻始终，突出深入学习贯彻习近平新时代中国特色社会主义思想这条主线，把学和做结合起来，把查和改结合起来，形成一批工作成果、制度成果和目标成果。深入学习习近平总书记关于加强和改进统一战线工作的重要论述，组织广大统战干部系统学、深入学、跟进学，切实做到学懂弄通做实，分领域开展“习近平总书记在闽工作时关于统一战线的重要论述与实践”课题研究，努力把总书记在福建工作期间关于统一战线的理论创新和优良传统发扬好、传承好。夯实统一战线思想政治基础，围绕学习宣传贯彻习近平新时代中国特色社会主义思想，在统一战线各领域开展各类各具特色的主题教育，成立指导组，支持指导各民主党派、无党派人士开展“不忘合作初心，继续携手前进”主题教育活动，引导民主党派成员和党外人士加强理论武装、增进政治共识、强化责任担当、加强自身建设。在全省统一战线举行庆祝中华人民共和国成立70周年和多党合作确立、人民政协成立70周年系列活动，组织港澳250名代表人士参加福建省庆祝中华人民共和国成立70周年活动，引导统一战线成员增强坚持中国共产党领导、落实“两个维护”的政治自觉。

【新福建建设服务】 2019年，福建省统战部门深入学习贯彻习近平总书记在参加十三届全国人大二次会议福建代表团审议时的重要讲话精神，制定贯彻措施，发挥统一战线人才智力优势，做好建言献策、服务打造一流营商环境、助力经济转型升级等工作。服务招商引资，以“凝心凝智凝力、创新创业创造”为主题，举办第六届世界闽商大会，邀请来自102个国家和地区的1800余名闽商代表参加，共对接签约产业项目1797个、总投资7809亿元，还组织海外侨胞参加第十七届中国海峡项目成果交易会、“厦洽会”等。组织开展福建民营企业100强发布会暨福州招商推介会等活动，支持引导民营企业健康发展。服务脱贫攻坚，深入实施“千企帮千村”精准扶贫行动，在全国率先启动民营企业参与实施乡村振兴战略，创建培育、深化拓展“丝路侨村”、“温暖工程”等品牌，组织帮扶松溪、霞浦县脱贫攻坚，助推政和县等贫困地区发展。全省有1297家民营企业、商会挂钩帮扶1396个村，累计投入帮扶资金7.9亿元，帮扶贫困群众4.8万人。闽商捐赠各类公益慈善资金超过20亿元。服务党委决策，支持民主党派、无党派人士围绕营造有利于创新创业创造的良好发展环境、探索两岸融合发展新路、做好革命老区中央苏区脱贫奔小康工作等重大问题，深入调研，建言献策。各民主党派省委会调研报告和建议意见被省级以上领导批示46件，上报社情民意信息得到中央、省领导批示62件。

【统一战线工作统筹】 2019年，福建省统战部门推进新型政党制度在福建的探索实践，贯彻中央关于加强中国特色社会主义参政党建设的3个文件精神，研究制定福建省贯彻落实的政策措施，推动文件精神落地落实。贯彻第三次全国社会主义学院工作会议精神，组织制定福建省贯彻《社会主义学院工作条例》的具体措施，引导民主党派推进“党（盟、会、社）员”之家示范点建设，推动民主党派基层组织健康有序发展。制定并落实年度政党协商计划，与省改革办联合打造“同心携手话改革”品牌，建立民主党派参与深化改革的常态化机制。推动省“两院”、14 个政府部门与民主党派建立健全常态化联系工作机制。做好党外知识分子和新的社会阶层人士统战工作，贯彻中央关于加强和改进新时代党外知识分子和新的社会阶层人士工作的要求，创新方式方法，强化思想政治引领。贯彻落实全国网络人士统战工作会议精神，研究福建省加强网络人士统战工作的若干举措，加强网络代表人士队伍建设。强化党外知识分子联谊会、新阶层专业人士服务民营企业公共平台、同心服务团等平台建设，发挥党外知识分子和新的社会阶层人士在参政议政、社会治理中的积极作用。推动实现 9 个设区市、83 个县（区）新联会组织的全覆盖。召开全省新的社会阶层人士工作经验交流会暨实践创新基地建设推进会，全省共建立实践创新基地 208 个。加强民营经济统战工作，坚持“两个毫不动摇”，推动中央和省委关于支持民营经济发展的政策措施落地落实，促进“两个健康”。深入开展“坚定发展信心、守法诚信经营”理想信念教育，发布福建省民营企业 100 强、制造业 50 强，评选“福建省非公有制经济优秀建设者”。推动优化民营经济发展环境，对各地贯彻落实中央和省委关于支持民营经济发展政策措施情况开展调研督查。推动统战工作向商会组织有效覆盖，组织新建一批、转隶吸纳一批、巩固壮大一批等“三个一批”工程，全省各级工商联新成立所属商会 142 家。促进民族团结进步事业创新发展，贯彻全国民族团结进步表彰大会、民族工作创新与发展座谈会等会议精神，提升创建水平，促进民族团结进步事业创新发展。打造“我是一颗石榴籽，民族团结我同行”民族团结进步系列活动品牌，举办中华一家亲·2019 海峡两岸各民族欢度“三月三”节等活动。全省 8 个少数民族贫困村全部实现脱贫摘帽，制定出台《推动民族乡村实施乡村振兴战略行动方案》，助推民族乡村振兴。做好城市民族工作，在闽新疆务工经商人员服务管理的“福建经验”在全国推广。推动解决宗教领域重点难点问题，贯彻落实中央和省委的部署要求，推进宗教工作督查整改，推动解决宗教领域重点难点问题。制定《健全完善宗教工作长效机制任务清单》，从推动主体责任落实等 4 个方面健全完善宗教工作的常态化机制，促进宗教工作由治标向治本深化，由“管得住”向“管得好”转变。提高宗教工作制度化法治化水平，实现全省县级宗教工作部门全部具备执法主体资格。支持指导宗教团体加强自身建设，促进宗教更好地与社会主义社会相适应。做好港澳台争取人心工作，深入学习贯彻习近平总书记关于“一国两制”和对台工作、港澳工作的重要论述，贯彻落实党中央重大决策部署，做好港澳台争取人心工作。指导港澳闽籍社团建设，扩大政治引导的覆盖面。贯彻落实中央部署，调动一切力量，形成最大合力，配合做好香港有关工作。指导省各民主党派以及统战团体深化对台工作品牌建设，举办第十一届海峡百姓论坛、台湾青少年寻根之旅等对台交流活动，推动更多台湾“首来族”来闽交流体验，强化文化认同。推动形成侨务工作合力，立足新机构新使命，加强统筹谋划，整合资源力量，广泛凝聚侨心侨智侨力。加强与海外联谊，接待海外侨胞访问团 34 批 2238 人次。举办闽侨青年精英海丝情研修班、世界福建青年联会第四届特别会员代表大会等活动。推动成立 21 世纪海上丝绸之路华文教育联盟，组织开展海外华裔青少年中国寻根之旅夏冬令营等活动，选派 85 名优秀教师赴“海丝”沿线国家华校任教，成立“丝路”华文媒体协作网。提升为侨公共服务水平，落实各项政策性补助资金。修订后的《华侨回国定居办理工作办法》，受到广大侨胞好评。（卢 旭）

政策研究

【概况】 2019 年，中共福建省委政策研究室以习近平新时代中国特色社会主义思想为指导，贯彻落实省委决策部署和于伟国书记“实际、实质、实效”工作要求，以机构改革为契机，围绕中心、主动作为、靠前服务，全年起草综合文稿 1100 多篇，审核把关各类文稿 500 多篇，参与起草省委省政府重要政策文件 5 份，开展省重点课题和专题调研 28 个。通过《政研专报》《调研文稿》《调研内参》等，向省领导报送调研成果和政策建议 128 份，省领导批示 38 篇次。

【政治建设】 2019 年，中共福建省委政策研究室坚持以党的政治建设为统领，自觉把“两个维护”作为最高政治原则和根本政治规矩，贯穿于政研工作的全过程各方面，切实落实到具体工作中，体现在实际行动上，确保各项工作保持正确政治方向。坚决贯彻落实习近平总书记重要讲话重要指示批示精神。发挥政研室职能，开展宣传阐释、调查研究，提出相关措施建议，推动贯彻落实工作。重点围绕学习贯彻落实习近平总书记在参加十三届全国人大二次会议福建代表团审议时的重要讲话精神，开展学习宣传阐释，组织“营造创新创业良好发展环境”“探索闽台融合发展新路”“加快老区苏区脱贫奔小康”等重点课题调研，形成多份调研报告供省委决策参考。推进“大学习”活动。发挥室务会议中心组学习示范引领作用，运用好《习近平在厦门》《习近平在宁德》《习近平在福州》采访实录等鲜活教材，引导党员干部精读深读、多思多想、常学常新，理解新思想核心要义和实践要求，领会习近平新时代中国特色社会主义思想的理论逻辑、历史逻辑和实践逻辑。丰富学习载体，综合运用个人自学、集体学习、集中研讨、外出学习观摩等形式，增强学习吸引力，推动理论武装往深里走、往心里走、往实里走。开展“不忘初心，牢记使命”主题教育。紧扣学习习近平新时代中国特色社会主义思想这一根本任务，围绕“守初心、担使命，找差距、抓落实”总要求，落实“四个到位”重要要求，做到“四个贯穿始终”，开展主题教育，提升党员干部政治站位，强化理论武装，树牢宗旨意识，展现担当作为，严明纪律规矩，提振了干事创业精气神。

【综合文稿服务】 2019年，中共福建省委政策研究室牢固树立精品意识，自觉站位全局，把准工作定位，练好“普通话”，讲好“福建话”，做好省委重要文稿起草工作，增强文稿针对性、实效性，提升以文辅政水平。组织精干力量起草省委十届八次、九次全会，经济工作会议等省委重大会议系列文稿，以及省委主要领导在省委政协工作会议、省政协加快两大协同发展区建设专题议政性常委会、全省领导干部大会、省委省政府经济形势分析会暨坚持高质量发展落实赶超工作督查会、全省医药卫生体制改革工作推进会等重要会议、活动上的讲话稿和省委常委会会议参阅材料。做好主题教育系列文稿服务，选派2人参加并负责省委“不忘初心，牢记使命”主题教育领导小组材料组工作，牵头组织起草省委主要领导在省委主题教育工作会议、第一批总结暨第二批部署会议、主题教育总结会议、主题教育领导小组历次工作会议上的讲话和主题教育期间的调研报告，省委常委班子检视剖析材料、省委常委会专题民主生活会情况报告，向中央主题教育办、中央第三指导组、第三巡回督导组报送各类总结汇报等有关文稿80多篇，得到省委领导的肯定。对标中央部署要求，结合福建省实际，调动省直有关部门和各方面力量，牵头组织做好省委十届九次全会实施意见、省委常委会2019年工作要点、关于对2020年中央重点工作的建议等有关文件起草工作。审核把关福建省生态环境保护工作情况汇报、关于实施乡村振兴战略工作情况等向中央及有关部门的专题报告。

【调查研究和决策咨询服务】 2019年，中共福建省委政策研究室围绕全省发展大局，聚焦主责主业，开展调查研究，增强调研咨询工作实效，为省委决策提供高质量参考。《政研专报》《调研文稿》等调研报告的成果转化率提升，对推动工作发挥积极作用。组织实施省重点课题调研。研究拟定省重点课题调研选题方案，报省委主要领导研究确定12个省重点课题，以闽委办文件下发组织实施。召开省调研咨询工作联席会议暨政研工作座谈会，加大与省直单位和各地政研室联系协调力度，推进政策研究和重点课题调研工作。组织开展2018年省重点课题优秀调研成果评选，激发和调动做好重点课题调研的积极性、主动性、创造性。落实关于力戒形式主义、官僚主义，减轻基层负担的要求，在大幅减少刊文期数、压缩文稿篇幅前提下，择优刊发80期《调研文稿》，其中《惩治黑恶势力犯罪存在的问题分析及对策建议》《推进福州社区治理现代化研究》《关于推进闽东北闽西南两大协同发展区建设的若干建议》《深化闽台中医药融合发展的若干思考》等12篇文稿获得省委省政府领导批示肯定。

做好专题调研和决策咨询信息服务。围绕中央和省委重大决策部署和领导关注、群众关心的热点难点问题，牵头组织专题调研，深入基层一线解剖麻雀，掌握第一手资料，摸清摸实相关领域全面情况，研究提出前瞻性、针对性对策建议。全年完成专题调研报告28篇，其中，《福建与浙江数字经济发展情况的比较分析及建议》《当前困扰山区县发展的几个难点》《稳中有进 稳中承压 以改促稳——福建省三季度经济形势分析》《创新农村金融服务 助推乡村振兴——福建省农行推广“快农贷”的调查与思考》《进一步加快福建省平台经济发展的若干建议》等调研报告，获得省委省政府领导批示肯定，推动热点难点问题的解决。发挥优势做好决策咨询，及时收集国内外、省内外经济社会发展动态信息和政策走向，利用《政研专报》《调研内参》《福建信息》等刊物平台，为中央有关部门和省委省政府提供决策参考。其中，《福建持续推进“四下基层”工作制度常态化长效化》等2篇文稿被中办采用。

【理论宣传和政策解读】 2019年，中共福建省委政策研究室结合学习宣传贯彻中央和省委有关精神，组织力量撰写发表政论性、引导性、经验性文章，推动重要会议精神、重大决策部署的贯彻落实。在《福建日报》《海峡通讯》等刊物发表《以大格局大担当加快推进两大协同发展区建设》《大力破解工作中的难点堵点问题》《新时代改革开放面临的机遇与挑战》《在闽台深度融合发展上实现更大突破》等9篇理论性、政策性文章，取得积极反响。围绕省委十届八次全会部署，组织撰写《坚定自觉用习近平总书记重要讲话精神统揽新时代新福建建设》等系列评论员文章，文宣互动取得积极效果。会同省委改革办举办学习贯彻习近平总书记关于全面深化改革重要论述理论研讨会，深化对新思想的研究阐释。参加省委宣讲团，深入有关设区市、高校，开展学习贯彻党的十九届四中全会精神宣讲。

（吴福美）

机构编制

【概况】 2019年，福建省委编办树立机构编制资源是重要政治资源、执政资源和机构编制部门是党的工作机关、政治机关的意识，牢牢把握机构编制工作正确方向，全面加强党对机构编制工作的集中统一领导，始终在思想上、政治上、行动上同以习近平同志为核心的党中央保持高度一致。抓实理论学习，目标方向更加清晰明确。坚持把学习领会习近平总书记在新一届中央编委第一次全体会议上的重要讲话精神作为全省机构编制系统的首要政治任务和贯穿全年工作的主线，第一时间召开全省编办主任会议进行专题部署，制定印发学习计划，创新学习方式方法，通过举办培训班、专题研讨等多种方式，兴起学习热潮，引导全省机构编制系统广大干部职工深刻领会习近平总书记重要讲话精神，准确把握新时代机构编制工作的战略定位、目标任务和有关要求。理顺管理体制，党的领导更加坚强有力。贯彻落实党的十九届三中全会关于编委领导体制调整的部署，完成省委编委领导体制和编办管理体制调整，落实归口省委组织部管理有关要求，自觉把机构编制工作放在党管干部、党管组织的全流程中统筹谋划，在业务统筹、工作程序等方面主动与组织部门做好工作衔接、请示报告，全面加强党对机构编制工作的集中统一领导。建立健全机制，工作落实更加高效顺畅。按照加强党的领导、落实归口管理等要求，主动对接《中国共产党机构编制工作条例》规定，及时修订完善省委编委工作规则、编办工作细则和办室务会议、主任办公会议议事规则，明确职责权限，规范工作流程，提升工作效率。全年提请召开省委编委会会议 4 次，组织召开主任办公会议 33 次，研究议定机构编制事项近 200 项，推动中央和省委关于机构编制工作的各项决策部署落到实处。

适应新时代机构编制工作新要求，深化转职能转方式转作风，为高质量完成各项改革管理任务提供坚强组织保障。按照“工作项目化、项目清单化、清单责任化”要求，修订完善督查工作规定，建立完善 10 张督查清单，提升督查精准度，推动工作提质增效，全年办理省领导批办件 36 件、各类业务性来文 793 件。加强绩效管理，注重总结提升，超额完成考核指标任务。改进核编工作，推进全流程网上核编进程，服务效率持续提升。抓好建议提案办理，按时办结人大建议 29 件、政协提案 8 件，满意或基本满意率 100%。保密工作卓有成效，获评全省保密系统先进集体。担当作为、改革创新导向更加凸显，办机关被省自贸试验区工作领导小组授予“福建自由贸易试验区（2015—2019）‘最佳创新举措’实施单位”称号，机构编制统计和信息化工作获得中央编办肯定，并在相关会议上作经验交流。

【体制机制改革创新】 2019 年，福建省委编办坚持围绕中心、服务大局，紧扣中央和省委各项决策部署，立足机构编制部门职责，加大改革创新力度，助力破解深层次矛盾和问题，发挥机构编制工作在推进国家治理体系和治理能力现代化中的重要作用。

地方机构改革持续推进。学习贯彻习近平总书记在新一届中央编委第一次会议和深化党和国家机构改革总结会议上的重要讲话精神，做好机构改革“后半篇”文章，巩固深化改革成果。促融合，优化机构职能体系。完成第二批省直 10 个部门“三定”（定部门职责、定内设机构、定人员编制）规定及相关机构编制调整工作，督促、指导市县抓好机构改革方案组织实施，按时完成机构组建和“三定”工作。加强跟踪督促，完成省市县机构改革成效评估，重点抽查 8 个省直部门、7 个设区市改革落实情况，及时总结经验做法、完善改革举措，确保中央和省委有关精神落实到位。按照既有“物理变化”又有“化学反应”要求，持续优化部门职责配置、机构设置和编制配备，完成省公安厅等 21 个省直部门机构编制事项调整，做好药品监管派驻机构组建、消防设计审查验收职责调整等工作，推动机构、职责和人员有机融合，为部门履职尽责提供有力保障。强基层，精准乡镇机构改革。坚持问题导向，全面摸清长期困扰基层的重点难点问题，研究制定进一步深化乡镇（街道）机构改革意见，深入推进经济发达镇行政管理体制改革实施意见及赋权指导目录，明确 17 项改革任务和 94 项赋权事项，积极回应基层诉求，推动解决权责关系不顺畅、干部激励机制不健全等突出问题，构建简约高效的基层管理体制和运行机制，相关改革举措得到基层干部群众的高度评价。促规范，提高部门权力运行效力。督促部门抓好“三定”规定组织实施，强化“三定”规定的权威性、严肃性。落实政府工作部门权责清单制度，梳理公布省级 52 个部门权责事项 6000 余项，指导市县两级平均梳理公布权责事项 13000 余项，细化部门主要职责，编制运行流程和服务指南，权力运行更加规范高效。推进福州高新区等 8 个地区相对集中行政许可权改革试点，整合优化审批服务机构和职责，创新审批服务方式，提高行政审批效率。

事业单位改革推进。按照优化党和国家机构职能体系要求，以机构整合为抓手，优化布局结构，创新体制机制，强化公益属性，进一步提高公益服务供给质量和水平。提前谋划、打牢基础。主动对接中央关于深化事业单位改革的有关精神，深入开展调查研究，广泛凝聚改革共识，组织 32 个省直部门先行开展事业单位整合撤并模拟，指导有关市县同步推进改革模拟，为下一步全面深化改革理清工作思路，奠定良好基础。狠抓落实、高效推进。全面完成全省行政类事业单位改革，将除行政执法队伍外的 136 个省属事业单位行政职能全部划归行政机关，理顺政事关系；配合省委组织部制定出台做好机构改革中参公管理工作的通知，为妥善解决涉改参公事业单位相关问题提供政策保障；完成 559 个经营类事业单位改革任务，占全省总数 86.9%，超额完成中央编办关于全年完成 50% 改革任务的目标要求，为 2020 年全面完成改革奠定坚实基础。注重创新、成效显著。聚焦民生领域短板，研究提出解决公办中小学教职工编制不足问题的思路并得到中央编办主要负责人批示肯定，相关举措被中央编办等四部门《关于进一步挖潜创新加强中小学教职工管理的指导意见》吸收采纳。突出市场化导向，研究制定福建省创新研究院组建方案，设立登记闽都、嘉庚创新实验室，探索建立新的事业单位运行机制，为引进高端人才、实施创新驱动战略提供有力支撑。创新机构设置方式，调整平潭协和医院、福州滨海新城医院管理体制，推动资源配置更加集约高效。

重点领域改革。结合贯彻落实习近平总书记对福建工作的重要指示，聚焦营造良好发展环境、探索海峡两岸融合发展新路、推动高质量发展等重点领域，推进改革创新，强化新时代新福建建设的体制机制保障。特殊区域管理体制改革突出“新”。以平潭综合实验区为突破口，紧扣“一岛两窗三区”战略定位，通过优化机构设置、创新运行和考评机制、整合区镇资源、精简撤并事业单位、创新机构编制管理等途径，推进实验区机构职能体系实现整体性重构，构建符合实验区特点的管理体制机制，破解平潭任务繁杂、资源分散、力量不足等困境，相关做法得到中央编办肯定。综合行政执法改革突出“稳”。落实中央关于推进市场监管等5个领域综合行政执法改革部署，研究制定福建省深化改革实施意见和省级改革方案，做好执法机构梳理、队伍整合撤并、人员编制锁定等工作，全省梳理执法机构4927个、锁定编制数49725名，撤销省农业执法总队等省级执法队伍13支，为深化改革创造有利条件。其他相关领域改革突出“实”。研究出台省纪委监委派驻机构改革方案，调整优化派驻纪检监察组机构编制，明确省直机关纪检监察工委、省教育纪检监察工委职责，推进省属公办本科高校纪检监察体制改革，为深化全面从严治党提供保障。推进政法领域改革，印发市县公安机关海防机构设置方案，明确森林公安机关管理体制调整要求，完成全省85家基层法院、96家省以下检察院内设机构改革，内设机构数量分别精简35%和40%，优化机构职责和编制配置。调整完善武夷山国家公园管理体制，着力加强执法力量，提升自然资源监管和生态环境保护能力。提前完成市县乡三级退役军人服务机构组建工作，推动全省退役军人服务保障体系建设。配合推进省计生协、贸促会、红十字会等群团组织改革，及时调整相关机构编制事项，推动改革持续深化。

【机构编制管理】 2019年，福建省委编办按照“严控总量、统筹使用、有减有增、动态平衡、保证重点、服务发展”要求，加大创新挖潜力度，严格规范管理，强化机构编制管理刚性约束，提升机构编制管理水平。坚持学习宣传与制度建设有机结合，夯实机构编制工作基础。抓好《中国共产党机构编制工作条例》和相关政策法规的学习宣传，通过举办专题培训班、组织专题宣讲、开展答题活动等多种方式，深入开展机构编制纪律宣传活动，先后开展条例专题宣讲8场次，发放机构编制监督检查宣传手册5000余份，推送宣传信息2000余条，营造依法依规管理的良好氛围，全面提升各级各部门机构编制纪律意识。办主要领导先后赴省委党校和泉州市开展条例专题宣讲，发挥示范作用，引发积极反响。按照条例和中央巡视整改要求，完善配套政策，研究制定机构编制事项合规性审查、机构编制违规违纪问题约谈和通报、机构编制合作监督等4项制度，机构编制管理长效机制构建加速推进。坚持规范管理与挖潜创新双向发力，提升机构编制资源使用效益。出台规范事业单位领导职数管理实施意见，发文明确机构改革期间推进和规范事业单位调整有关要求，修订完善公办高校机构编制标准，规范公立医院党委书记、纪委书记配备，事业单位机构编制管理标准化、规范化水平显著提升。明确机构改革后省直单位控编标准，做好领导职数台账管理、厅级事业单位备案等工作，梳理各设区市处级事业单位设置情况，为总量控制、规范管理创造良好条件。加强机关群团统一社会信用代码和事业单位登记管理、网上名称管理，完善机构编制实名制管理，组织省直近1000个机关事业单位开展实名制信息核对，夯实管理基础。加大统筹调剂和挖潜创新力度，调整相关部门机构编制事项，保障重点领域用编需求，提升机构编制资源使用效益，跨层级调整行政编制1590名，下达边防体制改革专项行政编制3716名、事业编制461名，核准公务员招考、选调生、军转干部安置等各类用编计划4200名。坚持监督检查与问题整改同步推进，强化机构编制管理刚性约束。集中清理待注销事业单位法人440余个，完成891个省属事业单位年度报告公示，对65个事业单位开展“双随机”检查，事业单位监管力度持续加大。着力加强监督检查工作，落实机构编制管理各项制度，坚决查处违规违纪行为，督促3个省直部门及时纠正“条条干预”问题，严肃机构编制纪律。抓好中央巡视和审计署审计反馈问题整改落实，完成问题整改102个，做到应改尽改。开展自查自纠，梳理2017年以来全省机构编制存量问题台账，督促相关单位抓好整改落实。

（翁石禹）

老干部工作

【概况】 2019年，福建省离退休干部55.58万人，其中离休干部6477人、平均年龄91.1岁，退休干部54.93万人。全省离退休干部党组织10502个，离退休干部党员28.52万人。

【离退休干部政治建设】 2019年，福建省老干部工作部门从老同志实际出发，组织离退休干部党员参加“不忘初心，牢记使命”主题教育，学习贯彻习近平新时代中国特色社会主义思想，增强“四个意识”、坚定“四个自信”、做到“两个维护”。采取专题辅导、集中培训、座谈交流等多种形式，组织老同志深入学习、常悟常进。建立由21名专家教授组成的“福建省离退休干部学习教育师资库”，全省授课200多场次。举办5场省直单位老同志学习报告会，2期省直单位厅局级离退休干部读书班，3期省直单位离退休干部党组织班子成员（骨干）培训班，4场省委省政府工作、纪检工作、组织工作专题通报会，离退休干部2500多人次参加。全省依托老年大学或老干部活动中心成立老干部党校89所，拓展离退休干部学习教育的新阵地。加强基层党组织建设，按照“利于活动、便于管理、应建尽建”的原则，推动省直单位成立离退休干部党委19个、党总支40个，全省新增离退休干部党支部近1000个。出台《机关事业单位离退休干部党支部建设若干措施》，在离退休干部党支部政治建设、组织建设等7个方面进行规范。全省各地开展示范党支部、党支部达标创星、党建示范点等创建工作，提升离退休干部党组织建设制度化、规范化和科学化水平；创新设立老党员政治生活馆、老党员服务站、老党员工作室、离退休党员“红色驿站”等，发挥离退休干部党组织的战斗堡垒作用和党员先锋模范作用，丰富离退休干部党建工作内涵。10月28日至11月1日，在三明市举办全省离退休干部党工委书记研修班暨全省离退休干部党建工作推进会。《光明日报》以“福建：党建引领推动新时代老干部工作高质量发展”为题，专版报道福建离退休干部党建工作做法。

【老干部服务】 2019年，福建省老干部工作部门推进离休干部精准服务工作，全省建立离休干部“一人一策”信息档案6371份，通过研究出台文件、建立服务机制、制定服务举措等，把精准化服务落细落实。省委常委、组织部部长杨贤金对福建省精准服务工作做法予以批示肯定。加强困难帮扶，调整提高57名离休干部医疗待遇；分别提高老红军、抗战时期离休干部、解放战争时期离休干部护理费到每月3600元、2900元、2400元；提高“5·12”退休干部高龄护理费到每月720元；为80名高龄省级老同志（含享受副省级待遇）和248名抗战时期离休干部发放家政服务券，提供家政购买服务；开展省级老同志生日祝贺活动。在中华人民共和国成立70周年之际，会同省委组织部在全省范围内开展走访慰问困难老干部老党员活动。开展走访慰问省直单位易地安置离休干部和无工作遗属活动，组成8个慰问组，由局领导带队赴11个省份走访慰问老同志71名。完善特困帮扶救助机制，开展省直单位和省级扶贫开发工作重点县特困家庭离休干部、省直单位离休干部无工作遗属医药费、全省离休干部及其遗属特殊困难等补助工作，着力解决老干部的实际困难。出台《关于做好省直单位离退休干部工作有关具体事项的通知》，对离退休干部走访慰问、学习活动、读书培训、文体比赛、交通出行、丧事办理和经费支出渠道等进行明确和规范。举办省直单位离退休干部第12届金（钻石）婚庆贺会，74对金婚、钻石婚伉俪出席，省委常委、组织部部长杨贤金到场祝贺。福建老年大学2019—2020年招生报名人次达到1.4万。

【离退休干部发挥优势和作用】 2019年，福建省老干部工作部门深化“增添正能量·共筑中国梦”“我参与、我见证、我助力”主题正能量活动，引导离退休干部唱响时代主旋律，增添正能量。围绕“我看新中国成立70周年新成就”主题，开展微视频征集展示、调研访谈、巡回宣讲、文艺汇演、诗书画影展、70年成就展活动，为庆祝新中国成立70周年营造浓厚氛围。其中，征集展示微视频57部；调研访谈召开各类座谈会300多场次，1.5万人次参加，形成专题调研报告；全省巡回宣讲16场；诗书画影展和70年成就展参观老同志达5万多人次。组织离退休干部深入全省14所高校开展讲党史、新中国史活动，1.4万多名师生参加。建立全省“银发人才库”，汇集科教文卫、农牧渔业等各类老同志专家1739名。关工委工作取得新成效。6月15—16日，在厦门举办“第十一届海峡论坛·海峡两岸关爱下一代成长论坛”。中国关心下一代工作委员会主任顾秀莲三次作出批示肯定。开展全国离退休干部先进集体和先进个人评选推荐工作，福建省有3个离退休干部先进集体和9名先进个人受到中组部表彰。会同省委组织部对全省12个离退休干部先进集体和12名先进个人予以通报表扬。

【老干部工作部门志愿服务品牌建设】

2019年，福建省老干部工作部门开展“不忘初心，助力新福建”志愿服务活动，实施“十百千万”工程（“十”，就是围绕关心下一代、建言献策、主题宣讲、扶危济困、文明新风、环境保护、科技服务、健康义诊、乡村振兴、脱贫攻坚等十个方面开展志愿服务、发挥作用。“百”，就是宣传百名“最美志愿者”。“千”，就是建立千支离退休干部志愿服务队。“万”，就是把万名老干部志愿者组织好引导好）。全省建立志愿服务队1014支、志愿者22493名，宣传105名“最美志愿者”。

深化老党员之家品牌建设。推行“六六”工作机制，建好用好老党员之家。一方面，按照“六个有”标准建好老党员之家，即：有场所、有标识、有设备、有制度、有资料、有活动。另一方面，落实“六个一”制度用好老党员之家，即：建立一个学习资料库、每月提供一份学习菜单、每季度策划一次主题党日活动、制作一本学习活动记录本、建立一个微信服务共享群、制作一张联系服务卡。开展老党员之家建设情况调查，形成《福建省老党员之家建设及运行情况浅析》调研报告，通过体验式教学模式向全省推介。

深化传承红色基因品牌建设。策划

打造“传承红色基因、讲好红色故事”主题舞台剧，由离退休干部自编自导自演，以原创的语言类节目为主，坚持政治性和艺术性相结合，生动展示习近平同志在福建工作期间创造的理论和深度实践，讲述福建苏区老区感人的红色故事，反映八闽大地改革开放取得的丰硕成果。7月9日，舞台剧展演在省老干部活动中心金秋剧场举办。省委常委、组织部部长杨贤金到场观看并致辞，为获奖单位颁奖，对舞台剧展演给予肯定。舞台剧视频在福建电视台综合频道、“党员e家”、福建老年教育新媒体电视平台等展播，引起强烈社会反响。

推进老干部工作信息化建设。建立完善直接联系服务老同志的手机软件、网站、微信公众号、数据库等信息化平台，在为老同志提供更优质更便捷服务的同时，也推动老干部工作方式方法发生新的变化。推进全省离退休干部信息管理系统建设，完成项目系统智能化机房建设。开发上线“福建老干部”APP，设有党建先锋、学习教育、志愿者、老年大学、老年报等栏目。健全完善全省老干部工作微信矩阵，“福建离退休干部”微信公众号全年编发信息1800多条。依托大组工网建立省市县老干部局邮箱系统，实现文件资料的双向传输。依托电信天翼高清电视、福建广电网络开通福建老年教育新媒体电视平台，开设热门课程“同步课堂”，上线课程104讲，参加学习6万多人次；电视平台线上总用户数16.2万，总访问量55万人次。手机端借助微信公众号、电信IPTV天翼高清APP实现电信、广电、移动、联通四网信息共享。

（曾　铭）

党校行政学院工作

【概况】 2019年，中共福建省委党校、福建行政学院贯彻落实《中国共产党党校（行政学院）工作条例》和全国党校（行政学院）校（院）长会议，省委十届九次全会精神，按照省委的部署要求，坚持党校姓党、从严治校、质量立校，夯实主业主课。实施“习近平新时代中国特色社会主义思想教育培训工程”，《习近平新时代中国特色社会主义思想在福建的孕育与实践》课程获全国党校（行政学院）系统第五届精品课奖、中央宣传部2019年度“优秀理论宣讲报告”，4门课程获评中央组织部全国好课程。组织编写《习近平新时代中国特色社会主义思想讲稿》等一批培训教材，出版《木兰溪治理：追寻人水和谐共生的生态范本》学术著作，完成《福建省校院系统“习近平在福建工作期间理论创新和实践探索”论文集》汇编。开展习近平总书记关于党校办学治校系列重要指示精神和条例精神的学习贯彻。先后召开校委会会议专题学习、校委理论中心组学习会63次，研究部署贯彻落实工作，持续兴起学习贯彻习近平新时代中国特色社会主义思想热潮。

【干部教育培训】 2019年，中共福建省委党校、福建行政学院获第四届全国党校（行政学院）系统教学管理优秀奖。推进用学术讲政治“一号工程”，以双周会议为工作机制统筹推进教学、科研、咨政一体化建设。举办新福建大讲堂、领导干部讲堂、全校大讲座等高端讲堂，邀请95位知名专家学者来校作报告。落实领导干部上讲台制度，省委书记于伟国、省长唐登杰等省领导9人次，省直部门厅级领导36人次来校授课。举办各类主体班次63个，培训学员4800人次；招录在职研究生563人，硕士研究生14人；承接外国政党考察培训团5个98人次，办结出国（境）交流团组11批次73人次；举办委托培训等班次93个，培训5550人次；福建干部网络学院举办网络培训班28期，学员12.5万人次。

【科研与决策咨询】 2019年，中共福建省委党校、福建行政学院获6个国家社科基金项目，位列全国党校（行政学院）系统第五名、全省社科单位第六名；获省部级科研项目22个。获省第十三届社会科学优秀成果奖10项（其中一等奖1项），在省内位居前列。发表各类决策咨询成果27篇，获得省级以上领导肯定性批示10件次，其中获国务院主要领导批示1件次。与省委改革办（财经办）、省政协办公厅、省科技厅以及宁德、泉州、漳州市签订战略合作框架协议，拓展决策咨询工作平台。新增“中央苏区史研究中心”“省情与发展战略研究中心”研究基地。组建“不忘初心，牢记使命”理论宣讲志愿服务队，义务宣讲20余次。《中共福建省委党校学报》《福建行政学院学报》获评“全国高校社科精品期刊”，《领导文萃》获2019年度全国党刊优秀作品3项荣誉。

【校院交流协作】 2019年，中共福建省委党校、福建行政学院组织召开全省党校（行政学院）系统闽西南片区会，开展全省系统精品课评比、现场教学基地建设、设立科研和决策咨询项目等，推进全省系统深度交流协作。举办全省系统师资培训班14个，培训教师628人次。组织选调近100名市县校院的行政管理和教研骨干参加中央党校（国家行政学院）组织的培训。推动省财政下拨扶持县级党校（行政学校）建设补助第二轮资金5021万元，改善县级党校（行政学校）办学条件。面向全省系统公布225堂优质课程，实现县级以上优秀师资与教学专题共享。

【后勤保障】 2019年，中共福建省委党校、福建行政学院新校区建设进展顺利，33栋单体工程施工基本封顶，统筹实施内部装修；信息化工程可研和初设方案通过评审并依法依规推进，建安工程、绿化水系景观、市政配套工程等按序时进度一体同步推进。完成小柳、梅峰校区部分学员楼装修改造、设施设备配置，开展公有住房清退和资产清查工作，推进平安校园建设，落实日常安全管理。“智慧校园”建设取得新进展，统一信息平台（二期）等信息化项目建设顺利推进。 （彭李艺）

党史和地方志工作

【习近平新时代中国特色社会主义思想研究】 2019年，福建省委党史方志办深化习近平新时代中国特色社会主义思想研究。撰写《习近平总书记关于老区苏区重要论述摘编》《谱写新时代八闽大地发展新篇章——福建贯彻落实习近平总书记重要讲话精神综述》等资政报告14篇，呈报省领导参阅。收集整理习近平同志在闽工作期间党史和文献资料约40万字，完成省委宣传部“推进基层宣传思想工作守正创新研究”子课题《习近平总书记在闽工作期间关于宣传思想工作的创新理念和实践探索》，撰写《习近平新时代中国特色社会主义思想是理论逻辑、历史逻辑、实践逻辑在新时代的有机结合》，完成《关于习近平新时代党的建设思想研究的初步设想》之“习近平新时代党的建设思想与福建”部分。参与河北省委党史研究室有关人员负责的国家社科基金课题《习近平党建思想的历史逻辑与理论创新研究》，并共同形成中期成果《“异常难忘”：下党乡30年巨变背后的不变初心》。

【党史基本著作编纂】 2019年，福建省委党史方志办致力基本著作编纂。撰写并出版福建庆祝中华人民共和国成立70周年《站起来》《富起来》《强起来》“三部曲”，送中央、国家有关部委领导、省领导和相关省直单位领导参阅，获得好评。编撰《福建党史公开课》精品丛书，收录全省党史方志工作者关于福建新民主主义革命时期的党史研究成果40篇。参与福建人民出版社《影像中国70年》丛书部分内容的撰写，并负责全书的统稿、校对、外联等工作。完成《福建党的建设史》（新民主主义革命时期）出版工作。完成革命烈士传记《俊节德民：杨峻德》撰写，完成《中国共产党福建历史》一卷的修订校对，完成《中共福建省委执政纪事》（2018年）（2019年）的编辑工作。

【党史重点课题研究】 2019年，福建省委党史方志办抓好重点课题研究。开展国家社科基金课题《当代闽台关系发展史研究》书稿撰写工作。国家社科基金重大项目“松毛岭战役研究”通过立项。完成中央党史和文献研究院下达的“湘江战役”“抗战口述史”课题的资料收集及整理等工作。完成国家出版基金申报课题《中央红色交通线》（文献资料卷）。申报中央党史和文献研究宣传专项引导资金年度项目《纪念古田会议召开90周年理论研讨会》《摆脱贫困“宁德模式”的探索与实践》《福建省革命历史纪念馆网上博物馆》3个，全部立项。撰写“先进党史人物和集体”10篇，提交省委办公厅。完成省纪委“共和国廉洁之路”专题（1921—1978）党章、党代会、政府工作报告中有关廉洁的摘编工作。完成省党建调研课题《严肃机关党的政治纪律和政治规矩的研究与思考》，分别提交省直机关工委和省委党建办。参与完成省农村信用社联合社和原省委党史研究室联合成立的“红色农信诞生地”研究课题组相关工作。室主要领导的调研课题“关于运用红色资源加强干部党性教育和党性锻炼的问题”，在省委第四巡回指导组的精心指导下，转化为近四分钟的《历史是最好的教科书》微视频，得到指导组的肯定。鼓励业务人员加强党史方志理论研究，发表党史、方志论文数十篇，其中1篇论文获福建省第十三届社会科学优秀成果二等奖，1篇论文获“旷继勋与蓬溪起义90周年”学术征文一等奖，1篇论文获“中共中央军委在上海（1925—1933）”学术征文三等奖。

【党史宣传】 2019年，福建省委党史方志办创新载体加强宣传。与省委宣传部、省广播影视集团联合摄制35集“三部曲”微视频《与新中国一起走过》系列片，每集5分钟，在省电视台相关频道和学习强国、今日头条、爱奇艺、腾讯等APP和网站播出。与省委宣传部共同承办省委和省政府主办的“新时代 新福建——福建省庆祝中华人民共和国成立70周年大型主题展”，省委书记于伟国出席开展仪式并为展览揭幕，社会反响良好，省委办公厅专门发来感谢信对省委党史方志办为主策划和举办主题展取得的成绩予以肯定。省革命历史纪念馆在已有《红色福建》《中央苏区·福建》《红土地文物捐献展》三大固定陈列基础上，推出《廖俊波生平事迹展》《四有干部——谷文昌》《跨越——福建交通七十年图片展》《新中国成立70周年——福建印记主题图片展》《英雄壮歌——上海英烈纪念展》《延安精神图片展》等展陈，接待观众约30万人次，其中省部级领导10人。着眼宣介党史方志文化，室务会议成员和省革命历史纪念馆负责人应邀主讲“长征——永远的丰碑”“弘扬红色经典、永志不忘初心”“风展红旗如画”等党课，邀请单位有国家部委、省直机关及基层有关单位共100多个。将党史方志网站、“福建党史”微信公众号、《福建党史月刊》《福建史志》作为开展党史、地情宣教工作的重要窗口，推进新官方网站“福建党史方志网”的建设工作。配合重大时政和党史事件，开设“不忘初心，牢记使命”、庆祝中华人民共和国成立70周年、纪念古田会议召开90周年等网络专题。发挥中共党史人物研究会、省地方志学会、省年鉴研究会等平台作用进行宣传。

【党史业务指导】 2019年，福建省委党史方志办加强业务指导。审读省委宣传部《外交部福建全球推介会图片展》展览大纲、解说词，并参与撰写相关材料。完成《福建革命史》《福建红色文化》《东方军》《抗日名将杨成武》等20

余部图书和剧本的审读工作并出具审读意见。完成宁德党史一卷，明溪、南靖、华安、武夷山、泰宁、龙岩党史二卷的审读，并反馈修改意见。完成建阳、大田、安溪、上杭党史二卷报送省委党史方志办审定并交付中共党史出版社出版的有关工作。完成《福建中央苏区纵横·芗城卷》审定出版及《福建中央苏区纵横·三元卷》的二审，并向三元区委党史和地方志研究室反馈修改意见。为三明市“风展红旗如画”纪念馆、泰宁中央红军东方军纪念馆、宁化中国军号博物馆、福州晋安北上抗日先遣队纪念馆等进行策展，为基层学习党史、新中国史提供指导和帮助。

【福建省11部年鉴获全国大奖】 2019年10月29日，中国地方志指导小组通报表扬第六届全国地方志优秀成果（年鉴类）获奖单位。11部年鉴全部获得三等以上奖项，成绩创历史新高，获奖率与北京市、江苏省等省市并列全国第一。其中，《晋江年鉴2018》获评特等年鉴，《福建年鉴2018》《三明年鉴2018》《集美年鉴2018》获评一等年鉴，《厦门年鉴（2018）》《上杭年鉴（2018）》《安溪年鉴（2018）》获评二等年鉴，《长乐年鉴（2018）》《德化年鉴（2018）》《台江年鉴（2018）》《泉港年鉴（2018）》获评三等年鉴。

【福建省通报表扬24部优秀年鉴】 2019年11月25日，福建省委党史方志办通报表扬全省2018年优秀年鉴24部，进一步鼓励先进，调动全省年鉴工作者的积极性。其中，《泉州年鉴（2018）》《福州年鉴（2018）》《宁德年鉴（2018）》3部获评特等年鉴，《龙岩年鉴（2018）》等3部获评一等年鉴，《南平年鉴（2018）》等8部获评二等年鉴，《福清年鉴（2018）》等10部获评三等年鉴。

【福建省年鉴精品工程建设】 2019年2月28日，2019年福建省年鉴精品工程候选项目甄选暨经验交流会在漳平召开。《三明年鉴（2018）》《台江年鉴（2018）》《上杭年鉴（2018）》的主编分别作精品工程经验交流。来自全省25个申报单位的相关负责人，特邀年鉴专家，省委党史方志办年鉴工作处业务人员等40人参加会议。5月14日，2019年福建省年鉴精品工程候选项目篇目指导会在仙游召开。来自全省12个候选单位的相关负责人和年鉴编辑，特邀年鉴专家，省委党史方志办年鉴工作处业务人员等30余人参加会议。会议从指导思想、年鉴体例、分类办法、归类方式，以及条目层级设置、标题制作等方面入手，对10部2018年福建省年鉴精品工程候选项目大纲做精准指导。

【福建省志书编纂进展】 2019年，福建省第二轮志书编纂工作取得阶段性成果，新增省级志书出版2部，即《福建省志·电力工业志（1991—2002）》《福建省志·铁路志（1996—2005）》；县级志书出版3部，即《宁化县志（1988—2005）》《顺昌县志（1989—2005）》《石狮市志（1998—2010）》；乡镇村志书出版5部，即《大干镇志》《螺洲镇志》《东张镇志》《紫山村志》《斌溪村志》。此外，《南平茶志》《政和县姓氏志》《武平林改志》等部门（行业、专题）志书也公开出版发行。至年底，全省累计公开出版省级志书36部、设区市级志书4部、县（市、区）级志书49部。

【旧志整理与出版】 2019年，福建省各地先后完成一批历代旧志的整理出版工作，《龙岩县志（明嘉靖版）》《顺昌县志（民国二十五年版）》《归化县志》《仙游县志（清乾隆版）》《尤溪县志（明崇祯版）》《汀州府志（嘉靖版）》《建宁府志（清康熙版）》《仙溪志（宋）》《上杭县志（清乾隆版）》点校出版，译注考释出版《平潭厅乡土志略》。

【地情书编写与出版】 2019年，福建省各地编写出版一批地情书，主要有：《延平名产》《南平美丽乡村》《西出阙里 云水桃源》《长江支队在浦城》《名人汀州》《漳平人物春秋》《平潭区情概览》《平潭综合实验区改革开放40周年纪念文集》《古代人物著述录》等。

【福建省地方志工作调研座谈会在漳州召开】 2019年6月16日，福建省地方志工作调研座谈会在漳州召开，中国社会科学院副院长、中国地方志指导小组常务副组长高翔出席并讲话，中国地方志指导小组秘书长、中国地方志指导小组办公室主任冀祥德主持座谈会。高翔对福建省地方志工作给予肯定，并围绕学习贯彻习近平新时代中国特色社会主义思想尤其是习近平总书记关于史志的重要论述、高度重视地方志工作、抓好地方志质量、编修有特色的志书、加强人才队伍建设五个方面提出指导要求。冀祥德在主持会议时就福建省做好地方志工作、争创中国精品志书、进入中国名镇志文化工程，以及编修中国名茶志等提出意见建议。会上，中共福建省委党史研究和地方志编纂办公室主任黄誌汇报福建省地方志工作情况及亮点做法，中共漳州市委常委、市委秘书长张琳光汇报漳州市地方志工作基本情况。

【年鉴编纂业务培训】 2019年3月26—27日，《福建年鉴2019》撰稿人业务培训班在永安召开，约160人参加培训。邀请3位省外专家，分别讲授“从年鉴发展史看创新之路”“年鉴条目的设置撰写及规范要求”“年鉴稿件存在问题及解决方法”。6月26—27日，2019年全省地方综合年鉴编辑培训班在福安举办，100余人参加培训。邀请4位省内外专家分别就“年鉴编纂出版规定解读”“编辑的应知应会”“年鉴编辑的意识和职责”“年鉴编辑的实战攻略”进行授课。10月28日至11月1日，2019年全省地方综合年鉴主编培训班在东山举办，近120人参加培训。邀请省内外专家分别就“从精品年鉴工程看提高年鉴质量的途径”“年鉴经济部类编纂常见问题解析”“地方综合年鉴军事内容质量控制”“打造精品年鉴之路兼谈如何做一名优秀的年鉴主编”“主编的意识”为题进行授课。

【福建省方志馆获批设立】 2019年9月12日，中共福建省委机构编制委员会办公室发文同意设立福建省方志馆，作为福建省委党史方志办所属公益一类事业单位。福建省方志馆机构规格为副处级，核定事业编制7名，主要职责为负责志书、年鉴和地情资料的收集、整理、保存、借阅、检索咨询，开展省情地情及地方志成果展示展览、学术交流等工作。 （孙 健 吴朝庭）

信访工作

【概况】 2019年，福建省委省政府高度重视习近平总书记关于加强和改进人民信访工作的重要思想和关于信访工作的指示批示精神的学习贯彻落实。省委书记于伟国、省长唐登杰多次批示要求深入学习领会、认真贯彻落实，提高政治站位，坚持以人民为中心，强化责任担当，强化底线思维，深化信访制度改革，加大社情民意分析研判力度，化解信访突出矛盾，及时就地解决群众诉求，维护改革发展稳定大局。7月25日，省委常委会会议专题学习习近平总书记关于加强和改进人民信访工作的重要思想，提出进一步贯彻意见。在省委省政府的领导和国家信访局指导下，全省信访系统坚持以人民为中心的发展思想，丰富拓展信访工作“七项机制”，打好重大活动维稳战、重大风险防控战、重大矛盾攻坚战、重大决策推进战、重大改革创新战五大战役，全省信访总量、到省上访人次、到省集体上访批次、进京到非接待场所人次进一步下降，全省信访形势平稳有序。9月18日，中央政治局委员、中央政法委书记郭声琨到闽调研时对福建省信访系统深入弘扬“四下基层”，拓展“七项机制”，推进“四门四访”，以及“最多投一次”“信访评理室”等经验做法给予肯定。贯彻落实省委“三四八”贯彻落实机制。省信访局成立贯彻落实工作专班，制定具体方案，细化落实18类54条措施，开展“回头看”年中协调和年终推进工作，多次召开局党组会议进行学习贯彻部署、专题阶段性总结。开展“每周一课”“每月一课”微党课进行交流研讨。4月4日，省信访局联合福建江夏学院成立“信访工作理论与实践研究院”，12月20日，在霞浦县召开信访工作理论与实践暨“四下基层”研讨会，持续学习贯彻，深化理论研究。

【信访源头治理】 2019年，福建省信访系统推动源头治理，进一步构建“有序信访”和“事要解决”体系。推行“四门四访”工作机制，在坚持每月15日领导干部接待日基础上，实行开门接访、进门约访、登门走访、上门回访，深入基层一线推动信访问题化解。开展“初信初访提质增效、重信重访攻坚克难三年行动”，将合理合法诉求的初信初访事项纳入“最多投一次”阳光信访工作机制，做到“日接受、周办理、月办结”，对信访积案进行分年限按层级包干化解。改进信访工作督查方式，采取网上督查、视频抽查、预约会商调度、电话回访信访人等非现场督查方式加大日常督办力度，推动信访事项化解。

【信访工作制度创新】 2019年，福建省信访系统推动信访工作制度改革创新，不断提升信访工作质量效率和公信力。探索建立“最多投一次”阳光信访工作机制，设计简化业务流程，实施“六个精准”（精准受理、精准研判、精准办理、精准答复、精准督办、精准问责）模式，在前期鼓楼区、湖里区、芗城区、晋江市、光泽县试点基础上全省推开，纳入“最多投一次”信访事项及时受理率、按期办结率、一次性化解率、群众评价满意率大幅度提升，办理时限大大缩短。推行“信访评理室”建设，在村（居）、乡镇（街道）、县（市、区）三级推动上门评理、流动评理、现场评理、视频远程评理、申请提级评理、派出评理，全省设立“信访评理室”11977个。加强信访信息系统技术升级，全面整合领导信箱和网上信访、手机信访APP、微信信访等窗口，跨层级、跨系统、跨部门建设福建省阳光信访服务大厅，在县级以上信访工作机构接访场所和基层便民服务场所开辟网上信访专区（服务e站），提供现场网上信访一站式无障碍免费服务。

【信访矛盾攻坚】 2019年，福建省信访系统压实信访工作责任，开展信访矛盾化解攻坚。落实领导接访包案，处理疑难问题近7000件。开展“解难题、化积案”专项行动，在第一、二批主题教育中先后排查出1000多件信访积案，由各级党政领导挂包督办推进，设立省委主题教育征求群众意见建议公开电话和“福建省网上信访服务平台”专窗，及时办理反馈610件来电来邮，措施有力、行动有效，得到中央主题教育办的肯定，7月8日中央电视台“新闻联播”作报道。国家信访局交办重点攻坚事项按期办结率100%；省内自行排查突出矛盾信访事项办结率99.3%，化解率76.0%。

【组织建设】 2019年，福建省信访系统加强信访工作机构和干部队伍建设。3月27日，省信访局信访服务中心更名为福建省信访局网上信访服务中心，6月28日，设立福建省信访局宣传教育中心，为局属事业单位，机构规格相当于正处级，并核定相应事业编制。开展省委巡视和全面从严治党主体责任检查整改落实“回头看”。6月24—25日，在宁德市举办全省信访基础业务规范化培训现场教学暨弘扬“四下基层”服务群众解难题专题活动；开展“学好‘两封信’、岗位践初心”活动；探索建立机关青年干部“一人双岗、一线建功”机制；与省总工会联合开展首届“最美信访工作者”评选活动，评选出“最美信访工作者”9名和提名奖21名；通报表扬中华人民共和国成立70周年大庆信访保障工作中表现突出的50个先进集体和192名先进个人；推动人民满意窗口创建，省信访局来访接待处被省总工会评为省级“五一先锋号”。

（吴春美）

保密工作

【概况】 2019年，福建省保密系统按照中央保密委、国家保密局和省委保密委部署要求，精心部署推进保密工作。省委书记于伟国先后3次对保密工作作出批示，要求加强保密体系能力建设和干部教育培训，抓紧抓细抓实保密管理各项工作，筑牢基层保密工作防线。省委常委、秘书长、保密委主任郑新聪多次下任务、提要求，协调解决工作中存在的困难问题。省局加强保密宣教、培训和失泄密案件通报，开展警示教育，推动保密责任、制度落实。召开省委保密委全体成员会议和全省保密工作会议，传达学习中保委、全国保密工作会议精神，把抓好习近平总书记关于加强保密工作重要指示精神贯彻落实“回头看”作为全年工作的着力点，明确将保密督查纳入党委督查年度计划，建立“依法行政＋调研督查”机制。

【依法治密】 2019年，福建省保密系统强化部门协同联动，统筹抓好保密宣传教育、检查监管、指导管理、技术服务，服务、保障中华人民共和国成立70周年庆祝活动、中央环保督查组到闽和“数字中国建设峰会”“海峡论坛”“6·18”“9·8”等省内重要会议活动。以机构改革后新成立的单位、核心要害部门、保密工作较为薄弱的单位为重点，组织对30个省直机关单位开展保密自查自评实地督查，针对摸排出的72个泄密隐患，提出整改措施。提升依法行政水平。梳理省局权责清单，明确7类49项权责事项，制定省局工作秘密事项目录。加强涉密资质单位保密管理，全年完成95个涉密集成、军工和印制资质单位的审查审批工作。加强对福州大学、福建师范大学等省属高校研究生招生考前保密检查，对三明、南平等市县高考、高职招考保密室管理进行“回头看”，取得较好效果。严肃泄密事件查处。依法查处2件泄密违规案件，5人受到严肃处理。

【“两中心一平台”建设】 2019年，福建省保密技术服务中心建设一期工程完成销毁大楼主体工程内外部装修、水销毁设备安装、永久用电工程、安防监控系统建设、业务用车批量购置、配套工程（营房楼）改造修缮任务。9月试运行，至年底销毁纸介质150多吨，计算机等设备983台，硬盘5674盘，光盘56024片。省保密科技测评中心通过国家局涉密信息系统安全保密检测评估能力评审，年底前完成场所装修改造和综合布线、安防监控、机房等配套建设，并投入使用。涉密信息系统测评平台项目已在建设。省保密教育实训平台项目完成招投标工作并开始建设。

【保密科技】 2019年，福建省保密局履行方案把关、测评审查、督促指导等职责，及时转发国家局有关通知精神和《涉密政府采购管理暂行办法》等规定，推动省市两级先行开展专项工作，完成4项试点项目测评任务。抓好测评审查，完成测评任务54个，涉及省市县200多个单位，检测880台涉密用户终端，55个应用系统，170台服务器，发现并协助7个单位抓好安全隐患整改。加强网络保密管理。加快“056”平台升级改造，计划2020年第二季度完成第一批任务。推进涉密信息网络保密管理工作，升级相关工作平台。加强日常巡查，对多台次违规外联的涉密计算机进行核查，人工研判相关报警信息，及时处置一批疑似被攻击情况。

【保密宣教】 2019年，福建省保密系统开展全国保密工作“双先”推荐表彰工作，晋江市保密局和宁德市保密技术检测中心主任张恒华分获全国保密工作先进集体和先进工作者称号。在全省系统内表彰40个保密工作先进集体和60名保密先进工作者。参加首届全国网络保密技术检查技能大赛并获得“优秀”佳绩。加强业务培训，依托省内外力量，举办“全省保密科技管理研修班”“全省基层保密干部培训班”和“全省保密办主任培训研修班”，共210人参训。重视发挥党校（行政学院）保密教育阵地作用，加强领导干部保密“两识”（保密意识和保密常识）教育，落实好保密送教上门工作。发挥保密宣教平台作用。参与国家局“保密伴我行 护航新时代”保密宣传作品征集活动，7篇作品分获二等奖、三等奖和优秀奖，被评为全国《保密工作》杂志通联工作先进单位。

（卢如一）

机关党建

【概况】 2019年，福建省直机关各级党组织学习贯彻习近平新时代中国特色社会主义思想，贯彻落实中央关于加强和改进机关党的建设的决策部署和省委具体要求，加强以政治建设为统领的机关党的建设，增强“四个意识”、坚定“四个自信”，做到“两个维护”，把握机遇、乘势而上，聚焦围绕中心、建设队伍、服务群众，提高机关党建工作的质量和水平，持续把全面从严治党引向深入。以贯彻落实中央决策部署的实际行动体现“两个维护”。严格遵循省委“三四八”贯彻落实机制要求，组织党员干部深入学习贯彻习近平总书记重要讲话、重要指示批示要求，学习贯彻党的十九大和十九届二中、三中、四中全会精神，突出抓好习总书记在中央和国家机关党的建设工作会议上重要讲话精神的贯彻落实，坚决用中央决策部署统一思想和行动。深入贯彻中央关于加强党的政治建设的意见和省委机关党的建设工作会议精神，开展政治建设调研督查，有序推进模范机关建设。坚决完成省委交办任务，做好有关“中美贸易摩擦”、军转干部职务与职级并行、机构改革中的思想教育、政策宣传、矛盾化解等工作。评选推广177个全省机关体制机制创新优秀案例，4个案例获评全国“百优”案例。深化闽东北、闽西南协同发展区机关党建交流合作。开展学唱《歌唱祖国》活动。协调筹集超过1亿元的资金、项目和物资，帮助松溪县开展脱贫攻坚办实事活动。开展省直机关党员干部思想状况调查，受到省委书记于伟国等省委领导批示肯定。

【主题教育】 2019年，福建省直机关工委以开展“不忘初心，牢记使命”主题教育推动新思想“大学习”走深走实。落实中央、省委部署要求，带头抓好自身主题教育，被中央第三巡回指导组抽取为主题教育评估测评单位，“较好”以上满意率100%。主动加强对参加第一批主题教育的省直单位的指导，配合省委第五巡回指导组做好主题教育“回头看”的指导督促工作，推动机关各级党组织和党员干部把《习近平新时代中国特色社会主义思想学习纲要》《习近平关于“不忘初心、牢记使命”重要论述选编》等内容的学习领会贯穿始终，夯实守初心担使命的理论根基。坚持“抓两头带中间”，健全完善党组（党委）中心组常态化学习新思想制度，出台省直机关年轻党员干部学习新思想的指导意见，推动各单位成立青年理论学习小组109个。召开学习《习近平在宁德》《习近平在厦门》系列采访实录座谈会。在全国省级机关工委率先开设“福建工委”抖音公众号，总点击量突破2000万次。推广使用“学习强国”学习平台，党组织关系隶属省直机关工委的133个单位8.24万名党员接入学习。

【基层党组织建设】 2019年，福建省直机关工委以推进“三大工程”建设提升基层党组织组织力。贯彻落实《中国共产党支部工作条例（试行）》，推动省直单位党组（党委）书记带头建立党支部工作联系点，深化基层党支部“达标创星”活动，指导35个机构改革、涉改单位成立机关党组织、83个基层党组织换届和届中调整，启动“智慧党建”综合实务平台建设，推进支部建设整体提升。开展省直单位“三级书记”抓党建述职评议，落实机关党组织“两委”委员资格审核制度，加强带头人队伍建设。开展“提振精气神、争当内行人”省直机关党建知识和党务工作技能竞赛，评选表彰200个先进基层党组织和398名优秀个人，引导党员干部见贤思齐、争创一流。

【正风肃纪】 2019年，福建省直机关工委以落实省委“五抓五看”“八个坚定不移”要求推进正风肃纪。开展“五个一”（召开一场警示教育大会、编发一本教育警示录、开展一次警示教育“大家谈”、组织一次廉政风险隐患排查、举办一个主题征文活动）系列警示教育活动，通报典型案例36起37人，扩大警示教育影响力；对12个省直单位落实全面从严治党主体责任情况进行重点检查，发现问题155个，提出问责建议16个；开展3次落实中央八项规定精神情况专项督查，发现问题线索144条；开展形式主义、官僚主义问题问卷调查，得到省纪委主要领导批示肯定；召开省直机关解决形式主义突出问题为基层减负工作推进会，推动省直单位把精简文件、会议45%作为不可逾越的红线；准确运用监督执纪“四种形态”，督促指导联系单位立案40件40人，审理案件44件，对省直15个单位179个案件进行案件质量评查，确保纪律处分执行到位。

【爱国主义精神弘扬】 2019年，福建省直机关工委以开展庆祝中华人民共和国成立70周年系列活动弘扬爱国主义精神。突出爱党爱国爱社会主义主题主线，开展“我和我的祖国——礼赞新中国、奋进新福建”省直机关庆祝中华人民共和国成立70周年合唱节、书画摄影展、全民健身运动会等活动。合唱节历时5个多月，97个省直单位近5000名干部职工参加预决赛，55名党组（党委）主要领导、295名厅级干部全程参与，3200余名干部职工参加合唱晚会演出，省领导专程出席合唱晚会或亲自登台演出，相关报道、视频的网络总点击量达360余万人次；全民健身运动会吸引4800多人次干部职工参加；书画摄影展共征集作品3000余幅，接待观众3万余人次。

【和谐机关建设】 2019年，福建省直机关工委以党建带群建推进文明和谐机关建设。开展统战工作调研，深入走访联系民主党派组织；组织劳动和技能竞赛，开展五一劳动奖、青年文明号、巾帼文明岗创建活动，实施“女性素质提升工程”，175个职工、青年、妇女先进集体和个人获省级以上荣誉表彰，为新时代新福建建设凝心聚力。深入践行社会主义核心价值观，实施公民道德建设工程，开展诚信教育活动，4名“身边好人”受到中央文明委表彰。做好第二届文明校园、第14届文明单位届中初评工作，开展省市共建、志愿服务活动，推进机关党组织和在职党员“双报到”服务社区群众，举办“省直机关千人志愿植树暨服务平潭项目对接”主题活动，协助推进福州市创建全国文明城市实地测评工作。深化关爱干部职工行动，开展干部职工休假问卷调查，筹措259万元走访慰问困难党员、职工2463名，实施第十期省直机关医疗互助（补助1210人次432万多元），组织29批883人次劳模及一线职工疗休养。配合落实“平安单位”建设、扫黑除恶专项斗争部署要求。

（李向阳）

编辑：林忠玉

福建省人民代表大会

综　述

【概况】　2019年，福建省人大常委会坚持党的领导、人民当家作主、依法治国有机统一，坚持站位全局、依法履职，推进治理体系和治理能力现代化，促进高质量发展落实赶超，为新时代新福建建设贡献人大力量。全年召开6次常委会会议，审议法规草案12项，通过9项，批准设区市法规20项，审查规章和规范性文件57件；听取和审议专项工作报告18项，开展10部法律法规执法检查，开展专题询问1次；作出决议决定7项，任免国家机关工作人员135人次，完成省十三届人大二次会议确定的工作任务。

【思想政治建设】　2019年，福建省人大常委会深入学习贯彻习近平总书记重要讲话精神，制定《贯彻习近平总书记参加福建代表团审议时重要讲话精神细化措施和分工方案》，按照省委“三四八”贯彻落实机制，一条条对标、一件件抓实，围绕营造有利于创新创业创造良好发展环境、探索海峡两岸融合发展新路、推进老区苏区脱贫奔小康等方面，开展立法、监督、代表等工作，抓好挂钩帮扶县脱贫攻坚工作，确保习近平总书记重要讲话精神贯彻落实到人大工作的各方面和全过程。

【重大事项决定】　2019年，福建省人大常委会修订福建省各级人大常委会讨论决定重大事项的规定，将福建省各级人大常委会积累的成熟经验和制度创新成果以法规形式固定下来，明确重大事项的重点、范围、程序、监督执行等，提高讨论决定的科学化、民主化、法治化水平，提升决策公信力和执行力。全年，常委会先后作出7项决议决定，分别是关于加强文化和自然遗产保护利用工作的决议、关于批准耕地占用税福建省适用税额方案的决议、关于办理省十三届人大二次会议主席团交付审议的代表议案的决定、关于批准2019年省级预算调整方案的决议、关于批准2018年省级决算的决议、关于召开福建省第十三届人民代表大会第三次会议的决定、关于福建省第十三届人民代表大会第三次会议列席人员安排原则的决定。贯彻落实习近平总书记关于文化和自然遗产保护利用的重要论述，落实习近平总书记《〈福州古厝〉序》和关于厦门鼓浪屿申遗成功等重要指示批示精神，常委会在全国率先作出关于加强文化和自然遗产保护利用工作的决议，挖掘文化和自然遗产的文化内涵和时代价值，促进优秀传统文化创造性转化、创新性发展，促进文化和自然遗产保护与经济社会协调发展。执行耕地占用税法，审查批准耕地占用税福建省适用方案，推动落实最严格耕地保护制度，发挥税收杠杆导向作用，促进耕地占补平衡和土地资源合理开发利用。

【人大建设新发展】　2019年，福建省人大常委会深入全省各地开展调研，总结人大工作的好经验好做法，提出加强新时代人大工作和建设的意见建议。召开学习贯彻习近平总书记关于坚持和完善人民代表大会制度的重要思想理论研讨会。开展庆祝中华人民共和国成立70周年、纪念地方人大设立常委会40周年系列活动。首次召开全省乡镇人大工作推进会，推广上杭县才溪镇人大主席团“1479”工作法，提升全省乡镇人大工作水平。加强省人大制度研究会工作和建设，深入开展“地方人大工作与时俱进”课题研讨，形成一批研究成果。

【人大制度优势发挥】　2019年，福建省人大常委会发挥人大制度新优势。按照党中央部署，落实省委要求，推进学习贯彻走深走实，明确坚持和完善人民代表大会制度的重点方向、主要任务、工作要求和重要举措，推动人大制度优势转化为治理效能。　（林　婕）

重要会议

【省十三届人大二次会议】　2019年1月14—18日，福建省十三届人大二次会议在福州召开。省委书记、省人大常委会主任、大会主席团常务主席于伟国主持会议并讲话。省十三届人大实有代表557人，实际出席533人，出席人数符合法定人数。大会表决通过《关于福

2019 年 3 月 6 日，参加十三届全国人大二次会议的福建代表团在分组审议政府工作报告 （省人大常委会供稿）

建省人民政府工作报告的决议》《关于福建省 2018 年国民经济和社会发展计划执行情况及 2019 年国民经济和社会发展计划的决议》《关于福建省 2018 年预算执行情况及 2019 年预算的决议》《关于福建省人民代表大会常务委员会工作报告的决议》《关于福建省高级人民法院工作报告的决议》《关于福建省人民检察院工作报告的决议》。会议选举省人大常委会副主任、省人大常委会委员，表决通过省人大社会建设委员会、监察和司法委员会主任委员、副主任委员、委员。

【省人大常委会会议】 2019 年，福建省人大常委会举行 6 次会议，即福建省第十三届人大常委会第八次至第十三次会议。

福建省第十三届人大常委会第八次会议。1 月 12 日在福州召开。会议审议通过《福建省第十三届人民代表大会第二次会议主席团和秘书长名单（草案）》，决定提请省十三届人大二次会议预备会议选举；审议通过《福建省第十三届人民代表大会第二次会议议程（草案）》，决定提请省十三届人大二次会议预备会议表决；审议通过《福建省人民代表大会常务委员会关于福建省第十三届人民代表大会第二次会议列席人员安排原则的决定》；审议通过《福建省人民代表大会常务委员会工作报告》，决定提请省十三届人大二次会议审议；听取和审议《省人大常委会代表资格审查委员会关于个别代表的代表资格的报告》；审议通过《省人大常委会关于调整省人大常委会代表资格审查委员会个别组成人员的决定》；通过有关人事任免事项。

福建省第十三届人大常委会第九次会议。3 月 27—28 日在福州召开。会议传达学习十三届全国人大二次会议和全省领导干部会议精神；审议通过《福建省非物质文化遗产保护条例》；审议批准《福州市城市内河管理办法》《漳州市市区内河管理规定》《南平市城市绿地管理办法》《宁德市霍童溪流域保护条例》；审议通过《关于办理省十三届人大二次会议主席团交付审议的代表议案的决定》；审议省人民政府关于 2018 年环境状况和环境保护目标完成情况的报告；听取和审议关于 2018 年规章和规范性文件备案审查工作情况的报告；通过有关人事任免事项。

福建省第十三届人大常委会第十次会议。5 月 28—29 日在福州召开。会议审议批准《宁德市幼儿园规划建设条例》；审查批准省人民政府 2019 年省级预算调整方案；听取和审议省人大常委会专题调研组关于促进革命老区发展情况调研的报告，省人大常委会执法检查组关于检查《中华人民共和国中小企业促进法》及《福建省促进中小企业发展条例》实施情况的报告；通过有关人事任免事项。

福建省第十三届人大常委会第十一次会议。7 月 24—26 日在福州召开。会议传达学习习近平总书记对地方人大及其常委会工作作出的重要指示精神，全国人大常委会纪念地方人大设立常委会 40 周年座谈会精神，以及栗战书委员长在水污染防治法执法检查组听取受委托检查的省级人大常委会汇报会、全国省级人大常委会秘书长工作交流会议和中国人大制度理论研究会年会暨换届选举会议上的讲话精神；审议通过《福建省城乡生活垃圾管理条例》《福建省行政执法条例》《福建省电梯安全管理条例》；审议批准《三明市城市园林绿化管理条例》《莆田市湄洲岛保护管理条例》；审查和批准耕地占用税福建省适用税额方案；听取和审议省人民政府关于福建省 2018 年省级决算的报告、关于 2018 年度省级预算执行和其他财政收支审计工作的报告、关于 2018 年医疗卫生资金和医疗保险基金管理使用情况的报告；审查和批准 2018 年省级决算；听取和审议省人民政府关于文化遗产保护工作情况的报告、省人民检察院关于民事行政检察工作情况的报告、省人大常委会执法检查组分别关于检查《中华人民共和国渔业法》及《福建省实施〈中华人民共和国渔业法〉办法》《中华人民共和国水污染防治法》实施情况的报告；审议省人大及其常委会部分委员会关于省十三届人大二次会议相关议案办理情况的报告；表决通过《福建省人民代表大会常务委员会关于许可对省十三届人大代表林绍坤采取刑事强制措施的决定》和省人大常委会代表资格审查委员会关于个别代表的代表资格的报告；通过有关人事任免事项。

福建省第十三届人大常委会第十二次会议。9 月 23—26 日在福州召开。会议审议通过《福建省流动人口服务管理条例》《福建省各级人民代表大会常务委员会讨论决定重大事项的规定》《福建省各级人民代表大会常务委员会信访条例》；审议批准《福州市烟花爆竹销售和燃放管理办法》《福州市生活垃圾分类管理条例》《厦门市人民代表大会常务委员会关于修改〈厦门市市政工程设施管理条例〉和〈厦门市节约能源条例〉的决定》《漳州市饮用水水源保护办法》《泉州市晋江洛阳江流域水环境保护条例》《龙岩市中小学校幼儿园规划建设条例》；听取和审议省人民政府关于2019年1—8月国民经济和社会发展计划执行情况的报告，关于2019年1—8月预算执行情况的报告，关于脱贫攻坚工作情况的报告并开展专题询问，关于福建省医师队伍管理情况和《中华人民共和国执业医师法》实施情况的报告；听取和审议省高级人民法院关于刑事审判工作情况的报告，省人大常委会执法检查组分别关于检查《中华人民共和国就业促进法》和《福建省促进闽台农业合作条例》实施情况的报告；审议省人大常委会部分委室关于省十三届人大二次会议相关议案办理情况的报告；听取和审议省人大常委会代表资格审查委员会关于个别代表的代表资格的报告；通过有关人事任免事项。

福建省第十三届人大常委会第十三次会议。11月25—27日在福州召开。会议审议通过《福建省人民代表大会常务委员会关于召开福建省第十三届人民代表大会第三次会议的决定》《福建省人民代表大会常务委员会关于加强文化和自然遗产保护利用工作的决议》《福建省人民代表大会常务委员会关于修改〈福建省实施〈中华人民共和国渔业法〉办法〉的决定》；审议批准《福州市人民代表大会常务委员会关于废止〈福州市城市房屋拆迁管理办法〉的决定》《福州市人民代表大会常务委员会关于废止〈福州市流动人口计划生育管理办法〉的决定》《漳州市生活垃圾管理办法》《莆田市城乡环境卫生管理条例》《南平市革命旧址保护利用条例》《龙岩市城市绿化条例》；听取和审议省人民政府关于2018年度省级预算执行和其他财政收支审计查出问题整改落实情况的报告，关于2018年度国有资产管理情况的综合报告，关于2018年度金融企业国有资产管理情况的报告；听取和审议省人大常委会执法检查组分别关于检查《中华人民共和国教师法》及《福建省实施〈中华人民共和国教师法〉办法》《福建省历史文化名城名镇名村和传统村落保护条例》实施情况的报告；审议通过省人大常委会关于省十三届人大二次会议主席团交付审议的代表议案审议结果的综合报告；听取和审议省人民政府、省高级人民法院、省人民检察院分别关于省十三届人大二次会议代表建议、批评和意见办理情况的报告；通过有关人事任免事项。（卢洪珍）

人大监督

【概况】 2019年，福建省人大常委会坚持围绕大局、贴近民生、突出重点，围绕关系福建省改革发展稳定大局和群众切身利益、社会普遍关注的重大问题，依法加强对一府一委两院的监督，推动宪法法律法规有效实施，助力经济社会发展和改革攻坚。

【经济工作监督】 2019年，福建省人大常委会听取审议国民经济和社会发展计划执行情况的报告，加强对经济运行情况的分析，推动经济社会发展目标和任务完成。开展中小企业促进法及福建省条例执法检查，督促加强对中小企业的引导和服务，落实减税降费政策，推动解决制约中小企业发展的痛点难点问题，营造创新创业创造良好发展环境。开展促进闽台农业合作条例执法检查，探索闽台农业融合发展新路，保护台湾同胞合法权益，推进台胞台企登陆第一家园建设。省、市、县三级人大常委会联动开展渔业法及福建省实施办法执法检查，督促加强渔业资源保护管理，推动渔业经济转型升级。开展海丝核心区建设专题调研，推动中央赋予福建省多项先行先试政策落地落实。

【预算审查监督】 2019年，福建省人大常委会听取审议预算执行情况和决算的报告，审查批准2018年省本级决算、2019年预算调整方案，督促提高重点民生领域支出比重，加快专项债券使用进度，提高财政资金使用效益。首次听取审议金融企业国有资产管理情况的报告，审议国有资产管理情况的综合报告，守护全省人民共同财富。听取审议医疗卫生资金和医疗保险基金管理使用情况的报告，促进医疗卫生事业补短板，提高专项资金使用绩效。听取审议审计工作报告、审计查出问题整改落实情况的报告，督促加大对重大政策措施贯彻落实情况、重点民生资金和项目的跟踪审计力度。实现预算联网监督系统上线运行，加强对预决算的实时全程监督。

【社会民生监督】 2019年，福建省人大常委会连续四年开展脱贫攻坚工作情况监督，综合运用听取审议专项工作报告、专题询问等多种方式，推动解决“两不愁、三保障”等问题。跟踪监督促进革命老区发展情况，组织开展专题调研，助力革命老区脱贫奔小康。组织开展就业促进法执法检查，督促加强全方位公共就业服务，建立创业带动就业、多渠道灵活就业机制，实现更充分更高质量就业。省、市、县三级人大常委会联动开展教师法及福建省实施办法执法检查，督促落实教师法定待遇，加强师德师风建设，提升教师综合素质，弘扬尊师重教良好风尚。听取审议医师队伍管理情况和执业医师法实施情况的报告，督促全面落实医师准入、执业、考核等制度，引导医疗力量向基层、乡村下沉，促进医疗资源公平分配。开展老年人权益保障法及福建省条例实施情况专题调研，推动养老服务体系建设，营造孝老敬老法治环境。

【美丽福建建设监督】 2019年，福建省省、市、县三级人大常委会联动开展水污染防治法执法检查，严格对照法律条文，紧扣中央环保督察反馈问题清单和群众普遍关心的环境热点，开展明察暗访，首次引入第三方对法律实施情况进行综合评估，推动精准治污、科学治污、依法治污，用法治力量保护碧水清波。审议环境状况和环境保护目标完成情况的报告，推动解决突出环境问题，巩固提升生态优势。开展历史文化名城名镇名村和传统村落保护条例执法检查，听取审议文化遗产保护工作情况的报告，推动解决一批历史文化遗存保护难题。

【社会安定保障监督】 2019年，福建省人大常委会听取审议省法院关于刑事审判工作情况的报告，推进以审判为中心的刑事诉讼制度改革，全面落实司法责任制，完善侦、诉、审的协调机制，加大对涉黑涉恶案件的审判力度，促进司法公正高效权威；听取审议省检察院关于民事行政检察工作情况的报告，推动构建多元化民事行政检察监督格局，化解社会矛盾，努力让人民群众在每一个司法案件中感受到公平正义。开展地质灾害防治情况专题调研，督促进一步提升地质灾害防治科技支撑和风险防控能力，保障人民群众生命财产安全。做好信访工作，畅通和规范群众诉求表达、利益协调、权益保障通道，加强突出信访问题的分析研判、交办督办，推动矛盾纠纷化解在基层。全年受理群众来信来访7160件（人次）。 （林 婕）

立 法

【概况】 2019年，福建省人大常委会学习贯彻2019年省级人大立法工作交流会会议精神以及栗战书委员长关于立法工作的讲话精神。学习贯彻省委十届九次全会精神，推进立法精准化、精细化、精品化。坚持党对立法工作的领导，围绕中心、服务大局，坚持科学立法、民主立法、依法立法，提高立法质量和效率。

【经济立法】 2019年，福建省人大常委会抓牢经济立法，促进高质量发展。适应经济发展新阶段，贯彻新发展理念，围绕高质量发展及时跟进立法，为经济转型升级提供良好法治环境。制定行政执法条例，突出对行政执法权的约束和对行政相对人的保护，规范行政执法行为，优化营商环境，维护公民、法人和其他组织合法权益。瞄准创新发展的关键环节，开展大数据发展应用、优化营商环境等法规立法调研工作。修订渔业法实施办法，规范渔业生产和资源的保护开发，维护渔业生产和管理秩序，促进渔业资源可持续利用。开展涉台法治工作专项研究，促进海峡两岸融合发展。

【民生立法】 2019年，福建省人大常委会抓准惠民立法，完善民生保障制度。适应社会主要矛盾的转变，加快民生和社会领域立法，满足人民日益增长的美好生活需要。修订促进革命老区发展条例，保障老区苏区政策落地实施，推动老区苏区如期脱贫奔小康。制定电梯安全管理条例，将电梯质量安全工作纳入政府质量和安全责任考核体系，明晰责任主体，以小切口立法解决群众日常生活的大问题。修订流动人口服务管理条例，突出服务优先理念，让流动人口有更多的归属感。审议女职工劳动保护条例修订草案，维护女职工合法权益。修订人大信访工作条例，对各级人大常委会信访的受理范围、处理方式等作出明确规定，引导信访人依法信访，促进社会和谐稳定。

【生态环保立法】 2019年，福建省人大常委会践行绿水青山就是金山银山的理念，围绕生态环保重点问题抓立法，织密全省生态环境法规制度保护网。制定城乡生活垃圾管理条例，明确生活垃圾处理各环节的责任和义务，促进生活垃圾减量化、资源化、无害化，改善人居环境。加强与有关部门沟通协调，提前介入环境保护、绿色建筑发展等法规调研论证工作。指导推动设区市加快生态立法进程，批准设区市生态法规13项，涵盖流域水环境保护、饮用水水源保护、城市内河管理、园林绿化管理等方面，促进福建省生态文明先行示范区建设。

【社会主义核心价值观法制建设】 2019年，福建省人大常委会围绕培育和践行社会主义核心价值观开展立法修法，唱响主旋律，弘扬正能量。制定非物质文化遗产条例，保护好、传承好福建省历史文脉。审议家庭教育促进条例草案，培育和弘扬良好家教家风，推动构建家庭教育指导服务体系，促进未成年人健康成长。审议红十字会条例修订草案，增加财务管理、审计和监督检查规定，保障和规范红十字会依法履行职责。

【协同立法促区域协调发展】 2019年，福建省人大常委会探索开展多地协同立法。牵头组织龙岩、赣州、梅州三市人大常委会围绕脱贫攻坚开展联动，增强闽东北、闽西南协同发展区人大工作合力，探索建立区域间立法合作机制，对经济转型升级、乡村振兴、污染防治等相同议题探索开展协同立法，联手打造法治环境，共同推进老区苏区、闽东北、闽西南发展。落实省市人大常委会之间立法协调机制，发挥基层立法联系点的作用，与部分市县（区）就闽江流域管理的立法问题开展研讨。针对九龙江流域水环境保护问题，推动厦门、漳州、泉州、龙岩共同开展立法调研，从立法上协同推进解决九龙江流域生态问题。常委会还首次听取审议备案审查工作情况的报告，建立备案审查信息平台，实现主动审查全覆盖。 （林 婕）

代表工作

【代表专题调研和集中视察活动】 2019年，福建省人大常委会把组织开展好代表专题调研和集中视察作为年度工作重中之重，突出调研主题、创新调研方式，得到代表们的肯定，取得较好的社会效果。

组织好福建省全国人大代表开展专题调研和集中视察活动。围绕实体经济和民营企业发展、脱贫攻坚、高校思想政治建设、绿色发展、生态文明建设、

“第一家园”建设、历史文化遗产保护等主题，组织全国人大代表开展专题调研和集中视察，为代表审议各项工作报告、提出议案建议、更好地建言献策打好基础。在国庆节前赴三钢调研时，全国人大代表与省市县乡人大代表、三钢工人们一起参加“歌唱伟大祖国”快闪活动，中央电视台《新闻联播》对此作报道，产生积极的反响。做好解放军的全国人大代表赴闽视察的服务保障工作。创新代表调研方式，分主题分时段多次组织代表开展专题调研，并由代表撰写调研报告，增强代表的自主性，使代表更充分、更深入了解真实情况，增强专题调研和集中视察的参与度、针对性和实效性。全年组织全国人大代表200多人次、省人大代表800多人次参加专题调研和集中视察等活动。

指导好各选举单位组织省人大代表开展专题调研。泉州市以“践行晋江经验，坚持高质量发展落实赶超”“开展国家级‘双创’示范基地丰泽实践”等为主题，分3个组开展专题调研。三明市围绕“发挥绿色生态优势，推进生态产业发展”开展专题调研。宁德市人大常委会组织省人大代表围绕“乡村振兴和高质量发展”开展专题调研活动，等等。通过调研，代表们比较全面地了解福建省各地营造良好发展环境、推动两岸整合发展、做好革命老区苏区脱贫奔小康工作、党的政治建设等方面工作情况，并对调研中的一些具体问题提出建议。

【代表议案建议工作】 2019年，福建省人大常委会以习近平新时代中国特色社会主义思想为指导，学习贯彻习近平总书记关于坚持和完善人民代表大会制度的重要思想，坚持把代表议案建议作为研究立法计划、提出监督项目、推动改进工作的重要依据，坚持把办理好代表议案建议作为发挥代表作用的重要形式，会同各承办单位加强和改进代表议案建议办理工作，突出办理重点，提高办理实效。

做好代表提出的34件议案办理工作。省人大相关专门委员会、常委会工作机构十分重视代表议案办理工作，加强与提出议案代表的沟通联系，深入开展调研，广泛征求相关部门的意见，就议案所提立法项目的必要性和可行性进行研究。34件代表议案都在法定时限内办结，形成办理情况报告，分别提交省十三届人大常委会第十一、十二次会议审议，推动代表议案转化为常委会立法决策。议案所提立法项目，2件已提请常委会会议审议通过，5件列入常委会2019年立法工作计划，4件列入本届常委会立法规划，1件建议列入本届常委会立法规划，6件建议待上位法或者相关法律、行政法规制定或修改后再行制定或修改，12件建议根据形势发展或待条件成熟后启动立法程序，2件建议在总结各设区市地方立法经验的基础上再适时制定，还有2件已有法律法规涵盖。

做好代表提出的925件建议办理工作。健全代表建议办理机制，加强同代表的联系与沟通，规范办理程序，努力提高办理质量。省长唐登杰多次对政府系统的建议办理工作作出批示指示，要求高度重视代表建议意见。省法院、省检察院主要领导主持召开专题会议，研究部署建议办理工作。很多承办单位的主要负责人直接参与办理工作。各建议承办单位均在法定时限内办理完结，书面答复反馈代表。加强代表建议督办工作，开展常委会领导领衔重点督办建议工作，加快养老院建设、为中小企业降本减负、持续优化营商环境、提升城市水环境质量等7件代表建议，由常委会副主任分别牵头重点督办，推动解决一批关系人民群众切身利益的重点难点问题。制定代表建议督办工作方案，由省人大各专门委员会、常委会各工作机构分工负责进行督办，填写《省人大代表建议办理质量登记表》，作为建议办理绩效考评的依据。针对代表反馈“不满意”的建议，组织代表、承办单位和督办部门三方座谈协调，推动代表建议办理取得实效。完善建议办理质量评价办法，采取由承办单位自评、督办单位评审、代表工作部门综合会审的“三审”办法进行评审，体现代表建议办理“既重结果，也重过程”，实现评价机制与绩效考核的有机衔接。

各有关方面把办理代表议案建议与转变作风、改进工作有机结合，推动建设创新创业创造良好发展环境，推动探索海峡两岸融合发展新路，推动做好老区苏区脱贫奔小康工作，推动补齐民生社会事业短板，推动加快国家生态文明试验区建设等，取得明显成效。

（苏玉笔）

编辑：林忠玉

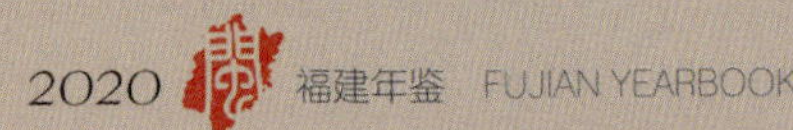

福建省人民政府

综　述

【概况】　福建省辖福州、厦门、漳州、泉州、三明、莆田、南平、龙岩、宁德9个设区市和平潭综合实验区，下设12个县级市、29个市辖区和44个县（含金门县），2019年末常住人口3973万人。福建自然资源丰富，陆地面积12.4万平方千米，海域面积13.6万平方千米，陆地海岸线3752千米、全国第二，可建万吨级泊位深水自然岸线501千米、全国领先，水产品人均占有量全国第二，水力资源蕴藏量居华东地区首位。森林覆盖率66.8%，连续40多年居全国第一。"双世遗"武夷山和世界文化遗产鼓浪屿、福建土楼景色宜人。毛茶产量、茶产业全产业链产值均居全国第一，大红袍、铁观音等名扬中外。福建文化底蕴深厚，民俗文化历史悠久、丰富多彩，古老的昙石山文化和独特的闽南文化、客家文化、妈祖文化以及民间戏曲、工艺美术等独具魅力。朱熹、郑成功、林则徐、严复、陈嘉庚、冰心、陈景润等名人光耀史册。福建经济外向度高，对外通商历史可追溯到汉代，泉州是宋元时期东方第一大港、福州是郑和下西洋的驻泊地和开洋地。拥有经济特区、自贸试验区、综合实验区、21世纪海丝核心区等多区叠加优势，开放型经济新体制不断健全。闽籍华人华侨1580万人，闽籍港澳同胞120多万人。民营经济比重达68.1%。福建对台联系紧密，早在宋朝台湾就隶属福建管辖，80%以上台湾民众祖籍在福建，平潭距台湾本岛仅68海里，厦门角屿距小金门仅1000多米。至2019年底，台湾是福建第二大投资来源地、第三大交易市场、第四大贸易伙伴。福建对革命贡献大，参加革命战争的红军、新四军、游击队10万多人，其中参加长征3万多人，为革命牺牲6万多人，老区县70个，其中原中央苏区县37个，是全国唯一连续四届所有设区市都被评为"全国双拥模范城"的省份。

福建是习近平同志工作过17年多的地方，是习近平新时代中国特色社会主义思想的重要孕育地和实践地。习近平同志在福建工作期间，带头解放思想、开拓创新，带领干部群众先行先试，进行"数字福建"建设、生态省建设、餐桌污染治理、木兰溪治理、长汀水土流失治理等一系列开创性探索实践，提出"弱鸟先飞""滴水穿石""马上就办""四下基层""四个万家"等一系列前瞻性创新理念。党的十八大以来，以习近平同志为核心的党中央高度重视福建发展，习近平总书记多次亲临福建考察指导，亲自为福建擘画"机制活、产业优、百姓富、生态美"的新福建宏伟蓝图。2019年3月10日，习近平总书记到十三届全国人大二次会议福建代表团参加审议并发表重要讲话，提出营造有利于创新创业创造的良好发展环境、探索海峡两岸融合发展新路、做好革命老区中央苏区脱贫奔小康工作、全面推进新时代党的建设等重要要求，为福建各项事业发展和新福建建设指明前进方向。

【经济社会发展】　2019年，福建省各级政府坚持稳中求进工作总基调，坚定不移贯彻创新、协调、绿色、开放、共享的新发展理念，深化供给侧结构性改革，打好精准脱贫、污染防治、防范化解重大风险三大攻坚战，着力稳就业、稳金融、稳外贸、稳外资、稳投资、稳预期，围绕省十三届人大二次会议明确的目标任务，推进高质量发展落实赶超，机制活、产业优、百姓富、生态美的新福建建设迈出新步伐，全面建成小康社会取得新的重大进展。据统计，2019年全省生产总值42395亿元，比上年增长7.6%；一般公共预算总收入5147.25亿元，增长2%；地方一般公共预算收入3052.93亿元，增长1.5%；固定资产投资增长6%；进出口增长7.8%，其中出口增长8.7%；实际使用外资增长3.3%；社会消费品零售总额增长10%；居民消费价格总水平上涨2.6%；城镇登记失业率3.5%；城镇居民人均可支配收入45620元，增长8.3%；农村居民人均可支配收入19568元，增长9.8%；节能减排降碳年度目标全面完成。　（储新兴）

重要会议

【省政府全体会议】　2019年1月18

日，福建省政府第一次全体会议召开。会议部署各级政府各部门 2019 年工作，强调要弘扬“马上就办、真抓实干”优良作风，以钉钉子精神和滚石上山的韧劲，撸起袖子加油干，以实际成效兑现向全省人民作出的庄严承诺，并对 2019 年年初经济工作以及春节期间做好帮扶困难群众和困难企业、强化市场供应保障、加强非洲猪瘟防控、落实安全生产责任、全力维护社会和谐稳定等工作作出部署。

【省政府常务会议】 2019 年，福建省人民政府召开 25 次常务会议，主要有：

1 月 9 日，福建省政府第 23 次常务会议召开。会议听取省发改委关于 2019 年度省重点项目安排方案的汇报和《关于促进天然气协调稳定发展的实施意见》（送审稿）的起草说明，省国资委关于《福建省关于推进国有资本投资、运营公司改革试点的实施方案》（送审稿）的起草说明，省安办关于《福建省安全生产警示通报和约谈制度》（送审稿）、《福建省安全生产事故隐患挂牌督办办法》（送审稿）、《福建省较大生产安全事故查处挂牌督办办法》（送审稿）的起草说明，省司法厅关于省级层面证明事项清理工作事宜的汇报。

3 月 20 日，福建省政府第 26 次常务会议召开。会议听取省安办关于全国安全生产电视电话会议、全国应急管理工作会议、全国煤矿安全生产工作会议精神、福建省贯彻意见的汇报及《福建省人民政府安委会 2019 年工作要点》（送审稿）的起草说明，省退役军人事务厅《关于做好部分退役士兵社会保险接续工作的通知》（送审稿）的起草说明，省发改委关于《福建省加快平台经济发展实施意见》（送审稿）的起草说明，省妇儿工委办公室关于福建省妇女发展纲要、儿童发展纲要（2011—2020 年）实施情况的汇报，省司法厅《关于福建省 2018 年法治政府建设情况的报告》（送审稿）的起草说明。

3 月 27 日，福建省政府第 27 次常务会议召开。会议听取省科技厅关于《2019 年福厦泉国家自主创新示范区建设工作要点》（送审稿）的起草说明，省农业农村厅关于设立省级台湾农民创业园事宜的汇报，省体育局关于表彰奖励福建省参加第十八届亚运会和第三届青奥会运动员、教练员等有功人员事宜的汇报。

4 月 29 日，福建省政府第 29 次常务会议召开。会议听取省发改委《关于推进〈落实中央经济工作会议主要任务分工方案〉重点工作的实施方案》（送审稿）的起草说明，省发改委、省委统战部、省工信厅、省粮储局关于第 17 届“6·18”、第六届世界闽商大会、第九届民营企业产业项目洽谈会、第 15 届粮食产销协作福建洽谈会筹备工作情况的汇报，省司法厅关于《福建省全面推行行政执法公示制度执法全过程记录制度重大执法决定法制审核制度实施方案》（送审稿）的起草说明，省教育厅《关于民办教育分类管理改革的通知》（送审稿）的起草说明。

6 月 3 日，福建省政府第 32 次常务会议召开。会议邀请司法部行政执法协调监督局作“行政执法和行政决策”法治专题讲座，听取省住建厅关于《福建省全面开展工程建设项目审批制度改革实施方案》（送审稿）的起草说明，省农业农村厅《关于加快推进农业机械化和农机装备产业转型升级的实施意见》（送审稿）的起草说明，健康福建建设领导小组办公室关于《健康福建建设领导小组工作规则》（送审稿）、《2019 年健康福建建设重点工作任务及分工方案》（送审稿）的起草说明。

6 月 20 日，福建省政府第 33 次常务会议召开。会议听取省商务厅（口岸办）关于福建省进一步推进通关便利化持续优化口岸营商环境的汇报，省农业农村厅关于抓好农业生产保障农产品有效供给工作的汇报，省财政厅《关于提请审议耕地占用税我省适用税额的议案》（送审稿）的起草说明，省医保局关于《省部属驻榕单位职工基本医疗保险大额医疗费用补充保险待遇政策调整方案》（送审稿）的起草说明，省残联关于对福建省参加第三届亚洲残疾人运动会、第十五届世界夏季特殊奥林匹克运动会、第 23 届听障奥林匹克运动会运动员等给予表彰奖励事宜的汇报。

7 月 26 日，福建省政府第 35 次常务会议召开。会议听取省安办、住建厅、应急厅、公安厅、消防救援总队关于全国安全生产电视电话会议精神、2019 年以来福建省安全生产工作情况以及下一阶段重点工作安排的汇报；传达学习习近平总书记对贵州水城“7·23”特大山体滑坡灾害重要指示精神，听取省自然资源厅关于福建省贯彻意见的汇报；听取省住建厅关于《福建省保障建设用砂规范发展指导意见》（送审稿）的起草说明；听取省商务厅关于推进福建省开发区创新提升有关工作、第二届中国国际进口博览会福建省筹办工作情况的汇报；听取省科技厅关于首批福建省实验室筹建工作情况的汇报。

8 月 14 日，福建省政府第 36 次常务会议召开。会议深入学习习近平总书记在中央政治局会议分析研究当前经济形势、部署下半年经济工作时的重要讲话精神，听取省发改委、工信厅、商务厅关于福建省贯彻意见的汇报；听取厦门市政府、省商务厅关于 2019 厦门国际投资贸易洽谈会筹备工作情况的汇报；听取省人社厅关于《福建省职业技能提升行动实施方案（2019—2021）》（送审稿）的起草说明；听取省市场监管局（食安办）关于贯彻落实中央依法治国办食品药品监管执法司法督察反馈意见整改情况的汇报和《福建省深化改革加强食品安全工作行动方案》（送审稿）的起草说明。

9 月 18 日，福建省政府第 38 次常务会议召开。会议听取省科技厅关于 2018 年度省科学技术奖有关事项的汇报，省司法厅关于《福建省用能权交易管理暂行办法（草案）》的起草说明，省民政厅关于《福建省推进养老服务发展（2019—2022 年）行动方案》（送审稿）的起草说明。

11 月 7 日，福建省政府第 42 次常务会议召开。会议听取省农业农村厅

《关于促进乡村产业振兴的实施方案》（送审稿）的起草情况，平潭综合实验区管委会、中国城市规划设计院、省自然资源厅关于《平潭综合实验区国土空间总体规划（2018—2035年）》（报批稿）编制情况和主要内容的汇报，省卫健委《关于促进3岁以下婴幼儿照护服务发展的实施意见》（送审稿）的起草情况，省司法厅关于《福建省交通建设工程质量安全监督条例（草案）》（送审稿）的起草情况。

11月27日，福建省政府第44次常务会议召开。会议传达贯彻全国安全生产电视电话会议精神，听取省安办关于2019年以来全省安全生产工作情况及下一阶段重点工作安排的汇报；听取省司法厅关于《〈福建省文物保护管理条例〉等三部涉及"放管服"改革的地方性法规修正案（草案）》（送审稿）起草说明和主要内容的汇报；听取省发改委关于《福建省省级预算内投资管理办法》（送审稿）起草情况和主要内容的汇报；听取省市场监管局关于2018年度福建省政府质量奖评审工作事宜的汇报。

12月3日，福建省政府第45次常务会议召开。会议听取省政府办公厅关于拟提请省十三届人大三次会议审议的《省政府工作报告》（讨论稿）起草情况和主要内容的汇报，省发改委关于《福建省2019年国民经济和社会发展计划执行情况及2020年国民经济和社会发展计划草案的报告》（送审稿）起草情况和主要内容的汇报，省财政厅关于《福建省2019年预算执行情况及2020年预算草案的报告》（送审稿）起草情况和主要内容的汇报。

12月17日，福建省政府第46次常务会议召开。会议听取省财政厅关于《2020年为民办实事项目建议方案》（送审稿）主要内容的汇报，省司法厅关于《福建省人民政府关于修改〈福建省"古泉州（刺桐）史迹遗址"文化遗产保护管理办法〉的决定（草案）》有关情况的汇报，省工信厅《关于加快推进工业企业"退城入园"转型升级的指导意见》（送审稿）起草情况和主要内容的汇报。

12月31日，福建省政府第47次常务会议召开。会议听取省交通运输厅关于《福建省深化农村公路管理体制改革推动"四好农村路"高质量发展实施方案》（送审稿）起草情况和主要内容的汇报，省人社厅《关于调整企业职工基本养老保险参保人员因病或非因工死亡丧葬补助金和抚恤金发放暂行办法》（送审稿）起草情况和主要内容的汇报，省财政厅关于《福建省划转部分国有资本充实社保基金实施方案》（送审稿）、《2020年省级预算草案》（送审稿）起草情况和主要内容的汇报。

【省政府专题会议】 2019年，福建省人民政府召开51次省政府专题会议，主要有：

1月20日，副省长李德金主持召开省政府专题会议，听取省直有关单位推动实现第一季度"开门红"的工作方案，以及落实省政府工作主要任务、推进为民办实事项目的具体方案汇报，研究部署有关工作。

1月21日，副省长郑新聪主持召开省政府专题会议，听取省工信厅（省减负办）有关福建省清理拖欠民营企业中小企业账款工作进展情况的汇报，研究部署下一阶段工作。

1月24日，福建省人民政府与中国气象局在北京召开省部合作会议，双方就进一步深化合作、加快推进气象现代化项目进行深入研究讨论，达成一致意见。

1月24日，副省长杨贤金主持召开全民健康信息化建设工作专题会议，听取省卫健委、财政厅、医保局、数字办关于全民健康信息化建设有关情况汇报，研究部署推进全民健康信息化建设工作。

1月30日，副省长李德金召开省政府专题会议，听取省住建厅、自然资源厅等部门关于机制砂项目建设推进工作情况的汇报，研究部署下一步工作。

2月12日，副省长郭宁宁主持召开省政府专题会议，听取省金融监管局、扶贫办、财政厅和福建银保监局等四部门关于福建省产业扶贫保险调研情况和政策建议的汇报，研究部署下一阶段工作。

2月13日，副省长杨贤金主持召开省政府专题会议，听取省卫健委等部门关于推动福建省中医药事业振兴发展情况的汇报，研究部署下一步工作。

2月14日，副省长李德金主持召开省政府专题会议，听取省自然资源厅关于2018年土地例行督察反馈问题整改、开发区土地节约集约利用、批而未供和闲置土地处置等有关工作情况的汇报，研究部署下一阶段工作。

2月15日，副省长李德金赴平潭综合实验区调研，并主持召开省政府专题会议，听取平潭综合实验区关于自然资源、住建、农口等方面有关工作的汇报，现场研究协调解决有关问题。

2月16日，省长唐登杰主持召开省政府专题会议，研究"2·16"福州市仓山区盖山镇叶厦村自建民房坍塌事故有关处置工作。

2月22日，副省长郑新聪主持召开省政府专题会议，听取省商务厅（自贸办）关于自贸试验区建设有关情况的汇报，对2019年工作要点和福州、厦门、平潭自贸试验片区提请协调事项作了研究。

2月27日，副省长李德金主持召开省政府专题会议，听取省海洋与渔业局关于渔港建设有关工作的汇报，研究部署下一步工作。

3月1日，副省长郑新聪主持召开新能源汽车推广应用和产业发展联席会议，听取省新能源汽车联席办（省工信厅）等省直相关部门和各设区市人民政府、平潭综合实验区管委会关于新能源汽车推广应用、产业发展有关工作情况汇报，研究协调相关事项，部署近期工业相关重点工作。

3月1日，副省长郭宁宁主持召开省政府专题会议，听取省金融监管局关于推进科创板有关工作的汇报，研究部署下一阶段工作。

3月11日，副省长郭宁宁主持召开

省政府专题会议，听取省数字办和兴业银行关于福建省金融服务云平台项目建设有关工作进展的汇报，研究部署下一步工作。

3月12日，副省长杨贤金、副省长李德金主持召开省政府专题会议，听取省教育厅及有关部门关于城镇小区配套幼儿园专项治理工作情况的汇报，研究部署相关工作。

3月18日，副省长杨贤金主持召开省政府专题会议，听取省教育厅及有关部门关于学校食品安全及校园周边环境整治工作情况的汇报，研究部署相关工作。

3月25日，副省长郑建闽主持召开省政府专题会议，就深入学习贯彻习近平总书记在参加十三届全国人大二次会议福建代表团审议时的重要讲话精神和关于脱贫攻坚的重要论述，落实国务院扶贫办主任刘永富对福建省东西部扶贫协作的工作要求和于伟国书记、唐登杰省长的批示要求，进一步深化福建省东西部扶贫协作工作，作部署安排。

3月26日，副省长李德金主持召开省政府专题会议，听取省林业局关于福建省参加2019年中国北京世界园艺博览会筹备工作情况汇报。

3月29日，副省长郭宁宁主持召开省政府专题会议，听取省金融监管局、福建银保监局以及福州、厦门、泉州、莆田市和平潭综合实验区关于福建省互联网金融和网络借贷风险专项整治有关工作情况的汇报，研究部署下一步工作。

4月2日，副省长杨贤金主持召开省政府专题会议，研究医疗“创双高”工作，听取省卫健委关于医疗“创双高”工作情况汇报，对相关问题进行研究，明确有关要求。

4月4日，副省长李德金主持召开省政府专题会议，研究省自然资源厅、住建厅、农业农村厅、水利厅、林业局、海洋与渔业局等部门机构改革职能调整后相关工作衔接事宜。

4月20日，副省长李德金主持召开省政府专题会议，听取省自然资源厅、住建厅第一季度主要工作进展情况汇报，研究部署下一阶段工作。

4月21日，副省长李德金主持召开第一季度农口经济形势分析会，听取省委农办等有关部门关于第一季度农业生产、农民增收和相关重点工作进展情况汇报，分析研判全省农业农村经济运行态势，研究下阶段推进措施和办法。

5月8日，副省长李德金、副省长郑建闽主持召开省政府专题会议，传达学习省委专题会议精神，听取省民政厅关于福建省当前殡葬管理改革情况和下一步工作计划汇报，研究部署进一步推进全省殡葬管理改革有关工作。

5月10日，副省长郭宁宁主持召开省政府专题会议，听取柘荣县政府脱贫攻坚工作进展、柘荣县各挂钩帮扶单位对口帮扶工作汇报，对柘荣县打赢脱贫攻坚战作部署。

5月19日，受唐登杰省长委托，副省长李德金主持召开专题会议，研究当前防汛救灾及灾后恢复生产等有关工作。

6月5日，副省长郭宁宁主持召开省政府专题会议，听取省金融监管局、省数字办、兴业银行、数字中国研究院（福建）关于福建省金融服务云平台项目建设有关进展情况的汇报，听取兴业银行关于“金服云”平台数据接入有关情况的汇报，研究下一步工作。

6月28日，副省长李德金主持召开省政府专题会议，听取省烟草专卖局关于落实国家烟草专卖局局长张建民来闽调研时提出的卷烟打假、建立永久烟田、文明吸烟环境建设等三项工作落实相关情况的汇报，以及省直相关部门和漳州、三明、南平、龙岩市人民政府相关工作情况汇报，研究部署下一步工作。

6月29日，副省长郑建闽主持召开省政府专题会议，听取省民政厅关于建立残疾人“两项补贴”动态调整机制、全省民政会议筹备、养老服务、殡葬管理改革以及民政系统信息化建设等工作情况汇报，研究部署下一步工作。

7月16日，副省长李德金主持召开第二季度农口和住建、自然资源领域经济形势分析会，听取省委农办、住建厅、自然资源厅等部门关于上半年农林牧渔业和农民收入增长、重点工作进展等情况汇报，分析研判全省农业农村、住建和自然资源领域经济运行态势，研究下阶段推进工作的具体措施和办法。

7月25日，省长唐登杰主持召开省征兵领导小组会议，听取省征兵办关于2018年征兵工作情况汇报，研究部署2019年征兵工作。

7月31日，副省长李德金主持召开省政府专题会议，听取省林业局等部门关于福建省湿地保护使用管理工作情况汇报，研究部署下一步工作。

8月1日，副省长李德金主持召开省政府专题会议，听取省自然资源厅、海洋与渔业局关于自然资源部通报涉及福建省违法用海问题整改情况的汇报，研究部署下一步工作。

8月3日，副省长李德金主持召开省政府专题会议，听取省自然资源厅、住建厅、农业农村厅、水利厅、林业局、海洋与渔业局等部门关于中央生态环保督察第一轮反馈问题整改情况、第二轮反馈问题整改及信访件办理有关情况汇报，研究部署下一步工作。

8月19日，副省长李德金主持召开省政府专题会议，听取省自然资源厅关于中央生态环境保护督察典型案件和突出问题整改有关工作情况汇报，研究部署下一步工作。

9月4日，副省长郭宁宁主持召开省政府专题会议，研究2019厦洽会筹备有关工作。会议听取省商务厅、外办和厦门市会展局关于筹备工作进展情况的汇报，部署推进下一阶段工作。

9月18日，副省长郭宁宁主持召开省政府专题会议，听取福建省金融服务云平台项目建设阶段性进展情况的演示汇报，研究下一步工作。

9月20日，副省长李德金主持召开省政府专题会议，研究加强海洋渔业项目资金管理等有关工作。

10月14日，副省长李德金主持召

开省政府专题会议，听取省农业农村厅、发改委、商务厅、市场监管局、统计局和国家统计局福建调查总队等部门关于近期生猪及产品保供稳价工作情况汇报，研究部署下一步工作措施。

10月17日，副省长李德金主持召开第三季度农口经济形势分析会，听取省委农办、农业农村厅等省直有关部门和各设区市政府、平潭综合实验区管委会关于前三季度农林牧渔业和农民收入增长、重点工作进展等情况汇报，分析研判全省农业农村经济运行态势，研究部署下阶段工作。

10月17日，副省长李德金主持召开专题会议，听取省林业局关于松材线虫病防控和造林绿化工作情况汇报，研究部署下阶段工作。

10月18日，副省长李德金主持召开第三季度住房城乡建设、自然资源领域经济形势分析会，听取省住建厅、自然资源厅、人防办和各设区市政府、平潭综合实验区管委会关于前三季度住房城乡建设、自然资源领域工作情况汇报，会商分析2019年以来住房城乡建设、自然资源领域经济运行态势，调度部署第四季度工作。

10月21日，副省长郭宁宁主持召开省政府专题会议，听取省广电局关于福建省应急广播体系项目建设有关情况的汇报，对福建省应急广播体系项目建议书进行审议，研究协调有关事宜。

10月30日，副省长林宝金主持召开全省第三季度工业运行分析调度会，听取省工信厅关于前三季度全省工业运行情况汇报，以及各设区市政府、平潭综合实验区管委会关于前三季度工业运行情况、工业相关重点工作、工业园区发展情况汇报，调度部署下一阶段工作。

11月5日，副省长李德金主持召开省政府专题会议，听取省发改委、扶贫办、住建厅、自然资源厅等省直有关部门，以及龙岩、南平、三明市政府和武平县、建瓯市、宁化县政府关于易地扶贫搬迁巡查发现问题整改情况汇报，研究下一步整改落实的具体措施。

11月6日，省政府与省总工会举行第32次联席会议，贯彻习近平新时代中国特色社会主义思想，学习党的十九届四中全会精神，落实全心全意依靠工人阶级的方针，广泛凝聚工人阶级智慧和力量，共同推动新时代新福建建设。省长唐登杰主持会议并讲话。省人大常委会副主任、省总工会主席黄琪玉，副省长林宝金出席会议。省直有关单位负责人参加会议。会议听取省总工会党组书记、副主席丁文清关于2019年福建省工会工作情况和下一步工作重点的介绍，并就职工群众关切的突出问题进行研究。

11月11日，受省长唐登杰委托，副省长李德金主持召开省政府专题会议，听取湄洲岛国家旅游度假区党工委关于湄洲岛国家旅游度假区有关工作情况汇报，研究协调有关问题，部署推进下一步工作。

11月12日、20日，副省长郭宁宁主持召开专题会议，分别听取兴业银行、兴业证券、华福证券、兴业信托“不忘初心，牢记使命”主题教育开展情况以及有关风险管控、总部管理情况汇报，研究下阶段工作。

11月20日，副省长郭宁宁主持召开高风险农合机构化险处置推进会，听取省金融办、福建银保监局、省农信联社以及泉州、三明、南平、宁德市政府有关工作情况汇报，研究下阶段工作。

12月6日，副省长郭宁宁主持召开提升制造业金融服务专题会议，听取省工信厅、省金融监管局、人民银行福州中心支行、福建银保监局、福建证监局等部门工作情况汇报，与有关金融机构、国有企业、民营企业代表进行交流，研究部署下阶段工作。

12月18日，副省长李德金、副省长郭宁宁主持召开省政府专题会议，传达贯彻习近平总书记重要指示和全国畜牧业工作会议、全国大中城市“菜篮子”产品保供座谈会精神，听取省农业农村厅、商务厅、发改委、市场监管局等部门和各设区市政府、平潭综合实验区管委会关于稳定生猪生产及“菜篮子”产品供应工作情况汇报，研究部署福建省当前和今后一个时期重点工作。

（储新兴）

编辑：林忠玉

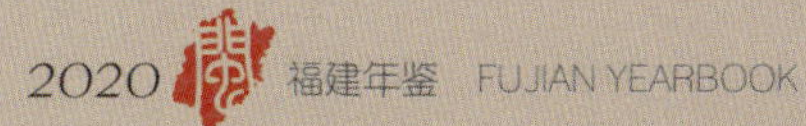

中国人民政治协商会议福建省委员会

参政议政

【思想政治建设】 2019年，福建省政协通过委员宣讲团、学习座谈会、专题视察、谈心谈话等形式，在敏感点、风险点、关切点上加强思想沟通，引导各党派团体和各族各界人士不断增进对中国共产党和中国特色社会主义的认同。持之以恒强化党的创新理论武装。建立习近平新时代中国特色社会主义思想学习座谈会制度，把全体委员编入专委会学习座谈小组，组织省政协党组中心组学习22次、研讨交流18场，举办学习座谈会30多场，开展主题宣讲、辅导讲座、委员讲堂30多场。深入学习《习近平在宁德》《习近平在厦门》《习近平在福州》等采访实录。落实政协党的建设各项任务。落实《关于加强新时代人民政协党的建设工作的若干意见》和福建省实施意见精神，执行请示报告制度。修订制定省政协党组及机关党组、专委会分党组工作规则，建立专委会向党组会议、主席会议报告工作制度，完善党组成员联系界别、党员委员联系党外委员等制度，落实专委会分党组成员组织关系转入专委会党组织。

【新福建建设服务】 2019年，福建省政协完善协商格局。在原有协商形式的基础上，增设2场专题议政性常委会会议，首次召开加强全民健身公共服务体系建设网络议政远程协商。全年召开各类重点协商会议23场，组织专题民主监督2次。突出协商重点。选取闽东北闽西南两大协同发展区建设、民营制造业高质量发展、搞活农村集体林地经营权、构建稳定脱贫长效机制、保护开发传统村落、台湾农民创业园建设、闽台产业合作转型升级等重要议题开展调研协商，确定推进应用型高校发展、完善科技特派员选派机制、培育文旅融合新业态等9个重点提案开展办理协商。提升协商实效。制定提高协商议政质量意见，出台建言资政质量评价办法，创新“一委牵头、多委联动”的承办方式，依托专委会跨界别联合协商。建立协商会前专题学习制度，组织委员进村入企宣传政策。共向省委省政府提交专题协商建议案6份，形成调研和视察报告200多件，收到提案899件，立案825件，办结率100%，编报社情民意信息418期，许多意见建议得到省领导批示、被有关部门采纳。

【政治协商格局建设】 2019年，福建省政协深化党派团体合作共事。健全主席会议成员分工联系、专委会对口联系省各民主党派和工商联制度，完善民主党派和无党派人士在政协开展经常性工作的机制，省各民主党派、工商联和无党派人士共提交全会大会发言113份、提案197件，被采纳社情民意信息360条。拓展政协台港澳侨工作。与全国政协港澳台侨委共同举办第二届两岸基层治理论坛，创设省政协港澳台侨交流基地11个，举办台胞青年夏令营、港澳台大学生走朱子之路研习营，开展“八

2019年10月28日，省政协在福州召开“探索我省传统村落古民居保护新机制”专题协商会（省政协供稿）

闽文化之旅”体验式交流，组织两岸青年乡村振兴研修营。走访看望港澳爱国社团和知名人士，大力支持澳门特区政府依法施政。密切与闽籍华侨华人交流交往，海外侨领代表参加政协会议形成机制，举办首届华侨子弟寻根之旅夏令营，编辑出版《邮票上的海上丝绸之路》《邮票上的华侨华人》，组团赴菲律宾、泰国、韩国等进行友好访问。促进民族团结宗教和睦。制定联系少数民族界、宗教界委员工作办法；组织少数民族界委员参观改革新成就、红色教育基地、考察党建引领创新示范企业；开展少数民族特色村寨建设、少数民族传统体育发展等调研协商；持续开展金秋助学、送医送药等活动。围绕《宗教事务条例》贯彻落实情况组织协商式监督。

【新时代政协建设】 2019年，福建省政协加强委员服务管理。健全覆盖全体委员学习制度，为委员全面增强本领、更好建言资政提供保障。提高信息化服务水平，数字福建政协云一期工程建成运行、二期工程立项建设。落实委员履职考核办法，定期推送委员履职积分情况，执行函告谈话制度。全年委员履职平均得分较上年提高22%，60名履职优秀的委员得到表扬。完善工作制度机制。注重以制度机制倒逼工作质量提升，将省委办公厅印发的《省政协重点协商工作计划》和省政协党组工作要点、省政协常委会工作报告的安排，梳理形成4大类93项工作任务，明确责任分工。建立完善40多项制度机制，形成较为完备、规范、有效的制度体系。完成机关内设机构调整。增强整体履职合力。承办全国政协在闽召开的十省区市政协主要负责同志座谈会、华东六省一市政协提案工作座谈会和配合开好“四好农村路”远程协商会，协助全国政协“新中国成立70周年伟大成就”考察团和8个课题组在闽考察调研，开展四级政协委员联合督办提案等活动。召开市县政协主席座谈会和政协秘书长工作会议，落实主席会议成员走访市县政协制度，结合党建工作调研督查，指导市县政协开展好主题教育。（黄冬云）

重要会议和活动

【省政协十二届二次会议】 2019年1月13—17日在福州举行。省委书记于伟国、省长唐登杰等领导出席开闭幕会，深入界别小组与委员共襄发展、共谋大计。会议审议并同意崔玉英代表十二届省政协常委会所作的工作报告；审议并同意魏克良所作的关于省政协十二届一次会议以来提案工作情况的报告；选举兰万安为常务委员。委员们列席省十三届人大二次会议，听取并赞同省长唐登杰所作的省政府工作报告，赞同省法院、省检察院工作报告以及计划和预算报告。会议还听取提案审查情况的报告，审议并通过省政协十二届二次会议决议。十二届省政协各专门委员会向大会提交书面工作报告。会议期间，收到提案824件，经审查立案773件；收到大会发言材料171篇，13位委员围绕全面推进健康福建战略、激发民企活力、推进福建省“互联网＋文化产业”发展、完善乡村治理体系建设等方面作大会发言。省政协主席崔玉英主持闭幕会并讲话。

【常务委员会会议】 2019年，福建省政协召开常务委员会会议7次。分别是：

第七次会议。1月12日在福州召开。会议审议通过政协第十二届福建省委员会部分副秘书长任职名单，部分专门委员会副主任任免名单，不再担任常务委员、委员名单，增补委员名单；审议通过政协第十二届福建省委员会第二次会议秘书长、副秘书长名单。

第八次会议。1月15日第一次会议在福州召开。会议协商通过政协第十二届福建省委员会第二次会议选举办法（草案），政协第十二届福建省委员会常务委员候选人建议人选名单（草案）和选举工作总监票人、监票人名单（草案），决定提交省政协十二届二次会议分组审议。1月16日第二次会议在福州召开。省政协主席崔玉英主持。会议听取大会秘书长陆开锦汇报各组讨论情况；审议通过政协第十二届福建省委员会常务委员候选人名单，决定提交省政协十二届二次会议选举大会选举；审议通过政协第十二届福建省委员会第二次会议选举办法（草案），选举工作总监票人、监票人名单（草案），决定提交省政协十二届二次会议选举大会通过；审议通过政协第十二届福建省委员会第二次会议政治决议（草案），决定提交省政协十二届二次会议闭幕会通过。

第九次会议。3月22日在福州召开。会议传达学习习近平总书记在全国两会期间的重要讲话精神、全国两会精神以及全省领导干部会议精神并部署贯彻意见；审议通过有关人事事项。

第十次会议。5月14日在福州召开。审议通过《政协福建省委员会专门委员会通则》《中国人民政治协商会议福建省委员会提案工作条例》和相关委员人事事项。会议邀请全国政协原副秘书长卞晋平作“人民政协的光辉历程”专题讲座。

第十一次会议。6月28—29日在福州召开。会议就“加快闽东北、闽西南两大协同发展区建设”举行专题议政性常委会会议。省委书记于伟国出席并讲话。省政协副主席魏克良代表调研组作综述并提出意见建议。11位省政协常委（委员）围绕推进两大协同发展区建设中的深化区域协同联动、老区苏区发展、城市扩容提质、产业集群培育、医疗卫生共享、湾港一体发展、区域科技创新等方面发言。省发改委、生态环境厅、交通运输厅、卫健委等有关部门负责人对委员们提出的问题作出回应，并提出加强和改进工作的具体措施。会议还举办“中国共产党的建立”专题讲座；传达学习中央和省委“不忘初心、牢记使命”主题教育工作会议精神，传达学习全国地方政协工作经验交流会和中共中央政治局常委、全国政协主席汪洋在省政协视察指导时的讲话精神以及省委贯彻意见，研究部署省政协贯彻落实工作。

第十二次会议。9月27—28日在福州召开。会议就“促进民营制造业高质量发展”举行专题议政性常委会会议。省长唐登杰出席并讲话。省政协副主席洪捷序代表课题组就协商调研情况作综述发言；10位省政协常委（委员）、企业代表、专家学者就完善高技术企业成长加速机制、推进工业互联网建设、深化校企合作强化人才支撑等发言；省工信厅、发改委、科技厅、教育厅、金融监管局、自然资源厅等部门主要负责人作回应。会议还邀请全国政协文化文史和学习委员会副主任叶小文作“辉煌70年：中国强起来的文化支撑”的专题讲座；会议传达学习中央政协工作会议暨庆祝人民政协成立70周年大会精神，以及省委初步贯彻意见；传达学习习近平总书记在中央政协工作会议暨庆祝人民政协成立70周年大会的重要讲话和全国政协主席汪洋的总结讲话，以及省委常委会会议精神，并就下一步的学习贯彻提出明确要求。

第十三次会议。12月10—11日在福州召开。会议学习贯彻中共十九届四中全会和中央政协工作会议精神，学习贯彻中共福建省委十届九次全会和省委政协工作会议精神，围绕学习领会、贯彻落实会议精神进行讨论交流，13位省政协常委作大会发言。会议审议通过关于学习贯彻中共十九届四中全会、中央政协工作会议精神和省委十届九次全会、省委政协工作会议精神的决议；审议通过关于召开政协第十二届福建省委员会第三次会议的决定；受省长唐登杰委托，副省长李德金到会作关于《政府工作报告》起草情况及主要内容的说明，并作省政府关于省政协十二届二次会议以来提案办理情况的通报；审议十二届省政协常委会工作报告（讨论稿）、省政协十二届二次会议以来提案工作情况的报告（讨论稿）、省政协十二届三次会议议程（草案），书面审议各专门委员会2019年工作总结和2020年工作思路（讨论稿），决定一并提交省政协十二届三次会议审议。会议还审议通过政协第十二届福建省委员会第三次会议日程、秘书长和副秘书长名单，关于授权主席会议审议本次常委会会议未尽事宜的决定；书面审议主席会议关于2019年工作情况的报告，省政协代表团访问菲律宾、泰国和韩国情况的报告。

【第十一届海峡论坛·第二届两岸基层治理论坛】 2019年6月16—18日，由全国政协港澳台侨委员会和福建省政协主办的第十一届海峡论坛·第二届两岸基层治理论坛在厦门举行，来自海峡两岸200余名基层民意代表和相关界别代表人士围绕“乡村振兴”主题开展探讨。全国政协副主席、台盟中央主席苏辉，省政协主席崔玉英出席论坛开幕式并致辞；省政协副主席王惠敏、刘献祥，厦门市政协主席张健，省政协秘书长陆开锦等出席论坛开幕式。

【全省市县政协主席工作座谈会暨秘书长工作会议】 2019年7月16日，福建省全省市县政协主席工作座谈会暨秘书长工作会议在福州召开。会议传达学习全国地方政协工作经验交流会精神和中共中央政治局常委、全国政协主席汪洋莅临福建省政协视察指导时的讲话精神以及省委贯彻要求，并就加强和改进市县政协工作进行交流研讨。省政协主席崔玉英出席并讲话，副主席王惠敏主持并传达有关精神，副主席魏克良通报工作情况。副主席洪捷序、薛卫民、阮诗玮、刘献祥，秘书长陆开锦出席。14位市县政协负责人作交流发言。

【致敬祖国——庆祝中华人民共和国成立70周年、人民政协成立70周年书画展】 2019年9月16—21日，庆祝中华人民共和国成立70周年、人民政协成立70周年书画展在福建博物院举办。书画展征集作品约270件，评审展出225件。参展作者既有享誉全国的著名艺术家，又有福建省历届各级政协委员，还有来自宗教界、台湾地区的知名书画家代表。开幕式当天，《书画展作品集》出版发行，同时举办“致敬祖国”书画创作笔会。9月26日至10月20日，重新组织作品235件在海峡国际会展中心举办“我爱你　中国”书画展。部分作品在省政协机关展出至2020年2月。

（黄冬云）

编辑：林忠玉

纪检监察

综　述

【概况】　2019年，福建省纪检监察机关按照省委“五抓五看”“八个坚定不移”要求，深化实践“五抓五重”，各项工作稳中有进、进中向好，呈现高质量发展的良好态势，“四访”活动、审查调查、移风易俗、“打伞破网”、交叉巡察、全员培训、推动扶贫（惠民）资金在线监管平台建设等工作得到中央纪委国家监委肯定。福建省纪检监察机关坚持以政治建设为统领，深化政治理论学习，自觉担负起“两个维护”的重大政治责任。省纪委常委会把学习贯彻习近平新时代中国特色社会主义思想作为主线，开展“不忘初心，牢记使命”主题教育，通过个人自学、集中学习、研讨交流等，跟进学习习近平总书记重要讲话重要指示批示精神，加深对党的创新理论的学习理解，把握贯彻党中央全面从严治党的重大方针、重点任务、重要举措；坚持省纪委监委班子成员集体领学、宣讲带学、督导促学，推动全省系统研读《习近平在厦门》《习近平在宁德》《习近平在福州》采访实录等，把“四个意识”“四个自信”“两个维护”内化于心、外化于行。学习贯彻党的十九届四中全会精神，与落实省委十届九次全会要求贯通起来，引导全省纪检监察干部深刻把握坚持和完善中国特色社会主义制度、推进国家治理体系和治理能力现代化对纪检监察工作提出的新任务新要求，增强贯彻落实的政治自觉。发扬理论联系实际的马克思主义学风，组织开展“整治群众身边腐败和作风问题”等10个专题调研，采取蹲点式、随机性等方式，深入基层，深入群众，看实景、察全景，摸清真实情况、总结创新经验，及时将调研成果转化成务实管用的工作举措。

福建省纪检监察机关始终把宣传习近平新时代中国特色社会主义思想作为首要政治任务，围绕“庆祝中华人民共和国成立70周年”，加强主题策划，制作推出具有时代特点的系列作品，相关做法在全国纪检监察宣传工作座谈会上交流。构建“三位一体”大宣传格局，向中央媒体推送精品，宣传福建省纪检监察工作特色亮点，讲好全面从严治党的福建故事；宣传各级纪检监察机关推进高质量发展的成效，让广大党员干部感受到全面从严治党就在身边、正风肃纪反腐就在身边、纪检监察工作就在身边；推进“一镇一孝廉”等活动，弘扬中华优秀传统文化、革命文化、社会主义先进文化。创新宣传方式，建立“五个一”常态化宣传机制，形成纪检监察干部“人人都是宣传员”的工作局面。

【省纪委十届四次全会】　2019年1月19日，中共福建省纪委十届四次全会在福州召开，出席会议的省纪委委员43名。省委书记于伟国出席会议并讲话，省委副书记、省长唐登杰传达十九届中央纪委三次全会精神，省委常委、省纪委书记、省监委主任刘学新主持会议并代表省纪委常委会作题为“以新气象新担当新作为推进全面从严治党，为坚持高质量发展落实赶超提供坚强保障”的工作报告。省领导王宁、胡昌升、梁建勇、周联清、王洪祥、张广敏、黄琪玉、潘征、吴洪芹、檀云坤、杨贤金、李德金、田湘利、郑新聪、郑建闽、郭宁宁、王惠敏、魏克良、洪捷序、薛卫民、张兆民、杜源生、王光远、刘献祥等，省法院院长吴偕林、省检察院检察长霍敏，在闽的全国人大政协专委会成员叶双瑜、张帆、陈义兴、张健出席第一次大会。中央纪委第六监督检查室周典到会指导。

【政治监督】　2019年，福建省纪检监察机关聚焦职责使命，推进政治监督具体化常态化。按照省委“三四八”贯彻落实机制，立足职能职责，开展贯彻落实习近平总书记重要讲话重要指示批示情况“回头看”，确保件件抓实抓到位。贯彻党的十九届三中全会精神，严明纪律要求，保障机构改革分步推进、有效落实。加强对坚持稳中求进、贯彻新发展理念、实现高质量发展等重大决策，以及打好三大攻坚战、全面做好“六稳”工作、用好中央赋予多区叠加政策、鼓励创新创业创造、支持老区苏区发展等重大部署落实情况的监督，做到党中央重大决策部署到哪里、政治监督就跟进到哪里。着眼于落实赶超任务，坚持监督在一线跟进，把握关键、精准靶向，将全省“五个一批”重大项目进展情况列入监督重点，延伸触角提质效，力量下沉抓督促，省纪委监委实现对投资额百亿元以上项目监督全覆盖，推动矛盾解决在一线、整改落实在一线。坚决贯彻落实习近平总书记关于减税降费工作的重要指示批示精神，及时跟进措施，推动政策落实落地。推进违建别墅清查整治，强化监督查处。规范党员干部廉政档案建设、管理和运用，加强政治生态分析研判和整体把握，紧盯“一把手”等“关键少数”。

（詹贤杰）

纪律检查和巡视督查

【腐败惩治】 2019年，福建省纪检监察机关严明政治纪律和政治规矩，全省立案审查违反政治纪律案件253件，处分278人，其中厅级干部6人、处级干部26人。履行协助职责。协助省委制定《关于全面推进新时代党的建设的实施意见》，首次以省委落实全面从严治党主体责任工作领导小组名义，组织开展2018年度主体责任落实情况检查，推动主体责任落实落细。贯彻新修订的《中国共产党问责条例》，严格问责主体和对象，严把问责尺度和程序，落实“三个区分开来”要求，防止问责不力和泛化、简单化，提高问责政治性、精准性、实效性。全省对126个党组织、1229名领导干部实施党内问责，给予党纪处分435人。省纪委监委对中央生态环保督察组移交的反映华安县政府伪造专题会议纪要应付检查等问题线索和生态环境部通报的漳浦县矿山非法开采严重破坏生态环境问题，迅速开展调查，严肃追责问责。

坚持以标本兼治为目标，把反腐败斗争推向纵深。强化震慑与政策感召贯通结合。聚焦严肃查处不收敛不收手、政治问题和经济问题交织的腐败案件，聚焦群众反映强烈的问题，聚焦打好三大攻坚战，有贪必肃、有腐必惩。全省纪检监察机关立案审查调查11675件，其中厅级干部案件56件、处级干部案件308件，给予党纪政务处分11680人，涉嫌犯罪移送检察机关490人。省纪委监委立案审查调查三明市委原副书记黄建平，厦门市人大常委会原党组副书记、副主任杜明聪，漳州市人大常委会原党组成员、副主任张镇城，福建建工集团有限责任公司原党组成员、副总经理黄国煌，诏安县委原书记何德发，漳州市芗城区原区委副书记、区长吴洪池等省管干部严重违纪违法案件。加强政策感召和思想动员，全省有297人主动投案，包括福建日报社原总编辑梁建平等省管干部4人、市管干部17人。不敢腐、不能腐、不想腐一体推进。在保持惩治腐败“后墙”不松的同时，开展“一案一整改”，制定纪律检查建议和监察建议工作办法，针对监督检查、审查调查中发现的问题，积极运用纪检监察建议，督促有关党组织和单位正确履职、健全制度、堵塞漏洞，完善权力配置和运行制约机制。全省纪检监察机关开展案后整改736件，发出纪检监察建议595份，推动建章立制1459项。坚持“一案多回访”“一案一警示”，联合省委党校开发警示教育实训课堂，督促指导发案地区和单位召开警示教育大会，发挥反面典型警示震慑作用，推动个案查处向修复净化政治生态转化，实现政治效果、纪法效果、社会效果有机统一。追逃防逃追赃协同发力。加强反腐败国际交流，组团赴印度尼西亚、马来西亚和新加坡三国访问，讲好中国故事、展示反腐成效、增进交流合作。推进“天网2019”行动，全省追回外逃人员126人，其中党员和国家工作人员47人，追回赃款3.76亿元。加强对重点岗位、重点人员日常教育、管理和监督，防止新增外逃人员。

【专项整治】 2019年，福建省纪检监察机关坚持以专项治理为抓手，解决群众身边腐败和作风问题。推动解决群众反映突出问题。传承“四下基层”优良作风，深化“四访”活动，全面开展重复信访举报大起底、大排查、大化解攻坚战，推动群众反映的问题发现在早、处置在小、解决在好，《人民日报》党建版头条报道福建省做法。按照省委的部署，省纪委牵头负责主题教育专项整治工作，会同相关部门推进中央确定的8个方面突出问题专项整治和省委确定的“找差距、抓落实、解难题、化积案”行动，解决一批多年难啃的“硬骨头”，整治成效在中央召开的主题教育总结大会上得到习近平总书记的肯定。深化扶贫领域腐败和作风问题专项治理。坚持严字当头，抓实实抓。建立省市县三级直联直访机制，实现对全省尚未脱贫的贫困人口入户访查全覆盖；对已脱贫的建档立卡贫困户，按照不低于20%比例进行随机抽访。紧盯扶贫项目资金管理风险隐患，实施“三个一批”直查快办，严肃查处贪污侵占、虚报冒领、截留挪用、优亲厚友等行为，坚决纠正“虚假式”“算账式”“指标式”“游走式”脱贫等问题。全省纪检监察机关查处扶贫领域腐败和作风问题681件，处理1094人；省纪委监委专门通报4起发生在老区苏区的典型案例。深化民生领域突出问题专项治理。抓重点、分专项、多领域，积极督促推进教育医疗、生态环保、食品药品安全领域突出问题重点治理，推动解决公立医院违规收费、网络订餐食品安全等一批事关群众切身利益的问题。围绕全省义务教育薄弱学校改造和公共卫生服务补助两项资金使用情况，督促相关职能部门开展“最后一公里”专项督查，省市县三级联动，保障惠民资金落到实处。深化涉黑涉恶腐败专项治理。围绕治根目标，深挖彻查，努力提高群众安全感和满意度。做好中央扫黑除恶督导反馈问题整改，做到移交问题全面整改、移交信访件全面处置、移交问责全面落实。建立健全省纪委监委班子成员挂钩监督、“蹲一点带一片”、联点包案等工作机制，联合开展涉黑涉恶腐败和“保护伞”线索集中核查，84个县（市、区）实现“保护伞”立案新一轮全覆盖。全省立案查处涉黑涉恶腐败和“保护伞”问题499件，给予党纪政务处分543人，涉嫌犯罪移送检察机关121人。省纪委监委“蹲一点带一片”做法得到中央督导组肯定并被全国扫黑办简报刊载，与省公安厅建立的“三个同步”协作机制、“三筛三不放过”核查措施被公安部转发全国公安机关。推动移风易俗专项治理。着眼长治长效、化风成俗，推动民风社风向上向善。深化“一县一专项”治理，督促各地开展专项治理“回头看”，深挖严查异地操办、化整为零等隐形变异问题，严防歪风陋习反弹回潮。省纪委监委针对福清、长乐等地违建豪华墓、“活人墓”等问题，督促相关职能部门开展集中整治，确保取得实效。

【纪检督查】 2019年，福建省纪检监察机关坚持以严纠“四风”为重点，深化作风建设成果。抓好中央八项规定精神落实。贯彻习近平总书记重要批示精神，坚持一个节点一个节点坚守，紧盯重要节点，组织开展“点穴式”明察暗访，查处顶风违纪行为和“四风”隐形变异问题。协助省委确定名贵特产类特殊资源目录，开展领导干部利用名贵特产、特殊资源谋取私利问题专项整治。全省查处违反中央八项规定精神问题2069起，处理党员、干部2828人，给予党纪政务处分1812人；省纪委监委通报8批26起典型案例，释放越往后盯得越紧、执纪越严的强烈信号。整治形式主义、官僚主义。协助省委出台《关于在全省推动集中整治形式主义、官僚主义的通知》，聚焦5个方面15种表现开展集中整治，查处一批典型案件。落实“基层减负年”要求，督促省直单位开展作风建设专项整治行动，精文简会、严控督查检查、严防过度留痕。省纪委监委把自己摆进去，建立委机关整治形式主义为基层减负专项工作机制，出台23条具体措施。建立纪委监委领导挂钩监督工作机制，统筹调研督导，防止多头指导、扎堆调研。健全作风建设长效机制。抓住普遍性问题和反复出现的问题，针对落实中央八项规定精神配套制度中存在的空白、短板，推动制定完善规范差旅伙食费、党政机关办公用房等管理办法，扎牢制度笼子。督促开展国资委所出资企业业务接待管理办法试行情况执行评估，推动制度落地见效。强化制度执行情况监督，督促职能部门开展制度“回头看”，提高制度刚性约束力。 （詹贤杰）

纪检监察法治化和体制机制建设

【纪检监察法治化】 2019年，福建省纪检监察机关坚持以改革创新为动力，提高纪检监察工作规范化法治化水平。一体推进“三项改革”。坚持党对纪检监察工作全覆盖、全方位、全过程领导，推进党的纪律检查体制改革、国家监察体制改革、纪检监察机构改革，强化上级纪委监委对下级纪委监委的领导，完善对下级纪委监委“两为主一报告”、对派驻机构“三为主一报告”工作机制。健全基层纪检监察组织制度，全省乡镇（街道）全部设立派出监察组，并向特殊区域派出监察机构。稳步推进派驻机构改革。制定派驻机构改革“1+3”意见（省委出台《关于深化省纪委监委派驻机构改革的意见》，省纪委监委制定与之配套的省管企业、省管金融企业、省属公办本科高校纪检监察体制改革3份实施意见），分类推进省一级派驻机构改革，设立38家驻省级党政机关、2家驻省管金融企业纪检监察组和17家驻省管企业、22家驻省属公办本科高校监察专员办公室，赋予相应监察权。制定省纪委监委派驻（派出）机构监督检查审查调查措施使用规范，发挥派驻（派出）机构职责作用。加强政策指导和方案审核把关，推进市县两级派驻机构改革。完善业务运行制度机制。树立“不依规依纪依法就是违规违纪违法”理念，推进纪法贯通、法法衔接，用制度严格规范纪检监察机关执纪执法工作。健全监督检查与审查调查协作配合机制，制定完善监督检查、审查调查工作标准化流程和监督检查、审查调查措施使用规范等制度，不断健全统一决策、一体运行的执纪执法工作机制。建立健全复杂案件“三提前”机制、案后“复盘”机制、与相关职能部门协作配合机制，促进审查调查工作整体性提升。

【纪检监察常态化机制建设】 2019年，福建省纪检监察机关坚持以强化监督为首责，让党员干部感受到监督常在、监督常态。做深做实监督职责。聚焦“关键少数”，强化日常监督，把思想政治工作和群众工作贯穿始终，通过个别谈话、参加民主生活会、提出纪检监察建议等，抓实近距离常态化监督。加大函询结果抽查核实力度，增强函询工作针对性、实效性。做好党风廉政意见回复工作，严把选人用人的政治关、品行关、作风关、廉洁关。出台《福建省纪检监察机关查处诬告陷害行为实施办法（试行）》，及时为干部澄清正名。深化运用“四种形态”。把握讲政治这一根本要求，以净化政治生态为主要目的，坚持惩前毖后、治病救人，坚持严管厚爱结合、激励约束并重，坚持实事求是、综合考量、程序正义，准确妥善运用“四种形态”，做好“四种形态”转化，让“红红脸、出出汗”成为常态，党纪处分、组织调整成为管党治党的重要手段。全省纪检监察机关运用“四种形态”批评教育帮助和处理56962人次，其中第一种形态占78.6%、第二种形态占14.5%、第三种形态占2.9%、第四种形态占4%。制定《受处分人员回访教育工作暂行办法》，体现组织关爱。创新监督方式方法。发挥组织协调和督促推动作用，拓宽思路举措，提升监督效能。完善“1+X”监督机制具体化运作方式，立足“监督的再监督”，健全互动联动制度机制，构建全方位、立体式监督格局。创新信访监督机制，推进检举举报平台建设，开展信访举报分级录入扫描试点工作。探索运用“制度+科技”监督方式，以推动建设扶贫

（惠民）资金在线监管平台为载体，创新一体推进不敢腐、不能腐、不想腐的路径和办法，以精准监督助推精准扶贫，实现11家省级资金主管部门全覆盖，对37项144亿元扶贫（惠民）资金实行全程监管，惠及群众630多万人，点击量超过1800万人次，相关经验做法在中央改革办、中央纪委国家监委信息刊物上交流。

【巡视巡察监督体系建设】 2019年，福建省纪检监察机关突出政治巡视。落实全国巡视工作会议精神，牢牢把握“两个维护”的根本任务，围绕落实党的路线方针政策和党中央决策部署、全面从严治党战略部署、新时代党的组织路线、巡视整改要求，精准发现问题，纠正政治偏差。配合做好中央巡视工作指导督导试点，抓好指导督导建议落实。完成十届省委第五、六轮对55个地方、单位党组织巡视，共发现问题2332个，开展第七轮对26个地方、单位党组织巡视。突出整改落实。把督促中央和省委巡视整改作为纪检监察机关日常监督、巡视巡察和全面从严治党主体责任落实情况检查的重要内容，压实整改责任，推动整改落实。抓好中央巡视整改转入长效整改后有关工作，组织开展对7个地方、单位党组织落实整改情况专项巡视。建立纪检监察机关、组织部门、巡视巡察机构对整改进展情况会审机制，完善监督检查部门一线跟进、贯通各类监督的巡视巡察整改工作机制，开展省委巡视整改监督，加强跟踪督促，确保全面改、深入改、改到位。突出上下联动。坚持巡察与巡视工作一体谋划、一体部署、一体推进，做深做细做实市县巡察，指导规范省直部门和省属企事业单位巡察工作，完善上下联动机制。创新巡察组织方式，推进巡察向村居延伸。总结各类交叉巡察做法，形成可复制、可推广的模式，省级领导、市级统筹、市县联动、县级交叉的巡察监督工作格局更加成熟更加定型，得到中央纪委国家监委的充分肯定，相关经验做法在《人民日报》专版刊发，并在全国市县巡察工作推进会上交流。

【纪检监察队伍建设】 2019年，福建省纪检监察机关坚持以队伍建设为保障，锻造忠诚干净担当的纪检监察铁军。以政治建设锤炼忠诚品格。省纪委常委会高度重视自身建设，制定机关贯彻落实《中共中央关于加强党的政治建设的意见》的实施意见，落实党建工作责任制，提高机关党的建设质量和水平。抓好省纪委监委机关“不忘初心，牢记使命”主题教育，督促指导市县纪委监委认真开展第二批主题教育。加强思想淬炼、政治历练、实践锻炼，锤炼对党忠诚、勇于担当、谦虚谨慎、“三严三实”的品格和作风，引导广大纪检监察干部把初心和使命落实到本职岗位上、一言一行中。突出讲政治、树导向、选准人、聚合力，坚持政治标准第一，从严从实把好关，坚持五湖四海视野，拓宽渠道选干部，坚持干事创业导向，激发活力强担当，强化干部培养使用，队伍建设更上新台阶。以全员培训提升担当能力。聚焦专业化能力建设，强化培训，突出需求导向和问题导向，坚持多轮驱动、个人主动、需求带动、政治培训和专业培训联动，提升精准监督和执纪执法水平。省纪委监委加大培训力度，创新培训方式，委班子成员带头授课辅导，深入基层调查研究、答疑解惑，送教上门、送课下乡；市县两级纪委监委、各派驻（派出）机构同步跟进，形成省级引领、分级推进、横向到边、纵向到底的培训格局。全省纪检监察系统举办培训班870期、培训干部86400多人次，并开展考核测评。福建省开展全员培训经验做法得到中共中央政治局常委、中央纪委书记赵乐际和中央政治局委员、中央纪委副书记、国家监委主任杨晓渡的肯定。以自我监督永葆干净本色。淬炼严实深细作风，强化纪法思维、程序意识，加强改进案件审理工作，严格审批权限，规范工作流程。紧盯不担当、不作为和不精准、乱作为两大风险，开展隐患排查，做好防范化解。严格执纪执法、安全文明办案，加强办案安全管理，完善制度，健全机制，严守审查调查安全底线。召开省监委第一届特约监察员聘请会议，优选聘请28名特约监察员。认真履行自身建设主体责任，落实“六带头、六严禁”行为规范，坚持正视问题、刀刃向内，坚决防范被“围猎”，坚决防治“灯下黑”。

（詹贤杰）

编辑：林忠玉

民主党派和工商联

中国国民党革命委员会福建省委员会

【概况】 中国国民党革命委员会福建省委员会（简称民革福建省委）是民革省级地方组织。至2019年底，福建省民革有地方组织12个，其中省级组织1个，设区市级组织9个，县级市委会2个；有基层组织267个，其中基层委员会2个，总支委员会28个，支部237个。民革省委机关内设办公室、组织处、宣传处、联络处、社会服务处、调研处6个职能处室。省委会还设有参政议政工作委员会、祖国和平统一工作委员会、社会服务工作委员会、妇女和青年工作委员会、社会和法制工作委员会、科教文卫体工作委员会等6个专门委员会。民革福建省委员会有下属福州孙中山纪念馆管理处和福建省同心楼管理中心2个事业单位，福建省逸仙教育基金会、福建省孙中山研究会、福建省逸仙艺苑3个社团组织。至年底，全省民革党员中有各级人大代表108名，各级政协委员416名，有29名担任各级人大常委会委员和政协的副主任、副主席，有76名在各级政府机关、事业单位、高校和司法部门担任处级以上职务。

【思想政治建设】 2019年，民革福建省委坚持以习近平新时代中国特色社会主义思想为指导，学习贯彻中共十九届四中全会精神，增强“四个意识”，坚定“四个自信”，坚决做到“两个维护”，坚定不移走中国特色社会主义政治发展道路；坚决贯彻落实习近平总书记对福建工作的重要讲话重要指示批示精神，围绕中共福建省委、省政府的中心工作，加强自身建设，提高履职实效，推动各项工作开创新局面。开展“不忘合作初心，继续携手前进”主题教育活动。成立主题教育活动领导小组，制定实施方案，建立健全活动机制，保障活动切实深入开展；召开专题民主生活会，省委会领导分赴基层组织召开宣讲会、座谈会，与基层党员面对面交流，征求收集对省委会工作的意见与建议，逐条对照分析并制定整改措施；组织民革福建省委常委赴延安、梁家河，组织省委会机关干部赴古田会议旧址、中国民主党派历史陈列馆等开展学习教育活动，引导全体民革党员深化思想认识，树牢坚定不移接受中国共产党领导的理想信念。以庆祝中华人民共和国成立70周年与多党合作制度确立70周年为契机，举办演讲会、主题征文等活动，展现福建民革在新时代履职尽责的风采和民革党员昂扬向上的风貌。把民革党员之家作为加强思想建设的新阵地、增强组织凝聚力的新抓手，通过部署动员、学习交流、调研指导、示范带动，切实增强宣传思想阵地建设。

【参政履职】 2019年，民革福建省委领导多次参加中共福建省委、省政府、省政协及省委统战部等有关部门召开的协商会、座谈会、情况通报会等，就中共福建省委领导班子建设、《政府工作报告》、《政协工作报告》等提出意见和建议。紧扣中共福建省委、省政府中心工作，围绕两岸融合发展、海洋经济高质量发展、乡村振兴等方面开展调研活动100多场，形成调研报告40余篇。选送的2篇调研成果分别获中共福建省委办公厅、福建省人民政府办公厅颁发的省重点课题优秀调研成果三等奖、优秀奖。选送3篇调研成果和5篇建议摘要参加“2019年福建统一战线建言献策成果汇报会暨第十五届建言献策论坛”，1篇获一等奖、2篇获二等奖。参加省政协6次专题协商会，2次作专题发言，9篇发言入选专题协商材料汇编。全年向民革中央、省政协、中共福建省委办公厅、中共福建省委统战部报送社情民意信息300多篇次，连续13年被民革中央评为反映社情民意信息工作先进集体。

【祖国统一工作】 2019年，民革福建省委贯彻落实习近平总书记关于福建省探索海峡两岸融合发展新路、建设台胞台企登陆“第一家园”的重要指示精神，落实落细国台办“31条惠台措施”“26条措施”和福建省“惠台66条实施意见”，以台湾基层一线和青年一代为重点，推动两岸经济社会融合发展。承办第11届海峡论坛·两岸乡村农田水

2019 年 4 月 19 日，“同心杯”两岸青年乡村振兴研修营在永泰县开营
（民革福建省委供稿）

利建设交流会、第四届世界妈祖文化论坛等大型涉台交流活动，推动基层交流交往，促进两岸民众心灵契合。将福建省吸引台湾青年人才来闽就业创业的惠台措施与乡村振兴战略相结合，与省政协农业和农村委员会在永泰县联合举办三期“同心杯”两岸青年乡村振兴研修营，探索乡村振兴中两岸融合发展新路，建设台胞台企登陆“第一家园”。活动期间，与福建省中华文化学院联合举办“两岸青年乡创乡建培训班”，推动福建省中华文化学院首次面向台湾同胞举办中华文化研修班，探索政协、民主党派与福建省中华文化学院联合办学新模式。围绕两岸关系发展大局，加强研究分析，形成涉台社情民意信息报送有关部门，被中央统战部采用 2 篇、民革中央采用 4 篇，为对台工作提供及时有效的建议参考。

【社会服务】 2019 年，民革福建省委以智力帮扶为突破口，连续 2 年联合福建师范大学教育学院在政和县开展“同心·培优”活动，经多方共同努力，政和县教育教学质量、师资建设培养等方面得到有效改善，高考成绩比上年显著提升。以公益事业为落脚点，指导福建逸仙教育基金会集中力量开展捐资助学活动，发放奖学金、奖教金 20 余万元，向对口帮扶的政和县熊山街道捐款 80 万元，用于改善熊山街道及所属小学的民生基础设施。与福建省扶贫“两会”联合组织医疗专家先后赴明溪县和政和县开展“送医送药”义诊、体检活动，共接诊贫困患者 600 多人次，赠送药费 5.5 万元。以文化交流为出发点，指导省逸仙艺苑召开第六次会员代表大会，选举产生第六届理事会，引导艺苑走专业化发展道路。举办“道泰艺雍抒新意——福建民革庆祝中华人民共和国成立 70 周年艺术展”，在福州、龙岩、漳州三地巡展，歌颂中华人民共和国成立 70 年来取得的伟大成就，弘扬社会主义核心价值观，为促进社会主义文化大繁荣出力。

【组织建设】 2019 年，民革福建省委贯彻落实中共中央《关于加强中国特色社会主义参政党建设的意见》等 3 个文件精神和福建省的实施意见，按照新的重点分工领域、工作程序和工作要求，规范做好组织发展工作，按照《福建省各民主党派省委会领导工作规章制度》，贯彻执行民主集中制，完善领导班子议事规则，落实民主生活会制度，提高整体决策水平；以加强基层组织建设、激发基层组织活力为目标，深入开展示范支部创建工作；以人才建设为基础，提高干部队伍水平。按照组织发展要求，实现党员发展注重素质、界别分布合理。2019 年发展党员 169 人，其中高级职称 22 人，占 13%，中上层人士 82 人，占 48.5%，大学学历以上 155 人，占 91.7%。（宋炜锋）

中国民主同盟福建省委员会

【思想政治建设】 2019 年，中国民主同盟福建省委员会（简称民盟福建省委）以习近平新时代中国特色社会主义思想为指导，秉持“思想塑盟、合作兴盟、人才强盟”理念，开展“不忘合作初心，继续携手前进”主题教育活动，履行参政党职能，加强自身建设，各项工作均取得新进展。按照“四新”“三好”的总要求，通过“1＋7 学习法”，即围绕一个核心——习近平新时代中国特色社会主义思想，通过领导班子引领学、制定制度规范学、集中培训系统学、积极履职实践学、典型示范身边学、宣传平台带动学、特色活动生动学 7 种学习法，使主题教育学习更加生动活泼，在全省民盟上下掀起主题教育学习活动的热潮。民盟福建省委领导班子成员到基层开展宣讲活动 20 次，盟员参加 714 人次；“福建民盟宣讲团”、民盟各设区市委会领导班子成员开展宣讲活动 89 次，参加盟员近 3000 人次；民盟省、市委员会领导班子召开主题教育动员部署会、理论中心组学习、民主生活会 112 场，召开盟员座谈会 71 场，举办学习培训 80 场，参加盟员 7000 余人次。针对各级民盟组织和广大盟员提出的意见建议，民盟福建省委召开领导班子专题民主生活会进行剖析和整改，引导各设区市民盟组织有序开展民主生活会，优化盟内政治生态。

利用传统教育基地、“盟员之家”召开主题教育纪念会、专题座谈会等，举行主题教育现场活动 88 次，参加盟员近 2600 人次。以纪念中华人民共和国成立 70 周年、中国共产党领导的多党合作和政治协商制度成立 70 周年为契机，组织盟员艺术家参加庆祝人民政协成立 70 周年歌曲征集活动；以“福建民盟”微信公众号为平台面向全省盟员开展庆祝中华人民共和国成立 70 周年网络答题活动，举办答题挑战赛和爱国诗篇诵读会；开展“我和我的祖国”音乐快闪活动；参加省政协《风雨同舟——我与人民政协》纪实文集稿件征集活动、省委统战部“同心70周年”征文活动。发挥《福建盟讯》、网站和微信公众号3个宣传主阵地的作用，开辟主题教育活动的专题专栏，对主题教育活动的基本知识、涌现出的先进典型与特色活动进行宣传。《福建乡土》坚持宣传福建区域文化，服务地方发展理念，出版3期普刊和1期平潭专刊。与主流媒体合作，扩大对外宣传领域，全年有关民盟的宣传报道180多篇次。结合主题教育活动，集中力量开展好盟史和参政党理论的基础研究，连续4年申报并中标民盟中央理论研究课题，其中，人物传记《文史大家宋云彬的传奇人生》获2018年度民盟中央理论研究课题一等奖，参政党理论研究成果《对新型政党制度理论基础和思想资源的考察》在民盟中央理论研讨会上作交流发言，并被民盟中央《群言》杂志采编发表。根据民盟中央要求，撰写福建民盟先烈薛永黍、林坡的传略材料并上报，收录《民盟英烈集》。完成省委统战部理论研究课题《多党合作问题研究》并上报理论研究文章5篇。

【参政议政】 2019年，民盟福建省委形成调研课题报告160余篇，其中《推动数字经济与实体经济深度融合，促进经济高质量发展》作为素材，转化为民盟中央政策建议信，被习近平、李克强、王沪宁等中央领导批示；《加快发展对外文化贸易，提升中国文化软实力》，获李克强、孙春兰等中央领导的批示。选送30余篇文章参加民盟中央经济、教育、科技、法治、民生等论坛，《构建医疗大数据平台，打通医疗“数据孤岛”，助力健康中国建设的思考与建议》等6篇论文被评为优秀论文。在省政协十二届二次会议上提交集体提案22篇，大会发言13篇，大会口头发言1篇，大会快报7篇。其中，《关于我省森林林分结构存在的问题及对策建议》的提案作为大会口头发言。重要提案摘报《关于推进我省应用型高校发展机制创新的建议》获得于伟国、唐登杰等省领导批示；《为我省贫困人口进行免费肺癌筛查的建议》获于伟国等省领导批示。选送3篇优秀调研报告、8篇建议摘要参加福建统一战线建言献策成果汇报会暨第十五届建言献策论坛评审，其中，《关于加快我省农村物流产业发展的建议》获得一等奖。受省委改革委委托调研形成的《围绕“三规”压实举措，推进全省学前教育稳步有序发展》获得省主要领导批示，助推《福建省学前教育深化改革规范发展的实施方案》出台。全年报送信息203条，其中被全国政协采用18件，省政协采用27件；中央统战部采用12件，省委办公厅采用6件；民盟中央采用21件（前三季度）。《关于妥善处置台助事件的建议》和《关于完善台湾知名商标保护机制的建议》2篇信息获党和国家领导人批示。《关于进一步完善异地渔船避风机制的建议》获省主要领导批示，《加强青少年健康教育 遏制我省青少年艾滋病上升趋势》等10篇信息获省领导批示。

【社会服务】 2019年，民盟福建省委推动民盟中央“天使系列工程”落地实施，浦城县医院“守护天使工程”示范点正在建设，2所医院完成安装，1所医院新达成意向，为县级医院节约采购资金1000余万元。推进“闽盟守护天使工程”，完成安装、新签约和新达成意向的医院各1所，捐赠自动化检验流水线价值1500多万元。组织盟内外专家赴平潭综合实验区、福清市、建瓯市、浦城县、霞浦县等地开展医疗下乡活动5场，受益群众1000余人次。赴霞浦县下村村开展帮扶活动，在省委统战部支持下共为下村村幸福院和卫生所项目筹集资金40万元。引导民盟各级组织参与社会服务基地建设，推动福建省商盟公益基金会、福建省雕刻艺术家协会持续为霞浦县下村村提供培训和推介支持，为该项目投入资金40余万元。向政和县镇前镇捐赠价值5万元的办公设备，并帮助其策划“美丽乡愁·爱在政和”乡村旅游活动和“同心乡愁”文化馆建设。拓展“走出大山看大海”成长游学活动，组织毕节试验区3个民族16名贫困留守儿童、8名优秀教师赴闽进行为期6天的参观学习。开展“闽盟烛光行动”，引进盟员企业家为贫困县捐赠100万元教学图书项目，至年底完成政和、周宁、长汀、建宁四县10所学校50多万码洋的中小学课外读物。组织盟员企业家为周宁县3所农村中小学捐款15万元，为莆田市1所农村小学投入资金10万元，帮助引进互联网双师课堂，捐赠电脑15台，协助开设第二课堂。

【组织建设】 2019年，民盟福建省委制定出台《2019年民盟福建省组织发展规划》，巩固民盟在主界别的传统优势，实现在职盟员稳步增长。至年底，全省盟员总数12913人，平均年龄54.1岁，高级职称盟员4399人，占总数34.07%。全年发展盟员441人。全省有设区市委员会9个，县级委员会10个，基层组织357个。先后举办省、市委员培训班和省直基层骨干暑期培训班，培训骨干盟员130人次；与民盟宁夏区委合作互派骨干盟员进行培训交流；选派17名优秀代表人士参加中央统战部、民盟中央、省委统战部组织的有关进修班和培训班学习，提升盟内代表性人士履职能力。选派11位青年骨干盟员赴霞浦、政和挂职锻炼，为盟员提升助力精准扶贫能力、展示才华提供平台。各级领导班子以庆祝中华人民共和国成立70周年为契机，以主题教育活动为抓手，开展“百支部千盟员”走访活动、“四走”活动等，通过“走上去”增进共识，“走出去”内外联动，“走进去”凝心聚力，“走下去”推动工作四个方面，形成上下联动、左右互动的联动机制。举办省直属基层组织联谊运动会，为盟员在奋进新时代建功新福建中展现强大力量和必胜决心提供一个集中展示的大平台，增强基层组织的生机和活力。以深入学习贯彻新修订《中华人民共和国公务员法》为契机，加强机关建设，激励干部新时代新担当新作为。在全国民盟机关建设工作会议上，民盟福建省委机关获“民盟机关建设工作模范集体”称号。（章　颖）

中国民主建国会福建省委员会

【概况】　2019年，中国民主建国会福建省委员会（简称民建福建省委）开展“不忘合作初心，继续携手前进”主题教育活动，贯彻落实《中共中央关于加强中国特色社会主义参政党建设的意见》精神，在全省支部设立宣传委员，将思想政治工作建在支部上。推进自身建设，全省推广省直工委施行10年的“4211111”基层组织多维度量化考评，全面落实基层组织五个优化改革措施。发挥民建特色和优势，务实作为，亮点纷呈，获民建全国脱贫攻坚突出贡献奖，各项工作在民建中央年度评比中都获得一等奖，组织建设、社会服务和机关建设等先后在民建中央工作会议上做经验交流发言，获省政协社情民意工作先进单位。

【思想政治建设】　2019年，民建福建省委把思想政治建设作为自身建设的核心，以习近平新时代中国特色社会主义思想为指导，贯彻落实《民建中央关于加强会的思想政治建设的意见》精神，开展主题教育活动，结合重大庆祝活动，强化思想政治建设，巩固共同思想政治基础。学习贯彻习近平新时代中国特色社会主义思想。发挥“关键少数”作用，出台理论学习中心组学习规则，领导集体带头学习贯彻中共十九大精神和习近平新时代中国特色社会主义思想。建立理论学习长效机制，将政治理论学习列为主委会议、常委会议、全委会议重要内容，适时跟进学习中共十九届四中全会精神、习近平在中央政协工作会议暨庆祝中国人民政治协商会议成立70周年大会的重要讲话、习近平在庆祝中华人民共和国成立70周年大会上的重要讲话等。指导全省各级组织和广大会员学习习总书记关于新型政党制度等多党合作重要论述、党史国史，以及《习近平在宁德》《习近平在厦门》采访实录、《〈福州古厝〉序》等，掀起理论学习热潮。主题教育活动。将主题教育活动列为全年最重大的思想政治建设任务，迅速动员部署，明确活动路线图，做好“规定动作”。领导班子发挥“领头羊”作用，深入市级组织和基层支部调研指导，了解活动情况，听取意见建议。组织常委会组成人员及地方组织专职副主委到古田会议会址等开展红色主题教育，推动促成龙岩古田干部学院列入民建中央爱国主义教育基地。组织骨干会员到孙起孟故居等民建中央爱国主义教育基地，开展会的优良传统现场教学。举办会章会史讲座等，引导广大会员不断增进对中国共产党和中国特色社会主义道路的政治认同、思想认同、理论认同和情感认同。坚持问题导向，狠抓整改落实。对标对表，适时召开主题教育活动交流汇报会，查摆问题，全面检视以往系统工作机制的有效性，及时总结近年来好做法、好经验，对原有各项制度进行修订完善，形成8类71项工作制度体系，规范会务工作和机关运转，得到民建中央肯定。结合“三个70周年”系列庆祝活动，丰富“自选动作”，推进主题教育活动全省覆盖、全员参与。精心创作“庆祝人民政协成立70周年”短视频，入选全国政协“我和我们的政协”主题活动优秀作品，短视频作者得到全国政协主席汪洋的亲切接见和表扬。精选27件会员作品参加民建中央中华人民共和国成立70周年艺术作品展，其中漆艺匾额“议政求真知，监督讲实效”和沙画“黄炎培”肖像2件作品被民建中央收藏。开展“我和我的祖国”“我与人民政协”等主题征文，有4篇文章入选省政协征文集。全省接力传唱《我爱你中国》，组织艺术团成员传唱第六届闽商大会会歌《天下闽商》，得到省委统战部领导的肯定。

【理论研究】　2019年，民建福建省委把握会员思想动态，加强理论研究和正面宣传。围绕新时代参政党“四新”“三好”要求，专题开展福建省会员思想状况调查，形成《福建民建会员思想状况》调研报告，出台思想政治建设的实施意见。梳理习近平在闽工作时关于多党合作的重要论述与实践，以及对民建工作的关心指导，形成《议政求真知，监督讲实效——新时代新型政党制度的实践困惑与优化路径》课题报告。牵头完成省委统战部重点课题，形成《我国新型政党制度提升国际话语权的困境与出路研究》调研报告。坚持主动宣传，展示福建民建新形象。全年省委会网站发布各类稿件1322篇；微信公众号推送信息143篇，关注用户3500多人，阅读量19.7万次；在新华网、人民网、《福建日报》等主要媒体上发表文章1013篇次，为历年最多。

【组织建设】　2019年，民建福建省委学习贯彻《中共中央关于加强中国特色社会主义参政党建设的意见》等三个文件精神，加强领导班子建设，提高会员队伍和干部队伍能力，增强基层组织活力，提升会内监督水平，推进组织建设，夯实多党合作事业基石。学习贯彻“三个文件”精神。省委会主委、专职副主委和相关处室负责人参加中央统战部、省委统战部专题研讨班和民建全国组织工作建设会议，召开主委（扩大）会、常委会议等传达学习“三个文件”精神，推动各级组织同步学习，明确要求，统一思想，推进组织发展工作，建设高素质中国特色社会主义参政党，做自觉接受中国共产党领导、同中国共产党通力合作的亲密友党和好参谋、好帮手、好同事。提升会员队伍素质。坚持“三个为主”基本方针和“注重质量、注意数量、保持特色、优化结构”的组织发展原则，注重吸收和经济界有密切联系的专家学者、企业界代表人士入会。按照新时代组织发展工作的有关文件精神，做好过渡期的会员发展工作，坚持质量优先，严格入会考核，规范入会程序，把好入会关。至12月底，全省会员总数8175人，年内新增375人，总体素质提高。其中中级专业技术职称的达45%，经济界人士占78%，企业界会员占64%，新的社会阶层占17%，全省会员结构得到改善。实行全省会员信息库类型化、梯次化管理和实时动态更新。推进代表人士队伍建设，按年度培训计划办好各类培训班，推荐骨干会员参加民建中央、中央社院、省委统战部、省社院培训，举办新会员联络工作沙龙、专题学习会、辅导培训、系列讲座等，分层分类抓好基层组织骨干会员、新会员和会务工作者理论学习和业务培训。推进省委会机关省级文明单位创建工作，提高机关工作效率和服务水平，完成民建十一届七次中常委会议、民建中央理论学习中心（扩大）组在龙岩集中现场教学的接待保障任务。加强基层组织建设。开展基层组织建设大调研活动，完成调研论文34篇。召开常委会专题研讨基层组织建设。推动平潭支部顺利升格为基层委员会。创新推广“4211111”基层组织多维度量化考核体系，优化支部考核体系、班子配置、会员结构、活动内容和形式、会员之家建设，提升基层组织活力和凝聚力。推动全省基层支部建立微信群，将支部会员纳入“网上支部”。建立“全省基层组织主委大家庭”微信群，适时发布支部活动指南，丰富基层组织活动形式和内容。开展学习型支部创建活动，建立61个“会员之家”，为广大会员营造一个温暖的精神家园。

【参政履职】 2019年，民建福建省委强化参政议政意识，建言献策。紧扣党和政府重大决策部署，立足界别特色优势，突出参政议政质量导向，打造参政议政精品。智库建设推动社情民意信息再上新台阶。成立民建省委武夷学院乡村振兴研究院和民建泉州市委民营经济研究院，支持福州大学民建经济研究院创建福建省高校特色新型智库。集聚全省近500名参政议政骨干会员，建立“福建民建参政议政智库”微信群，设立《今日约稿》《每周约稿》《一周来稿通报》等栏目，交流调研课题成果、征集会员建议意见。举办社情民意信息巡回培训班，参训会员约600人，实现课题成果质量和社情民意信息质量“双提高”。全年社情民意信息被各级采用138件，其中3篇获得国家领导人批示，1篇被全国政协专报件采用，12篇被全国政协《每日社情》采用，5篇被中央统战部《零讯》单篇采用，2篇被《统战工作》专刊单篇采用，4篇被中办单篇采用，18篇获得省主要领导批示。政协提案提质增效。借力民建中央、全国和地方“两会”，建言资政。向全国政协提交《关于尽快启动京台高速铁路海峡西段建设的建议》，经新华社、《参考消息》、英国《泰晤士报》等几十家海内外主流媒体深度报道，受到广泛关注，《人民日报》手机客户端与澎湃新闻等新媒体客户端的阅读量超过250万。向省政协提交的《加快培育发展福建住房租赁市场的政策建议》《着力四大体系建设，推动福建争创制造业高质量发展国家级示范区的建议》，被列为2019年省政协重点提案。《全方位拓展工业互联网渠道，助力实体经济数字化转型的建议》得到省委书记于伟国、省长唐登杰等7位省领导批示。《关于台湾人才专业技术职务任职资格直接认定的建议》得到承办单位吸纳，为台湾专业人才在福建省就业创业创造有利条件。大会发言《加快培育发展福建住房租赁市场的政策建议》得到省长唐登杰等3位省领导批示，重点提案数量和省领导批示数量均列各民主党派前茅。参加政协专题协商。围绕省政协“数字经济协同发展”“矛盾纠纷多元化解机制”“传统村落的保护和合理利用”“河长制水污染防治”等议政协商课题开展调研，在4场专题协商会和2场专题议政性常委会都发出民建声音。在省委书记于伟国参加的省政协首场专题议政性常委会“加快闽东北、闽西南两大协同发展区建设”，和省长唐登杰参加的“促进民营制造业高质量发展”议政性常委会，民建省委都作专题发言。开展课题调研。实行领导领衔课题制度。参与民建中央主席郝明金领衔的“促进先进制造业与现代服务业融合发展”“增强中心城市辐射带动力，助推高质量发展”调研，2篇课题成果在研讨会上发言、5篇入选调研文稿汇编。参与省委改革办课题调研，报送课题成果14篇，其中《中美经贸摩擦背景下亟待加强我省粮食安全突发应急保障体系建设》被采用。开展民主监督调研，参加“贯彻落实国台办31条惠台措施和我省66条实施意见情况”专项联合调研，提出意见建议4条。

【社会服务】 2019年，民建福建省委强化智力扶贫攻坚，注重造血功能。坚持把社会服务工作作为发挥参政党职能和自身建设的重要任务，围绕全面建成小康社会目标，凝聚全省民建力量参与到脱贫攻坚和智力扶贫工作中来。打造闽善公益基金。发挥思源·闽善公益基金、民建福建省委会艺术团等会内机构作用，启动“爱心书包·扶志益智”工程，先后举办闽善之光新春慈善文艺演出、闽善之光公益慈善之夜文艺晚会，募集“爱心书包”款220余万元，为贫困家庭的中小学生捐赠课外优秀读物。出资40万元扶持黔西县大湾村民建专业合作社发展特色农业种植项目。捐助福建省少数民族地区教育、民生及文化保护工程100余万元。实施精准脱贫攻坚。组织专家学者和企业家会员多次深入贵州省深度贫困村大湾村和河北丰宁县调研，开展项目帮扶和消费扶贫。出资组建大湾村民建专业合作社，帮助注册“大湾村”相关类别商标，以购代捐促进大湾村农产品的产销对接。捐建丰宁县“民建爱心超市”30个，帮助黄旗镇乐果窝铺村整治村容村貌，邀请丰宁县企业参加福州市“第二届21世纪海上丝绸之路博览会暨第二十一届海峡两岸经贸交易会”，提供免费展位。促成会员企业福建华昌控股（集团）有限公司在河北丰宁县设立杂粮配送基地。帮扶政和外屯发展。筹集资金200万元用于政和县外屯乡民建“同心桥”建设。

参加“爱在政和”中国佛子山荷花旅游文化节，助力外屯乡文旅产业发展。组织开展“三下乡”活动，为当地群众送医送药、免费体检、书写春联，向困难群众发放慰问品、慰问金17万余元。推进教育扶贫。投入60万元，在宁化、政和新开设2个“思源·佑华教育移民班”。会员企业家开展多种形式的助学奖教活动，“民建·汉生”助学金在福建工程学院启动第二轮助学行动，在江夏学院设立“民建·汉生”助教金，捐赠100万元，用于资助考上博士和完成博士学业的教师。“民建·西山弘毅班”开展“培优辅差”活动，使大部分学生成绩得到提高。推动会员学习交流。发挥建华课堂的作用，组织会员企业家学习习近平总书记在民营企业座谈会上的重要讲话精神，提振会员企业发展信心，增强服务社会的时代责任感。组织会员企业家参加民建中央非公经济论坛、风险投资论坛、企业家培训班，以及招商推介会等各类重大经济活动，搭建合作交流平台，引导会员服务贫困地区经济社会发展。（蓝　芽）

中国民主促进会福建省委员会

【概况】 2019年，中国民主促进会福建省委员会（简称民进福建省委会）以基层组织建设为工作重点，加强自身建设，围绕中心大局履职建言，推动各项工作创新发展，为新时代新福建建设作出积极贡献。民进福建省委会获“民进省级组织参政议政、社会服务、新闻宣传工作先进单位”。

【组织建设】 2019年，民进福建省委会重视会员政治共识教育和履职能力提升，推荐26名骨干会员参加民进中央或中共省委11个班次培训。举办基层支部负责人、骨干会员和新会员培训班，参训会员150人次。加强后备干部队伍建设，全年发展新会员193人。成立民进省直商学院支部，指导民进省级机关医院支部、民进福建农林大学总支、民进福建师范大学总支顺利换届，指导民进福州市委会完成届中主委人选调整、经济界会员联谊会成功换届。推荐2名会员到省党外干部实践基地政和乡镇挂职锻炼。广大会员立足本职，双岗建功，涌现出“全国三八红旗手”蒋洪斌，“全国五一劳动奖章”获得者翁国星、张文山，“全国优秀教师”庄立红，“全国最美基层政协委员”陈鸣宇等一批先进典型，展现新时代民进会员的良好形象。省政协常委林全金、吴丽冰、马建荣、吴成翰，省政协委员庄宝玲履职成效显著，在省政协十二届三次大会上受到通报表彰。贯彻基层组织建设主题年工作部署，召开全省基层组织建设年工作推进会，以“会员之家”创建为抓手，出台基层组织达标考核和优秀基层组织评选办法，推动基层组织管理规范化、活动常态化。新建会员之家13个，民进漳州龙文总支和经科总支“会员之家”入选中共省委统战部《党（盟、会、社）员之家精选案例集》。民进福州市委会、民进厦门市委会获评“民进全国组织建设先进地方组织”，民进福州大学总支等13个基层组织获评“民进全国先进基层组织”，15名会员获评“民进全国组织建设先进个人”。加强民进省委会机关处室联动协作，提高机关服务保障水平，全年承办各类会议、主题研讨专题活动60余场。配合民进中央办公厅做好机关干部职工培训班在古田干部学院办班的相关服务保障，协助中共省委统战部代拟《福建省省级民主党派活动经费使用管理办法（暂行）》。坚持机关学习例会制度，开展集体学习研讨，强化“守纪律、讲规矩、重品行、敢担当”的责任意识。

【参政议政】 2019年，民进福建省委会围绕中共省委、省政府中心工作，结合民进中央、省政协、省委统战部重点课题计划，找准履职建言关键点，深入调查研究，增强建言资政的针对性和精准度。重视中共福建省委、省政府召开或委托有关部门召开的党外人士座谈会，法院、检察院工作情况通报会，围绕福建省经济工作、政府工作安排、司法体制改革等重大议题建言献策，不少意见建议得到省领导和相关部门负责人的关注和肯定。担任人大代表、政协委员、特约（邀）检察员、监察员、绩效考评专家等职务的会员，通过提案议案、参加检查监督、行风政风评议等活动，履行民主监督职能。全国、省两会期间，民进会员中的代表、委员累计提交提案或议案67件，其中《加快推动我省生产性服务业融入智能制造的对策建议》得到4位省领导批示，省发改委、工信委等职能部门及时作出答复并采纳，《福建新闻联播》做专门报道；省政协大会口头发言《完善乡村治理体系建设，推动乡村振兴战略实施》得到省领导批示，省民政厅领导吸纳转化为政策举措。参与民进中央社会法制专委会课题组赴闽开展“惠台措施”专项课题调研，助推福建建成“台胞台企登陆第一家园”的措施落地。承办2019年福建统一战线建言献策成果汇报会暨第15届建言献策论坛，创新省各民主党派与省直部门负责人现场互动回应模式。发挥专委会作用，完善课题选题策划、方案评审、中期指导、成果转化机制，形成129篇调研报告。其中，1篇获建言献策论坛调研成果一等奖、2篇获二等奖，5篇转化为对策建议摘报，27篇转化为省政协十二届三次会议的大会发言和单位提案。《促进我省两大协同发展区与长三角和粤港澳大湾区联动发展的建议》等6篇调研报告被选为省政协议政性常委会或专题协商大会的重点发言。独立或参与完成省委改革办委托的专项民主监督课题3个。主委严可仕先后应邀参加全国政协“推进‘四好农村路’建设”网络议政远程协商会、“加强农村基本公共文化服务建设”专题协商会、民进中央和财政部座谈会作重点发言；撰写的调研文章《加强和改进乡村治理时不我待》被《人民政协报》专题刊发，《构建现代公共文化服务体系，提升基本文化服务水平》被中共省委《调研内参》采用。副主委林全金撰写的《立足媒体融合发展新时代，打造党派宣传思想新高地》研究报告获民进中央参政党理论研究会专家好评，被中共福建省委《调研内参》采用。依托微信群、民进网站等线上线下交流平台，及时发布优秀社情民意信息范例，提高信息工作精准度，信息报送数量和质量提高。全年报送各类社情民意信息391条，其中，被全国政协办公厅采用6条、民进中央采用22条、中共中央统战部采用2条，被中共福建省委办公厅、省政协、省委统战部等部门采用44条。张凌、庄晏红、杨喜爱、陈日清等报送的6条信息得到省领导批示，吴丽冰、陈昱报送的1条信息获民进中央参政议政成果二等奖，刘健、沈庆平、朱敬恩报送的4条信息获民进中央参政议政成果三等奖。

【社会服务】 2019年，民进福建省委坚持以服务社会、改善民生为宗旨，助力精准扶贫和社会公益，提高社会服务工作水平，以实际行动和作为赢得更多的社会认可和支持。民进福建省委会深度参与“同心彩虹行动”。邀请食用菌种植专家赴贵州安龙县举办技术辅导培训，帮助当地特色农产品搭建“6·18”推介展示平台。组织企业家会员开展项目对接合作，助推产业帮扶、消费帮扶食用菌等农产品近亿元。响应“书香彩虹行动”，向安龙县万峰湖镇初级中学捐赠课外读物2000多册。组织学科名师第五次赴金沙县开展“同心助学·美育共建”支教送医活动，举办多场教学研讨、观摩和大型户外心理拓展等活动，为160名学生开展牙齿健康义诊，向清池中心小学捐赠教学设备、体育器材等价值6万多元。开展“同心助推行动”，倾力助推福建省老区苏区脱贫攻坚，指导帮助政和县澄源乡申报入选2019年国家级农业产业强镇示范建设，获中央财政专项补助资金每年1000万元（连续三年）。组织闽台专家深入澄源乡开展乡村振兴调研，指导主办“澄源杯”24节气养生膳烹饪大赛暨福建首届节气饮食养生研讨会，支持协办“古韵澄源·高山茶乡”首届茶盐古道旅游文化节，全力助推政和乡村振兴战略实施；组织澄源中心小学20名学生赴厦门参加科技夏令营，组织医卫会员和民进之友深入大田、闽侯、福安等地乡村开展“目浴阳光·睛彩华厦”慈善光明行活动，义诊筛查白内障，免费救助困难患者1106例；组织沈郎油茶股份有限公司技术团队帮助大田县前坪乡上地村筹建500亩油茶基地，采取苗木赠送、技术辅导等务实举措，助推乡村产业振兴；向前坪乡中心小学捐建“漂读自助书吧”智能化设备及图书1000册；引导民进会员通过社区服务了解基层治理，在福州市台江区光明社区挂牌成立“民进公益服务站”；开明慈善基金会星空专项基金汇聚王东平等会员爱心，为福建师范大学、武夷学院和政和县澄源乡、罗源县白塔乡245名贫困生发放助学金56.4万元。全省民进各级组织持续开展榕定（甘肃定西）民进“手拉手”助学活动，向秦祁中学捐赠教学设备；深入厦门后溪镇中心小学、仙岳小学开展“悦读福袋传递爱”“闽南文化进校园”和户外心理拓展活动6场次，受益师生2500多人次；在诏安县霞葛镇开展“同心121工程——扶贫助残光明行动”，开展眼科义诊筛查670人次；致力传统畲族医药传承与保护，开展“笔芯”创未来公益活动。深入社区、乡村开展“春联万家”、助教助学、健康义诊等公益活动。民进福建省委会参与主办、指导支持民进省直平潭支部承办第二届“共同家园杯”两岸大学生演讲比赛，邀请海峡两岸20多所高校的学生和各界嘉宾参与活动，传承中华优秀传统文化，凝聚两岸学子情谊。参与承办首届海峡两岸滑板公开赛，助力两岸文体融合发展。福建星空基金资助编印《福建师范大学文学院百年学术论丛》300余套，赠予台湾有关高校、科研院所、文化机构以及专家学者，受到两岸同行的高度评价和认可。（李　旭）

中国农工民主党福建省委员会

【概况】 2019年，中国农工民主党福建省委员会（简称农工党福建省委会）开展“不忘合作初心，继续携手前进”主题教育活动，推进“政治坚定、组织坚实、履职有力、作风优良、制度健全”的中国特色社会主义参政党地方组织建设，稳步推进政治建党、人才强党、履职兴党、作风固党、制度治党“五大战略”的实施，各项工作取得新成绩。

【思想政治建设】 2019年，农工党福建省委会与时代同行，以思想建设夯实信念基石。开展“不忘合作初心，继续携手前进”主题教育活动。省委会成立主题教育活动领导小组，制定方案，建立机制，落实工作分工，并及时召开动员部署会。结合庆祝中华人民共和国成立70周年、中国人民政治协商会议成立70周年、中国共产党领导的多党合作和政治协商制度确立70周年的重要契机，开展各项专题活动。在此基础上，省委会召开主题教育活动工作交流会，通过阶段性总结回顾，巩固学习教育成果、促进活动效能转化。推动理论学习制度化、规范化、常态化。通过集体学习交流研讨、专题辅导报告、宣讲党史、下基层讲党课、自学等方式按专题有序开展理论学习，全年共开展中心组理论学习6次，机关理论学习42次，还开展“机关小讲堂，建功大舞台”活动，带动机关干部以讲促学、以学促讲、以学促行。在宣传阵地建设中突出网络学习平台的效用。省委会微信公众号全年推送信息201期522篇，开设新专栏“弘扬爱国奋斗精神、建功立业新时代”和微课堂，分别推送26篇和22篇。还在省级以上媒体刊发文章151篇，宣传农工党参政议政、履职尽责的新亮点、新成效。强化文史研究的时代主题。省委会征集选送理论文稿报农工党中央，并推荐理论研究骨干，充实理论研究干部队伍。还邀请党内专家在多地开展农工党党史讲座。

【参政履职】 2019年，农工党福建省委会从大局出发，以议政成果体现使命担当。协商民主于“高层面”体现善建言。省委会主要领导代表省委会参加中共福建省委、省政府、省政协召开的协商会、座谈会、情况通报会、征求意见会等22次。省委会围绕2019年省政协常委会协商议政专题，深入调研，作3次政协专题协商大会发言，许多意见和建议得到重视和采纳。提案工作在“大平台”展现新作为。在省政协十二届二次会议上，省委会报送大会发言16篇，提案17件，其中，《关于提升我省基层中医药服务能力的建议》等3件提案被选为重要提案摘报，获省委、省政府、省政协主要领导批示7件次，1件大会口头发言和3件大会快报获省领导批示。《关于提升我省基层中医药服务能力的建议》《关于完善科技特派员机制助力乡村振兴的建议》2件提案被确定为2019年省政协重点提案。还向农工党中央报送全国“两会”提案、大会发言材料11篇。精准调研从“小切口”作大文章。省委会做实做细调研工作，领导带队深入基层开展实地走访调研，成果转化形成调研报告。据统计，全省各级组织、各专委会共申报调研课题120个，经省委会研究立项62个课题，征集到65篇调研论文，共评出一等奖论文10篇、二等奖论文15篇、三等奖论文15篇。其中转化为省级提案10篇。在2019年福建统一战线建言献策成果汇报会，获一等奖1篇、二等奖2篇。在农工党中央2017—2018年优秀调研报告评选中，获一等奖2篇、二等奖4篇、三等奖4篇。社情民意信息用“直通车”反映民众心声。省委会完善考核激励机制，量化考核，季度通报信息采用情况，打造精品信息、特色信息。全年编报《福建农工信息》438件，被上级采用195件。省委会取得在省委统战部连续11年、省政协办公厅连续13年在省各民主党派排名第一的好成绩。

【社会服务】 2019年，农工党福建省委会树农工品牌，汇多方合力服务民生事业。整合资源助力打赢脱贫攻坚战。省委会持续开展对口云南省保山市的脱贫攻坚民主监督工作，入户回访慰问11户，发放慰问金1.1万元；联系福建朝日环保科技开发有限公司出资10万元，资助保山市施甸县20位贫困户大学生；和泉州市委会协调福建省云南总商会捐赠鞋服物资价值20万元。省委会助力贵州省大方县打赢脱贫攻坚战，组织医疗专家和企业代表赴大方县开展精准扶贫调研工作；在大方县绿塘乡卫生院开展“贫困人口精准医疗爱心行动”，并联合福建好安心医药有限公司为其捐赠药品价值8.5万元；在大方县一中开展“送教下乡”教育培训；同福建朝日环保科技开发有限公司为援建绿塘乡五星小学食堂捐赠27.4万元。省委会助推政和县岭腰乡发展，协调省发改委支持污水处理厂立项拨付资金100万元；开展2019年“同心助学”活动，捐资6.8万元资助31位学生；向岭腰乡卫生院捐赠医疗器械价值23.3万元；还邀请党员专家赴岭腰乡开展专题调研。服务社会民生。省委会在多地开展京津闽“美丽中国·同心光明行动”；在福州司法强制隔离戒毒所开展“健康人生，绿色无毒”禁毒宣传教育活动和心理咨询辅导；与省人大社会建设委员会联合指导开展“不忘初心　牢记使命——助力革命老区扶贫义诊”活动；与福州市委会、莆田市委会和莆田市卫健委联合主办“法律进医院”专题活动；同时助力乡村振兴。深化共识推动两岸交流。省委会领导参加农工党中央2019年台港澳联络工作会议并作重点发言；常委彭军率团赴台开展学术交流和考察活动。省委会选派4人随农工党中央考察交流团赴台湾开展医药健康产业考察；组织4位专家参加农工党中央“2019年健康产业发展研讨会”，并提交书面发言。省委会还提交《建议放宽台湾导游证在大陆的应用范围　推动两岸旅游交流合作》的社情民意信息，被中共福建省委领导批示。

【组织建设】 2019年，农工党福建省委会增强纪律意识，以清风正气护航组织建设。加强领导班子建设。省委会全年召开主委会议5次、主委办公会议6次、常委会议4次、中心组学习会6次，还召开领导班子民主生活会，并开展领导班子成员述职述廉和民主测评工作。推进全省组织发展。省委会学习贯彻《中共中央关于加强中国特色社会主义参政党建设的意见》等3个文件精神，把好组织发展的政治关和质量关。截至2019年第四季度，全省有党员10412人。其中，男性5565人、占53.45%，女性4847人、占46.55%；中高级职称8079人、占77.59%，本科以上学历6834人、占65.64%；医卫界4643人、占44.59%，环境和人口资源界606人、占5.82%，科技界366人、占3.52%，教育界2431人、占23.35%。党员人数在福建省8个民主党派中位居第二。加大党外代表性人士的推荐力度，2名党员成为第一届福建省特邀监察员，3名党员到政和县、霞浦县进行实地挂职。加强基层组织建设。在全省开展基层组织创优工作，并与创建“星级支部”有机结合，评定2018年度9个五星级支部、3个四星级支部、6个三星级支部。指导有条件的基层组织创建“党员之家”，做到“有管理制度、有党员活动、有活动内容、有活动成果”。落实党内培训工作。班子成员及骨干党员还分别参加“推动社会主义文化繁荣兴盛专题班”“全国基层组织负责人培训班”“各民主党派、无党派人士进修班”等专题培训班。举办2019年省直工委新党员暑期培训班和2019年全省基层骨干党员暨实职干部培训班。全面开展廉洁风险预警提示活动。按照农工党中央《关于开展廉洁风险预警提示活动的通知》要求，制定实施方案，确保廉洁风险预警提示活动在全省农工党各级组织中有序开展。同时面向全省在岗农工党党员，开展自愿签署《个人廉洁自律承诺书》活动，做到全覆盖。深入探索党内监督工作。省监督委员会把党内监督工作与“不忘合作初心，继续携手前进”主题教育活动相结合，深入地方组织和基层组织开展监督

和调研，在全省农工党组织中营造风清气正的政治生态。（兰 凡）

中国致公党福建省委员会

【思想政治建设】 2019年，中国致公党福建省委员会开展“不忘合作初心，继续携手前进”主题教育活动，组织致公党全省各级组织和广大党员学习贯彻习近平新时代中国特色社会主义思想和中共十九大精神，十九届二中、三中、四中全会精神，增强“四个意识”、坚定“四个自信”、做到“两个维护”。开展庆祝中华人民共和国成立70周年、人民政协成立70周年等活动，挂牌设立主题教育活动展示室，组织省委领导班子理论中心组专题学习5次，组织省政协致公界别委员召开学习习近平总书记重要讲话精神座谈会，全年举办学习讲座和主题活动35场次，共1000余人次参加。强化宣传引领。“福建致公”微信公众号全年推送相关消息258篇，通过主流媒体及报刊推送报道120余条次。

【参政履职】 2019年，中国致公党福建省委员会践行侨海报国宗旨，助力新福建建设履职成果有为有位。履行政协协商有特色。在省政协会议上提交大会发言10篇、党派团体提案15篇，《深度融入“一带一路”建设 推进海丝核心区建设》作为大会口头发言，2篇入选重要提案摘报，获得省领导批示7件次；参加省政协常委会全年6次专题协商会并进行4次发言，5篇入选书面发言；向致公党中央报送的素材被采用为2019年全国政协提案。参政议政重深度有精品。立项并完成省委调研课题23项，其中重点课题6项。与致公党中央联合开展“促进两岸融合发展”课题调研成果获李克强总理批示。3篇论文获建言献策论坛一、二等奖，3篇论文入选2019中国发展论坛论文集。编报《情况反映》350多篇，被中共中央办公厅、全国政协办公厅、中共中央统战部采用25篇，致公党中央采用58篇，中共福建省委办公厅、省政协办公厅采用30篇次，7篇信息获得省级以上领导批示，其中2篇信息获得国家领导人批示。对外联络重广度有实效。组织闽籍侨领学习习近平在《告台湾同胞书》发表40周年纪念会上的重要讲话精神座谈会，接待阿根廷、菲律宾、巴拉圭侨团组织来闽访问交流，承办第十一届海峡论坛·两岸社区服务恳谈会、2019年华侨子弟“寻根之旅”夏（冬）令营，参与主办中华一家亲·2019海峡两岸各民族欢度“三月三”节。应邀赴日本参加日本华侨华人妇女联合会成立五周年庆典，赴菲律宾出席菲律宾中国洪门联合总会系列庆典活动。获致公党中央对外联络工作先进集体称号。社会服务品牌建设重力度有作为。深耕“致公学校”品牌，牵线海外侨团在建宁县捐资共建致公小学和中学各一所，在福安市致公中学建设“铂烽一心数字中心”，先后向甘肃省定西市衙下中学、政和县铁山镇捐赠资金550余万元。至年底，致公学校增至16所，累计投入建设资金5379万元。筑牢“爱心助侨”工程，全年发放助侨资金165.91万元，捐赠价值1200万元的医疗设备，“爱心助侨”项目在2019年福建省志愿服务项目大赛中获铜奖。全年投入社会服务资金795.6万元。对四川省阿坝州脱贫攻坚民主监督工作成效明显。

【组织建设】 2019年，中国致公党福建省委员会发挥组织发展主体作用，新时代参政党自身建设提质提量。强化队伍建设，省委会领导班子2次召开民主生活会，开展批评和自我批评，推动班子自身建设，并先后举办省委委员践行“四新”“三好”提升履职能力培训班和骨干党员“一周课堂”等各类培训班10余次，推荐40多人次骨干党员、机关干部参加上级部门举办的各类学习培训。优化党内人才结构，全年新发展党员238人，其中具有侨海关系的占比81.51%。开展“组织建设年”活动，走访省内18所高校的中共党委和统战部门，累计在全省建立43家“党员之家”，平潭支部升格为平潭基层委员会。省委在致公党中央组织工作会议上被评为“致公党先进集体”。开展党内监督，围绕主题教育活动，加强对领导班子成员的监督，健全规章制度，深入基层调研，组织开展警示教育，提升党内监督实效。（陈 嘉）

九三学社福建省委员会

【思想政治建设】 2019年，九三学社福建省委员会开展“不忘合作初心，继续携手前进”主题教育活动，明确“加强理论武装、巩固政治共识、强化责任担当、推进自身建设”目标任务，把学习教育、履职尽责、查找不足、整改提高一体贯通起来，领导班子重心下沉，深入地方和基层组织调研20余次，围绕思想政治、尽责担当、遵章守纪、作风建设等方面征求意见建议，列出问题清单6方面26项，并召开专题民主生活会开展批评与自我批评，提出改进具体措施。结合纪念五四运动100周年、中华人民共和国成立70周年和中国新型政党制度确立70周年等重要时间节点，通过主题征文、座谈会、报告会、书画摄影展、文艺汇演等系列活动，汲取砥砺初心、携手前行力量。

【参政履职】 2019年，九三学社福建省委员会围绕福建省坚持高质量发展落实赶超的中心任务，确定46项年度立项课题，施行“1＋1＋1”调研模式，全年形成调研报告48篇。向社中央报送《关于加强我国海滩资源管控的建议》得到全国政协十三届二次会议立案。在省政协十二届二次会议上，提交集体提案21件、大会发言8篇，其中《关于推进山水林田湖生态修复的建议》等3件提案入选重要提案摘报，得到省委书记于伟国等省领导批示14件次，提案办理受到承办单位的重视和回应。开展体现九三学社特色的科学座谈、科技论坛等活动，与九三学社山东、广东、海南省委会在海口联合承办社中央第二十三次科学座谈会，落实“九琼合作”；在厦门举办“蓝海无垠——高质量发展海洋经济”为主题的九三学社福建省2019（厦门）科技论坛。向社中央、省政协、中共福建省委统战部报送信息200余件，其中1件被全国政协采用，40件被社中央采用，31件被省委、省政协办公厅采用，3件次被省领导批示，社省委被社中央授予2019年度信息工作先进单位三等奖。

【社会服务】 2019年，九三学社福建省委员会搭建平台倾力服务社会。开展“九永合作”（九三学社与永泰县），助推南平市政和县东平镇发展，进行产业、科技、教育、卫生等领域帮扶，争取有关部门政策、项目、资金支持。落实“九三同心帮扶计划”，向贫困家庭学生发放助学金7.8万元。举办2场大型“同心·健康服务”活动，服务群众近1000人次。联合省发改委邀请九三学社中央副主席、北京石墨烯研究院院长刘忠范院士到闽考察指导，推动组建北京石墨烯研究院福建协同创新中心前期工作。组织福建省4家社员所在的高新技术企业参加2019中国创新创业成果交易会。在全省建立以社员为主体的志愿者服务队伍17支，成员600多人，围绕群众需求开展帮孤助残、科普宣传、医疗卫生、法律援助、便民服务等志愿服务活动50余场次。

【组织建设】 2019年，九三学社福建省委员会优化组织体系功能。贯彻人才强社战略，按照组织发展和代表人士队伍建设相结合原则，坚持多渠道发现储备优秀人才。至2019年底，全年新发展社员250名，高中级职称占比72%；全省有社员4953名，平均年龄52.34岁。相继在湖北和山东与社山东、宁夏、青海、湖北省委会联合举办基层组织负责人培训班，在福建省社会主义学院与社湖南省委会联合举办青年骨干培训班，轮训社员100余名。召开2019年度专委会工作交流会议，推动各专委会工作的经常化、专业化和规范化。重视支持青工委工作，开展“我与主委面对面”活动，为青年社员工作交流、履职活动搭建平台。强化基层基础，开展示范支社创建，举办跨地域基层组织交流活动，在全省建立7处“社员之家”。坚持预防和教育并重，以遵守社章、执行制度、履行职责等情况作为社内监督重点，开展讲政治守规矩和廉政宣传教育。实施社务工作量化考评，将主题教育活动确定为专项督导重点内容，在全省进行综合验收。 （张 豪）

台湾民主自治同盟福建省委员会

【概况】 2019年，台湾民主自治同盟福建省委员会（简称台盟福建省委会）围绕中心、积极履职，打造适应新时代要求的中国特色社会主义参政党。2019年6月15日，全国政协副主席、台盟中央主席苏辉在参加海峡论坛期间，走访台盟福建省委会机关，充分肯定台盟福建省委会各项工作，勉励台盟福建省委会要当好台盟各项工作的“排头兵”。

【思想政治建设】 2019年，台盟福建省委会召开“不忘合作初心，继续携手前进”主题教育活动动员部署会，建立领导班子成员挂钩联系制度，指导并参与台盟地方组织主题教育活动。组织盟员深入学习《习近平新时代中国特色社会主义思想学习纲要》《习近平在宁德》《习近平在厦门》《习近平在福州》等辅导读本，赴延安、嘉兴中共一大会址、谷文昌纪念馆等地，引导盟员在革命传统教育中坚定合作初心，筑牢共同思想政治基础。如期完成台盟中央“两网一箱”信息化建设。以重大节庆日为契机，召开纪念台盟福建省委会恢复活动40周年座谈会，举办“风雨同舟七十年，同心同行新时代”主题文艺演出，参加省统一战线庆祝中华人民共和国成立70周年座谈会，录制“我和我们的政协”短视频，引导盟员增强“四个意识”，坚定“四个自信”，坚决做到“两个维护”。

【参政履职】 2019年，台盟福建省委会围绕习近平总书记对福建省营造有利于创新创业创造的良好发展环境、探索海峡两岸融合发展新路、做好革命老区中央苏区脱贫奔小康等重要指示精神，牵头并参与台盟中央8项重点调研课题，参与省委统战部、省深改委、省台港澳办等重点课题调研，实施14项省级重点课题调研，完成调研报告54篇。围绕台盟中央重点调研课题“从台资企业发展看营商环境优化的现状与对策”开展大调研，为福建省打造台胞台企登陆“第一家园”建言献策。全国“两会”期间，精选提案和大会发言素材36篇，被台盟中央作为党派提案采纳4.6件，《关于优化台生在祖国大陆学习、就业和创业环境的建议》获台盟中央优秀党派提案特别奖。在省政协十二届二次会议期间，提交集体提案13件，大会发言17篇，重点提案《关于推进产业合作转型升级的政策建议》得到8位省领导9件次批示。参与省统战系统建言献策论坛，完成大会口头发言1篇，提交参评调研报告3篇，取得一等奖1篇、二等奖2篇的好成绩。发挥社情民意“直通车”功能，向台盟中央、省政协、省委统战部上报社情民意信息225件次，74篇被上级部门采用。台盟福建省委会获台盟中央参政议政工作一等奖和突出进步奖，5个设区市盟组织、9位盟员骨干受到台盟中央表彰。

【对台联络交流】 2019年，台盟福建省委会主办“海峡论坛·第十届海峡两岸船政文化研讨会”“第十一届海峡生态城市发展（国际）论坛”，承办“2019年两岸学生乡土文化研习营”“大陆乡情研习营”“大江论坛·第五届两岸青年成长创业论坛”“海峡两岸茶文化（武夷山）研习营”，“心连心”开展对台联络交流，推动两岸融合发展。举办台胞中秋国庆座谈会，组织台商、台籍教师实地了解福州台湾会馆筹建情况。结合台盟界别调研，赴漳平、漳浦、福清等地台创园，加强惠台政策宣传，为福建省打造台胞台企登陆“第一家园”献计出力。台盟福建省委会全年接待台胞台商10批次269人次，并获对台联络及涉台信息工作考评一等奖。

【社会服务】 2019年，台盟福建省委会参与台盟中央对口帮扶贵州省赫章县工作，承办“台盟—正荣”助推乡村教育表彰活动，引导福建正荣集团捐资100万元表彰赫章县百名优秀乡村教师，营造尊师重教的良好氛围。选派设区市盟员领导干部赴甘肃省临夏州参与台盟中央脱贫攻坚民主监督调研。加大政和县定点帮扶力度，主委郑建闽赴政和县石屯镇开展脱贫攻坚调研，协调省民宗厅、民政厅、水利厅等相关单位，支持政和县创建水土保持生态村、农村幸福院等项目建设。结合“两节”慰问，赴政和县走访慰问11户贫困户。推进“闽台同心，关爱女童”帮扶活动，帮扶20名贫困女童。赴福州第二福利院、晋安区新秀社区开展慰问帮扶活动，捐献学习用品和助学金。

【组织建设】 2019年，台盟福建省委会学习贯彻中共中央指导参政党建设“三个文件”精神，发展新盟员15名，选派各级盟组织负责人、机关干部18人次参加专题研讨班。建立优秀骨干盟员人才库，选派2名盟员参加第五批党外干部挂职锻炼，选派8名青年盟员参与台盟中央第七次、第八次协商议政论坛，为盟员干部履职实践创造条件、搭建平台。完善中心组学习制度，执行民主决策规则，完善领导班子民主生活会制度，健全班子成员每年向全委会述职制度。健全监督委员会工作机制，探索盟内监督路径，加强盟员教育监督和管理。 （郑宝城）

福建省工商业联合会

【概况】 2019年，福建省工商业联合会（简称福建省工商联）在全国工商联对省级工商联工作的评价中位居第三名。5项工作入选工商联（商会）工作“创新中国”案例。构建亲清政商关系、助力精准扶贫、世界闽商大会、民企百强发布、组织建设、督查调研等工作获全国工商联主席高云龙、书记徐乐江和福建省委书记于伟国、省长唐登杰等领导批示肯定11件次。

【思想政治建设】 2019年，福建省工商联强化教育引导，筑牢共同思想政治基础。开展以“守法诚信经营，坚定发展信心”为重点的理想信念教育，增进政治共识。理想信念更坚定。全省各级工商联商会组织和民营企业家学习贯彻习近平总书记民营企业座谈会重要讲话和参加福建代表团审议时的重要讲话精神。围绕中华人民共和国成立70周年，举办“颂歌献祖国，永远跟党走”工商联所属商会歌咏比赛、优秀队伍展演。省民营企业商会、女企业家商会、青年闽商联合会等所属商会开展红色教育活动。培训宣传广覆盖。工商联主要领导走商会、进企业，宣讲习近平总书记关于民营经济的重要论述和党的十九届四中全会精神。推进“万人培训工程”，联合省委统战部举办3期培训班。重大活动宣传成效显著，第六届世界闽商大会会歌《天下闽商》广为传唱，百强发布会媒体报道超5万条次、信息点击量超3000万次。指导闽商报社完成改制。

【参政履职】 2019年，福建省工商联履职建言，彰显工商联协商民主优势。推动惠企政策落实落细，助力营商环境更趋国际化、法治化、便利化。配合全国工商联第二联系调研组，分两批次对福建省5个设区市开展调研指导。会同有关部门就民营经济发展政策措施落实情况开展全省督查，报告获省委书记于伟国、省长唐登杰肯定批示并敦促整改解决。围绕关键领域民营企业核心技术创新、工商联组织建设等开展10多项调研，获省级以上优秀调研成果奖10件次。推进民营企业调查点工作，省工商联获评全国工商联先进单位，龙海市工商联等10家基层工商联和特新能源等10家民营企业获评示范单位。成立省工商联智库委员会，服务参政议政的民营经济研究平台日趋完善。协商议政卓有实效。提交省政协提案9件，意见建议获省主要领导批示并被有关部门采纳，在省政协全体会议和常委会议上作7次高质量发言，彰显工商联及民营企业家风采和作为。畅通民企诉求反映渠道，上报社情民意等各类信息近600条，信息工作获评全国工商联先进奖和省统战系统二等奖。参与《福建省民营经济发展促进条例》立法调研与草案修改。

【经济社会发展服务】 2019年，福建省工商联服务创新转型，促进民营经济高质量发展。完善多种服务载体，激发民营企业创新创造活力。多渠道拓展服务领域。主办闽商发展高峰论坛，邀请清华大学经济管理学院院长白重恩教授、新大陆科技集团胡钢董事长作主题演讲，邀请陈春玖、周少雄、洪杰、景浓、曹晖、吴荣照6位闽商代表作对话交流。举办“2019福建民营企业100强发布暨助力福州自贸区发展”活动，首度发布民营企业制造业50强，参与承办第六届世界闽商大会、首届福建军民融合项目成果对接会。协助全国工商联“德胜门大讲堂”首次走进福建，发布区块链融合发展倡议、揭牌设立应用研究中心。持续做好民营企业高端人才发现培养工作，指导省职业经理人协会开展职业经理人培训认定。推动金融支持实体经济。联合省银保监局、省法院、省公安厅、地方金融监管局构建银保企命运共同体，加强与中国银行、建设银行、民生银行等银行机构的战略合作。与中信保福建分公司共同建立企业“走出去”风险防范机制。指导省青年闽商联合会与海峡银行建立“商会＋金融”服务新模式。拓展经贸交流合作。办好中德经济合作对接会，组团参加中国进口博览会、“一带一路”国际合作高峰

2019 年 11 月，中国区块链应用研究中心（福建）在福州揭牌

（省工商联供稿）

论坛、中国—东盟博览会、世界华商大会等重大经贸活动。指导省民营企业商会、青年闽商联合会、旗袍协会分别举办中美民间经贸合作发展论坛、闽台青商论坛、海峡两岸旗袍文化交流汇演。协助上海民营企业考察团和新沪商联合会来闽洽谈。

【民营企业权益保障】 2019 年，福建省工商联加强法治保障，维护民营企业合法权益。完善法律服务平台，构建亲清新型政商关系，为民营经济健康发展保驾护航。厅际协作有力。与省法院举办“福建法院司法护航民企体验日”活动，为所属商会赠阅《民营经济法律风险防控图解指南》。与省检察院举办“检察护航民企发展开放日”活动，支持推行“驻企检务”“检企联防”。与省司法厅常态化开展民营企业“法治体检”。法律服务有效。推进“法律三进”活动，组织企业家参加“涉刑法风险和防范”讲座，提升依法治企能力。成立省工商联法律维权服务中心，邀请律师等专业人士定期服务。推进多元化解纠纷机制建设，省工商联所属商会有 37 家成立人民调解委员会，占比超过 50%。

【社会服务】 2019 年，福建省工商联勇担社会责任，引导民营企业家践行社会主义核心价值观。首度发布民营企业社会责任报告，弘扬企业家精神，展示企业家形象。产业协作助力脱贫攻坚。贯彻习近平总书记给下党乡乡亲们的回信精神和省委书记于伟国部署要求，组织民营企业结对帮扶，开展种养技术培训，助力当地产业发展。召开“千企帮千村”精准扶贫行动推进会，通报表扬 99 家商会和企业，至年底，全省 1300 家民营企业和商会组织结对帮扶 1397 个贫困村，投入资金 7.9 亿元，惠及 4.9 万贫困人口。开展闽宁产业协作扶贫考察调研，引导商会和企业在福建宁夏商城消费扶贫 1246 万元。推进光彩事业。以光彩事业实施 25 周年为契机，举办理想信念暨光彩事业培训班，组织民营企业参加“中国光彩事业临夏行”活动，参与南平、连城等地灾后重建。持续推进光彩助学、助推大学生创新创业和“粉红丝带”行动。

【组织建设】 2019 年，福建省工商联深化改革，夯实工商联工作基础。推进组织工作。召开全省工商联组织工作会议，实施《福建省工商联组织建设工作规划（2019—2022）》，开展设区市工商联工作评价，提升基层工作的系统性、规范性和执行力。与宁夏回族自治区工商联开展互学互促，鼓楼区工商联等 64 家被确认为全国“五好”县级工商联，覆盖率 77%，泉州、莆田、龙岩实现全国“五好”县级工商联全覆盖。商会建设取得成效。召开所属商会改革和发展工作视频会议。组建省军民融合企业商会等 8 家商会，吸纳福建省重庆商会等 3 个团体会员，全省新增镇街商会 101 家。至年底，全省工商联会员 19.4 万个，所属商会 1600 家，其中行业商会 444 家、镇街商会 588 家、园区商会 7 家、村级商会 4 家，23 家商会被确认为全国“四好”商会，82 家商会被确认为福建省“四好”商会。浙江省福建商会成立，省级异地福建商会实现全覆盖。机关规范化水平日益提升。以党的政治建设为统领，贯彻“守初心、担使命，找差距、抓落实”的总要求，开展“不忘初心，牢记使命”主题教育并举办报告会。省工商联深化改革总体方案经省委全面深化改革领导小组审核通过印发实施，同步改革工作正稳步推进。加强干部队伍廉政教育管理，机关 3 个党组织、16 名党员干部获得各级各类表彰。深化机关文明单位创建，参加省直统战系统庆祝新中国成立 70 周年歌咏比赛并获奖。（江　锋）

编辑：林忠玉

群众团体

福建省总工会

【概况】 2019年，福建省总工会集中精力抓主题教育、抓政治引领、抓建功立业、抓维权服务、抓改革创新，各项工作取得进展。以党的政治建设为统领，履行管党治党责任，全面推进党的各项建设。举办全省工会意识形态工作培训班，把握意识形态主导权、话语权。运用“四种形态”加强监督执纪问责，召开党风廉政建设和反腐败工作专题研究会，推动整改落实。加强财务资产管理，完善税务代征工会经费工作机制，推进工会经费“1＋X”专项督查。加强对“三公”经费、会议费、培训费、津贴补贴及困难职工帮扶资金、送温暖资金等的审计。与省人社厅联合评选表彰30个全省工会系统先进集体和56名先进工作。至年底，全省基层工会10.88万个，涵盖单位27.64万个，工会会员887.98万人。

【思想政治建设】 2019年，福建省总工会聚焦“不忘初心、牢记使命”主题，学习贯彻习近平新时代中国特色社会主义思想，把学习教育、调查研究、检视问题、整改落实四项重点措施贯穿全过程，做到学和做结合起来、查和改贯通起来，开展专项整治共查摆问题13个，制定并完成整改措施27条。以中华人民共和国成立70周年为契机，以“我和我的祖国”为主题，组织闽西南闽东北“两大劳模联盟”宣讲团开展系列宣讲，举行庆祝中华人民共和国成立70周年职工文艺汇演，编印《共和国劳模口述实录》《环卫清洁工人百对百像2019》等系列劳动文集，举办职工演讲比赛、抖音挑战赛等活动270多场次；举办福建省第五届职工文化节，开展主题宣传、文艺展示、体育赛事近80项，参加职工20多万；发挥报刊、电视、广播、网站、微信公众号宣传主阵地作用，把“中国梦·劳动美”主题宣传教育引向深入。

2019年8月，福建省“劳模八闽行”之长汀劳模读书班走进松毛岭战役旧址

（薛晓秋　摄）

【经济建设发展服务】 2019年，福建省总工会举办闽东北、闽西南网络和信息职工技能竞赛，围绕重大工程、重点产业开展省级职业技能竞赛56场，在全省“重中之重”重点项目广泛开展劳动竞赛，聚焦“新产业新业态新组织”“三大攻坚战”“一带一路建设”开展各具特色的竞赛活动，发动近4万家企业、172万名职工参加“五小”创新大赛。协调召开省推进产业工人队伍建设改革领导小组会议，出台《贯彻落实〈关于推进新时代福建产业工人队伍建设改革的实施意见〉工作方案》，开展“农民工求学圆梦行动”，推进职工技能培训。开展劳模老区苏区行，举办劳模“看福建巨变，话建功立业”活动、大国工匠论坛，开展福建省职工职业道德建设“双十佳”评选，选树10名八闽工匠年度人物，推荐评选全国五一劳动奖状3个、全国五一劳动奖章获得者16名、全国工人先锋号21个，命名省级劳模工作室81家、示范性劳模工作室

20家。落实促进闽台职工交流合作“十六条措施”，设立首批11家“闽台职工交流基地”，举办2019’海峡职工论坛、匠人大会等系列活动，组织劳模代表团、金牌工人交流团、工会交流团赴台参访交流。

【维权服务】 2019年，福建省总工会推行服务承诺制，重点办好环卫工人微心愿、一线职工疗休养、劳模生日赠礼、快递小哥入会礼包、职工子女暑托班、医生休息室等10件实事，举办“春送岗位”公益招聘会和大型人才招聘会，在全国首创环卫工人关爱月。推进城镇困难职工解困脱困工作，开展“万名工会干部进万家”帮扶行动，挨家挨户回访2017年以来建档立卡的困难职工，实行“五个一”帮扶目标责任制。开展援疆、援藏、援宁工作。省政府与省总工会召开第32次联席会议，共商解决职工关切；推动《福建省企业女职工劳动保护条例》修订，提出修订《福建省非公有制企业工会工作条例》的立法建议，在全国率先出台地方性《劳动关系和谐企业评价规范》；开展职业病防治“三查一看”督查活动，推动提高高温津贴发放标准。开展民营企业工会工作调研、全省职工队伍状况调查、职工队伍稳定风险排查化解，常态监控劳动关系运行情况；全省建立劳动法律监督委员会53213个，向特定单位发放《福建省工会劳动法律监督提示函》3141份；推进企业民主管理制度建设，部署集体协商三年行动，改进工会信访接待工作。

【工会改革】 2019年，福建省总工会推进“会、站、家”一体化建设，安排资金5205万元支持9个工人文化宫建设。引导相关社会组织为职工提供专业化、精准化服务，10万余名职工及其家庭受惠。召开“全省工会服务职工解难题”经验交流会，推广共享职工之家“125”工作机制。加强网上工会建设，编制《福建省总工会协同办公平台项目可行性研究报告暨初步设计方案》。推行百人及五十人以上非公企业建会月报制度，百人以上非公企业建会任务基本完成。推进“八大群体”（货车司机、货运快递员、护工护理员、家政服务员、商场信息员、网约送餐员、房产中介员、保安员）入会工作，全省“八大群体”企业建会3348家，建会率76.5%。制定“模范职工之家”地方性标准，授予189个基层工会“福建省模范职工之家”称号，授予191个基层分工会或工会小组“福建省模范职工小家”称号。召开民营企业工会工作座谈会，推广典型经验。 （张思贤）

共青团福建省委员会

【概况】 2019年，共青团福建省委员会学习贯彻习近平总书记重要讲话重要指示批示精神和关于青年工作的重要思想，对标省委“三四八”贯彻落实机制，坚持“五大抓、四聚焦”（大抓思想政治引领、大抓基层建设、大抓学校、大抓对台港澳青年交流、大抓全团带队，聚焦建功新福建、聚焦落实中长期青年发展规划、聚焦改革再出发、聚焦全面从严治团）的工作思路，主动作为、狠抓落实，推动团的各项工作实现新提升。团省委、福建师范大学团委、“青春福建”融媒体中心获全团“宣传思想文化工作先进单位”称号。

【思想政治建设】 2019年，共青团福建省委员会着力引领新时代福建青少年，全省共青团宣传思想文化工作不断深化。始终把培养中国特色社会主义事业建设者和接班人作为根本任务，抓住五四运动100周年、中华人民共和国成立70周年、少先队建队70周年等重要节点，强化青少年思想政治引领，引导广大青少年增强“四个意识”、坚定“四个自信”、做到“两个维护”。抓学习强信念。召开福建省学习贯彻习近平总书记在纪念五四运动100周年大会上的重要讲话精神座谈会，省委书记于伟国与全省各界青年代表座谈交流。以“青年大学习”行动为统揽，以理论中心组学习会、专题学习班、网上团课、主题征文、演讲比赛等为载体，实施“青年讲师团”计划，在全省开展千场“青马之光”主题宣讲活动，组织青少年深入学习习近平总书记在参加十三届全国人大二次会议福建代表团审议时、纪念五四运动100周年大会上的重要讲话、致中国少年先锋队建队70周年及中国志愿服务联合会第二届会员代表大会贺信、寄语希望工程实施30周年重要精神，跟进学习《习近平在厦门》《习近平在宁德》《习近平在福州》采访实录，推动习近平新时代中国特色社会主义思想在广大团干部和青少年中入脑入心、落地生根。全省各级团组织开展宣讲活动3000余场、主题团队日活动7

2019年4月29日，福建省各界青年纪念五四运动100周年主题汇演在龙岩市上杭县古田镇举行 （共青团福建省委员会）

万余场。抓平台扩影响。建立全国共青团系统首家实物型省级团史馆，成为福建省团干部和团员青年的重要教育基地。建立全国首个省级共青团融媒体平台——“青春福建”融媒体中心，涵盖智慧团建、“两微”阵地、舆情监控、12355热线等内容，成为全省共青团宣传思想文化工作的“核心枢纽”“中央厨房”。福建共青团微信粉丝突破200万，微博粉丝突破58万，双微排名稳居全省政务类第一名。联合福建广电网络集团打造覆盖全省的电视端青少年文化平台——“青春频道”，上线各类青少年网络文化产品800多件，实现团的工作在手机、电视、PC端的全覆盖。抓产品促引领。深入实施产品化战略，推出一大批富有感染力的文化产品，80多篇推文阅读量超过10万，微博主持千万阅读量以上话题19个，网络传播量总计超2亿，多个产品被团中央官方微信、微博、B站采用。其中五四期间精心打造的《百年长青》《人生选择题》等网络视频产品，阅读量超3500万。

【新福建建设】 2019年，共青团福建省委员会团结带领广大青年在加快推进新时代新福建建设的火热实践中发挥生力军和突击队作用。服务青年创新创业创优。以“创业之星”评选、福建省青年创新创业板、“创青春”创新创业大赛为抓手，服务青年创新创业。组织动员全省49个行业系统千家青年文明号集体开展“三服务一先锋”行动，激励青年岗位建功。举办第二届21世纪海上丝绸之路青年创新大会，吸引25个国家和地区的400多位青年热情参与，推动福建省与海外人才、项目、技术、资金的对接。召开省青年企业家协会第十三次会员代表大会、省青年创业促进会第二次会员代表大会，凝聚青年企业家力量助力新福建建设。助力脱贫攻坚奔小康。举行“银团合作”助力乡村振兴工作推进会暨第八批金融挂职干部出征仪式，选派89名金融机构优秀青年干部到县级团委挂职，为闽东北、闽西南两大协同发展区建设作贡献。举办福建省首届返乡大学生创新创业大赛，吸引省内外183个项目参赛，发动闽籍青年大学生返乡创业，投身乡村振兴。赴宁夏、甘肃开展共青团对口扶贫协作，向宁夏、甘肃捐赠爱心款340万元，向两省区分别捐赠价值1110万元“福州一中名师微课”；资助新疆、西藏贫困学生349名，开展闽疆、闽藏“青少年儿童书信手拉手”等活动，在教育扶贫、人才扶贫、公益扶贫中发挥积极作用。助力生态文明试验区建设。开展“保护母亲河·有我河小禹”“母亲河奖”评选等主题活动，动员广大青少年参与植绿增绿、节能减排、垃圾分类等生态环保实践，让绿色生活方式成为青春时尚。强化青年人才培养。举办2019年“福腾200”福建省优秀青年人才成长营，培养储备一批青年人才。开展福建省大学生实习“扬帆计划”，为全省大学生提供政务实习和企业实习岗位2352个。组织全省20余万名大中专学生赴基层开展“三下乡”暑期社会实践活动，招募432名青年志愿者赴西部和福建省欠发达地区开展志愿服务，招募1200多名青年志愿者为第二届数字中国建设峰会和第17届“6·18”交易会提供服务。

【闽台港澳青少年交流】 2019年，共青团福建省委员会深化闽台港澳青少年交流，打造“台青登陆第一家园”。学习贯彻习近平总书记在《告台湾同胞书》发表40周年纪念会上的重要讲话精神，牢固树立全省共青团抓对台的工作理念，发挥优势、做实项目，助力两岸融合发展。抓交流扩大朋友圈。团省委主要负责人率团赴台港澳开展青年交流活动。以“汇聚青春力量，筑梦共同家园”为主题，举办第十七届海峡青年论坛，开展5项专场活动，吸引台湾社团33个、两岸青年1000余名参与交流，其中10个台湾社团首次参加，350余名台湾社团青年克服台湾当局阻力参会。在本届海峡论坛64项子活动网络评选中海峡青年论坛投票数量位居第一名。以“一节多点”形式，举办第十四届两岸青年联欢节系列活动，吸引120余个台湾青年社团及大学、2300多名台湾青年参与。以“追梦 筑梦 圆梦”为主题举办第七届海峡青年节，集中开展14项交流活动，近3000名两岸青少年参与，其中台湾青年近1500人，首次来大陆台湾青年占50%以上。举办2019年闽港澳大学生武夷山世界遗产地文化研学营、香港“武夷之友”成立暨2019年香港青少年武夷山生物多样性研学营活动，召开闽港青年数字经济交流座谈会，开展闽港教师、创科等行业青年交流活动，港澳青少年的国家意识、爱国精神进一步增强。抓服务助力台青圆发展梦。举办首届两岸青年科技创新馆，促进两岸青年科技创新合作。启动2019年福建省101台湾青年创业扶持计划，遴选15名台湾青年“创业之星”。开展福建省引进台湾高层次人才“百人计划”第三批人选遴选工作，吸引150名台湾人才申报，评审产生25名初步人选。以高校台籍毕业生专场招聘会、台湾和香港大学生暑期来闽实习、开辟台湾社工实习工作岗位、编制《台青在闽小百科》口袋书等为抓手，为台湾青年在闽就业、生活提供便利，使福建成为台港澳青年筑梦圆梦的热土。抓重点完善工作链条体系。建立台湾青年交流工作库，扩大团属表彰中台湾青年的比例，吸纳台籍青年企业家、台湾创业青年加入青年社团。

【青少年成长成才服务】 2019年，共青团福建省委员会服务青少年成长成才，提升青少年的获得感、幸福感、安全感。以实施福建省中长期青年发展规划为统揽，从政策、项目、机制等方面入手，为青少年成长发展搭建平台、完善服务。建立青年工作联席会议机制。召开福建省青年工作联席会议第一次全体会议，推动7个设区市、27个县（市、区）建立青年工作联席会议机制。完善青少年维权工作体系。深化“共青团与人大代表、政协委员面对面”工作，省、市、县三级开展倾听活动127场，向省“两会”提交6份提案建议，在各级“两会”中提交议案、建议、提案、发言共计396份。报送86篇调研报告参与2019年全团“面对面”主题调研评审活动，4篇获奖。关爱特殊困难青少年群体。深入开展“希望工程”系列活动，筹集善款2908.6万元，为5600余名农村贫困家庭学生提供助学金。推进“千校万岗”就业精准帮扶行动，帮助7874名贫困生解决就业困难，人数排名全国第六。做好“事实孤儿”帮扶工作，深化“悦读暖童心”一对一赠书公益活动，为省内1881名事实孤儿寄赠爱心图书，并发放困难资助金。开展“希望工程一堂课”活动，为3000余名农村留守儿童提供音乐艺术培训等服务。加强预防青少年违法犯罪工作。开展青少年禁毒、自护教育活动1300余场，覆盖青少年110余万人次。联合省监狱管理局下发《关于开展服刑人员未成年子女帮扶行动暨“晨曦关爱行动”的实施意见》，构建具有福建特色的服刑人员未成年子女帮扶体系。

【共青团基层组织建设】 2019年，共青团福建省委员会开展“基层建设年”活动，提升基层共青团组织力。坚持党建带团建，推进基层团组织规范化建设，不断扩大团的有效覆盖，激发基层团支部活力。树立大抓基层鲜明导向。召开团省委十四届三次全会对大抓基层作出专题部署，确定2019年为“基层建设年”；在南平举办大抓基层工作研讨班，年中协调推进工作；年底在厦门召开现场推进会，组织开展年度述职，形成工作闭环，推动工作落实。夯实基层基础。开展“青年在哪里、团员在哪里、团组织在哪里”专题调研，摸清团员青年和团组织现状。探索开展“跨村联建”、“村企共建”、村级联合团支部等团建新模式，开展社工担任非公团建指导员试点，推动在闽的全国民营企业500强团组织覆盖新增20%，促进非公企业团的有效覆盖。推进“青年之家”建设，累计开展各类活动2590场，覆盖团员青年8万人次。开展大规模团干部培训，团省委全年培训团干部和各类骨干1010人。打造“网上共青团”。开发“智慧团建”系统手机端，动员团员自主进行网上报到，全省有182万余名团员报到，推动团的工作和建设向互联网转型。运用系统创新开展“星级团支部+星级团员”评定工作，以规范基础团务、促进组织活跃、履行团员义务为评价维度，量化评定标准，大规模开展团员意识教育，让基层团支部提升有方向、团员履行责任义务常态化。全省有达标以上团支部58230个、评定星级团员537706人。强化制度保障。出台《关于加强新时代团的基层建设 着力提升团的组织力的实施意见》《福建省基层团组织规范化建设工作实施方案》《福建省新时代团的组织力提升三年行动计划》等文件，建立月通报、常规数据反馈制度，对各地团的基层建设情况跟踪督导、数据监测、动态评估，形成制度保障。

【学校共青团工作新格局构建】 2019年，共青团福建省委员会落实“全团抓学校”要求，构建学校共青团工作新格局。充分发挥学校共青团基础性、战略性、源头性作用，聚焦主责主业，科学精准施策，促进全省学校共青团整体活跃和蓬勃发展。抓顶层设计。组织开展高校共青团工作专题调研，举办全省高校共青团工作专题研讨班，召开福州和厦门两个片区高校共青团工作座谈会，在北京大学举办福建大学生创新创业工作团干部培训班，套开全省高校共青团基层建设现场推进会，对全省高校团的基层建设工作进行专题部署和督导推进。出台省级“全团抓学校”的实施意见，确立18个重点工作项目，建立4项工作机制，确保落实落细落小。抓项目载体。以千场“青马之光”主题宣讲活动、福建省“向上向善·青马之光”领航工程、推广闽江学院习近平新时代中国特色社会主义思想读书社模式等为抓手，全面活跃高校共青团工作。全省成立新思想读书社100家，覆盖全省所有高校。选树635名“向上向善·青马之光”青年学生典型和199名青年教师典型，建立全省首批8个“学校团干名师工作室”。抓团学改革。推动全省高校100%出台共青团改革方案，位居全国前列。出台福建省高校学生会和学生社团管理办法，明确学生会和学生社团组织改革的目标任务，全省高校学生会主席团成员、机构部门、工作人员数量比上年下降42.6%、30.8%、75.7%，精简任务均达到团中央规定指标要求；全省有88所高校建立学生社团活动审批制度，31所高校团委设立社团部。实施省市团委机关部门和干部联系高校工作制度。厦门大学在全省高校中率先出台学生会、研究生会改革方案，召开学生会、研究生会换届大会，落实改革要求。抓全团带队。开展福建少先队“先锋行动”“争做新时代好队员——习爷爷教导记心中”“少年中国颂”主题活动，通过队会、队日、少先队活动课等形式，引导广大少年儿童牢记习近平总书记嘱托，从小学先锋、长大做先锋。建立20个福建好少年（男子汉）红领巾校外基地，开展活动413场，覆盖少年儿童8.65万人次。出版发行《福建少先队队课活动用书》，大力推动“五度少先队”建设，构建党团队一体化链条，促进少先队辅导员职业化发展。

【共青团改革】 2019年，共青团福建省委员会紧扣强“三性”、去“四化”目标，贯彻落实中央和省委、团中央关于共青团改革的各项部署要求，坚持刀刃向内，突出问题导向，落实改革举措，推动全省共青团改革取得新成效。经省委组织部批复，设立团省委书记会，一体履行党组职责，完善团省委领导机构运行机制。设立团省委企业、农村、高校和职业院校、中学和少先队、社区和社会组织工作等5个专门委员会，通过组织学习、专题调研、专项研究等方式，提升全省团的领导机关工作效能。深化团省委机关挂职干部选任制度，累计遴选两轮三批次共46名挂职干部到团省委机关工作。市县两级团委机关配备挂兼职团干部327名，成立市县两级教育团工委20个、国资委团工委 7 个、金融团工委 39 个，全省省市县三级团的领导机关干部综合配备率 84.9%，基层团组织工作力量得到加强。实施 2019 年重点青少年群体社工项目 16 个，发放补助金额 64 万元，通过项目带动助推青少年社工事业发展，全省建立团属青少年事务社工机构 86 家，拥有青少年事务社工 671 人，基本实现全省县（市、区）全覆盖。召开全省共青团改革工作推进会，推动市县两级团委改革方案落地见效。建立青联改革重点任务双月报制度，督促指导设区市青联改革和换届工作，巩固青联改革工作成效。深入开展团省委直属单位工作调研，建立联席会议机制，引导直属单位聚焦主责主业，提升服务能力。

（林江箫）

福建省妇女联合会

【概况】 2019 年，福建省妇女联合会持续深化习近平新时代中国特色社会主义思想的学习贯彻。把学习贯彻习近平总书记重要讲话重要指示批示精神和党中央决策部署作为头等大事。按照省委“三四八”贯彻落实机制，党组带头学习领会习近平总书记重要讲话重要指示批示精神，学习贯彻党的十九届四中全会精神，召开中心组学习会、主席办公会、辅导报告会，推动各级妇联干部全面系统学、联系实际学，增强“四个意识”、坚定“四个自信”、做到“两个维护”。制定贯彻落实习近平总书记在参加福建代表团审议时重要讲话精神的五个方面 17 项具体措施，逐条对账，逐项抓实。抓好习近平总书记同全国妇联新一届领导班子成员集体谈话时重要讲话精神的贯彻落实。做好引领、服务、联系工作，筑牢全省妇女高举旗帜、维护核心、紧跟党走的思想根基，拓展发挥妇女“两个独特作用”的载体平台。开展全省妇联系统“大调研”，形成调研报告和工作思路，其中《新时代福建省妇联工作和妇联组织建设的探索与思考》被省委《调研内参》刊登。开展“不忘初心、牢记使命”主题教育。贯彻“十二字”总要求、“五句话”具体目标、“四个贯穿始终”重点措施，开展理论学习研讨，深入基层召开座谈会 48 场次，对照专项整治 8 个重点梳理 25 个问题，全部整改完成，并形成 15 项长效机制，巩固主题教育成果。

【妇女思想政治引领创新】 2019 年，福建省妇女联合会以庆祝中华人民共和国成立 70 周年为主题主线，创新妇女思想政治引领工作。持续推进习近平新时代中国特色社会主义思想宣传宣讲入脑入心。组织“百千万巾帼大宣讲”，把讲堂搬到田间地头，同时依托妇联“三网三微六号一平台”拓宽网上宣传，全年开展宣讲 8000 场次，线上线下参与人次 1189.04 万。开展“巾帼心向党·礼赞新中国”群众性宣传教育活动。举办“中华情思——庆祝中华人民共和国成立七十周年大型原创音乐会”和“让爱回家”原创巡回音乐会，并创新运用网络平台进行宣传，激发广大妇女爱党爱国热情。发挥优秀妇女典型示范引领作用。开展“寻访与新中国共成长的 70 位闽籍优秀女性代表”活动，举行“回娘家·拉家常·共奋斗”座谈，举办“庆祝新中国成立 70 周年·闽籍女性发展大会”，讲好巾帼追梦圆梦故事，传递发展正能量。

【妇女力量服务新时代新福建建设】 2019 年，福建省妇女联合会深化巾帼系列行动，凝聚妇女力量服务新时代新福建建设。实施“乡村振兴巾帼行动”。推广“巧妇贷”妇女创业贷款，22.24 万户妇女获贷 42.17 亿元；举办各类实用技术培训班 471 期，培训妇女 3.13 万人次；实施“姐妹乡伴”“好厝边”等公益项目，助力乡村振兴。实施“巾帼脱贫攻坚行动”。争取省政府资金 200 万元扶持省级巾帼示范基地 56 个；举办第五届“为爱奔跑·母亲健康 1+1”公益募捐活动，筹集“两癌”专项救助金 1340 万元，发放救助金 937.44 万元，为 2622 名贫困妇女送去温暖；举办“童愿同心，为爱同行”慈善拍卖晚宴，筹得救助孤残儿童善款 468.5 万元；落实闽宁妇联互学互助对口扶贫合作协议，协调投入项目资金 150.8 万元挂钩帮扶建宁县。实施“创业创新巾帼行动”。以“巾帼有榜样，双创新力量”为主题，举办第四届中国（福建）女大学生创新创业大赛；以“创新创业谋发展，巾帼建功新时代”为主题，举办第 17 届“6·18”巾帼馆；推出百个全国城乡妇女岗位建功先进集体（个人）和 200 个省级“巾帼文明岗”。实施“建设生态家园巾帼行动”。开展“巾帼护河·共建生态家园”主题活动，组建巾帼护河志愿服务队伍 2380 支 3.73 万人，参

2019 年 5 月 13 日，由福建省妇联、省体育局和福州市人民政府共同主办的与爱同行——第五届福建省“为爱奔跑·母亲健康 1+1”公益募捐活动在福州进行。图为公益募捐活动现场

（省妇联供稿）

与环保公益和志愿服务活动1.25万场次。实施“巾帼圆梦行动”。以“激荡家国情怀·促进融合发展”为主题，举办第11届海峡论坛·海峡妇女论坛，包括2019年两岸女大学生创新创业大赛启动仪式、“拉家常·共奋斗”两岸家风故事分享会、两岸家庭经典诵唱活动；召开“推动两岸融合发展，携手打造女台胞台企登陆第一家园”座谈会，实施第14届厦金澎亲子夏令营等海峡妇女儿童重点交流项目，促进两岸融合发展。实施“建设法治福建巾帼行动”。联合省检察院出台《关于共同做好妇女儿童权益保护工作的意见》，加大对妇女儿童犯罪的惩治和预防力度。深化婚姻家庭纠纷预防化解。加强“12338”妇女维权服务热线建设，维护妇女合法权益。

【妇联改革】 2019年，福建省妇女联合会夯实基层基础，推进妇联改革。“上下一盘棋”推进全省妇联改革。完成《福建省妇联改革方案》36项目标任务。与省财政厅联合出台《关于进一步支持和推动基层妇联组织建设和基层工作的意见》，落实镇村两级妇联工作经费。拓展妇联基层组织建设。突出规范运作，推进基层妇联“五亮”服务，即亮妇联标识、亮组织架构、亮工作职责、亮执委身份、亮活动内容。突出组织拓宽，在新领域新业态新群体新阶层中灵活创建“片区妇联”“妇女之家”和“流动妇联”等各类妇女组织1878个，并与省教育工委联合在高校试点建妇联组织。提升妇联执委能力和素质，发挥执委作用。完善妇联干部和妇女工作者素质培养体系，推出面向基层妇女工作者的线上培训课程。制定《2019年基层妇联组织建设“四有”评估指标》和《福建省乡村两级妇联执委学习制度（试行）》，巩固乡镇妇联组织区域化建设和农村妇代会改建妇联成果。实施“妇联网上工程”。推动思想引领、工作活动、民生服务、组织联络上网，打造“指尖上的妇联”。（陈荔茹）

福建省科学技术协会

【《科学素质纲要》实施和科普】 2019年，福建省科协推动科普工作社会化，牵头建立并落实福建省全民科学素质工作联席会议制度，联席会议组成人员由26个省直部门有关领导组成，省科协主要领导担任召集人，省科协承担联席会议日常工作。命名第二批2016—2020年度福建省科普示范县14个，下达创建专项资金1000万元。首次将海峡两岸科普论坛融入全国科普日福建省主场活动。选聘第二批闽江科学传播学者45名、首席闽江科学传播学者2名（谢华安院士、韩家淮院士）。组织闽江科学传播学者深入基层开展科普讲座、科技咨询等活动200多场，受众3万多人次。出版福建省优秀科普作品集《奋进新时代　科普新生活》。组织公众参加全国全民科学素质网络竞赛，全省有83万人参赛，答题737万次，参赛人数和答题次数两项指标均居全国首位。

联合省农业农村厅出台《科普助力乡村振兴行动实施方案（2019—2022年）》，统筹推进科普惠农兴村富民，实施“千会帮千村计划”和“科技人员送智下乡计划”，开展科普助力乡村振兴大学生暑期志愿服务。建立平和琯溪蜜柚科技小院、建瓯闽北乌龙茶科技小院、闽侯青梗菜科技小院、三明兰花科技小院和连江海带科技小院，成立中国农技协科技小院联盟（福建）。邀请中国科协海智专家赴革命老区县，现场指导当地农业规划和休闲农业产业发展。

联合有关高校、科研院所等共建8家省科技馆分馆，与7所学校共建省科技馆“馆校结合基地校”，组织7个科技馆实施免费开放，流动科技馆巡展25个站点，累计受益群众近190万人次。组织22辆大篷车开展活动144次，受益群众15.6万人次。创新举办全省青少年科技创新大赛，首次同步举办院士与青少年面对面交流共话创新等活动，面向省级扶贫开发重点县和中央苏区（老区）举办高校科学营活动，在中央苏区沙县举办第16届福建国际英语科普夏令营。选派青少年参加第31届国际信息学奥赛获金牌，得到省委书记于伟国批示肯定。

制定《科普中国e站建设管理办法》，加强对全省2800多个科普中国e站管理与服务。“福建科普”微信公众号全新改版，整合省内56个科普类微信自媒体，建成福建科普微矩阵2.0版本，实现内容共享、渠道互通，提升全省科普类自媒体的科学传播效果。开展科普信息员业务培训，全省注册科普信息员5万多人，有522名科普信息员被中国科协评为优秀信息员。

【学会发展与学术交流】 2019年，福建省科协培育服务“创新创业创造”优秀学会，首批遴选15个省级学会，连续三年、每年给予每个学会50万元的经费补助，支持在重大学术交流、专业智库建设、服务企业创新、支持农村发展、产业协同创新、两岸科技融合等重点领域开展特色和品牌建设。充实和加强省科协科技社团党委，完成所属156个科技社团党的组织和党的工作“两个全覆盖”，举办省级学会党建和业务培训班。开展“千会服务千企”行动，新建学会服务站69家。

举办第19届省科协年会、第11届海峡论坛·2019海峡科技专家论坛、第12届海峡两岸科普论坛、第三届竹应用国际会议、第17届国际菌草产业发展研讨会等国内、国际学术会议，9000多人次海内外专家学者参加。

深化闽台科技交流合作，促进闽台科技人员、科技社团和科技产业融合发展，全年参加交流交往活动的两岸科技人员和青少年4000多人（其中中国台湾地区1100多人），征集学术论文1800多篇（其中中国台湾地区500多篇）。举办第18届海峡两岸大学生辩论赛，两岸高校16支代表队参赛，通过海峡卫视融媒体首次入岛直播。举办闽台青年学子（创新创业）科技研习营活动，台湾16所高校一批“首来族”参加。

【院士专家八闽行】 2019年，福建省科协围绕服务创新驱动发展战略和高质量发展大局，深化“院士专家八闽行”活动。全面启动中国工程院和省政府共建的中国工程科技发展战略福建研究院运行工作及咨询研究项目，确定首批22位院士固定服务福建。主动融入第17届中国·海峡创新项目成果交易会，继续设立院士馆，首次设立科技社团馆，全国政协副主席高云龙、省委书记于伟国参观院士馆和科技社团馆。6月18日，由“院士专家八闽行”组委会主办，省委组织部、省科协、省财政厅、省科技厅共同承办的“福建省院士专家工作站授牌暨院士项目签约仪式”在福州举行，中国工程院原院长周济院士、中国航空学会理事长林左鸣、福建省政协副主席刘献祥、中国纺织工程学会副理事长龚进礼等领导及25位院士出席，5家全国模范院士专家工作站、10家福建省示范院士专家工作站、74家新认定的福建省院士专家工作站获授牌，现场签订16项院士专家项目合作协议。省科协会同省工信厅联合主办“院士、学会与民企对接会”，中国科学院吴常信院士及其团队，中国工程院刘人怀、胡正寰、卢秉恒等3位院士团队专家，部分全国学会专家、海外科技社团专家以及来自全省100多家民营企业代表参加。全年组织院士130人次、专家300人次开展院士专家八闽行、宁夏行活动。征集各类技术成果768项，促成院士专家项目对接成功48项，总投资6.8亿元。

【中国工程科技发展战略福建研究院建设】 2019年，福建省科协承接中国工程院与福建省政府共建“中国工程科技发展战略福建研究院”建设任务。该研究院为福建工程科技发展战略提供高端智库支撑，主要承担提供战略规划服务、完善科技成果转移转化平台、组织院士专家开展联合攻关、发现培养和引进人才、开展学术交流和国际合作、传播科学理念、为院士在闽开展活动提供支撑与保障等任务。6月19日，省院共建中国工程科技发展战略福建研究院领导小组第一次会议在福州召开。中国工程院原院长、中国工程院主席团名誉主席周济院士出席会议。会议审议通过福建研究院章程，审定通过学术委员会组成人员名单和福建研究院院长、执行院长、副院长人选，研究确定首批11项咨询研究项目。该批项目聚焦福建重大工程科技问题、重要战略规划和重点产业，主要围绕智能制造、新兴产业、生态文明、海洋渔业、建设“一带一路”产业基地等领域，对接交通强国建设、数字福建建设、绿色产业发展、集成电路产业发展和有效防治松材线虫害等方向，70位院士领衔或参与研究。8月1日，中国工程科技发展战略福建研究院学术委员会第一次会议在福州举行，中国工程院院士、机械与运载工程学部主任、大连理工大学校长、福建研究院学术委员会主任郭东明出席并讲话，中国科学院院士、福建省科协主席、福建研究院学术委员会主任郑兰荪主持会议，25名学术委员会委员参加会议。中国工程院院士、省科协副主席、福州大学校长、福建研究院院长付贤智代表福建研究院对2019年咨询研究项目立项申报情况作说明。会议审议通过学术委员会议事规则，对2019年咨询研究项目进行评议评审，并提出2020年咨询研究项目选题方向建议。

【科技工作者服务】 2019年，福建省科协首次以专题会形式召开省科协九届二次全委会，对全省科协组织团结引领科技工作者积极投身创新创业创造进行动员部署。联合省委人才办、省教育厅、省科技厅、省工信厅和省委台港澳办出台《关于进一步弘扬科学家精神，鼓励和支持广大科技工作者投身创新创业创造的意见》。组建省科技志愿者总队和首批20支科技志愿者分队，印发《关于大力弘扬科学家精神深入开展科技志愿服务行动的通知》。开展全国科技工作者日系列活动，发出《致全省广大科技工作者的倡议书》，省委常委周联清专程看望慰问企业科技工作者代表并座谈。遴选10名“最美科技工作者”，其中2名被确认为福建省“最美人物”和提名奖获得者。在省科协自有媒体和《福建日报》等主流媒体上，集中宣传科技工作者。开展第15届福建青年科技奖评选工作，30名优秀青年科技人才获奖；表彰第六届福建省优秀科技工作者30名；投入100万元资金支持“青年人才托举工程”首批10名托举对象。在上海、深圳两地举办两期科技人员创新能力提升培训班，120名科技人员参训。组织省内高校和国企16名优秀科技人才，赴英国举办先进制造业高层次人才培训班。举办专利应用工程师培训5场、创新方法培训3场，培训企业科技工作者分别为336人、157人。开展科技工作者状况调查站点工作，完成调查问卷846份，报送信息69条。

【第19届福建省科协年会】 2019年10月23—27日，福建省科协联合福州市政府共同主办的第十九届福建省科协年会在福州举行。年会以“创新·创业·创造——科技助力新福州新发展”为主题，围绕服务“数字福州”“海上福州”“平台福州”建设，通过搭建学术交流、成果转化、科学普及、决策咨询等平台，汇聚社会各领域科技资源，助力新时代新福州建设，设置开幕式暨特邀报告会，以及“科技引领”“产业升级”“引智惠民”等3个主题板块12场专项活动，20多名院士、一批来自海外的国家特聘专家、5000多名科技工作者参加年会。省委常委周联清出席开幕式并讲话，省领导雷春美、郑建闽、阮诗玮出席开幕式，福州市委副书记、市长尤猛军致欢迎词，省科协副主席、福建中医药大学党委书记陈立典教授代表科技工作者致辞，省科协党组书记、副主席曾能建主持开幕式，中国工程院院士、中华预防医学会名誉会长王陇德，中国科学院院士、中国科学院上海光学精密机械研究所所长、上海科技大学党委书记李儒新，齐悟大脑创始人兼CEO王一分别以“健康中国2030的机遇和挑战”

“从上海张江新一代光源科学装置建设谈科技创新”“AIOT时代硬科技创业者的机遇与挑战”为题作特邀主旨报告。

【第十一届海峡论坛·2019海峡科技专家论坛】 2019年6月8—24日，由中国科协主办、福建省科协承办、两岸105个单位和社团共同协办的第十一届海峡论坛·2019海峡科技专家论坛主会场和18个分会场分别在厦门、福州、泉州、漳州、平潭等地举行。论坛以“两岸新时代，科技新融合”为主题，聚焦高质量发展和两岸融合发展，突出“第一家园”建设，围绕“新四通”与新福建融合发展、两岸科技社团融合发展、科技与产业融合发展、城市与乡村融合发展、自然与社会融合发展和食品与健康融合发展，两岸科技专家和业界人士3200多人（其中中国台湾地区900多人）参加论坛活动，促成32项两岸学术交流和科技合作项目签约，推动8对闽台科技社团结对子，征集科技论文1730篇（其中台湾486篇），提出《加快两岸电力互通，推动能源融合发展》《推进闽台数字产业融合发展的思路探索》等政策建议18篇。

【第12届海峡两岸科普论坛暨2019年全国科普日福建省主场活动】 2019年9月6日，第12届海峡两岸科普论坛暨2019年全国科普日福建省主场活动启动仪式在福州举行，省委常委周联清出席并讲话，省领导吴洪芹、阮诗玮，中国科学院院士、省农科院研究员谢华安，中国工程院院士、省科协副主席、福州大学校长付贤智，省全民科学素质工作联席会议成员单位领导等出席，来自海峡两岸的专家学者、科技工作者和科普工作者等600多人参加。省科协党组书记、副主席曾能建主持启动仪式。仪式上，14个第二批2016—2020年度福建省科普示范县、8家福建省科技馆分馆获授牌，首席闽江科学传播学者、第二批闽江科学传播学者获颁聘书，福建中医药大学校长李灿东教授、中国台湾地区《科学月刊》杂志社原总编辑张之杰分别作科普报告。第12届海峡两岸科普论坛以“礼赞新时代，智慧新生活”为主题，由福建省科协牵头联合两岸有关单位共同举办。论坛围绕智慧生活与信息技术、科普教育与创新发展、科普创作与人才培养、科普场馆能力建设与活动策划4个专题进行研讨交流，两岸专家学者、科普工作者150多人（其中中国台湾地区64人）参加，收到科普文章135篇（其中中国台湾地区58篇）。论坛期间，在省科技馆举办科普嘉年华、海峡两岸科普场馆能力建设论坛等活动，组织5位两岸科普专家进校园作科普报告。

【第18届海峡两岸大学生辩论赛】 2019年7月25—27日，福建省科协牵头联合中国台湾地区“中华青年交流协会”、福建省教育交流协会以及北京、吉林、上海、重庆、江苏、内蒙古等6省区市科协共同主办的第18届海峡两岸大学生辩论赛在福州举行，来自两岸各8所高校共16支参赛队的辩手围绕“青年成才的动力来源于责任还是来源于梦想”“自媒体时代，我们离真相越来越近还是越来越远”“科技进步增强人类安全感还是降低人类安全感”3道辩题展开辩论。最后，台湾政治大学辩论队获得冠军，河海大学辩论队获得亚军。本届辩论赛借助海峡卫视、福建教育电视台等电视传播渠道，新拓展脸书（FB）、圆点直播、海博TV等网络平台，进行多渠道网络视频直播，首次让中国台湾地区青年也能通过网络实时收看赛况。

（严建和）

福建省社会科学界联合会

【概况】 2019年，福建省社会科学界联合会结合开展“不忘初心，牢记使命”主题教育，把学懂弄通做实习近平新时代中国特色社会主义思想作为重大政治任务，通过中心组学习、主题讲座、专题研讨、交流座谈、理论培训、现场教学、线上学习等多种形式，组织全体党员干部学习贯彻习近平新时代中国特色社会主义思想，学习贯彻习近平总书记关于哲学社会科学的重要论述，学习贯彻习近平总书记对福建工作的重要讲话重要指示批示精神，学好用好《习近平新时代中国特色社会主义思想学习纲要》《习近平关于“不忘初心、牢记使命”重要论述选编》和《习近平在厦门》《习近平在宁德》《习近平在福州》采访实录等教材。全年组织开展29场中心组学习，举办8场辅导讲座，召开7场集中学习研讨会，召开全省社科联学习贯彻习近平总书记重要讲话交流座谈会，举办机关党员干部培训班和省级社会组织负责人培训班等。开展增强“四力”教育实践，围绕“新思想大学习、业务履职大提升、工作作风大转变、风险问题大防控”4个方面，开展21项重点工作，涌现出“东南周末讲坛”、黄发祥、邱树添等一批先进基层组织和个人。深入学习宣传贯彻党的十九届四中全会精神。全会结束后，第一时间组织召开党组（扩大）会议和全体党员干部职工大会，传达学习四中全会精神，迅速在机关掀起学习热潮。省社科联党组书记、副主席林蔚芬作为省委宣讲团成员到宁德师范学院开展宣讲。

【社科规划成果】 2019年，福建省获得国家社科基金各类项目立项190项，其中重大项目13个，立项数创历史新高；省社科规划各类项目立项293项，省台胞专项扶持项目、西部项目覆盖面和惠及面更加广泛。社科研究成效明显，有42篇国家社科基金项目阶段性成果入选《中国社会科学报》《光明日报》“国家社科基金”等专刊、专栏，100多份决策咨询报告被各级党委政府部门采纳。强化社科成果转化，组织编发15期《成果要报》，有7期被《八闽快讯》专报件采用，有6期得到省领导肯定性批示，较好发挥“思想库”“智囊团”作用。修订《福建省社会科学规划项目管理办法》《福建省社科研究基地管理办法》，建设社科规划项目管理系统，提升信息化管理水平。组织召开2019年省社科研究基地建设管理工作研讨会，总结交流基地经验，推动社科研究基地，更好地服务经济社会发展，16家省社科研究基地投入基地建设经费320万元。

【学会管理】 2019年，福建省社会科学界联合会为强化社会组织规范化管理，先后组织开展4次集中学习培训，组织审核124个社会组织年报，批准省翻译协会等10个学会完成换届，授予省国有资产管理学会、省劳动保障学会标准化学会称号，新批准成立8个党支部，党组织覆盖率84.52%。举办以“礼赞新中国，奋进新时代”为主题的省社科界2019年学术年会，开设26个分论坛和青年博士论坛。学习科学学会等单位邀请44名台胞来闽交流，推动两岸文化交流互动。

【社科普及】 2019年，福建省社会科学界联合会组织开展以“礼赞新中国，奋进新时代”为主题的2019年福建省社会科学普及宣传周活动，采取省、市、县三级联动，在全省各市、县（区）和高校、社科普及基地同时举行，省委常委、宣传部部长、省社科联主席梁建勇，副省长郭宁宁，省政协副主席杜源生出席主会场启动仪式。与省委宣传部联合举办百场社科专题报告会。办好东南周末讲坛，举办讲座53场，其中“六进”讲座7场，覆盖企业、机关、学校、社区、军营等。编撰出版《福建历史文化名人丛书（第四辑）》和《东南周末讲坛选粹10》。做好福建省社会科学普及出版资助项目，评审立项《一马当先——马克思主义大众读本（第一辑）》等20项出版资助项目。组织开展第10、第11两期网上有奖竞答活动，共有358万余人次参与答题，参加人数超过141万人，再创历史新高。

【社科评奖】 2019年，福建省社会科学界联合会组织开展省第十三届社会科学优秀成果评奖，参评成果871项，共产生获奖候选成果270项，比上一届增加38项，其中一等奖20项、二等奖70项、三等奖150项、青年佳作奖30项，总奖项中青年学者获奖候选成果占44.4%。本届评奖首次启用社科评奖系统，评奖工作更加信息化、规范化。

【学术期刊发展】 2019年，《东南学术》刊发6期共164篇论文，有34篇论文被《新华文摘》等全国性重要文科学术文摘刊物各种形式转载，转载量位居福建省综合性学术期刊前列。聚焦时事热点和党政中心工作，注重加强选题策划，开设“新时代新思想研究”专栏，获优秀主题宣传栏目并获专项扶持资金，专栏建设成绩为《福建审读通讯》刊文肯定。推出“中国道路：社会主义实践70年”专题，《福建日报》对此作专题报道。参与主办“中国特色社会主义与现代国家建设”“中国经验：美学学科建设七十年”等系列学术研讨会。2019年，《东南学术》再次入选中国社会科学引文索引（CSSCI）来源期刊（2019—2020）。中国社会科学网和《福建日报》共8次对杂志社举办研讨会探讨学术热点的办刊举措作了报道，办刊工作也多次得到省委常委、宣传部部长梁建勇的关心和肯定。 （童传轩）

福建省归国华侨联合会

【概况】 2019年，福建省归国华侨联合会坚持正确的政治方向，强化对意识形态工作领导。坚持党组带头、党委监督、支部落实，认真组织学习习近平新时代中国特色社会主义思想、党的十九大和十九届二中、三中、四中全会精神，贯彻好中央和省委的各项重大决策部署，树牢“四个意识”，坚定“四个自信”，坚决做到“两个维护”。召开省侨联十届二次常委会暨成立60周年座谈会，开展在福建华侨主题馆专题宣讲活动，组织省侨联常委、省市县三级侨联主席、海外侨胞和归侨侨眷代表等，宣介十九届四中全会精神；举办学习党的十九届四中全会精神培训班，强化机关干部的带头表率作用；结合举办第1期嘉庚班、“一带一路”与海外华人发展研修班、省地方侨史研究座谈会，掀起学习贯彻全会精神的热潮。专题学习贯彻《中华人民共和国网络安全法》《中国共产党宣传工作条例》、习近平总书记关于网络强国重要思想，制定下发网络安全和信息化工作要点和管理制度，整合有关部门力量，强化领导责任、业务职能、安全防范、应急响应、教育培训、保障投入，提高管网治网水平。根据省委《关于把党的政治建设摆在首位落实全面从严治党主体责任的意见》，结合工作实际提出贯彻实施意见，落实管党治党政治责任。学习贯彻习总书记对福建工作、侨务工作重要指示精神，落实省委关于“两个经济协同区”的重大决策部署和“建设新福建、机关走前头”的要求，推动省侨联职能、体制的改革，抓好招商引资、招贤引智、海外联谊、侨务对台等工作。贯彻《关于新形势下党内政治生活的若干准则》，规范党内政治生活，组织开展义诊、大宣讲、扶贫、法制宣传等特色鲜明的主题党日活动20多场次。坚持把省委“五抓五看”和“八个坚定不移”要求贯穿工作全过程，开展2018年主体责任检查“回头看”，抓好整改落实。

【侨务工作理论研究】 2019年，福建省归国华侨联合会把学习研究习近平新时代中国特色社会主义思想、习近平总书记关于侨务工作重要论述作为重要政治任务，6月会同中国华侨华人研究所、厦门大学等单位，举办习近平总书记关于侨务工作重要论述研讨会，召开中国华侨历史学会七届四次理事会议。中国侨联主席万立骏、副主席隋军、副省长郭宁宁等出席并讲话。与会学者交流总结习近平在福建期间的侨务理论与实践，学习领会十八大以来关于侨务工作重要论述和部署，推动新思想在侨界的落地生根。由省侨联组织撰写《习近平同志在福建期间的侨务思想和实践》研究报告，获2019年度中国侨联调研成果评选一等奖。

【侨界群众思想引领】 2019 年，福建省归国华侨联合会结合新中国成立 70 周年、省侨联成立 60 周年，开展“侨心向祖国”专题活动，播出“贴心人与实干家”微视频（宣传 16 名基层优秀侨界人士），编辑《共和国归侨（福建篇）》书籍，制作《侨这一甲子》画册，出版《八闽侨声》杂志“邮票上的华侨华人”专刊，形成同心同向、合力作为的新局面。突出政治引领和价值引领，通过宣讲团、报告会、座谈会、文艺演出等形式，宣讲习近平新时代中国特色社会主义思想，引领侨界群众感党恩、听党话、跟党走。省、福州市、连江县侨联开展共植“侨心林”三级联创活动。省网信办、省侨联、东南网首次制作“镜头里的中国故事——海外侨胞和港澳同胞自拍展”，获选第四届全国“五个一百”网络正能量精品。

【侨界全媒体融合发展】 2019 年，福建省归国华侨联合会由省发改委立项、省侨联建设的“福侨世界总网”项目通过验收，率先在全国侨联系统建成包括网站群、微信矩阵、数据库、综合管理系统等平台，创建项目中心 10 多个，入驻各类合作伙伴 56 家，开设宁德、泉州、南平 3 个设区市侨联站点，构建横向到海外侨团、纵向到村级侨联的信息化平台。同时，整合“闽侨智库”、《八闽侨声》杂志、《侨联简报》、《侨情专报》等信息宣传载体，率先推进侨联系统全媒体的融合发展。

【社会建设参与】 2019 年，福建省归国华侨联合会开展以侨促贸活动。完成省侨商会换届工作。参与重大经贸活动，推动侨资侨智对接。通过设立“5·18”日本馆、举办“创业中华·侨智助力八闽”项目对接会，促成侨界签约项目 2.25 亿元。协办 2019 中加双边经贸发展论坛，组织 20 余家侨资企业代表参加，达成初步合作意向。与省工信厅中小企业服务中心签署《侨企产融合作对接服务战略协议书》，举办 4 场对接沙龙活动，实现与福企网、政企直通车、福建省产融云平台的互联互通。加强侨联人才工作。参与海外高端人才项目资本对接；组织日本华人教授会访问团来闽考察对接，探讨与福建建立常态化合作关系；推动“地方侨联＋大学侨联＋校友会”机制，赴高校开展专题调研、交流座谈、沟通联系；协助中国侨联，动员社会力量捐赠 1000 万元，支持华侨大学建设。注重参与“一带一路”建设。与省农业农村厅共同举办 2019 厦门国际投资贸易洽谈会暨丝路投资大会现代农业（食用菌）项目投资对接洽谈活动；与中国供销集团、省供销社等共同主办首届“一带一路”农产品农资（电商）交易会，15 个团组 120 多名海外侨商代表参加，多个项目签约。实施扶贫攻坚。开展“百侨帮百村——联村助户”精准帮扶活动，成立精准扶贫基金，设立侨智工作站，省侨联精准帮扶 1200 多户、各类资金 440 多万元。加大对对口县松溪县的帮扶力度，筹措资金 280 多万元，组织一系列经济社会项目。助力冬奥华侨冰雪博物馆的筹建。响应中国侨联号召，发动海外侨胞和基层侨联支持 2022 年冬奥会华侨冰雪博物馆建设意向捐款金额 2000 多万元。推进专项救助。引导世界福州十邑同乡总会、德国华侨华人妇女联合会、福建海外杰出女性联谊会、仁善扶贫基金会、东南科技产业研究院等，开展助学、济困、“侨爱心”光明行等活动，获得中国侨联高度肯定。引导侨界助力家乡发展。积极争取中国侨联补助资金，助力遭遇洪灾的闽北地区救灾。省侨联发出《关于闽北赈灾的倡议书》，发动港澳委员、海外社团、团体会员和侨界热心人士向灾区献爱心，来自 27 个国家和地区的 200 多名海外侨胞及归侨侨眷，伸出援助之手，募款救灾。《福建日报》、中国侨联网等媒体对此进行报道。推进涉侨纠纷多元化解机制。落实省高院、省侨联出台的《全面深化涉侨纠纷多元化解工作的实施意见》，依托法顾委召开案件咨询会，通过“一带一路”法律服务团、法律服务点、留守家庭服务站、侨胞驿站、共建侨乡失依儿童档案等，为侨服务。全省侨联接访侨界群众 1100 多人次，受理涉侨纠纷案件 500 多件。支持侨界踊跃建言。专题向国家有关调研组建言华侨权益保护、侨企经营状况等，并通过侨界人大建议、政协提案、侨情专报等渠道，反映呼声、表达诉求，参政议政、建言献策。省侨联答复省人大代表建议和省政协提案共 14 件。

【联络联谊】 2019 年，福建省归国华侨联合会实施“走出去”与“请进来”。配合省领导和省直有关单位开展外事出访活动，省侨联全年组团 15 批次 25 人次，出访 16 个国家和地区，加强与海外华侨华人及其社团的联系，扩大朋友圈。邀请海外侨胞回祖（籍）国参加各类活动，接待来自 60 多个国家或地区的海外团组 130 多批次 1000 多人次。在厦门举办中国侨联第 6 期海外联谊研修班暨福建侨联第 1 期嘉庚班。配合中国侨联组织海外归国藏胞代表人士赴厦门、泉州开展国情教育，支持香港妇女协会在港举办“41 位华侨小英雄”座谈会；“闽侨智库”与华侨大学国际关系学院联合举办第二期“一带一路”与海外华人发展研修班。继续开展侨务对台特色活动。协助中国侨联主办 2019 两岸侨联和平发展论坛暨海峡两岸港澳侨界圆桌峰会，中国侨联主席万立骏和省委常委、统战部部长邢善萍等出席并讲话，台港澳侨青年才俊、英国台湾商会、英国福建社团联合总会等参加，扩大两岸民间交流的深度和广度。举办“诗词连两岸·丹青描乡愁”两岸乡愁笔会，展出 100 幅书画作品，对深化两岸文化交流、促进两岸融合发展发挥积极作用。引导侨界旗帜鲜明支持“一国两制”和特区政府依法施政。针对香港激进暴力事件，于 8 月举办省侨联及团体会员在港委员座谈会，引导省侨联香港委员、省侨商会香港理事、省侨青会香港委员、女杰会香港理事以及香港福建侨民会，发表联合声明，共同声讨激进分子，支持特区政府依法施政，维护香港的繁荣稳定。随后，越南、加纳、阿联酋、孟加拉国、菲律宾、美国、加拿大等国家的侨团和海外华文媒体纷纷发表声明，谴责香港激进暴力行径。

【中华文化弘扬】 2019 年，福建省归国华侨联合会承接大规模“寻根之旅”夏（冬）令营。紧扣“汉语、文化、寻根”主题，传承中华优秀文化、厚植涵养侨源。全年办营 45 期，来自 22 个国家和地区的 2164 名营员参营，位居全国前列。活动足迹遍布八闽大地，让海外华裔青少年实地感受中华文化、福建民俗风情，加深对中华文化的认识和认同。推动中餐文化走出去。协作省直有关部门，开展海外餐饮业调研，形成福建中餐文化海外推广计划；与欧洲福建侨团联合总会、尼日利亚福建同乡总会、泰国泉州晋江联合总会、塞浦路斯中国国际投资者协会等海外社团签署《福建海外中餐发展联盟合作协议》，提升中餐馆建设水平，弘扬福建菜文化，传播“清新福建”好声音。福建华侨主题馆开馆。原福建华侨文化展示中心搬迁至福州三坊七巷宫巷 11 号刘冠雄故居，并更名为福建华侨主题馆。设有《领袖与侨》《海丝今古·砥砺前行》《华侨历史·波澜壮阔》《华侨精神展示》《百国百侨风物展》等 5 个固定展览；2 个流动展厅定期举办各类涉侨主题展览。设置华文课堂、侨心书屋、海外中餐文化推广展示厅等。做好中国华侨国际文化交流基地的申报和管理工作。推荐厦门老院子、沙县小吃培训中心、晋江五店市等场馆作为评选对象，发挥文化交流基地作用。组织“健康三宝”活动。支持福建华侨医院建设，组织医科大学等专家赴仙游、闽清、福清等基层开展义诊，组织中医专家赴泰国、柬埔寨等国家开展“亲情中华”海外中医义诊，增进侨胞对中医中药和中华文化的认识和感情。

【侨联组织建设】 2019 年，福建省归国华侨联合会推进侨联机构改革。根据省级机构改革方案，重新核定省侨联机关行政编制，接收原省侨办转隶人员 13 名，已完全融入；合理调整内设机构和所属事业单位设置，重新明确工作安排；协调职责划转的相关安排，有序推进各项业务工作。依据新颁布的《党政领导干部选拔任用工作条例》《公务员职务与职级并行规定》，做好机关干部提拔晋升相关工作。推进基层组织建设。率先下发《关于新时代加强基层侨联建设的指导意见》的实施意见，开展“基层组织建设落实年”活动，新命名省级“侨胞之家”54 个，目前有省级“侨胞之家”340 个，其中示范点 49 个。进一步扩大基层组织覆盖面，新增侨联组织 57 个，在多个行业系统或异地成立全省首家基层侨联组织。提升干部队伍素质。协助中国侨联举办七地侨联系统干部培训班暨福建省侨联第十五期干部培训班，中国侨联第 7 期和第 8 期青年干部培训班、第 24 期侨联干部培训等。省侨联全年举办 2 期基层侨联干部专项培训、1 期信息宣传工作培训班、3 期“侨爱心——归侨侨眷技能培训”、2 期“侨爱心——送温暖医疗队”培训、1 期华侨农场干部职工专项培训。选派干部到中国侨联、县村及港澳地区等挂职，安排干部到中国侨联、省委党校等培训，提升能力水平。（朱根娣）

福建省台湾同胞联谊会

【概况】 2019 年，福建省台湾同胞联谊会注重发挥党组把方向、谋大局、促落实作用。贯彻学习习近平新时代中国特色社会主义思想，开展“不忘初心，牢记使命”主题教育，专题民主生活会查摆出的 12 个方面问题和专项整治查摆出的 27 条问题全部整改到位，成效明显。推进台联改革，在全省范围内推荐台籍干部作为梯队人选，为台联事业长远发展打下基础。组织机关党支部完成换届，着力与台资企业党支部共建，打造“先进党支部＋台胞服务部”模式。宣传工作精准发力，“福建台胞之家”网站和微信公众号双管齐下，结合其他媒体全方位报道福建台联工作。参政议政工作紧抓不懈，向省政协十二届三次会议提交台联界别集体提案 4 件。开展重点课题调研，形成 3 篇调研报告供上级相关部门决策参考。

【两岸交流品牌】 2019 年，福建省台湾同胞联谊会继续拓展两岸交流品牌。同名村联谊交流。主办第 11 届海峡论坛“同名村·心连心”联谊活动，两岸 11 对同名（同宗）村的乡亲等 300 余人参加活动。活动从两岸“婚同俗”切入，主场活动以“视频展示＋主持旁白＋婚俗表演”的形式，介绍两年婚俗的相通之处。台湾同名（同宗）村乡亲分别回到大陆对应的同名（同宗）村恳亲，加深感情亲情。活动期间举办“两岸婚俗研讨会”，两岸的婚庆行业从业人员相互交流，构建两岸婚庆行业合作平台。两岸少数民族交流。举办第 12 届海峡两岸少数民族丰收节，组织 48 名台湾少数民族代表参加活动。在开幕式上，台湾少数民族代表带来歌舞《浓情三月三》等节目精彩纷呈，与漳州市漳浦县湖西畲族乡当地数千名各民族群众开展交流联欢，促进两岸少数民族交流往来。两岸婚姻家庭联谊。主办“两岸婚姻家庭妈祖文化交流”“2019 年两岸婚姻家庭亲子暑期营（福建）”“2019 年两岸婚姻家庭客家行”“2019 两岸婚姻家庭茶文化产业研习班”系列活动，共 300 余名两岸婚姻家庭成员参加。活动通过组织中华文化、民俗文化交流、技能讲座、参访互动等方式，扩大共识，增进心灵契合。两岸青少年交流。举办第 10 期、第 11 期“两岸青年跨境电商实训营”，特别在第 11 期两岸青年跨境电商实训营中，以当前热门的电商直播为切入点，在台青中引起热烈反响。举办“海峡两岸青年台胞夏令营”“两岸台胞中学生暑期体验营”等体验活动，以举办篮球友谊赛、参访福建文创产业基地、创新创业园等方式，引导台湾青年树立正确的民族认同和国家认同。推动两岸行业协会交流交往和产业对接，参与主办“第二届海峡两岸美业大健康产业论坛”“第七届海峡两岸装饰行业交流论坛”“第三届海峡两岸（福州）合唱教育大会”，承办“第六届海峡两岸青少年新媒体高峰论坛”，指导“2019海峡两岸婚庆产业迎新颁奖盛典”等，增强青年台胞参与交流、前来创业的内生动力。两岸媒体人交流。组织开展“两岸记者三明行”活动，两岸媒体记者20多人参加。活动以“清新福建”“理学之邦”“文旅康养”等为主题，开展两岸媒体记者联合采访，在包括多家台湾媒体在内的23家媒体进行连续报道，获得积极的社会影响。与省广播电视局、省广播电视集团等单位联合主办第14届两岸广播春节联播暨闽台红砖古厝联合采访团活动，70多家两岸媒体记者走访闽南和金门的古建筑群，共同领略闽台一脉相承的建筑风格和同根同源的血脉亲情。

【扶贫济困】 2019年，福建省台湾同胞联谊会下拨困难台胞补助、老龄台胞补助经费约310万元，69名困难台胞和2116名老龄台胞受益。“两节”期间，慰问各地困难台胞、老台胞、困难群众共308人次，发放慰问金、慰问品共36.35万元。加强对口帮扶力度，支持帮扶霞浦县崇儒乡上水村非遗文化展示中心会场修复、畲族乡村特色小道修建建设。以党建引领促脱贫，省台联机关党支部与霞浦县委统战部机关党支部、上水村党支部开展共建，开展三级党支部联创，上下联动提升三级党支部的组织力战斗力。 （卓高翔）

福建省金门同胞联谊会

【概况】 2019年，福建省金门同胞联谊会贯彻落实习近平总书记关于对台工作的重要论述。坚持党的领导，发挥“以金联台、以金促台”的独特优势，团结带领全省金胞，探索推进深化两岸融合发展新路，为促进两岸交流交往，推动两岸关系和平发展做出应有的贡献。2019年，全省各级金门联接待各类团组65个，累计接待人数近1500人次。通过创新交流形式，拓展交流对象，推动两岸民间交流交往。

【建设台胞台企登陆“第一家园”助力】

2019年，福建省金门联发挥桥梁纽带作用，协调多方力量，共同推动建立台胞台企登陆“第一家园”服务中心。该项目形成初步方案并写入“和谐海峡——2019年两岸金门同乡会双年会”决议。鼓励帮助金门同胞来闽实习实训、就业创业。4月，与晋江市金门联共同在晋江举办“海峡两岸青年体育产业创业成长营活动”，来自金门大学、元培医事科技大学等多所台湾高校的大学生和青年代表共40人参加。9月，与福州市金门联在福州共同举办“金门青年福州创业体验营”，来自金门国际青年商会、金门县政府工商发展投资策进会的20名创业青年参加活动。活动期间积极向台湾、金门青年宣传福建省各项惠台政策，同时组织当地优秀创业青年代表与来自台湾高校的大学生和青年代表展开分享研讨。积极协调各方，为有需求的乡亲办理中华人民共和国台湾居民居住证提供协助。协助落实台湾同胞与大陆同胞同等待遇，为金门同胞在大陆工作、学习、生活、出行提供便利。

【两岸应通尽通助力】 2019年，福建省金门联发动民间团体力量，助力两岸应通尽通。组织金门乡亲来闽参加第十一届海峡论坛系列活动，金门县县长杨镇浯在论坛大会上致辞。组织台湾金门同乡会总会代表参加国台办主任刘结一主持的“四通”座谈会，代表两岸金门乡亲表达对“四通”的迫切期盼以及“应通尽通”具体举措的意见建议。结合在广东省举办的“和谐海峡——第七届海内外金门同乡会双年会”活动，组织与会嘉宾代表赴港珠澳大桥管理局参访，听取港珠澳大桥管理局党委副书记、行政总监韦东庆介绍大桥建设及管理情况。邀请中国台湾地区金门县“副县长”黄怡凯带领负责金门桥梁建设的工务处相关人员参加活动，学习借鉴港珠澳大桥先进经验，为厦金大桥的规划与建设奠定基础。

【两岸民间交流交往】 2019年，福建省金门联发挥亲情优势，举办“和谐海峡——第七届海内外金门同乡会双年会”“海峡两岸金门籍青少年国学夏令营”等活动。其中11月2—6日在广东省举办的“和谐海峡——第七届海内外金门同乡会双年会”活动，邀请台湾金门同乡会总会、金门县政府和有关单位嘉宾及海内外金门同乡会代表约50人齐聚粤港澳大湾区，共叙乡谊乡情，为推动两岸经济社会深度融合发展、助力家乡金门建设建言献策。就双年会活动更名并改为每年举办、结合厦门翔安国际机场建设运营推进两岸基础设施联通、在五通码头设立登陆“第一家园”服务中心、打造海内外青少年交流工作平台等方面进行探讨，与会各方共同签署“和谐海峡——第七届海内外金门同乡会双年会”决议。开展“海峡两岸金门籍青少年国学夏令营”、第二届“钻石杯”海峡两岸青少年足球邀请赛、“东南亚金门籍青少年祖地行”等青少年交流活动，两岸青少年提供交流平台，增进海内外金门籍青少年的乡谊乡情。

【乡谊乡情培植】 2019年，福建省金门联通过拓展交流平台，创新交流形式，联络乡谊乡情。组织全省各级金门联的金胞代表等共20人赴台拜会16家旅台金门同乡会和金门有关单位，宣传习近平总书记在《告台湾同胞书》发表40周年纪念会上的重要讲话精神，加强两岸同乡会交流往来，凝聚力量。参访团还特别邀请省台港澳办相关处室负责人一同赴台，与乡亲们深入交流，倾听意见建议、答疑解惑。开展“福建文化金门行——两岸方志交流活动”“2019年两岸金门乡亲中秋联谊活动”等活动，增进情感交流，增强两岸文化认同，共话乡谊乡情。按照省委省政府部署安排，邀请10位金门乡亲代表到闽参加庆祝中华人民共和国成立 70 周年系列活动。

【金胞服务】 2019 年，福建省金门联用心做好金胞建言献策的引导工作，发挥各级金门籍人大代表及政协委员的作用。共提交省市级人大建议及政协提案 20 件，就两岸交流、对外联谊、两岸融合等方面积极建言献策。落实“两补”及奖学金的发放工作。2019 年全省金门联落实发放老龄金胞专项资金 400.32 万元，惠及金胞 1625 人，发放困难金胞扶贫济困专项资金 24 万元，惠及金胞 100 人。发放奖学金 1.11 万元，惠及金胞及金胞子女 37 人。 （魏中超）

福建省文学艺术界联合会

【概况】 2019 年，福建省文联学习贯彻习近平新时代中国特色社会主义思想和党的十九大以及十九届二中、三中、四中全会精神，贯彻落实党中央决策部署和省委工作要求，团结引领全省文艺工作者不忘初心、牢记使命，围绕中心、服务大局，强化主导、引导创作，深入生活、扎根人民，深化改革、履职尽责，认真完成各项工作任务，为繁荣发展新时代福建文艺事业作出应有贡献。福建省文联以习近平新时代中国特色社会主义思想为指导，武装头脑、坚定自信。始终将学习贯彻和深化落实习近平新时代中国特色社会主义思想作为首要政治任务，引导全省广大文艺家和文艺工作者持续学习习近平新时代中国特色社会主义思想。开展“大学习”活动。在全省范围内组织 900 名文艺家和文艺工作者开展习近平新时代中国特色社会主义思想大培训，推动学习贯彻习近平新时代中国特色社会主义思想走深走实，增强“四个意识”、坚定“四个信心”、做到“两个维护”。加强“大宣讲”力度。组织优秀文艺节目进农村、进军营、进社区、进校园、进企业，开展习近平新时代中国特色社会主义思想文艺宣讲活动 40 余场，使广大文艺家和文艺工作者更加深刻认识中国共产党的初心和使命，认识文联组织、文艺界和文艺工作者的初心和使命，增强对文艺事业和文联工作担当作为的自觉性和坚定性，把思想和认识落实到坚定信仰信念、真挚人民情怀、自觉历史担当的具体行动中。强化“大主体”责任。组织全省各级文联组织，各省级文艺家协会主席团成员、理事会和文艺家代表集中学习 10 场，守好意识形态阵地。坚持党管宣传、党管意识形态、党管文艺，举办全省文艺骨干特别是新文艺组织骨干学习培训班 13 场，全省文联系统和文艺家 1300 余人参加培训，强化党对文艺工作的领导，确保党中央和省委决策部署在文艺战线落地生根。

【庆祝中华人民共和国成立 70 周年主题文艺活动】 2019 年，福建省文联以庆祝中华人民共和国成立 70 周年为主题主线，服务大局、深化实践。按照“举旗帜、聚民心、育新人、兴文化、展形象”的使命要求，开展庆祝中华人民共和国成立 70 周年主题文艺活动，体现文联组织和文艺工作弘扬正能量、传播主旋律的积极作用。突出“同圆中国梦”核心，参与新时代文明实践中心建设，在全省开展文艺活动 15 场次，受众 3 万余人。举办“中华情·中国梦”中秋展演，展出当代书画作品 609 幅，两岸文艺家共同为中国梦鼓与呼、书与写。举办“主播看闽西”大型主题采访采风创作活动，报送第七批中国梦主题新创作歌曲，举办“同圆舞蹈梦”精准扶持拔尖青年舞蹈人才高级研修，在媒体开辟“我和我的祖国”“新时代，新故事”专栏报道，异彩纷呈的文艺活动营造了“追梦在路上”的良好氛围。突出“奋进新时代”主题，举办“点赞，我的祖国”庆祝新中国成立 70 周年征文、“祖国颂——世界华文文学作品征文”、福建新文学群体与高校诗社新时代诗歌创作座谈会等活动。举办庆祝中华人民共和国成立 70 周年古田会议 90 周年红色文化展、庆祝中华人民共和国成立 70 周年福建省优秀舞蹈展演、“梨园花开歌盛世”庆祝中华人民共和国成立 70 周年首届福建省民间职业剧团优秀剧目展演（15 场）、庆祝中华人民共和国成立 70 周年第二届福建省大学生影像作品展、“廉歌颂祖国，奋进新时代”廉政歌曲征集评选、“礼赞新中国”楹联书法作品邀请展等 11 场文艺活动，深入工地一线组织“礼赞新中国，书赠劳动者”——为福鼎沙埕湾跨海大桥先进建设者书写作品等，为福建省庆祝中华人民共和国成立 70 周年增添喜庆氛围。突出“唱响福建和福建精神”重点，与省委宣传部、中国美术馆、中国民间文艺家协会联合在京举办“寿山石韵艺术大展”，120 件精品参展，并被纳入“亚洲文明与对话大会”系列活动。参与主办第 16 届中国戏剧节、第 13 届全国美展漆画展等国家级大展大赛活动。联合中国美协举办“生态龙岩·红色闽西”中国画作品展，组织美术家到古田会议所在地革命老区文艺慰问。完成“八闽情·祖国心”——在京福建乡亲礼赞新中国书画摄影展、福建省第二届兰亭奖书法作品展、中华人民共和国成立 70 周年优秀歌曲征集作品等 16 场（次）文艺活动，举办（中国·尤溪）古村落文化遗产保护高峰论坛、编撰《中国民间文学大系·福建卷》（歌谣、故事、谜语 3 卷）、《海峡两岸电视主持新人大赛十周年（2009—2018）》等，增强人民群众的归属感、幸福感和自豪感。

【文艺创作】 2019 年，福建省文联坚持以人民为中心的工作导向和创作导向，深化服务、为民惠民。开展“深入生活、扎根人民”实践活动。引导广大文艺工作者投身新时代伟大实践，参与乡村振兴战略、文化振兴计划、文艺精准扶贫等活动，投入老区苏区文艺扶贫工作，为推动乡村振兴和新时代新福建建设贡献力量。加大组织文艺惠民演出和文艺志愿服务，组织“文艺轻骑兵”深入基层一线、走进百姓中间，在大中专院校举办大型公益文学活动 15 场，组织现代文学 70 年系列讲座、魔术讲座、公益书法、舞蹈讲堂、“八闽戏剧进校园”、“民间剪纸进校园”以及“我们的节日”活动等50余场次，受惠群众上万人。扩大组织文联志愿服务工作。壮大全省文联文艺志愿者艺术团队伍规模，发挥福建文艺志愿艺术团作用，深入革命老区、中央苏区、农村社区，组织开展大型文艺志愿演出和志愿服务近100场次，现场和线上受众超过300万人次。参与“我和我的祖国”“到人民中去”“三下乡”等活动，举办福建文艺志愿者艺术团参与全国文化科技卫生“三下乡”活动。举办第二期福建省少儿舞蹈美育工程百名志愿者培训班、杂技魔术惠民演出活动、“送电影到基层”电影惠民活动、“2019农民丰收节文艺专场”等活动10余场，全省受惠群众10万余人。面向基层惠民为民深入群众。组织“新春走基层，文化进万家”、“我们的中国梦”——文化进万家新春文艺惠民系列演出等文艺展演活动29场（次），在福州火车站为返乡群众举办“礼赞新中国，奋进新时代——福州火车站春运专场文艺惠民演出”，被央视《新闻联播》《朝闻天下》等新闻媒体报道。在全省各地开展为全省百姓书写春联、拍摄全家福、举办诗歌朗诵会等活动，特别是组织全省书法家开展“送万福·写春联·进万家”志愿服务1100余场次，义写义送春联45万多对。开展“创作不忘源头水，助力脱贫有担当”省文联文艺扶贫工作7场，助力全省脱贫攻坚战。

【对台对外文艺交流】 2019年，福建省文联打响福建文艺品牌，拓展对台对外文艺交流。以“闽派文艺”为桥梁，主动请进来、走出去，讲好福建故事、中国故事，传播福建声音、中国声音。海峡品牌越来越响亮。举办对台重点文艺交流项目——海峡两岸电视艺术节、海峡两岸曲艺欢乐汇。其中，第八届海峡两岸电视艺术节系列活动包括了海峡两岸电视主持新人大赛、两岸电视论坛、海峡影视名家书画展、两岸电视艺术家公益演出等多项内容，是艺术节内容的首次综合举办。两岸艺术家300余人参加艺术节。第九届海峡两岸曲艺欢乐汇开展3场展演、1个作品征集、1个研讨会和1次采风，形式多样，内容丰富，海峡两岸300余名曲艺艺术家、专家学者、曲艺爱好者共襄盛举。央视四套新闻作报道。两项品牌活动的覆盖范围、组织层级、对外影响、媒体介入等情况，特别是参与的台湾艺术家人数80余人，均创下历年之最。海峡两岸青少年交流越来越热络。举办“传承·弘扬”——海峡两岸青少年优秀民族民间舞福建校园行、“寿同金石——第四届海峡两岸中青年篆刻大赛作品展暨印章艺术邀请展”等活动，两岸文艺家和文艺爱好者近千人参加活动。为庆祝澳门回归20周年，组织艺术团队近百人赴澳门开展文化交流活动，受到澳门群众赞誉。海丝之路越走越宽广。以海丝之路为源、以文学艺术为媒，拓展“海上丝绸之路”对外交流交往。举办“海丝圆梦”——第二届海上丝绸之路国际舞蹈艺术交流周、第二届“海丝之路”魔术精品展演活动，海外艺术团队10余支、近百人参加。举办“丝路·镜像国际摄影交流展”，打造以影像为载体的丝绸之路沿线国家文化交流平台。举办“漆绽慧兰——中日韩女漆艺家作品邀请展”，召开“国际漆艺交流与振兴传统工艺学术交流会”，推动漆艺研究和传承发展。组织书画作品参加“第58届威尼斯艺术双年展——中国·意境当代艺术展”，参与2019“海丝茶道”赴菲律宾、马来西亚文化展，推动冰心文学馆与冰心在美国的母校威尔斯利女子学院建立常态化交流。（方　毅）

中国国际贸易促进委员会福建省委员会

【概况】 2019年，中国国际贸易促进委员会福建省委员会（简称福建省贸促会）围绕福建省中心工作和决策部署，完成各项任务。开展“不忘初心，牢记使命”主题教育，学习领会习近平新时代中国特色社会主义思想，树牢“四个意识”、坚定“四个自信”、做到“两个维护”。2019年12月3日，省委书记于伟国对省贸促会工作作出批示：省贸促会扎实有效推动各项经贸工作“请进来”“走出去”。要进一步谋划，与各地通力合作，更大力度推动对外经贸合作走深走实。12月17日，中国贸促会党组书记、会长高燕在福建省贸促会上报材料上作出批示，并以《贸促工作交流》的形式印发全国贸促系统学习借鉴。省委、中国贸促会主要领导同时批示肯定福建省贸促会工作，这在省贸促会历史上是第一次。省贸促会以创建文明单位和机关效能建设为抓手，加强制度建设，强化日常管理，规范工作秩序。分别在古田干部学院举办“传承红色基因，牢记初心使命”全省贸促系统领导干部党建培训班，在福州举办全省贸促系统干部培训班，着力提升全省贸促系统干部政治素养和履职能力。

【贸促改革】 2019年，福建省贸促系统深化改革工作成效显著。省贸促会坚持把2019年作为深化改革年，推进全省贸促系统深化改革工作。会领导带队赴9个设区市调研，推进此项工作；发文推广三明市贸促会深化改革的经验；规范三级国际商会社团登记事宜；先后在泉州、三明召开全省贸促系统深化改革推进会和现场会。省贸促会完成深化改革工作，8个设区市贸促会深化改革方案印发，9个设区市都明确市委分管领导。县级贸促会深化改革工作全面展开。中国贸促会肯定省委通过的省贸促会深化改革文件的含金量及全省贸促系统深化改革做法。

【国家和省中心工作服务】 2019年，福建省贸促系统参与承办北京世界园艺博览会“福建日”活动，遴选23家福建省优秀食品企业赴京开展“福建绿色食品展示会”和“福建名茶品鉴”两场经贸专项活动。参与“二十一世纪海上丝绸之路博览会暨海峡两岸经贸交易会”（“5·18”），并承担2项重要活动：承办第二届“丝路中欧投资论坛”，邀请欧洲及丝路沿线国家的投资贸易促进机构、商协会及驻华使领馆，及中外企业家和专家学者等200多人参加；主办第14届“中国（福建）消费品全球采购交易会”，邀请18个国家的40家国际专业采购商，以及国内的27家跨境电商买家参会。据不完全统计，采购商与福建省供应商签订采购意向书45

份，总金额 11956 万美元。在“9·8”投洽会期间，省贸促会负责邀请 10 个国（境）外经贸代表团的 100 多名企业家代表参会，副省长郭宁宁代表省政府接见其中 2 个代表团，是邀请接待国（境）外代表团和外商人数最多的省直单位；其间，主办第五届“福建—海上丝绸之路国际经贸合作对接会”，10 个国（境）外经贸代表团的 100 多家企业与福建省近百家企业进行现场推介和 B2B 对接，达成一批合作意向。

【闽台经贸融合发展】 2019 年，福建省贸促系统主动融入“海峡论坛”，首次承办“海峡工商合作论坛”。邀请来自台湾工商界代表、企业家 129 人出席论坛，搭建起长期合作的平台，得到省委领导的充分肯定，中国贸易报头版头条专版刊登此次工商合作论坛情况，并配发特约评论文章。在平潭联合主办第二届“海峡仲裁论坛”，近 300 位两岸及港澳仲裁法律界专家学者聚焦两岸视角下的商事仲裁热点难点问题，畅谈融合，共谋发展。助力将平潭打造成为两岸重要的区域争议解决中心。9 月 11—17 日，由陈震会长带省贸促会有史以来规模最大的经贸代表团一行 24 人入台考察访问。分别在台北、高雄举行“福建—台湾经贸交流会”，邀请国民党中常委及台湾主要商协会领导、企业家等共 76 人参加；拜会台湾商业联合总会、中华青年交流协会、高雄市世贸会展协会等台湾主要商协会，与台湾 41 个重要商协会建立更完善的常态化交流渠道。

【贸易投资促进】 2019 年，福建省贸促系统帮助福建省企业开拓海外市场。接待 9 批次、93 人次的国（境）外工商界代表到访，2 个国家的大使、6 个国家的副总领事以上官员到省贸促会拜访；分别与厄瓜多尔中国商会、墨西哥中国商会、俄罗斯联邦工商会等 9 家境外商协会签署合作备忘录；与中国武夷合作，设立福建省贸促会肯尼亚联络处；省贸促会驻约旦联络处及福建产品（约旦）展示中心为福建竹家居产品获得来自约旦阿曼里兹卡尔顿酒店的采购订单等约 2000 万美元，帮助九牧卫浴设备打入里兹卡尔顿酒店。2019 年，组织 7 个经贸代表团并动员 350 家福建企业赴国（境）外参加世界重点展会，并举办专场经贸对接会，现场成交近 6000 万美元。9 月，组织福建钟表企业（漳州）参展团参加香港第 38 届国际钟表展，设立“漳州钟表展专区”，省贸促会首次与地方政府（漳州市政府）合作共同举办“福建—香港钟表技术及贸易合作对接会”，邀请国际采购商、重要嘉宾及参展商 100 多人参会，现场成交 150 万美元，意向成交 345 万美元。

帮助福建省企业开拓国内市场。支持“一市一展”，深度参与各设区市重点展会，主办相应的配套活动；南平、三明、龙岩市贸促会都首次参与承办本市的重大经贸展会，开展配套活动，实现福建省市级贸促会参与市级重大经贸活动的全覆盖。组织市、县贸促会及 11 家福建省企业首次参加长春“第十二届中国—东北亚博览会”，设立福建省经贸合作推介专区，并进行现场对接洽谈。组织企业参加进口博览会、中国（青岛）渔博会、厦门文博会等重点展会。发挥 2017 年厦门金砖会晤效应，打造“金砖国家文化经贸展示会”品牌。8 月 21 日，省贸促会与省委宣传部、省商务厅在巴西圣保罗联合举办“福建文化精品金砖国家（巴西）展览会”“巴西福建文化节”“中国（福建）—巴西经贸文化产品推介会”。福建省艺术大师、非遗传承人和 48 家文化企业携带各自的拳头产品参展，吸引近百家的南美采购商前来参观洽谈，达成多项经贸合作意向。

【涉外商事法律服务国际贸易】 2019 年，福建省贸促会出具商事法律证书 20.04 万份，其中签发货物原产地证书约 17.7 万份，涉及货值约 92.1 亿美元；出具 ATA 单证册约 467 份，共计为企业办证减负 643.15 万元。作为福建自贸试验区第七批在全省复制推广创新成果之一，省贸促会依托“贸促会认证业务电子申报系统”推出的“国际商事证明书及代办使领馆认证网上初审”项目。省贸促会被中国（福建）自由贸易试验区工作领导小组评为“最佳创新举措”实施单位。应对经贸摩擦，动员和收集福建省 16 家外贸企业向美方拟议中的 3000 亿元征税产品提交评论意见，主张权益。召开“美新增关税对福建省企业的影响及应对建议”专家座谈会，形成《美新增关税对福建省企业的影响及工作建议》上报省政府；龙岩市贸促会参与撰写的《中美贸易摩擦对市县经贸经验及对策研究》，被省委国安办采用，并报中央国安办。增设 3 个经贸摩擦预警点，全省有 12 个预警机构、36 个监测点，其中福建省经贸摩擦茶叶监测点报送的“美海关对 3000 亿美元商品的征税时间点以到港的时间为截点”的重要消息，被中国贸促会采用并通过《每日预警快报》向全国发布。

继续打响“涉外商事法律服务八闽行”品牌，举办 10 场大型公益讲座活动，累计为 1322 家外向型企业提供政策法规辅导培训。5 月 9 日，《中国贸易报》要闻版大幅刊登题为“福建‘涉外商事法律服务八闽行’成贸促系统靓丽名片——紧贴基层需求，精准服务企业”的报道。（张高福）

福建省残疾人联合会

【概况】 2019 年，福建省残联工作围绕实现“全面建成小康社会，残疾人一个也不能少”的目标，落实省委、省政府和中国残联的工作部署，残疾人事业和残联工作取得新成效。“十三五”加快残疾人小康进程 10 项主要指标中，已有 7 项提前达到或超过规划目标。学习贯彻习近平总书记关于残疾人事业的重要论述和指示精神，将残疾人工作更加充分地纳入党委政府工作大局。省委常委会会议、省政府常务会议专题研究部署残疾人工作，省委深改委审议通过并由省政府办公厅印发《福建省残疾人联合会改革方案》。省领导于伟国、唐登杰等对福建省残疾人体育赛事获佳绩、残疾人证核查清理等工作作出批示肯定。各市、县（区）党委、政府将残疾人作为民生工作的重点，为残疾人事业发展营造良好氛围。

【残疾人脱贫攻坚】 2019 年，福建省残联聚焦主责主业，推进实现残疾人脱贫攻坚目标。对未脱贫建档立卡残疾人家庭落实帮扶资金110.34万元，为87204人次建档立卡残疾人提供特别扶持，为1616户残疾人新建、搬迁、修缮房屋。福建省建档立卡贫困残疾人实现全部脱贫。残疾人最低生活保障各项政策进一步落实，为68.1万人次残疾人发放困难生活补贴和护理补贴。提前4个月完成省委、省政府为民办实事“助残工程”项目任务。

【残疾人民生保障和基本公共服务】 2019年，福建省残联托底补短，提升残疾人民生保障和基本公共服务水平。落实残疾儿童康复训练补助、残疾人基本型辅具适配补贴、残疾儿童人工耳蜗救助等普惠制度，为12245名残疾儿童提供康复救助补贴，残疾人康复服务率和辅具适配服务率分别达97.98%和99.03%，改变以往居全国后列的局面。出台《福建省家庭经济困难学生认定办法（试行）》《残疾人参加福建省中考管理规定（试行）》等文件，为1.55万人次残疾人和残疾人子女落实就学资助。全省城镇、农村残疾人新增就业分别完成年度任务的205.24%和272.86%，分别居全国第二、第三位。出台《关于扶持残疾人自主创业和灵活就业的实施意见》，会同省人社厅认定首批32家“福建省安排残疾人就业爱心单位”，营造扶助残疾人就业的良好氛围。福建省残疾人艺术团等3个机构获评首批“全国残疾人文化创意产业基地”，残疾人康复体育、群众体育协同发展。协调三大通信运营商出台对残疾人及其监护人实行通信套餐费用优惠50%的政策，深受残疾人赞誉。

【残疾人工作治理效能】 2019年，福建省残联突出共建共享，不断提高残疾人工作治理效能。福建省14名个人（集体）被评为全国自强模范和助残先进集体。评选表彰200名全省自强模范暨扶残助残先进。206名残疾人运动员参加全国第十届残运会暨第七届特奥会，取得61金、51银、58铜，并超2项亚洲纪录、3项全国纪录，金牌、奖牌总数创福建省历届参赛最好成绩，省委、省政府专门发贺信。20名残疾人选手参加第六届全国残疾人职业技能大赛暨第三届展能节，团体总分比上届前进4位。举办第九届闽台残疾人文化周、“海峡论坛·2019两岸残障人士交流嘉年华”活动，为推动两岸残障事业深度融合发展发挥积极作用。各级残联专门协会及助残组织进一步活跃，省盲协举办的“盲道祝福、献礼华诞”图片展被列为中国残联“学听跟”专项活动的典型。

【残疾人服务】 2019年，福建省残联推进全面从严治党，增强残疾人服务能力。学习贯彻习近平新时代中国特色社会主义思想，开展“不忘初心，牢记使命”主题教育。启动省残联改革工作，指导各级残联开展改革。组织《残疾人证》的核查注销工作，换发第三代《残疾人证》13.7万本。完成对全省90.75万名持证残疾人基本服务状况和需求信息数据动态更新。首次开展全省残联系统“走基层、谋创新”调研，为全系统残疾人工作注入新活力、新动力。

（杨瑞芳）

福建省红十字会

【概况】 至2019年底，福建省红十字会有基层组织2528个、会员789123人、志愿者69349人。年内，福建省红十字会坚持深化改革，着力抓重点、补短板、建机制、促规范、打品牌，推动红十字事业高质量发展。全年，省委常委会先后3次听取红十字会工作汇报，肯定红十字会工作成效；省红十字水上救援队获得应急部全国首届社会应急力量技能竞赛第二名；组队参加全国应急救护大赛，获得第六名的历史最好成绩；推荐的省立医院副院长李红获第47届南丁格尔奖章，也是本届中国唯一的获奖者（全球29人获奖），受到习近平总书记接见。

【应急救护】 2019年，福建省红十字会改变传统培训方式，在全国省级红十字会首个建立救护员网络培训平台（含手机APP客户端），并筹集资金推动在各地建设应急救护培训示范体验基地，形成线上理论学习考试、线下技能实操考核的新模式。整合部门资源，开展应急救护知识进机关、进学校、进企业、进社区、进农村、进家庭的“六进”活动，组织应急救护“百万培训八闽行”活动，推广设置救命神器AED，积极参与马拉松等重大赛事救护服务，举办全省应急救护大赛，“人人学急救、急救为人人”的救护理念逐步深入人心。全年全省共培训红十字救护员9万多人、普及培训超过70万人，较上年增长超过40%，发挥红十字会在公众参与的应急救护培训中的主体作用。

【人道救助】 2019年，福建省红十字会首次设立“红十字少儿重特大疾病医疗人道救助基金”，筹集500万元款项救助500名贫困家庭患重特大疾病的儿童。实施“红十字天使计划”，共救助福建省白血病、先心病患儿247人次，发放救助款773.5万元。开展“红十字光明行”行动，为省内1300多名贫困白内障患者实施复明手术，总计减免医疗费用185万元。开展“红十字博爱送万家”活动，筹集发放救助款物价值476.5万元，有1.2万户贫困家庭近4.5万人受益。开展灾害救助行动，向省内水灾地区筹集发放救灾款物230多万元。落实对口支援工作，援助西藏、宁夏、湖北等地区人道救助款物价值560多万元。

【生命关爱】 2019年，福建省红十字会参与推动无偿献血宣传动员，联合省献血办等有关部门，表彰无偿献血先进单位和个人，全省34.6万人次参与无偿献血，总量114.3吨，较好保障临床用血需求。完成国家总库年度采集造血干细胞血样入库3500份任务，实现造血干细胞捐献40例，比上年增长90%。新增登记报名捐献遗体和人体器官志愿者13925人，全省实现遗体捐献84例、器官捐献30例。

【红十字闽台交流】 2019年，福建省红十字会举办第九届海峡两岸红十字博爱论坛，获第十一届海峡论坛“十佳”论坛项目，策划的“大陆骨髓捐献志愿者和台湾受捐者首次实现跨海相聚，彰显同胞血脉亲情”，产生良好宣传效应。

举办2019年闽台红十字大学生人道之旅夏令营，台湾和福建省53所高校104名大学生参加，其中44名台湾学生均为“首来族”，增进台湾青年对祖国的了解与认知。选送省红十字水上救援队骨干队员赴台，参加海峡两岸红十字急流救援培训班学习交流。

【组织建设】 2019年，福建省红十字会开展基层组织规范化建设示范创建活动，推动在各市、县建立“红十字博爱驿站”，首批建成38个，形成集困难帮扶、救护体验、爱心捐赠、便民服务等于一体的“一站式”工作阵地，激活基层组织发挥作用。召开全省红十字青少年工作经验交流会，举办省部属高校首届红十字青少年文化节，组织开展应急救护进学校巡回公益讲座，开展红十字水上安全教育进校园“十百千万”行动，助力青少年健康成长。推动志愿服务工作，全省新发展红十字志愿者5000多名，新成立志愿服务队15支；评定四星级志愿者90名，一至三星级志愿者42名；省红十字义工服务团志愿者陈霞被中宣部、中央文明委评为“全国四个100”最美志愿者。

【红十字会改革】 2019年，福建省红十字会落实中央和省委群团改革部署要求，对标对表中国红十字会总会改革方案内容与精神，省政府办公厅印发《福建省红十字会改革方案》，完善党委和政府加强红十字会工作领导的制度机制，省红十字会列入省委群团联席会议成员单位。召开全省红十字系统改革工作动员部署会，制定改革任务分工方案，推动各项改革举措落细落实。开展“不忘初心、牢记使命”主题教育，学习贯彻中国红十字会第十次全国会员代表大会精神，促进红十字事业创新发展。配合省人大启动《福建省红十字会条例》修订工作，营造支持红十字事业发展良好氛围。 （赵凌峰）

福建省留学生同学会（福建留学人员联谊会）

【概况】 2019年，福建省留学生同学会开展主题教育活动，喜迎中华人民共和国成立70周年。将“不忘初心、牢记使命”主题教育融入主题教育读书班、秘书长联络员培训班、第四期福建归国留学人员创新创业高研班、“当前中美贸易摩擦对科创环境影响”建言献策专题座谈会等教育活动和业务工作中，通过专题研讨、现场教学等方式，勉励留学人员为福建高质量发展做出应有贡献。以中华人民共和国成立70周年为契机，引导全省留学人员热情讴歌祖国辉煌成就，自觉坚定“四个自信”；参与总会欧美同学会（中国留学人员联谊会）“我和我的祖国”、省委统战部“同心70年”征文活动等，获总会征文活动最佳组织奖，会员尹微珑获一等奖，董立平、张碧聪获三等奖。

【经济社会发展服务】 2019年，福建省留学生同学会发挥人才智力优势，服务福建经济社会发展大局。联合中国初级卫生保健基金会明日之星公益基金管理委员会开展“同心助学”教育精准扶贫捐赠活动，向全省9个设区市的中小学捐赠平板电脑、3D打印机等总价值2565万元教学物资，获省慈善总会第二届“善行八闽——海峡公益慈善项目大赛”优秀奖。以“留学报国，助力赶超”为主题，承办第17届“6·18”中国留学人员成果展，征集海内外高新科技项目近70个，接待25人，对接项目12个，获优秀组织奖。参与主办高层次人才建功立业暨政策解答座谈会、第五届海峡博士人才交流合作对接会，举办福建海归青年科技论坛暨成果展、“留学报国，传承五四精神”三明学院青年海归校园励志演讲、海归专家建宁县重阳敬老医疗下乡等活动，助力福建省教育、科技、经济等多领域协调发展。

【海外人才举荐】 2019年，福建省留学生同学会加大组织建设力度，举荐优秀海归人才。启动群团改革工作，起草福建省留学生同学会《改革方案（建议稿）》并报送省委全面深化改革委员会；开展青年学长成果展等青委会十周年庆祝活动，展现福建省青年海归大胆探索、勇于实践的精神风貌；指导福建医科大学分会、莆田分会、厦门欧美同学会、福州欧美同学会的换届或成立工作；与到访的山西欧美同学会、匈牙利福建省同乡会代表等探讨工作创新。推荐郑传芳、孙蓬明成为省政府研究发展中心智库成员，举荐53位会员成为总会国别分会理事人选；选派蔡军、吕越峰、林尧、柳啸、陈小松、吴立新、郭玉清等参加总会“继承红船精神，奋进新时代——知国情、话自信浙江行”“第二届国际智库论坛暨菖蒲河论坛”“第七届年会”和福建省台湾博士人才对接引进工作，为福建省留学人员发挥作用提供广阔平台。

【海归智库建设】 2019年，福建省留学生同学会探索海归智库建设，推动建言献策工作开创新局面。以信息工作为

2019年12月，2019年福建海归青年科技论坛暨成果展在石狮举办
（省留学生同学会供稿）

突破口，围绕中美贸易摩擦、闽台合作等议题，组织相关领域的海归专家向各级党委政府报送建言献策信息 25 篇，会员周毅《民间"葡币"称谓流行凸显澳门特区政府敏感度仍有不足》被中央统战部采用，郑新夷、陈旻等 5 篇信息被省委专报件采用；完成省委统战部《习近平同志在闽工作时关于留学人员统战工作的重要论述与实践研究》和总会《基于博弈论的中美贸易摩擦对策研究》课题，具有针对性的建言献策工作体系初步成型。 （吴陈清）

福建省中华职业教育社

【概况】 2019 年，福建省中华职业教育社围绕学习贯彻习近平新时代中国特色社会主义思想和党的十九届四中全会精神，履行建言献策、温暖工程、理论研究与实践、对外交流等职能，各项工作取得新成效。坚持以党的政治建设为统领，结合"不忘初心、牢记使命"主题教育，坚持边学、边研、边查、边改和全员全覆盖，把学习教育、调查研究、检视问题、整改落实贯彻始终，推进学习贯彻习近平新时代中国特色社会主义思想走深走实。贯彻落实群团工作会议精神，按照省委深改委和省委统战部要求，制定《福建省中华职业教育社改革方案》，并成立推进改革工作领导小组，召开改革工作推进会，分解 45 项具体任务，稳妥有序推进改革。按照总社《社员管理和服务办法》的规定，注重吸收民办职业教育界人士和有关团体入社，并在福州第一技师学院建立全省首家"社员之家"，全面铺开"社员建家"活动。截至 12 月，全省职教社有社员 4754 个，其中团体社员 560 个，个人社员 4194 个；成立"社员之家" 10 个、"社员小组" 32 个。加强宣传工作，整合社办的《中华职业教育》杂志、门户网站等宣传平台，开通福建省中华职业教育社微信公众号，形成"一刊一网一微"的立体化宣传格局，加大省内主流新闻媒体宣传力度，扩大社会影响力。开展庆祝中华人民共和国成立 70 周年系列活动，走访慰问获中共中央、国务院、中央军委颁发的"庆祝中华人民共和国成立 70 周年"纪念章获得者——离休干部谢庆法，组织干部职工参加"同心颂歌献祖国"——省统战系统庆祝中华人民共和国成立 70 周年合唱比赛获得一等奖。引导全省各级职教社、职业院校与团体社员举行升国旗仪式、共唱爱国歌曲等活动为祖国献礼。

【建言献策】 2019 年，福建省中华职教社建立了专家智库，26 名职业教育专家成为首批专家智库成员；福建省 16 名专家受聘为总社第十二届理事会专门委员会成员。围绕贯彻落实国家职业教育改革实施方案，走访 26 所职业院校和 7 家企业，就"产教融合、校企合作"课题开展专题调研，形成《助推产教融合的职能与路径——基于产教融合"泉州模式"的调研》《莆田职业院校产教融合、校企合作存在的问题、建议及整改措施》等调研报告 4 篇。

【温暖工程拓展】 2019 年，福建省中华职业教育社聚焦全面建成小康社会目标总任务，发挥职教扶贫作用，依托省温暖工程促进会，向革命苏区、老区拓展温暖工程项目。在宁德、武夷山举办"温暖工程助学"项目，资助贫困生 200 人；在长汀实施温暖工程"水保人才培训班"，培训乡村水保方面应用型技术人才 100 名；在建宁举办新农村建设带头人培训班，培训新农村建设带头人 100 名。

【产教融合】 2019 年 8 月，福建省中华职业教育社与教育厅等联合主办"平潭杯"第五届福建省"互联网＋"大学生创新创业大赛职教赛暨第三届黄炎培海峡职业教育创新创业大赛，决出应用技术型本科和中高职组金奖 23 个、银奖 37 个、铜奖 60 个。9 月，承办总社"职业院校和行业企业形成命运共同体研究与实践课题"结题及成果交流会，表彰 57 个获奖子课题，各地职业院校、行业企业交流分享职业院校和行业企业形成命运共同体的经验做法。10 月，承办总社第三届中华职业教育创新创业大赛指导教师培训班，全国 26 个省、自治区、直辖市的职教社领队和应用型本科、高职、中职院校的项目指导老师参加培训。组织福建省职业院校参赛，获 4 金 4 银 1 铜，省职教社获优秀组织奖。与省教育厅、人社厅等联合主办 2019 年度省职业院校技能大赛；联合华光职业学院举办首届华光摄影双年展暨 2019 丝路国家青少年国际摄影竞赛、丝路国家国际摄影优秀作品巡展首站全球启动仪式系列活动。贯彻落实乡村振兴战略和国务院《关于深化产教融合的若干意见》，指导社员学校，加强校企合作实践，助力乡村振兴。武夷山中华职业学校承接新型职业农民、有机肥替代化肥、信息进村入户信息员等培训，培训学员 696 人；福建中华技师学院围绕"精准扶贫出力，培训共赢出彩"，高质量开展建档立卡贫困户、残疾人和退役军人等人员的职业技能培训，全年培训 12000 人次以上；福建华夏高级技工学校以"争创技师学院"为目标，与优质企业与行业协会共建计算机、汽车维修和烹饪等 6 个专业，接轨市场，实现双赢。

【交流合作】 2019 年 6 月，福建省中华职业教育社承办第 11 届海峡论坛·海峡两岸职业教育论坛。开幕式上，总社副理事长张伯军出席并做主旨演讲，民革中央副主席、省人大常委会副主任邓力平致辞。来自海峡两岸暨香港、澳门的 150 余名职业教育界专家、学者、校长参会，香港职业训练局专家也应邀参加，实现"零"的突破。论坛期间，举行两岸校长（专家）论坛，交流分享两岸职业院校融合发展经验。社领导吴志明、王秋梅、陈毅萍分别组团赴印度、尼泊尔、中国台湾、中国香港和中国澳门等地参加开展职业教育学习交流活动，与有关组织达成初步合作的意向。省职教社与匈牙利高新技术和教育产业中国发展中心联合举办 2019 年中匈职业教育国际合作交流论坛；在泉州轻工学院主办"有业者乐业"——职业教育立德树人、文化育人研讨会，海峡两岸暨香港、澳门专家学者围绕主题交流探讨。 （程章浩）

编辑：林忠玉

法治

人大立法

【概况】 2019年，福建省人大常委会推进立法精准化、精细化、精品化，提高立法质量和效率。全年制定法规4项，即《福建省非物质文化遗产条例》《福建省城乡生活垃圾管理条例》《福建省行政执法条例》《福建省电梯安全管理条例》；修改法规5项，即《福建省流动人口服务管理条例》《福建省各级人大常委会讨论决定重大事项的规定》《福建省各级人大常委会信访条例》《福建省实施中华人民共和国渔业法办法》《福建省促进革命老区发展条例》；审议法规3项，即《福建省女职工劳动保护条例（修订）》《福建省红十字会条例（修订）》《福建省家庭教育促进条例》；批准法规20项，即《福州市城市内河管理办法》《福州市烟花爆竹销售和燃放管理办法》《福州市生活垃圾分类管理条例》《福州市人大常委会关于废止城市房屋拆迁管理办法的决定》《福州市人大常委会关于废止流动人口计划生育管理办法的决定》《厦门市人大常委会关于修改市政工程设施管理条例的决定》《厦门市人大常委会关于修改节约能源条例的决定》《漳州市区内河管理规定》《漳州市饮用水水源保护办法》《漳州市生活垃圾管理办法》《泉州市晋江洛阳江流域水环境保护条例》《三明市园林绿化管理条例》《莆田市湄洲岛保护管理条例》《莆田市城乡环境卫生管理条例》《南平市城市绿地管理办法》《南平市革命旧址保护利用条例》《龙岩市中小学校幼儿园规划建设条例》《龙岩市城市绿化条例》《宁德市霍童溪流域保护条例》《宁德市幼儿园规划建设条例》。

【经济立法】 2019年，福建省围绕高质量发展及时跟进立法，为经济转型升级提供良好法治环境。制定行政执法条例，突出对行政执法权的约束和对行政相对人的保护，规范行政执法行为，优化营商环境，维护公民、法人和其他组织合法权益。瞄准创新发展的关键环节，开展大数据发展应用、优化营商环境等法规立法调研工作。修订渔业法实施办法，规范渔业生产和资源的保护开发，维护渔业生产和管理秩序，促进渔业资源可持续利用。开展涉台法治工作专项研究，促进海峡两岸融合发展。

【惠民立法】 2019年，福建省加快民生和社会领域立法，满足人民日益增长的美好生活需要。修订促进革命老区发展条例，保障老区苏区政策落地实施，推动老区苏区如期脱贫奔小康。制定电梯安全管理条例，将电梯质量安全工作纳入政府质量和安全责任考核体系，明晰责任主体，以小切口立法解决群众日常生活的大问题。修订流动人口服务管理条例，突出服务优先理念，让流动人口有更多的归属感。审议女职工劳动保护条例修订草案，维护女职工合法权益。修订人大信访工作条例，对各级人大常委会信访的受理范围、处理方式等作出明确规定，引导信访人依法信访，促进社会和谐稳定。

【环保立法】 2019年，福建省围绕生态环保重点问题抓立法，织密全省生态环境法规制度保护网。制定城乡生活垃圾管理条例，明确生活垃圾处理各环节的责任和义务，促进生活垃圾减量化资源化无害化，改善人居环境。加强与有关部门沟通协调，提前介入环境保护、绿色建筑发展等法规调研论证工作。指导推动设区市加快生态立法进程，批准设区市生态法规13项，涵盖流域水环境保护、饮用水水源保护、城市内河管理、园林绿化管理等方面，促进全省生态文明先行示范区建设。

【弘德立法】 2019年，福建省围绕培育和践行社会主义核心价值观开展立法修法，唱响主旋律，弘扬正能量。制定非物质文化遗产条例，保护好、传承好福建省历史文脉。审议家庭教育促进条例草案，培育和弘扬良好家教家风，推动构建家庭教育指导服务体系，促进未成年人健康成长。审议红十字会条例修订草案，增加财务管理、审计和监督检查规定，保障和规范红十字会依法履行职责。

【协同立法】 2019年，福建省探索开

展多地协同立法，推进区域协调发展。牵头组织龙岩、赣州、梅州 3 市围绕脱贫攻坚开展联动，增强闽东北、闽西南协同发展区人大工作合力，探索建立区域间立法合作机制，对经济转型升级、乡村振兴、污染防治等相同议题探索开展协同立法，联手打造法治环境，共同推进老区苏区、闽东北、闽西南发展。落实省市人大常委会之间立法协调机制，发挥基层立法联系点的作用，与部分市县（区）就闽江流域管理的立法问题开展研讨。针对九龙江流域水环境保护问题，推动厦门、漳州、泉州、龙岩共同开展立法调研，从立法上协同推进解决九龙江流域生态问题。常委会还首次听取审议备案审查工作情况的报告，建立备案审查信息平台，实现主动审查全覆盖。（吴文阁）

政法与综治

【概况】 2019 年，福建省推进平安福建、法治福建建设，平安建设绩效继续位居全国前列，全省群众安全感率 98.9%。全省刑事立案数比上年下降 6.4%，破案率上升 4.7 个百分点，现行命案全部破获。省扫黑除恶专项斗争领导小组和省扫黑办等 6 个单位获评全国先进单位。

2019 年，全省政法系统开展“不忘初心，牢记使命”主题教育，落实政法系统政治督查制度，落实“基层减负年”部署和政治轮训制度，开设“八闽法治大讲堂”“检察大讲堂”“公安大讲堂”，实施法院基层党组织组织力提升工程，举办“双百”活动 804 场。举办第三届“福建省十大法治人物”评选，培树“时代楷模”杨春等新典型，大力推广新时代“漳州 110”和晋江刑警“背包”精神。三明市公安局白沙派出所等 3 个派出所被命名为全国首批“枫桥式公安派出所”，黄志丽、洪彦伟分别入选全国“最美奋斗者”“最强执行干警”。

【政法服务新福建建设】 2019 年，福建省制定协同发展法治保障行动实施方案，建立司法协作、警务协作机制，服务闽东北、闽西南两大协同发展区融合发展。落实依法保障和服务民营企业健康发展 34 条政策措施，健全执法、司法、法律服务衔接配套的服务保障体系。推动省人大修订完善《福建省流动人口服务管理条例》，深化涉企审批服务改革，全省公安机关“一趟不用跑”服务事项提升至 116 项。巩固“基本解决执行难”阶段性成果，全省法院办结执行案件 35.41 万件。首创设立金融司法协同中心，推进金融纠纷“立调审执”一站式处理，在产业园区和重点企业设立检察室和检察联络点 106 个。加强闽台交流合作与司法互助，省法院出台司法惠台 59 条措施，省检察院制定依法保障台胞台企合法权益 18 条意见，省公安厅推出服务台胞台企 7 条新举措，省司法厅推动与港澳台律师事务所融合发展。举办海峡法学论坛、海峡两岸检察制度研讨会、第十一届海峡两岸司法实务研讨会、两岸基层调解员联谊交流会。畅通涉脱贫攻坚案件绿色通道，加强协助解决农民工讨薪问题专项监督，开展“律师助力脱贫攻坚”“根治农民工欠薪”等公益法律服务，完善涉农村低保户资格审查认定、扶贫款等案件审理机制。健全生态司法组织、制度、保护、共治体系，探索引入专家咨询论证机制。加大破坏生态环境刑事犯罪打击力度，批捕破坏环境资源犯罪 473 件 736 人，全省法院适用“补种复绿”162 件 230 人。开展“守护海洋”检察公益诉讼专项监督，督促回收和清理生产固体废物 1650 吨。加强古村古厝等司法保护，出台加强文化遗产司法保护 10 项措施，福州成立首个文化遗产保护巡回法庭，对“福州古厝”开展公益保护。

【社会安全稳定维护】 2019 年，福建省开展严打暴恐专项行动，侦办一批涉恐案件，坚决守住不发生暴恐袭击的底线。落实“三同步”工作原则，处置一批重大敏感案事件。建立重点风险隐患信息库，实行精准滚动管理。开展公共安全领域突出问题大排查大化解大整治大攻坚行动，严防个人极端暴力案事件。全省政法系统配合省政协开展“构建和完善矛盾纠纷多元化解机制”专题协商，开展全省“大排查、早调解、护稳定、迎国庆”人民调解专项活动，累计排查化解各类矛盾纠纷 12.8 万件，调解成功率 98.2%。落实党政领导接访下访制度，一批信访积案实行省市县领导包案化解，全省信访工作实现四个递减，网上信访占比和办理效率质量明显提高，完成中华人民共和国成立 70 周年活动、“一带一路”高峰论坛、第二届“数字中国”建设峰会等重大活动的安保维稳任务，得到省委书记于伟国的批示肯定。

【扫黑除恶】 2019 年，福建省政法系统健全“五级书记一起抓、党政同责共同抓、行业部门联动抓”的组织体系，落实领导挂钩联系、蹲点调研制度强化督导推动。围绕中央扫黑除恶督导组“回头看”发现的问题，做好督导整治“后半篇文章”，工作成效得到督导组肯定。集中优势兵力聚焦大案要案侦办，组织开展“清朗”系列专项行动。宣传发动群众，省市县出台完善举报奖励办法，提高群众举报奖励标准，设定举报奖励金每月集中发放。省市主流媒体开设“扫黑除恶进行时”专栏，刊播新闻报道 14300 多篇，制作播出动漫、微视频等新媒体产品数千条，全省扫黑除恶好评率再创新高。在惩腐打伞的同时打财断血，出台加强黑恶势力犯罪案件涉案财产处置工作的指导意见，对黑恶组织涉案财产应查尽查、应缴尽缴。坚持扫黑除恶与夯实基层基础相结合，开展软弱涣散基层党组织等问题专项整治，整治软弱涣散村党组织 859 个，提升基层党组织的凝聚力和战斗力。扫黑除恶专项斗争取得重要阶段性成效，涉黑案件移送审查起诉率、提起公诉率、一审判决率分别位居全国第 4、第 4、第 2 位，福建省在全国扫黑除恶专项斗争推进会上作交流发言。省扫黑除恶专项斗争领导小组和省扫黑办等6个单位获评全国先进单位，受表扬单位数量位居全国第4位。

【社会治理创新】 2019年，福建省连续第22年实行平安建设责任书签订制度，健全平安奖励政策，推行“平安红包”“保险+综治”奖励制度。完善《平安县（市、区）考评标准及办法》，实施平安县区、平安单位、平安乡镇等基层创安工程，形成全域覆盖、全员参与的平安创建体系。紧盯群众反映强烈的突出治安问题，强化打防管控措施，全省刑事立案数比上年下降6.4%，破案率上升4.7个百分点，现行命案全部破获。推进涉麻涉毒和电信网络诈骗专项整治，长汀县被国家禁毒委取消重点关注。开展校园安全隐患清查整治行动，中小学、幼儿园保安员配备率和封闭化管理率100%。出台社会心理服务体系建设的意见，推进国家社会心理服务试点城市建设。坚持和发展新时代“枫桥经验”，“海上枫桥”、“网上枫桥”、“诚信建设+信访”综合惩戒机制、“四警四化”警务机制、跨域立案诉讼服务3.0版、公益诉讼诉前圆桌会议、“最多投一次”阳光信访机制、“信访评理室”等系列做法得到中央领导及国家有关部委肯定。坚持创新引领、系统集成，建成省级网格化服务管理信息平台，推动省市两级数据汇聚、资源整合、标准统一。“雪亮工程”推向全国共享平台视频资源21万多路，居全国前列。参与市域社会治理现代化试点，福建省在全国市域社会治理现代化推进会上作经验介绍。

【政法领域全面深化改革】 2019年，福建省推进政法领域全面深化改革，组织政法委内设机构改革，完成公安现役部队改革和两个职务序列改革，政法机关职能配置、机构设置、人员编制进一步优化。全省基层法院内设机构总数由1206个减为750个，精简幅度37.81%。设区市检察院设置内设机构160个，基层检察院设置内设机构636个，均大幅精简。统筹推进司法责任制、司法人员分类管理、职业保障、人财物统一管理，做好法官检察官入额遴选工作。全省法院加强审判团队建设，构建繁简分流、调裁对接、速裁快审、程序转化等机制。落实认罪认罚从宽制度，检察机关在刑事诉讼中的主导责任充分发挥，阶梯式从宽量刑机制和全面法律援助模式得到最高法院肯定。推动特赦工作依法有序实施，完成特赦工作任务。整合司法行政律师、公证、司法鉴定、司法所等法律服务资源，推进实体、热线、网络“三大平台”建设，建成86个市（县、区）公共法律服务中心、1105个乡镇（街道）法律服务站、1.68万个村（社区）法律服务点。

（柯建民）

法治政府建设

【概况】 2019年，福建省完善法治建设体制机制，推进法治政府建设和依法行政各项工作。各级政府履行主体职责，对标中共中央、国务院《法治政府建设实施纲要（2015—2020年）》及福建省实施方案，提出年度重点任务，落实工作责任。省长唐登杰先后多次主持召开省政府常务会议研究、审议法治政府建设工作及立法项目。省政府将法治政府建设情况纳入各级政府各部门绩效考核，把增强干部法治思维能力纳入《2019—2022年福建省干部教育培训规划》；举办专题法治讲座2期，学习外商投资法、重大行政决策程序暂行条例、行政执法“三项制度”等内容。举办县（市、区）政府班子领导和省直部门分管领导依法行政能力培训班2期，举办新任厅级领导党内法规专题培训班2期。参与全国法治政府建设示范创建活动，厦门市、福州鼓楼区入围综合示范创建地区，福州市行政审批制度改革入围单项示范创建项目。

2019年，省委全面依法治省委员会和省政府多次召开专题会议，研究部署全面依法治省和法治政府建设工作，审议通过3项工作规则，明确40项年度重点任务。开展法治政府建设，全面督察和食品药品监管执法司法、法治化营商环境等专项督察。聚焦脱贫攻坚、生态文明建设等重点领域，省市两级完成《福建省促进革命老区发展条例》《福建省河长制规定》等58项法规规章审查工作。推动出台《福建省行政执法条例》，协调解决武夷山国家公园、漳州古雷开发区等行政执法争议，推进证明事项动态清理和“放管服”改革，推动严格规范公正文明执法。加强行政复议与应诉工作，率先在全国实行“职能分设”，全年办理行政复议案件5921件、行政应诉案件（一审）6958件，其中省政府本级案件分别为294件和183件，三明行政复议纠错案例在国务院新闻发布会上受到通报表扬。强化备案审查的层级监督职责，围绕工程建设、外商投资等7个领域开展规范性文件专项清理，全年完成备案审查规范性文件1895件、提出修改意见89件、撤销3件。明确56家重点省直单位普法责任清单，开展“宪法宣传周”“服务大局普法行”等系列活动，命名全省首批法治文化建设示范基地12个，其中龙岩上杭县“共和国法制摇篮展览馆”入选全国第二批法治文化建设示范基地。完成93个全国民主法治示范村复核，福州率先出台民主法治村（社区）动态管理机制，南平探索建立“1335”治理模式，推动法治乡村建设。办理省人大代表建议22件、省政协提案30件，实现4个100%目标。

【政府职能转变】 2019年，福建省深化“放管服”改革。完成机构改革后省、市、县三级涉改部门权责清单的调整完善，完成全省116.3万项权责事项的数据汇聚云平台工作。推进政务服务“马上就办”，省网上办事大厅与省直部门和各市、县、乡镇（街道）审批平台实现互联互通；建成闽政通APP统一政务平台，接入行政审批、公共服务事项超过16万项。推进“证照分离”“多证合一”改革，推进证明事项清理。全省“一趟不用跑”和“最多跑一趟”事项占比89.68%。投资项目审批时间压缩至法定时限的40%，工程建设项目审批时间压缩至90个工作日；企业开办时间压缩至5个工作日；不动产登记时间压缩至5个工作日以内。推进“双随机一公开”监管方式，在市场监管领域实现7部门联合监管。制定出台《福建省对标国际先进提升营商环境行动计划》《关于营造有利于创新创业创造良好发展环境的实施意见》等，打造法治化营商环境。组织实施市场准入负面清单，落实减税降费政策，依法维护民营企业合法权益。扩大开展相对集中行政许可权试点工作，新增漳州市古雷港经济开发区等3个试点地区。在自贸试验区开展“证照分离”改革全覆盖试点，对中央和省级层面设定的涉企经营许可事项实行全覆盖清单管理。开展《平潭综合实验区条例（修改）》的有关立法工作，推进平潭综合实验区法治保障。聚焦中央生态环保督察反馈问题整改，第一、二轮督察交办信访件办结率分别为99.57%、86.1%。

【依法行政制度体系建设】　2019年，福建省坚持立改废并举，健全完善地方性法规规章制度。省政府提请省人大常委会审议地方性法规草案3项，制定（修改）规章4项。9个设区市共提请同级人大常委会审议地方性法规草案30项，制定和修改市政府规章10项。突出重点领域立法，紧扣高质量发展落实赶超要求立法，提请省人大常委会审议《福建省交通建设质量安全监督条例》；抓准惠民立法，提请省人大常委会修订《福建省促进革命老区发展条例》；抓紧环保立法，制定《福建省河长制规定》；抓实文旅立法，制定《福建省人民政府关于修改〈福建省“古泉州（刺桐）史迹遗址”文化遗产保护管理办法〉的决定》。及时修订清理法规规章，坚持与时俱进，组织开展“放管服”改革、公平竞争、产权保护等领域涉及的法规规章清理，提请省人大常委会修订《福建省文物保护管理条例》《福建省实施〈中华人民共和国会计法〉办法》《福建省体育经营活动管理条例》；在全省范围内开展与外商投资法及现行开放政策不相符的法规规章专项清理工作。强化重大行政决策合法性审查，贯彻落实国务院《重大行政决策程序暂行条例》，经事前合法性审核的省政府及省政府办公厅文件633件（次）。全省各级政府对1895份规范性文件进行备案审查，对89件提出修改意见，撤销3件，做到“有件必备、有备必审、有错必纠”。

【行政执法水平提升】　2019年，福建省推进行政执法体制改革，出台《福建省深化综合行政执法改革实施方案》，部署推进全省市场监管、生态环境保护、文化市场、交通运输、农业和城市管理六大领域的综合行政执法深化改革。各设区市均出台相应实施方案并组建综合执法队伍，初步实现执法力量下沉、局队合一、一支队伍管执法的改革任务要求。制定《福建省全面推行行政执法公示制度执法全过程记录制度重大执法决定法制审核制度实施方案》《福建省重大执法决定法制审核办法》，指导、部署全省全面推行行政执法“三项制度”并取得阶段性成果。同时，突出专项执法惠民生。全省开展食品安全检查执法11.02万次，查处违法行为2132起；开展文化和旅游市场专项整治行动，抽查经营单位44013家次，办结案件749件；开展“清水蓝天”等环保专项执法行动，办理环境行政处罚案件4146件，涉嫌犯罪移送案件2255件；受理处置网上违法和不良信息举报近1.7万条，依法关闭网站145家，清理有害信息11万余条。

【行政权力制约和监督】　2019年，福建省织牢权力监督密网。全年受理行政效能投诉件2957件，办结率100%；受理“12345”平台诉求252万件，诉求受理和反馈回复率100%，按时办结率99.95%，群众满意率99.63%；办理省人大代表建议892件、政协提案825件，办结率100%；落实司法建议，协同推进行政公益诉讼检察，完善省、市、县三级府院联席会议机制。执行国务院《政府信息公开条例》和《福建省依申请公开政府信息公开办法》《全面推进政务公开工作实施意见》，履行主动公开职责。全年全省主动公开政府信息17.8万条，受理政府信息公开申请9222件，发布政策解读3700余条，通过政务微博微信发布政府信息2.1万条。加强政府诚信建设，当好守信践诺表率，抓好《福建省加强政务诚信建设实施方案》落实，强化政府采购、政府和社会资本合作、招标投标、招商引资、地方政府债务等领域政务诚信建设。

【矛盾纠纷依法化解】　2019年，福建省加强人民调解与行政调解、司法调解、仲裁的衔接联动，健全多元化解纷体系。全省各类人民调解组织成功化解矛盾纠纷13.3万件。全省律师等法律服务人员担任16828个村（社区）的法律顾问。仲裁机构受理仲裁案件6326件，助力海上丝绸之路建设。完成庆祝中华人民共和国成立70周年等重大活动安保维稳任务，全省群众安全感率98.9%，加强行政复议应诉工作，各级行政复议机关共受理行政复议申请5284件，申请人自愿撤回行政复议申请而终止的案件929件，其中调解（和解）113件，复议纠错率14.9%。依法制发行政复议意见书127份，落实110份。制定《福建省依法分类处理信访诉求工作细则》，依法畅通和规范信访渠道。探索建立“最多投一次”阳光信访工作机制，全省5个试点县（市、区）纳入“最多投一次”办理的信访事项一次性化解率平均达到94%。全年全省信访总量20.7万件，进京到非接待场所人员数量、到省集体上访人次分别比上年下降37.8%、33.4%。　（马　莉）

公　　安

【概况】　2019年，福建省社会治安呈现“两降一升”良好态势（刑事立案数、交通事故亡人数分别比上年下降6.4%和5.5%，破案率比上年提高4.7个百分点），群众安全感率98.9%，比上年提高0.45个百分点，涌现出3个公安部命名的“枫桥式公安派出所”和“时代楷模”杨春等一批先进典型。省公安厅被公安部记集体一等功。

2019年10月11日，福建省公安机关组织警力押解“9·11”特大跨境电信网络诈骗专案嫌疑人回闽。图为厦门高崎国际机场押解现场 （郑明 摄）

2019年8月12日，省公安厅在福州长乐启动集中统一销毁非法枪爆物品活动。图为待销毁的部分非法枪爆物品 （杜勇 摄）

【中华人民共和国成立70周年大庆安保维稳】 2019年，福建省坚持“细致、精致、极致”标准，紧盯涉恐涉暴、社会治安、公共安全等风险隐患，制定安保总体方案，每月细化方案，多次召开全省会议研究部署，推动各项安保措施落地见效，以福建稳定助力首都稳定。坚持和发展新时代“枫桥经验”，开展矛盾纠纷大排查大化解，全年排查化解矛盾纠纷12.8万起，群体性事件起数、参与人数连续三年逐年下降。适时启动社会治安防控高等级勤务，加密公安武警联勤巡防，提高见警率、管事率和威慑力。严密涉众涉稳、个人极端等不放心人员管控措施，严格危险物品“五个一律”临时管控，严防福建省风险流入北京。全省大庆安保维稳工作多次被公安部通报表扬，成绩居全国前列。

【刑事犯罪侦查】 2019年，福建省以深化扫黑除恶专项斗争为龙头，坚持机制创新与科技应用相结合，严厉打击涉黑涉恶、涉枪涉爆、电信网络诈骗、“黄赌毒”、“盗抢骗”等犯罪活动，快破大案、多破小案、严控发案，推动社会治安秩序持续向好。全年全省刑事案件立案数比上年下降6.4%，破案率提高4.7个百分点，现行命案实现全破，涉嫌刑事犯罪人员抓获数、移送起诉数分别比上年增长2%和3.5%。聚焦扫黑除恶“深挖根治”阶段性目标，组织开展“清朗”系列专项行动，持续掀起对黑恶势力犯罪的凌厉攻势。全年全省打掉黑社会性质组织45个、恶势力犯罪集团213个、恶势力犯罪团伙132个，破获九类涉恶案件8000余件。省公安厅被评为全国扫黑除恶专项斗争先进单位。开展破案追逃“云剑”行动，抓获特大绑架杀人逃犯劳荣枝等在逃人员2.5万人，比上年增长29.5%，网上在逃人员库存数下降67.5%。深化打击电信网络诈骗犯罪专项行动，全省电信网络诈骗发案数、群众财物损失数分别比上年下降4.7%和9.9%，破案数、抓获犯罪嫌疑人数分别增长19.4%和53.6%，实现“两降两升”目标。

【经济犯罪侦查】 2019年，福建省以“云端打击”为主战模式，组织开展打击非法集资、传销、侵权假冒、涉税犯罪等专项行动，对金融、财税、民生等领域突出经济犯罪实施集约化、全链条打击。全年全省破获经济犯罪案件6345件，抓获犯罪嫌疑人6781人，破获全国首起利用第四方支付平台从事非法资金支付结算、涉案金额30亿余元的“4·01”非法经营案，破获全国缴获数量最大的“10·20”伪造人民币硬币案等一批大要案件。开展缉捕在逃境外经济犯罪嫌疑人“猎狐行动”，追回境外逃犯67人，专项战果排名全国前列。组织开展经济领域风险排查、稳控和防范宣传等工作，化解处置各类风险隐患，预防和减少经济犯罪造成的损失。

【禁毒】 2019年，福建省开展毒品问题综合治理，建立健全“3+4+5”工作机制（纳入平安建设、文明创建、综合考评三个范畴，作为督导检查、述职

2019年6月25日，省禁毒委在福建博物院举办"6·26"国际禁毒日主题宣传暨纪念林则徐"虎门销烟"180周年活动（杜勇　摄）

评议、通报约谈、重点整治四项内容，实行省市县乡村五级联动）。全省毒品形势呈现"毒品供应流通量、新滋生涉毒人数、涉麻制毒窝点数、吸毒人员参与'两抢一盗'案件数明显下降，主动打击效能、戒断三年未复吸人数持续上升，毒品黑市交易价格和制毒物品黑市交易价格大幅攀升"的"四降四升"态势。组织开展"禁毒2019两打两控"暨"飓风肃毒2019"会战行动，全年破获毒品犯罪案件3488件，抓获毒品犯罪嫌疑人4491人，缴获各类毒品4.49吨、易制毒化学品53.63吨，查处吸毒人员17445人次。省禁毒委出台加强新时代全民禁毒宣传教育工作的实施意见，举办"6·26"国际禁毒日主题宣传暨林则徐"虎门销烟"180周年纪念活动，建成禁毒教育基地（实践基地）148个、禁毒品牌社区108个、禁毒宣教室1198个。实施福建智慧禁毒战略，将毒品问题治理技术纳入福建省科技计划项目，组建省级预防毒品与戒毒康复研究中心。推进社区戒毒社区康复工作，建成标准化工作站543个，执行社区戒毒、康复执行率99.8%。全年全省新发现吸毒人员比上年下降13.3%，戒断三年未复吸人员增长26.7%。

【治安防范管理】　2019年，福建省开展社会治安防控体系建设标准化城市创建工作，组织6个城市申报参评全国标准化城市，打造立体化、信息化社会治安防控体系。实施城乡社区警务战略，推行"一区一警两辅"和农村"一村一警务助理"机制，全省配备警务助理7000余人。推进"雪亮工程"建设，深化标准地址二维码建设应用，建成81个智慧安防小区，提升安防智能化水平。学习推广新时代"漳州110"，推行以"四警四化"为核心的接处警巡防机制，全省百万人口以下的市县全部推行以巡特警为主负责处警的模式，同时推广"社区（乡村）110"做法，推动"110"与"12345"等平台深度对接，提高见警率、管事率，增强群众安全感、满意率。全年全省接处警呈现"一降三升"良好态势（接报违法犯罪警情数比上年下降3.9%；接处警快速反应率87.9%、非警务警情流转率97.2%、接处警满意率95.6%，分别比上年提高3.9个、22个和1.6个百分点）。开展校园安全隐患清查整治，中小学、幼儿园保安员配备率和封闭化管理率100%。深化打击食药环犯罪"昆仑"行动，破获"4·26"全国第一起特大新型制售有毒有害食品案，得到王勇、赵克志等中央领导批示肯定和公安部通令嘉奖。

【道路交通管理】　2019年，福建省部署开展道路交通安全综合整治三年专项行动，实施城市道路交通文明畅通提升行动计划，落实道安综治责任督导，推动道路交通安全形势持续好转。全年全省查处酒（醉）毒驾、超员超载等各类严重交通违法行为271万余起。开展农村安全守护行动，累计建成农村交通安全劝导站12281个，配备劝导员3万余人。排查治理急弯陡坡、临水临崖、长下坡和长隧道隐患，推动完成738处省级隐患路段整治。加强重点人、车管理，强化电动自行车管理，大中型客货车驾驶人审验率、换证率、满分学习率均在99%以上，全省五类重点车辆检验率、注销率均在99%以上。借助广播、报纸、电视、网络等媒介拓宽交通安全教育，曝光典型交通违法和事故案例322件、全省终身禁驾名单436人，刊

2019年4月17日，省公安厅在福州屏山小学开展"反恐宣讲进校园"活动（柳韶宁　摄）

播交通安全公益广告 1832 次，开展宣传 2.77 万场次。全年全省发生造成人员伤亡的交通事故起数、死亡人数、受伤人数分别比上年下降 8.33%、5.48%和 13.18%。

【出入境管理】 2019 年，福建省公安机关出入境管理部门批准公民出国（境）申请 4551339 人次，签发普通护照 1086612 人次，签发内地居民往来港澳通行证件 2444916 人次，批准内地居民前往港澳定居 4782 人，签发大陆居民往来台湾通行证件 778642 人次，签发台胞证 236092 人次。办理外国人签证证件 36591 人次，其中签证 6968 人次、居留证件 29623 人次。

【打击走私】 2019 年，福建省组织开展打击走私“国门利剑 2019”“蓝天 2019”、打击整治走私成品油、走私象牙等濒危物种及其制品等专项行动。全年全省立案查处涉嫌走私刑事案件 637 件，案值 108.8 亿元，分别比上年增长 173.4%和 70.5%；查办行政案件 4840 件，案值 108.5 亿元，分别比上年增长 1.4%和 2.79 倍。开展清港清湾、“三无”船舶清查整治、客货运码头和锚地联合管控等专项行动，查处各类违规船舶 300 多艘次，整合 4 万多路重点地段视频监控资源，做好沿海非设关地和流通领域治理。深化“反走私综合治理示范村”创建活动，提高齐抓共管、群防群治反走私工作的水平。

【公安系统“放管服”改革】 2019 年，福建省公安机关聚焦高质量发展落实赶超、海峡两岸融合发展、闽东北闽西南协同发展区建设等发展战略，落实公安部服务经济社会发展 60 项措施，出台服务台胞台企 7 项、保障服务民营企业健康发展 15 项和助推引才引智 12 项等一批新举措。推动省人大常委会修订《福建省流动人口服务管理条例》（2019 年 11 月 1 日起实施）。开展“最多跑一趟”降趟升级行动，全省公安机关 278 项审批服务事项中，“一趟不用跑”116 项、占比 41.7%，“最多跑一趟”154 项、占比 55.4%，增强群众获得感。深化公安交管“放管服”改革，落实小型汽车驾驶证全国“一证通考”等 10 项全国性便利措施，推动为新能源汽车注册登记开辟绿色通道等 11 项福建省特色服务举措提档升级。落地实施外国人过境厦门空海港 144 小时过境免签、内地居民申办出（国）境证件“全国通办”等出入境便利政策。

【法治公安建设】 2019 年，福建省推进地方公安立法，清理 17 件公安地方性法规规章，联合有关部门出台确保扫除黑恶势力办案质量、加强证人保护工作意见，编制《扫黑除恶工作手册》。推进 103 个公安执法办案管理中心建设，推行执法办案、监督管理、服务保障“一体化”运行机制，健全举报投诉、案件督查等工作机制，构建全流程执法管理监督体系。全年全省检察机关监督立案、撤案起数分别比上年下降 44.9%和 3.5%。落实《福建省公安机关现场执法指引实施细则》，加强情境式执法培训，推广“教科书式执法”，提升公安民警执法能力。 （林东阳）

检　察

【概况】 2019 年，福建省检察机关办理各类案件 193723 件，其中审查提请逮捕各类案件 30789 件 44174 人，审查移送起诉各类案件 54327 件 74907 人，办理公益诉讼案件 1169 件，办理刑事、民事、行政诉讼监督案件 107438 件次。制定实施服务民营经济创新创业创造“16 条意见”，批捕破坏金融管理秩序、金融诈骗等犯罪 1450 人、起诉 1655 人，批捕制假售假犯罪 659 人、起诉 1145 人；开展涉非公经济案件立案监督和羁押必要性审查专项活动，提出释放或变更强制措施建议 113 件；排查涉民营企业刑事诉讼“挂案”及刑事申诉积案 94 件。强化闽台融合发展法治保障，落实省检察院服务保障台胞台企“18 条意见”，举办第五届海峡两岸检察制度研讨会。福建省“司法服务＋司法保障＋司法交流”涉台检察模式得到最高检和中央台办肯定。增强老区苏区脱贫奔小康法治力量，将因案致贫返贫的案件当事人或其近亲属纳入司法救助，发放救助金 615 万余元。开展协助解决农民工讨薪问题专项监督，帮助 859 名农民工追讨欠薪 2165 万元。做好援藏援疆、挂钩扶贫等工作。推进扫黑除恶专项斗争，提前介入涉黑涉恶犯罪 202 件，批捕 1490 人，起诉 3045 人；侦查机关以涉黑涉恶移送审查起诉的，检察机关不认定 230 件；未以涉黑涉恶移送的，依法认定 83 件；摸排“保护伞”线索，向纪委监委移送线索 331 条，决定逮捕 35 人，起诉 49 人；组织黑恶案件财产刑执行专项检察，监督财产刑执行 1234 人。针对涉海涉砂涉毒违法犯罪、未成年人涉黑等突出问题，提出 193 件检察建议督促整治。省检察院获全国扫黑除恶专项斗争先进单位。

2019 年，全省检察机关开展“不忘初心，牢记使命”主题教育，发现突出问题并开展专项整治 124 项。全面完成检察机关内设机构改革，省检察院设立 15 个检察业务部门和相关内设机构，市县两级院设置内设机构 812 个，精简 33.7%。持续落实司法体制综合配套改革，全省遴选员额检察官 174 人，159 人因离开办案部门等原因退出员额。入额院领导直接办案 11072 件，检察长列席审委会 261 人次。分级分类开展大规模教育培训，省检察院直接培训 43189 人次；开办“新福建检察大讲堂”，领导干部上讲台讲课 855 场次；推行检察官教检察官制度，组建民事行政诉讼监督专家咨询委员会，用好“检答网”解决新型疑难复杂案件问题。全省有 235 个集体和个人获省级以上表彰，32 件案件入选最高检指导性案例、典型案例。自觉接受最高检党组巡视；组织对 27 个单位开展系统内巡视、巡察，发现问题 805 个，对被法院列入失信人员、过问或干预、插手检察办案等问题开展自查自纠。办结并反馈人大代表建议 230

件，办理转交案件和事项 79 件，配合开展专题调研和执法检查 112 次，邀请专题视察、参加检务活动等 3777 人次；办结并答复政协委员提案 25 件，邀请 1270 名工商界人士参与“检察护航民企发展”开放日活动；依法慎重审查公安机关提请复议复核的不批捕、不起诉案件，改变原决定 23 人。办理反映侵犯律师执业权利案件 11 件。推进全省三级检察院“12309”检察服务中心建设运行，同步开展手机、网络等平台建设及应用，为群众提供“一站式”服务。公开案件程序性信息 87114 件、法律文书 43948 份。建成生态检察、未成年人检察、公益诉讼、服务非公经济发展、涉台检察、红色检察基因传承教育等 6 个特色检察展示平台，接待社会各界代表 2 万人次。加大检察宣传力度，全面推进“一网两微八端”新媒体阵地建设，讲好检察故事。

【刑事检察】 2019 年，福建省落实“捕诉一体”工作机制，批捕各类刑事犯罪 35909 人，起诉 67336 人。严惩故意杀人、绑架等严重暴力犯罪，批捕 1588 人，起诉 1740 人；持续打击抢劫、抢夺、盗窃等多发性侵财犯罪，批捕 6864 人，起诉 8787 人。提前介入社会高度关注的邱日辉持刀杀人并劫车撞人案、吴谢宇弑母案等，依法从快批捕起诉。贯彻宽严相济刑事政策，对涉嫌犯罪但无须逮捕的不批捕 3139 人，对犯罪情节轻微、依法可不判处刑罚的不起诉 3600 人。坚持不懈纠防冤错案件，对不构成犯罪或证据不足的不批捕 4835 人，不起诉 784 人。参与反腐败斗争，受理各级监委移送职务犯罪案件 393 件 475 人，决定逮捕 224 人，起诉 400 人。落实与监委衔接配合机制，提前介入调查 213 件次，结合办案移送违纪违法线索 245 条，监委立案调查 27 人。依法履行修改后刑诉法赋予检察机关对司法人员侵犯公民权利、损害司法公正犯罪的侦查权，查办司法人员相关职务犯罪 8 件 8 人。

2019 年，检察机关突出加强对刑事立案、侦查、审判、执行活动重点环节的监督。探索在公安执法办案管理中心设立派驻检察室，督促立案 201 件、撤案 302 件；通过严审细查追加逮捕 683 人，追加起诉 1017 人；对违法取证、适用强制措施不当等提出书面纠正意见 543 件次；对认为确有错误的刑事裁判提出抗诉 162 件，法院已改判、发回重审 91 件。同步审查减刑、假释、暂予监外执行 41837 人，监督纠正 334 人；对审前、审中可不继续羁押的提出释放或变更强制措施建议，被采纳 3015 人；核查被判处罚金刑、没收财产刑罪犯 50179 人，提出从严掌握减刑、假释意见 142 件。对 19 个监狱开展巡回检察 25 次，发现执法不规范等问题 576 个。开展特赦同步监督，对特赦提请不当的提出检察意见 21 件。

【民事检察】 2019 年，福建省检察系统树立精准监督理念，优先选择有引领价值的典型案件加强监督，共办理各类民事检察案件 2672 件。通过抗诉发挥对类案指导作用，以检察建议等方式促进个案纠正，提出民事抗诉和再审检察建议 188 件，被采纳 132 件。对 1101 件依法不支持监督申请的案件，做好化解矛盾、服判息诉工作。对违法采取保全措施、违法送达、适用审判程序错误、超期审理等问题，提出检察建议 120 件。监督、支持法院解决执行难，组织开展民事非诉执行、“终结本次执行”等专项监督，提出检察建议 514 件。开展虚假诉讼领域深层次违法行为专项监督，查处虚假诉讼 116 件，从中移送犯罪线索，相关部门立案 29 人。

【行政检察】 2019 年，福建省检察系统围绕维护司法公正、促进依法行政的共同法治目标，办理各类行政检察案件 824 件，其中生效行政裁判结果监督、行政审判人员违法行为监督、行政执行监督案件分别比上年增长 23.9%、66.7%、46.8%。针对群众反映强烈的行政争议案件难以进入实体审理程序问题，开展专项监督促进实质性化解，已排查 38 件。加大行政非诉执行监督力度，提出检察建议 243 件。探索对诉讼活动中涉及的行政处罚开展监督，提出意见 31 件。针对不规范处置没收违章建筑物现象，排查案件 52 件，向相关部门提出建议，省政府领导已批示有关部门重视抓好落实。

【公益诉讼】 2019 年，福建省检察系统通过诉前程序办结案件 1101 件，提起公益诉讼 68 件，督促治理被损毁的耕地、林地、湿地 180 公顷，督促清理固体废物、生活垃圾 2300 余吨，督促追回各类资金 11.18 亿元。通过检察建议、告知函等，促进检察监督与行政执法良性互动，93%接受检察监督的行政机关主动纠错或依法履职。贯彻英雄烈士保护法，运用刑事附带民事公益诉讼等方式捍卫英烈尊严。探索拓展公益诉讼办案范围，省检察院与福州军事检察院建立公益诉讼协作机制，共同维护国防利益。

【认罪认罚从宽制度落实】 2019 年，福建省检察系统履行检察官在刑事诉讼中指控犯罪的主导责任，开展刑事和解、社会调查评估、派驻值班律师等工作，全面收集审查罪轻、罪重的量刑情节和证据，适用认罪认罚从宽制度审结案件 26417 件 33485 人，占同期办结案件数 50.6%。客观公正提出量刑建议 27993 人，法院采纳率 92%。对 8581 件案件适用速裁程序，平均办案时间 9 天。

【未成年人检察】 2019 年，福建省检察系统对涉嫌轻微犯罪并有悔罪表现的未成年人，不批捕 390 人、不起诉 368 人；应当依法惩戒的，批捕 1110 人、起诉 1790 人。严厉打击性侵、拐卖、校园欺凌等伤害未成年人犯罪，批捕 1726 人、起诉 2226 人。办理的一起性侵未成年养女案入选全国依法维护妇女儿童权益十大案例。省检察院联合省教育厅、省公安厅开展预防校园性侵专项行动，提请省委政法委牵头 11 家单位出台暂行办法，对与未成年人密切接触行业，实行侵害未成年人强制报告、性侵未成年人违法犯罪从业禁止等机制。推动“法治教育示范校”创建工作，常态化开展法治进校园活动，94名检察长兼任中小学法治副校长。

【社会治理】 2019年，福建省检察系统实行“群众来信件件有回复”，对25581件来信，能够回复的全部做到“7日内程序回复、3个月内办理过程或结果答复”；注重解决群众反映问题，各级院检察长接访1517件次；针对多年申诉、各方关注案件，邀请代表委员、人民监督员等公开听证。全力保障食品药品安全，参与中央食品药品监管执法司法督察反馈意见整改，强化行政执法与刑事司法衔接，起诉制售假药劣药、有毒有害食品等犯罪239人，建议行政执法机关移送相关案件52件；深化“保障千家万户舌尖上的安全”专项监督，开展中小学校园、幼儿园及周边食品安全等领域公益诉讼专项监督，办理危害中小学、农贸市场、网络外卖食品安全的公益诉讼案件349件；督促相关职能部门严格监管，整改不合格网络餐饮商户5766家。加大生态环境司法保护力度，批捕破坏环境资源犯罪813人，起诉1796人；结合办案落实生态修复机制，督促补植林木419.2公顷、放养鱼苗4亿多尾，募集生态修复基金766万元；主动将生态司法保护从陆地向江河湖海延伸，沿海检察机关跨区域协作，开展“守护海洋”检察公益诉讼专项监督，提出检察建议143件，监督行政机关履职95件次。 （董利炜）

法 院

【概况】 2019年，福建省法院着力服务大局、司法为民、公正司法，全面推进各项工作，取得新进展。全省法院受理各类案件103.12万件，比上年增长8.41%，其中新收94.49万件，增长11.49%；办结95.15万件，增长10.03%。省法院受理1.88万件，其中新收1.65万件，办结1.68万件。

2019年，福建省法院开展“不忘初心、牢记使命”主题教育。推进“8+7+1”专项整治和上下联动整改，落实222条整改措施。省法院在全省主题教育专项整治工作推进会上作经验介绍。落实职务职级并行制度，完善干部培养、选拔、管理、使用工作机制。推进司法人才培树工程，加强优秀年轻干部梯次培养；健全审判业务专家评定管理机制，开展“闽法问道”专家“门诊”15次；院校合作共建司法人才协同培养基地；省法院举办培训班30期、培训2.09万人次；加强岗位练兵、技能竞赛和传帮带，全省法院选派310名干警到上下级法院学习锻炼。开展激励关爱干警十大行动；有2个法官权益保障案例被中国法官协会发文推广。狠抓正风肃纪和反腐倡廉，落实“两个责任”，出台20条举措。自主研发应用监督平台“清风”系统，实现纪律作风督察智能化、常态化。

【刑事审判】 2019年，福建省法院健全刑事审判工作机制。首创“阶梯式从宽量刑机制”，会同司法行政部门推进刑事辩护全覆盖和全面法律援助模式，律师辩护比上年增长34.26%，法律援助增长100.09%。坚持宽严相济，生效判决5.49万名罪犯，其中被判处五年以上有期徒刑直至死刑3685人，判处缓刑、管制等非监禁刑1.88万人。完善冤错案件防范纠正机制，宣告20名被告人无罪。依法办理减刑、假释案件20802件，促进罪犯改造。依法完成特赦实施工作。开展法治进校园、联动帮教等，教育挽救失足少年，判处未成年犯1212人，比上年下降6.48%。严厉打击危害国家安全、公共安全、严重暴力、侵财等犯罪，一审审结案件4.56万件；惩治非法集资、网络传销等涉众型经济犯罪，一审审结案件3078件；完善监察调查与刑事司法衔接机制，一审审结贪污、贿赂等职务犯罪案件366件，其中被告人原为省部级干部2人、省管干部5人。严惩妨害安全驾驶、危害食药安全等犯罪，一审审结案件1.80万件。参与打击黄赌毒黑拐骗、网络新型犯罪等专项斗争，推进社会治安综合治理。创新涉黑恶案件相对集中管辖等审判工作机制，“大案联办、难案精办、简案快办”和“认罪认罚从宽、庭审重点攻坚”的做法经验在全国推广。一审审结涉黑涉恶犯罪及其“保护伞”犯罪案件505件3002人。出台25类常见黑恶犯罪量刑指导意见，设立扫黑除恶审判业务专家库和专家咨询委员会，移送犯罪线索368条，提出司法建议193条。制定加强黑恶势力财产处置及执行工作指导意见，并开展专项执行。省法院获评全国扫黑除恶工作先进单位，并作为全国法院系统和福建省的代表在全国推进会上作经验介绍。

【民商事审判】 2019年，福建省法院依法维护金融安全，规范金融秩序，发布首份金融审判、破产审判白皮书。一审审结金融借款、民间借贷等案件14.47万件，标的总额1211.58亿元。在全国首创厦门金融司法协同中心，获得最高人民法院和省委、省政府主要领导批示肯定。完善破产案件快立快审快判机制，加快出清“僵尸企业”，审结强制清算与破产案件222件。开展协同发展法治保障行动，创新跨域司法协同中心、平台和机制，服务保障两大协同发展区建设。服务海丝核心区和自贸试验区建设，一审审结涉外、涉港澳、涉侨、海事海商和铁路运输案件4222件。落实司法服务优化营商环境40条举措，开展民营经济服务保障行动，制定和落实10条举措，加大审判执行力度，发布典型案例，加强产权平等保护，编撰赠阅《民营经济法律风险防控图解指南》，一审审结商事案件12.98万件。联合省工商联出台意见，推进经济纠纷多元化解。发挥知识产权司法保护主导作用，发布知识产权白皮书，一审审结知识产权案件1.26万件，其中2件案件入选中国法院50件典型知识产权案例。完善知识产权案件管辖布局，福州知识产权法庭构建互联网诉讼平台，厦门知识产权法庭挂牌成立并创新跨域协同司法机制，打造知识产权争端解决“福建优选地”。推进闽江、九龙江、敖江等重点流域协同治理、集中管辖，全省实现驻河长办法官工作室、巡回审判点、联络点全覆盖。构建“生态司法＋”体系列入福建省国家生态文明试验区第三批改革成果复制推广。一审审结环境资源案件 6648 件，追究刑事责任 2291 人，责令缴纳修复资金 791.88 万元，补种管护林木 504.84 公顷。省法院在最高人民法院新闻发布会上介绍福建生态司法经验。深化涉台司法创新发展工程，率先出台司法惠台 59 条措施。推广设立台胞权益保障法官工作室，实行台胞使用台湾居民居住证便利诉讼制度，建立台胞法律援助和司法救助制度。办结涉台案件 1249 件，司法互助案件 6579 件。举办 2019 年海峡两岸司法实务研讨会。

【司法为民】　2019 年，福建省法院服务保障打好脱贫攻坚战和乡村振兴，妥善审理涉及精准脱贫、乡村振兴等案件 3299 件，促进老区苏区发展。加强司法救助，为当事人缓减免交诉讼费 1904.75 万元，发放司法救助款 6141.81 万元。坚持民生保障优先，一审审结涉及家事、医疗、教育、劳动等民事案件 28.76 万件。出台家事审判指导意见，创新财产申报、离婚冷静期等制度，一审审结家事案件 4.22 万件。建立健全医患纠纷司法鉴定和诉调对接机制，参与创建“平安医院”。健全劳动人事争议裁审衔接机制和道路交通损害赔偿纠纷一体化处理平台。严格实施《英雄烈士保护法》，坚定维护英雄烈士尊严。加强军地“法治结对”共建，联合评定“全省优秀涉军维权合议庭”。省法院民一庭获评全国全面停止军队有偿服务工作先进单位。推进行政争议实质性化解，一审审结行政诉讼案件 6822 件，办结行政非诉执行案件 8637 件。加强行政争议多元调处中心建设，完善省市县三级府院联席会议制度。编发行政审判白皮书。率先探索国家赔偿案件回访制度，建立国家赔偿、司法救助与社会救助衔接机制，审结国家赔偿与司法救助案件 1254 件。出台加强文化与自然遗产司法保护 10 项措施，福州法院设立古厝与文化遗产保护巡回法庭。推进建设一站式多元解纷机制和一站式诉讼服务中心，推进诉源治理减量工程，完善调解前置程序和律师调解、商会调解机制。全省法院设立诉调对接中心 159 个，人大代表、政协委员调解工作室 23 个，以调解、撤诉方式结案 22.36 万件。全面建成标准化诉讼服务中心，推广“移动微法院”。打造跨域诉讼服务 3.0 版，由立案拓展至送达、取证等 86 个项目，努力让老百姓充分享受“家门口的诉讼服务”，完成省内、省际跨域立案 6.8 万件，省法院在最高人民法院新闻发布会上作经验介绍。

【执行难基本解决】　2019 年，福建省法院巩固深化“基本解决执行难”成果，执结案件 35.41 万件，执行到位金额 705.9 亿元，分别比上年增长 20.12%、52.34%，有财产可供执行案件执结率 97.16%（上升 4.28 个百分点），依法判处拒执罪 360 件 391 人。完善全省执行联动机制、联合惩戒平台和应急指挥系统，深化智慧、高效、协同、规范、阳光、认同六大机制。全面落实服务民企“八个一律”“八项举措”，开展涉金融、民生民企等“亮剑八闽”专项行动，推广“善执惠商”机制，被央视专题报道。开展根治欠薪冬季攻坚行动，执结拖欠农民工工资案件 5070 件，兑现执行款 9876.64 万元。全媒体直播“夏季风暴”“暖冬行动”，以阳光执行促进自觉履行。全省法院“一案双查”制度和分段集约执行模式在全国法院推行，省法院等 4 个集体和 4 名个人获评全国法院“基本解决执行难”先进单位和个人。

【审判体系和审判能力现代化建设】　2019 年，福建省完善和落实司法责任制，强化院庭长监督管理职责，完善审判组织、主审法官、法官助理、书记员权责清单和工作规范。普遍建立主审法官会议制度，完善审判委员会工作机制，率先在省级法院审判委员会邀请辩护律师参会陈述意见。完善法院审级职能定位，强化审级监督，审结一审案件 47.41 万件，二审案件 5.05 万件，申诉、申请再审及再审案件 10683 件。支持检察机关履行法律监督职责，受理抗诉再审案件 48 件，审结 45 件，改判、发回重审 13 件。加强法官与律师良性互动，共同促进司法公正。深化司法体制综合配套改革，加强司法人员分类管理、职业保障、人财物统一管理改革，完成新一批法官入额遴选、等级晋升，推进法官助理、司法警察职务职级改革。完成基层法院内设机构改革，由 1206 个减为 750 个，精简 37.81%。推进繁简分流，在 25 家法院开展破解“案多人少”矛盾试点工作。全省法院一审适用简易程序的占 75.01%。健全新型审判管理体系，完善案例指导、类案指引等适法统一制度。开展审判执行精品工程，评选优秀庭审、案例、裁判文书、司法建议。加强人民陪审员选任、管理，全省 6184 名人民陪审员参审案件 10.03 万件。同时，加强信息化和智慧法院建设，打造办案智能化平台，加强电子卷宗随案生成和深度应用，推进诉讼档案跨域查询。试点推广刑事案件智能辅助办案系统，探索再审审查、减刑假释等案件“全流程全在线”办理，建成全省法院司法大数据平台和司法建议平台。加强福建法院“一站两微八端”建设，及时推送案件审判执行流程信息 179.14 万条，裁判文书上网 70.73 万篇，庭审直播 8.80 万场，让公平正义看得见。省法院获全国法院“最具影响力新媒体奖”。　（叶惠玲）

司法行政

【概况】　2019 年，福建省司法行政系统制定出台《司法行政干警紧急医疗救助工作意见》和《监狱人民警察依法履职保护实施办法》；出台《全面加强新时代司法所工作的若干意见》，开展司法所建设自查整改活动；建立健全基层公用经费动态调整机制，95%的市县司法局经费保障均有不同提高；出台全系统《“一学三比”大练兵大比武提高年实施意见》《“大培训”工作方案》，组织新一轮机关干部深入司法所践行“一线工作法”，举办7个专题50期培训班；完成第一批援疆任务，做好第二批250名民警支援新疆监狱工作。压紧压实“两个责任”，制定17个方面103条措施，抓好省委全面从严治党检查问题整改；运用监督执纪“四种形态”处理247人次，立案查处违纪案件34件34人、处分30人。开展第三届“福建十大法治人物”、第二届“最美监狱人民警察”等评选活动。全系统94个集体、171名个人获得省部级以上表彰，涌现出第九届“全国人民满意的公务员”方秋轩、第四届“全省人民满意公务员”兰翠河、第七届“全国道德模范”林建德等一批先进典型。

【监狱管理】 2019年，福建省司法系统贯彻“五大改造”新理念，开展“驻在式检查”“巡回检察”“短板大调研”和“安全大会战”等专项活动，建立健全罪犯出入监教育和民警包号房等制度，评选推广9个监管改造创新项目，连续10年实现“四无”安全目标、13年安全生产无事故。让服刑人员在希望中改造的福建监狱“阳光工程”项目组获评2018年度感动福建十大人物。推进监所基础设施建设，完成榕城所整体搬迁和翔安、洛江监狱土建工程。推进“智慧司法·数字法治”建设，完成省市县三级指挥中心实体化建设，监狱管理综合业务平台2个子系统和1个数据库投入试运行，榕城、闽江监狱和厦门戒毒所通过司法部“智慧监所”验收。

【戒毒工作】 2019年，福建省建立健全戒毒安全隐患分级管控双重预防工作机制，实行场所安全末位集中整训制度，组建教育戒治专家库，开展运动戒毒实践，连续4年实现“六无”安全目标、23年保持安全生产无事故。开展“戒毒工作千里行”巡回宣讲活动，广受社会好评。开展戒毒医疗工作“基础建设年”活动，10个戒毒单位全部加入所在地医联体。

【社区矫正和安置帮教】 2019年，福建省完成82个县级社区矫正中心标准化建设，制定出台矫正小组、矫正宣告等10多项制度，做细做实监管教育帮扶工作。全年全省在矫对象再犯罪率仅为0.16%，低于全国平均水平；安置帮教刑满释放人员16.66万人，重新违法犯罪率0.17%。

【人民调解】 2019年，福建省司法厅会同公安、信访等部门建立健全“访调对接”、“110”非警务事项联动处置等工作机制。评选首批10个省级“金牌调解室”。开展“大排查、早调解、护稳定、迎国庆”人民调解专项活动，累计化解矛盾纠纷13.3万件。

【公共法律服务体系完善】 2019年，福建省聚焦创新创业创造，推进民营企业“法治体检”常态化制度化；遴选54名律师组建省级涉外律师人才库。厦门成立自贸试验片区公共法律服务协同创新基地，漳州推动村（居）法律顾问纳入市政府乡村振兴争先创优标杆行动计划，莆田组织开展“涉外商事法律服务八闽行”活动，泉州服务民营企业做法得到全国工商联肯定。聚焦闽台融合发展，省司法厅联合省台港澳办建立涉台纠纷法律查明实施平台，健全与台港澳律师事务所合伙联营制度，推动台湾律师事务所在自贸试验区落户，设立全国首家大陆与台湾地区律师事务所联营办公室。聚焦老区苏区和困难特殊人群，开展“律师助力脱贫攻坚”“根治农民工欠薪”等公益法律服务，为受援人挽回经济损失6.2亿元。福州市法援中心被中宣部授予第五批全国学雷锋活动示范点。推进实体、热线、网络“三大平台”融合发展，做好“12348”与“110”“12345”平台分流对接。完成国家统一法律职业资格考试工作，成绩合格3370人。全年全省办理诉讼和非诉讼法律事务27.3万件、公证54.7万件、司法鉴定11.1万件、法律援助6.4万件。

【司法行政改革】 2019年，福建省深化司法行政改革，推进完成省市县三级司法行政机构改革；开展证明事项告知承诺制试点，全面推行行政执法“三项制度”，推进集中统一综合执法改革。省司法厅获评为“福建自贸区2015—2019年度最佳创新举措实施单位”。编制307项监狱工作标准，推行罪犯日用品供应服务全省“统招分签”，价格较市场价下浮25%。深化统一戒毒模式改革，9个强戒所完成“四区五中心”建设。推进刑罚执行一体化建设，以队建制形式选派264名监狱戒毒民警参与社区矫正工作。在15个县（市、区）开展行政调解试点，建立行政调解组织18个。制定《刑事案件辩护全覆盖试点工作律师调配规则》，推动解决律师资源区域分布不均问题。修订公职律师、公司律师管理实施办法，开展律师调解和专业水平评价试点，设立律师调解工作室254个，评定专业律师884名。联合省财政厅出台《省级法律援助转移支付资金管理办法》，动态调整办案补贴标准。推动修订《福建省司法鉴定管理条例》，完成58家“四类外”鉴定机构清理。推广“厦门湖里模式”，推进事业体制公证机构改革。制定113项行政审批服务标准，完成省级行政审批标准化试点单位终期验收。联合省法院、省公安厅出台指导意见，完成人民陪审员选任工作。协调推进省民主法制和社会治理领域13项改革任务、省委改革办6项重点改革任务落实。 （马　莉）

仲　裁

【概况】 2019年，福建省印发《贯彻落实关于完善仲裁制度提高仲裁公信力的若干意见重点任务分工方案》《完善仲裁制度提高仲裁公信力的实施意见》《仲裁行业发展秩序清理整顿专项行动分工方案》，规范全省仲裁行业发展秩序，提高仲裁公信力。召开全省仲裁机构座谈会，并部署开展打击“套路贷”违法犯罪活动专项整治工作。截至12月中旬，全省仲裁行业受理仲裁案件5860件，受案总标的额237.08亿元。

2019年，全省各仲裁委落实疑难仲裁案件会议研究制度，保障当事人申请仲裁的权利，提升审案水平，保证仲裁案件的公信力。坚持重大疑难案件的专家咨询制度，通过专家论证促进裁判尺度统一；严格把控审理期限，加强超审限及审限即将届满案件的跟踪督办；制定仲裁案件繁简分流制度，实现简案快审、繁案精审。提升案件调撤率，对于立案受理的仲裁案件，坚持庭前调解、庭审调解和庭后调解“三步一体，贯穿始终”的调解工作体系，积极促成当事人调解结案或自动申请撤案，实现“纠纷处置在一线、矛盾化解在基层”的工作目标。据福州仲裁委统计，全年承办案件的调解、和解率60.7%。

【民商事仲裁】 2019年，福建省仲裁行业受理仲裁案件5860件，受案总标的额237.08亿元。拓宽仲裁服务领域，密切结合全省经济发展形势，在重点项目、金融、国资等重点行业系统深化推广工作。建立仲裁联络员制度，加强信息沟通。举办“仲裁规则基本解析”业务沙龙，主动送法上门服务企业。与金融单位召开座谈会，研讨建立金融纠纷预防化解机制，助力金融服务实体经济发展。据泉州仲裁委统计，全年受理金融仲裁案件数278件，争议标的额30.45亿元，分别比上年增长18.8%、83.43%，发挥出仲裁在化解金融风险方面的优势作用，助力泉州地区营造金融领域稳定公平透明可预期的营商环境。全省仲裁行业开展多维度宣传活动，加强仲裁文化建设，拍摄微电影短片，提升仲裁品牌形象和影响力。海峡两岸仲裁中心发挥地域优势，助力海上丝绸之路建设，全年主办8场海上丝绸之路主题的相关活动；举办第二届海峡仲裁论坛、两岸仲裁员座谈会，来自海峡两岸暨香港、澳门仲裁法律界和经贸界的近300位专家学者参会。

【基层多元调解】 2019年，福建省在解决好传统商事纠纷的同时，把仲裁服务延伸到基层，参与乡村、街道、社区的基层社会治理，依法妥善处理人民群众在日常生产生活中涉及财产权益的各类民事纠纷，实现案件受理多样化。福州仲裁委与福州市司法局签署合作协议，于9月下旬将仲裁服务纳入“公共法律服务平台”，分别在“12348”福州法网和“12348”福州掌上官微设置“民商仲裁”模块及服务专线，在县（市）区、乡镇（街道）司法所建立173家福州仲裁工作站。配合省台港澳办，构建并推广涉台纠纷法律查明实施平台，畅通查明台湾地区有关规定渠道。落实《关于建立诉讼与仲裁相衔接机制的若干意见》，加强仲裁与诉讼协调沟通。组建专业调解团队，定期接收相关法院委托调解案件，逐案建立工作台账，引导当事人进行仲裁确认，促成案件转入仲裁程序，分流基层法院办案压力，化解大量民间借贷、物业、商品房买卖等关乎民生的矛盾纠纷，获得各级法院和当事人的认可。泉州仲裁委在原先派员驻点晋江法院、石狮法院派出法庭的基础上，新增在丰泽法院设立仲裁调解室。

【互联网仲裁】 2019年，福建省加大仲裁信息化建设力度，推进智慧仲裁系统建设。推动建立线上网络仲裁解决纠纷机制，同时在线下引导签署仲裁条款。福州仲裁委对接浪潮公司，实现程序文书自动生成、案件信息精准检索、数据实时更新等功能，提高办案效率；定期在福州仲裁委员会官网更新仲裁案例实务和理论研究、仲裁公告信息等内容，为当事人查询案件公告情况、了解仲裁法律知识等提供便利。推动仲裁与现代科技融合创新，推进互联网仲裁，普惠金融及小额贷款等案件，均可通过线上仲裁系统快速解决，有效降低当事人的经济成本和时间成本。同时，主动对接金融机构与类金融企业，推动互联网+仲裁大数据建设发展。 （马 莉）

编辑：吴朝庭

福建省军区

【概况】 2019年，福建省军区贯彻党中央、中央军委和习近平主席决策部署，落实上级命令指示，完成年度各项任务。组织跟进学习习近平主席最新讲话精神27次，深入学习《习近平强军思想学习纲要》《习近平论强军兴军（二）》等书籍；组织学习《中国共产党宣传工作条例》，观看《增强忧患意识，防范风险挑战》警示教育片；组织团以上领导干部每人撰写1篇主题调研报告。深化“传承红色基因、担当强军重任”主题教育，组织省军区、军分区领导带头为官兵上大课；传达学习《关于当前意识形态领域形势的通报》，开展调整军队人员工资津贴标准宣传教育、政策制度学习教育；运用“前哨V课”APP推介微课，开辟正能量影视片专栏，组织观看《祖国在召唤》等大型电视纪录片；引导官兵向张富清、王继才、韦昌进等先进典型看齐，开展“学老英雄先进事迹、做新时代革命传人”等讨论活动，并以评选推荐道德模范、文明家庭等为契机引导官兵向典型学习。开展庆祝中华人民共和国成立70周年活动，抓好“强军风采”群众性文化活动，提振精气神，激发正能量。开展“不忘初心，牢记使命”主题教育，全区梳理241个整治整改项目，教育群众满意度均在98%以上。贯彻落实军委主席负责制，组织各级党委班子成员结合2次民主生活会检讨剖析；10月至11月再次组织全面彻底肃清郭、徐、房、张流毒影响“三项清理”；强化各级党委班子能力建设，先后调整补充39名团以上党委班子成员。

2019年，福建省军区遴选推荐优秀干部和后备干部，研究配备师团职干部，组织交流干部定岗定位，优化干部队伍结构；面向社会公开招考文职人员，组织部分现役干部和退役士兵转改文职人员。拓宽培养渠道，选派干部、士官、文职人员到院校调学培训，集中组织交流转改文职人员“非转专”集训，组织士兵参加职业技能鉴定，提高各级各类人员岗位任职能力和专业化水平。出台《福建省专职人民武装干部资格认证实施办法（试行）》。组织4期81天、共380人参加的基层专武部长集训，探索实践“新任专武部长进行1个月的集中强化培训，在职专武部长参加1周的短期业务轮训”的“长短结合”方式方法，推动专武部长集训走上规范化、制度化轨道。

【重要会议】 2019年1月19日，福建省军区召开党委十届二次全体（扩大）会议，省委书记、省军区党委第一书记于伟国，省军区党委书记苏保成、副书记王滨，省军区党委常委、委员出席会议，省军区机关各局（办）副职领导和内设组负责人列席会议。会议传达学习军委扩大会、军委国防动员部党委扩大会、东部战区党委扩大会精神，分析2018年部队建设形势，部署2019年工作任务。会议还对2018年工作表现突出的单位和个人进行表彰。8月7—9日，省军区召开党委十届三次全体（扩大）会议，省军区党委书记苏保成、副书记王滨，省军区党委常委、委员出席会议，省军区各局（办）副职领导，各军分区（警备区）战备建设处处长、政治工作处主任和沿海部分人武部领导列席会议，会议传达学习东部战区党委扩大会议精神，观摩学习民兵建设成果，检讨反思上半年备战动员工作，部署下半年备战动员工作。

【战备训练】 2019年，福建省军区坚持以习近平强军思想为根本遵循，聚焦备战打仗，强化主责主业，先后多次召开党委常委（扩大）会及专题座谈会议战议训议动。狠抓日常战备综合整顿，对照查找问题，规范梳理处置要点；深化国防动员问题研究和备战难点攻关，围绕6个课题展开3个波次成果会审；落实应急指挥组人员、车辆、通信、指挥装备器材准备，组织民兵力量遂行抢险救灾任务。学习领会主席训令，坚持按纲施训，制定首长机关和基干民兵队伍年度、阶段训练和联合训练计划，组织首长机关、基干民兵年度训练计划会审。开展训练监察，逐个单位列出清单，研究制定13条整改措施办法。狠抓新大纲条例学习贯彻，严密组织首长机关岗位练兵、国防动员指挥研练、“四会”教练员考核评审和国防动员业务考核和各类民兵分队集中训练，较好地完成年度各项训练任务，全区训练水平得到明显提升。

【从严治军】 2019年，福建省军区持之以恒抓基层打基础，突出抓好军委基层建设会议精神宣传贯彻，参加军委基层建设调研座谈会，结合主题教育落实常委及办局领导对口挂钩帮抓9个军分区（警备区），年内组织2批次首长机关下部队蹲部住所（当兵蹲连），分单位组织培训基层191名党支部书记。联合省委组织部出台《关于加强基干民兵党组织建设的意见（试行）》，走访慰问686名生活困难党员、老党员和老干部，表彰33个先进单位、24名先进个人，部队建设根基更加稳固。坚持依法全面从严，深入贯彻条令，出台安全、保密和文电处理等制度机制，规范各级运行秩序；开展安全大检查、保密工作专项检查和“百日安全活动”，组织军事危险源专项调查普查，常态抓好“四不两直”检查巡查；组织省军区管理工作集训、保密骨干业务培训，增强队伍能力素质，提升管理工作水平；撤除“警备司令部”牌匾，对驻军和地方通报对外名称“警备办公室”，组织省、市警备纠察协作单位走访，开展全省警备纠察，发挥警备职能作用，部队总体安全稳定。

【国防动员】 2019年，福建省军区坚持以习近平主席“完善国防动员体系”重大战略思想为指导，以推进“十三五”规划落实为主线，推进各项工作。深化重难点问题研究，深入分析当前国防动员工作面临矛盾问题，围绕国动委机构设置、综合办职能作用发挥、战时国防动员3个方面展开研究攻关，提出对策建议。抓实国防动员准备，夯实政治动员基础，召开新形势下民兵政治工作规范化建设推进会。做好动员支前保障，坚持通过重大演训练保障，为过境参演部队提供支前保障，完成各项任务。推进国防动员潜力调查，军地齐心协力、综合施策，以“六个一”举措推进国防动员潜力统计调查工作落地落实。制定“一个规范”，专题召开省委议军会，把制订出台潜力统计调查政策法规纳入国防动员体系建设范畴。2月，省政府、省军区联合颁布出台《福建省国防动员潜力统计调查组织实施暂行办法》。召开“一个会议”，在3月26日召开全省潜力调查任务部署暨业务培训会议，省军区司令员王滨、省政府副省长郑新聪现场参会，统一思想认识，部署任务内容，明晰职责切割。成立“一个组织”，成立以省长唐登杰任组长、省军区领导和省政府分管领导任副组长的全省潜力统计调查领导小组；以省国动委名义下发《关于做好2019年国防动员潜力统计调查工作的通知》，强化地方政府主体责任。构建“一套系统”，升级完善省军区潜力信息系统，实现省、市、县三级潜力数据同步采集、联网报送。组织“一次会审”，集中组织省、市国动委各办对上报数据“同堂”会审、联合校正、综合评定。开展“一轮核查”。组织对急需重点潜力数据进行现地核查，查缺补漏纠错，补充完善数据。

【后备力量建设】 2019年，福建省军区深化民兵调整改革，坚持党管武装，会同省政府联合下发《关于2019年度深化民兵调整改革任务的通知》，首次军地联合召开省市县三级民兵整组任务部署会，协调省委组织部、省财政厅等相关职能部门军地联合检查考评民兵调整改革工作落实情况；狠抓质量效益，落实上级指标要求，优化结构布局；发展新质力量，创新编兵单位遴选渠道，优先编组驻地央企、国企及各类民间救援组织等新质潜力相对集中的单位；聚焦备战打仗，推开民兵集中轮训模式，灵活训练方法，探索岗位自训、挂钩联训等方式；完善制度法规，联合省政府制定下发《福建省民兵事业经费使用管理暂行办法》，规范明确训练补助标准，提供有力的法规支撑。10月，在军委国防动员部深化民兵调整改革检查考评中，取得全国前6名的优异成绩。加强民兵信息系统建设，按照“互联网+后备力量”思路，采取军民融合的建设模式，在数字福建建设计划内，研发福建省民兵管理系统，提高民兵快速动员、协助地方抢险救灾和战时支援保障能力。在省军区全区应急民兵队伍展开部署运用，各单位依托系统发布军事训练、征兵宣传、民兵整组、参观见学、双拥共建等工作动态；通过系统部署运用，解决民兵“编、建、训、管、教”难的问题。

【兵员征集】 2019年，福建省军区以国家兵役制度改革为契机，以征兵“五率”考评为抓手，以廉洁征兵为底线，强化组织领导、优化制度机制、创新方法措施、严密组织实施，高标准完成新兵征集和直招士官招收任务。3月29日，由省征兵办公室、省教育厅主办的“福建省2019年征兵宣传教育进校园暨大学生征兵工作启动仪式”在厦门大学举行；活动将启动仪式、文艺演出、典型宣讲、政策咨询、兵役登记、报名服务等环节有机融合，宣传发动成效明显。同时，采取“集中一点，辐射全省”的方式，组织全省优秀大学生士兵代表进行巡回宣讲，在全省高校掀起大学生征兵宣传热潮，激发广大青年学子携笔从戎、报效国家的参军热情。7月25日，省征兵领导小组组长、省长唐登杰主持召开省征兵领导小组会议，省市两级和平潭综合实验区征兵领导小组负责人参加；会议传达全国征兵工作会议精神，总结2018年度全省征兵工作，部署2019年征兵工作任务，集中研究分析全省征兵形势，制定抓好新形势下征兵工作的措施办法。8月5日，省征兵办公室联合省委组织部、省教育厅、省财政厅等13部门印发《关于进一步加强新时代征兵工作的意见》，进一步明确和规范退役大学生士兵报考公务员及事业单位招聘、高校征兵工作人员征兵补助标准、大学生入伍一次性奖励金标准等内容，进一步提升征兵工作人员积极性和荣誉感，提高高素质适龄青年的应征热情。9月10日，在福州长乐国际机场举行2019年福建省暨福州市新兵欢送仪式，省征兵领导小组副组长、省军区副司令员张玉生，省征兵办公室领导以及福州市征兵领导小组、厦门航空、福州长乐国际机场等领导出席。9月12日，在福州火车站欢送通过铁路输送的新兵，省政府副省长郭宁宁，省征兵领导小组副组长、省军区副政委姚火照等军地领导及接兵部队领导出席仪式。

2019年11月4日，第三届“爱我国防”福建省大学生主题演讲大赛在泉州师范学院举办 （徐文涛 摄）

【军队院校招生】 2019年，福建省军区针对招生体检数量大、时间紧的难点问题，向上协调请示增设体检点；针对福建省总体学生盘子小、沿海考生报考军校热情低的实际情况，依托“东南前哨”、省教育考试院官方网站普及招生政策，协调省网信办在各大网络平台推送军招信息，有效提升军招热度。从录取结果看，福建省报考军校的考生中，理工科最高分640分、最低分488分，平均分550分，高出一本线57分；文史科最高分618分、最低分578分，平均分594分，高出一本线44分。国防科技大学在闽招录的考生平均分604分，整体录取成绩与其他41所一流大学建设高校平均水平相当，有效保持军校招生报考热门、生源优质的良好局面。

【国防教育】 2019年，福建省军区加强新时代国防教育，调整健全国防教育联席会议领导机构，会同省委、省政府拟制《关于加强新时代福建省全民国防教育工作的意见》，将国防教育内容纳入党委中心组学习、干部培训和党校学习。全省95所党校、行政学院全部开课，320余名处（团）级以上领导深入基层宣讲1100余场次。7—11月开展第三届“爱我国防”福建省大学生主题演讲大赛，全省80余所高校数千名学子积极响应，各设区市预赛共遴选出16名（组）高校选手参加决赛，11月4日在泉州师范学院举行全省决赛。12月下旬开展第四批省级国防教育基地考评，省国防教育办公室会同省委宣传部、省教育厅、省人社厅、省文旅厅等9个部门组成军地联合考评组，分3个方向对各设区市推荐新申报的15个省级国防教育基地候选单位进行逐个考评打分，同时采取各地设区市推荐和考评组指定相结合的办法，对36个省级国防教育基地进行定期考评。加强新媒体平台建设，制作全民国防教育日宣传片《我们不会忘记》并被新华社、军报记者微信公众号和国防部网等官方媒体转载，点击量超过300万人次；“福建国防”微博粉丝突破百万并荣获微博“年度最具影响力军队新媒体”，国防教育的覆盖面影响力进一步增强。

【首届福建省“国防人物”颁奖】 2019年3月29日，首届福建省“国防人物”颁奖仪式在福建会堂举行，省委副书记、福州市委书记王宁等军地有关领导出席并为获奖人员颁奖。2018年11月初至2019年3月底，省军区政治工作局会同省委宣传部、省双拥办联合开展首届福建省“国防人物”新闻宣传活动，在全省范围内征集评选关心支持国防和军队建设的优秀代表，社会各界反响强烈，共有百余家新闻媒体对活动启动和开展情况进行宣传报道。全省军地各级各部门围绕评选要求明确的7类人员，共向活动组委会推荐110名人选。经过初审、网络公示投票、评委会集体评审等环节，最终评选确定“国防人物”15名正式人选、15名提名人选。

【双拥工作】 2019年，福建省军区开

2019年3月29日，首届福建省"国防人物"颁奖仪式在福建会堂举行
（王兴　摄）

展"为军服务、为兵解忧"活动，各级协调安置328名随军家属就业，组织退役军人招聘会122场。推进军人子女教育优待工作，保障部队现役军人子女就近入读优质中小学，协调机关及直属单位官兵子女入读优质小学，驻闽军人子女享受中高考加分或优先录取（投档），驻闽军人子女考取边防军人子女预科班。依据政策规定办理享受分居费、享受配偶无工作困难补助，为困难官兵和职工发放补助，广大官兵获得感、幸福感和归属感进一步增强。协调推进转业安置工作，安置质量稳中有升。聚焦打赢脱贫攻坚战，加大脱贫攻坚力度，协调推进山海协作，投入150万元支持武平县大禾乡脱贫道路建设，结合"闽宁合作"投入53万元为宁夏固原1000名困难学生解决住校卧具，投入80万元开展"助学兴教"工程，带动各级共投入扶贫经费534万元、协调扶贫经费1.1亿元，援建各类项目21个、学校8所。

【后装保障】　2019年，福建省军区在上年度完成停止有偿服务任务的基础上，推进后续工作开展。完成向军队资产管理公司移交停止有偿服务项目；根据上级统一部署，严格按照时限要求完成新军车号牌换发，开展使用新式军车号牌；集中力量组织枪弹账物清查整治，查清一批历史遗留问题；严密组织退役车辆报废处置和相关器材装备配发。
（罗　航）

人民防空

【概况】　2019年，福建省人防系统围绕有效履行战时防空、平时服务、应急支援使命任务，推进人防各项建设，在战备训练、法治建设和行业整治等方面取得长足进步，得到国家人防办的肯定。全省人防系统开展"不忘初心、牢记使命"主题教育，把学习教育、调查研究、检视问题、整改落实贯穿全过程。推进腐败问题专项治理，梳理摸排人防建设重点环节和关键领域腐败问题，强化廉洁意识、严格监管责任、规范权力运行、杜绝腐败问题发生。开展人防行业集中整治，通过"双随机"，对全省36家人防防护设备生产企业（含2家人防防化设备生产企业）进行资质核查，将检查结果推送到省公共信用信息平台，纳入市场主体的社会信用记录。

【人防组织指挥体系建设】　2019年，福建省人防系统完善组织指挥体系建设，省本级和设区市基本完成机构改革后人防指挥部编成调整和方案修订，各设区市全部建成标准等级的三类指挥所，省市两级全部接入国家突发事件预警信息发布系统。同时，开展全省人防视频系统互联互通与升级改造建设，组织部分市县开展智慧人防工作站（社区人防工作站）试点建设，建立完善重要经济目标目录数据。军地联合组织开展全省防空警报试鸣、人口疏散（掩蔽）、结建式人防工程平战转换、人防专业队、机动指挥平台跨省区支援等多种课题多级联动实战化训练演练。

【人员防护体系建设】　2019年，福建省推进防护工程提质增量，实现全省人防工程总建筑面积和使用面积明显增

2019年，泉州市人防办组织防空疏散安置演练　（陈秀松　摄）

2019 年，厦门市人防办组织战时自救互救演练　　（马勇兵 摄）

长，人均防护面积高于全国平均水平。全省完成新建单建式人防工程任务，人防工程完好率 91.845%，开发利用率 95.5%。在泉州晋江市、三明永安市开展两规合编试点工作，各设区市、平潭综合实验区及 25 个县（市、区）完成人防专项规划修编，福州滨海新城开展核心区控制性详细规划落实人防专项规划试点。全年按照“双随机、一公开”要求，对省内人防工程监理企业从业能力、结建式人防工程及单建式或地铁兼顾人防工程在建项目、防护设备生产安装企业质量开展检查。

【人防支撑保障体系建设】 2019 年，福建省委政法委首次将人民防空建设作为“大平安建设”内容，纳入年度各设区市和平潭综合实验区党政领导平安建设（综治工作）责任书落实情况考核评价指标体系，促进全省人防建设任务落实。全省人防系统深化细化“放管服”改革，能减尽减、能合尽合，强化事中事后监管，推行“双随机、一公开”和“一个窗口受理、一站式审批、一条龙服务”，审批服务事项 100%入驻网上办事大厅、100%全程网办、100%一趟不用跑。落实“证照分离”改革要求，将人防工程乙级以下监理资质认定和设计资质认定改为告知承诺制，审批时限压缩为即办。推进人防工程建设项目审批改革，按照“多审核一、并联审批、多测合一、联合核验”要求，建立全省统一人防审批服务指南，实现审批流程再优化、环节再减少、时间再压缩。出台《福建省人民防空办公室关于人防审批制度改革的实施意见》，明确工程建设项目审批流程立项用地规划许可、工程建设许可、施工许可、竣工验收等 4 个阶段人防部门的主要任务。注重建章立制，制定（修订）出台《人民防空工程维护管理技术规范》《城市地下空间开发兼顾人民防空需要设计标准》《人民防空涉密工程确定和保密管理规定》《人防涉密信息系统建设项目管理暂行办法》等一系列规章制度，全面压减自由裁量空间、压实依法治理责任。加快事业单位改革步伐，撤销省人防建筑设计研究院，省人防工程定额与质量监督站更名为省人防科学研究院。

（黄新扬）

编辑：吴朝庭

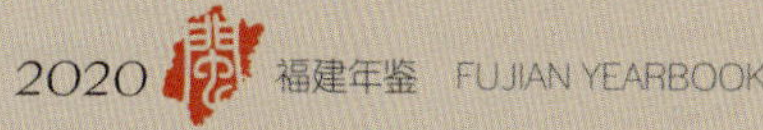

退役军人事务

综　　述

【概况】 2019年，福建省委、省政府站在政治和全局的高度谋划推动退役军人工作，做好退役军人事务机构“奠基起新、开篇布局”。省委、省政府主要领导分别主持召开省委常委会暨省委退役军人事务工作领导小组会议5次，省政府常务会议3次、专题会议8次，研究退役军人关政策意见和相关工作，并作出指示。全省强化党对退役军人工作领导，县级以上党委均成立退役军人事务工作领导机构，由党委“一把手”任组长，形成省市县“三级书记”一起抓的良好态势。全省退役军人事务系统落实省委和省政府的工作要求，围绕“让军人成为全社会尊崇的职业”目标，坚持边完善机构运转边推进业务工作，边落实当前任务边谋划长远发展，开展“打牢基础、任务攻坚”年活动，扛起为退役军人做好服务保障的使命担当。

【组织管理体系构建】 2019年，福建省退役军人事务厅加大对全省系统组建的指导推进力度，通过赴各设区市（平潭）与党政主要负责人交流推动、向设区市局长写一封信、为基层编印一本机构组建参阅材料汇编等方法，在半年时间内指导市县两级退役军人事务局全部组建到位。2019年3月15日，省退役军人服务中心挂牌，5月底，省、市、县、乡、村五级服务保障体系全面挂牌，建成服务中心（站）18128个。全省有退役军人的村（社区）建成率100%，成为全国首批完成“全覆盖”的15个省份之一，并在全国率先由省级财政对23个扶贫开发工作重点县村（社区）退役军人服务站给予补助，全面建成一个纵向到底、横向到边的五级退役军人服务保障体系。此外，全省各地陆续成立退役军人志愿者组织、退役军人关爱基金会等机构，引导更多社会力量支持、参与、推动退役军人工作，基本形成“党委统一领导、退役军人事务部门牵头主抓、地方和军队相关部门支持配合、社会共同参与”的全新工作格局。

【制度创新与政策落实】 2019年，福建省退役军人事务厅围绕服务对象反映集中的重点、难点、痛点问题，在就业创业、移交安置、优待褒扬、权益维护、服务管理、化解历史遗留问题等方面出台系列政策，让退役军人有更多的获得感、幸福感。制定出台加强新时代退役军人工作的具体措施，对退役军人工作进行体系化、全流程制度设计，明确一系列创新举措。修订《福建省拥军优属条例》，完善抚恤优待措施、扩展军人优待范围。联合相关部门出台《关于进一步加强由政府安排工作退役士兵就业安置工作的实施意见》《关于促进新时代退役军人就业创业工作实施细则》，在提升岗位质量水平、落实岗位待遇和相关保障、完善教育培训体系、加大就业支持力度、优化创业环境等方面做出具体规定。出台《优抚褒扬纪念工作服务规范》《信访事项办理流程暂行规定》《退役军人信访工作十项制度措施》等制度，推进管理服务工作制度化、规范化。落实部分退役士兵社会保险接续政策，打开化解历史遗留问题突破口，切实把好事办好办实。

【服务保障基础建设】 福建省退役军人事务厅自2018年8月起启动退役军人和其他优抚对象信息采集工作，至2019年底完成全省优抚对象采集和审核工作。2019年，做好优抚对象数据审定，完成优抚对象入户核查、为退役军人事务部下达任务的140%，为据实核拨优抚经费提供准确依据。组织全省烈士英名录编撰，完成军休干部原始数据的审核汇总，完成军队离休干部、1949年前参加革命工作回乡老革命老同志、中华人民共和国成立后因参战荣立一等功以上奖励人员的基础数据统计工作。指导全省130处县级以上烈士纪念设施和6049处县级以下烈士纪念设施管理机构完成转隶，光荣院转隶22家。推进信息化建设，完成省市县三级退役军人部门与国家电子政务外网对接，打通办公场所的政务信息网和政务外网，提升办公电子化水平。完成全国优抚信息系统、全国退役军人和优抚对象信息采集系统转网，推动省退役军人事务厅政府网站、政务微信公众号建设，畅通信息公开渠道，强化政务服务能力。建立四级联通、部门互通的退役军人信访信息系统，加强来信来访事项督办，推动解决合理诉求。开展重大问题调研论证，依托厦门大学、福建师范大学、福建工程学院等高校智库开展“退役军人管理保障”相关工作研究，提高决策科学水平。开展系统“大学习、大培训、大练兵”，提升队伍业务水平和履职能力。

【全省首次退役军人工作会议召开】 2019年12月25日，全省首次退役军人工作会议在福州召开。会前，省委书记于伟国、省长唐登杰作出批示，肯定全省退役军人工作取得的成绩，对做好2020年工作提出明确要求。省委副书记、福州市委书记王宁出席会议并讲话，省委常委、秘书长郑新聪主持会议，省委常委、省军区政委苏保成，副省长田湘利出席会议。会议强调，各级党委、政府要坚决扛起政治责任，强化组织领导，明确职责任务，形成整体合力；要牢固树立基层导向，全面夯实基础工作，大力提升基本能力；要打造过硬队伍，加强政治建设、业务培训，不断提高履职能力，努力开创新时代全省退役军人工作新局面。会上，向福建省获评的全国模范单位和个人颁发奖牌、证书。 （林长清）

双拥共建

【概况】 2019年，福建省双拥共建工作领导小组调整组成人员，组长由省委副书记担任，副组长由省委常委、宣传部部长，省政府副省长、东部战区陆军政治工作部副主任和省军区副政委担任，小组成员56人。全省双拥共建工作稳步推进，在政策拥军、支前拥军、科技文化拥军、社会力量拥军和军民共建等方面取得成效。至2019年底，全省共有19个市、县被命名为全国双拥模范城（县），77个市、县被命名为省级双拥模范城（县）。此外，成立爱国拥军促进会、企业家拥军协会、军民融合促进会、妇女拥军协会等各类拥军组织。

【练兵备战服务】 2019年，福建省退役军人事务厅对军事斗争准备急需的重点项目，做到优先立项、优先审批、优先拨款、优先施工。完善随军家属随调、定向招考以及军人子女教育优待等政策，解决好驻闽部队官兵家属安置、子女入学等问题。

【军地融合发展】 2019年，福建省退役军人事务厅学习宁夏军地合力做好退役军人工作经验，加强与驻闽部队“共学、共建、共发扬”活动，把退役军人工作与全省高质量发展落实赶超、脱贫攻坚、乡村振兴和国防动员、备战打仗等战略部署有机衔接、深度融合。2019年，省级财政安排2000万元，支持科技文化拥军项目和生活设施项目。驻闽部队官兵在致力于国防和军队现代化建设的同时，鼎力支持地方各项事业发展，展示人民军队爱人民的良好形象。

【双拥宣传教育】 2019年，福建省退役军人事务厅与省军区、省委宣传部联合举办首届福建省“国防人物”评选活动；推出《古田军号》《绝命后卫师》等一批革命影视题材作品。同时，深化科技拥军、文化拥军、司法拥军活动，发动民营企业等“两新”组织发挥各自优势，从资金、人才等方面支持军队建设。 （林长清）

优抚褒扬纪念

【优抚工作落实】 2019年，福建省退役军人事务厅落实抚恤补助标准自然增长机制，做好优抚对象定期生活补助足额发放。加大残疾军人帮扶力度，为残疾军人群体实施通信资费优惠，建立军地联动医疗机制，签订残疾军人转诊帮扶协作协议。与银行、电信等社会机构签署拥军优抚合作协议，为广大退役军人提供“一先、两优、多免”的优惠服务。其中，签订《福建省拥军优抚合作协议》的12家银行，分别为军人军属、退役军人和其他优抚对象提供优先优惠优质的金融服务，办理退役军人专属银行卡。

【退役军人楷模】 2019年，福建省营造学习先进、争当先进的良好氛围，组织推荐参评全国模范退役军人、最美退役军人。张红兵（女）、沈永金、吴金营、谌根深、林文龙、傅光明、沈冬红（女）、吴冬云、陈武9人获评“全国模范退役军人”，厦门市军队离休退休干部镇海路休养所、泉州市革命烈士陵园管理所2个单位获评“全国退役军人工作模范单位”，周有全、陈敏2人获评“全国退役军人工作模范个人”，林上斗获评“全国最美退役军人”。

【烈士纪念活动】 2019年，福建省组织开展“传承·2019清明祭英烈”主题宣传教育活动，网站活跃度位列全国第7位。全年全省县级以上烈士纪念设施接待社会各界团体3000多个，服务保障人数60余万人；开展烈士纪念日活动，组织向烈士纪念碑敬献花篮，举办《烈士光荣证》颁授仪式；组织参加全国英烈讲解员大赛，有1名讲解员获三等奖。

【遗骸保护】 2019年，福建省退役军人事务厅牵头组织7个部门和属地政府，成立工作小组和专班，做好红军遗骸保护管理工作。联合“今日头条”，开展“为烈士寻亲”公益活动，为22名烈士找到亲人。

【烈士纪念设施管理】 2019年，福建省退役军人事务厅加强烈士纪念设施管理保护，下达省级福彩公益金500万元用于烈士纪念设施维修改造；建立全省县级以上烈士纪念设施“十四五”规划项目库。至2019年底，全省有烈士纪念设施6179处，其中国家级8处（林祥谦烈士陵园、瞿秋白烈士纪念碑、闽西革命烈士陵园、闽中革命烈士陵园、厦门革命烈士陵园、东山战斗烈士陵园、福州文林山革命陵园、武夷山市赤石暴动烈士陵园），省级7处（闽东革命烈士陵园、漳州革命烈士陵园、泉州市革命烈士陵园、张赤男烈士纪念碑、何叔衡烈士纪念亭、宁化革命烈士纪念碑、闽北革命烈士陵园）、设区市级 6 处、县级 109 处、县级以下 6049 处。

【纪念章发放】 2019 年，福建省退役军人事务厅组织发放“庆祝中华人民共和国成立 70 周年”纪念章。受领纪念章的人员中，有中华人民共和国成立前参加革命工作、健在的回乡老战士老同志，移交地方政府安置的军队离休干部中健在的老战士老同志，中华人民共和国成立后因参战荣立一等功以上奖励并健在的退役军人。

【光荣牌悬挂】 2019 年，福建省退役军人事务厅做好为烈属、军属和退役军人等家庭悬挂光荣牌工作。申请省财政专项经费 3000 万元，用于制作光荣牌。在各地举行庄重简朴启动仪式，结合春节走访慰问、下基层检查调研等时机，为烈属、军属和退役军人等家庭悬挂光荣牌。（林长清）

2019 年 11 月 30 日，“2019 年海峡西岸地区（福建）退役军人专场招聘会”在福州举办（省退役军人事务厅供稿）

移交安置与就业创业

【阳光安置】 2019 年，福建省推行以军转干部功绩量化计分、退役士兵服役贡献量化考核计分为主的“阳光安置”，把安置结果同在部队的贡献、德才条件挂钩，提高安置工作透明度、公信力和激励导向作用，其中计划分配军转干部安置在机关和参照公务员管理单位比例、政府安排工作退役士兵安置到机关事业单位和国有企业比例均保持 90%以上，高于全国平均水平。同时，探索“直通车”式安置办法，改进完善省中直安置办法，做到人岗相适、人尽其才。按照“即退即审即交”的工作思路，完成军休干部、退休士官移交安置任务。

【就业创业服务】 2019 年，福建省退役军人事务厅坚持军地合力、政企用力、培训助力、联动聚力、长期发力等“五力”齐发，用心用情用力做好退役军人就业创业工作。坚持从政策的“供给侧”与“需求侧”两方面发力，与驻军签订就业创业战略合作协议，常态化开展“送政策进军营”活动，问计于官兵、问需于官兵，并在拥军优属、教育培训、就业指导等方面提供帮助。全年开展“送政策进军营”活动 48 场，发放政策宣传解答资料近 5 万份，现场解答咨询 5000 余人次。编写《福建省 2020 年教育培训承训机构目录》，推出由签约就业创业指导师、助力退役军人创业服务保障企业（公司）专家，开展“订单定向式＋师徒式”等技能人才培养模式，推进培训精细化、个性化，做到“需求、培训、就业”有机衔接。全年下拨退役士兵职业教育与技能培训补助经费 3762 万元，组织退役士兵参加职业教育与技能培训。与近百家中央和省属国有企业联系对接，与永辉集团、朴朴物流等首批 10 家大型企业签订战略合作框架协议，开展退役军人招聘活动。全省各地开展退役军人招聘活动 159 场，邀请 4535 家企业，提供就业岗位 12.72 万个，签订意向协议 6015 人。结合国家高职扩招计划、职业技能提升行动，动员退役军人参加学历教育、职业教育。

【海峡西岸地区（福建）退役军人专场招聘会在福州举办】 2019 年 11 月 30 日，由退役军人事务部主办，福建、江西和广东等省退役军人事务厅联办，福建省人力资源和社会保障厅、福建省国有资产监督管理委员会、中国海峡人才市场、福建省军区政治工作局协办的“2019 年海峡西岸地区（福建）退役军人专场招聘会”及相关活动在福州举办。该专场招聘活动是退役军人事务部在全国范围内部署开展的三大区域性专场招聘活动之一，吸引 200 多家国有企业和骨干民营企业参加，紧密贴近退役军人的就业意愿，量身提供就业岗位 4000 多个。（林长清）

编辑：吴朝庭

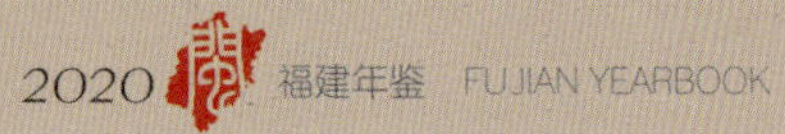

应急管理

综 述

【概况】 2019年，福建省各级各部门坚持以人民为中心，树牢安全发展理念，严格落实责任，搭平台、建机制、求精准、重创新，推进安全生产领域改革发展和防灾减灾救灾体制机制改革，开展安全生产隐患排查治理专项行动、安全生产集中整治、重点行业领域安全专项整治，推进防灾减灾救灾工作。全年应对自然灾害侵袭16次。全省安全生产形势总体平稳，未发生重特大生产安全事故和重大灾情。

【应急管理机构改革】 至2019年底，福建省、市、县（区）三级全部成立应急管理部门。除防汛抗旱职能以外，省应急管理厅其他职能均划转到位。全省分两批招录1244名消防员，成立福建省消防救援总队综合应急救援机动支队、福建省森林消防总队特种救援大队。“福建省森林防火指挥部”更名为“福建省森林防灭火指挥部”，调整充实组成单位和相应人员，明确福建省森林防灭火指挥部办公室设在省应急管理厅，健全完善全省森林防灭火指挥体系，省、市、县、乡各级计划在2020年1月1日零时起统一按调整后的体系运行。

【综合防灾减灾体系建设】 2019年，福建省坚持和完善“纵向到底、横向到边”的应急预案体系和“预警到乡、预案到村、责任到人”的防灾应急机制，推进全省综合防灾减灾体系建设。省应急管理厅与省地震局联合印发《关于建立防震减灾、抗震救灾协同联动工作机制的合作备忘录》，与省粮食和物资储备局联合制定《福建省救灾物资调运暂行办法》，采购棉大衣、取暖器等7种救灾物资500万元。推进全省自然灾害防治重点工程建设，建成福建省应急通信工程北斗及卫星系统、高边坡与地质灾害防治技术公共服务平台、内涝防治综合监控信息化管理平台、省级区域性海洋环境立体实时观测网等。至2019年底，全省建成自然灾害避灾点19167个、救灾物资储备库71个、全国综合减灾示范社区438个。

【自然灾害应对】 2019年，福建省应对自然灾害侵袭16次，其中洪涝10次、风雹3次、台风2次、干旱1次，共有67个县（市、区）140.15万人受灾，因灾死亡6人，紧急转移安置21.75万人，倒塌房屋7553间，严重损房3480间，一般损房19435间，直接经济损失117.74亿元。全省预置救援力量3.03万人次，出动抢险力量9.51万人次，投入冲锋舟等大型设备1.69万台套，转移群众42.49万人次，解救被困群众3295人。启动省级自然灾害Ⅳ级救灾应急响应1次，向南平、三明调拨救灾物资3.98万件，转达中央救灾资金2.1亿元、下达省级救灾资金0.7亿元。下拨2019至2020年冬春救助资金1703万元（其中中央补助资金956万元），向南平、三明、龙岩等受灾严重地区调拨棉被、羽绒服等救助物资13.34万件（总价值600余万元），保障12.29万人温暖过冬。

【农房灾后重建】 2019年，福建省应急管理厅、省商务厅、省财政厅联合制定《2019年灾后重建的受灾户购买家电补贴实施办法》，由省级财政对农房灾后重建的受灾户在2019年9月9日至2020年12月31日期间购买的家用电器给予发票金额50%比例的补贴，每户最高不超过2000元。省应急管理厅牵头组织省民政厅、省财政厅、省自然资源厅、省住建厅、省农业农村厅等部门落实政府补助、规费减免、保险理赔、家电补贴等政策措施，为灾后农房重建户提供重建选址、规划、设计、质量监督、跟踪指导等服务。全省1142户农房灾后重建户计划在2020年1月搬入新居。

【应急管理宣传教育】 2019年，福建省应急管理厅组织开展“最美应急人”典型宣传、应急管理普法知识竞赛、安全生产月、八闽安全发展行、“119”消防宣传月、防灾减灾宣传周、国际减灾日、防灾减灾家庭安全知识挑战赛、专家进企业进校园专题辅导、“安康杯”竞赛、“平安校园”建设，以及应急管理科普宣教进教材和进学校、进机关、进企事业单位、进社区、进农村、进家庭、进公共场所等系列宣传活动，普及防灾减灾、避灾逃生和安全常识。“安全生产月”活动期间，全省开展主题宣讲12681场、警示教育8122场、应急预案演练8671场，共有221万人次参与危化品安全知识网络有奖答题，72万人次参与网络公开课等线上活动。省应急管理厅报送的应急科普宣传手册（小应急科普说）获得2019年度全国应急管理系统优秀科普作品征集评选活动三等奖。（尤志桂）

防汛抗旱

【防汛备汛】 2019年，福建省贯彻执行“五落实”的部署，做好防汛备汛工作。落实责任，逐级调整充实防指成员，逐级公布防汛行政、监督、管理责任人名单，接受社会监督；加强新任党政正职、防汛指挥长和防汛责任人培训，全省累计办班1901个、培训11.59万人。落实预案，修订完善各类预案（特别是村级预案）1.5万个，修编审批水库调度计划和抢险预案3600多座。落实整改，组织1.52万人次拉网式检查工程1.8万处，修复水毁1862处。落实队伍，协调驻闽部队、消防、森林等救援力量，核实地方各类防汛抢险队伍9707支22.23万人，组织10.86万人次开展2614场演练。落实保障，储备价值2.23亿元的防汛物资，检修维护系统设备，开展系统联调联试，确保系统稳定可靠。

【防洪抗台风】 2019年，福建省汛期合力抗灾，各级各部门落实“三级风险应对”“三个协同联动”“三个全面引导”工作机制，做好防灾工作。三级风险应对，全省各级防指按照“Ⅲ级风险较高、Ⅱ级风险高、Ⅰ级风险极高”三个等级进行精准调度，如在防御雨季6轮持续性强降雨过程中，发布重点防御乡镇清单、短临预报等风险警报327条，县乡两级累计向基层下派干部21.06万人次，预置和出动各类救援力量8.74万人次、设备1.51万台套，转移群众22.14万人次，最大限度避免人员伤亡。三个协同联动，通过纵向联动，做到指令直达、信息直报和水库防洪、队伍抢险的直接调度；通过横向联动，做到联合会商、联合部署、联合防御；通过环节联动，同一流域做到“上下游”联动，同一场灾害实现不同阶段“防抗救”衔接，在应对连续灾害过程中实现“前后轮”互动。三个全面引导，通过全媒体动员、全过程发布、全方位报道，凝聚全社会共同防汛抗灾救灾合力。《人民日报》、新华社、中央电视台等中央媒体和学习强国、今日头条等客户端，连续报道福建省党员干部在2个多月防汛抗灾救灾中践行初心使命的典型事例。

【防旱抗旱】 2019年，福建省通过节水、保水、增水等应急措施，有效控制局地发生的旱情。全年投入抗旱资金5674.61万元、抗旱人数10.51万人次、机动抗旱设备0.63万台套，启用抗旱泵站226处，投入抗旱用油184.86吨、用电175.5万千瓦时，抗旱浇灌面积2.11万公顷。

【防汛抗旱基础建设】 2019年，福建省建立长效机制，形成坚持把“确保人民生命安全”作为首要目标、坚持把“及时果断转移”作为首要措施、坚持把“点对点精准指挥”作为重要方法、坚持把“层层夯实责任”作为基础保障、坚持把“建设数字防汛”作为基本支撑等“五坚持”机制；编绘84个县、1117个乡防汛图，“精准定点”各要素，形成三级挂图指挥机制；核实危险区域人员33万人，形成转移避险精准建档立卡机制。同时，及时补缺补漏，重点落实省委“六项工作要求”，时时检视薄弱环节，发现一个问题就研究一套对策、改进一项工作。在转移效率方面，针对防台风期间个别渔船撤离不守时不到位的问题，采取全程监控措施；针对“三停一休”举措，提出探索完善意见。在督导落实方面，针对可视化指挥，整合9部门的44项信息，实现远程监控；针对跨界作业渔船安全，建立与粤浙两省的联络制度，共享信息，加强管控。在应急能力方面，针对队伍短板，大规模组织演练，重点提升转移、防涝能力；针对雨情数据，采取监测甄别纠正措施。（张智杰）

抗震救灾

【地震监测预报预警能力建设】 2019年，福建省优化地震监测预警预报系统，实现对地震预警信息、地震速报信息、烈度速报信息、震源机制解信息、波形数据延时信息和数据质量信息汇集和统一网络平台展示。全年开展震情跟踪和研判，核实异常5起，加密会商54次，震后应急、紧急会商7次。完成泉州基准地震台标准化试点建设，完成10个无人值守台站观测保障系统标准化改造，建设完成金钟水库地震台网1个测震台、5个强震动台。

【地震灾害风险防治】 2019年，福建省制定出台《福建省区域性地震安全性评价工作管理办法（暂行）》《福建省区域性地震安全性评价工作大纲（试行）》，将地震安全性评价工作和抗震设防要求纳入省政府建设工程行政审批流程。实施福建及台湾海峡三维地壳结构陆海联合探测、厦门岛速度结构探测和厦门岛典型高层建筑结构台阵建设，进一步查明福建及台湾海峡断裂带分布和孕震环境，以及对厦门岛重大建设工程可能存在的强地震震动场进行危害性估计示范研究。推进地震灾害风险防范工程，开展房屋安全隐患排查整治专项行动，推动集中连片旧屋区改造、城中村改造，推进闽南石结构房改造。全省建成地震应急避难场所1187处，创建国家级地震安全示范社区54个。

【防震减灾公共服务】 2019年，福建省将地震预警信息发布终端纳入全省预警信息发布“一张网”建设，打造集各种自然灾害、事故灾难预警信息发布和防灾减灾宣教于一体的综合预警信息发布平台。截至2019年12月31日，全省地震预警手机APP累计下载近8万次，建成地震预警信息发布终端1.2万处。修订《福建省地震局地震应急响应工作方案》，开展台湾地震灾害预评估研究，制定《应对台湾7级以上大震工作方案》《2019年度台湾东部地震重点危险区地震灾害损失预评估和应急处置要点》。组织开展华东地震应急联动协作区联合培训暨实操演练。组建省防震减灾科学传播师队伍，重新评审认定防震减灾科普示范学校55所、防震减灾科普教育基地4个。《大地摇摇怎么办?》《防震减灾小要点》，以及VR作品《地震来了怎么办》等获第二届全国防震减灾科普作品大赛优秀作品奖。

【地震科技创新】 2019年，福建省组织实施福建及台湾海峡地壳深部构造探测工作，初步建成自动化、智能化、可视化具有自主知识产权的陆海联测技术系统。围绕台湾海峡南部6.2级地震，开展多手段深浅结合探测工作，实验解剖构造环境。运用人工智能等新技术开展新一代监测预警新技术设计研究，完成气枪主动源实时监控分析与处理系统等29项科研专项。举办首届海洋地震科学与工程研讨会暨2019年闽台地震科技交流合作研讨会。 （尤志桂）

安全生产监督管理

【概况】 2019年，福建省安全生产形势总体稳定向好，共发生各类生产安全事故1420起、死亡850人，事故起数、死亡人数分别比上年下降17.7%和9.5%。全年未发生重大、重特大生产安全事故，亿元GDP生产安全事故死亡人数0.020人。

【安全生产责任落实】 2019年，福建省各级各部门贯彻落实《地方党政领导干部安全责任制规定》《福建省党政领导干部安全生产责任制实施细则》，省委常委会将安全生产工作列入年度工作要点，省政府将安全生产工作写入《政府工作报告》，推动安全生产与社会经济发展同规划、同部署、同检查、同落实。1月5日，省委、省政府召开全省安全生产工作视频会议。全年有4次省委常委会会议、5次省政府常务会议专题学习贯彻习近平总书记关于安全生产的重要论述和重要指示批示、对江苏响水天嘉宜化工有限公司“3·21”爆炸等事故作出的重要指示精神，研究贯彻落实的具体措施。省政府向各设区市政府、平潭综合实验区管委会和33个省有关单位下达2019年安全生产目标责任。省安办组织10个考核组开展年度安全生产和消防工作考核，组织20个调研组分三次赴各地开展调研指导，对14起较大事故查处、对50处重大隐患和典型隐患整改实行挂牌督办。全省各级党政“一把手”亲力亲为抓安全生产工作，各级安委会主任均由政府主要领导担任，各级政府均由担任本级党委常委的政府领导分管安全生产，推动落实安全生产党政领导责任和属地管理责任、部门监管责任、企业主体责任，全省安全生产形势保持总体平稳。

【安全生产领域改革发展】 2019年，福建省各级各部门贯彻落实《中共中央国务院关于推进安全生产领域改革发展的意见》《中共福建省委福建省人民政府印发〈关于推进安全生产领域改革发展的实施意见〉的通知》，明确各有关部门“三定”中的安全生产职责，制定《福建省电梯安全管理条例》《电梯困人应急处置规范》《福建省安全生产警示通报和约谈制度》《福建省较大生产安全事故查处挂牌督办办法》《福建省安全生产事故隐患挂牌督办办法》和《福建省禁止、限制和控制危险化学品目录（试行）》等系列政策制度规范，推动改革创新、依法治安。省纪委监委与省应急管理厅建立信息共享、定期会商、协同协作等“三项工作机制”。省应急管理厅取消安全评价检测检验机构甲、乙级分级设置、分级审批的规定，新增安全评价检测检验机构资质认定。

【安全生产隐患排查治理】 2019年，福建省各级各部门坚持把隐患当作事故对待，在全省开展安全生产隐患排查治理专项行动，治理安全隐患45.7万处，开展安全生产约谈1955次、警示通报575次、重大隐患挂牌306家、停产停业1281家、取缔关闭573家。截至2019年12月31日，全省境内高铁外部环境发现的1386处安全隐患问题全部整治销号。

【重点行业领域安全专项治理】 2019年，福建省各级各部门突出危险化学品、煤矿、道路交通、房屋安全、消防安全、海上安全，开展重点行业领域安全专项治理。开展危险化学品安全综合治理和安全隐患集中排查整治、氟化工安全专项整治、“排险除患”专项行动，对11个省级危化品重点县开展全覆盖专家指导服务。开展道路交通安全综合治理三年专项行动，完成省委、省政府为民办实事项目的重点隐患路段整治738处，完成公路安全生命防护工程5751千米、危桥改造180座。开展“防风险、保平安、迎大庆”消防安全执法检查专项行动，开展打通“生命通道”行动，深化大型商业综合体、电动自行车、出租房屋、易燃易爆危险化学品场所等消防安全专项整治，加强文物建筑单位消防安全管理。开展房屋安全隐患排查整治，完成全省房屋安全排查745.2万栋，采取封房、加固、拆除等措施分类处置3.5万栋。开展采运砂船、内河船专项整治和“蓝剑2019”海上联合执法。民爆物品、非煤矿山、渔业船舶和乡镇船舶、电动自行车、粉尘涉爆、特种设备、冶金煤气、有限空间、旅游、电力、学校、水上交通和海上安全等重点行业领域专项治理取得新的进展。

【煤矿安全监管监察】 2019年，福建省开展进一步规范煤矿生产建设秩序专项行动，出台加大关闭退出奖补资金、推进产能交易、完善土地复垦等激励政策，坚决退出9万吨/年及以下落后产能煤矿。全年关闭退出煤矿45家、产能477万吨/年，超额完成任务的636%。组织对全省煤矿水害情况进行专项调研，确定4个矿区8家煤矿为水害防治重点，及时消除一批水害隐患问题。结合福建实际，组织对37家煤矿进行安全“体检”，对82家煤矿专项执法检查，开展“煤矿企业安全生产主体责任落实年”活动，多措并举保障全年煤矿安全生产，取得“零事故、零死亡”的历史最好成绩。（尤志桂）

2019年10月29日，“国家综合性消防救援队伍组建一周年”主题采访团聚焦福建消防救援队伍（省消防救援总队供稿）

消防救援

【概况】 2019年，福建省消防救援总队着力建设应急救援主力军和国家队，实现改革平稳过渡、工作有序推进，经受住一系列重大灾害事故和重要安保任务的考验，有效维护全省消防安全形势和队伍的总体稳定。紧抓习近平总书记授旗致训词一周年有利时机，高规格举办专题座谈会、升国旗重温誓词、全省文艺汇演等活动，在全国率先举行总队挂牌仪式，三坊七巷消防救援站（国旗护卫队）重大典型培树持续升温。涌现为营救群众壮烈牺牲的张伟杰烈士和被应急管理部记集体二等功的福州支队特勤大队，一等功臣、福建省“最美应急人”钟伟元，及“为国出征”张天水等一批英模人物和先进典型。中宣部新闻局、应急管理部新闻宣传司将总队作为全国消防救援队伍唯一单位，接受中央媒体采访团集中采访报道。“最美”背影、“最黑”消防员等一线指战员形象在社会上引起强烈反响。

【消防安全综合防控】 2019年，福建省政府开展《福建省消防安全责任制实施办法》专题宣传贯彻，召开全省消防工作会议，与19个设区市政府及平潭综合实验区和相关部门签订责任状。结合火灾形势及时发函提示设区市政府和行业部门，2次集中约谈消防安全重点单位和大型连锁企业负责人。省文物、民政、教育等多部门联合推进落实消防安全标准化管理，省市县各级行业部门检查单位8.1万家，督改隐患3.6万处。省应急、消防和公安部门合力做好改革过渡期间消防工作，指导乡镇街道建立“分片包干、责任连带”机制，逐级压实消防责任链条。紧盯社会面防控难点，系统开展冬春火灾防控、“防风险保平安迎大庆”消防安全执法检查等专项行动，全省4.2万家社会单位落实“三自主两公开一承诺”，省安委办督办13处重大火灾隐患，各级累计检查单位11.3万家，督改火灾隐患8.1万处。省公安、教育、文物、消防等部门联合开展出租房屋、校园和学校周边单位场所、易燃易爆危化品场所、文博单位、大型城市综合体等11个领域消防专项整治，完成“数字中国”建设峰会、世界闽商大会、中华人民共和国成立70周年等重大活动和重要节日消防安保任务，实现活动场所“零火情”，社会面火灾形势平稳。省消防部门加快建强全媒体中心，在全省建设命名消防科普教育基地89个、消防主题公园15个，累计接待群众1800余万人次。与新华社等单位达成战略协作，开展“119”消防宣传月活动，省教育、科协等多部门组织消防安全大宣传大培训大警示、中小学校消防安全教育“三年行动”、趣味消防科普宣传系列活动。全年全省火灾指数比上年全面下降，其中较大火灾数下降50%，未发生重大以上群死群伤火灾事故。福建省在国务院消防工作考核中获评“优秀”等次。

2019年12月22日，福建省消防救援总队举行挂牌仪式（省消防救援总队供稿）

2019 年福建省分地区火灾综合情况表

地区	火灾概况						较大火灾			
	起数	死亡	伤人	损失			起数	死亡	伤人	直接损失（万元）
				直接损失（万元）	烧毁建筑（平方米）	受灾户数				
合计	7124	93	36	13971.6	268354.7	1647	6	20	6	585456
福州市	1336	18	7	1737.7	45645.0	248	1	4	0	150000
厦门市	468	6	5	1690.1	9335.4	119	0	0	0	0
莆田市	943	3	1	1475.2	34828.1	10	0	0	0	0
三明市	607	11	2	1179.5	16357.1	70	1	3	0	57000
泉州市	1713	19	17	2207.3	51687.5	521	2	7	6	180000
漳州市	328	11	0	1327.3	22828.5	216	0	0	0	0
南平市	805	5	0	1031.0	24440.7	133	0	0	0	0
龙岩市	640	7	0	1367.2	14603.4	96	1	3	0	3776
宁德市	179	13	4	1688.6	40875.7	213	1	3	0	194680
平潭综合实验区	105	0	0	267.7	7753.3	21	0	0	0	0

注：1. 统计数据起止时间为 2019 年 1 月 1 日至 12 月 31 日；2. 统计口径为全口径，包含刑事放火、生产经营性火灾等；3. 全年未发生重大、特别重大火灾事故。

【消防救援队伍改革发展】 2019 年，福建省委省政府高度重视消防救援队伍改革发展，召开省委常委会、省政府常务会专题研究消防救援工作，明确全省各级消防救援队伍继续实行独立发文立户、工作直报，保持原有财政预算保障机制、接处警模式、消防工作联席会议制度等工作机制和政治待遇不变。省委书记于伟国、省长唐登杰等省领导先后 20 余次听取消防工作汇报、作出批示要求、视察消防队伍、研究解决实际困难。省消防救援总队推进消防领域“放管服”改革，在全国率先推行消防技术审查与行政审批相分离，完成建设工程消防设计审查验收职责移交。注重消防执法改革的协同配套和系统集成，研究制定《关于深化福建省消防执法改革的实施方案》及相关配套文件 13 份，在全国率先全面推行“双随机、一公开”消防监管模式，研发手机移动执法 APP，探索“单、库”标准、多网数据互联、规范监管边界等要点，多项工作构思为全国消防监督抽查实施细则所沿用和借鉴。出台《福建省消防技术服务机构从业管理规定（试行）》，启用“福建省消防技术服务信息平台”，过程“留痕”加强消防技术服务。省政府将《福建省消防条例》修订工作列入 2020 年立法计划。

【综合应急救援能力建设】 2019 年，福建省分灾种制定全省灾害事故处置预案，开展 6 次大型跨区域拉动演练。消防部门加强与气象、水利等部门的会商研判和信息共享，完善预警提示、应急响应、力量前置和物资调派等 4 项工作机制。分类打造地震、水域、山岳等专业救援队 59 支，组建总队综合应急救援机动支队、省级抗洪抢险救援队和工程机械大队，4 个石化特勤大队、多个石化特勤中队相继投入执勤，形成全覆盖、专业化的攻坚力量格局。推进全员岗位大练兵活动，分阶段部署夏训、冬训，定期举办全省消防救援业务比武竞赛，开展 3 轮实地训练监察考核，设立练兵“龙虎榜”，研发推广“消防在线学习教育”系统。举办基层指挥员、攻坚队员及水域和山岳救援、危化品事故处置等 5 类岗位技术培训，培养骨干 575 人次。举行战训大讲堂和典型战例研讨会 13 次，派员赴辽宁、山东等地驻训学习先进技术经验。全年全省消防救援队伍接警出动 5.2 万起，营救被困群众 7211 人，疏散遇险群众 1.5 万人，抢救财产价值 4.7 亿元，其中完成福州“2·16”建筑坍塌救援、三明“11·24”异丁酸泄漏处置、抗击“利奇马”

2019 年 2 月 16 日，福州市仓山区盖山镇叶厦村自建民房坍塌救援现场
（省消防救援总队供稿）

“白鹿”台风等急难险重任务。省消防救援总队在应急管理部消防救援局练兵考核中取得佳绩，在全国首届“火焰蓝”对抗比武竞赛和第五届搜救犬技术比武竞赛中，多个项目名列前茅。

【消防救援基础建设】 2019 年，福建省、市、县各级政府持续加大消防经费投入。全年新建特勤和普通消防站 15 座，竣工 8 座，新开工建设小型消防站 22 座，维修改造消防站 61 座，新增市政消火栓 1168 具，超额完成建设任务。全省消防救援队伍新列装到位进口远程供水系统、穿刺臂消防车等消防业务车辆 215 辆，优化车辆装备结构。省政府投入专项资金储备泡沫灭火剂 1050 吨，建成战勤保障物资储备库 9 个。省消防救援总队完善社会应急联动机制，与三一重工、上海金汇通航等建立战略合作关系，定期开展全省跨区域战勤保障实战演练，初步建成高效便捷的后勤综合保障体系。加快政府专职队伍建设，全年有 91 个重点镇 346 个一般乡镇完成乡镇专职队达标建设任务，新招录政府专职队员和消防文员 1000 余人，累计有 2876 名专职队员取得灭火救援员职业资格证书。畅通应急通信网络，全省建成消防应急通信保障分队 11 支、编配人员 128 人，斥资 1000 万元启动国家灾害现场指挥部保障所需通信设备采购，整合省应急管理厅危险化学品数据应用系统、省自然资源厅地质灾害风险预警系统和省气象局气象预警短信平台相关数据资源，购置列装卫星电话 241 部、4G 图传设备 295 部、无人机 82 架、卫星便携站 17 部、通信车 14 辆，提升极端条件下消防救援应急通信保障能力。 （郭成传）

森林消防

【概况】 2019 年，福建省森林消防总队坚持不懈用习近平新时代中国特色社会主义思想铸魂育人，打牢指战员对党绝对忠诚的思想根基，确保转制不转向，换装不褪色。组织“三定”实施工作，细化内设机构职责，严密组织挂牌仪式，稳步推进人员落编定位。组织党委中心组带机关理论学习，开展“学训词、铸忠诚、创新业、立新功”主题教育和改革配套政策宣传教育，抓好“三支队伍”网上业务培训。举办庆祝中华人民共和国成立 70 周年和纪念习总书记授旗训词一周年系列活动，评选表彰“咱身边的好样子”“最美消防嫂”。探索搭建网络新媒体矩阵，定期开展新闻、文化骨干培训，全年在省部级以上媒体刊稿千余篇，指战员创作的《沙画推演逃生自救宝典》获第二届中国森林草原防火公益微视频大赛二等奖。全年出动 15852 人次，担负森林灭火、防火勤务、抗洪抢险、防抗台风等任务 230 次。总队及所属 3 个支队均被森林消防局表彰为安全工作先进单位。总队在消防员招录方面的 6 个做法被森林消防局转发推广。

2019 年，省森林消防总队坚决整治形式主义官僚主义突出问题，开展党风廉政建设专项检查，建立自上而下的四级监督网络，确保队伍政治生态持续向

2019 年 2 月 14 日，福建省森林消防总队组织开展新消防员招录工作
（童鹏程　摄）

好。开展“不忘初心，牢记使命”主题教育，派出指导组深入一线32次，从严从紧督导落实。探索总队“党建+”教育模式（党建+过政治生日、评比党员先锋岗、党费集中交纳日、订阅党建刊物和党员干部廉政档案），开展“两优一先”评比表彰，推动学习教育走深走实。组织开展“三重一找”活动（重读入党入学志愿、重忆入党入学经历、重问入党入学初心、找寻差距兑现诺言），锤炼广大党员干部思想政治和党性作风。按照“每周督账、每月清账”要求，滚动销号清零，第一、二批单位整改完成率分别达到97.39%和92.19%。

【实战能力建设】 2019年，福建省森林消防总队坚持作战力量前置、指挥力量下沉、保障力量跟进，开展防火勤务、靠前驻防，配合地方开展防火督查，协调推进林下可燃物清理工作，最大限度减少火灾隐患。聚焦实战拓展职能，常态保持800人跨省区机动增援力量，研究建立“2+1+1”模式建设板块力量体系，依托福州大队成立250人的特种救援大队，在3个支队、9个大队逐级成立快反分队，开展冬季大练兵和“火焰蓝”专业技能比武等群众性练兵活动，狠抓复合型专业人才培养，为队伍转型强能提供人才支撑。年内担负森林灭火、防火勤务、抗洪抢险、防抗台风等任务230次，特别是参与福安湾坞围堰抢险、汛期连续抗洪救灾，完成“10·1”湖北孝感、“12·4”厦门同安和“12·5”广东佛山跨区增援灭火等重大任务，彰显主力军国家队的硬核能力。

【基层建设】 2019年，福建省森林消防总队坚持重心下移合力帮建基层，推动“四句话方针”在末端落地见效。印发党委1号文件，系统部署推进新时代特别是转制后第一年的基层建设，定期召开会议分析基层建设形势、研究破解难题，派出工作组沉到一线“解剖麻雀”，紧盯“三项工程”和按纲抓建“八件事”，深化转化半年基层建设经验交流会成果，注重抓好日周月季工作落实和全年抓建过程控制，保证按纲抓建工作不断档、不掉线、不降格。推进党支部标准化规范化建设，发挥“合并中队”的集聚优势，加强教育管理力量，规范迎检秩序和检查内容，为基层解压减负，引导各级始终把主要精力放在抓经常、打基础、蓄底气上，基层建设水平整体提升，广大指战员安心本职、敬业奉献。

【后勤服务保障】 2019年，福建省森林消防总队始终聚焦中心任务、聚力转型升级、聚劲基层建设，落实遂行任务后勤专报制度，加强任务中后勤指挥和控制协调。建立“一专多能，一能多级”后勤专业训练培养机制，开展“岗位大练兵、全员大比武”活动，通过自训与依托地方培训相结合方式，完成后勤领域“7个培训”，应急保障力量建设持续加强。借力社会资源力量，完成饮食社会化保障、资产配置标准暨核算两项试点，形成社会化保障管理办法及资产配置标准核算管理暂行办法等4项成果，达到减员增效、规范管理目的。落实政府采购工作要求，遵循“公开透明、公正竞争、诚实信用”原则，提高采购资金的使用效益。推动不动产证办理，总队营房确权工作在森林消防队伍中首家完成。

【福安市湾坞镇围堰抢险救援任务】 2019年3月22日，福安市湾坞镇半屿中闸除险加固工程围堰填土方被海水冲垮，出现10米左右的缺口，严重威胁二期垦区内的人民群众生命财产安全。福建省森林消防总队南平支队福安大队出动55名队员携带铁锹、沙袋、攀登绳、救生衣等器材装备迅速奔赴灾区现场，开展对湾坞镇半屿中闸一侧进行加固。全体指战员争分夺秒继续加固河堤，经过7个小时的连续奋战，队伍完成装填沙袋，加固堤坝任务。此次抢险救援搬运沙袋11000多个、沙土约600立方米，封堵防洪堤约100米，为驻地人民群众筑起一道守护生命的安全堤坝。

【龙岩连城抗洪抢险救援任务】 2019年5月17日，受低层西南急流影响，龙岩市连城、长汀、新罗、漳平等地的

2019年5月17日，福建省森林消防总队龙岩支队在连城县开展抗洪抢险救援（童鹏程 摄）

2019 年 12 月 4 日，福建省森林消防总队龙岩市支队参加厦门同安森林火灾灭火作战（童鹏程　摄）

部分乡镇出现暴雨到大暴雨和局部特大暴雨，按照龙岩市防汛抗旱指挥部要求，龙岩市森林消防支队出动 66 名指战员执行抢险救援任务。参战指战员主要在塘前乡迪坑村进行道路清淤工作，在揭乐乡开展物资转移、人员搜救工作。经统计，在塘前乡清理村道路 5 千米，协助 3 户村民清理倒塌房屋，并帮助清理 5 户村民、乡镇府和 4000 平方米的游客服务中心的屋中淤泥；在揭乐乡清理危房 5 间，转移群众 32 人。

【湖北孝感森林火灾跨区增援任务】 2019 年 10 月 1 日，湖北省孝感市孝昌县丰山镇祝河村发生森林火灾。根据应急管理部森林消防局命令，福建省森林消防总队 450 名指战员从福州、南平、三明等三个方向同时开进。抵达火场后第一时间展开灭火行动，成功扑灭明火，并进行彻夜看守，确保火场不复燃，彻底实现“三无”目标，受到应急管理部党组和森林消防局党委的肯定。

【厦门同安森林火灾扑救任务】 2019 年 12 月 4 日，厦门市同安区新民镇南山村风南农场发生森林火灾，龙岩市森林消防支队 114 名指战员奉命扑救，周密制定“梯次接力、以水灭火，利用依托、阻止火头”的战法，经过 11 小时的奋力扑救，共扑打火头 4 个，累计扑打火线 3200 米，清理烟点余火 57 处。全体指战员连续奋战在火场一线，践行做党和人民“守夜人”的承诺，向党和人民交上一份合格的答卷。

【广东佛山森林火灾跨区增援任务】 2019 年 12 月 5 日，广东佛山、河源地区突发森林大火，福建省森林消防总队 508 名指战员奉命出动，共动用各类车辆 58 辆，单程累计机动 5900 多千米，完成灭火任务。任务中，总队反应敏锐响应迅速、跨区驰援严密组织，指挥精准战法灵活、积极稳妥行动高效，受到应急管理部党组和森林消防局党委的肯定，得到当地政府和人民群众的认可。

【福建省森林消防总队挂牌】 2019 年 12 月 29 日，福建省森林消防总队举行挂牌仪式。总队首长与省领导共同为“福建省森林消防总队”揭牌。此次挂牌仪式是“三定”实施工作的重要内容，展示总队新风貌新形象、增强凝聚力战斗力、强化队伍使命感荣誉感。

（甄小龙）

编辑：吴朝庭

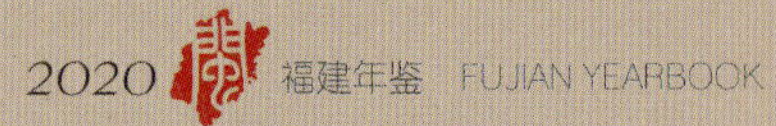

外事 侨务 港澳事务

外　事

【概况】　2019年，福建省外事系统以习近平新时代中国特色社会主义思想和习近平外交思想为指导，发挥福建独特资源，创新方式方法，提质增效扩容，服务新时代中国特色大国外交和新时代新福建建设，各项工作取得新成效。学习贯彻落实习近平外交思想和习近平总书记关于地方外事工作重要指示批示精神。省委召开省委常委会会议暨省委外事工作委员会第一次会议，各设区市和平潭综合实验区分别召开市委常委会和党工委会议，全省外事系统开展“不忘初心、牢记使命”主题教育，省外办根据省委统一部署举办“认真贯彻习近平外交思想，做好地方外事工作”理论研讨会，各级外事干部参加全省外办主任培训班和“外事业务走基层”巡回培训班，学习贯彻习近平外交思想，贯彻落实中央外事工作委员会会议和中央外事工作会议精神，用新思想武装头脑、指导实践、推动工作。全省外事系统按照省委“三四八”贯彻机制的工作要求，履行政治责任、领导责任、工作责任，把习近平总书记重要讲话重要指示批示和党中央决策部署贯彻落实到位，习近平总书记关于“支持中国福建省和泰米尔纳德邦、泉州市和金奈城建立友好省城关系”等重要指示批示的贯彻落实工作都取得实实在在的成效。

推进实施外事工作领导体制改革，加强党对外事工作的集中统一领导。建立健全和优化党委对外事工作的领导体制机制，进一步压紧压实外事工作主体责任。对应党中央和国务院机构改革，全省省、市、县三级党委均成立外事工作委员会，作为党委议事协调机构，党委书记任外事工作委员会主任，贯彻落实党中央外事工作方针政策，统筹协调、整体推进、督促落实，各级党委外事工作委员会领导职责进一步强化，外事工作保障力度进一步加大。对应中央层面维护海洋权益体制机制改革，省委编委批准省外办增设维护海洋权益处，专责承担省委外事工作委员会统筹协调维护海洋权益工作日常事务，提升外事工作归口管理和检查督办能力。建立各设区市、平潭综合实验区外办主任向省外办现场报告工作制度，并组织首次现场述职报告工作。组织开展《福建省外事工作2017—2021年发展规划》实施情况中期评估，推动各项目标任务顺利实施。

站位中国特色大国外交新实践前沿平台，自觉服务国家总体外交。2019年11月，省委书记于伟国率团访问日本、法国、西班牙，宣介党的十九届四中全会精神，对话三国政商界人士，巩固扩大与三国友好关系，深化福建与三国经贸务实合作。福建省承办第八次中老两党理论研讨会；老挝人民革命党中央总书记、国家主席本扬，在省委书记于伟国陪同下赴宁德福安下白石镇下岐村考察扶贫工作，推动构建中老命运共同体；中联部设在福建省的外国政党干部培训基地接待考察（培训）规模位居全国前列。发挥地方优势，推动澳大利亚塔斯马尼亚州举办习近平主席访问塔州五周年纪念活动，参与“中俄地方合作交流年”活动，组团出席联合国菌草技术高级别会议并访问美国有关机构和社团，举办“国际黄檗禅论坛”和第十八届中日地方交流促进研讨会，举办4场中外青年互访交流游学活动，统筹做好中央交付的对外重大战略任务，配合重大外事活动，完成保障工作，确保各项重大外事活动圆满成功，从地方层面贯彻落实习近平主席与外国领导人达成的各项重要共识，以地方实践生动诠释习近平新时代中国特色社会主义思想世界意义。

积极主动融入“一带一路”建设，统筹协调海丝核心区各领域对外交往。高质量和深度参与“一带一路”建设工作，推进与“一带一路”共建国家高层互访，推动海丝核心区标志性工程建设和经贸、教育、科技、人才、文旅、环保、海洋、农业、水利、林业、卫生、广电、体育、新闻出版、警务、智库等领域国际交流合作。全省新增国际友城3对（其中省级1对），友城总数109对（其中省级28对），扩大与英国、比利时、以色列、希腊、土耳其、哈萨克斯坦、马达加斯加、肯尼亚、墨西哥、智利、汤加等国联系交流渠道，接待重要外宾240批1820人次（其中副部级以上46批659人次，外国驻华大使、总领事88人次），基本形成“以省带市、省市联动”立体化对外交往格局。举办“新时代的中国：生态福建 丝路扬帆”“外交部福建全球推介活动”，讲好新时代中国故事福建篇章，活动举办后一周内，全网各平台涉此活动累计阅读量超过27亿次，实现继厦门金砖会晤后福建在国家外交平台的再次“惊艳亮相”。办好庆祝中华人民共和国成立70周年系列涉外活动，从地方视角展示中华人民共和国成立70周年伟大成就。组织评选第五届福建省“荣誉公民”，授予8位国际友人“福建省荣誉公民”称号。福建省在2019年全国地方外办主任会议上，作“外交部全球推介活动成果及后续落实”经验交流发言。

强化制度建设，优化因公出国和涉外事务服务与监管。从全面从严治党的高度强化因公临时出国管理，省级和厅局级团组全部由省委外事工作委员会统筹安排，开展“1＋X”专项督查工作，全面推进“因公出国管理工作服务招商引资主题年”活动，出台省属企业外事管理工作若干规定。全省因公临时出国人员比上年下降9.5％，招商引资团组占全省出访总批次的20.58％，厦门航空公司、福建汽车集团和福建建工集团等3家省属国有企业被国务院批准授予一定的外事审批权。坚守人民立场，打造高质量“海外民生工程”，推出护民、便民、惠民领事保护新举措，开展领保知识“进机关、进企业、进校园、进社区、进侨乡、进渔村”等宣传活动，抓好预防性领事保护工作；建立完善出境旅游安全等专项涉外机制，处置涉外突发案（事）件，维护福建省境外机构和人员的安全与合法权益。“打造高质量‘海外民生工程’”成为省委“不忘初心、牢记使命”主题教育专项整治10个优秀典型案例之一。按照总体国家安全观要求严格规范外事管理，强化建章立制，细化工作方案，加强各项涉外安全工作，守好维护国家政治安全特别是党的执政安全的重要防线。福建省外事管理工作多次受到外交部通报表扬。

【友好往来】 2019年，福建省接待国外使团和客人到访的主要活动有：

1月9—11日，应福建省政府邀请，波兰驻华大使赛熙军一行2人访问福建省福州市、厦门市。3月9日，副省长郭宁宁在福州会见赛熙军一行。在闽期间，大使一行参观鸿博光电科技、厦门自贸试验片区、鼓浪屿。

3月13—16日，应中国驻澳大利亚使馆邀请，以阿利斯泰尔·科为团长的澳大利亚首都领地立法议会自由党代表团一行9人访问福建省福州市、厦门市。3月13日，省人大常委会副主任黄琪玉会见代表团一行。在闽期间，代表团一行参观福州华侨中学、福建医大附一康复医院（护养中心），与厦门航空、厦门大学负责人进行座谈，考察福州三坊七巷、厦门鼓浪屿等。

2019年9月27日，第五届福建省“荣誉公民”称号授予仪式在福州举行
（省外办供稿）

3月18—21日，日本前首相、东亚共同体研究所理事长鸠山由纪夫一行6人访问福建省福州市。3月20日，省委书记于伟国在福州会见鸠山由纪夫一行。于伟国代表省委、省政府对客人访闽表示欢迎，并介绍福建经济社会发展及闽日交流合作情况。

4月1—4日，应中联部邀请，老挝人民革命党中央委员、中联部部长顺通·赛雅佳一行8人访问福建省福州市、厦门市和宁德市。4月2日，副省长郭宁宁在福州会见客人一行。在闽期间，代表团参观宁德赤溪村、宁德扶贫开发展示馆、福州三坊七巷、新大陆科技集团、厦门鼓浪屿等。

4月3—10日，应中国政府邀请，泰国玛哈·扎克里·诗琳通公主一行28人访华。其间，诗琳通公主一行于4月5—7日访问福建省厦门市（其中4月6日前往江西瑞金参访），泰国驻华大使毕力亚·针蓬、前中国驻泰国大使宁赋魁陪同访问。4月7日，厦门市市长庄稼汉会见诗琳通公主一行。

4月16—17日，应中国人民外交学会邀请，英国约克公爵安德鲁王子一行15人访问福建省福州市。访问期间，省委书记于伟国会见了英国约克公爵安德鲁王子一行，双方就推动英国与福建省在人文、经贸、科技、教育等领域的交流合作达成重要共识。代表团还走访福建师范大学并参加“福建—英国高等教育交流会”，了解福建省高等教育发展及对外合作情况，并表示愿意推动包括伦敦都市大学在内的英国高校与福建高校建立联系，探讨开展合作的可能性。

4月18—24日，应中国政府邀请，汤加王国副首相兼基础设施和旅游大臣及代理外交大臣塞密西·西卡一行13人在来华出席“一带一路”国际合作高峰论坛前，访问福建省福州市、厦门市。19日，客人一行出席第五届厦门国际休闲旅游博览会。20日晚，副省长杨贤金在福州会见客人一行。在闽期间，

2019年4月16日，省委书记于伟国在福州会见到闽访问的英国约克公爵安德鲁王子 （省外办供稿）

客人在福州市、厦门市各举办一场汤加旅游推介会，考察泰柯集团、瞰游天下旅游开发有限公司、福州宏东渔业等企业，深入探讨闽汤开展旅游、基础设施建设及渔业合作事宜。此访系西卡副首相第二次访闽。

4月25日至5月1日，应中共中央总书记、国家主席习近平邀请，老挝人民革命党中央总书记、国家主席本扬·沃拉吉来华进行国事访问，并出席第二届“一带一路”国际合作高峰论坛。4月28—30日，代表团一行53人访问福建省福州市、宁德市和厦门市，中联部部长宋涛、中国驻老挝大使姜再冬陪同访问。4月28日，省委书记于伟国、省长唐登杰在福州会见并宴请客人一行，省委副书记、福州市委书记王宁，省委常委、秘书长、宣传部部长梁建勇，副省长郭宁宁等陪同会见。省委书记于伟国陪同本扬总书记赴宁德市参观考察；在本扬总书记及于伟国书记、宋涛部长等见证下，省委副书记、省长唐登杰代表福建省与老挝琅勃拉邦省委书记兼省长共同签署两省建立友好省关系协议书；省委副书记、福州市委书记王宁陪同客人在福州考察；省委常委、厦门市委书记胡昌升在厦门会见、宴请客人一行，并陪同客人考察鼓浪屿；省委常委、秘书长、宣传部部长梁建勇到机场迎送，并全程陪同客人在闽活动。在闽期间，本扬总书记出席老挝文化和旅游推介活动，参观新大陆集团、三坊七巷、宁德市福安下白石镇下岐村、宁德扶贫开发展示馆、厦门国际邮轮中心、鼓浪屿等。

5月11—18日，应中联部邀请，以多米尼加解放党中央委员、中美洲议会议员胡安·巴布洛·普拉西多为团长的中美洲议会考察团一行10人访问福建省福州市、厦门市、泉州市和宁德市。5月14日，省委常委周联清在福州会见考察团一行。在闽期间，客人一行参观厦门市规划馆、台商投资区、自贸试验区及自动化码头、闽台缘博物馆、海外交通史博物馆、宁德下岐村、宁德扶贫开发展示馆等。

5月25—30日，应中联部邀请，以瓦努阿图教育部长让·皮埃尔·尼鲁阿为团长的第三批瓦努阿图政府议会联合考察团一行8人访问福建省福州市、泉州市。5月28日，省委常委、秘书长郑新聪在福州会见考察团一行。在闽期间，客人一行观摩永春县委常委会，听取关于福建“海丝”核心区建设、脱贫减贫经验做法、乡村旅游开发管理的专题介绍，还参观永春龙水村、埔头村、余光中文学馆、福州三坊七巷、福州春伦集团等。

5月28—30日，应中国人民外交学会邀请，以美国西弗吉尼亚州共和党联邦众议员卡萝尔·米勒为团长的美亚学会第9批美国会议员代表团一行15人访问福建省厦门市。其间，代表团参观厦门国际邮轮中心、厦门大学和鼓浪屿。

6月4—5日，巴基斯坦驻华大使马苏德·哈立德一行3人访问福建省福州市、漳州市。6月4日，副省长郭宁宁在福州会见哈立德一行。在闽期间，哈立德参访三坊七巷、漳州南靖土楼等人文设施。

6月17—21日，应外交部和福建省委、省政府邀请，由24个国家和国际组织的驻华大使、临时代办、公使等共45人组成的外国驻华使节团访问福建省福州市、南平市、泉州市。6月18日，省委书记于伟国、省长唐登杰在福州会见使节团一行。在闽期间，使节团参加“外国驻华使节团福建交流推介会”，与省内30多家基建、贸易、矿业、纺织、

2019年4月29日，老挝人民革命党中央总书记、国家主席本扬·沃拉吉一行到福安下白石镇下岐村考察扶贫工作 （省外办供稿）

机械、光电、渔业、旅游等产业代表性企业对接洽谈。使节团实地考察泉州海交馆、开元寺、“万里茶道起点”下梅古村、武夷山、福州三坊七巷等福建“海丝”“陆丝”历史文化遗迹。

6月28—30日，应澳大利亚中华经贸文化交流促进会（华贸会）邀请，澳大利亚前总理、美国亚洲协会政策研究院主席陆克文，澳大利亚新南威尔士州议会下议长乔纳森·奥代一行2人访问福建省福州市、平潭综合实验区。6月28日，省委书记于伟国在福州会见客人一行。省委常委、秘书长郑新聪，澳大利亚中华经贸文化交流促进会负责人参加会见。在闽期间，客人还参加华贸会第三届年会暨国际经贸论坛。

7月8—12日，应中国共产党邀请，老挝人民革命党中央政治局委员、中央书记处书记、中组部部长占西·普西坎，老挝人民革命党中央书记处书记、中宣部部长吉乔率老挝人革党代表团一行25人访问福建省厦门、泉州市，并出席在厦门举办的以“中老两国社会主义现代化建设的规律”为主题的第八次中老两党理论研讨会。7月8日，中共中央政治局委员、中央书记处书记、中宣部部长黄坤明主持欢迎晚宴。7月9日，黄坤明和占西出席第八次中老两党理论研讨会开幕式并分别作主旨报告。研讨会前，黄坤明分别同占西和吉乔会谈，就落实两党总书记重要共识、推动中老命运共同体建设等深入交换意见。省委书记于伟国，省委常委、厦门市委书记胡昌升，省委常委、宣传部部长梁建勇，省委常委、秘书长郑新聪分别参加相关活动。7月9日，省委书记于伟国在厦门会见并宴请代表团一行。代表团还参观厦门筼筜书院。老挝人革党中央委员、国家社会科学院院长、国家社会科学委员会常务副主席宋塔努·坦马冯和部分代表团成员及外方专家成员赴泉州参观访问。

7月16—20日，应福建省委、省政府邀请，日本驻华大使横井裕携日本企业代表一行16人，访问福建省福州市、厦门市、宁德市。7月17日，省委书记于伟国、省长唐登杰在福州会见横井裕一行。在闽期间，横井裕一行访问嘉陵—本田发动机有限公司、东北理光（福州）印刷设备有限公司、新能源科技有限公司、宁德时代新能源科技有限公司、厦门金龙联合汽车工业有限公司等企业，以及琉球馆、琉球墓、三坊七巷、福州开元寺、南普陀寺、厦门大学、鼓浪屿等反映闽日历史渊源或福建省特色的人文设施和机构。横井裕还前往宁德下岐村，了解习近平总书记在宁德工作期间关心连家船民上岸安居和脱贫致富的情况。

9月5—9日，应中国国际投资促进会及2019厦门国际投资贸易洽谈会组委会邀请，埃及共和国前总理伊萨姆·沙拉夫一行3人访问福建省厦门市。9月8日，省委书记于伟国在厦门会见客人一行。中国国际投资促进会会长马秀红，省领导胡昌升、郑新聪参加会见。访问期间，客人一行参加2019厦门国际投资贸易洽谈会暨丝路投资大会，出席省长欢迎晚宴、国际投资论坛主旨论坛、第十七届全国投资促进机构联席会议、丝路海运国际合作论坛、中国非洲投资合作研讨会等活动。

9月7—9日，应中国国际投资促进会及2019厦门国际投资贸易洽谈会组委会邀请，美国前商务部长卡洛斯·古铁雷斯一行4人访问福建省厦门市。7月8日，省委书记于伟国在厦门会见客人一行。中国国际投资促进会会长马秀红，省领导胡昌升、郑新聪参加会见。

9月6—10日，应福建省政府邀请，塞尔维亚共和国副总理兼贸易、旅游及电信部部长拉希姆·利亚伊奇与前总统托米斯拉夫·尼科利奇一行110人访问福建省厦门市。塞尔维亚系2019厦门国际投资贸易洽谈会主宾国，塞方组织62名政府官员、20多家企业参会。9月7日，省委书记于伟国、省长唐登杰会见客人一行，探讨双方深化经济合作及人文交流的前景，共同见证紫金集团与塞尔维亚矿业与能源部签署投资项目备忘录、龙岩上杭县与塞尔维亚波尔市签署友城结好意向书。省委常委、厦门市委书记胡昌升和厦门市市长庄稼汉参加会见。访问期间，利亚伊奇副总理出席2019中国国际工业互联网大会开幕式和2019国际投资论坛，并分别发表主旨演讲；塞方还举办投资环境说明会、中塞企业高端对接会等活动。

9月7—8日，应中联部邀请，以党领袖布里奇斯为团长的新西兰国家党代表团一行4人访问福建省厦门市。访问期间，客人出席2019厦门国际投资贸易洽谈会暨丝路投资大会、新西兰馆开馆仪式、省长欢迎晚宴等活动，参访厦门大学及新西兰在厦企业，探讨推动新西兰与厦门经贸、人文交流。

9月7—9日，应2019厦门国际投资贸易洽谈会组委会邀请，卡塔尔国务大臣兼自由区主席艾哈迈德·穆罕默德·赛义德一行10人访问福建省厦门市。9月8日，省长唐登杰在厦门会见客人一行。副省长郭宁宁参加会见。

9月7—9日，应2019厦门国际投资贸易洽谈会组委会邀请，德国前国防部部长、莱法州前州长鲁道夫·沙尔平一行7人访问福建省厦门市。9月8日，省长唐登杰在厦门会见客人一行。副省长郭宁宁参加会见。

9月11—12日，应福州市邀请，哈萨克斯坦巴甫洛达尔州州长巴卡乌夫·布拉提·朱马别科维奇、副州长卡比肯诺夫·阿雷斯坦·肯热塔耶维奇等一行7人访问福建省福州市。9月12日，副省长郭宁宁会见客人一行。在闽期间，客人就“两国双园”项目与福清市进行深入交流，并考察福建省星源农牧科技有限公司、全球（元洪）数字经济产业中心、福建御冠食品有限公司、福建长德蛋白科技有限公司、元洪食品展示交易中心等企业。

9月16—17日，菲律宾前总统阿罗约率菲邦板牙省招商投资考察团一行15人访问福建省厦门市。访问期间，考察团了解厦门最新社会经济发展情况和招商引资情况，以及厦门与菲律宾特别是友城宿务市深厚久远的传统友谊和两市友好交流交往情况，希望共同推动厦门和宿务、菲律宾的交流合作，为中菲友好多做贡献。

9月23—24日，在应邀出席2019年中国—东盟博览会后，印度尼西亚贸易部部长恩加尔蒂阿斯托·鲁吉达博士率代表团一行7人访问福建省福州市。9月24日，副省长郭宁宁与鲁吉达部长举行早餐会，双方就推进福建与印度尼西亚经贸合作深入交换意见，并一致表示将以共建中国（福州）—印度尼西亚（三宝垄）“两国双园”项目为抓手，建立常态化交流机制，探索出台便利化通关和税收政策，引导双方企业加强对接，发挥自贸区域协定等互补优势，加大力度促进双向贸易和投资合作，共同开拓全球市场。

9月26—29日，应全国友协与福建省邀请，日本长崎县知事中村法道一行7人访问福建省福州市、漳州市。9月27日，省委书记于伟国会见中村法道知事一行。同日，省长唐登杰出席“福建省荣誉公民”颁授仪式，为中村法道等第五届“福建省荣誉公民”颁发荣誉证书。省委常委、秘书长郑新聪，副省长郭宁宁参加有关活动。在福州期间，中村法道知事出席由省政府主办的庆祝新中国成立70周年招待会，并参观福州开元寺。9月28日，中村法道一行赴漳州访问并拜会漳州市政府主要负责人，参观世界文化遗产南靖土楼，并就加强长崎县与漳州市旅游合作进行探讨。

10月10—13日，应中国人民外交学会邀请，德国莱法州州长玛卢·德莱尔一行70人访问福建省福州市、宁德市，德国驻华大使葛策、前中国驻德国大使史明德陪同访问。访问期间，省委书记于伟国、省长唐登杰会见德国莱法州州长一行，就未来双方在经贸、教育、旅游及循环经济等方面深化合作达成共识，会后双方共同签署《福建省政府和莱法州政府关于“中德（福建）教育合作与发展中心”建设的备忘录》。代表团还走访宁德时代新能源科技有限公司、福州第三中学、福州外国语学校和福建幼儿师范高等专科学校等。2019年是福建省与莱法州缔结友好省州关系30周年。30年来，双方在经贸、环保、教育、文化、人才培训等领域开展广泛而富有成效的交流合作。

11月10—12日，应福建省委、省政府邀请，印度驻华大使唐勇胜、驻广州总领事高士一行5人访问福建省福州市、泉州市。11月11日，省委书记于伟国在福州会见唐勇胜一行，双方就推动落实两国领导人第二次非正式会晤达成的重要共识，推进福建省和泰米尔纳德邦、泉州市和金奈城建立友好省城关系，深化拓展闽印经贸人文交流合作等事宜磋商交流。访问期间，客人一行还参观泉州海交馆、开元寺、池店兴济亭等地的印度教石刻遗存。

11月12—13日，加拿大新斯科舍省长斯蒂芬·麦克尼尔一行11人访问福建省福州市。11月13日，省长唐登杰在福州会见斯蒂芬·麦克尼尔省长一行。副省长郭宁宁参加会见。在闽期间，代表团举办新斯科舍省教育推介会，并与福建省教育厅进行座谈交流，还走访永辉超市股份有限公司，就双方深化教育和贸易合作达成共识。

11月19—22日，应福建省邀请，尼日利亚埃多州州长古德温·奥巴塞基一行6人访问福建省福州市。访问期间，代表团参加省商务厅举办的“非洲市场推介会”，介绍埃多州的经济社会发展状况、特色优势产业，以及招商与投资环境，并重点推介贝宁工业园，解读相关优惠政策与便利条件。代表团还考察东南汽车公司工业有限公司、福清元洪食品产业园等。

11月20—23日，埃塞俄比亚驻华大使特肖梅·托加一行4人访问福建省福州市。11月20日，副省长郭宁宁在福州会见客人一行。在闽期间，特肖梅一行还走访省外办、省商务厅、省贸促会，出席省商务厅举办的“非洲市场对接会”，并参访中国武夷、星网锐捷等企业。

11月20—25日，应福建省邀请，新加坡文化、社区及青年部部长兼社区事务署主管部部长傅海燕率政府和企业代表团一行70人，访问福建省福州市、泉州市和厦门市。11月21日，省长唐登杰在福州会见代表团一行。双方就进一步深化双方经贸、港口、文化、旅游、教育等领域合作，密切青年交流交往，推动共建“一带一路”高质量发展进行讨论。省委常委、秘书长郑新聪，副省长郭宁宁参加会见。在福州，傅海燕部长与郭宁宁副省长共同出席福建—新加坡经贸合作对接会，见证签约仪式，参加马尾造船厂油轮命名仪式。在泉州，代表团一行出席第七届南安国际凤山文化旅游节和2019泉州海丝国际艺术节开幕式，并观看新编民族歌剧《大海承诺》，参观安踏集团，考察在闽新加坡企业陆升集团。在厦门，客人一行为华侨银行侨批文化展厅和新加坡创士锋科技园剪彩，并参观厦门软件园3期。

11月21—29日，应中联部邀请，柬埔寨人民党中央委员、柬埔寨青年联合会副主席、干丹省副省长金烈提率柬埔寨人民党干部考察团一行18人访问福建省福州市、厦门市、龙岩市和宁德市。11月28日，省委常委周联清在福州会见考察团一行。访问期间，考察团听取省委宣传部专题讲座和宁德市委党校（行政学院）专题介绍，参观福州市民服务中心、军门社区、龙岩市妇女儿童活动中心、反腐倡廉警示教育基地福安廉村，走访“美丽乡村”培斜村、下白石镇下岐村，考察永定土楼、冠豸山和培田古民居。

12月10—16日，应中联部邀请，葡萄牙共产党中央书记处书记亚历山大·阿劳若率代表团一行3人访问福建省福州市。12月14日，省委常委、宣传部部长梁建勇在福州会见客人一行。访问期间，代表团参访省博物馆、三坊七巷、春伦集团，并与永辉超市、华闽集团、省外贸中心集团等相关企业座谈，商讨葡萄牙共产党《前进报》节采购事宜。在福州大学，亚历山大·阿劳若书记作了题为“世界变革中的中国”的主旨演讲，并参加“马克思主义的共同体思想及其时代性”学术研讨会分论坛。

12月11—14日，受中非图瓦德拉

总统委派，中非农业和农村发展部部长奥诺雷·费祖雷、中非农业商会主席德西雷·雅希高一行2人访问福建省福州市、漳州市。访问期间，省委书记于伟国、省长唐登杰共同会见费祖雷部长一行。双方以两国元首重要共识为引领，在中非合作论坛框架下，就继续推动在菌草技术推广、蔬菜栽培和养蜂技术等农业领域合作，加强警务合作及支持漳州市与中非首都班吉市开展城市间友好交流等事宜交换意见。客人一行走访福建农林大学蜂学院、国家菌草技术工程中心、神蜂科技有限公司以及海峡现代农业示范园，与福建农林大学、福建警察学院以及省农科院进行座谈交流。

12月15—19日，应中联部邀请，巴拿马民主革命党国际关系书记阿莱曼率该党干部考察团一行8人访问福建省福州市、厦门市。访闽期间，省委常委周联清、副省长郭宁宁在福州会见考察团一行。考察团还参观省委党校，考察福建春伦集团、福清冠捷科技集团、福清台湾农民创业园、厦门龙山文创园、厦门台湾青年创业基地等，参观福州三坊七巷和厦门鼓浪屿。

12月25—28日，应福建省政协邀请，韩国济州特别自治道议长金太石一行8人访问福建省福州市、南平市。12月26日，省政协主席崔玉英会见客人一行，并与金太石共同签署福建省政协与韩国特别自治道议会友好交流备忘录。访问期间，代表团与省教育厅进行座谈交流，并参访福州三坊七巷、南平武夷山等。

年内，全省组团出访的活动有：

4月8—18日，应马达加斯加农业、畜牧业和渔业部，肯尼亚投资局，中非共和国农业与农村发展部邀请，副省长李德金率福建省代表团一行6人访问上述三国。在马达加斯加，代表团分别与农业部部长拉纳里韦卢和工业部部长拉库图马拉拉会谈，走访马达加斯加华商总会，察看天球集团等华商企业。在肯尼亚，代表团分别与内罗毕郡议会副议长约翰·卡曼古·纽姆、投资促进局投资服务总经理古拉查·阿迪座谈，会见肯中友协主席孟遥，走访肯尼亚福建商会，察看秦亚茶叶公司等华商企业；赴中国武夷肯尼亚区域公司调研，并察看蒙巴萨马贡戈公路二期工程等项目。在中非共和国，图瓦德拉总统、恩格雷巴达总理会见代表团，李德金副省长向总统转交于伟国书记的亲笔信，双方进行深入交谈，在农业和矿业合作方面达成共识；分别与农业部部长费祖雷、地矿部部长姆博利、班吉市市长纳孔波、中非国民议会友华小组议员座谈交流，并实地察看国家农学研究院、班吉市城市建设情况；看望驻中非医疗队、中资机构和华人华侨。

4月17—26日，应联合国经济社会事务部负责人、墨西哥—中国友好协会主席胡文西奥、智利瓦尔帕莱索大区主席乔治·马丁内斯·杜兰邀请，副省长郑建闽率团一行6人访问上述三国。在美国，代表团参加联合国高级别磋商会议，郑建闽副省长代表福建省政府发言，介绍习近平总书记在福建工作期间，推动建设全球首个菌草科学实验室，实施援巴布亚新几内亚东高地省菌草旱稻项目，到中央后又推动中国援斐济菌草项目成功落地的生动案例和相关经验；同与会各方围绕菌草技术推进“一带一路”沿线国家农业合作进行深入研讨，积极评价“一带一路”对促进落实联合国2030年可持续发展议程的重要贡献。会前，代表团一行拜会联合国副秘书长刘振民和中国常驻联合国代表马朝旭。代表团还察看华盛顿大区阳光世界养老集团总部，走访美中工商联合会。在墨西哥，代表团会见墨西哥—中国友好协会主席胡文西奥，察看格鲁玛集团墨西哥城总部并与该公司高管座谈，走访墨西哥福建商会。在智利，与瓦尔帕莱索大区主席乔治·马丁内斯·杜兰和政府经济部部长、财政部部长、外办主任等座谈，察看高门葡萄酒庄园并与公司总经理座谈，走访智利福建总商会。

4月21—28日，应菲律宾宿务省政府、印度尼西亚中爪哇省政府、马来西亚沙捞越州政府邀请，副省长郭宁宁率团一行6人访问上述三国。在菲律宾，代表团出席博鳌亚洲论坛马尼拉会议，拜会菲律宾前总统、马尼拉市市长埃斯特拉达和菲律宾总统驻维萨亚地区（宿务省所在地区）助理迈克尔·迪诺，与宿务省政府行政长官马克·托伦蒂诺会谈，就发挥福建制造业优势和借助新福建建设机遇，支持更多闽企赴菲律宾投资，加强闽菲经贸投资往来、旅游合作和人文交流取得共识。在印度尼西亚，代表团会见中爪哇省省长甘贾·普拉诺沃，商讨拓展城市间友好交往，以及在基础设施建设、海洋渔业、文教旅游、矿业能源等领域加强合作事宜。在马来西亚，代表团会见沙捞越州副首席部长道格拉斯，推动双方建立合作发展混合委员会作为沟通协调两省州交流合作的长效机制；促进福州市、莆田市、宁德市与诗巫市，泉州市与古晋南市扩大友城交往；推动福州市与古晋北市各领域项目合作。访问期间，代表团还先后拜访三国50多位知名华商和社团侨领。

5月22—31日，应大韩贸易投资振兴公社、日中投资促进机构和香港贸易发展局邀请，省委常委、厦门市委书记胡昌升率厦门市经贸代表团一行6人访问韩国、日本并赴中国香港。在韩国，代表团与大韩贸易振兴公社座谈，走访锦湖石油化学、秀博瑞殷、熊津科威家电等企业，推动其来厦投资、与厦门企业合资或开展技术合作；拜访仁川国际机场公司、釜山国际电影节组委会和釜山港湾公社，学习借鉴先进经验。在日本，代表团赴日中投资促进机构进行专场推介，与松下、丰田通商、瑞穗银行、全日空等知名日企负责人座谈；拜访住友电气工业、捷太格特、SKE电子、电气硝子、雅马哈发动机、沙迪克、三菱综合材料、住友化学等企业和京都大学创新投资株式会社，与日本氢能源电池、碳纳米管等前沿领域知名专家学者座谈，推动项目落地厦门，加强厦门企业与业界顶级企业合作；走访大阪福建同乡会等社团，拜会福建省荣誉公民、富闽基金会创始人塚本幸司。在中国香港，代表团分别与香港贸发局、香港中华出入口商会、香港明天更好基金会、香港厦门联谊总会及部分上市公司负责人座谈，实地走访香港启德邮轮码头、香港城市规划馆，拜访太古集团。

9月2—11日，应印度尼西亚中爪哇省政府、马来西亚反贪委员会、新加坡贪污调查局邀请，省委常委、省纪委书记、省监委主任刘学新率团一行6人访问上述三国。在印度尼西亚，代表团与中爪哇省政府秘书长普尔约诺等会谈，就进一步巩固发展两省友好交往和务实合作，加强在反腐败斗争、公职人员监督管理等领域互学互鉴展开交流；走访印度尼西亚中华总商会，看望部分在印度尼西亚闽籍华侨华人。在马来西亚，代表团与反贪委员会副主席巴齐、国际合作部主管哈法斯等座谈，就加强反腐败工作经验交流、深化追逃追赃刑事司法协助和执法合作等达成共识；走访马来西亚福建社团联合会，看望部分在马闽籍华侨华人；实地调研厦门大学马来西亚分校，指导校园廉洁建设。在新加坡，代表团走访贪污调查局、文化社区及青年部，分别与贪污调查局代理局长林永成、文化社区及青年部部长傅海燕等座谈交流，围绕反腐败国际追逃追赃司法协作、青年反腐倡廉教育及拓展两地交流合作等交换意见并达成共识；走访新加坡福建会馆，看望部分在新闽籍华侨华人；实地察看厦门航空新加坡办事处，调研国有企业境外分支机构廉洁建设情况。

9月6—15日，应葡萄牙共产党、希腊新民主党、日本自民党邀请，省委常委、宣传部部长梁建勇率中共代表团一行8人访问葡萄牙、希腊、日本。在葡萄牙，代表团会见葡共总书记德索萨、国际书记格雷罗、中央书记处书记阿劳若以及社会党副总书记门德斯等政要，就加强农副产品、文化旅游等领域合作交换意见；参加葡共《前进报》节活动，察看中国馆。在希腊，代表团会见新民主党总书记斯代尔伊乌、国际书记斯米尔利斯，左联党总书记斯库尔莱蒂斯，该党议会党团外事负责人、前外长斗特鲁加洛斯，就两国关系、务实合作、党际关系等交换意见；会见伯罗奔尼撒省省长尼卡斯，就推进两省结好及加强经贸文旅合作达成共识。在日本，代表团会见自民党干事长二阶俊博、公明党干事长齐藤铁夫、自民党代理干事长林干雄、观光厅次长高桥一郎、日本前东海租赁株式会社社长塚本幸司、和歌山县议会议长岸本键，并同经济界代表座谈，就中日关系、政党间交流、中日"一带一路"合作国际示范区建设、民间交往等交换意见，并赴高野山缅怀空海大师同福建的历史文化渊源。

9月8—17日，应菲律宾参议院、泰国上议院、韩国济州特别自治道邀请，省政协主席崔玉英率团一行6人访问上述三国。在菲律宾，代表团会见众议长卡耶塔诺、参议院多数党领袖祖比里，双方围绕巩固中菲友谊、加强务实合作进行深入交流；与菲华商联总会、菲华各界联合会和宿务菲华联合会、宿务菲华商会等闽籍社团侨领座谈交流。在泰国，代表团会见上议院议长蓬佩，跟进落实其2018年12月访闽后续工作，进一步增强其对华友好感情；会见孔敬府副府尹善迪，双方一致表示将以中泰铁路开建和双方结好5周年为契机，推动高层互访及经贸、旅游、文化交流合作；与泰国福建会馆、泰国文化经济交流协会和泰中友好基金会等闽籍社团座谈，实地察看荣泰集团等闽商企业。在韩国，代表团会见江原道知事崔文洵，表达尽快促成福建省与江原道签署结好协议书，并在经贸、旅游及海洋合作方面拓展合作的意愿；会见济州特别自治道行政副知事全圣泰和议长金太石，双方一致表示将继续加强经济发展和城市建设理念对接融通，扩大旅游、生态建设等项目合作和人文交流；与全韩华人华裔联合总会和在韩福建同乡总会等社团座谈交流。

9月16—25日，应英国加的夫市议会、爱尔兰戴尔公司、丹麦马士基集团邀请，厦门市委副书记、市长庄稼汉率团一行6人访问上述三国。在英国，代表团会见厦门市友城加的夫市行政首长休·托马斯，双方探讨在经贸、教育、文体等领域交流合作计划；拜会英国中华总商会、英中贸易协会、生物产业协会、优自奖联谊会英国分会等机构，举办厦门经贸投资推介会，走访壳牌集团、美捷特集团、IQE公司、戴森公司、阿斯利康制药公司等世界500强和行业龙头企业。在爱尔兰，代表团拜会爱尔兰中国商业协会等机构，推介厦门招商政策及产业重点；走访戴尔易安信、陶朗分选等企业，实地察看企业生产基地，就推动易安信产能转移到厦门、陶朗集团在厦扩大产能等达成共识。在丹麦，代表团走访马士基集团、大北欧集团、安保集团、ECCO集团等企业，拜访丹麦商会、丹中商会等机构，就推动马士基增辟国际航线和将新业务板块布局厦门及瑞声达、安保集团、ECCO集团在厦增资扩产、项目落地等达成系列共识。

10月23日至11月1日，应塔吉克斯坦杜尚别市政府、哈萨克斯坦阿拉木图市议会、菲律宾宿务市政府邀请，厦门市政协主席张健率团一行6人访问上述三国。在塔吉克斯坦，代表团会见杜尚别市第一副市长祖瓦伊德佐达及其他4位副市长、塔吉克斯坦议会下院副议长费拉利耶夫，调研杜尚别纺织联合体封闭式有限公司和饮用水生产企业"席耀玛"，实地察看泽拉夫尚有限责任公司、中国水利水电塔吉克公司、帕米尔实业有限公司等在塔中资及闽籍企业。在哈萨克斯坦，代表团会见阿拉木图市议长卡赞巴耶夫，走访厦门万里石股份有限公司在哈萨克斯坦的合作伙伴AY-TEI集团、中铁集装箱哈萨克斯坦国际物流有限公司、哈萨克斯坦闽北基金会和哈中经济友好协会。在菲律宾，代表团出席厦门市与宿务市结好35周年系列庆祝活动，会见宿务市市长埃德加多·拉贝利亚和马尼拉市市长伊斯科·莫雷诺，拜会菲律宾经济特区管理局局长查莉托·普拉莎，走访菲律宾厦门联谊会、菲律宾厦门福建总商会、菲律宾福建青年联合会等华人华侨社团。

10月27日至11月3日，应澳大利亚塔斯马尼亚州政府、巴布亚新几内亚东高地省政府邀请，副省长郭宁宁率团一行6人访问上述两国。在澳大利亚，代表团与塔州州长威尔·霍奇曼及州政府主要成员会谈并出席习近平总书记访塔5周年纪念活动；举办“中国·福建周”暨福建全球推介海外延伸活动，邀请驻悉尼总领事顾小杰、澳新南威尔士州议会下议长乔纳森·奥代、新州反对党工党领袖乔迪·麦凯、卧龙岗市市长布拉德伯里及新州政府、企业界代表、闽籍华人华侨等600余人参加；举办中国·福建—澳大利亚经贸交流座谈会；察看澳大利亚“中国·福建文化海外驿站”，走访澳洲行业龙头企业PFG集团、William Adams公司、Ried Fruits樱桃园；拜访塔斯马尼亚大学和昆士兰大学；分别与澳洲福建乡情联谊会塔州分会、澳中友协塔州分会等福建乡亲、澳中友好团体交流。在巴布亚新几内亚，代表团会见东高地省省长彼得·努姆，落实习近平总书记2018年访问巴新达成的一系列成果，推进菌草旱稻项目，举办巴新闽籍企业交流座谈会，实地察看巴新闽企，走访位于东高地省戈罗卡市的巴新国家表演艺术剧院。

11月5—14日，应瑞典韦姆兰省、挪威创新署、芬兰南卡累利阿省邀请，省委常委、组织部部长杨贤金率福建省友好代表团一行6人访问上述三国。在瑞典，代表团与韦姆兰省代省长约翰·博罗姆座谈，走访欧盟疾病防控中心、卡尔斯塔德大学并同该校创新办公室及Sting生物经济公司负责人座谈，参访卡罗琳斯卡医学院及其附属医院、创新健康与护理技术中心。在挪威，拜访挪威创新署国际事务总监索黎，交流科研创新能力培养以及多元化科研创新体系建设，商讨创新人才培养和交流等事宜；与北欧集团董事长曹侃座谈，了解华商在挪威的发展情况，鼓励其来闽创新创业。在芬兰，代表团与南卡累利阿省省长马蒂·韦阿莱宁座谈，参访拉彭兰塔理工大学并与校长萨克撒座谈，参访阿尔托大学并与艺术、设计和建筑学院、自然科学学院、健康平台项目的专家学者座谈，与枫诺和Wimao两家公司负责人座谈。访问期间，代表团在三国各举办1场海外人才交流合作座谈会，介绍福建省情、发展机遇和主要引才政策，共吸引105名海外高层次人才参会。

11月13—22日，应日本长崎县政府，法国诺曼底大区、上法兰西大区，西班牙总商会、瓦伦西亚大区邀请，省委书记于伟国率福建省代表团一行5人访问上述三国。其间，深入沟通交流，进一步凝聚构建人类命运共同体的共识。代表团与三国政府和有关地方负责人，法国生物梅里埃、日本丰田、西班牙石油公司等知名企业负责人，日本国际贸易促进协会、日本经团联、西班牙工商联等工商组织负责人，以及各方面友好人士深入沟通交流。宣介中华人民共和国70年改革发展和推进国家治理现代化成就及共建“一带一路”合作倡议，推动各方为构建人类命运共同体多作贡献。会见中，大家都希望推进中日、中法、中西关系在新时代上新水平。西班牙马德里市市长阿尔梅达等三国有关方面人士都认为，“一带一路”倡议给沿线国家和地区发展带来了重大机遇，对共建“一带一路”表现极大的热情，都表示要抓住机遇，加强合作。深化经贸交流，进一步推动福建与三国经贸合作发展。在三国，代表团分别举办中国福建经贸文化旅游洽谈会或推介会，参加的政府机构、工商机构和企业代表450多人，日本丰田、伊藤忠、软银、三菱、日立丸红、住友、佳能，法国道达尔、法国电力、苏伊士、法雷奥，西班牙石油公司等知名企业、跨国公司踊跃参加，许多企业主动与福建省企业寻求合作。此访共签约项目金额246.8亿元，涉及电子信息、新能源、高端装备制造、现代服务业、旅游、体育会展等福建省重点发展行业，包括日本硝子玻璃基板增资、麦克赛尔智能汽车技术项目、西班牙石油公司与恒申集团合作建设年产40万吨上游产品装置等一批高质量项目。福建省投资集团还与道达尔集团就新能源、新技术、新基金、新项目全面合作签署协议。厦门航空与日方商定2020年1月增开福州到札幌、福州到福冈、石家庄到大阪三条对日航线。举办中国福建对话日本关西交流活动，发表《福建关西友好大阪宣言》，在合作建设东北亚与东南亚大物流枢纽、全园区引进关西医疗健康产业园、全面加强与关西地区的科技创新合作等方面达成初步共识。密切友城往来，扩大福建的国际“朋友圈”。代表团与长崎县知事共同商讨进一步深化交流合作事宜，双方明确要以隐元禅师出家400周年为契机，深化经贸、黄檗文化和青少年交流合作。与法国诺曼底大区签署合作备忘录，双方一致同意进一步推动经贸、农业、文化、旅游、教育、培训、卫生、遗产保护等领域交流合作。与西班牙瓦伦西亚大区达成建立友好省区意向，与该大区深入探讨产业对接、文化、旅游、港口等方面合作事宜。推动文化交流，为在福州举办第44届世界遗产大会做好宣传。代表团在三国分别举办“生态福建、丝路扬帆”主题推介活动，系统介绍福建良好的生态环境、丰富多彩的文化旅游资源、“全福游、有全福”旅游和第44届世界遗产大会筹备情况，非遗大师现场表演提线木偶等非遗节目，并邀请世界遗产众多的法国和西班牙组团访闽参会。代表团还与闽籍社团进行交流，看望乡亲，介绍新中国70年的辉煌成就和福建的巨大变化，听取乡亲们的意见建议，拉进与海外乡亲的情感纽带。

12月5—14日，应斯里兰卡议会、阿联酋经济部、柬埔寨环境部邀请，省人大常委会副主任雷春美率福建省友好代表团一行6人访问上述三国。在斯里兰卡，代表团拜会议会秘书长达萨纳亚克、斯政府内阁成员班杜拉·古纳瓦尔德纳、中央省省督拉里斯·伽马格、中央省文化旅游商务厅专员戈玛斯和斯中友好商会主席班德拉，走访斯里兰卡华侨华人联合会、斯里兰卡福建总商会，看望闽籍乡亲。在阿联酋，代表团拜会迪拜经济部副部长阿里·易卜拉欣、拉斯海马政府总裁蒙赦·穆罕默德、拉斯海马经济区和旅游发展局有关负责人、前阿布扎比电力和水务局第一副主席穆萨兰·古拜希，与阿联酋中国和平统一促进会会长陈志祥、阿联酋福建总商会会长施文照等座谈，出席“一带一路”侨界座谈会暨福建海丝推介会。在柬埔寨，代表团拜会副首相梅森安、国会第三委员会（环保委员会）主席谢万迪和环境部国务秘书绍索皮，与西哈努克省省长郭宗仁和金边市副市长农帕拉座谈，走访闽柬产业园，与柬埔寨福建总商会会长邱国兴等座谈。

12 月 15—19 日，为落实中印两国领导人达成的重要共识，应印度泰米尔纳德邦政府邀请，省委常委、秘书长郑新聪率福建省代表团一行 6 人访问印度。访问期间，代表团与泰邦工业部长山帕斯、首席秘书山姆甘姆、金奈市政委员会专员普拉卡会谈，邀请泰邦首席部长率团访闽并签署结好协议书。泰邦表示，将落实两国领导人重要共识，推动省邦及城市结好事项。代表团与印度工业联合会联合举办经贸推介会；与泰邦旅游文化宗教事务部座谈并实地察看金奈世界文化遗产地；走访金奈马欣达世界城市产业园；与泰邦首富、印度下议院议员、前泰邦商业和工业部长贾加特拉沙坎，印度产业投资顾问公司副总裁瑟雷斯塔拉，金砖国家法律论坛青年律师论坛印度负责人顾马，印度库马拉制药公司董事库马拉，印度化工协会主席高斯汉姆，印度石材协会副会长苏巴瑞迪、沙地许、库马尔等座谈；参观雷拉研究所、医疗中心肝脏移植专科医院并与其负责人座谈。

【对外交流合作】 2019 年，福建省加强与境外机构、社团的交流合作，交流合作涉及教育、科技、文化、卫生、环境保护等领域。

教育方面，进一步拓展教育合作领域，省长唐登杰与德国莱法州州长德莱尔于 10 月 11 日签署《福建省政府和莱法州政府关于推动“中德（福建）教育合作与发展中心”建设的备忘录》；12 月 2 日，福建船政交通职业学院牵手匈牙利与德布勒森大学和摩根斯达集团共同成立“通用航空产业学院”和“通用航空应用技术研发中心”。搭建高校合作平台，依托泉州黎明职业大学，于 12 月 16—18 日举办“‘21 世纪海上丝绸之路’职业教育合作论坛暨‘21 世纪海上丝绸之路’职业教育联盟成立大会”。推进中外合作办学，由泉州信息工程学院与美国宾州滑石大学合作举办的软件工程专业本科教育、福建师范大学与美国匹兹堡州立大学合作举办的学前教育专业本科教育 2 个项目经教育部批准备案。全省经教育部批准备案的合作办学机构 7 所，实施项目 49 个。开展教育对外交流，接待 60 名来自美国、意大利、新加坡等 16 个国家海丝联盟大学学生参加厦门大学国际暑期项目，促进多元文化环境青年领袖人才培养；组织 50 名师生随教育部团组参加 2019 年第三批高中生赴日本学习交流。举办教育合作论坛，在三明学院举办第二届东南亚客属华人与“一带一路”国际青年学术论坛，由福建农林大学承办第二届“一带一路”南南合作农业教育科技创新联盟大会暨 2019“一带一路”农林技术推广与合作论坛。发挥优势特色走出去，福建信息职业技术学院与福信中泰物流管理专业境外办学项目入选第二批中国—东盟高职院校特色合作项目，福建农林大学承担部分教育援外项目并加入“一带一路”南南合作农业教育科技创新联盟。实施“留学福建”计划，全年新增备案招收来华留学生院校 11 所，比上年增长 39%。至年底，全省高校招收来华留学生 11582 人，来自 139 个国家和地区。

科技方面，有效实施“一带一路”创新行动计划，全年组织 3 个科技团组赴越南、菲律宾、巴拿马、巴西等 13 国执行科技创新合作洽谈和培训任务，在菲律宾、圭亚那设立 2 个海外科技工作联络站，推动在菲律宾设立“桩基工程研究中心”，在圭亚那和哥斯达黎加设立水产养殖示范基地，并达成一批科研和技术转移合作协议；依托福建海洋研究所、省科技对外交流中心、福建师范大学实施科技援外培训班 5 个，近 200 名沿线国家科技人员参加培训；与欧盟驻华代表团、中国科技交流中心共同举办 2019 科技创新合作——“中欧科研快车”福州专场活动；福州大学、福建农林大学、厦门大学等单位承担的 5 个项目获得科技部立项和 1253 万元经费支持，涉及农业、新材料、机械制造等多个领域。组织引才引智项目，实施国家级和省级引才引智项目 134 个，资助项目经费近 4100 万元，支持福建省科研机构、重点高校、龙头企业以全职或柔性方式引进新一代信息技术、人工智能等领域“高精尖缺”国（境）外创新创业领军人才、优秀创新团队和青年人才 1100 多人次；组团参加第十七届中国国际人才交流大会，设立“福建馆”等 3 个展馆 15 个展位，省科技厅获“最佳展示奖”，省外专局获“最佳组织奖”，厦门市入选 2018 年“魅力中国——外籍人才眼中最具吸引力的中国城市”最具潜力城市之首位，福州大学引才引智经验在大会上被作为典范进行推介、宣传。健全外国人来华工作许可制度，实施外国人才签证制度，为外国高端人才来闽创新创业提供便捷服务，全年签发“外国人工作许可证”3923 本、“高端外国人才确认函”52 份。优化出国培训管理，组织实施 2019 年出国（境）培训计划，获国家批准培训计划 19 项 321 人；选派非教育系统科技人才出国（境）公费留学，重点支持福建省智能制造、科研、医疗等领域专业技术人才出国留学。

文化旅游方面，加强协作推动部省合作项目，承接文化和旅游部“欢乐春节”对外文化交流活动，组派文艺院团和非物质文化遗产项目走进新加坡、泰国、马耳他、黑山、保加利亚、印度尼西亚等地开展“欢乐春节”系列活动；开展福建省与哥本哈根中国文化中心合作年交流活动，赴丹麦、冰岛举办“丝路帆远——中国海上丝绸之路文物精品图片展”，参加“哥本哈根歌剧节”活动、“天涯共此时”系列文化活动，邀请哥本哈根中国文化中心合作伙伴团来闽交流；完成海丝主题重点节庆活动任务，举办第四届海丝艺术节，境外30个国家600多名艺术家、驻华外交官、专家、学者等莅临泉州参加活动；举办第五届“海上丝绸之路”（福州）国际旅游节活动、首届海丝国际文化旅游装备展览暨福建旅游生活展等活动，突出文旅融合，打造既有文化特色又有旅游优势的品牌盛会。深化文旅对外交流，完成外交部福建全球推介会、世界园艺博览会，福建省参加葡萄牙共产党《前进报》党报节、赴澳大利亚和巴布亚新几内亚进行友好访问，访闽外宾团组参访福建省文旅场所等重要涉外活动的文化旅游工作任务；省歌舞剧院民乐团赴德国莱法州参加福建省—莱法州结好30周年庆典活动演出，省杂技团赴巴布亚新几内亚、泉州非遗文化团赴南非参加当地庆祝中华人民共和国成立70周年活动，推动福建文化“走出去”；福建省近20家旅游企业参加“驻华使节团交流推介会”和“巴斯文化论坛”，推介“全福游、有全福”品牌。扎实推进海外平台建设，依托福建文化海外驿站平台组织开展“全福游、有全福”、“妈祖圣地·美丽莆田”图片展、福建文化旅游推介会、2019中日陶瓷名家精品联展、“中国农民漆画展”等活动；组织全省优秀文化旅游企业参加亚洲文化旅游展、“万里茶道”国际旅游联盟组织的推广活动、中国国际旅游交易展；实施境外市场精准营销，促成姚晨版《福建如你》境外传播。

卫生方面，援外医疗工作成绩显著，第15批援博茨瓦纳医疗队和第17、18批援塞内加尔医疗队共完成诊治病人11.7万人次；8月，塞内加尔总统签署授勋令，第17批援塞医疗队全体13名队员获得塞内加尔雄狮勋位团骑士勋章，载誉归国；第18批援塞医疗队赴塞执行为期2年的援外任务；第15批援博茨瓦纳医疗队工作顺利推进；第16批援博医疗队由福建医科大学开展出国前专业化培训整体。人才对外交流力度加大，全省卫生健康系统有255批427人次赴国（境）外交流学习，接待国（境）外来访96批435人次。福建省妇幼保健院和德国夏里特医院签订合作交流备忘录，选送8名儿科医师利用福建富闽基金会资助经费赴德进修；鼓励支持卫生专技人员赴国（境）外开展学术交流和留学培训。拓展国际交流合作平台，落实福建省卫健委与国际防痨和肺部疾病联合会“决心工程”项目《医疗卫生领域合作谅解备忘录》，加强基层高血压防治管理合作；与英国医疗局签署合作备忘录，闽英卫生健康领域交流合作迈出新步伐；福建省友城瑞士施维茨州在闽成功举办“第二届瑞中国际科技论坛”，闽瑞专家200余人在干细胞医学领域进行深入交流探讨；福建省立医院承办“第五届中国老年医学研究机构联盟大会暨中法老年医学高峰论坛2019”；落实福建省卫健委与泰国卫生部精神卫生司的精神卫生技术交流协议，与泰国精神卫生代表团开展专业研讨，派员赴泰国参加世界精神卫生大会交流；中国—菲律宾中医药中心6月在菲律宾马尼拉揭牌开业，成为福建省首个中医药海外中心建设项目，也是菲律宾境内第一家中医药中心。同时，加强卫生健康国际交流合作，与日本在医疗、养老等领域，与德国莱法州在慢性病管理、医养结合老年人护理、护理人员培训以及疗养院设施管理与建设等领域，与澳大利亚在卫生健康、养老服务等领域开展交流。

环境保护方面，开展与斯洛伐克环境教育项目合作，举办第十二届福建省“绿色世界”少年儿童艺术创作比赛，征集到7000余件作品，评选出205件获奖作品并编印成集（中英文版），从中精选60余件作品参加2019年斯洛伐克“绿色世界”国际少年儿童艺术创作大赛。该活动成为福建省“6·5”环境日重要活动之一。深化与日本长崎县环保友好关系，与长崎县环境部签订2019年合作交流备忘录，推进双方技术交流、人员研修、产业合作；在厦门投洽会期间，组织20余位相关设区市生态环境部门及部分重点环保企业代表与长崎县环保企业开展技术交流及合作洽谈；双方第七轮环保人员研修互派项目顺利实施，开展自然生态、水污染防治、大气污染治理、固体废物处理等领域的环保业务交流，效果良好。开展对泰国环保交流，3月，泰国温室气体管理代表团一行17人来访，与福建省就碳排放权交易管理构建、相关法律法规、交易状况等进行深入交流，并参访海峡股权交易中心；泰方对福建碳市场建设体系、管理经验以及绿色低碳发展的做法给予肯定，表示希望将来能进一步加强合作互访，学习福建的先进理念和做法促进本国的排放交易体系进一步完善。推进与加拿大、德国的环保交流合作，与加拿大艾伯塔省经济发展与贸易局高级贸易与投资官员开展交流，宣介福建省正在进行的污染防治攻坚战，就艾伯塔省清洁生产技术及土壤污染修复技术等环保产业交流与项目进行对接；加强与福建省友好省州——德国莱法州的环保合作关系，加强联络，探讨福建省环保机构改革后双方拓展合作领域的可能性。拓展生态环境国际科技交流，举办2019年生态环境监测与评价技术国际培训班“福建省生态云平台建设与应用经验交流会”，来自缅甸、菲律宾、伊朗、尼泊尔、埃及、埃塞尔比亚、塞舌尔、尼日利亚等亚非发展中国家的学员参加。

【友好城市】 2019年，福建省新增友城3对，分别是福建省与老挝琅勃拉邦省、福州市与柬埔寨暹粒市、南平市与韩国密阳市。截至2019年12月31日，全省与41个国家建立109对国际友城关系，其中省级28对，福州市17对、厦门市19对、漳州市6对、泉州市9对、三明市2对、莆田市5对、南平市3对、龙岩市3对、宁德市4对，福清市1对、晋江市2对、石狮市2对、南安市1对、武夷山市2对、福鼎市1对、泰宁县1对、上杭县1对、福州市长乐区1对、厦门市思明区1对。

2019 年福建省与国外友城关系一览表

省市	友好省州/城市	结好时间	签字地点
福建省 （28 对）	澳大利亚塔斯马尼亚州 Tasmania，Australia	1981.3.5	霍巴特市 Hobart
	日本长崎县 Nagasaki，Japan	1982.10.16	长崎市 Nagasaki
	美国俄勒冈州 Oregon，U.S.A.	1984.9.25	福州市 Fuzhou
	比利时列日省 Liege，Belgium	1986.2.27	福州市 Fuzhou
	德国莱法州 Rheinland-Pfalz，Germany	1989.5.24	美茵兹市 Mainz
	法国诺曼底大区 Normandy，France	1990.12.6	卡昂市 Caen
	日本冲绳县 Okinawa，Japan	1997.9.4	福州市 Fuzhou
	意大利那不勒斯省 Naples，Italy	1998.6.12	那不勒斯市 Naples
	巴布亚新几内亚东高地省 Eastern Highlands，Papua New Guinea	2000.5.16	福州市 Fuzhou
	巴西塞阿腊州 Ceara，Brazil	2001.3.6	福塔莱萨市 Fortaleza
	乌克兰敖德萨州 Odessa，Ukraine	2002.7.11	敖德萨市 Odessa
	印度尼西亚中爪哇省 Central Java，Indonesia	2003.12.6	三宝垄市 Semarang
	美国弗吉尼亚州 Virginia，U.S.A.	2004.6.8	北京市 Beijing
	南非夸祖鲁—纳塔尔省 KwaZulu—Natal，South Africa	2006.12.13	福州市 Fuzhou
	阿根廷米西奥内斯省 Misiones，Argentina	2007.6.27	伊瓜苏港 Puerto Iguazu
	西班牙坎塔布里亚自治区 Cantabria，Spain	2009.6.23	桑坦德市 Santander
	美国宾夕法尼亚州 Pennsylvania，U.S.A.	2009.10.23	哈里斯堡市 Harrisburg
	瑞典维姆兰省 Varmland，Sweden	2010.6.16	福州市 Fuzhou
	塔吉克斯坦索格特州 Sughd，Tajikistan	2012.6.2	厦门市 Xiamen
	波兰奥波莱省 Opole Voivodeship，Poland	2012.9.9	厦门市 Xiamen
	泰国孔敬府 Khon Kaen，Thailand	2015.5.22	孔敬市 Khon Kaen
	加纳大阿克拉省 Greater Accra，Ghana	2015.9.7	厦门市 Xiamen

续表

省市	友好省州/城市	结好时间	签字地点
福建省（28对）	马来西亚沙捞越州 Sarawak，Malaysia	2016.10.25	古晋市 Kuching
	越南广宁省 Quang Nam，Vietnam	2017.5.13	福州市 Fuzhou
	俄罗斯卡累利阿自治共和国 Republic of Karelia，Russia	2017.11.1	北京市 Beijing
	捷克奥洛穆茨州 The Olomouc Region，Czech Republic	2017.12.14	福州市 Fuzhou
	菲律宾宿务省 Cebu，Philippines	2018.9.12	宿务市 Cebu
	老挝琅勃拉邦省 Luang Prabang，Laos	2019.4.28	福州市 Fuzhou
福州市（17对）	日本长崎县长崎市 Nagasaki，Nagasaki，Japan	1980.10.20	长崎市 Nagasaki
	日本冲绳县那霸市 Naha，Okinawa，Japan	1981.6.20	那霸市 Naha
	美国纽约州锡拉丘兹市 Syracuse，New York，U. S. A.	1991.8.25	锡拉丘兹市 Syracuse
	美国华盛顿州塔科马市 Tacoma，Washington，U. S. A.	1994.11.16	福州市 Fuzhou
	巴西圣保罗州坎皮纳斯市 Campinas，Sao Paolo，Brazil	1996.11.8	福州市 Fuzhou
	澳大利亚新南威尔士州肖尔黑文市 Shoalhaven，New South Wales，Australia	2003.10.15	福州市 Fuzhou
	圭亚那乔治顿市 Georgetown，Guyana	2006.5.17	福州市 Fuzhou
	波兰科沙林省科沙林市 Koszalin，Koszalin，Poland	2007.5.19	福州市 Fuzhou
	肯尼亚蒙巴萨市 Mombasa，Kenya	2008.5.19	福州市 Fuzhou
	阿根廷里奥加耶戈斯市 Rio Gallegos，Argentina	2014.11.12	奥加耶戈斯市 Rio Gallegos
	俄罗斯鄂木斯克市 Omsk，Russia	2015.5.18	福州市 Fuzhou
	印度尼西亚中爪哇省三宝垄市 Central Java，Semarangng，Indonesia	2016.6.2	福州市 Fuzhou
	澳大利亚霍巴特市 Hobart，Australia	2017.1.4	福州市 Fuzhou
	菲律宾马尼拉市 Manila，Philippines	2017.12.1	福州市 Fuzhou
	比利时列日省列日市 Liege，Belgium	2018.3.9	福州市 Fuzhou
	毛里塔尼亚努瓦迪布市 Nouadhibou，Mauritania	2018.9.8	福州市 Fuzhou
	柬埔寨暹粒市 Siem Reap，Cambodia	2019.5.18	福州市 Fuzhou

续表

省市	友好省州/城市	结好时间	签字地点
厦门市（19对）	英国威尔士加的夫郡 Cardiff, Wales, U. K.	1983. 3. 31	厦门市 Xiamen
	日本长崎县佐世保市 Saseho, Nagasaki, Japan	1983. 10. 28	佐世保市 Saseho
	菲律宾宿务省宿务市 Cebu, Cebu, Philippines	1984. 10. 26	宿务市 Cebu
	美国马里兰州巴尔的摩市 Baltimore, Maryland, U. S. A.	1985. 11. 7	厦门市 Xiamen
	新西兰惠灵顿市 Wellington, New Zealand	1987. 6. 23	惠灵顿市 Wellington
	马来西亚槟榔屿州槟岛市 Penang Island, Penang, Malaysia	1993. 11. 10	槟岛市 Penang Island
	澳大利亚昆士兰州马卢奇郡 Maroochydore, Queensland, Australia	1999. 9. 28	厦门市 Xiamen
	立陶宛考纳斯省考纳斯市 Kaunas, Kaunas, Lithuania	2001. 3. 11	厦门市 Xiamen
	墨西哥哈里斯科州瓜达拉哈拉市 Guadalajara, Jalisco, Mexico	2003. 8. 15	瓜达拉哈拉市 Guadalajara
	荷兰南荷兰省祖特梅尔市 Zoetermeer, South Holland, Netherlands	2005. 7. 14	祖特梅尔市 Zoetermeer
	印度尼西亚东爪哇省泗水市 Surabaya, East Java, Indonesia	2006. 6. 24	泗水市 Surabaya
	韩国全罗南道省木浦市 Mokpo, South Jeolla, Korea	2007. 7. 25	木浦市 Mokpo
	希腊马拉松市 Marathon, Greece	2009. 1. 4	厦门市 Xiamen
	德国莱法州特里尔市 Trier, Rheinland-Pfalz, Germany	2010. 11. 11	特里尔市 Trier
	加拿大不列颠哥伦比亚省列治文市 Richmond, British Columbia, Canada	2012. 4. 27	厦门市 Xiamen
	塔吉克斯坦杜尚别市 Dushanbe, Tajikistan	2013. 6. 20	杜尚别市 Dushanbe
	法国普罗旺斯-阿尔卑斯-蓝色海岸大区尼斯市 Nice, Provence-Alpes-Cote d' Azur, France	2014. 5. 22	厦门市 Xiamen
	泰国普吉市 Phuket Province, Kingdom of Thailand	2017. 5. 11	厦门市 Xiamen
	土耳其共和国伊兹密尔市 Izmir, Republic of Turkey	2018. 1. 18	伊兹密尔市 Izmir
漳州市（6对）	日本长崎县谏早市 Isahaya, Nagasaki, Japan	1991. 4. 15	漳州市 Zhangzhou
	印度尼西亚南苏门答腊省巨港市 Palembang, South Sumatra, Indonesia	2002. 9. 16	巨港市 Palembang
	荷兰瓦格宁根市 Wageningen, Netherlands	2009. 5. 12	漳州市 Zhangzhou
	日本北海道伊达市 Date, Hokkaido, Japan	2010. 4. 7	漳州市 Zhangzhou

续表

省市	友好省州/城市	结好时间	签字地点
漳州市（6对）	匈牙利格德勒市 Godollo，Hungary	2013.8.19	格德勒 Godollo
	美国夏威夷州檀香山市 Honolulu，Hawaii，U.S.A	2013.9.20	檀香山市 Honolulu
泉州市（9对）	日本冲绳县浦添市 Urasoe，Okinawa，Japan	1988.9.23	浦添市 Urasoe
	美国加利福尼亚州蒙特利公园市 Monterey Park，California，U.S.A.	1994.2.24	蒙特利公园市 Monterey Park
	德国莱法州诺伊斯塔特市 Neustadt，Rheinland-Pfalz，Germany	1995.11.2	泉州市 Quanzhou
	土耳其梅尔辛省梅尔辛伊尼赛市 Yenisehir Mersin，Mersin，Turkey	2002.4.17	泉州市 Quanzhou
	美国加利福尼亚州圣迭戈郡 San Diego，California，U.S.A.	2006.11.6	泉州市 Quanzhou
	法国埃罗省蒙彼利埃 Herault，Montpellier，France	2010.2.28	泉州市 Quanzhou
	丹麦霍尔拜克自治市 Holbaek，Denmark	2016.9.10	霍尔拜克市 Holbaek
	马来西亚古晋南市 Kuching South City，Sarawak，Malaysia	2017.10.19	泉州市 Quanzhou
	俄罗斯迈科普市 Maykop，Russia	2018.7.12	迈科普市 Maykop
三明市（2对）	美国密歇根州兰辛市 Lansing，Michigan，U.S.A.	1997.9.10	三明市 Sanming
	匈牙利布达佩斯十五区 XV kerület，Budapest，Hungary	2009.12.22	三明市 Sanming
莆田市（5对）	美国阿肯色州贝茨维尔市 Batesville，Arkansas，U.S.A.	2007.9.17	贝茨维尔市 Batesville
	加拿大大不列颠哥伦比亚省坎伯兰市 Cumberland，British Columbia，Canada	2007.9.24	坎伯兰市 Cumberland
	马来西亚砂拉越州诗巫市 Sibu，Sarawak，Malaysia	2012.11.26	诗巫市 Sibu
	澳大利亚新南威尔士州帕拉玛塔市 Parramatta，Commonwealth，Australia	2015.1.27	帕拉玛塔 Parramatta
	澳大利亚朗塞斯顿市 City of Launceston，Australia	2017.8.23	朗塞斯顿市 Launceston
南平市（3对）	美国康涅狄格州史丹福市 Stamford，Connecticut，U.S.A.	1993.7.2	史丹福市 Stamford
	澳大利亚新南威尔士州奥尔伯里市 Albury，New South Wales，Australia	2003.9.6	南平市 Nanping
	韩国密阳市 Miryang City，South Korea	2019.8.23	密阳市 Miryang

续表

省市	友好省州/城市	结好时间	签字地点
龙岩市（3对）	澳大利亚新南威尔士州伍龙岗市 Wollongong，New South Wales，Australia	2000.11.19	龙岩市 Longyan
	法国安第尔省普松西市 Buzancais，Indre，France	2008.10.27	普松西市 Buzancais
	瑞典韦姆兰省菲利普斯塔德市 Filipstad，Sweden	2016.4.26	菲利普斯塔德市 Filipstad
宁德市（4对）	马来西亚砂拉越州诗巫市 Sibu，Sarawak，Malaysia	2009.3.19	宁德市 Ningde
	美国印地安纳州哥伦布市 Columbus，Indiana，U.S.A.	2010.10.22	宁德市 Ningde
	德国莱法州沃尔姆斯市 Worms，RheinlandPfalz，Germany	2012.12.7	宁德市 Ningde
	德国莱法州施佩尔市 Speyer，RheinlandPfalz，Germany	2012.12.7	宁德市 Ningde
福清市（1对）	印度尼西亚玛琅市 Malang，Indonesia	2018.3.30	玛琅市 Malang
晋江市（2对）	意大利皮埃蒙特大区库内奥省 Province of Cueno，Piedmont，Italy	2017.7.27	晋江市 Jinjiang
	菲律宾达沃市 Davao，Philippines	2018.11.13	晋江市 Jinjiang
石狮市（2对）	菲律宾南甘马林省那牙市 Naga，Camarines Sur，Philippines	2000.3.1	那牙市 Naga
	澳大利亚南澳洲伦马克帕林加市 Renmark Paringa，South Australia，Australia	2005.10.19	石狮市 Shishi
南安市（1对）	日本长崎县平户市 Hirado，Nagasaki，Japan	1995.10.20	平户市 Hirado
武夷山市（2对）	美国夏威夷火奴鲁鲁市 Honolulu，Hawaii，U.S.A.	2005.7.12	火奴鲁鲁市 Honolulu
	澳大利亚新南威尔士州兰山市 Blue mountains，New South Wales，Australia	2009.6.30	兰山市 Blue mountains
福鼎市（1对）	斯洛伐克特尔纳瓦州特尔纳瓦市 Trnava，Trnava，Slovakia	1998.4.29	福鼎市 Fuding
泰宁县（1对）	比利时列日省艾瓦耶市 Aywaille，Liege，Belgium	2018.6.9	艾瓦耶市 Aywaille
上杭县（1对）	塔吉克斯坦索格特州彭吉肯特市 Penjikent，Sughd，Tajikistan	2013.8.5	彭吉肯特 Penjikent
福州市长乐区（1对）	美国华盛顿州得梅因市 Des Moines，Washington，U.S.A.	2012.1.16	长乐区 Changle
厦门市思明区（1对）	美国佛罗里达洲萨拉索市 Sarasota，Florida，U.S.A.	2007.11.9	萨拉索市 Sarasota

（王周雨）

侨 务

【概况】 2019年，福建省坚持为大局服务和为侨服务相结合，进一步凝聚侨心、汇集侨智、发挥侨力、维护侨益，助力新福建和海丝核心区建设。加强与海外联谊，接待海外侨胞访问团34批2238人次。邀请海外侨商参加第六届世界闽商大会，开展闽侨青年精英海丝情活动。推动成立21世纪海上丝绸之路华文教育联盟，举办海外华文教师培训班，举办菲律宾华裔学生学中文夏令营。成立丝路华文媒体协作网。开展侨法宣讲活动，办理侨务信访；落实各项政策性补助资金，改善侨界民生；组织修订《华侨回国定居办理工作办法》，受到广大侨胞好评。开展“习近平在闽工作期间关于统战侨务工作重要论述与实践”“新时代海外代表人士队伍建设”等课题调研；承办全国统战系统侨务工作座谈会，举办全省统战侨务干部培训班。认定2019年度福建省侨乡文化名镇名村5个，即厦门市海沧区海沧街道海沧社区、华安县仙都镇、南靖县书洋镇、晋江市安海镇、永春县岵山镇。

【海外联络联谊】 2019年，福建省加强与海外侨团侨胞的联系往来，努力开拓新侨区，扩大海外联系面。邀请海外98个国家520名侨商参加第六届世界闽商大会。加强与海外和统会组织的联络交流，凝聚海外侨社反“独”促统力量。凝聚海外闽籍青年力量，开展闽侨青年精英海丝情活动，80多位闽籍海外青年参加；在厦门举办第五期福建省海外青年精英研修班，来自新加坡、马来西亚、加拿大、阿根廷等17个国家和地区的30多位学员参加；举办世界福建青年联会第四届特别会员代表大会等系列活动。承办第71期海外中青年侨领研修班，7月21—28日在厦门、龙岩两地举办，来自俄罗斯、美国、马来西亚、菲律宾等25个国家和地区的45位海外中青年侨领参加活动。开展“福建菜海外示范推广计划”，提升海外中餐业水平，9月20日在福州举办第二期海外中餐繁荣负责人及技术总监研讨班，来自美国、日本、新加坡等15个国家和地区的30多位中餐企业代表出席开班仪式。发挥侨力，组织参加闽商大会的海外侨胞实地考察福州，邀请海外侨胞参加“华创会”“厦洽会”等活动，安排第九届世界华侨华人社团联谊大会访闽代表团一行40多人在福建商务考察，引导侨胞参与“一带一路”和新福建建设。以省政府名义对近三年来在福建省捐赠公益事业累计1000万元以上的70名海外侨胞（团体）颁发感谢函（牌），激发侨胞参与福建省脱贫攻坚和公益慈善活动热情。2019年，全省侨捐约12亿元。推荐43名侨胞列席省政协十二届二次会议，为福建发展建言献策。

【海外华文教育和涉侨文化交流】 2019年，福建省举办3期海外华文教师培训班，选派85名优秀教师赴海外任教，承办“华文教育·名师巡讲”“中华文化大乐园”等活动。在福州举办马来西亚、印度尼西亚华文教师培训班，在泉州举办马来西亚华小校长研习考察团等活动，培训海外华文教师90名；推动印度尼西亚泗水、新加坡国民学校与福州市鼓楼第二中心小学缔结姊妹校，深化各地在华文教育领域的交流合作。4月1日至5月24日，在厦门、泉州举办由侨领陈永栽先生资助的菲律宾华裔学生学中文夏令营，共1042名菲律宾华裔青少年参加学习，亲身感受祖（籍）国和故乡的发展变化，深刻体验中华文化的无穷魅力；活动连续举办19年，累计1.5万名菲律宾华裔学生参加。6月，在福州举办“‘根·魂·梦’——海外闽商与新中国70周年图片展”。加强对海外华文媒体的引领聚合，9月23—28日举办“2019海丝华文媒体发展论坛暨新中国成立70周年华文媒体福建行”活动，中央驻闽新闻单位、省内主流媒体、丝路沿线国家和地区的华文媒体代表等120多名嘉宾参加；9月24日，在福州举行丝路华媒协作网成立仪式，来自丝路沿线24个国家和地区的56家海外华文媒体机构共同签订《丝路华文媒体合作协议》，为共建丝路、中华文化走出去提供平台支持。

【为侨服务】 2019年，福建省修订出台《华侨回国定居办理工作办法》，督促指导各设区市办理为侨公共服务事项。全年全省受理华侨回国定居申请8248件，办结8213件，签发定居证4311件，开具“三侨生”升学照顾身份证明747件。开展侨法宣讲活动，认真办理侨务信访。派出业务骨干赴莆田、宁德、龙岩等地开展面向统战系统干部的侨务理论和政策法规宣讲6场，赴漳州双第华侨农场、福州鼓楼区观风亭社区举办归侨侨眷侨法知识讲座2场；赴福州连江、莆田涵江、漳州龙海等县（区）开展5场信访接待日活动，办理各类信访事项236件（次）。落实各项政策性补助资金，改善侨界民生。开展“两节”走访慰问活动，为150多名贫困归侨侨眷送去节日的慰问。下达各设区市归难侨救济和中央华侨事务预算经费，发放散居社会贫困归侨补助和梅州、南山、双第、北硿、武夷山和泉上6个困难华侨农场补助，以及省属国有困难企业1969年12月31日前回国并参加工作的退休归侨生活补贴等。

【第六届世界闽商大会在福州召开】 2019年6月17—18日，第六届世界闽商大会在福州召开，来自102个国家和地区的闽商代表、海内外嘉宾1800多人齐聚榕城，围绕大会主题，共话新机遇，共谋新发展。大会邀请98个国家的520名海外闽商参加，其中保加利亚、塞内加尔、几内亚、埃及等30多个国家的海外闽商为首次参会。6月17日，省委书记于伟国、省长唐登杰在福州分别会见新加坡金鹰集团主席陈江和等到闽参加大会的部分嘉宾，省委常委、统战部部长邢善萍参加会见。会议期间，组织参会海外闽商参加各设区市、平潭综合实验区项目对接和招商引资活动，引导和推动广大海外闽商回乡投资兴业。

【“‘根·魂·梦’——海外闽商与新中国70周年图片展”在福州举办】 2019年6月18—21日，由省委统战部、省政府新闻办主办，中国新闻社福建分社承办的“‘根·魂·梦’——海外闽商与新中国70周年图片展”在福州举办。图片展通过200余幅珍贵的历史照片，以“根”“魂”“梦”三个篇章，用图文并茂的方式讲述海外闽商与中华人民共和国70年的故事，褒扬海外侨胞的重大贡献。全国政协副主席、全国工商联主席高云龙，省委书记于伟国，省长唐登杰，中央统战部副部长谭天星，省委常委、统战部部长邢善萍等领导参观图片展。

【世界福建青年联会第四届第二次理监事会暨特别会员代表大会在福州召开】 2019年12月1日，世界福建青年联会第四届第二次理监事会暨特别会员代表大会在福州召开，来自28个国家和地区的62位海外青年精英参加会议。大会将“世界福建青年联会”更名为“世界福建青年联合总会”，改选理事会主要领导成员，制定未来工作计划。会上，吴文侯新当选世界福建青年联合总会会长，蔡孝兴新当选理事长，陈栋良为监事长。（薛晓丰）

港澳事务

【概况】 2019年，闽港、闽澳各领域交流合作不断深化。全年有12批次省级领导访问港澳。全国政协副主席、澳门前特首何厚铧，时任澳门特区行政长官崔世安，以及全国政协副主席、香港前特首梁振英访闽；省委、省政府主要领导多次亲自会见港澳政商界知名人士。闽港闽澳政府间合作机制继续完善，在经贸、人文、教育、科技、青少年等领域交流合作有序推进。

【闽港澳携手参与“一带一路”】 2019年，在闽港闽澳合作会议机制牵引下，闽港澳经贸、人文、产业等合作成效显著，携手参与“一带一路”建设成为合作新亮点。厦门市政府、省商务厅、省台港澳办与香港国际出入口商会联合在厦门举办“闽港‘一带一路’高峰研讨会”，邀请闽港政府及工商界500多位嘉宾参加，全国政协副主席梁振英、省长唐登杰出席，双方达成12个项目投资协议，总投资48.64亿元。闽澳双方共同制定《闽澳深化合作“并船出海”总体工作方案》，涉及金融、旅游、科教、会展、中医药等领域共17个重点项目。厦门、泉州、龙岩等设区市主要领导赴港澳开展招商推介与经贸洽谈，进一步落实省委书记于伟国2018年与港澳方面达成的“并船出海”合作共识，在经贸、文化、海丝等领域达成诸多合作意向。

【香港特区政府青年实习计划在闽实施】 2019年6月24日至7月15日，“2019香港青年武夷山生物多样性保护实习计划”在闽实施。来自香港大学、香港中文大学、科技大学、浸会大学、教育大学、城市大学、公开大学的16名学生参加。副省长郭宁宁专程看望香港学生，香港环境局副局长谢展寰出席实习结业典礼，并为“武夷山生物多样性保护香港青年研修基地”揭牌。

【港澳同胞在闽工作生活便利服务】 2019年，福建省推进港澳居民居住证制度及出入境证件便利化应用在闽实施，落实港澳居民持用居住证优惠政策及持用出入境证件在政务服务、公共服务、互联网服务等领域便利应用。继续配合香港特区政府落实“福建计划”，推动更多香港长者在福建养老。至2019年底，全省办理港澳居民居住证46908张，其中香港40636张、澳门6272张；共有1720名香港长者在闽养老。

【省政协主席崔玉英率团访问港澳】 2019年10月，受福建省委书记、省长委托，省政协主席崔玉英率团访问港澳。访问团一行走访闽籍重要社团，看望港澳政协委员，为乡亲们加油鼓劲，坚定止暴制乱的信心和决心，进一步涵养爱国爱港爱澳人脉资源。（周清英）

编辑：吴朝庭

闽台交流合作

综　述

【概况】　2019 年，福建省接待台胞 387.64 万人次，比上年增长 6.6%；赴台交流 2089 批次 11760 人次，分别比上年增长 24.57%、5%。经福建口岸赴金门、马祖、澎湖和台湾本岛旅游人数 45.24 万人次，比上年下降 2.03%。

【第十一届海峡论坛】　2019 年 6 月 15—21 日，由两岸 83 家单位和社会团体共同主办的“第十一届海峡论坛”在福建举行。论坛延续“扩大民间交流，深化融合发展”主题，突出探索海峡两岸融合发展新路，着力建设台胞台企登陆“第一家园”，共设置大会活动及青年交流、基层交流、文化交流、经济交流四大版块 67 场活动。参加论坛的台湾民众来自 30 多个界别，人数超过 1 万名，其中首次来大陆的占 20%，首次参加海峡论坛的人数占 40%，来自台湾中南部的基层民众占 51%，与会台湾青年人数占比超过 50%。包括 125 名博士在内的 300 多名台湾人才出席登陆“第一家园”论坛，签约 75 个人才合作项目。两岸签订文化、农业、科技、乡镇、社区等领域合作协议 170 余项，两岸人才机构达成合作意向 80 多项。台湾岛内新闻网站和社交媒体宣传覆盖率分别达 95.2% 和 75%，正面客观舆情比例达 61.9%，形成强大声势和广泛影响。6 月 16 日，中共中央政治局常委、全国政协主席汪洋在厦门出席第十一届海峡论坛并致辞。

【祖地文化交流】　2019 年，福建省各地举办世界客属石壁祖地祭祖大典、朱熹诞辰 889 周年纪念活动、世界妈祖文化论坛、“闽南文化研习营”、闽王民俗文化节、陈靖姑文化旅游节等各类品牌祖地文化主题活动 140 多项，闽台民间文化交流成为对台交流的主旋律。组织闽王金身、陈靖姑金身、广泽尊王金身入岛巡安，凸显祖地文化对台传承。组织“非遗文化进马祖”“南音进社区”“‘福石传缘’两岸寿山石交流活动”3 场“2019 福建文化宝岛行”活动，为台湾民众带去脍炙人口的福建特色文化，使福建特色文化在岛内影响更广泛更深远。举办“朱子之路——闽台书院文化之旅”、海峡两岸中秋博饼状元王中王大赛，增进海峡两岸的民间文化交流。成立“海峡两岸书院联盟”，推动两岸同胞共同传承中华文化。

2019 年 6 月 15—21 日，第十一届海峡论坛在福建举办（省台港澳办供稿）

【闽台工青妇交流】　2019 年，福建省举办海峡职工论坛、海峡两岸职工创新成果展、第六届平潭两岸职工自行车赛、闽台青年劳动模范·模范劳工研讨营、闽台匠人大会系列活动及首届台湾职工子女福建冬令营，打造两岸职工交流品牌。组织省劳动模范参访团、金牌工人交流团赴台交流，组织福建工会澎金马交流团赴澎湖、金门、马祖对口交流，密切闽台基层职工联系。福建各地青年联合会、青年企业家协会等 20 个社团组织，与台湾 20 个青年社团缔结友好社团。据不完全统计，全省开展的各项闽台青少年交流活动 200 多场，邀请台湾青少年到闽参与各类活动超过2万人。第七届海峡青年节举办台湾青年就业创业、实习实践、文化艺术、社工公益、气象环保、教育体育、人才交流、乡建乡创、少数民族等多领域活动34项，吸引台湾青年1442人。举办海峡妇女论坛，促进两岸妇女深入交流和深度融合。举办海峡两岸女大学生创新创业大赛，促进两岸女性双创项目与创投服务有效对接；举办闽台巾帼企业交流合作活动，搭建两岸女企业家交流展洽平台。

【闽台人才合作】 2019年，福建省试点开放台湾幼儿园、中小学教师到闽任教。23位台湾高层次人才入选第二批“福建省百人计划”。率先直接认定52项台湾职业资格相应职称，直接采认美容师、美发师等20个技能职业资格，直接采认14项台湾地区职业资格证书。举办台湾医师专场招聘，27家医疗机构现场签约34名台湾医师。10名台湾同胞分别获评“福建省五一劳动奖章”（2人）、“福建省青年五四奖章”（5人）、“福建省三八红旗手”（3人）等称号。

【闽台科教文卫体交流】 2019年，福建省制定闽台教育融合发展16条措施，通过举办中小学校长论坛、体育竞赛、创新创业大赛、文化交流等活动，邀请超千名台湾青年学生到闽交流，33对闽台中小学缔结为姊妹学校。制定扩大对台招生规模政策，在闽高校就读台生按每人5000元标准发放一次性入学助学金，新增3所在闽高校获准招收台湾学生资格。全年16所在闽高校录取台生410人。举办第十五届海峡两岸图交会、第十二届海峡两岸文博会，多渠道建立两岸文化交流合作的长效平台。开展《妈祖文化志》首发系列活动，在泉州发布两岸合编语文教材（第5册）新书，将第十四届金门书展扩展至高雄、台中、台北等9地。支持台湾书店在省内落地，实施“海峡两岸基础教育数字图书馆”项目，推动两岸基础教育、出版、科技的交流。组织厦门微风乐集团队在福州举办专场音乐会首演，吸引1300多位闽台各界人士观看，推动两岸艺术家奏响两岸融合篇章。办好“第一家园·海峡回声”台湾原创音乐颁奖大会，推动福建成为台湾原创音乐人聚集地。推进闽台文创产业合作。举办“2019‘匠心意蕴’——闽台文创周”活动。促进两岸文创业者共同探索闽台传统工艺的传承与创新之路和文创产业发展的融合之路。举办第十二届海峡两岸（厦门）文化产业博览交易会，设立“闽台文创主题展区”，集中展览、展示台湾文创精品，突出青创基地实效，发挥“磁吸效应”吸引更多台湾青年来闽创业就业。打造系列两岸体育交流品牌赛事，举办海峡两岸门球邀请赛、海峡两岸城市马拉松邀请赛、海峡杯帆船赛、海峡两岸龙舟邀请赛、海峡两岸舞龙舞狮大赛、海峡两岸体育舞蹈大赛、厦金横渡活动等，推进两岸全民健身交流。

2019年8月3日，第七届海峡青年节·第三届两岸大学生领袖营在福州开营
（省台港澳办供稿）

【闽台新闻交流】 2019年，福建省组织10场次涉台新闻发布活动，有190多家（次）境内外媒体参与宣传报道，刊登（转载）新闻报道1300多篇（条）。在《福建日报》等主流媒体发布福建出台“42条措施”，举办“我省积极做好春节台胞返乡有关工作”新闻发布会，召开第十一届海峡论坛新闻发布会、第十一届海峡论坛成果发布会。召开“42条措施”政策说明会，举行福建“筑梦第一家园——税暖台胞”政策说明会，举办贯彻落实“31条惠台措施”“26条措施”政策说明会，举办贯彻落实“26条措施”移动通信资费优惠试点政策说明会，为广大台湾同胞提供政策服务。召开“金门、马祖通水通电通气通桥工作推进专题通气会”，介绍福建与金门、马祖通水通电通气通桥工作进展。召开“‘筑梦第一家园·台湾青年就业广场’专区启动仪式”发布会，向广大台胞台青推介常态化的台湾青年网络求职招聘平台。

2019年，加强两岸媒体交流。深度报道海峡论坛，在5月中旬开展海峡论坛前期采访活动——“2019两岸媒体‘清新福建行’采访活动”，40余家两岸媒体50名记者共推送活动内容200多条；6月14日，在厦门组织召开第十一届海峡论坛新闻发布会，有60余家境内外媒体约90名记者参与采访报道，其中包括台湾媒体20多家40多名记者；海峡论坛期间，有107家境内外媒体700多名记者参会报道，其中包含数十家台湾媒体、近百名台湾记者参加海峡论坛采访报道，据不完全统计，境内外媒体刊发有关海峡论坛的各类报道11000多篇（条）。组织开展体验式采访活动，在4月组织开展“两岸网络新媒体‘丝路茶韵’福建行”联合采访活动，邀请17家两岸知名媒体赴武夷山体验式采访，刊发相关新闻100多篇。邀请两岸媒体采访报道平潭至高雄货运首航仪式。6月，新浪微博召集台湾+大陆新媒体网红达人团，开展研学体验营、最美乡村行等活动。开展两岸媒体专项采访活动，在3月26—28日，邀请包括台湾媒体在内的近60家境内外新闻媒体约150名记者参与报道高雄市长韩国瑜率团参访厦门。5月6—8日，邀请10多家两岸媒体采访报道台湾地区前立法部门负责人王金平率王氏宗亲一行到漳州祖籍地祭祖交流活动。10月，邀请10多家境内外媒体采访在福州召开的“台湾海峡通道暨金马通桥专题研讨会”，并被央视新闻频道《新闻直播间》栏目报道；邀请大陆及港台近20家媒体的25名记者采访报道由省台港澳办主办、台湾音乐团队主导、两岸音乐人共同创作演出的“《第一家园》大型情景音乐会”（首演），并被央视《海峡两岸》栏目报道。

【闽台交流平台建设】 2019年，国台办批准福建省设立闽台历史文化研究院，并在平潭综合实验区设立海峡两岸南岛语族考古教学实习基地，在厦门（集美）闽台研学旅行基地设立海峡两岸交流基地。全省对台交流基地建设取得重大进展，新批准福州永泰县嵩口镇等12家机构设立“福建省对台交流基地”。

【惠台利民政策措施】 2019年，福建省台港澳办研究起草《关于探索海峡两岸融合发展新路的实施意见》，并在5月22日的省委十届八次全会上审议通过，进一步深入贯彻落实中央惠台利民“31条措施”，持续推进福建省“66条实施意见”落深落实。全省各地各有关部门相继出台贯彻“31条措施”“26条措施”以及福建省“66条实施意见”“融合发展42条”的实施细则或政策措施，一体推进落实。“31条”和“66条”落实率达100%，“42条”落实率近90%，“26条”有20条在福建省先行落实形成一批案例成果，许多融合案例实现从个案到通案普及，由福建省率先实施向兄弟省份全面推广。

【台胞权益保护】 2019年，福建省推动台胞权益保护工作。开展“化解涉台重大纠纷行动”，推进化解涉台积案29件，维护涉台领域安全稳定。全省受理台商台胞投诉求助事办结率连续7年保持在90%以上。深化台协会维权工作联络员机制建设，组织全省11家台协会维权工作联络员座谈交流，推动台胞维权工作关口进一步前移。面向全省各级仲裁机构，复制推广海峡两岸仲裁中心首创的台湾地区有关规定查明机制。在漳州台商投资区召开全省推广“涉台检察联络员”“涉台检察联络室”工作现场会，推动涉台检察服务为服务台企台胞工作开创新局面。推动台湾在闽法律专业学生在法院实习，获最高人民法院批复在平潭综合实验区法院设立“省级台湾青年实习实训基地”，3名在福州大学法学院就读的台湾学生参加平潭法院的法律实践业务实习实训。福建省在台胞权益保护相关维权工作方面取得较好成效，获得国台办秘书局、投诉协调局寄发表扬函的肯定。 （周清英）

闽台经贸合作

【概况】 2019年，闽台贸易总额748.52亿元（占全省进出口总额的5.62%），其中闽对台贸易额332.9亿元，比上年增长4.5%；台对闽贸易额415.62亿元，下降11.1%。全省利用台资1382项（不含第三地转投），比上年增长5%；合同台资155.9亿元，增长5.8%；实际利用台资6.6亿元，增长8.1%。全省实际利用台资（含第三地转投）近40亿元。

【闽台产业对接】 2019年，闽台在电子信息、石化等产业的合作取得较好进展。4月23日，台湾奇美集团进驻古雷石化园区的第一个项目——古雷奇美ABS项目（年产45万吨ABS及AS）开工建设，总投资26.4亿元。电脑电源厂商台达集团旗下子公司中达电通股份有限公司，与南平市政府签订绿色建筑总部及绿色产业合作项目，合同金额约60亿元。富士康工业互联网东南区域运营总部和研发中心签约落地福州市仓山区潘墩北斗小镇，预计总投资约10亿元。闽台产业对接推动一批产业合作园区的挂牌建设。5月29日，国台办、工信部批复同意在福建设立海峡两岸集成电路产业合作试验区；11月18日，国台办批准同意在莆田妈祖健康城设立海峡两岸生技与医疗健康产业合作区；12月，经省委省政府同意，设立厦门同安、漳浦、上杭、南靖、邵武、永春、永泰、永安、平潭9个闽台农业融合发展产业园。

2019年4月28日，“筑梦第一家园·台湾青年就业广场”在福州正式上线

（省台港澳办供稿）

11月3日，福建省组织省直有关部门及各设区市、平潭综合实验区50多名代表，赴江苏南京参加"2019两岸企业家紫金山峰会"，推动福建元素纳入峰会内容，共有8位代表在相关产业小组专题论坛上发言推介。其中，省台港澳办代表在综合小组专题论坛上作"加快同等待遇落细落深 着力构建台胞台企登陆的第一家园"主题发言。平潭综合实验区在中小企业及青创小组专题论坛上宣介"着力先行先试，打造台青登陆第一家园的桥头堡"。漳州市在能源及环保节能小组"石化领域合作"专题论坛上重点推介古雷石化，并完成2个项目的签约，金额72.6亿元；在智能制造及装备小组专题论坛上，举办南靖闽台精密机械产业园创新创业环境专场推介会。泉州市作共建半导体产业合作试验区的推介。

【闽台农业合作】 2019年，福建省新批农业台资项目40个，合同利用台资1.08亿美元，累计批办台资农业项目2721个，合同利用台资40.6亿美元。全省农业利用台资的数量和规模继续保持全国第一。6个国家级台创园新增引进台资农业企业26家，合同利用台资5100万美元；累计入园创业的台资农业企业624家，引进台资11.5亿美元。

【闽台金融合作】 2019年7月30日，全国台企联与厦门市政府签署合作协议，共同推动设立两岸产业合作投资基金，为后期成立台商银行做准备。9月26日，福建省开启由两岸银团向台企贷款的先例。由中国工商银行会同台湾第一商业银行、中国信托银行、合作金库银行、台湾土地银行等金融机构，向台资企业福建台明铸管科技股份有限公司签约贷款2.4亿元。该项业务是福建省内首笔由陆资银行和台资银行共同发起的银团贷款。为解决台企融资难、融资贵的问题，省农行在试点金融服务漳平台创园的基础上，拟在5年内对台创园新增授信额度50亿元，重点支持全省6个国家级台创园和省级闽台农业融合发展产业园的台企、台农，对有信贷需求且符合条件的台企、台农做到应贷尽贷，授信覆盖面达到100%。

【台胞台企同等待遇落实】 2019年，福建省台港澳办会同省工信厅等4部门制定《关于推进闽台产业合作转型升级若干措施的通知》，明确将台企纳入福建省民营企业政策扶持体系。组织100名在闽台商参加第六届世界闽商大会，有4名台商首次获得"福建省非公有制经济优秀建设者"表彰。首次邀请台商台青参加外交部福建全球推介会。推动厦门银行、建霖家居、欣贺股份、宸展光电4家台企向证监会申请IPO上市。在全省推广台湾地区信用报告查询业务，试点向46名信用良好的台商台胞颁发金融信用证书。

【台湾青年到闽实习就业创业】 2019年，福建省打造台青实习就业创业"筑梦第一家园"品牌。举办大陆首场"筑梦第一家园·高校台籍毕业生专场招聘会"，吸引临近的浙江、上海、江苏等地200余名台籍毕业生参与。上线"筑梦第一家园·台湾青年就业广场"，搭建台青网络求职常态化招聘平台。至2019年底，有2111家企业在线发布13826个台湾人才需求信息。首次在海峡股权交易中心举行"筑梦第一家园·福建省台湾青年创业项目投融资对接活动"，吸引10多家在闽台资银行和省内私募基金参加。从全省35个台青创业项目中甄选出8个优秀项目进行产融对接，推动海峡股权中心与台青创业企业签订服务协议。厦门台协会组织征集近2000个岗位在高雄举办征才博览会，收到线上线下求职简历约6000份。

（周清英）

闽台三通

【概况】 2019年，闽台海上客运共运营18471航次，运载旅客2250539人次，创历史新高，分别比上年增长0.17%、4.5%，实载率39.17%。其中，"小三通"运营17636航次（比上年下降0.28%），运载旅客2029912人次（比上年增长2.85%），实载率40.73%；"大三通"运营835航次（比上年增长10.89%），运载旅客220627人次（比上年增长22.56%），实载率35.47%。闽台空中直航客运共运营6711航次，运载旅客937528人次，分别比上年下降1.66%、1.28%。闽台空中直航货物吞吐量25067.3吨，比上年下降11.66%；海上直航货物吞吐量1464.56万吨，下降19.99%；集装箱吞吐量62.31万标箱，下降18.88%。

【福建向金门马祖供水工程】 2019年

2019年8月7日，福建与金门、马祖电力联网研讨会在厦门召开

（省台港澳办供稿）

8月5日，福建向金门供水工程通水一周年活动在晋江举行，两岸通水交流中心揭牌。至2019年底，实现向金门供水近500万吨。向金门供水水源地龙湖保护工作有序推进，累计投入约2500万元进行水源地保护。向马祖供水近期工程前期工作进展顺利，5月27日完成供水工程可行性研究暨初步设计工作，6月10日通过审批，9月初动工建设，于12月27日实现船运供水。同时，远期供水方案连江段的管道工程前期工作启动。

【通电通气通桥项目建设】 2019年，福建省电力部门确定通电联网方案，并有序推进福建侧换流站站址初选、换流站进出线选线、现场踏勘、福建侧海缆路径调查等前期支撑性工作。8月7日，福建与金门、马祖电力联网研讨会在厦门召开，两岸有关部门、专家学者就电力联网建言献策、凝聚共识。台湾合作方确认金马供气的台方执行单位，明确通气的主要能源、运输方式及出口港。省投资集团派员赴金门实地考察，明确金门方面接气港口、储运路线等要求，并与福州市建设局对接、商讨马祖地区供气技术方案，确定马祖供气所涉及出口资质、船舶航线、出口码头等事宜，均与金门供气同步协调落实。省交通运输厅组织相关单位启动厦金、福马通桥项目前期工作，在外业调查、通航论证等基础上，初步确定线路比选方案。福州、厦门两市已委托咨询单位开展各项目的专题论证，并加快制定工程技术方案。

（周清英）

对台开放开发

【福建自贸试验区对台合作】 2019年，福建自贸试验区新增台资企业231家，合同台资5.13亿美元，分别占全省同期的16.7%、22.7%。累计新增台资企业2483家，合同台资67.2亿美元，分别占全省同期42.1%、44%。海峡股权交易中心“台资板”展示台企449家、挂牌台企6家，累计帮助在闽台企实现融资21.3亿元。两岸股权交易中心“台资板”企业数253家。引进首家台商独资国际船舶运营企业、两岸合资影视后期制作企业、两岸律师事务所联营办公室等一批首创性台资项目，累计引进20多个首创性台资项目。启用两岸检验检疫电子证书互换与核查系统；首创对台小包邮件同屏比对快查快放模式；率先启动两岸海关AEO互认试点，企业通关速度平均提高50%。进一步创新监管服务，率先试点台资企业资本项目管理便利化政策，被省外管局推广至全省台资企业，并被国家外管局推广到全国12个自贸试验区。加大融资信贷支持，有86家金融机构开通台湾地区信用报告查询，累计查询台企台胞信用信息461笔，发放贷款4.7亿元。

福州片区首创对台离岸创业基地和台湾离岸人才库，率先实施公办中小学及幼儿园可聘用台湾全职教师。“马尾—马祖—台北”货运航线成功首航。融达通公司在马祖设立海运快件边境仓。

厦门片区上线运行“两岸通”，向台商提供专业化、强公信力的一站式综合性服务。大嶝对台小额商品交易市场实行“正面清单”管理方式。厦门口岸进口台湾食品批次占大陆50%以上，进口台湾水果占大陆90%以上。23家台湾地区银行机构在厦门开立41个人民币代理清算账户，清算金额1281.2亿元。

平潭片区成立台胞台企服务中心，提供157项行政审批及公共服务事项；设立大陆首个“两岸家园数字身份公共服务平台”。持台湾居民居住证的台胞，可依法享有劳动就业、参加社会保险的权利，享受当地政府提供的基本公共就业创业服务。向台商台胞发放“金融信用证书”，39位台胞获得信贷授信780万元；发行台胞专属金融服务“麒麟卡”1600多张。进一步落实台胞台企同等待遇，率先在全省范围内开展台湾职业资格直接采认大陆职称，采信52项台湾职业标准。有161名在闽台湾同胞获得大陆职称，4519名台湾同胞取得国家职业技能资格。“三创”基地增至13个，成为台湾青年创新创业的重要载体，累计吸引台企610多家、台胞2500人入驻，培训台湾青年超过2.6万人次。

【平潭综合实验区对台开放开发】 2019年，平潭综合实验区贯彻落实国台办和福建省发布的惠台政策措施，出台《探索海峡两岸融合发展新路的实施细则》。推动应通尽通，新增“平潭—高雄”客运、货运直航航线，实现平潭与台湾北部、中部、南部港口航线全覆盖。全年往来两岸旅客超过19万人次，其中台胞占60%以上。两岸快递物流中心一期项目、平潭国际海洋产业物流园、金井跨境电商物流园二期、澳前保税物流园主体工程等一批涉台基础项目竣工。持续深化经贸合作，新增台企170多家、台湾个体工商户90多家。对台贸易额19.5亿元，比上年增长24%。平潭金井港区获批进境水果、冰鲜水产品指定监管场地，设立台湾农渔产品交易市场，上线试运营“平潭两岸农渔产品交易平台”，累计农渔产品贸易货值突破4亿元，比上年增长2.6倍。持续扩大标准采认，完成两岸134大项（268小项）职业资格标准的研究比对工作，其中可直接采信95小项，累计受理并发放采信证书500多本，有60多家台企落地备案。该项工作参加第二届全国创业就业服务展示交流活动，荣获“优秀项目奖”。推进台企参与度，台达电子（平潭）有限公司参与福建省两岸绿色建筑评价标准制定。持续推动民间交流，举办第八届共同家园论坛、第四届海峡两岸村里长交流会、第六届平潭两岸职工自行车赛、第四届两岸青年创新创业大赛等两岸交流活动40多场次。两岸融合治理试点村居扩大至55个。国台办、国家文物局批准设立海峡两岸南岛语族考古教学实习基地，两岸国学中心被评为福建省对台交流基地。 （周清英）

编辑：吴朝庭

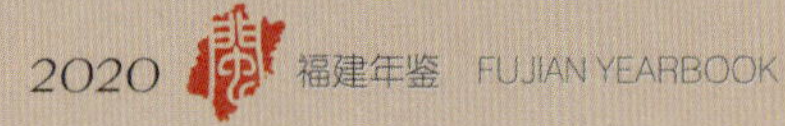

自然资源管理

综　　述

【土地资源】　根据福建省2018年度土地变更调查成果，截至2018年12月31日，全省土地总面积12.40万平方公里，占全国土地总面积的1.3%。其中，耕地1336525.22公顷，园地764318.54公顷，林地8323980.66公顷，草地230270.27公顷，城镇村及工矿用地646140.95公顷，交通运输用地223021.22公顷，水域及水利设施用地543783.95公顷，其他土地328747.05公顷。

【矿产资源】　截至2019年底，列入福建省矿产资源储量表的非普通建筑用砂类固体矿产118种，其中能源矿产1种(煤)、金属矿产28种、非金属矿产89种。已上表矿区总数1755个，按矿产资源储量规划划分，大型矿区73个、中型矿区249个。

【海洋资源】　2019年，福建省海域总面积13.6万平方千米，海洋功能区划面积海域37647平方千米。大陆海岸线长3752千米，居全国第二位，全省有海岛2214个，数量居全国第二位。

【调查监测评价】　2019年，福建省自然资源管理厅组织开展福建省第三次全国国土调查，制定《福建省第三次全国国土调查（县级）技术实施细则》《福建省第三次全国国土调查成果检查办法》，全省84个县级单位“三调”成果按时提交国家核查。组织完成2018年度全省土地变更调查与遥感监测和2019年度地理国情监测工作。

福州市打造景观休闲性步行系统串联公园、河道、山体，构造“连续、系统、舒适”的骨架步行通廊。图为步行系统中的福山郊野公园，摄于2019年

（福州市政府供稿）

【土地矿产执法监察】　2019年，福建省开展自然资源疑似违法图斑动态监测，建立“一月一监测、一月一通报”工作机制。印发《福建省自然资源厅GNSS远程监管应用管理办法》，全面推进远程监管应用。全省自然资源主管部门共立案查处自然资源违法案件1975件，其中土地1929件、矿产46件。省自然资源厅挂牌督办案件10件，公开通报案件10件。

【工程建设项目行政审批制度改革】2019年，福建省推进工程建设项目审批制度改革，提出6项配套改革措施，探索相近审批许可合并同类项。推行“多证合一”“多测合一”，整合优化建设项目选址意见书、建设用地预审、建设用地规划许可证和建设项目压覆重要矿产资源审批流程；将工程项目前期测量、竣工验收测量、不动产登记测量等测绘工作实行一次委托、联合测绘、成果共享。

【海域海岛管理】　2019年，福建省制定《福建省加强滨海湿地保护严格管控围填海实施方案》。按照分类处置原则，制定并组织实施全省围填海历史遗留问题处理方案。推动上汽宁德基地、厦门新机场、古雷炼化一体化项目、霞浦核电、漳州核电以及宁德核电5号、6号机组6个重大项目用海报批。印发《关于进一步做好围填海管控有关工作的通知》《关于进一步加强海域海岛使用管理评审工作的通知》，进一步强化围填海管控，建立长效管理机制。启动全省海岸线修测工作。

【自然资源科技工作】 2019年，福建省国土空间基础信息平台项目在第二届数字中国建设峰会中被评为“数字福建电子政务十佳案例”。自然资源福建省卫星应用技术中心获自然资源部批准并启动建设。《福建省二叠纪含煤区深部煤炭赋存特征与找煤模式》科研项目成果获福建省科技进步二等奖。1名选手获全国自然资源科普讲解大赛二等奖，1名专家获聘自然资源部首席科学传播专家。

【地质灾害防治】 2019年，福建省印发《福建省2019年地质灾害防治方案》，下达专项资金2.6亿元，完成地灾综合治理394处，启动地灾搬迁4516户，落实搬迁到位1403户。 （杨柏兴）

国土资源管理

【土地开发利用】 2019年，福建省编制各类国有建设用地供应计划2.18万公顷，其中住房用地0.34万公顷。全省完成供应各类国有建设用地1.80万公顷，其中住房用地供应0.25万公顷，落实保障性安居工程土地供应773公顷。

节约集约用地。全省开展批而未供和闲置土地处置专项行动，处置批而未供土地0.84万公顷，处置率24.5%，处置闲置土地1213公顷，处置率48%。开展单位GDP地耗下降率考核评估，2019年全省GDP每增长1亿元，消耗建设用地27.37公顷，单位GDP地耗下降6.65%。印发《关于严格土地节约集约利用促进开发区高质量发展十条措施的通知》，组织开展2018年度全省建设用地节约集约利用状况整体评价及国家级和省级开发区集约用地专项评价工作，建设用地节约集约利用综合指数位居全国第五名。

2019年，龙岩市坚持把耕地保有量、基本农田保护和耕地开发整理工作列入政府年度目标考核重要内容，督促各县（市、区）政府履行耕地保护责任，同时加强补充耕地后续管理，规范土地整治项目验收和稽查。图为上杭县古田镇基本农田保护区一角 （省自然资源厅供稿）

【国土空间规划】 2019年，福建省委、省政府印发《关于建立国土空间规划体系并监督实施的实施方案》，明确福建省国土空间规划的总体目标、体系架构、工作要求和保障措施。印发《关于全面开展市县国土空间总体规划编制工作的通知》，全面开展省、市、县国土空间总体规划编制工作，形成全省资源环境承载能力和国土空间开发适宜性评价阶段性成果。自然资源部在福建省召开推进“多规合一”国土空间规划工作现场会。

生态保护红线评估。制定《福建省生态保护红线评估工作方案》，指导各地完成自评成果，组织开展成果审查和逐县对接工作。

村庄规划编制。印发《福建省村庄规划编制指南（试行）》和《关于开展村庄规划编制示范工作的通知》，分3批开展100个苏区老区、特色保护型村庄规划编制示范工作。全省在全国农村工作推进会上作典型经验发言。

国土空间基础信息平台建设。制定《福建省国土空间基础信息平台数据管理办法》，完善数据库建设及省直部门的数据交汇机制，国土空间规划“一张图”框架初步构建。

【生态修复】 2019年，福建省开展“田水路林村”土地综合整治与生态修复

2019年8月31日，河田镇南塘村种粮大户傅木清用彩色水稻种植的“大美汀州”图景，吸引众多游客前来观赏 （省自然资源厅供稿）

专项行动，协同推进闽江流域山水林田湖草生态保护修复试点和露天矿山综合整治，实施修复项目373个，完成投资87亿元。推进蓝色海湾整治行动，莆田市以评审第一名的成绩入围2019年度中央财政支持项目。实施2019年废弃矿山生态环境综合治理工程包，治理废弃矿山119处，完成治理面积400.6公顷。开展2019年度绿色矿山遴选工作，全省15家矿山被纳入全国绿色矿山名录。

【耕地保护】 2019年，福建省永久基本农田保护面积107.30万公顷，超过国家下达的107.27万公顷永久基本农田保护任务。省、市、县、乡四级政府层层签订责任书，明确各地耕地保有量及基本农田保护面积、年度补充耕地任务等。2019年，全省完成补充耕地总面积0.29万公顷，批准实施旧村复垦项目415个，实现全省耕地占补平衡。

（杨柏兴）

矿产资源产权登记

【矿业权管理】 截至2019年底，福建省探矿权总数649个，面积4587.73平方千米，其中国有企事业单位持有探矿权128个。按勘查矿种分类，能源矿产37本（其中煤炭矿产22本），金属矿产507本，非金属矿产105本。全省采矿许可证1120本，其中主要有煤炭55本、铁矿74本、铅锌矿50本、金矿15本、银矿7本、铜矿13本、锰矿12本、钨矿4本、锡矿2本、钼矿10本。

全省办理采矿权登记项目74个，其中新立16个（机制砂2个、建筑用石料11个、地热2个、水泥用石灰岩1个）、延续3个、变更31个、注销24个；办理探矿权勘查登记项目94个，其中新立4个（地热2个、水泥用黏土2个）、延续32个、变更39个、保留10个、转让2个、注销7个。

【矿产资源保护监督】 2019年，福建省印发《福建省自然资源厅关于进一步明确矿产资源储量评审及备案相关事宜的通知》，在全国率先进行矿产资源储量评审备案制度改革创新。下发《深化打击非法违法采矿专项行动工作方案》和《关于开展饰面石材建筑石料矿山专项整治的通知》，开展为期半年的打击非法违法采矿专项行动，严肃查处违法违规行为。

（杨柏兴）

自然资源产权登记

【自然资源和不动产确权登记】 2019年，经福建省政府同意，福建省自然资源厅印发《关于压缩不动产登记办理时间的通知》，8月底，全省所有市、县（区）不动产一般登记、抵押登记业务办理时间全部压缩至5个工作日以内。

优化不动产登记“外网申请、内网审核”，实现一般不动产登记网上办事全覆盖，全年全省通过“外网申请”的办结量131.7万宗。会同省银保监局下发《关于促进银行续贷业务与不动产登记无缝衔接的通知》，全省全面推行抵押权注销登记和续贷抵押权首次登记合并办理。推进不动产抵押登记“不见面全程网办”。2019年5月，自然资源部将福建省确定为全国林权类不动产登记规范化制度建设试点省份。在南靖县部署开展自然资源统一确权登记示范点建设，为全省各市县树立样板，提供可复制、可推广的经验。

【自然资源资产管理】 2019年，福建省自然资源管理厅组织开展全民所有自然资源资产所有权委托代理试点前期研究，编制《2018年度国有自然资源报告》。指导南平市开展“生态银行”试点，探索生态产品价值实现机制。指导连江县探索基于山水林田海系统性的自然资源资产定量化评估核算。全面启动南平市和厦门市国有土地资源资产核算试点、南平市土地储备资产负债表编制试点。

晋江市农村土地制度改革三项试点形成一批可复制可推广的改革经验，其中宅基地有偿退出、下放宅基地审批权限、集体建设用地入市、征收补偿安置等做法被土地管理法吸收采纳。

【自然资源要素保障】 2019年，福建省自然资源管理厅围绕全省高质量发展，对重大项目实行“一清单三保障”工作机制，采取包片挂钩指导和组建工作专班等形式集中攻坚，联合上海督察局赴全省各地开展自然资源要素保障现场办公，解决用地用矿用海问题215个。自然资源部办公厅向全国推广福建省“一清单三保障”经验做法。

（杨柏兴）

地 质 勘 查

【地质勘查管理】 2019年，福建省级

2019年7月5日，福建省副省长李德金（右一）代表福建省人民政府与中国地质调查局签署战略合作协议

（省自然资源厅供稿）

漳州市台商区万达广场旁湿地公园，摄于2019年
（漳州市台商投资区供稿）

财政出资新安排4个1∶5万区域地质调查、矿产地质调查项目，推进一批续作的区域地质调查、矿产远景调查项目。全省完成1∶5万区域地质调查9.43万平方千米，1∶5万矿产地质调查3.94万平方千米。完成“台湾海峡两岸地质条件及地质系列图件编制”工作。

【农业地质调查评价】 2019年，福建省罗源县等31个县（市、区）开展农业地质调查评价工作，完成1∶5万调查面积4120平方千米、1∶1万调查面积425平方千米，设置耕地质量动态监测点412个。《福建省生态地球化学编图与重点区土地质量地球化学调查成果报告》通过中国地质调查局南京地质调查中心组织评审，获优秀等级。

【地质找矿】 2019年，福建省拟定机制砂矿山56处，已出让22处、年产1913万立方米。优选确定台湾浅滩约300平方千米的海域作为海砂资源调查靶区，圈定4个资源富集有利区加密勘查。启动部署“福建建阳大金山金矿重点勘查区矿产地质调查与找矿预测”“福建省宁化矿集区深部找矿预测”2个子项目。（杨柏兴）

测　　绘

【测绘监管】 2019年，福建省自然资源厅贯彻落实国务院“放管服”改革要求，推进工程领域开展“多测合一”工作，联合住建、人防、消防等部门印发《福建省全面推进工程建设项目“多测合一”工作实施方案》。制定发布“多测合一”综合技术标准、成果样示、合同示范文本。指导设区市自然资源主管部门推进“多测合一”工作。完成8座卫星导航定位基准站备案，累计备案181座。办理省外测绘单位来闽开展测绘执业备案85件，制止处理5件违规行为。按“双随机、一公开”监督抽查要求，完成100家测绘资质单位成果质量监督抽查，责令2018年度15家“不合格”单位限期整改，并组织复查。完成25家甲、乙级测绘单位的巡查，发出整改通知书25份。开展测绘单位信用体系建设，征集、审核、发布测绘单位信用信息158条。实现6项测绘行政审批事项自动生成电子证照及批文。减少测绘资质审批事项申请材料2项。开展测绘资质证书“邮递送证上门”活动。完成资质申请审批76件、业务变更29件、资质升级办理19件、资质注销18件。截至2019年底，全省有测绘资质单位730家，其中甲级45家、乙级155家、丙级351家、丁级179家。

【地图监管】 2019年，福建省测绘发展中心加强地图技术审核把关，完成地图审查347项。做好互联网地图监管服务，对全省303个重点网站开展“问题地图”监督，排查出49个网站344幅的“问题地图”。为第二届数字中国建设峰会、“6·18”海峡项目成果交易会等展会提供地图排查服务，排查地图270多幅，发现其中76家单位115幅地图存在严重错误，督促有关单位及时改正。开展不规范地名清查，排查不规范地名1200多个。为宁德、马尾海关、鼓楼区市场监督管理局提供7批次400多幅“问题地图”技术检定工作。为泉州申报世界文化遗产点保护区划图提供脱密技术服务。受自然资源厅委托开展2019年全省涉密测绘成果保密检查，对150多家涉密测绘成果使用单位开展实地保密检查，实时将检查结果反馈被查单位，督促问题单位按期整改。每季定期向设区市自然资源主管部门发送设区市单位测绘成果领用清单，指导设区市自然资源主管部门开展成果保密检查。

【基础测绘】 2019年，福建省测绘发展中心完成控制点普查98点、水准埋石5座，B级GNSS观测点20个，二等水准测量950千米。做好81个省卫星导航定位基准站点运行维护，完成福建省卫星导航定位服务系统二期安全升级改造，提高基准站定位服务的精度和稳定性。推进福建省卫星导航定位服务系统的社会化应用，服务用户503家，发放实时定位注册账号2793个，免费提供基准站观测数据697.9GB，成果服务于测绘、国土规划、海洋、水利电力等领域。持续推进省级基础地理信息数据的更新，完成厦门、漳州、泉州等区域2.18万平方千米1∶1万高精度数字高程模型数据生产，实现1∶1万高精度数字高程模型数据全省覆盖。更新宁德、龙岩两地2.8万平方千米1∶1万地形图数据库。完成2019年版公开版地图数据库更新任务。开展197平方千米港湾测图工作。获取中分辨率影像数据1169景，有效覆盖陆地面积12.4万平方千米；获取高分辨率卫星影像1052景，覆盖全省陆地面积8.79万平方千米。福建省卫星应用技术中心获自然资源部批复建设。完成18个数字县域项目立项，至年底全省有21个县完成建设，33个在建，剩4个县未立项。编制101个乡（镇）“一乡一图”。

【“天地图·福建”建设】 2019年，福建省测绘发展中心定期做好省地理信息公共服务平台（“天地图·福建”）数据的更新融合，完成4.2万平方千米核心要素更新，更新道路22万条、居民地5万多条、水系5000多条，完成99万条地名兴趣点的更新融合。新增月度影像发布、矢量切片数据发布和地名检索等服务，完成与国家天地图“五个统一”建设及省市目录服务的入驻工作。为交通厅、民政厅等单位的9个应用系统对接提供技术支持，完成公安厅前置平台更新和海丝数据中心前置平台部署。在全国天地图省级节点综合技术评估中，“天地图·福建”连续7年被评为五星级称号。

【违法图斑动态监测】 2019年，福建省测绘发展中心按照“一月一监测、一月一报表”的工作要求，制定《违法图斑动态监测技术方案》，采用最新卫星遥感影像，开展自然资源用地、用矿、用海疑似违法图斑提取和分析比对，完成监测总面积21.51万平方千米，实际覆盖陆地面积11.86万平方千米，海岸线和海岛岸线实现多轮次监测。提交5期动态监测成果，发现疑似违法图斑4.22万个，组织编制2019年度监测情况和统计分析报告。协助省自然资源厅开展违法图斑实地抽查工作。完成2016、2017年度全省疑似违法建设用地图斑提取工作。

【自然资源调查监测服务】 2019年，福建省测绘发展中心完成福建省第三次全国自然资源调查优于0.2米正射影像生产及全省坡度数据库更新。对全省84个县级成果开展质量检查，检查图斑1340万个。组织30个工作组对全省30多个重点地类数量变化较大的县（市）开展实地再核查，成果质量高于国家规定标准。完成福州、宁德、南平5.6万平方千米基础性地理国情监测任务，监测成果一次性通过自然资源部组织验后复核，数据成果汇交进度位列全国第四。服务福建省“青山挂白”修复治理，完成全省“青山挂白”摸底调查，建立全省生态现状本底数据库。为第二轮中央生环境保护督察提供地理信息技术服务，完成全省建筑石料矿山与保护区等套合分析及制图任务，制作提供影像图337幅。服务全省海岸线修测工作，完成海岸线修测成果数据监督检查及评审和验收。

【自然资源资产审计服务】 2019年，福建省测绘发展中心推进大数据审计分析平台建设，基本完成平台主体开发任务。为12个县（市、区）自然资源资产离任（任中）审计提供测绘技术服务，提交分析报告73份；为8个县（市、区）乡村振兴相关政策和资金审计、省农业农村厅预算执行审计、全省地级饮用水水源保护区环境保护审计等提供测绘技术支持，提交分析报告22份，发挥测绘地理信息技术资源服务福建省自然资源审计支撑保障作用。

【测绘成果保障服务】 2019年，福建省测绘发展中心无偿为国家机关及社会各行业156家单位提供成果分发服务，提供数字成果8.6万幅、大地控制点900点、航片2.34万片、卫星影像372万平方千米、地理国情普查数据0.66TB。为党政机关提供《福建省工作用图》等公益性地图13368幅（册）。平潭、漳州城市地图集通过验收。提供遥感影像数据1.1万景，数据量16.37TB。

【国家版图意识宣传教育】 2019年，福建省测绘发展中心组织开展“8·29”测绘法宣传日暨国家版图意识宣传周活动，编印国家版图宣传材料1.2万册，向群众播放测绘法及国家版图意识宣传片，发放国家版图意识宣传教育材料，向群众讲解国家版图、地图知识。编制85个县级（含金门）标准画法地图并提供免费下载服务。开展“美丽中国”第四届国家版图知识竞赛和少儿手绘地图大赛活动，评选出优秀组织奖8个、优秀少儿手绘地图作品73幅、优秀指导教师8名。（黄继富）

编辑：郑 茱

经济管理

宏观经济管理

【宏观经济政策研究】 2019年，福建省研究制定重大政策措施。福建省发展和改革委员会研究制定或牵头起草《建立正向激励机制促进经济社会高质量发展若干措施》《进一步精简企业投资项目前置审批事项实施方案》《进一步促进消费增长的若干措施》等116个政策文件，其中代拟上报以福建省委省政府名义印发实施的文件20个。

贯彻落实福建省委省政府工作部署。落实福建省委“三四八”工作机制，对17项习近平总书记重要指示批示贯彻落实情况全面开展“回头看”，形成10个专题报告上报福建省委。2019年办理福建省委省政府督办件1053件。其中福建省领导批示批办件490件、书记省长批示326件，已办理227件，已在日常工作中落实263件。

开展重大问题调查研究。开展“十四五”规划重大课题研究，谋划“十四五”规划基本思路。开展新时代福建省主导产业选择研究和梳理，推动形成新的主导产业。开展战略性新兴产业集群发展建设、推进先进制造业与现代服务业深度融合等重大问题调查研究。参加福建省政协专题协商6次。承办福建省人大代表建议140件、福建省政协委员提案121件，全部在规定时限内办结。

加强经济运行跟踪分析。福建省发展和改革委员会牵头建立防止产能集中外迁工作专班、“六稳”情况部门通报会商机制，密切跟踪形势变化，应对经验做法得到国家发展改革委认可，并转发各地学习借鉴。加强经济运行分析研判，提出具体的措施建议。

【产业素质提升】 2019年，福建省创新能力进一步增强。制定营造有利于创新创业创造良好发展环境的实施意见。2019年新增高新技术企业700家，每万人发明专利拥有量11.1件，比上年增长12.8%。实施福建省工程研究中心三年行动计划，推动223项关键技术开展攻关，宁德时代国家工程研究中心技术攻关步伐加快。组建福建省创新研究院。打造高水平实验室，光电信息、能源材料、化学工程、能源器件等首批4家福建省创新实验室启动建设。第十七届中国·海峡创新项目成果交易会对接合同项目7106个、总投资1786亿元。科技特派员制度深入实施，乡镇覆盖率100%。实施数字经济领跑行动，举办第二届数字中国建设峰会，获批设立国家数字经济创新发展试验区，5G商用启动，人工智能双百工程顺利实施，数字经济规模1.7万亿元。

制造业高质量发展取得新成效。开展主导产业研究和梳理，实施千亿元产业集群推进计划，规模以上工业增加值比上年增长8.8%，高技术产业和三大主导产业增加值分别增长12.3%、9.8%，产值超千亿元集群18个，主营业务收入超百亿元工业企业45家，国家专精特新“小巨人”企业10家，国家级制造业单项冠军企业（产品）22家。福州新型功能材料、厦门新型功能材料、厦门生物医药及莆田新型功能材料等4个集群纳入国家战略性新兴产业集群发展工程，战略性新兴产业增加值达5400亿元。海洋生产总值1.18万亿元，比上年增长11%。中化泉州乙烯、古雷炼化一体化等石化重大项目加快推进，中沙古雷乙烯项目列入国家石化产业规划布局，上汽宁德基地、莆田钧石能源HDT高效异质结太阳能电池一期项目投产。组织实施重点技改项目738个，福建省技改基金扩大至120亿元。

现代服务业平稳增长。新增国家A级物流企业54家，总数377家，居全国第四位；厦门市入选2019年国家物流枢纽建设名单；厦门市、泉州市入选家政服务业提质扩容“领跑者”行动重点推进城市。金融业运行平稳，不良贷款率下降至1.14%，“海峡科创板”推出，118家科创型企业举行签约挂牌仪式。“全福游、有全福”品牌打响，福建全省接待国内外游客5.36亿人次，比上年增长16.5%；旅游总收入8058亿元、增长22%。新经济领域服务业加快发展，规模以上互联网平台营业收入比上年增长39.9%。

农业生产保持稳定。粮食安全省长

责任制考核取得优异成绩，得到国家通报表扬。划定53.33万公顷水稻生产功能区，建成高标准农田8.67万公顷。十大乡村特色产业全产业链总产值突破1.7万亿元，千亿元产业增至8个。全面实施特色现代农业“五千工程”，累计创建福建省级以上特色农产品优势区84个、现代农业产业园60个，形成安溪铁观音、古田食用菌等一批产值超百亿元产业强县。优质绿色农产品供给明显增加，质量安全监测总体合格率98.6%。非洲猪瘟疫情有效防控。

【内需市场拓展】 2019年，福建省投资结构继续优化。围绕万亿元有效投资计划，实施稳投资26条措施，加大基础设施重点领域补短板力度。制造业投资比上年增长16.2%，其中高技术制造业投资增长17%。

推进“五个一批”项目攻坚。深化“五个一批”项目推进机制，强化正向激励，福建全省入库“五个一批”项目34915个，总投资18.4万亿元，其中2019年新增开工项目3083个，总投资8004亿元。1200个福建省在建重点项目完成投资4948亿元，完成年度计划的108%。宁德时代一汽动力电池、泉州泉港百宏年产250万吨精对苯二甲酸、漳州古雷奇美化工ABS及AS、龙岩龙净环保输送装备及智能制造等项目开工建设。福州地铁2号线开通试运营，平潭海峡公铁大桥合龙，泉州三安半导体、三明建宁明一生态乳业加工、南平铝业轻量化车厢和物流车等项目投产或部分投产。厦门新机场、长乐机场二期扩建工程立项获批。

消费市场持续增长。出台完善促进消费体制机制进一步激发居民消费潜力实施方案及进一步促进消费增长若干措施。举办首届福建商圈（步行街）博览会暨消费品采购会，打造“闽货卖全球、全球买闽货”商贸对接平台。实施促进夜间消费用电激励举措，因地制宜培育一批富有地方特色的夜间经济集聚区。建立“电商富农”产销机制，新创建8个国家级电子商务进农村综合示范县，网上商品零售额比上年增长24.1%。

【改革开放推进】 2019年，福建省营商环境持续优化。聚焦企业关切，持续减环节减时限减负担，实现开办企业时间、不动产一般登记和抵押登记时间压缩至5个工作日以内。切实减轻企业负担，2019年新增减税降费超过600亿元。完成清理拖欠民营企业中小企业账款年度目标任务。企业养老保险缴费费率降至16%。2019年新登记各类市场主体97.6万户，比上年增长9.4%。社会信用体系建设稳步推进。

深化“放管服”改革。推行“政府做得好不好群众来打分”的“好差评”制度。落实市场准入负面清单制度，推动“非禁即入”普遍实现。加快推进“互联网+政务服务”，福建全省依申请审批服务事项网上可办率97.55%。推进投资项目审批制度改革，企业投资项目前置审批事项从原来的76项减少至40项。推进工程建设项目审批“四统一”，全面推行“双随机、一公开”监管，行政审批和公共服务事项“一趟不用跑”和“最多跑一趟”占比超过90%。推进福建全省政务服务事项“四级四同”，“放管服”改革标准化工作走在全国前列。

重点领域改革取得新进展。财税改革持续深化，明确共同财政事权转移支付项目，出台基本公共服务保障地区标准备案办法。完善金融风险监测、评估和处置机制，设立总规模150亿元的福建省级纾困基金，互联网金融风险专项整治扎实有效。稳步推进电力体制改革，加快实施增量配电业务试点项目。水、电、天然气等价格改革持续推进，全面完成工商业用电并类，福建全省一般工商业电价降幅达10.02%。推进公共资源交易机制改革。完善国有企业法人治理结构，推进国有资本投资、运营公司改革试点，推动国有企业混合所有制改革。

积极应对经贸摩擦。建立“六稳”情况部门通报会商机制，落实稳定和促进外经贸发展政策措施，进出口总额13307.35亿元，其中出口额8281.55亿元、进口额5025.81亿元，进口规模跃居全国第7位。新设外商投资企业2391家，实际使用外资315.4亿元。

海丝核心区、福建自贸试验区等改革试点加快推进。推进海丝核心区建设，实施丝路海运、丝路飞翔、数字丝路等八大工程。举办首届丝路海运国际合作论坛，加入丝路海运的国际集装箱航线达60条，突破1800个航次。丝路飞翔空中航线近400条。继续扩大海上丝绸之路博览会、国际电影节等影响。扩大经贸合作，与共建“一带一路”国家和地区贸易额比上年增长16.3%。推进自贸试验区改革创新，深化方案136项重点试验任务实施率92%；累计推出410项创新举措，其中全国首创157项，对台89项。

闽台、闽港澳侨交流不断深化。落实落细惠台措施，获批设立“海峡两岸集成电路产业合作试验区”和“海峡两岸生技和医疗健康产业合作区”，平潭至高雄货运、客运航线实现首航并常态化运营。向金门地区供水稳定运行，向马祖近期供水工程启用，与金马通电通气通桥前期工作有序推进。入闽台胞超过387万人次，到闽实习就业创业台湾青年超过3.6万人。闽港、闽澳新一轮交流合作取得新进展，成功举办闽港“一带一路”高峰研讨会，第六届世界闽商大会顺利召开。

【区域布局优化】 2019年，福建省闽东北、闽西南协同发展区建设加快推进。贯彻落实中央财经委员会第五次会议精神，推动形成优势互补高质量发展的区域经济布局，出台关于建立更加有效的区域协调发展新机制的实施方案，编制完成闽东北、闽西南协同发展区发展规划，实施区域协作项目226个。重大协作项目取得突破，福州至长乐机场城际铁路、厦门地铁6号线漳州角美延伸段、双龙铁路开工建设，漳汕高铁完成预可研审查。

脱贫攻坚取得新成效。贯彻习近平总书记给下党乡乡亲的回信精神，按照“一个都不掉队”“两不愁三保障”要求，实施精准扶贫精准脱贫基本方略，福建全省建档立卡贫困人口全部脱贫，贫困村全部摘帽，剩下的6个福建省级扶贫开发工作重点县全部达到退出标准。做好产业扶贫、就业扶贫、金融扶贫、教育扶贫、医疗扶贫、低保兜底等精准帮扶工作。出台关于做好革命老区中央苏区脱贫奔小康工作的实施意见。理顺对口支援工作机制，加大工作推进力度。

实施乡村振兴战略。实施乡村振兴十大行动，推进50个重点县（市、区）、100个特色乡镇、1000个建制村试点示范建设。实施农村人居环境整治，开展村庄清洁行动，农村无害化卫生户厕覆盖率达95%，83个村开展生活垃圾干湿分类试点。发布首批30个“金牌旅游村”，寿宁县下党村等11个村入选全国乡村旅游重点村。农村承包地确权登记颁证全面到户，农村集体产权制度改革覆盖福建全省。

新型城镇化建设有序推进。常住人口城镇化率、户籍人口城镇化率分别达到66.5%、50.3%。制定促进城乡融合发展实施方案，持续推动国家级、省级新型城镇化试点，继续探索新型城镇化路径。特色小镇创建取得新进展，宁德锂电新能源小镇创建经验被国家选为全国典型示范小镇总结推广。

【生态文明建设推进】 2019年，福建省推进国家生态文明试验区建设。38项重点改革任务全面组织实施，连江生态产品市场化改革等第三批12项改革成果在福建全省复制推广，莆田木兰溪系统治理、南平深化集体林权制度改革等22项改革经验在全国复制推广，实现“三年三步走、年年出成果”。试验区创新探索实践入选十大“2019中国改革年度案例”。

推动绿色发展。统筹推进省市县国土空间规划编制工作，全面推开福建全省区域空间生态环境评价。加强滨海湿地保护，推动武夷山国家公园体制试点。组织实施绿色产业指导目录，在8个县开展生态产品市场化改革试点。建立多元化、市场化生态保护补偿机制，落实全流域生态保护补偿。落实能耗总量与强度“双控”，有序发展新能源和可再生能源。完善环境权益交易体系，全省排污权累计成交金额13.13亿元。全面推进生活垃圾分类，厦门市连续6个季度在住建部考评中排名全国第一。

打好污染防治攻坚战。实施“1+7+N”污染防治攻坚战作战计划，九市一区城市空气质量优良天数比例98.4%，福建全省12条主要河流143个水质评价断面总体水质为优，Ⅰ—Ⅲ类水质比例96.5%；福建全省近岸海域优良水质比例80%。坚决打赢蓝天保卫战，推进核电、天然气等清洁能源项目建设，减少60%以上的污染天数。打好碧水保卫战，推进闽江流域山水林田湖草生态保护修复，加大九龙江、木兰溪等重点流域整治力度，县级及以上饮用水水源地水质达标率100%，福建全省9个设区市建成区87条黑臭水体基本消除黑臭。坚决推进净土保卫战，完成农用地土壤详查工作，完成2385个重点行业企业地块的基础信息采集，实现乡镇生活垃圾转运系统全覆盖，行政村生活垃圾治理常态化。

【民生改善】 2019年，福建省为民办实事项目全面落实。27件福建省委省政府为民办实事项目完成年度目标任务，福建省级以上补助资金下达140.7亿元，占年度计划的126.8%。民生相关支出占一般公共预算支出比重为76.7%。修订缓解生猪市场价格周期性波动调控预案，将冻肉储备调节工作纳入“菜篮子”市长负责制，强化猪肉市场应急保障能力。启动平价商店销售机制，落实物价上涨挂钩联动机制，累计向547万余人次困难群众发放价格临时补贴2.8亿元。房地产市场保持平稳健康发展，完成棚户区改造6.4万套。严格落实安全生产责任，各类生产安全事故起数、死亡人数分别下降17.3%和8.2%，未发生重大以上事故。

就业保持稳定。落实创业带动就业政策，新建10家福建省级创业孵化基地。做好高校毕业生、退役军人、农民工、就业困难人员等重点群体就业工作。实施职业技能提升行动，推进重点群体职业技能提升培训。城镇新增就业64.3万人，城镇失业人员再就业25.3万人，就业困难人员就业3.74万人，均完成年度任务。

教育事业稳步发展。教育事业发展主要指标稳中有升，位居全国前列，学前三年入园率98.6%，九年义务教育巩固率99%，高中阶段毛入学率97.2%，高等教育毛入学率56.7%，主要劳动年龄人口受过高等教育比重达26.3%。统筹推进县域内城乡义务教育一体化改革发展，制定实施高中教育质量提升计划，推进高考综合改革，以及国家和省级“双一流”建设。落实扩大普惠性学前教育资源、推进义务教育质量提升、职业院校基础能力建设工程，完成200所公办幼儿园建设任务。义务教育阶段大班额数占比降至1.6%，超过70%小规模学校达到省定基本办学标准。

完善医疗健康服务。福州滨海新城医院、复旦中山厦门医院列入首批国家区域医疗中心。实施全民健康保障工程，福建省儿童医院、妇产医院、疾控中心、川大华西厦门医院等医疗卫生项目加快建设。推广三明医改经验，率先全省跟进国家药品集中采购和使用试点，福建全省半数以上县域组建紧密型医共体。推进县级公立医院能力提升项目，69个县（市、区）建成33个县域消毒供应中心、37个县域临床检验中心、45个县域病理检查中心、46个县域医学影像中心、55个县域心电诊断中心和34个县域远程会诊中心。新建130个基层医疗卫生机构中医馆。创建国家“互联网+医疗健康”示范省，三级医疗机构39项检查检验结果实现网络互认。

社会事业发展。推进居家和社区养老服务改革试点，全面取消养老机构设立许可，实施社会服务兜底工程、城企联动普惠养老专项行动，新增各类养老服务床位1.5万张，街道和中心乡镇居家养老服务照料中心覆盖率由80.1%提高到90.7%，建制村养老服务设施覆盖率由53%提高到64.5%。文化公共服务建设迈出新步伐，广播电视业加快发展，福州成功申办2020年第44届世界遗产大会，第28届金鸡百花电影节在厦门举办。全域生态旅游和优质旅游加快发展，武夷山市、永泰县、武平县列入首批国家全域旅游示范区，平潭国际旅游岛加快建设。新建90个多功能运动场、60个笼式足球场、30个笼式篮球场和30个门球场，漳州市、南安市入选全国社会足球场地设施建设专项行动试点城市。（戴全吉）

国有资产管理

【概况】 2019年，福建省国有企业经营绩效显著提升，规模实力有效增强。至2019年底，福建省非金融国有企业资产总额53351亿元，比上年增长10.8%；所有者权益17314亿元，增长7.7%；累计实现营业收入16135亿元，增长8.3%；实现利润总额659亿元，增长0.5%；上交税费总额574亿元，增长7.1%。其中，17家所出资企业资产总额18789亿元，比上年增长7.7%；所有者权益3884亿元，增长5.2%。累计实现营业收入3384亿元，比上年增长3.1%；实现利润总额228亿元，下降1.1%；上交税费176亿元，增长1.9%。冶金控股、能源集团、投资集团、高速集团、石化集团实现利润总额超10亿元。厦门、漳州、福州、宁德、泉州市国资委所出资企业实现利润总额超10亿元，其中宁德、平潭、泉州利润总额分别比上年增长81%、36%、24%。厦门市3家企业进入世界500强。

【国有资产监管】 2019年，福建国资监管不断完善，国资监管针对性有效性持续提升。加快授权经营体制改革。以省政府名义印发两类公司试点方案，投资集团、国资公司试点实施方案经省政府审核同意，试点工作有序推进。完善国资监管制度。制定和修订企业国有资产交易监督管理、境外国有资产交易监督管理、违规经营投资责任追究、负责人薪酬管理、工资总额管理、企业安全生产管理等10项制度。企业负责人薪酬平均提高30%，激发企业负责人干事创业的热情；在工资总额特殊事项清单管理、增人增资等事项上取得重大突破，以制度为抓手规范国有资产监管。加强风险防范。强化商贸业务管控，遏制融资性贸易违规活动以及“空转”“走单”等虚假贸易业务，加强应收款项和存货管理，控制“两金”规模。强化资产负债约束，企业平均资产负债率比2017年末降低1.36个百分点。强化经营风险防控，开展大宗物资采购管理和降低资产负债率专项审计，以及精准扶贫专项资金审计和清欠民营企业中小企业资金情况专项审计，累计清欠账款16.13亿元，应还尽还进度率100%。2019年所出资企业无拖欠农民工工资的情况。优化监管方式手段，进一步完善国资监管权责清单，梳理权责事项22项。国资监管信息系统（三期）项目建设完成，实现与所出资企业系统对接，受到国务院国资委肯定。加强投资项目事后监管，对纳入2019年度后评价范围的57个项目中14个进行抽查，抽查数量比上年增长40%。开展产业扶贫、消费扶贫，“同心助贫，国资先行”消费活动购买和销售扶贫产品4000多万元，助推挂钩帮扶地区建档立卡贫困户如期实现脱贫。制定年度指导监督地方国资工作计划，加大业务培训和沟通交流，共同研究探讨工作中存在的问题困难，举办国资大讲堂4期，赴宁德、厦门、龙岩、泉州等地联合开展“加强市县国有资产监管工作构建国资监管大格局”调研，提出工作思路，构建国资监管大格局。

【国企改革】 2019年，福建省全面深化改革纵深推进，重要领域和关键环节取得积极进展。推进混合所有制改革。福蓉科技A股上市、福光科技成为福建省首家科创板上市企业，实现近年来省属企业IPO历史性突破，省属国有控股上市公司达到15家，资本证券化率提高5个百分点。抓好《关于推动民营资本参与省属企业改制重组促进混合所有制经济发展的工作方案》的贯彻落实，省属企业股权多元化比例49.3%，与非国有资本混改比例38.5%，引入非国有资本206亿元。南平市完成7家企业混改。莆田市成立8家混合所有制企业，妈祖健康城等项目投入运营。宁德市实施混改项目13个、总投资180多亿元，完成11家经营类事业单位转企改制。加快重点任务改革。省属20家“僵尸企业”完成处置18家；淘汰落后产能，关闭两对煤炭矿井，退出产能60万吨/年；加大去库存力度，船舶集团回笼资金20.25亿元；压缩管理层级，减少法人单位101家；省属17家事业单位改革7家方案获批；福建省50家厂办大集体完成改革35家，安置职工2333人，安置率超80%；“三供一业”分离移交全面完成；国有企业退休人员社会化管理工作全面启动。推进各项改革试点。福建省10家员工持股试点企业中5家完成、3家挂牌；省属5家“双百企业”综合性改革在多个领域取得突破，灵活实施股权激励、岗位分红等中长期激励，推行职业经理人制度，改革任务71项已完成40项；遴选推荐厦门钨业、星网锐捷、厦门金龙等3家企业参与国家科技型企业专项行动，打造国有科技型企业改革样板和自主创新尖兵。

【国企发展】 2019年，福建省优化布局，引导企业资本投向，省属企业在新一代信息技术、新材料、新能源汽车等战略性新兴产业领域实力不断增强。2019年主业项目投资规模占比95%以上，推动企业优势资源进一步向主业聚焦。2019年工业完成投资规模占比创新高，达43.6%。出台《关于加快推进产业基础高级化、产业链现代化的通知》，引导省属企业迈向产业链价值链中高端。三明市组建投资、城发、交发三大集团，福建一建集团公司首获中国建筑工程鲁班奖。龙岩市优化整合、精简企业总数55.26%。

强化项目促转型。2019年完成投资942亿元，超年度计划4.5%。杧果项目、厦门钨业大湖塘开发、福厦高速江阴至惠安扩容工程等一批重大预备项目前期工作取得实质性进展。永泰抽水蓄能电站、厦门钨业高性能硬质合金工业园、莆田合力泰福英泰一期、莆炎高速公路、北京武夷花园、霍口大型水库工程等一批在建项目有序推进。金龙汽车龙海新能源客车基地、罗屿作业区9号和10号码头、冠豸山客运索道、国资公司幼儿教育机构等一批项目建成投产或开业运营。

创新驱动促升级。2019年研发投入创新高，达65亿元，比上年增长11.7%。新增厦门钨业高端储能材料联合工程研究中心、汽车集团乘用车节能减排实验室等6家国家级、省级研发平台。拥有省级以上重点实验室12个（国家级2个）、省级以上企业技术中心27家（国家级4家）、工程研究中心26个（国家级2个）、院士工作站9个、博士后工作站10个。新获专利1464项，其中发明专利412项、实用新型专利990项。

产业合作促对接。“6·18”海交会期间，携手17家所出资企业共同举办国企创新馆，再次获得“优秀组织奖、创意设计奖、最佳人气奖”等三大奖项，与漳州市现场签约项目10个、总投资575亿元。“9·8”投洽会，组织省属企业120余人参加“丝路海运”国际合作论坛、跨境投资洽谈会等系列活动。第二届进博会省属企业分团在现场集中签约意向金额9.8亿美元，占福建省交易团展位成交比重超30%。建工集团海外项目连续4年获得建设工程鲁班奖，电子集团合力泰印度触摸屏生产基地建成投产。泉州市启动建设全国唯一服务于海丝沿线的时间中心以及福建省首个大科学装置高精度地基授时系统。

聚集要素促发展。强化资金要素保障，省国企结构调整基金有效运作，累计承担出资金额24.4亿元，持续增强省属企业资本金实力；全年发行债券268亿元，节约成本2.87亿元；产权市场盘活资产19.3亿元；上市公司股权质押筹集资金10.2亿元。土地作价入股转增资本金53.9亿元，盘活存量土地获得收益3.9亿元。强化人才队伍建设，8名优秀人才被评为省级百千万人才工程人选，累计招聘国企类引进生60人，省属企业有硕士4729人、博士186人，中、高级职称人数18890人，享受国务院、省政府特殊津贴人员45人，教授级高工385人，高级技师834人。福州市组建人才发展集团。（李宇昆）

审计

【概况】 2019年，福建省审计机关完成审计项目2690个，其中审计2382个、专项审计调查308个。出具审计报告和专项审计调查报告3556篇，提出审计建议6908条，被采纳5746条。审计促进增收节支69.87亿元。移送司法机关、纪检监察机关和有关部门处理事项158件，移送处理人员48人，移送处理金额2.48亿元。推动被审计单位制定整改措施693项；促进被审计单位建立、健全规章制度191项；提交审计专题报告、综合性报告和信息共5744篇，被批示、采用3159篇（次）。

福建省审计厅自然资源和生态环境审计处、厦门市审计局农业农村与资源环境审计处被评为全国审计机关先进集体；莆田市审计局陈炜华、南平市审计局高贤亮被评为全国审计机关先进工作者。福建省审计厅、福州市审计局蝉联“全国文明单位”称号；漳州市、莆田市、南平市及平和县、晋江市、南安市、石狮市、永春县、沙县、霞浦县审计局获第十三届福建省级文明单位称号。

【国家重大政策措施落实情况跟踪审计】 2019年，福建省审计机关有627名审计人员开展政策跟踪审计工作，全年审计抽查单位4801个（次），抽查项目2982个（次）。聚焦政策落实、项目落地、资金保障、激活主体、培育动能、风险防范六个方面，结合福建省区域特点和部门实际，持续跟踪供给侧结构性改革、“六稳”、减税降费、清理拖欠民营和中小企业账款等重大决策部署落实和重大项目进度，提交各类审计报告和信息简报612篇，全省已整改问题428个，推动政策落实、项目落地、完善机制、提高绩效。

【财政审计】 2019年，福建省审计机关开展732个部门、单位预算执行审计和141个单位财政决算审计，专项审计调查91个单位，延伸审计1901个单位。推进财政审计项目和审计组织方式的“两统筹”，站在推动福建省经济社会高质量发展的角度开展财政审计。通过问题清单实现系统带动。汇总编制近年财政审计领域发现的问题，包括所需的审计资料、方法以及定性等详细内容，分发全省审计机关学习研究。通过问题整改清单促进整改长效机制。制作审计发现问题清单，进一步明确整改责任，推动审计发现问题整改。利用财政大数据分析实现审计全覆盖，2019年完成对财政数据分析结果的整理，将结果发送88家省一级预算单位，反馈率100%。针对审计发现问题提出切实放大政策落实效应、努力营造良好营商环境、加快落实民生政策和资金、不断深化财政制度改革、持续提升财政管理效能等审计建议。

福建省十三届人大常委会第十一次会议听取审计工作报告，审议指出福建省审计厅依法开展审计监督，工作深入细致，指出存在的问题具有前瞻性，有效发挥财政审计促进财政体制改革的作用，要求高度重视、扎实做好整改工作，落实部门审计查出问题整改责任，加强原因分析，从根源上解决审计查出的突出问题。福建省人民政府重视审计发现问题的整改落实，向福建省十三届人大常委会第十三次会议报告2018年度省级预算执行和其他财政收支审计查出问题整改落实情况，省人大常委会人员认为审计查出问题的整改情况总体较好。

【审计助力打好三大攻坚战】 2019年，福建省审计机关助力打好三大攻坚战。防范化解重大风险方面，完善地方政府债务风险预警机制，全省审计机关每月抽查新增隐性债务数据的真实性、完整性，检查分析全口径债务率等指标，加强对主要指标监控，助力有效化解存量隐性债务；开展3家省属地方金融机构风险状况专项审计调查和19家省属国有企业高风险业务和负债情况专项审计调查，促进防范系统性、区域性风险。精准脱贫方面，全年对6个县（市）开展乡村振兴及惠农“一卡通”相关政策和资金审计，对9个县（市、区）开展扶贫和乡村振兴相关政策及资金审计，共抽查扶贫项目959个、单位195个、乡镇131个、行政村442个，入户调查2485户，促进完善和落实扶贫和乡村振兴政策制度办法38项。结合部门预算执行审计和领导干部经济责任审计，开展扶贫和乡村振兴相关政策及资金审计调查。污染防治方面，围绕精准治污、科学治污、依法治污要求，以领导干部自然资源资产离任（任中）审计为平台，融合开展各类资源环境审计项目166个，涉及13个市、县（区）和80个部门（单位）、73个乡镇（街道），推动各地加强资源管理和生态环境保护。

【经济责任审计】 2019年，福建省审计机关完成经济责任审计单位795个，涉及938名领导干部，按类型实现审计对象全覆盖。建立健全规范高效的经济责任审计管理工作机制和执行机制。深入贯彻中共中央办公厅、国务院办公厅印发的《党政主要领导干部和国有企事业单位主要领导人员经济责任审计规定》精神，出台贯彻落实规定的若干举措、经济责任审计工作流程、规范经济责任审计相关规定等重要制度。加强组织领导，健全经济责任审计联席会议机构设置，召开新一届联席会议，构建互联互通工作机制。发挥经济责任审计联席会议办公室桥梁纽带作用，加强与纪检监察、组织人事等其他监督的贯通，加强信息共享，提升审计成果。推进经济责任审计改革创新。再造审计流程，创新形成经济责任审计“1＋N”组织模式，加强同类型审计统筹，发挥厅领导导师带徒作用，牵引带领N个项目审计组，明确“1＋N”责任审计组组长（大组组长）、项目审计组组长（大组副组长）、联络员岗位职责，规范审计行为，提升组织效率，完善审计业务链条相互制衡与审计管理方式创新的双回路双向闭环式审计质量控制体系，进一步深化福建省经济责任审计工作。

【领导干部自然资源资产离任（任中）审计】 2019年，福建省审计机关完成245名领导干部自然资源资产离任（任中）审计。审计评价为“较好”以上等次占比93.97%，比2018年上升3.37个百分点。推广大数据运用。构建“总体分析、发现疑点、分散核实、系统研究”审计大数据审计方法，形成一套“地理信息＋”审计服务模式。省审计厅下发问题数据核查单95份，实现精确识别，精准审计。积极探索创新。指导福州市审计局在连江县开展自然资源资产负债表专项审计（试点）工作，总结资源—资产—资本研究成果；在莆田、南平两地市探索建立“生态司法＋”、纪审联络、巡审协作、检审衔接等机制，促进生态文明建设。深化课题研究。参与完成中国审计学会《领导干部自然资源资产离任审计研究》重点课题项目和福建省科技厅“基于地理信息技术的福建省自然资源资产审计关键技术研究”科研项目。

【固定资产投资审计】 2019年，福建省审计机关审计429个单位，专项审计调查22个单位，延伸审计75个单位，涉及项目投资额2951.28亿元。推进福建省对口援疆审计工作，全省统一审计方案，明确审计工作的指导思想、审计目标、审计范围和对象、审计的重点内容和组织方式。省审计厅带领经济责任审计和重大政策审计方面的审计专家，采用“送教入疆”方式，上门教学，培训昌吉州审计干部40人。以调查研究为抓手，加强指导全省投资审计工作。制发《福建省审计厅认真贯彻落实审计署办公厅关于进一步严格规范投资审计工作通知的意见》，要求全省审计机关牢固树立依法审计的法治意识，理清审计监督与工程管理关系，明确审计机关投资审计职责定位。全省审计机关通过逐条逐项排查和督促纠正，废止相关文件43个、修订完善文件11个、新制定文件8个；清理“以审代结”或变相“以审代结”项目/合同2496个；清理已立项长期未开展审计或审计时间过长等项目190个。

【民生资金（项目）审计】 2019年，福建省审计机关开展全省保障性安居工程审计。全省组织21个审计组148名审计人员对福州、厦门和泉州市32个市县的保障性安居工程资金投入和使用绩效开展审计。重点审计317个棚户区改造项目、198个公共租赁住房项目，涉及项目投资1429.43亿元，延伸调查272个相关单位和2331户家庭。开展落实促进就业优先、就业稳定政策措施情况的专项审计调查。重点对省人社部门贯彻落实《福建省人民政府关于进一步做好当前和今后一个时期促进就业工作的实施意见》情况进行调查，对福州市、三明市、宁德市、龙岩市政府及鼓楼区、台江区、永安市、霞浦县政府贯彻落实政策措施情况进行延伸审计调查，并针对审计调查发现的问题提出审计建议。开展2018年省本级社保基金审计。对人力资源社会保障部门及社保经办机构和单位开展2018年度企业职工基本养老保险基金、机关事业单位养老保险基金、失业保险基金、工伤保险基金等省级社会保险基金的筹集、管理和使用情况进行审计，并提出审计建议。

【大数据审计应用】 2019年，福建省审计厅制定《数据分析团队工作方案》，加强审计数据综合利用的组织实施；完善财政、社保等行业数据库、自然资源资产审计数据分析平台和地方金融机构审计数据分析平台建设；强化省直各部门单位电子数据定期采集报送机制，及时向审计署报送财政、民政、工商注册登记和扶贫等领域数据；深入开展财政、乡村振兴等领域数据标准化工作，为各级审计机关提供电子数据近30批次；组织全省审计机关探索开展网络安全建设和绩效审计及信息系统审计，向审计署和省委网信办报送网络安全建设和绩效审计工作情况报告；与省数字办和省财政厅联合发文《关于做好信息化项目和信息系统登记的通知》，规范全省信息化项目建设和信息系统登记流程；组织开展全省数据分析技术方法在审计工作中的创新应用专题调研方案，向审计署报送调研综合报告、6篇典型案例和513份调研问卷等；做好财政、减税降费、重点投资项目、扶贫、乡村振兴、保障房、工信和自然资源资产等领域数据分析支撑工作，实现数据批量检索，分散核查，提供审计问题疑点近2万条；开展计算机审计应用培训，全省累计通过审计署计算机审计中级考试人员375人。

【审计整改】 2019年，福建省审计厅创新整改制度形成长效机制。省委办公厅、省政府办公厅印发《关于完善审计整改提升成果运用的意见（试行）》，围绕整改责任等8个方面提出23项具体要求，推动建立被审计单位落实整改主体责任、行业主管部门督促整改、审计机关跟踪检查、有关部门专项督办、机关效能考核、党委政府及组织部门谈话的审计整改长效机制，形成齐抓共管推进整改落实新格局。组织“回头看”强化整改督促。全省审计机关开展2017、2018年审计项目整改“回头看”，检查是否存在屡查屡犯、虚假整改等问题；对未整改或部分整改的问题，要求逐一核实、更新整改情况；对历史遗留问题、涉及体制机制建设问题，检查是否逐年改善。审计署《审计工作通讯》刊登福建省完善审计整改制度、提升成果运用的主要做法。（王康力）

统　计

【经济普查】 2019年，福建省把第四次全国经济普查作为攻坚战，省委省政府领导多次研究部署，多地政府主要领导任领导小组组长，财政、宣传、市监、税务等部门强力配合，省统计局建立每月一次推进会制度，推行“行政+业务”工作机制，各级统计局主要领导靠前指挥，乡镇领导挂钩包干督导，全省5万多名普查员和普查指导员齐心协力，普查工作圆满收官、成果丰硕。普查结果显示，2018年末全省从事第二、第三产业活动的法人单位70.28万个、产业活动单位79.66万个，分别比2013年末（三经普年份）增长87.5%和70.8%，个体户230.08万户。经普修订后，全省2018年GDP位居全国第8位，比初步核算数提升2位（超过湖南、河北）。

开展第七次全国人口普查前期工作。在长泰县开展人口普查历史以来规模最大的第七次全国人口普查国家试点，为制定全国人普方案提供借鉴；省及各设区市均印发普查通知，成立领导小组；普查各项准备工作有序进行，开局良好。

【统计改革】 2019年，福建省实行GDP统一核算工作“双轨制”，实现省级和省级以下数据“同步转轨”；在省级首次开展“三新”（新产业、新业态、新商业模式）统计监测，2018年“三新”经济增加值占全省经济总量的18.8%；省局申报的“三新”经济统计项目，通过省效能办改革创新项目专家评审，被列入优秀典型案例向全省推广；研究提出落实构建推动高质量发展统计体系的具体措施和主要统计指标；初步完成投入产出表编制工作；有序推进粮食畜牧业统计调查数据归口管理工作。

【统计执法】 2019年，福建省统计局推动统计法律法规进党校、行政学院，在省委党校举办县（市、区）分管统计的政府领导统计法制培训班，全省各设区市、县（区）党委、政府理论学习中心组普遍传达学习内容与精神。开展第

2019年9月17日，福建省审计厅机关职工参加福建省直机关庆祝中华人民共和国成立70周年合唱节合唱比赛（省审计厅供稿）

十个“中国统计开放日”“宪法日”活动。新成立省统计执法监督局。按照主题教育要求集中开展统计造假专项整治，梳理5大问题清单、36项任务和责任清单。坚持有案必查、违法必究。依法查处永春、福清、福安、马尾、诏安、长泰、思明、新罗8个县（市、区）统计违法案件。全省各级统计机构共检查单位5594个，立案查处207件，结案193件，统计执法监督利剑作用发挥明显。

【统计服务】 2019年，福建省统计局围绕宏观经济运行、推动经济高质量发展、动力变革、民营经济发展、节能降耗等问题，持续加强分析研究，敏锐反映经济运行中的新变化新问题，撰写的专题分析、调研分析、信息共被省委办、省政府办采用近200条次，多篇统计分析材料得到省委、省政府主要领导批示，信息工作位列政府系统省直部门第五名；参加华东六省一市统计科讨会成绩优异，6篇论文获三等奖以上（一等奖1篇，二等奖2篇，三等奖3篇）；牵头开展中美贸易摩擦调研，撰写的《中美贸易摩擦对福建经济的影响分析》得到省领导肯定；开展中华人民共和国成立70周年系列宣传，编印《壮丽70年奋斗新时代——福建经济社会发展成就辉煌》。做好重大活动统计咨询，为全省“两会”提供现场统计信息查询和咨询，为省委省政府工作检查、月度重大投资项目协调会、季度经济运行分析会等提供大量数据支持；发布《2018年度福建省国民经济和社会发展统计公报》《福建统计摘要—2019》《福建统计年鉴—2019》等一批重要统计资料。

（程　遥）

口岸综合管理

【口岸管理】 截至2019年底，福建省有经国务院批准对外开放口岸11个。其中：空运口岸4个，分别是福州空运口岸（长乐国际机场）、厦门空运口岸（高崎国际机场）、泉州空运口岸（晋江国际机场）和武夷山空运口岸（武夷山机场）；水运口岸7个，分别是福州水运（海港）口岸、厦门水运（海港）口岸、泉州水运（海港）口岸、漳州水运（海港）口岸、莆田水运（海港）口岸、宁德水运（海港）口岸、平潭水运（海港）口岸。

2019年，全省水运（海港）口岸完成外贸货运量24606.3万吨，比上年增长9.9%。其中，进口量18032.6万吨，比上年增长20.2%；出口量6573.7万吨，下降10.9%。海运集装箱吞吐箱量累计完成942.8万标箱，比上年增长1.6%。其中，进口量467.1万标箱，比上年增长1.7%；出口量475.7万标箱，增长1.5%。累计出入境旅客263.1万人次，比上年增长7.5%。其中，入境131.2万人次，比上年增长7.5%；出境131.9万人次，增长7.5%。

2019年，全省空港口岸累计出入境旅客689.6万人次，比上年增长3.1%。其中，入境339.4万人次，比上年增长2.3%；出境350.2万人次，增长3.9%。

对台直航方面，对台海上客运直航运送旅客224.1万人次，比上年增长4.6%。全省海港口岸对台贸易货物量1108.1万吨，比上年下降42.1%；对台集装箱贸易量67.6万标箱，下降9.1%。

推进口岸对外开放。平潭口岸金井港区和宁德口岸三沙港区通过国家验收，正式对外开放。莆田口岸秀屿港区中原港务8号泊位、福州口岸闽江口内港区琅岐2号和3号泊位、宁德口岸赛江港区湾坞作业区12号和13号泊位、厦门口岸刘五店港区海翔码头等新建改建码头泊位通过省级验收启用。福州口岸罗源湾港区环下屿作业区、宁德口岸漳湾作业区等9个码头泊位临时开放继续延期，继续运行。福州口岸黄岐港区扩大对外开放国家级验收准备工作加快筹备。泉州口岸泉州湾港区锦尚作业区扩大对外开放获国务院批准，宁德口岸三都澳港区漳湾作业区、福州口岸罗源湾港区环下屿作业区扩大对外开放获东部战区批准。

出台码头泊位验收管理办法。根据国家《口岸验收管理办法（暂行）》，制定出台《福建省已开放口岸开放范围内新建、改建码头泊位验收规定（暂行）》，对验收条件、验收内容、临时靠泊国际航行船舶程序等作具体规定，并规范验收组织工作和验收监督，同步废止2012出台的《福建省口岸开放范围内新增涉外作业点启用管理试行办法》，推进口岸管理法制化、规范化。

开展“百强十优开放码头泊位”评比。按照福建省商务厅推进“十二个一百”主体工程项目建设要求，推动培育全省“百强码头泊位”，推动全省开放口岸码头泊位运行效率加快提升。开展“百强十优开放码头泊位”评比，通过综合考评开放口岸码头泊位吞吐量、增长效率、作业效率、通关便利化水平等，授予省内6家码头泊位业主“优质外贸集装箱码头泊位优胜单位”称号。省级商务发展资金中列出专项资金，给予一定奖励。

建设国际贸易“单一窗口”3.0版。中国（福建）国际贸易单一窗口建成3.0版，上线质量溯源、通关时效评估、物流综合服务、贸易真实性核查与融资登记、口岸人员进出数据分析与预警、出口退税、海外仓公共信息服务等特色服务系统，联通43个单位，上线14大类110项基本政务服务功能，覆盖生产、贸易、仓储、物流、电商、金融等各类企业，覆盖主要商品、主要进出口环节、主要运输工具，服务企业6万多家，单证日均处理量约27万票，主要业务应用率100%，国际贸易主要业务都可以通过单一窗口办理。发布《中国（福建）国际贸易单一窗口建设与实践白皮书》，参展第二届数字中国建设峰会。

口岸营商环境建设。在全省落实海关“两步申报”改革，在福州、厦门港试行提货单无纸化，在福州关区试点实施空箱全流程智能化监管快放模式，通关作业流程进一步“去繁就简”。福州空港口岸实施7×24小时全天候通关。进出口货物整体通关时间分别为41.46小时、3.91小时，分别比上年压缩62.33%、84.77%。坚持实施口岸收费目录清单管理和公示制度，完善目录清单，口岸现场坚持实施通关流程、收费和意见投诉服务“三公开”，口岸经营企业推行服务时效承诺。压缩进出口环

节成本加快倒逼推进，集装箱进出口环节合规成本进一步降低。（张秋均）

【海关监管】 2019年，福建省福州海关和厦门海关加强进出口货物监管，维护国门安全，服务全省经济社会发展。

福州海关 2019年，福州海关全年关区监管进出口货物8994.3万吨，进出口总值2512亿元，进出境人员290万人次，进出境运输工具31556辆（艘）；征收关税和进口环节税167.7亿元；刑事立案126件，案值67.5亿元，涉案偷逃税款15.8亿元；走私行为案件立案111件，案值9109万元；违规违法案件立案707件，案值30.1亿元。

服务大局。福州海关推出12条支持平潭新一轮开放开发措施，合力共建台胞台企登陆“第一家园”，“1234对台工作法”在全国海关作经验交流。助推福建实现对台混矿中转出口，助力平潭至高雄客货航线、琅岐至马祖客运航线开通。推动平潭金井、宁德三沙口岸通过国家级验收，助力35家企业获得对外出口资质。着力抢占开放高地，支持3个区域申报设立综合保税区，助推福州跨境电商综试区成功获批，圆满解决平潭跨境电商保税业务发展难题。

优化营商环境。福州海关推出32条应对中美经贸摩擦促外贸发展措施。通关提速进入全国前列，出台促进跨境贸易便利化措施28条，通关便利化测评保持全省第一。“单一窗口”主要申报业务应用率100%，“新通关预约平台”上线运行，覆盖关区逾九成企业，高信用企业通关时效比一般信用企业快1倍以上。享受AEO互认便利企业39家，受惠额112.69亿元。为企业减免税款39.12亿元，创新同业联合担保和关税保证保险业务、担保金额25.89亿元，免除5318家次企业查验无问题相关费用247.9万元，签发出口原产地证书10.27万份，签证金额53.74亿美元。

关键领域改革。福州海关自贸创新2项举措被国务院复制推广、3项举措获评全国首创，“两步申报”“两段准入”改革获批试点。推进行政审批制度改革，取消行政审批事项2项。落实“证照分离”改革全覆盖试点，涉及自贸试验区15项行政审批业务，海关行政许可事项网上办理实现升级提速。原产地证书自助打印比例达50.7%。行邮税实现手机移动支付。空箱监管改革、国际航行船舶供水监管模式开创全国先河，全球质量溯源体系被第二届数字中国建设峰会重点推介，设立全国首本出境加工电子手册，1件案件入选“中国海关知识产权保护十大典型案例”。

落实总体国家安全观。福州海关牢牢守护国门安全，人工分析布控查获率居全国前列，2个海港口岸以全国第1、第3成绩通过公共卫生核心能力复核，75个海关监管作业场所得到优化整合，4个指定监管场地通过海关总署验收。首次检出登革热4型病例，确诊传染病病例比上年增长16.4%，在全国海关首次截获有害生物8种次，非洲猪瘟防控实现口岸零疫情。食品安全风险信息采用量连续9年居全国首位。

服务宏观决策。福州海关瞄准关区产业研究减税政策，提出税率调整建议174项，2条税政调研建议被国务院关税税则委员会采纳。瞄准高层决策提供信息服务，开展政研课题61项，提供数据服务160余次。政务信息被中办国办采用20篇次、署省采用329篇次，获署省领导批示13篇次。

维护外贸秩序。福州海关破获“8·28”“707”“使命1901”等一系列大要案，摧毁专业走私团伙20余个。全年刑事立案126件、案值67.5亿元、涉税15.2亿元，分别比上年增长21%、1.5倍、3倍，分别位列全国第14、4、5位。12件案件被海关总署挂牌督办，2件案件入选“全国海关打击濒危物种走私十大案例”。（蔡培新）

厦门海关 2019年，厦门海关开展“国门利剑2019”“蓝天2019”专项行动，高压严打“洋垃圾”、象牙等濒危物种走私活动。“忠诚1905”案件查获走私犀牛角数量位居全球之最，“忠诚1901”案件查获穿山甲鳞片21.12吨，双双入选中国海关高压严打象牙等濒危物种走私十大典型案例，获联合国环境署颁发“亚洲环境执法奖”。

强化全面监管。厦门海关完成国庆安保、万国邮联全球大会等重大监管保障任务，全年监管进出口货物总值9262.8亿元、货运量9943.57万吨、进出境人员807.86万人次、税收入库388.13亿元。筑牢口岸卫生防疫“三道防线”，加强重大疫情疫病防控，全年确诊传染病病例515例，其中口岸输入性传染病检出297例，截获关检机构改革以来全国种次最多病媒生物案例。加强进出口商品检验监管，全年检出不合格货物3647批。

通关机制改革。厦门海关“两步申报”全面铺开，“两段准入”“两轮驱动”“两类通关”“两区优化”次第启动，“查检合一”持续深化，ERP联网监管积极推进，货运监管智能审图全覆盖，“人脸识别”和减免税智能审核系

2019年8月29日，厦门海沧海关完成关区全部超期固废退运工作

（厦门海关供稿）

统率先应用，集成电路保税研发试点领先全国。国际“单一窗口”主要申报业务应用率100%。推动2个特殊区域向综保区转型，助推漳州台商投资区保税物流中心（B型）通过验收。4项自贸试验区海关监管创新举措被评为全国首创，3项被国务院复制推广，10项入选“福建自贸试验区五周年30佳案例”，获评福建自贸试验区（2015—2019年）“最佳创新举措实施单位”。

支持海丝核心区建设。厦门海关国际中转集拼业务领先全国，助推中欧（厦门）班列通达12个国家30多座城市，“安智贸”航线拓展至7条、4个国家。支持厦门生物医药、平行车进口等平台不断完善，监管航空维修、飞机融资租赁、进口酒、燕窝、食用水生动物、台湾水果总量位居全国前列。推动石狮市场采购业务获批全国首个预包装食品出口试点，各类商品出口量位居同期6个试点市场第一。开展压缩海关通关时间专项行动，进出口海关通关时间均列全国沿海十大口岸第2位、综合排名第1位，助力厦门获评全国十大海运口岸营商环境测评第一名。 （喻 波）

【海事监管】 2019年，福建海事局履行监管服务职责，全年保障71.1万艘次船舶、6.1亿吨货物（其中船载危险货物吞吐量17458.13万吨）安全进出港，分别比上年增长11.27%、21.76%；保障海上旅客安全出行4386万人次，其中“大小三通”船舶旅客223.2万人次；累计办理各类船舶登记2869次，比上年增长17.4%，2019年底福建船籍港登记在册船舶2550艘，共计863万吨，增长12.9%；组织船员适任考试433期、合格证考试2746期，全省注册海船船员占全国总量的10.1%，达到75145名，增长5.4%。

开展海事安全监管。组织开展风险防控和隐患排查治理“百日”行动，保障庆祝中华人民共和国成立70周年及春运、两会等重点时段的水上交通安全，做好恶劣天气防范，成功防御“白鹿”“利奇马”等台风。深化长期脱管船、救生设备专项检查和船舶污染等专项整治，检查航运企业319家、船舶2382艘次，消除安全缺陷2540个，646艘脱管船舶全部实现“解脱”。强化船舶日常监督，实施现场监督检查8920艘次、FSC检查3463艘次和PSC检查452艘次，分别消除缺陷8635项、19543项和2084项，有效提高船舶适航水平。打击“两船”违法行为，推动8部门制定《保障建设用砂规范发展指导意见》，加强与海洋与渔业、公安、海警等部门及相邻直属局的协同配合，组织开展8次“海安会战”行动，查处非法采运砂船654艘次、行政处罚3503万元。强化船舶污染物排放监管，开展水上交通安全知识“五进”活动，与省海洋与渔业局共同开展防范商渔船碰撞宣传教育。

2019年9月19日，福建海事局联合海警、边防、海洋与渔业局等涉海部门跨区域联合巡航执法 （福建海事局供稿）

优化沿海通航环境。维护航路安全畅通，组织巡航13453次、巡航里程27.76万海里，开展直升机空中巡航5架次。实施闽江口船舶定线制和报告制，加快湄洲湾口及三沙湾、罗源湾、东山湾船舶定线制建设步伐。打捞沉船18艘，组织通航安全评估审查38件次、施工通航安全保障方案技术审查28件次，办理水上水下活动许可412件次，保障147件水工项目的顺利开展。争取省政府的支持，加强沿海渡运安全管理，首次实现客渡运安全纳入地方政府目标考核，推动辖区客渡船运力更新和渡口升级改造，协调船级社重新核定并提高沿海客渡船抗风等级。

处置船舶险情事故。推动《福建省海上搜寻救助条例》地方立法及《福建省海上搜寻救助奖励管理暂行办法》《福建海域船舶污染应急预案》制定工作，全年组织各类应急演练72次。申请国家搜救奖励金39.5万元。组织8·14“台勇轮”搁浅、11·21“苌薪轮”碰撞险情、12·5“闽狮渔07705”自沉等多起船舶险情事故应急处置。全年辖区发生运输船舶一般等级及以上事故15起，共组织搜救行动139次，救助遇险人员1083人、遇险船舶100艘，挽回直接经济损失4.2亿元，人命、船舶救助成功率实现双提升，分别达到97.48%、91.74%。

助力港航经济发展。推进“放管服”改革，制定实施《推动营商环境持续优化的工作意见》，新出台8项服务自贸试验区便利措施，开展港内航行船舶“多证合一”改革试点工作，海事侧营商环境进一步优化，被授予“福建自贸试验区（2015—2019年）‘最佳创新举措’实施单位”称号。深化简政放权，推进“一网通办”海事电子政务平台应用，试点行政审批“一站式办、并联办、网上办”和审批材料“容缺办、免提交办”。出台全国首部《海上风电场选址通航安全分析技术指南》，保障世界最长、中国第一座跨海峡公铁大桥——平潭海峡大桥合龙。支持平潭、宁德两地的口岸扩大开放和全省12个新增外贸作业点的省级验收，帮助全球最大规模的蓄电池生产商宁德时代公司解决产品出口包装难题。批准成立大陆首家可外派海员至全世界船队的台商独资海员外派机构，开展台湾地区船员适任证书知识更新和补差培训，保持对台船员“培训、考试、发证”常态化。

（陈书龙）

【边防检查】 2019年，厦门边检总站查验出入境人员1075.2万人次、交通工具9.6万架（艘）次，分别比上年增长5.5%和10.7%，出入境人数连续两年突破千万大关，完成中华人民共和国成立70周年大庆口岸安保以及数字中国建设峰会、海峡论坛、厦洽会等福建省重要涉外涉台活动边检服务保障任务，确保全省口岸安全稳定、通关顺畅高效。

口岸扩大开放。厦门边检总站助力国际航空枢纽港建设，保障福州、厦门机场7×24小时通关运营，支持全省新开10条“一带一路”国家空中航线，泉州晋江机场出入境人员首次突破百万人次；助力“丝路海运”建设，推动平潭金井、莆田秀屿、厦门刘五店等8个口岸开放投入运行，全年查验出入境船舶4.7万艘次，比上年增长25.4%，福州港口岸出入境船舶首次突破万艘次，厦门港口岸营商环境名列中国十大海运集装箱口岸首位；推动邮轮产业与144小时过境免签政策结合，助推邮轮经济发展。厦门国际邮轮中心2019年首次达到“周周有邮轮”靠泊密度，全年查验邮轮264艘次58.3万人次，比上年增长43.5%和30.2%，出入境邮轮和人员增幅均居全国邮轮口岸首位。其中母港邮轮128艘，占全年邮轮总数94.1%，比上年增长48.8%，增幅居全国邮轮港口首位。

优化通关便利环境。2019年，厦门边检总站推动在泉厦空港口岸设立“一带一路”边检专用通道。促成144小时过境免签政策落地厦门，覆盖厦门海空港客运口岸，免签政策含金量大大提高，全年为34个国家916名外国人办理144小时过境免签，是2018年72小时办理量的2.26倍。推动厦门高崎机场24小时过境免办边检手续政策获批，待验收后即可实施。推广空港“一站式”出境自助通关系统，全省新建启用30条边检自助通道，福州、高崎机场实现出入境自助通关全覆盖。全省口岸自助通关353.3万人次，比上年增长32.3%，占出入境人员总数32.9%，高崎机场口岸自助通关率最高超过50%，在全国空港口岸保持领先。

创新自贸建设举措。2019年，厦门边检总站推行海港口岸边检窗口365天全时报检“零断档”，主动清理涉企收费实现边检通关“零费用”，全面推广网上预检实现边检通关“零等待”，推进登轮证搭靠证“本港通”服务措施落地。持续跟进“单一窗口”建设，“边检口岸限定区域自助通行”“智能勤务平台3.0”等纳入“单一窗口”平台建设，“旅客通关候检智能计时预警系统”入选福建自贸试验区创新实践案例，“对台货运船舶直通车”“空港入境旅客预检系统”入选福建自贸试验区第七批可复制创新成果。“空港旅客预检分析支援系统”“厦金航线出入境数据融合比对系统”经毕马威公司评估为全国首创，入选福建自贸试验区第15批创新举措。

构建台轮管理模式。2019年，厦门边检总站针对全省37个台轮停泊点分布散、基础弱、条件参差不齐的情况，研究出台边检专项管理办法，填补制度空白，推动构建多部门联防严控体系，协调驻地党委政府改善停泊点基础设施，探索依托总站微信公众服务平台搭建“台湾渔船停泊点边检管理服务系统”，通过与“出入境边防检查信息系统”对接，推动实现停泊点来往台湾渔船入境出境边防检查管理工作全业务、全流程网上流转。全年查验入出境台湾渔船1.07万艘次3.18万人次，分别比上年增长9.5%和13.8%。

服务两岸交流融合。2019年，厦门边检总站持续跟进两岸直航通道、“厦金融合示范区”和平潭“一岛两窗三区”建设，探索推动“厦金”游艇自由行、台车入闽、母港邮轮访台等便利两岸人员往来工作举措。在平潭口岸试点首创“即办即通”快速通关等5项惠台便民新举措，被省自贸办列为可复制经验做法在全省推广，并入选福建省2019年度改革创新二十大项目。推动“厦金”游艇自由行、台车入闽、母港邮轮访台等两岸直航新形态落地，全年查验往来台湾邮轮193艘次41.4万人次，往来厦金游艇4艘次42人次。

打造“闽台同心”品牌。2019年，厦门边检总站在高崎对台直航口岸组建“同心桥服务组”，推出专属指引、专程陪同、专用通道、专业本语、专栏提示、专题活动等“六专享易通行”服务，完成厦金航线五通码头三期、两马航线福州琅岐码头搬迁和边检通关环境改造升级，营造“两岸一家亲”和谐通关氛围。全省口岸出入境台湾居民人数205.9万，比上年增长5.9%；两岸直航客运共查验人员342.6万人次，增长16.9%，为近五年来最大增幅。

2019年5月17日，福州琅岐对台客运航线开通，福州站完成首航勤务

（厦门边检总站供稿）

2019年福建口岸出入境主要数据表

项目			2019年	2018年	2019年比2018年增长（%）
出入境人员（人次）	出入境人员总数		10752049	10191938	5.5
	入境人员		5328951	5061857	5.3
	出境人员		5423098	5130081	5.7
	出入境旅客		9553129	9114963	4.8
	出入境员工		1198920	1076975	11.3
	中国公民	小计	9143012	8709284	5.0
		内地居民（因公）	482667	471920	2.3
		内地居民（因私）	6123198	5754749	6.4
		港澳居民	468783	526293	－10.9
		台湾居民	2068364	1956322	5.7
	外籍人员		1609037	1482654	8.5
	从海港出入境人数		3406938	3090540	10.2
	从陆港出入境人数		0	0	0.0
	从空港出入境人数		7345111	7101398	3.4
交通运输工具（辆、艘、架、列次）	总计		95657	86404	10.7
	船舶		46376	37112	25.0
	飞机		49281	49282	0.0
	火车				
	机动车辆				

2019年厦门口岸出入境主要数据表

项目			2019年	2018年	2019年比2018年增长（%）
出入境人员（人次）	出入境人员总数		6632233	6413227	3.4
	入境人员		3281286	3181157	3.1
	出境人员		3350947	3232070	3.7
	出入境旅客		5919623	5758984	2.8
	出入境员工		712610	654243	8.9
	中国公民	小计	5506083	5357589	2.8
		内地居民（因公）	259938	245133	6.0
		内地居民（因私）	3514936	3411825	3.0
		港澳居民	215926	255482	－15.5
		台湾居民	1515283	1445149	4.9
	外籍人员		1126150	1055638	6.7
	从海港出入境人数		2733610	2499495	9.4
	从陆港出入境人数		0	0	0.0
	从空港出入境人数		3898623	3913732	－0.4
交通运输工具（辆、艘、架、列次）	总计		48385	48437	－0.1
	船舶		22410	21806	2.8
	飞机		25975	26631	－2.5
	火车				
	机动车辆				

（邵华剑）

编辑：郑　莱

市场监督

工商行政管理

【概况】 2019年，福建省市场监管部门优化营商环境。压缩企业开办时间至4个工作日以内，在自贸试验区开展“证照分离”改革全覆盖试点，承接台湾地区生产且经平潭口岸输入第一类医疗器械备案工作，出台支持民营经济发展25条措施，“一照一码”登记制度等4项举措被评为福建自贸试验区（2015—2019年）最佳创新举措。福建省获全国“12315”技能大比武团体冠军、全国市场监管法律知识竞赛第六名，24个单位、24名个人、17名个体工商户在全国市场监管系统“双先”“双优”及先进个体工商户表彰大会上获得表彰。

质量强省战略。全国首个发布规范政府部门，以“台式乌龙茶”系列标准为突破口，推进两岸行业标准共通。

知识产权创新。全省专利申请受理15.33万件，每万人口发明专利拥有11.11件，比上年增长12.8%；专利电子申请率99.11%，居全国第1位；新设2个商标受理窗口，新增注册商标29.06万件、地理标志商标38件；首创“最多跑一地”知识产权公共服务模式；泉州市入选国家知识产权运营服务体系建设重点城市，获得中央财政1.5亿元资金支持。

安全监管。牵头起草并由省委省政府印发《福建省深化改革加强食品安全工作行动方案》，明确各部门责任清单，连续19年治理“餐桌污染”、建设“食品放心工程”，主要农产品抽检总体合格率98.7%，加工食品抽检总体合格率98.8%；建立疫苗管理厅际联席会议制度，率先设置派出机构实行区域化监管模式；推动《福建省电梯安全管理条例》顺利通过人大立法，率先在全国建立压力管道整治检验工作制度；在全国率先建设“全领域智慧监督抽检平台”，建设产品质量安全风险监测协作网。

稳定市场秩序。实现市场监管领域跨部门联合监管全覆盖；全面加强市场监管，指导推进综合执法，在2018年度全国“双打”工作绩效考核中位居第一，整治“保健”市场乱象百日行动、互联网广告整治等多项工作。

【市场主体注册登记】 2019年，福建省新登记企业264521家，比上年增长8.55%。其中，内资（非私营）企业5028家，比上年下降7.01%；私营企业256121家，增长9.06%；外商投资企业3372家，下降2.03%。公司制企业的主导地位越加明显，新登记户数占比99.93%。其中，内资公司登记数261004家，占新登记内资企业总数的99.94%；外资公司3326家，占新登记外资企业总数的98.64%。

规模以上企业快速增长。2019年，全省新登记企业注册资本100万～500万元的有119522家，比上年增长14.7%，其中私营企业117738家、国有企业739家；500万～1000万元的有22808家，增长3.97%，其中私营企业22296家、国有企业243家；1000万～1亿元的有44182家户，增长0.67%，其中私营企业42148家、国有企业1342家；1亿元以上的有2399家，增长9.39%，其中私营企业1922家、国有企业298家。注册资金100亿元以上企业4家。

港澳台胞个体工商户。2019年，全省新登记港澳台胞个体工商户863户，资金13156.79万元，分别比上年增长11.47%、36.97%。其中，港澳居民个体工商户398户，资金7149.21万元，分别比上年增长12.08%、47.11%；台湾居民个体工商户463户，资金5906.58万元，分别增长11.27%、28.56%；台湾农民个体工商户2户，资金101万元，分别下降33.33%、34.42%。

【商事制度改革】 2019年，福建省深化商事制度改革，压缩企业开办时间，截至年底，全省实现压缩企业开办时间至4个工作日内，环节压减为企业登记、印章刻制、申领发票3个环节。试点“证照分离”改革全覆盖，从2019年12月1日起，在福建自贸试验区福州、厦门、平潭3个片区内对中央层面设定的523项涉企经营许可事项和地方层面设定的11项涉企经营许可事项按照直接取消审批、审批改为备案、实行告知承诺、优化审批服务等四种方式分类推进“证照分离”改革全覆盖。2019年9月份推行企业名称自主申报，不再发放《企业名称预先核准通知书》；对于涉及工商登记前置审批事项的，申请人可以向企业登记机关申请企业名称预先登记，经企业登记机关确认予以保留的，在申请人办理企业登记时直接予以登记。完善企业简易注销登记改革，2019年1月，指导泉州市市场监管局印发《关于进一步推进企业简易注销登记改革实施意见的通知》，扩大简易注销的适用范围、压缩简易注销的公告日期，建立容错机制，允许“被列入企业经营异常名录”等情形的企业，待异常状态消失后，再次申请简易注销登记。实行企业注销“一网”服务，牵头会同省发改委等7个部门印发《福建省推进企业注销便利化改革实施方案》，共同推进福建省企业注销网上服务专区建设。2019年8月30日，福建省企业注销网上服务专区上线运行。推广个体工商户全程智能化登记，福建省自2018年9月起，在泉州市试点个体工商户全程智能化登记，建立个体工商户“微信申请＋直接登记＋自动审核＋自助打照”登记模式。截至2019年底，全省有62个县（区）市场监督管理局开通个体工商户全程智能化登记，有90780余户个体工商户通过“自助登记打照机”办理营业执照。推进许可制度改革，落实国务院将工业产品生产许可证由24类压减为10类的决定，实行告知承诺制等简化措施。推行特种设备行政许可网上审批，压减特种设备生产单位许可和检验检测机构审批发证时间。截至年底，全省实有市场主体4426318户，比上年增长15.91%；资金总额132372.71亿元，增长14.37%。2019年，全省新登记市场主体975911户，比上年增长9.42%；资金总额18473.73亿元，增长5.67%。

【信用监督管理】 2019年，福建省工商局提请省政府出台《关于在市场监管领域全面推行“双随机、一公开”跨部门联合监管的意见》，召开35个省级部门为成员的福建省“双随机、一公开”跨部门联合监管工作联席会议；印发《福建省市场监督管理局关于全面推进“双随机、一公开”监管工作的通知》；制定《省局随机抽查事项清单（第一版）》，汇总跨部门联合抽查清单；融合建设检查对象名录库和执法检查人员名录库，包括全省141.52万家企业、270万个体工商户，8100余名执法检查人员。2019年组织2次跨部门“双随机、一公开”联合抽查，涉及23个重点行业，横跨23个相关部门，检查企业7万多家。推动“1＋X”专项督查工作纳入年度“双随机、一公开”抽查计划，2019年全系统共组建检查小组1860个，检查企业6135家，检查发现并移送问题线索513条。

【市场主体2018年度报告】 至2019年6月30日年报结束，按市场监管总局统计口径全省（不含泉州）应年报企业930219家，已公示年报企业862053家，年报率92.67%，提前超额完成总局确定的85%目标，高于全国企业年报率1.21个百分点。全省（不含泉州市）应年报个体工商户1876045家，已年报1726773家，年报率92.04%；应年报农民专业合作社34057户，已年报32282户，年报率94.79%，个体工商户年报率和农民专业合作社年报率均高于全国平均水平。

【企业信用风险分类监管】 2019年，福建省开展全省企业信用风险分类管理工作试点。开展企业信用风险分类实施抽查，2019年2次联合抽查中，对守信企业按0.8%、严重失信企业按10%、重点监管企业按40%的比例抽取。截至2019年，参与公示系统（福建）建设和信息归集的省、市、县三级部门总数达4437个（其中省直部门、中直驻闽单位60个），共归集公示各类企业信息9948万多条；深入落实信用异常企业行政约谈制度，加强企业经营异常名录和“黑名单”管理，做好股权冻结信息公示工作，持续推进失信联合惩戒。截至年底，全省列异企业148614家次，列入严重违法失信企业43584家，股权冻结信息29026条，拦截失信被执行人办理业务33471次。

【网络交易管理】 2019年，福建省市场监督管理局拓展网络市场监管，规范网络商品交易。迭代升级网络交易监管技术；起草《福建省市场监督管理局网络交易监管职责分工方案》，推进线上线下一体化监管；组织开展2019网剑行动，会同相关部门联合制定下发《福建省2019网络市场监管专项行动（网剑行动）实施方案》；开展“6·18”“11·11”定向监测，监测样本数600个；会同漳州局开展在线电子取证课题研究；核实各地上报的46家主体已注销的涉嫌非法主体网站，提请省通管局协助暂停接入或停止解析相关域名并禁止转移；研究部署同城快送行业监管，约谈同城快送企业，制定并发布《福建省同城快送经营者履行社会责任指引》。

【重要市场秩序整顿】 2019年，福建省市场监督管理局部署开展旅游、野生动物、房地产市场、节日市场等重点领域市场的监管执法行动，全年全省查处涉旅违法经营案件121件；查处野生动物保护案件20件，罚款2.276万元，移送非法经营象牙线索4条。

【合同监管】 2019年，福建省市场监督管理局做好合同格式条款整治，全省立案查处合同违法案件199件，罚没款136.8万元；开展动产抵押登记工作，共办理动产抵押2620份，为企业、个体工商户和农业生产经营者融资990.2亿元。

【反垄断和反不正当竞争】 2019年，福建省市场监督管理局履行反垄断职责，推动经济实现高质量发展。加强反垄断执法和机制建设。承办10件垄断行为线索的调查和处理工作，派出21人（次）赴全国各地开展核查。初步组建全省系统“反垄断人才库”，建立健全反垄断工作机制。推进公平竞争审查制度。8月6日，省公平竞争审查工作厅际联席办向各设区市政府、平潭综合实验区管委会发出《关于全面深入实施公平竞争审查制度的函》。9月24日，牵头召开省公平竞争审查工作厅际联席会议第二次全体会议。推动全省各地各部门夯实工作机制。出台《福建省市场监督管理局关于落实公平竞争审查制度的实施意见》，在全国范围内率先开展2019年度存量清理工作。

推进反不正当竞争执法，进一步优化营商环境。全省出动监督检查人员34802人次，检查“保健”类店铺13673个，开展联合检查和执法361次；查处各类违法案件377件，罚没710万元。全省市场监管系统共出动监督检查人员11427人（次），检查重点场所7226个，立案49件，罚没款399.81万元。

【打击防范传销】 2019年8月15日，福建省市场监督管理局召开机构改革后的第一次全省打击防范传销联席会议。开展两次全省性的网络传销监测排查，出具1期全省网络传销风险动态监测报告。部署全省开展创建无传销示范点活动，推进“无传销社区（村）”创建工作。2019年，全省市场监管部门查处传销案件25件，查处违规直销案件7件，约谈33家驻闽直销企业。

【商标管理】 2019年，福建省有129件马德里国际注册商标、9件驰名商标、93件地理标志商标申报2018年度省级财政补助与奖励，补助奖励总金额达到1360万元。指导企业通过商标许可使用、股权投资、质押融资、转让、许可使用等方式高效运用商标。全省有14家企业和个人向国家知识产权局办理商标专用权质权登记，出质245件商标。

提升商标公共服务水平。推进商标注册便利化改革，福建省经国家知识产权局批复同意新设立两个商标注册受理窗口，累计设立7个商标受理窗口。各商标受理窗口均将业务范围扩展到24类全类商标业务，全面采用网上申请系统，实现办事群众不用出门即可办理商标注册。全年新申请商标432736件，新增注册商标350193件，累计有效注册商标数1282576件，分别比上年增长9.1%、36.3%、31.9%。商标新申请数、新注册数、累计有效注册数均居全国第七位。每万户市场主体拥有2167件注册商标，每4.6户市场主体拥有1件注册商标，居全国第五位。

聚力商标富农精准施策。2019年，全省新注册地理标志商标61件，累计有效地理标志注册商标497件，地理标志商标总量居全国第二位。“连江海带”被核准为地理标志保护产品。138家地理标志产品生产企业经国家知识产权局核准使用地理标志产品专用标志，占全国新核准量的45.8%。确定安溪县茶业总公司等7个单位为2018年度优秀地理标志商标注册人。向国家知识产权局报送“福鼎白茶”等5件地理标志助力精准扶贫典型案例。推荐报送3批次31个地理标志商标和地理标志产品清单参与中欧地理标志合作协定谈判。向国家知识产权局申请开展地理标志专用标志使用核准改革试点并获得批准。

强化商标专用权保护。开展“打击侵犯知识产权和制售假冒伪劣商品”行动。全省立案查处商标违法案件1020件，办结1172件，罚没3875.17万元，依法严格审查和推荐案件程序的驰名商标认定，向国家知识产权局审核转报“安踏”等8件通过商标管理案件程序申请认定驰名商标的案件。有6件商标经批复认定为驰名商标。在漳州试运行“智慧地标”互联网监管服务平台，运用信息化技术强化地标产品监管与服务。

【广告监管】 2019，国家工商总局广告监测中心监测福建省传统媒体97.62万条次，发现涉嫌违法广告186条次，条次违法率0.02%，监测福建省广告时长2810.59万秒，发现涉嫌违法时长17.34万秒，时长违法率0.62%。查看率、处置率均达到100%。重点部署全省市场监管部门专项整治商家借庆祝中华人民共和国成立70周年进行商业炒作行为，查处多起在商业场所违规使用国家领导人肖像、违法使用国旗、党徽图案、70周年标识进行广告宣传行为。建设福建市场监管局广告监测平台，对省内113家传统媒体实现全媒体、全时段、高实时的监测。共监测媒体发布的各类广告622.3万条次，全年广告监测综合违法率0.08%。强化互联网广告整治力度。将省内96个点击量大、影响面广、活跃度高的大型门户网、APP、微信公众号等网络媒介纳入全国互联网广告监管平台监测，实现对各类媒介广告行为进行无差别公平公正监管。对总局监测平台的涉嫌违法广告线索做到查看率和处置率率均达到100%。查处虚假违法互联网广告案件1078件，比上年增长28%。福建省互联网广告案件数位居全国第6位。强化信用监管。通过将新增的3万多家广告市场主体按属地原则分配至辖区市场监管所名下，为信用监管打好数据基础。2019年全省市场监管系统查处各类违法广告案件1551件，比上年增长7.71%。所有处罚信息均做到100%公示、100%归集到企业名下。公布3批次共31件典型违法广告案例，提高消费者自我防范能力，构建虚假违法广告的社会信用监督机制。推进广告业发展。2019年在巩固海西国家广告产业园与已有4个省级广告产业园区的建设工作基础上，将“龙岩红色文化产业广告园”培育发展为省级广告产业园区。

【消费者权益保护】 2019年，福建省市场监督管理局推进市场监管热线平台整合。按照市场监管总局统一部署，将福建省“12315”“12365”“12331”“12358”“12330”5条热线统一整合至“12315”平台，于6月底实现“12315”一号对外。全年全省“12315”工作机构依托市场监管热线以及全国“12315”互联网平台受理消费者咨询投诉举报72万件，为消费者挽回经济损失12159万元。

2019 年 12 月 3 日，福建省市场监督管理局举办纪念宣传《食品安全法》实施 10 周年暨食品生产质量安全提升行动 （福建省市场监督管理局供稿）

组织开展“3·15”国际消费者权益日主题宣传活动。与省消委会共同举办 2019 年“3·15”国际消费者权益日宣传大会，活动以“信用让消费更放心”为主题，推动消费领域信用体系建设，营造放心消费环境。做好旅游投诉受理处置工作，做到旅游投诉“一口受理、即时分流、快速办结”。全省“12315”服务热线受理旅游咨询、投诉、举报 2943 件，挽回经济损失 59 万元。参加全国市场监管“12315”技能大比武活动。组织各地市消保工作人员参加全国市场监管“12315”技能大比武活动，初赛成绩名列全国第三名。2019 年 11 月 13 日，总决赛在深圳总局行政学院举行，由俞昊、王宁、彭涛和郑小芳组成的福建省代表队获全国“12315”技能大比武团体冠军。做好流通领域商品质量抽检工作。落实市场监管总局要求，推进福建省流通领域商品质量监管工作，重点对成品油、电动车、安全帽和学生服装、婴幼儿用品等社会关注度高的商品开展质量抽检。全省组织流通领域商品抽检 4712 批次，其中省局抽检 900 批次。

【市场监管执法稽查】 2019 年，福建省市场监管执法稽查机构查办案件 19029 件，罚没款 2.49 亿元。其中食品安全违法案件 3430 件，罚没款 18788.92 万元；计量违法案件 779 件，罚没款 119.4 万元；质量违法案件 809 件，罚没款 956.42 万元；知识产权案件 1472 件，罚没款 4431.85 万元。

规范综合行政执法。为有序整合市场监管领域执法职责，加强执法队伍建设，规范和提高执法水平，省市场监督管理局制定下发《福建省市场监督管理局关于贯彻中央改革精神进一步加强市场监管综合行政执法工作的通知》，指导市县强化执法队伍建设，形成监管执法整体合力。2019 年，市、县两级市场监管执法职能整合基本到位，执法队伍组建到位，全省“一支队伍管执法”的市场监管综合行政执法体制已经基本建立，综合执法实施得到基本保证。

加大执法办案力度。督办总局挂牌的“食品中涉嫌非法添加匹克硫酸钠案”，指导厦门、泉州市市场监管局集中执法力量，查处涉及福建省 14 家涉嫌非法添加匹克硫酸钠生产酵素产品企业的违法行为，案件均已调查终结。指导查办“唐山市银海食盐有限公司涉嫌非法经营食盐案”，查明涉案“日晒盐”总数量达 16000 吨，该案涉及河北、山东、福建等省份，已上报总局挂牌督办。牵头省整治食品安全问题联合行动执法相关工作，全省出动行政执法人员 19.52 万人次，检查食品（含食用农产品，下同）生产经营单位 13.78 万家次，查处食品生产经营行政处罚案件 2482 件，责令整改 3769 件，取缔无证单位（含“黑工厂”“黑作坊”“黑窝点”）118 个，移送司法机关案件 104 件，于 12 月 3 日联合省公安厅举办全省整治食品安全问题联合行动成果大型宣传展示活动，集中销毁各类涉案物品 120.87 吨。

【专项执法行动】 2019 年，福建省市场监督管理局开展“守护消费”暨打击侵害消费者个人信息违法行为专项执法行动，立案查处各类侵害消费者个人信息违法案件 87 件，罚没款 38.34 万元。部署开展 2019 年知识产权执法“铁拳”行动，出动执法人员 8654 人次，办结各类侵犯知识产权案件 1634 件，涉案金额 2593.03 万元，罚没款 3312.32 万元，没收物品货值 649.48 万元，移送

2019 年 9 月 19 日，福建省市场监督管理局开展 2019 年儿童和学生用品质量安全知识进校园活动 （福建省市场监督管理局供稿）

司法机关案件 24 件。

【假冒伪劣重点领域治理】 2019 年，福建省政府召开专题会议部署推进打击侵权假冒工作，将“双打”工作纳入年度重点工作和绩效考评范畴。部署开展净化重点市场环境专项整治工作，确定泉州南安仑苍水暖市场作为福建省净化环境重点整治市场，检查生产企业 1013 家次，销售商家 2093 家次，广告单位 37 家；发现问题生产企业 220 家，查扣涉案物资 162044 个，整治工作取得阶段性成果。

【市场监管政策法规制修订】 2019 年，福建省市场监管部门推进市场监管领域立法工作。《福建省电梯安全管理条例》经省人大第三次审议通过，2019 年 10 月 1 日颁布实施，《福建省商事登记监管条例》按立法程序报送省政府，《福建省计量监督管理条例》《福建省标准化管理办法（修订）》分别被列入 2019 年省人大地方性法规调研项目、省政府规章预备项目。

牵头全面梳理编制《福建省市场监督管理局权责清单》，报省委编办审定后对外公布。依法明确省局权责事项 627 项。其中，行政许可 19 项、行政处罚 457 项、行政强制 21 项、行政监督检查 37 项、行政确认 1 项、行政裁决 3 项、行政奖励 5 项、其他行政权力 26 项、公共服务 7 项和其他权责事项 51 项。

执法监督。制定《福建省市场监督管理局关于全面推行行政执法公示制度执法全过程记录制度重大执法决定法制审核制度实施方案》。2019 年，省局收到行政复议案件 44 件，被行政复议案件 3 件，行政应诉案件 7 件。

普法宣传教育。制定《关于实行“谁执法谁普法”责任制的具体实施意见》，推动普法责任制进一步落实。开展《中华人民共和国食品安全法》实施 10 周年纪念宣传活动。利用“3·15”国际消费者权益保护日、“4·26”世界知识产权日、“5·20”世界计量日、“12·4”国家宪法日等重要节点，开展法律咨询、法律宣传教育等活动。组织全系统 12310 人参加全国市场监管法律知识竞赛在线答题，省局在全国市场监督管理法律知识竞赛中获第 6 名，被授予团体风尚奖。2019 年，省局、泉州市市场监管局被全国普法办通报表彰为“七五”普法中期先进集体。（白　亮）

价格管理

【价格运行及调控】 2019 年，福建省居民消费价格总水平（CPI）呈现前低后高、逐步上扬的态势，全年平均上涨 2.6%，低于全国平均水平 0.3 个百分点（在全国各省中列第 20 位），实现省委省政府确定的居民消费价格总水平涨幅控制在 3%左右的调控目标。

完善生猪市场价格调控机制。经省政府同意，会同相关部门印发《福建省缓解生猪市场价格周期性波动调控预案》，并牵头开展冻猪肉储备调节工作，缓解生猪生产和价格周期性波动带来的不利影响，强化猪肉市场应急保障能力。

加强价格监测分析预警。抓好常规价格监测数据采集上报，因应生猪、猪肉价格的快速上涨，从 8 月起开展主要食品价格应急监测，实行日监测、周报表、月分析。密切关注市场变化情况，开展专题调研和市场巡视，每月对价格形势做分析预测。全年采集上报数据 32.96 万条、报表 7751 份。

落实物价上涨挂钩联动机制。2019 年，全省发放价格临时补贴 3.26 亿元，惠及困难群众 623 万余人次。

适时启动平价商店销售机制。针对猪肉等主要农副食品价格大幅上涨的情况，全面开启平价商店销售模式，积极平抑市场物价。

推进农产品目标价格保险试点。全省承保总额 1.7 亿元，保费总规模 443.31 万元，赔付 3.59 万元。

制定粮食收购价格政策。出台籼稻谷最低收购价政策，引导合理种植，保护农民种粮积极性。

推进全省民生价格信息发布工作。提高“福建价格监测”子网站的信息更新速度，全年通过省电视台滚动字幕发布 84 期批发市场和重要商品价格行情。全省 9 个设区市和平潭综合实验区及其所辖 77 个县（市、区）均实现民生价格信息发布制度化、常态化，全年在电视、报纸、网站、微博、微信公众号、手机 APP 等载体上发布 12 大类价格信息。

【价格体制改革】 2019 年，福建省市场监督管理局深化销售电价改革。实现全省工商业用电并类和单一制工商业用电同价，简化电价分类，促进用电公平。推进天然气价格改革。督促指导各地抓紧制定配气价格。落实放开门站价格政策，鼓励企业参与上游供气以形成多气源竞争格局。深化水价改革。推进农业水价综合改革，以及非居民用水超定额累进加价制度。

【商品价格管理】 2019 年，福建省市场监督管理局降低用电成本。先后 2 次降低一般工商业目录电价，全省平均每千瓦时降低 6.48 分钱，降幅 10.02%，年降价金额 28.95 亿元。实施促进夜间经济发展的用电激励措施，年可减轻用电负担 2.2 亿元。落实基本电价计费方式调整政策，年可减轻大工业用户用电负担 6 亿元。保持气价稳中有降。天然气增值税税率降低部分全部用于降低气价，每立方米降低 2.6 分钱，年降价金额 0.85 亿元。继续实行分类气价，保持城市气价低于平均气价，减轻工业企业用气负担。（程　旭）

【公共服务价格管理】 2019 年，福建省公共服务价格管理重点围绕优化营商环境、保障改善民生、深化价格改革等方面开展工作。

运用价费政策降低企业成本优化营商环境。根据国家和省委省政府部署，加大公共服务价格清费减负降本力度，新增年减负金额 40.55 亿元。其中，年降低物流成本、减轻社会负担34.65亿元；清理、降低涉企经营服务性收费，新增年减负金额4.05亿元；清理、降低涉企行政事业性收费，新增年减负金额1.85亿元。实现省定涉企行政事业性收费零收费。

降低物流成本，减轻社会负担。落实高速公路车辆通行费差异化收费政策。年减轻物流成本和社会负担33.81亿元，其中“绿色通道”免收鲜活农产品车辆通行费7.57亿元，节假日小型客车（7座及以下）免收车辆通行费18.81亿元，电子不停车收费ETC减免车辆通行费4.18亿元，其他差异化收费减免车辆通行费3.25亿元。清理规范铁路货运收费。福建省货运杂费从33项降为27项，取消D型长大货物车使用费等6项货运杂费，降低货车延期占用费等4项等收费标准，年减轻企业负担1669.4万元。降低港口收费标准，优化港口营商环境。自2019年4月1日货物港务费、港口设施保安费、引航（移泊）费、航行国内航线船舶拖轮费的收费标准分别下降15%、20%、10%、5%，年减轻企业负担6680万元。

清理规范涉企经营服务性收费。降低福建省APEC商务旅行卡代办服务收费标准，年减轻企业负担约80万元。牵头开展清理规范政府部门下属单位涉企收费、中介机构收费，年减轻企业负担0.24亿元。

清理规范涉企行政事业性收费。落实国家关于减免降低部分行政事业性收费有关政策，减免不动产登记费，年减负金额1.1亿元。降低因私普通护照收费标准和往来港澳通行证收费标准，年减少群众办证费用支出7000万元。降低个别特种设备检验项目收费标准、修订部分收费标准的说明，年减负金额530万元。

运用价费政策促进民生事业发展。降低燃气工程安装收费标准。指导各设区市价格主管部门规范城镇燃气工程安装收费，在全国率先出台降低燃气工程安装收费标准管理经验模板，年减轻企业负担3.8亿元，降幅31%。

降低景区门票价格。2019年，全省出台降价或免费开放的景区（景点）38个，其中AAAA级25个，AAA级7个，未评级6个，平均降价幅度21.55%，年减负约7000万元。

规范物业服务收费管理。经省政府同意，会同省住建厅对物业服务收费管理范围、管理权限、收费标准调整条件、收费监督管理等方面作明确规定，维护物业服务企业和业主双方权益。

完善保障性住房价格管理。印发《关于进一步完善保障性住房价格管理的通知》，对全省公共租赁住房租金管理方式、经济适用住房价格构成、限价商品住房价格管理和事中事后监管等作明确规定，为规范保障性住房价格管理、健全租购并举的住房制度，促进福建省住房保障体系的不断完善提供政策支持。

深化重点领域价格改革。推进教育收费管理改革。在全国率先修订出台《福建省民办教育收费管理实施细则》，改革民办教育收费管理。实行分类收费政策。营利性民办学校的收费标准，实行市场调节价管理；非营利性民办学校中未转设的独立学院和普通民办中小学学校的收费标准，保留政府定价，其余实行市场调节价。创新监管方式。民办学校调整学费标准，实行“老生老办法、新生新办法”的原则，规定学校调整收费标准时间间隔不少于3年，要求实行市场调节价管理的非营利性民办学校公开办学成本。明确服务性收费和代收费政策。民办学校为在校学生提供可选择的服务性收费和代收费项目参照同类公办学校的相关规定、遵循相关原则。

修订出台《福建省中外合作办学收费管理办法》，改革中外合作办学收费管理。改革管理形式，由政府定价改为政府指导价管理，由一项一批改为统一制定全省学费收费最高限额，学校在最高限额内合理确定具体收费标准，赋予高校收费自主权。制定定价机制。制定本科高校和高职高专院校的一般中外合作办学，学费标准不超过本省同类公办学校文理科一般专业学费标准的4倍和3倍，由学校在最高限额内自主确定。明确突破限额的条件。明确福建省中外合作办学学费标准须突破最高收费限额的相关政策规定和具体管理措施，为推动福建省教育事业高质量发展落实赶超提供制度保障。取消收费备案规定。收费备案改由教育机构根据办学成本、市场需求等因素合理确定后，向社会公示办学成本和收费标准。

推进环境资源有偿使用价格管理改革。修订出台《福建省排污权有偿使用价格管理办法》，改革排污权有偿使用价格管理。扩大优惠企业的范围，由“战略性新兴产业、污染物产生指标达到国家清洁生产标准一级水平的建设项目”扩大到“战略性新兴产业、重大科技示范等项目和国家认定的高新技术企业”。提高优惠缴费的幅度，由50%提高到70%的优惠幅度。引导企业主动节能减排、自我技术革新。（宋青峰）

【价格成本监审】 2019年，福建省围绕发展改革中心任务，发挥成本调查监审在政府科学制定价格、推进降成本调结构、服务绿色发展等方面的重要作用，为促进社会稳定、经济发展、人民幸福夯实基础。全省各级成本监审机构累计完成成本监审项目262个，涉及电力、天然气、供排水、教育、保障性住房、旅游景区、交通运输、重要专业服务等行业，核减不合理成本96.72亿元，核减率17.86%；完成6项农产品成本直报、7项农产品专项调查、29个农产品品种的常规调查，审核上报农本调查数据14.79万个、报表1543份，撰写上报调查报告13篇。

助力重点领域价格改革。围绕助力供给侧结构性改革，加快推进自然垄断环节、重要公用事业和公益性服务领域成本监审，为深化价格机制改革发挥重要作用，取得明显成效。

强化输配电定价成本监审。贯彻落实中央经济工作会议决策部署，深入推进输配电价改革，合理有效降低用电成本，圆满完成国家委托的第二个监管周期省级电网输配电定价成本监审。核减不合理成本 50 亿元，为再次降低 10% 一般工商业电价奠定基础。

完成城市新建住宅供气工程建设费成本监审。贯彻落实国务院第 43 次常务会议清费减负精神，制定下发《福建省城市新建住宅供气工程建设费定价成本监审指导意见》，组织指导并完成全省城市新建住宅供气工程建设费成本监审工作。累计核减不合理成本 3.39 亿元，核减率 31.04%，为降本减负夯实基础。

深化教育领域成本监审。完成厦门大学、福州大学、福建师范大学等 15 所公办本科高校 2015—2017 年度学费成本监审，开展师大附中“中美高中课程实验班”学费定价成本监审，为科学制定学费标准打好基础。

推进重点国有景区成本监审。贯彻落实《国家发展改革委办公厅关于持续推进降低重点国有景区门票价格工作的通知》精神，完成省管 AAAAA 级清源山风景名胜区门票价格，武夷山风景名胜区观光车和九曲溪竹筏、太姥山景区环保观光车、鸳鸯溪（宜洋）百丈漈电梯以及泰宁风景旅游区大金湖豪华游船和快艇票价成本监审。核减不合理成本 6650.06 万元，降低福建省重点国有景区门票价格提供依据。

加强垄断行业成本监审。完成南平市延平区塔前镇安桥、邵武市张厝乡大坑口等 12 个发电项目定价成本监审。指导各地开展管道燃气、供排水等网络型自然垄断环节成本监审，严格价格监管，促进垄断企业技术创新、改进管理、降本增效。

推动民生重点领域成本监审。指导各地按照深化价格机制改革要求，围绕民生重点领域，推动保障性住房、交通运输、养老、殡葬、环境保护等领域成本监审，促进国家生态文明试验区（福建）建设，补齐民生社会事业短板。

完善成本监审制度体系。健全行业成本监审办法。着力固根基、扬优势、补短板、强弱项，构建科学规范、运行有效的成本监审制度体系。在深入基层调查研究、分析比对成本指标数据、征求社会各界意见基础上，修订出台《福建省景区门票定价成本监审办法》《福建省普通高中学费定价成本监审办法》《福建省客运出租汽车运价定价成本监审办法》，推进成本工作科学化精细化。推进成本信息公开。在总结城市供水、管道燃气成本信息公开经验的基础上，制定出台《福建省有线电视收视基本维护费成本信息公开办法》，推进成本信息公开工作，增强政府定价透明度。

【农产品成本调查】 2019 年，福建省围绕党和政府中心工作，完成农产品成本调查各项任务，服务乡村振兴战略。完成农户种植意向、农户存售粮和农资购买意向 3 个专项调查以及早、中、晚籼稻、烤烟等 4 个成本预测调查等工作，掌握福建省农业和农村经济变化、主要农产品生产成本和收益情况，为各级政府制定支农、惠农政策提供基础依据。积极开展生猪成本应急调查，完成生猪成本调查分析和月报工作，为政府决策服务。贯彻落实国家《农产品成本调查管理办法》，修订《农产品成本调查登记簿》，举办全省农产品成本调查业务培训班，提高农本调查人员的业务能力和水平。（赖祥荣）

【价格监督检查】 2019 年，福建省市场监督管理局创新价格监督检查监管方式，开展政府部门下属单位收费、小微企业收费、转供电价格、医疗服务价格、铁路运输收费等一系列专项治理和检查，处置“金辉物业单方面提高停车费”“某酒店天价停车费”等价格事件，立案查处价格违法案件 650 件，实施经济制裁 1.19 亿元，通过专项治理和整改规范每年可为企业和消费者减轻负担 3.15 亿元，推动降低企业成本，推动解决民生价格痛点，维护群众价格权益。探索开展医疗服务“智能化＋监管”模式改革试点，应用“计算机智能筛查＋人工复查比对排查＋电子存证分析”手段开展检查，福州、厦门转供电环节电价重点治理成效突出，泉州运用网络监测和电子取证技术开展民生领域价格监管。（白　亮）

食品监督管理

【“食品放心工程”建设】 2019 年，福建省委省政府连续第 19 年将治理“餐桌污染”、建设“食品放心工程”工作列入为民办实事项目。经过全省各级各有关部门共同努力，该项工作目标任务全面完成，全省食品安全各项抽检指标达到年度计划目标要求，主要农产品抽检总体合格率 98.6%，加工食品抽检总体合格率 99%。全省食品安全状况稳中向好，未发生较大及以上级别的食品安全事故。

完善食品安全责任体系。省委省政府印发《福建省深化改革加强食品安全工作行动方案》，明确福建省食品安全工作阶段性目标、主要任务及保障措施，明确地方党委政府领导干部及有关部门食品安全责任清单，落实食品安全党政同责，压实部门主管职责，落实企业主体责任，推进食品安全工作改革创新，提高风险防控能力，推动食品产业高质量发展，提升福建省食品安全现代化治理能力。

严厉打击食品安全违法行为。全省各行政监管部门和公安部门开展多项专项行动，严惩重处食品安全违法违规行为。全省各级行政监管部门开展食品安全检查执法 15.03 万次，出动执法人员 37.20 万人次，查处违法行为 4134 起，查获不合格食品 159.84 吨；公安机关破获食品犯罪案件 1797 件，抓获犯罪嫌疑人 2695 名，捣毁各类“黑作坊”“黑窝点”1584 个。

推进多层次食品安全示范创建。各项示范创建任务均完成，新认证“三品一标”农产品 431 个，累计 4578 个；评定“福建十大农产品区域公用品牌”和 30 个“福建名牌农产品”；创建罗源县等 9 个 2019 年食品安全社会共治示范县（市）、沙县“小吃一条街”等 2

条省级餐饮服务食品安全示范街和100家餐饮服务“明厨亮灶”示范单位。

开展“一品一码”全程可追溯体系建设。全省12.39万家食品生产经营主体向“一品一码”追溯平台上传数据，备案369.86万种有效食品品种，累计上传数据3.28亿条。

健全风险防控。完成2019年度食品安全风险监测和食源性疾病预防预警工作任务。在全部县（市、区）开展采样监测，全省监测29个食品类别样品约2万份，监测项目覆盖食品中的重金属、农兽药残留、禁用药物等214项；将食源性疾病监测范围扩大到所有开展食源性疾病诊疗的医疗机构，在735家哨点医院开展食品安全风险监测，报告相关病例信息50485条；食源性疾病监测预警平台投入试运行。

【食品流通安全监管】 2019年，福建省对从事预包装食品销售的新申请许可、经营条件未发生变化的变更许可和延续许可试点推行“告知承诺制”，全省取得食品销售许可证的经营者287615家。

“一品一码”食品安全信息追溯。全省建设97个信息追溯示范点，大型商超加工食品信息追溯覆盖率超过60%，个别商超食用农产品已可扫码查询。全省28个重点食用农产品批发市场中有15个完成标准化改造，实行“一进口一出口”管理；其余尚未完成改造的，也全部先行实施产地准出市场准入衔接制度，全部推行食品安全信息化追溯管理，配备检验设备，具备检验能力。

食品流通安全监管治理。开展食品流通风险排查整治，全省排查食品销售者69900户次，检查批发市场、集贸市场等7135个次，抽检监测（含快检）27511批次，发现不合格（问题）样品413批次，查处违法案件1082件，罚没金额1013.39万元，移送司法机关案件53件，注销无证销售者130户，督促补办食品经营许可证4039户；开展全省猪肉市场专项整治工作，发现存在问题生产经营单位326家，查扣问题肉品4084.07千克，责令停产停业4家，立案查处61件，涉案货值67.87万元，罚没金额52.46万元，移送司法机关案件6件；开展食用农产品质量安全整治，查处问题271个，涉及金额58.86万元，责令整改231个，取缔无证照企业1家，移送司法案件22件，吊销证照企业1家；开展两次农村假冒伪劣食品整治，发现问题食品795批次，捣毁制售假冒伪劣食品（含特殊食品）窝点17个，查处违法案件744件，罚没金额752.7万元，移送司法机关案件27件。

【食品生产安全监管】 2019年，福建省加强食品生产安全监管工作，防范食品安全风险，全省食品生产监管部门出动执法人员2.68万人次，检查食品生产企业12448家次，全省（区、市）注销食品生产许可证143张，依法吊销食品生产许可证11张，保持食品生产安全监管工作稳中向好的态势。

推进风险排查精准化。实行“两报告一清单”的风险排查管控模式，对福建省2016—2018年度监督抽检、飞行检查情况进行分析研判，形成两份分析报告。在此基础上，聚焦“三个五”（五类重点品种、五类重点问题、五类重点对象）开展食品生产安全风险排查整治。全省食品生产监管部门排查食品生产企业7308家次，责令整改1354家次，34家企业自行停产整改。

推进问题治理常态化。部署开展食品生产环节非法添加专项整治，严厉打击用非食品原料生产食品、在食品中添加食品添加剂以外的化学物质和其他可能危害人体健康的物质、非法添加药品的违法行为。组织对福建省婴幼儿辅助食品生产企业开展“回头看”检查。开展小作坊摸底排查、普查建档和专项整治工作，召开小作坊现场推进会，完成食品小作坊核准777家，全省3184家小作坊100%建立监管档案；累计检查小作坊4390家次，查处违法违规小作坊520家。

推进监督检查体系化。实行风险分级管理，全省在产的食品生产企业100%完成2019年度风险等级评定。在日常监督检查全覆盖基础上，对一般风险企业实施按比例“双随机”抽查，对31家2018年以来监督抽检不合格批次较多的企业开展飞行检查，发现问题143个。对4家高风险大宗消费食品生产企业开展体系检查，对检查中发现的问题，坚持监管与服务并重，指导企业做好整改，提升质量管控能力水平。

推进监管工作长效化。将2019年作为“落实企业主体责任年”，督促企业落实主体责任，全省食品生产企业自查覆盖率100%，质量安全管理岗位人员抽查考核覆盖率100%。召集31家2018年以来监督抽检不合格批次较多的企业法定代表人开展省级集体约谈，全省约谈食品生产企业920家次。开展食品生产企业质量安全提升行动，召集55家食品生产企业发出“落实主体责任，提升产品质量”公开倡议，12家食品生产相关协会发出“提升食品质量安全，我们共同行动”行业倡议。

【餐饮安全监管】 2019年，福建省市场监管部门出动执法人员23.8万人次，监督检查餐饮服务经营主体20.7万家次，查处违法案件774件，罚没金额1329.4万元，移送司法机关案件20件，全省餐饮环节未发生较大以上群体性食品安全事件。

校园及周边食品安全排查整治。围绕学校春秋两季开学食品安全风险隐患排查和主题教育校园食品安全专项整治的部署要求，开展校园食品安全大排查、大整治、大提升行动。先后组织6个检查组对全省23个县（市、区）90多所学校幼儿园及周边食品经营单位开展督导检查，全省共出动执法人员75323人次，检查学校及周边食品经营单位62000家次，排查整治食品安全问题及隐患3286个，立案查处学校食品安全违法案件258件，罚没金额64.7万元。加强与教育部门的配合协作，联合省教育厅印发《福建省中小学幼儿园集中用餐陪餐制度》，压紧压实学校及幼儿园食品安全主体责任，全省学校没有发生等级食品安全事件，风险隐患排查与整治取得可检验、可评判、可感知的成效。

网络餐饮服务食品安全治理。在全省范围内部署开展为期6个月的网络餐饮服务食品安全专项治理，结合主题教育组织开展网络餐饮服务食品安全专项调研检查并形成专题调研报告。对各地线下餐饮服务单位开展督导检查，美团、饿了么等网络餐饮服务第三方平台在福建省辖区的7家分支机构、113家代理机构100%纳入备案管理，全省共检查或约谈网络餐饮服务第三方平台分支机构344家次，排查发现违法违规第三方平台分支机构和入网餐饮服务经营单位2773家次，下线入网餐饮服务提供者15253家，查处网络餐饮服务违法案件425件，罚没金额182.82万元。福州市联合财政部门出台《网络餐饮服务从业人员食品安全奖励办法》，开展网络餐饮“e治理”，在全省率先建立外卖订餐领域内部“吹哨人”制度，被评为第二届市场监管领域社会共治十大创新案例且名列首位。

示范创建和“明厨亮灶”建设。全省创建省级食品安全示范街（区）8条，餐饮服务“明厨亮灶”示范单位400家。推进“明厨亮灶”建设提质扩面、提挡升级，全省创建“明厨亮灶”餐饮服务单位14.8万家，占全省餐饮经营主体总数的58.5%，学校幼儿园食堂“明厨亮灶”覆盖率94.25%，其中福州、厦门基本实现学校“明厨亮灶”全覆盖。

餐饮环节“一品一码”追溯链条初步形成。推进大型以上餐饮服务单位、中央厨房、集体用餐配送单位、学校（托幼机构）食堂等特定餐饮服务单位“一品一码”追溯体系建设。2019年全省完成注册特定餐饮服务单位12419家，注册率100%，录入餐饮服务主体12303家，录入数据率99.7%，录入并上传追溯数据4606.92万条。

【特殊食品监管】 2019年，福建省组织开展特殊食品生产经营环节风险排查，实现特殊食品生产企业100%完成自查，日常监督检查全覆盖，组织对3家婴幼儿配方乳粉、保健食品生产企业进行体系检查，对16家保健食品生产企业开展监督抽查，按照3%的比例完成经营企业“双随机”监督抽查任务；配合完成全省生产企业、大型商超、批发企业“一品一码”追溯数据的录入，实现“来源可溯、去向可查”的目标；实现生产企业100%落实质量受权人制度，企业生产管理水平得到进一步提升，在国家、省级抽查中本省企业生产的产品没有发现不合格。

保健食品“五进”科普宣传活动。组织编印《保健食品法规文件汇编》，收录法律法规文件127部（个），供基层日常监管工作使用。各级特殊食品监管部门以食品安全宣传周、《中华人民共和国食品安全法》实施10周年纪念等宣传活动为契机，通过网站、微信公众号进行食品安全法律法规宣传，对《保健食品标注警示用语指南》进行宣传，将保健食品“五进”（进社区、进乡村、进网络、进校园、进商超）专项科普宣传活动落到实处。全省开展保健食品“五进”科普宣传755场次，发放保健食品宣传资料97542份，解答群众咨询8100多条，进社区639个，进乡村959个，进网络平台146个，进校园681个，进商超850家，活动参与人数134432人次。

【食品抽检】 2019年，福建省市场监督管理局组织全省市场监管系统开展食品安全抽检13.9万批次，合格率98.02%。组织开展省级食品安全抽检33187批次，抽检品种覆盖了福建省在产全部取证食品细类。年度安排预算资金7124.5万元，实际中标金额5914.4万元，节省资金1210.1万元。组织督导市、县级局食用农产品抽检，完成29310批次抽检任务。组织开展对不合格食品核查、处置、召回的督查工作，全年督查省级抽检不合格食品603件，发布不合格食品核查处置公告18期。督导不合格食品核查处置案件285件，完成率100%，共计罚款426.7万元。开展食品安全风险预警交流工作，首次建立省际食品安全风险预警交流区域合作机制，与广东、广西、海南等省（区）建立南部沿海省（区）食品安全风险预警交流区域合作。建立省级部门食品安全风险预警交流合作机制，开展省级部门协商工作，开展与高校、研究机构、媒体、专家、协会的食品安全风险预警交流，通过各种形式开展食品安全知识科普，全年公示食品安全抽检结果50期，对不合格食品进行风险提示。全年受理175批次不合格食品复检异

2019年12月3日，福建省市场监督管理局开展“福建：整治食品安全问题联合行动暨昆仑行动取得阶段性成果”活动

（福建省市场监督管理局供稿）

议，其中受理复检 155 批次，受理异议 20 批次。（白 亮）

药品监督管理

【区域化监管模式改革】 2019 年，福建省在全国率先创新设置有独立执法主体资格的派出机构，实行区域化监管模式。按照“选调人员、上岗培训、筹建工作、履行职能”的思路，2019 年 5 月挂牌成立 3 个稽查办公室。举办 2 期派出机构岗前专题培训，确保 3 个派出机构全面履职。全年检查企业 516 家次，发现案件线索 52 条次，立案 38 件，办结 17 件。全面完善省市县三级监管体系。出台省市县三级药品监管事权划分，明晰省市县三级、省局内设机构、派出机构的事权和职责界线，实现机构改革过渡时期全省监管工作无缝链接。重新梳理省级行政许可、处罚、强制等权责事项 305 项，完善监督管理、行政审批、稽查办案等制度措施 30 余项，适应新体制新机构的需要。

【药品安全监管】 2019 年，福建省强化药品日常监管。全省出动检查人员 5.9 万人次，检查生产经营企业 3.16 万家次；完成药品、医疗器械、化妆品抽样 5706 批次；完成国产非特殊用途化妆品备案 7454 件，并按要求完成备案后 3 个月监督检查工作。召集省内 6 家药品生产企业法人（质量受权人）进行约谈，通报抽检检查问题、明确主体责任要求。全省药品生产经营行为得到进一步规范。开展专项整治。按照国家局部署要求和福建省风险隐患排查情况，重点开展执业药师“挂证”行为、中药饮片质量、芬太尼类药品生产经营、医疗器械网络交易“清网”行动等 10 项专项整治，行业重点领域得到深度清理净化。全省查办“两品一械”案件 1673 件，罚没金额 2429.14 万元，移送司法机关案件 27 件。12 月 26 日，召开疫苗信息化追溯体系建设工作推进会，全面部署推进福建省疫苗生产流通环节信息化追溯体系建设工作。福建省疫苗上市许可持有人已按照国家最新标准规范建设应用疫苗信息化追溯系统，对生产的最小包装单元疫苗实行赋码追溯。做好省级监管平台建设工作，强化监管技术支撑，提高疫苗监管工作水平和效率，保障疫苗质量安全。应对突发事件。春节期间，上海新兴医药股份有限公司疑似问题产品事件，2 天内全部查清福建省 1030 瓶疑似问题产品流向情况，并得到有效控制。2019 年国家药品安全监管工作考评中，福建省获得 A 级。

【药品产业发展】 2019 年，福建省研究出台措施促进发展。先后出台《关于深化推进“放管服”进一步优化服务助推医药产业高质量发展若干措施》《药品第三方物流技术指南（试行）》《鼓励通过信息技术开展执业药师远程审方的意见》《福建省药品监督管理局 福建省卫生健康委员会印发福建省疫苗国家监管体系评估工作方案的通知》《福建省药品监督管理局综合处关于印发福建省疫苗国家监管体系评估工作方案的通知》等措施，营造良好营商环境，促进药品产业高质量发展。省内力卓药业获批上市的全球创新制剂新药，成为国际独家剂型；艾德生物医药公司获批上市 2 个国家创新医疗器械产品。注重简政放权提速增效。承担的行政审批事项办理时限全部提速至法定时限 50%，省级行政审批事项 99 项实行“一趟不用跑”（占比 81.8%），22 项实行“最多跑一趟”（占比 18.2%）；审评检查环节平均提速 15%左右；审批服务事项网上可办率 100%。国产第二类医疗器械产品注册审批时间，在国家局 14 个工作日的基础上再提速至 10 个工作日。省级行政许可（备案）办结 25805 件，无一例超时限。全省各级投诉举报机构 2019 年度接收“四品一械”投诉举报信息 28842 件（受理 11357 件），其中食品 22156 件（10 月份后停止受理）、保健食品 1307 件（10 月份后停止受理）；接收“两品一械”投诉举报信息 5379 件（受理 1729 件），其中药品 2730 件（受理 804 件）、化妆品 1845 件（受理 656 件）、医疗器械 804 件（受理 269 件）。接收国家药品监督管理局行政事项受理和投诉举报中心转交办“两品一械”案件 57 件，按时限应办结 55 件，完成 51 件，延期办理 4 件，办结率 100%。接收省投诉举报中心转办件接收“四品一械”投诉举报信息 1657 件，受理 504 件并转交属地办理，应办结 486 件，办结 464 件，延期 22 件，办结率 100%。其中接收“两品一械”投诉举报信息 377 件，受理 96 件并转交属地办理，应办结 82 件，办结 82 件，延期 6 件，办结率 100%。

加强政商互动。先后召集省内 20 家优秀药械民营企业、38 家药品批发

2019 年 9 月 18 日，福建省药品监督管理局局长俞开海（中）带队检查福州兴北医药连锁药店梦山分店（福建省药品监督管理局供稿）

（零售连锁总部）企业代表召开座谈会，肯定企业为药品安全和产业发展所作的贡献，听取企业对药品监管工作的意见建议，政企双向互动、优质引领取得较好效果。积极推进仿制药一致性评价。全省 89 个批准文号在开展一致性评价工作，4 个品种已批准通过一致性评价，6 个文号完成 BE 并上报国家药审中心，7 个文号正开展 BE 研究。3 个新仿制药获批上市，尤其是二价宫颈癌疫苗的批准上市，标志福建省生物制药产业取得重大的历史性突破；10 家企业 134 个品种被批准为上市许可持有人试点品种；药物临床试验机构达 21 家 151 个专业；牵头完成国家疫苗监管体系生产许可、注册和上市许可和临床试验监管三大板块的自评估报告。开展地方标准和炮制规范的清理工作。16 个品种中有 6 个列入省级标准；弘扬传统工艺配制中药制剂的传承和发展，批准 4 家医疗机构 19 个品种；探索医疗机构中药制剂调剂使用试点工作，遴选确定 59 个品种；制定进口药材办事指南和操作流程。

采取监管特殊措施，对台合作创新突破。主动承接相关备案工作。承接国家局在福建省进口非特殊用途化妆品、台湾地区生产且经平潭口岸进口第一类医疗器械的备案工作，研究发布《关于开展台湾地区生产且经平潭口岸进口第一类医疗器械备案工作的通告》，台企研鹭懿生物科技有限公司获得全省首张进口非特殊用途化妆品备案凭证。鼓励台湾药师来闽执业。制定《台湾药师在福建自由贸易试验区执业的管理暂行规定（试行）》，允许并鼓励取得台湾药师执照持台湾方面身份证明的自然人，在取得《福建自贸试验区台湾药师执业资格证书》后，按照大陆相关规定办理注册，在福建自由贸易试验区医药企业执业。组织 9 期 126 名台湾药师大陆药事法规考试，117 名通过考试取得资格证。服务窗口前移支撑扶持。在厦门海沧台商投资区成立生物医药港服务工作站，与厦门市政府共同靠前服务，打造对台服务监管平台。分别在福州、厦门、平潭设立进口非特化妆品备案窗口，全省 86 家企业 108 个产品通过备案。

（徐阳阳）

质量技术监督管理

【概况】 2019 年，福建省组织完成 2018 年度（第六届）福建省政府质量奖评审工作，省政府授予新大陆数字技术股份有限公司、漳州片仔癀药业股份有限公司、厦门市美亚柏科信息股份有限公司、紫金铜业有限公司、宁德时代新能源科技股份有限公司 5 家企业 2018 年度福建省政府质量奖，授予福建恒杰塑业新材料有限公司、厦门会展集团股份有限公司、武夷星茶业有限公司、福建省建瓯黄华山酿酒有限公司、福建坤彩材料科技股份有限公司 5 家企业 2018 年度福建省政府质量奖提名奖。

缺陷产品召回。制定《国家召回中心福建分中心运行工作方案》，建立召回专家库和企业信息库。对存在缺陷的 27 家企业 34 批次产品进行召回，召回产品数 127924 件。莆田市成为全省首个拥有专门召回技术机构的设区市。

创新质量工作。组织做好国务院对省政府质量工作考核迎检承办工作，以质量强省工作联席会议办公室名义起草《2019 年设区市政府质量工作考核方案》，部署对设区市政府质量工作考核。

夯实质量基础。省产品质量检验研究院被工信部认定为“2019 年国家中小企业公共服务示范平台”。举办 3 期企业首席质量官公益培训，全省公益培训 805 名企业首席质量官。全省开展“质量月”活动 568 场，参与企业 6398 家，一线员工 21 万人次、群众 17.9 万人次参与活动。

【产品质量安全监管】 2019 年，福建省抓重点产品质量安全监管，以儿童玩具、学生文具、校服产品、塑胶跑道原材料等产品为重点，在全省组织开展儿童和学生用品安全守护行动，检查生产经营主体 4403 家，安排产品抽查 990 批次，开展行政约谈 189 次，查处假冒伪劣产品 237 批，实施缺陷召回 21062 件。开展重点工业产品质量安全专项整治，全省出动检查人员 3897 人次，检查生产企业 299 家、销售企业 1594 家，责令整改 38 起。有序开展产品质量监督抽查工作，省市场监督管理局安排 3700 万抽查预算资金，分两批开展 220 种产品 11380 批次省抽任务。2019 年在生产领域抽查 191 种产品 3762 家生产企业 5644 批次样品，合格 5396 批次，合格率 95.61%。移送不合格报告 774 份，安排整改复查检验 235 批次，接受异议复检 58 份，督促企业落实整改。加快构建产品质量安全风险监控体系，在省质检院、省纤检中心、省工许审查中心、厦门市质检院和 CQC 福州分中心 5 家技术机构设立风险监测站。

【计量工作】 2019 年，福建省新建社会公用计量标准 146 项，编辑出版《福建省社会公用计量标准名录》，该名录为福建省首次发布，包含 339 项省级社会公用计量标准，覆盖十大类计量专业领域。全国光伏专用计量器具计量技术委员会获批成立。国家平板显示产业计量测试中心（厦门）高分通过市场监管总局验收。省计量院推进重大项目申报市场监管科技计划获得欧盟专利 2 项、国内发明专利 4 项、实用新型专利 1 项、软件著作权 1 项。建成“福建省强制检定计量器具管理系统”，并在全省推广使用。全省免费检定强检计量器具 119.8 万台件，为企业减轻负担 1.5 亿元。开展民用“三表”首次检定和到期轮换，完成民用“三表”调查摸底和信息建档。省计量院完成民用“三表”授权机构监督抽检 10 万余台。对全省 35 家计量器具生产企业 64 批次产品开展省级产品质量监督抽查，批次抽查合格率 90.6%。开展定量包装商品净含量随机抽查，抽取 450 家企业 687 批次，其中净含量标注合格率 96.85%，净含量检验合格率 94.2%。开展眼镜制配场所计量专项监督检查，全省检查眼镜制配场所1300家，抽查焦度计、验光仪等计量器具3901台，合格率92.36%。开展加油机计量专项监督检查，检查加油站1146家、加油机4882台，其中检定合格4861台，合格率99.56%。全省引导并培育诚信计量自我承诺单位3296家。2019年有193人通过注册计量师考试，至年底全省有一级、二级注册计量师1091人。

举办第五届闽台计量研讨会，来自台湾、广东等地的100多名计量科技工作者参加研讨会。“量小七”计量玩偶等3件作品获评全国计量科普创新创意素材优秀作品，福建省市场监管局获“优秀组织单位”奖。举办首届科技周计量专场活动，邀请省内外专家做21场科技报告，来自全省相关领域的科研人员及高校、企业代表近6000人次参加。全省开展“5·20”世界计量日现场活动近30场，提供咨询服务近2000人次，免费检测血压计、眼镜、人体秤以及金银首饰称重近千台（件），发放计量宣传资料、100克维权砝码1.4万份（条）。

【标准化工作】 2019年，福建省参与研制国际标准4项、国家标准223项、行业标准65项，发布地方标准87项；在国家平台公开企业标准9519项、团体标准67项；新增全国专业标准化技术委员会3个。

两岸行业标准共通。创新提出两岸行业标准“共同选题、共同研制、共同比对、共同使用”工作机制，开创两岸同胞携手研制国家标准的先河。两岸茶叶标准共通及台式乌龙茶系列标准研制工作进入实质性阶段。以漳平国家级台湾农民创业园为基地，两岸专家联合研制“台式乌龙茶”系列标准为突破口，选定《台式乌龙茶》《台式乌龙茶加工技术规范》2项标准，完成国家标准制修订立项的前期工作；《台式乌龙茶品种》《台式乌龙茶栽培技术规范》2项省地方标准研制项目正式立项并进入研制阶段。从两岸大宗贸易产品情况入手，选定茶叶、发光二极管、冻鱼和冻鱼片、织物制服装和鞋等五类产品，着手开展标准的比对分析。结合不同领域标准化工作推进情况，召开海上风电、光伏产品、冷链物流、农产品和镶嵌首饰等专题研讨会，探索开展两岸标准互通工作的有效途径。

完善工业标准化。落实《装备制造业标准化和质量提升规划》，为福建省智慧城市建设提供标准化技术支撑。支持省工信厅研究制定《福建省工信厅工业标准化工作行动方案（2019—2022）》，推进工业标准体系建设。联合省工信厅印发《福建省智慧家庭标准化建设行动计划》，明确智慧家庭产业重点领域急需的标准研制工作。完成《福建省新能源汽车标准体系研究》，构建福建省新能源汽车标准体系，成果达到国内同类研究领先水平。

创新农业标准化。围绕实施乡村振兴战略，加快推进农业农村标准化，主导制定《美丽乡村建设评价》《村务公开管理规范》等国家标准；完成总局“乡村振兴标准化体系战略研究”专题调研工作。完成两项国家级农村综合改革标准化试点和有机灵芝栽培标准化示范区、铁观音生产标准化示范区等国家级和省级示范区验收工作。

健全现代服务业标准体系。完成漳平市政务服务标准化试点等4个国家级社会管理和公共服务标准化试点项目和26家省级家政服务业标准化试点项目的评估验收工作。福建永辉物流有限公司和福建新坦洋集团股份有限公司2家企业获批国家级服务业标准化试点项目。福州市研制19项数字中国建设峰会标准，涉及数字中国建设峰会的宣传报道、后勤保障、分论坛会议、办展、创新大赛、安保维稳、志愿者、资金管理等8个方面。

推进社会管理和公共服务业标准化。在全国率先编制完成《福建省基本公共服务标准体系建设方案》，由省政府办公厅批转各设区市人民政府和各省直单位执行，逐步形成“职责清晰、运行高效”的基本公共服务标准体系建设格局。上杭县人民政府（乡镇便民集成服务综合标准化试点）、顺昌县司法局（公共法律服务标准化试点）2个项目获得第六批国家级社会管理和公共服务综合标准化试点立项。

企业标准和团体标准实施监管。2019年抽取检查254家企业的270项企业产品标准和12项团体标准，涵盖鞋服产品、动植物产品、工业和制造业产品、交通运输设备、塑胶材料等8个领域。推动实施团体标准、企业标准自我声明公开和监督制度，激励市场主体提升标准质量和水平，引领产品和服务质量提升。印发《福建省贯彻实施企业标准“领跑者”制度的意见》，支持企业参与标准化活动，营造“生产看领跑、消费选领跑”的良好市场氛围。

【认证检测工作】 截至2019年底，福建省有6家认证主机构、2家子公司、28家分公司，超过200家认证机构在福建省开展认证活动，有获证组织数量19629家，各类认证证书75470张，其中管理体系认证证书33297张、产品认证证书41139张、服务认证证书1034张。全省获得资质许可的检验检测机构1354家，其中机动车检验检测机构437家、建筑工程检测机构252家、环境监测机构209家。全省受理213家企业申请免办业务，核发免办证明642份。指导各设区市开展2018年度检验检测服务业统计工作，全省完成率97%。

规范认证检测市场进。2019年，全省各级市场监管部门加强认证检测监管，检查认证机构的认证活动2742家次，立案查处24件。监督检查333家获资质认定的检验检测机构，立案查处25家。以联合监管为有效手段，联合相关厅局运用移动APP的“互联网+”监管模式，对300家机动车、环境检测机构实施监督检查，责令改正121家，立案调查25家。制定《2019年度福建省认证产品风险监测实施细则》，对标注有机产品或绿色产品的茶叶、果蔬等产品开展风险监测，组织抽检220批次认证产品，总体合格率97.7%，扩大“绿色福建”品牌影响力。

提升服务发展水平。连城县8家小微企业列入国家认监委质量管理提升行动试点，企业质量管理得到加强，产品合格率明显提升，经济效益逐步向好。开展以金属材料（钢筋）拉伸试验的检测能力验证，有271家检验检测机构报送检测结果，其中185个检验检测机构结果满意，提高检验检测机构检测能力。形成《关于宁德水产品无抗认证可行性调研报告》，制定无抗认证试点工作方案，在宁德开展大黄鱼高端产品认证试点，推进水产品无抗认证试点工作。

【特种设备安全监管】 2019年，福建省完善电梯质量安全治理体系，《福建省电梯安全管理条例》2019年10月1日起施行。率先在全国建立压力管道整治检验工作制度，完成2209.5千米公用燃气管道整治检验并纳入使用登记管理。开展隐患排查治理，检验各类特种设备41.06万台次，发现并督促生产和使用单位处理质量安全问题7.23万个，首次实现统计内特种设备事故或社会影响较大的特种设备事件“零发生”，完成中华人民共和国成立70周年庆祝活动特种设备服务保障工作。截至12月31日，全省登记在册特种设备48.6万台（套）。（白　亮）

知识产权管理

【专利申请与授权】 2019年，福建省专利申请153279件，比上年下降8%。其中，发明专利申请30083件，比上年下降19.17%；实用新型专利申请87377件，下降9.20%；外观设计专利申请35819件，增长7.99%。在3种专利申请中，职务申请116914件，比上年增长0.4%；非职务申请36365件，下降27.5%。设区市专利申请量前三位的分别是泉州市（49492件）、厦门市（34626件）、福州市（29035件）。1985年至2019年，全省专利申请总量983507件。福建省专利电子申请率继续保持全国第一。

全省获授权专利98955件，比上年下降3.57%。其中，发明专利授权8963件，比上年下降9.08%；实用新型专利授权61530件，下降9.28%；外观设计专利授权28462件，增长14.11%。在3种专利授权中，职务授权77644件，比上年增长2.69%；非职务授权21311件，下降21.11%。设区市专利授权量前三位的分别是泉州市（32596件）、厦门市（23013件）、福州市（18981件）。1985年至2019年，全省专利授权总量615253件。至2019年底，全省有效发明专利拥有量43791件，比上年增长13.68%；每万人口拥有发明专利11.112件，增长12.81%，提前3年完成“十三五”科技发展专项规划目标。2019年，全省PCT国际专利申请4153件，比上年增长545.88%。

【知识产权运用】 2019年，福建省专利权质押融资成效明显，质押金额47.1亿元，居全国第9位，对符合条件的110家企业予以贴息支持。全年有49家企业为575件专利投保专利执行险，保额469.26万元。3家企业购买保证保险，保额800万元，比上年增长33%。组织举办“6·18”知识产权国际交流合作助力产业创新发展成果展和知识产权国际交流合作创新论坛，展出在前沿科技领域中技术含量高、应用前景广的海内外优秀专利项目113个，其中来自美国、以色列等国家和地区的优质专利技术项目47个，省内66个，部分海外项目获产业化或达成深度合作意向。建设福建省自主知识产权竞争力产业导航大数据中心，开展稀土、芯片等重点产业领域自主知识产权竞争力分析，为政府科学决策提供支撑，促进企业高水平研发布局关键核心自主知识产权，推动产业转型升级提供有效服务。

福建被确定为全国首批知识产权军民融合试点省份。与省委军民融合办联合制定出台《福建省知识产权军民融合试点实施方案》，组织修订《福建省专利申请资助办法》，对国防专利申请给予同等资助，开通国防专利信息公共服务，建立国防知识产权军地联合维权工作机制。

组织2019年度省级专利奖评审工作，向国家知识产权局推荐42个专利项目参加第21届中国专利奖评选。指导符合申报条件的城市申报国家知识产权运营服务体系建设重点城市，泉州市入选并获得中央财政资金1.5亿元支持。推动成立福建省电子信息产业、智能装备产业、公共应急服务和遥感产业等4个知识产权联盟，发挥联盟服务产业知识产权创造、运用、保护能力提升作用。

【知识产权保护】 2019年，福建省发挥省市县三级专利行政执法队伍作用，围绕商品流通市场及展会、电子商务等重点领域，推进打击侵犯专利权和假冒专利违法行为，组织知识产权行政执法人员、知识产权维权援助专家进驻“第十七届中国·海峡项目成果交易会”“第十届海峡两岸电机电器博览会”等10余场大型展会。通过在展会期间设立知识产权服务工作站，开展知识产权咨询服务、受理知识产权违法行为的举报投诉，遏制展会中存在的知识产权违法行为，为打造良好的展会秩序保驾护航，受理展会知识产权举报投诉案件123件。

2019年全省办理专利行政执法案件2860件。开展打击网络专利侵权假冒行为执法办案和维权援助工作，对接国家知识产权局电商领域执法维权协作调度机制，对调度中心转送的2288件电商领域专利侵权纠纷案件提供侵权判定咨询意见。

推动开展产业集聚区知识产权综合保护工作。支持设立福建省电子信息知识产权运营保护中心、泉州半导体高新技术产业园区南安分园区知识产权保护中心、福建省新型鞋材知识产权运营保护中心、福建（宁德）锂电新能源知识产权运营保护中心4个省级中心。推进知识产权纠纷多元化解决机制。深化与海峡两岸仲裁中心知识产权纠纷多元化解决机制，拓展知识产权纠纷案件诉讼与非诉讼多元化解决渠道。

引进福州知识产权法庭、海峡两岸仲裁中心、福州仲裁委员会入驻“知创福建”全省知识产权公共服务平台，指导福州、泉州、厦门市知识产权部门与司法行政部门联合成立知识产权人民调解委员会。与省司法厅协作推动在全省建立知识产权纠纷行政调解工作机制。努力促进知识产权纠纷人民调解、行政调解、行政处理、仲裁裁决及司法保护等多元化救济渠道有效衔接。

【知识产权服务】 2019年，福建省在全国首创“最多跑一地”知识产权公共服务模式，通过构建“知创中国”“知创福建”线上线下双平台及创新相应体系机制，使知识产权创造、运用、保护、管理、服务全链条资源得到有机整合，建成知识产权公共服务包业务推广中心等10个功能服务区，实现面向市场主体“服务一个通道、需求一口集聚、资源全链对接、一地统筹服务”。

加强“知创福建”知识产权公共服务平台建设运营和宣传推广，组织开展知识产权战略工作坊15期，举办业务主题宣传培训60多场，吸引3000多家企业5000余人次参与；成立平潭、福州新区仓山功能区、福州大学、晋安区和省电子信息集团5个工作站，推进全省知识产权公共服务协作体系标准建设，平台影响力日渐扩大；“知创中国”知识产权综合运营公共服务平台完成开发建设并上线试运行，取得预期效果。

组织实施“1＋10”专利导航产业发展创新计划，全年新增集成电路、新型显示、风能等产业开展专利导航，累计对全省16个重点产业领域的153家龙头企业实施专利导航，基本实现“1＋10”专利导航产业发展创新计划在全省9个设区市、平潭综合实验区全覆盖。推动构建福建省自主知识产权竞争力产业导航大数据中心及相关产业数据分中心，面向全省企业提供创新方向引导及高质量的专利信息共享服务，在第二届数字中国建设峰会期间，承办数字福建馆“福建省产业自主知识产权竞争力大数据运用展示”专题展，推动实现知识产权公共信息服务均等化、普惠化、便捷化。福建省知识产权信息公共服务中心入选世界知识产权组织在华技术与创新支持中心（TISC）项目筹建机构。

开展专利代理行业“蓝天”专项整治行动，集中力量整治无资质专利代理行为、代理非正常专利申请行为、专利代理“挂证”行为、以不正当手段招揽业务行为等行业乱象，完成核查“黑代理”线索数量37条，完成核查“挂证”线索数量75条，完成核查“以不正当手段招揽业务”线索数量1条，限期整改的中介机构7家，行政执法立案1件。

年内，福建省新增专利代理机构7家，全省有专利代理机构53家、专利代理分支机构48家。全年全省通过全国专利代理人资格考试的考生人数172人，比上年增长38.7%，创历史新高。

【知识产权试点示范】 2019年，福建省推动《企业知识产权管理规范》贯标工作深入开展，全省581家企业获得知识产权管理体系认证证书，比上年增长75%。培育知识产权优势企业，组织开展2019年度国家知识产权示范企业和优势企业申报考核复核工作，52家企业获批国家知识产权优势（示范）企业。开展2019年度福建省知识产权优势企业申报和复核工作，76家企业获批省知识产权优势企业，68家企业通过复核。

【知识产权宣传培训】 2019年，福建省组织举办第十三届中国专利周福建省活动周相关活动。专利周期间，全省市场监管（知识产权）系统开展专利成果网上推介、企业专利权质押融资银企对接等交流宣传活动，开展涉外企业利用海牙体系保护知识产权、知识产权纠纷与仲裁、企业知识产权贯标和专利导航、专利行政执法实务等培训研讨以及知识产权专项执法及维权援助等系列活动。围绕“严格知识产权保护，营造一流营商环境”主题，部署和动员各设区市知识产权局及有关部门举办形式多样、内容丰富的知识产权宣传周活动，并向社会发布《2018年福建省知识产权发展与保护状况》白皮书。

组织开展福建省知识产权专员培育工作，新确认知识产权专员651人。举办全省知识产权系统行政管理人员业务培训班，邀请权威专家系统讲授知识产权业务知识，提升福建省知识产权行政管理水平。推进“互联网＋培训”，推动福建省知识产权远程教育平台不断加强管理，扩大培训规模。全年培训人员4.8万人次。

【知识产权交流合作】 2019年，福建省依托海西专利受理服务中心，负责受理台湾申请人提交的非PCT专利申请、收缴专利费用等业务。全年受理台湾申请人提交的专利电子申请3599件。完成“2019年全国专利代理人资格考试”福州考点的台湾考生报名查验及考试服务等工作，选择在福州考点报名通过审核的台湾考生120人，其中24人获得全国专利代理人资格证书。“6·18”首日举办知识产权国际交流合作创新论坛，对国内外优秀知识产权专利项目进行现场推介。支持厦门大学知识产权研究院举办2019年闽台知识产权圆桌会议，促进闽台知识产权交流合作。

（白 亮）

编辑：郑 菜

财　政

【财政收支基本情况】　2019年，福建省一般公共预算总收入5147.25亿元，比上年增长2%。其中，地方一般公共预算收入3052.93亿元，完成预算的101.3%，比上年增长1.5%。上划中央收入2094.32亿元，比上年增长2.8%。积极争取中央支持，2019年全省获中央财政补助超1400亿元。支出规模不断扩大，支出结构继续优化，支出进度明显加快，重点支出保障有力。全省一般公共预算支出5077.93亿元，首次突破5000亿元，比上年增长5.1%。其中，省级一般公共预算支出591.94亿元，比上年增长11.4%。严格落实政府过“紧日子”要求，持续优化支出结构，加大资金整合力度，做到突出重点、有保有压，财政支出保持较高强度，有效保障重点建设和民生改善的资金需要。其中，节能环保支出比上年增长45.7%，科学技术支出增长27.8%，社会保障和就业支出增长11.6%，卫生健康支出增长6.9%。全省民生相关支出3911.28亿元，比上年增长5.2%，占一般公共预算支出的比重保持在7成以上。与GDP核算相关的8项支出比上年增长7.5%，高于一般公共预算支出增幅2.4个百分点。

全省政府性基金收入2569.68亿元，完成预算102.7%，比上年下降0.7%。全省政府性基金支出3187.97亿元，比上年增长9.3%。财政部核定福建省地方政府债务限额7799.2亿元，其中，新增债务限额1009亿元，比上年增加273亿元，增长37.1%。全省地方政府债务余额预计执行数7031.96亿元，严格控制在核定限额内。

【减税降费】　2019年，福建省坚持将减税降费作为积极财政政策的头等大事，协同税务等部门建立减税降费工作协同共治机制，加大政策宣传解读和培训力度，加强减税降费政策措施实施效果监督检查，实打实、硬碰硬推动政策落地见效，全年全省新增减税降费超600亿元，让广大人民群众和企业有实实在在的获得感。

多措并举确保政策落实到位。第一时间抓好落实中央关于深化增值税改革、小微企业普惠性减税、个人所得税专项附加扣除等政策部署，不折不扣执行中央政策，按最高限度制定福建省落实政策。落实深化增值税改革。自2019年4月1日起，将制造业等行业税率从16%降至13%，将交通运输业、建筑业等行业税率从10%降至9%。扩大进项税额抵扣范围，实行生产、生活性服务业加计抵减进项税额政策和增值税期末留抵税额退税制度。落实小微企业普惠性减税政策。在2019—2021年3年内，将增值税小规模纳税人免税销售额从每月3万元提高到10万元；放宽小型微利企业标准，年应税所得额不超过100万元的部分，实际税负为5%，年应税所得额超过100万元但不超过300万元的部分，实际税负为10%。落实个人所得税专项附加扣除政策。自2019年1月1日起，在将个人所得税起征点从每月3500元提高到5000元的基础上，实施子女教育、继续教育、大病医疗、住房贷款利息或者住房租金、赡养老人等6项个人所得税专项附加扣除政策。减免地方“六税两费”。在2019—2021年3年内，对增值税小规模纳税人减按50%（中央授权的最高限度）征收地方“六税两费”，即资源税、城市维护建设税、房产税、城镇土地使用税、印花税、耕地占用税和教育费附加、地方教育附加。

降低社保费率。自2019年5月1日起，将城镇职工基本养老保险单位缴费比例从18%降至16%，改按全口径城镇单位就业人员平均工资核定缴费基数上下限，继续阶段性降低失业保险、工伤保险费率。对自主就业退役士兵和重点群体创业就业按中央授权的最高限度给予税收优惠政策。减半征收文化事业建设费，延续暂停征收福建省工业企业和物流企业江海堤防工程维护管理费，最大限度释放政策红利。

开源节流平衡预算。面对经济下行压力加大、财政收支矛盾突出问题，全省各级财政部门坚持依法组织税收收入，主动挖潜非税收入，多渠道筹集资金实现收支平衡。完成收入目标。2019年，全省一般公共预算总收入完成

5147.25亿元，比上年增长2%。加强预算统筹。全省调入预算稳定调节基金299亿元，清理盘活2018年底存量资金146.92亿元，省国资委监管企业国有资本收益收取比例由19%提高到24.5%，并按19%比例调入一般公共预算。争取中央支持。中央对福建地区（不含厦门）转移支付1081亿元，首次突破1000亿元。坚持政府带头过紧日子。在严格落实年初既定的一般性支出压减5%的基础上，继续加大压减力度，节约的资金有效保障重点领域支出。

【打好“三大攻坚战”】 2019年，福建省支持脱贫攻坚成效明显。着力抓好财政支持脱贫攻坚政策措施落实，完善扶贫资金投入保障机制，省级财政共安排综合扶贫资金75.5亿元，争取中央资金6.13亿元。推进精准脱贫和老区苏区等贫困地区脱贫奔小康工作，落实产业、就业、教育、健康、低保兜底等贫困人口综合扶贫政策，全省建档立卡贫困人口全部脱贫。继续在695个建档立卡贫困村开展扶持村级集体经济发展试点工作，2017—2019年累计投入11.61亿元，全省2201个建档立卡贫困村全部脱贫摘帽。加大对23个扶贫开发工作重点县的转移支付保障力度，从财力、专项、贴息、机制等方面加大扶持力度，对贫困县脱贫攻坚和民生事业给予倾斜支持，17个省级扶贫开发工作重点县已完成摘帽，剩下的6个县全部达到退出标准。福建省扶贫（惠民）资金在线监管系统竣工验收并全面推广运行，全流程监管的专项资金由23项增至37项，系统运行的资金累计超150亿元，惠及人数600万，访问量超1800万人次。

支持生态环境质量总体改善。资金投入向污染防治攻坚战倾斜，坚持投入同攻坚任务相匹配，逐步建立常态化、稳定的生态环保财政资金投入机制，省级生态环保投入77.11亿元，比上年增长17.31%。多元化生态保护补偿机制逐步完善，综合性生态补偿试点率先在全国开展，全流域生态补偿机制和森林生态效益补偿机制稳步实施，生态保护财力转移支付资金22.14亿元安排到位，争取中央和广东省汀江—韩江跨省流域生态保护补偿资金4亿元。生态系统保护修复投入加大，闽江流域山水林田湖草生态保护修复试点深入推进，在全国率先设立10亿元正向激励资金，累计完成投资93.49亿元，占总投资额77%，国家下达绩效目标中的8项提前达到考核要求。污染治理力度加大，以奖促治开展小流域治理，莆田市蓝色海湾整治行动和黑臭水体治理示范城市试点各获中央奖补资金3亿元。鼓励绿色生产，出台《福建省生态环境损害赔偿资金管理办法》，支持排污权交易制度和碳排放交易制度全面建立，以市场化手段引入清洁发展机制基金支持绿色产业发展，对政府采购节能产品、环境标志产品实施政府强制采购和优先采购。

政府债务风险有效防控。通过发行再融资债券优化债务期限结构，缓解各地偿债压力。建立全口径债务统计监测机制，强化动态监测和分析，开展债务风险预警提示通报。完善政府绩效考核指标，将隐性债务风险防范化解情况纳入绩效考核范围，督促各地更好落实债务风险防控工作，压实债务管理主体责任。根据财政部通报结果，福建省一般债务率、专项债务率、综合债务率等各项指标均低于警戒线，债务风险总体可控。

【财政支持经济发展】 2019年，福建省营造有利于创新创业创造的良好发展环境。支持创新引领发展，启动4家省创新实验室建设，落实企业研发投入财政奖补等各项政策，优化科研经费管理，实施以增加价值为导向的收入分配制度，支持基础研究和应用研究，促进科技成果转化。下达企业研发经费分段补助资金3亿元，科技“小巨人”领军企业研发费用加计扣除奖励资金1.7亿元，省级高新技术企业培育资金1.35亿元。设立2亿元专项资金，为全省科技型中小微企业贷款提供风险补偿和增信支持。支持实施数字经济领跑行动，推动数字经济重点领域、重点项目和应用示范，下达数字福建专项、数字经济发展专项等资金5.2亿元。推动产业转型升级，落实工业企业技改完工后奖励、企业技改设备补助、“机器换工”奖励等政策。省技改基金规模从80亿元扩大至120亿元，累计投放119.25亿元，带动980亿元社会资本投入技改项目。出台进一步促进总部经济发展的补充意见，加大对总部经济的支持和服务力度。为全省科技型中小微企业贷款提供风险补偿和增信支持，完善政府性融资担保政策，引导金融机构助力小微企业和“三农”发展。下达人才专项资金3.4亿元，支持引进一批高层次创新创业人才和研发团队。

支持扩大有效投资。推进专项债券项目配套融资相关工作，首次发行8类创新型专项债券，扩大专项债券规模，全年新增专项债券812亿元，比上年增长50.1%，新增政府债券发行进度居全国并列第一，10月底前全部拨付到建设项目上，保障扶贫、乡村振兴、生态环保、交通路网、棚户区改造、水利、城镇基础设施建设等重点领域，支持重大在建和补短板项目融资需求，促进稳投资、扩内需。统筹下达各类资金336.93亿元，支持铁路、公路、港口、民航等基础设施建设。支持保障性安居工程、产业创新和两大协同发展区重大项目等重点领域建设，下达预算内基建资金99.6亿元。加快政府投资基金运作，省级政府投资基金累计投资项目130个，投资金额158亿元，带动项目总投资1195亿元。规范推广政府和社会资本合作（PPP）模式，全省管理库项目344个，总投资3418.3亿元。

推进实施乡村振兴战略。健全实施乡村振兴战略财政投入保障机制，省级财政安排各类专项资金278.33亿元，比上年增长11.8%。推进涉农资金统筹整合，省直涉农部门预算归并保留涉农大专项18项，比2018年减少12项。按照“大专项+任务清单”管理模式，从制度层面规范涉农资金统筹整合管理，提高财政支农政策效果和支农资金使用效益。2019—2022 年，全省筹措资金 100 亿元，开展乡村振兴试点示范工作，用于推进 50 个乡村振兴重点县（市、区）、100 个特色乡（镇）和 1000 个试点村建设。落实以绿色生态为导向的农业补贴制度改革方案，下达省级以上资金 45.65 亿元支持现代农业体系建设。强化资金保障，支持农田水利、水土流失治理、渔业资源保护。推进农业信贷担保体系建设，引导和推动金融资本投入农业农村工作。支持实施农村人居环境整治 3 年行动，重点推进“一革命四行动”农村人居环境有效改善。支持全省“四好农村路”建设，下达省级以上农村公路建设和养护资金 20.88 亿元。支持新型职业农民素质提升工程、新型职业农民培育工程，下达省级以上资金 0.84 亿元。

【财政支持社会民生】 2019 年，福建省民生相关支出 3911.28 亿元，占一般公共预算支出的 76.7%，持续保持在超 7 成水平。省级财政下达 27 项省委省政府为民办实事项目资金 140.7 亿元，完成计划 126.8%。支持受暴雨袭击地区推进防灾、救灾和灾后重建工作，拨付省级以上资金 8.4 亿元。

兜牢兜实基层“三保”底线。按照“县级为主、省级兜底”的原则，督促各地把“三保”（保工资、保运转、保基本民生）放在支出顺序首位，落实“三保”工作责任。严格落实“三保”预算安排事前审核和备案审查制度，加强预算执行监控，建立“定期报告＋重点关注”制度和预警应急处置机制。优化转移支付结构，提高一般性转移支付占比，增加对下转移支付补助资金规模，并向老区苏区等基层财政困难和受减税降费影响较大的地区倾斜，增强基层“三保”保障能力。实时关注各级财政库款，加强资金调度，在财力范围内做到对下转移支付资金应调尽调，全年对下拨付调度资金 1140 亿元，比上年增长 8.4%。

推进民生事业补短板。加大对学前教育投入，支持新建、改扩建 200 所公办幼儿园，增加 4 万个学位，完善城乡一体的义务教育经费保障机制，提升高中办学质量，促进职业教育发展。改革完善省属高校年初生均拨款制度，省属本科高校年初生均综合定额拨款从 7000 元/生提高到 12000 元/生，高职院校从 5000 元/生提高到 12000 元/生。加快补齐医疗卫生短板，改将基本公共卫生人均筹资标准从 55 元提高到 69 元，下达基本公共卫生服务 2019 年度省级补助资金 17.16 亿元。支持省儿童医院、省妇产医院和省疾控中心等重点项目建设加快，推动公立医院能力提升及综合改革、医疗“创双高”建设稳步实施，福建省公立医院综合改革考核绩效评价结果位居全国第一。支持旅游、文化、体育等事业加快发展，历史文化名镇名村、传统村落和历史建筑的保护利用力度加大。支持庆祝中华人民共和国成立 70 周年宣传、文化馆站免费开放、新闻出版广电文化惠民工程等。

社会保障体系不断完善。支持稳定和扩大就业，从失业保险基金结余资金计提 35.6 亿元，推动职业技能提升行动方案落地实施，下达就业专项资金 6.98 亿元，支持提升公共就业服务水平。提升社会保障水平，退休人员基本养老金按 5%的幅度提高，城乡居民基础养老金省定标准从每人每月 118 元提高到 123 元。持续提高医疗保障水平，下达城乡居民基本医疗保险和城乡医疗救助省级财政补助 100.09 亿元。推进城乡低保标准一体化建设，城乡居民基本医疗保险财政补助标准从每人每年 490 元提高到 520 元，省定农村低保标准从年均 3350 元提高到 3700 元。支持建立职工基本医疗保险省级统筹调剂制度，发挥医保基金互助共济作用，为全国医改提供可供借鉴的经验。下达城乡低保、特困补助资金 17.89 亿元，下达困难残疾人生活补贴和重度残疾人护理补贴 3.91 亿元。完善住房保障体系建设，下达保障性安居工程建设专项补助资金 38.77 亿元。推进养老服务发展，下达资助各类养老项目专项资金 4.38 亿元。

【重点领域改革稳步推进】 2019 年，福建省财税改革持续深化。贯彻国务院《实施更大规模减税降费后调整中央与地方收入划分改革推进方案》，研究测算改革对福建省影响，落实增值税留抵退税政策。推进相关领域省与市县财政事权和支出责任划分改革。完善省对下转移支付制度，设立共同财政事权分类分档转移支付。将改革前一般性转移支付和专项转移支付安排的基本公共服务领域共同财政事权事项统一纳入共同财政事权转移支付。出台《福建省基本公共服务保障地区标准备案暂行办法》，规范基本公共服务保障地区标准制定和执行，推进基本公共服务均等化。按照税负总体平移、不增加企业负担原则，研究提出耕地占用税福建省适用税额方案，经省人大常委会审议通过后于 2019 年 9 月 1 日起实施。落实向省人大及其常委会报告预算执行情况和国有资产管理情况等制度。

国资国企改革加快推动。落实省委和省政府关于完善国有金融资本管理的实施意见，加强统一管理、穿透管理和全流程管理，依法依规履行国有金融资本出资人职责。制定出台关于推进国有资本投资、运营公司改革试点实施方案，推动国有资本保值增值。制定省级行政事业单位经营性国有资产集中统一监管实施意见，推进行政事业单位所属企业分类监管和出租类资产规范管理。加强国有文化资产监管，推动文化企业加快改革发展。

“放管服”改革深入推进。完善行政权责清单制度，实行行政审批和公共服务事项目录动态调整机制，推进网上办事和电子证照在行政审批系统中的应用。出台《关于提升政府采购领域营商环境的实施意见》，提升政府采购透明度，降低企业参与成本，营造公平竞争的市场环境，福建省政府采购透明度在财政部评估中位列全国第二。国库集中支付电子化管理全面推行，省级在全国率先实现国库集中支付会计档案电子化，近九成国库集中支付款项通过在线办理。规范工程项目评审管理，保障评审业务参与者权益。启动非税收入收缴电子化和电子票据管理改革，新增“支付宝”缴款渠道，解决缴费“最后一公里”问题。

【财政管理监督】 2019年，福建省预算绩效管理深入开展。落实省委和省政府关于全面实施预算绩效管理的实施意见，制定25条具体贯彻措施，出台“1＋3”工作推进方案。搭建分行业、分领域、分层次的核心绩效指标和标准体系，29类3897条指标覆盖“四本预算”。构建全方位格局，部门整体绩效管理全面铺开，项目支出绩效自评全面开展，县级财政管理绩效综合评价工作逐步完善，示范县创建稳步推进。构建全过程链条，对港航发展专项、文化产业发展专项等6个重大专项和政策开展事前绩效评估，绩效运行“双监控”覆盖204个省级专项资金。围绕新旧动能转换、乡村振兴等重大政策和项目开展重点绩效评价，涉及财政资金146.24亿元，评价结果与预算安排和政策调整相挂钩。构建全覆盖体系，省级试编国有资本经营预算、社会保险基金预算绩效目标，提前一年实现四本预算绩效管理全覆盖。

财政管理监督力度加大。加强财政性投资项目评审管理，涉及评审金额32.22亿元，节约财政资金2.5亿元。惠民惠农财政补贴资金“一卡通”专项治理扎实开展，落实中央八项规定精神“1＋X”和公共卫生服务补助资金“最后一公里”专项监督工作完成，差旅费培训费管理办法等制度建设更加完善。内部监督和内部控制重点检查严格开展，全省行政事业单位内部控制建设加快推进，会计师事务所执业质量检查持续加强。强化审计发现问题整改，按规定向省人大常委会报告。

2019年福建省及分地市财政收支情况表

单位：亿元

地区	公共财政总收入		地方公共财政收入		基金预算收入		公共财政支出		基金预算支出	
	总额	比上年增长（%）	总额	比上年增长（%）	总额	比上年增长（%）	总额	比上年增长（%）	总额	比上年增长（%）
全省合计	5147.25	2.0	3052.93	1.5	2569.68	－0.7	5077.93	5.1	3187.97	9.3
省级	437.81	17.9	309.78	17.0	24.70	－11.4	591.94	11.4	32.76	25.7
九市合计	4709.44	0.8	2743.15	0.0	2544.97	－0.6	4485.99	4.3	3155.21	9.1
福州	1095.36	－2.0	668.08	－1.8	1009.07	－3.5	949.76	2.7	1286.46	18.0
其中：平潭	70.83	17.0	45.51	18.4	76.48	50.1	95.31	6.1	71.63	59.7
厦门	1328.52	1.7	768.38	1.8	400.04	0.2	912.98	2.3	458.11	3.0
泉州	838.97	－2.6	457.75	－3.5	315.69	－12.4	658.25	4.1	376.10	－7.6
龙岩	324.90	9.5	155.62	2.9	133.70	22.0	322.28	6.9	203.22	27.5
漳州	356.20	1.2	219.41	0.3	226.19	－26.3	440.44	2.5	317.94	－5.6
莆田	226.39	0.2	143.12	1.5	139.81	79.3	235.86	3.5	160.11	47.1
宁德	221.58	10.4	126.80	5.3	147.33	65.5	339.44	13.5	172.50	34.1
三明	168.41	1.6	107.76	0.1	90.06	10.6	316.58	6.6	84.11	－15.0
南平	149.10	1.0	96.23	1.8	83.08	－7.3	310.41	4.7	96.66	－16.8

注：因四舍五入原因，部分合计数据存在尾数差异。

（唐文倩）

税务

【税费收入】 2019年，福建税务系统（不含厦门税务，下同）完成各项税收收入3466.8亿元（含海关代征增值税、消费税，未扣减出口退税），其中海关代征完成311.5亿元，比上年减少4.6亿元，下降1.5%；办理出口退（免）税520.1亿元，增加49.9亿元，增长10.6%。

【减税降费】 2019年，福建税务系统秉持“落实减税降费是政治任务”理念，建立“一竿子到底”的一体化指挥体系，提请省政府牵头建立跨部门协同共治机制，设立减税办并实体化办公，建立减税降费领导小组周例会、减税办例会等制度；发布责任清单，形成381类612项时间表、任务图；深化与财政、人社、医保等部门协作，实施地方“六税两费”顶格减征，制定降低社保费率实施方案；加强宣传辅导，中央电视台、新华社等媒体先后来闽采访减税降费成效；细化业务和技术准备，加强征期风险排查处置，确保纳税人“开好票”“报好税”。年内，新增减税降费424.91亿元，其中新增减税385.08亿元，新增降费39.83亿元。

【社会保险费和非税收入】 2019年，福建省税务局组织各项社保费975.2亿元，与上年同口径对比增收94.91亿元，增长10.78%。入库非税收入151.1亿元，增加40.81亿元，增长37%，其中2019年新划转非税收入39.41亿元；其他7项原已征项目111.69亿元，增收1.4亿元，增长1.27%。

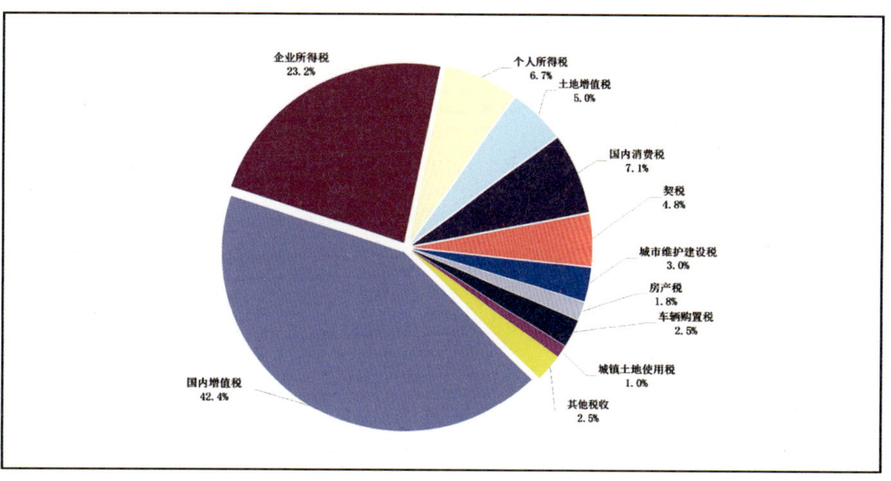

福建省税务局税收收入分税种结构（2019年）

【税收法治】 2019年，福建省加强全面依法行政工作领导体制机制建设，调整充实领导小组及办公室组成，制定议事规则和办公室工作规则。推行“三项制度”，印发《福建省税务系统全面推行“三项制度”工作方案》。强化法制保障，省局出台规范性文件12份，开展税收规范性文件清理，修订《福建省税务行政处罚裁量权基准适用规则》和《福建省税务行政处罚裁量权基准》，严防权力滥用。

【税收政策落实】 2019年，福建省税务局落实小规模纳税人月销售额10万元以下增值税免税政策，全省290.7万户次纳税人免征税款22.42亿元。落实出口货物劳务出口退税率调整政策，2月1日，泉州综合保税区获批成为第三批海关特殊监管区企业一般纳税人资格试点。落实企业所得税优惠政策，2018年度汇算清缴中17.79万家次企业享受减免税398.14亿元，2019年预缴中16.64万家次企业享受减免税379.96亿元；联合认定高新技术企业1257家，技术先进型企业4家；确认非营利组织免税资格78家，公益性捐赠税前扣除资格183家。提请省委省政府明确从1月1日起房产税房产原值减除幅度从25%提高到30%、城镇土地使用税按税额标准统一下调20%计算缴纳两项减征措施，当年减征房产税2.51亿元、城镇土地使用税8.27亿元。

【税种管理】 2019年，福建省税务局深化增值税改革减税效应，年内21.9万户增值税一般纳税人实现减税，减税面达95.76%，实现整体净减税155.32亿元，所有行业均实现税负只减不增。完成增值税留抵退税514户，税额合计44.13亿元。个人所得税改革全省累计减税77.8亿元，惠及594万户纳税人，106万人实际享受专项附加扣除，人均减税1309元。提升土地增值税治理能力，发布2009—2018分年度分地市房地产开发项目工程造价计税成本标准，制发规范核定征收清算扣除依据、健全税企争议解决机制的配套实施办法。优化电子税务局房产税、城镇土地使用税的税源登记和申报功能，10月1日起实现“房土两税”合并申报。联合环保部门制定环境保护税核定征收办法。加强车船税第三方信息运用，入库车船税19.34亿元，比上年增长11.5%。9月1日《中华人民共和国耕地占用税法》实施，全年入库耕地占用税14.69亿元，比上年增长1.9%。

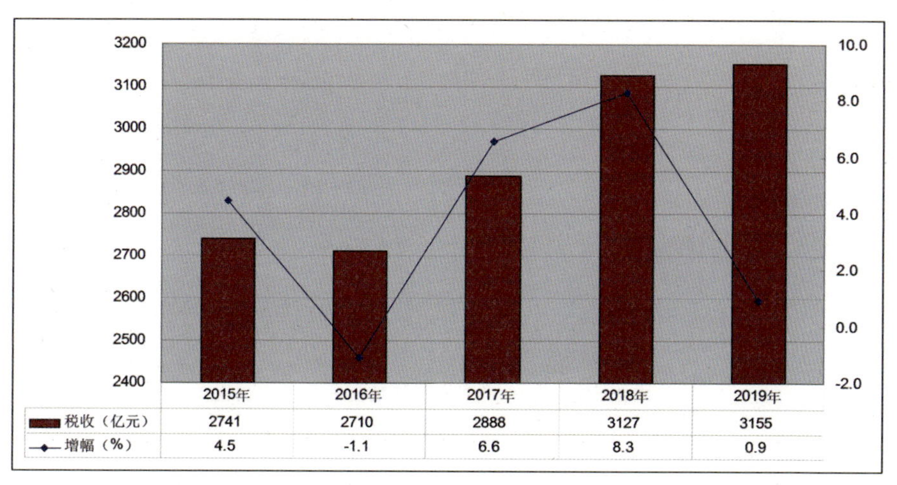

	2015年	2016年	2017年	2018年	2019年
税收（亿元）	2741	2710	2888	3127	3155
增幅（%）	4.5	-1.1	6.6	8.3	0.9

福建省税务局税收收入情况（2015—2019年）

【纳税服务】 2019年，福建省税务局开展“便民办税春风行动”，细化实施74条服务措施，推出便民办税缴费11条新举措，纳税人平均纳税申报次数由全年7次减为6次，纳税时间压缩约30%。推进办税服务规范化建设，编制出台《福建省税收业务操作规范》和办税指南，形成218个税费项目办理标准流程，159个事项实现“最多跑一次”，实现70%以上税费事项一次办结的年度目标。健全投诉管理机制，纳税人投诉办理时限较上年压缩一半以上。对省内

74.92万家企业开展纳税信用评价。深化“银税互动”，为18548万家小微企业争取47293笔信用贷款，贷款金额250.42亿元。12366纳税服务热线全年咨询服务量197.39万人次，获“全国青年文明号”和福建省“三八红旗集体”“巾帼文明岗”等称号。

【征收管理】 2019年，福建省税务局优化完善税收征管制度机制。组织实施深化“放管服”改革，梳理优化岗责体系和业务流程。实现新办登记当天“套餐”办理；明确税务注销业务办理规范和要求，实行分类注销办法；落实规范委托代征报告，实施明细申报制度；完成“两票一证”经费预测和执行；组织全省普通发票换版，开展旧版普通发票清理缴销。完成社会保险费征管职责划转，分别于1月1日、4月1日接收机关事业单位基本养老保险费、城乡居民基本养老保险费和城乡居民基本医疗保险费征缴工作。规范非税收入管征，对征管操作规范、申报纳税规范进行梳理更新。

【税务稽查】 2019年，福建省税务局立案检查企业4608家，累计查补税款52.41亿元。其中，查办骗税案源142家，挽回税款损失6亿元；检查涉嫌虚开和取得虚开企业2522家，定性虚开发票（含接受虚开）12万份。推进“双随机、一公开”监管，督导317户纳税人开展自查，重点检查101家，查补税款2.68亿元。加强案件协查，发出协查5177件，受托协查3586件。办理税务违法举报案件1216件，查补税款5848.08万元。公布税收“黑名单”案件313件，撤出公布满2年案件221件，免予公布1件。

【税务监管】 2019年，福建省税务局构建动态“信用＋风险”新型征管方式，并根据监控评价结果实施分类服务和差异化管理。强化重点税源监管，3132家企业纳入重点税源监测，比上年增加152家，增长4.9%；税款占全省比重52.8%，比上年同期提高8个百分点。分别完成税务总局、省局增值税发票风险任务98户次、462户次，挽回税款损失2.86亿元，其中通过成品油消费税专项检查挽回税款损失2.26亿元。完善出口退（免）税审核辅助系统，建立377个风险指标、45个通用模型、12个特色行业风险模型；对1285家出口企业、出口供货企业开展退税评估核查，追缴、查补税款8200余万元。

【电子税务】 2019年，福建省制定金税三期系统并库整体工作方案以及停机期间纳税服务和保障工作办法，建立“大运维”工作机制，编发《金税三期并库系统常见问题》，实行集中运维，确保平稳运行。突出增值税公共服务平台建设、税务总局监控系统升级改造、福建省电子税务局安全整改、微电子税务局、区块链发票试点、福建省大数据平台、自助办税管理平台等项目建设，新构建2个资源池，扩容1个资源池，新配置707台虚拟机，确保系统安全稳定运行。推出区块链社会保险费缴费记录，实现高效生成、安全存储、缴费信息实时查询校验等功能，惠及全省3000余万缴费人。

【税收经济分析】 2019年，福建省税务局围绕高质量发展和减税降费，开展“问需党委政府、科学谋划分析选题”活动，经省政府批准确定13个选题；抓好减税降费综合性分析，构建起常规分析、专题分析、执行进度差异分析等结合的多维分析产品体系。推出“问需课题系列分析”“重点行业税源监控”“减税降费综合分析”等系列分析产品；税收经济分析成果获得省部级领导批示10篇次，19篇次被省委、省政府内参采用；建立小型宏观经济联立方程组估算2019年新增减税降费对GDP、投资、消费、就业等影响，结论被省政府发展研究中心引入全省经济工作会议参阅材料。

【大数据和风险管理】 2019年，福建省税务局开展税收分析系统升级改造项目（一期）建设，实现9大模块49个功能点。做好金税三期工程决策支持系统（云平台）运维，确保数据安全。实现金税三期工程核心征管系统、增值税发票管理系统、出口退税管理系统的数据汇聚，清理问题数据3176条，清理率100%。推进涉税数据共享，与省商务厅、外汇管理局实现对外支付税务备案信息实时共享，与厦门市税务局签订数据共享协议。编写《福建省税收风险识别指引》，推进重点行业、重点领域风险识别指标和模型建设。监控增值税发票开具情况，提示风险信息4.6万条；加强风险应对，完成风险任务11047户次。接收处理跨省协作信息1087条，发起跨区域协作任务779条。

2019年11月10日，40余位在闽全国人大代表赴国家税务总局福建省税务局视察减税降费工作 （省税务局供稿）

【国际税收】 2019年，福建省税务局建立反避税重大案件会审制度和分片区团队工作机制，共审理案件5件，结案3件，补缴税款1077万元，参与全国联查案件2件；促成福建首例双边预约定价安排落地，帮助企业避免国际重复征税4300万元。优化非居民税源管理，入库非居民税收收入26亿元，比上年增长49.4%；全省132家非居民企业享受税收协定待遇428家次，减免税款9.55亿元；落实境外投资者利润直接投资暂不征收预提所得税政策已备案延缴税款1.62亿元，直接增加福建省外国直接投资16.22亿元。全年704户纳税人完成3111笔对外支付，备案金额413.8亿元。持续打造税收服务"一带一路"特色工作品牌。全年执行出访（培训）任务8项12人次。

2019年福建税务（含厦门）各项税费收入完成情况表

单位：万元

项目 收入	累计入库税额	比上年同期	
		增加额	增长（%）
一、税务部门组织各项收入	58211048	1811014	3.2
（一）税务部门组织税收收入	43223857	368659	0.9
其中：中央级税收收入	21166333	585636	2.8
地方级税收收入	22057523	－216976	－1.0
1. 国内增值税	17092690	264415	1.6
其中：直接收入	15462968	－41249	－0.3
营改增	7729921	588843	8.2
2. 国内消费税	2900605	771145	36.2
3. 企业所得税	9981081	－307138	－3.0
4. 个人所得税	4222536	－228514	－5.1
5. 资源税	91739	－30486	－24.9
6. 城镇土地使用税	348747	－96540	－21.7
7. 城市维护建设税	1271634	－5645	－0.4
8. 印花税	395737	－5307	－1.3
9. 土地增值税	2603771	－49901	－1.9
10. 房产税	884705	12687	1.5
11. 车船税	243482	22537	10.2
12. 车辆购置税	1010421	4973	0.5
13. 烟叶税	51938	－2389	－4.4
14. 耕地占用税	150260	－2704	－1.8
15. 契税	1933140	30285	1.6
16. 环境保护税	31901	8465	36.1
17. 其他税收	9169	－17531	－65.7
（二）税务部门组织其他收入	14987191	1442355	10.6
1. 社会保险费	13135367	1362723	11.6
2. 其他非税收入	1851824	79632	4.5
二、出口退（免）税	－8481084	－261291	3.2
其中：出口退税	－6851362	44373	－0.6
免抵调库	－1629722	－305664	23.1
三、海关代征	4958257	－427046	－7.9

附件2　2019年福建税务（含厦门）税收收入分地区完成情况表

单位：万元

征收单位	累计入库税额	比上年同期	
		增加额	增长（%）
全省	43223857	368659	0.9
厦门	11670751	83367	0.7
福州	10359223	−11743	−0.1
平潭	562616	59836	11.9
三明	1595542	96878	6.5
南平	1234348	6446	0.5
宁德	2124879	319901	17.7
莆田	1966792	39854	2.1
泉州	7658857	−448018	−5.5
漳州	3173098	23220	0.7
龙岩	2877751	198918	7.4

（侯树仁）

【厦门税务】　2019年，厦门市税务局税费收入1538.8亿元，比上年增长3.47%。其中，税收收入1167.08亿元，比上年增长0.72%；社保费和其他各项非税收入371亿元，增长12.9%，获全国法治政府建设先进单位称号。

2019年，厦门市税务局组织入库各项收入1538.8亿元，比上年增收51.61亿元，增长3.47%，其中税收收入1167.08亿元，增收8.34亿元，增长0.72%。分级次看：中央级收入564.98亿元，比上年增收8亿元，增长1.44%；地方级收入602.1亿元，增收3405万元，增长0.06%。累计办理出口退税328亿元，比上年减少23.8亿元，下降6.77%。其中，直接出口退税266亿元，比上年减少24亿元，下降8.28%；办理免抵调库62亿元，增加2000万元，增长0.32%。海关累计代征税收184.3亿元，比上年减收38.09亿元，下降17.13%。

2019年，厦门税务局受减税降费政策影响，主体税种一增二减。受深化增值税改革影响，增值税直接收入完成309.61亿元，占全部税收收入比重26.53%，比上年下降8.59%；受研发费用扣除影响，企业所得税完成265.95亿元，占全部收入22.79%，下降5.28%；受个人所得税两步改革影响，减收27.42亿元，下降36.74%。二、三产收入出现分化。深化增值税改革对第二产业影响突出，行业税率下调，比上年减收11.95亿元，下降3.14%；第三产业税收有增有减，增收20.56亿元，增长2.65%。

经济平稳支撑明显。全市35个大类行业中有26个行业增加值增长，增长面74.3%，主要经济指标稳健运行支撑税收收入增长，全年组织税收收入

2019年4月19日，厦门市税务局举办减税降费大数据精准宣传启动仪式
（厦门市税务局供稿）

1167.08亿元，比上年增长0.72%。政策影响收入。实施大规模减税降费，对收入减收明显，新增减税降费180.89亿元。

社会保险费和非税收入。2019年，厦门税务局组织社保费收入，厦门市参保户数首次突破20万户，其中企业户17.62万家、个体户2.62万户，比上年增长13.64%。全市参保总人数472.85万人，比上年增长20.06%，全年组织各项社会保险费收入338.33亿元，增收41.37亿元，增长13.93%。

组织非税收入，加强教育费附加、地方教育附加、文化事业建设费等非税收入征管，推进建章立制；开展非税收入项目费源调查，对非税务部门征收其他非税收入项目划转征收进行二次调研，为划转工作打下基础，全年组织非税收入33.21亿元，比上年增收1.94亿元，增长6.21%。

减税降费。2019年，厦门税务局推进减税降费，增值税方面，从4月1日起，一般纳税人由原适用16%税率调整13%，由原适用10%税率调整9%，购进农产品由原适用10%扣除率调整为9%，购进用于生产或者委托加工13%税率农产品按照10%扣除率计算进项税额；从1月1日起，对月销售额10万元以下小规模纳税人免征增值税。企业所得税方面，对小型微利企业条件放宽，符合年度应纳税所得额不超过300万元、从业人数不超过300人、资产总额不超过5000万元等3个条件企业；对小微企业年应纳税所得额不超过100万元的部分，减按25%计入应纳税所得额，按20%的税率缴纳所得税；对年应纳税所得额超过100万元但不超300万元部分，减按50%计入应纳税所得额，按20%税率缴纳所得税；对集成电路设计企业和软件企业，第1至第2年免征所得税，第3至第5年按照25%法定税率减半征收。个人所得税方面，落实提高费用减除标准，居民纳税人费用减除标准从3500元/月提高5000元/月，专项附加扣除新增子女教育、继续教育、大病医疗、住房贷款利息或者住房租金、赡养老人等6项专项附加扣除，实行年度累计预扣（计税办法从按月改为按年累计，并实行年度累计预扣）等。非税收入方面，对增值税小规模纳税人减按50%征收教育费附加、地方教育附加，按月纳税月销售额或营业额不超10万元，免征教育费附加、地方教育附加。社保费方面，企业职工基本养老保险单位缴费费率从14%下降至12%、基本医疗保险单位缴费比例从8%下调至6%，5月1日起执行机关事业单位养老保险单位缴费比例从20%下调至16%、失业保险总费率下调至1%、工伤保险费率减半。2019年，厦门市税务局累计新增减税降费180.89亿元，其中新增减税165.87亿元，新增社保降费、非税收入减免15.02亿元。

纳税服务。2019年，厦门税务局围绕减税降费、便民办税春风行动、税收营商环境开展纳税服务。开展"便民办税春风行动"，以"新税务·新服务"为主题，连续第六年开展"便民办税春风行动"，集中推出4类13项52条便民办税服务新措施；深化办税便利化，上线"掌上办税厅"小程序，全国率先实现通过支付宝小程序为纳税人提供掌上办税服务；做好全国营商环境测评，借鉴国内先进地区做法，优化税收营商环境，组建营商环境工作团队集中办公，完成营商环境各项工作。推进立体化宣传辅导，"12366"接通率87.73%，满意率99.86%，官方微博入选"全国十大税务微博"，阅读量超500万。率先在全国推出手机端"全线上银税互动平台"，实现小微企业贷款申请、审批、放贷全流程线上办理，共为1500家小微企业授信6.46亿元，累计放款7亿元。

征收管理。2019年，厦门市税务管理户共47.45万户（包括正常户、非正常户、停业户），其中，企业纳税人36.09万户，占比76.06%；个体经营10.92万户，占比23.01%；其他类型0.43万户，占比0.93%。征管创新，开发涉税费文书电子送达功能，全市已有35.05万户纳税人签订电子送达确认书，占电子申报纳税人95.59%。

税务稽查。2019年，厦门税务局稽查部门审结税收违法案件1289件，其中千万元案件28件、百万元案件78件，查补税收收入总额20.24亿元。打击虚开骗税犯罪，开展打击虚开骗税两年专项行动，紧盯"假企业、假出口"，深挖大数据成果，强化部门协作，实施全链条式打击，查处涉嫌虚开骗税案件976件，挽损17.51亿元，打击骗税挽损总额位列全国首位。税警紧密合作，采取强制措施114人，移送起诉43人，打掉团伙6个，有17名犯罪嫌疑人慑于严打声威而主动投案自首。

电子税务。2018年11月，根据税务总局统一部署，结合税务机构改革信息系统整合要求，对原国税地税系统的金税三期征管信息系统实行统一并库工作。厦门市被列入全国首批金税三期系统并库单位，并库共涉及原国税地税49.3万户纳税人，于2019年1月28日提前完成金税三期并库工作。进一步完善电子税务局建设，全年完成厦门市税务局电子税务局218项新功能开发，支撑征管操作规范实施、发票2.0上线等各项重点工作的开展，电子税务局累计注册用户达44万户，比上年增长23.19%；累计办理在线业务1255.33万笔，增长14.57%，网上办理率78.46%，其中网上申报1160.07万笔，增长13.75%，网上申报率达到99%。

税收经济分析。2019年，厦门税务局运用税收数据对厦门地区经济运行情况开展动态监控分析，开展税收政策效应分析，围绕市委市政府关注的"三高"企业、"双千亿"产业链、自贸试验区建设等重点工作，完成厦门市高新技术企业发展现状分析等一系列报告；开展减税降费效应分析，组建专题分析小组，形成小微企业、电信行业、软件行业等减税降费专题分析报告，其中《2019年首季新增减税降费效应初显》《2019年一季度落实减税降费情况》等报告得到厦门市领导批示。

大数据风险管理。2019年，厦门税务局建设数据中心，对原国地税各涉税费业务系统数据进行全面盘点，梳理完成九大应用系统的数据资源，形成数据清单、数据字典；提供数据服务，完成取数申请992个工单，加工1483张数据表，涉及减税降费等重点工作；开展专题分析，让数据“用起来”，围绕主题主业主线工作，推出组织收入等4期专题报告；确保减税降费准确，推送应享未享任务7批次、违规享受4批次共3770户次，准确补退税2968户次，退税34万元，补税139万元，准确率超过78%；推进“智能+税务”，有效堵塞偷逃税，推送打骗打虚开发票风险任务4批次，识别命中率100%。

国际税收。2019年，厦门税务局推进国际税收工作开展，助力“一带一路”服务纳税人，编写《服务走出去企业税收政策和风险指南（2019）》中英文版，通过走访18家“走出去”企业、发放回收142份调查问卷收集“走出去”问题、举办税企座谈等，解决企业在“走出去”过程中遇到的税收问题和实际诉求。深化非居民税收管理，实现对外支付税务备案电子化，与国家外汇管理局厦门分局合作，依托跨境金融区块链服务平台，实现全国首单覆盖全市范围的对外支付税务备案电子化，税务、外管、银行通过区块链，实现税务备案信息实时共享，全年实现非居民企业税收收入24.53亿元。（王宝进）

2019年厦门税务部门组织税收收入分税种情况表

单位：万元

项目 收入	累计收入额	比上年同期增加额	比上年同期增长（%）	比重（%）
税务部门组织税收收入合计	11670751	83367	0.72	100.00
其中：中央级	5649752	79962	1.44	48.41
地方级	6020999	3405	0.06	51.59
税收直接收入	11050751	81367	0.74	94.69
1. 国内增值税	3716095	−288992	−7.22	31.84
其中：直接收入	3096095	−290992	−8.59	83.32
免抵调库	620000	2000	0.32	16.68
2. 国内消费税	657167	148087	29.09	5.63
3. 营业税	1356	−3797	−73.69	0.01
4. 企业所得税	2659492	−148179	−5.28	22.79
5. 个人所得税	2103569	288525	15.90	18.02
6. 资源税	4694	4551	3182.52	0.04
7. 城镇土地使用税	46325	−5263	−10.20	0.40
8. 城市维护建设税	330270	3840	1.18	2.83
9. 印花税	109039	−10322	−8.65	0.93
其中：证券交易印花税	0	0	0.00	0.00
其他印花税	91251	−8516	−8.54	0.86
10. 土地增值税	1024332	100379	10.86	8.78
11. 房产税	303797	20498	7.24	2.60
12. 车船税	50108	2701	5.70	0.43
13. 车辆购置税	228686	904	0.40	1.96

续表

收入＼项目	累计收入额	比上年同期增加额	比上年同期增长（%）	比重（%）
14. 烟叶税	0	0	0.00	0.00
14. 耕地占用税	3325	－5498	－62.31	0.03
15. 契税	430401	－24891	－5.47	3.69
16. 环境保护税	2095	824	64.83	0.02
17. 其他税收	0	0	0.00	

2019 年厦门税务部门组织非税收入分费种情况表

单位：万元

收入＼项目	累计收入额	比上年同期增加额	比上年同期增长（%）	比重（%）
非税收入合计	3717256	432684	13.17	100.00
1. 社会保险费	3343345	416507	14.23	89.94
（1）企业职工基本养老保险	2195748	339424	18.28	65.68
（2）失业保险	71369	6732	10.42	2.13
（3）职工基本医疗保险	962338	54216	5.97	28.78
（4）工伤保险	32832	1909	6.17	0.98
（5）生育保险	81058	14226	21.29	2.42
2. 教育费附加	147128	1922	1.32	3.96
3. 文化事业建设费	16855	6727	66.42	0.45
4. 地方教育附加	98086	1287	1.33	2.64
5. 残疾人就业保障金	29146	4902	20.22	0.78
6. 废弃电子处理基金	1882	622	49.37	0.05
7. 价格调节基金	2	－7	－77.78	0.00
8. 罚没收入	1760	－410	－18.89	0.05
9. 免税商品特许经营费收入	5	5	0.00	0.00
10. 其他收入	79047	1129	1.45	2.13
（1）工会经费收入	39073	3956	11.27	49.43
（2）职业年金	39974	－2827	－6.60	50.57

编辑：郑　菜

综 述

【金融监管】 2019年，中国银保监会福建监管局推动回归本源。研究制定《福建银行业保险业回归本源行动纲要》等指导意见，完善福建银行业保险业服务实体经济质效监测评价体系，出台服务民营企业发展激励评价暂行办法，引导银行保险机构回归本源，存贷款在资产负债中占比明显提升，清理规范交叉金融业务，制造业贷款稳步增长。强化普惠金融服务。组织开展普惠金融“百千万”工程，推进“百行进万企”活动，推动设立135所普惠金融学校、建成472个普惠金融工作站、派驻金融助理5118人、填补7个乡镇空白服务点，提前一年完成银保监会“村村通”任务。开展民营企业金融服务、小微企业融资收费等专项检查，实现小微企业金融服务“两增两控”等目标任务。突出重点领域金融服务。加强“一带一路”项目金融服务的窗口指导，制定金融支持生态文明试验区建设工作意见，信贷支持和保险保障力度进一步加大。制定13条金融惠台措施，推动提高台资企业融资可得性、台胞金融服务便利性。完善保险保障服务体系。联合制定《福建省产业扶贫保险实施方案》《福建省设施农业保险实施方案》，出台推动小额普惠型人身保险业务发展的指导意见，推动加大保险产品创新推广力度。针对汛期灾情，指导保险业“应赔尽赔，应赔快赔”。

【金融风险防控】 2019年，中国银保监会福建监管局推进信用风险防控。开展“信用风险集中大排查”，摸清风险底数，银行业资产分类准确性进一步提高。抓好重点地区、重点机构、重点大户风险攻坚，资产质量重回全国前列。强化流动性风险防控。组织中小法人机构应对流动性分层带来的挑战，开展流动性互助机制应急演练，推动完善行业风险互助机制，督导保险机构有效防范满期给付与退保风险。巩固治乱象成果。开展“巩固治乱象成果，促进合规建设”工作，检查银行保险机构26家。开展“合规三强化”活动，强化源头治理。严控案件风险。开展案件迟瞒错漏报专项排查、案件警示教育活动、员工行为大排查、农村中小机构安全检查等，加大案件处罚力度。推进社会金融风险整治。联合推进网贷机构等互联网金融风险整治。组织各机构深入开展扫黑除恶专项斗争，配合开展“套路贷”专项整治、打击治理电信网络违法犯罪。

【区域金融改革创新】 2019年，中国银保监会福建监管局推动深化金融机构改革。推动制定农信社改制农商行3年规划，全年启动6家农信联社改制、3家村镇银行组建工作，辅导福建省交运集团财务公司顺利开业。推动完善公司治理。指导地方法人机构将党的领导融入公司治理和经营管理全过程。加强股东行为监管，建立完善股东信息监测机制，开展股权和关联交易专项整治，推动加快股权集中托管进程。推动自贸试验区金融创新。推进监管制度创新和金融服务创新，制定自贸试验区创新业务风险评估指导意见，5项金融创新被商务部列入新一批拟复制推广名录，福建银保监局获评“福建自贸试验区（2015—2019年）最佳创新举措实施单位”。

【银行业监管】 2019年末，福建省有银行业金融机构12大类186家机构，包括3家政策性银行、6家大型商业银行（含邮政储蓄银行）、11家股份制银行、6家城市商业银行、123家农村中小银行机构（包括47家农信社、21家农村商业银行、55家村镇银行）、19家外资银行、2家信托公司、4家金融资产管理公司、7家财务公司、2家消费金融公司、2家金融租赁公司、1家民营银行，有6575个营业网点，从业人员数12.4万人。

资产规模平稳增长。2019年末，福建省银行业金融机构本外币资产10.34

万亿元，比上年增长4.86％；银行业金融机构本外币负债9.6万亿元，增长4.25％。从银行业金融机构市场份额情况看，资产规模占比较大的依次为：股份制银行46.97％，其中兴业银行40.5％；大型商业银行（含邮政储蓄银行）25.59％；城市商业银行9.4％；农村中小银行机构8.89％；政策性银行7.24％；非银行金融机构1.16％；外资银行0.65％；民营银行0.1％。

资产质量趋稳向好。2019年末，福建省银行业金融机构不良贷款余额比年初减少88.94亿元；不良贷款率1.14％，较年初降低0.33个百分点，全年不良贷款与不良贷款率实现“双降”。

风险抵补能力。2019年末，福建省法人银行业金融机构资本充足率、拨备覆盖率等主要监管指标均符合监管要求。其中，城市商业银行法人机构资本充足率13.54％，拨备覆盖率240.73％；农村中小银行机构资本充足率17.6％，拨备覆盖率351.07％。

（唐福来）

【金融运行】 2019年，福建省金融运行总体平稳，社会融资规模适度增长。银行存款增速明显回升，企业存款回流明显。银行贷款增速平稳上行，普惠领域信贷量增面扩。人民币贷款利率稳中有降，下半年贷款市场报价利率（LPR）改革推动贷款利率明显下行。金融市场平稳发展，社会融资规模明显多增。

银行存款增速明显提升，企业存款回流明显。年末金融机构本外币各项存款余额比上年增长8.8％，较上年明显提升4.9个百分点。从增量结构看，受资管新规及配套细则出台等影响，结构性存款比重下降，大额存单比重上升。由于票据融资业务大幅增长，企业保证金存款比上年增加284.87亿元。

银行贷款增速平稳上行，普惠领域信贷量增面扩。年末金融机构本外币贷款余额比上年增长13.2％，较上年提升2.21个百分点；新增贷款5819.2亿元，多增1275.6亿元。信贷投向明显优化，全年批发零售业贷款多增588.2亿元，规模缩减态势得以扭转；制造业贷款比上年少减350.6亿元，缩减幅度明显收窄；房地产业贷款比上年少增95.9亿元。普惠领域信贷量增面扩，年末普惠口径小微企业贷款余额5760.4亿元，较年初增长24.4％，增量占人民币各项贷款的比重19.1％，较上年提升4个百分点；普惠口径小微贷款户数113.2万户，较年初增加17.6万户。农村普惠金融支持力度不断加大，金融服务乡村振兴战略的力度增强。年末涉农贷款本外币余额1.32万亿元，比上年增长7.53％，全年新增1001.48亿元，增加731.57亿元。金融精准扶贫成效显著。年末金融精准扶贫贷款余额230.7亿元，其中建档立卡贫困人口人均贷款余额4.59万元。通过健全金融服务工作机制、凝聚跨部门“几家抬”工作合力、推动小微企业应收账款融资模式创新、加快福建特色信贷产品复制推广等方式推进民营和小微企业金融服务。

人民币贷款利率稳中有降，下半年LPR改革推动贷款利率明显下行。2019年，福建省市场利率定价自律机制高效运行，引导金融机构科学合理定价，贷款利率总体下行。全年人民币贷款加权平均利率5.87％，比上年降低16个基点，其中，对企业贷款加权平均利率5.07％，比上年降低22个基点。在存款竞争加大背景下，全年人民币整存整取定期存款加权平均利率2.16％，比上年上升10个基点，金融机构负债成本提高，制约社会融资成本下行。8月，人民银行推动贷款市场报价利率（LPR）改革，中国人民银行福州中心支行严格贯彻落实，全面推广LPR运用、坚决打破贷款隐性下限、引导金融机构将LPR内嵌到内部价格传导相关环节，促进利率传导微观机制的建立。12月，人民币贷款加权平均利率5.52％，对企业贷款加权平均利率4.74％，均比改革前（7月）降低0.43个百分点，其中小微企业贷款利率降低0.36个百分点。

不良贷款继续实现“双降”。年末银行业金融机构不良贷款余额比年初减少88.94亿元，不良贷款率比年初降低0.33个百分点，创2014年第二季度以来新低，不良贷款继续实现“双降”。信贷资产分类偏离度有所下降，年末银行业金融机构逾期90天以上贷款占不良贷款比例降至100％以内，法人银行机构逾期60天以上贷款已全部分类为不良，信贷资产分类较为审慎。银行业总体贷款质量向下迁徙率2.66％，较年初降低0.34个百分点。

金融市场运行平稳，社会融资规模明显多增。货币市场交易活跃，全年银行间同业拆借、债券回购、现券交易三项成交总额比上年增长18.65％，累计净融入资金0.8万亿元。交易量仍主要集中于兴业银行和4家城市商业银行，兴业银行拆借、债券交易量占比分别为70.1％、50.1％，4家城市商业银行占比分别为23.5％、30.4％。票据融资业务大幅增长，全年票据融资总量（含承兑、贴现、转贴现）比上年增长42.99％，全年票据贴现加权平均利率比上年降低119个基点，转贴现加权平均利率比上年降低114个基点。外汇跨境资金流动基本平稳，全年代客涉外收付款总额比上年增长3％，顺差213.3亿美元，下降6％；结售汇总额增长2％，顺差168.43亿美元，下降14.6％。人民币跨境收付资金保持净流入态势，全年跨境人民币业务金额比上年增长1.07％，净流入563.5亿元。人民币在周边国家（地区）和“一带一路”沿线国家（地区）的使用不断扩大，全年省内与周边国家（地区）跨境人民币结算量占本外币结算量的比重提高16.5个百分点，与“一带一路”沿线国家（地区）跨境人民币结算量占本外币结算量的比重提高 15.7 个百分点。直接融资取得新发展。全年境内上市公司、挂牌企业、非上市公司实现直接融资 2491.55 亿元，比上年增长 30.93%。其中，4 家次公司实现首发融资 30.7 亿元，上市、挂牌公司通过增发配股、发行短期融资券等实现股权和债券再融资 1876.1 亿元；银行间市场发债成效明显，债券品种持续创新；场外市场建设向纵深推进，年末在全国中小企业股份转让系统（“新三板”）挂牌的福建企业新增 10 家，挂牌企业累计 310 家，居全国第 8 位；在海峡股权交易中心“台资板”挂牌的台资企业累计 6 家、展示的台资企业累计 449 家，分别较上年末新增 5 家和 302 家；在厦门两岸股权交易中心“台资板”挂牌的台资企业累计 638 家，打造“台胞台企登陆的第一家园”初见成效。保险业规模增长平稳。全年保险业累计实现保费收入（原保险保费收入）比上年增长 8.63%，累计承担风险总额增长 44.70%，累计赔付支出增长 5.18%；保险密度 2956.87 元/人，增长 7.76%，保险深度 2.77%。黄金市场交易显著增长，全年开办黄金业务的银行业金融机构（不含兴业银行）代理上海黄金交易所黄金交易比上年增长 42%。其他黄金交易品种（账户金、实物金、黄金租赁、黄金远期、黄金期权等）合计交易比上年增长 1.95%。上海黄金交易所的 7 家省内会员单位全年成交总量（不含个人业务）比上年增长 16.61%，成交额增长 39.1%。

社会融资规模明显多增，表外融资止跌回升。全年社会融资规模新增 8973.5 亿元，比上年增长 50.4%，增幅提高 65.1 个百分点。其中，新增人民币贷款 5697 亿元，增量占比为 63.5%；表外融资增加 404.3 亿元，多增 2242.1 亿元。

【外汇管理】 2019 年，福建省落实“宏观审慎＋微观监管”两位一体框架要求，多措并举防范跨境外汇资金异常流动。规范银行卡境外交易管理，全年辖内（不含厦门）银行卡境外提钞笔数和金额实现“双降”。组织开展个人外币现钞存取数据和个人大额取钞数据核查，强化个人分拆结售汇行为监管，督促银行加大对个人分拆行为的事前拦截和筛查力度，全年大额高频现钞存取量比上年下降 58.49%，个人用汇结构持续优化。开展 68 家企业 18 家银行服务贸易外汇业务专项核查，发现辖内被查银行涉嫌擅自发放离岸贷款、离岸贸易融资，其中“境外公司通过 NRA 账户获取离岸贷款以归还内保外贷”的问题，倒逼银行强化对 NRA 账户外汇业务审查。加强辖内银行外债宏观审慎管理以及资金用途管理，防范外债币种和期限错配风险；更新辖内法人银行跨境融资风险加权余额上限，为资本项目实现跨境融资预警监控提供准确数据支持。全年跨境收支实现顺差 213.3 亿美元，连续 47 个月保持净流入。

2019 年 4 月 3 日，中国人民银行举行中征应收账款融资服务平台宣传推介暨全省首批在线供应链融资业务落地启动仪式 （人民银行福州中心支行供稿）

推进外汇管理服务实体经济。作为 5 家试点单位之一，推动跨境金融区块链服务平台试点落地，鼓励试点银行应用区块链技术提升中小微企业跨境融资效率，至年末办理贸易融资业务笔数占全国总笔数的 11.7%，中小微企业融资占比 73%。推动国际贸易“单一窗口”金融服务版块进入实质开发应用，联合省口岸办与省税务局依托“单一窗口”开发的“福建省税务备案表查询核注系统”开通，推动服务贸易跨境支付便利化。全省（不含厦门）29 家银行、461 个网点全部完成前期用户注册和操作测试，均可正常进行核注操作。制定印发《深入推进中国（福建）自由贸易试验区外汇管理改革试点实施细则》，将资本项目管理便利化试点政策覆盖区域范围，由福建自贸试验区（不含厦门自贸片区，下同）内台资企业扩大至区内所有企业，自新政施行至年末，福建自贸试验区内有 6 家企业办理 21 笔试点业务，金额 1.13 亿美元。制定印发《福建省台资企业资本项目管理便利化试点实施细则》，使试点政策覆盖区域范围更广泛、收入使用管理再优化、外债注销登记再简化。发挥跨境贸易投资便利化和台资企业试点政策叠加优势，引导全省（不含厦门）台资企业中非投资性外资企业使用资本项目收入开展境内股权投资。鼓励中资银行协调其海外分支机构与境内民企进行供需对接，适当引导银行外债资金流入，以增加可贷外汇来源替代企业购汇需求。合理运用跨境担保政策，支持内保外贷资金流入境内使用。支持辖区跨境电商、石狮服装城市场采购贸易试点等贸易新业态做大做强，至年末试点采购贸易出口额占同期石狮市出口总额的46.09%，收汇率26.55%，为全省外贸增长贡献1.9个百分点。

增强外汇监管有效性。加强异常出口企业跨部门联合监管，向税务、海关部门通报异常出口企业715家，其中2家被列入海关失信企业名单及海关监管异常企业名单，18家被税务部门追缴税款147.76万元。排查资本项目跨境收支异常问题线索，加强对境外投资、境外放款、外商投资利润汇出、内保外贷的穿透式审核，严格限制房地产企业、政府融资平台通过跨境资金池境外放款；支持企业使用跨境人民币汇出投资资金以减少购付汇规模，通过NRA账户解决投资部分东道国汇路不畅等问题，帮助企业降低境外投资汇兑风险。开展内保外贷履约风险专项评估，创新构建企业内保外贷履约评估4级分类标准，关注房地产等特殊行业履约风险，化解存量风险。聚焦有关银行总行特有业务，穿透检查资金来源与运用，发现变相内保外贷、跨境直贷、个人外汇理财等系统性问题；运用展业检查方法查实银行未尽职审核办理内保外贷人民币履约、个人境外刷卡消费、NRA账户外汇收支等业务，拓宽展业检查方法的适用范围。启动银行考核升级为银行外汇业务合规与审慎经营评估工作，督促辖内银行机构平衡处理好合规与创新的关系；完善数据情报导查思路，建立福建省外汇非现场检查指标库，整合维护近百个非现场指标，创新数十个非现场指标，丰富非现场检查指标体系，全年查处的案件80%来源于非现场分析发现的线索。打击地下钱庄、网络炒汇炒股等非法金融活动，提出“打资金渠道、打重点钱庄、打交易对手”工作思路，联合人民银行、公安部门等破获地下钱庄案6件，向公安部门移送涉嫌地下钱庄线索2条，推动司法机关判决地下钱庄案3件，对1名交易对手予以行政处罚；对不同类别性质的炒汇炒股平台予以分类处置，完成对全部23个清理整治对象的集中清理整治。全年立案41件，结案40件，处罚没款352万元。

（王　勉）

银　行　业

【中国人民银行福州中心支行】 2019年，福建省落实“三档两优”存款准备金政策框架，通过全面降准、定向降准等政策，全年合计直接释放资金798亿元，正向激励民营小微企业信贷投放。创新再贷款再贴现管理模式，推动信贷资产质押再贷款，明确优先接受经央行内部（企业）评级的合格信贷资产，指导推动地方法人金融机构债券资产质押、第三方债券质押等多样化质押方式；推进信贷政策支持“再贷款＋”多维模式、支小再贷款“2＋1”（即央行、金融机构＋小微企业）工作机制，试点指导地方法人金融机构创设支农再贷款专属信贷产品；强化再贴现投向管理，优先办理绿色票据，优先办理民营企业票据，对承办名录内企业票据再贴现的金融机构试点实施“央行民企票据通”，鼓励支持中小金融机构办理再贴现业务，制定《福建省设区市间再贴现限额调整规则》，构建包含票据融资规模、平均票据面额、小微、涉农票据占比在内的政策执行效果评估体系，引导增加民营小微企业及涉农领域贷款投放；年末再贷款余额比上年增长27.5%，再贴现限额使用率93%，全年累计发放各类再贷款再贴现680亿元，增长83.9%。落实贷款市场报价利率形成机制（LPR）改革，打破贷款利率隐性下限，省内地方法人金融机构基本将定价模型中的贷款定价基准替换为LPR。将制造业中长期贷款和信用贷款纳入宏观审慎评估（MPA），实行正向激励和反向约束，引导省内地方法人金融机构稳健投放狭义信贷，年末地方法人机构资本充足率15.85%，比上年末提高0.26个百分点；人民币贷款余额增长22.4%，比全省平均水平高8.6个百分点，创近年新高；贷款存量份额19.9%，比年初提高1.4个百分点；全年人民币贷款新增1872亿元，比上年多增491亿元。加强对中小银行流动性监测，将流动性匹配率、优质流动性资产充足率纳入流动性监测指标体系，推动同业间流动性互助，指导纵向成立农信社系统风险互助基金、横向建立城商行民营银行流动性合作互助机制。引导金融机构将信贷资金重点配置在涉农、民营企业、普惠小微、制造业、绿色发展等实体经济领域；创新与规范发展区域金融市场，全年金融机构和企业在银行间市场发债金额合计2634.4亿元。维护金融安全稳定，全面提升金融服务水平，深化区域金融改革创新，扩大闽台金融交流合作。

服务实体经济。健全民营和小微企业金融服务工作机制，联合制定出台《福建省银行业金融机构服务民营企业发展评价激励办法》，引导省、市、县三级商业银行现场走访企业6万多家，完成授信金额5133.44亿元；推动金融机构进一步细化落实小微企业贷款尽职免责制度，建立小微企业贷款审批绿色通道或专营机制；推进应收账款质押融资专项行动，全省首批中征平台在线供应链融资业务成功落地；跨境金融区块链贸易融资业务实现零突破，至年末辖内试点银行通过区块链服务平台为66家企业办理511笔须进行报关单核验的出口应收账款（发货后）融资业务，金额4.96亿美元；发挥无还本续贷模式的先发优势，在省内20多家主要金融机构推广实施无间贷、连连贷、循环贷以及“支小再贷款＋”等福建特色信贷产品。鼓励发展融资增信类保证保险及抵押物相关企财险，全年为2万家次民营企业约40亿元贷款提供服务，为7069家企业提供财产抵押保险保障1780亿元。

在全国率先将房贷利率与个人住房贷款限额作联动调整，加强房地产差别化信贷调控，福州、厦门个人住房按揭贷款保持合理增长。推动福州、三明、南平三市申报绿色金融改革创新试验区，完成各季度全省银行业存款类金融机构（法人）绿色信贷业绩评价工作，将评价结果纳入全省MPA考核。引导金融机构增加对企业节能减排的技改信贷投放，支持兴业银行推行绿色创新投资业务模式，共同打造福建省节能减排和绿色低碳产业发展新机制。推进绿色金融产品创新，创新推广森林资源开发与保护贷款、林权收储贷款、林权按揭贷款等一系列贷款品种，成功落地排污权、碳排放权、用能权等环境权益质押融资逾8000万元，配合开展全省银行业存款类金融机构（法人）绿色信贷业绩评价，全省林权抵押贷款规模持续位居全国前列。推动区域债券市场创新发展，全年福建企业在银行间市场发债291期，筹资1809.4亿元，分别比上年增加72期和468.6亿元，推广运用各类新型债务融资工具，债券品种持续创新，省内第二单、第三单民营企业债券融资支持工具成功落地，其中兴业银行为东百集团创设的1.8亿元信用风险缓释凭证是省内银行与担保公司采取风险共担模式而创设的首单CRMW项目，厦门象屿集团、厦门恒驰汇通融资租赁公司分别成功发行12.4亿元、5亿元资产支持票据，福州市水务投资发展有限公司发行5亿元绿色中期票据。金融债券发行持续推进，全年发行金融债券825亿元，其中福建海峡银行、厦门银行共发行95亿元小微企业专项金融债券；兴业银行分别发行200亿元绿色金融债券和500亿元二级资本债券；兴业消费金融股份公司发行30亿元金融债券，成为福建首家、全国第三家发行金融债券的非银行金融机构。

维护金融安全稳定。加强金融风险防控长效机制建设，在全国率先推动省农村信用联合社将央行评级结果纳入对农合机构的绩效考核，全国首创实现超八成地方法人机构将央行评级结果分析纳入董（理）事会议程；加强地方法人金融机构经营管理和风险监测，对于央行评级结果不优于6级的机构建立差异化监管机制；在全国率先以评级结果为参照，对1～7级金融机构允许以未经央行内部评级的信贷资产质押获得央行融资，为金融机构提供超过10亿元资金支持。运用存款保险风险警示、早期纠正等手段化解中小法人机构风险，全省地方法人银行机构成功脱掉“高风险”帽子，2家银行早期纠正做法入选全国典型案例汇编。加强重点领域金融风险处置和应对，成立以本行主要负责人任组长的包商银行风险应对领导小组，依托“5合1”工作机制，压实地方政府部门责任，推动全省6家同业债权净额在5000万元以上的金融机构签署债权收购与保障协议，获得先期保障债权金额142.13亿元。组织开展不良贷款、金融机构流动性、金融犯罪和金融腐败、房地产信贷、地方政府隐性债务、非法金融活动等重点领域风险的专项排查，协同福建省委省政府制定防范化解重大金融风险攻坚战实施方案。严肃市场纪律，建立全省法人机构流动性日报制度，加强舆情监测，确保全省金融业平稳运行。试点存款保险核查在全国性银行分支机构管理中的应用，推进将央行评级和存款保险纳入金融机构开业管理、重大事项报告管理、综合评价等内容，并将金融机构履行“两管理、两综合”事项情况纳入对金融机构央行评级和存款保险费率核定的考虑因素。探索建立法人金融机构资管业务季度监测机制，法人银行机构保本理财产品、非银法人机构分级产品和通道类产品的数量和规模持续下降。牵头组织16家商业银行、2家债转股实施机构、9家意向企业开展市场化债转股推进对接，筛选有债转股意向的23家企业向银行机构和债转股实施机构推介，促成主办银行与企业结对子，民营企业债转股取得突破。推进金融监管协调与合作，全省信贷风险形势持续好转，年末全省银行业不良贷款实现余额和比率“双降”，创2014年第二季度以来新低。

加强非法经营资金支付结算业务整治工作，9家无证支付平台被取缔，联合公安部门破获“通宝支付”首例团伙型无证经营支付业务案件。取消企业银行账户许可实施以来，在福建省银政通系统新增业务备案、事后核查、风险监测、异常客户信息同步共享等功能，强化企业账户事中事后监管，全年商业银行拒绝异常情形开户351户、延长开户审核期限288户、采取控制交易措施76782户，账户业务风险得到进一步缓释。会同公安机关建立电信网络违法犯罪买卖账户信息移送机制，落地实施买卖账户联合惩戒，营造良好金融生态环境。严管特约商户终端，全辖法人银行和支付机构共清退黑名单商户1666个，对3.29万个连续12个月未发生交易的商户停止收款，对2135个存疑商户延迟结算，完成154.59万个特约商户的巡检和86.4万台移动终端改造工作，改造占比分别为92.33%、99.31%。组织24家发卡机构、62家收单机构开展银行卡助农取款服务点风险摸排，发现省外收单机构涉嫌套取省内发卡机构助农取款业务手续费补贴线索4条，并及时移交违规线索；组织开展“零交易”服务点清理工作，通过调整服务点布局、更新自助终端、丰富业务类型等措施激活服务点，消除“零交易”服务点可能引发的风险隐患。加强银行卡境外大额交易异常监测，及时叫停一笔境外个人拟持境外卡通过境内POS机刷卡支付1亿欧元专利转让费的可疑交易，防范化解银行卡交易风险。利用金融区块链服务平台帮助辖区银行在全国首次拦截报关单重复融资。强化兑换特许机构管理，规范特许业务违规问题处理程序，引导4家业务长期停滞的机构有序退出市场。建立全省性假币犯罪举报奖励制度，开展假币危害地区重点整治工作，推进农村反假货币综合示范区建设。开展“打击利用离岸公司和地下钱庄转移赃款专项行动”“打击骗取出口退税和虚开增值税专用发票专项工作”“扫黑除恶专项斗争”取得显著成效，全年推动《中华人民共和国刑法》191条“洗钱罪”立案13件、起诉8件、判决10件，判决数量增长3倍，工作成效领先全国；强化反洗钱监管，全年组织对103家机构实施现场检查，检查机构数量比上年增长 1.34 倍，处罚总额逾 1300 万元。

推进普惠金融发展。宁德市、龙岩市普惠金融改革试验区获国务院批复设立，普惠金融支持力度不断加大。从资金供给多渠道保障、涉农金融机构主体作用、金融服务乡村振兴重点、乡村金融服务创新、跨部门政策合力等“五个突出”方面，深化金融服务支持福建乡村振兴。重点实施“插花式”金融精准扶贫，推动金融支持个人、产业和项目精准扶贫工作，推广个人扶贫小额信贷、“公司＋产业基地＋贫困户”等新型模式，推动发展产业扶贫保险，全年承保建档立卡贫困户 4.64 万户，提供风险保障 5.34 亿元（不含厦门），23 个省级扶贫开发工作重点县中有两批 17 个县脱贫“摘帽”。加快农村普惠金融服务点规范化建设，至年末全省 1.58 万个服务点完成规范化改造，完成率超 99.84%，业务范围有效扩展至 7 大类 15 项民生项目；1500 多个服务点已采用轻终端化服务，服务成本降低 60%以上；推进农村支付服务环境“一县一策”建设，形成特色农产业聚合方案、深化海上移动银行建设方案等特色鲜明的 60 个深化农村支付服务环境建设方案。率先全国上线运行税库银便民综合办税缴费平台，并完成平台城乡居民医保费查缴功能的搭建，为全省超 3000 万的城乡居民医保缴费人群提供服务，覆盖全省常住人口的 76%，至年末全省通过移动便民渠道收缴城乡居民医保费 1962.2 万笔，入库清算的医保费资金 49.77 亿元；推动小微企业减税降费政策落地，至年末全省（不含厦门）办理小微企业普惠性税收减免退付 75.63 万笔，金额 1.64 亿元。推广应用中征应收账款融资服务平台、动产融资统一登记公示系统，全年平台新增融资业务成交笔数 1114 笔，成交金额 389.13 亿元，其中涉及中小微企业融资 968 笔，金额 356.73 亿元，系统新增 99 个常用户，新增登记 1.01 万笔，查询 9.85 万笔；至年末全省累计建立小微企业信用档案 11.41 万户，其中 2.92 万家企业获得银行融资，全省为 629 万农户建立信用档案，对建档的 313 万农户累计发放贷款 9158.3 亿元；优化央行内部（企业）评级，支持地方法人金融机构加大“三农”和小微企业信贷投放，至年末全省录入金融机构 85 家、企业 2157 家，其中 1983 家企业完成等级评定，1541 家企业的评级结果在“可接受”以上，评级通过率 77.71%；加大对自助查询机的布放力度，二代自助查询网点建设继续向县级延伸，至年末全省共布设二代个人信用报告自助查询机 201 台，全省自助查询量占人民银行系统总查询量的比例由 2018 年的 93%提升至 99%。开展全省首批现金服务示范区创建工作，推进现金服务标准化；开展全省银行业金融机构人民币流通标准化建设，规范现金服务流程。持续疏通金融消费者投诉咨询渠道，全年受理金融消费者投诉 331 件、咨询 1483 件；完善金融消费纠纷多元化解机制，发挥对台区位优势建立涉台金融纠纷化解平台。推动金融知识纳入国民教育“示范＋扩面＋提质”，推广县域金融教育社会实践基地模式，至年末全省开展金融教育试点的各类学校 593 所，受教育学生 32.36 万人次。

2019 年 9 月 27 日，福建省税库银便民综合办税缴费平台上线运行

（人民银行福州中心支行供稿）

打造移动支付便民示范工程。以用户和商户发展为翼，统筹部署推广云闪付 APP，云闪付 APP 年内新增注册用户 543.7 万人、新增有效用户 475.8 万人，云闪付用户人口渗透率 31%，居全国首位；优化银行业支付受理环境，提升云闪付用户受理体验，年末云闪付受理商户数 92.5 万户，年内新增小微商户 56.7 万户，分别位居全国第二位和第五位；指导福建银联建设完成移动支付菜场 431 个，拓展菜场内外商户 1.42 万户，推动省内 54 个 AAAA 级及以上景区接入云闪付，景区接入数量居全国首位。以交通场景、校企场景和医疗场景为支撑，拓展移动支付行业应用，省内 8 个设区市市区、55 个县域公交先后实现银联移动支付购票乘车，总线路数 1119 条，车辆总数 1.23 万辆，在全国率先实现省内所有设区市公交“智慧出行”全覆盖，至年末公交移动支付交易笔数 9134.9 万笔，布局停车场景，至年末实现 8 个设区级市市区、33 个县域共计 157 个停车场支持云闪付智慧停车，接入车场数量居全国前列；牵头打造全国首个云闪付全覆盖校园（福州外语外贸学院），树立全国智慧校园示范标杆，至年末 11 所院校实现校内云闪付消费、通行和考勤等云闪付全面对接，40 所高校实现校园食堂云闪付全覆盖，日均移动支付交易笔数 3 万笔；组织推动上杭紫金矿业智慧园区上线，打造全国首个“云闪付智慧园区”，该系统后台承载量 5 万人；推动医疗一站式支付服务升级，省内 8 个设区市 316 家医院支持受理云闪付，15 家医院接入

“智慧医疗”平台，538家品牌连锁药店3200台终端完成受理改造，在全国首个区域统一的医疗便民服务平台——榕医通APP上线云闪付支付功能，并率先全国开展基于电子健康卡的“三码融合”项目试点。完善福建省税库银便民综合办税缴费平台建设，实现线上线下27种税费查缴渠道接入平台；推动金融机构进行农村普惠金融服务点智能终端改造，至年末在全辖1.16万个农村普惠金融服务点打通医保费现金自主缴交功能，实现农村居民“足不出村”便捷缴费；推动“国债下乡”，指导承销机构依托农村普惠金融服务点为农村居民现场开通网银、开设储蓄国债托管账户，帮助农村居民使用本人账户购买储蓄国债（电子式）等；推进国债通兑工作，至年末全省15家承销机构中有14家支持储蓄国债全省异地通兑业务，其中8家支持全国通兑。依托“福建省征信业务综合平台”，扩大福建省涉企信用信息共享覆盖面，在全国率先与市场监管部门交换共享信息数据，至年末该平台获得省市场监督管理局企业数据39万条，为金融机构提供信息查询3.9万次；推进小微机构接入金融信用信息基础数据库工作，至年末全省（不含厦门）有48家村镇银行、1家证券公司、1家小额贷款公司、2家融资租赁公司、1家融资担保公司等小微机构接入数据库；至年末金融信用信息基础数据库收录全省企业和其他组织51.2万家，企业系统日均查询2.36万次，收录全省自然人数2751万人，个人系统日均查询约25万次。推进硬币自助设备网络布设，至年末全省配备硬币兑换机639台，硬币清分机697台；搭建硬币自循环余缺调剂平台，至年末全省实现硬币自循环数量10.02亿枚，硬币自循环数量达到2018年末流通中硬币数量的8.89%。

深化金融改革创新。联合福建省外汇与跨境人民币业务自律机制，在福建自贸试验区部署开展更高水平贸易投资便利化试点业务，支持自贸试验区银行凭优质企业提交的《跨境业务人民币结算收/付款说明》或收付款指令，为其直接办理货物贸易、服务贸易人民币跨境结算业务，以及资本项目人民币收入资金在境内的支付使用。整合升级福建自贸试验区内台资企业适用的5项资本项目便利化举措，实现简化外汇登记管理、提高投融资便利性等六项外汇业务的创新突破，更新完善区内跨国公司跨境资金集中运营管理业务相关要求，为区内企业资本项下资金使用提供更大便利；推动福建省特殊经济区域台资企业资本项目管理便利化试点升级，向全省（不含厦门和福建自贸试验区福州片区、平潭片区）台资企业释放资金结汇使用、境内股权投资、外资外汇登记、外债开户选择、外债注销登记五大方面的政策红利。跨国企业集团跨境双向人民币资金池业务、全口径跨境融资宏观审慎管理、跨国公司外汇资金集中运营管理改革等试点有序推进，至年末设立跨境人民币资金池111个，累计发生资金流入682.81亿元、流出683.95亿元；至年末区内企业按照全口径跨境融资宏观审慎管理模式借入外债68笔，其中外币外债56笔，金额9.01亿美元和7.18亿港币，人民币外债12笔，金额14.22亿元；至年末区内在跨国公司外汇资金集中运营管理项下集中外债额度14.09亿美元，集中对外放款额度6.78亿美元，跨境流入4.58亿美元，跨境流出6.41亿美元。将自贸试验区税库银三方协议“一口办理”推广至全省，引导银行保险机构入驻通关数据应用平台“关数e”，推进自贸试验区“证照分离”改革全覆盖试点，金融“放管服”改革不断拓展。建立自贸试验区跨境资金监测机制，夯实自贸试验区企业基础信息工作，持续推进自贸试验区反洗钱、反恐怖融资工作。福州中心支行获颁“福建自贸试验区（2015—2019年）最佳创新举措实施单位”奖牌，主要实施和推动的两项举措被评为“最佳创新举措”。

金融支持“一带一路”建设力度加大。优化跨境融资服务，取消境内企业对特殊目的公司（SPV）境外放款的限制，提高跨境资本和金融交易可兑换程度；简化SPV及返程投资外汇管理政策，允许境外融资及其他相关资金留存境外或调回境内使用。拓宽内地企业境外融资渠道，省内首家合格境外有限合伙人（QFLP）试点企业平潭启惠益通外商股权投资合伙企业到资9731万美元。借力全国跨境金融区块链服务平台支持出口应收账款融资业务。在厦门地区首批上线跨境金融区块链服务平台，完成全国首单跨境金融区块链服务平台对外支付税务备案电子化场景业务。简化跨境担保外汇管理流程，便利“走出去”企业境外融资。支持境内金融机构向境外项目提供人民币贷款，至年末全省（不含厦门）银行业为386个跨境项目提供信贷支持，贷款余额255.68亿元。支持境内非金融机构参与人民币境外放款结算业务，至年末全省办理跨境人民币境外放款结算1106.70亿元，累计办理人民币对外担保业务2021.72亿元。指导出口信保福建分公司全面推动“单一窗口＋信保”功能建设，将“单一窗口”通关功能与小微企业信保易等保险功能深入融合。支持贸易新业态做大做强，对于年度贸易项下收汇或付汇累计低于20万美元的小微电商企业，免于办理贸易外汇收支企业名录登记。推动金融机构进一步扩大人民币跨境贸易结算群体范围，丰富企业贸易投资币种选择，全年省内与“一带一路”沿线国家（地区）办理人民币跨境实际收付业务379亿元。

扩大闽台金融合作。发挥福建对台特色，深化两岸征信合作，取得较好成效。首推“台商台胞金融信用证书”成效显著，体现敢于担当敢于作为的精神。为引导金融机构将中央和福建省惠台政策进一步落到实处，人民银行福州中心支行以平潭综合实验区为试点，于2019年3月8日推出为符合一定条件且信用记录好的台商台胞颁发“台商台胞金融信用证书”。以市场化、法制化运作为前提，为持证台胞提供便捷高效的金融服务，增强持证台胞的归属感、荣誉感、自豪感，增进对民族、对国家的认知和感情，坚定在祖国大陆发展的信心和决心。2019年8月，该政策在漳州推广落地，并首次将台资企业纳入颁证范围，对台金融产品从个人信用贷款扩展至企业信用贷款及信用卡等领域，在金融服务领域实现“两个同等待遇”。中央电视台、东南卫视等新闻媒体均予以报道。国台办将试点颁发“台商台胞金融信用证书”作为大陆地区在金融服务方面贯彻落实习近平总书记重要讲话精神唯一案例予以肯定，同时该项创新被纳入福建自贸试验区第15批创新举措。平潭持证台胞可在平潭农商行办理贷款、担保、授信等多项业务，并在开立账户、结算、信贷利率方面享受金融优惠政策；漳州台商投资区持证台商台胞可在12家市级银行业金融机构获得授信，并在信贷利率、信贷额度等方面享受金融优惠政策。截至2019年末，全省有54位台胞、15家台企获颁“台商台胞金融信用证书”，持证台企台胞获授信额度16.48亿元，贷款利率比同档次贷款利率至少优惠20%以上，7位台胞办理信用卡并授予信用额度61万元，台商台胞融资难融资贵得到缓解。

2019年7月11日，福建品尚征信有限公司与台湾“中华征信所”11日签署全面战略合作协议，这是两岸民间征信机构首次合作

（人民银行福州中心支行供稿）

首次实现两岸民间征信机构全面合作，在两岸征信发展史上具有重要的里程碑意义。贯彻落实“惠台31条”，坚持“发展、开放、安全”理念，指导福建品尚征信有限公司于2019年7月11日与台湾“中华征信所”签订全面战略合作协议，推动双方合作推出征信产品和服务，为金融机构设计、开发对台金融产品，提升对台金融服务水平提供坚实助力，支持台企在闽健康发展，开启两岸民间征信机构全面合作进程，在两岸征信发展史上具有重要里程碑意义。

首次实现台湾地区征信查询产品和服务多样化，台湾地区征信查询省内全覆盖政策被评为福建自贸区最佳创新举措。抓住福建自贸试验区在两岸交流合作先行先试契机，于2015年12月推动平潭片区内金融机构开展台湾地区信用报告查询试点工作，并于2018年6月向全省金融机构推广。2019年，为改善台湾地区信用报告查询服务产品单一、内容简单、反馈时间较长、尚不能完全满足金融机构授信需求的现状，推动福建品尚征信有限公司与台湾“中华征信所”创新推出两大类九个品种、内容更丰富、信息更全面的台企台胞信用报告，经在漳州、平潭等地试点，多样化征信产品和服务受到市场好评，得到金融机构的认可。先后两次发文推动全省金融机构利用已有渠道开展台商台胞在台信用报告查询，缓解两岸信息不对称问题，营造台商台胞创新创业的良好发展环境。台湾地区征信查询省内全覆盖政策被评为福建自贸试验区最佳创新举措。至年末全省有86家金融机构开通台湾地区信用报告查询服务，累计查询台企台胞在台信用信息485笔，累计发放贷款4.74亿元。

扩大福建省台资企业资本项目管理便利化试点范围，整合升级推出的6项资本项目举措惠及全省台资企业（不含厦门和福建自贸试验区福州片区、平潭片区），自新政施行至年末，全省57家台资企业办理266笔试点业务，金额2.18亿美元。推动两岸银行机构在同业授信、银团贷款、非结算性存款、福费廷、场外金融衍生品（ISDA）、银行间市场金融衍生品交易（NAFMII）等方面深化合作。扩大独具特色的“代理行模式”两岸人民币清算机制，跨海峡人民币代理清算群建设成效显著，至年末有23家台湾地区银行机构在厦门地区18家银行开立41个人民币代理清算账户，累计清算金额1281.16亿元。两岸人民币现钞直接调运取得进展，全年厦门口岸累计执行跨海峡人民币现钞调运88批次，便利两岸往来支付结算。推动上线祖国大陆首个“云闪付”对台票务支付应用—“平潭对台票务”模块，提供平潭—台中、平潭—台北、平潭—高雄航线的高速客滚航运船的票务预订、改签和退票等一站式服务，让台胞享有与祖国大陆居民同等的移动支付便利。在祖国大陆首批试点台胞证开户核查，持台湾居民居住证或来往大陆通行证的台胞，可在祖国大陆商业银行柜台享受与祖国大陆同胞同等便利的账户服务。指导厦门银行推出祖国大陆首张面向台胞的专属信用卡——厦门银行台胞信用卡，让台胞享受与祖国大陆居民同等的用卡便利。推动在台企台胞相对集中区域试点金融消费纠纷调解组织，祖国大陆首个台胞台企金融消费权益保护中心在平潭综合实验区设立，福建省首个台胞台企金融消费纠纷调解中心在霞浦县三沙镇成立。（王　勉）

【中国人民银行厦门市中心支行】 2019年，厦门市金融业实现增加值660.66亿元，比上年增长8%，增速比上年提高2.7个百分点，金融业增加值占GDP比重为11%，比上年提高0.1个百分点。

本外币贷款增速回升。截至2019年末，厦门市金融机构本外币贷款余额11800.9亿元，比上年增长11.8%，增速比上年末回升3.5个百分点，分别落后全国（11.9%）、福建省（13.8%）平均增速0.1个、2个百分点，全年增加1195.56亿元，多增408.19亿元。

本外币存款比上年多增。截至2019年末，厦门市金融机构本外币存款余额11609.56亿元，比上年增长5.6%，增速比上年末回升1.9个百分点，分别落后全国（8.6%）、福建省（9.1%）平均增速3个、3.5个百分点；全年增加609.36亿元，多增212.68亿元。

跨境收支、结售汇总额、跨境人民币业务发展平稳。2019年，厦门市跨境收支总额1221.8亿美元，比上年增长3.8%；银行结售汇总额789.65亿美元，增长0.2%；跨境人民币收付金额1237.58亿元，增长16.5%。

非金融企业融资规模增长。2019年，厦门市非金融企业运用银行间债务融资工具合计融资914.9亿元，比上年增长28%，融资规模占福建省的50.7%，融资品种以超短期融资券为主。2019年末，厦门市非金融企业运用银行间债务融资余额882.4亿元，比上年增长10.8%。

（中国人民银行厦门市中心支行）

【中国农业发展银行福建省分行】 2019年，福建省分行全年累计投放贷款411.4亿元。年末，资产总额1505.9亿元，比上年增加119.9亿元，增长8.7%；各项贷款余额1251.8亿元，比上年增加125.1亿元，增长11.1%；贷款日均余额1200.7亿元，比上年增加67.8亿元，增长6%。各项存款余额297.7亿元，比上年减少32亿元，下降9.7%；存款日均余额312.2亿元，比上年增加39.6亿元，增长11.3%。不良贷款余额1.9亿元，不良率0.15%，分别比年初减少2.8亿元、降低0.27个百分点；不良率分别低于全国系统和全省银行业0.46个和0.99个百分点。

支持经济建设。始终守好“中国粮仓”，确保粮油购调储资金及时足额供应，杜绝“卖粮难”“打白条”等，保障各级储备安全，支持“引粮入闽”“北粮南调”，全年累放购销储贷款55.5亿元，支持全省粮油供应份额近2/3；投放仓储设施贷款5亿元，“十三五”以来累计支持新建改建项目28个，增加标准化现代仓容200万吨。根据福建产业特点，全产业链支持粮油、饲料加工以及酿酒、棉纺服装、食品等精深加工产业，累计支持涉农实体企业32家，投放贷款30.2亿元，促进福建三大产业融合发展；累计投放的新营销小微企业51家，投放金额2.3元；存量普惠型民营小微企业63家，贷款余额3亿元，较年初增加2亿元；审批支农转贷模式贷款9.8亿元，发放1.8亿元，服务农户和小微企业924户，打通服务乡村振兴“最后一公里”。

脱贫攻坚。聚焦造福工程、旅游扶贫、产业扶贫、教育扶贫等，服务脱贫攻坚，审批相关贷款项目79个、金额287亿元，投放贷款124亿元，近1/3资金投向相对贫困地区，支持拆迁安置4.6万户，新建安置房4.56万套，支持新建或改扩建农村公路5000多千米，修缮疏浚河道沟渠700多千米，支建学校10余所。强化东西部协作，与宁夏隆德、江西南丰、广西隆林联动扶贫，为投资办厂引线搭桥，发动辖内10家企业提供帮扶资金340万元。继2018年设立“扶贫助学基金”后，捐赠20万元帮扶助学金，帮助对口帮扶的南平松溪县66名贫困学子圆大学梦。

因地制宜补短板。围绕“人居美”，突出生活垃圾、污水处理、水环境治理，改善农村人居、生态环保等乡村振兴战略和民生基础设施补短板的重点领域、薄弱环节，累计发放贷款207.6亿元，打造补短板的银行。围绕“山水美”，召开农发行支持“海上福州”建设政策推介会、木兰溪全流域综合治理银政企项目对接会等，突出重大水利项目、林业改革、海洋牧场、远洋渔业、港口运输等领域，力促福建“陆海统筹、山海联动”发展、海洋产业集聚与转型升级、海洋生态文明建设，投放重大水利、林业、海洋资源开发与保护贷款44.6亿元，擦亮“绿色银行”品牌。

风险防控。推进辖内分支机构不良贷款清零工作，及时调整不良贷款“一企一策”“一地一策”清收处置方案。全年累计清收处置不良贷款3.08亿元，其中，通过不良资产批量转让方式处置不良贷款13户，涉及金额2.2亿元。贷款损失准备账面余额15.37亿元，贷款拨备率1.28%，拨备覆盖率674.12%，增强风险缓释能力。全年开办网银业务816户，对其中338户进行费用减免，占比41.42%，减轻企业负担。

（刘晓华）

2019年，中国农业发展银行福建省分行长乐区支行支持东湖VR小镇建设。图为东湖VR小镇全景　（中国农业发展银行福建省分行供稿）

【国家开发银行福建省分行】 2019年，国家开发银行福建省分行累计为实体经济提供融资支持811亿元，其中发放贷款589亿元。截至年末，省国开行管理资产突破4000亿元大关，达到4234亿元，其中表内贷款余额3098亿元，较上年增长8.4%；不良率降至0.04%；人民币非个人中长期、棚改等领域贷款余额位居全省同业首位。

发挥开发性金融优势。省国开行坚持规划先行，深度对接各地市发展战略，编制平潭、古雷开发区等投融资规划，形成乡村振兴、城乡供水一体化等调研成果，助力地方经济高质量发展。坚持巩固银政企合作，配合省政府承办中国东盟银联体高官会，先后与龙岩市、宁德市政府以及省属企业等签署10项合作协议，探索新时期银政合作新思路。加大创新力度，探索市场化融资模式，推动公路铁路、乡村振兴、城乡供水等领域投融资体制创新，实现评审承诺1277亿元。发挥综合金融优势，逆市承销债券114亿元，拓宽企业融资渠道，推动全国首只地市级优质大债福州城投70亿元企业债注册并完成两期合计12亿元发行、马来亚银行20亿元熊猫债发行、全省首只双创孵化专项债永安国投企业债收官。

强化融资主力作用。围绕闽东北、闽西南两大协同区发展，省国开行支持福建省基础设施建设，巩固产业发展基础，全年为交通、公共基础设施等重点领域发放贷款320亿元，牵头组建莆炎高速、福平铁路等银团贷款，助力深化互联互通。加大能源资源、电子信息等支柱产业支持力度，发放福清核电、三峡风电产业园、京东方等战略新兴产业类贷款140亿元，促进产业转型升级。服务“一带一路”倡议和闽台融合发展，支持紫金矿业等国际产能合作项目，为妈祖健康城、古雷炼化一体化等涉台项目提供贷款30亿元。

延伸普惠金融广度。省国开行以原中央苏区革命老区为重点，通过打造“林业+”“龙头企业+”等模式，构建扶贫帮扶长效机制，先后发放扶贫贷款20.4亿元。深化闽宁协作，推动两地高层联席会议签约成果落地，实现闽宁镇、永辉集团、福蓉科技等5个东西部扶贫项目贷款发放3亿元。助力乡村振兴，推动设立南平乡村振兴基金，打造宁德“县带镇、镇带村”乡村振兴新模式，发放“三农”贷款67亿元、医教文卫贷款36亿元，促进公共服务均等化，促进城乡融合。担当棚改领域融资主力，发放棚改贷款45亿元，积极探索市场化方式推动保障性住房、旧屋区改造项目。强化引领作用，发放民企流动性专项贷款22亿元，支持华峰工贸、永荣科技、南阳生猪养殖等龙头企业，与省内城商行、农商行、农信社合作，发放转贷款40亿元。

国家开发银行福建省分行贷款支持的平潭海峡公铁两用大桥。大桥系全国首座公铁两用跨海大桥，也是世界上最长跨海峡公铁两用大桥，摄于2019年
（国家开发银行福建省分行供稿）

厚植绿色发展优势。省国开行创新构建市场化融资模式，助力各地储备林建设，为南平、将乐、沙县等地林业项目提供贷款支持16.5亿元，深化生态文明实验区建设。创新推动全国首例海域治理PPP项目落地宁德，助力三都澳发展蓝色海洋经济。因地施策加快推动全省城乡供水一体化项目建设，率先打造莆田“城乡供水一体化”示范样板，全年发放水利贷款22.3亿元，保障闽江引调水等国家172个重大水利工程项目建设。

防控风险。省国开行坚守风险防控底线，落实合资铁路、船舶、造纸等领域风险防控，形成整体性支持方案，帮助企业改善经营、渡过难关。综合运用银政合作、资产处置及市场化并购等方式，化解不良贷款2.4亿元，不良贷款率降至0.04%。　　（郭　昕）

【中国工商银行福建省分行】 至2019年末，中国工商银行福建省分行本外币存款余额3875.92亿元，较年初增加578.85亿元；本外币贷款余额4149.55亿元，较年初增加371.21亿元，总体工作保持稳中有进的向好态势。

支持实体经济。坚持服务本源，紧跟政策导向、市场需求，服务实体经济质效进一步提升。各项贷款增量为2010年以来新高，比上年增长9.82%，比上年多增143.3亿元，全年向35个省级重点项目发放贷款42亿元。个人住房贷款和项目贷款占各项贷款比重达67.92%，高于系统平均水平2.21个百分点。发展普惠金融，强化线上线下双轮驱动，抓好e抵快贷等线上标准产品和“陶瓷贷”等线上“一区域一特色”产品的营销推广，实现普惠金融增量、扩面、降本、保质，普惠客户（含个人）超过15536户，较年初增加7350户，普惠贷款新增62.13亿元，超额完成目标。鼎力支持民营企业和制造业，民营企业贷款新增23.21亿元，民营企业有贷户2276户、占有贷户比重75.79%，制造业贷款新增40.58亿元，助推民营经济持续健康稳定发展。

2019 年 7 月 30 日，中国工商银行福建省分行行长俞龙等行领导出席古田会议 90 周年贵金属产品发布启动仪式　　（中国工商银行福建省分行供稿）

改善民生服务。优化零售信贷发展，有力支持“重点区域、重点房企、重点中介”的按揭市场，个人住房贷款在符合监管要求的前提下较年初增加 273.21 亿元；适应金融市场的发展，做好房抵 e 分期、汽车分期、幸福分期等业务，分期付款较年初增加 53.8 亿元，为金融消费提供更丰富的选择。优化渠道结构，网点撤迁增 27 家、靓化 86 家、智能化网点 442 家，建设 58 个政务类、商业类、学校类场景。优化民生平台，建设龙岩、莆田、宁德市政府网上公共服务平台统一支付项目，创新利用融 e 联平台签发福州、龙岩、泉州、莆田市电子社保卡；紧跟互联网金融步伐，全面推广“融 e 行”“融 e 联”“融 e 购”三大互联网金融平台，互联网金融新增个人客户数 60.24 万户。

强化风险防控。把好清收处置关。坚持常规和创新并重、存量不良清淤和受托资产清收并行、总量压降与品种优化并举，累计处置不良贷款（含卡专业）119.05 亿元。把好潜在风险化解关，定期会诊贷款大户，精准定位潜风客户，逾期和潜风融资余额分别较年初下降 51.01 亿元、107.37 亿元。发展优质信贷客户，2013 年以来新增融资不良率 0.48%，低于系统平均水平 0.41 个百分点。

推进经营转型。经营结构多维优化。收益结构优化，深化个人金融银行发展战略，完善个金业务发展和考核机制，实现大个金营业贡献 57.82 亿元，比上年增长 9.95 亿元，占全行营业贡献的比重 59.64%；资产负债结构优化，新增存贷比 64%；融资结构优化，新增非信贷融资业务量（含债券承销、代理投资和融资租赁）96.51 亿元，增加 84.47 亿元，其中累计承销福建省地方债 143.42 亿元。业务创新多点突破。分行内办理首笔 ABS 业务和交易所债券投资业务、首笔金融债承销业务、首笔履约保证保险业务，推出首个红色主题贵金属系列产品；系统内率先投产跨境业务区块链服务平台，率先上线国际贸易“单一窗口”金融服务功能。

（冯骏翔）

【中国农业银行福建省分行】 截至 2019 年底，中国农业银行福建省分行本外币各项存款余额 4223.3 亿元，比上年新增 389.5 亿元，增长 10.2%；本外币各项贷款余额 3973 亿元，新增 435.4 亿元，增长 12.3%。

重点项目信贷。主动对接省委省政府“赶超战略”，围绕福建经济结构调整和产业转型升级，重点加大对“补短板、稳增长、惠民生”项目、先进制造业及战略新兴产业的支持力度，全年支持省重点项目 89 个，贷款余额 237.9 亿元，比上年新增 64 亿元，增长 37%；战略性新兴产业贷款余额 188.2 亿元，新增 21.3 亿元，增长 12.7%。

普惠金融服务。扩大“快农贷”覆盖面，全行“快农贷”余额 222.7 亿元，比上年新增 141.6 亿元，增长 1.8 倍；支持农户 15.6 万户，新增 8.3 万户，增长 1.14 倍，覆盖全省所有县域和乡镇。在全省全面推广小微企业金融服务，普惠型小微企业贷款余额 328 亿元，比年初增加 130 亿元，其中小微企业法人贷款余额突破 100 亿元，达到 102.8 亿元，新增 68 亿元，增长 2 倍。

乡村振兴金融服务。主动对接省委实施乡村振兴战略规划，围绕农村产业融合、美丽宜居乡村建设等重点领域，支持乡村振兴领域重点客户、项目 45 个，授信 38 亿元，全行县域城镇化贷款余额 378.2 亿元，比上年新增 45.9 亿元，增长 13.8%；县域旅游贷款余额 68.4 亿元，新增 24 亿元，增长 54.1%，增量居系统第 2 位。加大金融精准扶贫力度，发放精准扶贫贷款 20.6 亿元，余额比年初增加 3.9 亿元。

老区苏区和台创园金融服务。专门出台深化老区苏区金融服务的意见，计划未来 5 年内在全省 68 个老区苏区县（市、区）新增信贷投放 2000 亿元，其中新增快农贷投放 500 亿元。至 2019 年末，全省 68 家老区苏区县支行贷款比上年新增 344.4 亿元，增长 14.2%，高于全行贷款增速 1.9 个百分点。深入全省 6 个国家级台创园，按照“一园区一方案”，形成专属金融服务方案，完成授信 112 户 10.1 亿元。与省农业农村厅签署战略合作协议，未来 5 年内将对台湾农民创业园新增授信额度 50 亿元，对符合条件、有信贷需求的台企台农做到应贷尽贷，授信覆盖面 100%。

（薛盛涛）

【中国银行股份有限公司福建省分行】 截至 2019 年末，中国银行股份有限公司福建省分行人民币各项存款余额 3763.34 亿元，较年初新增 253.07 亿元；人民币贷款余额 3553.57 亿元，较年初新增 417.79 亿元，资产质量保持稳定，实现不良余额、不良率双降。

服务实体。先后与福建省政府、福州市政府、厦门市政府签署战略合作协议，主动融入地方建设大潮，加大对重点项目和优质客户的信贷投放力度，助力实体经济高质量发展。全年人民币各项贷款较年初新增 417.79 亿元，其中人民币公司贷款新增 229.78 亿元，增长 14.63%，增速排名四大行第一；人民币个人贷款新增 170.50 亿元。债券、托管业务持续领先，全行境内债券承销量 240.5 亿元，首次突破 200 亿元大关，四大行排名第一；境外债发行折合人民币 119 亿元，排名中资银行第一；相继落地英大保险债权融资计划托管、平安信托集合资金信托等托管，并实现福建省职业年金第一梯队托管资格的落地。发挥外汇优势助力企业"走出去"，全年国际结算量 560.13 亿美元，市场份额连续 4 年上升并稳居同业第一；跨境人民币结算量 895.66 亿元，市场份额 28.5%，保持同业第一。普惠金融成效初现，"两增两控"普惠金融贷款较上年新增 37.55 亿元、普惠贷款户数较上年新增 788 户，全年实现民营企业贷款余额 720.96 亿元，增长 23.8%。

风险防控。坚持业务发展和合规经营两轮驱动，防范各类经营风险。始终保持对不良清收的高压态势，通过组织开展不良资产清收化解攻坚战，推进清收抓降，实现不良余额、不良率双降。做实内控案防基础工作，开展全年"碧水蓝天"内控合规行动，推进反洗钱监测分析中心的高效运转，共报送重点可疑交易报告 1129 份。

品牌形象。全辖各级党组织新增党建共建单位 713 家，与 403 家外部单位签订廉洁伙伴协议，精准助力定点挂钩的云霄县马铺乡马铺村实现脱贫并提升"造血"功能。获评 2018 年人行对全省 43 家银行业金融机构综合评价第一名；连续 11 年获外管局综合评价 A 类机构；"多点多功能银医服务项目"获福建省金融创新二类项目第一名；揽获《海峡都市报》评选的"感动福建杰出企业贡献奖""年度银行品牌口碑奖""年度杰出金融服务奖"；福清分行营业部、厦门集美支行获评"中国银行业协会文明优质服务百佳示范单位"，获评网点数占全省 50%，百佳网点数同业第一，品牌影响力和社会美誉度持续提升。

（汤毅茜）

【中国建设银行福建省分行】 2019 年，中国建设银行福建省分行落实建行总行与福建省人民政府签署的支持新福建建设战略合作协议，发挥建行总行打造的"三大战略"优势，积极履行大行责任，发挥好金融主力军作用。通过信贷与非信贷方式解决省内客户融资需求累计超过 5000 亿元。至年底，一般性存款、各项贷款余额连续 16 年四行第一，存贷款总量在福建省同业率先突破 1 万亿元，连续 20 年实现安全稳定运行，入选全国建行系统十大重点分行。在监管部门服务实体经济监测评价中，连续多年居各大商业银行首位。连续 8 届在全省创文明行业活动中获评"先进行业"。是福建金融机构中唯一一家连续两届获评福建省"平安先进单位"的银行。

服务改革开放。对接"五个一批"项目，累计为重点项目授信 1323 亿元。组建专业团队，为近 100 个省重点项目提供全流程、一对一的服务，坚持工作前移，做到项目早评估、早申报、早投放。发挥建行集团优势，从省内到省外、境内到境外筹措资金。通过理财方式募集社会资金 74 亿元，承销地方政府债共计 125 亿元，为 53 家企业搭建跨境本外币双向资金池，累计流入资金上限总额 631 亿元。

支持对外开放。服务自贸试验区金融建设，完成数十项金融服务创新与产品首单突破。推进跨境业务发展，全国首批实现行内"跨境 e+"与海关总署"单一窗口"的成功对接，是同业中唯一一家单年跨境人民币结算量"破千亿元"的银行。依托总行在福州设立海峡两岸跨境金融中心的优势，发展对台跨境收支、对台跨境融资，在台资银行跨境人民币同业业务上实现新的突破。率先通过国家外汇管理局跨境区块链平台落地全省同业首笔跨境融资业务，区块链平台累计交易总量突破 75 亿元，在当地同业中规模最大。

风险防控。对企业融资实施分类处理、区别对待，不单方面抽贷、断贷、停贷，最大限度为企业争取休养时间。对信贷风险严格管理，确保有序释放，信贷结构进一步优化，资产质量稳步提升，守住不发生系统性、区域性金融风险的底线。

服务供给侧改革。支持福建基础设施互联互通、现代产业体系打造等，完善先进制造业优质客户差别化服务政策，努力推动制造业贷款常态化、可持续增长，制造业贷款余额 683 亿元。民营企业贷款余额 753 亿元，全年新增 124 亿元，占全部对公贷款新增的 66%。开展市场化债转股业务，多层次服务省属集团、地方国企、上市公司，助力客户"调结构、促转型"，储备债转股项目 20 亿元。

发展普惠金融。立足"小微快贷"等大数据产品，累计为全省近 4.3 万家小微企业提供在线融资超 787 亿元，占小企业贷款总量的 75%。其中，通过银税直联"云税贷"服务，累计为全省 1.5 万家诚信纳税企业发放贷款 275 亿元。利用"建行惠懂你"APP，推广"一分钟融资、一站式服务、一价式收费"，有 9 万户客户绑定应用，累计支用贷款 64 亿元。至年末，普惠金融贷款余额 324 亿元，连续 3 年完成"两增两控"目标，其中小微企业法人贷款余额也连续 3 年位居当地四行首位。当年新发放小微企业贷款平均年利 4.95%，降低 144 个基点。

支持乡村振兴。落实与省农业农村厅的战略合作，出台服务乡村振兴战略 34 条举措。创新"闽茶贷""闽果贷""闽匠贷"等"惠闽宝"系列产品，中标农业农村部"金融支农创新试点政府购买服务"；探索服务县域乡村"一群一方案、一链一产品、一县一特色"的模式，涉农贷款余额 1028 亿元。打造"智慧乡村"平台，深化"互联网+农业"电商模式，"裕农通·村村通"覆盖全省行政村。

打造金融科技平台。利用大数据优势，深耕金融科技"云平台"，探索输出科技能力。搭建宗教事务、精准扶贫、公积金网上云、住房租赁、安心养老、公益教育、党群、智慧政务等近20个服务平台。紧跟“数字福建”建设步伐，为数字福建云计算中心（社会和企业云）、永定光电信息产业园孵化器建设项目等高科技项目提供全方位的“融资、融智”综合金融服务。至年底，支持技术服务业等客户超1100家。

做好住房服务。支持居民改善住房，全年投放个人住房贷款691亿元，惠及约12万个家庭。发展符合福建实际的“租房”模式，打造“要租房 到建行”品牌，与所有设区市和平潭综合实验区开展住房租赁战略合作签约，率先与房企战略合作、率先上线运营平台、率先储备租赁房源。至年底，累计签约企业236家，储备公司住房租赁贷款8.48亿元，累计投放4.18亿元，上线房源37.83万套。探索“数字房产”，配合住建部做好住房信息联网、公租房系统贯标联网。全国首推全流程线上公积金冲还租金业务。服务福州市政府入围“中央财政支持住房租赁试点城市”，并全程参与试点工作落地。创新“租房+养老+金融”新模式，挂牌“建融家园”各类主题公寓7个。打造“云集公寓”全国建行样板，探索社区生活新生态。

支持消费升级。扩大与互联网电商平台、购车、家装、旅游、商场消费等领域的合作，发展“快贷”，稳步推进个人消费金融发展。至年底，打造公交、校园、医疗、旅游、车友、ETC、县域等金融消费生态圈20多个，累计投放204亿元个人消费贷款，信用卡消费交易额1704亿元。

深入开展扶贫。推进金融扶贫、产业扶贫、电商扶贫、公益扶贫、定点扶贫，扶贫贷款余额43.9亿元，对辖内贫困县电商扶贫100%全覆盖。建行作为主要参与方的“漳州市电商助力精准扶贫”案例入选国务院扶贫办《全国脱贫攻坚典型案例选编》；向总行累计申请定点扶贫项目资金60万元。

服务社会。全辖470个网点均挂牌“劳动者港湾”，实现手语服务全覆盖，80%网点对外开放卫生间，60%网点设立无障碍通道，服务劳动者超400万人次。先后与32家单位开展文明与惠民共建，在福建第二届“金碑奖”金融评选中，获得“年度社会责任贡献奖”。发挥建行大学优势，推进“金智惠民、智惠八闽”工程，携手政府、高校、企业等，通过产教融合走进各行各业，先后培训小微企业主、个体工商户、涉农群体、高校师生、现役和退役军人等共6.2万人次。

支持重点领域建设。至年底，支持2167家节能减排企业，信贷余额556.5亿元，比上年增加35.23亿元，增长10.77%；绿色信贷余额189亿元，全年新增18.34亿元。严格授信审批。加强绿色信贷管理，严格客户在环保方面的信贷准入条件，执行“环保一票否决”，将环境和社会风险纳入全面风险管理体系。绿色金融创新。完善绿色金融产品体系，率先推出海绵城市、综合管廊建设等绿色贷款业务，并承销绿色金融债券73亿元。与省生态环境厅合作，创新企业环境信用动态评价联动机制，2019年6月开始以来，对113个客户进行环境信用评价，对评价结果良好的客户加大信贷支持，新增投放9.96亿元。

（周 卉）

【交通银行福建省分行】 2019年末，交通银行福建省分行本外币各项存款时点余额417.98亿元，其中对公存款余额305.65亿元，储蓄存款余额112.33亿元。本外币各项存款日均余额438.48亿元，较年初增长42.92亿元，增长10.85%；人民币各项存款日均增量计划完成率175.49%，在系统内排名第2位。人民币低成本存款日均余额较年初增长20.52亿元至300.65亿元，增长7.33%。

资产规模不断壮大。2019年末，本外币各项贷款时点余额705.84亿元，比年初增加91.04亿元，增长14.81%。小微企业贷款比年初增加32.32亿元至169.47亿元，增长23.57%，其中普惠“两增”贷款净增6.49亿元，计划完成率108.12%，全面完成监管任务。年内民营企业贷款净增50.86亿元，制造业贷款净增14.19亿元，普惠型涉农贷款净增2.31亿元，分别比上年增长25.68%、12.77%和130.51%，在“全省银行机构服务民营企业发展激励评价”中名列前茅。个人贷款余额较年初增加20.41亿元至191.1亿元，增长11.96%。

经营质效持续提升。2019年，实现经营利润12.34亿元，比上年增加1.73亿元，增长16.32%，人均经营利润增加13.84万元至101.19万元，增长15.85%；实现手续费佣金及交易型净收入5.3亿元，增加4627万元，增长

2019年9月28日，时值中华人民共和国成立70周年、福建交行重新组建30周年之际，交通银行福建省分行在福建广电大剧院举行“礼赞新中国·奋进新福建·共筑交行梦”庆祝中华人民共和国成立70周年文艺汇演

（交通银行福建省分行供稿）

9.56%。年末成本收入比为29.21%，较上年再降低2.94个百分点，连续3年持续下降。负债成本控制良好，人民币各项存款加权平均利率降低0.32个百分点，下降幅度在系统内排名第2位。

资产质量保持稳定。2019年末，处置表内风险资产15.06亿元，不良贷款余额较年初降低1.96亿元至12.19亿元；不良贷款率较年初降低0.57个百分点至1.73%，比全省平均水平多降0.24个百分点。逾期（含垫款、欠息）贷款余额15.71亿元，较年初增加0.80亿元；逾欠贷款率2.23%，较年初下降0.2%。

网点改革推进。网点综合化改革深入推进，压降办理现金业务的高柜55个，分流营运人员24名，进度达成率104.35%。全年客户服务经理推介大额存单、手机银行、借记卡、信用卡、鉴权工具签约等业务40.7万笔，涉及金额合计6.19亿元。压降网点经营面积1100.63平方米，近5年来累计压降网点经营面积7422.38平方米，计划完成率356.85%。手机扫码取号占比系统内排名第6位，电子银行分流率98.57%，较年初基数96.98%提升1.59个百分点，超交行系统优秀线（97.3%）1.27个百分点。（征　鹏）

【中国邮政储蓄银行福建省分行】 截至2019年末，中国邮政储蓄银行福建省分行总资产2094.3亿元。新增各项存款117.34亿元，余额1895.06亿元；新增各项贷款172.25亿元，余额1356.36亿元。不良率0.84%，优于福建省同业平均水平。

业务发展。小额贷款新增44.17亿元，余额382.22亿元。小企业贷款新增15.6亿元，余额101.32亿元。消费贷款新增86.87亿元，余额488.61亿元。新增发放信用卡38.96万张，新增客户24.02万户，年累计消费金额726.39亿元，分期金额50.32亿元。手机银行新增激活客户32.6万户。

风险管控。开展分支机构“一把手”案防工作述职，层层签订案防责任书；通过整治乱象工作发现问题业务291笔，整改275笔，整改率94.50%。开展违规问题讨论会1817场，开展信贷文化讨论会111场次，参与人员1755人次，员工行为排查2.14万人次；通过营业主管柜面“把关堵口”，堵截风险事件261起，涉及金额82.7万元。开展各类专项排查、日常检查386项，发现问题6901个，问责2.02万人次。

基础管理。财务管理方面，存贷款定价模型及应用项目获全国邮政科技创新一等奖，利率“五化”管理项目被评为全国交通企业协会管理创新成果二等奖。营运支撑方面，完成统一柜面管理平台试点及推广上线，取消企业账户许可工作，柜面开户类处理时效、对账及时率等指标排名邮储系统第一位，公司账户开户时间压缩至1小时内。信贷审查审批流程方面，明确审查审批标准、公开审查进度、加强时限考核、开展平行作业，建立健全标准统一的管理体系，授信审查审批平均耗时4.8天，较2018年缩短0.9天。

转型创新。引入商业智能平台、人工智能大数据建模平台等四大前沿基础技术平台，开发、上线业务自助分析、手机移动业务驾驶舱、客户精准营销等系统，6个项目获全国邮政企业科技、管理现代化创新成果奖，6个项目获总行研究课题、管理创新、大数据分析应用竞赛奖，累计打造16个6S标杆网点，2个网点获中国银行业协会文明规范服务五星级营业网点称号。

社会责任。助力乡村振兴战略、实体经济转型、生态文明建设、消费行为升级，新增涉农贷款39.86亿元，新增精准扶贫贷款2.83亿元，新增小微企业贷款52亿元，新增民营企业贷款576.29亿元，新增绿色信贷15.23亿元。省分行及辖内分支机构获通信行业管理创新成果三等奖、全国交通运输服务文化建设优秀单位、“福建金融五一劳动奖章”等荣誉。（周珊珊）

2019年，中国邮政储蓄银行福建省分行信贷支持建设的福州新港国际集装箱码头项目　（中国邮政储蓄银行福建省分行供稿）

【兴业银行】 2019年，兴业银行保持平稳健康发展。年末集团总资产7.15万亿元，比上年增长6.47%；全年营业净收入1813.08亿元，增长14.54%；非息净收入增长25.05%，在营业收入中的比重达到43.20%。成本收入比26.03%，比上年降低0.86个百分点；归属于母公司股东的净利润658.68亿元，增长8.66%。不良贷款率1.54%，较年初降低0.03个百分点。年末存款较年初增长13.79%，执行法定利率的存款较年初增长22.11%，执行法定利率存款在负债中的占比达到49.76%，较上年末提高6.68个百分点。贷款较年初增长17.29%，在总资产中的占比达到48.16%，较上年末提高4.45个百分点。净利差提高10个BP，净息差提高11个BP。年末流动性比例75.53%，

2019 年 12 月 19 日，兴业银行全资理财子公司兴银理财有限责任公司在福州开业 （兴业银行供稿）

流动性覆盖率 179.64%，净稳定资金比例 104.57%，主要流动性指标均符合监管要求。成功发行 300 亿元优先股、500 亿元二级资本债，资本充足率、一级资本充足率、核心一级资本充足率分别为 13.36%、10.56%、9.47%，均较年初有所上升。在英国《银行家》杂志“全球银行 1000 强”榜单中，按一级资本排名第 23 位，上升 3 位；按总资产排名第 28 位，与上年持平。在美国《财富》杂志“世界企业 500 强”榜单中，按营业收入排名第 213 位，上升 24 位。惠誉将长期外币发行人违约评级从 BB+ 上调为 BBB- 级，明晟将企业 ESG（环境、社会及公司治理）评级由 BBB 上调为 A 级。

重点业务创新。对外加强绿色金融产品创新，与财政部下属中国清洁发展机制基金合作，开展绿色创新投资业务“绿创贷”，以多方合作的形式为企业提供低成本资金，参与全国金融标准化绿色金融标准工作组、“一带一路”绿色发展国际联盟、亚洲金融协会绿色金融合作委员会相关工作，推动中国绿色金融体系不断完善。至 2019 年末，绿色金融融资余额 10109 亿元，绿色金融客户 14764 家，提前一年实现到 2020 年集团绿色金融融资余额突破 1 万亿元、绿色金融客户突破 1 万户“两个一万”目标。对内加强科技支撑，自主研发的绿色金融业务系统获人民银行科技发展奖二等奖，并在“福建省十大金融创新项目”评选中获评第一名。

全年实现非金融企业债务融资工具承销 795 只 5209.65 亿元，承销只数和规模蝉联市场第一位，连续 8 年领跑股份制银行。构建轻型投行，加强资产流转，发行四期 CLO 及两期 RMBS，规模合计 465.02 亿元。建立起包括“股债贷转”全产品链的“兴财资”大流转平台，为广大商行客户与投行合作伙伴直接对接融资需求提供强大助力。

理财子公司设立。2019 年，兴银理财设立并开业，年末，非保本理财产品规模 13292.33 亿元，市场排名第五，其中新产品规模 5767.20 亿元，市场排名第三。在普益标准发布的理财能力评价报告中，综合理财能力连续 9 个季度排名第一。

深化金融科技体制机制改革。将银行研发力量整体注入兴业数金公司，建立更加市场化的激励约束机制，增强科技与业务的融合。重点构建“连接一切”的能力，开放银行场景拓展与生态互联齐头并进。F 端探索第三方开放平台建设，理财 TA 系统与蚂蚁金服、腾讯金融等头部流量平台积极对接。B 端持续升级“兴车融”平台，汽车金融生态圈初具雏形，服务汽车行业客户超过 8000 户。C 端上线新版手机银行，持续优化“好兴动”，打造社交化、智能型、开放性移动应用，“好兴动”年度新增绑卡用户 825 万。上线集团统一授信等项目，流程银行建设工作基本完成。加快区块链、人工智能等新技术赋能业务场景，推动 RPA 流程机器人规模化应用，集团内累计交付 400 多个机器人，减少运营成本上千万元，累计新增收入超过 7 亿元。

服务实体经济。年末，全行普惠型小微企业客户数、贷款余额分别比上年增长 56.59%、37.01%，超额完成“两增两控”监管要求。完善产品体系，加快工业厂房、设备按揭贷、诚易贷、税易融等重点产品投放，创设年审贷、知识产权质押、科技贷等产品，满足小微企业多元融资需求。上线运行自主研发的小微企业全流程线上融资系统，推出“快易贷”“快押贷”两大线上融资产品，在杭州、广州、武汉及福建省内分行陆续开展，借助金融大数据的汇聚应用，通过线上风控评审快速批贷放贷，提高小微企业融资效率。线上中小企业综合金融服务平台“金服云”，完成一期系统建设并上线运行，实现小微企业金融供需线上高效对接。年末，平台对接 17 个政府部门的政务数据和企业经济数据，平台参与金融机构 7 家、注册企业 1648 家，发布融资需求 81 亿元，解决融资需求 28 亿元，线上对接线下放款 59 笔合计 7 亿元。

提升居民金融服务体验。支持居民经营、消费等多方面融资需求，探索线上贷款模式，线上自助消费信贷产品“兴闪贷”，累计用户 10.24 万人，全年新增零售贷款 1919 亿元。互联网财富管理平台“钱大掌柜”注册客户突破 1400 万人，与 16 家省级联社达成“财富云”理财代销合作关系，通过线上为客户提供高效理财服务。完善互联网支付场景平台，开展“织网工程”，推出具有余额理财和余额支付功能的“兴财付”服务，两卡快捷支付有效绑卡客户数 3595.1 万户，较年初增加 919.6 万户。强化养老金第二支柱建设，争取养老金第三支柱政策红利，逐步壮大养老金融生态圈，“安愉人生”客户数 193.51 万户，新增 20.04 万户。

服务福建。加强福建总部建设。按照省委省政府要求，对标“八大金融工程”，制定全面加强福建业务总部建设工作方案并落实。年内在福州注册的注册资本50亿元的兴银理财子公司开业，设在厦门的两岸人民币清算中心升格为两岸金融服务中心，逐步把设在省外的一些职能特别是综合管理职能回迁省内，江滨总部大楼投入使用，集团福州营运中心开工，推动集团资源共享。

加大各类融资支持。年末，省内机构各项贷款余额8776亿元，较年初增加1931亿元，增长28%，贷款份额和增量皆排名市场第一位。省内存贷比143%，较全行平均水平高64个百分点。除信贷外，通过地方债投资、非标投资、债券承销等形式在省内投放资金，余额2600亿元。

做好重点领域工作。加大对重点项目的支持，截至年末支持省级重点项目76个，全年投放资金112亿元，融资余额超过200亿元。重视民营企业金融服务，年末民营企业贷款户数4271户，占企金贷款户数的83%，贷款余额912亿元，占对公贷款余额的44%。开展普惠金融，普惠型小微企业贷款户数25825户，较年初增加15954户，贷款余额406亿元，较年初新增156亿元，增长62%，贷款增量在同类型银行中排名第一，较好完成监管要求。将技改基金扩盘至120亿元，累计投放项目111个，投放金额119亿元，推动980亿元制造业企业技术改造项目建设，实现财政资金撬动社会资本投资比例达1∶49，每年为企业降低融资成本约3亿元。发挥绿色金融优势，截至年末累计向省内客户发放绿色金融融资1287亿元，融资余额563亿元，比年初增加126亿元。

保持资产质量稳定。全年在福建省内核销119亿元，占全行的50.3%，远高于省内业务在全行的占比。年末省内机构不良贷款率1.18%，低于全行及福建省平均水平。

担当企业社会责任。全年在省内入库税款合计95.37亿元，较上年增长25.62%。向省财政分红26.92亿元。下拨政和县爱心扶贫基金捐款200万元、县实验小学援建款750万元，自2012年挂钩政和县定点扶贫以来捐资超过4000万元。在第五轮挂钩村扶贫工作中为南平市大梨溪村、龙岩市永定区湖雷镇增瑞村补充帮扶资金61.55万元。与省关工委签订新一轮兴业银行关心下一代奖学金协议（2020—2024年），计划5年捐赠150万元。与厦门大学、福州大学、集美大学、福建师范大学、福建农林大学签约仪式，启动新一轮助学计划（2019—2022年），计划4年捐资1000万元。（曹占涛）

【中信银行福州分行】 截至2019年末，中信银行福州分行各项存款余额650亿元，新增87亿元；各项贷款余额618亿元，新增133亿元。在福州、泉州、莆田、漳州、龙岩、宁德、三明设立营业网点52家。

公司业务方面，支持实体经济、民营企业和普惠金融。加大制造业投入，助力全省经济转型升级，对接民营龙头企业，助推民企战略发展，倾斜基础设施建设，支持改善民生环境，加大发债直融支持，开展并购、银团融资，为企业争取低定价资源，强化政策倾斜。落地系统内首笔无还本续贷业务，创新推出畲乡贷、绿色贷、环保贷、拥军贷四大属地化特色普惠金融产品，提前完成总行和监管部门任务。发挥中信集团协同优势，促成中信重工泉州智能装备产业基地、中信旅游莆田国际研学中心两个百亿元级项目在福建落地。全年为福建支柱产业、基础设施和民生领域等重点项目，以及民营企业、小微企业等提供综合融资超过1300亿元。

零售业务方面，强化服务体系建设，满足广大客户的差异化金融服务需求。加强消费者权益保护，细化、完善金融知识宣教、投诉处理等工作制度，全方位、多频次、全覆盖开展消保培训。结合福建市场和文化特征打造“婚嫁金融、寺庙金融、出国金融、拆迁金融”四大品牌，上线配套的手机银行、微信银行平台。践行“信守温度”品牌新主张，着力提升网点服务品质，中信银行福州分行营业部成功获评“2019年银行业文明规范服务百佳单位”称号，成为全省股份制银行首家、也是唯一一家获评百佳的网点。

风险管理方面，严把项目准入关，支持省市百强县国有企业和优质民营头部实体企业，实现结构优化。落实贷后管理，防范风险新增。执行不减少信贷规模、不釜底抽薪、不提高续贷门槛、不随意抽贷、不随意收贷压贷的“五不”要求，与企业保持“互尊、互信、互荣、公开”的良好关系，一户一策支持企业重组脱困，营造良好的营商环境。运用多种手段防问题、化不良，向资产清收要效益。（唐夏芸）

【招商银行福州分行】 2019年末，招商银行福州分行各项人民币贷款余额608.74亿元，新增46.23亿元；自营存款余额449.5亿元，新增29.9亿元；不良贷款余额6.09亿元，较年初减少3.2亿元；不良贷款率0.99%，降低0.64个百分点，创2013年以来最低水平。实现利息净收入17.7亿元，非息收入4.43亿元，经济利润9.9亿元。

巩固零售地位。零售存贷款规模齐创新高，零售存款日均增量、时点增量分别达15.7亿元、30.6亿元；住房贷款余额突破200亿元大关，小微贷增量13.75亿元，优质闪电贷余额突破20亿元；客群增长有效带动业务规模提升，新增零售中高端客户4万户，管理客户总资产存量月日均余额破520亿元，创历史最好水平。

补齐批发客群短板。对公高价值客户净增243户，有效户净增1839户，小企业价值客户新增148户，政采贷、高新贷等创新型两小贷款相继破题。机构业务引流地方政府专项债资金近50亿元，中标2020年福建省地方政府专项债服务银行资格；新增省职业年金受托资格、电子社保卡等10项资格。投行债券承销金额160亿元，撮合业务余额42.7亿元，比上年增长4.4倍，落地福建省近6年唯一成功注册并发行的保债计划20亿元。

升级金融科技模式。校园、出行、便民、政务等重点场景相继发力，揽获社保、非税两大便民服务场景，首家完成财政厅省级非税电子化清算代理；全年新增云缴费商户235户，其中党费商户174户，党费用户数近万户。

风险防控。打造支撑高质量发展的风控体系，不良额全年减少3.2亿元，不良率降低0.64个百分点；不良生成额2.83亿元，关注类贷款2.37亿元，减少1.12亿元，关注率0.39%，降低0.22个百分点；不良处置进程加快，完成对公存量现金清收3.22亿元，零售清收1.62亿元。 （林 亮）

【光大银行福州分行】 截至2019年12月15日，光大银行福州分行一般存款时点余额535亿元，较年初新增87亿元；一般存款日均余额482亿元，较年初新增83亿元。核心存款时点余额398亿元，较年初新增97亿元；核心存款日均余额337亿元。前三季度末，对公一般存款规模位列福州市辖“7＋1”股份制商业银行第二位，资产收益率管理连续5年优于系统内其他分行；零售客户9项资产时点余额574亿元，较年初新增104亿元；存款及9项资产规模均创下历史新高。

支持民营经济。累计投放民营企业贷款134亿元，2019年末民营企业授信余额占比67%，户数占比83%。以“小额化、分散化、便利化”为思路，以“供应链、大数据、线上化”为抓手，完善普惠金融体系，构建普惠金融特色产品体系和特色服务。为满足政府采购项目中标企业资金需求，推出“政采融易贷”“光速贷”等线上化融资产品，联合福建省科技厅、商务厅推出“科技贷”“助保贷”等创新类产品，发展“知识产权质押”“节能融易贷”等特色产品，加大产品创新，加速业务响应，支持民营企业和小微企业等实体经济。通过“助保贷”累计为福建省进出口企业提供信贷支持近60亿元，拓展供应链项目，通过美团、朴朴、普天药械网等平台加强交易银行建设，做大做强供应链金融。

助力福建高质量发展。凭借在职业年金领域的强大实力，光大银行中标福建省职业年金托管人资格；2019年累计承销福建省地方债37亿元，作为牵头主承销商成功为福建冶金（控股）首次注册60亿元中期票据，3月20日实现首发；独立主承销的漳州城投集团2019年度第二期永续中票成功发行，票面利率4.94%，创2019年同评级同品种同期限信用发行的利率最低；心系民营经济、聚力中国制造，与宁德时代签署战略合作协议。

便民服务。2019年完成福建省非税收入收缴云缴费项目的系统对接。该项目覆盖省出入境管理局等10多项非税收缴项目；与福建省退役军人事务厅签署《拥军优抚合作协议》，为军人军属、退役军人等优抚对象提供优先、优质、优惠的四大专属金融服务；与福建省市场监督管理局签署工商登记代办合作协议，体现服务社会、便民利民的社会责任。

打造一流财富管理银行。围绕“打造一流财富管理银行”的目标，福州分行通过打造“阳光财富品牌”、加强产融融合、建立可信赖理财团队，整合总行集贤汇、保险渠道、基金渠道、留学中介、三甲医院、公立学校等优质渠道，开展投资策略会、税法专题讲座、教育留学等25场高净值客户活动。

风险防控。福州分行多措并举优化开户流程，做好企业银行账户业务风险堵截工作，严守开户环节第一道防线，被人民银行福州中心支行评为堵截企业银行账户业务风险先进单位。在2019年6月公安部组织的“护网行动”中，光大银行在银行业排名第五，在股份制银行排名第一。

优化网点布局。2019年福州分行网点布局日益优化，漳州支行成立9周年之际升格为漳州分行；福建地区第一家二级分行泉州分行成立10周年；福清支行、晋安支行完成迁址租赁工作，填补支行网点区域空白；国货路支行、省体支行完成重装改造、盛大开业；王庄社区支行、福清龙旺名城社区支行开业，助力零售业务蓬勃发展。截至12月末，福州分行设立二级分行5家、营业网点86个。 （俞君静）

【外资和中外合资银行】 2019年末，福建省有外资银行19家，从业人员1020人，总体呈现平稳发展态势，信用风险防控形势良好，差异化经营特色进一步凸显，服务能力持续提升。市场份额持续上升。资产总额670.14亿元，比上年增加81.49亿元，增长13.84%，高于全省银行业总体水平，外资银行在全省银行业中的资产份额保持上升趋势。贷款有序投放。各项贷款余额341.48亿元，比上年增加50.44亿元，增长17.33%，其中批发零售业以及水利、环境和公共基础设施业增长较快。存款稳步增长。各项存款余额272.85亿元，比上年增加37.34亿元，增长15.86%，以单位存款为主。资产质量保持稳定。不良贷款处置顺利推进，年末不良贷款率0.33%，降低0.35个百分点。全年实现净利润8.21亿元，比上年增长29.39%。净息差增加0.10个百分点，成本收入比下降2.86个百分点，盈利指标全面改善。 （唐福来）

【福建省农村信用社联合社】 2019年，福建省农信系统本外币余额7026.48亿元，比年初增长10.05%，市场份额14.1%；人民币存款7016.9亿元，比年初增长10.16%，市场份额14.39%，本外币、本币存款市场份额持续保持全省银行业“双第一”。贷款规模跃升到4396.26亿元，比年初增长13.64%，增幅高于全省银行业平均水平1.21个百分点，市场份额8.54%。不良贷款与不良贷款率连续2年实现“双降”，不良贷款率降至近5年最低水平，位居全国农信前列。经营效益实现新提升，全年入库税款63.39亿元，比上年增加6.17亿元、增长10.78%。

普惠金融。深耕支农支小主业，发布“万通宝·信用贷”“万通宝·小微贷”两款普惠性专属贷款产品，以14%的存款市场份额发放全省超20%的涉农贷款、超50%的农户贷款、超20%的小微企业贷款，支农、支小、扶贫、扶绿以及生源地助学贷款、信用工程建设方面共20项业务指标位居全省第一，助力农业供给侧结构性改革。推进客户建档和信用创建等基础性工作，优化金融生态，累计评定信用户329万户，创建信用村（社区）、信用乡（镇）315个，创建福建省第二个“农村金融信用县”。

转型创新。电子交易占比96.3%。手机银行签约客户数1133万户，动户率比上年增长25.8%；“手机号码支付”业务注册量位居全国银行业第三、农信系统第一，获2019中国金融年度品牌案例大赛“手机号码支付”案例特别奖。微信银行绑卡量突破600万张，覆盖率43%，比上年增长1.25倍。扫码收单商户、日均交易量、日均交易金额3项指标均位居全省同业第一。移动支付便民工程总得分、云闪付APP、商户数、云闪付行业接入、支付场景数、商圈街区改造数、收银员发展数等7项指标均位居全省同业第一，并获评“优秀收单机构”等称号。在全国农信系统首创开放式平台化代销理财系统。开办银星速汇国际汇款业务，打通县域农村跨境金融服务“最后一公里”。

优化品牌形象。实施“万名金融助理驻万村”工程、推广“党建+金融助理”服务模式，派驻金融助理5365名，聘任乡村振兴信息员2178名，覆盖全省12335个行政村，覆盖率80%，获省领导批示肯定。推进“红色农信诞生地”课题研究，形成“一书两馆三旧址”研究成果，举办红色农信诞生90周年纪念活动和红色农信诞生地展览馆开馆仪式，研究成果得到党史研究部门及全国农信系统广泛认可。主办并总冠名2019年福建省运动健身进万家活动、2019年福州国际马拉松比赛。（张传勋）

证券　信托

【概况】　截至2019年底，福建省辖区有上市公司90家，证券公司2家，期货公司3家，基金公司2家，证券投资咨询公司2家，证券期货、基金子公司、分公司70家，证券营业部367家，期货营业部61家。

直接融资渠道。2019年，福建省辖区境内上市公司、挂牌企业及非上市公司累计实现直接融资2160.34亿元。其中，2家公司实现首发上市，首发融资22.66亿元；17家次上市公司、挂牌公司通过定向增发、配股、新三板定增等方式实现股权再融资391.42亿元；34家次上市公司实现债券融资1074.1亿元；97家次非上市公司通过债券融资672.16亿元。截至2019年底，辖区还有3家企业已过会待发行，4家企业已向证监会申报IPO。46家上市公司启动再融资工作，拟融资1304.35亿元。

上市公司。截至2019年底，福建省辖区有境内上市公司90家、总股本1350.99亿股、总市值15035.86亿元，分列全国第12位、8位和10位；资产总额86396.6亿元、净资产9759.53亿元，分列全国第5位和7位。2019年度各上市公司实现营业收入8525.26亿元、净利润960.97亿元，分别比上年增长17.79%、11.04%；平均每股收益0.71元、平均净资产收益率10.43%，分别是全国平均水平的1.37倍和1.08倍。并购重组方面，全年有5家次上市公司公告开展重大资产重组，涉及金额57.27亿元。

证券期货经营机构。2019年，福建省辖区2家证券公司实现营业收入93.44亿元、利润总额30.82亿元、净利润25.77亿元；辖区367家开展经纪业务的证券分支机构累计代理买卖证券总额137473.62亿元，实现营业收入34.72亿元、利润总额9.62亿元、净利润8.86亿元。辖区3家期货公司保证金规模114.02亿元，实现净利润6548.74万元，累计代理成交金额14.94万亿元。辖区61家期货分支机构保证金48.06亿元，累计代理成交金额6.08万亿元，净利润－2744.82万元。

私募投资基金。截至12月底，福建省辖区完成登记的私募基金管理人228家，备案私募基金（含投资顾问管理型）821只，管理资金规模1480.2亿元，分别比上年增长0.44%、18.3%和6.34%，成为直接融资的新渠道。

场外市场建设。截至2019年底，福建省辖区有“新三板”挂牌企业180家。海交中心挂牌企业4087家，托管总股本180.2亿股，中心与省内13家银行签订战略合作协议，合计授信额度205亿元，已通过股权交易、定向增资、引进私募股权投资、委托债权投资等方式为企业对接融资59.92亿元。

市场监管。2019年，中国证券监督管理委员会福建监管局累计收到投诉举报128件，比2018年增长7.56%。对49个涉非线索开展排查，办结投诉举报119件，为2000多名群众挽回经济损失共3亿余元。通过对涉非投诉举报的初步核查，向公安机关提供咨询服务22次，出具32份性质资质认定文件，移送3条涉嫌犯罪线索。（魏　婧）

【兴业证券股份有限公司】　2019年，兴业证券资本实力保持稳定增长，经营业绩大幅增长。至年末，集团总资产1706亿元、净资产370亿元，分别比上年增长10%和5%。全年实现营业收入142.5亿元、净利润19.2亿元，分别比上年增长1.19倍、2.33倍，收入利润行业排名分别提升至16位和18位。集团综合经营实力持续增强。其中，财富管理转型稳步推进，经纪业务市场竞争力持续提升，资产管理业务规模持续增长，公募产品业绩保持行业领先；研究与机构服务业务稳定在行业第一梯队；债券承销业务保持优势，并积极开拓各类创新业务，完成多项ABS业务行业首单；抓住科创板战略机遇，保荐福建福光股份首批登陆上交所科创板。整体经营管理更上层楼，蝉联福建省百强企业称号，获得证券公司分类监管A类A级评价，在绿色金融、投资者教育、扶贫公益等社会责任领域也取得突出成绩。

证券及期货经纪业务。在证券经纪

业务领域，兴业证券2019年股票基金交易总金额5.09万亿元，比上年增长47%。全年母公司实现代理买卖证券业务净收入（不含席位）7.86亿元，比上年增长37%。在金融产品销售业务领域，兴业证券全年实现代理金融产品销售净收入1.99亿元，行业排名第六位。在融资融券业务领域，截至2019年末，兴业证券融资融券期末余额167.32亿元，比上年末增长39%，高于行业增幅4个百分点。在期货经纪业务领域，兴业证券控股子公司兴证期货有限公司期末客户权益101.41亿元，比上年末增长24%。商品期货成交额市场份额1.90%，金融期货业务保持一贯优势，成交额市场份额3.39%。

投资银行业务。在股权融资业务领域，2019年兴业证券完成主承销2单IPO项目、6单再融资项目，主承销金额77亿元；项目储备不断丰富，2019年末在会项目数量23个，为下一阶段发展奠定坚实基础。在债券融资业务领域，2019年兴业证券完成主承销10单企业债、92单公司债，主承销金额636亿元。在中小微企业融资业务领域，2019年兴业证券新增挂牌企业4家，当年发行股票金额2.91亿元。在区域股权市场领域，兴业证券参股的海峡股权交易中心新设立海峡基金港，有效促进私募基金聚集以缓解中小微企业融资难问题；设立上市后备企业培育孵化基地，为上市后备企业提供辅导、培训、咨询等服务，助力服务福建省内实体经济。

资产管理业务。在券商资产管理业务领域，兴业证券全资子公司兴证证券资产管理有限公司截至2019年12月末，受托管理资产规模624亿元。在公募基金管理业务领域，兴业证券控股子公司兴证全球基金管理有限公司各项业务稳健发展，截至2019年12月末，兴证基金资产管理总规模3790亿元，较年初增长46%，其中公募基金规模3072亿元，较年初增长64%。在私募股权投资业务领域，兴业证券全资子公司兴证创新资本管理有限公司主动积极开拓各类机构客户，加强与潜在基石客户的沟通，截至2019年12月末，管理基金规模66亿元。

研究与机构销售业务。在研究服务领域，2019年兴业证券研究实力和机构服务能力稳定在行业第一梯队，在新财富最佳分析师、水晶球最佳分析师、金牛最佳分析师、上证报最具影响力研究机构等权威评选中获得佳绩，“兴证研究”品牌影响力进一步扩大，机构客户数量持续增长，机构服务半径不断拓宽，公司席位佣金收入市场份额继续保持较高水平。在券商交易结算业务领域，兴业证券把握券商交易结算模式试点转常规的发展机遇，抓住业务增速发展机会，为公募管理人提供全流程综合服务。在资产托管和外包服务领域，兴业证券资产托管与外包服务存量产品分别为2331只、2194只，资产托管和外包服务业务存续规模1717亿元，比上年增长95%。

自营投资业务。在证券自营投资领域，2019年，兴业证券始终坚持价值投资的理念，兼顾风险与收益的平衡，实现投资收益和公允价值变动损益合计40.34亿元，比上年增长31%。在另类投资业务领域，兴业证券全资子公司兴证投资管理有限公司积极开展相关业务，截至2019年末，兴证投资在投股权项目14个，投资规模4.42亿元。

海外业务。兴业证券通过全资子公司兴证（香港）金控及其持有的兴证国际开展海外业务，为客户提供包括环球证券及期货经纪、机构销售与研究、企业融资、固定收益、资产管理、私人财富管理等在内的全方位一站式金融服务，兴证国际于2019年1月在香港联交所转主板上市，港股托管市值在中资券商中排名第7位，股权融资额在中资券商中排名第9位，债权融资额在中资券商中排名第6位，参与澳门首单公募公司债——珠海华发莲花债的发行，设立首只公募基金“中国核心资产基金”。

服务新福建建设。兴业证券做好省内资本市场培育工作。持续加大资源投入，在班子分工、机构设置、人员配备、绩效考核等方面全面向省内倾斜，形成“培育一批、储备一批、申报一批、发行一批”的融资业务良好发展态势。加大与省内各级政府和重点企业的战略合作，提升合作的广度和深度。与福州、厦门等七市一区政府及多家省内龙头企业签署战略合作协议，在产业规划咨询、产业基金设立、资本市场培育服务等方面形成全方位多层次可落地的战略合作内容，并选派核心骨干到各地金融办等相关单位挂职。服务省内企业直接融资。全年综合运用股权债权等产品、通过多层次资本市场为全省企业实现境内外直接融资340亿元，其中股权融资72亿元、债券及结构融资268亿元，成功保荐全国首批、福建省首只科创板股票“福光股份”上市，做好福州瑞芯微、福建赛特新材两家企业IPO和厦门金龙汽车再融资发行工作，做好兴业银行、厦门象屿集团等企业债券融资准备工作。落实支持关键重点民营企业纾困工作的要求。通过管理的纾困基金全年向省内企业投资近11亿元，缓解福建省部分民营企业融资难、融资贵的问题。海峡股交中心建设得到强化提升。台资板、绿色生态板、科技创新专板建设加快推进，截至2019年期末累计展示企业3962家、挂牌企业178家，累计融资近60亿元，其中2019年新增展示企业1340家、新增挂牌企业100家，帮助中小微企业实现综合融资超10亿元。

社会责任履行。2019年，兴业证券通过兴业证券慈善基金会新设立兴证—长汀、政和、宁化3个扶贫专项基金和集美大学教育基金，为扶贫工作提供资金支持。“兴业证券福建省留守儿童关爱计划”第二期项目在全省10个贫困县全面铺开；捐赠30万元资助上杭县2019年“优秀园丁”奖教金项目，上杭县15位优秀教师获奖；捐赠500万元开展兴证—长汀县实验幼儿园分园建设及采购项目，已经捐赠250万元。捐赠26万元定向资助宁化溪背村幸福院改造提升项目，捐赠140万元在上杭石砌村落地开展清水治污工程。与福建团省委

2019 年 7 月 22 日，兴业证券保荐全国首批、福建首只科创板股票“福光股份”在上海证券交易所上市（兴业证券供稿）

合作，联合资助开展兴业证券福建省留守儿童关爱计划，第一期留守儿童关爱计划已结项并引入专业第三方评估机构进行评估，第二期的 10 个贫困县的项目已签约并落地开展。兴视野——阅读助学类项目。在原有 4 所小学 103 个班级图书角基础上，捐赠 14 万元开展建宁阅读助学项目，组织教师发展类工作；拨付 24 万元，支持省内贫困县的 6 所中学开设“研究性学习”课程，资助项目学校 40 多名学生参加省级、全国 ETS 大会、社团工作交流会。对口支援西藏昌都、闽宁协作宁夏隆德项目，助力精准脱贫。捐赠 165 万元联合隆德县团委等启动隆德县闽宁—兴证留守儿童研学基地项目等 4 个教育扶贫项目，对接隆德县团委、残疾人托养创业中心，打造以残疾人运营为主体的闽宁协作助残乐购平台，直接带动 1000 多名残疾人就业增收。联合福建团省委等单位开展第二期“闽藏亲·感党恩”昌都市好少年夏令营活动，昌都市 30 余名青少年到福建交流学习；向八宿县人民政府捐赠 152.99 万元，签约落地产业扶贫项目 3 个、特殊贫困人口的保障救助项目 1 个、教育扶贫项目 2 个，带动 1200 多名群众受益和近百人脱贫。（杨贤奔）

【兴业国际信托有限公司】 截至 2019 年末（合并口径），兴业国际信托有限公司（简称“公司”）固有资产 421.45 亿元，较上年末增长 12.07%；所有者权益 195.2 亿元，增长 11.27%；2019 年内实现营业收入 44.61 亿元，利润总额 21.88 亿元，净利润 16.64 亿元。经营业绩实现逆势增长，完成董事会下达的年度经营任务目标。

优化业务结构。截至 2019 年末，公司集团管理资产规模 6729.36 亿元，较年初下降 24.13%；公司存续信托业务规模 5499.59 亿元，其中主动管理信托业务存续规模 1284.57 亿元，较年初增长 17.51%；主动管理业务规模占比 23.36%，较年初提升 8.29 个百分点；全年累计新增信托业务规模 1508.81 亿元，其中主动管理业务新增规模 873.15 亿元，比上年增长 6.61%；全年实现信托业务收入 24.68 亿元，增长 15.59%，其中主动管理业务收入 17.66 亿元，增长 38.43%，占比较上年提高 71.55 个百分点。

特色业务。资产管理业务竞争力显著提升。按照“资管新规”净值化管理要求和市场需求，构建形成以“元丰”T+1 产品为核心的固收类资管产品体系。创设以二级市场股票直投为主的权益类资管产品，丰富证券类主动管理产品线。资本市场业务得到稳步推进，全面丰富证券信托业务产品线，完善业务支持配套体系，响应国家关于金融支持服务实体经济发展的号召，以全资子公司——兴业国信资产管理有限公司（简称“兴业国信资管”）为主体发起设立股权基金，通过受让三安集团持有的三安光电股份，为三安集团提供 10 亿元股权投资资金，为优质上市民营企业解难纾困。资产证券化业务保持较快发展势头，推进全链条资产证券化业务落地，业务规模稳步提升，被中债登评为八家“优秀 ABS 发行人”之一。股权投资业务取得新进展，房地产真实股权投资业务从无到有，建立起较为成熟的业务风控体系，多种业务新模式得到快速推广，形成良好的产品竞争力和品牌效应，成为服务战略级客户的有力产品工具。依托兴业国信资管私募股权投资专业化平台，深耕医疗健康、人工智能、节能环保等高新技术行业，私募股权投资价值判断能力和品牌效应不断增强。2019 年，已投企业福光股份成为福建省首家、全国第四家过会的科创板企业，并在上海证券交易所首批挂牌上市交易。财富管理业务体系进一步完善，推进财富直销团队和区域财富中心建设，成都、福州财富中心相继建成开业。完善财富人才、渠道、产品集中统一管理体系，优化网上信托功能，提升客户服务体验。

风险管控。完善风险管理体制机制，调整风控与审批部门设置，提升风险管理工作的整体性和有效性，逐步形成由一线经营部门自我管理、风险管理部门监督控制和内控审计部门独立评价所组成的职责明确、完整高效的风险管理三道防线，实现风险管理流程全覆盖。资产质量总体保持良好水平，拨备覆盖率大幅提升，风险抵御能力显著增强，各项监管指标均符合监管要求。在中国信托业协会组织的行业评级中，公司连续 4 年被评为最高等级 A 级，并在各类权威机构组织的评选活动中获“优秀资产管理机构奖”“优秀 ABS 发行人奖”“最佳家族信托机构奖”“2019 年度优秀财富管理品牌”“2018 年度最值得信赖金融机构资管股票策略奖”等多个奖项。

资产证券化业务。截至 2019 年末，公司存续公募资产证券化业务规模 708.24 亿元，较年初增长 24.14%；全年新增信贷资产证券化受托管理业务规模426.88亿元，比上年增长13%，被中债登评为“优秀ABS发行人”。2019年9月，公司作为发行人成功发行“兴银2019年第四期信贷资产证券化信托”，这是自2019年8月央行宣布改革完善贷款市场报价利率（LPR）形成机制以来市场上首单依据LPR定价的信贷ABS产品。

绿色信托业务。截至2019年末，公司存续绿色信托业务规模658.04亿元，全年新增绿色信托业务规模237.85亿元，其中主动管理类业务占比65%，较上年同期显著提升。

社会责任。截至2019年末，公司信托资产规模5632.91亿元。其中，信托资金投向实体经济规模3612.27亿元，占比65.68%。2019年，公司在注册地缴纳各类税费20.95亿元，支持地方经济社会发展。截至年末，公司绿色信托存续规模658.04亿元，涵盖清洁取暖、天然气、固废处理、绿色供应链等领域。2019年，公司为自然人投资者提供信托产品服务，规模1040.14亿元，全年向投资者分配信托收益315.08亿元。

支持地方实体经济。2019年，公司围绕国家金融支持实体经济发展的政策导向，增强信托服务实体经济能力，运用多元化金融服务手段，发挥金融支撑引领作用，支持省内实体经济发展和重点项目建设。公司持续提升自身盈利能力和对注册地的纳税贡献水平，年内累计在省内上缴各类税费20.95亿元，连续7年被评为“福建省纳税百强企业”。

发挥子公司牌照功能，增强综合金融服务能力。保持公司健康稳健的经营发展态势，2019年经福建银保监局同意将公司注册资本由50亿元变更为100亿元，完成增资事项有关的工商变更登记和备案手续，并换发营业执照，壮大自身资本实力，扩大福州金融体量。以全资子公司——兴业国信资产管理有限公司为平台，系统梳理行业领域，提升投研能力，重点围绕汽车及高端制造、节能环保、医疗健康及人工智能四大投资方向，探索新机会、拓宽新路径，集中精力关注福建省内具有一定行业影响力和科创板上市潜力的投资项目，加大股权投资业务布局，助力福建科创企业发展。在中国（福建）自贸试验区各片区及平潭综合试验区注册设立产业基金、有限合伙企业，推动闽台经济合作，促进国际业务发展。支持控股子公司——福建交易市场登记结算中心股份有限公司强化辅助地方金融监管职能，在交易场所辅助监管和全省地方金融监管综合平台建设方面发挥作用，为维护地方金融稳定，促进地方金融规范有序发展作出贡献。（陈舜杰）

保险

【概况】 2019年末，福建省保险公司主体数量61家（其中保险法人机构3家），其中财产险公司28家、人身险公司33家，各级保险公司机构网点2473家；保险专业中介机构主体245家，各级保险专业中介机构网点651家；保险从业人员34.6万人，其中代理制销售人员27.4万人。

经营运行平稳。2019年末，福建省保险公司总资产3058亿元，比年初增长16.2%。2019年，福建保险业累计实现保费收入（指原保险保费收入，下同）1174.8亿元，比上年增长8.6%，保费规模居全国第14位。其中，财产险保费338.4亿元，比上年增长7.3%；财产险保费中车险保费收入245.6亿元，增长4.9%。人身险保费836.4亿元，比上年增长9.2%，其中，人寿保险保费收入585亿元，增长4%；健康保险保费收入215.4亿元，增长27%；意外保险保费收入36亿元，增长5.2%。

服务经济社会能力。2019年，福建省保险业累计承担风险总额93.8万亿元，比上年增长44.7%；累计赔付支出364.2亿元，增长5.2%。其中，财产险赔付支出193.9亿元，比上年增长11.4%；人身险赔付支出170.3亿元，下降1.1%。2019年末，全省保险密度2956.9元/人，保险深度2.77%。

（唐福来）

【中国人民财产保险股份有限公司福建省分公司】 2019年，中国人民财产保险股份有限公司福建省分公司实现保费收入132.02亿元，比上年增长18.94%。

业务承保方面，福建人保财险坚持战略引领，实施积极的市场策略和激励政策，为公司整体发展注入强劲动力。车险发展超预期。通过智慧经营、整合资源，压实过程、灵活应对，增速与效益都取得较好成果。商业非车险发展实现新跨越。通过服务供给侧结构性改革，不断创新产品供给，做实“保险＋”系列，重点险种和战略性险种有效落地，责任险、意健险、普惠金融等取得较大突破，特种设备保险、电动车保险、助贷险、人人安康等高速增长，全国首创国际贸易“单一窗口”信用险。两个融合取得新进展。落实融合发展理念，整合优势资源，个人医保账户购买商业险取得突破，助力福建人保养老获得人保系统第一家职业年金正选资格和全省首单企业年金业务，荣获集团公司“一体化战略实施先进集体”称号。

社会责任方面，福建人保财险坚持履行国有企业社会责任，在服务乡村振兴、脱贫攻坚、社会保障、支农支小等领域发挥作用。服务乡村振兴战略，提标增品扩面，地方特色、一县一品等创新型业务“多点开花”。省政协委员、公司总经理骆少鸣在政协会议上提出“引入保险机制服务乡村振兴”作为年度重点提案，受到重视。参与脱贫攻坚战略，聚焦建档立卡贫困地区和贫困人群，全国首创产业扶贫专属保险产品，覆盖全省45万贫困户258个涉农项目，提供风险保障5.34亿元，获得政府和群众好评。助力社保体系完善，推动大病保险与非大病业务协同发展，服务覆盖2800万人，成为公司发展的最大动力。支持实体经济发展，加大普惠金融、支农支小力度，发展科技贷、青创贷、关税和履约保证保险，助力“三农”、小微和民营经济“降成本”，累计放款 3.38 亿元，支持三农和小微企业 5032 万户/次。

客户服务方面，福建人保财险开展服务标准化、投诉专项治理行动和卓越理赔服务工程，口碑形象持续彰显。客户体验和理赔效能持续优化，2019 年案均周期 7.68 天，理赔获赔率、结案率均排名全国前列。科技赋能客户体验。以流量思维促进“线下场景向线上迁移、线上运营向线下赋能”，微信成功上线一键救援、违章提醒、年检代办、机器人会话和药店直付等功能，自助理赔、视频查勘、移动协赔、线上报案、科技理赔等一批重点项目加速运用，在线处理赔案超 33 万件。全面推动“警保联动”向基层延伸。覆盖 8 个设区市 65 个县，并实现与交警“12123”系统的无缝对接，形成集车驾管、心服务、两站两员、快处快赔等于一体的特色服务新模式。漳州“警保联动”模式得到省交警总队和社会各界肯定。（葛　琳）

【中国人寿保险股份有限公司福建省分公司】　2019 年，中国人寿保险股份有限公司福建省分公司实现保费收入 205.05 亿元（不含厦门），比上年增长 2.43%。市场份额 31.55%，主要核心指标规模继续保持福建寿险市场第一。

2019 年，公司为 1088 万客户提供有效风险保障，累计支付满期金、生存金、养老金及理赔金 36.42 亿元。在政策性健康保险业务方面，公司在 5 个设区市为 568.26 万人承办大病保险业务，累计赔付 5.59 万人次，赔付金额 3.14 亿元。公司与地方政府及有关部门联合开展各类惠民工程，包括公务人员出行保险、退伍军人保险、残疾人保险、低保户意外伤害保险、环卫工人意外伤害保险、大学生村干部保险等业务，在关爱弱势和特殊人群、维护社会和农村基层组织稳定中发挥作用。

精准扶贫。公司发挥保险优势，实施产品扶贫、公益扶贫，为全面建成小康社会贡献力量。全年为 19.4 万建档立卡贫困人员承保扶贫业务，累计赔付 3824 人次，赔付金额 1332 万元。全省系统与各级计生协、妇联等部门联合开展各类爱心捐赠、帮扶活动，全省累计捐款支出 558.03 万元。

服务经济。2019 年 12 月 3 日，中国人寿保险（集团）公司与福建省人民政府在福州举行战略合作协议签约仪式。国寿集团将在投融资、保险及年金业务、养老养生与健康医疗、金融产品与服务创新等方面加强并深化合作，助力福建省治理能力和治理体系现代化建设。公司分 3 年对长汀县政府捐赠 100 万元，用于推进长汀水土流失的精准深层治理工作。

服务升级。公司发挥创新示范区的标杆作用，年度 4 个项目获得总公司创新奖。作为系统内首家实现在全省范围内利用第三方医保大数据开展理赔直付的公司，案件从申请到结案平均时长缩短约 75%。通过开展承保前和承保后风险排查、理赔调查工作、反保险欺诈识别等举措，化解潜在风险损失 4.37 亿元。保全电子化服务、个人及团体无纸化投保、智能外呼、微回访、智能柜面标准化建设、增值服务平台等众多科技服务的应用，提高服务效率与服务满意度。监管转办投诉总量较上年下降 36.17%。亿元保费投诉量小于全国系统平均水平。增值服务覆盖率及 VIP 服务项目使用率均居全国前茅。

风险防控。开展重点风险排查整治，完善《防范和处置非法集资工作指引》《失信被执行人风险滚动自查工作指引》等风控长效机制。保持 10 年 23 家机构反洗钱迎检“零处罚”的纪录，自人民银行实施反洗钱分类评级考核以来，连续 4 年考核成绩位列行业第一。

（黄欣彧）

【中国平安财产保险股份有限公司福建分公司】　2019 年，中国平安财产保险股份有限公司福建分公司全年累计实现保费收入 64.7 亿元，比上年增长 10.1%，纳税贡献逾 7.83 亿元。

2019 年，分公司找准保险业服务福建省重大战略的切入点，发挥保险社会“稳压器”和经济“助推器”功能，参与风险管理，为漳州核电、福建电网等一大批国家级、省级重点建设项目保驾护航，助推福建经济社会科学跨越发展。3 月 29 日，平安产险福建分公司成为全国示范性项目——2019—2021 年福建省江海堤防财产保险项目的首席承保人。5—7 月，分公司高效应对，江海堤防小型事故现场确定损失完成赔偿，大型事故开通绿色通道先行预赔，保障水利设施的及时抢救恢复，维护当地人民生命财产安全。2019 年分公司累计支付全省水利案件赔款 411.32 万元。2019 年下半年，福建省水利厅以福清、荔城、沙县、建阳等 8 个县作为试点县，对小型水库、拦河坝开展保险试点，平安产险福建分公司以专业实力，实现 100%参与承保。

2019 年，平安产险持续坚持客户导向，科技赋能打造最优客户服务体验。公司推出平安车险信任赔服务，通过 AI 和大数据的画像，为广大“安全驾驶”的车主提供车险理赔信任额度，保险事故发生后，在信任额度内，客户自主进行理赔。全省逾 1500 名客户通过信任赔服务进行自主快速理赔，其中，最快一笔信任赔案件，从报案至赔款支付仅用时 1.03 分钟。

平安产险持续完善互联网科技平台，深化车险业务的互联网化服务转型，以“用车助手，安全管家”平安好车主 APP 为核心载体，聚合最广泛优质的车生态服务资源，聚焦“车保险、车服务、车生活”，为车主提供保单查询、极速理赔、查违章、道路救援、停车缴费、年检代办、车损测算等 70 余类用车养车服务，可根据用户数据，智能推荐性化车险套餐，实现 5 分钟快速购险。2019 年，平安好车主 APP 首创自助理赔服务，AI 智能一键续保，并上线开车赚钱项目，自动记录车主驾驶行为，探索一人一车一价车险模式。2019 年，全省合作供应商网点突破 1000 家，截至 12 月 31 日，福建分公司注册用户数突破 220 万，绑车用户数突破 142 万。此外，平安产险还于 11 月推出平安好生活 APP。平安好生活聚焦保险、生活服务和社会公益三条主线，致力为客户提供保险前中后端专业服务，为用户打造医食住行玩等全生活场景的优质体验，为民众搭建爱心公益平台。

2019，分公司完善突发事件应急处置机制，提供主动、高效、专业的理赔服务，全年累计支付赔款逾 35.45 亿元，发挥保险救灾的基础功能。

（王映薇）

2019 年 9 月 16 日，平安产险福建分公司联合平安寿险福建分公司、福建新闻广播共赴龙岩梅溪平安希望小学开展为期一个月的支教行动

（中国平安产险福建分公司供稿）

【中国平安人寿保险股份有限公司福建分公司】 2019 年，中国平安人寿保险股份有限公司福建分公司（简称分公司）总保费收入 224.6 亿元，比上年增长 9.5%。其中，个险业务总保费收入 193.0 亿元，银保业务总保费收入 7.9 亿元，其他业务渠道总保费收入 23.8 亿元。缴纳税金 4.6 亿元，赔付支出 24.1 亿元，各项指标稳居福建人身险市场前列。在福建设有福建分公司、厦门分公司，下辖泉州中心支公司、漳州中心支公司、龙岩中心支公司、三明中心支公司等 8 家中心支公司以及 16 家支公司、1 家营业部、162 家营销服务部，合计 189 家分支机构。福建地区内勤员工 2438 人，比上年增长 2.1%；保险代理人 52035 人，较上年下降 2.6%。

深化客服柜面科技运用。推动智慧客服、智能分流和智能处理来提高客户体验，提升自动化处理能力，同步推进向县域网点延深，客户体验不断优化。通过对客户强化自助引导、加强多渠道分流等方式，提升客户线上自助办理保全业务的水平。

空中客服在线连接客户。通过智能派工平台打造空中门店，通过对客户身份、业务需求、风险级别、客户接触历史等多维度标签分析，对复杂、高风险业务快速匹配客服柜员。同时，服务人员在服务过程中，可根据客户需求实时接入第三方人员，解决多方业务需求。

平安金管家健康管理服务。以提升客户体验、改善客户健康为出发点，为客户提供全方位线上健康管理服务，通过平安金管家 APP 为客户提供“健康资讯”“健康活动”“育儿圈”“平安run”“线下就医”等在线轻问诊为核心的线上线下全流程健康管理服务。

智能系统提高核保核赔效率。在日常核保工作中推行智能核保系统，系统涵盖智能互动系统、空中契调、在线核保、影像前置上传等功能，减少函件下发，提高核保效率，加快承保服务时效。同时应用医院数据模型搭建医院评估模型、医院管理平台、案件审计平台三大管理平台，实现数据经营驱动产品升级，提升理赔效率，强化医院渠道风险管控。

加强防控风险。完善风险管控体系，加强风险管控措施，通过风险管理、风险识别、风险控制、风险教育及风险处置等 5 个合规风险防控的重点方面，落实保险代理人合规管理工作。加强风险防控，主要围绕销售误导行为、保险资金案件风险、财务管理风险、业务管理风险及内控管理缺陷等模块开展工作，定期开展常规风险排查及各类专项排查、自查自纠，防范和打击违法违规的行为，维护良好发展态势。

助力精准扶贫。开展教育扶贫行动，9 月在龙岩市上杭梅溪平安希望小学举行“平安相伴 AI 不孤读”支教行动，支教课程涵盖范围广，帮助孩子们开阔视野，增长见识。同时为莆田度尾剑山希望小学、三明高砂平安希望小学捐款、发放文具、维护学校设备，助力乡村少年向上向善。

开展“保险扶贫”工作。向宁德市周宁县和屏南县、南平市浦城县和顺昌县四县 18909 名贫困人口捐赠总保额 8.71 亿元的保险保障。组织“公益有你·爱心同行”扶贫献血活动，参与活动可获得平安集团扶贫好礼“阴山优麦”礼盒一份，为内蒙古贫困农户增收助力；以完成献血的人的名义向希望小学捐赠图书一本，为乡村学校建设爱心图书角。

（陈 群）

【中国太平洋财产保险股份有限公司福建分公司】 2019 年，中国太平洋财产保险股份有限公司福建分公司（简称太平洋产险福建分公司）保费规模 20.23 亿元，其中，车险 14.99 亿元、非车险 5.23 亿元，业务规模居福建保险市场第三位。太平洋产险福建分公司在中国质量万里行开展的门店窗口服务和现场查勘服务测评中，均获 A 类评价。在福建省第三届“金碑奖”年度金融评选暨第九届“百姓看金融”活动中获“年度杰出金融服务奖”。太平洋产险泉州、晋江中支获泉州市第六届“太平洋保险杯·泉州好司机”活动最佳贡献奖。泉州中支获 2019 年度泉州市“工人（五一）先锋号”称号。

战略合作。2019年6月4日，中国太保集团与福建省人民政府在福州签署战略合作协议。双方围绕福建省“经济保持稳定增长、现代化产业体系加快构建、民生福祉持续增加”三大发展目标，在农险巨灾、大病康养、基础建设、保险投融资等领域展开全面深度合作，推动完善福建省民生保障体系，参与政府社会管理，为建设“机制活、产业优、百姓富、生态美”的新福建保驾护航。

11月18日，太平洋产险福建分公司与平潭综合实验区管委会签订战略合作协议，在投融资合作、产业基金、重大项目保险和责任险、保险服务创新等领域与实验区展开全面深度合作，助推完善平潭经济保障体系，参与政府社会管理，实现协同创新、融合发展，共同建设美好的平潭综合实验区。

社会责任。2019年，太平洋产险福建分公司合计赔付支出10.15亿元，其中车险支出7.86亿元、非车非农险支出2.28亿元、农险支出27.77万元。太平洋产险福建分公司积极参与云南永平县北斗乡黑豆场村的“黑豆厂村开展种植生态茶项目”，与55户建档立卡贫困户结对，提供帮扶资金5万元。支持内蒙古贫困地区产业，通过彩虹平台采买14.7万元藜麦，用实际行动支持消费扶贫。南平中支为建瓯市11098名建档立卡贫困户、政和县6588名建档立卡贫困户提供2.63亿元“脱贫保”补充医疗保险。2019年全年，“脱贫保”补充医疗保障项目全市累计赔款19.23万元。

（刘娟勤）

【中国太平洋人寿保险股份有限公司福建分公司】 2019年，中国太保寿险福建分公司累计保险业务收入50.97亿元。其中，新保保费13.06亿元，比上年增长3.3%；续期总保费37.91亿元，增长12.3%。截至2019年12月，福建分公司累计有效承保人数399.5万人，比上年增长9.7%；保单件数393万件，增长7.8%；承保保额9975.4亿元，增长7.6%。截至2019年12月，福建分公司给付支出总额10.42亿元，比上年增长21.5%。其中，理赔给付（含伤残、医疗及死亡）3.08亿元，比上年提升15.4%；生存给付（含养老金及教育金）1.83亿元，比上年提升58.6%；满期给付3.75亿元，比上年提升12.4%；年金给付1.76亿元，比上年提升23.9%。

服务民生项目。泉州医保项目。以“晋江模式”品牌运作为抓手，实现医保业务扩面，公司2019年开始经办泉州市鲤城区、洛江区、南安市、台商投资区城镇职工、城乡居民基本医保经办，经办区域内参保人数约209万人。泉州医保服务人数（含晋江医保经办项目）约330万人，服务人数市场份额第一，该项目获泉州市2018年创新金融产品（项目）原创奖二等奖。2019年，该项目受益人次730.68万，总报销金额28.19亿元（含晋江）。

为保障社会和谐与家庭稳定，分公司发展燃气保险及家庭意外险，推广“燃气保险、全家福保险”产品，为客户提供家庭燃气保险保障及家庭人员意外保障。2019年，公司“燃气险”共为16.2万户家庭提供1384.6亿元保险保障。

落实精准扶贫。截至2019年12月，分公司响应集团、省保协倡议号召，发动全省内外勤干部员工助销南平光泽建档立卡贫困户大米5万千克，惠及建档立卡贫困人口数124人，帮助光泽县贫困农户集体实现经济收入50万元；发动全辖干部员工为省保协定点的扶贫村“福安市穆云上村”销售扶贫土鸡、竹荪、雪莲果农副产品以及扶贫矿泉水累计2.27万元，并通过太保集团“彩虹在线”平台购买扶贫农副产品15.82万元。

健康及保障扶贫。2019年，公司晋江城乡居民医保（原“晋江新农合”）为48819人次的城乡居民医保参保人员提供“一站式”结算服务，结报救助金954.21万元。自2017年起，分公司连续第三年分别向光泽县、永泰县近6000名建档立卡贫困户捐赠意外伤害保险，累计保险保障金额5.82亿元。赠险累计为6名贫困户赔付身故金额18万元。

（林　芝）

地方金融

【概况】 2019年，福建省地方金融监督管理局承担对融资担保公司、小额贷款公司、典当行、融资租赁公司、商业保理公司、地方资产管理公司、区域性股权市场、网贷机构和交易场所等地方金融组织的设立审批、监管、服务及风险防范处置工作。各类地方金融组织发展平稳，总体运行情况良好。

【融资担保】 2019年，福建省出台《关于有效发挥政府性融资担保作用切实支持小微企业和“三农”发展的实施意见》和《福建省政府性融资担保机构经营指标评价及尽职免责暂行管理办法》，推动加快政府性融资担保体系建设，对政府性融资担保机构进行指标评价，引导机构加大对中小微企业和“三农”主体的服务力度。

截至2019年末，全省有融资担保机构205家（含3家分支机构），在保余额683.28亿元、比上年增长78.57%，全年累计新增担保金额1240.31亿元。其中，政府性融资担保机构83家，注册资本总额160.5亿元，在保余额286.8亿元，2019年实现担保总额613.46亿元，为1.5万家（次）中小微企业和“三农”主体提供融资担保服务。

【小额贷款】 截至2019年末，福建省有小额贷款公司120家，资产总计307.49亿元，贷款余额274.77亿元，2019年累计贷款527.05亿元，全行业实现营业收入61.53亿元，利润总额5.77亿元，净利润3.48亿元，累计缴纳各项税金2.51亿元。

【典当行】 截至2019年末，福建省设立典当行222家，分支机构4家，注册资本53.98亿元，典当总额117.82亿元，典当余额40.23亿元，全年发生典当业务4.86万笔。

【融资租赁】 2019年，福建省地方金融监督管理局推动融资租赁企业拓宽业务范围，从传统装备制造行业拓展到生物医疗、水电工程、节能环保、智能产品、飞机等领域。

截至2019年末，全省在全国融资租赁企业信息系统注册的外资融资租赁公司706家，内资融资租赁105家。其中在系统上报送数据的融资租赁企业129家，注册资本总额174.29亿元，融资租赁投放额合计106.8亿元；融资租赁业务收入16.56亿元，缴纳税收1.93亿元。

【商业保理】 2019年，福建省地方金融监督管理局牵头成立福建省商业保理专项清理排查工作协调小组，按照全面覆盖、突出重点、分类处置的要求，会同省市场监管、公安、商务、税务、网信、通管等部门共同推动清理排查工作，投入排查人员1056人次，排查机构716家次。

截至2019年末，全省登记注册的商业保理企业共477家，注册资本410.1亿元；全年组织46家（不含厦门）企业申请商业保理信息系统账号，激活系统账号39家，注册资本35.7亿元；上报月度数据的机构18家，保理营业收入总额6.99亿元，融资保理业务收入4.37亿元，净资产13.15亿元。

【地方资产管理】 截至2019年末，福建省有3家地方资产管理公司，分别是闽投资产管理公司、兴业资产管理公司和厦门资产管理公司，资产总额241.82亿元，负债总额166.61亿元。年内，3家公司累计收购不良资产总额（含本金和利息，下同）614.74亿元，累计处置不良资产总额220.34亿元，其中累计跨省收购不良资产总额126.16亿元；存量不良资产总额680.21亿元；实现净利润4.11亿元。

【区域性股权市场】 2019年，福建省在全国率先出台《福建省区域性股权市场监督管理实施细则（试行）》，福建省地方金融监督管理局与福建证监局、厦门证监局共同建立三位一体的监管模式，促进区域性股权市场规范发展。海峡股权交易中心建立“股权交易＋金融资产交易＋海峡基金港＋福建省上市后备企业培育孵化基地”的新业务模式，建立并完善服务中小微企业的资本生态圈。

截至2019年末，全省有区域性股权市场运营机构2家，分别是海峡股权交易中心、厦门两岸股权交易中心，累计挂牌展示企业7501家，其中挂牌企业243家（含台资企业6家）、展示企业7258家（含台资企业1087家），累计帮助企业实现融资86.93亿元。

【网贷机构和交易场所管理】 截至2019年末，福建省有存量业务的网贷机构比开展专项整治前下降94.5%。推动3家交易场所更名或转型发展；支持符合条件的交易场所规范发展，推动3家大宗商品类交易场所整改规范并通过清理整顿“回头看”验收。

【非法集资处置】 2019年，福建省发放非法集资举报奖励260笔，比上年增长328.6%；截至年末，非法集资陈案积案化解率45.64%，超出预期目标35.64个百分点。

【福建省金融服务云平台建设】 2019年，福建省加快福建省金融服务云平台建设，实现企业画像及信用分析、线上智能融资对接、金融风险监测预警等综合金融服务功能，解决银企信息不对称问题，提升全省地方金融监管和风险监测预警能力。截至年末，平台注册企业1648家，解决融资需求28.24亿元。

（林雯佳）

编辑：郑　莱

城乡建设

固定资产投资

【投资增速】 2019年，福建省固定资产投资比上年增长6%。全省各设区市和平潭综合实验区固定资产投资增速依次是：福州9.7%、厦门9%、三明8.9%、泉州6.3%、莆田6.3%、龙岩6.2%、宁德5.9%、平潭1.6%、漳州0.3%和南平0.1%。

【投资结构】 2019年，福建省固定资产投资中，第一产业投资比上年下降1.3%，第二产业投资增长14.2%，第三产业投资增长2.8%。第二产业中，工业投资比上年增长15.5%，其中，采矿业投资增长18.6%，电力、热力、燃气及水的生产和供应业投资增长10%，制造业投资增长16.2%。第三产业中，与民生及社会服务相关的领域投资增长较快，其中，房地产业投资比上年增长15.4%，租赁和商务服务业投资增长16.7%，教育投资增长36.5%，卫生和社会工作投资增长24.8%。

【投资项目】 2019年，福建省项目投资比上年增长2.3%。全省投资施工项目数比上年下降5.9%，其中本年新开工项目数下降29.6%，投产项目数增长16%。

2019年全省重点项建设项目1565个，其中在建重点项目1200个，年度计划投资4576.7亿元，全年完成投资4948.6亿元，占年度计划的108.1%。其中，农林水利项目完成投资181.4亿元，占年度计划的114.3%；交通项目完成投资776.4亿元，占年度计划的101.5%；能源项目完成投资428.4亿元，占年度计划的95.6%；城乡建设与生态环保项目完成投资1047.5亿元，占年度计划的112.7%；工业项目完成投资1721.4亿元，占年度计划的109.2%；服务业项目完成投资541.1亿元，占年度计划的115.3%；社会事业项目完成投资252.5亿元，占年度计划的110%。全年建成或部分建成项目194个，新开工项目210个。

【投资资金】 2019年，福建省固定资产投资资金来源比上年增长7.3%。其中，国家预算资金比上年增长7.1%，国内贷款下降8.5%，债券资金增长419.4%，利用外资增长120.2%，自筹资金增长11.6%，其他资金增长1.2%。

【投资特点】 2019年，福建省固定资产投资改建和技术改造投资较快增长。全省工业投资比上年增长15.5%，其中，新建投资增长10.4%，改建和技改投资增长23.7%，比工业投资增速高8.2个百分点。房地产开发投资回升较快。全省房地产开发投资5673.1亿元，比上年增长14.8%。全年房地产开发企业房屋施工面积34140.2万平方米，比上年增长4%，其中住宅施工面积22457万平方米，增长6.8%。房屋竣工面积2882.3万平方米，比上年下降22.9%，其中住宅竣工面积1813.9万平方米，下降22.7%。基础设施投资增速下滑。全省基础设施投资比上年下降8%，其中，交通运输、仓储和邮政业下降14.8%，水利、环境和公共设施管理业下降7.2%。 （张海峰）

重点项目建设

【概况】 2019年，福建省政府同意安排省重点项目1565个，其中在建项目1200个、预备项目365个。在建重点项目年度计划投资4577亿元，实际完成投资4948亿元。全年实现194个重点项目建成或部分建成投产，一批推动高质量发展的项目交付使用；210个重点项目开工，一批影响力、带动性强的项目落地建设；一批重大项目前期取得突破。截至年底，全省高速公路通车里程5535千米，密度居全国前列，港口吞吐能力5.95亿吨，电力装机容量5909万千瓦。重点项目建设进一步在稳增长促投资、补短板强弱项中发挥积极作用，为高质量发展、建设新时代新福建贡献力量。

【项目建设进展】 2019年，福建省交通行业在建重点项目138个，全年完成投资776.39亿元，预备重点项目53

个。铁路方面，福平铁路平潭海峡公铁大桥合龙贯通，福厦客专、衢宁、兴泉、建宁至冠豸山铁路等工程加快建设，龙岩至龙川铁路龙岩至武平段动工建设。高速公路方面，顺昌至邵武高速公路、福州绕城高速公路东南段等建成通车；推进莆炎高速公路永泰梧桐至尤溪中仙段、古武高速公路永定至上杭、平潭海峡二桥二线、泉厦漳城市联盟路泉州段等在建项目建设。港口方面，建成福州将军帽作业区散货码头、门港东山对台客货码头，推进古雷航道三期工程、泉州围头湾港区石井作业区 16～19号码头等项目建设，开工建设厦门港海沧航道扩建四期工程、福州港松下港区元洪作业区 1 号、2 号泊位和西 1 号、2号泊位等。机场方面，推进福州长乐国际机场二期扩建工程、厦门新机场、武夷山机场迁建等前期工作。

能源行业，在建重点项目 34 个，全年完成投资 428.43 亿元，预备重点项目 14 个。漳州核电站一期工程一号机组开工建设。云霄抽水蓄能电站进厂交通洞和通风兼安全洞先行开工。推进福清核电、宁德核电建设。厦门、永泰、周宁抽水蓄能电站等项目实施顺利。推进漳州 LNG 接收站等沿海 LNG 接收站建设。推进宁德核电 5～6 号机组、闽粤联网工程、福厦特高压工程等前期工作。

工业行业，在建重点项目 426 个，全年完成投资 1721.36 亿元，预备重点项目 128 个。上汽乘用车宁德基地批量投产。我国自主研发容量最大的 10 兆瓦、8 兆瓦大容量海上风电机组在福州江阴海上风电产业园下线。泉州三安半导体研发与产业化项目中的氮化镓试生产。福建兆元光电 LED 产业基地建设项目二期等项目建成。古雷炼化一体化一期中的 30 万吨/年 EVA（乙烯-醋酸乙烯树脂）装置、泉港百宏年产 250 万吨精对苯二甲酸等项目开工建设。宁德时代、厦门联芯、泉州晋华等一批重大产业项目加快推进。古雷 150 万吨乙烯及下游深加工联合体项目经国务院批准纳入国家重大外资项目工作专班协调范围。

农林水利行业，在建重点项目 98 个，全年完成投资 181.36 亿元，预备重点项目 21 个。长泰枋洋水利枢纽工程具备下闸蓄水工程条件。浦城王家洲水库基本建成。晋安河直排闽江通道工程完工。推进平潭防洪防潮工程、罗源霍口水库工程、平潭及闽江口水资源配置工程等重大项目建设。推动泉州白濑水利枢纽、宁德上白石水利枢纽、顺昌县张源水库、龙岩富溪水库、福安溪尾水库等项目前期工作。

城建环保行业，在建重点项目 191 个，全年完成投资 1047.52 亿元，预备重点项目 45 个。福州城市轨道 2 号线、厦门城市轨道 2 号线开通试运行，龙岩汀江流域水环境综合整治等项目完工。开工福州至长乐机场城际铁路 F1 线工程、厦门城市轨道交通 6 号线、厦门轨道交通 6 号线漳州（角美）延伸段工程、福莆宁城际铁路 F2 线西天尾至莆田站段工程等项目。福州城市轨道 4 号线、5 号线、6 号线，厦门城市轨道 3 号线、4 号线等项目加快推进。

服务业行业，在建重点项目 183 个，全年完成投资 541.08 亿元，预备重点项目 66 个。莆田创世纪超级计算机运算服务中心全线封顶，福州数字中国会展中心厦门东南国际航运中心总部项目、马尾太古（科乐通）冷链物流等项目建成。实现开工京东福州电子商务产业园、漳州三宝物流园、长汀东南农产品交易中心等项目。一批物流、旅游、电子商务、健康养老等在建重点项目继续实施。

社会事业行业，在建重点项目 130 个，全年完成投资 252.48 亿元，预备重点项目 38 个。省儿童医院项目提前 21 天完成门诊楼、病房楼、医技楼、科研楼等主体结构封顶，莆田学院迁建项目所有楼栋封顶，宁德市闽东医院门急诊病房综合楼、武夷新区便民服务中心等项目建成。四川大学华西厦门医院、宁德师范学院医学院、平潭综合实验区综合训练基地等一批重点社会事业民生项目开工建设。

【开工项目选介】 2019 年，福建省新开工项目 210 个。主要有：

龙岩至龙川铁路龙岩至武平段。该项目位于龙岩市境内，东起龙岩市新罗区，途经上杭、武平县进入广东省境内。龙岩至武平段全长 92.6 千米，其中龙岩至古田会址段利用既有赣龙铁路长 28.3 千米，古田会址至武平段新建正线长 64.3 千米，概算总投资 80.79 亿元。全线设龙岩、古田会址、上杭北和武平 4 座车站。设计时速 250 千米，为双线高速铁路。新建铁路龙岩至武平段是国家《中长期铁路网规划》高速铁路区域连接线龙龙铁路的组成部分，与南龙铁路、赣龙铁路、龙漳（厦）铁路相连。项目建成后将结束上杭、武平县无铁路的历史，对推动地区经济发展、改善沿线人民群众出行条件、加快红色旅游资源开发、实现革命老区振兴具有重要作用。

福州至长乐机场城际铁路 F1 线工程。项目起于福州火车站，经福州长乐机场，终到大鹤，全长 62.4 千米，设站 13 座（远期预留 2 座车站），其中 11 座为换乘站。工程概算总投资 383.89 亿元。该项目是贯彻落实省委、省政府加快闽东北协同发展区建设、发挥福州市作为协同区牵头带动作用、完善福州长乐机场、福州火车站综合交通枢纽的重要基础设施。项目建设后将进一步加快福州新区（滨海新城）建设、拓展福州城市空间，提升轨道交通对居民出行的效率和品质，促进区域经济和社会融合发展。

厦门轨道交通 6 号线漳州（角美）延伸段工程。该项目起点站龙江明珠站至终点站厦门林埭西站（终点站不含在本工程范围内），线路全长 9.8 千米。全线设车站 7 座，其中 1 座车站预留换乘条件。工程概算总投 84.07 亿元。作为厦漳两市同城化发展的示范性项目，该项目建成后将加快两市交通基础设施互联互通，提升居民出行和通勤交通的效率和品质，促进两市经济和社会融合发展。

漳州核电站一期工程。漳州核电项

目规划建设6台百万千瓦级核电机组，分两期建设。一期工程建设两台机组，总投资超过400亿元。项目采用“华龙一号”融合技术路线，是目前世界上最先进的技术之一。建成后，它将改变福建省“北电南送”的电力格局，对保证福建省电网安全可靠运行、减轻电网潮流输送压力、减少电网输电损耗将起到一定作用。同时，作为全国首个按照“核蓄一体化开发运营”新模式开展前期工作的核电项目，与之配套开发建设云霄抽水蓄能项目。

【竣工项目选介】 2019年，福建省重点项目竣工有：

福州城市轨道2号线。该项目是福州第二条开通试运营的地铁线路，西起苏洋站，东迄洋里站，全长30.3千米，共设22个地下站点，总投资196.22亿元。福州地铁2号线横穿福州东西，项目投用后大大地缓解中心城区的交通压力，紧密相连南北东西大型居住区、商务区、大学城、历史文化风景区、高新技术开发区等。

厦门城市轨道2号线。起自五缘湾站，终于天竺山站，全长41.6千米，共设置地下车站32座。其中过海隧道施工2784米，采用新技术、新工艺20多项。该项目是连接厦门市岛内和岛外海沧区的跨岛公共交通干线，极大缩短出行时间，有利于留住与吸引更多的人才汇集，厦门地铁2号线运营，标志着厦门地铁从单线到双线，真正进入“换乘时代”。

顺昌至邵武高速公路。该项目概算总投资60.62亿元，全长66.56千米，采用双向四车道，设计时速80千米，起于顺昌县双溪街道井垄村，止于邵武市下沙镇张家际村，沿线设置5处落地互通。顺邵高速是海峡西岸经济区高速公路网的重要组成部分，与南平联络线高速、延顺高速、邵光高速共同组成南平市境内又一条出省高速大通道（也称闽赣通道）。该项目建成对完善海西高速公路网布局、提高国防战备交通和区域交通应急保障能力、发展壮大县域经济和促进闽北革命老区经济协调发展都具有重大意义。

长泰枋洋水利枢纽工程。该项目概算总投资23.02亿元，是福建省近十年在建最大的水库工程项目，被国务院列为全国172项节水供水重大水利工程，由漳州和厦门两市合作建设，是闽西南协作的先行工程。工程由上存水库、尚吉电站、溪口闸坝、溪口—许庄引水隧洞4部分组成，总库容1.23亿立方米，属于大Ⅱ型水库。至年底，长泰枋洋水利枢纽工程上存水库已启动下闸蓄水。水库蓄水后年均可向厦门供应约2亿吨优质原水，也将极大改善长泰县的用水需求和龙津溪中下游的灌溉条件，提高周边生态环境质量。

上汽乘用车宁德基地。上汽乘用车宁德基地项目位于宁德三屿园区，其中1个主机厂房及30家配套供应商厂房2个产能项目和45个配套项目，主要生产荣威、名爵等品牌的新能源及传统能源乘用车。一期项目于2019年10月投产，年产能30万辆。二期预留同样规模产能，加上配套项目，全部建成投产后，可形成千亿元新能源汽车产业集群。

（陈可祖）

城市建设

【基础设施建设】 2019年，福建省推动宜居环境和民生基础设施建设、环境督查、老旧小区改造、城市安全运行和行业管理等成效明显，以提升城市建设水平为重点，城乡民生基础设施建设短板推进补齐。实施九大民生基础设施补短板工程建设，完成投资3408亿元，超过投资计划的21%，各项主要建设任务指标全部超额完成，新建改造城市道路1536千米、供水管网1445千米、污水管网1821千米、雨水管网1986千米、燃气管网1230千米、绿道1149千米，福州地铁2号线投入运营，新增城市公共停车泊位5.8万个、地下管廊28千米，2项省委省政府为民办实事任务超额完成。同时，推进中央环保督察涉及问题整改，完成国家试点任务，其中地下综合管廊建设方面，厦门市通过验收，平潭试点项目完工，并完成住建部专家组实地考核；海绵城市建设方面，厦门、福州两市通过验收。支持泉州、莆田市开展智慧汽车基础设施和机制建设试点，完成住建部第一阶段验收；莆田市申报第二批全国黑臭水体治理示范城市。指导福州市申报新一批国家老旧小区试点。

【老旧小区改造】 2019年，福建省组织开展老旧小区改造摸底调查。2000年至2019年底，全省建成的老旧小区共有56.7万户。争取中央财政补助资金7.53亿元，支持福建省2019年度老旧小区改造，省住建厅会同省财政厅提前下达1.4亿元省级财政专项资金用于支

福州闽江边高档住宅，摄于2019年　　（省生态环境厅供稿）

持28个省定试点改造老旧小区、街区、片区。支持福州市被住建部确定为新一批改造试点城市，指导各地制定年度实施计划，加强项目调度，结合城市更新，实施改造老旧小区410个，完成150个。

【行业管理安全】 2019年，福建省燃气、道路桥梁和供排水行业管理安全情况良好。燃气行业，开展场站、设施安全隐患排查，检查燃气企业场站储配站313家次，提出整改意见1922条，全省开展各类燃气应急演练602场，排查管道燃气隐患380处，整改214处；深化瓶装液化气安全专项治理，各地共出动检查人员1537人次打击“黑气”，收缴、扣押钢瓶6170个；推进瓶装液化石油气实名制，累计完成销售建档244万户，实名制完成率近90%。全省212家液化气储配站气瓶数字身份证与充装枪实现自控连锁，远程视频监控系统建设基本覆盖。城市燃气企业天然气储气设施建设，推进4个县（市）燃气管道供气，武夷山市完成特许经营协议签订。推进燃气行业信息化监管系统建设，可研报告经省数字办批复。道路桥梁安全方面，制定城市道路和渣土车综合监管三年专项行动实施方案，推进城市道路提质改造。城市桥梁护栏升级改造，按2020年底前全部完成确定全省60座护栏整改任务清单、分年度实施，整改20座。督促各地完成由省住建厅负责推进全省33处城市道路隐患整治路段整治任务。供排水安全，推进使用液氯消毒的28座水厂改造采用次氯酸钠消毒，完成26座水厂。开展供水企业和污水处理企业运行评估，对47座污水厂、33座供水厂进行运行评估。开展供水水质督察和污水水质抽查，水质样品达标率近98%。（施德善）

城市管理

【城市水务管理】 2019年，福建省致力污水处理提质增效及黑臭水体治理，提升城市供水水质，建设排水防涝设施。以落实环保督察发现问题整改为主线加大生活污水处理整治力度，下发福建省污水处理提质增效意见，明确并公布各设区市城市污水集中收集率和BOD三年目标。加强污水处理监管和培训指导，下发加强城市生活污水处理厂监督管理意见，召开全省供排水培训班，组织专家对54座完成提标改造的沿海污水厂和黑臭水体整治进行技术指导。87条黑臭水体整治基本消除。建立提升供水水质联席会议制度和专家定期技术指导制度，定期调度进展。通过召开全省现场会、举办供排水培训班、城市供水安全观摩会和综合演练等措施，推进提升城市供水水质三年行动。开展二次供水水箱清洗消毒专项行动，摸排建档有水箱的小区4677个，消毒普及率93%。加强供水管网漏损控制，漏损度8.85%，完成年度漏损控制目标。推进省级供水水质监测信息平台建设，签订建设合同。召开排水防涝设施建设现场会，加强部署调度，开展汛前检查指导，联合福州市开展排水防涝应急演练。推进排水防涝信息系统建设，省级排水防涝应急平台建设基本完成省住建厅与所有市县互通互联。

【环保督察反馈问题整改】 2019年，福建省落实第一轮中央环保督察反馈问题整改，召开专题推进会、约谈会，建立环卫专家库，联合相关主管部门实地调研督导，督促基层开展整改。24座生活垃圾堆放场中，22座基本完成垃圾焚烧处理厂飞灰全部得到规范处置，49座非正规垃圾堆放场中，22座基本完成整改，其中6座完成省级行业审查。“十二五”规划垃圾处理设施建设，完成14座，厦门、漳州、泉州、平潭完成省级行业审查，罗源生活垃圾焚烧处理厂正在加快推进。

【垃圾分类管理】 2019年，住建部召开全国生活垃圾分类座谈会，福建省住建厅作典型发言，省政府在厦门召开2019年全省生活垃圾分类工作现场会，进行再动员再部署，省政府分管领导、住建厅主要领导和分管领导多次实地调研推动福州、厦门等地垃圾分类工作。全省“九市一区”出台具体实施方案，建立协调机制。省住建厅举办生活垃圾分类业务培训班，制作宣传片，联合省机关管理局召开省直单位生活垃圾分类动员部署会，对各省直单位开展全覆盖监督检查。强化立法保障，《福建省城乡生活垃圾管理条例》经省人大常委会审议通过，将于2020年1月1日实施。厦门、福州、漳州出台生活垃圾分类管理办法或条例，龙岩等地启动相关立法工作。补齐设施短板，福州、厦门基本具备垃圾分类条件和能力，其余各地正加快终端处理设施建设，除泉州外，其余设区市（含平潭）基本建成餐厨垃圾处理厂，福州、厦门、泉州、龙岩建成大件垃圾处理厂。厦门市连续6个季度在住建部考评中排名全国第一；福州市从7月开始按照“一步到位，全面覆盖，环环相扣，层层监管”要求，在五城区范围内全面落实生活垃圾前端分类、中端收运和后端处置三环节“四定”工作，排名从第26大幅上升到第12。

【厕所革命】 2019年，福建省新改建扩建城市公厕927座，占年度任务的132.4%。将“部分老工矿企业生活区、车站码头、旅游景区、乡村公厕建设管理问题”纳入主题教育省级重点协调解决难题积案。9月始，会同工信、交通、农业农村、文旅等部门在老工矿企业生活区、车站码头、旅游景区、乡村公厕开展“厕所革命”专项整治。制定厕所管理考评标准，委托第三方机构对全省厕所革命实施情况进行评估，推动地方问题整改。组织福建电视台记者对福州、泉州等地公厕建设管理情况进行采访曝光等媒体记者行动，收集曝光问题。与高德地图等主流平台对接，制定操作指南，发动群众通过APP自主修改或新增地点，提高公厕位置准确性。

（施德善）

村镇建设

【农村人居环境整治】 2019年，福建省推进农村人居环境整治“一革命四行动”（农村“厕所革命”、农村垃圾治理行动、农村污水治理行动、农房整治行动、村容村貌提升行动），多项超额完成年度计划。部署推动农村公厕建设，细化目标任务、时间节点和落实措施，组织编制《福建省农村公厕建设管理技术指南》《福建省农村公厕建设管理要点一张图》，分类指导农村公厕建设，将农村公厕管护纳入村庄保洁内容，实行“属地管理，分片包干”责任制。全年新建和改造乡镇厕所558座，超年度计划41.75%；新建和改造农村厕所2033座，超年度计划118.8%。推进农房整治、村容村貌提升、农村生活垃圾治理和铁路沿线环境综合整治。以铁路沿线、“美丽乡村”和中心村整治为重点，全省整治既有农房（裸房）9.2万栋，规范新建农房2.6万栋，2540个中心村开展农房整治。推进48个省级村镇住宅小区建设试点，编印《农房屋顶平改坡导则》指导各地实施，各市县编制农房整治技术导则图册、通用图集，省市县分级培训农村建筑工匠和镇村干部3万人次。全省有86%村庄推进房前屋后整治，6700多个村庄开展“美丽乡村”建设，创建600多个“美丽乡村”示范村，推进240多条“美丽乡村”特色景观带建设。印发《2019年美丽乡村建设现场指导标准》，强化针对性和指导性，组织第三方深入镇村实地指导评估，印发典型案例，加强指导。全年全省开展“美丽乡村”建设1000个整治村、100个示范村、54条“美丽乡村”特色景观带，完成投资31.8亿元。推动设计下乡和闽台乡建乡创合作，设计下乡服务村庄2297个；实施“两岸建筑师联合驻村行动”，引导市、县（区）发布乡建乡创项目清单，对接台湾建筑师（含文化创意）团队，委托省青年建筑师协会常态化开展台湾团队入闽辅导服务，共引进50个台湾建筑师团队589人次，开展66个乡建乡创闽台合作项目，陪伴式服务83个村庄。2019年10个村庄获省级奖补各50万元。在农村生活垃圾治理中，有83个试点村开展干湿分类试点，超年度计划27.7%；同时健全完善治理常态化机制，推行“村收集、镇中转、县处理”城乡一体化垃圾处理模式；联合省农业农村厅、供销社印发《关于推进农村生活垃圾干湿分类试点工作的通知》，印发《福建省农村生活垃圾干湿分类工作一张图》；开展非正规垃圾堆放点整治，全省完成整治111处非正规垃圾堆放点，完成率98.2%。推进乡镇污水处理设施建设，实现乡镇污水处理设施基本建成全覆盖。截至12月底，铁路沿线整治累计完成投资26.6亿元，拆除乱建乱搭118.3万平方米，完成屋顶改造14337栋532.5万平方米，新建绿地和绿化带595.4万平方米，修复治理青山挂白380处。

【农村危房改造和农房建设】 2019年，福建省农村危房改造年度任务2749户全部竣工，实际竣工3014户（含动态新增改造对象），全省农村危房改造任务基本完成。全面按时完成省委巡视整改要求，落实问题整改，健全制度机制；召开全省农村危房改造视频会议进行工作部署安排；组织市、县（区）开展全覆盖摸底排查，补缺补漏、核实存量、逐户鉴定、健全台账，确保应纳尽纳；开展排查解决“住房安全有保障”突出问题专项行动，开展保障贫困户基本住房安全方面漠视侵害群众利益问题专项整治，省住建厅会同省直六部门组织“回头看”，反复排查，逐项建账，整改落实；跟踪督促动态新增贫困户的鉴定改造和南平、三明、龙岩、宁德等地建档立卡贫困户受灾危房修缮重建，消除住房安全隐患；有关部门健全建档立卡贫困户退出时住建部门参与审查“住房安全有保障”机制；省住建厅包片处室人员会同技术专家组成10个调研组赴9市1区随机抽取村庄进行所在村贫困户全覆盖入户调研，累计蹲点32个村，入户调研565户贫困家庭，指导市县相应组织整村蹲点调研，对发现问题举一反三，整改落实；组织市县全面应用扶贫（惠民）资金在线监管系统，2018—2019年补助资金到户数据应录尽录，确保资金全部及时拨付到户；印发政策技术问答手册和明白卡，组织省市县乡分级开展农村危房改造业务培训，累计培训农村建筑工匠和村镇干部1万人次。全省农村危房改造工作被住建部、财政部确定为工作积极主动、成效显著省份。在农房建设质量安全监管方面，省政府办公厅转发《关于切实改进

生态永定之“美丽乡村”——南江，地处福建省龙岩市永定县湖坑镇南部，居于南溪土楼沟景观中心位置，距离集镇8千米，是闽西著名的革命老区，摄于2019年 （省生态环境厅供稿）

农房建设管理确保安全质量的若干意见》，印发《2019年农房建设管理工作要点》，部署各地加强农村建房质量安全管控；开展全省房屋安全隐患排查整治专项行动，全面排查农村房屋628万栋，发现重大隐患房屋3.5万栋，分类处置2.8万栋；编印《农房屋顶平改坡导则》，指导各地实施，举办全省农村建房质量安全视频培训，组织编印农房质量安全要点“一张图”，开发全省建筑工匠登记管理信息系统。

【农村体制机制管理探索创新】 2019年，福建省开展农村人居环境整治提升试点，全省推进12个省级农村人居环境整治试点村和永春、晋安两个省级试点县开展试点，制定试点工作清单，探索切合实际的“一革命四行动”做法，探索乡村振兴制度机制，包括共建共治共享、设计驻村帮扶、专业化运营等适合农村的工作方法，宅基地管理、房屋确权发证、全员经济合作社等体制机制，村庄规划“一张图”、污水垃圾处理、农房建筑风貌等技术政策；推动福州市晋安区寿山乡前洋村、九峰村试点。推广小型涉农工程雇工购料模式，总结屏南县工料分离、统一雇工、统一购料的“工料法”经验，2019年省委1号文件明确法定招标范围以内的小型涉农工程可以采取雇工购料的做法；采取这一做法可节省工程成本30%以上，节省前期工作时间3个月以上，培育本地建筑工匠队伍，促进村民返乡就业、家门口就业。编制村镇建设技术政策“一张图”，根据镇村实际，在原有农房整治、污水垃圾治理“一张图”基础上，先后编制印发简明易懂的农村公厕建设管理、农村生活垃圾分类、农房建设质量安全常识3个“一张图”，推动“一张图”进村入户，促进相关技术政策要求落地落实。协调永春县引入国内知名乡建专家，在吾峰村探索新时代农村社区建设模式，从乡村建筑风貌、村民生活需求、传统民俗传承、邻里守望相助、周边资源利用、共建共治共享等方面打造新时代农村社区，增强群众幸福感和获得感。此设计方案得到各方面认可，建设前期工作正加快推进。

（施德善）

建筑业

【建筑业转型升级】 2019年，福建省围绕建筑业重点工作，坚持供给侧结构性改革，培育并做大做强龙头企业，推广新型建造方式，推进新型组织方式变革，优化建筑市场秩序，推进建筑劳务实名制管理，促进建筑业走向高质量发展路子。全年完成建筑业总产值1.32万亿元，比上年增长10.2%，保持全国第七位。增加值4482亿元，约占GDP10.57%。税收303.5亿元，占全省总税收7%。省内市场占有率86%，自“十三五”后增加12个百分点。支持企业拓展省外市场，在省外完成产值占比40%以上。21家特级资质企业核心竞争力、市场风险意识和质量品质意识不断增强，产业集中度再次提升，特一级企业完成产值占全省53%以上，百亿元企业新增4家，共11家，50亿元至100亿元企业新增11家，累计近35家。

【装配式建筑发展】 2019年，福建省推进装配式建筑发展，形成新一轮工作成效。由省住建厅会同省发改委制定政策，在城市桥梁工程领域推广钢结构，公布25家钢结构生产基地，年设计生产能力169万吨，保障钢结构装配式建筑市场需求。推进装配式混凝土构件产能扩大，全省建筑投产18家预制混凝土构件生产基地，年设计生产能力达289万立方米，基本实现PC生产基地全省全覆盖。

【工程项目建设】 2019年，福建省完成建筑业现代化投资工程包105亿元，超额完成省政府下达任务指标。全年新开工PC工程项目118个，总建筑面积548万平方米；新开工钢结构工程项目600个，总建筑面积789万平方米。协同促进队伍实力逐步提升，新成立5家装配式建筑工人培训考核基地，总数9家，全年面向社会培训装配式建筑工人800多人。组织在石狮龙湖春江郦城和福州滨海新城综合医院、福州滨海新城沙尾路（漳江路—万新路）及接线道路工程等3个项目开展全省装配式建筑现场观摩。

【工程总承包试点】 2019年，福建省总结工程总承包试点实践经验，在房屋建筑和市政基础设施工程项目推进工程总承包方式。根据省公共交易行政监督平台数据统计，各地落实324个工程项目实施工程总承包。组织各地实施全过程工程咨询试点，共安排8个政府投资项目实施试点，为后续制定政策奠定基础。

【招投标网上运行】 2019年，福建省开展工程总承包制度调研，由省住建厅征得省发改委和省财政厅同意后出台工程总承包招投标政策，明确发包范围、发包条件以及评标办法标准，配套出台工程总承包招标文件示范文本、模拟清单计价规则以及概算定额。规范园林绿化招投标活动，在全国率先在园林绿化工程招投标活动中应用信用评价成果。完善省住建厅内部工程招投标咨询工作制度，规范厅机关领导干部和工作人员咨询事项。推进计价软件实名制管理，充分利用信息技术，严肃查处串通投标行为，2019年全省对17个招标项目的47家参与串通投标企业予以行政处罚。

【建筑市场违法违规行为查处】 2019年，福建省查处建筑市场违法违规行为，促进市场主体行为走向规范化。查处工程建设过程存在的转包、违法分包等违法行为案件22件。严肃处理补录业绩弄虚作假行为，对1569项虚假业绩予以撤销，对296家企业和13家主管部门予以通报批评。对于利用虚假业绩骗取资质的 140 家企业予以撤销并列入建筑市场主体"黑名单"，并在政府投资项目的招投标活动中予以限制。组织各地清理专业技术人员职业资格"挂证"专项整治，全省完成列入存疑名单的 6.4 万人整改，通报处理不配合个人办理注销业务的 8 家企业并依法撤销 16 人注册许可。

【劳务实名制管理】 2019 年，福建省建筑业行业推行劳务实名制，探索根治欠薪办法。开发建设"福建省建筑劳务实名制管理平台"，免费提供全省建设主管部门和施工企业使用，利用信息化手段对项目实施实名管理。将实施实名制管理、劳动合同签订等纳入信用评价。开展 2019 年度根治欠薪夏季行动、冬季攻坚行动，开展建筑领域欠薪信访积案排查调研。继续实施"欠薪黑名单"制度。

【工程质量安全监管】 2019 年，福建省以开展质量安全提升行动为载体，健全完善工程质量安全责任体系，加强安全预防预控。全省房屋建筑和市政基础设施工程质量安全生产形势总体稳定，4 个项目获鲁班奖，7 个项目获国家优质工程奖，49 个项目获闽江杯优质工程奖，未发生较大以上安全生产责任事故。省政府办公厅转发实施《福建省保障建设用砂规范发展指导意见》，推动机制砂产业发展，加强建设用砂保障。改进省级标准化优良项目管理，取消设区市推荐和评审环节，根据预先公布的条件和年度指标，依据动态监管系统项目安全动态考核记分值筛选出省级标准化优良项目。部署开展安全隐患排查治理专项行动，全省各级监管部门对 7153 个工程项目发出责令改正通知书 16960 份，并督促落实整改。

【工程项目审批制度改革】 2019 年，福建省按照国务院关于优化营商环境和工程建设项目审批制度改革有关精神，调整施工许可阶段项目审批流程，对施工许可审批、消防设计审查、人防防护设计审查进行并联审批，消防、人防等设计审批文件不作为施工许可证办理要件。调整施工许可和竣工验收备案办理方式，调整简化办理要件，在市级审批系统中增设建筑工程施工许可、竣工验收及其备案功能，方便企业，提高审批效率。

（施德善）

房地产业和住房保障

【房地产宏观调控】 2019 年，福建省完成房地产开发投资 5673 亿元，比上年增长 14.8%，商品房销售 6456 万平方米，增长 3.9%。全省深入实施房地产精准调控，指导福州、厦门制定实施"一城一策"方案，指导各地深入落实精准调控措施，落实地价房价联动调控措施，督促福州、厦门外的七市一区参照福州、厦门工作经验，先行开展住房发展课题研究。加强市场监测分析，每月跟踪房地产市场运行情况，进行综合分析和趋势研判。开展房地产主体责任制跟踪评价指标体系研究，按照住建部部署指导各市做好房地产交易网签备案数据联网上传工作。加快全省房地产大数据平台建设，开展需求可行性研究分析和省内外经验调研，年底前正进入集中开发阶段。

【住房租赁中介机构管理】 2019 年，福建省部署开展全省住房租赁中介机构乱象整治，全省各地召开中介机构动员部署会 74 场，媒体报道 118 篇，发放宣传材料 14900 份，专项整治宣传深入每一个店面。全省各地出动检查 5527 人次，排查房地产中介机构 3392 家、门店 6472 个，查处各类违法行为 2099 件，取缔中介机构 4 个，关闭门店 94 个。11 月底，有关部门对全省房地产中介机构开展"双随机"抽查。

【租赁市场培育发展】 2019 年，福建省住建厅指导福州、厦门两市加快国家利用集体用地建设租赁住房试点工作实施。8 月，福州、厦门发展住房租赁市场试点实施方案通过评审，入选成为全国 16 个中央财政支持住房租赁市场发展试点城市，2019—2020 年中央将给予福州、厦门两市每年各 8 亿元财政奖补资金。指导两市用好用足财政资金，加快新建、改建租赁住房，盘活存量房源，多渠道增加租赁住房有效供给，解决外来新市民和引进人才租赁住房需求。2019 年，两市超额完成建设租赁住房的为民办实事任务，福州市新开工租赁住房 3708 套，超额 23.6%；新增供应 4546 套，超额 16.1%。各地培育专业化住房租赁企业，全省成立住房租赁企业 69 家，运营租赁住房 6.73 万套（间）。

【物业行业管理】 2019 年，福建省住建厅贯彻落实《福建省物业管理条例》，印发《关于贯彻〈福建省物业管理条例〉的实施意见》，与省发改委联合下发《关于物业服务收费管理有关问题的通知》，制定印发《关于加强（前期）物业服务合同备案工作的通知》《关于紧急情况下使用商品住宅专项维修资金有关事项的通知》等相关配套文件，指导各地加强行业党建引领，加强物业服务行业信用体系建设，修订《福建省物业服务企业信用综合评价办法（试行）》，指导各地物业管理主管部门开展物业服务企业"双随机"专项检查活动。建立物业矛盾纠纷调处机制，指导福州、莆田、泉州市房管局健全物业矛盾纠纷调处机制，及时协调化解物业服务日常投诉纠纷。开展物业管理行业岗位技能竞赛，强化物业服务企业基础工作技能，推动全省物业管理行业职工素质不断提高。

【房屋使用安全管理】 2019 年，福建省住建厅配合督促各地住建（房管）部门在当地政府领导下开展城市房屋安全排查整治；开展《福建省房屋使用安全管理条例》立法前准备工作，起草完成初稿；指导督促物业服务企业落实物业管理区域内消防安全隐患排查整治，加强物业管理区域安全防范管理。开展物业管理行业涉黑恶行为专项治理，印发《物业管理行业扫黑除恶专项治理实施方案》，构建物业管理行业扫黑除恶长效机制。

【棚户区改造】 2019年，国家下达福建省棚户区改造年度目标任务是新开工6.36万套，基本建成3.16万套。截至年底，全省实际开工6.43万套，基本建成4.92万套，累计完成投资443.98亿元，均超额完成年度目标任务。实行目标责任管理，持续推进。省政府与各设区市政府，各设区市政府与所辖市县签订目标责任书，并将目标任务落实到具体项目，编制项目清单，向社会公布，全省落实棚改项目136个6.36万套。建立常态化跟踪督促机制，掌握保障性安居工程投资、开工、基本建成、配租配售进展情况，对进度滞后地区分析滞后原因，明确工作时限，督促加快进度。结合主题教育开展系列调研，召开培训会（现场会），在全省房屋征迁安置房建设工作中推广福州市安置型商品房模式，从体制机制上破解房屋征迁逾期安置问题。

【公租房建设与分配】 2019年，福建省新开工公租房1.07万套，累计建设公租房25.8万套，分配25.3万套，分配率98%，居全国前列。按照住建部统一部署，开展公租房和住房保障有关情况一系列调研，制定《贯彻落实住建部完善住房保障体系专项工作方案》。按照因地制宜原则，推进公租房建设。对福州、厦门、泉州3个大中城市要求适当增加公租房实物供应，三市新增公租房4624套，获中央补助资金1.5亿元；对其他城市，根据实际因地制宜建设公租房，新增公租房6064套，主要用于重点产业园区配套。扩大分类保障定向分配范围。定向分配范围从一线环卫工人和公交司机等住房困难家庭，扩大到青年教师、青年医生等群体。全省累计保障环卫工人与公交司机2893套、青年医生和青年教师4822套。加快公租房分配，结合巡视、审计、主题教育发现问题整改，对公租房分配滞后项目实施挂牌督办、重点跟踪，督保加快分配进度。推进公租房管理信息化，结合住建部公租房信息系统建设，规范公租房分配与使用管理。2019年在福州市开展试点的基础上，逐步向其他设区市推进，福州、厦门、泉州、莆田等市均实现公租房数据联网。 （施德善）

住房公积金管理

【概况】 2019年，福建省住房公积金实缴人数416.38万人，缴存住房公积金667.66亿元，比上年增长12.87%；提取住房公积金482.96亿元，增长17.23%；发放公积金个人贷款6.55万户331.5亿元，分别增长14.86%和23.2%。截至2019年11月，全省住房公积金实缴人数367万人，缴存总额4728亿元。2019年末，全省住房公积金缴存总额4790.01亿元，累计提取额3050.7亿元，缴存余额1739.31亿元；累计发放住房公积金个人贷款102.98万户2904.48亿元，个贷余额1626.89亿元，个贷使用率93.54%。此外，全省个贷使用率稳步下降，从年初95.32%下降至93.54%。个贷逾期率保持低位（0.21‰），低于全国平均水平。

【公积金管理线上服务功能拓展】 2019年，福建省住建厅住房公积金管理以“互联网＋”为导向，完善全省住房公积金综合服务平台，单位业务实现网厅办理全覆盖，信息查询、缴存证明打印、公积金还贷提取、离退休提取等高频个人业务实现多渠道线上办理，并对接闽政通、支付宝等外联平台，拓展多样化服务渠道。线上渠道注册职工数超162万人，月均办理公积金查询400多万次，打印缴存证明万余份。福州、省直、莆田、厦门等4个公积金中心作为试点城市以优秀等级通过住建部综合服务平台验收，验收组对福建综合服务平台建设使用给予肯定。

【公积金新版信息系统管理】 2019年，福建省新版住房公积金综合管理信息系统在全省上线，优化新版系统使用中发现的问题和新需求，完善新版信息系统的会计核算、贴息贷款支付、归集提取流程、统计报表等功能，全年进行30余次版本更新，优化解决1000余项需求。《福建省住房公积金综合管理信息系统管理办法（试行）》出台，规范系统管理和使用，保障系统运行维护。组织签订《福建省住房公积金综合管理信息系统合作协议》三方协议，明确相关各方职责，确保新版系统平稳高效运行。

【公积金数据接入全国平台】 2019年，福建省凭借全省公积金信息系统统一集中优势，率先完成与全国住房公积金数据平台对接，4月底开始全面上传公积金业务明细数据。在全国住房公积金数据平台数据汇集情况通报中，福建数据完整性、上线率和及时报送率均达100%，位列全国第一，为缴存职工个税抵扣提供及时、准确的住房公积金缴存使用数据。

【公积金管理部门数据共享和财务集中核算】 2019年，福建省住房公积金管理推进部门数据共享，推进财务集中核算，完成年报披露工作。推进与全省政务数据汇聚平台的共享对接，初步实现与工商、民政、人社等部门数据对接，为加强公积金业务办理审核、缩减办理要件打下基础。指导各地公积金中心积极协调房地产交易和商贷数据共享，截至年底全省有厦门、莆田、三明、南平和福州的公积金中心与当地不动产登记部门实现信息共享。福州、莆田等地中心与当地建行签订协议，为实现建行商贷还款提取网办提供数据支撑。指导各公积金中心推进银行账户精简归并和财务集中核算，以强化风险防控能力，提升资金使用效率。截至年底，全省各地均实现住房公积金财务集中核算，银行账户精简取得成效，除部分定期账户外，均精简归并到位。贯彻落实三部委《关于健全住房公积金信息披露制度的通知》要求，督促各设区市于3月底前通过当地主流报纸、中心网站、微信公众号等多种方式对外披露，全省住房公积金年报和年报解读也按要求于4月底前及时对外披露。

福建省国家级历史文化名镇名村表

序号	镇名	年份
1	福州市永泰县嵩口镇	2008
2	漳州市南靖县梅林镇	2019
3	漳州市平和县九峰镇	2010
4	泉州市安溪县湖头镇	2014
5	泉州市晋江市安海镇	2019
6	泉州市永春县岵山镇	2019
7	三明市宁化县石壁镇	2014
8	三明市永安市贡川镇	2019
9	南平市邵武市和平镇	2005
10	南平市顺昌县元坑镇	2010
11	南平市武夷山市五夫镇	2010
12	龙岩市上杭县古田镇	2003
13	龙岩市武平县中山镇	2014
14	龙岩市永定县湖坑镇	2014
15	宁德市古田县杉洋镇	2014
16	宁德市蕉城区霍童镇	2010
17	宁德市蕉城区三都镇	2019
18	宁德市蕉城区洋中镇	2019
19	宁德市屏南县双溪镇	2014

福建省国家级历史文化名村

序号	村名	年份
1	福州市仓山区城门镇林浦村	2019
2	福州市长乐区航城街道琴江村	2010
3	福州市马尾区亭江镇闽安村	2010
4	福州市永泰县洑口乡山寨村	2019
5	福州市永泰县洑口乡紫山村	2019
6	漳州市龙海市东园镇埭尾村	2014
7	漳州市南靖县书洋镇河坑村	2019
8	漳州市南靖县书洋镇石桥村	2019
9	漳州市南靖县书洋镇塔下村	2019
10	漳州市南靖县书洋镇田螺坑村	2003
11	漳州市平和县霞寨镇钟腾村	2014
12	泉州市晋江市金井镇福全村	2007
13	泉州市晋江市龙湖镇福林村	2019
14	泉州市泉港区后龙镇土坑村	2014
15	泉州市泉港区涂岭镇樟脚村	2019
16	泉州市永春县五里街镇西安村	2019
17	三明市大田县桃源镇东坂村	2019
18	三明市将乐县万全乡良地村	2014
19	三明市明溪县夏阳乡御帘村	2014
20	三明市宁化县曹坊镇下曹村	2019
21	三明市清流县赖坊乡赖坊村	2008
22	三明市三元区岩前镇忠山村	2014
23	三明市泰宁县新桥乡大源村	2010
24	三明市尤溪县洋中镇桂峰村	2007
25	莆田市仙游县石苍乡济川村	2014
26	南平市邵武市金坑乡金坑村	2019
27	南平市武夷山市武夷镇下梅村	2005
28	南平市武夷山市兴田镇城村村	2007
29	南平市政和县岭腰乡锦屏村	2019
30	龙岩市长汀县古城镇丁黄村	2019
31	龙岩市长汀县南山镇中复村	2014
32	龙岩市长汀县三洲乡三洲村	2010
33	龙岩市长汀县四都镇汤屋村	2019
34	龙岩市长汀县濯田镇水头村	2019
35	龙岩市连城县莒溪镇壁洲村	2019
36	龙岩市连城县庙前镇芷溪村	2010
37	龙岩市连城县宣和乡培田村	2005
38	龙岩市新罗区适中镇中心村	2010
39	龙岩市新罗区万安镇竹贯村	2014
40	龙岩市永定区抚市镇社前村	2019
41	龙岩市永定区洪山乡上山村	2019
42	龙岩市永定区下洋镇初溪村	2019
43	龙岩市漳平市双洋镇东洋村	2014
44	宁德市福安市社口镇坦洋村	2019
45	宁德市福安市溪柄镇楼下村	2019
46	宁德市福安市溪潭镇廉村	2008
47	宁德市福安市晓阳镇晓阳村	2019
48	宁德市福鼎市磻溪镇仙蒲村	2014
49	宁德市福鼎市管阳镇西昆村	2019
50	宁德市古田县城东街道桃溪村	2019
51	宁德市古田县吉巷乡长洋村	2019
52	宁德市古田县卓洋乡前洋村	2019
53	宁德市屏南县甘棠乡漈下村	2008
54	宁德市屏南县棠口乡漈头村	2010
55	宁德市寿宁县下党乡下党村	2019
56	宁德市霞浦县溪南镇半月里村	2014
57	宁德市周宁县浦源镇浦源村	2014

（施德善）

编辑：郑　菜

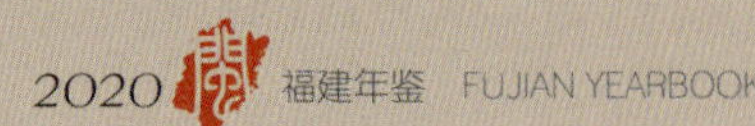

生态环境

综　述

【概况】　2019年，福建省加快国家生态文明试验区建设，生态环境质量持续保持优良、领先全国。12条主要河流Ⅰ～Ⅲ类水质比例96.5%，高于全国平均水平21.6个百分点；小流域Ⅰ～Ⅲ类水质比例92.8%，基本消除劣Ⅴ类小流域、“牛奶溪”；县级以上集中式饮用水水源地水质达标率100%。九市一区城市空气质量达标天数比例98.3%，高于全国平均水平16.3个百分点。城市声环境质量继续保持稳定，辐射环境质量总体保持良好。森林覆盖率66.8%，保持全国首位。是全国水、大气、生态环境质量全优的省份之一。

【自然生态保护】　2019年，福建省在生态市县“细胞工程”创建工作的基础上，指导基础条件好、有创建积极性的地区开展国家生态文明建设示范市县创建。泉州市鲤城区、明溪县、光泽县、松溪县、上杭县、寿宁县6个县（区）获第三批国家生态文明建设示范县（区）称号。全省三批16个县（市、区）获得国家生态文明建设示范县（市、区）称号，数量居全国前列。指导长汀县做好“绿水青山就是金山银山”实践创新基地建设工作，不断凝练提升水土流失治理和生态文明建设可推广、可复制的经验做法。

印发实施《福建省乡村生态振兴专项规划（2018—2022年）》，出台《福建省“绿盈乡村”建设工作指南》，坚持“山水林田湖草是一个生命共同体”理念，围绕“山更好、水更清、林更优、田更洁、天更蓝、海更净、业更兴、村更美”8个方面目标，打造富有“绿化、绿韵、绿态、绿魂”的“绿盈乡村”品牌。

开展“绿盾2019”自然保护地强化监督工作，对全省各地自然保护区问题线索开展全面排查，建立问题台账督促整改。国家下达福建省自然保护区疑似问题点位1888处，经省直部门联合调度、审核，可销号1873处、正在整改15处，总销号率99.2%，采石采砂、工矿用地、核心区旅游设施和水电设施四类焦点问题整改完成率96.7%，自然保护区内的人类活动以生态旅游和农事活动为主，多数在实验区范围内。试点开展自然保护区遥感监测核查和自然保护区延伸监督专项行动，基本实现全省自然保护区“天空地”常态化监管。

莆田木兰溪玉湖片区段，摄于2019年　　（省生态环境厅供稿）

【环境宣传教育】　2019年，福建省提高生态环境宣传教育能力水平。实施例行新闻发布制度，组织媒体常态化开展新闻宣传报道，全年在中央及省内各主流媒体和政务新媒体报道福建省生态环境保护工作1万余条。形成“福建生态环境”官方微博、微信公众号、头条号、抖音号、手机客户端等多位一体的政务新媒体平台矩阵，建立省市县三级联动的生态环境新媒体矩阵，扩大宣传效果。宣传发动全社会参与生态环境保护，开展“美丽中国，我是行动者”、六五环境日、环保设施向公众开放活动等系列主题宣传活动共200余场次。提高生态环境舆情的日常监控和应对能力，做好第二轮中央生态环境保护督察期间宣传报道和舆情应对工作。

（林　靖）

生态环保督察

【概况】 至2019年底，福建省72项整改任务中，49项已完成，其余23项正在推进。7月15日至8月15日，中央第二生态环境保护督察组对福建开展第二轮中央生态环境保护督察，各项配合工作顺利完成。开展生态环境保护领域信访问题排查整治工作，通过深化党政领导挂钩督办，建立信访件可视化监管、重复信访件盯办、信访件交账销号、省市两级核查督办、信访件整改回访等6项机制，组织全省各地不断强化群众信访问题整改。截至年底，第一轮中央生态环境保护督察交办的4903件信访件办结4882件，第二轮督察交办4433件信访件办结3817件。推动各类突出生态环境问题整改，先后采取约谈、专项督办、挂牌督办等措施，对整改中存在问题分类处置，压实整改责任；在全国首创通过生态云平台开展“一市一会商”，会同地方研究解决整改中存在的难点堵点；出台《坚决禁止生态环保“一刀切”》《切实加强中央生态环境保护督察反馈问题及信访件整改工作的措施》等文件，加强整改力度，防止问题反弹，一批突出生态环境问题得到有效解决。

2019年3月5日，泉州市南安生态环境局执法人员查封“三无”喷漆厂

（省生态环境厅供稿）

【环境执法监管】 2019年，福建省有593家重点排污单位列入实施监控范围，全部完成安装联网。在全省统一的环保执法平台建设双随机执法系统，督促落实污染源监管“双随机一公开”工作。先后开展蓝天保卫战、长江入河排污口现场排查工作、污染防治攻坚战强化监督工作等15个专项执法行动，9次获生态环境部通报表扬，在全国环境执法大练兵中获评总数和综合成绩连续四年居全国首位。全省环境污染行政处罚案件4238件、处罚金额3.2亿元，办理《中华人民共和国环境保护法》4个配套办法和涉嫌犯罪移送案件2183件，其中查封扣押1855件、限产停产107件、按日计罚5件、移送行政拘留216件。强化“两法”衔接，打造执法品牌，与公安厅联合开展“清水蓝天”环保专项执法行动，实现行动常态化。为民解决突出生态环境问题，常态化开展百姓身边突出生态环境问题整治。实行环保网格化监管，推进全省网格化监管信息平台建设，建立万人生态环境监管网格交流互动平台，实现全省网格数据共享、互联互通。在第二届“数字峰会”上展现福建省网格化监管成效，向全省推广厦门、宁德、顺昌等地网格监管的经验做法。2019年，全省市、县、镇、村四级网格17709个，注册网格员16442名，全省城乡社区网格员开展日常巡查256755人次，上报有效完整生态环保网格监管事件97863件，其中依法查处行政处罚及五类案件464件。

2019年5月6—8日，第二届数字中国建设峰会在福州海峡国际会展中心举行。图为“数字生态”展区

（省生态环境厅供稿）

【生态环境亲清服务平台建设】 2019年，福建省在全国率先建成生态环境领域的省级亲清服务平台，做到“一个门户”“一号通行”“多表合一”“一网通办”，平台入驻企业20758家，开设线上“环保超市”，企业可在线获得九大类1108名专家“把脉会诊”和135家第三方机构服务。平台建设获评2019年第二届数字中国建设峰会“数字福建电子政务十佳案例”，并获评2019年中国环境互联网大会“年度智慧环保创新案例”。

（林　靖）

大气环境管理

【概况】 2019年，福建省实施打赢蓝天保卫战行动计划，推进源头防控。优化产业结构，落实主体功能区规划，优化石化等7类重点产业布局，推进落后产能淘汰和过剩产能压减，分类对3500多家“散乱污”企业实施关停、改造、搬迁入园等措施。优化能源结构，安全稳妥发展核电，控制发展煤电，有序发展风电和太阳能发电，全省清洁能源装机占比56.0%。优化交通结构，全省沿海港口海铁联运集装箱完成7万多标箱，比上年增长30%；全省推广应用新能源汽车5.96万辆标准车，全省新能源和清洁能源公交车近1.7万辆，占比约81%。推进用地结构调整，安排补助资金3800万元专项开展废弃矿山“青山挂白”治理，全省城市（含县城）机械化清扫率70%，全省秸秆综合利用率90%以上。国家对福建省2018年度空气质量改善目标任务完成情况考核结果为优秀。

【工业治污减排】 2019年，福建省实施大气环境精准减排“十百千”工程，完成1000多个项目整治，每年协同削减挥发性有机物1.3万吨、氮氧化物0.7万吨、颗粒物0.4万吨。福州、泉州建陶产业主要集中区实施新一轮环保提升改造，实现废气排放在线监控全覆盖。福州罗源湾钢铁集中区、三明三钢、漳州三宝等重点钢铁企业开展除尘、脱硫脱硝等深度治理，三明三钢部分工段率先达到超低排放水平。福建联合石化、中化泉州等炼油企业及福清江阴工业区、古雷石化园区重点企业持续提升LDAR水平，大力削减VOCs排放。

【锅炉污染整治】 2019年，福建省严格实施燃煤工业项目能评和环评制度，严把新建燃煤锅炉准入关。加强定期检验，全省完成3000多台次在用工业锅炉定期能效测试。持续推进火电厂（含热电厂、自备电站）超低排放改造，实现超低排放的燃煤机组累计约2700万千瓦，占煤电机组总装机容量的98.5%。加大燃煤（生物质）锅炉淘汰力度，2018年以来累计淘汰1300多台4900多蒸吨。推进集中供热，加快泉州晋南、漳州古雷和台投区等热电联产项目建设，促进分散燃煤锅炉逐步淘汰。

【移动源污染管控】 2019年，福建省256家机动车排放检验机构按期实现提标升级，严格按照新标准实施机动车排放检验。组织对19家柴油车、发动机和非道路移动机械生产企业开展环保达标现场执法检查。沿海6个设区市划定高排放机动车限行区、高排放非道路移动机械禁用区，推进分类管理。完成9市1区机动车遥感监测系统建设及5万多台非道路移动机械摸底调查和编码登记工作。

2019年3月12日，武夷山大气背景值监测人员正在监测数据

（省生态环境厅供稿）

【区域联防联控】 2019年，福建省结合闽东北、闽西南两大协同发展区建设，以厦漳泉、环湄洲湾、环罗源湾—三都澳三大区域为重点，在强化信息共享、联合执法等机制方面取得新突破，完善区域联防联控体系。将轻微污染天气应对机制融入区域大气污染联防联控体系，实现快速响应和有效应对。完成福建省臭氧污染成因来源及防治对策研究，通过专家组验收，加快成果应用。

（林 靖）

水环境管理

【概况】 2019年，福建省推进全省10016个入河排污口排查整治，完成5292个入河排污口整改；“一河一策”制定不达标断面水质限期达标或提升方案，实施精准治理减排“十百千”工程，完成省级100个、市级1000个项目，完成水污染防治行动计划年度任务，推动水质稳定提升。实施碧水攻坚“三巩固”行动计划，重点实施82条“小流域综合治理”为民办实事项目，推动全省小流域Ⅰ～Ⅲ类水质比例同比提高8.2个百分点，达到92.8%；推行城市黑臭水体治理，实施城镇污水处理提质增效3年行动，新建改造污水管道1821千米，市县正常运行生活污水处理厂97座，日处理规模546万吨，莆田市获评为2019年全国黑臭水体治理示范城市。实施从源头保障百姓饮用水安全“六个100%”工程，开展“千吨万人”饮用水水源地保护专项整治，提前半年完成国家下达的98个县级饮用水水源地115个环境问题整治；推进142个县级以上集中式饮用水水源地电子地图边界核对和现场定界，实现县级以上在用水源地水质自动监测监控全覆盖。

【农村生活污水治理】 2019年，福建省发布《福建省农村生活污水处理设施水污染物排放标准》，组织开展全省农村生活污水治理现状调查摸底；推进2019年度为民办实事项目，完成年度有效投资7.27亿元，新建改造村庄“三格化粪池”40.88万户。

【地下水污染防治】 2019年，福建省印发实施《福建省地下水污染防治实施方案》，细化工作目标、重点任务和职责分工。推进加油站埋地油罐防渗改造，完成2523家8817个油罐防渗改造，总体完成率98%。地下水质量极差控制比例为11.3%。 （林 靖）

海洋环境管理

【概况】 2019年，福建省以改善海洋环境质量为目标，重构重建海洋生态环境治理体系框架，强化陆海统筹，打好污染防治攻坚战。组织实施重点海湾综合整治。按照“一湾一策”原则，针对福建省闽江口、厦门湾、三都澳3个环境敏感湾区，分别实施三都澳海域综合整治、闽江口海域综合治理、九龙江口和厦门湾生态综合治理攻坚战。

【海漂垃圾综合治理】 2019年，福建省首次在省级层面出台《福建省近岸海域海漂垃圾综合治理工作方案》，加强对沿海地区海漂垃圾治理的帮扶指导，同时强化科技支撑，利用无人机低空摄影手段抽测79.3千米重点海岸带垃圾分布情况，压实属地治理责任。

【入海污染源专项排查整治】 2019年，福建省实施《福建省入海排污口排查整治工作方案（试行）》《福建省入海排污口排查整治技术指南（试行）》，按照“查、测、溯、治”的要求，开展入海排污口排查整治。同时，组织对2678个入海河流、入海排污口和其他入海排口开展补充监测，清理整治非法及设置不合理排污口。 （林 靖）

土地环境管理

【概况】 2019年，福建省推进重点行业企业用地调查，完成2385个地块的基础信息采集，编制形成“一图”“一表”“一报告”；开展农用地土壤质量类别划分并实行分类管控，印发实施《受污染耕地安全利用工作方案》，在长乐、平和等12个集中区开展1.01万公顷受污染耕地安全利用与治理修复。严格建设用地环境准入，排查疑似污染地块104块，确定超标地块17块，发布《福建省建设用地土壤污染风险管控和修复名录（第一批）》。开展涉镉等重金属重点行业企业排查整治，印发《福建省涉镉等重金属重点行业企业排查整治工作指南（试行）》。

2019年4月22日，中国工程院生态文明建设重大咨询研究项目组在北京发布生态文明建设若干战略问题研究（二期）项目研究成果暨生态文明发展水平评估报告，厦门市的生态文明指数在全国设区市级及以上城市排名第一。图为厦门市筼筜湖美景 （厦门市政府供稿）

【土壤污染防治试点示范项目】 2019年，福建省推动漳州、三明、南平等3个土壤环境保护示范区建设，推进龙岩、三明、南平、漳州等5个土壤治理与修复试点项目建设，探索开展尤溪、大田和上杭等10个土壤环境风险防控试点，创新土壤环境风险监管制度和防控措施。严格第三方机构管理，筛选发布《福建省污染地块调查评估、治理修复单位专业机构推荐名录》，加强污染地块调查评估、治理修复工作专业技术支撑。出台《福建省污染地块调查评估、治理修复单位考核评估管理办法》，强化第三方专业机构内部质控管理。

（林 靖）

危险废物管理

【概况】 2019年，福建省危险废物产生量128万吨（不含医疗废物），利用处置量128.7万吨（含上年度贮存量）。跨省转移危险废物5.7万吨（其中，转出5.4万吨、转入0.3万吨）。医疗废物收集处置量3.15万吨，处置率100%。优化危废处置能力结构和布局，推进福州和莆田危废综合处置场、龙岩紫金砷滤饼综合利用及无害化处置一期项目等建成投运。全省危险废物持证经营单位78家，总核准利用处置能力156.2万吨/年，比上年新增27.5万吨/年，增长21.4%。

【固体废物进口管理】 2019年，福建省进口固体废物总量74.5万吨，比上年下降47%。海关、海警和公安等部门组织开展打击“洋垃圾”走私专项行动，立案侦办走私固体废物刑事案件17件，查扣走私进境固废2644吨。

【重金属减排】 2019 年，福建省完善全口径涉重企业清单 543 家，建立重金属减排基础数据库，组织实施重金属减排工程，将 174 家涉重企业纳入强制清洁生产审核名单，2019 年重金属减排比例 10.1%。

【福建省生态云固体废物环境监管平台】 2019 年，福建省推广应用福建省生态云固体废物环境监管平台，共有 5551 家产废单位、78 家经营单位在平台上进行注册申报，全年运行电子联单 6 万余份。加强电子废物和持续性有机污染物污染防治。全年规范拆解废弃电器电子产品 191.2 万台（套），完成 146 家产生二恶英类污染物企业和 1 家全氟辛基磺酸类化合物生产企业的调查。

（林　靖）

核安全管理

【辐射安全监管】 2019 年，福建省组织开展对核技术利用单位的辐射安全监督检查，探索实施核与辐射“双罚制”，对 10 家核技术利用单位进行行政处罚，保障辐射环境安全；省放射性废物库及时收贮 76 枚废旧放射源，消除辐射安全风险隐患。根据第二次污染源普查伴生放射性矿普查结果，将 U、Th 系任一核素活度浓度超过 1Bq/g 的企业列入年度监督性检查和监测的企业名单。

【核应急管理】 2019 年，福建省核应急委组织“融安—2019”全省第三次核事故应急演习并通过国家核应急办评估，促进完全自主知识产权三代核电“华龙一号”全球首堆装料，提升全省核安全保障水平。全年组织省、市、县、核电厂四级联动演习 7 次，开展辐射监测、专家咨询、新闻发布等专项演练 20 余次。建成省核与辐射环境安全教育基地，定期组织省核应急指挥中心开放日、重要纪念日科普活动。做好核应急计划区内核安全公众宣传，实现科普宣传常态化和全覆盖，全年开展宣传活动 60 余场。

（林　靖）

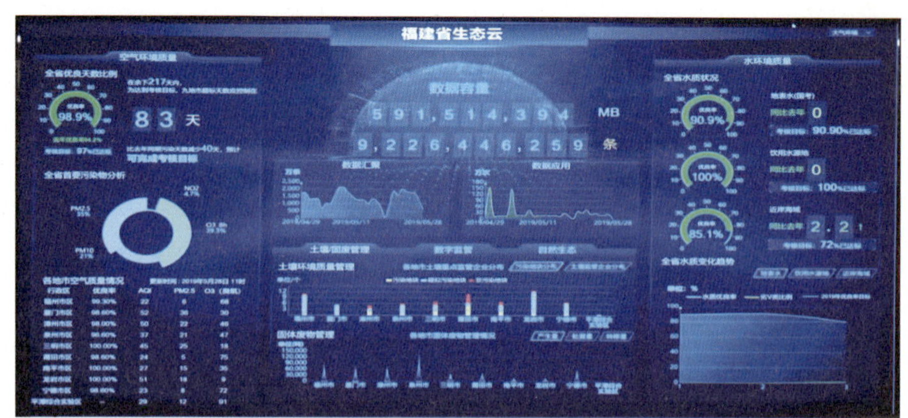

2019 年 5 月 28 日，福建省生态云系统展示　　（省生态环境厅供稿）

环境安全建设

【重点区域环境应急】 2019 年，福建省盯紧重点区域、重点行业、重点企业存在的环境安全隐患，全省组织排查环境风险企业 2826 家次，排查整改隐患 896 处。加强环境应急预案动态管理，全省 24 个试点县（市、区）开展区域风险评估，印发水源地突发环境事件应急预案 46 份，备案企业突发环境事件应急预案 1899 份。成立环境应急专家库，分设应急管理、应急监测等 13 类专业，共 76 位专家入选。妥善处置突发环境事件，全年发生突发环境事件 9 起，未发生较大、重大或特别重大突发环境事件。

【环境基础能力建设】 2019 年，福建省生态云（生态环境大数据）平台持续完善提升。在全国率先建成生态环境亲清服务平台，服务企业、公众和第三方机构的能力明显增强。截至年底，生态云平台汇聚生态环境系统、省直相关单位和互联网数据 132 类、93.5 亿条、840T，开发对外服务接口 436 个，为实现生态环境决策科学化、监管精准化、服务高效化提供信息化支撑。5 月 6—9 日，第二届数字中国建设峰会数字生态分论坛在福州举行，在峰会期间，生态环境部与福建省人民政府签订共建“数字生态”示范省战略合作协议。生态环境监测网络持续完善。新建 6 个 VOCs 自动监测站点。新建 106 座水源地水质

2019 年 6 月 21 日，全省农村人居环境整治提升现场观摩暨推进会召开。各县（市）区领导现场观摩了晋安区九峰村试点工作情况。图为九峰村村容村貌

（晋安区政府供稿）

自动监测站，实现在用的县级以上集中式饮用水水源地水质自动监测监控全覆盖。完善城市空气质量信息公开机制，向社会实时发布68个县级以上城市空气质量。完成9市1区监测站和5个辐射监测分站机构及人员上收，明确省市环境监测事权，实现监测改革工作的平稳过渡。举办全省监测技术大比武活动。印发《福建省生态环境监测数据弄虚作假行为判定及处理实施细则》，开展环境监测机构专项检查。推动成立省环境监测行业协会，推进行业自律。

【主要污染物减排】 2019年，福建省二氧化硫、氮氧化物、化学需氧量、氨氮排放总量较2015年分别下降25.5%、12.57%、3.79%、2.97%，全面完成主要污染物总量控制年度任务。

【生态环境改革】 2019年，福建省基本完成省以下环保机构监测监察执法机构垂管改革，初步形成一套横向到边、纵向到底、联动顺畅、运行高效的垂管体系。成立3个环境监察专员办公室，开展驻点日常监察。省环境信息中心与划入的省经济信息中心碳排放信息登记处合并，更名为省生态环境信息中心。挂牌成立九龙江流域环境监管和行政执法机构，增强流域监管合力。健全流域生态保护补偿机制，近三年投入重点流域生态补偿资金39亿元。深化生态环境损害赔偿制度改革，全省办理生态环境损害赔偿案件10件，赔偿金额306万元。推进环责险制度，全年新投保企业1084家，提供环境风险保障限额15.9亿元。全面推行排污权交易，累计成交金额13.13亿元，二级市场占比63.31%。深化碳排放权交易试点，累计成交量1932.74万吨，成交金额5.6亿元。

（林　靖）

节能降耗

【概况】 2019年，福建省单位GDP能耗下降2.85%，完成年度控制目标；2016—2019年累计下降15.26%，完成“十三五”目标任务的95%，超序时进度15个百分点。全年能源消费增量587万吨标准煤，增长4.47%，未超出年度控制目标；2016—2019年能耗增量累计1855.2万吨标准煤，未超出“十三五”控制目标的80%，完成序时任务。

【能耗“双控”目标责任落实】 2019年，福建省组织开展各设区市能耗“双控”目标责任考核。开展重点用能单位“百千万”行动，完成第三、四批239家重点用能单位能源管理体系建设辅导和评价，对100余家重点用能单位开展节能诊断服务。开展2019年“节能服务进企业”钢铁行业宁德专场活动。深入开展工业节能专项监察活动，对全省年综合能源消费量万吨标煤以上的重点用能单位进行在线监测，469家重点用能单位已实现与省级平台的数据联网。继续实行节能改造财政奖励政策，下达各设区市节能循环经济专项切块资金9300万元。推进用能权交易试点工作，制定下发2019年度试点企业用能权指标分配方案，全省共9个行业100家企业纳入交易试点，实盘交易试点由2018年的水泥行业扩大至水泥制造、火力发电、炼钢等3个行业。2019年6月底完成水泥制造、火力发电、钢铁等9个高耗能行业95家重点用能企业的交易指标清缴工作，用能权交易312.4万吨标准煤，成交金额8128.18万元。

【绿色制造和循环经济试点示范】 2019年，福建省推动实施绿色制造工程，组织开展绿色工厂、绿色园区、绿色设计产品和绿色供应链示范创建工作。截至年底，全省有41家绿色工厂、35项绿色设计产品、1个绿色园区、7家绿色供应链管理示范企业入选工信部绿色制造名单；5家企业入选工信部首批工业产品绿色设计示范企业名单；39家机构入选第一批省级工业节能与绿色发展评价中心名单。79家绿色工厂、97项绿色设计产品、8个绿色园区、10家绿色供应链管理企业入选省级第一、二批绿色制造名单。对7个工信部绿色制造系统集成项目进行验收。推进循环经济和资源综合利用，31家企业入选省级第二批循环经济示范企业名单；支持园区实施循环化改造，6家园区列入福建省循环化改造财政资金支持园区；漳州金峰经济开发区、漳州市陆海环保产业开发有限公司列入国家资源循环利用基地。推进企业清洁生产，开展企业超能耗限额强制性清洁生产审核。推进节水型企业创建工作，2019年公布196家节水型企业和88家创建企业名单。

（林　芝）

编辑：郑　菜

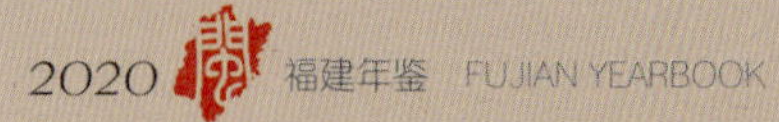

农业 农村

综　述

【农业经济】 2019年，福建省农林牧渔业总产值4636.56亿元，比上年增长3.6%；农村居民人均可支配收入19568元，增长9.8%。农业发展质量稳步提升。粮食生产保持稳定，茶叶、蔬菜、水果、食用菌、肉蛋奶、水产品等全面增产，农产品质量安全合格率超过98%，优质绿色农产品供给大幅增加。培育安溪铁观音、平和蜜柚、古田食用菌、福鼎白茶、光泽肉鸡、连江水产等一批百亿元特色产业强县，打造一系列"福"字号福建绿色优质农产品品牌。十大乡村特色产业全产业链总产值达1.78万亿元，千亿元产业增至8个。

【乡村建设】 2019年，福建省基础设施和社会事业建设提速，95%的乡镇通三级以上公路，农村集中供水率91.5%，农村电网升级改造加快，光纤宽带与4G网络覆盖所有行政村，农村学校"全面改薄"工程扎实推进，近70%的村卫生所完成标准化改造，农村幸福院覆盖率超60%，农村社会和谐稳定。

【农村人居环境改善】 2019年，福建省"一革命四行动"（农村"厕所革命"、农村垃圾治理行动、农村污水治理行动、农房整治行动、村容村貌提升行动）年度任务全面完成，90%的县（市、区）基本完成户厕改造，乡镇生活垃圾转运系统全覆盖、行政村生活垃圾治理常态化，农村污水治理率超50%，乡村面貌焕然一新。

【农村改革开放】 2019年，福建省农村承包地确权登记颁证全面到户，农村集体产权制度改革整省推进，涌现出一批新的农业农村改革"福建模式"。新设9个闽台农业融合发展产业园，农业利用台资数量和规模保持全国第一。农产品出口额保持全国前三。

【农田整治】 2019年，福建省下达农田建设项目省级以上财政资金20.6亿元，建设高标准农田9.8万公顷。支持全省45个受灾较重的县（市、区）修复农田基础设施1117处、田间道路104.2千米、灌溉渠道123.8千米、排水（洪）沟61.4千米，最大程度保障农业生产顺利进行。

【农垦】 2019年，福建省农垦系统有国有农场112个，土地总面积86079.32公顷。农垦总人口18.64万人，从业人员7.53万人。完成生产总值36.03亿元，其中第一产业11.24亿元、第二产业16.1亿元、第三产业8.68亿元。农垦职工人均收入21399元，比上年增长17.3%。农场城镇化水平30.82%，比上年提高3.29%。

【农业机械化】 2019年，福建省主要农作物耕种收综合机械化水平达到66.5%，比上年提高3.4个百分点。其中，水稻耕种收综合机械化水平达到75.3%，比上年提高4.5个百分点。全省有农机化作业服务组织941个、农机专业合作社690个，拖拉机及配套机械23.07万台（套），作业服务面积突破27.13万公顷。全年下达农机购置中央补贴资金11410万元、省级补贴资金7000万元，补贴购置农机具11.07万台（套），受益户数6万户。（陈悠然）

精准扶贫

【概况】 2019年，福建省建档立卡贫困人口全部脱贫，2201个建档立卡贫困村全部摘帽，23个省级扶贫开发工作重点县全部达到退出标准。深化对口扶贫协作，年度对口帮扶任务全面完成。聚焦老区苏区脱贫奔小康，强化精准施策、精准退出，剩余的465个建档立卡贫困人口全部脱贫，剩下的151个建档立卡贫困村全部脱贫摘帽，剩余的6个省级扶贫开发工作重点县全部达到退出标准。

【脱贫机制】 2019年，福建省落实"四不摘"（不摘责任、不摘政策、不摘帮扶、不摘监管）要求，推动产业、就业、搬迁、兜底保障等扶贫政策措施落地，促进45.2万已脱贫建档立卡贫困人口稳定脱贫。以县（市、区）为单位，对已脱贫但不够稳定的群体开展摸底排查，确定4557户14157人实行单列管理、重点帮扶，多措并举防止返贫。

【东西部扶贫协作】　2019年，福建省深化东西部扶贫协作。落实“联席推进、结对帮扶、产业带动、互学互助、社会参与”的闽宁扶贫协作机制，财政援宁资金全部到位，比上年增长46.8%；落实社会帮扶资金8000万元，增长90.5%；实施产业扶贫项目165个，引导129家企业到宁夏投资兴业，帮助宁夏贫困人口新增就业2.58万人；赴宁夏交流挂职人员数量实现翻番，对口帮扶任务全面完成。（陈悠然）

农村经济管理

【农村土地管理】　2019年，福建省农村基本经营制度全面落实。完成农村土地承包经营权确权登记，确权农户470.6万户，确权面积104.17万公顷，证书到户率97.6%。土地经营权有序规范流转，流转率35%，多种形式适度规模经营有序推开。

【农村集体产权制度改革】　2019年，福建省15362个村（居）农村集体产权制度改革全部完成成员身份确认，55个试点县率先完成股份合作制改革，改革红利进一步释放。

【农业新型经营主体培育】　2019年，福建省加快培育农业新型经营主体，省级以上重点龙头企业达到926家，农民合作社、家庭农场发展到6.7万家，新型职业农民发展到50万人，率先制定出台支持小农户和现代农业发展有机衔接的政策措施。农村集体经济实力有效增强。全省村均集体资产接近1000万元，其中经营性资产超过200万元。全面消除年经营性收入5万元以下的薄弱村，50%以上的村超过10万元。

（陈悠然）

种　植　业

【粮食生产】　2019年，福建省落实12.2亿元耕地地力保护补贴资金，推进53.3万公顷水稻生产功能区建设，推广绿色高质高效技术61.3万公顷，发展优质稻50.67万公顷，粮食播种面积82.24万公顷、总产量494万吨，与上年基本持平。粮食安全省长责任制考核成绩位居全国前列。

【经济作物种植】　茶产业持续增长，全省茶园面积21.98万公顷，比上年增加0.89万公顷；毛茶产量43.99万吨，增长5.2%，毛茶总产量、毛茶产值均位居全国第一；茶叶出口量2.4万吨，出口货值4.55亿美元。水果产业保持平稳，种植面积34.41万公顷，比上年增加1.23万公顷；产量681.61万吨、增长6.5%。蔬菜产业增产增效，种植面积57.98万公顷；比上年增加2.15万公顷；产量1437.33万吨、增长5.2%。设施农业面积14.2万公顷，千亩以上设施农业基地达到120个。

（陈悠然）

田园乐章——南靖上坂村，摄于2019年　　（省生态环境厅供稿）

闽台农业合作

【概况】　2019年，福建省新批农业台资项目40个，合同利用台资超1.1亿美元；累计批办农业台资项目2721个，合同利用台资40.6亿美元，农业利用台资的数量和规模继续保持全国第一。闽台农产品贸易总额16.4亿美元，比上年下降22.6%，其中福建销往台湾贸易额11.3亿美元，比上年下降31.7%；台湾销往大陆贸易额5.1亿美元，增长10.5%。

【园区建设】　2019年，福建省设立9个闽台农业融合发展产业园。6个国家级台创园连续两年包揽全国综合考评前六名，累计有624家台资农业企业入园创业，引进台资11.7亿美元。

【科技合作】　2019年，福建省闽台农业合作推广示范县引进推广台湾农业良种100多个、先进实用技术40多项，辐射带动全省1.73万公顷以上。已选认台籍农业科技特派员35名。

【基层交流】　2019年6月15日，由海峡两岸农业交流协会、福建省农业农村厅主办，以“深化两岸农业合作，助推乡村振兴发展”为主题的第十一届海峡论坛·两岸特色乡镇交流暨现代农业融合发展对接活动在厦门举行，两岸业界360余人参加活动，50个项目对接签约。邀请154批台湾农业专业团组3700多人（次）到闽考察交流，共13批100多名农业从业人员赴台开展现代农业与技术参访交流。（陈悠然）

畜牧业

【概况】 2019年，福建省畜牧业全产业链总产值1644亿元，比上年增长14.9%；肉蛋奶总产量318.72万吨，增长1.3%。畜禽良种繁育体系建设全面加强，建成国家种猪核心育种场6个、肉鸡良种扩繁推广基地1个、国家级地方畜禽品种保种场6个、晋江马保护区1个、国家水禽品种资源基因库1个、种畜禽场355个，形成原种场—扩繁场—商品场的良种繁育体系。

【畜禽粪污资源化利用】 2019年，福建省组织实施福清、新罗、南靖等30个整县推进项目，全省畜禽粪污综合利用率88%，规模养殖场粪污处理设施装备配套率97%，提前1年完成国家“十三五”畜禽粪污资源化利用目标。

（陈悠然）

林业

【林业改革】 2019年，福建省完善森林生态补偿机制。生态公益林乔木林补助345元/公顷，天然商品乔木林补助提高到300元/公顷，合计增加补偿资金1.25亿元。厦门、泉州等地市县财政另安排资金提高补偿标准。加大赎买等改革力度。继续加大重点生态区位商品林赎买等改革，省级财政安排补助资金5000万元，比上年增加1500万元，新增赎买面积3400公顷，累计2.15万公顷，提前超额完成“十三五”规划目标任务。创新普惠林业金融产品。推出“闽林通”系列普惠林业金融产品，累计发放贷款63.4亿元，受益农户近5.7万户。明溪县创新生态公益林、天然商品林收益权质押贷款模式，在全省率先推出“益林贷”信贷产品。创新林业生产经营机制。扶持新型林业经营主体规范化、标准化建设，新培育家庭林场、合作社等新型林业经营主体328家，累计5564家。在沙县、将乐、泰宁、宁化等地试点“林票制度”。完成国有林场改革任务。通过国家检查验收，省属国有林场由106个整合为84个，林地面积增加4.13万公顷，达43.47万公顷；蓄积量比上年增加1162万立方米，达5644万立方米；省级财政支持省属国有林场经费由5717万元增加到16428万元。进一步下放林地审批权限，开展林地占补平衡试点，做好重点项目建设用林服务保障，全省共审核永久用地2502件、面积6033.33公顷，其中省重点项目144个。

【造林绿化】 2019年，福建省完成年度营造林任务。全省完成植树造林7.15万公顷，占任务的119%；森林抚育22.43万公顷，占任务的112.2%；封山育林14.05万公顷，占任务的105.4%。实施绿化美化行动。在武平县召开现场会，加快实施百城千村、百园千道、百区千带等“三个百千”绿化美化行动。创建森林城市（县城、城镇）69个、省级森林村庄500个（其中国家级森林乡村346个），改造提升森林公园35处、森林步道131千米，建成珍贵树种造林示范区55个、森林景观带676千米。南平、宁德、平潭获评国家森林城市，南安等5个县（市）获评省级森林城市，提前实现全省九市一区全部获评国家森林城市、县级城市全部获评省级森林城市两个“满堂红”。福州市719个村开展“村植千树”绿化行动。提升森林质量。实施森林质量精准提升工程，完成示范项目建设1.52万公顷，利用国开行、农发行贷款40亿元，累计建设国家储备林基地14.09万公顷。推进长汀水土流失治理，完成马尾松林优化改造733.33公顷。参展世园会。室外展园和室内展馆均获金奖，选送的展品454个获奖，获奖率98.7%，福建参展工作被组委会授予最佳组织奖。

【资源保护】 2019年，福建省推进福建自然保护地体系建设，建立各级各类自然保护地369处，其中世界自然及双遗产2处、国家公园体制试点1处、自然保护区112处、风景名胜区54处、森林公园157处、湿地公园8处、地质公园25处、国家级海洋公园7处、市级海洋特别保护区3处、保护小区3300多处。成立全省自然保护地专家库，建立专家咨询决策机制。组织开展武夷山国家公园体制试点第二轮百日攻坚，完成试点区域优化调整，印发实施总体规划和5个专项规划，体制试点区总面积100141公顷。通过电视、报刊、多媒体、宣传牌等立体宣传国家公园，启用国家公园LOGO，营造国家公园体制试点良好氛围。林业灾害防控。做好过渡期森林防灭火工作，清明、国庆等重大

2019年，福建省完成植树造林7.15万公顷，森林覆盖率居全国第一

（省生态环境厅供稿）

节日期间“零火灾、零伤亡”。全年发生森林火灾 27 起，受害面积 227.07 公顷。抓好松材线虫病防控，开展两轮攻坚战，疫情得到有效控制。根据普查结果，全省没有新增疫区，疫情面积比上年同期减少 1000 公顷。

【林业科技服务】 2019 年 4 月 15 日，福建省林业局印发《关于开展“林农点单 专家送餐”林业科技服务活动的通知》，解决林业生产经营中技术难题，增强广大林农及生产经营者获得感，提高林业科技服务的针对性和实效性，创新科技下乡机制，提升林业科技精准扶贫能力，为加快推进林业改革与发展提供科技支撑。

【福建省湿地保护专家委员会】 2019 年 4 月 15 日，福建省林业局印发通知，成立福建省湿地保护专家委员会。专家委员会由 21 名专家委员组成，涵盖林业、海洋渔业、水利、国土资源、农业、环境保护、野生动植物等多个行业专家。主要职责：为全省湿地保护决策提供意见建议；为湿地保护管理提供咨询，重点对湿地保护规划、湿地名录编制、重要湿地认定、湿地公园建设与管理、湿地资源评估与利用、湿地生态效益补偿、湿地生态修复、湿地保护小区建设以及在湿地范围内开展保护和利用等活动提供技术咨询及专家意见；为湿地保护管理工作人员提供技术培训；为与湿地保护科学技术有关的其他事项提供支持等。

【加快林下经济发展措施出台】 2019 年 5 月 30 日，福建省林业局、财政厅、农业农村厅、文旅厅、市场监管局联合印发《关于加快林下经济发展八条措施的通知》，要求加快推进林下经济绿色发展，着力培育壮大特色产业，做大做强森林旅游业，推进林下经济一二三产业融合发展，建立林下产品质量管控体系，强化林下经济发展科技支撑，加大税收金融扶持力度，创新林下经济发展机制。

【打击违法专项行动】 2019 年，福建省法院生态环境审判庭、省检察院第八检察部、省森林公安局、武夷山国家公园管理局决定，从 8 月 2 日至 12 月 31 日，联合开展打击破坏武夷山国家公园森林资源和生态环境违法犯罪专项行动。专项行动重点查处：盗伐、滥伐林木行为，采脂、掘根、箍树、剥树皮等故意毁坏林木行为，擅自开山、取土等非法占用林地或丢弃垃圾、弃土以及其他废弃物、污染物污染林地等行为，非法采集药材或者其他野生植物行为，非法猎捕杀害珍贵、濒危野生动物、非法狩猎或者伤害破坏野生动物及其栖息地行为，其他破坏森林和野生动植物资源和生态环境等行为，毁林种茶等破坏森林资源行为。

【植物新品种权】 2019 年，福建省有 30 个花卉品种获得国家植物新品种权，其中农业农村部授予 17 个花卉植物新品种权，包括“红玛瑙”等 12 个蝴蝶兰新品种、“福韵丹霞”等 2 个兰属新品种、“明卉紫霞”等 2 个非洲菊新品种、“明农白凤”1 个花烛属新品种；国家林业和草原局授予 13 个花卉新品种，包括“金玉满堂”等 3 个紫金牛属新品种、“永福金彩”等 8 个桂花新品种和“惜春”等 2 个李属新品种。

【全省林业执法技能竞赛】 2019 年 9 月 18—20 日，由福建省林业局、省总工会联合举办，省林业工会和省林业执法总队具体承办的全省林业执法技能竞赛决赛在福建三明林业学校举行。武夷山国家公园管理局、南平市建阳区林业局、光泽县林业局代表队分别获得团体总成绩第一名、第二名、第三名。武夷山国家公园管理局马添福勇夺个人总成绩第一名，武夷山国家公园管理局陈开团获得理论考试单项第一名，光泽县林业局李建平获得木材检验考试单项第一名，清流县林业局周自力获得野生动物标本识别考试单项第一名。

【中国北京世界园艺博览会参展获奖】 2019 年，福建省参展中国北京世界园艺博览会工作获得组委会最佳组织奖，室外展园室内展区均获得金奖，有 454 个展品获得室内展品竞赛奖，获奖率 98.7%，其中特等奖 59 个、金奖 105 个，居全国前列。室外展园日均参观客流量 8700 人，占世园会入园参观总人数的 15%，居各省展园前列。

【第十五届海峡两岸林业博览会】 2019 年 11 月 6 日，第十五届海峡两岸（三明）林业博览会暨投资贸易洽谈会在三明市开幕。签约项目 105 个、总投资 266 亿元，其中台资和外资项目 20 个、拟利用台资外资 9700 万美元。参展企业 512 家、展品 2100 余种，评选出三明绿色食品“十珍”、森林康养基地建设“十佳”、“毛竹王”、“茶王”和海峡两岸优质森林食品供应商 60 家。

【森林城市】 2019 年 11 月 15 日，国家林业和草原局在 2019 森林城市建设座谈会上宣布南平市、宁德市和平潭综合实验区为国家森林城市，福建九市一区全部晋级为国家森林城市。11 月 17 日，南安市等 5 个县（市）被评为省级森林城市，所有县（市）全部晋级为省级森林城市。福建提前一年实现“十三五”规划的“两个全覆盖”，即实现设区市级城市国家森林城市全覆盖和县级城市省级森林城市全覆盖。 （刘建波）

水土保持

【概况】 2019 年，福建省水土流失率降至 7.75%，比上年降低 0.05 个百分点。厦门市、龙岩市在全省率先实现水土流失率降至 7%以内目标。2019 年，福建省继续把水土流失治理列入省委省政府为民办实事项目，推进 20 个县国家水土保持重点建设、2 个“以奖代补”试点建设项目和 5 个坡耕地水土流失综合治理工程，以及省级 15 个重点县、100 个重点乡镇水土流失综合治理和 30 个水土保持生态村建设。全省完成投资

16.45亿元，其中中央水土流失治理专项补助11.91亿元、省级补助4.54亿元；全省各部门治理水土流失面积16.95万公顷（其中水利部门9.51万公顷、林业等其他部门7.45万公顷），超额27.1%，建设生态清洁小流域132条239.15千米，有效促进人居环境美化；综合改造茶果园坡耕地0.36万公顷，培育打造一批地方特色产业。

【水土监督】 2019年，福建省严格落实水土保持“三同时”（同时设计、同时施工、同时投产）制度，全省批复生产建设项目水土保持方案1688个（省级39个），有效控制人为水土流失面积2.13万公顷；受理500个项目水土保持设施自主验收报备材料；查处水土保持违规违法案件600多件。加强水土保持监管，全省检查生产建设项目2663个，其中省级监督检查项目60个，发出整改意见书58份；配合水利部开展“天地一体化”区域监管，对13179个扰动图斑进行现场复核，对全省2481个疑似违规流失斑进行现场核查。强化预防保护，以重要江河源头区、饮用水水源区和省级以上自然保护区作为重点对象，年度新增预防保护面积6万公顷。全省征收水土保持补偿费3.02亿元，其中省级8915.21万元。

【水土治理创新】 2019年，福建省全面启动数字水保工作，开发水土保持“一张图”管理信息系统平台，建成“天地一体化”水保监管系统，实现生产建设项目水土保持监管全覆盖。推进水土保持“放管服”改革，出台《关于规范省级水行政审批工作的通知》《关于推进全省水利工程建设项目审批制度改革的贯彻意见》，简化审批流程，压缩审批时限，做好事中事后服务。创新推进长汀水土流失精准治理深层治理。在资金上，整合水利、林业、国土等部门的资金，实现“多个渠道引水，一个龙头放水”的新格局；在组织上，打破原有水保、林业等部门各自为战的分属治理模式，成立国有专业生态治理公司，统筹水土流失治理项目规划和分配；在方式上，针对每个流失斑块的不同流失类型，精准施策，治理流失斑块3508个、面积0.64万公顷。到2019年底，长汀水土流失率降至7.4%，低于全省平均水平。 （张智杰）

水 利

【概况】 2019年，福建省完成水利投资407.6亿元，占年计划405亿元的100.6%，获得国务院激励资金1000万元。争取债券取得突破，共到位地方政府债券19亿元，其中省本级11亿元，占省本级可安排额度25亿元的44%。争取到位中央资金54.06亿元，比上年增长35.4%；加强与国开、农发、兴业、农业四大银行对接，争取水利贷款78.1亿元。

【水利规划】 2019年，福建省完成“十四五”水利改革发展规划思路报告并上报水利部；修改完善福建省建设国家生态文明试验区水利总体规划；完成福建省第三次水资源调查评价成果上报；编制完成全省流域综合规划、入海河口整治规划编制大纲。

【水利基建】 2019年，福建省635个水利重大项目全面推进，新开工156个、建成或部分建成141个，完成投资321.37亿元。国家立项枋洋水利枢纽工程主体完工，白濑水利枢纽工程主体开工；霍口水库、“一闸三线”等项目年度投资计划超额完成；上白石水利枢纽流域环评回顾性评价报告报批。推进金马供水工程。向马祖供水近期工程建成启用。向金门供水工程安全稳定运行，日均供水1万多吨。蓄引调水、农村饮水安全巩固提升、县级以上城区高水高排等5个工程包和安全生态水系、水土流失治理等2个“为民办实事”项目超额完成任务。

【农村水利水电】 2019年，福建省农村饮水安全有力保障，以莆田、福鼎等12个城市为试点推进城乡供水一体化项目，市、县51个年度项目全面开工，完成投资20亿元；实施以乡镇为单元的规模化集中供水工程建设，以及以补齐“水源、水厂、管网”工程短板的村级饮水安全巩固提升，建成农村饮水安全巩固提升工程435处，完成投资7.4亿元，受益人口154.1万人。农村水电加快转型升级绿色发展，电站生态改造列入地方党政生态目标责任和河长办考核指标，全省累计退出老旧小水电站616座；完成生态泄流设施改造5897座、在线监控安装5679座、接受环保监控4432座，分别占2018—2020年三年总任务的99.1%、95.4%、74.4%。泉州山美大型灌区和12个重点中型灌区续建配套与节水改造项目进展顺利，共完成投资2.6亿元。

【水利扶贫开发】 2019年，福建省安排专项资金61.44亿元倾斜支持老区苏区县水利建设。针对23个省级扶贫开发重点县、2201个贫困村、45.2万建档立卡贫困人口和新增贫困人口饮水安全，落实“一户一档一策”，跟踪监测、定期回访，确保水量、水质，严防反复；投入省级以上专项资金2.59亿元，提升省级扶贫县农村饮水集中供水率1个百分点，达到92.1%。核定新增后期扶持移民4226人，投资7.65亿元，实施后扶项目1090个，完成沙县移民工业创业园、南靖移民创业园二期租赁工作，完成延平等5个试点县帮扶对象避险解困安置。水保非柴燃料补助范围扩大到23个扶贫开发重点县，补助标准提高到每人每年不低于200元，累计发放燃补资金1062.68万元，惠及困难群众52968人。引导57座国有或集体所有水电站参与扶贫，将投资形成的资产折股量化给贫困村和贫困户，增加所在地贫困村和贫困人口收益，支持当地公益设施建设。

【安全生态水系治理】 2019年，福建省木兰溪综合治理入选中共中央组织部全国主题教育案例、中央党校教学案例及教学手册；国家网信办组织14家中央网络媒体，用8个语种向全世界讲述木兰溪故事；中央电视台《焦点访谈》3天连播木兰溪治理系列报道。以木兰溪治理为样板，全面推进万里安全生态水系建设，全省完成投资17.3亿元，建成安全生态水系934.82千米，形成一批遍布城乡、百姓获得感强、社会认可度高的河流生态走廊，其中木兰溪入选全国首批示范河湖。以安全生态水系的理念，完成中小河流治理261千米，下达中央投资7.52亿元；实施五江一溪防洪工程29个，完成投资13.81亿元，其中闽江防洪工程三明段（一期）清流段、长泰龙津溪枋洋段（上存水库—洲里）防洪堤工程、福安市溪北洋中心区排洪干渠工程等项目相继完成主体工程。

【河湖长制工作】 2019年，《福建省河长制规定》颁布实施，河湖长制从改革实践上升到法规层面。河湖长制纳入文明城市测评和效能考核体系，建立定期通报、约谈、督办、追责、查处的监督机制，建立全省统一的“96133”监督举报平台。省人大开展执法检查，省政协组织专题协商，全省检察院、法院驻河长办联络室市县全覆盖，全社会参与、全民皆河长氛围日益浓厚。河湖“清四乱”和“无人岛”综合整治等取得实效，2056个河湖“四乱”和125个河道“无人岛”问题全部整改到位，12条主要河流、小流域Ⅰ～Ⅲ类水比例分别达96.5%和92.8%，比上年上升0.7、8.2个百分点。开展河湖健康评估，全省流域面积200平方千米以上（含）179条河流健康合格率96.1%。

【水利管理】 2019年，福建省水利工程管理持续加强，3665座水库全部落实“三类责任人”和“三个重点环节”。投资2400万元，推进莆田东方红中央水库除险加固，实施61座小型水库、1座水闸除险加固任务；开展236座水库大坝安全鉴定和30座水库降等报废工作。对水利部现场暗访发现的261个水库问题进行挂牌督办，整改率77%以上；开展已建堤防工程险工险段排查，逐级建立险工险段名录，全省共71段、52.5千米堤防险工险段；开展水利工程划界调查，推进省级直管的北溪引水、溪源水库工程划界工作。

水利行业监管有序推进。突出中央环保督查、小水电生态泄流、小型水库安全、水利部年度质量考评、安全生产、资金安全重点，开展7批次督查、稽查；配合水利部完成督查稽查24批次并跟踪落实问题整改。水利建筑市场监管力度加大，全年登记市场主体1968家（含省外），评价良好信息3210个、不良信息18个；完成水利工程项目交易数1107个，投资总规模183亿元；通过日常巡查、电子监督和人工监督等方式，监督招投标环节监督风险点。水利安全生产稳定向好。立足天天安全、100%安全，盯紧水利工程，开展水利工程工地标准化建设，提高参建单位现场管理水平，确保工程质量；制定13项水库水闸制度范本和“三类责任人”履职标准，出台全省水库维修养护定额标准，全面落实库堤闸安全管理责任，确保工程安全运行；出台《省级以上水利财政资金绩效管理办法》，建成水利资金监管信息平台，加强绩效评价和现场复核，确保资金使用安全；强化安全风险管控，排查发现安全隐患8107处并跟踪整改。

【水资源管理】 2019年，福建省全面落实最严格水资源管理制度，全省用水总量177.5亿立方米，比上年减少9.5亿立方米；万元GDP用水量、万元工业增加值用水量分别比上年下降19.2%、20.5%。加强计划用水管理，开发计划用水申报模块，实现年度计划用水在线申报；开展计划用水核定工作，全省7754个取水户全部及时下达计划用水。强化节约用水工作，出台《福建省落实国家节水行动方案》，建立2020年、2022年和2035年节水目标指标体系，明确重点行动和主要任务；修订《福建省行业用水定额》，确定362个小类、664个产品用水定额值，其中农业用水定额的作物覆盖福建省总播种面积的95.8%，工业用水定额覆盖主要工业行业的93.3%，生活和服务业用水定额涵盖城镇和农村居民生活用水，以及主要高用水服务行业，落实规划和建设项目节水评价制度，全省有5个项目开展节水评价，其中1个未通过，保证规划和建设项目科学合理取用水。

打造节水型载体，汇编《节水行动在福建》案例文集；196家钢铁、造纸等高耗水行业被评为节水型企业，其中45家为节水型示范企业；已创建县域节水型社会达标县8个，在建16个；省水利厅节水机关建设通过水利部验收，全省具有独立物业管理的市县两级水利局均有序推进；福建农林大学等高校开发建设校园节水监管平台，首个高校合同节水管理项目福建工程学院合同节水项目签约落地，预期节水率50%。

优化水资源调配，编制汀江和晋江流域生态流量保障试点工作实施方案，启动九龙江、闽江、汀江流域水量分配前期工作。强化水资源监管，完成国控二期建设任务，建设48个灌区249个渠道渠首渠尾监控，完善235个水质水量监测点供电和传输设备，新增共享接入13户22个取用水监测站点。启动取水工程（设施）核查工作，摸清全省取水工程（设施）和水资源开发利用管理现状及存在的问题。

【依法治水】 2019年，福建省加快水利配套立法，出台政府规章《福建省河长制规定》，起草《福建省水利工程管理条例》，启动《闽江、九龙江流域保护管理条例》立法调研，开展5件省政府规章、23件规范性文件公平性竞争清理工作。重拳打击河道非法采砂行为，利用无人机进行暗访巡查，全省取缔非法采砂点376处、非法堆砂场168处，没收船舶34艘、车辆137辆，拆解船舶（设备）256艘（套），行政处罚211件，移送公安立案7件，刑事拘留13人。水利规费征收落到实处，全省征收水资源费5.60亿元、水土保持补偿费3.02亿元，其中省级分别征收2.08亿元、8915.21万元。推进水行政审批“三集中”改革，推行行政审批“一网通办、一库共享”全流程网上审批，省水利厅所有行政审批与公共服务事项全部入驻厅行政服务中心和省网上办事大厅，将21个事项的承诺时限从20天压减到7天；27小项服务事项中14项落实“一趟不用跑”服务标准。

【科技交流】 2019年，福建省启动闽江水库群联合压咸生态调度研究等23项课题的攻关研究，建立健全水利科技创新储备项目库。提升和完善水工程水动力研究中心、水土保持研究中心科研基地建设，完善水生态与水工程研究中心博士后创新基地和研究生培养基地等管理。

评定水利科技奖20项，其中一等奖2项、二等奖8项、三等奖10项；获得省科技进步奖3项，其中省科技二等奖1项、三等奖2项；在水利先进实用技术推广小型水电站远程集控运行技术等8项。推进水利行业地方标准体系编制工作，完成福建省安全生态水系技术规范和小水电生态下泄流量技术标准。

组团赴以色列、斯洛伐克、匈牙利、南非、埃及和挪威、俄罗斯交流节水与水资源开发保护及防灾减灾技术与合作、水资源开发利用技术、水利工程管理技术和法规制度监管；组织“可持续安全生态水系建设与城乡水生态修复技术”培训班赴美国培训；举办第十一届海峡论坛——两岸乡村农田水利建设交流会、第一届海峡两岸水保科技论坛暨福建省水土保持学会。

数字水利集成覆盖，建成水资源管理、水利基建、信用评价、电子招投标、水库运管等子系统，上线全省河湖长制综合管理、数字水安视频监控等系统，为河湖水系治理、水利工程监管提供可视化信息手段；开发水库运行管理信息平台和APP，实现中小型水库精细管理；建成水保“天地一体化”监管系统，实现生产建设项目水土保持监管全覆盖；完成省防汛指挥中心的升级改造，提升防汛指挥决策保障能力。按照“一数一源、一数一主”原则，汇聚各领域近10亿条数据，建成省级水利数据中心，为基层单位提供数据服务4000万条次。全年网络安全态势总体平稳。

【水利改革创新】 2019年，福建省城乡供水一体化创新推进。在全国率先由水利、发改、财政、住建等4部门联合出台《关于推进城乡供水一体化建设试点的意见》，共同推进城乡一体化供水体制机制。全国率先制定省级《城乡供水一体化建设规划导则》，指导各地统一目标、统一标准、统一规划。全国率先使用省级地方债券支持城乡供水一体化建设，落地一般债券3亿元；在上海证券交易所发行首单城乡供水一体化项目专项债券，发行总额8亿元。

创新实施主体，以设区市或县（市、区）为单位，组建一家水务公司，作为投融资、工程建设、管护维养“三位一体”的建管平台，实行统建统管统服务。全省打破城乡供水二元结构，通过“一县一网”“一网多县”供水新格局，努力做到城乡供水同质同服务。

水利工程维养创建新模式，出台《福建省小型水库防汛责任人履职标准》《福建省小型水库管理制度范本》，继续实施水库大坝安全鉴定和常态化除险加固；泉港、同安、沙县等24个县（市、区）整县域探索水库物业化管理，通过购买服务引入第三方负责小水库维修养护，解决巡查和技术责任人专业水平低、履职能力差的普遍问题；浦城、南安创建全国小型水库管理体制改革示范县。

水利行业监管构建新机制，通过机构改革，调整内设机构，强化监管职能；分别成立补短板、强监管领导小组，明晰两条线工作机制；从直属单位抽调33名干部集中办公，配齐配强监管力量。集中整合技术骨干、离退休专家，按照“9个设区市＋2个机动督查队＋4个联勤保障队”的架构，组建省级督查团队，市、县参照落实。通过全省征选，建立规模900多人的专家库，为“强监管”工作提供技术支撑；引进第三方机构，承担强监管后勤保障服务。在总结全省3719.5千米海堤保险经验基础上，8个试验县在全省率先试点实施200座小型水库、2182座拦河坝工程保险。

水利市场监管创新突破，建立“1个服务平台＋1个监督平台＋N个交易平台＋1个评价平台”的监管模式。通过“申报信息公开＋随机抽取专家审查”，实行全流程网上审批，实现准入审批规范化。通过“网络开标”、“电子监管”、全过程留痕，破解专家被“围猎”、企业搞“围标”等突出问题，实现交易流程公开化。

建成水利建设市场信用评价平台，公正评价市场主体履约行为，及时公布信用评分，倒逼诚信经营，实现诚信评价数值化。全省基本形成“管理办法＋评价标准＋运行平台＋招投标应用”的水利建设市场诚信经营、规范运行格局。农业水价综合改革有序推进，各地把建立合理水价形成机制和完善计量设施、加强用水管理、落实节水奖励政策等有机结合起来，全省实施改革面积4.06万公顷，超额完成21.74%。全域性河湖健康评估体系率先建立，首次对全省179条流域面积200平方千米以上的河流进行全覆盖评价，发布全国首份《河流健康蓝皮书》。

【福建水投集团】 2019年，该公司资产总额141.7亿元，比上年增长17%；净资产60.88亿元，增长13%。整合设计、监理、招标代理等业务，在省供水公司基础上组建水务集团。（张智杰）

编辑：郑　莱

综　述

【工业生产】　2019年，福建省工业和信息化运行稳中向好，质量效益稳步提升，全年全部工业增加值16170.45亿元，比上年增长8.7%。其中规模以上工业增加值比上年增长8.8%，增速高于全国平均3.1个百分点，居全国第二位、东部10省市第一位。

股份制企业增长加快，重点企业增势良好。2019年，全省规模以上股份制企业增加值比上年增长9.9%，高于全省平均1.1个百分点；外商及港澳台投资企业增长6.7%；国有、集体、股份合作、其他经济类型企业分别增长8.9%、4.2%、0.8%、9.8%。省级龙头企业全年营业收入比上年增长8.4%，省级高成长企业全年营业收入分别增长21.5%，高出全省平均12.4个百分点。

行业增长占主导地位，超四成产品产量实现两位数增长。2019年，全省轻重工业增加值分别比上年增长7.6%、10.2%；38个大类行业中有33个行业实现正增长，占比86.8%，有12个行业两位数增长，其中化学原料制品增长22.4%、有色金属冶炼压延加工增长21%、化纤增长16.4%、计算机通信电子增长12%、医药增长11.5%、电气机械器材增长10.3%。全省三大主导产业比上年增长9.8%，提高1.5个百分点，其中电子12%、机械5.7%、石化13.5%。列入统计的430种产品中，有279种产量实现增长，占比64.9%，增速10%以上的有182种，占产品种数的42.3%。2019年，全省规模以上高技术产业增加值比上年增长12.3%，增速高于全省规模以上工业平均3.5个百分点，部分电子产品、集成电路、新能源汽车等产品产量较快增长，其中智能手机增长46.6%、平板电脑增长228.8%、集成电路增长37.9%、锂离子电池增长11.4%。

区域工业运行平稳，重点地区支撑有力。各地工业呈现平稳协调良性发展态势，7个设区市规模以上工业增加值增速超8.5%。其中宁德比上年增长14.6%，增速居全省首位；泉州、福州、厦门、漳州市分别增长8.6%、8.7%、8.6%、9.1%，有力支撑全省工业平稳增长；三明、莆田、龙岩、南平市分别增长8.8%、8.6%、8.2%、7.1%。此外，平潭综合实验区比上年增长3.1%。

产销衔接保持正常，工业出口持续增长。2019年，全省规模以上工业销售产值比上年增长9.9%，实现工业品产销率97.15%，总体保持在97%以上正常水平。2019年，全省规模以上工业出口交货值比上年增长5.9%，32个出口行业中有20个行业实现正增长，其中木材加工（13.6%）、化学原料制品（16.9%）、食品（13.6%）、医药（20.9%）、文教体育娱乐用品（14.6%）、专用设备（12.5%）等9个行业增速均超10%。

企业效益稳步提升，利润总额平稳增长。2019年，全省规模以上工业经济效益综合指数348.65点，比上年提高22.69点；成本费用利润率7.21%，下降0.12个百分点；资产负债率50.85%，下降0.47个百分点。2019年，全省规模以上工业企业营业收入56921.5亿元，比上年增长9.1%。全省工业利润保持平稳增长，全年实现利润总额3815.1亿元，比上年增长7.4%；38个工业大类行业中有22个行业利润保持增长，12个行业两位数增长，其中农副食品加工增长40.8%、木材加工增长14.1%、文教体育娱乐用品增长21%、医药增长15%、橡胶塑料增长14.6%、非金属矿物制品增长13.3%、电气机械器材增长22.9%。至年底，全省规模工业企业亏损面6.2%，较上年扩大0.2个百分点；企业应收账款和产成品库存合计7210.1亿元，下降1.5%，增速低于同期营业收入10.6个百分点，其中应收账款5439.1亿元，下降2.2%，产成品1771亿元，增长0.6%。　（吕莎莎）

【工业投资】　2019年，福建省工业固定资产投资比上年增长15.5%，高于全社会固定资产投资增速9.6个百分点，高于全国平均水平11.2个百分点，增速居全国第七位、东部地区第三位；技术改造投资增长19.1%，较工业投资高3.6个百分点。从三大产业类型看，

2019年制造业投资比上年增长16.2%，采矿业增长18.6%，电力热力燃气及水的生产和供应业增长10%。

各地工业投资均保持正增长。其中，工业投资高于全省平均水平的有三明（28%）、宁德（22.3%）、漳州（20.4%）、龙岩（20.1%）、福州（16.4%），低于全省平均水平的有莆田（14.7%）、泉州（9.1%）、南平（7.2%）、厦门（5.2%）。技改投资高于全省平均水平的有莆田（47.3%）、龙岩（38.6%）、宁德（38.6%）、泉州（21.6%）、福州（19.2%），低于全省平均水平的有三明（13.5%）、漳州（12%）、南平（8%）、厦门（1.5%）。

制造业31个分行业中，有23个分行业保持正增长，其中汽车制造业（增长74.2%）、化学原料及化学制品制造业（增长49.2%）、仪器仪表制造业（增长49.2%）、医药制造业（增长45.9%）、铁路船舶航空航天等制造业（增长40.4%）、石油加工炼焦及核燃料加工业（增长38.9%）、专用设备制造业（增长33.1%）等先进制造业高速增长；黑色金属冶炼和压延加工业（增长41.3%）、橡胶和塑料制品业（增长36%）、家具制造业（增长32.4%）等传统优势行业加快增长；烟草制品业（下降58.2%）、印刷业和记录媒介的复制（下降43.8%）、金属制品机械和设备修理业（下降21.5%）、文教体育用品制造业（下降16.6%）、农副食品加工业（下降3.7%）、造纸及纸制品业（下降2.8%）、纺织服装和服饰业（下降0.3%）等行业增速回落。（黄 宇）

石化工业

【概况】 2019年，福建省石化工业平稳增长，914家规模以上石化企业全年累计实现主营业务收入4340.1亿元，比上年增长10%；工业增加值增长13%；出口交货值增长12.4%；利润总额291.8亿元，下降5.9%；亏损企业72家，亏损面7.88%，亏损企业亏损额31.85亿元，增长327.5%。

【主要产品产量】 2019年，福建省原油加工量2555.57万吨，乙烯（非商品）121.67万吨，合成纤维聚合物产量126.58万吨，汽油407.78万吨，柴油571.75万吨，煤油399.12万吨；纯苯44.28万吨，线型低密度聚乙烯树脂64.86万吨，聚丙烯树脂171.18万吨，PX83.42万吨，乙二醇42.51万吨，聚酯69.63万吨；烧碱（折100%）38.98万吨，盐酸（含量31%）17.37万吨，硫酸（折100%）342.65万吨，磷酸（含量85%）26.52万吨，合成氨（无水氨）58.56万吨，涂料129.69万吨；橡胶轮胎外胎3574.6万条，其中子午线轮胎外胎1815万条。

【主要分行业情况】 2019年，福建省石化行业各主要分行业呈增长趋势。其中，精炼石油产品制造实现主营业务收入1451.1亿元，比上年增长7.9%；基础化学原料制造实现主营业务收入566.3亿元，增长12.1%；肥料制造实现主营业务收入118.9亿元，增长16.3%；农药制造实现主营业务收入12.6亿元，下降0.9%；涂料、油墨、颜料及类似产品制造实现主营业务收入282亿元，增长12.1%；合成材料制造实现主营业务收入806.4亿元，增长17.8%；专用化学品制造实现主营业务收入442.9亿元，增长9%；橡胶制品业实现主营业务收入339.2亿元，增长5.3%。

【重点企业和项目情况】 2019年，福建古雷150万吨乙烯及下游深加工联合体项目（含配套福海创原料适应性技改）开工建设；福海创公司PX生产线1线（原事故生产线）顺利投料生产；万华化学集团收购福建康乃尔公司51%股权，接手40万吨/年MDI项目；恒申控股以40亿元收购液化空气（福州）公司，与其子公司申远新材料公司配套。

（王龙平）

机械工业

【概况】 至2019年末，福建省规模以上机械工业（含汽车、船舶，下同）企业3474家，其中大中型企业493家；拥有总资产7092.2亿元，从业人员71.64万人。2019年，机械行业规模以上工业增加值比上年增长5.7%；销售产值增长6.8%；出口交货值增长2.6%；产销率97.39%，增长0.21%；实现主营业务收入8746.2亿元，增长5.6%；实现利润总额656.3亿元，增长3.9%。

【技改投资】 2019年，福建省机械装备工业列入省重点技术改造项目122个，总投资401.89亿元。宁德时代新能源湖西锂离子动力电池生产基地项目，采用全自动化智能物流系统，国际先进、国内领先的锂离子动力和储能电池设计、制造技术，生产动力、储能电池及系统，新增国际先进自动化锂离子电池生产线，形成年产24GWh锂离子电池生产能力。福建祥鑫新能源汽车配件制造有限公司汽车轻量化项目，建成达产后年新增新能源汽车电池托盘128万件，电池端板7500万件。嘉泰数控扩建特种硬脆新材料加工生产线，达产后将月新增陶瓷手机盖板100万片。福建龙净环保输送装备及智能制造技改项目，建成后将提高生产效率和产品性能，降低能耗。

【技术创新】 2019年，福建省新认定省首台（套）重大技术装备和智能装备35台（套），累计106台（套）。龙净环保、马尾船厂、科华恒盛、厦船重工、龙净脱硫脱硝、鑫港纺机等6家企业44个项目列入国家首台（套）重大技术装备保险补偿项目，投保装备涉及清洁高效发电装备、大型环保及资源综合利用装备、高技术船舶及海洋工程装备、轻工机械等四大类。

厦工中铁自主研发制造的福建省首

台土压平衡—全断面硬岩双模盾构机，首创土压和TBM（岩石隧道掘进机）两种功能模式可同时共存的在线式双模掘进机，开挖直径为6.47米，整机长度125米，总重650吨，装机功率2547千瓦，内设特殊的支撑系统，可满足软土地层、极端上软下硬地层、长距离超硬岩地层掘进的需求。

厦船重工建造的节能环保型7500LNG动力汽车滚装船，填补国内大型双燃料汽车滚装船自主设计建造技术空白。

科华恒盛的1500V高功率2.5MW集中式逆变升压一体机化设备，创新风道设计及散热技术，在逆变器额定有功功率下可输出69%无功容量，可完美替代SVG，大幅度减少电站建设成本，具备高效率、高可靠性、高标准的产品性能。

福建龙净脱硫脱硝工程“ASC干式超净装置（ASC-30）”，“前端整流+后端扰流”的双级整定模式和“循环流化床凝并造粒+超滤布袋除尘”技术，创新研发适应于铝业煅烧工况的智能控制技术。

2019年，龙合智能装备、福建侨龙应急装备被工信部认定为第一批专精特新“小巨人”企业。中科院海西院泉州装备制造研究所牵头组建福建省数字化装备与柔性制造创新中心、福建龙净环保牵头组建福建省生态环保产业创新中心被确定为省级制造业创新中心试点建设单位。

宁德时代新能源科技、福建雪人股份被工信部评为第三批制造业单项冠军企业，全省累计5家机械装备行业企业被工信部评为制造业单项冠军企业。

2019年，福州大通机电、福州福耀模具科技、泉州佰源机械科技、龙合智能装备制造4家机械装备行业企业被省工信厅认定为福建省第三批制造业单项冠军企业，累计16家，占全省总数30.77%。

2019年，厦门金龙汽车车身有限公司白车身、铁拓机械沥青混合料厂拌热再生设备、威盛机械叉装车、晋江海纳机械全伺服婴儿拉拉裤生产线、群峰机械混凝土砌块（砖）成型机、威诺数控七轴复合式龙门加工中心等10项机械装备行业产品被省工信厅认定为福建省第三批制造业单项冠军产品，累计32项，占全省总数24.81%。（郑燕娈）

汽车工业

【概况】 截至2019年底，福建省拥有规模以上汽车及汽车零部件生产企业380家，从业人员10.05万人。其中，汽车整车制造企业14家，改装汽车制造7家，整车生产能力55万辆。2019年，全省汽车制造业工业增加值比上年增长1.1%；销售产值增长1.5%；出口交货值增长6.8%；产销率96.36%；实现主营业务收入1285.5亿元，利润总额80.85亿元。2019年，全省生产汽车169475辆，比上年下降29.7%。其中，轿车7812辆，比上年下降11.8%；多功能乘用车（MPV）29446辆，下降35.5%；运动型多用途乘用车（SUV）31243辆，下降59.7%；客车53947辆，下降8.4%；载货汽车38174辆，增长15.7%。新能源汽车19287辆，比上年下降10.2%。生产改装汽车11630辆，比上年增长3.6%。

【重大项目】 2019年9月28日，上汽集团宁德基地项目首辆插电混动名爵eHS产品下线，11月在2019广州国际汽车展览会上全球首发。上汽集团带动引进的30余个具备较强实力的配套零部件项目基本建成投产。金龙集团龙海基地项目，一期投资36亿元，规划年产1.5万辆大中客车和0.5万辆考斯特，12月28日首台车——金旅星辰纯电动客车下线。厦钨正极材料、杉杉科技负极材料、卓高隔膜等一批动力电池上下游产业链项目陆续建成投产。一汽集团与宁德时代计划共同投资60亿元、产能20GWh的时代一汽动力电池生产项目以及计划投资100亿元的厦钨永磁电机产业园项目开工建设。

【科技创新】 2019年，厦门金龙联合汽车工业有限公司凭借在核心领域的技术创新及产业化成果上榜《2019年国家技术创新示范企业名单》。厦门金龙旅行车有限公司工业设计中心被工信部认定为第四批“国家级工业设计中心”。

厦门金龙联合汽车工业有限公司非公路用无人驾驶微循环电动小巴（阿波龙）XMQW43BEVS被认定为2019年省内首台（套）重大技术装备。金龙研发的第二代燃料电池车型XMQ6850AGFCEV，采用燃料电池系统为主、动力电池为辅的电电混合系统，车载供氢系统可储存14千克气态氢气，储氢压力35MPa，等速工况最长续航里程可达580千米，实际运营城市工况百公里氢耗低至4.2千克，且加氢时间仅需10～15分钟，于2019年11月在福州投入公交示范运营，金龙氢燃料客车商用化落地进入一个新的里程。

2019年10月，金旅星辰5G自动驾驶微循环公交车在第六届世界互联网大会期间助力乌镇开通全球首条城市开放道路“5G自动微公交”示范线路。

福汽集团四个汽车品牌入围2019年中国500最具价值品牌，其中金龙客车列115位，品牌价值453.8亿元；苏州金龙列129位，品牌价值466.8亿元；东南汽车列236位，品牌价值248.8亿元；金旅汽车列240位，品牌价值242.6亿元。

【生产资质】 2019年，福建中安九一九汽车制造（厦门）、福建彦晖车业、漳州李运挂车制造、厦门厦工机械、福建闽鸿顺汽车、厦门翔顺德车辆、福建龙驰汽车7家专用车生产企业通过工信部准入评审，取得专用车生产资质。

（郑燕娈）

船舶工业

【概况】 2019年，受国际经济、贸易、航运市场等因素影响，特别是全球航运出现大幅震荡、船东市场信心不足等原因，全球新船订单大幅下滑，“接单难”“融资难”“用工难”等问题未能从根本上得到解决，船舶工业平稳健康发展仍面临着巨大挑战。福建船舶工业面对船市下行压力和外部环境变化的严峻形势，坚持以调结构，转型升级促改革为主线，继续以难中求稳、稳中求变、变中求进思想的总思路，不断推动行业向高质量发展转变。2019年，福建省规模以上造船企业完成工业总产值153亿元，比上年增长8.7%；出口产值48.5亿元，增长51%；全年实现主营业务收入146亿元，增长34%。利润总额比上年有所回升。全年造船完工64.7万载重吨，比上年下降15.7%；全年修船2201艘，下降22.5%；承接新船订单49.6万载重吨，增长135%；年末手持船舶订单380艘，增长30%。

【产业布局】 2019年，福建省船舶产业按地区主要布局在福州（马尾、连江）、厦门、宁德（福安）、漳州、泉州等地；按所有制分类包括由福建省船舶工业集团有限公司为代表的国有船企，以及民营和部队船企。2019年，全省造修船产值分布如下：省船舶工业集团有限公司完成40.2亿元；福州地区完成14.2亿元；宁德地区完成45.3亿元；龙海地区完成27.5亿元；漳州地区完成3.7亿元；军工企业完成4.83亿元。

【福建省船舶工业集团有限公司】 2019年，福建省船舶工业集团有限公司（简称福船集团）组建于1982年，是一家以船舶及海洋工程装备修造、木材加工及木竹制造、新能源装备制造及现代服务三大产业板块为主的省属国有企业，年造船能力300万载重吨。

福船集团拥有二级企业7家、三级企业20家，其中船舶板块骨干企业有：福建船政重工股份有限公司、福建省马尾造船股份有限公司、厦门船舶重工股份有限公司、福建东南造船有限公司、福建福宁船舶重工有限公司、船政海外发展有限公司、福船海洋工程技术研究院有限公司，以及福建省船舶工程技术学校等。核心产品包括：227深海采矿船、双体半潜多用途居住平台、饱和潜水支持船、海上风电一体化作业平台、中小型电力推进海工辅助船、敷缆船、2800客邮轮型客滚船、2100—8500CARS汽车运输船、远洋渔船、军工船舶以及各系列集装箱船、散货船、油船等，出口到英国、西班牙、德国、荷兰、瑞典、丹麦、挪威、希腊、美国、澳大利亚、新加坡、马来西亚等20多个国家或地区。

福船集团权属福建福宁船舶重工有限公司建造的国内最大深远海鲍鱼养殖平台“福鲍1号”2019年7月在福安建成，是全国首制的智能环保型鲍鱼养殖平台。“福鲍1号”长37.3米，宽33.3米，设计吃水深度6.6米，总面积1228.4平方米，总造价1000万元，可抵御12级以上台风侵袭，适用于水深17米以上、离岸距离不超过10海里的海域作业，预计年产鲍鱼约40吨，是福建船舶工业突破深海养殖装备技术开发与建造的重要一步。 （林婷婷）

2019年7月15日，福鲍1号在福安市福宁重工码头建成交付使用

（福建省船舶工业集团有限公司供稿）

冶金工业

【概况】 截至2019年底，福建省拥有规模以上冶金工业企业401家，其中大中型企业68家，国有控股企业38家。2019年，冶金行业规模以上销售产值比上年增长18%，出口交货值下降19.6%，工业增加值增长19.3%。实现主营业务收入5046.8亿元，比上年增长18.3%（其中钢铁工业2410.9亿元，增长14.6%；有色工业2636.2亿元，增长22%）；实现利税376.9亿元，下降13%（其中钢铁工业219亿元，下降13.4%；有色工业157.9亿元，下降12.5%）；实现利润276.7亿元，下降4.8%（其中钢铁工业166.9亿元，下降2.6%；有色工业109.8亿元，下降7.9%）。2019年，全省产销率97.75%（其中钢铁工业98.42%，有色工业97%）。

2019年完成主要产品产量：钢2390.3万吨，比上年增长13.8%；钢材3737.7万吨，增长22.4%；生铁1038.1万吨，增长5.3%；铁矿石原矿1894.2万吨，增长6.7%；铁合金16.91万吨，下降18.2%；电解铝8.29万吨，下降41%；铝材158.83万吨，增长5.9%；电解铜64.85万吨，增长85.7%；钨及化合物3.16万吨，增长26%；细钨丝51.8亿米，下降15.08%；黄金181.16吨，增长34.7%；稀土冶炼分离3805.14吨，下降3.62%。

【优势产业】 2019年，福建省冶金优势产品继续保持在国内的重要地位，不锈钢、钨及化合物、钨加工材、黄金等产品产量分别名列全国第一、第三、第一和第三位。不锈钢产量约占全国26%；灯用钨丝全国市场占有率70%，位居全球第一。三钢集团位列2019年度“中国制造业企业500强”第142位，“中国企业500强”第311位；紫金矿业集团是全国最大的矿山企业，位列2019年度“中国制造业企业500强”第76位，“中国企业500强”第181位，黄金产量占全国10%，获评“中国有色金属工业绿色发展领军企业”；厦门钨业为全球最大的钨品生产企业，是全国6大稀土集团之一，也是唯一拥有矿山开采、冶炼、加工、应用产品生产及研发完整钨、稀土产业链的企业，位列2019年度“中国制造业企业500强”第351位，钨品出口全国第一，三元正极材料产量全国第一。2019年，青拓集团、紫金矿业集团产值超千亿元，中铝东南铜业产值首次超100亿元。

【技术进步】　2019年，由中南大学、广东广青金属科技、宝钢德盛不锈钢共同完成的“红土镍矿冶炼镍铁及冶炼渣增值利用关键技术与应用”获国家科技进步奖二等奖。厦门厦顺铝箔无菌包用铝箔、三明厦钨新能源材料钴酸锂电池材料获评福建省制造业单项冠军产品。中铝瑞闽被福建省科技厅确定为“省级科技成果产业化基地”。中铝瑞闽、福建三宝钢铁、三祥新材、闽发铝业先后被认定为“2018年福建省高新技术企业”。福建三钢闽光冷镦钢热轧盘条、合金结构钢热轧圆钢被中国钢铁工业协会评为2018年冶金产品实物质量认定“金杯优质产品”，其“钢铁企业煤气高效发电技术的开发与应用”项目被中国钢铁工业协会、中国金属学会授予“2019年冶金科学技术奖”。紫金矿业集团的“黄金行业氰渣染污控制技术规范”“黄金行业绿色矿山建设规范”等10个项目分获2018年中国黄金协会科学技术奖特等奖（1个）、一等奖（2个）、二等奖（5个）和三等奖（2个）。

【重点工作】　2019年，福建省开展严防“地条钢”死灰复燃工作。印发《福建省钢铁产能违法违规行为举报核查工作有关规定》，进一步明确责任主体，健全长效监管机制，强化地方日常巡查工作；组织开展国家转来相关举报线索及省内相关举报线索核查处置工作。2019年核查26起举报线索，均未发现“地条钢”违法生产行为，通过全国化解过剩产能防范“地条钢”死灰复燃抽查组对福建省工作的检查。促进稀土产业规范发展。印发持续加强福建省稀土行业秩序整顿的通知，开展从采矿、冶炼、综合利用、销售、出口整个产业链综合整治工作，2019年未发现违法违规行为，通过国家检查组对福建省工作的检查。

【行业规范】　2019年，福建省开展行业准入规范条件申报和动态调整工作，促进冶金行业规范有序发展。新增福建福欣特殊钢有限公司列入工信部符合《钢铁行业规范条件》企业名单；大东海实业公司通过工信部组织的专家组现场核实。至年底，全省冶金行业有36家企业获得工信部规范（准入）公告。其中，钢铁行业10家，铁合金企业15家，钨行业5家，焦化、稀土、铸造生铁、铜冶炼、铅锌、铝行业各1家。

（郑　虹）

建材工业

【概况】　2019年，福建省规模以上建材工业企业1911家，实现营业收入4654亿元，比上年增长13.6%。其中，水泥制造业营业收入405亿元，比上年增长9.7%；建筑用石加工业营业收入1005亿元，增长13.1%；建筑陶瓷制品制造业营业收入826亿元，增长12.2%；平板玻璃制造业营业收入83亿元，降低6.3个百分点。2019年，全行业实现利润总额404亿元，比上年增长13.3%，其中，水泥制造业利润48.8亿元，增长44.3%；建筑陶瓷制品制造业利润65.5亿元，增长7.9%；建筑用石加工业利润97.8亿元，增长50.1%；平板玻璃制造业利润42.9亿元，增长55.5%。全行业上缴利税554亿元，增长12.3%。2019年，全行业资产总额2885亿元，比上年增长9.4%，从业人员33.4万人。主要产品产量：水泥9443万吨，比上年增长7.5%；花岗石板材7391万平方米，下降16.9%；大理石板材9229万平方米，下降2.7%；建筑陶瓷34.3亿平方米，增长12.1%；平板玻璃5114万重量箱，增长3.3%。

【产业布局】　福建省是全国石材生产和贸易大省，石材产业主要分布在泉州，形成规模大、专业化程度高、产业特色明显、在国内外市场有影响力的以南安为主的闽南石材产业集群。南安是福建省最主要的石材产业中心，是全国规模最大种类最齐全的石材生产、出口、原材料集散、物流贸易基地。福建省石材工业产值、产量、出口量均居全国第一位。福建省是全国四大建筑陶瓷产区之一，是国内最大外墙砖生产基地，建筑陶瓷产业主要分布在泉州、闽清和漳州，形成泉州建筑陶瓷产业集群、闽清建筑陶瓷产业集群，漳州的长泰、南靖、平和等地成为新的建筑陶瓷产业发展重要区域，建筑陶瓷产量居全国第二位。福建省水泥产业主要分布在龙岩和三明市，形成龙岩、三明水泥熟料生产基地，水泥产量居全国第15位。福建省玻璃产业主要分布在福州、漳州和厦门，形成漳州光伏玻璃产业基地，高档汽车安全玻璃产量居全国第一位，平板玻璃产量居全国第六位。

【技术进步】　2019年，福建省实施智能制造。推进建筑卫生陶瓷新产品研发生产，打造智能马桶。九牧厨卫成立陶瓷智能研究院，实施陶瓷智能制造工业4.0示范项目，与德国顶级设备企业合作，应用国际先进水平的高压成型系统、脉冲气流干燥系统、坯体自检系统、机器人施釉系统、自动化物流输送系统以及信息化管理系统，研发两套陶瓷智能生产设备，生产效率提高25倍，产品合格率由68%提升到98%，模具的使用次数由原来的100多次提高到近6万次；设计推出的第五代高端智能马桶（G5），使用独创的“电解除菌水洗”技术，马桶水质的纯净度大幅提高。福耀玻璃实施智能制造战略，推进产品智能化，开发HUD玻璃、调光玻璃、紫外隔绝玻璃、全景天窗、镀膜玻璃等高附加值产品，并通过设备智能化改造，实现机器换工、精益生产，由“产品供应商”向“为客户提供汽车玻璃解决方案”转型，打造成为全球一流汽车玻璃专业供应商。

推进技术创新。鼓励支持企业成为创新主体，重点开发应用薄型建筑陶瓷砖（板）生产技术、连续球磨工艺技术、新型干法制粉工艺及成套装备技术、轻量化节水型卫生陶瓷生产技术、高压成型技术、卫生陶瓷智能化生产技术；开发低品位原料应用和利废型新产品生产技术，综合节能减排、清洁能源、原料标准化等新技术。鼓励支持使用天然气，进一步推动建筑陶瓷企业实施“煤改气”，控制新增“煤制气”生产工艺建筑陶瓷产能。全面实施新型干法水泥工艺和技术，全省新型干法水泥比重达到100%。

促进两化融合。促进建筑陶瓷行业全流程数控化推广工程，在建筑陶瓷领域推广计算机辅助设计（CAPP）、产品数据管理（PDM）等应用系统，开展创意设计和产品定制生产。鼓励机器人研发单位和建筑陶瓷企业共同合作，开发应用一批专用工业机器人。在陶瓷行业施釉等重复繁重劳动岗位，推广普及机器人作业。

【龙头企业】 2019年，福建省建材工业具有一定的特色和发展基础，形成一批产值规模大、实力强、具有自主知识产权和核心竞争力的骨干企业。石材加工制造以溪石集团等为龙头，陶瓷水暖卫浴制造以九牧厨卫等为龙头，水泥制造以福建水泥、华润水泥福建大区、金牛水泥、红狮水泥、福建龙麟等为龙头，玻璃制造以福耀玻璃、漳州旗滨玻璃等为龙头。

【节能减排】 2019年，福建省推广应用建材窑炉烟气脱硫脱硝除尘、清洁能源以及建材智能制造、资源综合利用等共性技术，加快应用节能减排新技术对生产线进行技术改造，推广使用LNG替代煤气作为烧成燃料，促进建筑陶瓷产业节能减排和转型提升。泉州市、闽清县开展建筑陶瓷企业天然气替代改造工作，泉州市全面完成建筑陶瓷企业“煤改气”替代工程，闽清县建筑陶瓷企业的釉烧窑改用天然气，其中部分企业全面完成天然气替代。水泥企业余热发电、脱硫脱硝除尘技术得到广泛应用，全省43条新型干法水泥熟料生产线均利用生产过程排放的废气余热配套建设纯低温余热发电站，并全部安装脱硝装置投入运行。支持利用现有新型干法水泥窑协同处置生活垃圾、城市污泥、污染土壤和危险废物等，开展尾矿、粉煤灰、煤矸石、副产石膏、矿渣等大宗工业固废的综合利用的研究，在水泥产品中提高消纳产业废弃物能力，逐步增加可消纳固废的品种，全省6家水泥企业水泥窑协同处置工业固废、危废等项目建成投产，利用水泥窑协同处理城市生活垃圾示范项目建成。

【市场规模】 2019年，福建省石材、建陶企业销售网络遍布国内外，石材产品占据全国50%左右的市场份额，出口量占全国50%以上，产品远销印度、巴西、埃及、西班牙、土耳其等十几个国家；建陶产品占全国20%以上市场份额，产品远销海外十几个国家。福耀玻璃是国内最具规模、技术水平最高的玻璃供应商，汽车玻璃销量约占国内市场的65%，约占全球市场23%，成为国内外著名汽车厂商的供应商；福耀玻璃拥有“国家认定企业技术中心”、“国家技术创新示范企业”、国家级“玻璃工程研究院”、国家级“工程实践教育基地”、“博士后科研工作站”等，拥有数百项专利技术，其中玻璃弯曲成型钢化技术获国家技术发明二等奖，新型夹层压制成型技术及新型镀膜功能化、表面功能化、光电功能化技术等领先国际水平。漳州旗滨玻璃产品销售国内30多个省市，并远销国际29个国家。

（林丽卿）

煤炭工业

【概况】 2019年，福建省在籍煤矿49处，总产能1005万吨/年。其中，生产煤矿和联合试运转煤矿35处，登记产能714万吨/年；基建或停产煤矿14处，登记产能291万吨/年。2019年全省煤炭产量831万吨，比上年下降9.37%；煤炭调运11072万吨，增长25.82%，其中自产831万吨、调入11121万吨、调出880万吨。调入11121万吨中，省外调入7128万吨，比上年增长23.32%；国外进口3993万吨，增长59.15%。运力以海运为主，占比90.9%；铁路占比9.1%。全社会规模以上工业煤炭消费8355万吨，比上年增长1.11%。其中，电力5473万吨、冶金404万吨、建材888万吨、化工699万吨、轻工314万吨、纺织170万吨、其他407万吨。

【煤炭去产能】 2019年，福建省贯彻落实国家发展改革委等部门和省政府关于重点领域化解过剩产能、规范煤矿生产建设秩序专项行动部署，按照落后产能“应退尽退、能退早退”的原则以及9万吨/年煤矿原则上纳入去产能范围的要求，建立完善工作机制，采取有效措施，超额完成2019年煤炭行业化解过剩产能工作任务，全省实际完成退出煤矿45处、去产能477万吨/年，9万吨/年煤矿淘汰率97.4%。完成国家下达福建省“十三五”退出煤矿目标任务的210.3%、去产能目标任务的204.7%。提前2年达到国家发展改革委等部门明确“至2021年底，30万吨/年以下煤矿数量比2018年底减少50%以上”的目标。2019年煤炭去产能过程中，未发生群体性事件。

经福建省产权交易中心集中交易、公开竞价，退出43处地方煤矿去产能指标交易总金额51638.4万元（另2处省属煤矿于2017年完成交易）。退出的9万吨/年煤矿，省级财政给予每处450万元奖补，其他井型煤矿按300万元给予奖补。市、县两级财政相应按省级标准予以足额配套奖补。

【煤矿安全生产】 2019年，福建省以落实省政府有关煤矿安全生产监督管理"一岗双责"和煤矿企业安全生产主体责任为重点，突出对水害、瓦斯、火灾等重点灾害的防治，完善水害防治"135"工作机制、火灾防治"六建立六严禁"制度、瓦斯治理"三落实三必查"制度、逢检必查3项重点灾害防治措施。深化煤矿安全隐患排查治理和淘汰落后产能，加强煤矿安全基层基础工作和生产能力管理，规范煤矿生产建设秩序等专项行动。2019年，全省煤矿未发生生产安全事故，煤矿安全生产形势持续平稳向好。（范新对）

纺织工业

【概况】 2019年，福建省纺织工业规模以上企业2457家，销售产值比上年增长8.1%，增加值增长7.5%，其中化纤行业增加值增长16.4%；营业收入7405.8亿元，增长6.7%；产销率96.49%；出口交货值增长5.6%；利润总额412.3亿元。全省纺织产业已形成从化纤—纺织—染整—服装到专业市场较为完整产业链。主要分布在泉州、福州、厦门、三明、龙岩等地，泉州有九牧王、柒牌、七匹狼、利郎、卡宾等闽派休闲男装企业，安踏、特步、361°等运动服装企业，凤竹、海天、向兴等印染企业，兴泰、冠泓等产业用纺织品企业；福州有恒申、永荣、凯邦等锦纶纤维企业，金纶、山力、经纬新纤等涤纶纤维企业，长源、金源、华源、二棉等纺纱企业，宏港等经编面料企业；三明有宝华林、隆源、旭源等企业；厦门有翔鹭化纤、世纪宝姿、华懋等企业。

【纺织行业规模】 2019年，福建省宏港纺织科技、晋江市维盛织造漂染公司列入工信部《印染行业规范条件（2017版）》企业名单（第二批）；福建永荣控股和恒申控股入选中国企业联合会、中国企业家协会发布的2019年中国企业500强名单，分别排名426位、428位；福建长源纺织的新型纺纱智能生产线入选中纺联"2019年纺织行业智能制造试点示范企业"名单；福建凤竹纺织科技入选工信部第四批绿色工厂名单。（张菲菲）

食品工业

【概况】 2019年，福建省规模以上食品工业企业2372家，规模以上食品工业企业主营业务收入6648.9亿元，比上年增长10.1%。其中，农副食品加工业达3427.58亿元，增长11.1%；食品制造业达1796.66亿元，增长8%；酒、饮料和精制茶制造业达1135.76亿元，增长9.8%；烟草制品业288.9亿元，增长13.4%。全省规模以上食品工业（不计烟草制品业）达7173.83亿元，比上年增长9.8%，产销率97.99%。其中，农副食品加工业3979.31亿元，增长10.3%，产销率97.64%；食品制造业1989.09亿元，增长8.1%，产销率98.22%；酒、饮料和精制茶制造业1205.43亿元，增长11.3%，产销率98.78%。全省规模以上食品工业（不计烟草制品业）1063.16亿元，比上年增长9.9%。其中，农副食品加工业782.15亿元，增长8.7%；食品制造业258.49亿元，增长13.6%；酒、饮料和精制茶制造业22.53亿元，增长8.9%。

2019年全省主要加工食品的产量：小麦粉174.75万吨，比上年增长14.21%；大米221.42万吨，增长9.52%；精制食用植物油226.32万吨，增长7.91%；酱油14.18万吨，增长11.48%；食品添加剂24.01万吨，增长10.02%；饮料酒192.07万千升，增长6.92%；成品糖7.53万吨，增长6.28%；冷冻水产品215.78万吨，增长16.08%；糖果92.46万吨，增长8.09%；速冻米面食品9.28万吨，增长12.03%；白酒（折65度，商品量）7.54万千升，增长20.19%；啤酒158.12万千升，增长5.22%；软饮料809.2万吨，增长16.97%；包装饮用水类323.33万吨，增长6%；果汁和蔬菜汁饮料类132.38万吨，增长10.59%；精制茶28.86万吨，增长10.59%；乳制品20.29万吨，增长10.71%（其中，液体乳19.36万吨，增长11.63%；乳粉5500吨，下降18%）；原盐21.83万吨，下降5.08%；鲜、冷藏肉133.53万吨，下降0.94%；方便面11.13万吨，下降21.66%；罐头297.96万吨，下降9.53%；冷冻饮品4700吨，下降39.99%。

在列入统计的29类主要食品中，有22种产品产量有增长，占比76%，其中增长达到10%以上的有12种，占比41%。全省产量在全国省市中均位居前十的分别是糖果、罐头、冷冻水产品第一位；果汁和蔬菜汁饮料类、精制茶第三位；鲜、冷藏肉第五位；酱油、配合饲料第六位；速冻米面食品、软饮料第七位；碳酸饮料类（汽水）第八位；饲料、成品糖、小麦粉、包装饮用水、大米、精制食用植物油、啤酒第十位。啤酒首次进入全国前十。

【食品龙头企业】 2019年，金冠食品（福建）有限公司、福建省绿麒食品胶体有限公司、福建光阳蛋业股份有限公司、胜田（福清）食品有限公司等12家食品企业入选"福建省2018年第二批高新技术企业"；福建达利食品集团有限公司、福建圣农发展股份有限公司、厦门银祥集团有限公司、福建安井食品股份有限公司等12家食品企业入选"2019农业产业化龙头企业500强"企业；福建福矛酒业集团福矛窖酒

（53%vol 酱香型）获得“2019 年度中国白酒中南核心产区标志产品奖”，福建光泽德顺酒业有限公司闽源春（52%vol 米香型）获得“2019 年度中国白酒中南核心产区风格特色奖”，厦门芦山堂酒业有限公司芦山堂闽派清香白酒（52%vol 清香型）获得“2019 年度中国白酒中南核心产区感官质量奖”；福州叶家记食品有限公司、福建佳客来食品股份有限公司、福建其亮食品科技有限公司、方家铺子（莆田）绿色食品有限公司等 20 家食品企业被列入 2019 年新增省科技“小巨人”领军企业培育发展库；回头客食品集团股份有限公司自主研发的“五谷杂粮铜锣烧关键技术的研发与产业应用”项目获得 2016—2017 年度“中国食品工业协会科学技术奖”一等奖；回头客食品集团股份有限公司、福建农林大学食品科学学院联合完成的“提高面包制品品质关键技术的研究与应用”项目和福建省亚明食品有限公司、福建农林大学食品科学学院联合完成的“中式肉类菜肴工业化生产关键技术的研究与应用”（梦八金牌骨在生产工艺中的应用）项目均获得 2016—2017 年度“中国食品工业协会科学技术奖”优秀奖；回头客食品集团股份有限公司还获得“2018 全国食品工业科技竞争力卓越企业”称号；协会开展“荣耀七十载，创新再发展”——中华人民共和国成立 70 周年福建省食品工业系列评选表彰活动，最后评选出“达利食品集团有限公司”等 58 家企业“福建省食品工业杰出贡献奖”，政协第十一届福建省委员会陈绍军教授等 6 位“福建省食品工业特别贡献奖”，厦门银祥集团有限公司张志刚等 43 位“福建省食品工业企业科技创新人才”。

【食品标准制定】 2019 年，福建省市场监督管理局制定《福建省运动营养食品生产许可审查方案（试行）》，填补福建省内运动营养食品审查许可审查方案的空白，促进福建省运动营养食品产业发展，规范运动营养食品生产活动。中共福建省委、福建省人民政府印发《福建省深化改革加强食品安全工作行动方案》。

【食品安全宣传】 2019 年，福建省市场监督管理局纪念宣传《中华人民共和国食品安全法》实施 10 周年暨福建省食品生产质量安全提升行动由福建省食品工业协会协办。受省市场监督管理局委托，由协会组织达利、银鹭、圣农、百威雪津、盼盼食品、明一、福矛酒业、亲亲、燕之屋、金冠 10 家食品生产企业代表公开承诺食品生产安全质量主体责任，海欣、中绿、回头客、安井、聚泉等 44 家企业代表共同签署落实食品生产安全质量主体责任倡议书；协会作为行业协会代表，带领 10 家食品相关行业协会做出《提升食品质量安全，我们共同行动》的倡议，督促食品生产企业落实食品安全主体责任，推动提升食品生产质量安全水平。

【食品安全工作改革创新】 2019 年，为提升福建省食品安全现代化治理能力，促进食品工业企业诚信管理体系建设，提升食品质量安全，推动食品工业高质量发展，中共福建省委、福建省人民政府印发《福建省深化改革加强食品安全工作行动方案》；福建省工业和信息化厅、福建省市场监督管理局联合印发《福建省工业和信息化厅、福建省市场监督管理局关于联合推进食品工业企业诚信管理体系建设提升食品质量安全的通知》。

【食品协会高峰论坛】 2019 年 5 月 17 日，第二届中国中式菜肴产业暨聚春园佛跳墙传承与发展高峰论坛在福州召开。11 月 29 日，2019 首届中国海洋食品产业高峰论坛在福州海峡国际会展中心举办。12 月 22 日，全国城市农贸中心联合会燕窝专业委员会与福建省食品工业协会联合举办首届鲜炖燕窝食品质量安全专家研讨会。

【食品工业企业诚信管理体系委托评价机构】 2019 年，福建省食品协会为 20 多家食品工业企业提供诚信管理体系咨询与辅导服务。福建建瓯黄华山酿酒有限公司、福建其亮食品科技有限公司、龙岩沉缸酒业有限公司 3 家企业通过食品工业企业诚信管理体系评价并获得证书。完成对福建省长汀盼盼食品有限公司、达利食品集团有限公司、武夷星茶业有限公司等 10 家企业的跟踪监督评价工作。厦门市燕之屋丝浓食品有限公司通过诚信体系复评。

【食品科技成果评审】 2019 年，经福建省食品协会评审通过的成果入围福建省科技进步奖的有 4 项，福建农林大学、华南农业大学、西南大学、蜡笔小新（福建）食品工业有限公司联合完成的《魔芋精深加工关键技术研究与产业化》获一等奖；福建农林大学、福建御厨食品有限公司、福建立兴食品有限公司联合完成的《即食米饭加工关键技术的研发与应用》和《鲍鱼深加工及综合利用关键技术创新与产业化应用》获二等奖；福州大学、福建圣农食品有限公司联合完成的《肉鸡加工副产物的高值化利用关键技术与产业化》获三等奖。

2019 年协会开展第五届“福建省食品工业科学技术进步奖”评选活动，获一等奖项目 3 个、二等奖项目 6 个。其中，福建农林大学完成的《海参加工关键技术创新与产业化应用》项目、厦门市燕之屋丝浓食品有限公司完成的《一种自动加热即食咸味碗燕的开发与工业化》项目、福州大世界橄榄有限公司完成的《橄榄制品绿色加工关键技术的研究与应用》项目获得一等奖；厦门华厦学院、厦门银祥集团有限公司、厦门泓益检测有限公司联合完成的《肉类食品安全与追溯关键技术研究及产业化应用》项目，集美大学完成的《乌龙茶及速溶茶粉风味品质提升关键技术的开发与应用》项目，福州市海洋与渔业技术中心、福州创新生物工程研究所、福州创鼎生物工程有限公司联合完成的《海洋鱼源脱氧核糖核酸精深加工技术的研究与应用》项目，福建农林大学食品科学学院、福建明旺食品有限公司联合完成的《高效抗冻剂的制备及其在冷冻水产品加工中的应用》项目，绿新（福建）食品有限公司、集美大学食品与生物工程学院联合完成的《葡萄酒澄清专用型卡拉胶的开发与应用》项目，福建省亚明食品有限公司完成的《中式鱼糜菜肴加工关键技术的创新与应用》项目获得二等奖。

【食品安全标准维权】 2019年1月28日，福建省食品协会一会员单位地瓜粉产品被市场监督管理局抽查微生物指标不合格，后经协会调查发现多家会员企业地瓜粉产品因微生物抽查不合格，面临监管部门处罚。协会立即组织有关专家对该问题进行研讨，经交流与讨论，认为GB 31637-2016《食品安全国家标准　食用淀粉》标准微生物项目制定不合理，协会提供多种渠道向相关监管部门反馈标准制定不合理，通过全国食品协会会议上提出该标准存在的问题，并请中国食品工业协会沟通解决。协会于2019年11月收到该标准修订征求意见稿，该稿删除微生物项目中的菌落总数、大肠菌群，但是霉菌和酵母菌指标未删除，协会还与其他省食品协会合作，与制标单位进一步协商霉菌和酵母菌项目。

3月3日，一会员企业向协会反馈，该公司花菇产品经莆田市食品药品监督管理局涵江分局检验二氧化硫不合格。企业认为当前现行的二氧化硫检测方法《食品安全国家标准　食品中二氧化硫的测定》（GB5009.34-2016）存在的局限性，可能引起误判。协会组织有关专家就该问题进行研讨，认为《食品安全国家标准　食品中二氧化硫的测定》自实施以来，在香菇类（含花菇）产品中经常出现二氧化硫的误检或超量误判的现象，在新修订的标准未出台之前，建议食品安全监管部门对香菇类产品（含花菇）二氧化硫超标的检测结果不予采信，对生产企业免于处罚；在新修订的标准未出台之前，建议该项目不列为监督抽检项目，以避免误检结果给企业的正常经营带来困扰。

协会制定《福建省食品工业新产品认定工作实施细则》，成立福建省食品工业新产品认定委员会，开展福建省食品工业新产品认定工作。海欣食品股份有限公司和胜田（福清）食品有限公司等公司的海参抗氧化多肽粉、墨鱼汁鱼肠、蔬彩脆丸、墨鱼风味鱼丸、菌菇鲜肉鱼丸等十多个产品被认定为“福建省食品工业新产品”。

【食品企业参展】 2019年，福建省食品协会为增加企业品牌知名度，开拓市场。2019年中国北京世界园艺博览会“福建日”活动于6月13—15日在北京市延庆区召开，由省工信厅、省贸促会承办的“福建绿色食品展示会”在世园会同行广场举办。该次展示会由协会组织征选福建圣农食品有限公司、福建达利食品集团有限公司、福建省盼盼食品集团有限公司等23家福建省具有代表性的优势特色食品企业集中参会。11月29日至12月1日，由中国食品工业协会、福建省食品工业协会联合主办，福建融博会展服务有限公司承办的以“绿色　安全　融合　创新”为主题的“2019第二届福建食品博览会”在福建福州海峡国际会展中心举办。年内，协会举办“国圣杯”第六届福建省大学生食品创新创意大赛，共评选出一等奖13项、二等奖21项、三等奖29项、优秀奖108项，共发放近8万元奖金。

【“旺瓜杯”第三届福建省职业教育食品创新创意大赛】 2019年7月，由福建省食品工业协会、福建省餐饮食品行业职业教育指导委员会联合主办，泉州轻工职业学院、福建南安职业中专学校联合承办的“旺瓜杯”第三届福建省职业教育食品创新创意大赛启动。福建省13所高职院校积极参与。共评选出一等奖12项、二等奖19项、三等奖28项、优秀奖38项、优秀指导老师11位、优秀组织单位3个，共发放近8万元奖金。

【第二届全国大学生食品工程虚拟仿真大赛总决赛】 2019年8月23—24日，由教育部高等学校食品科学与工程类专业教学指导委员会与福建省高等教育学会实验室管理专业委员会联合举办，福建省食品工业协会承办，福建农林大学与北京欧倍尔软件技术开发有限公司协办的“欧倍尔杯”第二届全国大学生食品工程虚拟仿真大赛总决赛在福建农林大学举行。该届大赛评出特等奖5个、一等奖14个、二等奖26个、优秀组织奖4个、支持奖1个。

【食品学历教育】 2019年，福建省食品协会联合泉州轻工职业学院共同开展2019年食品专业高职教育校企二元制学历提升教育，推动食品行业产教协同育人。经企业（员工）自愿报名、提交材料、参加入学考试、省教育厅严格审核等程序，由协会推荐招收的食品加工技术专业企业员工256名，包括南平圣农、厦门燕之屋、盼盼食品、麦都食品、友臣食品、海欣食品等，二元制学员开班并完成2019年度的课程学习。

（林　辉）

森林工业

【概况】 2019年，福建省林业产业总产值6451亿元，比上年增长8.9%。其中，竹产业产值758亿元，比上年增长9.1%；花卉苗木全产业链总产值889亿元，增长20.5%；森林旅游产值1106亿元，增长16.8%。全省发展林下经济面积202.53万公顷，产值690亿元，比上年增长9.7%。产业转型升级。加强林业科技创新，全省林业系统荣获国家科技进步奖1项、省科技进步奖13项，发布8项省地方林业标准；实施中央和省财政科技推广项目41个，建设各类示范基地800公顷。

【产业规划】 2019年，福建省组织编制武夷山国家森林步道总体规划，在漳州召开全省国有林场“一场一景”建设现场会，加快培育森林旅游、康养等产业发展。三明市委、市政府出台《发展全域森林康养产业的意见》，成为全国森林康养基地试点市。宁德市举办全市花卉产业发展大会，推动高山花卉产业发展。扶持林下经济发展。省林业局、财政厅等4部门联合下发《关于加快林下经济发展八条措施的通知》，多措并举促进林下经济发展和林农增收。

【林业科技】 2019年，福建省推动"林农点单，专家送餐"科技服务活动，派出林业科技专家3720人次，开展177场点对点的精准科技服务，助力乡村振兴。继续搭建"中国·海峡项目成果交易会""第十五届海峡两岸林业博览会暨投资贸易洽谈会""第二十一届海峡两岸花卉博览会"等平台，引导企业拓展多元市场。 （刘建波）

医药工业

【概况】 2019年，福建省规模以上医药工业企业222家，实现主营业务收入453亿元，工业增加值比上年增长4.5%，产销率95.19%，实现利润增长13.3%。从细分行业看，医疗器械、中成药、化药制剂制造加快发展，主营业务收入分别为91亿元、90亿元、74亿元，分别占全省医药工业主营业务收入的20%、19.9%、16.3%。从重点区域看，厦门、福州、三明医药产业主营业务收入分别为116亿元、102亿元、62亿元，占全省医药工业主营业务收入的61.8%。

【产品研发】 2019年，厦门万泰的双价人乳头瘤病毒疫苗（大肠杆菌）获国家药品监督管理局批准；厦门艾德生物医药基于外周血分子分型的肺癌个体化诊疗体系建立及临床推广应用获"国家科学技术进步奖二等奖"；厦门特宝生物与华中科技大学同济医学院、北京大学基础医学院等共同签署战略支持框架协议，开展全球第三代长效干扰素派格宾全面支持慢乙肝临床治愈系列研究。

【龙头企业】 2019年，福建省化学原料药及中间体制造已培育形成福抗药业、丽珠集团福兴医药、南方制药等行业龙头；化学药品制剂制造培育形成海王福药、闽东力捷迅药业、广生堂药业等行业龙头；生物技术药物制造培育形成厦门特宝生物、厦门万泰、未名生物医药等行业龙头；中药制造培育形成漳州片仔癀药业、厦门中药厂、厦门金日制药等行业龙头；医疗器械制造培育形成厦门艾德生物、厦门大博医疗、福州迈新生物、泰普生物等行业龙头。

【品牌价值】 2019年，漳州片仔癀药业入围2019年中国品牌价值评价榜单，品牌价值289亿元，排名中华老字号类品牌第2位。 （俞小春）

烟草工业

【概况】 截至2019年底，福建中烟工业有限责任公司拥有总资产277.15亿元，其中，固定资产39.9亿元、流动资产203.31亿元，资产负债率28.24%。从业人员4704人。2019年，福建省实现卷烟销售收入291.05亿元，比上年增长13.47%；实现税利211.24亿元，增长9.8%，其中利润14.89亿元，增长18.44%。

【卷烟生产经营】 2019年，福建省内销卷烟实现销量905.42亿支（181.08万箱），比上年增长7.91%。其中，一类烟135.31亿支（27.06万箱），比上年增长34.22%；二类烟237.94亿支（47.59万箱），增长8.77%；三类烟466.05亿支（93.21万箱），增长26.19%；四类烟62.44亿支（12.49万箱），下降49.1%；五类烟3.69亿支（0.74万箱），下降86.59%。出口卷烟销售3.24亿支（0.65万箱），比上年下降35.49%。

【主要产品及品牌建设】 2019年，福建中烟生产的卷烟品牌有"七匹狼""金桥""古田""石狮""土楼"等，其中"七匹狼"被列为全国重点品牌。许可生产"万宝路""长寿"品牌卷烟。2019年"七匹狼"销量164.82万箱，比上年增长9.21%，"七匹狼"一二类卷烟销量保持行业重点品牌前10名。推动品牌向高质量发展。建立以"七匹狼"品牌为主体的品牌发展体系，完成品牌架构体系设计，完善品牌价值文化体系，制定品牌手册。提炼"海纳百川、敢拼会赢"的价值主张，确定"海丝扬帆、激扬青春、红色传承、家国情怀"为主体的价值体系。将"土楼""古田"整合进"七匹狼"品牌。聚焦中支产品，推出纯境、英伦奶香等新产品。整合优化"七匹狼"品牌境外市场销售渠道，创新"直达销售"的经营模式，推动东南亚地区市场稳步增长。

【技术创新】 2019年，福建中烟工业有限责任公司加大科技创新投入和激励力度，推进核心技术攻关，探索基于市场需求导向的产品研发变革。2019年，完成七匹狼（纯境）、七匹狼（英伦奶香）、七匹狼（金砖时代）等产品的改造工作。全年开展各类科技研究项目183项，取得科技成果57项。公司独立开展的科技项目获福建省科技进步奖三等奖、厦门市科技进步奖二等奖各1项。牵头开展的科技项目获中国商业联合会、中国物流与采购联合会科技进步奖三等奖、中国烟草总公司科学技术进步奖三等奖各1项。参与的科技项目获中国烟草总公司科学技术进步奖一等奖2项、二等奖1项、三等奖2项。主持制修订烟草行业标准3项，参与制修订烟草行业标准7项。2019年卷烟焦油量加权平均值10.11mg/支，一、二类烟焦油量加权平均值10.23mg/支。

【生产运行】 2019年，福建中烟工业有限责任公司调整产品线生产布局，推进产品生产互通。优化工艺技术，提升柔性制造水平，中细支卷烟关键制造技术研究取得阶段性成果。开展差异化产品工艺保障技术、中细支烟在线打孔、

"四段式"烟叶养护技术、烟用材料质量管控等关键技术研究与应用。承办行业卷烟工厂对标工作研讨会，协助编制《卷烟工厂分类对标指标口径》。

【企业管理】　2019年，福建中烟工业有限责任公司开展各类精益改善1458项。持续加强物流建设，推进卷烟纸滑托盘联运，获烟草行业精益物流全员改善组织奖和精益物流改善项目集体奖。深化预算管理，全年实现降本增效7849万元。修订投资项目管理办法，健全完善重大投资项目审批流程。严格投资计划管理，年度投资计划执行率95.84%。

（卢永梅）

电力工业

【概况】　截至2019年底，福建省电力装机容量5909万千瓦，比上年净增139万千瓦，增长2.4%。其中，水电装机1321万千瓦，占电力装机比重22.4%；火电装机3172万千瓦，占电力装机比重53.7%（其中LNG装机385.8万千瓦，占电力装机比重6.5%）；核电装机871万千瓦，占电力装机比重14.7%；其他能源发电装机545万千瓦，占电力装机比重9.2%（其中风电装机376万千瓦、光伏发电装机169万千瓦）。

【电力生产】　2019年，福建省最高发电负荷4065万千瓦（出现在2019年8月14日），比上年同期增长7.1%；最高用电负荷3838万千瓦（出现在2019年8月14日），增长4.7%；最大日用电量80670万千瓦时，增长3.2%；全年平均用电负荷率86.2%，比上年提高0.2个百分点；日最大峰谷差率42.5%，比上年上升1个百分点；峰谷差率最大日的最大用电负荷2054万千瓦。全年发电2572.9亿千瓦时，比上年增长4.5%。其中，水电完成442.3亿千瓦时，比上年增长36%；火电完成1406.1亿千瓦时，增长0.1%；核电完成621.3亿千瓦时，下降3.8%。发电设备平均利用小时为4315小时，比2018年增加16小时。

【电力供应】　2019年，福建省全社会用电2402.3亿千瓦时，比上年增长3.8%，增速较上年降低5.7个百分点。其中，第一产业用电35.7亿千瓦时，比上年增长10.5%，占全社会用电量的1.5%；第二产业用电1538.4亿千瓦时，增长2.1%，占全社会用电量的64%；第三产业用电364亿千瓦时，增长8.5%，占全社会用电量的15.2%；城乡居民生活用电464.1亿千瓦时，增长5.6%，占全社会用电量的19.3%。全年工业用电1503.2亿千瓦时，比上年增长1.8%，占全社会用电比重62.6%。全年与外省交易送出电量171.9亿千瓦时，比上年增长15.1%。

【电网建设】　截至2019年底，福建省电网拥有110千伏及以上线路39078千米，变电容量18870万千伏安，其中1000千伏线路342千米，变电容量600万千伏安；500千伏线路5427千米，变电容量4781万千伏安；±320千伏线路22千米，变电容量212万千伏安；220千伏线路13656千米，变电容量6906万千伏安。

（刘　航）

传统优势工业

【造纸业】　2019年，福建省造纸及纸制品业主营业务收入1269.4亿元，比上年增长7.7%。其中，纸浆制造完成3.59亿元，比上年增长18.5%；造纸完成470.1亿元，增长2.9%；纸制品加工完成795.72亿元，增长10.6%。2019年底，全行业用工8.29万人；全年完成纸浆（原生浆及废纸浆）产量44.04万吨，比上年增长5.2%；机制纸及纸板805.1万吨，增长3.7%，产量在全国排名居前五位。全行业实现利润98.8亿元，比上年增长6.9%。行业利润分化明显，其中，纸制品加工实现利润59.3亿元，比上年增长25.2%，增速比上年提高18.4个百分点；纸浆制造实现利润0.12亿元，下降20%；造纸实现利润39.38亿元，下降12.3%。

2019年，福建省造纸及纸制品行业研发投入9.52亿元，比上年增长95.9%。其中，造纸研发投入5.31亿元，比上年增长44.7%；纸制品研发投入4.21亿元，增长253.8%。福建农林大学、福建希源纸业、福建省轻工机械设备、联盛纸业（龙海）等合作开发的"二次纤维制备及其应用关键技术研发与产业化"获2018年度福建省科学技术进步一等奖；福建恒安集团等"高品质湿水柔韧乳霜原纸研制"、晋江优兰发纸业"废不锈钢衬纸制浆关键性技术及在高档薄型包装纸中的应用"、漳州市陆海环保产业等合作开发的"纸塑复合材料清洁回收制备生态复合板关键技术研发及产业化示范"等项目获2018年度福建省科学技术进步三等奖。

（陈德强）

【制鞋业】　2019年，福建省规模以上制鞋企业1032家，实现主营业务收入3611亿元，比上年增长7%；销售产值增长7.3%，出口交货值增长6.6%。

2019年，福建省深入实施《福建省制鞋业发展行动计划（2017—2020年）》《关于促进体育产业高质量发展的若干措施》等产业政策，推进制鞋业与体育休闲服务业融合发展，举办第二十一届中国（晋江）国际鞋业暨第四届国际体育产业博览会、首届中国（莆田）国际鞋服产业博览会暨鞋业创新智造峰会，安踏一体化产业园、特步鞋服生产、361°综合基地等重点项目加快建设，晋江获得连续4届国际大体联世界杯举办权，晋江制鞋品牌影响力进一步扩大，有力促进全省制鞋业延伸产业链、提升价值链。

龙头企业再创造佳绩。2019年，安踏营业收入近340亿元，比上年增长超过40%，连续6年保持高速增长。特步营业收入81.8亿元，比上年增长28.2%，经营利润12.3亿元。361°营业收入 56.3 亿元，净利润增长 42.4%。匹克以科技创新带动转型，完成既定经营目标。

行业转型升级步伐加快。加快行业供应链平台建设，鼓励制鞋企业与科技智能化企业跨界合作，推动传统制鞋业向智能化转型升级。泉州制鞋业深入实施品牌创新、研发设计带动，提升区域影响力。莆田制鞋业以个性化定制、智能制造为突破口，推进行业提质增效。

（李 军）

【日用陶瓷】 2019 年，福建省日用陶瓷制造业主要集中在泉州市德化县，以生产星级酒店用瓷、家居日用餐具、厨具、茶具为主，其中茶具产量位居全国前列。德化是全国最大的陶瓷工艺品生产和出口基地，全县 60%以上陶瓷产品出口，远销 190 多个国家和地区；德化也是全国最大的陶瓷电子商务产业基地，拥有陶瓷电商企业 7500 多家。2019 年，德化县加快推动陶瓷产业发展，实现陶瓷产值 362.95 亿元，比上年增长 10.5%。

技术创新。德化县加快推进智能制造、工业设计，顺美陶瓷举办 2019 年“八闽杯”海峡两岸大学生设计工作坊活动，锦福等 4 家企业承办泉州海峡两岸大学生设计工作坊活动。举办工业设计名师讲堂和工业设计师在职培训班，召开“世界瓷都、百年陆升”中国制造强国走进陆升（集团）论坛活动。加快机器换工，推进产业智能升级。

品牌打造。德化县借助品牌、设计及茶具文化推广，搭上电子商务“快车”，进一步升级品牌。2019 年 10 月，德化县举办第二届中国（德化）茶具文化产业博览会，展会以“中国白·德化瓷”为主题，展览面积 6 万平方米、展位 635 个，吸引来自全国各地企业 543 家参展，20 多位工艺美术大师、陶瓷艺术大师作品参展，设有陶瓷产业形象馆、金砖国礼馆、旅游馆、京东馆，以及千杯万盏优秀作品展示等 9 个展区，展品涵盖工艺陶瓷、艺术陶瓷、家居日用陶瓷三大类，来自北京、上海、广东等 20 个省市采购商进馆参观，现场贸易成交额 1090.5 万元，意向成交额 933.7 万元。

（叶少芬）

【工艺美术业】 2019 年，福建省规模以上工艺美术企业 793 家，实现主营业务收入 1741 亿元，比上年增长 11%；利润总额 131 亿元，增长 22.4%。举办第十四届中国（莆田）海峡工艺品博览会，参观人数近 27 万人次，产品成交金额 2.3 亿元，签订合同金额 3.9 亿元，意向合同金额 4.7 亿元。泉州安溪获得世界手工艺理事会颁发的“世界藤铁工艺之都”称号。组织参加首届中国工艺美术博览会，全省有 130 多个单位参展，总展位面积 3500 平方米，参展单位数量及总展位面积均居全国首位，福州市、泉州市、莆田市获得“中国工艺美术博览会优秀组织金奖”。举办第十届福建省工艺美术精品“争艳杯”大赛，征集作品 1291 件，涵盖漆艺、雕塑工艺、工艺美术陶瓷、金属工艺、花画工艺、珠宝首饰、古典家具等 17 个门类，评选出金奖 74 件、银奖 117 件、铜奖 178 件、优秀奖 255 件。组织开展“百名大师进校园”活动，10 名省大师入选首批院校合作大师名单，泉州工艺美术职业学院入选首批中国工艺美术大师传承创新基地院校。

（王 帅）

【家具行业】 2019 年，福建省是家具生产及出口大省，产量、出口额全国第四，在全国乃至全球的市场上都具有一定影响力。生产布局上，福州、厦门以生产板式（办公、民用、校用）为主，莆田以生产中式古典工艺家具为主，漳州、泉州以生产出口美式实木家具、钢管家具、酒店家具、软体家具为主，闽侯、安溪等地以生产竹、藤、铁工艺家具为主，三明、南平、龙岩以生产竹木家具制品为主。2019 年，全行业实现产值 1120 亿元，比上年增长 1.8%。其中，规模以上企业 365 家，工业总产值 630 亿元，增长 9.2%；利润总额 39.56 亿元，增长 8.9%；税金总额 13.71 亿元，增长 6.8%。2019 年福建省家具出口 310.42 亿元，比上年增长 16.32%；进口额 13.73 亿元，下降 5.1%；完成产量 15177 万件，增长 3.7%。企业数 5300 家，从业人员近 40 万人。

（谢 芳）

编辑：郑 莱

民营经济

综　　述

【概况】 2019年，福建省市场主体继续保持快速增长势头，至年底，全省实有市场主体442.63万户，比上年增长15.91%，其中企业138.75万家，增长12.14%；私营企业129万家，增长13.01%；注册资金9.22万亿元，增长15.63%。民营企业发展活力不断提升，新产品新技术不断涌现，市场竞争力逐渐增强，对全省经济发展的拉动作用进一步加大。

【民营经济发展局面】 2019年，福建省民营经济发展呈现出"77789"的局面，即民营经济增加值占福建全省GDP的70%、提供70%的税收、贡献70%的科技成果、吸纳80%的就业岗位、企业数占90%以上。民营经济超越福建经济的"半壁江山"，民营企业与其他类型企业共同支撑着福建经济发展。

（江建国）

【经济规模增长】 2019年，福建省民营经济实现增值28889.49亿元，比上年增长8.4%，占GDP的比重为68.1%，接近70%。从规模以上工业来看，全省规模以上工业增加值增长8.8%，高于全国3.1个百分点，居全国第2位、东部10省市第1位。

【民营企业实力】 截至2019年末，福建省规模以上民营工业企业15938家，实现营业收入42798.69亿元，比上年增长10%；利润总额2955.79亿元，增长10.8%；税金总额949.22亿元，增幅与上年同期持平；企业用工328.86万人，增长1.1%。全省有22家民营企业（阳光龙净、正荣、青拓、福晟、融侨、永辉、永荣控股、恒申控股、三盛、融信、泰禾、盛屯矿业、金纶高纤、时代新能源、禹洲、安踏、达利、恒安、三宝、福耀、圣农、恒兴）入围2019年中国民营企业500强，在入围门槛提高的基础上，福建省入围企业数比2018年增加2家，数量位居全国第六。22家平均年营业收入529.78亿元，较2018年增长24.13%；营业收入总额11655.08亿元，在全国占比4.09%；资产总额18013.48亿元，在全国占比5.20%。

【产业发展后劲】 2019年，福建省对接签约民营企业产业合同项目1797个，总投资7809亿元。其中，制造业项目1409个，总投资5128亿元。（江建国）

管理与服务

【顶层设计强化】 2019年，福建省全面落实各项政策措施，在帮助民营企业创新发展上取得新突破。增强服务意识，用心用情用力做好"加减乘除"法，加力扶持、提振信心，减税降费、降本减负，加快转型升级、放大"乘数效应"，破除壁垒、清除障碍，支持民营企业创新转型、做大做强，推动福建省由民营经济大省向民营经济强省转变。做到"两个率先"，突出环境优化。在全国率先开展《福建省民营经济发展促进条例》立法，为民营经济发展"保驾护航"；在全国率先委托第三方机构开展全省中小企业发展环境评估，并于2019年10月完成首次评估。深入开展"政策落实年"活动。以"惠企政策进百园入万企"等活动为抓手，深入重点工业园区、重点企业开展政策宣传解读活动，引导企业用好用足福建省创新驱动发展七条、支持中小企业发展十条、加快民营企业发展二十五条等政策措施，2019年召开政策宣讲会422场次，覆盖园区262个，惠及企业数量2.5万家次。上线全省惠企政策一站式发布平台，为广大民营企业提供"找得着、看得懂、用得上"的政策服务，促进政策有效落地。确保"两个增加"，突出融资支持。省级企业技改基金规模扩大至120亿元；以股权、债权方式投资省重点技术改造项目企业，并按募集资金实际投放金额及项目投放期限予以3%的贴息，为民企实施技术改造拓宽融资渠道；全省开展小微企业应收账款融资试点，帮助企业激活存量资产，提高融资效率。

【政策措施完善】 2019年，福建省为引导民营企业专注实业、创新发展，2018年至2019年先后出台《福建省人民政府关于进一步推进创新驱动发展七条措施的通知》《福建省人民政府关于进一步支持全省中小企业发展十条措施的通知》《福建省市场监督管理局关于印发支持民营经济加快发展25条措施的通知》，福建省工业和信息化厅印发《全省工信系统开展精准服务民营企业专项行动方案》。各项政策措施为民营企业的创业创新创造营造公平、透明的发展环境，营造有利于民营企业家健康成长的良好氛围，激活民营企业的创造力和活力，帮助民营企业实现创新发展，增强市场竞争力。着力降本减负。连续4年出台降本减负政策措施，2019年全省减轻企业负担907亿元，比上年增加7个百分点。

【民营企业服务优化】 2019年，福建省深化“放管服”改革。推广“互联网+政务服务”，90%以上行政审批事项实现网上办理，各地企业开办时间均已压缩至5个工作日以内，其中福州、厦门压缩至3个工作日以内。全面开展服务民营企业“三个一百”活动。全省市县区党政主要领导召开民营企业座谈200多场次，百名涉企厅（市）长“一对一”挂钩帮扶民营龙头企业，帮助企业解决各类困难问题2400多个；全省26家主要银行金融机构走访企业6.6万多家，达成融资意向金额6971亿元，已授信金额5485亿元。畅通政企互通渠道。落实党政领导与民营企业家恳谈会制度，2019年省委书记、省长两次召开民营企业座谈会。打造“政企直通车”平台，平台办结率100%。解决拖欠民营企业中小企业账款问题。至2019年底清理拖欠账款总额41.93亿元，已清偿40.3亿元，清偿进度率96.1%，居全国前列。

【融资支持民营企业发展】 2019年，福建省加大信贷投放。全年全省26家主要银行机构的民营企业贷款余额7062.4亿元，比上年末增加641.9亿元，增长10%；贷款户数65565户，增长40.5%。深化产融合作。2019年全省工信系统组织举办产融对接活动112场次，成功对接金额466亿元。加大福建省“产融云”平台运营推广力度，共有160家金融机构入驻，发布金融产品136款，服务企业500多家。加强融资服务创新。扩大省技改基金规模至120亿元，累计签约投放项目111个、总金额151亿元。推进中小微企业应收账款融资试点，20家试点核心企业帮助上游239家（次）中小微企业实现应收账款融资13.2亿元。完善融资担保体系。2019年，全省累计实现融资担保总额1203.76亿元，比上年同期增加785.43亿元，共为2.42万户（次）中小微企业和“三农”主体提供融资担保服务。推动直接融资。筛选643家省重点上市后备企业，引导企业上市融资，全省共有民营上市企业101家。

【创新驱动实施】 2019年，福建省培育先进制造业集群。出台制造业优势龙头企业和“小巨人”企业高质量发展行动计划，推进27个省级重点产业集群建设。支持企业技术改造。2019年全省实施技改项目6000个以上，其中省重点技改项目738个、总投资2169亿元。推动智能制造。完成“机器换工”5万多台套，通过两化融合管理体系贯标企业1256家（数量居全国第一），培育省智能制造试点示范企业125家，认定省首台（套）106台（套）。发展服务型制造。培育108家省级服务型制造示范企业、31家省级服务型制造公共服务平台、17家国家级和73家省级工业设计中心。鼓励自主创新。建设10家省级制造业创新中心试点单位，获授权专利274项，解决关键核心技术难题、需求140多项。发展工业数字经济。深入实施工业互联网“十百千万”工程（培育不少于10个工业互联网行业示范平台和100家以上应用标杆企业，建设不少于1000个“互联网+先进制造业”重点项目，推动上万家中小企业业务系统向云端迁移），推动3000家工业企业上云上平台。

【企业管理提升】 2019年，福建省加大引才力度。引进高层次人才1700多人，并给予25万～200万元不等的安家补助。第一次把引进生机制扩大至民营企业。培育创新人才。认定省级示范性校企共建职业教育实训基地11家，年培养技能人才近2万人。促进企业管理提升。2019年全省共举办各类管理提升培训、管理经验分享活动70多场次，培训企业家超过5000人次。（江建国）

重点民营企业

【阳光龙净集团有限公司】 阳光龙净集团有限公司创立于1995年，位列2019年《财富》世界500强第368位，是一家集环保、教育、地产、金融、物产、资本六大产业集团于一体的大型投资控股公司。

【永辉超市股份有限公司】 永辉超市股份有限公司成立于2001年，已发展成为以零售业为龙头，以现代物流为支撑，以现代农业和食品工业为两翼，以实业开发为基础的大型集团企业，是国家级“流通”及“农业产业化”双龙头企业，位居中国连锁百强企业6强、中国快速消费品连锁百强4强。

【福耀玻璃工业集团股份有限公司】 福耀玻璃工业集团股份有限公司成立于1987年，是专注于汽车安全玻璃和工业技术玻璃领域的大型跨国集团，已在中国16个省市以及美国、俄罗斯、德国、日本、韩国等9个国家和地区建立现代化生产基地和商务机构，并在中美德设立6个设计中心，全球雇员2.7万人，多年蝉联《财富》中国500强、中国民营企业500强。

【福建永荣控股集团有限公司】 福建永荣控股集团有公司成立于2009年，是一家主业+服务，并依托现代工业4.0和互联网技术，以石化尼龙新材料为主业，集供应链、金融服务于一体的大型产业集团。其旗下全资子公司福建锦江科技有限公司是亚洲最大、世界第三的专业高科技尼龙化纤生产企业。

【恒申控股有限公司】 恒申控股有限公司以锦纶民用丝、锦纶6聚合切片、氨纶丝等产品生产为核心，已发展成为集化纤、地产、金融于一体的现代化企业集团，集团旗下拥有21家全资子公司，员工近5000人。

【厦门三安光电有限公司】 厦门三安光电有限公司成立于2000年，主要从事全色系超高亮度LED外延片、芯片、Ⅲ-Ⅴ族化合物半导体材料、微波通信集成电路与功率器件、光通信元器件等的研发、生产与销售，产品性能指标居国际先进水平。

【厦门美图网科技有限公司】 厦门美图网科技有限公司成立于2008年10月，以人工智能为驱动，是中国领先的影像处理及社交平台。美图公司以“让每个人都能简单变美”为使命，围绕“美”创造一系列如美图秀秀、美颜相机、美拍、美图魔镜、美图手机等软硬件产品，改变用户创造与分享美的方式，也使自拍文化深入人心。

【厦门恒兴集团有限公司】 厦门恒兴集团有限公司成立于1994年，截至2019年已成为以投资为龙头，集矿业、贸易、资产管理、文旅等产业于一体的大型民营企业集团，旗下全资及控股子公司分布于中国大陆、香港地区以及越南等国家，是全国民营企业500强、中国服务业500强。

【安踏体育用品集团有限公司】 安踏体育用品集团有限公司创建于1991年，安踏（中国）有限公司是一家中外合资并且是国内最大的集生产制造与营销导向于一体的综合性体育用品企业。

【福建恒安集团有限公司】 福建恒安集团有限公司成立于1985年，是中国最早进入中国家庭生活用品的企业之一。公司主要产品包括卫生巾、高档生活干湿纸品、婴幼儿及成人纸尿裤、多种个人生活护理用品及家居用品等。在海外设有生产基地和销售机构，产品远销全球43个国家与地区。

【福建百宏聚纤科技实业有限公司】 福建百宏聚纤科技实业有限公司成立于2003年，是一家专业从事服装面料、鞋材、家纺、汽车及工业所用优质涤纶纤维制造企业，集研发、生产和销售服务于一体，是国内大型的涤纶加弹丝生产企业、华南地区大规模的聚酯纤维生产基地。

【福建三宝钢铁有限公司】 福建三宝钢铁有限公司成立于1999年，以钢铁制造为核心，拥有国内外先进装备水平的综合钢铁企业，逐步向高端精品钢、大物流、钢铁生态旅游业等延伸产业链，着力打造千亿元产业集群。

【福建傲农生物科技集团股份有限公司】 福建傲农生物科技集团股份有限公司成立于2011年，是一家以标准化、规范化、集约化和产业化为导向的高科技农牧企业，公司主营业务包括饲料、动保、养猪、原料贸易、农业互联网等产业。

【福建龙马环卫装备股份有限公司】 福建龙马环卫装备股份有限公司是集城乡环境卫生系统规划设计、环卫装备研发制造销售、环卫运营、投资于一体的环境卫生整体解决方案提供商，拥有博士后科研工作站和省级环境工程研究中心，是国家火炬计划重点高新技术企业、中国城市环境卫生协会环卫运营管理专业委员会主任单位。

【福建金牛水泥有限公司】 福建金牛水泥有限公司成立于2005年，是一家以专业生产高标号水泥为主的大型建材集团企业，拥有6家水泥生产企业和5家混凝土公司及环保科技公司，水泥产能1000万吨，是福建省百家重点工业企业和省级龙头企业。

【三棵树涂料股份有限公司】 三棵树涂料股份有限公司创立于2003年，始终关注人类美好生活和家居健康，致力于打造内外墙涂料、防水、保温、地坪、辅材、施工“六位一体”的绿色建材一站式集成系统，打造高品质涂料为主和家居新材料为辅，集辅材全配套、健康、色彩、品位、服务一体的美好生活解决方案，2019年跻身世界涂料35强。

【宁德时代新能源科技股份有限公司】 宁德时代新能源科技股份有限公司成立于2011年，是国内率先具备国际竞争力的动力电池制造商之一，专注于新能源汽车动力电池系统、储能系统的研发、生产和销售，致力于为全球新能源应用提供一流解决方案，核心技术包括在动力和储能电池领域，材料、电芯、电池系统、电池回收二次利用等全产业链研发及制造能力。2019年《财富》中国500强第290位，2019《财富》未来50强第4。

【青拓集团有限公司】 青拓集团有限公司于2008年3月入驻福安湾坞半岛，已成为中国乃至世界最大的不锈钢生产及深加工基地，携手青山企业印度尼西亚、印度、津巴布韦、美国等海外项目，践行“一带一路”倡议，助推青山钢铁从温州走向全国，引领世界。

【福建圣农控股集团有限公司】 福建圣农控股集团有限公司创建于1983年，专注于白羽肉鸡生产30多年，是全球唯一的集种鸡养殖、种蛋孵化、饲料加工、肉鸡饲养、肉鸡加工、食品深加工、产品销售、快餐连锁于一体的全封闭白羽肉鸡全产业链企业。

【福建南平太阳电缆股份有限公司】 福建南平太阳电缆股份有限公司成立于1958年，是中国从事专业研发和生产电线电缆历史悠久的企业，公司建有超高压电缆生产基地、南平太阳电缆城、上杭太阳铜业公司、包头太阳满都拉电缆有限公司四大生产基地。（江建国）

编辑：郑　菜

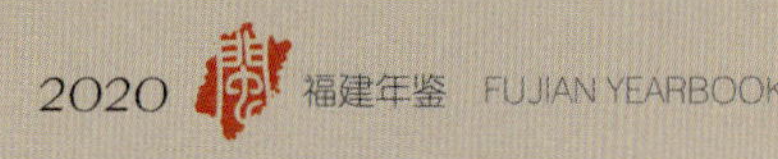
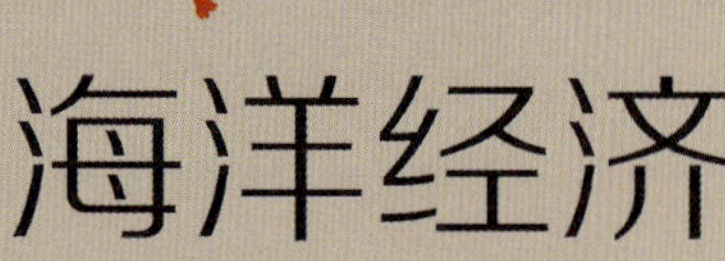

海洋经济

综　述

【海洋生产】 2019年，福建省海洋生产总值1.18万亿元，比上年增长11%；渔业经济总产值3235亿元，增长4.35%；水产品总产量814.58万吨，增长4.15%；海洋捕捞产量（含远洋）212.81万吨，下降1.58%；海水养殖产量510.72万吨，增长6.66%；淡水产品产量91.05万吨，增长4.56%；水产品出口创汇56.41亿美元，下降11.36%；渔民人均纯收入23002元，增长7.4%。

【法规政策与规划制定】 2019年11月27日，福建省第十三届人大常委会第十三次会议全票通过《福建省实施渔业法办法》修正案，并于11月29日公布施行。开展《福建省水产品质量安全条例》立法项目课题研究、《福建省长乐海蚌资源增殖保护区管理规定》（修改）立法调研。制定出台《福建省渔业安全生产警示通报和约谈制度》《行政执法公示制度》《执法全过程记录制度》《重大执法决定法制审核制度》。清理涉及排除限制竞争政策措施的涉海涉渔省政府及省政府办公厅规范性文件3件及福建省海洋与渔业局出台的规范性文件18件。全国人大常委会、福建省人大常委会组织开展实施《中华人民共和国渔业法》执法检查工作。编制完成《福建省渔港布局与建设规划》及配套政策，根据规划，到2025年前全省将新建、提升改造和整治维护各类渔港225个，其中新建渔港168个、提升改造及整治维护各类渔港57个，规划实施完成后，沿海渔船就近避风率将提升至93%以上，沿海渔港密度将提升至每15.5千米海岸线1个，二级及以上渔港密度提升至每25.3千米海岸线1个。

【投资项目建设规划管理】 2019年，福建实施海洋强省十大工程，开展福建海洋强省重大项目建设，全年148个海洋领域重大项目完成投资600多亿元。开展福州、厦门国家海洋经济创新发展示范城市建设，共实施项目33个，全年完成投资6.2亿元。《福州市海洋经济发展示范区建设总体方案（2019—2025年）》《厦门市海洋经济发展示范区建设总体方案（2019—2025年）》经省政府常务会议审议通过，福州市、厦门市计划实施海洋经济发展示范区重点建设项目161个。福建省海洋与渔业局、福建省财政厅联合印发《建设省级海洋产业发展示范县工作方案》，连江、石狮、秀屿列入首批创建省级海洋产业发展示范县，启动实施重点建设项目46个。实施“智慧海洋”工程，在数字中国建设峰会期间举办首届智慧海洋分论坛，福建省海洋与渔业局会同福建省发改委制定福建“智慧海洋”工程区域试点实施方案，2个“智慧海洋”项目通过国家发展改革委评审。开展福建省海洋渔船通导与安全装备项目建设，为6500艘大中型海洋渔船安装固定式北斗示位仪，实现船位智能化服务、突发沉船事故智能报警等功能，在线率98.8%以上；启动海洋大数据中心（一期）、渔业渔政综合管理平台、渔业渔政综合服务平台前期准备工作。全省8个渔港项目开工建设、18个渔港项目完成可研或初步设计、36个渔港项目完成勘探等前期工作。建设福建省海洋观测网，新增观测设备9套，其中海床基3套、小浮标3套、波浪浮标1套、渔排基1套、气象站1套。平潭大屿海岛生态保护监测示范基地建设项目通过专家验收，全面完成平潭大屿生态岛礁建设项目。完成农业农村部福建省水生动物疫病监控中心建设，建成中心实验室1100平方米。

【水产品质量安全管理】 2019年，福建省开展水产行业治理“餐桌污染”建设“食品放心工程”工作，建成水产品质量安全“一品一码”全程追溯系统，全省4153家工商登记注册的食用水产品生产企业、渔业专业合作社、家庭农场等生产主体纳入系统管理，录入三项记录19.18万条，水产品赋码销售数量1.26万条。开展产地水产品质量安全监督抽查、水产品质量安全市场例行监测、贝类卫生监测、养殖河豚毒素、织纹螺毒素等风险检测和水产品药残快速检测，全年省部级产地水产品质量安全监督抽查合格率98.6%，未发生大的水产品质量安全事故。开展水产品质量安全执法检查，全年累计开展执法行动2404次，检查养殖企业和个体经营者4642个，查处水产品质量案件16件，其中移送公安机关2件，药残超标案件查处率100%。在全省53个县建立175个病害测报点，定期开展水产养殖病情测报，全年发送病害预测及防控指导信息8万条次。开展水生动物疫病及重大疾病监测，对病毒性神经坏死病、白斑综合征等13类水生动物疫（疾）病进行抽样监测，全年监测样品637批次。开展水产养殖规范精准减量用药行动，在全省5个设区市14个县23个示范点对鳗鲡、大黄鱼、对虾、石斑鱼、罗非鱼、草鱼和鲫鱼等7个养殖品种开展主要病原菌耐药性和流行病学监测。制作发放《水产品质量安全100问》《农业农村部禁用兽药及其化合物清单》《水产养殖用药明白纸》等宣传材料，开展水产品质量安全监管培训班6期，培训基层质量监管人员600余人。全年9项地方渔业标准颁布实施，4项地方标准通过专家评审。

【渔业捕捞许可制度】 2019年，福建省检验渔业船舶20158艘，其中初次（建造）检验655艘、审查渔业船舶设计图纸175套、检验船用产品3176台（件）。开展渔船标准船型评价、渔业船舶建造技术条件评价工作，中华人民共和国福建渔业船舶检验局公布42种渔船船型作为渔船标准船型，全省97家企业通过渔业船舶建造技术条件评价。开展渔船救生设备专项检查，制定《福建省渔业船舶检修检测服务机构监督管理制度》，对22家渔业船舶检修检测服务机构进行首次技术条件监督核实。宣传贯彻农业农村部《渔业捕捞许可管理规定》，召开政策解读和业务培训会，农业农村部渔业渔政管理局有关专家对《渔业捕捞许可管理规定》进行解读和业务操作培训，全年办理省级审批权限的渔业捕捞许可证1419件、渔业船网工具指标审批588件。开展渔船防污染专项整治，对563艘渔业船舶的防污染设施进行更新。开展全省海洋捕捞渔船和辅助船数据核查清理，清理渔船1362艘、渔船功率1.3万千瓦，其中海洋捕捞渔船711艘、辅助船577艘、养殖船74艘。 （汤兴福）

海洋捕捞

【海洋捕捞管理】 2019年，福建省按照农业农村部要求，严格管控国内渔船，实施海洋渔业资源总量管理，开展捕捞渔船减船转产和更新改造项目，完成渔船减船转产58艘、压减功率4646.3千瓦；更新改造国内捕捞渔船306艘；连江、福鼎、晋江、厦门等地召开拆解涉渔“三无”船舶现场会，全年拆解涉渔“三无”船舶412艘，其中大中型涉渔“三无”船舶215艘。在厦漳海域以梭子蟹（包括三疣梭子蟹、红星梭子蟹、拥剑梭子蟹和远海梭子蟹等四种混栖混获品种）作为试点品种，开展限额捕捞管理试点工作。

【远洋渔业】 2019年，福州（连江）国家远洋渔业基地获得农业农村部批准，福建省第一艘磷虾捕捞加工船赴南极海域试生产。全年新增远洋作业渔船39艘，完成远洋渔业捕捞产量51.29万吨，比上年增长11.7%，跃居全国第一位。实施机动渔船油价补助政策，全年补助国内渔船17961艘、补助资金10.1亿元。

【行政执法】 2019年，福建省开展福建海洋“蓝剑”行动14次，登临检查船舶2.8万艘次，防范制止进入敏感海域作业船舶498艘，查获涉嫌违法作业船舶234艘，渔业案件处罚810多万元。全年发现、制止各类海洋行政违法行为215起，立案164件，结案132件，收缴罚没款6.5亿元。 （汤兴福）

水产品养殖加工

【概况】 2019年，福建省海洋与渔业局出台关于加快水产养殖业绿色发展的十三条措施。开展海上养殖设施升级改造，全省累计建成环保型塑胶养殖渔排30多万口、深水抗风浪养殖网箱3100多口，塑胶浮球筏式吊养3.14万公顷，发展稻（莲）鱼综合种养1.8万公顷，初步建成宁德三都湾、沙埕港海上设施养殖示范区。沿海各地与装备制造企业合作研发深远海养殖平台，“振渔1号”“振鲍1号”“福鲍1号”等深远海机械化智能养殖平台下水投产。全面完成全省67个县级、9个市级养殖水域滩涂规划，全年清退淡水超规划养殖设施5.23万平方米、海水超规划养殖面积2870公顷，全省养殖发证率98.38%。

【水产科技养殖】 2019年，福建省海洋与渔业局成立水产养殖尾水治理技术指导组，制定下发《福建省水产养殖尾水处理技术方案》，举办“科技专家行——养殖尾水治理活动”，对全省36个具有代表性的养殖排放口进行监测，推动养殖尾水处理后排放。开展全省水产加工企业调查，全省年产值5亿元以上水产加工企业达53家。开展水产新品种审定和国家级水产良种场创建，厦门大学“绿盘鲍”通过国家水产新品种审定，集美大学、宁德市富发水产有限公司坛紫菜“闽丰2号”、大黄鱼“富发1号”申报国家级水产新品种，晋江福大鲍鱼水产有限公司申报皱纹盘鲍国家级水产良种场。福建省水产研究所开展水产加工共性关键技术研究，开发琼脂糖等海洋生物材料、鲍参海洋功能食品、海洋源化妆品等海洋生物制品，福建省水产研究所研发冷冻海参调理食品、鲍熏制品、鲍鲜素、调味即食牡蛎、速食紫菜、海带饮料、风味烤虾、鲟鱼酥等新型海洋食品。举办中国（福州）国际渔业博览会，现场签约项目金额227亿元、零售额6950万元、贸易配对额5.1亿元。 （汤兴福）

海洋科研技术管理

【科研成果对接】 2019年“6·18”期

间，福建省打造特色“海洋渔业馆”，征集省内外海洋与渔业科技成果238项，成功对接项目150个，总投资额291亿元。举办“福建海洋与渔业项目成果交易会集美大学专场”“福建海洋战略性新兴产业项目成果交易会”“海洋产业项目签约暨厦门大学海洋与渔业成果对接会”，以及“一带一路”洽谈对接会，对接签约项目43个。

【海洋科学实验室】 2019年，福建省海洋预报台承担的“典型区域（台湾海峡）海洋二号卫星数据应用示范系统建设研究”项目通过验收，“重点海域精细化观测预报与智能服务系统研究与应用”项目立项建设。实施福建省种业创新与产业化工程项目海带、对虾、河豚种业工程重大专项，建成海带遗传育种中心、海带引育种中心和苗种生长性能测试平台，以及福建东方鲀种质资源保存平台，培育对虾新品“鸿达1号”。福建省海洋生物增养殖与高值化利用重点实验室、海洋生物种业技术国家地方联合工程研究中心、福建省海洋渔业种业工程研究中心、国家贝类产业技术体系福建综合试验站、国家藻类产业技术体系莆田综合试验站、国家农业科学实验站福建省渔业科学观测站等建设进展顺利。实施基层水产技术推广体系改革与建设补助项目，共建设拥有自主产业或合同期在10年以上的渔业科技试验示范基地95个，遴选渔业科技示范主体1159个。全省50名水产技术推广人员参加“水产技术员”工种（三级）职业技能鉴定并全部通过鉴定。

【行业技能竞赛】 2019年，福建省海洋与渔业局、福建省人力资源与社会保障厅、福建省总工会共同举办全国农业（水产）行业职业技能竞赛选拔赛暨首届福建省水产技术推广职业技能竞赛，全省共11支代表队、44名选手参加竞赛，从中选拔出前三名优秀选手组成福建省代表队参加“2019年中国技能大赛——第二届全国农业行业职业技能大赛”，福建省代表队获团体第一名，厦门市海洋与渔业研究所林功师、福建省水产技术推广总站林楠、厦门市海洋与渔业研究所林涛分别获得个人成绩第一名、第二名及第九名，林功师、林楠获得“全国技术能手”称号，林涛获得“全国农业技术能手”称号。 （汤兴福）

海洋资源保护

【渔业资源保护管理】 2019年，福建省印发《关于做好福建省水生生物增殖放流工作的指导意见》，在全省举办以“养护水生生物资源，促进生态文明建设”“江河湖海·年年有鱼”为主题的“6·6”八闽放鱼日全省联动大型增殖放流活动，在13个重要海湾及闽江、九龙江、汀江等主要内陆水域干支流，放流大黄鱼、西施舌、黑脊倒刺鲃等水生生物46.35亿单位。实施宁德官井洋大黄鱼、闽江口西施舌增殖放流效果评估，大黄鱼、西施舌等主要保护物种资源恢复明显。莆田市南日岛海洋牧场被评为国家级海洋牧场示范区，实现全省国家级海洋牧场示范区零的突破，福清东瀚海域海洋牧场示范区动工建设；连江黄岐半岛人工鱼礁项目通过农业农村部组织的专家审查。开展水生野生动物保护执法，共救助鲸豚、海龟、鲸鲨、中国鲎等水生野生保护动物36起56只（头）。全省查办违法违规案件914件，查获涉案人员928人，其中移送司法案件44件61人；清理违规渔具2.69万张；伏季休渔期间查办违法违规案件460件，查获涉案渔获物1214吨；开展打击电鱼专项执法行动，查处电鱼违法案件188件，移送公安机关16件19人，追究刑事责任13人，没收销毁电捕鱼器具303台（套）。南平市延平区1件涉嫌非法电鱼案件移送公安机关，实现闽江禁渔以来行刑衔接案件“零突破”。福建省海洋与渔业总队与自然资源、海事、海警、公安等部门建立打击非法盗采海砂协作机制，开展打击采砂专项联合执法行动19次，全年办结采砂破坏海洋环境案件101件，收缴罚没款1001万元，移送司法机关3件。

【海洋防灾减灾】 2019年，福建公布《2019年福建省避风渔港、避风锚地防台责任人名册》和《2019年福建省海上养殖渔排集中区防台责任人名册》，开展3次防汛防台风实战演练，修订《福建省渔业防台风应急预案》，防范应对“利奇马”“米娜”“白鹿”等6个台风，台风期间海上渔业生产作业人员零伤亡。防范赤潮灾害9起，开展赤潮灾害防控技术培训，利用“6·8”世界海洋日暨全国海洋宣传日等开展赤潮知识科普宣传，在福建经济频道《在线访谈》栏目进行电视专题访谈，科普赤潮相关知识。福建省海洋智能网格预报系统投入业务化试运行，率先在全国实现从传统站点海洋预报向智能网格预报转变。开展渔业互助保险，福建省渔业互保协会承保渔工7.24万人次、渔船8133艘，提供风险保障491.41亿元，支付赔款8937.11万元；为585户养殖户办理台风指数保险，提供财产保障5.07亿元；开展宁德市塑胶鱼排保险试点，提供风险保障4.42亿元。加强渔业安全生产目标管理，开展“防风险保平安迎大庆”渔业消防安全执法检查专项行动，全年发生各类渔业船舶水上生产安全事故17起、死亡（失踪）8人、沉毁渔船5艘、直接经济损失1018万元，未发生较大及以上生产安全事故；全省出动渔船、公务船63艘次，处置各类海洋渔业突发事件38件，救助遇险船舶38起（艘），救助船员381人，挽回经济损失14525万元。 （汤兴福）

编辑：郑 菉

数字福建

综　述

【概况】　2019年，福建省数字经济规模突破1.7万亿元，比上年增长19.9%，数字政府服务能力位居全国二位，政务服务APP综合能力居全国第三位，互联网普及率居第四位，注册域名数排名全国第一。

【数字中国发展规划】　2019年，福建省打造数字中国建设的产学研用合作平台。首次推出数字中国创新大赛，采取市场化做法，探寻“揭榜挂帅”新机制，推动技术、应用和资本对接。大赛吸引451所高校、1182家企业、8915名选手参加，多项算法和解决方案均达到行业领先水平，具有较大的商用潜力。多个参赛团队因出色表现获投资机构现场签约，部分项目后续将在福州落地。

【举办第二届数字中国建设峰会】2019年5月6—8日，第二届数字中国建设峰会在福州海峡国际会展中心举行。该届峰会的主题是“以信息化培育新动能、用新动能推动新发展、以新发展创造新辉煌”。峰会定位为中国信息化发展政策发布平台、电子政务和数字经济发展成果展示平台、数字中国建设理论经验和实践交流平台、汇聚全球力量助推数字中国建设的合作平台。峰会成果展设立综合应用、数字政府、数字经济、智慧社会、数字生活、数字福建等板块，展览面积6.2万平方米，参展企业493家，162家企业发布新产品、新技术，首展率超过50%。其中，63项自主核心技术集体亮相。

峰会期间，福建省对接数字经济项目587个，总的意向投资额4569亿元。其中，签约落地项目308个，意向投资额超过2500亿元。百度人工智能、华为人工智能孵化中心、大唐电竞基地、游龙大数据产业园、海康威视物联网基地、中电数据产业基地等项目将落户福州。

该届峰会邀请海丝沿线19个国家60名外宾。澳大利亚等政府部长、驻华使节、企业领袖、专家学者等58名外宾参加分论坛活动。联合国项目事务署、国际数字地球学会等2个国际组织，微软、IBM、施耐德电气、赛灵思电子等9家国际企业首次参加数字中国成果展。参会外宾希望在数字中国建设中与中国企业加强合作、分享机遇、共同发展。　（王爱萍）

2019年4月15日，福州数字中国会展中心交付使用，并在第二届数字中国建设峰会中承办分论坛　（福州新区供稿）

信息基础设施建设

【“数字福建·宽带工程”建设】　2019年，福建省光端口占比达91.1%，光纤用户占比达91.8%，固定宽带家庭普及率和移动宽带用户普及率分居全国第二位和第六位。全省中小企业宽带平均资费综合下降35.8%，移动网络流量平均资费综合下降41.1%。全省建成1583个5G基站，实现对福州、厦门、泉州、宁德、莆田、平潭等地党政机关、核心商圈、重要交通路段的初步覆盖。全省IPV6活跃用户数3879.2万户，占全省宽带用户总数59.38%。福州国家级骨干直联点建设带宽位居10个新增直连点前列。

【云计算基础设施建设】 2019年，福建省推进事业单位数据中心和业务系统整合迁移。数字福建云计算中心（政务云）已为269个部门1723个应用系统提供4077台虚拟服务器、2043TB存储、654个数据库、近万兆外部网络互联带宽。东南健康医疗大数据中心、互联网骨干直联点、国土资源大数据应用中心、安全生产监管监察大数据平台（福建）分中心、中国智慧交通东南大数据应用服务中心5个国家级项目及省超算中心（二期）等落地数字福建产业园。

【空间信息基础设施建设】 2019年，福建省启动北斗数据分中心建设，建成海丝卫星数据服务中心，接入中国资源卫星应用中心的高分、资源、环境、实践系列等卫星遥感数据，成立卫星数据人工智能实验室并联合厦大等5所高校成立卫星遥感应用研究院；开展卫星应用试点建设，重点支撑环保、农业、林业、海洋、水利等多个领域的应用服务。

（王爱萍）

电子政务

【概况】 2019年，福建省建成全省行政审批"一张网"。构建覆盖省市县乡村五级、统一架构、多级协同联动的一体化网上政务服务平台。全省依申请的行政许可、行政确认等6类行政权力事项以及公共服务事项全部入驻省网办大厅，共入驻省市县乡村五级依申请事项22.9万项，其中97%以上事项可网上办理。闽政通APP整合政府及第三方可信便民服务事项25类560项，对接全省"12345"便民服务平台，提供咨询、投诉和求助等服务。

【省级统一身份认证平台】 2019年，福建省实现全省"一号通认"。建设省级统一身份认证平台——福建省社会用户实名认证授权平台，完成与国家政务服务平台以及省内超过170个政务服务平台身份认证对接，实现"一次注册、全网通用，一次登录、全网漫游"；完成与公安部eID对接，可生成居民身份证码；与省电子证照共享服务平台对接，实现个人信息"一人一档，随手可查"；完成与省医保局业务系统对接，用户通过扫码支付即可在医保定点药店脱卡结算。

【"互联网＋监管"系统】 2019年，福建省建成"互联网＋监管"系统，完成监管事项目录清单登记21万项，检查实施清单登记3.5万项，累计向国家平台推送企业、特种设备、场地场所、特定产品等监管对象信息170万条，执法人员400多条，存量监管行为数据4万条，双随机一公开数据1000多条。

【省级工程建设项目审批管理系统】 2019年，福建省形成全省工程建设项目横向到边、纵向到底的监管网络，实现省直部门建设、市县统一使用的"用地预审""农转用""压覆矿""用林审批""投资项目备案""施工许可证核发""人防工程项目审批"等垂直审批。系统已纳入审批事项115240个，形成审批流程75条，1万多个项目进入国家正式库。

【群众办事堵点难点疏解】 2019年，福建省扩大和深化群众办事堵点难点的疏解。开展第一批百项堵点问题"回头看"。各级各部门对照第一批百项堵点问题逐项核查，对未充分解决的问题抓紧研究、解决到位，对已解决的问题进一步巩固提升，拓展办事应用场景。启动群众办事百项堵点难点第二批问题疏解行动。围绕全省商事服务、教育就业、创业创新、社保医疗等方面的突出矛盾，面向各系统、社会公众征集并发布第二批首季60项群众最关心的办事难点堵点，督促各地各部门年底前解决不少于30项问题点。

【电子政务建设项目专家评审制度】 2019年，福建省重新组建数字福建项目评审专家库，研究出台评审专家管理办法，规范专家抽取和专家评审行为。全年组织评审省级电子政务建设项目142个，送审资金总额21.7亿元，经评审后的概算总额14.87亿元。（王爱萍）

公共数据资源管理

【管理制度体系完善】 2019年，福建省起草形成《福建省大数据发展促进条例（草案）》，按照立法程序有序推进。制定实施《福建省级政务数据共享管理实施细则》，规范政务数据汇聚共享操作流程。建立省级政务数据汇聚共享平台运行情况定期通报制度。

【政务数据汇聚】 2019年，福建省全面建成省、市两级政务数据汇聚共享平台，汇聚公安、工商、民政、人社等66个省级单位2000多项共计30多亿条数据记录和文件；启动实施省级政务数据整合汇聚与共享应用提升工程，初步构建"一人一档""一企一档"对象库，建立健全"统一汇聚，按需共享"的政务数据汇聚共享新模式。

【政务数据共享】 2019年，福建省政务数据汇聚共享平台发布接口150多个，在线提供查询/核验1.12亿次，提供1100多项数据批量交换，总记录数28亿多条。落实《福建、广东、江苏、贵州跨省域大数据战略合作框架协议》，签署《闽赣跨省数据共享应用合作协议书》，探索跨省异地办事数据合作试点应用。建成省、市两级电子证照共享服务体系，更新发布全省"不再重复提交"电子证照清单，简化群众企业办事材料提交，共生成电子证照近900类1亿多张。

【政务数据开放开发】 2019 年，福建省按时完成国家公共信息资源开放试点任务，建成上线福建省公共信息资源统一开放平台，在 37 个领域开放近 700 个数据集、1300 多个 API 接口，总开放数据量逾 7 亿条，为社会公众提供统一的获取政务数据资源的窗口。2019 中国开放数林指数排名中福建省公共信息资源统一开放平台综合排名第五位。

（王爱萍）

数字经济产业

【产业创新】 2019 年，福建省数字经济领域共拥有国家级和省级重点实验室 13 个、工程（技术）研究中心（工程实验室）45 个、企业技术中心 28 个，国家地方联合共建工程（技术）研究中心（工程实验室）3 个，设立 2 家 6·18 协同创新院产业技术分院。省发改委近年来扶持新型研发机构 56 个，其中物联网技术创新中心 18 个、大数据创新平台 27 个、物联网实验室 11 个。三安光电和厦门华联电子参与的“高光效长寿命半导体照明关键技术与产业化”项目、福建上润精密仪器参与的“水产集约化养殖精准测控关键技术与装备”项目分获 2019 年国家科学技术进步奖一等奖和二等奖。

【数字经济企业】 2019 年，福建省集成电路领域“增芯”工程取得重点突破，新型显示领域“强屏”工程取得明显成效，全省计算机通信及电子设备制造业增加值比上年增长 12%，软件产业规模居全国第八位。龙头骨干企业快速发展，2019 年有 13 家电子信息制造企业销售收入超百亿元，7 家企业入选中国互联网企业百强，5 家企业入围中国电子信息制造业百强，3 家企业入围中国电子元件百强。福州、厦门成功创建中国软件特色名城，4 家企业入围中国软件业务营收百强。2019 年，数字经济领域有 2 家企业在境外上市，全省累计有 49 家企业在境内外上市，其中境内 34 家、境外 15 家。福水智联技术有限公司的“基于 NB-IoT 技术的智慧水务大数据应用平台”入选工信部 2019 年大数据优秀应用解决方案案例。

【产业数字化】 2019 年，福建省实施工业互联网“十百千万”工程，9 家入选福建第一批工业互联网示范平台，34 家入选工业互联网应用标杆企业。培育工业互联网 APP，嘉泰数控、厦门天马微、中科云创、闽光软件等企业产品入选全国工业互联网 APP 优秀解决方案。实施企业上云专项行动，全省超 3 万家企业实现上云，其中工业企业超过 3000 家。全省通过国家两化融合管理体系贯标评定企业数量 1200 多家，居全国首位。实施企业智能化改造工程，推进 700 多个智能化技术改造项目，新增 5.4 万台（套）机器换工，至年底有省智能制造试点示范企业 125 家、样板工厂（车间）23 个。制造业数字化转型步伐不断加快，全年规模以上工业增加值增速 8.8%，居全国第二位、东部第一位。相关企业与华为等率先在工业制造、超高清视频等领域部署开展一批 5G 业务应用。

【新业态新模式】 2019 年，福建省新创建 8 个国家级电商示范基地和电商进农村综合示范县，依托阿里、京东、拼多多等重点电商平台促进农产品上行和“闽货下乡”，全省实现网络零售额 4589 亿元，排名全国第六位。平台经济在相关细分领域已形成优势，仅厦门注册用户超过 1 亿的平台就 20 多个。建成中国（福建）国家贸易单一窗口 3.0 版，服务企业 6 万多家，日均处理单证量 27 万单，入选全国自贸试验区“最佳实践案例”。福州、泉州获批第四批国家跨境电商综合试验区。福建华渔教育、健康之路等 7 家企业项目纳入工信部 2019 年新型信息消费项目名单。莆田鞋业通过互联网赋能、新技术升级、新业态转身，不断突围“代工厂困境”，拓展国内市场取得明显成效。

【数字经济重点项目】 2019 年，第二届数字中国建设峰会全省对接数字经济项目 587 个、意向总投资额 4569 亿元，签约落地项目 308 个、意向投资额超过 2500 亿元。两届数字中国建设峰会全省对接数字经济项目 982 个、总投资 7081 亿元，有 56 个项目建成投产，198 个项目开工。省数字经济重点项目库入库项目 1695 个、总投资 1.32 万亿元，福州百度人工智能、厦门神州优车总部、泉州船舶北斗卫星导航、莆田物泊无车承运总部等项目建成，福州游龙大数据产业园、福州海康威视物联网基地、拉卡拉厦门总部、泉州超级城市 IP 平台、漳州中科智谷产业园等一批大项目、好项目开工建设。

（王爱萍）

编辑：郑　莱

铁　　路

【概况】 2019年，福建省境内铁路由合福高速线、南龙线、杭深线、向莆线、鹰厦线、赣龙线、峰福线、福马线、外南线、永嘉线、漳龙线、漳泉线、龙漳线、漳州支线、南平东支线、天湖山支线、龙岩东支线等组成，由中国铁路南昌局集团有限公司管理。年末，福建省境内铁路设有225个车站，营业里程3509.5千米。其中，国家铁路营业里程1056.4千米，合资铁路营业里程2453.1千米。

【龙岩至龙川铁路福建段开工】 2019年9月28日，龙龙铁路（龙岩至龙川）福建段开工建设。龙龙铁路东起龙岩市新罗区，途经上杭、武平县，终到广东龙川。线路为双线高速铁路，设计时速250千米。首先开工建设的是龙龙铁路福建境内龙岩至武平段，项目设计和施工总承包方是中国铁设集团公司，由中铁二十四局、中铁十局共同承建，计划建设工期为4年。线路全长92.7千米，设有龙岩、古田会址、上杭北、武平4座车站，其中龙岩至古田会址段利用既有赣瑞龙铁路，新建线路自古田会址站引出经上杭县至武平县。

龙龙铁路是国家《中长期铁路网规划》高速铁路区域连接线，与南龙铁路、赣瑞龙铁路、龙厦铁路相连。龙龙铁路建成后，将形成福建、广东两省内陆高速铁路通道和杭广快速铁路客运通道，改善沿线群众出行条件，武平县结束无铁路的历史。

【"海陆联运"首次打开台湾至莫斯科物流通道】 2019年3月2日，一列装有50个集装箱共375.8吨货物的中欧班列，从厦门海沧站白礁货场发往莫斯科。其中，两个集装箱为首批通过海运从台湾运送至厦门，再搭乘中欧（厦门）班列发往莫斯科的台湾货物。漳州车务段响应国家"一带一路"政策，做好海陆联运工作，海沧火车站为货主提供集货、起票、制单、关检务、发运、口岸交接、国外段管理、换装及全程信息追踪等国际联运服务。此前，来自台湾地区的货物通过中欧（厦门）班列发往波兰、德国等地。

【龙岩首开至昆明、武汉高铁】 2019年7月10日，铁路调整列车运行图，革命老区龙岩首次开行至昆明、武汉高铁，铁路行程分别从原来的38小时、13小时缩短至12.5小时、6小时，其中开往武汉的高铁安排在高峰线开行。

【福厦高铁首条隧道贯通】 2019年9月16日，福厦高铁南峰隧道贯通，为福厦高铁首条贯通的隧道。南峰隧道全长673.02米，地质条件复杂，存在浅埋偏压、人工填土、危岩落石等难题。在建设过程中，施工单位推行标准化管理，加强科技创新，优化资源配置，历时473天实现南峰隧道贯通。

福厦高铁自福州市引出，向南经莆田市、泉州市、厦门市，终至漳州市。线路全长277.42千米，为设计时速350千米的双线铁路。沿途设车站7座，其中漳州站为既有车站改扩建，福州南、莆田、厦门北站为并行既有站新建车站，福清西、泉港、泉州南站为新建站。福厦高铁北接合福高铁、温福铁路，南连厦深铁路、龙厦铁路，是《中长期铁路网规划》中"八纵八横"高速铁路网之一东南沿海铁路客运通道的重要组成部分。福厦高铁于2017年9月开工，计划2022年9月建成通车。线路建成后，福州至厦门的动车运行时间将从约2小时缩短至1小时以内。

【平潭海峡公铁两用大桥贯通】 2019年9月25日，福平铁路平潭海峡公铁两用大桥贯通。平潭海峡公铁两用大桥全长16.34千米，起于福建省长乐市松下镇，经人屿岛、长屿岛、小练岛、大练岛，至海坛岛。大桥设有4座航道桥，依次跨越元洪航道、鼓屿门水道、大小练岛水道、北东口水道，其中，跨度最大的元洪航道桥采用主孔跨径532米的钢桁梁斜拉桥，满足5万吨级航道单孔双向通航。全桥有228个桥墩，钢结构用量124万吨，混凝土用量294万立方米，是截至2019年全世界用钢量和混凝土量最多的桥梁。大桥下层设计为时速200千米的双线Ⅰ级铁路，上层设计为时速 100 千米的双向六车道高速公路。大桥处于台湾海峡，全年 6 级以上大风超过 300 天、8 级以上大风超过 120 天，是世界三大风暴海域之一，海域环境复杂，建设条件恶劣，有效作业时间短，施工难度大，被誉为“超级桥梁工程”。大桥于 2013 年 11 月开建，历时近 6 年实现贯通。工程建设中，海峡环境桥梁深水基础建造技术、常遇大风环境下高塔施工技术、钢桁梁整体全焊建造技术、海峡桥梁安全运营保障技术等应用填补国内空白。

【福平铁路联络线接入福州站】 2019 年 10 月 17 日晚，福平铁路联络线接入福州站大拨接封锁施工开始；至 18 日凌晨，经过 4 个半小时封锁施工，福平铁路联络线顺利接入福州站。至此，福州车站站改工程全部完成。福平铁路联络线引入福州站站改施工由福平铁路公司牵头组织，中铁二十四局集团公司为施工主体。工程将既有福州站联络线同时拨向两侧，与新建的联络线对接。封锁施工结束后，福州车站针对新引入的线路进行提速后续试验。试验期间，车站实行每日一图，对 80 趟旅客列车调整站内股道，确保列车安全正点运行。

【兴泉铁路进入全线架梁施工阶段】 2019 年 5 月 19 日，兴泉铁路进入全线架梁施工阶段。兴泉铁路正线全长 496 千米，设计时速 160 千米，为国家一级铁路，于 2017 年 3 月 16 日开工建设，建设工期为 4.5 年。线路由京九铁路兴国站引出，途经江西于都、宁都、石城，福建宁化、清流、明溪、永安、大田、德化、永春等县市，终至泉州。全线设 33 个车站，其中新建车站 29 个。兴泉铁路建成通车后，将结束江西宁都、石城，福建宁化、清流、明溪、大田、德化、永春 8 个县不通铁路的历史。

兴泉铁路地质条件复杂，桥梁工程多次跨越江河、公路，所经之处大多为大山深处，桥隧比 63%，工程建设难点多，施工难度大。建设过程中，建设单位优化工程设计、加强智能应用、开展创新攻关，保障施工有序进行。

（曾　进）

【铁路建设】 2019 年，福建省铁路建设实现“一线开工、两线深化前期、五线推进建设、投资完成量历史新高”的总体工作目标。龙岩至龙川铁路龙岩至武平段 9 月 28 日开工建设，漳汕高铁完成预可研审查并进入可研阶段，温武吉铁路完成勘察设计招标，福平铁路、衢宁铁路、浦梅铁路建冠段、兴泉铁路、福厦客专等在建项目加快推进建设，完成投资 247.1 亿元，完成省下达年度投资计划 230 亿元的 107.43%，投资完成量比上年增长 11.61%，达到历史新高。

【全省旅客发送量】 2019 年，福建省旅客发送量完成 12741.1 万人，比上年增长 5.33%；全省旅客周转量完成 396.25 亿人千米，增长 2.87%；全省货物发送量完成 4085.5 万吨，增长 16.14%；全省货物周转量完成 191.61 亿吨千米，增长 30.04%，连续第三年实现福建省铁路运输客、货的双增长。

【多条干线铁路重点控制性工程完工】 2019 年 1 月 23 日，衢宁铁路重点控制性隧道工程仙岩隧道贯通；8 月 15 日，浦梅铁路建宁至冠豸山段重点控制性工程吉龙河大桥合龙；9 月 25 日，世界在建难度最大的桥梁工程、世界最长跨海峡公铁大桥、中国第一座跨海峡公铁大桥——平潭海峡公铁大桥合龙贯通；10 月 1 日，兴泉铁路重点控制性工程仙峰村隧道比原定工期提前 81 天贯通。

（林任群）

公　路

【公路建设】 2019 年，福建省交通部门深化“五个一批”项目推进机制，推进闽东北、闽西南两大协同区互联互通，促进交通运输全面优化提升。全省全年公路建设投资完成 643.25 亿元，实现在高基数上的总体平稳。其中，高速公路围绕推进国家高速公路全省境内剩余路段和主通道扩容工程建设，全年完成投资 261.44 亿元，建成通车顺昌至邵武等 10 个项目（路段），新增通车里程 191 千米；新开工泉南线永春互通至汤城枢纽段改扩建工程、厦沙高速千米汤城枢纽至德化段改扩建工程、厦门第二东通道、翔安机场高速北段等 4 个项目 54 千米。普通公路根据《福建省普通国省干线公路网布局规划（2012—2030 年）》，围绕部、省“十三五”规划项目，全年完成投资 381.82 亿元，国省干线累计完成 G228 线罗源碧里至鉴江等项目 40 个 355 千米，新开工 S213 线仙游游洋双峰至钟山麦斜段等项目 25 个 193 千米，累计在建项目 145 个

2019 年 6 月 28 日，沈海高速三屿互通建成通车　　　（省交通厅供稿）

1276 千米。

截至 2019 年底，全省公路通车里程 109785 千米，其中国道 10875 千米、省道 5520 千米、县道 15151 千米、乡道 42104 千米、专用公路 123 千米、村道 36012 千米。公路密度 90.43 千米/百平方千米，比上年末提高 0.73 千米/百平方千米。全省等级公路 93753 千米，占总里程的 85.4%，比上年末提高 0.49 个百分点；二级以上高等级公路里程 17971 千米，比上年增加 577.87 千米。水泥沥青路面里程 93342 千米，占总里程的 85%，比上年末提高 0.59 个百分点。

2019 年 8 月 14 日，福建省首个非省界 ETC 门架在沈海高速公路福泉段完成吊装　　（省交通厅供稿）

【公路养护】 2019 年，福建省公路预防性养护、精细化养护取得成效。年末全省公路技术状况指数（MQI）达 93.95，路面使用性能指数（PQI）达 92.01，路面行驶质量指数（RQI）达 88.68，优等路面占 76.4%。其中高速公路技术状况指数（MQI）达 96.5，路面使用性能指数（PQI）达 95.2，路面损坏状况指数（PCI）达 97.9，路面行驶质量指数（RQI）达 93.7，优等路率达 96.6%。在国家高速公路路况检测结果中排名第 13 位，位居全国中上水平。

【“四好农村路”建设】 2019 年，福建省农村公路投资完成 62.49 亿元，新改建农村公路 1930 千米，增设错车道 3144 千米，实施安保工程 5190 千米，危桥改造 200 座，撤渡建桥 3 座，新增村级物流节点 1200 个。公路通畅条件改善，直接惠及 46 个乡镇、1115 个建制村。全省路长制、乡村道专管员制度持续深化落实，全年实施养护示范提升 10650 千米，县道路况省级检测 PQI 值达 82.99。福安、上杭、松溪获评第三批“四好农村路”全国示范县，每设区市 1 条 50 千米示范路成为村容整洁、乡风文明的重要展示窗口。另外，为实现“村村通”客车，省市县三级加大政策、资金扶持力度，按照“一村一策”工作思路，采取班车、公交、周末或墟日班车、预约响应等通车形式取得成效，至 2019 年底，全省 14334 个建制村全部通客车，189 个乡镇、965 个建制村通公交线路，提前一年完成国务院下达的目标任务。

县道 X651 线长汀县河田段，摄于 2019 年　　（省交通厅供稿）

【高速公路省界收费站取消】 2019 年，福建省落实国家深化收费公路制度改革取消高速公路省界收费站工作进展顺利，各项工作走在全国前列。新建省级联网中心系统、ETC 门架系统等 8 大系统，建成 929 个 ETC 门架，新增 386 个 ETC 车道、1240 个混合车道、321 套收费站入口称重检测设施（含改造），完成省界 4 个既有出入口设站，完成 16 个省界收费站拆除及通信系统升级改造等工程建设，实现全国并网切换。2019 年底全省新增 ETC 用户 312.41 万辆，汽车 ETC 安装率 80%以上，通行高速公路的车辆 ETC 使用率 90%以上。

【公路运力结构】 2019 年，交通运输部为促进物流业降本增效，规定从 2019 年开始，申请从事货物运输，使用总质量 4.5 吨及以下普通货运车辆，不须申请道路运输经营许可证及车辆营运证，故从 2019 年开始总质量 4.5 吨及以下普通货运车辆不再纳入营业性车辆的统计范围。至 2019 年底，福建省营运汽车 20.98 万辆，比上年下降 22.7%。其中，载客汽车 1.46 万辆、43.49 万客位，比上年下降 1.1%和 0.2%，平均座位 29.78 客位/辆，增长 1%；其中班车客运车辆 8908 辆、21.37 万客位，下降 7.7%和 10%；旅游客车 5214 辆、20.18 万客位，增长 10.7%和 11.4%。

全省高、中级客车占总营运客车辆数的94.9%，比上年提高1.5个百分点。拥有载货汽车19.52万辆、288.95万吨位，下降23.9%和10.2%，其中，厢式载货汽车2.76万辆、27.6万吨位，比上年下降59.4%和11.5%；集装箱车2.62万辆、82.32万吨位和4.23万TEU，分别增长7.0%、9.2%和7.5%。载货汽车中柴油车13.29万辆，占货车和牵引车的比重98.9%，比上年提高5.3个百分点。至2019年底，全省拥有货物营运车辆（含载货汽车、其他载货机动车）19.53万辆、288.97万吨位，车辆数虽比上年下降24%，但吨位增长10.2%。单车平均吨位14.79吨位，比上年增长45.1%。

【公路客货运输】 2019年，福建省加快推动运输结构调整升级，在综合运输体系快速发展的新格局中，立足道路客货运的保障性和兼容性，发挥其机动性、灵活性，做好与其他运输方式的有效补充和衔接。客运方面，全年全省道路客运线路3828条，平均日发29079.9班次。其中，跨省客运线路545条，平均日发515.4班次；跨地（市）客运线路823条，平均日发2380班次。全年完成公路客运量3.12亿人，旅客周转量189.99亿人千米。公路客运量占全省客运总发送量的比重63.2%，虽较上年下降3.1个百分点，但仍占主导地位。货运方面，至2019年底全省A级以上物流企业349家，总数居全国第4位。其中网络货运企业营收突破300亿元，为2018年的5倍，累计带动税收超20亿元，推动交通运输业由需要政府投资“输血”向地方创税“新引擎”转变，货运与互联网深度融合加快发展成为亮点。全省全年完成公路货运量8.73亿吨，货物周转量962.48亿吨千米。公路货运量占全省货运总发送量的比重为65.3%，虽较上年下降5.2个百分点，但仍占大头。

【机动车驾驶员培训】 2019年，福建省普通机动车驾驶员培训能力配置充裕，“计时收费，先培后付”新型服务模式覆盖全省全部驾培企业，服务水平不断提升，使得全年培训量总体平稳，社会学驾需求得到保障。截至年底，全省有各类驾驶培训机构666家，教学车辆3.87万辆，理论教练员3770人，实操教练员5.5万人。全年累计102.58万人通过普通机动车驾驶员培训，比上年增长2.8%。全年有4.14万人参加道路运输驾驶员从业资格考试并取得从业资格证，比上年增长58.1%。

【城市公交运营】 2019年，福建省交通管理部门探索城市公共交通管理模式，鼓励微循环公交、定制公交等新型发展方式，构建发展有序、无缝衔接的城市公共交通体系。同时，加快综合枢纽和换乘枢纽建设，推动建设公交首末站及港湾式停靠站，加强城市公共交通与铁路、公路、民航等对外交通方式的有效衔接，逐步实现福建省城市公共交通“量的扩张和质的提升”。全年全省公共交通完成投资9.73亿元，建设公交站场27个，新增、更新新能源公交车1750辆，新增公交线路111条，延长、优化公交线路226条，新能源和清洁能源公交车占比87.5%，比上年提高8.6个百分点。至年底，全省拥有公交车辆20543辆，运营线路2090条，运营线路总长度37085.8千米，车辆比上年末减少195辆，线路增加183条，运营线路长度增加3957.5千米；其中公交专用车道256.2千米，增加10千米；全年完成公交车客运量21.65亿人次。

【出租车运营】 至2019年底，福建省规范合规网约车59050辆，合规网约车驾驶员155529人，全省网约车双合规订单率提升至60%，继续位居全国第一，福州、厦门、泉州在全国地级市中率先实现网约车合规化“双50”。至2019底全省拥有巡游出租车22860辆，比上年增长1.9%；巡游出租车完成客运量5.82亿人次，增长0.8%。

2019年福建省公路里程表

单位：千米

项目	总计	等级公路						等外公路
		合计	高速公路	一级	二级	三级	四级	
年底到达数	109785.157	93752.95	5346.585	1476.842	11147.811	8814.081	66967.631	16032.207
国道	10874.71	10874.71	3755.318	596.81	5335.947	828.861	357.774	
其中：国家高速公路	3749.037	3749.037	3749.037					
省道	5520.47	5520.47	1565.755	350.12	2006.952	930.435	667.208	
县道	15151.091	14322.358	25.512	399.764	2450.704	4615.284	6831.094	828.733
乡道	42103.912	37602.061		129.002	1125.944	2025.381	34321.734	4501.851
专用公路	122.712	116.821			11.396	5.227	100.198	5.891
村道	36012.262	25316.53		1.146	216.868	408.893	24689.623	10695.732

（林伟雯　王　烨　吴　雄）

城市轨道交通

【福州市轨道交通】 2019年，福州地铁续建线路5条，新开工线路1条，完成建设投资149.05亿元。其中续建线路：1号线（二期）完成6.04亿元、2号线完成20.76亿元、6号线完成41.87亿元、5号线（一期）完成38.52亿元、4号线（一期）完成41.86亿元。福州至长乐机场城际铁路（滨海快线）于2020年12月27日开工。

2019年福州地铁线路建设情况

序号	线路	建设进展
1	1号线二期	4个车站主体结构全部封顶，区间全部贯通，附属结构、机电施工、铺轨工程全面展开，其中铺轨工程累计完成60%
2	2号线	2020年4月26日开通初期运营
3	6号线	13个车站主体封顶；9个区间双线贯通，盾构区间累计完成90%；矿山法区间累计完成85%；全面进入附属结构、铺轨工程、风水电及装修阶段
4	5号线一期	全线20个站点，动工19个，其中15个车站主体封顶，4个区间双线贯通，10个区间盾构掘进
5	4号线一期	21个站点全部动工，其中4个车站主体封顶，14台盾构始发掘进
6	滨海快线	机场站和大数据站主体结构接近封顶

地铁运营。2019年，福州地铁共开行列车16.30万列次，运营总里程437.41万列千米，运行图兑现率99.99%，正点率99.97%，总客运量10733.86万人次，日均客运量29.41万人次，比上年增长76.32%。日均客运量实现新高，达到52.47万人次（9月30日）；各设备系统的运行可靠度均高于国家标准，未发生运营安全事故。

1号线运营。2019年，1号线共开行列车9.52万列次，运营总里程235.94万列千米，运行图兑现率99.99%，正点率99.97%，总客运量7493.29万人次，日均客运量20.53万人次，增长23.09%。

2号线开通。2019年4月26日，福州地铁2号线开通初期运营，福建省委副书记、福州市委书记王宁，福州市市长尤猛军等省、市领导出席初期运营活动。2019年，2号线共开行列车6.78万列次，运营总里程201.47万列千米，运行图兑现率100%，正点率99.97%，总客运量3240.57万人次，日均客运量12.96万人次。

服务工作。全年福州地铁完成第二届数字中国建设峰会、"国庆70周年"、"2019福州国际马拉松"等重大活动运营保障工作。打造"春运温暖回家路""高考直通车"等核心运营品牌；"小茉莉"服务队正式亮相，收到各类表扬1200余次；围绕韵雅地铁、爱心公益等主题，构建生态服务圈，《城市地铁生态圈品牌体系的优化与战略实施》获第十七届全国交通企业管理创新成果部级一等奖。优化行车间隔，高峰期最小行车间隔缩短至5分45秒。一卡通、"e福州"APP、"码上行"APP等支付方式使用更加广泛，全年无现金支付比例增至70%，乘客站内通行速度有效提升。

资源开发。福州地铁集团与中交和绿城联合体竞得的金山轻轨站预留地块开发项目榕心映月首期开盘，并当日售罄。广告、通信、商铺、文创等非票务资源收入4177万元。《福州市轨道交通资源接入管理办法（试行）》正式实施。引进共享充电宝、车站连锁面包店等便民设施，车站便民业态持续丰富。定期推出地铁文创产品，制作和发行福州地铁十周年、中国地铁运营50周年纪念票卡等。（陈 强）

【厦门市轨道交通】 2019年，厦门轨道交通完成固投225亿元。厦门地铁1号线获"福建省重点建设优胜项目"称号，2号线开通，6号线（林埭西至华侨大学段）开工建设。

地铁建设方面，2号线采用20多项新技术、新工艺，突破海上孤石及基岩凸起处理等工程重难点问题，创造国内首条盾构跨海地铁隧道、首次海堤冷冻法施工等地铁修建史上多个第一；3号线（火车站至蔡厝段）21个车站主体全部封顶，克服过海段岩层遇水强度急剧降低、节理和裂隙密集发育、透水性强且与海水相连等工程难题，风险最高、长度最长的海底风化槽贯通；4号线（厦门北站至蔡厝段）车站主体结构基本完工；6号线（林埭西至华侨大学段）于12月27日开工建设。

地铁运营方面，1号线客流增长比上年超40%，列车运行图兑现率100%，准点率99.97%，日均客流15.6万人次；2号线首次尝试自主综合联调且进展顺利，年底开通后全网客流大幅提升。综合开发方面，项目建设稳步推进，1号线14个项目，开工建设12个，完工7个；2号、3号线共16个项目，开工建设2个；4号、6号线16个项目开展前期工作。（黄 敏）

民用航空

【概况】 2019年，民航福建监管局强化持续安全监管，全年累计实施各类行政检查6746项，下达整改通知书90份，实施行政处罚2起、行政约见2起，推动持续安全目标的实现。2019年，福建民航的安全运行总体形势保持平稳，全年未发生运输飞行、航空地面、通用航空和空防安全事故，未发生责任原因的事故征候，实现安全年的工作目标。

在确保航空运输安全的前提下，监管局团结带领辖区单位进一步加快发展，运输业务量不断增长，基础设施不断完善，服务质量稳步提升，完成全国"两会"福建代表团进京等重要运输保障任务，确保中华人民共和国成立70周年阅兵、上海"进博会"等敏感时期和重大活动期间的飞行安全和空防安全。

【航空客货运输】 2019年，福建省6个民航运输机场累计完成旅客运输吞吐量5173.75万人次，比上年增长4.63%。其中，福州机场完成1476.02万人次，比上年增长2.55%；厦门机场完成2741.34万人次，增长3.24%；泉州晋江机场完成843.58万人次，增长13.34%；武夷山机场完成64.11万人次，与上年基本持平；三明机场完成25.56万人次，增长25.25%；龙岩冠豸山机场完成23.14万人次，增长11.59%。

福州航空安全飞行5.28万小时，比上年增长6.69%；完成运输总周转量4.59亿吨千米，增长4.67%。厦航福州分公司安全飞行12.1万小时，比上年增长6.1%；完成运输总周转量11.8亿吨千米，增长15.7%。

福建空管分局保障各类飞行27.66万架次，比上年增长3.8%。中航油福建分公司保障福州、武夷山、三明机场5.9万架次，加油量38.21万吨。通航企业在辖区作业飞行2911架次2127小时。

【民航“三基”建设】 2019年，福建民航各运行保障单位结合工作实际，加大资金和设备投入，提升安全保障能力，推动民航持续安全发展。

加强基础设施建设。福州机场二期工程正式获得国家发展改革委批复，配套工程开工，二期建设顺利推进；晋江机场新增的13个机位及附属设施建成投用，扩能改造工程完成可研报告；武夷山机场塔台改造通过行业验收；省重点建设项目三明机场机坪扩建工程完成；龙岩冠豸山机场完成围界改造；福建空管分局塔台完成改造并回迁，福清、青州导航台更新改造进展顺利；中航油福建分公司完成厦航分公司货运机坪供油工程管线敷设和配套设备设施安装，帮扶泉州晋江机场做好油料供应保障。

完善系统建设。武夷山机场通过安全管理体系（SMS）运行效能评审。福州航空CCAR-121R5补充运行合格审定如期完成。龙岩冠豸山机场通过第二轮航空安保审计和使用许可证换证审查。福州航空、福州机场安全绩效管理工作顺利推进。

隐患治理。各单位开展机坪运行、载重平衡、监装监卸、鸟害防治等专项整治，推进航空危险品运输安全综合治理，开展辖区中小机场空管安全专项整顿。为确保中华人民共和国成立70周年辖区民航的安全运行，各单位落实隐患排查治理专项行动要求，以EASP平台为依托，加强隐患整改治理，促进整治工作的常态化、规范化，全年排查一般隐患256处，完成整改250处，整改率97.6%。

（江 辉）

【厦门航空】 2019年，厦门航空有限公司（简称厦航，含河北航、江西航，下同）安全飞行68.5万小时，起落29.1万架次，分别比上年增长5%和6%；完成运输总周转量64.8亿吨千米、旅客运输量3986.6万人次、货邮运输量29.9万吨，分别增长10.3%、11.1%和4.7%，实现连续33年盈利。

安全运行。2019年，厦航坚持依法治安，未发生人为原因事故征候及以上不安全事件。修订编写新版标准作业程序，统一操纵标准。波音737NG机队可靠性99.95%，位列世界机队第一。2019年，厦航圆满完成两会代表包机、大兴新机场首航等70周年大庆期间的安全运输保障任务。

经营业绩。2019年，厦航完成运输总周转量64.8亿吨千米、旅客运输量3986.6万人次、货邮运输量29.9万吨，分别比上年增长10.3%、11.1%和4.7%，座千米收入0.441元，提高2.2%，客座率84%，提高2.7个百分点，实现量价齐升；货运实现跨境电商进出口业务常态化。飞机日利用率达9.65小时，提高0.66小时。

服务品牌。2019年，厦航完善内部服务质量体系，厦航服务质量管理国家标准草案的立项申请获批；连续29个季度获评内地服务“最佳航空公司”，天合优享顾客体验测评6次排名第一。厦航“联合梦想号”参与大兴机场首场试飞，并与旗下河北航“正定号”共同完成大兴机场首航保障任务；发布天际系列特色服务产品，上线“天际茶道”等特色服务项目。

改革发展。2019年，厦航融入京津冀协同发展及长三角一体化战略，拟定北方总部建设方案、挂牌成立上海分公司；根据市场变化调整中长期机队规划；新聘教员60名、机长123名、副驾驶133名，招收各类飞行学员721名，增强飞行实力。厦航总部大厦主体钢结构工程封顶，翔安生活基地、洪文空勤基地等重点工程进展顺利，福州新

2019年11月27日，厦门首架国产租赁飞机落户厦门自贸片区

［中国（福建）自由贸易试验区厦门片区供稿］

货站启用。

合作交流。2019年厦航持续与联合国开展合作，积极推广可持续发展理念。作为全球唯一一家与联合国开展合作的航空公司，厦航主动承担社会责任，通过多种形式及途径持续传播联合国可持续发展目标，与联合国合作续约至2030年，受邀参与联合国可持续发展高级别政治论坛，为中国发声；举办首届厦门航空SDG's行动者城市穿越赛。厦航还获邀参加APEX（世界航空旅客体验协会）40周年年会，以实际行动传播可持续发展理念；2019年全年，厦航策划4个SDG's主题航班持续向全球传播可持续发展理念。

建设海丝“国际航空枢纽”。2019年，厦航全力打造福建海丝“国际航空枢纽”。至年底，厦航已开通福建至阿姆斯特丹、悉尼、墨尔本、温哥华、纽约、洛杉矶、巴黎等洲际航线10条，“一带一路”相关航线90条，构建起福建始发遍布全国、覆盖东南亚和东北亚、通达欧美澳的航线网络，通过天合联盟为旅客提供通达全球177个国家和地区1074个城市的世界级航线衔接；通过推动机场“24小时直接过境免办边检手续”政策落地，打造厦门、福州“60分钟快速中转”品牌，不断做强福建中转市场，截至年底已开通41个境内外航点的“通程航班”业务，为福建吸引年中转旅客超百万人次。（李长全）

2019年10月27日，福州航空集团在成立五周年之际举办爱跑活动
（福州航空集团供稿）

【福州航空】 2019年，福州航空共运营16架飞机，安全飞行5.28万小时；完成运输总周转量4.26亿吨千米。全年飞行班次25884班，旅客运输量331万人次，平均客座率85%。2019年是福州航空成功完成安全飞行任务，实现安全运行的第五年。开航以来，福州航空始终坚持“安全第一”的运行方针，截至2019年12月31日，福州航空累计安全飞行187395小时，飞行班次92802班，运输旅客逾1230万人次。

2019年度航班正常率83.69%，比上年提升0.94个百分点，在全民航41家航空公司排名第11位；其中在福州本场放行正常率84.8%，高于机场均值4个百分点，连续10个月放行正常率高于福州机场平均水平。

2019年5月6日，福州航空集团参与第二届数字中国建设峰会礼仪保障工作
（福州航空集团供稿）

安全生产工作。通过制定公司各项安全政策措施，抓基层建设，做基础管理，苦练基本功。为落实前置性风险管理要求，强化安全核心风险管控能力，完善“公司—部门”二级安全核心风险监控体系，结合局方安全绩效管理工作要求，公司建立四维度安全绩效指标监控体系并开展阶段性分析和预警，为公司安全运行发展保驾护航。开航以来，公司一直保持良好的安全记录，未发生各类事故和公司责任事故征候事件，安全考核结果优秀，安全形势平稳正常。

2019年5月20日，在福州航空FU6509福州—昆明航班的下降关键阶段，发生一起疑似精神病患旅客冲击舱门、敲打舷窗、殴打乘务员及安全员的扰乱客舱秩序的事件。福航机组人员反应迅速、处理得当，成功将该名旅客制服，保障航班安全，一名乘务员在处置过程中受轻微伤，无旅客伤亡。

优化航线网络布局。至2019年12月31日，福州航空通航44个城市，开通61条航线，2019年新增哈尔滨⇌太原⇌宜昌、宜昌⇌大连、福州⇌襄阳⇌西安等航线，形成以福州为核心，多基地共同发展模式。2019年共计新增航线16条，其中夏秋航季初新增10条，冬春航季初新增6条。

品牌建设。结合公司重要生产运营事件及工作亮点，福州航空积极策划品牌宣传工作，在中央电视台、新华网、人民网、文汇网、澎湃新闻、福建电视

台、福州电视台、《福州日报》、民航资源网等各大媒体平台持续宣传，树立良好的企业形象。（陈 晗）

水 路

【运力结构】 2019年，福建省拥有营运船舶1690艘、净载重量1154.33万吨位、载客量3.28万客位、集装箱位27.75万TEU、功率322.23万千瓦，分别比上年下降6.1%、增长6.1%、下降1.3%、增长9.8%和4.7%。

从船舶类型分，客船拥有387艘、3.02万客位，分别比上年下降8.5%和1.2%；客货船拥有8艘、净载重量8377吨位、载客量2614客位，分别比上年下降11.1%、1.1%和1.5%；货船拥有1291艘、净载重量1153.37万吨位、集装箱位27.71万标准箱，分别比上年下降5.3%、增长6.1%和增长9.8%；拖船拥有2艘、1.39万千瓦，分别下降33.3%、35.9%；驳船拥有2艘、净载重量1180吨位，与上年持平。

从航区分，全省拥有海洋船舶1236艘、净载重量1138.51万吨位、集装箱位27.75万标准箱位、载客量2.51万客位；分别比上年增长1.1%、7.0%、9.8%和下降4.7%。全省拥有内河船舶454艘、净载重量15.82万吨位、载客量7702客位，分别比上年下降21.5%、33.3%和增长12%。

【运输生产】 至2019年底，福建省有航运企业335家，经营国内航线的有327家，其中20家兼营国际航线（含港澳台）；国内水路运输服务企业372家，其中国内船舶管理企业89家；无船承运人企业804家。全年完成水路旅客运输量1820.58万人、2.66亿人千米，分别比上年下降5.6%、3.5%；水上货物运输量完成4.23亿吨、7135.6亿吨千米，分别比上年增长14.7%和14.9%。其中，完成海洋客运量1611.7万人、旅客周转量2.32亿人千米，分别比上年下降4.1%、3.7%；完成海洋货运量3.97亿吨、货物周转量7119.6亿吨千米，分别增长15.8%和15%。完成内河客运量208.89万人、旅客周转量3433.12万人千米，分别比上年下降15.7%和1.7%；完成内河货运量2573.13万吨、货物周转量16亿吨千米，分别比上年下降0.7%和增长1.7%。

【闽江航运】 2019年，闽江航运加快开发，开工建设南平港延平新城港区洋坑作业区码头工程；交工验收闽江干流马尾罗星塔至水口航道整治工程航道、锚地、航标工程；开展闽江江海直达船型标准化研究，完成研究中间成果，全年完成投资7.89亿元。2019年闽江流域旅客运输量完成111.6万人、2249.91万人千米，分别比上年增长70.3%、69.9%；货物运输量完成2484.6万吨、14.98亿吨千米，分别增长9.6%、11.7%。

2019年9月29日，福建首艘本土邮轮星旅远洋“鼓浪屿”号首航（省交通厅供稿）

【闽台航运】 2019年，闽台交通融合发展。开通厦门、平潭至高雄的客、货滚装航线，保持湄洲湾港对台铁矿石保税中转常态化、多元化，新开辟台湾经厦门到莫斯科海铁联运通道，临时恢复开通至高雄、澎湖邮轮航线。全年完成对台港口货物贸易量1462.56万吨、集装箱贸易量62.31万标箱，分别比上年下降20%和18.9%。厦门五通客运码头（三期）、福州马尾琅岐客运码头、台湾海峡两岸海上客运票务平台建成投用，全年闽台海上客运共运营18471航次，比上年增长0.17%，运载旅客225.05万人次，增长4.5%，其中“小三通”运营17636航次，下降0.28%；运载旅客202.99万人次，增长2.85%。“小三通”客运自2001年1月开通至2019年底，累计运营215539航次，共运载旅客2196.28万人次。福建沿海地区与台湾本岛地区海上客运直航2019年运营835航次，运送旅客22.06万人次，分别比上年增长10.89%和22.6%。福建沿海地区与台湾本岛地区海上客运直航自2009年9月开通至2019年底，累计运营5719航次，运送128.1万人次。

【船检服务】 2019年，福建省地方船检机构检验发证1990艘次、284.5万载货吨。其中，检验发证海船共计525艘次、186.9万载货吨，分别比上年增长62.0%和45.7%，平均载货吨3461吨，最大载货吨40006吨。其中，转籍检验海船129艘、35.6万载货吨，艘数比上年增长14.2%，载货吨减少25%。建造检验海船76艘、23.1万载货吨，分别增长72.7%和17.9%。全年受理船舶图纸368套，比上年增长15.3%。

（林伟雯 于清波）

港口

【港口建设】 2019年，福建省港航固定资产投资新开工福州港白马港区湾坞8号泊位工程、厦门港海沧航道扩建四期工程等7个项目，完工福州港白马港区湾坞作业区12～13号泊位工程（一期）、福清湾深水航道二期工程等7个项目，完成投资90.02亿元，完成年度目标要求。其中，港口项目完成74.78亿元，生产性泊位通过能力新建增加788万吨；公共航道及防波堤项目完成15.25亿元。重点港区港航固定资产投资完成46.7亿元，占全省港航固定资产投资的51.9%。至2019年底，全省港口拥有生产用码头泊位521个，比上年末减少3个。其中，沿海港口生产用码头泊位481个，减少1个（其中新建等增加15个，报废等核减16个）；内河港口生产用码头泊位40个，减少2个（报废等核减2个）。全省万吨级泊位185个，比上年增加4个，其中10万吨级以上（含10万吨）泊位32个，与上年持平。

【海岛交通建设】 2019年，福建省陆岛交通码头新开工建设2座、建成7座，完成投资7074万元，超年度目标37.8个百分点。至2019年底，全省拥有陆岛交通码头274座，基本实现有居民岛屿均配套陆岛交通码头，500人以上岛屿开通班轮、均建成码头管理房（候船室），提高陆岛、岛际渡运船舶适航率，改善沿海岛民交通出行条件，消除海岛渡运及陆路交通安全隐患，让海岛居民“乘上平安船、坐上安全车、走上便捷路”。

【港口生产】 2019年，福建省港口货物吞吐量完成5.95亿吨，比上年增长6%，其中外贸货物吞吐量完成2.38亿吨，增长13%。主要港口生产有序推进。福州港货物吞吐量完成2.13亿吨，比上年增长18.9%；厦门港货物吞吐量完成2.13亿吨，下降1.7%。从主要货种来看，港口排名前四的货种仍然保持不变，其中煤炭及制品吞吐量完成10913.49万吨，比上年增长18.3%；矿建材料吞吐量完成7081.31万吨，下降18.4%；石油、天然气及制品吞吐量完成5823.52万吨，增长20.6%；金属矿石吞吐量完成5469.23万吨，增长14.5%。

【集装箱吞吐量】 至2019年底，福建省沿海港口集装箱航线总数277条，其中外贸线168条（国际航线139条、内支线29条）、内贸线117条。与上年底相比，航线合计增加8条，其中外贸线增加12条（国际航线增加12条）、内贸线减少4条。全年全省集装箱吞吐量完成1725.97万TEU，比上年增长4.8%。其中，外贸集装箱吞吐量完成942.96万TEU，比上年增长1.8%；内贸集装箱吞吐量完成783.01万TEU，增长8.6%。内贸集装箱占全部集装箱吞吐量的比例为45.4%，较上年提高1.6个百分点，集装箱内贸需求持续扩大。

暮色下的石湖港区码头前沿，摄于2019年 （省交通厅供稿）

【海丝航运】 “丝路海运”是中国首个以航运为主题的“一带一路”国际综合物流服务平台。2019年9月7日，首届“丝路海运”国际合作论坛在厦门举行，发布《“丝路海运”建设蓝皮书2019》，助力“丝路海运”品牌逐步走向国际化。12月19日，“丝路海运联盟”在厦门市由福建省交通运输集团有限公司、厦门港务控股集团有限公司等共同发起成立，获得100多家国内外港口航运企业的响应和支持，涉及行业从港航物流扩展到贸易、行业协会和科研机构。随后推出厦门港、福州港“丝路海运”港口服务标准，预计每年可为航运企业和进出口企业节约成本超过4000万元。截至2019年底，命名的50条“丝路海运”航线共开行1811个航次，完成集装箱吞吐量158.05万标箱，比上年增长10.4%（2019年12月19日新命名的10条丝路海运航线未纳入统计）。

【港口腹地拓展】 2019年，福建省为打造陆海内外联动、东西双向互济的国际贸易新通道、构筑要素集聚新平台，加大对闽西、赣南等内陆腹地货源的拓展力度，年初厦门港开行东南亚进口木材专列，3月3日又成功开行厦门至江西的双向“丝路海运”集装箱班列，6月19日，厦门港多式联运港站投入运营，同时交通运输部“十三五”智慧港口示范工程“厦门国际航运中心港口智慧物流平台”项目于10月25日完成项目竣工验收并投入使用，助力厦门港海铁多式联运提档升级。2019年全省沿海港口集装箱铁水联运完成7.89万标箱，比上年增长24.4%；通过铁水联运方式进出全省港口的大宗货物2254.88万吨，增长31%。 （林伟雯　于清波）

2019年福建省沿海港口货物吞吐量

指标	2019年货物吞吐量（万吨）		比上年增长（%）	
	合计	外贸	合计	外贸
全省合计	59483.99	23752.31	6.6	13.0
进　港	38652.16	17411.92	4.4	22.0
出　港	20831.84	6340.39	10.9	−6.0
福州港	21255.49	7159.98	18.9	9.4
进　港	13365.85	5604.79	15.5	21.6
出　港	7889.64	1555.19	25.2	−19.7
厦门港	21343.91	9808.19	−1.7	6.3
进　港	12981.50	5827.80	−2.0	14.7
出　港	8362.41	3980.39	−1.4	−4.0
泉州港	7458.88	371.41	−4.9	−22.6
进　港	5191.85	285.57	−9.3	−24.6
出　港	2267.04	85.84	7.2	−15.0
湄洲湾港	9425.71	6412.73	12.6	34.3
进　港	7112.98	5693.76	9.6	35.2
出　港	2312.74	718.96	23.0	27.8

备注：1. 福州港包括原福州港和宁德港，厦门港包括原厦门港和原漳州港。
2. 湄洲湾港包括原莆田港和湄洲湾南岸港区；泉州港含泉州湾、围头湾、深沪湾3个港区，不含湄洲湾南岸港区。

2019年福建省沿海港口集装箱吞吐量

指标	2019年集装箱吞吐量（万TEU）		比上年增长（%）	
	合计	外贸	合计	外贸
全省合计	1725.97	942.96	4.8	1.8
进　港	865.15	467.32	5.4	2.0
出　港	860.83	475.64	4.2	1.6
福州港	353.90	171.75	6.0	−5.7
进　港	180.02	85.02	6.7	−5.4
出　港	173.89	86.72	5.3	−6.1
厦门港	1112.22	760.27	3.9	4.0
进　港	553.71	376.66	4.4	4.2
出　港	558.51	383.61	3.4	3.8
泉州港	257.93	9.04	7.5	−14.6
进　港	130.37	4.59	8.4	−16.0
出　港	127.57	4.45	6.5	−13.1
湄洲湾港	1.92	1.92	−32.7	−22.3
进　港	1.05	1.05	−29.5	−19.8
出　港	0.86	0.86	−36.8	−25.2

备注：1. 福州港包括原福州港和宁德港，厦门港包括原厦门港和原漳州港。
2. 湄洲湾港包括原莆田港和湄洲湾南岸港区；泉州港含泉州湾、围头湾、深沪湾3个港区，不含湄洲湾南岸港区。

邮政业

【概况】 2019年，福建省邮政（含寄递事业部）完成总收入70.5亿元，比上年增长2%。

代理金融业务发展成效明显，收入比上年增长5.1%；净增余额122.09亿元，增加28.46亿元。寄递业务收入规模与上年持平，居全国第5位。寄递业务收入从6月份起触底回升，呈现持续向好态势；邮政基础业务保持稳定发展。报刊收入比上年增长5.5%。函件收入增幅超过全国平均水平9个百分点，其中账单收入比上年增长19.9%，线下媒体收入增长62%。集邮产品毛利率居全国第9位；协同发展效应逐步显现。中国邮政集团有限公司三大重点协同项目超额完成目标。手机银行、ETC、中邮证券、云闪付和“思乡月”等中国邮政集团有限公司和省内自主协同项目全面达标。业技融合不断深化，科技赋能支撑经营管理和改革发展，不断在创新中取得进步；信息网运行维护在中国邮政集团有限公司考核中获得满分，居全国第1位。

重点工作。小额贷款辅助贷款试点工作成效显著。全省邮政按照“流程先行、风控先行、模式先行”要求，发展小额辅贷业务685笔、金额6160万元，无不良贷款，放款笔数及结余笔数居全国首位，其中辅贷模式放款笔数、放款金额均居全国首位。全省邮政提前谋划启动“守初心担使命、攀越2000亿”跨年度余额竞赛。树立平台思维、流量思维，加强赋能营销，构建“邮惠集市”服务场景，创新开发省内金融积分兑换系统，推广微邮付，寄递业务核心能力显著增强。选取综合营业部、快包营业部（营销中心）、区域性投递、电商专线邮路及市内转趟5种经营单元，探索“准加盟制”有效模式。推进“千条邮路”对标工作，锁定时限水平落后主要竞争对手的59条标快和25条快包重点线路，逐一制订提速计划，实现邮件传递时限水平全面提升。推广“混合收寄+集包”模式，全面达成中国邮政集团有限公司下达的轻小件集包率指标。

2019年5月15日，福建省邮政分公司干部大会在福州召开，大会宣布中国邮政集团公司和党组的任免决定：任命裴英杰为福建省邮政分公司总经理、党组书记，福建省寄递事业部总经理、党委书记，福建省速递物流分公司总经理；免去周贤胜福建省分公司总经理、党组书记，福建省寄递事业部总经理、党委书记，福建省速递物流分公司总经理职务。集团公司党组副书记李丕征出席会议并讲话。集团公司党组组织部副部长魏国平宣读集团公司和党组的任免决定。

【职工集邮展】 2019年9月27日，由福建省总工会、福州市总工会、省邮政分公司、省集邮协会联合举办的“礼赞新中国　奋斗新时代”庆祝新中国成立70周年暨福建省第五届职工文化节职工集邮展在福州工人文化宫开幕。邮展共展出展品81部235框，其中竞赛类展品73部205框、非竞赛类展品（含特邀类）8部30框。展品来自全省9个设区市及行业集邮协会，包括传统、邮政历史、邮政用品、专题、极限、现代、开放、原地、家书、图画明信片、签名、一框类12种类别。邮展还特别邀请2019武汉世界集邮展览获大金奖的展品《液体面包——啤酒》（专题8框），为此次邮展特制的主题邮集《礼赞新中国》（专题3框）、《中国的工人阶级》（专题2框）、《中国共产党的初心使命》（专题5框），以及部分珍邮展品参展。

【厦门一等邮局开业】 2019年11月19日，厦门一等邮局开业。厦门一等邮局成立于1897年，是全国最早对外营业的邮局之一，也是中国近代邮政的开端，经历厦门邮政100多年的历史沉浮。厦门一等邮局建筑虽已不存在，但在遗址上再建的新建筑作为厦门官办邮局的发祥地，仍具有重要的纪念意义。厦门一等邮局于2004年被厦门市人民政府公布为第五批市级文物保护单位；2006年厦门市人民政府正式为“大清厦门一等邮局”立碑。

【万国邮联电子商务时代跨境合作全球大会】 2019年11月26日，万国邮联电子商务时代跨境合作全球大会在厦门召开。这是万国邮联与中国联合举办的首个以跨境电商全球合作为主题的大会，由万国邮联主办，中国国家邮政局、中国邮政集团公司和厦门市政府联合承办。万国邮联国际局总局长比沙尔·侯赛因、中国国家邮政局局长马军胜、中国海关总署副署长李国、福建省政府有关领导、中国邮政集团公司董事长刘爱力出席开幕式并致辞。万国邮联国际局副总局长帕斯卡尔·克里瓦茨、厦门市政府副市长李辉跃等嘉宾出席开幕式，国家邮政局副局长赵民主持开幕式。

（杨文振）

编辑：郑　莱

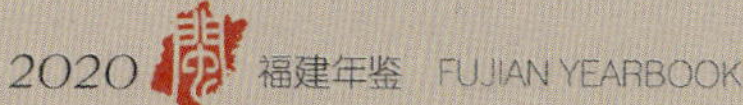

信息业

电子信息制造业

【概况】 2019年，福建省电子信息制造业保持平稳较快增长。全省规模以上电子信息制造业增加值比上年增长12%，销售产值增长6.6%，出口交货值增长4.5%，产销率94.1%。按工信部电子信息制造业效益表数据，2019年全省规模以上电子信息制造业实现主营业务收入5919亿元，比上年增长5.8%，规模继续排名全国第五。

龙头企业带动作用明显。全省共有戴尔（中国）、宸鸿、宸美、捷联、友达、冠捷、省电子信息集团、新能源科技和厦门天马微、福州京东方、戴尔（厦门）和联想移动等12家企业销售收入超百亿元。省电子信息集团、福大自动化、宏发电声3家企业入围2019年中国电子信息制造业百强。宏发电声、法拉电子、火炬电子等3家企业入围中国电子元件百强。

产业集中度较高。拥有厦门火炬园、融侨开发区、泉州丰泽区、福州经济技术开发区、云霄云陵开发区、莆田高新技术产业开发区6个电子信息国家新型工业化产业示范基地。集成电路和光电产业、计算机和网络通信产业集群规模超2000亿元。厦门和福州电子信息制造业产值占全省一半以上，宁德因锂电产业崛起，产值规模持续扩大。

区域特色明显。厦门和福州是全省主要的电子信息制造业生产基地，也是全国最主要的平板显示器、笔记本电脑和液晶电视等终端产品的主要生产基地之一。集成电路产业重点项目主要分布在泉州和厦门，并辐射到福州和莆田。闽南地区（厦门、漳州、泉州）是全国LED外延芯片实力最强、规模最大、品种最全的生产基地之一。宁德已成为全球最大的聚合物锂离子电池生产基地。

【集成电路产业】 2019年，福建省集成电路产业主要分布在福州、厦门、泉州、莆田，产业园区主要有厦门火炬高新区、海沧台商投资区、泉州芯谷等，初步形成设计、制造、封测、材料、设备等上下游全产业链布局。设计企业有瑞芯微、紫光展锐、慧翰微、优迅等，其中瑞芯微2019年在上交所主板成功上市。晶圆代工方面，厦门联芯集成电路为大陆28纳米产品良率最高的12英寸晶圆厂之一。化合物半导体方面，厦门三安集成电路6寸砷化镓、氮化镓生产线已量产且营业收入达到规模以上水平；泉州三安高端半导体系列项目分别于2019年9月和12月实现氮化镓后道芯片项目、砷化镓外延项目试投产。封测领域，福州福顺半导体、合顺微电子已实现多种集成电路封装形式；厦门通富微先进封测项目2019年12月试投产。

【新型显示产业】 2019年，福建省新型显示产业主要分布在福州、厦门、莆田，产业园区主要有福州马尾开发区、福清融侨开发区、厦门火炬高新区、莆田高新区等。至年底初步形成覆盖玻璃基板、面板、模组、整机等上下游全产业链布局，尤其中下游面板、模组、整机发展较为迅速。宸美、宸鸿、友达、冠捷、捷联、京东方、天马微等7家企业收入超百亿元。近几年引进的福州京东方8.5代面板项目、厦门天马微LTPS TFT-LCD 5.5代和6代线、莆田华佳彩IGZO TFT-LCD 6代线等新型显示重点项目陆续投产，实现福建省高世代面板和新型显示技术突破。福州京东方8.5代面板于2018年一季度末实现满产；华佳彩IGZO TFT-LCD 6代线于2017年6月投产；厦门天马微电子LTPS TFT-LCD 5.5代和6代线2017年就实现产值超百亿元，产品进入华为、OPPO、小米等厂商供应链。

【锂电池产业】 2019年，福建省锂离子电池产量比上年增长11.2%。宁德成为全球最大的聚合物锂离子电池生产基地，锂电千亿元产业集群雏形初现。宁德新能源继续保持消费类聚合物锂电池产量全球第一。飞毛腿电池是国内最大的专业手机电池生产厂商之一，也是华为、小米等手机的一级供应商。配套方面，宁德厦钨新能源一期（正极材料）投产，宁德卓高（隔膜）已经满产，福建杉杉（负级材料）产能持续提升，青美（正极材料）、国泰荣华（电子解液）等项目也在加快推进中。

【计算机和网络通信产业】 2019 年，福建省计算机和网络通信产业主要集中在下游终端产品，中上游环节如核心芯片、嵌入式操作系统、主板、硬盘及网络关键功能模块等基本空白。戴尔公司是 2019 年全球最大的计算机和笔记本电脑厂商之一，升腾资讯的瘦客户机产量连续 7 年排名亚太第一，新大陆的 POS 机出货量排名全球第二，爱普生的针式打印机、联迪商用的电子支付 POS 机和新大陆的二维码识读设备均多年位居国内市场前列。

【LED 产业】 2019 年，福建省 LED 产业主要分布在厦门、福州、泉州、漳州、龙岩等地，产业链较为健全。在上游外延片、芯片领域，福建省是全国 LED 外延芯片实力最强、规模最大、品种最全的生产基地，代表企业有三安光电（市场占有率全球第一）、乾照光电（国内红黄光 LED 龙头）；中游封装企业开发晶、华联电子，二者均为全球领先 LED 封测企业；下游显示屏和照明企业有强力巨彩、立达信、通士达等，全省 LED 球泡灯和筒灯出口稳居全国第一。

【光伏产业】 2019 年，福建省光伏及其应用产业在全国处于中下发展水平，直接产值约 100 亿元。主要光伏生产企业包括阳光中科（福建）、金石能源、福建钧石能源、福建钜能电力、福建锐高新能源、金保利（泉州）科技、科华恒盛、巨茂光电（厦门）等，主流技术路线以高效 PERC＋SE 技术和 HIT 技术为主，两大技术的代表企业分别为阳光中科（高效 PERC＋SE 电池）、福建钜能（HIT 电池）。阳光中科（福建）年产能约 1.3GW，主要从事单、多晶硅电池及组件生产，钧石能源主要从事 HIT（异质结薄膜晶硅太阳电池）晶硅太阳电池的研发和生产，量产光电转换效率达到 22%以上，在莆田建立大型生产基地；科华恒盛生产的光伏逆变器在全国知名度较高，开展的分布式光伏智能微电网项目研发取得较好成果。

（龚明明）

软件和信息技术服务业

【概况】 2019 年，在数字经济、工业互联网、人工智能等新业态快速发展带动下，福建省软件和信息技术服务业继续保持平稳较快增长，呈现出“量质齐增、创新活跃、潜力强劲”的发展特点。全年软件和信息技术服务业业务收入 3300 亿元，产业规模位居全国第八位。

【中国软件特色名城建设】 2019 年，福州、厦门两市先后被工信部授予“中国软件特色名城”称号。两地依托移动互联网、物联网、大数据、VR/AR、人工智能等优势特色产业，通过“名企、名会、名品、名园、名展”建设，进一步促进产业集聚发展，2019 年福州市预计实现软件业务收入 1569 亿元，厦门市 1732 亿元，两市软件和信息技术服务业业务收入占全省总量的 98%以上。

【软件园区建设】 2019 年，福州软件园 A 区双创新城投入使用，新增建筑面积 17.38 万平方米，2019 年完成营业收入 1012 亿元，比上年增长 25%；税收上缴 21 亿元，增长 10%。厦门软件园（一、二、三期）全年净增工商注册企业数 1383 家，在册 5861 家，2019 年完成营业收入 1183 亿元。厦门软件园获评工信部 2018 年国家新型工业化产业示范基地发展质量总体水平“五星级”，入选“2019 中国数字服务暨服务外包数字智慧园区”、全省首个 5G 产业园区。

【重点企业】 2019 年，福建省星网锐捷、福大自动化、新大陆、美亚柏科等 4 家企业入选 2019 年软件业务收入百强名单；福大自动化、新大陆、网龙、厦门信息集团、吉比特、美亚柏科 6 家企业入选 2019 年全国软件与信息技术服务综合竞争力百强企业，比上一届增加 2 家；四三九九、网龙、美图、吉比特、乐游、翔通、美柚 7 家企业上榜 2019 年全国互联网百强名单；中科光芯和瑞芯微荣获“中国芯”称号，瑞芯微第十三次获得该称号；依图科技、云知声、瑞为技术获 2019 年人工智能综合实力百强称号；美柚入选“2019 胡润中国潜力独角兽”。全省近 40 家企业的产品或技术在行业细分领域位居全国前列。

【大赛活动】 2019 年，福建省举办第九届海峡两岸信息服务创新大赛暨福建省第十三届计算机软件设计大赛。来自全国 71 所高校的 228 个院系，以及上百个孵化器、众创空间积极参与，共 1695 支队伍报名参赛和项目交流，最终 22 个组 280 支队伍入围决赛，经过激烈的角逐和评委专家评审，共有 148 队参赛队伍获奖，其中一等奖 22 队、二等奖 44 队、三等奖 82 队。大赛开展项目选拔赛、入围赛、创业辅导、产业论坛、人才服务、产学研合作、项目辅导等配套活动和配套服务 48 场次。大赛举办 15 年来，累计培养大赛选手 89970 名，参赛项目 14995 个，获奖项目 961 个，吸收参赛项目入孵大赛加油站 125 个，企业获奖项目直接实现销售收入约 12 亿元，12 家参赛企业成功上市，已经成为全省产业发展的重要平台。

举办第十二届厦门国际动漫节。该届动漫节包括“金海豚”赛事活动、国际动漫游戏商务大会、动漫嘉年华等三大主题活动，其中“金海豚”动画作品大赛共收到来自 54 个国家和地区的 3116 部作品，其中境内作品 2620 部、境外作品 496 部；动漫节期间组织 12 场专业产业活动，18 个国家和地区 500 多家企业参与 300 多场次版权对接及商务活动；动漫游戏嘉年华现场面积 4 万平方米，展位 520 个，共吸引近 200 家企业参与，其中境外企业超 30 多家，市民参与人流量 7.5 万人次，打造全国户外规模最大的动漫游戏展示会。

（瓮红利）

通　信　业

【概况】 2019 年，福建省电信业务总量3234.7亿元，比上年增长59.8%。电信业务收入433.1亿元，比上年增长0.1%（其中非话音业务收入达到370.7亿元，占电信业务收入的85.6%）。全省电话用户达到5484万户，其中固定电话用户763.7万户、移动电话用户4720.3万户、4G用户3878.8万户。固定宽带接入用户1779万户，其中百兆以上用户占比83.7%、光纤接入用户占比91.8%。固定宽带家庭普及率和移动宽带用户普及率分别达133.4%和104.4%，分别居全国第2位和第6位。全省规模以上互联网和相关服务企业（不含基础电信企业）达270家，7家互联网企业入围全国百强，50家互联网企业挂牌上市，厦门和福州产业集群效应明显；规模以上企业完成互联网业务收入246.8亿元，比上年增长12.5%；50家上市企业总市值达1198.8亿元。福州、厦门、泉州上榜首批5G商用城市。实施“提速降费”，推进携号转网，率先在全国推出助残资费优惠措施，并试点出台“两岸一家亲”移动通信资费优惠，配合省教育厅全面完成全省中小学“联网攻坚行动”，在全国率先实现中小学（含教学点）宽带接入率100%，出口带宽100Mbps以上。

2019年9月4日，福建省第三届网络安全职业技能竞赛决赛在福州举行，来自全省信息通信业的80位网安高手现场“比武”

（省通信管理局供稿）

【信息化基础设施建设】 2019年，福建省信息通信业夯实数字福建网络基础，推进新时代“数字福建·宽带工程”计划，福建省行政村实现光纤宽带通达，光纤接入端口占比超九成，通信基础设施不断完善。推动国家工业互联网标识解析二级节点（福州）上线，打造汽车玻璃箱体上下游流转管理等4个典型应用；国家互联网骨干直联点双向开通带宽580G，省际出口带宽28.1T，光网、4G、NB-IoT网络全面覆盖城乡，全省互联网宽带接入端口数3232.1万个，其中光纤接入端口2943.1万个，比上年增加181.6万个，占比提升至91.1%。移动通信基站29万个，比上年增加5.4万个，其中4G基站19.6万个。移动网络流量平均资费下降40.8%，中小企业宽带平均资费下降41.1%。IPv6网络侧改造任务全面完成，用户渗透率和网络流量全面提升。

成立数字福建5G应用创新工作组，全省部署5G SA（独立组网）和NSA（非独立组网）网络站点1626个，福州、厦门、莆田、宁德、平潭等地党政机关、重点场馆、核心商圈、交通枢纽等区域初步实现5G网络覆盖；5G+智慧医疗、5G+应急救援、5G+智能巡检等一批创新应用落地。开展“漠视侵害群众利益问题”专项整治，加强对农村网络设备的监测和现场巡检，高效处理农村网络故障申告，完成全省194个信息化示范村建设，实现7116个行政村在普遍服务平台的点亮监测。

2019年12月17日，福建省信息通信业推出“两岸一家亲”移动通信资费优惠试点方案。图为移动通信资费优惠试点改革说明会现场

（省通信管理局供稿）

【网络与信息安全】 2019年，福建省基础网络运行总体平稳，互联网骨干在网络各项监测指标正常，未发生较大级以上的网络安全事件。完成中华人民共和国成立70周年、“一带一路”高峰论坛、第二届数字中国建设峰会等重大活动网络安全保障工作。纵深推进防范打击电信网络诈骗工作，联合省公安厅出台意见限制涉电信网络犯罪不良信用用户入网，加强重点地区涉诈号码处置；反诈系统拦截诈骗呼叫3.97亿次，拦截诈骗号码338万个。5月，率先在全国实现破案数、抓获犯罪嫌疑人数同比上升，发案数、群众财产损失数同比下

降的“两升两降”目标。强化互联网综合治理，严把网络接入关，全力净化网络环境，网站备案率达99.99%，列全国第2位；联动查处违法违规网站339件次。严把实名入网关，强化物联网卡管理，拦截垃圾短信3.02亿条，加黑短信号码5082万个。加强网络信息安全和数据安全管理，开展IDC/ISP互联网信息安全管理系统运行安全监测通报工作。举办福建省第三届网络安全职业技能竞赛，所选拔出的选手在全国电信和互联网行业网络安全管理职业技能竞赛中喜获佳绩。 （吴锦芬）

【中国电信福建公司】 2019年，中国电信福建公司实现主营业务收入148亿元，服务用户3392万户，包括天翼移动1259万户、宽带940万户、固话645万户、互联网电视（IPTV）548万户。

网络基础能力提升。移动网络迭代升级，加快5G网络建设，在福厦泉建设5G基站750个，保障重点单位、重要活动区域、精品线路5G网络建设和覆盖；开展“五高一地”（高铁、高速、高校、高流量商业区、高密度住宅区、地铁）区域4G网络覆盖优化，全网MR（用户侧网络覆盖测试报告）覆盖率98.3%，全集团第一；省内6条国家级高速公路网络覆盖率均超95%。宽带网络提速升级，全网具备百兆网络能力，城市区域具备千兆网络能力；光宽用户占比超98%，百兆宽带用户占比超80%，宽带用户平均接入速率128M。云计算设施布局优化，在9个设区地市均建成不少于1座星级标准IDC机楼，推进“3+9+X”云数据中心布局。

助力数字经济发展。落实福建“互联网+”行动方案，推进互联网与政务、工业、教育、健康医疗等领域的深度融合，为福州、厦门、泉州、龙岩、南平等地市政府部门提供政务云服务，支撑电子政务集约化发展；建设升级省级工业企业服务云平台，并打造一站式企业上云平台“福企云”，推动全省企业上云、用云；为宁德时代新能源公司提供“混合云+云安全”整体解决方案，树立云网融合新标杆。推动物联网产业发展，与福州马尾物联网产业基地共同建设中央党校智慧后勤系统，打造全国党校信息化标杆；积极推广物联网智慧小区应用，全省累计签约物联网智慧小区667个，已建成353个。5G业务在福厦泉三地商用推广，联合产业合作伙伴，拓展5G+高清视频、工业互联网、媒体直播、智慧医疗、智慧教育、智慧交通等一批5G创新场景应用，合作项目超过50个。

央企责任落实。落实提速降费要求，流量平均资费较2018年下降25.1%，中小企业专线和宽带平均资费下降36.7%，互联网专线平均资费下降46.3%。助力脱贫攻坚，省内所有建档立卡贫困村（2204个）100%实现4G和光网全覆盖，为全省7.2万贫困户和扶贫干部提供通信资费优惠达1036万元，消费扶贫采购总金额超400万元；对口帮扶的松溪县脱贫“摘帽”，松溪县岩后村、浦城县黄碧村、福安市东坑村脱贫“出列”，提前完成扶贫任务。成建制派出50名网络技术、IT服务、运营管理等方面的优秀骨干，参与菲律宾第三运营商项目建设及运营。鼓励基层党组织与电信企业服务对象开展“党建翼联”活动，其中福州分公司与军门社区联合打造“智慧军门”，服务基层社会治理。夯实网络信息安全管理，加大防范打击通信信息诈骗力度，完成中华人民共和国成立70周年、军运会、第二届数字中国建设峰会等重大活动和“白鹿”台风、多轮暴雨等自然灾害通信保障工作。 （何其钦）

【中国移动通信集团福建有限公司】 2019年，中国移动通信集团福建有限公司完成通信服务收入超222亿元；累计纳税16.32亿元，税收贡献约占通信行业的70%；服务全省移动用户超2800万户，其中4G用户超2300万、有线宽带用户超640万、互联网电视用户超460万、物联网用户超1800万，用户份额持续保持区域市场领先地位。

信息基础设施。2019年，公司完成固定资产投资超50亿元，加快4/5G网络、千兆宽带网络以及数据中心、云计算、智慧中台等新型信息基础设施建设，为建设网络强省及线上经济发展贡献力量。至2019年底，累计建成4G基站12.5万个，全省人口覆盖率超99%；建设5G站点799个，福州、厦门、泉州成为首批5G正式商用城市；建设通信管道超4.2万沟千米，高铁综合覆盖率超97%，覆盖率行业领先；建成百兆以上光纤入户端口1200多万个，打造“百兆能力、千兆示范”家庭宽带接入网络，新建家庭宽带均具备百兆以上接入能力，城区核心小区具备千兆接入能力；开通蜂窝物联网基站4893个，实现乡镇及以上区域连续覆盖；福州、厦门两大数据中心一期工程陆续投产，全省“2+9×2”的数据中心布局初步形成。

数字福建建设。公司深入挖掘工业企业需求和5G网络应用场景，推进5G、人工智能、物联网、云计算、大数据、边缘计算、区块链等信息通信技术融入百业、服务大众，助力建成全国首个省级电子政务云平台、无线政务专网、闽政通APP以及多屏互动健康养老平台、旅游交通大数据平台等信息应用项目3000余个，数字化转型步伐进一步加快。在智慧家庭领域，打造基于AI客厅的智慧家庭生态，发布上线全国首个多屏互动在线教育平台和专用教育盒子、全球首个由运营商推出的云VR产品，获得“2019世界VR产业大会创新奖”“2019虚拟与现实与增强现实产业年会金V奖行业杰出贡献奖”，“不卡不顿不转圈、能看能玩能购物”高品质口碑持续提升，成为省内智慧家庭标准体系建设牵头单位。在5G创新应用领域，公司成立5G融合创新中心，联合中远海运、国网电力等行业单位推进5G垂直行业应用33项，福建省“数字福建5G应用创新推进工作组”首个开放实验室在5G联创实验室挂牌成立，5G商用保持领先。在智慧养老领域，打造“互联网+智慧养老”平台，与省内养老行业优势合作伙伴合作成立和颐健康科技公司，与微医、东软熙康等合作推出在线问诊、健康管理等在线就医服务，做深做透信息化养老产业。

履行社会责任。2019年，公司流量综合单价、专线、企业宽带资费分别比上年下降48.7%、17%、34.8%。公司连续派出5批10位干部驻村扶贫，投入扶贫资金376万元，完成1914个建档立卡贫困村光纤覆盖。公司完成各类防汛抗台保障和第二届数字中国建设峰会、中华人民共和国成立70周年等重要通信及网络安全保障任务。（谢澍丰）

2019年10月1日，福建联通厦门市分公司携手厦门市公安局思明分局在厦门中山路步行街举行5G智慧警务机器人“鹭小警”巡逻启用仪式

（福建联通供稿）

【中国联合网络通信有限公司福建省分公司】 2019年，福建联通是中国联合网络通信有限公司在福建设立的省级分公司，在全省设立17个市级分支机构，建立309个基层生产单元。2019年，福建联通开通移动通信基站（含室分）9.16万个，其中4G基站数量超4.5万个，4G网络人口覆盖率96.6%；贯彻落实5G共建共享战略，与福建电信成立联合工作组，开通777个5G共享基站。固网宽带端口容量435万个，其中，96%端口具备100M接入能力，83%端口具备200M并平滑升级1000M的能力。2019年公司主营收入完成62.5亿元，利润完成2.15亿元；创新业务收入完成10亿元。2019年，福建联通获“2019年福建企业百强”“2019福建服务百强企业”等多项荣誉。

推进5G先行先试。福建联通全面探索5G创新应用。2018年4月，福建联通开通省内首个5G基站，标志着5G在福建的组网建设进入关键期；12月，完成全球首例基于5G网络的远程机器人动物手术，5G技术为智慧医疗发展赋予更多发展空间。2019年4月，福建省委书记于伟国在福建联通拨通全省首个跨设区市5G高清语音＋高清视频电话，标志着5G网络在福建省的开通。福建联通利用5G网络新能力，探索推进5G应用，聚焦医疗、生态、能源、交通等行业开展超过30项的5G创新应用，成功打造福州江阴港、孟超肝胆医院、厦门车联网等灯塔项目。

2019年1月10日，在中国联通5G创新应用峰会上，福州市5G规模组网及应用示范试点城市暨联通产业互联网专网正式开通

（福建联通供稿）

服务社会。2019年，福建联通认真落实提速降费策略，实现平均流量单价较2018年资费下降37.4%；中小企互联网专线资费降幅21.9%，企业宽带资费降幅25.7%；推出台胞专属优惠包，为在闽台胞的生活、工作、学习提供便利。认真落实携号转网战略，在公司内建立各专业模块共同参与、前后台联动的故障快速响应机制，确保及时有效处理携号转网问题。

构建服务能力。2019年，福建联通实现移动业务口碑提升3.3分、宽带业务口碑提升13.3分，位列全国口碑提升优秀省级分公司；推动服务监督体系实施，申诉率比上年下降50%，工信部公布的客户满意度排名行业第二。完成第二届数字中国建设峰会、中华人民共和国成立70周年等重要活动的保障任务，彰显福建联通作为通信企业的专业与担当。

数字福建建设。2019年，福建联通推出智慧河长、智慧工地、智慧路长、食安通、智慧党建、智慧消防等20余项自研产品。聚焦行业垂直市场，打造行业标杆项目，建设全国首个省级政协云、智慧路长平台，建设福州市内河水系治理等多个重大项目，《创新智慧河长机制，共建水生态文明》案例被中国通信企业协会评为2018年度最佳绿色环保实践案例。（吴少捷）

无线电管理

【概况】 2019年，福建省完成无线电行政审批671件，其中无线电频率审批93件、指配频率352个，设置、使用无线电台审批578件，颁发更新电台执照71595张。截至2019年底，全省纳入管理的无线电台（站）43.3万个（不含手机和公众移动通信终端），比上年增长9.3%，平均每平方千米3.5个，台站数量和分布密度居全国前列。5G系统正式商用，电信、移动和联通三大基础电信运营商在全省规划部署了5G基站2000个。全省一类固定监测站11个、二类固定监测站36个、三类固定监测站181个，无线电监测网覆盖全省所有县（市、区）。

【无线电频率台站管理】 2019年，福建省深化无线电"放管服"改革，按照行政审批"四级四同"要求，统一规范全省无线电行政许可事项、权责清单、服务指南，将办理时限压缩到30%。围绕国家重大战略和全省经济发展中心工作，为地铁、海事、气象、广电、电力、交通和应急管理等重点行业单位和重大项目提供用频支持。按国家新规划，调整230MHz频段窄带数传频率，满足电力、水务等行业无线电数据传输和能源互联网应用需求；清理370MHz频段，满足应急管理部门使用频率需求。保障第五代移动通信基站建设，完成2.6GHz频段清退工作。向国家争取车联网直连通信频率，支持厦门智慧BRT项目试验，推进厦门智慧交通项目建设。开展提升频率利用率及频率回收工作。

开展无线电台站数据核查清理，全省封存44家单位的1571个许可证过期台站，核查业余台站600多个。开展无线电发射设备销售备案工作，全省备案主体2700家，设备1.3万个。

深化航空、铁路、水上专用频率保护工作。组织全省开展对航空、铁路及水上无线电专用频率等监测，并抓好监测数据分析与运用，为查处非法无线电台站、保障用频设台安全提供决策依据。会同中国铁路南昌局完善福建省铁路无线电专用频率保护工作长效机制。梳理重大无线电干扰排查流程，规范航空无线电频率干扰查处工作，做到快速响应，妥善处置，及时反馈。

【海峡两岸无线电交流合作】 2019年，福建省协调消除中星6A卫星Ku频段转发器受到位于台湾新北市附近干扰源的干扰。处置台湾地区非法使用水上移动业务和航空移动导航专用频率干扰。协调解决福州长乐国际机场地面管制频率与台湾台北机场地面管制备频冲突问题。

【闽台无线电交流往来】 2019年，福建省作为ITU-R WP5B国内对口研究组组长单位，参加在埃及沙姆沙伊赫召开的国际电信联盟（ITU）2019年无线电通信全会（RA-19）会议。开展边境地区地面无线电业务国际协调，测算韩国MSIT/RRA/ST-1459号以及日本MIC/TB 236-3号地球站对福建省及台湾地区地球站的影响，完成国际协调，维护合法权益。

【无线电技术设施建设】 2019年，福建省印发《福建省无线电项目建设管理办法》，规范无线电频占费中央转移支付资金使用管理和项目建设。开展无线电频占费绩效评价工作，提高资金使用效率和效益。编制《福建省边海地区无线电管理技术设施建设工程规划》，提出构建沿海监测带无线电技术设施建设任务。开展"十四五"无线电规划前期研究，完成"福建省'十四五'无线电管理发展研究""智慧城市中物联网无线电频率应用与保护""VHF/UHF固定监测网监测能力分析"等课题研究。

【无线电普法宣传】 2019年，福建省无线电管理机构加强与有关部门、重要设台单位及各类媒体的互动协作，开展系列宣传活动。龙岩市无线电管理局通过与市依法治市办沟通协调，将《中华人民共和国无线电管理条例》《福建省无线电管理条例》列入2019年龙岩市公职人员学法考试内容。福州市无线电管理局在无线电设备销售市场、火车站、城乡接合部等区域的12个公交候车亭投放无线电普法灯箱。海峡论坛、厦洽会等重要活动期间，厦门市无线电管理局在当地机场和火车站举行宣传活动。南平市无线电管理局下基层、进社区，提供无线电咨询服务和科普宣教。漳州市无线电管理局举办首届漳州市青少年无线电夏令营活动。宁德市无线电管理局在宁德一中开设无线电知识选修课程。

【无线电监督检查】 2019年，福建省查处无线电管理行政执法案件10件，罚款17348.6元，没收违法所得2988元，没收设备28台（套）；受理排查航空、铁路、公众移动、广电卫星、GPS系统等各类无线电干扰44起。配合公安等部门打击治理电信网络新型违法犯罪，联动查处"黑广播"26起。持续推进无线电管理领域"双随机一公开"工作，全年随机抽查55家设台单位，抽查无线电台站554个，抽检无线电台站44台，发现违法违规行为16起。与工信部无管局指定的第三方检测人员组建联合检查组，赴福州、厦门、泉州等地19家企业共抽检24款无线电发射设备，经检测样品均合格。落实重大活动、重要考试的无线电安全保障工作，完成春节等重大活动无线电安全保障24场，完成各类国家和省重点考试无线电保障23场。

【无线电监测】 2019年，福建省重点开展"黑广播""伪基站"等非法信号监测和航空、铁路及水上无线电专用频率保护性监测工作。全年全省监测监听时长915870小时，航空、铁路及水上无线电专用频率保护专项监测171645小时；技术排除干扰70起，排查信号7571个；防止利用无线电设备进行作弊的考试保障投入人员1337人次、设备914台套、保障时长3318小时。推选技术人员参加全国无线电监测技术演练决赛，获监测数据回放定位项目第一名。

（吴　明）

编辑：郑　莱

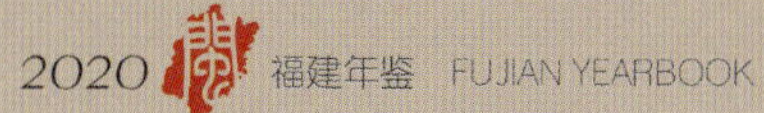

商贸流通服务业

综　　述

【概况】 2019年，福建省社会消费品零售总额18897亿元，比上年增长10%。按地域分，城镇16365亿元，乡村2532亿元。按消费形态分，商品零售额16818亿元，餐饮收入额2079亿元。全省限额以上网络商品零售额1223.3亿元，比上年增长24.1%，拉动全省限上社零增长3.18个百分点；计算机类零售额78.7亿元，增长32.8%。2019年1—12月，全省限额以上新能源汽车、智能手机、可穿戴智能设备、智能家用电器和音响器材零售额分别比上年同期增长126.1%、92.4%、45.3%、42.2%。全省限额以上体育娱乐用品类、服装鞋帽类、化妆品类、金银珠宝类零售额分别比上年同期增长27.8%、14.3%、13.2%、10.7%。居住类商品中，全年全省限额以上建筑及装潢材类零售额366亿元，比上年增长15.2%；家具类零售额253.4亿元，增长17.8%。全省限额以上汽车类零售额1936.4亿元，比上年增长5.2%；石油及制品类商品零售额798.4亿元，增长7.9%。

【首届福建商圈（步行街）博览会暨消费品采购会】 2019年12月12日，由福建省商务厅主办的首届福建商圈（步行街）博览会暨消费品采购会（以下简称商博会）在福州海峡国际会展中心开幕。这是全国首创以商圈（步行街）经济为主题的展会，旨在推动商圈（步行街）经济发展，扩内需，促消费，打造“闽货卖全球，全球买闽货”商贸对接平台，助力商务高质量发展。采购会参展商、采购商和市民观众超过30万人次，成交总额超500亿元，展会期间同时举办系列论坛、采购对接会和推介会等活动20余场。举办首届中国（福建）红曲酒商务博览会，成交金额超2.8亿元。

【消费品牌建设】 2019年，福建便利店行业在全国便利店行业地位的逐步提升，在中国连锁经营协会发布的2019中国城市便利店发展指数的排名中，厦门位居第3（从上年的第10名上升到第3名），福州位居第11（从上年的第30名上升到第11名）。福州市、厦门市分别对三坊七巷步行街、中山路步行街进行改造提升，并申报全国第二批步行街改造提升试点。组织老字号企业参加“5·18”海峡两岸经贸交易会、第十六届中华老字号博览会、第二届中国国际进口博览会、首届福建商圈（步行街）博览会暨消费品采购会等，增强品牌影响力。

【再生资源管理】 2019年，福建省创建“绿色商场”，推动生活类再生资源回收“四进工程”，开展再生资源回收系列宣传活动，倡导绿色消费。

【商务圈建设】 2019年，福建省开展省级示范商圈、省级商务特色镇评定工作，评定福州市鼓楼区东街口商圈等6个省级示范商圈、福州市连江县筱埕镇等12个省级商务特色镇。加强商务执法能力和商务信用建设，组织开展“双随机、一公开”执法工作，推进“双打”工作，牢抓商贸领域安全生产管理，确保商贸领域安全生产态势持续平稳向好。　（陈　峰）

【批发零售】 2019年，福建省批发业销售额为32806.73亿元，比上年增长14.1%；零售业销售额15790.78亿元，增长9.4%。支持农产品批发市场和菜市场等民生项目建设和改造提升，增强市场保障供应，强化“菜篮子”市长负责制，确定34家省级重点调控基地。推进福建省重要产品追溯体系项目建设和“一品一码”全过程追溯体系农产品批发市场标准化改造建设。开展“消费促进月”活动，推动闽货特色产品进入加油站便利店销售，2019年，闽货与28个省（市）33家中石化、中石油公司签订购销合同，先后引进2000多款闽货单品进入两油系统销售门店，有闽货特色产品推广销售至两油系统20829家门店，比上年增长9.93%；累计销售闽货系列产品242.2万件，增长43.74%；销售金额3.571亿元，增长15.53%。（陈 峰）

【现代物流业】 2019年，福建省支持冷库、农产品批发市场低温专区和零售终端低温专区等冷链设施建设。全年支持33个农贸市场项目建设改造和24个冷链设施建设项目。推进一二三三全球消费品供应链平台建设，推动平台尽快实现“买全球、卖全球”国际化运营，平台买卖家入驻企业近1000家。推荐福耀玻璃等3家试点企业为全国重点培育的供应链服务企业，福耀汽车玻璃产业供应链平台和九牧厨卫供应链协同平台为重点培育的供应链协同平台。福州市国家供应链体系建设重点城市试点项目完成验收，共对20个供应链体系建设项目予以扶持，培育一批供应链体系企业和供应链平台项目，加快标准托盘的推广应用，物流标准设施设备进一步得到改造提升，供应链协同效率大幅提高。

2019年，全省各设区市实现快递车辆便捷通行政策全覆盖，全省备案快递末端网点超过2000个，快递服务企业业务量累计完成26.20亿件，比上年增长23.79%；业务收入累计完成259.16亿元，增长25.39%。健全以县级物流配送中心、乡镇配送节点、村级公共服务点为支撑的农村配送网络，与农村电子商务服务站点体系融合发展，全省900余个乡镇均设立快递网点，快递乡镇网络实现100%覆盖，提前实现“十三五”规划“乡乡有网点”目标，行政村通邮率100%。2019年，全省实现网络零售额4589亿元，排名全国第6位，比上年增长24.8%；农村网络零售额1860亿元，排名全国第3位，增长30%。省电子商务渗透指数居全国第3位，反映物流等环境的电子商务支撑指数居全国第5位。（陈 峰）

【市场应急调控保障】 2019年，福建省保障节日市场和灾期市场供应。从增加市场供应和调控市场价格两方面入手，有效保障节日期间全省肉、蛋、菜等主要副食品市场供应货足价稳。5—7月，南平、龙岩部分县（市、区）遭遇强降雨叠加侵害受灾严重，及时启动生活必需品市场日报监测制度，加强分析研判，掌握市场供应情况，做好应急保供方案，确保防汛期间蔬菜、猪肉等重要生活必需品在应急调控需要时能第一时间调得出、用得上。9月，根据各地上报灾情，及时对受灾严重的南平市、龙岩市拨付灾后恢复重建补助资金，帮助受灾商贸企业灾后恢复重建工作，尽快恢复供给能力。加强城市副食品调控基地建设。在省级城市副食品调控基地基础上，根据基地副食品年上市量排名、基地建设规模、品牌特色、冷链系统、直营店等因素，组织推荐、评审，择优评选34家省级重点调控基地，给予一次性奖励资金，提升基地基础条件标准化、生产管理规范化、产品经营产业化水平。提升市场应急保障能力。强化内贸市场运行监测分析，保障市场供应稳定。

【省级生猪活体储备】 2019年，福建省安排落实3批次每批2万头省级生猪活体储备任务，确保应急时调得动、用得上。针对非洲猪瘟带来的不利影响，有针对性地采取基地优先保障本地供应、加大猪肉储备、点对点猪肉调运、增加替代品投放等精准调控措施，保障“两节”“两会”期间各地猪肉市场供应充足稳定。落实好冻猪肉应急储备，根据国家发展改革委、农业部、商务部三部委要求，省发改委牵头将冻肉储备任务分解落实到各设区市，做好后续跟踪落实工作，做到责任到位、措施到位、任务到位，确保不时之需。（陈剑云）

【成品油流通管理】 2019年，福建省成品油供应稳定。全省销售成品油863万吨，比上年增长2.8%。中石化、中石油两大集团福建企业成品油库存量可销售天数基本保持在7天以上。加强监测分析，开展节假日期间加油站油品供应及安全生产监测预报工作。优化“放管服”服务，简化填报事项，精减批复文件。规范成品油零售经营资格许可审核，促进成品油市场有序发展。贯彻落实国务院办公厅《关于加快发展流通促进商业消费的意见》和商务部《关于做好石油成品油流通管理“放管服”改革工作的通知》精神，从12月25日起将成品油零售经营资格审批下放到各设区市商务部门办理，同步取消石油成品油批发仓储经营资格的初审和成品油仓储设施规划确认，指导各地做好下放事项衔接工作。（陈剑云）

【酒类流通管理】 2019年，福建省做好福建红曲酒的推广工作。成立福建红曲酒产业市场推进工作领导小组和福建省红曲酒商会，编制《福建省推广扶持红曲酒产业传承创新发展实施方案》，设计福建红曲酒商标（正在注册中）。举办首届“中国（福建）红曲酒博览会”，共计110家酒类生产和贸易企业参展，现场成交金额超2.8亿元。集中组织推广活动。10月18日，组织福建省红曲酒商会17家会员单位赴上海参加第十四届中国国际酒业博览会，宁德、龙岩两地被评为“世界美酒特色产区”。11月5日，组织3家具有代表性的红曲酒企业参加第二届中国国际进口博览会，福建红曲酒首次走进最高规格的国际舞台。11月8日，组织21家红曲酒企业参加浙江绍兴举办的第25届黄酒节暨“一带一路”中国（国际）黄酒产业博览会，福建省红曲酒企业与浙江黄酒首次联手。11月16日，借助第十三届海峡两岸茶业博览会平台举办“茶酒两红”展示活动及“醉美红曲酒沙龙论坛”，30家红曲酒企业累计现场销售50余万元，达成销售意向订单200余万元。11月29日，组织15家红曲酒企业参加第二届福建省食品博览会。

（陈剑云）

【闽货华夏行】 2019年，福建省组织闽货华夏行系列活动46场。其中，闽货华夏行A类展会5场、B类展会15场、C类展会26场。全省有865家企业参加闽货华夏行系列活动，展位总数1414个标准展位。

A类重点展会主要为适合福建省优势产业、影响力大、辐射面广的展会，共安排以下5场：第23届中国国际有机绿色食品食材及高端粮油展览会于4月17—19日在北京中国国际展览中心举行。共组织92家福建优质食品企业参展，展区面积1800平方米。展会现场共对接专业采购商、经销商546家，现场意向订单金额1600万元以上。第20届成都国际家具工业展览会于6月1—4日在成都市中国西部国际博览城和世纪城新国际会展中心双场馆举行。福建展区位于中国西部国际博览城4号馆，共150个展位，展示面积2300平方米。共组织36家家具行业相关品牌企业参展。接待采购商、供应商和代理商等专业观众5000余人次，现场零售额280万元，意向合作金额2000万元。第113届中国日用百货商品交易会暨上海国际尚品家居及室内装饰展览会于7月25—27日在上海新国际博览中心举行。福建展团150个展位，规模2300平方米，并设置4个特装展位作为福建省形象展示，组织106家福建日用品、家居用品等行业相关品牌企业参展，接待采购商、供应商和代理商等专业观众超1000人次，现场零售额200万元，意向合作金额650万元。该次上海站活动近20家外贸企业参展，主要出口美国的企业5家。第四届中国—阿拉伯国家博览会于9月5—8日在宁夏银川市国际会展中心举行。闽货华夏行·银川站活动展区面积462平方米，采用整体特装布展方式，分为福建形象展示、品牌商品展销等两方面内容，组织29家企业参与展示展销。获得意向签约客户71个，意向签约金额10467万元，展会现场成交293.93万元。第28届中国食品博览会暨中国（武汉）国际食品交易会于12月6—9日在武汉国际博览中心举行。“闽货华夏行·武汉站”组织64家福建优质食品企业参展，展区面积1500平方米，共100个标准展位。来自扶贫开发工作重点县的8家企业参加活动。

（彭涌泉）

【家政服务业】 2019年，福建省落实家庭服务业扶持政策，加强行业信用体系建设，优化家庭服务业发展环境；开展家政扶贫工作，促进劳动力转移就业；推动产业融合，“互联网＋家政”蓬勃发展；推进家政服务提质扩容，全省家庭服务业实现较快发展。加强统筹协调，会同省发改委联合牵头建立省促进家政服务业提质扩容厅际联席会议；开展家政服务业提质扩容“领跑者”试点工作，厦门市、泉州市入选全国“领跑者”行动试点城市；推进家政信用体系建设，鼓励家政企业依托商务部家政服务信用信息平台，为企业和家政服务员建立信用记录。截至2019年底，全省有126家家政企业和近万名家政服务员工将基本信息录入到平台。（周　全）

粮食市场

【粮食安全省长责任制考核】 2019年，福建省落实粮食安全省长责任制要求，发挥考核指挥棒的作用，各地抓粮食安全工作的责任感进一步增强、主动性进一步提高。在落实过程中，坚持问题导向，有针对性地补缺补漏，不断补齐粮食安全短板，特别是以省政府令形式发布《福建省粮食安全保障办法》，强化各级政府保障粮食安全的责任，全省粮食安全保障基础不断夯实。在国务院对各省的粮食安全省长责任制考核中，全省位居“优秀”等次前列，获得通报表扬。省政府对设区市考核也顺利完成，经省政府常务会议研究，福州、漳州、三明、龙岩获得“优秀”等次，南平、宁德、厦门获得“较好”等次，莆田、泉州、平潭获得“一般”等次。

【政策性粮食库存数量和质量大清查】 根据国务院统一部署，福建省以2019年3月31日24时为检查时点，对全省各类企业存储的政策性粮食，以及存储政策性粮食企业的商品粮库存开展数量和质量大清查。省市县各级建立以政府分管领导为召集人的大清查工作协调机制，统筹协调有关部门开展工作。全省组织29个普查工作组，抽调241名检查人员，对纳入清查范围的420个承储库点3420个货位进行逐货位检查。为提高大清查透明度和公信力，还邀请各级人大代表、政协委员、粮食经营大户等参与督导检查。经严格清查，福建省360万吨地方储备粮和163.5万吨在闽中央储备粮数量真实、质量良好。

【粮食储备管理】 2019年，福建省建立360万吨粮食储备和5.2万吨食用油储备。全省各级粮食和物资储备部门认真贯彻执行粮油仓储管理办法和储粮技术规范，遵守“一规定两守则”，推广充氮气调、粮面控温控湿、惰性粉防虫等储粮新技术，推进绿色储粮，粮油储备管理水平进一步提升。执行省级储备粮轮换计划，2019年完成48万吨粮食轮换，10万吨省级动态储备粮转静态储备也已全部采购入库。新一轮粮库建设64个项目254万吨仓容全部完成，投资1.4亿元建设46个粮食智能化升级改造项目，基本实现互联互通，全省粮食收储能力进一步提升。

【物资储备管理】 2019年，福建省落实《福建省救灾物资储备管理办法》，坚持分级储存、分级管理、无偿使用原则，落实专人专管、分类存放、定期盘点、入库检验等制度，运用信息化手段，强化库存物资动态智能监管。出台《福建省救灾物资调运暂行办法》，修订完善“救灾物资调运流程图”，先后3次向南平、三明、龙岩、宁德、泉州、莆田等6设区市27县（区）调运救灾物资21种10.34万件，有效提高救灾物资调运效率。确定2019年度省级救灾物资采购品种、数量和技术指标，完成4.17万件物资采购任务。

【粮食市场流通】 2019年，福建省实施籼稻最低收购价和储备订单粮食收购直接补贴政策，全年收购粮食41.1万吨，其中省市县三级储备订单粮食收购30.04万吨，直接补贴农民7210万元。实施优质粮食工程，“中国好粮油”示范县及示范企业、粮食产后服务体系和粮食质量安全检验监测体系建设累计完成投资2.98亿元。提升应急供应能力，下达粮食产业发展专项资金2000万元，支持大米加工能力不足100吨/日的长汀、连城、屏南等县建设大米加工厂，支持25家骨干粮食应急加工企业技改。下达中央补助7448万元和省级配套2878万元，推进2个军粮保障基地、3个区域性军粮配送中心建设。全省粮食应急加工企业、应急供应网点分别达到150家和1476个，建立省市县三级价格监测点226个。

【粮食质量监管】 2019年，福建省加强粮食质量安全监测，健全完善粮食质量安全保障机制和超标粮食处置长效机制，坚决杜绝超标粮食流入口粮市场，确保广大人民群众吃得安全、吃得放心。下达补助资金480万元，为粮食收购点配备重金属快速检测设备120台，严把粮食收购入库质量关。落实全省治理“餐桌污染”建设“食品放心工程”工作分工方案，开展质量抽查9067批次，合格率97.3%。库存粮食质量大清查抽检263家储备粮承储企业2053份样品，质量指标达标率94.3%，食品安全指标合格率96.7%。“一品一码”原粮追溯平台体系建设进一步升级完善，并与“福建省食品安全信息追溯管理平台”对接，实现监测数据上传与回流。

【粮食产销协作】 2019年，福建省实施引粮入闽奖励政策，省财政安排2000万元专项资金鼓励粮食企业到产区建生产基地、加工企业，根据调粮数量补助给省内36家粮食企业，有效增加全省粮源供给保障。由福建、山东、江西、吉林、安徽、河南、黑龙江、湖南、江苏、湖北、内蒙古等11省（区）粮食部门共同主办的“第十五届粮食产销协作福建洽谈会”于2019年6月18—21日在福州海峡国际会展中心举办。参加的粮食企业和科研院所1200多家，专业观众3300多人。会议期间，全省粮企与粮食主产省企业签订项目275个，粮食购销合同数量635.47万吨。组织企业参加第二届中国粮食交易大会及吉林、山东、黑龙江等区域性粮洽会，为省内粮企开展贸易洽谈、项目推介对接搭建有效平台。 （陈昌炳）

供销合作商业

【概况】 2019年，福建省供销社实现销售总额2312.3亿元，比上年增长25.4%；利润总额9.76亿元，增长30.4%；税费总额4.33亿元，增长60.5%。在全国供销合作社系统综合业绩考核省级优胜单位中，福建省获省级优胜单位一等奖，名列第4名，比上年提升1位。

【供销综合改革】 2019年，福建省供销社67个县级供销社建立“三会”制度，覆盖面98%。长汀县供销社通过全国总社“强化基层社合作经济组织属性”专项试点工作验收，被评为全国试点工作先进单位。全省54.6%的基层供销社与农民合作社实现融合发展。

【为农服务】 2019年，福建省供销社出台《关于实施乡村振兴战略的实施方案》，全年实现农副产品购进总额852.8亿元，比上年增长22.6%。设立“供销信贷风险补偿基金”，在8个县（市、区）全面推广，为农民合作社提供贷款担保5.8亿元。落实《供销社行业扶贫三年行动实施方案》，全年实现网上交易额224.3亿元，比上年增长51.4%；物流业营业额2.27亿元，增长27.1%。省供销社与昌都市人民政府签署战略合作协议，在挂钩的平和县组织深入开展扶贫系列活动。制定出台《参与农村人居环境整治的行动方案》，选择6家系统再生资源企业开展试点工作。

【对外合作】 2019年，福建省供销社联合中国供销集团等单位举办首届“一带一路”农产品农资（电商）交易会及高峰论坛。33个国家和地区、35个国际组织、16个省级供销社的300多家参展商参加。签约贸易项目103个、成交金额270.86亿元；签约投资项目12个、投资金额46.41亿元。共同发出“一带一路”农产品农资投资合作《厦门倡议书》，并建立电商联盟。推动中国供销集团中农批公司参与建设中国白茶城。与阿里云计算有限公司签订战略合作协议。在全国系统首家设立对外合作处。

【供销基层建设】 2019年，福建省供销社在长汀县召开现场会，总结推广长汀县经验。全年改造提升基层社109个，改造新建农村综合服务社454个。全省乡镇基层社总数938个，全年利润总额4.15亿元，比上年增长38.3%。5个县级供销社被全国总社认定为“百强县级社”，6个基层社被认定为基层社标杆社。全年新发展农民合作社795个，新发展农民合作社联合社101个。4个专业合作社被认定为全国系统农民专业合作社示范社，24个农民专业合作社被认定为省级农民专业合作社示范社。全年创办村级供销社160个。

【企业发展】 2019年，福建省供销社全资、控股企业实现主营业务收入157.15亿元，比上年增长11.3%；利润总额5.7亿元，增长23.7%。省、市、县三级供销社加快组建供销企业集团，推动企业转型升级。全年完成新网工程投资1.9亿元。打造“福建供销”品牌，组建福建供销物流有限公司、福供食品有限公司，建设福建供销名特优农产品展示展销中心。省农资集团、省福农集团拓展对外出口和上下游产业链，全年收入70.8亿元，汇总利润4529万元。省供销社修订《直属企业资产租赁和经营业务承包管理办法》，出台《企业投资合作议事规则（试行）》。组建福建供销商社资产运营管理中心、福建省供销资产运营有限公司。推进中央厨房、冷链物流产业园等重点项目前期工作。（黄东武）

物流业

【概况】 2019年，福建省物流业总体运行呈现平稳发展态势。物流业业务收入4655.6亿元，比上年增长12%；实现增加值2258.9亿元，增长8.5%；全社会物流总额75443.8亿元，增长7.9%；固定资产投资3211.6亿元，下降21.7%。完成货物发送量155575.37万吨，比上年增长13.6%，其中铁路完成4085.5万吨，增长16.1%；公路完成109199.5万吨，增长13.1%；水路完成42262.61万吨，增长14.7%；民航完成27.71万吨，增长2.7%。全省沿海港口货物吞吐量59484万吨，比上年增长6.6%，其中集装箱吞吐量1725.97万TEU，增长4.8%，增速均高于全国平均水平；厦门港集装箱吞吐量1112.22标箱。2019年，全省物流业景气指数（LPI）保持在56.3%以上，平均值56.8%，高于上年平均值（55.92%）0.9个百分点。全省物流企业中，377家获评国家A级物流企业，数量居全国第四位；进入全国物流50强企业4家；列入国家供应链试点企业10家；进入国家级甩挂运输试点企业14家；星级冷链物流企业7家（全国79家）；物流企业信用评价A级信用企业12家；担保存货管理及质押监管企业9家；智慧物流配送示范企业3家，第三方冷链物流企业42家；5家企业上榜2018年中国冷链物流企业百强。3家物流园区列入2019年省级示范物流园区，总数19家。

【物流基础设施建设】 至2019年底，福建省高速公路路网密度、投资力度、标准化管理水平保持全国领先，高速公路里程5940千米，达到“六纵十横”规划路网的80%，建设改善农村路网2800千米，新增村级物流节点1200个，建成高速公路196千米，普通国省道355千米、综合客运枢纽37个；全省84个县（市、区）全部实现15分钟上高速，为全国第4个实现县县通高速公路的省份；至年底有生产性泊位481个，其中万吨级以上185个，具备停靠30万吨级散货船、30万吨级油轮、20万吨级集装箱船舶、15万吨级邮轮及2万吨级滚装船的能力；民航拥有福州、厦门两个干线和泉州、武夷山、龙岩、沙县等多个民航机场；铁路运营里程3510千米，实现市市通动车。2019年物流园区提升工程包完成投资41.23亿元，完成省政府下达任务的147.25%。厦门入选国家港口型物流枢纽城市。

港口建设。福州江阴港加快“智慧港”建设。漳州首家化工物流园“鑫展旺化工物流园”竣工。获2017年度中国港口科技进步一等奖的厦门国际航运中心港口智慧物流平台示范工程、漳州台商投资区保税物流中心（B型）、福州港平潭港区金井作业区通过验收。厦门港务控股集团多式联运港站、江阴港区冷链仓储物流、招银冷链物流园区、平潭港口岸金井港区、莆赣首个合作码头等项目投入运营。泉州国际邮件互换局（交换站）投入运营。

台海运进一步强化。开通高雄至平潭海上货运直航常态化业务，实现台湾产品9小时对接大陆市场；莆田开通对台商贸海运航线；平潭两岸海外公共仓储在高雄增设高雄仓；高雄农渔产品直航福建省南安石井港口岸。

拓展国际货物运输线路。厦门机场开通福建首条横跨欧亚美三大洲第五航权货运航线。中欧（厦门）班列国际海铁联运过境日本。厦台客货滚装航线对接中欧班列，将台湾货物经厦门发往俄罗斯，打通海铁联运物流大通道。布达佩斯—多布拉（斯洛伐克）—厦门线路成功运行，打通中欧（厦门）班列双向通道。中欧（厦门）班列开通以来，累计发运639列47320个标箱，货值18亿美元。2019年12月“丝路海运联盟”成立，发布第四批“丝路海运”命名航线。

【物流业软环境建设】 2019年，福建省印发《城市配送集约高效发展实施方案》《大件运输许可服务大走访活动实施方案》《福建省加快道路货运行业转型升级促进高质量发展实施方案》《福建省同城快送经营者履行社会责任指引》等，加强药品第三方物流监管，提出支持“丝路海运”发展政策措施。厦门、漳州、泉州、南平、宁德、平潭分别出台《厦门市人民政府办公厅关于印发运输结构调整工作实施方案的通知》《厦门市城乡高效配送专项行动实施方案》《漳州市促进现代交通物流业发展十条措施》《漳州市市本级江海堤防工程维护管理费征收使用和管理办法》《泉州市关于加快港口集装箱运输发展的若干意见》《南平市促进冷链物流加快发展实施意见》《宁德市促进公路水路货物运输业发展的若干措施》《平潭综合实验区进一步加快推进海运业发展的意见》等，推动物流业提质增效。2019 年 6 月，成立闽西南协同发展区物流管理职业教育联盟。厦门协同共享的城市末端物流配送模式入选商务部公布的国家现代服务业综合试点典型经验案例，并向全国推广；厦门港“信用＋港口管理”工作获国务院批准作为自贸试验区第五批改革试点经验，在全国复制推广；厦门海沧海关启动福建省首个“口岸清关”与“保税进口”两种模式的“两步申报”改革业务试点。

（谢秀芳）

2019 年 2 月 26 日，福建省公安、烟草联合驻点打假动员仪式在福建漳浦举行（省烟草专卖局供稿）

专卖专营

【烟草专卖】 2019 年，福建省烟草商业系统实现税利 174.6 亿元（含主业及多元化经营企业），比上年增长 3%；上缴国家财政收入 169.5 亿元，增长 13.2%。

全省收购烟叶 143.4 万担，上等烟比例 74.7%，比上年提高 4.8 个百分点。联合省农业农村厅、自然资源厅下发《关于做好永久烟田建设工作的通知》，启动 8.9 万公顷永久烟田规划工作。持续推进区域加工中心和区域仓储中心建设，加工烟叶 110.58 万担，保管成品片烟 42 万担。围绕增强烟叶生产科技支撑保障能力，抓好新品种选育推广、绿色防控、翠碧一号关键生产技术和上下部烟叶深化应用等科技攻关。出台加强烟叶营销工作意见，抓好灾后烟叶烘烤质量和收购质量管理，烟叶调拨实现零库存。开拓国际市场，出口烟叶及副产品 8249 吨，比上年增长 8.8%。做好烟叶抗灾救灾工作，全省保险理赔 8987 万元。加强合作社规范化管理，优化烟农专业化服务，促进烟叶生产减工降本增效，全省烟农多元化增收总额 2.95 亿元，户均收入 6.07 万元，比上年增加 3400 元。

全年销售卷烟 166.5 万箱，比上年增加 6413 箱，单箱销售额 3.43 万元/箱，增加 1187 元/箱。加强市场精准调控，卷烟价格全部顺价销售，零售户经营毛利率 13.7%。以细支烟为代表的创新型产品销售 18.78 万箱，比上年增长 32%。省产烟品牌古田（金中支）、金砖系列在高端市场份额 14%。建成现代终端客户 3.2 万户，建成客户互助小组 1.3 万个，覆盖零售终端 17.3 万户。全年投入 1840 万元，新建 6030 个吸烟场所（设施）。

全年查获大型烟机 72 台，比上年下降 45%；查获假烟 15980 件，下降 58%；查获走私烟 1017 件，下降 11%；破获国际网络案件 66 件，其中除恶打伞案件 7 件；逮捕 561 人，判刑 582 人，其中判处实刑 367 人。强化违法违规经营大户治理，遏制真烟异常流动，取缔 177 户大户，查处真烟案件 7967 起，比上年增长 17%，查获真烟 7569 件，增长 52%。联合市场监督管理部门开展电子烟市场监管，约谈相关企业 85 家、关闭网站 16 家、撤销广告 8 个。

（傅积恩）

【食盐专卖】 2019 年，福建省盐业集团有限责任公司（简称“福盐集团”）实现营业收入 5.2 亿元，实现利润总额 5908 万元。2019 年期末，资产总额 21.59 亿元，净资产 14.73 亿元。

食盐销售。深化营销机制改革，创新市场化销售模式。渠道建设取得初步成效。直达终端小配送初具规模，投入车辆 52 部、人员 102 人，基本覆盖便利店、餐饮、食堂、乡镇等市场区域；开发自有 B2B 平台，实行终端订货、配送、开票全过程管理，开发配送商 1734 个，规范食盐专营经营行为，有效掌控渠道；电商平台业务逐步拓展，与多个 B2B、B2C 电商实现合作。

销售策略优化。细分食盐市场，关注市场变化动态，重点研究重点区域，及时转变营销策略，实施精准促销，切实做到因地施策，有效止住省内销量下滑态势；提前布局食品加工用盐市场，制定季节性加工用盐销售决策，提前介入、提前准备、提前协商，抢占加工用盐市场份额。

营销能力提升。年度组织三批次客户经理专项培训，涉及盐政知识、盐产品标准、宣传特点、营销知识、信息化系统操作等方面，提高客户经理的综合素质。

三品建设。坚定全面实施增品种、

提品质、树品牌战略。坚持做食盐标准的引领者和推动者，参与起草《生态海盐评价技术规范》（轻工联合会团体标准）、《食品加工用盐》行业标准；修订《福建贡盐》企业标准，起草《妈祖贡盐》《平安盐》企业标准。坚持加强品质建设，建设生态海盐原料、生产的全过程认证体系，建立食品安全管理体系，抓品质管控，做到一品一质；作为《福建省“一品一码”实施方案》的试点单位，参与制定追溯编码规范及数据交互规范，建立“一品一码”管理系统，实施WMS管理系统。完善产品系列，实现产品包装更新、升级、新品设计36个，闽盐产品系列更全面、更系统。

品牌推广。加大在媒体宣传投放力度；策划并组织2019福州国际马拉松宣传活动，闽盐跑团风貌多次登上央视直播镜头；举办2019首届生态海盐文化节；先后参加第十七届中国·海峡项目成果交易会、第十一届中国（成都）礼品及家居用品展览会暨2019文创旅游商品展、第四届全国盐产品博览会、厦门“9·8”投洽会、广州2019年第十五届中国（国际）调味品及食品配料博览会。

食盐储备职能。全省小包装食盐库存（政府储备与企业储备）3.5万吨，可供全省正常使用116天，保证全省日常食盐安全和应急供应要求。（俞　魁）

电子商务

【概况】 2019年，福建省实现网络零售额4589亿元，排名全国第6位；比上年增长24.8%，高于全国增速6.3个百分点。全省实物商品网络零售店铺超过38.9万家，实现实物商品网络零售额3779亿元，占全国实物商品网络零售额比重为4.4%，比上年增长28.9%，高于全国增速8.7个百分点；占全省社会消费品零售总额的比重约为23%，对全省社会消费品零售总额增长的贡献率约为55%，拉动消费增长作用明显。2019年，全省网络零售额中B2C（企业对消费者）交易额占比达到79%，体现电商从业者逐渐从小商户向企业化转型，向规范化发展，品牌电商和品质电商效应逐步凸显，网络零售结构不断优化。全省实物商品网络零售企业数量超过9万家，吸纳从业人员超过150万人，其中2019年网络零售额达到1亿元的企业超过100家。根据《中国电子商务发展指数报告》，福建位列全国电子商务发展优势省份，电子商务渗透指数和支撑指数分别居全国第3位、第5位，体现福建电子商务发展环境持续向好、电子商务与产业融合水平持续提升、对促进数字经济发展发挥重要作用。

2019年12月26日，“清新福建，生态海盐”首届生态海盐文化节在莆田举行。文化节由福建省盐业集团主办　（福建省盐业集团供稿）

【农村电商】 2019年，福建省推动各地完善农村流通基础设施与电子商务服务体系，促进农村产品和服务网络销售，推动农村产业深度融合，助力乡村振兴战略实施。截至2019年底，福建有27个国家级示范县、15个省级示范县。2019年，福建农村网络零售额1860亿元，排名全国第3位，比上年增长30%，高于全国增速10.9个百分点；全省农产品网络零售额258.9亿元，占全国农产品网络零售总额的6.5%，增长42.6%，高于全国增速15.6个百分点。根据阿里研究院发布数据，福建共有电子商务年交易额超过3000万元的“淘宝镇”106个，数量排名全国第5位，电子商务年交易额超过1000万元的“淘宝村”318个，数量排名全国第6位。福建重点推动贫困地区农村电商发展，带动增收创收。2019年新增创建8个国家级示范县，其中6个是省级扶贫开发工作重点县。全省23个扶贫开发工作重点县实现农村电商示范全覆盖，其中20个是国家级示范县、3个是省级示范县。指导推动23个扶贫重点县以农村产品和服务上行为重点开展示范创建，促进农村产品产销对接，助推县域经济发展，发挥电商带动增收创收的作用，引导贫困群众融入电商产业链条，分享产业增值收益，助力脱贫攻坚。2019年，23个扶贫开发工作重点县实现网络零售额113.6亿元，比上年增长21.1%。2019年，全省相关企业通过收购贫困户自产农特产品、发展“电商＋基地＋农户”模式或吸收用工等方式，带动贫困户1590人增收1135万元，人均增收7100元。

【跨境电商】 2019年，福建在全国率先研究制定《福建省加快推进丝路电商发展十一条措施》，发挥福建区位与侨台优势，推动跨境电商成为福建对外贸易高质量发展的新引擎。9月，“2019丝路电商政企对话会暨福建丝路电商政策宣介会”在厦门举行，阿根廷、哥伦比亚等6国驻华使领馆代表与省内外电商龙头企业、商协会代表就深化合作进行深入交流，成效显著。

解决跨境电商发展难点、堵点问题，推动试点建设，指导厦门跨境电商综合试验区加快建设进度，推动福州、泉州获批设立第四批国家跨境电商综合试验区。拓展业务新模式，推进跨境电商 1210 保税出口业务试点。2019 年，全省跨境电商零售进出口总额 23.14 亿元，比上年增长 71.48%　　（谢　震）

【重要产品追溯平台】 2019 年，根据福建省人民政府办公厅关于加快推进重要产品追溯体系建设实施方案，省商务厅推进福建省重要产品追溯体系建设工作，在原福建省商务市场秩序（“12312”）管理平台（一期）建设的基础上，重点推进涉及市场监管、工信、农业、国土、环保、海洋渔业、药品等部门的七大类重要产品追溯管理子平台的数据整合和综合应用管理。通过对接福建省政务数据汇聚共享平台和涉及相关厅局七大类追溯管理子平台，初步实现全省七大类重要产品追溯数据的汇聚，并对交换过来的数据进行系统、规范的整理，建立全省信息数据库，为下一步追溯数据的整合共享、综合应用以及交流互通奠定良好的基础。2019 年 12 月 5 日，平台通过初验。

该平台建成后，更好地满足商务部对福建省涉及肉类、蔬菜等产品的追溯数据信息的采集、汇总、上传等要求。统筹推进内贸、外贸、外资、合作等商务基本业务领域信用建设。将涉及各市县商务部门数据录入，采集商务流通领域的从业单位的基本信息、失信单位信息、商务行政处罚信息以及红黑名单信息等，为商务流通领域的企业信用信息提供诚信信息核查服务。创新商务执法监管理念和方式，建立以“双随机一公开”监管为基本手段、以重点监管为补充、以信用监管为基础的新型监管机制。整合各类重要产品追溯数据，实现对各类数据信息的存储、查询、统计分析等，满足各层级用户需求。在 PC 站的基础上，新增开发手机站，丰富移动端的服务功能和体验，更好地为广大公众、追溯企业、相关职能部门服务。

（唐　薪）

餐饮业

【概况】 2019 年，福建省餐饮收入 2079 亿元，比上年增长 10.3%。

【闽菜宣传弘扬】 2019 年，福建省餐饮业完成福建餐饮网的升级改造、建立闽菜菜品体系并制作闽菜宣传教学视频两个省商务厅委托项目，《中国闽菜精粹》和“闽味一百”制作完成。

【“闽菜飘香，中国闽菜 20 道精选推介活动”】 2019 年，福建省商务厅主办的“闽菜飘香，中国闽菜 20 道精选推介活动”，邀请十多位闽菜大师、大厨通过论坛、专题演讲、现场制作、表演等形式，宣传、推广 20 道精选的特色闽菜，省商务厅副厅长刘德培，晋江市委常委、市政府常务副市长李自力，中国烹饪协会副会长高炳义等领导以及来自全省各地的业内代表 120 多人出席活动。

【餐饮业品牌建设】 2019 年，福建省商务厅开展美食街城创建工作，聚春园·达明美食街（福州市鼓楼区）、南平市三元坊美食街（南平市延平区）、三明市梅列区徐碧步行街（三明市梅列区）等获得“福建省美食街（城）”称号。2015 年以来，全省评选出沙县小吃文化城等 14 个福建省美食街（城）。

【美食地标城市申报】 2019 年，福建省商务厅协助福鼎市政府、福鼎市餐饮烹饪行业协会向中国烹饪协会申报“美食地标城市”。2019 年 9 月 23 日，福鼎市被中国烹饪协会授予“中国美食地标城市名录”称号。

【中餐特色美食企业、中餐特色美食名录认定】 2019 年，福建省商务厅配合中国烹饪协会在漳州市组织开展中餐特色美食企业、中餐特色美食名录认定工作。通过专家组评审，共有 5 家企业被列入中餐特色企业名录，30 道小吃、9 道菜肴被列入中餐特色美食名录。

【第八届全国烹饪技能竞赛（福建赛区）比赛】 2019 年 5 月，福建省商务厅举办第八届全国烹饪技能竞赛（福建赛区）的比赛，来自全省各地的 300 余名选手参加中餐热菜、中式面点、创意凉菜、果蔬雕刻 4 个项目的竞技，福建省获金奖 71、银奖 132、铜奖 69 的好成绩，获奖率在全国各赛区中名列前茅。9 月，福建省餐饮烹饪行业协会组织省赛优秀选手参加总决赛，获得 10 个特金奖、13 个金奖，成绩优异，福建省餐饮烹饪行业协会获得“全国优秀组织奖”称号。推荐会员向福建省人社厅申报省级技能大师工作室，2019 年共成立 8 个技能大师工作室，推动专业人才的培养。

【餐饮烹饪行业协会会员企业参加第 29 届厨师节】 2019 年，福建省商务厅组织福建省餐饮烹饪行业协会会员企业赴天津参加第 29 届厨师节。经协会推荐，有 1 人获“2019 年度最美厨师入围提名”，10 人获“2019 年度金厨奖”，3 人获“资深级注册中国烹饪大师”称号，19 人获“注册中国烹饪大师”称号。

（彭涌泉　陈　峰）

编辑：郑　莱

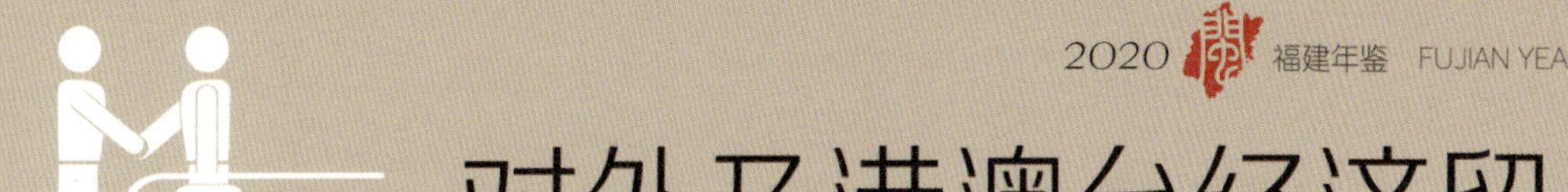

对外及港澳台经济贸易

综　　述

【概况】　2019年，福建省落实国家和福建省稳定外经贸发展政策，形成扩大出口、做强进口、出口转内销、便利融资和优化环境等政策组合拳，分类指导、精准帮扶企业，全力服务“六稳”大局。实施“百展万企”计划，引导企业开拓多元化市场。实施贸工对接，依托6个培训基地开展外贸“助力万企成长”培训工作。推进石狮市场采购贸易方式试点，成效居全国同批试点前列。福州、泉州获批设立跨境电商综试区。厦门获批全国首批二手车出口试点。新增3家国家级转型升级基地，累计达18家、总数居全国第五。完成第二届进博会各项工作，参展、采购和金融授信金额三项指标均超过首届。出台进一步扩大进口的意见，推进“6天＋365天”一站式进口交易服务平台、罗屿港铁矿石混矿进口平台建设。全年外贸进出口额13307.35亿元，比上年增长7.8%，高于全国4.4个百分点，其中，出口额8281.55亿元，增长8.7%，高于全国3.7个百分点，出口规模保持全国第6位；进口额5025.81亿元，增长6.3%，高于全国4.7个百分点，进口规模跃升至全国第7位。

【利用外资】　2019年，福建省加强高端制造、智能制造、现代医药、新材料和服务业新开放领域招商工作。建立外商投资企业投诉办理工作机制。举办2019厦洽会暨丝路投资大会。筹备省委书记于伟国率团赴日本、西班牙、法国招商推介，引导侨商返闽投资。借助外交部福建全球推介会重大平台，举办福建省与跨国企业合作恳谈会。组织春节期间对探亲返乡的海内外客商招商、“走访外资企业，促进增资扩产”等活动。打造“9＋1＋40”招商工作投资促进平台，实现纵向联动、横向协作、招商资源共享。加大正向激励，强化务实高效招商引资。优化服务、跟踪推进“五个一批”外资项目和百大外资重点项目。引导全省开发区管理体制机制创新，对全省开发区开展综合考评，服务闽东北、闽西南两大协同发展区建设和山海协作。全年实际使用外资315.4亿元，比上年增长3.3%，新增实际到资亿元以上外资项目数增长26.9%。

【对外投资】　2019年，福建省以“一带一路”沿线国家和地区为重点，确定百个重点对外投资项目，会同进出口银行福建分行、省企业与企业家联合会共同举办政银企座谈会，金融支持企业力度加大。推进对外投资和国际产能合作，推荐百宏越南等7个项目纳入福建省海丝核心区建设重大项目库。加快境外经贸合作区建设，探索建设“两国双园”。提升对外投资综合服务水平，强化境外安全预警与风险处置指导，推动企业以产业联盟等方式抱团“走出去”。全年全省备案对外投资项目267个，中方实际投资额43.2亿美元，比上年增长52%，规模居全国第6位；对“一带一路”沿线国家和地区投资7.8亿美元，增长1.4倍。　（向迎佳）

出口贸易及港澳台贸易

【出口主体】　2019年，福建省有出口实绩的企业21111家，比上年净增加939家。从企业性质分，民营企业出口量最大，全年合计出口725.5亿美元，比上年增长10.3%；占全省出口总值的60.4%。外商投资企业出口358亿美元，比上年下降11%，占全省出口总值的29.8%；国有企业出口117.1亿美元，增长20.4%，占全省出口总值的9.8%。

全省出口规模1500万美元以上的企业1536家，合计出口额841.9亿美元，比上年增长19.7%，占全省出口总值的70.1%。其中，出口额5000万美元以上的企业324家，合计出口额516.2亿美元，比上年增长10.2%，占全省出口额的43%；出口额1亿美元以上的企业126家，合计出口额384.3亿美元，增长9.4%，占全省出口的32%；出口额10亿美元以上的有5家。

全省累计出口额1500万美元以下的中小企业（含新增出口企业）19575家，比上年增加827家，合计出口额358.6亿美元，下降7.1%。

2019年福建省出口企业规模结构表（有出口实绩的企业）

单位：亿美元

项目	2019年				2018年			
	企业数	企业数占比（%）	出口额	出口额占比（%）	企业数	企业数占比（%）	出口额	出口额占比（%）
合计	21111	100	1200.5	100	20172	100	1155.3	100
1亿美元以上	126	0.6	384.3	32.0	135	0.7	385.0	33.3
5000万～1亿美元	198	0.9	131.9	11.0	200	1.0	136.4	11.8
1500万～5000万美元	1212	5.7	325.7	27.1	1089	5.4	290.8	25.2
1500万美元以下	19575	92.7	358.6	29.9	18748	92.9	344.9	29.9
其中：1000万美元以下	18865	89.4	272.4	22.7	18077	89.6	262.5	22.7

【出口贸易方式】 2019年，福建省一般贸易已经成为福建省外贸出口的最主要方式。全年出口额860.58亿美元，比上年增长2.7%，占全省出口总值的71.6%。加工贸易出口额208.45亿美元，比上年下降16.9%，占全省出口总值的17.4%。其他贸易方式出口额132.8亿美元，比上年增长93.2%，占全省出口总值的11%。

【出口商品结构】 2019年，福建省机电产品出口额436.36亿美元，比上年增长3.5%；高新技术产品出口额142.1亿美元，下降8.8%；农产品出口额91.5亿美元，下降8.6%。全省出口额超1亿美元的大宗传统特色商品49种，累计出口金额777.7亿美元，比上年增长5.4%，占全省出口总额的64.7%。其中，出口额超过10亿美元的大宗商品有18种，其中：服装及衣着附件（135.4亿美元），鞋类产品（117.3亿美元），纺织纱线、织物及制品（81.6亿美元），家具及其零件（45.1亿美元），钢材及其制品（38.4亿美元），塑料制品（29.7亿美元），箱包及类似容器（25.3亿美元），陶瓷产品（23.9亿美元），汽车及其零配件（23.3亿美元），自动数据处理设备及其部件（22.1亿美元），灯具、照明装置及零件（20.6亿美元），液晶显示板（17.4亿美元），花岗岩石材及制品（17.2亿美元），体育用品及设备（16亿美元），铁合金（13.7亿美元），通断保护电路装置及零件（13亿美元），蓄电池（12.4亿美元），玩具（11.8亿美元）。出口额在5亿～10亿美元之间的商品有6种，其中：船舶（8.6亿美元），贵金属或包贵金属的首饰（8.4亿美元），伞（7.9亿美元），医疗仪器及器械（7.3亿美元），电线和电缆（7.2亿美元），电视机（6.9亿美元）。出口额在1亿～5亿美元之间的商品有25种，肥料（4.7亿美元），茶叶（4.6亿美元），电动机及发电机（4.3亿美元），钟表（4.1亿美元），其中：集成电路（3.9亿美元），纸及纸板（未切成形的，3.9亿美元），圣诞用品（3.5亿美元），医药品（3.1亿美元），床垫、寝具及类似品（3.1亿美元），二极管及类似半导体器件（3.1亿美元），眼镜及其零件（2.9亿美元），焦炭及半焦炭（2.7亿美元），照相机（2.5亿美元），纺织机械及零件（2.4亿美元），电话机（2.3亿美元），自动数据处理设备的零件（2.3亿美元），食品罐头（2.1亿美元），印刷品（1.9亿美元），摩托车（1.6亿美元），玻璃制品（1.6亿美元），钨品（1.5亿美元），电容器（1.4亿美元），胶合板及类似多层板（1.3亿美元），美容化妆品及护肤品（1.3亿美元），变压器（1.2亿美元）。

高新技术产品包含计算机与通信技术（81.8亿美元）、光电技术（18.3亿美元）、航空航天技术（11.2亿美元）、电子技术（11.1亿美元）、生命科学技术（10.6亿美元）、计算机集成制造技术（6.5亿美元）、材料技术（2.6亿美元）等商品。主要输出市场为欧盟（占此类商品出口额的18.2%）、美国（16.8%）、东盟（11.1%）、日本（10.7%）、韩国（5.6%）。文化产品出口额47.1亿美元，比上年增长20.9%。其中，工艺美术品及收藏品出口额27.4亿美元，比上年增长11%；文化用品出口16.8亿美元，增长41.2%。

【出口市场分布】 2019年，福建省出口的市场国别（地区）225个，出口5000万美元以上的国家与地区107个，比上年增加5个，合计出口额1188亿美元，占全省出口总值的98.9%。其中，出口额1亿美元以上的国家（地区）84个，比上年增加7个，合计出口额1171.7亿美元，占全省出口总值的97.5%；出口额10亿美元以上的国家和地区28个，比上年增加2个，合计出口额999.4亿美元，占全省出口总额的83.2%。从各大洲市场看：对亚洲出口额570.1亿美元，比上年增长9.4%；对欧洲出口额240.7亿美元，增长4.3%；对北美洲出口额236.1亿美元，下降8.7%；对南美洲出口额70亿美元，下降1.1%；对非洲出口额58.2亿美元，增长15.3%；对大洋洲出口额25.5亿美元，增长0.1%。

对欧盟、美国、东盟、日本等传统市场，2019年合计出口额810.3亿美元，比上年增长2.9%，占全省出口额的67.5%。其中，美国217.8亿美元，比上年下降10.2%；欧盟216亿美元，增长4%；东盟240亿美元，增长21.8%；日本63.7亿美元，下降1.9%。

对新兴市场，2019年合计出口额332亿美元，比上年增长4.9%，占全省出口额的27.6%。其中，对金砖国家出口：巴西13亿美元，比上年下降7.6%；印度20.6亿美元，下降13.3%；俄罗斯17.6亿美元，增长4.4%；南非8.7亿美元，增长4.8%。对中东地区出口额57.5亿美元，比上年增长19%；对拉美其他国家出口额56.5亿美元，增长0.9%；对非洲其他国家出口额49.5亿美元，增长17.3%；对澳新出口额23.5亿美元，增长0.6%；对南亚其他国家出口额18.6亿美元，增长20.1%；对独联体其他国家出口额6.7亿美元，增长24.4%。

【出口地区分布】 2019年，厦门、福州、泉州、漳州与莆田5个沿海设区市出口总额1085亿美元，占全省出口总额的90.4%。其中，厦门市出口额511.2亿美元，比上年增长1%，占全省的42.6%；福州市出口额261.4亿美元，增长3.4%，占全省的21.8%；泉州市出口额210.8亿美元，增长16.6%，占全省的17.6%；漳州市出口额68.2亿美元，下降15.8%，占全省的5.7%；莆田市出口额33.5亿美元，下降2%，占全省的2.8%。

山区4个设区市及平潭出口在全省占比较低。其中，宁德市出口额41.2亿美元，比上年增长25.6%；三明市出口额26.2亿美元，增长3.1%；龙岩市出口额26亿美元，增长1.9%；南平市出口额16.5亿美元，增长2.4%；平潭出口额5.7亿美元，增长145.4%。

（崔　毅）

进口贸易

【进口主体】 2019年，福建省有进口实绩的企业9455家，比上年增加309家。其中，新增进口企业（上年无进口业绩）2904家。进口规模1000万美元以上的有588家，比上年减少12家，合计进口额662.5亿美元，占全省进口总额的90.8%；5000万美元以上的有184家，比上年减少27家，合计进口额574.3亿美元，占全省进口总额的78.7%；进口1亿美元以上的企业105家，比上年减少13家，合计进口额518.2亿美元，占全省进口总额的71%。

从企业性质分，外商投资企业进口量最大，全年合计进口额262.6亿美元，比上年下降5.6%，占全省进口总值的36%；民营企业进口额215.7亿美元，比上年增长1.3%，占全省进口总值的29.6%；国有企业进口额248.2亿美元，增长8.6%，占全省进口总值的34.0%。

【进口贸易方式】 2019年，福建省一般贸易进口是全省进口的主要方式。全年进口额546亿美元，比上年增长5.5%，占全省进口总值的74.9%；加工贸易进口额108.6亿美元，下降13.2%，占全省进口总值的14.9%；其他贸易方式进口额71.8亿美元，下降7%，占全省进口总值的9.8%。

【进口商品结构】 2019年，福建省进口商品种类广泛，涉及海关统计商品目录（HS商品分类）中的22大类98章。进口的大宗商品主要为中间产品和资源性产品。其中，机电产品进口额157.2亿美元，比上年下降25%；高新技术产品进口额110.9亿美元，下降29.9%；农产品进口85.5亿美元，增长8.1%。进口规模在10亿美元以上的大宗商品有16种，比上年减少1种。分别为：铁矿砂及其精矿74.7亿美元，比上年增长67.6%；原油63.9亿美元，增长34.3%；电子元件43.3亿美元，下降10.6%；铜矿砂及精矿35.5亿美元，增长79.7%；煤及褐煤31.1亿美元，增长17.5%；初级形状的塑料26.8亿美元，增长3.5%；黄金21.8亿美元，下降16.7%；液晶显示板18.4亿美元，下降29.4%；大豆17.7亿美元，下降12.5%；液化石油气及其他烃类气17.4亿美元，增长10.8%；纸浆15.2亿美元，下降22%；自动数据处理设备及其零部件14.7亿美元，下降23.7%；纺织纱线、织物及制品13.1亿美元，下降7%；未锻轧铜及铜材13.1亿美元，增长33.2%；锯材10.8亿美元，增长5.6%；原木10.2亿美元，增长21.9%。

【进口市场分布】 2019年，福建省与全世界184个国家（地区）开展进口贸易。其中：进口额5000万美元以上的国家（地区）68个，比上年增加6个，合计进口额717.1亿美元，占全省进口总值的98.3%；进口额1亿美元以上的国家（地区）60个（欧盟和东盟等经济联合体不参加排序），合计进口额711.8亿美元，占全省进口总值的97.6%；进口额10亿美元以上的国家和地区有21个，合计进口额603亿美元，占全省进口总值的82.7%。进口来源地的前2个国家分别是澳大利亚、沙特阿拉伯。其中，自澳大利亚进口额78.2亿美元，比上年增长44.2%；自沙特进口额56.4亿美元，增长8.8%。

从各大洲市场分，自亚洲进口额357.3亿美元，比上年下降6.7%，占全省的49%。其中，自东盟进口额121亿美元，比上年下降2.8%；自中东进口额69.0亿美元，增长10.9%。自北美洲进口额54.2亿美元，下降33.8%，占全省的7.4%。自欧洲进口额92.9亿美元，比上年增长12.2%，占全省的12.7%。其中，自欧盟进口额54.3亿美元，比上年增长4.7%。自大洋洲进口额91.4亿美元，比上年增长34.9%，占全省的12.5%。自南美洲进口额91.3亿美元，比上年增长28.3%，占全省的12.5%。自非洲进口额39.4亿美元，比上年增长19.4%，占全省的5.4%。

【进口地区分布】 2019年，厦门、福州、泉州、莆田、漳州5市合计进口额676.9亿美元，占全省进口额的92.8%。宁德、龙岩、三明和南平4市合计进口额41.1亿美元，占全省进口总额的5.6%。平潭进口额8.4亿美元，比上年增长24.1%。

在全省105家进口超亿美元企业中，厦门54家，合计进口额305.6亿美元；泉州11家，合计进口额70亿美元；福州22家，合计进口额60.9亿美元；漳州7家，合计进口额24亿美元；莆田4家，合计进口额19.2亿美元；龙岩2家，合计进口额16.7亿美元；宁德4家，合计进口额16.5亿美元；平潭1家，进口额5.2亿美元。三明、南平两市无进口超亿美元企业。

2019年福建省大宗特色产品出口及输出情况

单位：万美元

序号	名称	出口额	序号	名称	出口额
	大宗特色产品出口合计	7776919.2	25	肥料	47218.3
1	服装及衣着附件	1354081.5	26	茶叶	45524.7
2	鞋类产品	1173200.9	27	电动机及发电机	43271.2
3	纺织纱线、织物及制品	815898.1	28	钟表	41443.2
4	家具及其零件	450516.1	29	集成电路	39086.5
5	钢材及其制品	383562.6	30	纸及纸板（未切成形的）	38910.1
6	塑料制品	297314.7	31	圣诞用品	34486.1
7	箱包及类似容器	253325.4	32	医药品	30793.5
8	陶瓷产品	238867.5	33	二极管及类似半导体器件	30632.1
9	汽车及其零配件	232894.2	34	床垫、寝具及类似品	30584.6
10	自动数据处理设备及其部件	221355.6	35	眼镜及其零件	28940.3
11	灯具、照明装置及零件	206422.9	36	焦炭及半焦炭	27080.1
12	液晶显示板	173821.2	37	照相机	25244.7
13	花岗岩石材及制品	171936.3	38	纺织机械及零件	24263.4
14	体育用品及设备	159660.0	39	电话机	23889.2
15	铁合金	136950.2	40	自动数据处理设备的零件	23431.6
16	通断保护电路装置及零件	130010.3	41	食品罐头	20612.8
17	蓄电池	123714.5	42	印刷品	19149.6
18	玩具	117746.5	43	摩托车	16208.9
19	船舶	85748.4	44	玻璃制品	15687.1
20	贵金属或包贵金属的首饰	83932.8	45	钨品	14507.6
21	伞	79080.4	46	电容器	13980.5
22	医疗仪器及器械	73122.7	47	胶合板及类似多层板	13015.8
23	电线和电缆	71533.4	48	美容化妆品及护肤品	12790.3
24	电视机	69056.2	49	变压器	12415.1

2019年福建省出口及输出额1亿美元以上的国家和地区

单位：万美元

序号	国别/地区	出口额	序号	国别/地区	出口额
1	美国	2177959.8	7	德国	426061.3
2	菲律宾	799099.8	8	韩国	333621.0
3	中国香港	728979.5	9	荷兰	306273.5
4	日本	636655.0	10	英国	299422.0
5	中国台湾	482723.0	11	马来西亚	298193.0
6	越南	446735.9	12	印度尼西亚	284089.9

续表

序号	国别/地区	出口额	序号	国别/地区	出口额
13	泰国	276437.6	49	伊朗	28763.8
14	印度	206400.0	50	加纳	28394.3
15	澳大利亚	203739.5	51	斯洛伐克	26918.1
16	墨西哥	188126.2	52	乌克兰	26643.3
17	新加坡	184553.7	53	阿根廷	26579.7
18	加拿大	183241.3	54	斯里兰卡	25485.2
19	俄罗斯	175708.8	55	约旦	23125.1
20	意大利	175702.2	56	利比亚	22435.4
21	阿联酋	173383.7	57	匈牙利	21656.4
22	波兰	169725.3	58	也门共和国	21346.7
23	沙特阿拉伯	166710.5	59	科威特	20481.9
24	西班牙	162593.6	60	斯洛文尼亚	20019.2
25	法国	154327.6	61	肯尼亚	19571.1
26	巴西	129718.6	62	罗马尼亚	18444.8
27	尼日利亚	119682.9	63	多米尼加	18121.4
28	智利	103713.3	64	挪威	17341.4
29	比利时	98522.2	65	朝鲜	16003.1
30	巴基斯坦	87483.2	66	爱尔兰	15489.2
31	南非	86831.1	67	扎伊尔	14780.3
32	孟加拉国	69756.9	68	坦桑尼亚	14480.1
33	埃及	68281.1	69	葡萄牙	14417.4
34	土耳其	66151.8	70	吉尔吉斯斯坦	14163.0
35	希腊	59366.1	71	喀麦隆	14153.9
36	以色列	58155.7	72	厄瓜多尔	13990.3
37	柬埔寨	53378.5	73	委内瑞拉	13564.8
38	瑞典	48424.8	74	危地马拉	13411.6
39	捷克共和国	48263.6	75	安哥拉	13068.3
40	缅甸	46318.4	76	芬兰	12661.2
41	巴拿马	46021.9	77	吉布提	12595.9
42	秘鲁	44689.4	78	苏丹	11642.4
43	伊拉克	43867.0	79	马达加斯加	11343.9
44	哥伦比亚	41316.5	80	卡塔尔	11277.8
45	丹麦	35440.4	81	乌兹别克斯坦	11233.9
46	阿尔及利亚	33921.5	82	瑞士	11197.8
47	新西兰	30909.9	83	摩洛哥	10617.6
48	哈萨克斯坦	30887.6	84	阿曼	10444.1

2019年福建省大宗特色产品进口及输入情况

单位：万美元

序号	名称	进口额	序号	名称	进口额
	福建省大宗进口商品	5233868.7	22	计量检测分析自控仪器及器具	55656.1
1	铁矿砂及其精矿	747190.4	23	半导体制造设备	47358.9
2	原油	638570.0	24	汽车零配件	46333.8
3	电子元件	433403.1	25	酒类	44771.7
4	铜矿砂及其精矿	354654.8	26	通断保护电路装置及零件	40427.3
5	煤及褐煤	310986.1	27	鲜、干水果及坚果	36324.2
6	初级形状的塑料	267781.0	28	铬矿砂及其精矿	34315.2
7	黄金	217861.2	29	航空器零件	30812.6
8	液晶显示板	183942.2	30	食用植物油	30658.9
9	大豆	177284.0	31	牛皮革及马皮革	25514.1
10	液化石油气及其他烃类气	173663.2	32	合成橡胶（包括胶乳）	21862.3
11	纸浆	151477.4	33	牛肉	21273.1
12	自动数据处理设备及其零部件	146664.2	34	钢坯及粗锻件	20553.9
13	纺织纱线、织物及制品	131669.4	35	汽车	20225.8
14	未锻轧铜及铜材	130904.3	36	变压、整流、电感器及零件	18392.9
15	锯材	107648.4	37	纺织机械及零件	17552.2
16	原木	101957.4	38	天然橡胶（包括胶乳）	13909.4
17	锰矿砂及其精矿	88292.6	39	美容化妆品及洗护用品	12682.9
18	乳品	86259.2	40	成品油	12380.8
19	粮食	75389.9	41	医疗仪器及器械	12311.9
20	饲料用鱼粉	72947.1	42	塑料制品	11726.3
21	钢材	60279.0			

2019年福建省进口及输入额1亿美元以上的国家和地区

单位：万美元

序号	国别/地区	进口额	序号	国别/地区	进口额
1	澳大利亚	781724.5	10	马来西亚	229375.6
2	中国台湾	604883.3	11	智利	220628.7
3	沙特阿拉伯	564454.6	12	加拿大	199281.4
4	印度尼西亚	504188.5	13	越南	171616.5
5	巴西	408417.0	14	德国	160040.9
6	美国	340409.1	15	泰国	155993.3
7	日本	308914.9	16	俄罗斯	153094.5
8	韩国	264386.1	17	秘鲁	151649.7
9	南非	232316.2	18	印度	149460.6

续表

序号	国别/地区	进口额	序号	国别/地区	进口额
19	瑞士	115590.1	40	阿联酋	19042.7
20	新西兰	111080.0	41	赞比亚	18563.2
21	菲律宾	83664.6	42	乌兹别克斯坦	18229.5
22	乌克兰	76032.3	43	尼日利亚	18167.0
23	土耳其	70831.9	44	新喀里多尼	17536.5
24	阿曼	52887.1	45	捷克共和国	17177.6
25	英国	51263.7	46	比利时	15920.4
26	新加坡	50378.5	47	伊朗	15292.0
27	墨西哥	50006.5	48	加蓬	14306.1
28	西班牙	49554.8	49	葡萄牙	13468.8
29	法国	47201.0	50	瑞典	12733.7
30	意大利	40880.4	51	卡塔尔	12312.4
31	赤道几内亚	37773.2	52	伊拉克	11535.9
32	阿根廷	32534.5	53	扎伊尔	11380.7
33	荷兰	28005.1	54	老挝	10776.8
34	哈萨克斯坦	27210.5	55	中国香港	10729.4
35	挪威	25034.2	56	巴基斯坦	10584.9
36	芬兰	24275.3	57	利比亚	10472.6
37	乌拉圭	22849.4	58	奥地利	10431.8
38	波兰	19503.4	59	科威特	10076.4
39	希腊	19337.7			

（崔　毅）

利用外资和港澳台资

【概况】 2019年，福建省新设外商和港澳台商投资企业2391家；新增合同外资和港澳台资1109亿元，比上年增长6.2%；实际使用外资和港澳台资315.4亿元，增长3.3%。

2019年，全省到资1亿元以上项目85个，比上年增长26.9%；合计金额199.7亿元，占全省实际使用外资和港澳台资63.3%，占比比上年同期提高1.5个百分点。

2019年，中国香港地区及“一带一路”沿线国家和地区实际到资19.4亿元，比上年增长1.4倍；东盟实际到资19.3亿元，增长1.3倍；中国香港地区到资204.6亿元，增长20.3%。全年实际到资金额排名前3位的投资来源地是：中国香港地区（实际到资204.6亿元，占全省64.9%）、瑞士（实际到资18.4亿元，占全省5.8%）、新加坡（实际到资18.1亿元，占全省5.7%）。

【制造业实际使用外资】 2019年，福建省第二产业实际使用外资166.6亿元，占全省实际使用外资的52.8%。制造业实际使用外资164.1亿元，比上年增长2.6%。其中，石油化工业31.5亿元，比上年增长23.4%；机械装备业23.7亿元，增长1倍；电子信息业26.3亿元，下降37.6%。服务业实际使用外资147.9亿元，比上年增长14.9%。其中，科学研究和技术服务业实际使用外资13.5亿元，比上年增长4.8倍；住宿和餐饮业实际使用外资12亿元，增长1.8倍；租赁和商务服务业实际使用外资31亿元，增长42.8%。另外，高技术服务业实际使用外资29亿元，比上年增长31.7%。

【设区市实际使用外资】 2019年，厦门市实际使用外资134.2亿元，完成目标任务的122%；平潭综合实验区13.2亿元，完成120.1%；莆田市9亿元，完成100%；福州市65.3亿元，完成93.3%；泉州市44.1亿元，完成

91.9%；漳州市38.1亿元，完成81.1%；龙岩市3.3亿元，完成65.6%；南平市5.5亿元，完成61.1%；宁德市1.4亿元，完成56.4%；三明市1.3亿元，完成37.7%。

（杜 娟）

对外投资与经济技术合作

【对外直接投资】 2019年，福建省备案和核准非金融类对外直接投资项目267个，比上年增长8.5%；中方协议投资额（简称“投资额”）38.33亿美元，下降30.5%；实际对外投资额43.19亿美元，增长52%，全国排名由上年的第8位上升为第6位。全年新设境外企业195家、分支机构8家，境外企业增资项目64个。投资额1亿美元以上项目8个，投资额合计24.31亿美元，占全省的63.4%。其中，紫金矿业集团股份有限公司出资7.29亿美元投资巴巴多斯卡莫阿控股有限公司是2019年投资额最大的项目。

从投资主体属地分，厦门对外直接投资项目142个，投资额14.93亿美元；福州对外直接投资项目60个，投资额5.02亿美元；漳州对外直接投资项目9个，投资额1573.25万美元；泉州对外直接投资项目24个，投资额1.53亿美元；三明对外直接投资项目1个，投资额20万美元；莆田对外直接投资项目6个，投资额1.74亿美元；南平对外直接投资项目2个，投资额573.12万美元；龙岩对外直接投资项目10个，投资额13.74亿美元；宁德对外直接投资项目5个，投资额4175.91万美元；平潭综合实验区对外直接投资项目8个，投资额7382.85万美元。福州、厦门、平潭三个自贸片区内企业对外直接投资项目50个，占全省的18.7%；投资额2.3亿美元，占全省的6.0%。

从投资目的地分，2019年亚洲仍为福建企业对外投资主要目的地，全年在亚洲国家（地区）备案投资项目180个，占全省的67.4%；投资额13.33亿美元，占全省的34.8%。投向其他地区的情况为：北美洲13.4亿美元，欧洲5.62亿美元，非洲5.22亿美元，大洋洲3694.1万美元，南美洲3908.49万美元。从具体国别（地区）来看，投向中国香港的项目数最多，为60个，投资额2.45亿美元。对“一带一路”沿线国家和地区投资项目117个，投资额13.39亿美元。

从投资境外行业分，制造业、批发和零售业及商务服务业项目数量居前三位，分别为89个、54个和24个，占比分别为33.3%、20.2%和9%。投资额最大的行业为制造业，投资额15.65亿美元，占比为40.8%。

【对外承包工程】 2019年，福建省新签订对外承包工程合同44份，金额17.34亿美元，比上年增长1.7倍；完成营业额10.18亿美元，下降6.1%。对外承包工程项下派出劳务人员1954人次，比上年下降54.3%，年末在外劳务人员2581人，下降24.1%。

对外承包工程业务分布在40个国家和地区。其中，非洲地区完成营业额5.34亿美元，占52.5%；亚洲地区2.97亿美元，占29.2%；欧洲地区1.27亿美元，占12.5%；南美洲地区0.29亿美元，占2.8%；大洋洲地区0.28亿美元，占2.7%；北美洲地区0.03亿美元，占0.3%。肯尼亚、埃塞俄比亚和赞比亚为完成营业额前3位国家，分别为1.47亿美元、0.96亿美元和0.95亿美元。

2019年全省有对外承包工程实绩的企业12家，其中福州9家、厦门2家、南平1家；12家企业中完成营业额超过1亿美元的3家，分别为中国武夷实业股份有限公司、中国水利水电第十六工程局有限公司和大成工程建设集团有限公司。完成营业额情况，中国武夷实业股份有限公司3.16亿美元，在省内企业中排名第一。新签合同额情况，中国电建集团航空港建设有限公司4.84亿美元，在省内企业中排名第一。

【对外劳务合作】 2019年，福建省外派各类劳务人员48811人次（包括工程项下派出人数），比上年增长1.6%。年末在外各类劳务人员68168人，比上年增长6.4%。外派劳务人员全年实际收入8.51亿美元，与上年基本持平。新签劳务人员合同工资总额6.93亿美元，比上年下降11.8%。全年向57个国家和地区派出劳务人员。其中，亚洲地区43892人次，占89.9%；非洲地区1308人次，占2.7%；拉丁美洲地区1217人次，占2.5%；欧洲地区840人次，占1.7%；大洋洲地区40人次。从具体国别（地区）看，中国澳门依旧为福建外派劳务最大目的地，全省7家输澳劳务合作企业2019年输澳劳务总人数24256人次，占全省外派劳务总量的49.7%；年末在澳41491人，占全省在外劳务人员总数的60.9%；劳务人员实际收入总额4.83亿美元，新签劳务人员合同工资总额5.51亿美元。

【对外援助】 2019年，福建省5家援外培训承办单位承担商务部援外培训班任务82期，培训来自五大洲近100个国家的2000多名政府官员和技术人员。援外技术方面，福建农林大学执行援外技术项目3个，分别为援斐济菌草技术示范中心项目二期项目，援莱索托菌草技术合作项目，援巴布亚新几内亚菌草、旱稻技术援助项目。 （唐 宁）

闽台经贸合作

【概况】 2019年，福建省实际利用台资（含第三地转投）40.5亿元，占全省实际利用外资12.8%；按商务部统计口径，规模位居大陆各省市第二，仅次于江苏。闽台贸易额749.1亿元，其中，对台贸易额332.9亿元，自台交易额416.3亿元；规模位居大陆各省市第六位。福建省对台直接投资项目2个，闽方协议投资金额597.24万美元。

【闽台产业合作】 2019年，福建省跟踪推进对台招商重点项目36个，投资总额152亿美元。与海峡两岸经贸交流协会联合举办“闽台经贸合作对接会”，现场签订60亿元投资协议。与南平市政府共同举办“对台经贸合作对接会”，现场签约27个项目，总投资92.4亿元。2019两岸企业家紫金山峰会期间，组织漳州市对接台湾金融、电子、机械装备、石化组企业家，推动漳州古雷开发区签约项目2个，金额72.6亿元。

【自贸试验区制度创新】 截至2019年底，福建省自贸试验区累计推动实施对台创新举措89项。厦门自贸片区2018年开始探索集成电路产业链保税监管，2019年4月获国家海关总署批复同意按照加工贸易模式对集成电路保税研发进行监管，以平台为单元，对集成电路设计企业进口的研发检测用的晶圆片等料件进行保税管理，服务纯研发设计的中小微的集成电路企业。这是全国首个对集成电路保税研发进行监管模式创新的试点，突破已有加工贸易管理的相关规定，大力服务闽台电子信息产业合作。国家药监局批复同意将台湾地区生产且经平潭口岸进口的第一类医疗器械备案管理权限下放至福建省，将福建省列入医疗器械注册人制度试点。住建部同意将“台商独资或控股开发建设项目，借鉴台湾规划及工程管理体制”的实施范围从平潭扩大到福建自贸试验区，进一步推进“一区两标”试点。

【自贸试验区两岸融合发展】 2019年，福建省新引进首家台商独资国际船舶运营企业、两岸合资影视后期制作企业、首个台湾律师事务所驻大陆代表机构等一批首创性台资项目。经贸合作畅通方面，厦金经贸合作示范区和高雄、金门、马祖“海外仓”等项目加快建设，大嶝对台小额商品交易市场率先实施“正面清单”管理模式，为台湾商品进入大陆提供更多便利。基础设施联通方面，新开通平潭—高雄、马尾琅岐—马祖海上航线，并实现常态化运营。行业标准互通方面，对台职业资格采信工作常态化开展，完成130多个大项、260多个小项国家职业资格标准的比对，已发放采信证明500多本，在此基础上，在全国内地省份率先直接采认台湾地区相应职称并颁发证书，持证台胞在就业、创业、人才奖补等方面享受与大陆居民同等待遇。对台金融创新方面，率先开展对台金融授信试点，向符合条件的台商台胞颁发“金融信用证书”，持证台商台胞可办理贷款、担保、授信等多项业务，缓解台商台胞融资难题。服务创新创业方面，建立“一站式”台企台胞服务中心，统一受理涉台企业注册、产业奖补、法律援助、住房申请等行政审批及公共服务事项。两岸“三创”基地由原来8个增至13个，成为台湾青年创新创业的载体。

【闽台冷链物流发展】 2019年，厦门市两岸冷链物流产业合作试点完成，试点工作转为日常工作，两岸冷链物流产业合作得到升级。与台湾有关机构合作，实施食品冷链物流标准9项，实现两岸冷链物流标准统一。2018年始，推动泉州、平潭列入两岸冷链物流产业合作试点城市，试点城市按照商务部的要求开展工作。泉州市出台《2016—2020年冷链物流产业发展进行总体规划》和《关于促进冷链物流加快发展的实施意见》。泉州市加快推进重点项目和冷链物流园区建设，筹划建设石狮祥芝港、晋江深沪港重点建设渔港冷链物流园区，永春县果蔬、食用菌等农产品预冷和集配中心以及福建东南（冷链）仓储项目等。平潭综合实验区重点发展澳前物流园区、平潭两岸海渔产品观光体验中心等项目，设立对台海外仓。是全国首个对台海外仓，以跨境电商、海运快件为业务支点，是大陆在台湾设立的第一个“海外仓”。 （金　毅）

闽港澳经贸合作

【闽港经贸合作】 2019年，福建省新设港资企业531家，比上年下降22.4%；合同港资781.7亿元，增长25.9%，占全省同期合同外资总额的70.5%；实际利用港资204.6亿元，增长20.3%，占全省同期实际利用外资总额的64.9%。闽港进出口贸易总额510.5亿元，比上年增长1.5%。备案对香港投资的项目60个，比上年下降7.7%；闽方协议投资额2.45亿美元，下降48.1%。

【闽澳经贸合作】 2019年，福建省新设澳资企业43家，比上年下降14%；合同澳资4.9亿元，增长60.4%；实际利用澳资1.1亿元，增长25.3倍。闽澳进出口贸易总额3.84亿元，比上年增长2.9%。

【闽港澳经贸交流往来】 2019年1月，福建省副省长郑新聪率团访问香港，举办“福建经贸推介会”，向香港各界宣介新时代新福建建设情况，并推动福建进出口商会与香港中华出入口商会签订合作协议。实地走访香港商汤科技公司和怡和集团，推进落实具体合作项目。8月，省商务厅联合三明市商务部门赴港澳开展招商推介活动，举办多场经贸推介会、座谈会，与港澳相关商协会、企业深入对接洽谈，促成3个重大投资项目和5个意向合作项目，总投资额超20亿元。利用港澳商协会、各大企业集团来闽参加第二届数字中国建设峰会、第17届“6·18”和厦洽会等时机，开展招商推介和项目对接活动，推动生成一批投资合作项目。2019年，闽港澳合作1亿美元以上大项目45个，总投资187.1亿美元。

会展合作不断深化。组织福建省企业参加香港家庭用品展、美食展、时装展、澳门MIF等港澳重点展会，举办“福建品牌港澳行”“品牌泉州香江行”“闽菜香江行”等活动，借助港澳国际平台，扩大福建品牌和产品的国际影响力。组织邀请港澳企业到闽参加“5·18”海丝博览会、“6·18”海峡项目成果交易会、“9·8”厦洽会等展会，设立香港馆、澳门馆，推动港澳商协会及企业与福建省企业开展项目对接洽谈，闽澳3个合作项目在厦洽会上签约。组织在闽港资企业代表观摩首届商博会，并举办“闽港经贸合作交流座谈会”。

金融合作持续加强。针对泉州民营企业转型升级、走向国际的发展需求，推动香港雄牛资本、普华永道、瑞丰德永等香港金融资本和专业服务机构深入泉州，与泉州企业就国际品牌并购、赴港上市融资、股权投资合作等问题进行一对一交流洽谈，达成合作意向。与港交所合作举办“福建省赴港上市暨股权投融资培训班”，邀请香港证券、会计、审计、律师等专业机构专家，对企业赴港上市及股权投融资进行辅导培训。

闽港澳“并船出海”成效明显。参与举办大型研讨会。与香港中联办经济部、厦门市政府、省直相关部门及香港重要商协会、机构联合举办“闽港‘一带一路’高峰研讨会”，500多位闽港嘉宾出席，共同分享闽港两地融入“一带一路”的最新发展成就，探讨闽港两地如何全面加强融合互动，共同把握“一带一路”机遇，实现优势互补，共赢发展。同时12个闽港合作项目现场签约。

巩固与港澳相关机构合作。与到访的香港贸发局有关方面负责人多次会谈，围绕加强展会合作、携手拓展“一带一路”商机等进行交流探讨。发挥香港特区政府驻粤办联络点优势，深化双方在双向投资、双向贸易，以及携手“并船出海”等方面的合作。合力拓展“一带一路”沿线市场。联合澳门贸促局、省贸促会共同赴加纳、阿联酋等国家开展经贸促进活动。宣传推广福建省优势产业和品牌商品，了解当地主要产业发展现状、发展方向等，推进福建省与非洲及中东国家的经贸往来。

（肖嘉耀）

开发区建设

【概况】 截至2019年底，全省有省级及以上开发区97家，其中国家级24家（包括经济技术开发区、高新区、台商投资区、海关特殊监管区等类型）、省级73家（包括经济开发区、高新区、工业园区等类型）。2019年，全省开发区实现地区生产总值1.42万亿元，比上年增长11.8%，占全省地区生产总值的比重33.6%；实际利用外资总额166.57亿元，占全省52.8%；进出口总额7521.79亿元，增长11.3%，占全省的56.6%。

【政策支持】 2019年，国务院出台《关于推进国家级经济技术开发区创新提升打造改革开放新高地的意见》和《关于促进综合保税区高水平开放高质量发展的若干意见》。福建省政府召开专题会议，研究推进福建省开发区创新提升工作和综合保税区整合升级工作。省商务厅牵头制定《福建省促进综合保税区高水平开放高质量发展实施方案》和《贯彻〈国务院关于推进国家级经济技术开发区创新提升打造改革开放新高地的意见〉实施方案》，经省政府同意后印发实施。福建省结合《福建省人民政府关于促进开发区高质量发展的指导意见》，推动开发区创新提升、高质量发展，重点指导推动10家国家级经开区研究制定创新提升具体实施方案，发挥引领示范作用。福建省福州出口加工区、福州保税港区、厦门海沧保税区港区、厦门象屿保税物流园区4家海关特殊监管区域向国务院申请转型升级为综合保税区。

【管理体制机制】 2019年，福建省推动各设区市贯彻落实国务院和省政府的指导意见，激发开发区体制活力，深化“放管服”改革，营造一流营商环境。全省开发区管委会主要领导由所在地领导兼任的超过一半，设立运营公司的约占85%，成立专业化招商公司的近1/3，鼓励国有、民营或外资企业参与开发区建设和投资运营。泉州台商投资区建成“一站式行政服务超市”，设立108个服务窗口，让企业办事不出区，像“网购”一样方便；晋江经济开发区与专业化招商公司北京联东投资有限公司（联东U谷）合作，构建开发区招商平台，推动开发区用地功能复合利用、立体开发，促进产业转产升级。

【产业集聚发展】 2019年，厦门火炬高新区聚焦集成电路产业等高新技术产业，在龙头企业投资建设的联芯集成电路等项目的带动下，吸引上下游项目落户集聚，发挥磁吸效应形成“芯片设计—芯片制造—封装测试—装备与材料”的集成电路全产业链布局。宁德东侨经开区（国家级）围绕打造锂电新能源千亿元产业集群，以年均超100%的增速发展，有42个产业链项目落地，成为全球规模最大的锂电池生产基地。泉港石化工业园区推动石化产业集群发展，年内实现规模以上产值超千亿元，连续7年跻身中国化工园区前20强。泉州经开区重点围绕高端纺织鞋服产业和4个新兴产业，谋划建设中意“两国双园”，促成九牧王、双环能源、琪尔特3家公司与意大利企业签订国际合作协议。

【招商引资与开放合作】 2019年，厦门“9·8”投洽会期间，福建省20个开发区参展招商，展示开发区主导产业和营商环境，吸引海内外客商投资开发区，其间签约内外资项目79个，总投资超千亿元。厦门等地开发区设立市场化、专业化的招商公司或投资促进机构，开展精准招商取得良好实效。闽西南协同发展区五市商务部门签订《闽西南协同发展区商务部门合作框架》，重点在搭建联合招商合作平台、促进产业布局调整和协同发展等领域联动发展。三明市先后与厦门、泉州有关部门和开发区签订协同招商合作协议，先后引进闽西南协作项目159个，总投资256亿元。福建省3家国家级经开区（东侨、融侨、龙岩）与宁夏2家国家级经开区（银川、石嘴山）在闽宁第23次联席会议上签订合作协议，漳州金峰开发区与宁夏固原开发区签订合作协议，推动闽宁开发区合作。

【环境保护】 2019年，福建省配合中央第二轮环保督察工作，督促有关开发区整改督察发现的问题，推进开发区落实规划环评和污水集中处理设施建设。全省省级以上开发区基本实现污水集中处理及在线监控全覆盖。（苏克往）

编辑：郑　莱

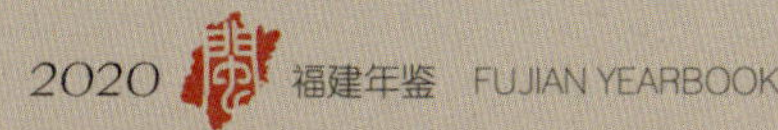

中国(福建)自由贸易试验区·福州新区

综　述

【自贸试验区制度创新】　2019年，福建省自由贸易试验区深化改革方案136项试验任务已实施125项。新推出实施创新举措71项，其中全国首创39项、对台15项。自由贸易试验区自2015年4月21日挂牌以来累计实施15批410项创新举措，其中全国首创157项、对台89项，形成具有福建特色、对台先行先试的制度创新体系，为全国、全省贡献“福建自贸经验”。新增7项经验在全国复制推广、3项入选全国“最佳实践案例”、2项入选中组部攻坚克难案例，累计有36项制度创新在全国推广；新增20项创新成果和14项平潭快速通关经验在全省推广实施，累计有156项制度创新推广到全省；自贸试验区与自主创新示范区“双自联动”不断推进。评选发布30项最佳创新举措和10个最佳创新平台，展现改革和发展“两轮驱动”效应。联合厦门大学成立全国第一家自贸区学院，强化自贸智力支持。

【经贸成果】　2019年，福建省自由贸易试验区发挥沿海近台优势，引进台商独资国际船舶运营企业、两岸合资影视后期制作企业等一批首创性台资项目，对台职业资格采信工作常态化开展，新增两岸“三创”基地5个。台闽欧班列通达欧洲和中亚12个国家34个城市，“丝路海运”开通海丝航线50条，覆盖24个国家47个港口。福州物联网、厦门航空维修、平潭两岸影视基地等重点平台不断壮大，海运快件、中转集拼、离岸贸易等新业态新模式加快发展。自2015年4月21日挂牌至2019年底，区内新增内、外资企业9.1万家，注册资本2万亿元，分别是挂牌前历年总和的5.9倍、9.1倍。　（向迎佳）

中国（福建）自由贸易试验区福州片区

【概况】　2019年，中国（福建）自由贸易试验区福州片区新注册企业5991家（其中内资企业5908家，外资企业83家），注册资本1384.76亿元（其中内资企业注册资本1334.01亿元，外资企业注册资本50.75亿元），区内企业实现税收76.41亿元。全区港口货物吞吐量4648.89万吨，比上年增长11.64%，集装箱吞吐量完成295.26万标箱，增长4.68%，进出口总额216.63亿元。

【体制创新】　2019年，中国（福建）自由贸易试验区福州片区在投资、贸易、金融、税务、事中事后监管、对台交流等领域共推2批92项创新举措，其中35项经省自贸办委托毕马威评估认定，全国首创17项，分别新增6项、12项改革创新经验在全国、全省复制推广；20项创新举措和3个平台入选福建自贸试验区（2015—2019年）最佳创新举措和最佳创新平台；在中山大学发布的24个自贸（片）区2018—2019年度制度创新指数排名中，福州片区位列第八；发布自贸试验区改革创新实践案例24个，2个被商务部评为典型经验，“创新不动产登记工作模式”列入国务院第三批“全国最佳实践案例”；完成“多部门事项一口受理、网上运转、并行办理、限时办结”等10项集成改革，推出28组“证照联办”套餐服务；建立全流程电子化投标保函系统；工程建设项目并联审批进入4.0版本；创新医疗机构设置和执业许可并联审批模式、会展一站式审批模式。

【金融创新】　2019年，中国（福建）自由贸易试验区福州片区发布第5批金融创新案例10个。在全国率先开展跨境业务区块链服务平台试点，办理业务1.3亿元。关税保证保险试点累计保额13亿元。出口退税时间平均缩至3.37个工作日。区内银行机构创新推出“连连贷”“六贷一透”等信贷产品，较同期基准利率下浮10%。

【重点产业建设】　2019年，中国（福建）自由贸易试验区福州片区平行进口汽车保税展示交易中心开业，江阴整车口岸实现以滚装船形式进口汽车的突破，2019年进口外贸整车到港3925辆，比上年增长12%。年内，推动拼多多、考拉海购、京东物流等项目落地运营，跨境电商综合试验区成功获批，2019年跨境电商累计交易票数586万票，比上年增长75%。福州物联网产业创新发展中心启用，包括华为云计算创新中心、大唐高鸿等76家企业入驻，2019年物联网核心产值350亿元；物联网开放实验室发布物联网国家标准14项、国际标准1项。

【对外合作交流】 2019年，中国（福建）自由贸易试验区福州片区深化对台交流合作。成立福州首家大陆与台湾地区律师事务所联营办公室。全国首创对台离岸创业基地和台湾离岸人才库。全省率先实施公办中小学及幼儿园可聘用台湾全职教师。全国首创对台小包邮件同屏比对快查快放模式。全国率先在海峡股权交易中心设立“台资板”。加强“一带一路”贸易往来。万全新加坡物流中心揭牌运营，飞毛腿电子在印度孟买设立分公司。2019年在AEO互认方面新增10个国家和地区，成立“一带一路”数据共享（国家级）联合实验室，区内企业新设立36个海丝跨境电商海外仓。2019年，江阴港区新增3条外贸海丝航线。

【事中事后监管】 2019年，中国（福建）自由贸易试验区福州片区率先实现海关、法院知识产权保护“信息互通、执法互助、信用共管”。设立市政府立法工作联系点和法制保障工作联系点。建设福建省自贸试验区首家“知创福建”平台工作站，率先建立起全面覆盖企业的知识产权专员制度。全国率先制定“双随机、一公开”监管规范地方标准，构建企业信用分类监管体系。

（林仕锋）

中国（福建）自由贸易试验区厦门片区

【概况】 2019年，中国（福建）自由贸易试验区厦门片区完成地区生产总值663.94亿元，比上年增长12.2%；实现进出口总额2018.06亿元，增长21.59%，其中出口1047.7亿元，增长35.15%；财政收入93.37亿元，其中地方级收入51.25亿元。全年厦门片区新增企业9485家，注册资本829.92亿元，其中，新增外资345家，注册资本172.92亿元，引进世界500强企业壳牌、硕达等一批重点项目。厦门片区挂牌以来，累计新增企业45280家，注册资本6392.36亿元，实有企业51939家，注册资本7786.21亿元，企业注册数较2015年4月21日挂牌前净增6.8倍。

【体制机制创新】 2019年，中国（福建）自由贸易试验区厦门片区累计推出创新举措416项，其中全国首创82项，约占福建自贸试验区首创经验的52%；27项“厦门经验”获国务院发文向全国推广，占推广总数的25%；5个“厦门样板”入选全国自贸试验区“最佳实践案例”，占案例总数的12%；101项“厦门经验”获福建省政府发文向全省推广，占推广总数的60%以上。“一照一码”、国际贸易“单一窗口”、“多规合一”、工程建设项目审批制度改革、口岸通关环节降本增效、“信用三公示”等一批改革创新经验在全国复制推广或供学习借鉴。

【营商环境优化】 2019年，中国（福建）自由贸易试验区厦门片区继续参照世界银行营商环境评价指标体系，对标上海、北京等先进城市，推进落实一批目标任务。通过取消审批、审批改备案、实行告知承诺制、简化优化审批流程等方式，率先推进工程建设和市场准入领域审批制度改革。经第三方评估，厦门营商环境排名从2015年4月21日厦门片区挂牌时相当于全球第61位（2015年）提升至19位（2019年）。

【事中事后监管】 2019年，中国（福建）自由贸易试验区厦门片区推进知识产权和文化市场领域相对集中行政处罚权做深做实。每月开展一次和文化市场领域“四合一”双随机执法检查，截至2019年12月，共对222家企业进行执法检查。以自贸试验区综合监管执法协作机制为基础，健全跨部门联合抽查监管制度。制定《关于加强厦门自贸片区旅游商品市场综合监管的实施方案》，采取随机抽查、突击检查等方式，对自贸片区旅游购物市场开展跨部门协同执法检查。推行“信用三公示”管理模式，建立“一个办法＋两个清单”联合奖惩机制。截至2019年12月，超过4500家企业通过采用审批承诺方式办理行政许可事项，做出相应的信用承诺，并予以公示，接受社会监督。

【厦门港口竞争力提升】 2019年，中国（福建）自由贸易试验区厦门片区出台《厦门港口对标先进工作方案》《厦门口岸降本增效工作方案》《做大做强港口国际集装箱中转业务工作方案》《厦门片区拓展国际集拼工作方案》等多个工作方案，提升厦门港口竞争力。提高通关效率，出台提高口岸通关效率系列工作方案，推出调整进口集装箱码头免费堆存等20条针对性措施，提高口岸通关效率。提高口岸通关信息化服务水平，优化提升厦门国际贸易“单一窗口”功能，加快海运提单电子化步伐，做好与国家标准版的高效对接。推广集装箱设计交接单无纸化工作。推进申报项目整合优化，推动关检业务全面融合。2019年12月，厦门口岸进口整体通关时间35.04小时，出口整体通关时间3.5小时，压缩比（较2017年12月）分别为66.29%、81.31%。降低通关成本。在进一步降低政府性收费的基础上，规范、引导非政府性收费，从政府监管、行业参与、阳光收费、市场破题、智能加速、信用护航6个方面规范并推动收费的降低，年度可为企业节省1.6亿元费用。厦门口岸政府性收费是大陆最低口岸之一。国企带头参与行业竞争，引导行业协会发布行业收费参考价指导意见，建立多渠道的口岸服务经营企业收费公开机制，探索厦门口岸经营服务企业的信用应用，降低企业运行成本，可降低非政府性收费20%。优化提升口岸营商环境。优化政府购买集装箱查验服务，提升企业获得感。创新邮轮物供模式，实施全国首例邮轮物供“整进散出”业务。

【国际贸易“单一窗口”建设】 2019年，中国（福建）自由贸易试验区厦门片区建成体制机制优、业务功能全、信息化集成水平高、运行效果好的国际贸易“单一窗口”，获2019中国年度改革优秀案例，为商务部自贸试验区首批“最佳实践案例”之一、海关总署全国口岸“互联网＋自主报关”首个试点、全国首个自然人可以直接自主报关的“单一窗口”、全国第二个加入亚太示范电子口岸网络（APMEN）的成员口岸。对接“一带一路”，与新加坡“单一窗口”、中国台湾地区关贸网路互联互通，参与亚太示范电子口岸网络海、空运物流可视化和原产地证电子化等试点项目，2019年8月在全国率先实现国际空运提单进口电子化，成为商务部、外交部推荐的2020年APEC会议合作案例。至年底，平台累计开户企业数7576家，服务个人7.68万人次。

【对台融合】 2019年，中国（福建）自由贸易试验区厦门片区扩大对台开放领域，推动经贸合作畅通。用好中央和省赋予厦门市和自贸试验区的各项政策举措，贯彻中央31条惠台政策，参与提出全国首个地方版“厦门惠台60条”。制定具有自贸试验区特色的厦门片区惠台26条，从经济合作、社会领域等更大范围、更多层面促进两岸交流合作和推进祖国和平统一。以“经贸畅通、标准共通”为重点，落实落细惠台政策。发挥片区“负面清单”优势，吸引台湾实创医疗器械、台湾金石新创项目等注册落地，台湾何志扬律师事务所驻厦门代表处获得执照许可。2019年，厦门片区引进台资企业186家，2015年4月21日挂牌以来累计新增台资企业1218家。

【闽台金融合作】 2019年，中国（福建）自由贸易试验区厦门片区推进闽台金融新突破，厦门两岸股权交易中心“台资板”累计挂牌企业677家，2019年挂牌企业253家，23家台湾地区银行开立人民币代理清算账户，累计清算金额1258.75亿元，对台人民币现钞调运140多亿元。在大嶝对台小额商品交易市场实行“正面清单”管理方式，落实“一区双标”，推动更多台湾原产地消费品进入大嶝市场销售。2019年，大嶝市场实现台湾商品进口额3.42亿元，比上年增长19.34%。建设两岸集成电路双创平台，开展集成电路保税研发试点，累计完成付汇68.7万美元。

【海丝沿线交流合作】 2019年，中国（福建）自由贸易试验区厦门片区推动建立与海丝国家合作机制，建立境外投资服务平台和厦门“走出去”服务联盟，合作印度尼西亚不锈钢一体化冶炼等一批大型项目。启动中国首个以航运为主题的“一带一路”国际综合物流服务品牌和平台，深化海丝沿线国家和地区港航开放合作。至年底，厦门43条“丝路海运”航线已开行1575航次，完成集装箱吞吐量134.25万标箱。推动文化“走出去”，2019—2020年国家文化出口重点企业和项目公示名单中，基地入选重点企业13家、市重点项目2个；参与主办第三届东南亚中国图书巡回展，达成图书版权输出意向821项。

【招商引资】 2019年，中国（福建）自由贸易试验区厦门片区树立全员招商工作理念，以企业需求为导向，系统运用产业链、专业化、社会化多种方式链动上下游产业，建立项目中心的全周期工作机制，出台《进一步加强招商引资工作的若干意见》，针对重点产业链建立“一个产业链、一个招商方案、一批目标企业、一支招商小分队”的“四个一”招商机制，开展精心精准精细招商，推动京东（厦门）电商进出口运营中心、台湾大有海洋集团总部、厦航飞机跨境租赁、香港中环球跨境支付服务平台、顺利办信息服务股份有限公司南方总部等项目落地。

离岸贸易业务持续增长。理顺厦门市企业开展离岸贸易外汇收支结算的操作流程，从2018年8月28日厦门市首笔离岸贸易业务落地至2019年12月底，建发、国贸、象屿3家国企已在工、农、中、建、交和兴业6家银行累计办理离岸贸易国际收支62.18亿美元，折合人民币430亿元，其中2019年外汇收支增量50.91亿美元，折合人民币354亿元。

构建跨境电商生态圈。获批国家跨境电商综合试点城市，打造跨境出口品牌营销中心，落地亚马逊、京东、雨果、拼多多国际等龙头项目，吸引跨境

2019年10月27日，中欧（厦门）班列新西伯利亚—厦门—胡志明国际铁海联运回程过境班列首发 ［中国（福建）自由贸易试验区厦门片区供稿］

电商产业链上下游企业入驻，实现要素集聚。2019年，厦门片区纳入规模企业统计的跨境电商“9610”进出口294.5万件、货值4.25亿元、比上年增长445.51%；其中，“9610”出口292.32万件、货值4.16亿元、增长480.77%。“1210”保税备货进口965件，货值159.58万元；邮件快运进出口3192.14万件，其中邮件2951.88万件、快件240.26万件。其中对台海运邮快件2494个标箱，共1054.47万件，比上年增长4.44%。

国际中转集拼业务。率先在全国开展国际中转集拼业务，吸引东南亚等近洋货物在厦门港口分拆，再与国内出口货物集拼出口至欧美。2019年，国际集拼实现箱量11.5万标箱，比上年增长10.71%；实现出口380.17亿元，占全市出口总额10.77%，增长46.77%，拉动全市出口增长约3.6个百分点。

中欧班列持续拓展贸易渠道。抓住集装箱货物过境运输契机，推动越南货物首次连接中亚线，使得海铁联运全部覆盖欧洲、中亚、俄罗斯3条国际货运干线；匈牙利布达佩斯线和俄罗斯新西伯利亚首班返程班列发运，打通厦门欧洲双向通道，台湾商品经中欧班列过境运输业务实现常态化运营。2019年，累计发运234列，比上年增长32%；货值50.49亿元，增长51%。

【主导产业培育】 2019年，中国（福建）自由贸易试验区厦门片区推进自贸试验区平台建设，重点打造航空维修、融资租赁、跨境电商、进口酒、黄金珠宝、集成电路、机电平台、文化贸易、国际水产品交易、中欧（厦门）班列、国际航运中心、三创基地、国际贸易“单一窗口”等14个重点平台，分别制定3年行动方案，发挥政策和资金杠杆作用，以争取政策突破和推出创新举措为手段，将“保税＋”“金融＋”“互联网＋”等自贸试验改革创新元素融合、协同、集聚到推动重点平台建设之中，在开办、运营、租金、人才等方面予以支持，以更高层次的系统集成，聚集一大批有带动力的创新创业创造的企业，打造拉动经济平稳快速增长、带动产业转型升级、增强区域发展竞争力的重要增长极，共同打造厦门千亿元产业链。

航空维修。落实厦门片区航空保税维修“1371”试点业务适用退税政策，推进特殊监管区外保税维修监管试点政策落地。对接中国商飞国产大飞机，拓展产业新领域。2019年，航空维修产值138.6亿元，超过80%为境外业务。

进口酒。借鉴香港等地模式组建进口酒专业委员会，出台支持进口酒市场发展若干措施，推动厦门国际酒类交易平台集聚发展。2019年，厦门关区进口酒量2.2亿升，其中进口啤酒1.9亿升，保持全国第1位，厦门口岸进口酒总量保持全国第二。

融资租赁及中后期飞机处置产业链群。厦门片区引进融资租赁企业437家，为全国主要融资租赁聚集区。2019年引进租赁飞机22架，比上年增长1.55倍，累计引进租赁飞机125架，租赁金额81亿美元。累计开展船舶融资租赁船舶16艘，融资金额8亿元。引进国家集成电路大基金下属企业—鑫芯租赁。

机电设备。发挥“保税＋”“金融＋”“会展＋”优势，打造智能制造全产业链一站式综合服务平台。已引进日本山崎马扎克、瑞士肖柏林机床、台湾百德机械等20多家知名品牌。2019年平台实现交易额超28亿元，区级纳税1010万元。

【国家文化出口基地】 2019年，中国（福建）自由贸易试验区厦门片区出台专门政策措施，发挥自贸试验区“保税＋”优势，打造特色文化艺术品平台。国内首个大型保税艺术博览会博乐德艺术品保税共享平台开业；举办首场保税拍卖会，成交金额3731万元。举办东南亚中国图书巡回展，丹溪映画与巴基斯坦电视台等合作。

【国际航运中心】 2019年，中国（福建）自由贸易试验区厦门片区在全国首创“进口直供、保税供船”监管模式，构建邮轮物供快速通道。2019年接待国际邮轮136航次，比上年增长41.67%；旅客吞吐量41.37万人次，增长27.38%；集装箱吞吐量1112.22万标箱。

（郭立群）

中国（福建）自由贸易试验区平潭片区

【体制改革】 2019年，中国（福建）自由贸易试验区平潭片区以体制机制改革创新工程为抓手，推进自贸试验区建设发展，成果显著。自贸试验区深化改革试验任务实施率突破90%，在试点企业投资项目承诺制、简化整合投资项目报建手续等方面取得明显成效。发挥“政策优、体制活”的优势，在投资、贸易、金融、监管等方面先行先试，共有29项创新成果获评福建自贸试验区创新举措。以改革创新打通产业平台发展痛点堵点，率先试点平台总部经济个体户集群注册改革，总部经济成为平潭首个百亿元产业。围绕“关、线、仓、配、管、商、补、业”突破创新，物流贸易产业成为平潭第二个百亿元产业。

【营商环境提升】 2019年，中国（福建）自由贸易试验区平潭片区对标先进，突出问题导向，在投资、贸易、金融、法治等多个领域积极探索，打造一流营商环境。改革行政管理体制，启动新一轮更深层次、更具创新的党政机构大部制改革，党政工作机构限额仅相当于设区市的1/3、县（市、区）的1/2，122个事业单位整合为15个，15个乡镇整合为4个片区，建立扁平高效、特色鲜明的行政管理体制，得到中编办高度肯定。改革商事登记制度，率先试行企业开办全程网上办，实现内资企业开办营业执照办理、公章刻制、社保登记等全程“网上办”“无纸化”“零见面”。在“多证合一”“证照分离”的基础上，实行“一企一证”改革，将企业行业准入涉及的229种“证”集成到一张

“照”上，有效破解“准入不准营”难题。创新贸易通关模式，在通关重点领域和关键环节深化改革，平潭口岸通关时效长期保持福州关区前列。口岸部门加强通关服务创新力度，实施14项快速通关典型经验做法，打响平潭特色通关品牌。金井港区对外开放通过国家验收，跻身国家一类口岸行列，获批进境水果、冰鲜水产品等两类货物指定监管场地，2019年平潭口岸集装箱吞吐量比上年增长63.57%。

【闽台融合】 2019年，中国（福建）自由贸易试验区平潭片区发挥沿海近台优势，推进“两岸应通尽通、平潭先通”，打造台胞台企登陆“第一家园”桥头堡。集成涉台服务，全国首创设立“一站式”台胞台企服务中心，“对台湾同胞一视同仁，像为大陆百姓服务那样造福台湾同胞”，统一受理8大类157项行政审批及公共服务事项。共通行业标准，完成134项职业资格对台比对，其中95项实现直接采信，台胞可凭采信证书在平潭执业，累计发放证书539本，开辟台胞“登陆”就业快捷通道。畅通经贸往来，开通平潭—高雄客货运直航航线，在大陆地区率先实现与台湾北、中、南部港口客货运直航航线全覆盖，实现“三箭齐发”，构建两岸经贸合作畅通海上黄金通道。融通基层治理，启动建设全国首个从规划、施工、管理等全链条体现台湾元素的台胞社区。引进台籍社区营造师、社工、司法服务人员等，探索两岸“共同管理”模式。

【发展动能增强】 2019年，中国（福建）自由贸易试验区平潭片区以重点发展平台建设为抓手，把自贸试验区制度创新优势转化为治理效能、发展动能。总部平台经济方面，以平台经济为重点和突破口，通过“政策＋服务”组合拳和“高效＋创新”支撑力，开出全省第一张区块链发票，并实现个体工商户批量注册的破题，有效解决平台经济做大做强的瓶颈问题，总部平台经济成为平潭首个百亿元产业。物流贸易产业方面，发挥海陆空联运优势，聚焦跨境电商、海运快件、台湾农渔产品交易等多种业态，2019进出口贸易总额超百亿元，比上年增长70.3%，增幅全省第一。旅游文化康体产业方面，坚持“现代化＋原生态”开发理念，引进一流设计团队提升三大景区及周边古村落规划，华侨城欢乐南岛、世茂集团海峡恋岛等重大旅游项目落地，形成生态廊道、蓝眼泪等一批网红打卡地。2019年全区旅游收入71.09亿元、接待游客583.02万人次，分别比上年增长25.3%、20.4%，增幅居福建省前列。

2019年4月，平潭片区设立全国首个“台胞台企服务中心”，首创由台湾青年直接服务台胞台企的“共同管理”模式，服务功能覆盖行政审批、公共服务、便民事项等方面 ［中国（福建）自由贸易试验区厦门片区供稿］

【制度创新】 2019年，中国（福建）自由贸易试验区平潭片区共有2批次、29项创新成果获评福建自贸试验区创新举措。着眼体制机制改革的难点和堵点，共推出17项全国首创举措，占福建自贸试验区总数43.5%。在推动两岸融合发展、应通尽通方面加大改革创新力度，获评举措中对台特色举措共11项，占福建自贸试验区总数73.3%。围绕新兴产业发展需求，推动有效制度创新，推出全球质量溯源体系、跨境电商关税保证保险等多项功能性创新举措，强化自贸创新与产业平台发展联动。共有6项改革创新成果入选全国自贸试验区复制推广试点经验，1项改革创新成果入选全国自贸试验区最佳实践案例，在全国复制推广；11项创新成果入选福建自贸试验区可复制推广成果，14项平潭快速通关典型经验在全省复制推广。

【金融创新服务】 2019年，中国（福建）自由贸易试验区平潭片区加大金融开放力度，创新融资方式，金融开放创新服务实体经济成效显著。2015年4月21日挂牌以来累计新增2347家金融及类金融企业，逐步形成以基金、创投、资产、资本等为主的特色两岸金融产业集聚区。推进实施合格境外投资者政策试点，已有启惠益通股权合伙投资企业等4家企业落地。扩大自贸试验区资本项目管理便利化试点范围，便利企业跨境投融资。率先为台胞台商推出麒麟卡和金融信用证书，破解台胞台商在大陆担保、贷款及融资等难题。设立全国首个台胞台企金融消费权益保护中心，构建对台金融服务机制。设立两岸双创产业基金，服务两岸青年创新创业，引进落地唯晶科技、福讯科技、派派熊等3家双创大赛优胜企业。

【招商引资】 2019年，中国（福建）自由贸易试验区平潭片区聚焦产业平台定位，发挥多区叠加政策优势，以创新引项目、以项目促试验，强化项目与政策、创新、试验的联动集成。围绕自贸重点平台建设、负面清单扩大开放领域强化招商，实施以商招商、小分队招商、委托招商中介和异地商会招商、政策引领招商等方式，创新项目专员制，对接资源、用好政策、做好服务。2019年新增企业1918家，比上年增长2.29倍，新增注册资本712.3亿元，增长42.1%。投资业态不断拓展，跨境电商、文创、物流、旅游、类金融等产业呈现澎湃活力，成为推动平潭经济发展的新引擎。持续深化对台产业开放，率先对台开放旅游、建筑、环保、医疗等多个领域，2019年新增台资企业174家，新增注册资本14.6亿元，比上年增长44.5%。

【重点平台建设】 2019年，中国（福建）自由贸易试验区平潭片区聚焦产业特色与对台优势，打造“7+5”重点平台，总部经济基地、跨境电商基地等重点平台蓬勃发展，其中总部经济基地、两岸影视产业发展合作基地、两岸三创基地获评为“福建自贸试验区2015—2019年最佳创新平台”。

总部经济基地方面，建立全链条总部经济集群服务监管体系总部平台经济从无到有、从有到优，实现高速增长，2019年总部经济营业收入271.48亿元，成为平潭历史上第一个百亿元产业。

跨境电商基地方面，围绕“关、线、仓、配、管、商、补、业”突破创新，跨境电商综试区政策落地实施。2019年保税进口入区货值83021万元，比上年增长37%；出区货值93849万元，增长63%；直购出口出区26万票，货值60400万元；快件进出口358.3万件，增长52%。

两岸“三创”基地方面，2019年，实施对台小额商品交易市场和台湾创业园提升工程，开展“腾笼换鸟”，引入专业化运营团队，开展市场化运作，2019年新增就业创业台湾青年405名。

两岸影视产业发展合作基地方面，发布“20条影视新政”、平潭影视产业总体规划，启用平潭·竹屿湾影视基地，100多家影视企业在平潭注册落地，《石头会唱歌》等多部影视剧组在平潭拍摄取景。（翁晓潭）

福州新区

【概况】 2019年，福州新区初期规划范围（800平方千米）完成地区生产总值2169.27亿元，比上年增长8.8%；规模以上工业增加值增长10.2%；一般公共预算收入213.7亿元；社会消费品零售总额867.75亿元，增长9.7%，发挥重要拉动引领作用。

【体制创新】 2019年，福州新区完善管理运行模式。按照“总量控制、档案留存、身份保留、全员聘任、按岗定薪、奖优汰劣”的原则，在滨海新城探索建立扁平高效、权责统一的管理模式。推动“三区”（福州新区、福建自贸试验区、福厦泉自创区）融合发展，完成“三区”联动运行机制与实施策略初步研究。

优化项目审批机制。承接17项省级行政许可，将部分省级经济审批权限和市级权限授权各功能区，滨海新城实现企业开办时间减至3个工作日，工程建设项目部门审批时间减至52个工作日；开发全国首个全流程电子化投标保函系统，全省首创现场刻章“零延时”，推行企业开办全程网上办“零见面”等改革举措。受理省级和市级行政许可事项800余件、“证照分离”改革办件量4880件，压缩办理时间148天，精简材料75件。

【规划编制】 2019年，福州新区加快完善规划目录台账，新区相关规划及研究成果76项。委托专业机构加快编制《福州新区总体规划（2015—2035年）环境影响报告书》，启动生态环境部审查程序。推动重点组团和重点区域的规划编制工作，加强规划衔接和刚性执行。

【基础设施建设】 2019年，福州新区三江口大桥、数字中国会展中心等45个项目建成投用，三江口文化旅游城等46个项目开工建设。长平高速全线贯通，平潭海峡公铁大桥合龙。福州绕城公路东南段、福州长乐至平潭（长乐古槐至松下段）建成通车，加快福州机场二期高速公路等项目建设。滨海新城启动区17平方千米内形成“四纵八横”的骨架路网，大数据产业园3.8平方千米内实现全路网覆盖。

【双创示范基地建设】 2019年，福州新区加快建设福州新区全国双创示范基地，组织开展“创响中国”福州站活动，建设东湖数字小镇双创示范空间等双创示范点，帮助475个团队和企业获得13.8亿元投融资。

【产业升级】 2019年，福州新区加强数字福州培育新动能。中国·福州物联网产业基地集聚华为、中量航天等156家物联网企业，被评为国家新型工业化产业示范基地、全国电子信息产业知名品牌示范区。成立5G、城市大脑等产业联盟，大数据产业和精准医学产业初步成型。

“海上福州”拓展新空间。海洋生产总值突破2600亿元，启动建设闽安山水远洋渔业专业码头，福州（连江）国家远洋渔业基地获批，福州海洋研究院挂牌成立，深海“振渔1号”“福鲍1号”养殖试验进展顺利，更新改造远洋渔船67艘。

“平台福州”构建新模式。完善“政基企”合作平台，打造基金产业集聚区，马尾基金小镇管理规模1437亿元，是省内管理私募基金规模最大的区域。加快京东（元洪）食品数字经济产业中心、东盟海产品交易所、福州跨境电商公共服务平台等建设，推动创建综合保税区及申报国际医疗综合实验区，搭建东南沿海地区进口棉花贸易集散中心，培育国产汽车集散分拨平台。

【项目建设】 2019年，福州新区安排重点项目639个，全年完成重点项目投资超2200亿元。推动福州融侨双语学校、福州滨海实验学校、福州海峡青少年活动中心、福州海西口腔医院及陶行知国际教育交流中心等22个民生项目

2019 年 11 月 11 日，福建三峡海上风电国际产业园首台 8.0 兆瓦海上风力发电机交付。图为数字化控制的三峡福建海上风电集控中心 （福州新区供稿）

竣工，福州会展中心片区水系综合治理等 45 个重大基础设施项目建成，福建三峡海上风电国际产业园、新福兴新能源汽车玻璃产业园一期项目等 80 个产业项目竣工。

发挥政策优势，会同有关县区、各功能区推动阿里巴巴、东方银星、均和集团、贝瑞和康、博思软件等国内外知名企业区域总部入驻新区。移动、电信、联通三大运营商以及湛华智能、新中冠、游龙、嘉里樟岚、清华附中、正荣集团等项目落地。

【重点区域开发】 2019 年，福州新区推进滨海新城建设。完善滨海新城规划编制体系，核心区 86 平方千米控制性详细规划实现全覆盖。东南健康医疗大数据中心、贝瑞和康数字生命产业园等 5 批 265 个新城重点项目滚动开发，总投资 3100 亿元，累计竣工项目 40 个，在建项目 168 个，累计完成投资 1045 亿元，新城建设初具形象。

三江口组团建设。策划生成重点项目 135 个，总投资 919 亿元，嘉里樟岚总部基地等 59 个项目开工，完成投资 190 亿元。亚升集团总部等 8 个产业项目落地，三江口大桥等 12 个基础设施项目建成。完善海绵城市长效管理机制，通过国家海绵城市试点建设考核验收。

琅岐岛综合开发。《福州新区琅岐岛控制性详细规划》完成编制，琅岐文旅体验中心、望江楼度假中心等项目有序推进，田园综合体花海、海峡旅游综合开发项目基本建成。

推进福清湾、江阴湾建设。元洪国际食品产业园打造全球（元洪）食品数字经济产业中心、元洪在线跨境电商和丰大冷库三个平台，“两国双园”项目有序推进。江阴港区开通内外贸航线 54 条，江阴镇级小城市稳步推进，缘泰石油、江苏中车、丹麦 LM 叶片厂等项目加快建设。

【合作交流】 2019 年，福州新区举办海交会、海丝博览会、丝路国际电影节、海丝国际旅游节等重大活动，探索“两国双园”模式，中国—印度尼西亚“两国双园”列入海丝核心区建设重点项目，中国—哈萨克斯坦国际农业产业合作区签署框架协定。国家级邮轮旅游发展实验区加快建设，福州空港综合保税区申报设立工作加快推进。年内，举办海峡两岸文化交流活动 45 场，出台促进两岸经贸合作 6 条措施，琅岐至马祖客运航线开通运营，连江向马祖船运供水工程启用。海峡创意产业园和海峡两岸青年创业孵化中心被国台办授牌为海峡两岸青年创业基地。

2019 年福州新区改革创新成果一览表

创新的领域	具体内容
管理运行机制	出台《关于进一步创新福州滨海新城开发建设体制机制的实施意见（试行）》等“1+5”系列文件，开展“政务钉钉”试点工作，构建“科学完善、精简高效、规范创新”的管理运行机制。建立全程代办的土地报批联动工作机制，推行土地批供一体化机制，报批整体流程提速 30%以上
资源综合利用	精准适用安居工程等政策，减少使用增减挂钩指标；优化项目选址，合理调剂使用跨省补充耕地指标；在全省率先开展并持续推广耕作层剥离再利用工作，目前已实现滨海新城全覆盖、长乐区全域推广
城市建设与管理	在全市率先大规模实施装配式建筑，累计有 27 个项目采用预制装配式工艺，总建筑面积 390 万平方米。加强“产学研合作”，引入福州大学科研团队，创建滨海新城沥青路面全过程施工质量管控新模式。采用标准化预制构件新模式，为滨海新城建设提质增效。应用新一代信息技术，从构建数据库、建设数据中心、搭建应用平台三个方面着手，打造“掌上国土”数字引擎
审批服务	做好 17 项省级行政许可承接以及省级权限代办和市级权限授权各功能区工作；开发全国首个全流程电子化投标保函系统，全省首创现场刻章“零延时”，推行企业开办全程网上办“零见面”等改革举措
住房保障	在全省率先落实租赁房用地，建设滨海新城租赁住房，并参与全国租赁房试点，加快安置房建设，开展涉迁群众回迁工作，安置房一期已实现回迁。开展人才住房试点，开工建设人才住房。租用安歆公寓、恒申、山力、翔福物流园等公寓，购买悦海湾人才公寓作为公租房，供入驻企业员工居住使用，初步形成租赁房、安置房、商品房、共有产权房等多种类型、租购并举的住房保障体系

（万　粒）

编辑：郑　苿

教育

综　　述

【概况】　2019年，福建省有各级各类学校（不含技工学校、职业技术培训机构、成人初等学校，下同）1.6万所，比上年增加485所；在校生840.1万人，增加32.2万人。其中各级各类全日制学校（不含幼儿园）7223所，在校生658.66万人。全省各级各类学校教职工63.41万人，其中专任教师50.08万人。全日制学校（不含幼儿园）教职工45.47万人，其中专任教师40.04万人。全省教育事业发展主要指标持续稳步上升，继续保持在全国前列。学前三年入园率98.55％，比上年增加0.18个百分点；九年义务教育巩固率99.03％，增加0.43个百分点；高中阶段毛入学率97.18％，增加0.4个百分点；高等教育毛入学率56.67％，增加1.77个百分点。普通高考实际录取率88.3％，增加0.7个百分点。主要劳动年龄人口受过高等教育的比例超过26.26％，增加2.36个百分点。

【党建工作】　2019年，福建省教育厅在全省高校培育党建工作11所示范高校、100个标杆院系、1000个样板支部和培训万名基层党务干部。实施党支部书记“双带头人”培育工程，推动高校院系党政班子交叉任职，修订完善党组织会议、党政联席会议议事规则。组织举办2019年高校领导干部办学治校能力专题研讨班，230人参训；组织举办高校院系党组织书记、高校党委负责人、师生党支部书记培训班共5期，383人参训；依托国家教育行政学院举办中小学校党组织书记、高校学生党支部书记、高校院系党组织书记网络培训班，3215人参训。联合省委组织部制定《福建省民办高等学校党委书记选派和管理实施办法》，将11所民办本科高校党组织隶属关系统一划归省委教育工委。建立民办学校党组织季报台账机制，民办中小学校党组织覆盖率95.7％，增加12.2个百分点，党建工作100％覆盖。

【高校思想政治工作】　2019年，福建省入选全国高校“三全育人”综合改革试点区。出台《福建省高校“三全育人”综合改革试点工作建设要求和管理办法（试行）》，遴选确定福州市作为试点区和厦门大学等25个试点高校（含培育）、闽南师范大学文学院等20个试点院（系），统筹推进“十大”育人体系建设，构建具有福建特色的“三全十育人”工作格局，遴选建设60个省级高校思想政治工作精品项目、12个高校哲学社会科学优秀讲坛，入选教育部高校思政工作精品项目8个，入选“高校原创文化精品推广计划”2项。设立省中青年教师教育科研项目871个，高校1036项课题获国家社科基金项目、教育部人文社科研究项目等省（部）级以上项目立项，在省第十三届社会科学优秀成果奖中高校占91％。实施大学生马克思主义自主学习行动计划，持续打造“一‘马’当先”大学生学习马克思

2019年11月6日，第四季“一‘马’当先”福建省高校大学生学习马克思主义理论知识竞赛本科生组比赛举行　（省教育厅供稿）

主义理论知识竞赛、“马克思主义能够给予我们什么”主题征文和微演讲等思想政治工作特色品牌，20余万名大学生参与。实施高校“讲好中国故事，上好思政课程”创优攻坚集体行动，推进“思政课程”和“课程思政”同向同行。组织高校优秀思政课示范巡讲300余场，开展思政课建设优秀成果巡礼和思政课建设巡察。17名教师在首届全国高校思政课教学展示活动中获特等奖，福建省教育厅获优秀组织奖。加强省级高校网络思政中心建设，开通运行网上红色书屋和红色影院；福建高校思政工作网及微信公众号年刊发网文万余篇，累计点击1亿多次；“大学习在线学习平台”等4个易班应用活跃度位居全国十强，52件作品获全国大学生网络文化节和网络宣传思想教育优秀作品奖，1人入选全国高校网络教育名师。

【师德建设年】 2019年，福建省组织开展师德建设年活动，开展“校长教师进社区进家庭”“师德榜样宣讲宣传”“师范生师德养成”等8项活动，推动落实教师职业行为“十项准则”。研制《关于加强中小学教研员队伍建设的指导意见》《教研员专业标准》，出台《福建省普通高校思想政治理论课教师队伍培养工作方案》，落实省委、省政府为民办实事“高水平师资队伍建设”项目，用好1.6亿元教师培训专项经费。全面开展中小学教师和校长培训，推动9个县级教师进修校实现省级标准化（示范性）建设目标。落实师范专业省级生均拨款标准“上浮50%”要求，最高每人每年1.95万元，省级财政每年增加投入1.1亿元。扩大公费师范生试点范围，在继续实施公费男生培养基础上，启动特殊教育公费师范生培养试点，推进师范专业认证，组织完成对福建师范大学、闽南师范大学、泉州师范学院、宁德师范学院4所高校12个师范专业认证。组织完成“十三五”第一批1115名学科教学带头人、名校长后备人选结业考核，遴选确定“十三五”第二批培养培训人选916名，启动为期两年培养培训。举办“新时代名师名校长的使命与担当”名师名校长论坛，遴选40名骨干校长和教师出国研修，启动首批职业院校名师名校长培养工作，委托同济大学对首批124名职业院校名师名校长以及149名专业带头人进行培养，开展高层次人才项目遴选推荐，组织省属高校选拔国内高水平大学引进生65名，人数比上年增长近一倍。开展第二届“最美教师”寻访活动，评选“最美教师”10名、“最美教师”提名奖30名，追授厦门六中教师高至凡为“最美教师”“福建省优秀教师”。

【学校体育活动加强】 2019年，福建省研究出台《福建省义务教育〈体育与健康〉教学指导意见》，坚持课堂教学与课外活动相衔接，推动学校落实学生每天课外活动体育锻炼一小时的目标，推进阳光体育活动。组织全省中学生九项体育联赛，各设区市选拔进入省级联赛中学生8000多人，举办第三届“两岸高校师生羽毛球邀请赛”，承办全国青少年校园足球夏令营（第八营区高中组）。选拔8名优秀足球教师赴英国留学，选派130名骨干参加国家级校园足球特色学校专项培训，78名足球教练员参加国家级足球教练员专项培训。全年创建全国足球特色幼儿园202所、全国校园足球特色学校112所、全国校园篮球特色学校100所。

【优秀传统文化建设】 2019年，福建省开展高校中华优秀传统文化传承基地创建，评选省级传承基地32个，泉州师范学院南音和福建师范大学闽台地方戏曲2个项目被评为国家级传承基地，面向中小学校新申报“全国中小学中华优秀传统文化传承学校”60所，全省国家级传承学校累计104所。举办全省大学生戏剧节、全省中小学生乐团汇报演出音乐会、教师节文艺演出。开展“高雅艺术进校园”“戏曲进校园”活动，安排国家级、省级、高校大学生艺术院团进校园演出100多场，各地开展优秀传统艺术进校园活动900多场。完成中国语言资源保护工程福建汉语方言18个点调查任务，其中南平市、平潭综合实验区、三明市、漳州市调查点课题结项等级为优秀。《中国语言资源集·福建》由国家语委科研规划领导小组办公室批准立项。

举办海峡两岸学生语言文化交流夏令营活动、第五届“中国诗词大会”福建省选拔赛、第十届福建省学生规范汉字书写大赛、第二届海峡两岸校园汉字听写大会暨两岸青少年文化交流等系列活动。参加第六届全国中小学生艺术现场展演，节目获一等奖24个、二等奖20个、三等奖15个，省教育厅获省级教育行政部门优秀组织奖。组织中华经典诵写讲福建省选拔赛，遴选推荐参加

2019年9月6日，福建省第二届“最美教师”寻访活动发布仪式在福州举行
（省教育厅供稿）

2019 年 1 月 1 日，2019 年福建省教育系统新年音乐会暨第二届中小学生乐团汇报演出在福州举行（省教育厅供稿）

全国大赛获奖 165 个，其中一等奖 13 个、二等奖 20 个、三等奖 53 个、优秀奖 79 个，省教育厅及 4 所学校获优秀组织奖，福建成为获得表彰的 9 个省份之一。

【考试招生改革】 2019 年，福建省组织实施高考、中考、研究生考试、自学考试等 43 项考试，参加考试学生 416 万人次。发布福建省高考综合改革实施方案和选考科目赋分办法。“985”“211”等高水平大学在闽高招录取人数比上年增加 460 多人，北京大学、清华大学录取人数双双过百。制定《福建省高职院校分类考试招生改革实施办法》，实施高职扩招，全省高职院校录取新生 16.19 万人，比上年增加 5.82 万人，超额完成教育部下达的 5.31 万高职生扩招任务。推进自学考试改革，规范衔接专业考试试点工作，全年审核自考毕业生 2 万人。推进标准化考点建设，实行多考统筹。出版《2019 年高考学科评价报告》，为各地各校提供教学工作、教育质量决策参考。

【教育信息化建设】 2019 年，福建省依托“福建教育数据开放共享平台”实现国家核心业务系统数据共享，支持地方特色应用系统建设。全年回流数据 795 万条，其中福州市 58 万条、厦门市 737 万条。利用国家核心业务系统数据，开展残疾学生核实、注册运动员核实、营养餐受益学生和适龄儿童比对、打拐案件信息比对等教育数据精准服务。完成中小学学籍信息系统和学前教育信息系统的升级改造。开发建设高职扩招考试、英语口试机考管理平台，修改和升级网上支付、艺术省统考合格证打印等系统应用模块。首次开展研究生考试报名网上确认试点工作。高考、自考等 6 个考试项目的成绩查询功能接入闽政通 APP，方便考生和家长查询。在全国率先实现中小学（含教学点）宽带接入与提速双 100％覆盖。深化网络学习空间应用普及，创设 400 个省级教师网络示范空间，遴选推荐 1 个全国智慧教育示范区、5 个网络学习空间应用优秀区域、20 个网络学习空间优秀学校、3 个教育信息化教学应用实践共同体项目。

【财政教育投入】 2019 年，福建省出台《福建省人民政府办公厅关于进一步调整优化结构提高教育经费使用效益实施方案实施方案》《关于改革完善省属公办普通本科高校和高职院校生均拨款制度的通知》《福建省中外合作办学收费管理办法》，印发《关于加大全省教育投入加快教育支出进度的通知》，修订《福建省民办教育收费管理实施细则》。全省一般公共预算教育经费占一般公共预算支出比例达 19.12％，居全国第三位。补齐学前教育短板，省级增量资金重点向学前教育倾斜，安排公办幼儿园建设专项资金 6 亿元，比上年增加 1 亿元；全省 94 个县（市、区）均出台公办幼儿园生均公用经费标准，省级安排奖补资金 1.32 亿元。改革省属高校预算拨款制度，省属高校基本拨款和专项经费比例达 7∶3。省属本、专科学校生均拨款年初定额标准分别从每生每年 7000 元、5000 元提高至 12000 元，硕士生、博士生按本科生的 2 倍、3 倍核定；科学核定学科拨款系数，大幅提升师范类和医学类专业拨款系数。2019 年省属高校财政拨款比 2018 年增加 10 亿元，增长 22％。

【民办教育规范发展】 2019 年，福建省推动省政府出台《关于民办教育分类管理改革的通知》，配套出台《关于推进民办教育规范健康发展的通知》《福建省民办学校分类登记实施细则》《福建省营利性民办学校监督管理暂行办法》。明确民办学校分类管理改革过渡期、退出机制、分类登记办法，从财政扶持、资助政策、税费优惠、用地政策、收费政策等方面制定差别化扶持政策。会同 20 个省直部门联合印发《关于规范校外培训机构发展的通知》，建立与《设置标准（试行）》相配套的日常监管机制，协调省住建厅、消防救援总队等部门制定《福建省校外培训机构基本消防安全条件》，为基层提供消防安全基本标准，年内新增证照齐全校外培训机构 560 家，比上年增长 46.6％。联合 6 个省直部门印发《福建省规范校外线上培训工作方案（备案细则）》，同步规范校外线上培训。

【闽港澳台交流合作】 2019 年，福建省教育厅会同省台办发布省高校对台招生政策，新增 3 所招收港澳台学生资格高校，配合省台办组织省内高校近 100 名台湾毕业生参加首届福建省高校台湾毕业生专场招聘会。依托省幼高专举办“第六届海峡两岸学前教育论坛”，依托闽南师大组织开展全省高校台港澳侨及国际学生才艺展演活动。举办第七届闽台中小学八闽文化之旅夏令营、两岸合编教材研修交流、闽台中小学校长学术论坛等交流活动，邀请近 200 名台湾师

2019 年 4 月 19 日，省教育厅与省科协联合主办的 2019 年福建省大学生辩论赛暨第十八届海峡两岸大学生辩论赛在福州开赛　　（省教育厅供稿）

生到闽交流，新增闽台中小学姊妹学校缔结 9 对。举办“2019 海峡两岸高校艺术作品设计展”。

【国际交流合作】　2019 年，福建省教育厅依托厦门大学举办海丝大学联盟国际暑期项目，邀请 16 个国家联盟高校优秀学生参加；组织师大附中、莆田一中、龙岩一中、宁德民族中学 50 名师生随教育部团组赴日本参加学习交流；全年接待德国、加拿大、比利时、韩国等访问团组 7 个；全年办理 20 批次 45 人次因公出国（境）。全省累计 39 所高校具备招收和培养到华留学生资格，比 2018 年新增 11 所，增长 39%。全年安排奖学金 1761 万元，有 30 所高校 452 名外国留学生获得资助；安排 500 万元支持厦门大学办好马来西亚分校，其 2019 年底在校生 4600 人；安排 178 万元支持福建师范大学建设索莱达学院，全年有 34 名菲律宾留学生入学。厦门大学与英国创意艺术大学合作举办创意与创新学院、泉州信息工程学院与美国宾州滑石大学举办软件工程专业本科教育，福建师范大学与美国匹兹堡州立大学合作合作举办学前教育专业本科教育等 3 个项目（机构）经教育部批准备案。福建师范大学中美学前教育、福建江夏学院中英艺术设计和动画、宁德师范学院中德机械设计制造等 4 个本科合作项目申报并通过教育部与省专家联合评审。依托泉州黎明职业大学举办“21 世纪海上丝绸之路”职业教育合作论坛暨“‘21 世纪海上丝绸之路’职业教育联盟成立大会”，国内外 60 多所本专科院校专家学者参加会议。

【教育督导体系】　2019 年，福建省教育厅开展首次“对市督导”，首次全面开展省政府对“九市一区”政府履行教育职责督导评估，对泉州、三明、龙岩等 3 个设区市开展实地督导。完成“对省评价”年度任务，协同完成国务院对省政府履行教育职责评价自评报告。持续跟踪监测全省义务教育均衡度，对所有县（市、区）义务教育学校资源配置情况进行通报，推进优质均衡发展。开展“两项督导”评估，按 5 年一周期计划，选派由 147 人次督学组成督导组，分别对 21 个县（市、区）开展“两项督导”评估。精准有效开展专项督导，将“五公开”（对决策、执行、管理、服务、结果的公开）纳入督政内容。协同推动“全面改薄”、近视防控、语言文字、“控辍保学”和疑似辍学等国家及省级专项督导任务落实。注重强化队伍，举办教育督导人员研修班、责任督学示范培训班，组织设区市教育督导机构负责人赴海南、广西学习。深化中小学幼儿园责任督学挂牌督导，联合省财政厅、人社厅印发全省幼儿园责任督学挂牌督导实施办法，在全国率先开展“征集评选推介中小学责任督学挂牌督导工作典型案例”工作。提高义务教育质量监测水平，开展义务教育质量监测。组织 203 所样本校 5958 名义务教育阶段样本学生和相关教师，参加国家组织的语文、艺术及相关影响因素的监测。对 1516 所样本校 55378 名义务教育阶段样本学生和相关教师，开展省级科学和德育及相关因素监测。对 159 所样本校 4770 名义务教育阶段样本学生，首次专项开展省级“体育与健康”质量监测，助力“健康第一”教育理念入心入脑。指导 8 个试点县做好义务教育质量监测结果应用，用好教育质量监测“体验仪”，精准整改，促进义务教育质量提升。

【教育法治建设】　2019 年，福建省首次举办全省学生“学宪法讲宪法”演讲暨知识竞赛现场遴选赛，全省 1.92 亿人次在全国普法网上学习，166 万名大中小学生获得“宪法小卫士”称号，省教育厅获第四届全国学生“学宪法讲宪法”活动优秀组织奖和全国总决赛团体三等奖。首次以省教育厅名义推荐参评第三届“福建省十大法治人物”，林旭霞、黄辉分获第三届“福建省十大法治人物”称号和提名奖。建立检察官担任法治副校长机制，探索开展在校学生维权响应、临界预防、分级处遇、家庭普法等工作机制，全省选派 700 名检察干警兼任法治副校长。

【校园安全工作】　2019 年，福建省教育厅落实学校安全“党政同责、一岗双责”规定，健全完善各级教育行政部门和学校主要领导亲自抓、分管领导具体抓、职能部门齐抓共管的责任体系。厅主要领导与“九市一区”教育局和 23 所高校、7 所厅直属中职、中小学校签订《学校综治安全目标管理责任书》，下达年度安全管理责任目标，层层压实安全管理责任。

启动学校安全隐患排查治理专项行动，全省组织督查检查组 3206 个，参加检查人员 17186 人，检查场所 19907 家，排查整治安全隐患 13809 处。落实学生集中用餐陪餐制度，覆盖率 100%。实施学校食堂“明厨亮灶”工程，创建

2019 年 3 月 27 日，由省教育厅牵头主办的第 24 个全国中小学生安全教育日“关爱生命，快乐成长”活动在福州市群众路小学举行 （省教育厅供稿）

率 94.25%。推进全省教育系统电气火灾综合治理，常态化开展学校消防安全检查。推进教育系统危险化学品安全综合治理，严格学校实验室及危险化学品安全管理。启动 2019—2021 年全省校园及周边道路交通环境提升行动，校车监控平台接入属地公安网或交通运输监管平台比率 99.7%。

深化新一轮“平安校园”创建活动。全省“平安校园”年度创建率 54.7%。加强学校“三防”（人防、物防、技防）建设，补齐学校安全基础短板，中小学封闭化管理率、中小学幼儿园（不含农村教学点）专职保安员配备率、中小学一键式紧急报警及视频监控系统与属地公安机关联网率均达 100%，城市幼儿园一键式紧急报警及视频监控系统与属地公安机关联网率 98.96%。

开展教育系统扫黑除恶专项斗争和“护校安园”专项行动。启动全省校园欺凌和校园性侵防治专项行动，建立省、市、县、校四级防校园欺凌和校园性侵工作制度体系和责任体系。指导各地成立学校安全人民调解委员会，建立健全打击“校闹”协调处置机制。

落实 2019—2020 学年校方责任保险工作。2018—2019 学年全省（厦门除外）校方责任保险和附加校方无过失责任保险投保学生数 664 万人，投保率 93.1%；2019—2020 学年投保学生 687 万人，投保率 95.4%。

【教育行政审批新模式】 2019 年，福建省教育厅推进审批服务事项“四级四同”，制发《2019 年福建省省、市、县教育部门行政审批和公共服务事项通用目录》，与 2018 年通用目录相比增加 9 项、取消 5 项。取消涉及学籍证明、教师资格申请等有关证明事项 9 项，“减证便民”。深化教育领域“放管服”改革，推行“集中审批、四级四同、一窗办理、一网通办”和“互联网+政务服务”新模式。动态调整权责清单，年内省教育厅审批 89 项权责事项（比上年减少 8 项），其中行政许可 4 项，为全国教育行政部门权责事项最少的省份之一。

【教育精准扶贫】 2019 年，福建省教育厅联合省财政厅等 8 部门出台《福建省家庭经济困难学生认定办法》，实现家庭经济困难学生科学精准认定。完善义务教育“一补”政策，将义务教育阶段家庭经济困难非寄宿生纳入生活补助范畴，惠及学生近 10 万人。2019 年秋季学期起，城乡义务教育阶段学校（含公、民办学校）中的建档立卡、低保家庭（含特困人员）、孤儿或残疾、烈士或优抚家庭经济困难学生，全部纳入资助范围。完善“建档立卡等学生识别比对信息系统”，全年识别出 18.1 万名建档立卡等重点资助学生，发放资金 2.97 亿元；完善“家庭经济困难学生量化指标体系”，年内精准认定家庭经济困难学生 19.8 万人。全省支出资助资金 26.05 亿元，资助学生 430 万人次，高校家庭经济困难毕业生就业补助金惠及学生 5000 名。实现“信息多跑路、学生少跑腿”便民服务目标的同时，生源地国家助学贷款由国家开发银行、福建省农信社和中国邮储银行共同承办，营造优质服务、方便学生的良性竞争氛围。2019 年贷款总额 7.8 亿元，比上年增长 12.93%。

发挥师资扶贫作用。遴选 20 名“组团式”教育人才赴西藏，40 名教师赴宁夏，“国培计划”名校长领航班学员赴四川凉山州支教。选派 10 名中小学名师、学科带头人赴宁夏送培送教。接收宁夏 40 名、西藏昌都 50 名中小学校长以及昌都 13 名“组团式”骨干教师到闽跟岗学习。组织发达地区选派 100 名优秀教师赴 23 个省级扶贫开发工作重点县支教，资助重点县 345 名校长教师到省市优质校跟岗学习。委托福建教育学院等 6 个单位选派省市名师名校长、学科带头人 150 人次到 23 个重点县开展“送培送教下乡”活动，惠及一线教师近万人次。乡村教师生活补助标准由不低于 400 元/人·年提高到 500 元/人·年，省财政下达专项资金 9736.56 万元，对 23 个省级扶贫开发重点县乡村教师生活补助进行综合奖补。发挥教育科研帮扶功能，组织科研人员深入福清、丰泽、翔安、建瓯、霞浦、尤溪、漳平等地送培送研，闽南师范大学党委书记吴彬镪的《教育扶贫的现状、问题与对策研究》获得国家社科基金教育学重点课题立项，实现福建省省属高校在国家社科基金（教育学）重点课题立项方面零的突破。

实施高等教育精准帮扶。加大对老区苏区高校发展的支持力度。增加安排武夷学院、三明学院、龙岩学院、宁德师范学院等老区苏区高校建设经费各 700 万元。牵头推动天津大学对口支援龙岩学院，推动厦门大学对口支援三明学院，着力在硕士学位授权单位创建、硕士研究生联培、科研合作交流和人才队伍培养等方面予以重点扶持。推动福建师范大学、华侨大学、集美大学、厦门理工学院4所高校与宁夏高校签订合作协议，使闽宁对口合作本科高校从“4+4”扩充为“8+8”。

推进教育扶贫项目建设。省级补助资金继续向23个省级扶贫开发工作重点县倾斜，全年下达4.68亿元支持推进“改薄提升”、校安长效、公办园等项目建设。定期梳理全省教育扶贫财政投入情况，利用扶贫资金“在线监控系统”平台，督促项目县加快资金支出进度，提高教育扶贫资金使用效益。

树立扶贫典型。推荐福建师范大学地理科学学院教授陈志彪获全国脱贫攻坚奖人选（全省仅两名）；推荐厦门海洋职业技术学院“依托新职农水产专业学历教育平台助力精准扶贫出成效”项目获教育部精准扶贫精准脱贫典型项目；推荐华侨大学和宁德师范学院（团体）、厦门市莲龙幼儿园教师陈蓉入选教育部教育系统志愿者扶贫典型案例。

【庆祝中华人民共和国成立70周年活动】 2019年，福建省教育系统开展“我和我的祖国”“砥砺前行七十载·奋斗成就中国梦”等系列活动，开展爱国主义教育，4000多名师生组建思政课主题实践小分队，深入社区农村、厂矿企业上好“青春告白祖国”主题思政大课。举办福建省“奋斗的我，最美的国”新时代先进人物进校园活动。开展“壮丽70年，奋进新时代”为主题的福建省中小学、幼儿园师生书画作品展示活动。全省各级各类教育部门举办不同形式庆祝中华人民共和国成立70周年活动。（郑　锦　李国平）

基础教育

【概况】 2019年，福建省有幼儿园8664所，比上年增加503所；在园幼儿169.59万人，增加1.17万人；教职工17.64万人，其中专任教师9.79万人，增加6993人。全省有小学5160所，比上年减少29所；在校生334.4万人，比上年增加13万人；专任教师17.79万人，增加5918人。全省有普通初中1249所，比上年增加3所；在校生136.46万人，增加7.74万人；专任教师10.46万人，增加2791人。全省有普通高中544所，比上年增加6所；在校生63.93万人，增加5353人；专任教师5.2万人，增加808人。全省有特殊教育学校73所（不含幼儿园）；在校生2.68万人，比上年增加1658人。

【学前教育】 2019年，福建省教育厅印发《福建省学前教育深化改革规范发展实施方案》，出台学前教育深化改革规范发展实施方案和进一步加快普惠性学前教育发展10条措施，全年普惠率83.7%，超出国家2020年80%的目标。印发《关于加快普惠性民办园认定管理工作的通知》，全年全省普惠性民办园比上年增加1527所，在园幼儿增加18.2万人，评估确认20所省级示范性幼儿园。开展首批省级保教改革建设幼儿园中期评价，总结提炼改革实验成果。开展幼儿园优秀游戏活动案例评选，省级评选优秀案例299节，其中16个项目入选教育部优秀案例，获奖数量仅次于上海市，位居全国第二位，占比达12.3%。以各级示范园为龙头，推进乡村学校附设幼儿园（班）精准帮扶全覆盖。在全省18个县（市、区）设立461个农村学前教育巡回支教点，招募志愿者668名，受益幼儿1.1万名。

【义务教育】 2019年，福建省贯彻中共中央、国务院《关于深化教育教学改革全面提高义务教育质量的意见》，研制福建省贯彻意见若干措施并提请省政府研究。推进落实省政府《关于统筹县域内城乡义务教育一体化改革发展的实施意见》，统筹推进县域内城乡义务教育一体化。推进“初中壮腰”工程，开展乡镇中心校与教学点办学一体化改革试点。推进乡村小规模学校标准化建设与评估，超过80%乡村小规模学校完成标准化建设。修订评估办法和标准，推进义务教育学校管理标准化建设，评估确认1113所，全省2760所达到省级标准。通过规范学籍管理、班额控制、专项督查等，严格控制班额数，秋季全省义务教育阶段大班额数占比下降到1.6%，比上年减少1个百分点。以建档立卡贫困家庭为重点，制定《关于做好疑似失学儿童情况核查和劝返复学工作的通知》等系列文件，健全控辍保学机制。到年底，全省辍学适龄儿童总人数从5月份的1.78万人降至年底的46人，其中建档立卡贫困家庭适龄儿童辍学人数从2779人降至2人。省级安排资金2350万元，支持31所特教学校完

2019年9月，“礼赞新中国，奋进新福建”，福建省直单位庆祝中华人民共和国成立七十周年合唱节合唱比赛中，省教育厅获预赛第一、决赛第一

（省教育厅供稿）

2019—2020学年福建省学前教育基本情况

项目	单位	按城乡分				按办学部门分			
		合计	城区	镇区	乡村	合计	教育部门和集体办	其他部门办	民办
园数	所	8664	3286	3369	2009	8664	2615	120	5929
入园数	万人	63.42	28.72	23.41	11.29	63.42	29.58	1.36	32.48
在园数	万人	169.59	71.87	67.08	30.64	169.59	79.15	3.53	86.91
教职工	人	176435	88842	65350	22243	176435	56155	4870	115410
专任教师	人	97910	48183	37372	12355	97910	35022	2687	60201

2019—2020学年福建省小学教育基本情况

项目	单位	按城乡分				按办学部门分			
		合计	城区	镇区	乡村	合计	教育部门和集体办	其他部门办	民办
校数	所	5160	1126	1581	2453	5160	5063	3	94
毕业生	万人	48.79	19.88	19.61	9.3	48.79	46.67	0.1	2.02
招生	万人	62.18	26.48	24.63	11.07	62.18	59.61	0.1	2.47
在校生	万人	334.4	140.36	133.18	60.86	334.4	320.06	0.55	13.79
教职工	人	173808	65163	69020	39625	173808	168496	173	5139
专任教师	人	177930	68334	68610	40986	177930	169462	303	8165

2019—2020学年福建省初中教育基本情况

项目	单位	按城乡分				按办学部门分			
		合计	城区	镇区	乡村	合计	教育部门和集体办	其他部门办	民办
校数	所	1249	253	531	465	1249	1168	7	74
毕业生	万人	39.95	16.6	18.02	5.33	39.95	34.96	0.1	4.89
招生	万人	48.32	20.65	21.4	6.27	48.32	42.09	0.2	6.03
在校生	万人	136.46	57.74	60.67	18.05	136.46	119.01	0.46	16.99
专任教师	人	104637	38140	49154	17343	104637	93711	327	10599

2019—2020学年福建省普通高中教育基本情况

项目	单位	按城乡分				按办学部门分			
		合计	城区	镇区	乡村	合计	教育部门和集体办	其他部门办	民办
校数	所	544	217	286	41	544	462	2	80
毕业生	万人	21.02	9.95	10.31	0.76	21.02	18.61	0.08	2.33
招生	万人	22.19	10.72	10.56	0.91	22.19	19.24	0.11	2.84
在校生	万人	63.93	30.8	30.71	2.42	63.93	55.95	0.3	7.68
专任教师	人	51952	24002	25887	2063	51952	45694	268	5990

善职教教室和改善实训基地条件，扶持各地建设50所特殊教育资源教室。

【普通高中教育】　2019年，福建省教育厅制定印发《福建省高中阶段教育质量提升计划》，在全国率先提出“一级达标高中按班级数1∶1.3比例配置教学用房，二三级达标高中按1∶1.2配置教学用房”的要求，明确将普通高中教师纳入“县管校聘”改革范围，稳步推进新高一选课走班教学，为各地各校适应高考综合改革、实施高中新课程提供政策保障。转发国务院办公厅《关于新时代推进普通高中育人方式改革的指导意见》，围绕组织领导、三全育人、提高质量、强化保障等提出系列措施。印发《福建省教育厅关于加强普通高中学生发展指导工作的意见》，指导高中校系统开展学生发展指导。研制高中新课程改革实施方案，分层分类实施培训，省级组织1200多人参加管理干部专项培训，依托9所示范高中建设校和2所高校开展14个学科新课程、新教材培训，参培1400人次。完成79所省一级达标高中复查，限期整改和降级学校29所。建设“示范性普通高中建设学校”专题网页，加强过程性监控，实行动态监督指导。组织44所示范建设高中至少与1所初中、2所高中结对帮扶，共帮扶149所薄弱中学，通过组建深度合作教育集团模式，全方面开展对口帮扶工作。

【中小学德育质量提升行动】　2019年，福建省教育厅遴选推广优质中小学思政示范课100堂，遴选建设首批100个中小学劳动教育实践特色项目。实施“青少年好习惯推广计划”，组织开展“好习惯好品德好人生”等主题活动，结集出版“十佳百优”中小学德育建设示范项目成果，12项入选全国中小学德育典型经验。组织编写《福建省学生心理健康教育指导手册》，遴选确定40个心理健康教育名师工作室。举办全省中小学生研学实践教育工作研讨会暨骨干教师培训班，遴选第二批23个省级中小学生研学实践教育基地营地，争取中央彩票资金2556.06万元，立项支持37个校外教育活动场所开展活动。组织编写《家庭教育指导手册》，依托福建教育电视台持续开办《家长课堂》专栏50期。

【课程与教学改革】　2019年，福建省教育厅推进实验区基地校建设。遴选确认23个基础教育改革发展实验区，对首批492所义务教育教改示范性建设学校、243所保教基地园开展中期绩效评价。开展“一师一优课”评选。组织全省中小学继续开展“一师一优课”活动，评出省级“优课”986节，其中567节推荐参评部级“优课”，410节课获得部级“优课”。持续推进教学开放活动。省级开展教学开放活动20场，首次实现各学段全覆盖，承办学校达到48所，开出观摩课842节、讲座172场，参与观摩研讨教师2.6万人。

【防控儿童青少年近视行动】　2019年1月，福建省教育厅等八部门联合印发《福建省综合防控儿童青少年近视行动方案》。组织全省儿童青少年视力抽样检测调查，核定2018年福建省儿童青少年总体近视率基础数据为53.5%。建立一个国家级近视防控改革试验区（三明市）和两个试点县（晋江市、邵武市）。福建省3名专家入选“全国综合防控儿童青少年近视专家宣讲团骨干人员”。5月，教育部、国家卫健委与省政府签订《全面加强儿童青少年近视综合防控工作责任书》；9月，经省政府授权，省教育厅、省卫健委与各设区市政府、平潭综合实验区管委会签订《福建省全面加强儿童青少年近视综合防控工作责任书》。12月，全省中小幼近视防控工作培训班在福州开班，各设区市教育行政部门卫生工作专干和学校健康教育骨干教师165人参训。

【义务教育薄弱环节改善与能力提升】2019年，福建省出台《福建省义务教育薄弱环节改善与能力提升工作实施方案》，发布《关于编制义务教育薄弱环节改善与能力提升工作项目规划（2019—2020年）的通知》，开展义务教育薄弱环节改善与能力提升工作规划编制及项目实施工作，下达省级以上补助资金3.3亿元，支持全省1662所学校项目建设及设施设备购置。

【公办园建设】　2019年，福建省多渠道扩大普惠性学前教育资源，超额完成21所公办幼儿园建设任务，全省新建、改扩建公办幼儿园221所，占计划任务数的110.5%；计划完成投资15.7亿元，占年度计划总投资任务的130.83%。

【中小学校舍建设】　2019年，福建省级及以上下达校舍专项资金6亿元，累计支持286个项目，规划改造校舍面积80.14万平方米。

【创新教育管理促公平】　2019年，福建省印发《关于做好2019年普通中小学招生入学工作的通知》，规范义务教育就近入学、普通高中自主招生等工作，引导热点民办学校电脑随机摇号招生，推进公办园电脑摇号招生改革试点。推动设区市出台中考中招改革实施方案。统筹推进各设区市按照2021年全面实施中考中招改革的要求，制定出台中考中招改革实施方案。联合省发改委等九部门转发教育部等九部门中小学生“减负三十条”措施。推进幼儿园“小学化”治理，全省累计排查幼儿园8424所、小学4445所、相关培训机构1479所。其中，发现存在问题幼儿园443所、小学62所、培训机构71所，全部完成整改。推进课后服务工作，8个设区市出台实施方案，全省设区市城区开展中小学课后服务试点工作的中小学校454所，参与学生26.3万人。

【安全课堂】　2019年，福建省教育厅开展安全课堂教育。推动开齐开好《公共安全教育》（1～9年级）地方课程，落实中小学安全教育课程每学年每生不少于12课时。发挥“福建省学校安全教育平台”作用，组织全省中小学师生及家长参加在线安全教育。推广全国青少年毒品预防教育数字化平台应用，注册学生277.1万名，273.9万名学生参加全国青少年禁毒知识答题活动。开展"全国中小学生安全教育日""4·15全民国家安全教育日""福建省学校安全教育周""全民禁毒宣传月""安全生产月""安全教育进校园"等主题宣传教育活动，普及安全知识。指导学校修订完善应急疏散预案，开展各类突发事件应急演练。全省建成1198个林则徐禁毒宣传教室。举办全省中小学、幼儿园校（园）长安全管理专题培训班、全省高校保卫干部业务培训班，邀请省级治安、交通、消防、食品等领域专家授课。

（郑　锦　李国平）

高等教育

【概况】 2019年，福建省有普通本科院校39所，比上年增加2所。全省研究生在校生5.87万人，比上年增加5581人；招生2万人，增加1247人；毕业生1.33万人，增加1056人。普通在校本科生51.81万人，比上年增加1.26万人；招生14.01万人，增加5296人；毕业生12.16万人，增加647人。普通高等教育教职工7.39万人，比上年增加3213人，其中专任教师4.91万人，增加2561人；普通本科院校教职工5.5万人，增加2078人，其中专任教师3.53万人，增加1252人。推动以课程思政为目标的课堂教学改革，在福州大学、福建农林大学等高校开展课程思政改革试点，将思政课程与课程思政有机结合。出台《福建省全面振兴本科教育实施意见》，推进国家和省级"双一流"建设，启动新一轮闽江学者奖励计划，遴选建设95个省级专业学位研究生导师团队，举办首次省级新任研究生导师培训，推动提升研究生教育质量。加强科研创新平台建设，获批教育部2019年度省部共建协同创新中心2个、教育部工程研究中心1个，立项建设省高校重点实验室24个、工程研究中心14个。5项高校研究成果获国家科技奖，其中3项为第一完成单位。举办第五届福建省"互联网+"大学生创新创业大赛，开展"青年红色筑梦之旅"系列活动。

2019—2020学年福建省普通本科教育基本情况

单位：人

项目	在校学生数	招生数	毕业生数
合计	518096	140108	121645
＃女性	283375	76723	67822
哲学	154	18	43
经济学	41845	10864	9602
法学	15159	3687	4269
教育学	20050	6403	4321
文学	48111	13122	10937
＃外语	23046	6248	5041
历史学	1466	358	355
理学	27621	7096	7103
工学	175820	46573	40634
农学	9686	2397	2474
医学	28705	7201	5747
管理学	103551	29009	26232
艺术学	44385	11837	9928
职业本科	1543	1543	0

【高校布局结构优化】 2019年，福建省新增设（含升格、更名、转设）3所本科高校，推动泉州理工职业学院升格为泉州职业技术大学，填补省本科层次职业院校的空白；推动福建师范大学福清分校分设为福建技术师范学院，填补省本科层次职业教育师资培养培训院校的空白；推动福建农林大学东方学院转设为福州工商学院，完成省"十三五"期间独立学院转设任务。完成省高等学校设置"十三五"规划中期调整方案编制工作，新增规划厦门理工学院、闽江学院更名为大学。指导推动福建工程学院和闽江学院向教育部申请更名大学。向教育部争取扩大研究生规模，2019年全省研究生招生计划12586人，比上年增长7.61%。其中，博士增长7.2%、硕士增长7.63%，学术型硕士招生计划首次争取到增量计划，增长7.67%；本科招生计划安排向服务国家重大发展战略、服务重大民生和省内产业急需紧缺专业倾斜，其中工科增长6%、医学类增长7.3%、师范类增长17.6%，特别是学前教育增长75%、电子商务增长62%、物流专业增长43%。

【"双一流"大学建设】 2019年，福建省新增福建医科大学、福建中医药大学、集美大学为省一流大学建设高校，新增省一流学科3个，其中高峰学科2个（福建师范大学的理论经济学、教育学）、高原学科1个（闽南师范大学的教育学）。年内新增厦门大学的地球科学、经济与商学和福建师范大学的工程学3个学科进入ESI（基本科学指标数据库）全球前1%。全省有29个学科进入ESI全球前1%，其中2个学科（厦门大学的化学、福州大学的化学）进入全球前1‰。

2019—2020学年福建省研究生教育基本情况

单位：人

项目		毕业生数			招生数			在校生数		
		合计	硕士	博士	合计	硕士	博士	合计	硕士	博士
合　计		13301	12282	1019	20050	18232	1818	58710	51174	7536
其中：女		7325	6931	394	11014	10192	822	31277	27997	3280
学术型学位	小计	6972	5964	1008	8863	7125	1738	27905	20570	7335
	哲学	59	47	12	75	52	23	280	167	113
	经济学	416	359	57	472	375	97	1570	1104	466
	法学	452	391	61	549	450	99	1679	1228	451
	教育学	231	212	19	242	214	28	801	650	151
	文学	423	375	48	431	363	68	1507	1138	369
	历史学	101	85	16	141	106	35	465	306	159
	理学	1848	1485	363	2470	1790	680	7604	5061	2543
	工学	1607	1404	203	2244	1871	373	6937	5390	1547
	农学	369	321	48	505	415	90	1611	1212	399
	医学	712	623	89	848	742	106	2509	2105	404
	管理学	613	529	84	700	580	120	2429	1778	651
	艺术学	141	133	8	186	167	19	513	431	82
专业学位	小计	6329	6318	11	11187	11107	80	30805	30604	201
	哲学									
	经济学	321	321		555	555		1336	1336	
	法学	354	354		644	644		1728	1728	
	教育学	966	955	11	1222	1197	25	2878	2756	122
	文学	247	247		350	350		788	788	
	历史学	10	10		16	16		45	45	
	理学									
	工学	1325	1325		3471	3471		8856	8856	
	农学	373	373		654	654		1518	1518	
	医学	1090	1090		1537	1482	55	4247	4168	79
	管理学	1493	1493		2372	2372		8447	8447	
	艺术学	150	150		366	366		962	962	

【一流本科建设启动】 2019年，福建省出台《福建省全面振兴本科教育实施意见》。实施一流专业、一流课程“双万计划”，立项省级精品在线开放课程130门，推荐73门国家级课程。立项建设省级虚拟仿真实验教学项目63个，推荐31个申报国家级项目。实施“六卓越一拔尖”计划2.0，推进新工科、新文科、新农科、新医科建设试点。实施学科专业结构动态调整，增列新兴交叉学科专业19个，新增“四新”专业39个，新增产业民生急需的人工智能等相关专业33个，撤销传统专业8个。全省15所高校97个专业入选首批国家级一流专业建设点，36所高校178个专业入选首批省级一流专业建设点。

【研究生教育】 2019年，福建省动态调整增列硕士学位授权一级学科3个、硕士专业学位2个，撤销硕士学位授权一级学科5个、硕士学位授权二级学科4个。随机抽评40个硕士学位授权点，对存在不足的4个学位点提出限期整改。开展2018年硕士学位论文抽评和优秀博士学位论文评选。启动新一轮闽江学者奖励计划，举办首次全省新任研究生导师培训班，推进全省研究生教育质量提升。

【高校科研平台建设】 2019年，福建省高校有82个省级及以上科研创新平台获省财政补助总计3561.09万元。新增厦门大学“医用生物制品协同创新中心”、福建师范大学“海西绿色生物制造技术省部共建协同创新中心”、福建农林大学“闽台特色海洋食品加工及营养健康教育部工程研究中心”等部级科研创新平台，福州大学获批首批教育部高等学校科技成果转化和技术转移基地（全国47个）；新增各类省级科研创新平台82个。厦门大学、福州大学作为依托单位，参与首批3个省创新实验室建设（全省共4个）。全省高校获国家科技奖5项，占全省获奖总数35.7%；获省科技奖70项，占全省总数的35.9%。全省高校获国家自然科学基金项目立项808项，项目经费总额59534万元，均超全省总数的80%。举办第十七届“6·18”高校成果展，布展面积5500平方米，参展“双一流”高校35所，项目签约金额超20亿元，比上届增长40%。

【福建特色“三创”教育】 2019年，福建省成立全国首家“三创”（创新、创业、创造）教育指导委员会，强化“三创”教育与专业教育及新工科、新医科、新农科、新文科建设的有机结合，打造“三创”教育福建特色。第五届“互联网+”大学生创新创业大赛省赛参与学生23.6万人，参与人数全国第一，国赛获奖牌总数全国第一、金牌数全国第四。受教育部教育指导委员会委托承担“‘青年红色筑梦之旅’常态化与长效性研究”和“乡村振兴人才培养模式研究与实践”两项全国性课题工作。

2019年6月18日，第十七届中国·海峡项目成果交易会高校项目成果成功对接签约仪式在福州海峡国际会展中心举行　　（省教育厅供稿）

【校地融合】 2019年，福建省教育厅牵头起草《福建省高等学校科技创新军民融合发展实施方案》，提出4个方面11项重点任务。福州大学、福建师范大学分别成立先进技术创新研究院和军民融合发展战略研究院；厦门大学设立航空发动机创新中心福建分中心；闽江学院牵头建设福建军民融合教育培训联盟。福州大学、福建师范大学、集美大学等高校军工资质取得新进展，重大科研项目实现新突破。结合省内经济发展和产业对人才需求的实际，推动省政府与国家“双一流”建设高校签署共建协议，完成省政府与中国科学技术大学、天津大学、清华大学、北京大学签署战略合作协议。（郑　锦　李国平）

职业教育

【概况】 2019年，福建省有普通高职高专51所，比上年减少1所；在校生34.31万人，增加7.63万人；招生16.19万人，增加5.82万人；毕业生7.85万人，减少4749人；教职工1.89万人，增加1135人，其中专任教师1.38万人，增加1309人。全省有中等职业学校180所；在校生33.48万人，比上年减少1006人；招生13.01万人，增加7187人；毕业生11.04万人，增加2618人；教职工1.99万人，增加299人，其中专任教师1.68万人，增加293人。全省有独立设置的成人高校3所；成人高等学历在校生9.18万人，比上年增加2700人；招生3.47万人，减少920人；毕业生3万人，减少1.54万人。贯彻落实《国家职业教育改革实施方案》，2019年6月20日出台《福建省职业教育改革工作方案》，联合省财政、人社、退役军人事务3部门发布《关于调整职业院校奖助学金政策的通知》，设立中等职业学校国家奖学金，并对职业院校学生奖助学金标准进行提标扩面，增幅10%。如期超额完成2019

2019—2020学年福建省普通高等职业教育基本情况

单位：人

项目	在校学生数	招生数	毕业生数
合计	343135	161941	78524
#女性	165665	70544	40200
农林牧渔大类	4369	1839	1214
资源环境与安全大类	3396	1492	708
能源动力与材料大类	3661	1709	608
土木建筑大类	32838	15652	8885
水利大类	1653	769	411
装备制造大类	26785	14185	6233
生物与化工大类	1750	846	489
轻工纺织大类	4029	1909	617
食品药品与粮食大类	9369	4496	1978
交通运输大类	16945	9026	3289
电子信息大类	50351	24785	9432
医药卫生大类	40740	17587	9016
财经商贸大类	61838	28069	17373
旅游大类	10549	5015	2648
文化艺术大类	25318	12500	4686
新闻传播大类	4438	1960	864
教育与体育大类	40923	18124	9284
公安与司法大类	33	0	48
公共管理与服务大类	4150	1978	741

年省政府工作主要任务中涉及职业教育和终身教育的三项任务。福建省被教育部确认为2019年“职业教育改革成效明显的省（区、市）”，成为国务院拟通报的教育工作落实重大政策措施真抓实干、取得明显成效予以激励支持的省份之一。

【高职技术人才培养】 2019年，福建省推进高职“二元制”技术技能人才培养模式改革，通过“单独考试、单列计划”招收企业在职员工开展高职教育，构建职业院校和企业联合招生、联合培养、协同育人长效机制。年内全省44所高职院校的166个专业与605家企业联合开展高职“二元制”改革试点，招收企业员工2.15万人，成为高职扩招的主渠道（占扩招任务的40.48%）。在职业院校推行现代学徒制，入选国家现代学徒制试点12个，遴选省级现代学徒制试点314个，覆盖84%的高职院校、50%的中职学校。

【产教融合试点】 2019年，福建省教育厅贯彻落实省政府办公厅《关于深化产教融合十五条措施》，出台政策组合拳调动行业企业、学校和社会等各方参与产教融合、校企合作积极性，破解人才培养供给侧和产业需求侧“两张皮”的问题，促进教育链、人才链与产业链、创新链有机衔接。会同省发改委等部门指导推动泉州市创建成为首批国家级产教融合型城市试点，印发《关于开展产教融合型企业建设培育工作的通知》，遴选首批20家省级产教融合试点企业。遴选福建信息职业技术学院与北京新大陆时代教育科技有限公司合作共建的福建信息物联网产业学院等16个项目作为首批省级高职院校产业学院试点项目。在84所职业院校、应用型本科高校开展“学历证书+若干职业技能等级证书”制度试点，参与试点学生19820人。

【专业预警和动态调整机制】 2019年，福建省教育厅建立健全职业院校专业预警和动态调整机制，实行专业设置“正面清单”和“负面清单”制度，引导职业院校主动适应省内做强做大主导产业、改造提升传统产业、培育壮大战略性新兴产业对技术技能人才的需要。全年省内高职院校设置涵盖19个专业大类的336个专业，专业布点总数2156个；中职学校共设置覆盖18个专业大类的204个专业，专业布点总数994个，基本形成对接省内产业发展需要的人才培养体系。

【项目管理机制创新】 2019年，福建省教育厅推进省示范性现代职业院校建设工程，全国首创的“分类立项、分类支持、逐年考核、动态管理”的项目管理机制，入选教育部《高等职业教育创新发展行动计划/职业院校管理水平提升行动计划（2015—2018年）案例汇编》。高职6大类181个项目获国家《高等职业教育创新发展行动计划（2015—2018年）》项目认定（其中6所高职院校被认定为国家优质专科高等职业院校）。70所职业院校列入重点建设或培育项目，181个项目通过国家高职教育创新发展行动计划认定，5所高职院校入选国家特色高水平高职学校和专业建设计划。

【职业院校技能大赛】 2019年，福建省教育厅组织全省职业院校技能大赛，全年设置131个赛项，30支中职代表队和51支高职代表队共5432名选手参赛。在2019年全国职业院校技能大赛中，获得一等奖33项，福建船政交通职业学院和福建信息职业技术学院获奖数分别位列全国第三、第四名。组织全省职业院校教师教学能力比赛，参赛职业院校137所、教师2060人。在全国职业院校教学能力比赛中，获奖18项，位列全国第11位。

2019—2020 学年福建省中等职业教育基本情况

单位：人

项目	毕业生数	#获得职业资格证书	招生数	#招初中毕业生	在校生数
总计	110432	97549	130126	118115	334826
#女性	46661	41290	55273	51998	146167
农林牧渔类	9239	7097	6551	3297	17540
资源环境类	8	8	121	121	183
能源与新能源类	182	179	94	92	409
土木水利类	5378	3969	7508	6332	17622
加工制造类	8747	7806	11233	10200	27743
石油化工类	365	216	484	375	1130
轻纺食品类	1656	1295	1905	1854	4425
交通运输类	13012	12357	13305	10707	31153
信息技术类	17482	16075	24459	23584	61599
医药卫生类	7716	6975	7284	6717	21348
休闲保健类	1056	1005	2059	2055	4822
财经商贸类	17666	15612	20389	19699	52578
旅游服务类	7038	6118	8868	8161	22960
文化艺术类	7121	5898	9592	9367	23931
体育与健身	936	843	1373	1365	3588
教育类	12013	11342	13723	13151	41314
司法服务类	60	60			
公共管理与服务类	632	581	674	534	1352
其他	125	113	504	504	1129

【区域发展服务】 2019 年，福建省建立闽东北、闽西南协同发展区职业教育合作交流机制，推进协同发展区职业教育融合发展。支持莆田、三明、漳州职业教育园区建设，推动厦门、泉州、龙岩、南平、宁德在工业区（开发区）建设职业教育园区，引导职业教育资源向产业和人口集聚区集中，推动职业教育与产业同步规划、同步推进，满足区域产业发展对技术技能人才的需求。

【“海丝”建设服务】 2019 年，福建省发挥区位优势，成立福建省“一带一路”职业教育国际化联盟，打造以海丝为纽带的职业教育合作交流平台。福建船政交通职业技术学院在肯尼亚、福建信息职业技术学院在泰国、福州职业技术学院在马来西亚等设立职业教育基地、鲁班学院，面向当地员工开展技术技能培训和学历职业教育。与德国莱法州共同建设“中德（福建）教育合作与发展中心”，面向全国培训职业院校骨干教师 1200 多人次。在福建省与德国莱法州友好省州缔结 30 周年之际，配合省相关部门为两省州签署备忘录服务。

【乡村振兴服务】 2019 年，福建省教育厅扶持发展农林类高职院校和举办涉农专业高职院校，全省有现代农业、现代林业职教集团 5 个，参与服务乡村职业院校 26 所、行业协会 6 个、企业 51 家，加强建设农业、林业、水利、茶等省级行业职业教育指导委员会。会同省农业农村部门实施“新型职业农民素质提升工程”，每年招收 1.2 万名新型职业农民进行学历继续教育，年内全省开展新型职业农民培训 15.58 万人次。

【终身学习服务】 2019 年，福建省教育厅开展福建省“9·28”终身教育活动日暨全民终身学习系列活动，组织开展各类讲座、论坛、演出、展示等 2600 多场，参与 71 万人次。开展终身教育学分银行试点，组建成立省继续教育学分银行联盟。印发《农民工“求学圆梦行动”工作管理暂行办法》，规范项目管理和运行。支持省电大和监狱管理局共建“曙光学院”，将“开放教育二元制”向监狱服刑人员延伸。遴选推荐 90 所职业院校承担退役军人职业教育培训工作。加快发展老年教育，设立高校老年大学 16 所，确认社区（老年）教育示范基地 11 个、示范性社区（老年）学校（学习中心）60 个、高水平示范性老年大学立项单位 13 个。福建老年开放（互联网）大学开设 7 个专业 13 个班，有近 300 名学员。

（郑　锦　李国平）

编辑：郑　菜

科学技术

综　述

【概况】 2019年，福建省创新创业创造环境不断优化，科技创新动力持续增强，支撑引领全省经济高质量发展。省科技厅、教育厅、财政厅、人力资源和社会保障厅联合制定《关于进一步促进高校和省属科研院所创新发展政策贯彻落实的七条措施》，从科技成果转化、科技项目经费管理、横向项目经费、职称评聘和人员招聘、科研绩效工资管理、仪器设备采购等方面，赋予科研机构和科研人员更大自主权，打通高校和省属科研院所创新政策落实。省科技厅和省财政厅制定《政府购买对企业研发投入经费补助第三方评估服务暂行办法》，开展企业重大科研基础设施和大型科研仪器向社会开放服务试点。举办3场鼓岭科学会议，发挥创新智库效应。省科技厅修订《福建省科技计划项目管理办法》《福建省科技计划项目验收管理办法》等规定，加强科技计划项目管理，优化科研项目评审机制，切实减轻科研人员负担。根据《中国区域创新评价监测报告（2019）》研究显示，福建省综合科技创新水平指数居全国第13位，其中环境改善指数居全国第1位、科技活动人力投入指数居全国第6位、科技人力资源指数居全国第7位、科技意识指数居全国第7位、高新技术产业化效益指数居全国第7位、科技促进经济社会发展指数居全国第8位、经济发展方式转变指数居全国第8位、科技创新环境指数居全国第9位。全年获得国家新立科技计划项目900个，资助经费6.5亿元；14个项目成果获2019年度国家科学技术奖。

【科技人才队伍建设】 2019年，福建省实施科技人才计划，集聚高端人才资源，推动高端人才队伍建设。落实引进国（境）外人才20条措施，创新外专管理机制，健全工作许可、人才签证、居留等衔接制度，提升外专服务水平。组织科学技术奖励评选推荐，197项（人）成果获2018年度省科学技术奖励。开展科技活动周、文化科技卫生三下乡等科普活动，获得全国科普讲解大赛优秀奖。建立促进军民融合科技创新发展统筹联席会议制度，加强创新资源整合，6个军民融合项目立项，获资助经费1500万元。

【创新平台建设】 2019年，福建省科技厅、教育厅、财政厅、工信厅、发改委、人社厅6部门联合印发《关于加强福建省创新实验室体制机制创新的指导意见》，推进省创新实验室建设。2019年9月，启动中国福建光电信息、能源材料、化学工程、能源器件科学与技术首批4家创新实验室建设。省科技厅和省财政厅联合完成预拨4500万元建设补助经费。

福建省完善高水平研发平台建设专项资金管理办法，推动“国字号”研发机构落地建设，加快宁德时代新能源—中国科学院物理研究所联合研发中心等4家重大研发机构建设。中科院海西研究院（三期）、机械科学总院海西分院等建设有序进行，铝合金产业技术研究院等10个省级科技创新平台进展良好。安排经费近6000万元，对固体表面物理化学国家重点实验室、国家环境光催化工程技术研究中心、电化学储能技术国家工程研究中心等重点实验室、工程技术研究中心进行补助。新认定建设省重点实验室30家，推动福建三明森林生态系统与全球变化等野外科学观测研究站建设。加快建设厦门大学石墨烯工程与产业研究院、福建中医药大学康复产业研究院，立项建设福建省新药研发中心、肿瘤精准医疗产业技术创新研究院，支持建设数字中国研究院（福建）。鼓励社会资本发展新型研发机构，立项支持36家省级新型研发机构开展研发活动。评估命名第四批省级新型研发机构32家，全省评估命名省级新型研发机构102家。立项支持省级新型研发机构非财政资金购买研发仪器设备软件后补助项目25个。

【产业技术研发创新】 2019年，福建省实施企业研发经费投入分段补助政策，组织开展上年度补助和当年度预补助工作，下达省级预补助金额3亿元，核定补助企业1618家，省市县三级补助金额9.29亿元。抓好企业研发费用税前加计扣除政策落实，5415家企业申报享受研发费用加计扣除政策，比上年增长27.9%；累计研发费用加计扣除额253.3亿元，增长40%。

2019年，福建省国家高新技术企业新增700多家，总数超过4500家，超额完成“十三五”目标任务。福建省国家高新技术企业研发投入占全省企业研发投入的2/3，创造全省近50%的发明专利和工业产值，成为全省科技创新、研发投入和成果应用的主力军。省级高新技术企业备案系统投入使用，入库省级高企达2055家，省市县三级补助金额4.3亿元。实施科技型企业培育专项行动，发挥科技“小巨人”领军企业研发费用加计扣除奖励专项资金作用，全年奖励科技“小巨人”领军企业323家，合计金额1.7亿元；备案科技型中小企业达2520家。加强孵化器、众创空间建设，培育福建火炬高新技术创业园、腾讯众创空间等一批创业孵化服务平台，为入驻企业提供服务，促进创新创业企业发展壮大。全年新增国家级孵化器4家、省级孵化器5家、备案孵化器12家，总数分别达到18家、50家和178家。推荐备案国家级众创空间11家，新增省级众创空间62家，总数277家。全省孵化器在孵企业3500多家，众创空间常驻创业团队和企业8898家。

基础研究取得重要成果，获得国家自然科学基金项目立项814项，批准经费5亿元。7人入选国家杰出青年，11人入选国家优秀青年，资助经费4170万元，均创历史新高。厦门大学在戊肝、乙肝、人乳头瘤病毒等新靶标和机制研究取得原创发现，福州大学光催化机理研究等基础研究成果取得突破。华侨大学首次在碱基分辨率绘制人类全基因组单链DNA断裂图谱，福建农林大学在睡莲基因组等重要机制方面研究取得新突破。欧阳松应、宋秋玲、邓贤明等一批科研团队研究取得重大原创性成果，分别被《自然》《细胞》等国际顶级学术期刊刊用。

产业技术研发成效明显。面向新一代人工智能、新材料、高端装备制造等战略性新兴产业领域，重点组织实施“智能边缘计算终端与系统的研发”“基于人工智能的胃癌精准诊断与治疗技术研究”等15个科技重大专项专题项目。推进数字经济发展，承办第二届数字中国峰会网络科技分论坛。推动人工智能创新，支持星网锐捷、新大陆等龙头企业以及厦门大学、福州大学等高校院所加强智能边缘计算终端、新一代物联网网关、机器视觉和智能制造等核心关键技术攻关。创新机制助力医疗卫生事业“创双高”，累计资助科技创新联合资金项目315个、金额1.03亿元，支持医疗事业强优势、补短板。

通过实施科技重大项目，突破一些关键共性技术，取得一批重要成果，提升相关产业的自主创新能力。壳层隔绝纳米粒子增强拉曼光谱新技术、特色兰科植物产业化技术、脑卒中研究成果获得国家科技奖励。氮合金化高品质不锈钢板带产品研发、基于激光多普勒效应的远距离微振动检测仪研究、物联综合位置大数据智能服务关键技术研究、全向搬运机器人系统的研发等研究取得突破。宁德时代新能源成为全球最大的动力电池系统提供商。国内首个双价宫颈疫苗获批上市。

【区域创新科技】 2019年，福厦泉自创区建设全面推进，加强改革探索，深化福厦泉自创区与自贸试验区、保税区联动发展，复制推广第三批改革创新举措8项和第二批联动发展举措5项，福州培育发展战略性新兴产业、泉州推动“双创”发展获国务院通报表扬。推动重点产业集聚园区发展，福州片区中国东南大数据产业园加快建设，厦门软件园（三期）累计注册企业2705家，泉州半导体高新技术产业园区半导体产业项目粗具规模。年内，福厦泉高新区工业总产值5600多亿元，比上年增长12.3%。全省83%的高新技术企业、72%的科技“小巨人”企业和71%的新型研发机构在福厦泉成长。在福厦泉自创区的带动下，全省7个国家高新区工业总产值8700多亿元，比上年增长11.6%。推动闽东北和闽西南两大协同发展区科技创新联动发展，支持设区市牵头承担省级科技创新平台建设项目，支持福建省南平铝业股份有限公司与福建工程学院共建铝合金产业技术研究院，支持永安市永清石墨烯产业技术研究院建设。加强山海协作，因地制宜推动可持续发展，支持武夷山市、东山县、泰宁县、柘荣县、浦城县等地可持续发展示范项目建设，推进龙岩市等6个国家可持续发展实验区建设。

（郑雨苹　周　琼）

发展规划与政策法规

【科技创新政策】 2019年，福建省科技厅牵头制定《关于进一步促进高校和省属科研院所创新发展政策贯彻落实的七条措施》，突出“松绑”“放活”，从科技成果转化、科技项目经费管理、横向项目经费、职称评聘和人员招聘、科研绩效工资管理、仪器设备采购等方面，赋予科研机构和科研人员更大自主权，打通高校和省属科研院所创新政策落实最后“一公里”，推动赋予科研机构和人员更大自主权有关文件落实到位。加大力度抓好企业研发费用税前加计除等惠企政策贯彻落实，全年（抵扣2018年度）共计5415家企业申报享受研发费用加计扣除政策，比上年增长27.86%；累计研发费用加计扣除额253.26亿，增长40.02%。

【行政审批制度改革】 2019年，福建省科技厅做好与国家政务服务平台对接工作，对科技部明确由省级科技部门行使的事项进行承接对应，科教用品进口免税资格审核、科技型中小企业评价等事项，并对相关服务事项的信息进行审核确认。规范行政审批中介服务行为，编制《省科技厅保留为行政审批必要条件的中介服务事项清单》，保留并规范“实验动物许可证发放”“高新技术企业认定”等事项中必需中介服务行为。结合新一轮机构改革职责调整，梳理省科技厅权责清单，保留行政许可1项（含2个子项）、行政确认5项、行政处罚2项、行政监督检查1项、行政奖励1项、其他行政权力1项、公共服务事项5项（含13个子项）、其他权责事项30项，共计46项主项（15个子项）。

【新型研发机构建设】 2019年，福建省新评估命名第四批省级新型研发机构32家，至年底，全省有省级新型研发机构102家，其中企业类89家，占比87%以上。落实《福建省人民政府关于进一步推进创新驱动发展七条措施的通知》，及时兑现省级新型研发机构一次性奖励后补助政策，拨付1800万元立项支持36家省级新型研发机构开展后续研发活动。立项支持2019年度省级新型研发机构非财政资金购买研发仪器设备软件后补助项目25个，下达经费1997.4万元。

【科技军民融合】 2019年，中央军委科创局将福建省作为探索地方政府科技主管部门推荐国防科技创新特区重点探索项目机制试点地区之一，全省获立项6个项目资助经费1500万用于支持开展军民融合研发活动。省级新型研发机构总数突破百家。2019年，省科技厅联合省国防科工办牵头成立福建省科技创新统筹小组，建立促进军民融合科技创新统筹发展联席会议制度，并相应成立推动经济建设和国防建设融合发展领导小组，加强对全省军民融合科技创新工作统筹协调和资源整合。2019年，省科技厅从国家重大科技项目和工程研究中心省级奖励资金专项经费中先调剂安排500万元支持中国兵器装备集团—福州大学先进技术创新研究院研发大楼建设。全年组织推荐26个军民融合科技创新项目上报国家，有6个项目予以立项，获资助经费1500万元。办理和反馈省委军民融合办征求意见等各类文件15件，参加省委军民融合办组织的座谈会、征求意见会等会议13场。

【软科学研究】 2019年，福建省完成2019年度省软科学项目立项工作。经评审，8个指定项目、95个自主选题项目予以立项，资助经费451万元。推动软科学项目更名为创新战略研究计划项目。立项支持2019年创新战略计划项目定向研究，资助经费40万元。

【省属公益类科研院所科研专项管理】 2019年，福建省科技厅完成2019年省属公益类科研院所基本科研专项项目立项工作，完成专项立项项目252个，资助经费4000万元。省科技厅与省财政厅修订2015年制定的《省属公益类科研院所基本科研项目及专项资金管理办法》，联合出台《福建省财政厅、福建省科学技术厅关于省属公益类科研院所基本科研项目及专项资金管理办法的补充通知》，取消专项项目类型限制，赋予科研人员技术路线调整决策权，将省属公益类科研院所全部纳入“绿色通道”改革试点，允许结题后的项目剩余经费按照一定比例提取单位绩效，进一步下放科研院所专项项目和经费管理自主权。

【鼓岭科学会议】 2019年，福建省科技厅围绕“海峡两岸海洋活性物质与药物创新研究”“水产品加工业的创新与发展”“卒中与遗传的基础研究及临床转化”等主题，先后召开3次鼓岭科学会议。会议邀请台湾以及大陆相关领域的知名专家开展学术交流，与会专家提出未来创新发展的思路和对策。

【科技统计与指标监测】 2019年，福建省科技厅为强化研发投入统计，抓好科研机构年度R&D经费内部支出统计，配合省统计局、省教育厅做好全省规上企业和高校R&D经费内部支出的统计工作，经统计，全省R&D经费投入统计总量642.8亿元，比上年增长18.4%，高出全国平均增幅6.6个百分点。其中由省科技厅负责统计的科研机构R&D经费投入28.82亿元，比上年增长24.4%。全省R&D投入强度1.8%，比上年提高0.11个百分点。做好《福建省科技发展主要指标情况月报》的数据收集和印发工作，省科技厅、省统计局联合印发《2018年全省科技发展主要指标情况通报》，编发3期《福建科技统计研究专报》，深入分析全省2018年全社会R&D经费投入情况、国内对比分析、地方财政科技拨款情况。组织开展全省科技进步贡献率指标研究，完成《福建省科技进步率贡献测算研究报告》编印。组织开展R&D监测分析工作，形成《2019上半年福建省R&D经费投入监测情况简析》，为促进企业研发投入和创新发展有关工作提供决策参考。

【科学技术普及活动】 2019年1月22日，全国文化科技卫生“三下乡”福建分会场集中示范活动在南平市松溪县花桥乡举行。福建省科技厅党组书记、厅长陈秋立带队参加活动，并主持科技部为松溪县松航小学捐赠“科技创新操作室”的仪式。5月19日，省科技厅与漳州市联合开展以“科技强国·科普惠民”为主题的2019福建省暨漳州市科技活动周在漳州古城西门广场启动。活动周期间，全省各地开展实验室对外开放、科普知识进校园、科技惠企政策下企业等系列活动。组织举办福建省第三届科普讲解大赛，并选送3位选手参加全国科普讲解大赛。（郑雨苹　周　琼）

科技资源配置与管理

【科技计划管理改革】 2019年，福建省科技厅根据《中共福建省委办公厅、福建省人民政府办公厅印发〈关于深化项目评审、人才评价、机构评估改革的实施意见〉的通知》，修订省级科技计划项目管理办法和项目经费管理办法，出台《福建省科技计划项目管理办法》（2019年修订版）、《福建省科技计划项目验收管理办法》（2019年修订版）和《福建省财政厅 福建省科学技术厅关于〈福建省级科技计划项目经费管理办法〉的补充通知》。为营造有利于创新创业创造的良好发展环境，加强全省科技计划项目的规范化和科学化管理，优化科研项目评审管理机制，减轻科研人员负担，激发科研人员创新活力，提高项目管理效率和实施成效。完善省级科技重大专项管理机制，为掌握科技发展主动权，围绕新兴产业关键重点领域，面向全省征集2020年重点产业产学研协同创新重大项目需求，梳理全省重点产业发展中亟待解决的关键核心技术，建立重点产业产学研协同创新重大项目目录，至2019年底征集产学研协同创新重大项目领域方向需求450项。征集的项目列入2020年重大专项选题调研范围，体现协同创新，实现“卡脖子”关键核心技术领域重大技术突破和自主可控发展，提升重点产业自主创新能力和核心竞争力。

【科技计划项目与经费】 2019年，福建省累计下达科技计划项目年度经费35470万元，其中财政年度预算经费23679.5万元、联合资金3821万元、结余结转经费7969.5万元。年度科技计划项目预算指标21718.5万元（含科技专项、STS专项、公益所专项、中央引导地方专项）全部安排完毕，超出部分从省科技厅其他专项和结余经费等指标中调剂安排。支持省级科技计划项目1965个，含新上项目1861个，年度经费29414.5万元；结转项目104个，年度经费6055.5万元。2019年，福建省科技计划项目和资金安排紧扣新产业、新技术、新平台、新业态、新模式“五新”任务。为确保基础前沿研究，省科技厅支持省自然科学基金项目1112个，安排科技经费7921万元；支持省属公益类科研院所基本科研专项项目36个，安排科技经费4000万元。实施科技创新链和产业链精准对接工程，全年面向新一代人工智能、新材料、高端装备制造等战略性新兴产业领域，组织实施“智能边缘计算终端与系统的研发”“基于机器视觉的半导体致冷器件晶粒智能筛选关键技术研究”“新一代物联网互联互通网关及智能终端的关键技术研究”“燃煤烟气治理环保岛大数据智能应用关键技术开发与示范”“生猪重要疫病快速检测技术和新型疫苗的研发与应用”等14个科技重大专项专题项目，计划资助经费3600万元。突出企业创新主体地位，支持企业为主承担技术开发与应用项目、技术转移项目和平台建设项目等省级科研项目。激发和释放技术进步的内生动力，支持企业为第一牵头单位，以及企业与高校、科研院所共同承担的科技项目405个，资助经费占年度新上项目总经费82.1%。聚焦产学研协同创新，组织实施区域发展项目、高校产学合作项目和科技合作产业化项目116个，计划经费8558万元。这些项目均鼓励产学研结合共同承担，凸显高校、院所承担项目有企业承接转化，企业承担项目有高校、院所提供技术支撑的协同创新政策导向。

2019年，福建省推荐国家重点研发计划项目26个。完成国家重点研发计划10个重点专项课题2019年度视频评审工作。国家重点研发计划“同轴全息光存储的基础理论与关键技术研究”等项目立项实施。2019年，福建省科技厅验收项目1456个，申请专利1274件、专利授权1521件，软件著作权登记228件，新产品、新品种、新药认定255个，制定新标准（规范）157件，新增产值142.4亿元，新增利润16.5亿元。

【科技研发创新平台建设】 2019年，福建省科技厅贯彻落实《福建省政府关于加快高水平科技研发创新平台建设发展六条措施》，全年安排高水平科技研发创新平台建设专项经费5868.75万元（其中平台运行补助经费4490万元、首席科学家工作经费750万元、合作开放资金配套经费628.75万元），对固体表面物理化学国家重点实验室、国家环境光催化工程技术研究中心、电化学储能技术国家工程研究中心等127家国家级、省级的重点实验室、工程实验室、工程（技术）研究中心等高水平科技研发创新平台进行补助，推动高水平科技研发创新平台的建设与发展，促进科技研发创新平台在提升区域创新能力、吸引高水平科技人才、支撑区域经济发展、推进产业转型升级等方面发挥重要作用。安排2630万元继续支持福州市海洋产业技术研究院、康复产业研究院、福建省电池管理系统创新产业技术研究院、福建省新药研发中心、福建省海洋生物抗菌肽技术重大研发平台等24项产业技术研究院和重大研发平台建设。

【企业研发投入】 2019年，福建省科技厅实施分段补助促进企业加大研发投入，先后下达福建省企业研发经费分段补助预补助省级承担资金3亿元。至年底，全省有1243家企业获得补助，涉及企业研发投入163.89亿元，省市县三级的补助额8.03亿元，省级补助金2.45亿元。7月，启动企业研发经费投入2018年度补助和2019年度预补助申报工作，2019年全省有1643家企业申报研发分段补助，发挥政策引导企业促进研发投入的正向作用。省科技厅和省财政厅联合印发《政府购买对企业研发投入经费补助第三方评估服务暂行办法》，企业研发投入分段补助工作有序推进，提升企业创新获得感。

【科技金融结合】 2019年，福建省科技厅加强政策落地，落实企业需求，及时将征集到的112家企业和需要资金数近22亿元需求分类整理并推送给各签约金融机构。在福州举办“政企合作引金融活水，企业发力注创新活力”科技贷产品银企对接论坛，现场预约对接企业14家，融资需求7700万元。第17届中国海峡项目成果交易会暨福建省“科技贷”业务专场对接会在福州海峡国际会展中心6号馆举行，福州中科讯档案技术有限公司等14家企业与建设银行福建省分行、兴业银行、招商、光大、民生、浦发银行福州分行以及人保财险福建分公司签订“科技贷”合作协议，落地签约金额1.5亿元。在龙岩市召开“高新技术企业资金技术成果对接会”等系列活动，有11所科研院校、30家券商、律师事务所、投资机构和270家龙岩市国家级、省级高新技术企业、省级科技小巨人企业参会。推进“科技贷”工作的开展，省科技厅印发《关于加大解决科技型中小微企业融资难、融资贵问题的通知》，要求各设区市科技管理部门联合金融管理部门加大银企对接力度，对“科技贷”企业的跟踪服务工作。省科技厅和省金融局相关人员对民生银行、浦发银行、光大银行及招商银行福州分行进行调研座谈，了解4家银行对“科技贷”政策的意见、建议。深入企业走访，组织当地金融机构召开科技型中小微企业科技贷款工作座谈会，举办科技金融银企对接会，有效的推进“科技贷”工作的开展。省科技厅制定《关于聚焦科技型中小微企业融资难融资贵，优化营商环境行动方案》，推进科技贷业务的开展。在福州马尾区召开“科技型中小企业资本运作”培训会，为有效搭建财务架构提供政策支持。举办“科技型中小微企业科技与金融结合”主题沙龙，介绍福建省“科技贷”政策、“科技贷”业务落地情况及如何用好政策解决融资需求。加快建设福建省科技型中小微企业金融服务平台，实现“金融机构”“投资机构”与“科技型企业”两端无缝连接。至2019年9月，全省“科技贷”业务累计投放金额15.28亿元，累计服务科创型中小微企业237家。

【区域创新能力建设】 2019年，福建省科技厅安排计划资助经费1667万元，立项支持永安市永清石墨烯产业技术研究院建设，鼓励永安市永清石墨烯产业技术研究院与厦门大学石墨烯工程与产业研究院加强交流合作，推进全省石墨烯产业发展。安排结转经费900万元，支持设区市单位牵头承担的9项省级科技创新平台建设项目，支持福建省南平铝业股份有限公司与福建工程学院共建铝合金产业技术研究院，加强山海协作，推进山区优势特色产业高质量发展。

【中央引导地方科技发展专项】 2019年，福建省科技厅根据科技部、财政部《中央引导地方科技发展专项资金管理办法》的要求，编制《福建省关于中央引导地方科技发展专项资金三年(2019—2021年)滚动规划》，争取到专项资金3900万元。经项目申报、专家评审、实地调研等环节，确定32个项目作为2019年资助项目。其中，科研基础条件和能力建设3项，资助经费360万元；专业性技术创新平台21项，资助经费2620万元；科技创新创业服务机构2项，资助经费280万元；科技创新项目示范6项，资助经费640万元。根据项目承担单位申请及相关管理办法，组织专家对“福建省农科院生态所宁德生态循环农业与精准扶贫项目(2016L3004)”等6个项目开展验收工作。验收手续通过福建省科技计划项目管理信息系统全程网上办理，做到办理规范及时、资料健全、档案完整。

(郑雨芊　周　琼)

基础科技研究与管理

【省自然科学基金项目立项】 2019年，福建省自然科学基金共立项项目1112个，包括面上项目900个、青年创新项目167个、杰出青年项目29个、重点项目16个；立项经费共计7921万元，包括面上项目经费6114万元、青年创新项目经费492万元、杰出青年项目经费685万元、重点项目经费630万元，其中，科技计划项目经费投入4600万元(含教育厅500万元)、吸引社会资金投入3321万元(卫生联合资助经费1461万元、高校联合资助经费1860万元)，立项经费比2018年度的7409万元增长6.9%。

【国家自然科学基金项目立项】 2019年，福建省有35家单位获得国家自然科学基金844个项目立项，批准经费42250万元。其中，11位青年科研人员(平均年龄35.7岁)获国家优秀青年科学基金项目资助，直接资助经费1370万元。另有7位青年科研人员(平均年龄42.1岁)获国家杰出青年科学基金项目资助，直接资助经费2450万元。

【省自然科学基金项目结题验收】 2019年，福建省自然科学基金项目共结题验收952项，共形成4766项研究成果：包括已授权专利443件(发明专利253件、实用新型专利143件、软件著作权专利47件)；新申请专利401件(发明专利392件、实用新型专利9件)；共发表论文3813篇，其中SCI或EI收录论文2412篇；获得省级及以上奖项100项；新增国家及地方标准等8项；新增产值3798万元。

2019年，福建省共验收结题省杰出青年项目21个(其中企业杰青1个)。项目成果呈现以下特点：高端人才育成率高，21个项目负责人中获国家杰出青年科学基金项目资助1人、国家优秀青年科学基金项目资助4人、教育部青年长江学者1人、中科协青年人才托举工程1人、霍英东高校青年教师基金1人；高水平科研成果占比高，获得省部级科技奖21项；发表SCI收录论文186篇(包括JCR一区67篇、JCR二区51篇)，申请发明专利90件(获授权25件)；新增科研项目层次高，新增国家级和省部级重要项目25个(其中国家自然科学基金面上项目14个、杰出青年项目1个、优秀青年项目4个、国家博士后面上基金项目1个)；新增科研经费6167万元(其中国家级科研经费2660万元)。

【省自然科学基金联合资助工作】 2019年，福建省科技厅为发挥省基金的主渠道和引导作用，下发《福建省科学技术厅关于推进实施省自然科学基金联合资助工作的通知》，进一步加大省基金联合资助项目的资助规模和资助强度。拓展联合资助行业领域，在卫生系统21家医院、教育系统18所高校基础上，新增省农科院及设区市农科院所；扩大联合资助项目类型，从面上项目扩大到青创项目和重点项目；加大项目单项资助强度，原则上面上项目7万～10万元/项，青年创新项目6万～8万元/项、重点项目40万元/项，增加重点项目联合资助单位重点项目立项数；加大联合资助经费规模，联合资助单位分类按档追加出资经费50万～150万元，并在申报指南中相应增加其申报推荐指标。

【海峡两岸科技合作联合基金资助项目】 2019年，福建省政府与国家基金委联合设立的促进海峡两岸科技合作联合基金，经基金委组织申报、评审和双方审定，2019年度资助项目17个，直接经费3863万元，其中依托福建省内单位14项，依托福建省外单位3项，涉及人口与健康、农业、新材料与先进制造、电子信息领域，涵盖13个研究方向，台湾大学、台湾海洋大学等台湾9个单位23人参与立项项目的研究工作。按照国家基金委关于2020年度海峡联合基金申报指南工作安排，省科技厅组织动员，征集受理30个单位有关研究方向建议246个，其中农业领域52个、新材料与先进制造领域83个、人口与健康领域56个、资源与环境领域55个。经组织专家对征集研究方向汇总梳理，向基金委报送22个研究方向，其中农业领域6个、新材料与先进制造领域5个、人口与健康领域5个、资源与环境领域6个，涵盖征集研究方向185个。

海峡联合基金发挥国家自然科学基金导向作用及福建省对台区位、人文和交流优势，结合国家科技发展战略，搭建开放合作交流平台，吸引和聚集海峡两岸科技人员，重点聚焦福建及台湾地区共同关心的重大科学问题和关键技术问题，合作开展基础科学研究。至2019年底，海峡联合基金共立项资助142个重点支持项目，总资助经费3.67亿元。

【福建省创新实验室建设】 福建省从2016年开始部署争创国家实验室等国家重大科技创新平台基地建设工作，随即启动调研并决定先行筹建福建省创新实验室，打造国家实验室预备队。2019年，根据《福建省实验室建设方案》，省科技厅召开建设工作推进座谈会，组织福州、厦门、泉州、宁德等设区市政府牵头有关高校、科研院所和企业开展申报；邀请国内知名专家对建设建议书进行论证；争取科技部支持同意在条件成熟后将福建省创新实验室纳入国家重点实验室的建设序列。经省创新实验室建设工作联席会议、省政府常务会议、省委常委会会议等研究，同意启动建设首批4家福建省创新实验室。9月10日，省委书记于伟国为首批建设的省创新实验室授牌，开启福建省创新实验室新的建设进程。首批启动建设的4家福建省创新实验室分别是：中国福建光电信息科学与技术创新实验室、中国福建能源材料科学与技术创新实验室、中国福建化学工程科学与技术创新实验室、中国福建能源器件科学与技术创新实验室。9月12日，省科技厅、发改委、教育厅、工信厅、财政厅和人社厅联合印发《关于加强福建省创新实验室体制机制创新的指导意见》，加强省创新实验室体制机制创新。

【重点实验室体系建设】 2019年，福建省科技厅新认定建设30家省重点实验室（学科类），优化福建省重点实验室建设布局。组织对2014—2015年间立项的省企业重点实验室进行验收，其中25家通过验收，予以授牌运行。至2019年底，全省拥有重点实验室226家，其中国家重点实验室10家（含企业类3家），省重点实验室216家（含企业类66家）。全年福建省重点实验室（学科类）获立项承担各类科研课题3530项，获得科研经费133922万元，其中国家级课题687项、经费69034.91万元，省部级课题998项、经费56709.44万元，厅级课题826项、经费14409.32万元；获得各类奖励145项，其中国家级二等奖2项，省部级一等奖23项，省部级二等奖33项，省部级三等奖37项，社会力量奖50项；获得授权发明专利614件、授权实用新型专利452件，在国内外学术期刊上发表学术论文4913篇，其中被SCI检索收录论文2429篇、被EI检索收录论文575篇；国外出版专著25部，国内出版专著104部。全省重点实验室（企业类）共承担各类科研课题1455项，获得课题经费535436.34万元。其中国家级课题40项、经费77357.17万元，省部级课题95项、经费54678万元，厅级课题83项、经费20115.87万元。获得各类奖励108项，其中省部级一等奖1项，省部级二等奖13项，省部级三等奖24项，社会力量奖70项。获得授权专利2254件，其中发明专利650件、实用新型1604件；在国内外学术期刊上发表学术论文244篇，被SCI收录论文17篇、被EI收录论文21篇，国内外出版专著8部。制定各类标准146项，其中主持或参与制定国家标准64项、行业标准77项、省级标准5项。

【国家野外观测站建设】 2019年，福建省科技厅按照《科技部办公厅关于开展野外科学观测研究站调研和推荐布局建议的通知》精神，根据福建省野外站建设情况，组织推荐国家野外站建设，推荐"福建三明森林生态系统与全球变化福建省野外科学观测研究站（依托单位为福建师范大学）""台湾海峡海洋生态系统（依托单位为厦门大学，由东山海洋福建省野外科学观测研究站和漳江口红树林湿地生态系统福建省野外科学观测研究站整合而成）""福建莆田大气海水环境材料腐蚀野外观测站（依托单位为国网福建省电力有限公司）"3家省（部）级野外站申报建设国家级野外站。

【首个大科学装置落地泉州市】 2019年5月7日，福建省泉州市政府与中科院国家授时中心签订战略合作协议，合作共建海上丝绸之路时间中心。项目由中国科学院国家授时中心牵头，联合泉州市国有资产投资经营有限责任公司、菡萏（上海）资产管理有限公司共同组建项目公司，由项目公司负责海上丝绸之路时间中心项目整体投资、建设及运营。项目按照“一心四核”的战略布局和建设，围绕海上丝绸之路时间中心建设，打造大科学装置、大数据中心、智能制造、文化教育四大核心板块，形成从科学研究、科技交流、运控管理、时空产业到衍生产业的科技创新产业全链条。12 月 27 日，海上丝绸之路时间中心揭牌，意味着福建省首个大科学装置高精度地基授时系统泉州站，及全国唯一服务于海丝沿线的时间总部在泉启动建设。

【大型仪器设备开放共享】 2019 年，福建省科技厅为加快推动福建省重大科研基础设施和大型科研仪器向社会开放服务，制定《福建省重大科研基础设施和大型科研仪器向社会开放服务绩效评价暂行办法》，开展 2017—2018 年度重大科研基础设施和大型科研仪器向社会开放服务绩效评价工作，采用专家评审和用户评议相结合的方式，对向社会开放服务评价结果较好以上的仪器管理单位和科研设施仪器进行奖补，提高科研设施和仪器配置使用效益。为解决科研设施仪器利用率不高、重复建设和购置现象以及科研设施仪器对科技创新的服务和支撑没有得到充分发挥问题，省科技厅出台《2019 年度企业重大科研基础设施和大型科研仪器向社会开放服务试点方案》，在 2018 年龙岩市企业非财政资金建设和购置的科研设施仪器开放服务补助试点的基础上，进一步扩大试点范围，在龙岩市、南平市两地开展试点工作，对非财政资金建设和购置的企业科研设施仪器统一纳入福建省大型科研设施仪器管理服务平台，向社会开放服务进行试点，省大仪专项经费予以补助。2019 年，龙岩市申报非财政资金建设和购置科研设施仪器向社会开放的企业有 17 家、大型仪器 33 台、原值 47370.41 万元，南平市申报 14 家、大型仪器 83 台、原值 7866.12 万元。至 2019 年底，福建省大型科研设施仪器管理服务平台已收录向社会开放仪器 2556 台，仪器原值 252708 万元。

【实验动物管理】 2019 年，福建省科技厅根据《实验动物管理条例》《福建省实验动物许可证管理办法》等精神，规范管理全省实验动物工作，出台《关于开展 2018 年度实验动物许可证年检工作方案》，组织完成 2018 年度全省实验动物许可证的年检工作，福州海王福药制药有限公司等 20 家单位持有的 34 份生产（使用）许可证年检结果合格，2019 年许可证继续有效。厦门市食品药品质量检验研究院等 4 家单位变更单位法定代表人，福建出入境检验检疫局检验检疫技术中心等 2 家单位变更单位名称，联勤保障部队第 900 医院等 2 家单位变更地址。组织专家对自然资源部第三海洋研究所（SPF 级：大鼠、小鼠、裸鼠。清洁级：大鼠、小鼠）、福建天泉药业股份有限公司（清洁级：小鼠）、福建农林大学（普通级：兔、豚鼠。SPF 级：大鼠、小鼠）实验动物使用许可证进行考核评审，颁发相应的实验动物使用许可证。 （郑雨苹　周　琼）

农业科技

【概况】 2019 年，福建省科技厅实施创新驱动发展战略，在创新农业科技管理、推行科技特派员制度、组织农业科技重大专项、加大农业科技创新平台建设、推进农业科技园区建设、科技扶贫攻坚等方面取得成效。2019 年，根据《福建省“十三五”科技发展和创新驱动专项规划》和省委省政府对农业科技的部署，结合福建省特色现代农业科技发展要求，围绕促进乡村振兴，在农作物优良品种选育、农产品精深加工、农业重大疫病防控等领域，组织实施一批科技重大专项（专题）和区域发展、高校产学研合作、引导性等科技计划项目。支持各设区市农科院（所）全面建设，提升基层院所基础研究水平，推进当地特色优势农业产业发展。

【科技特派员制度】 2019 年，福建省落实全国科技特派员制度推行 20 周年总结会议精神，召开全省科技特派员制度推行 20 周年总结工作视频会议，推动出台《福建省关于新时代坚持和深化科技特派员制度的实施意见》，举办新时代坚持和深化科技特派员制度培训班，实施科技特派员制度。在全国召开的科技特派员制度推行 20 周年总结会议上，福建省 4 名科技特派员和 2 个组织实施单位获科技部通报表扬。全年新选认省级科技特派员 5479 名，其中台胞科技特派员 97 名、团队科技特派员 267 名。省级科技特派员实现全省 916 个乡镇全覆盖。科技特派员服务领域涵盖十大特色农业产业，并向二三产业延伸，科技特派员的数量和质量有较大幅度提升。全省科技特派员共创办企业、创业基地、形成利益共同体和专业技术协会或经济合作组织 2184 家，实施科技开发项目 1301 个，带动增收农户 35755 户。

福建省坚持把科技特派员服务建在产业链上，推动产业要素有效嫁接、共生融合，促进科技服务向农村农业生产、加工、检测、流通、销售等全链条、全要素服务转变。2019 年，福建省首次举办全省科技特派员技术成果现场展示与推介活动。新认定省级星创天地 21 家。至 2019 年底，全省有国家和省级建设的星创天地 78 家，其中 49 家是科技部备案的国家级星创天地。全省星创天地累计集聚创业导师 618 名，服务初创企业及团队（创客）1710 个，建立线上网络平台 159 个，吸纳就业 9000 余人，培训人员 5 万余人次。通过实践全省星创天地已逐步形成“科研院所＋星创天地”“农业科技园区（创业园）＋星创天地”“龙头企业＋星创天地”“农民专业合作社＋星创天地”4 种具有代表性的运作模式。星创天地的建设，吸引创新要素向农业农村基层一线集聚，加速农业科技成果转化，推动农村“大众创业、万众创新”。

实施“省级扶贫开发工作重点县人才支持计划科技人员专项计划”，选派科技人员作为省级科技特派员，到省级扶贫开发工作重点县进行科技扶贫，帮助培养当地创新创业人才。全年为省级扶贫开发工作重点县选派科技人员360名，培训本土创新创业人才1055名。科技人员专项计划累计服务乡镇292个，服务农户6853户，服务企业、合作社、农民协会等机构470个，帮助受援对象合计增收1.38亿元。

第十七届中国·海峡创新项目成果交易会首次设立科技特派员展区，以“深入推行科技特派员制度，助力新时代乡村振兴战略”为主题，展现福建省深入推行科技特派员制度，创新科技特派员选认机制、政策保障、服务模式，支持广大科技特派员在带动乡村振兴、助力脱贫攻坚、深化闽台科技交流、支持创新创业、拓展科技服务等方面所取得的实施成效，共有70项科技特派员服务成果参展。

【农业科技园区建设】 2019年，福建省在革命老区和中央苏区建设的国家农业科技园区6个、省级农业科技园区9个，成为全省革命老区和中央苏区现代农业科技创新和科技成果转化示范基地、农村科技特派员创新创业基地、现代农业新兴产业孵化基地和人才培养及技术培训基地，在全省现代农业发展进程中有效发挥科技的引领和示范作用。至年底，全省园区累计获政府投入23.81亿元，其中园区当年政府研发投入1.45亿元、带动园区当年社会资本投入64.17亿元、带动园区当年社会研发投入8.73亿元，创造社会总产值569.1亿元，其中第一产业产值179.42亿元、第二产业产值256.94亿元、第三产业产值61.01亿元，主导产业产值303.67亿元，年缴税额22.31亿元；和园区有合作关系的科研单位164个，入驻园区科研单位66个，研发机构270个，研发人员5119名，建立院士专家工作站42个；园区累计转化科技成果645个，当年转化科技成果95个，园区累计获批专利3305件，其中发明专利244件。园区入驻企业1322家，其中高新技术企业61家、涉农高新技术企业34家、上市企业14家，涉农高新技术企业主营业务收入28.5亿元，园区全员劳动生产率平均为17.38万元/人。园区累计建成8个众创空间、18个国家级星创天地、63个科技企业孵化器，孵化器面积821159平方米，吸引入驻科技特派员1283名；园区累计引进项目1209个，累计开发项目386个，累计引进技术、品种和设施4083个，累计推广技术、品种和设施4152个。园区围绕特色产业，组织开展各类技术培训和讲座，培训总人次138540名，带动农户培训总人次117875名，园区就业人员1275241名，园区农民人均可支配收入22371元，所在地农民人均可支配收入15786元，园区农民明显高于所在地农民可支配收入。

【科技精准扶贫工作】 2019年，福建省科技厅整合科技资源，凝聚科技要素，调动科研人员积极性，在革命老区和中央苏区精准实施科技计划项目，推进革命老区和中央苏区优势产业发展。2019年直接在革命老区和中央苏区组织实施各类科技项目165个，资助经费10529万元，带动科技总投入72048.3万元，其中区域发展项目37个，资助经费3700万元，带动科技总投入29009.3万元；星火项目39个，资助经费1085万元，带动科技总投入2998万元；创新资金项目28个，资助经费880万元，带动科技总投入8099万元；STS项目40个，资助经费1130万元，带动科技总投入8831万元；其他项目21个，资助经费3734万元，带动科技总投入23111万元。（郑雨苹　周　琼）

【福建省农业科学院】 2019年，福建省农业科技创新取得新进展。成果产出有新提升。张艳璇获得福建省科学技术重大贡献奖，12项成果获2018年省科学技术进步奖，其中一等奖2项。获得授权专利230件（其中发明专利108件），植物新品种权2件，软件著作权24件，获得颁布行业或省地方标准9个。发表高质量科技论文（SCI影响因子3.0以上）22篇。

种业创新新成果。育成通过省级以上审定的新品种47个，其中，2个品种通过国家农作物新品种登记，2个品种通过热带作物品种审定，32个品种通过省级品种审定，11个品种通过专家现场鉴评。

关键技术新突破。新增科研项目458个，经费1.09亿元；其中国家级项目58个，经费3187万元。茶园减量施肥关键技术和“茶—草—菌”生态循环模式，平均亩减施化肥20%以上，可有效推进生态茶园建设和茶叶品质改善。螨类的基因组学研究，加快捕食螨产业化，扩大农作物绿色防控成效。找到番鸭小鹅瘟病原，研发出一套快速、简便、准确的临床诊断技术，能够有效服务全国番鸭养殖业健康发展。温度对四环素类抗生素降解影响的研究成果，为禽畜粪便的药物残留治理提供理论依据。与新大陆公司联合研制全省首款人工智能农业机器人等领域取得可喜进展，可以开展作物生产数据的自动采集，促进设施农业的精细化管理。

对外合作。与马来西亚等“一带一路”国家科研院校或公司签订协议10项，与秦亚公司和凯景公司合作在肯尼亚建立2家海外农业科技示范基地。与台湾宜兰大学等3所高校开展合作研究。与美国、澳大利亚、新加坡等国科教机构合作，开展6个国际科技项目研发。与中国热带农业科学院和四川、贵州、重庆、广西等省（市、区）农科院签订合作协议。参加国家农产品产地重金属污染综合防控协同创新联盟等5个国家专业产业技术创新联盟。会同省农业农村厅、福建农林大学联合成立福建省农业科技创新联盟，组建11个专业产业技术创新联盟。

科技服务。科技服务产业发展。组织实施225个科技示范项目，服务新型经营主体329个，解决技术难题307

个，示范推广新技术新品种784个、面积3.87万公顷，新增社会经济效益10.12亿元。新建科技示范基地43个，落地全省9个设区市38个县（市、区），实现3年建设100个的目标。承担科技助力乡村产业振兴“千万行动”任务，为275个村制定技术帮扶方案。继续实施全省农村实用技术远程培训，年培训农民102万人次，现场指导和实地培训农民2万多人次。

推进院地院企合作。省农科院南平分院建成5个研究中心，组织实施11个科研项目；莆田分院于2019年10月揭牌成立，组建4个研究中心。与安溪县、福州晋安区、南平建阳区、南平延平区签订合作协议。与福州市政协共建“福州市政协农业农村工作研究基地”。与企业共建绿肥产业研究院和福建薯业研究院等2家产业研究院。

科技服务脱贫攻坚。实施科技帮扶项目89个，建立扶贫示范点148个，示范面积0.25万公顷、畜禽水产养殖68万余头、食用菌11万棒，带动农民6168户，增收6329万元。扎实推进闽宁科技扶贫协作，引进示范新品种新技术97项，配合固原市打造“四个一”工程科技示范点5个；与宁夏农林科学院共建“闽宁食用菌研发中心”。

科技服务灾害防控。开展草地贪夜蛾的监测与防控，筛选出4种性诱剂及诱捕装置，研发出无人智能监测装置，筛选6种化学药剂及2种生物农药，编印《草地贪夜蛾应急防控技术手册》。参与非洲猪瘟防控工作，到7个设区市开展防控技术培训和指导，ABSL-3实验室获得非洲猪瘟病毒实验扩项认可。开展灾后农业恢复生产技术服务，针对闽西北地区严重洪涝灾害，选派112名科技人员深入23个县，开展排水、补肥、扶苗、病虫害防控等现场把脉和技术指导，编印《灾后恢复生产技术手册》、拍摄补救技术视频，在“慧农信”信息平台发布。

科技服务机制创新。开展集团服务试点工作，组建团队科技特派员44个，法人科技特派员14个，选派省级个人

2019年6月17日，农业机器人“小睿”在中国以色列示范农场执行巡检任务，标志着福建人工智能农业机器人进入实际应用　　（省农科院供稿）

科技特派员404人。在南平市、三明市开展6个科技特派员集团服务试点，建设3个科特派示范基地。2名科技特派员获科技部通报表扬，苏海兰、黄新忠分别在全国、福建省科技特派员推行20周年总结会议上作典型发言。

院所建设。人才结构持续优化。遴选高层次科技领军人才、学科带头人和青年拔尖人才等三级人才，以及11名“青年科技英才百人计划”培养人选进行重点培养。选派57人到国内外重点高校、科研院所访学研修，7人获得国家有关机构资助。柔性引进高层次人才8名（其中台湾3人），招聘博士9人，进入院博士后工作站2人（其中伊朗1人）。王锋、黄勤楼、陈庆河3人入选享受国务院政府特殊津贴人员，周伦江入选“百千万人才工程”省级人选。新增省现代农业产业体系首席专家3名、岗位专家9名。新晋升专业技术人员职务43名，其中高级职称31人。

加快成果转化。多渠道多形式推介科技成果，组织开展“6·18”成果转让签约与成果推介等活动，发布成果转让公告公示81项，签订技术合同663个，成果转化呈现有偿技术服务类增加、向省外拓宽等新态势。

平台建设。国家土壤质量福安观测实验站入选第二批国家农业科学观测实验站，是全省第一个国家农业科学观测实验站。作物全基因组选择育种创新平台获得省政府1000万元仪器设备配套支持。新增福建省农产品质量安全重点实验室和福建省蔬菜遗传育种重点实验室等2个省重点实验室。闽侯农田生态系统福建省野外科学观测研究站获得省科技厅认定。农业农村部植物新品种测试福州分中心（DUS）、国家红萍种质资源圃改扩建项目通过竣工验收。

基础条件改善。埔垱科研综合实验中心建设项目完成主体结构施工，通过福建省质量安全监督站的验收，累计投资额1.15亿元。亚热所科研综合楼完成主体工程。建瓯基地建成8公顷标准化果园，完成4个国家试验站的树种定植、土壤改良等基础建设。完成茶叶所法人地址变更，将研究所部搬迁到福州埔垱。设置职工活动中心和羽毛球馆，丰富职工业余生活。

院所改革深化。将16个研究所原有的100多个研究室整合成59个重点研究室和6个自选研究室，明确学科方向。健全岗位职称制度，将专技四级、七级、十级岗位的评审权下放各研究

所。实施人才分类评价改革，对科技创新、科技服务和科技管理三支专业队伍实行差别化评价。推行行政岗位调整，对达到规定年龄的“双肩挑”人员，实行自主选岗、退出行政岗位和岗位交流制度。完善预算绩效评价指标体系。

制度建设加强。在党的建设、组织人事与人才、科研与服务、财务与资产、成果转化与知识产权、对外合作与交流、绩效与激励7方面共制（修）订院所管理制度24项。完成综合办公系统（OA）、科研综合管理系统、财务管理系统建设，建立科研试剂耗材网上采购平台。 （张伟利）

高新技术与工业科技

【概况】 2019年，福建省科技厅深入实施创新驱动发展战略，聚焦产业核心关键共性技术攻关，精心实施科技重大项目和平台，加强统筹引导，创新管理方式，着力提升工业科技创新水平。加大产业前瞻与关键核心技术研发。主动对接“科技创新2030”等国家重大项目布局，聚焦新一代信息技术、人工智能、5G、新能源、新材料和高端装备、数字经济等前瞻领域和战略性新兴产业，精心实施一批省科技攻关项目，解决卡脖子、牵鼻子的重大技术瓶颈问题，加快攻克一批具有自主知识产权的标志性核心技术，抢占未来技术制高点，引领全省高新技术产业向中高端攀升。

【战略新兴产业】 2019年，福建省在新一代信息领域，支持加强5G通信、IPv6和卫星应用等核心技术和芯片产品研发；加强新型显示、集成电路设计等关键材料和器件的研发；加强移动互联网、信息安全、工业物联网等基础和特色应用软件开发；支持加强全省数字领域的企业培育、创新平台和关键技术等要素的有效供给。在人工智能领域，完善落实推动新一代人工智能发展政策规划，重点围绕物联网、机器视觉、智能机器人、智能芯片和智能制造等领域创新需求，加强基础理论、核心算法、计算机视觉和模式识别、自然语言处理、区块链、数字孪生等关键技术攻关，集聚一批科技领军人才，转化对接一批先进技术成果，构筑全省人工智能产业核心技术先发竞争优势。围绕全省产业转型升级需求，坚持需求导向、市场倒逼的科技发展路径，充分发挥海量数据和市场应用规模优势，支持人工智能在教育、智慧城市、智能安防、医疗卫生、交通、助残养老等领域关键技术攻关与融合应用。在新材料领域，支持龙头企业联合厦门大学、海西研究院等加快石墨烯应用基础研究和上下游应用技术与产品研发，支持稀土、氟化工等新材料产业加强技术攻关，延伸做强产业链创新链。在新能源领域，支持宁德时代新能源联合企业和高校院所，加强锂电池正负极材料、电解液和BMS管理系统等关键技术攻关，推动大功率、高能量锂电池核心技术研发和产业化，完善新能源产业创新链。

【传统产业及现代服务业发展】 2019年，福建省科技厅引导龙头企业联合高校、院所实施“智能一代”和“互联网+”等重大科技工程和项目，推动互联网、大数据、人工智能与福建的机械、鞋服等制造业深度融合，鼓励跨界融合催生新业态，推动制造业沿着数字化、网络化、智能化方向演进升级，推进传统特色优势产业迈向中高端，发展新产业，培育新动能。支持福州继续创建国家科技文化融合示范基地建设，开展省级技术先进型服务企业认定管理服务工作。鼓励跨界融合催生新业态，在传统产品中融入新一代信息技术、节能环保、健康、体验等新元素，发展智慧化、绿色化、健康化、社交化的新业态。

【高技术企业培育】 2019年，福建省推进以高技术企业成长为导向的全生命周期激励制度改革，完善综合协同机制，激发企业创新力创造力。进一步完善梯度培育机制。按照“科技型中小企业—省级高新技术培育企业—国家级高新技术企业”的发展梯次，完善科技型中小企业备案和服务机制，成立省级高新技术企业培育库，完善高技术企业培育长效机制，扶持一批有潜力的科技型企业加速成长为国家高新技术企业、科技“小巨人”领军企业。2019年新增高新技术企业350家以上。加强分类指导、精准施策，突出对软件和集成电路、新材料、智能制造和用高技术改造传统产业的企业等重点对象，提供个性化服务，提高帮扶企业的精度。建设完善“福建省高新技术企业培育工作系统”，为企业打造快捷高效的“直通车式”高企培育服务平台。加快建立完善重点企业领导挂钩、政策精准辅导和部门联动协调等制度，借助技术需求诊断、典型案例示范和“互联网+”等途径，支持企业学好用足财税激励政策。用好省级高企培育专项资金，建立动态调整的省级高新技术企业培育库，对出入库培育企业给予奖补资金支持。完善省市县三级联动机制，督促引导各地跟进配套政策，加强信息互通、政策集成、资源共享，建立专业化、市场化培育机制和工作队，为高技术企业加速成长提供坚实保障。 （郑雨芊　周　琼）

科技创新工作

【概述】 根据机构改革的要求，福建省科技厅创新办于2019年6月1日成立。主要负责福厦泉国家自主创新示范区建设工作领导小组办公室日常工作，协调推进自创区改革试点任务落实。研究拟订自创区建设发展规划、年度计划和政策措施并督促落实。会同有关部门统筹管理自创区建设专项资金及省级经费的使用。承担区域科技创新体系建设工作，指导高新技术产业开发区等园区有关工作。负责指导科技企业孵化器、众创空间相关工作，组织开展技术分析。

【福厦泉国家自主创新示范区】 2019年，福建省科技厅着力加强改革探索，省和三市集中出台一批激发企业主体作用、推进创新驱动发展和优化创新创业环境等方面的政策措施。福厦泉三片区累计推出134项创新性政策措施，第二批20项创新举措在全省推广。福州片区出台21项政策、121条措施，其中在国内率先出台健康医疗大数据资源管理暂行办法，与国内一流高校院所合作共建“大院大所大实验室”。厦门片区围绕提升创新创业生态环境、创新改革科技管理体制机制和深化两岸融合创新等方面提出89项创新政策措施，81项落地试行，其中成立全国第2家科技保险支公司，设立全国首支财政性科技股权直投基金，科易网“互联网＋技术转移”新模式在全国推广。泉州片区形成以建设自创区为核心的“1＋X”系列政策体系，推出45项创新举措，其中引进国家集成电路产业投资基金共建泉州半导体高新区，设立高层次人才编制“周转池”。

深化与自贸试验区的“双自”联动，建立联动发展联席会议制度，遴选出的改革出入境特殊物品审批制度等首批7项“双自联动”创新举措印发全省复制推广。与香港科技园签订创新合作框架协议，加强闽港科技交流合作。厦门设立自贸试验区全国首家保险产品创新实验室，建成省内首个在自贸试验区内的海外人才离岸创新创业基地，集聚集成电路产业链相关的公共技术服务平台服务企业2101家。

围绕培育主导产业和战略性新兴产业，推动三片区重点产业集聚园区发展，有效释放辐射带动效应。福州片区中国东南大数据产业园加快建设，至2019年底注册企业291家，注册总资本285亿元；福州国家级互联网骨干直联点在数字福建云计算中心开通，省超算中心二期启动运行。厦门片区加快集成电路产业基地建设，形成覆盖材料、设计、制造、封装和测试环节的完整产业链，两岸集成电路自贸试验区产业基地入驻华硕集团等科技企业260多家，集成电路研发设计试验中心取得CNAS、CMA、CE、FCC等国内外相关资质；厦门软件园（三期）累计注册企业数超2200家，1—6月，实现营收101.7亿元，比上年同期增长40.5%。泉州片区加快建设泉州“芯谷”，泉州半导体高新技术产业园区半导体产业项目初具规模，各类平台逐步完善。引进重点项目超30个，总投资规模超千亿元；智能装备产业园上半年完成产值54.55亿元，比上年同期增长28.8%。

引进和搭建创新平台，提升自创区创新能力。福州片区中科院海西研究院（三期）建设加快推进，完成投资3.15亿元；数字中国研究院（福建）在福州挂牌成立；引进华为、微软等国内外行业领先企业，福州物联网开放实验室获得中国合格评定国家认可委员会，成为CNAS认可实验室。厦门片区集成电路晶圆测试公共服务平台（一期）完成平台建设并开始对外运营；集成电路研发设计试验中心“科湖·摩尔实验室”已通过德国、欧盟、日本等权威认证；探索异地孵化器建设模式，中以合作项目（厦门）孵化中心和200多家以色列高科技公司、研发机构和孵化器建立合作，积累近百个意向合作项目；厦门市火炬高新区海外离岸创新基地（硅谷）投入运行，开展先进技术精准对接。泉州片区采取“一院一策”等多种方式，突破单位性质、编制、指标和地域等限制，引进高水平大学和院所共建重大创新平台，中科院海西研究院泉州装备制造研究所已投入使用；泉州华中科技大学智能制造研究院已部分投入使用；“数控一代”科技创新中心已入驻8个公共技术服务平台。

按照自创区产业发展需求，启动一批制造业智能升级、电子信息“增芯强屏”等重大创新项目。福州片区京东方8.5代新型半导体显示器件生产线进入量产爬坡阶段，第6代柔性AMOLED生产线加快建设，截至年底完成产值84.8亿元；东旭光电8.5代玻璃基板项目投产；福建博奥基因检测技术应用示范中心建成投入使用。厦门片区联芯集成电路制造项目1—9月实际完成投资16.74亿元，实现产值近30亿元，进行产能扩充；“阿波龙”无人微循环驾驶巴士项目初步实现量产，第100辆下线；天马二期第6代低温多晶硅及彩色滤光片生产线项目实现量产。泉州片区嘉泰数控（二期）扩建项目加快建设，累计完成投资1.5亿元；安溪光生物研究院与植物工厂完成投资14亿元，建成至2019年世界上单体最大的10万级洁净度的全人工光型植物工厂，申请专利15件，新增发明专利1件，实用新型专利3件。

采取正向激励的方式，按照创新政策、创新投入、建设任务、创新能力、国家对高新区排名等5个方面对三片区进行考核评估，发挥专项资金引导作用，根据考评结果省级专项资金奖励部分按50%、30%、20%比例给予分档奖励，营造三片区争先进位、竞相发展的氛围。发挥自创区创新引擎作用，出台措施推动闽东北和闽西南两大协同发展区科技创新联动发展。在自创区建设的带动下，全省国家高新区在全国排名稳步提升，厦门高新区跃升全国第15位。在福厦泉国家自主创新示范区的带动下，2019年1—8月，全省7个国家高新区完成工业总产值5817.77亿元，比上年同期增长11.26%。在福州市、厦门市创建全国创新型城市后，泉州市、龙岩市入选科技部、国家发展改革委新一批创新型城市建设名单，晋江、福清列入全国首批创新型县（市）建设。

【省级科技“双创”工作】 2019年，福建省科技厅贯彻落实创新驱动发展战略，开展“大众创业，万众创新”工作，以国家级、省级科技企业孵化器和众创空间建设工作为抓手，建设一批产业创新综合性和专业性服务平台。完成国家级科技企业孵化器认定的省级评审推荐工作。推荐上报2家省级科技企业孵化器申报国家级科技企业孵化器认定，福州市科技局上报的“特力林孵化器”（运营企业：福建特力林孵化器管理有限公司）和泉州市科技局上报的“泉州软件园孵化器”（运营企业：泉州天九孵化器管理有限公司），按科技部要求时点将全套申报和推荐认定资料寄送科技部火炬中心。开发和完善省级科技企业孵化器的备案和评估网络业务系统软件，为有序开展省级孵化器备案、评估和众创空间征集工作创造条件。

启动省级科技企业孵化器的备案、评估和众创空间征集工作。完成网络线上和纸质材料线下的申报、受理、反馈及形式审查工作。经统计，受理省级科技企业孵化器备案12家，省级科技企业孵化器评估8家，福建众创空间备案74家。完成众创空间半年报统计工作的网络填报、数据审核和纸质材料报送，相关统计数据已通过“火炬统计调查信息系统网络平台”提交科技部火炬中心。应人民银行福州中心支行要求，提供国家级和省级科技企业孵化器经营管理企业和通过科技部备案的众创空间运营机构名单，促进省内法人商业银行发行创新创业金融债券，服务省内“双创”企业发展。向省工信厅提供省级科技企业孵化器认定相关工作信息，支持惠企政策信息汇编工作。提升福建省科技企业孵化器运营能力和科技管理水平，依托中国孵化器创新发展峰会、国家级科技孵化器认定工作部署会、全国“双创周”主会场之“科技创新创业高峰论坛”、第四届中国创业创新博览会和“泛珠三角”区域科技企业孵化器管理及从业人员联合培训等平台，组织福建省科技企业孵化器和众创空间运营企业参加相关业务学习和培训。至2019年底，全省科技企业孵化器备案总数166家，其中省级孵化器45家、国家级孵化器14家（含2家大学科技园），孵化场地面积325.8万平方米，在孵企业5003家，在孵企业员工总数8.47万人。全省各类众创空间500多家，其中省级众创空间215家、国家备案众创空间52家、国家专业化众创空间备案3家。据对312家众创空间的调查，全省众创空间孵化总面积91万平方米，提供工位数5万个，创业导师队伍6582人，常驻创业团队或初创企业7905个，领域涵盖“互联网＋”、文化创意、装备制造、旅游、电商和农业等，成为福建省“双创”的重要阵地。

（郑雨苹　周　琼）

社会发展科技

【重大专项评审立项】 2019年，福建省科技厅根据省委省政府对省科技厅相关工作的任务要求和《福建省“十三五”科技发展和创新驱动专项规划》的部署，着眼重大疾病防治技术、药物新产品开发和资源综合与循环利用技术，在相关领域筛选出“基于人工智能的胃癌精准诊断与治疗技术研究”“降压复方中药清达颗粒临床前研究”“TDI焦油渣的资源化回收利用工艺开发”3个重大专项专题项目，资助经费1000万元。

【科技计划项目评审立项】 2019年，福建省科技厅组织开展2019年度科技计划引导性项目、高校产学合作重大项目、区域重大项目和社发领域专项项目专家评审及管理评审。全年受理2019年度社发领域省级科技计划项目178项，按照《2019年度省科技计划项目评审与立项工作程序》的要求，经形式审查进入评审程序的项目174个，最终获得立项支持的项目102个，其中区域重大项目10个、高校产学项目11个、引导性项目81个，资助经费2656万元。

【社发领域科技项目验收】 2019年，福建省科技厅验收社发领域项目120个，一批项目取得重要成果，社会和经济效益显著。

由福建医科大学药学院承担的省科技重大研发平台项目“福建省创新抗体药物技术重大研发平台”，建立抗体药物研发平台、工程细胞株构建平台、抗体小试生产纯化平台、抗体制剂及质控分析平台及免疫细胞治疗中心等肿瘤抗体药物研发相关平台，建立3个免疫调控分子的肿瘤抗体药物筛选和评价体系，完成PD-1抗体制备筛选、工程细胞株的构建、培养条件的优化、小试平台生产及纯化、药代动力学特征、安全性评价等系列临床前研究工作，3个靶点的治疗性抗体与大有华夏生物医药集团有限公司签订了知识产权转让协议，其中PD-1抗体药物进入临床批件申报准备阶段。申请国际发明专利2件，发表10篇研究论文，引进肿瘤免疫学领域博士4人。

由福州大学化学学院承担的省产业技术创新重大平台项目“福建省光催化产业技术重大研发平台”，完成8000平方米应用基础研究实验室和中试研发用房的建设和改造；建立水净化技术、特种技术研发实验室，工业废水光催化处理、军工产品中试研究实验室，以及3个产学研研发基地、1个测试中心，建立平台管理制度和信息共享平台。开发出6项新技术与产品，主持制定国家标准1件，并获得福建省标准贡献一等奖；申请国家发明专利11件（授权5件），发表SCI论文23篇，获军队科技进步二等奖1项、福建省自然科学技术一等奖1项。

由福建医科大学附属第一医院承担的省科技重大专项专题项目“动脉瘤性蛛网膜下腔出血临床诊疗新技术研究”，建立aSAH病情评估与预后判断新的生物学指标体系，创建aSAH多模态监测新技术的操作方法、规范和评价指标，并将此项理念和技术在全国范围进行推广，提出无脑压板牵拉技术、内镜辅助技术、单侧“锁孔”入路夹闭双侧多发脑动脉瘤及“锁孔”入路夹闭血肿型脑动脉瘤等手术技术的适应证、操作规范并提出脑动脉瘤瘤颈的分型，开发重症监测自动分析决策软件及动脉瘤性蛛网膜下腔出血数据库，创建全国脑卒中防治适宜技术培训基地、省级脑动脉瘤适宜技术应用培训基地和脑动脉瘤专病诊疗中心，面向全国培训脑动脉瘤“锁孔”入路微创手术专业技术骨干94人次。获得国家软件著作权3项，创建国家级培训基地1个、省级专病诊疗中心1个、省级培训基地1个；已发表研究论文13篇，其中SCI 10篇、CSCD1篇。

由福州大学化学学院承担的省科技重大专项专题项目“石化废水处理、循环利用技术与装备研究及应用示范”，完成石化废水的油水分离、高盐度去除、预氧化等预处理关键技术，专属降解菌筛选、群落构建、微生物固定化等二级生化处理改良技术，以及材料高效吸附、高级化学氧化、光催化复合技术等深度处理与回用技术的研究。建成两个石化废水处理示范工程，并达到预定要求；采用预处理技术集成解决石化废水生化处理的前置难题，确保废水达标排放，实现中水回用。发表论文25篇，其中SCI收录论文23篇；申请专利17件，其中授权发明专利11件。

由福建永强岩土股份有限公司承担的省科技重大专项专题项目“岩溶塌陷地质灾害监测治理技术及其装备的研发与应用示范”，建立岩溶塌陷机理地质概化模型，提出岩溶塌陷致塌判别标准。构建多参数自动化监测预警平台，确定水下不分散泡沫混凝土压灌优选配方，研制出1200密度级、抗压强度达到6MPa的泡沫混凝土。研制开发先进的泡沫混凝土智能制造、压灌装备，开发泡沫混凝土溶（土）洞充填施工工艺，并进行工程应用推广。开展适合岩溶地基的泡沫混凝土劲性桩试验研究，提出劲性桩承载力预测方法。制定行业协会标准《岩溶空洞泡沫混凝土充填技术规程》。发表论文8篇，申请专利13件。

由福建省地质工程勘察院承担的省科技重大研发平台项目“福建省边坡与地质灾害防治技术公共服务平台”，完成综合性岩土参数实验平台、室内模型试验平台、自主研发岩土数值模拟计算软件、自主研发地下位移自动化监测仪各1套，组织和参编地方标准3项，技术培训17场，参加技术咨询及应急抢险服务17次，获发明专利授权1项、软件著作权7项，发表论文8篇。

【生物医药产业发展】 2019年，福建省科技厅继续支持福建中医药大学“康复产业研究院建设”科技创新平台项目，结转经费500万元。建成康复产业研究院大楼，建筑面积11890平方米，建设脑功能成像、认知行为学与组织形态学、光电生理学等实验平台，价值2565万元的9.4T小动物核磁共振成像仪已安装，为康复基础研究提供良好的条件。康复临床和基础研究、康复设备研发，取得阶段性成果，获2019年国家科学技术进步奖二等奖1项，中国康复医学会科学技术一等奖1项、二等奖1项。

在福州承办第二届海峡康复产业高峰论坛暨“一带一路”东部康复医学论坛，搭建一个促进科技交流与创新的平台，推动康复医学的创新发展。支持福建医科大学及附属协和医院实施福建省科技创新联合资金“创双高”项目，根据省科技厅与福建医科大学及协和医院分别签订的《“十三五”战略合作框架协议书》以及《福建省科技创新联合资金项目管理暂行办法》的有关规定，省科技厅完成2018年度省科技创新联合资金项目的评审、立项及合同签订工作，其中，福建医科大学联合资金项目60个，计划经费2000万元；附属协和医院“创双高”项目63个，计划经费2010万元。支持福建医科大学“福建省新药研发中心建设”科技创新平台项目，2019年结转经费200万元。

重点加强新药发现与成药性评价平台的建设，新建天然药物原料药中试制备平台和口服药物制剂中试制备平台，3个平台仪器设备请购均已通过专家论证，完成仪器验收。“新药研发大楼”总建筑面积接近1万平方米，其中大楼基建通过福建省发改委审批，2019年9月破土动工，计划2020年底完成基建和装修。推进新药研发项目钩吻素子及雷公藤内酯醇的成果转化。

【可持续发展实验区】 2019年，福建省科技厅以民生专项支持武夷山市、东山县、泰宁县、柘荣县、浦城县等地开展可持续发展实验区示范项目建设，计划经费100万元。组织龙岩市等6个国家可持续发展实验区开展梳理复核工作，组织填写《国家可持续发展实验区梳理复核申请书》并上报科技部。东山县承担的“东山岛生态安全评估与管控机制研究”、柘荣县承担的“毛竹林下种植鄂西红豆树等珍贵树种示范基地”项目完成。尤溪县省级可持续发展实验区经过5年建设，完成建设规划全部内容。（郑雨芊　周　琼）

科技合作交流

【引才引智计划】 2019年，福建省科技厅组织申报、实施国家级引才引智计划。围绕福建省重大科技创新、产业转型升级、社会治理能力现代化、乡村振兴等领域，服务福厦泉国家自主创新示范区、中国福州海西引智试验区创新发展，组织申报和实施国家高层次外国专家项目、高端外国专家引进计划等国家级重点引才引智专项计划，引进新一代信息技术、人工智能、新材料、高端制造和新能源等领域“高精尖缺”国（境）外创新创业领军人才、优秀创新团队和青年人才，推动全省制造业高质量发展，助力培育新产业新经济，促进闽台经济社会融合发展，加快特色现代农业发展，支持生态文明建设。至2019年9月，获中组部、科技部（国家外专局）批准立项的国家级引才引智项目84个、补助资金3506.28万元。其中，国家高层次外国专家（长期）项目1个，“千人转高端”项目2个、国际化示范学院推进计划1个，高等学校学科创新引智计划（“111”计划）9个，高端外国专家引进计划71个。项目实施单位以全职或柔性方式累计引进国（境）外高层次人才和智力800多人次。

组织评选、实施省级引才引智计划。组织评选和实施省外专百人计划、高端外国专家团队引进计划、青年外国专家引进计划、“服务重点扶贫县、革命老区苏区发展及闽台合作引智专项计划”等四类省级引才引智专项计划，通过项目资助形式支持科研机构、龙头企业、重点高校引进能够领衔重大科研任务、重大建设工程、核心技术攻关的国（境）外高层次人才，推动关键技术、生产工艺、产品设计新突破，引入国外种植养殖技术、安全生产和检测技术，加快建设“美丽福建”。至2019年9月，评选和实施省级引才引智计划54个、经费680万元。其中，省外专百人计划18个，高端外国专家团队引进计划6个，青年外国专家引进计划5个，服务重点扶贫县、革命老区苏区发展及闽台合作引智专项计划25个。项目实施单位以全职或柔性方式累计引进国（境）外高层次人才300多人次。

【外专管理机制创新】 2019年，福建省科技厅健全外国人来华工作许可制度，贯彻落实国家全面实施外国人来华工作许可制度的意见，按照外国人来华工作许可办理服务指南办理许可审批业务，落实外国人来华工作许可行政审批事项审查工作细则。为做好各地机构改革外专工作的衔接，加强对设区市、自贸试验区办理外国人来华工作许可的指导，加强对各地各单位实施许可制度的监督管理，及时了解、掌握、解决各地出现的困难和问题，不断完善许可制度。全年审批办理新增、变更、注销、延期等外国人来华工作许可业务5672件次。组织实施外国人才签证制度，全面实施外国人才签证制度，建立《外国高端人才确认函》机制，为外国高端人才来闽创新创业提供便捷服务，享有签证有效期可达10年、多次往返、配偶及未成年子女可获相同类型签证、免收签证费等优惠政策。全年为福建省龙头企业、重点高校和研究机构引进外国国家级院士等专家出具《外国高端人才确认函》33份。

【引才引智平台搭建】 2019年，福建省科技厅组团参加第十七届中国国际人才交流大会，组织42家单位的80多位代表组团参加科技部（国家外专局）和深圳市人民政府在深圳举办的第十七届中国国际人才交流大会，福建省代表团共设立“福建馆”等3个展馆、15个展位，省科技厅获“最佳展示奖”，省外专局获“最佳组织奖”，厦门市入选2018年“魅力中国——外籍人才眼中最具吸引力的中国城市”最具潜力城市之首位，福州大学引才引智经验在大会上被作为典范进行推介、宣传。建立与海外有关机构合作平台，发挥福建省首批海外人才联络站平台作用，与海外知名人才机构建立合作机制，构建福建省海外人才技术引进平台。

【科技人才队伍建设】 2019年，福建省科技厅加强出国（境）培训管理。全年获国家外专局批准立项出国培训项目19个321人。其中，党政类占42.4%，专业技术类占38.6%，企业管理类占18.7%。

开展福建省第三届IET国际工程师资质认证工作。创新人才评价机制，引入国际同行评价，邀请IET（英国工程技术学会）国际认证委员会主席以及认证评审面试官到闽进行培训和面试，为福建省企事业单位与个人走向国际市场、提升国际竞争力提供重要支撑和保障。全年有13名工程技术人才通过认证。

【科普工作】 2019年，福建省科技厅组织或参与科技活动周、文化科技卫生“三下乡”、全国科普日、福建省第三届科普讲解大赛、计量科普专场活动、全省医学科普能力大赛等各类科普活动。组织全省各地各行业开展科普统计工作，配合省委宣传部指导新时代文明实践中心试点工作。打造科普品牌，向国家推荐全国优秀科普作品候选作品5件、新时代健康科普作品候选作品2件、国家生态环境科普基地候选单位1个。

（郑雨苹　周　琼）

编辑：郑　菜

社会科学

社会科学规划

【国家社科基金项目管理】 2019年，福建省获得国家社科基金各类项目立项190项，资助经费4916万元。其中重大项目13个、特别委托项目2个、冷门“绝学”和国别史等研究专项6个、“一带一路”建设研究专项2个、高校思政课研究专项5个、中华学术外译1个、年度重点项目6个、一般项目97个、青年项目20个、西部项目18个、后期资助项目20个。国家社科基金项目立项数连续创历史新高，进一步促进全省社科人才培养和人文社会科学学科建设。受理国家社科基金项目成果鉴定结项149项，上报全国社科工作办115项。全国社科工作办已审批结项81项，其中鉴定等级为优秀10项、良好32项、合格37项、免鉴定2项。组织对全省2017年度立项的110项在研的国家社科基金年度项目、青年项目、西部项目进行检查，形成《2019年福建省国家社科基金项目年度检查报告》，上报全国社科工作办。

【省社科规划项目管理】 2019年，福建省社科规划各类项目共立项293项，投入经费1313万元。其中年度项目立项266项，投入经费1148万元；重大项目立项25项，投入经费150万元；特别委托项目2个，投入经费15万元。修订《福建省社会科学规划项目管理办法》《福建省社会科学规划项目鉴定结项实施细则》，进一步完善省社科规划项目工作，把好项目进口关和出口关，提升项目质量。2019年办理项目结项584项，其中优秀40项、良好152项、合格211项、免于鉴定171项、暂缓结项10项、撤项11项。做好项目重要事项变更登记工作，办理《福建省社科规划项目重要事项变更审批表》登记108项。编辑出版《2017—2018年度福建省社科规划应用研究后期资助项目成果汇编》。围绕省委省政府中心工作，编发《社科成果要报》，发挥“思想库”“智囊团”作用，助推福建省经济社会发展。做好2019年度省社科研究基地重大项目评审立项工作，把好基地重大项目程序关、质量关，共立项53项，投入基地建设经费320万元。（童传轩）

政策咨询与发展研究

【概况】 2019年，福建省人民政府发展研究中心紧扣营造有利于创新创业创造的良好环境、探索海峡两岸融合发展新路、高质量发展落实赶超、民营经济创新发展、金融服务实体经济、闽台历史文化交流、乡村振兴和精准扶贫、保障和改善民生等方面开展课题研究，形成《积极应对美对华政策重大转变加快引进在美华裔人才》《关于增进闽台历史文化交流的几点建议——“〈妈祖文化志〉入台发行”的成效与思考》《当前民营企业发展面临的问题及对策建议》等研究专报，《福建经济形势季度报告》《新时代福建金融业发展若干重点问题研究》等研究报告，《兄弟省市发展职业教育的相关做法》《部分省市加强城乡冷链物流设施建设的做法》《提升我省海洋渔业发展水平的几点建议》等发展研究内参。全年完成各类研究成果和参阅材料52份。2019年有22件研究成果获省部级领导32人次批示，其中福建省委、省政府主要领导11人次批示11件，福建省委、省政府主要领导批示件创历史新高；国务院发展研究中心领导批示1件。

【政策咨询研究】 2019年，国务院发展研究中心4位领导6人次到闽调研指导工作。国务院发展研究中心党组书记马建堂于2019年4月赴福州、南平、平潭等地调研期间，出席2019年全省政策咨询工作会议，并在会上作学习贯彻习近平总书记关于高端智库建设指示精神的辅导报告，这是国务院发展研究中心主要领导首次指导参加地方政策咨询工作会，福建省委书记于伟国在福州会见马建堂并与其座谈。国务院发展研究中心张军扩、张来明、隆国强3位副主任分别到闽调研、宣讲十九届四中全会精神或参加福建省人民政府发展研究中心主办的活动等。

国务院发展研究中心支持指导课题研究。2019年，国务院发展研究中心联合福建省政府发展研究中心在晋江设立“民营经济泉州调研基地”并开展课题研究；福建省政府发展研究中心参与国研中心《生态产品价值实现路径、机制与模式》课题研究，继续承接国研中心“中国民生调查”福建入户调查课题。

举办“2019年福建省县域经济高质量发展报告会”。福建省政府发展研究中心联合福建省广播影视集团于11月30日在福州举办“2019年福建省县域经济高质量发展报告会”。国务院发展研究中心副主任张军扩、福建省政府副省长郭宁宁出席并致辞。国务院发展研究中心创新发展研究部领导及专家，有关省直部门领导，“十强”“十佳”县（市）主要领导，以及专家学者、企业家代表、媒体记者等近500人参加报告会。会上公布2019年度福建省县域经济实力“十强”、经济发展“十佳”县（市）评价结果。部分“十强”“十佳”县（市）领导介绍本县（市）发展县域经济的主要经验，部分县（市）领导、专家学者、企业代表现场接受媒体关于县域经济发展思考的访谈。2019年度福建省县域经济实力“十强”县（市）及其排名为：晋江市、石狮市、福清市、闽侯县、南安市、惠安县、龙海市、上杭县、永安市、长泰县。2019年度福建省县域经济发展“十佳”县（市）及其排名为：闽清县、清流县、南靖县、长汀县、连城县、云霄县、建宁县、武平县、福清市、宁化县。

筹备设立闽台历史文化研究院。围绕“把福建建成台胞台企登陆第一家园”“促进两岸同胞心灵契合”，2019年4月，中央台办批复同意福建在福建省人民政府发展研究中心设立“闽台历史文化研究院”。福建省委十届八次全会将“办好闽台历史文化研究院”列入工作部署。“闽台历史文化研究院”由福建省台港澳办负责政策和业务指导，福建省政府发展研究中心负责日常工作。福建省委编办研究同意并预登记设立闽台历史文化研究院，福建省政府发展研究中心积极推进“研究院”登记注册、机构组建、场所选址以及经费来源等相关筹备工作。

举办福建省政策咨询研究系统“学习党的十九届四中全会精神进一步提升决策咨询研究能力”专题培训班。为深入学习贯彻党的十九届四中全会精神，推动全省政策咨询研究系统提升政策咨询研究业务能力。福建省政府发展研究中心于11月26—29日在罗源县举办全省政策咨询研究系统“学习党的十九届四中全会精神进一步提升决策咨询研究能力”专题培训班。邀请国务院发展研究中心副主任张军扩在培训班上作“贯彻落实党的十九届四中全会精神，推进高质量发展”专题报告，福建省党的十九届四中全会精神宣讲团2位专家也在培训班上作专题报告。

【新型智库建设】　2019年，福建省政府发展研究中心探索建立智库单位合作新模式。福建省政府发展研究中心与新华网福建分公司、人民网福建频道等媒体，福州大学、福建师范大学等高校，以及福建省人事人才研究所等14家单位达成协议，作为福建省政府发展研究中心首批智库成员单位，通过借智力、借平台、借资源，探索信息共享、人员交流、合作常态化制度化。

建立深入基层调研的长效机制。2019年，福建省政府发展研究中心创新在晋江10家民营企业设立首批“企业发展研究基地”，聘请10位知名民营企业家、7位“十强”“十佳”县（市）领导担任福建省政府发展研究中心特约研究员，发挥县（市）领导和企业家在决策咨询研究中的作用。　（江建国）

社会科学研究与成果

【概况】　2019年，福建社会科学院有在编人员155人，省委编办核定的内设机构17个，其中职能机构5个，即办公室、人事处、科研组织处、对外合作处、机关党委；研究机构10个，即经济研究所、亚太经济研究所、华侨华人研究所、现代台湾研究所、文学研究所、历史研究所、哲学研究所、社会学研究所、精神文明研究所、法学研究所；另有福建论坛杂志社、文献信息中心（福建省台湾文献信息中心人文社科馆）。下设2个直属事业单位，即福建省海峡文化研究中心、福建社科院·中国社科院哲学研究所宋明理学研究中心。

2019年，福建社会科学院出版《福建论坛》（人文社会科学版）、《学术评论》、《亚太经济》、《现代台湾研究》4种刊物。其中，《福建论坛》（人文社会科学版）被国家新闻出版总署评为“国家期刊百种重点期刊”；《福建论坛》（人文社会科学版）、《亚太经济》入选“中国人文社会科学核心期刊”“中文社会科学引文索引来源期刊”编辑呈送省领导参阅的内部决策咨询专报件《福建社会科学院专报》，另编有《台情要报》。

2019年，福建社会科学院被中宣部授予“2018年度舆情信息工作优秀单

2019年6月16—17日，“第十一届海峡论坛·两岸智库论坛”在厦门举行
（省发展研究中心供稿）

位”，院舆情研究中心被省委宣传部授予“2018年度舆情信息工作先进单位”，院办公室、哲学研究所、文化产业与文化传播研究中心被省委宣传部评为“2018年度全省宣传文化系统调研和部刊工作先进单位”。

【科研成果】 2019年，福建社会科学院组织研究课题160余项，出版各类著作25部，发表论文和研究报告429篇，提交研究报告85份，科研成果总字数1755万余字。其中，权威期刊发表论文25篇，中央“三报一刊”（人民日报、解放日报、新华日报、红旗杂志）发表文章7篇，核心期刊发表论文88篇，《福建日报·理论周刊》发表文章26篇。有5份综合采用稿件和1份研究报告获中央领导批示，6份研究报告获省领导批示，有80余篇政策建议被中办、国办、中宣部专报件和省“两办”《福建信息》《政讯专报》等以不同形式采用。

【科研工作】 2019年，福建社会科学院由院长、党组书记共同担任课题负责人，设立“习近平新时代中国特色社会主义思想和党的十九大精神研究阐释(2019)”院重大专项和“习近平总书记在参加福建代表团审议时的重要讲话”“习近平总书记看望文艺界社科界委员时的重要讲话”两个专项课题研究阐释。2019年，全院完成60余篇阐释性理论文章，其中，在中央“三报一刊”发表7篇，在《福建日报》（理论周刊）、《中国社会科学报》、《文艺报》等发表30余篇，有30余篇阐释性理论文章被人民网、求是网、新华网、光明网、中国社会科学网、“学习强国”理论学习栏目等转载。结集出版《感受新思想的力量》第二辑，出版《新中国成立70周年：福建的探索与实践》。组织开展“习近平同志在闽工作期间的重要思想和探索实践研究”课题研究，完成研究阐释文章15篇并汇编成册。完成马克思主义理论研究和建设工程2018年度重大项目《“晋江经验”的成功实践与启示研究》等课题研究工作。

聚焦中央和省委部署，深化重点课题研究。发布年度课题研究指南，有24项课题获省级课题立项，75项课题获院级课题立项，24项课题获院交办课题立项。有3项课题获福建省“十四五”规划前期研究课题立项，20多项课题获各级党委政府和有关部门立项。承担“营造创新创业创造良好发展环境”“推进基层宣传思想工作守正创新研究”“加强新时代党外代表人士队伍建设研究”等多个省重点课题调研工作。基础研究方面，开展“新时代文学理论体系重构研究”“马克思主义文论及在台湾的传播与影响研究”“改革开放与当代文学叙述的机遇及挑战”“闽台商帮与海洋贸易研究”“新时代乡村振兴战略视域下的农村善治研究”“民法典编纂中所有权保留担保制度完善研究”等课题研究。应用研究方面，开展“坚持高质量发展落实赶超研究”“全球价值链下福建省装备制造业高质量发展研究”“新发展理念引领闽东北闽西南协同区发展研究”“新时代侨力资源助力福建乡村振兴战略研究”“台湾的政局嬗变与未来两岸关系发展研究”“我国对外开放的理论与实践探索”“‘乡村振兴’背景下福建省乡村转型发展的演化研究”“乡村振兴视角下农村生态文明建设研究”等课题研究。

与中国人民抗日战争纪念馆合作，完成“十三五”国家重大出版项目《日本侵华军事密档——侵占台湾》（64卷）。主编《社科院学者文库》（10种），主编出版《闽派批评新锐丛书（第二辑）》（6种）。实施“精品工程”，一批科研成果获各级各类奖项，如《知识与文学：现代性的裂变》获评《南方文坛》2019年度优秀论文，调研报告《进一步完善文化经济政策》获中宣部2018年度优秀调研报告奖，一份舆情分析报告被中宣部评为2018年度舆情信息“优秀稿件”。论文《新时代马克思主义文化创新发展的新维度》、专著《中国改革开放全景录（福建卷）》、调查咨询报告《“31条惠台政策”在推动落实过程中存在的问题及工作建议》获福建省第十三届社会科学优秀成果奖二等奖等。

【社科平台建设】 2019年，福建社会科学院挂牌成立“福建社会科学院博士后创新实践基地”，制定出台《福建社会科学院博士后创新实践基地管理办法（试行）》。确定对口联系所处室，发挥“安溪福田乡乡村振兴战略研究基地”“建宁苏区红色文化研究基地”“霞浦海洋文化基地”等调研基地作用，新设“福建省营商环境与企业发展评价中心”等基地。加强与福建师范大学等高校马克思主义学院交流合作，建立协同创新机制，共同推进当代马克思主义、21世纪马克思主义研究。（黄莹杰）

学术活动

【全省社科界学术年会】 2019年，福建省社会科学界联合会举办2019年全省社科界学术年会。学术年会以“礼赞新中国，奋进新时代”为主题，引导和组织全省社科工作者深入学习贯彻习近平新时代中国特色社会主义思想，探索哲学社会科学前沿问题。组织举办“礼赞新中国，奋进新时代”主题论坛以及“新中国70年福建文化建设成就与经验”“新时代与哲学发展”“乡村振兴的法治保障”“古田会议精神和新时代中国特色社会主义”等22个分论坛和“中国经验与美学学科建设七十年”等4个青年博士论坛。共收到论文和调研报告800多篇，有关单位领导、专家学者和高校师生1000多人参加学术年会活动。（童传轩）

【首届“民营经济创新发展高峰论坛”】 2019年，福建省发展研究中心践行并弘扬习近平总书记2002年在福建总结提出的“晋江经验”，贯彻落实习近平总书记在2018年民营企业座谈会上和2019年“两会”期间参加福建代表团审议时的重要讲话精神，福建省政府发展研究中心联合国务院发展研究中心国研智库和泉州市政府，于2019年7月14日在晋江共同主办“民营经济创新发展高峰论坛”。国家相关部委领导、院士专家、各级智库代表、世界500强企业代表、知名民营企业代表、福建省直有关部门领导等200多人参加论坛并深入研讨。国务院发展研究中心党组书记马建堂为论坛提供书面主旨报告，国务院发展研究中心副主任隆国强、福建省副省长郭宁宁等领导出席论坛并作主旨演讲或讲话。

【“《妈祖文化志》入台发行”系列文化交流活动】 2019年4月，福建省政府发展研究中心主要领导率团赴台湾开展“《妈祖文化志》入台发行”系列文化交流活动，台湾地区前领导人马英九出席《妈祖文化志》首发式并致辞。台湾各界人士包括各妈祖宫庙代表近千人参加首发活动，台湾妈祖联谊会荣誉会长颜清标、妈祖联谊会会长郑铭坤等人参加活动并致辞，台湾“中央研究院”、台中科技大学、逢甲大学、中台科技大学、高雄大学、台中教育大学及大陆20多位专家学者参加“2019妈祖信俗国际论坛”。赴台团组还通过走访台湾有关机构，与台湾宗教人士、智库人员会晤，扩大交流成效。

【“海峡论坛·两岸智库论坛”】 2019年6月16—17日，福建省政府发展研究中心牵头在厦门举办“第十一届海峡论坛·两岸智库论坛”。国务院发展研究中心副主任隆国强、福建省副省长郭宁宁出席论坛开幕式并致辞。论坛贯彻落实习近平总书记在《告台湾同胞书》发表40周年纪念大会上的重要讲话精神和在全国“两会”参加福建代表团提出的“探索海峡两岸融合发展新路”的重要指示精神，以“两岸和平统一与民族伟大复兴”为主题，围绕两岸和平统一与民族伟大复兴、两岸“四通”（经贸合作畅通、基础设施联通、能源资源互通、行业标准共通，金门、马祖同福建沿海地区通水、通电、通气、通桥）、“三化”（两岸邻近或条件相当地区基本公共服务均等化、普惠化、便捷化）与融合发展两个议题进行思想交流、理论探讨、知识分享和建言献策。来自海峡两岸、港澳多家智库的专家学者和各界人士近200人参加论坛多场交流研讨活动。

【“迁台历史记忆两岸四城巡展”（福州展）活动】 2019年12月10—19日，由闽台历史文化研究院与台湾沈春池文教基金会共同主办的“我家的两岸故事·迁台历史记忆库”两岸四城巡展（福州场）在福州三坊七巷展览。福建省委常委周联清、副省长郭宁宁分别参观展览，福建省级领导李红、国台办交流局局长黄文涛等出席开幕式活动。该展览是“迁台历史记忆库”抢救计划通过采集、搜录800多名见证人物及物件，包括台湾地区前领导人马英九、现代水墨画之父刘国松、苏州“严家花园”园主严家淦四公子严隽泰等知名人物，以他们感人而珍贵的亲身经历、家族迁台记忆乃至生命故事，展现迁台历史的流变脉动。该展览在福州展出10天，免费开放，累计接待海峡两岸观众近2万人次。（江建国）

【研讨交流】 2019年，福建社会科学院主办“新中国成立70周年与新时代新型智库建设论坛暨第22届全国社科院院长联席会议”“两岸融合视野下台湾史论坛”“‘印太战略’与两岸经贸关系”“两岸出版与人文智库论坛”，合作主办“第十一届海峡论坛·两岸智库论坛”“新时代马克思主义文化实践与理论创新”“第七届两岸文教发展论坛”等学术活动。加入“中国自由贸易试验区智库联盟”成为成员单位。组织召开对外学术交流合作研讨会7次。开展增强“四力”（脚力、眼力、脑力、笔力）教育实践工作，开办“新思想学人讲坛”，举办理论研究阐释、应用对策研究、公文写作技能三类培训班。落实《中国共产党宣传工作条例》，成立院宣传工作办公室，举办重大创新成果发布会，推动与福建电视台、《福建日报》等媒体建立长期合作关系和合作机制，加强“四力”教育实践工作和“不忘初心，牢记使命”主题教育宣传报道。组织力量参与撰写2019福建企业100强发展报告，与省广播影视集团联合举办“2019福建企业100强”研究发布活动。

【学术刊物】 2019年，福建社会科学院《福建论坛》（人文社会科学版）全年出刊12期，开设“马克思主义理论与实践研究”专栏，刊发文章24篇，“文化产业与文化研究”专栏获评省新闻出版局“十大名刊名栏”，全年被中国人民大学《复印报刊资料》全文转载20篇，《新华文摘》全文转载2篇，《中国社会科学文摘》全文转载2篇。《亚太经济》全年出刊6期，共发表文章102篇，其中国家社科基金重大项目等相关文章70篇，影响力大幅上升。《现代台湾研究》全年出刊6期，围绕学习贯彻习近平总书记在《告台湾同胞书》发表40周年纪念会上的重要讲话精神，专题策划刊载一组阐释性理论文章。《学术评论》全年出刊6期，被中国人民大学《复印报刊资料》全文转载1篇。

（福建社会科学院）

编辑：郑 苿

2019年12月10—21日，“我家的两岸故事·迁台历史记忆库”两岸四城巡展（福州场）在福州三坊七巷举行 （省发展研究中心供稿）

文化 旅游

综　述

【顶层设计】 2019年，福建省政府办公厅印发《关于进一步促进消费增长若干措施的通知》，从丰富夜间文旅活动、推动文化表演、推动“全福游、有全福”旅游消费升级、支持文化旅游项目和设施建设、发展假日经济等方面激发消费潜力，推动文旅产业高质量发展。

【重大项目】 2019年，福建省升级和完善全省文化旅游“五个一批”项目库，在库项目1379个，总投资1.69万亿元。全年重点推进项目276个，年度计划投资394.04亿元，实际完成投资427.66亿元，占年度计划108.53%。推进全域旅游示范区基础设施和公共服务工程包建设，计划投资28亿元，实际完成70.11亿元，占年度计划的250.39%。一批文旅重大项目招商引资取得实质性进展，华侨城投资的平潭竹屿湾欢乐南岛项目、上汽大通投资合作的永定土楼自驾车营地项目相继落地，福州海丝文旅中心项目落地进入运营谈判阶段。

【示范项目】 2019年，福建省安排财政资金1330万元，补助46个文化旅游精品演艺培育项目、研学旅行示范基地培育项目、文旅龙头企业培育项目、文化旅游惠民消费培育项目、文旅产业展示交流项目建设项目。提前下达2020年专项资金3810万元，文旅融合骨干项目、典型项目进一步扩容，提质增效。全省13个文旅融合示范项目列入文旅部典型案例，8批28个项目列入文旅部的文化和旅游产业专项债券项目、产业投资基金融资项目、区域特色产业公共服务扶持项目、“一带一路”文化旅游产业国际合作重点项目、全国优选文化旅游投融资项目、文旅产业人才培训项目、国家级文化产业园区服务能力提升计划项目。全省标志性文化旅游产品项目增至30个。争取到中央预算内投资计划3个项目2860万元支持资金。

【文旅新兴业态培育】 2019年，福建省编制《福建省邮轮旅游产业发展规划》和《福建省低空旅游产业发展规划》。省文化和旅游厅联合卫健委、体育局联合培育创建30家养生旅游示范基地、体育旅游休闲基地，联合省总工会评定26家职工疗休养基地。举办2019“清新福建·人文福地”文创旅游年货节、“福文化”文旅创意作品大赛。支持省温泉旅游协会发行温泉消费卡。与省银联、相关金融机构、文旅央企等达成推广文旅消费卡协议。认定12家省级文创旅游商品研发示范基地创建单位。

【文旅招商引资】 2019年，福建省创新举办“全福游、有全福”文化旅游投融资合作暨重大项目推介活动，现场有32个重大项目签约，投资总额184.97亿元。其中，合同项目7个，计划总投资45.85亿元；协议项目6个，计划总投资23亿元；意向项目12个，计划总投资116.12亿元；战略框架协议5个，闽台合作项目2个。省文化和旅游厅分别与省银联、中国银行、中信银行，中国文化传媒集团、中国动漫集团、上汽大通汽车有限公司、中信旅游集团签订5项战略合作框架协议。

【文旅对接平台搭建】 2019年，福建省承办第十二届海峡两岸（厦门）文博会，展览面积75000平方米，参展企业1211家，展位数3512个，其中台湾地区参展企业384家，展位数898个，依然保持海峡两岸文博会是大陆地区台湾展商和展位数最多的展会。举办各类论坛、对接会、推介、签约等39个活动；厦门市6个行政区共设28个分会场，举办141场专项文化活动。展会期间签约文化和旅游投资项目103个，总签约507.22亿元，较上届翻一番；现场交易额50.62亿元，较上届增长248.4%，其中订单额49.75亿元；参观展会总人数30.2万人次，其中主展馆17.8万人次。

【文化市场监管】 2019年，福建省深入开展“清源、净网、秋风、固边、护苗”等专项整治行动，全面强化对校园周边文化市场和出版物市场集中整治行动。全年全省文化市场共出动执法人员

11.1万人次，检查文化经营单位42618家次，当场处罚191件，立案调查案件394件，办结案件555件。推进“双随机一公开”制度，加大案件查办力度，加强部门联动执法，发挥综合监管优势。梳理行政许可事项，把审批流程缩短到3个，时间缩短到5个工作日，完善受理通知书、补正通知书和送达通知书，规范统一审批单、批准文件和许可证。全面推广使用全国文化市场监管技术平台和旅游监管服务平台，文化和旅游许可业务“全程网办”，实现“一趟不用跑”“最多跑一趟”，平台使用情况在全国排名保持前5位。

【文旅人才队伍建设】 2019年，福建省评选12名全省文化和旅游系统第二批文化类青年拔尖人才，19名入选乡村文化旅游能人，5人入选文旅部“金牌导游”人才培养项目，11人入选专业研究生重点研究扶持项目、“双师型”师资人才培养项目。全省15名舞蹈专家进入全国“桃李杯”专家库。组织指导各类培训班77个，培训人员8000多人次。组织评审完成艺术、文博、群文系列高中初级职务任职资格213人，其中高级107人。 （曹 琦）

公共文化

【概况】 2019年，福建省贯彻落实《中华人民共和国公共文化服务保障法》，聚焦推进文旅融合、强化供需对接、提升服务效能，推进乡村文化振兴，健全完善公共文化服务体系，实施文化惠民工程，开展群众文化活动，人民群众的文化获得感、幸福感明显增强。

【乡村文化振兴】 2019年，福建省文旅厅牵头推进全省乡村文化振兴重点工作。制定《福建省乡村建设历史文化保护线划定导则》，推动开展划定乡村建设历史文化保护线工作。组织编写福建乡村文化记忆系列丛书，宣传弘扬乡村历史文脉。开展民间文化艺术之乡创建活动，长乐区的闽剧等7个项目入选“中国民间文化艺术之乡”。推进文旅融合，省图书馆的“清新书苑”品牌和福州市永泰县的乡村文化旅游都取得积极成效。

【国家公共文化服务体系示范区】 截至2019年底，厦门、三明、福州3个城市获评国家公共文化服务体系示范区；泉州市获国家公共文化服务体系示范区创建资格；福建省艺术馆的艺术扶贫机制建设和村级文化协管员队伍建设，福州市的激情广场大家唱活动，古田县溪山书画院建设、管理、服务模式获评示范区创建项目。

【公共数字文化】 2019年，福建省基本建成公共数字文化服务网络。依托文化共享工程建成省级分中心1个、设区市级支中心9个、县级支中心83个、乡镇基层服务网点929个、村级基层服务点1.5万个；依托数字图书馆推广工程，80%以上的设区市级公共图书馆完成服务平台搭建，搭建起覆盖全省91个县级以上公共图书馆的福建省公共图书馆虚拟专网（VPN），基层图书馆可以便捷访问国家图书馆、福建省图书馆提供的数字资源，初步形成具有一定规模的数字图书馆虚拟网。推进公共数字文化资源建设，至年底，福建省图书馆数字资源总量累计299TB，其中中文电子图书302.3万种、中文电子期刊3.5万种（不去重）、外文电子期刊8000种、电子报1600种、外文电子图书10万种、国家级会议论文712万篇、博硕士论文438万篇、视频资源16万部。数字资源点击量3304.06万次。完成《丝路百工》系列、《我们的节令美食》、《妈祖信俗》等39个项目共480集文献专题片的采集、制作任务，建成闽南文化、客家文化、福建非遗等数据库产品79个。此外，首批10部共100集的地方特色文化资源在学习强国福建学习平台、新华网福建频道、东南卫视、东南网等7家省内主流媒体平台上线运行。

（曹 琦）

【文艺创作】 2019年，福建省实验闽剧院创作的闽剧《生命》获中宣部第15届精神文明建设“五个一工程”奖，全国性文艺奖项大幅压缩后，实现福建戏剧该奖项的两届蝉联。闽剧《生命》入选文化和旅游部2019年度“国家舞台艺术精品创作扶持工程”10部重点扶持剧目，实现该项目的三届蝉联。省实验闽剧院一级演员周虹以闽剧《双蝶扇》获第16届中国文化艺术政府奖文华表演奖，省实验闽剧院青年剧作家王羚创作的闽剧《双蝶扇》获第23届曹禺剧本奖，福建芳华越剧院一级演员陈丽宇以越剧《团圆之后》获第29届戏剧梅花奖。省杂技团的杂技《咏梅——倒立技巧》获第四届澳大利亚马戏节金奖（仅两个金奖），《墨韵——绳技》获西班牙“金象”国际马戏节银奖。组织民族歌剧《松毛岭之恋》参加第十二届中国艺术节。22个项目获得国家艺术基金2019年度立项资助，资助金额2800多万元，资助金额连续3年突破2000万元。

【文艺交流活动】 2019年，福建省完成中央部署的庆祝中华人民共和国成立70周年闽港澳台四地联欢晚会，得到省领导和闽港澳台四地观众的广泛好评。历时7个多月，19个省直单位30多个部门、科研院所，近300人参与制作实施的庆祝中华人民共和国成立70周年福建晋京彩车任务完成，“高颜值高素质新福建”彩车获北京指挥部“创新奖”表彰。选送节目参加中宣部和文旅部联合举办的2019年度新年戏曲晚会、澳门回归20周年晚会，配合中央广播电视总台在泉州举办2019年戏曲春晚。举办庆祝中华人民共和国成立70周年福建优秀剧目展演、交响音乐会、福建省美术书法精品展等系列活动，社会反响强烈。全年举办17场美术展览，有10余件作品入选第七届中国艺术节美术、书法、摄影作品展。调动省属 6 个艺术院团开展丰富多彩的文艺演出，全年演出 600 多场。全年扶持 49 个基层院团开展非物质文化遗产地方剧种免费或低票价演出活动，相关院团全年演出 2500 多场。

【文化交流合作】　2019 年，福建省文化部门开展文化交流合作，服务中心工作和外事大局。6 月 13—15 日，完成世界园艺博览会“福建日”活动；7 月 5 日，外交部福建全球推介活动文化旅游展示精彩亮相，获得省领导和海内外一致好评。推动部省合作项目，承接文化和旅游部“欢乐春节”对外文化交流活动，赴新加坡、泰国、马耳他、黑山等地开展“欢乐春节”系列活动；组织福建文化交流团赴丹麦哥本哈根举办中国海上丝绸之路文物精品图片展，参加哥本哈根歌剧节、“天涯共此时”演出，以及邀请哥本哈根中国文化中心合作伙伴团赴闽开展文化和旅游交流活动；举办第四届“海丝”国际艺术节、第五届“海丝”国际旅游节。加强对重点国家双向交流，随省委主要领导赴日本、法国、西班牙三国进行友好交流推介活动，赴德国、美国、印度、葡萄牙、澳大利亚、巴布亚新几内亚等国开展文化和旅游交流合作。发挥 5 个福建文化海外驿站、7 个福建旅游海外推广中心作用，举办图片展、陶瓷展、漆画展和旅游宣传推介等各种活动，加强民间文化交流。俄罗斯联邦卡累利阿自治共和国、老挝国家领导人、英国王室代表团等来闽参访，双向交流日益深化。夯实对台港澳文化交流，研究制定贯彻 26 条措施，落实省文化和旅游厅出台的 17 条惠台文化措施；组织省歌舞剧院赴澳门参加“庆祝澳门回归 20 周年”文艺庆祝晚会，策划“非遗”项目参加香港中联办第三次公众开放日活动。组织 2 场第十一届海峡论坛配套活动，开展 3 场以非遗、南音、寿山石为主题的“福建文化宝岛行”交流活动，举办 2 场“匠心意蕴——闽台文创周”活动。

（曹　琦）

文学艺术

【文艺创作】　2019 年，福建省实施攀登工程，落实省委文艺“攀登工程”要求，加快实施福建文艺创作攀登计划，组织中青年创作人才高级研修班、新文艺群体创作人才培训班、名家名作学术研讨会等培训研讨 18 场次，加大开展作品（剧本）征集、文艺评奖、赛事展演和采风创作达 33 场。加强各省级文艺家协会创作委员会、青年委员会等专委会工作，强化对文艺创作的引导和服务，鼓励原创文艺精品创作，重视本土文艺人才培养，进一步促进文艺创作水平提升。

推进“闽派”诗歌、戏剧、书画、文艺批评人才培育工程，邀请国家级文艺名家 200 余人次入闽传授和指点文艺创作，受惠文艺工作者和文艺爱好者上万人次。组织重大题材电视连续剧《爱拼会赢》创作生产，完成举办 2019 闽派文艺理论家批评家学术活动周、新时代新福建——“让小说走进人民”暨海丝文学创作交流系列活动、第二届福建文学好书榜评选、第三届福建省大学生戏剧节、第三届福建省曲艺丹桂奖大赛、第五届福建舞蹈“百合花奖”专业舞蹈大赛、第五届福建摄影金像奖、福建省第五届书坛新人新作展、福建省第八届刻字艺术展、第八届福建省原创少儿舞蹈大赛、第十四届福建省戏剧水仙花奖、福建省广播电视艺术奖、福建省诗书画印作品邀请展等文艺活动 28 场次。

【文艺成果】　2019 年，福建省文联选送在全国展演展览或获奖的节目（作品、演员）有 500 余件（次、人）。其中，组织创作的歌曲《时代号子》、小说《海边春秋》获第十五届精神文明建设“五个一工程”优秀作品奖；推送的作家萧鼎获第三届茅盾文学·网络文学“新人奖”；推送的越剧《团圆之后》主演陈丽宇获第 29 届中国戏剧梅花奖，实现“梅花奖”九连冠；推送的闽剧剧本《双蝶扇》获第 23 届曹禺剧本奖。寿山石作品《惠风和畅》获第十四届中国民间文艺山花奖·优秀民间工艺作品奖。福建省 11 个优秀剧目参加第十六届中国戏剧节展演并收获良好口碑。第 23 届中国少儿戏曲小梅花荟萃活动中，福建省获“4 朵金花 2 个最佳”，是福建省有史以来入围小梅花荟萃节目数量最多、荣誉收获最多的一次。推荐的南音《昭君出塞》在“向祖国和人民汇报——庆祝中国曲协成立 70 周年优秀曲艺节目展演周”少儿专场演出中精彩亮相。推荐的福州伬艺《销烟颂》参加纪念五四运动 100 周年全国首届大学生曲艺周展演，建瓯方言唱曲子《巧用刁

2019 年 9 月 24 日至 10 月 24 日，“第十三届全国美术作品展览漆画作品展”在厦门市美术馆举办
（省文联供稿）

俗助红军》和评书《最后一战》参加第五届全国曲艺新人新作展演，南音表演唱《查某仔，行厝头》（女儿回娘家）和南词说唱《朱子社仓》参加第二届中国东部优秀曲艺节目展演，小品《110是怎样炼成的》参加首届全国原创曲艺小品优秀节目展演，潮曲说唱《先祭谷公后拜祖宗》参加第五届中国曲艺之乡曲艺展演，展现福建省曲艺蓬勃发展的良好态势。漆画作品《盛世花开》荣获第十三届全国美展金奖。第十届“小荷风采”全国少儿舞蹈展演中7个原创少儿舞蹈节目入围现场展演并获“二金五银”的好成绩，省舞协获“杰出组织奖单位”称号。推荐的群舞《丝海踏浪》参加第十二届中国舞蹈“荷花奖”民族民间舞评奖获入围奖。舞蹈节目《同乐》参加第二届人人跳全国群众舞蹈展演并获“魅力之星”称号（等奖）。3件舞蹈作品入选经中国文联批准立项并由中国舞蹈家协会主办的“首届中国舞蹈优秀作品集萃”。参加第27届全国摄影艺术展览，福建16件作品入选，入展数量位列全国第七位，省摄影家协会被授予本届国展“优秀组织工作单位”称号。参加第七届亚洲微电影艺术节，2件获最高奖“金海棠奖”（包括由省文联制作的关于冰心的微电影——《关于女人的故事》）、1件获优秀作品奖、1件获好作品奖，获奖数名列全国前茅。参加第十二届中国旅游电视周优秀旅游节目评选，福建省17件作品获奖，其中2件获最佳作品奖。参加第十三届小康电视节目工程作品评选，福建省7件作品获奖。在第11届海峡两岸电视主持新人大赛中，福建省3名选手获1金1铜1优秀的好成绩。此外，《台港文学选刊》入选“庆祝中华人民共和国成立70周年精品期刊展”；参加第六届全国画院美术作品展作品终评，省画院的9位画家、书法家的作品入选。

【艺术交流活动】 2019年9月11—14日，由中国文联、中国曲协、福建省文联主办，泉州市、南安市等共同承办的“第九届海峡两岸曲艺欢乐汇”在泉州南安市举行。本次活动围绕“共同传承、共促发展、共享荣光”主旨，以曲艺为纽带，深化“两岸一家亲”的理念，开展3场展演、1个作品征集、1个研讨会和1次采风，形式多样，内容丰富，海峡两岸300余名曲艺艺术家、专家学者、曲艺爱好者和媒体记者参加。

2019年9月11日，由中国文联与厦门市人民政府共同主办、福建省文联等承办的2019年“家国情怀”——“中华情·中国梦”中秋展演系列活动在厦门市开幕，来自海峡两岸暨港澳地区的艺术家出席开幕式。本届“中华情·中国梦”中秋展演活动延续以往美术书法作品展、书画笔会、慰问演出结合的活动形式，还新增加“影像述说两岸情”摄影展和两岸民间工艺精品展。美术书法作品展以“家国情怀”为创作主题，共展出当代书画作品609幅，其中美术作品207幅、书法作品402幅；摄影展展出180幅厦门及台湾地区摄影名家的作品；民间工艺精品展展出厦门民间艺术家创作的玛瑙、农民画、漆画、石雕、影雕、漆线雕等60件作品与台湾民间艺术家创作的木雕、竹编、玻璃、瓷器等20件作品。

2019年11月11—16日，“光耀海丝·情满中华”海峡两岸暨港澳文学研讨会在厦门市举办。本次研讨会由中国作家协会港澳台办公室主办，福建省文联、省作家协会承办。活动期间，与会作家、学者分别就“现实主义创作与时代特征”“海峡两岸暨港澳文学的同质性”等热点问题进行深入交流与探讨，还专程前往古代海上丝绸之路起点城市泉州进行考察，实地参访泉州海外交通史博物馆、泉州开元寺、五店市传统街区等海上丝绸之路文化遗存。

2019年11月27日至12月2日，由中国电视艺术家协会、台湾中华广播电视节目制作商业同业公会、福建省文学艺术界联合会、福建省广播电视局、福建省广播影视集团、平潭综合实验区党工委、平潭综合实验区管委会共同主办的对台重点交流项目——海峡两岸电视艺术节在福建平潭综合实验区举行。本届艺术节举办“声耀平潭·第十一届海峡两岸电视主持新人大赛”、第五届海峡两岸影视名家书画展、海峡两岸电视论坛、海峡两岸电视艺术家公益演出等系列活动，是第一次艺术节全部项目的整合。活动吸引海峡两岸百余名电视领域的专家、艺术家、从业者及上百名高校学子参与，促进两岸电视艺术的相互借鉴和共同发展，增进两岸同根同源的文化意识和情感互通。

2019年12月4—8日，由中国舞蹈家协会、中共福建省委宣传部、福建省文联主办，福建省舞蹈家协会、福州市文联承办的“海丝圆梦——第二届海上丝绸之路国际舞蹈艺术交流周”在福州市举办。来自新加坡、日本、印度、埃

2019年11月27日至12月2日，第八届海峡两岸电视艺术节在福建平潭综合实验区举办　（省文联供稿）

及、乌克兰、印度尼西亚等海丝沿线国家和中国福建、上海、辽宁、北京、广东等省市及中国香港地区的20多支舞蹈团队、400多人参加。本次活动，福建选送的4件舞蹈作品代表福建舞蹈的高水准。

2019年12月30日至2020年1月1日，由福建省文联与福建省舞蹈家协会主办、福建省舞蹈家协会与福建艺术职业学院承办的传承·弘扬——2019海峡两岸青少年优秀民族民间舞走进校园交流演出活动在福州、宁德举行。来自海峡两岸300余名青少年舞者参加交流演出。活动中，台湾枫香舞蹈团、台湾金门棠风舞蹈团、台湾瀛丰文化艺术团和台湾台南梵羽小舞剧场4个舞蹈团获授牌“海峡两岸青少年舞蹈交流研习基地”。

（方　毅）

文化产业

【概况】 2019年，福建省规模以上文化企业实现营业收入5087.66亿元，比上年增长15.4%，总体继续保持平稳较快增长。按行业类别分，文化及相关产业9个行业的营业收入全部实现增长。其中，创意设计服务营业收入276.87亿元，比上年增长103.4%；文化传播渠道564.26亿元，增长22.2%；文化投资运营3.14亿元，增长20.9%；文化消费终端生产579.64亿元，增长16.1%；文化装备生产428.20亿元，增长15.1%。按产业类型分，文化制造业实现营业收入3437.14亿元，比上年增长10.2%；文化批发和零售业实现营业收入873.87亿元，比上年增长25.1%；文化服务业实现营业收入776.64亿元，比上年增长31.0%。分领域看，文化核心领域营业收入3180.92亿元，比上年增长17.6%；文化相关领域1906.74亿元，增长11.8%。按设区市分，泉州、福州、厦门3市的规模以上文化及相关产业企业实现营业收入占全省比重达69.8%。其中，泉州实现营业收入1449.37亿元，占比28.5%；福州实现营业收入1174.89亿元，占比23.1%；厦门实现营业收入927.67亿元，占比18.2%；3市分别比上年增长15.4%、20.8%和22.5%。此外，莆田、漳州、三明、南平、龙岩、宁德6市实现营业收入分别为593.94亿元、376.95亿元、194.22亿元、170.34亿元、163.59亿元和36.69亿元，分别比上年增长2.3%、2.8%、14.8%、7.1%、44.2%和4.6%。

【专项资金项目扶持效益提高】 2019年，福建省级文化产业发展专项资金支持73个社会和经济效益较好，示范带动效应强的优质项目，电视剧《一诺无悔》、院线电影《古田军号》《冰峰暴》以及春天电影院线建设项目等影视文化产业项目，建阳考亭书院（朱子博物院）提升项目、永安闽中畲寨（青水）特色文化建设项目、宁德市蕉城区霍童古镇文化保护与旅游开发等一批文化旅游融合发展项目，龙岩洞文化创意产业园、南平文化产业园文化创意产业孵化器建设等文化产业园区重点建设项目，“福州有意思”文创孵化平台等传统手工艺与现代文创产业融合发展项目，以及福建教育出版社闽教大数据融合出版平台、福建广电网络集团大数据工厂等一批数字技术研发应用性项目。重点支持老区苏区项目，扶持资金占可分配资金的65.6%。

【文化市场主体做大做强做优】 2019年，福建省指导推动印象大红袍股份有限公司持续提升综合实力，印象大红袍股份有限公司获评第十一届“全国文化企业30强”提名。开展2019年省十强文化企业评选，新晋企业4家，更新率40%。十强企业2018年资产总额、主营收入、利润总额分别为417.33亿元、225.96亿元、26.11亿元，分别比上年度十强企业增长43%、74%、44%。其中上市文化企业5家，2家企业主营收入超过50亿元，6家企业利润总额超过亿元。持续加大成长型文化企业培育，2019年入选的厦门美柚、福建乐游等24家“最具成长性文化企业”市场竞争能力较强、发展潜力很大，2018年营业收入、利润总额平均分别达1.74亿元、0.33亿元，较上年入选企业的营业收入、利润总额平均数分别增长67.9%、104%。其中，厦门刀舞天下（厦门）网络科技有限公司3年复合增长率735.86%，厦门十点文化传播有限公司3年复合增长率436.28%，福建牛牛信息技术网络公司3年复合增长率378.36%，在福建省文化产业培育新型业态和转型升级中发挥引领作用。

【文化产业综合服务平台作用增强】 2019年，福建省创新福建文创奖评选活动组织形式，首次到福州以外的省内其他地方（莆田、武夷山）开展2场落地推广活动。加强对作品征集、评选的指导把关，创新作品宣传推广方式，在福州上下杭举办以故事化形式演绎获奖作品的第六届（2019）福建文创晚会，福建文创影响力不断提升。第十五届深圳文博会福建主展馆以“全福游·有全福”为参展主题，是本届文博会唯一一个以“文旅融合”为主题的政府主题馆，成为本届深圳文博会的一大亮点。福建展团获得优秀组织奖和优秀展示奖，参展作品获得多个单项奖，参展企业销售成果丰硕，部分企业还与省外企业达成合作意向。提升厦门文博会参展水平，2019年“福建品牌综合展区”组织30多个非遗文化品牌、90多个文创企业及创作者参加展览展示。

【产业推介对接实效提升】 2019年，福建省大力提升为基层和文化企业提供信息咨询和招商融资对接的服务水平，促成泰宁打造全域化影视基地，设立影视服务中心，出台优惠扶持政策，吸引大量影视企业入驻。“旅游景区＋影视拍摄”的“泰宁模式”，推动泰宁旅游加速走红，成为泰宁旅游转型的重要突破口。促成福建省文化企业动漫IP品牌输出，帮助牵线搭桥，促成重点扶持的文化企业——福州天之谷动画有限公司动漫形象“土豆侠”为全国土豆之乡甘肃定西市农特产品代言；支持南平

市、建阳区加强建盏、建本和宋慈文化保护利用，推动当地文化旅游产业做优做大。（娄孝钦）

文化场馆

【图书馆】 2019年，福建省有县级以上公共图书馆91个，其中省级馆2个、市级馆13个、县级馆76个。泉州市图书馆新馆于12月27日揭牌开馆，该馆总建筑面积4.8万平方米，设计馆藏总量200万册；洛江图书馆于12月14日开馆，建筑面积6345.62平方米；上杭县5家杭川书房、晋江市11家城市书房、泉州市53家百姓书房、福州市82台“城市街区24小时自助图书馆”先后投入使用，为市民提供舒适便捷的阅读新方式、新空间。各馆文化资源保障和设施网络建设日益完善，62家公共图书馆推出微信服务号。福建省图书馆开通网上办证、滞纳金微支付、水墨电子阅读本借阅等功能，推出“福建省图书馆云阅读”平台，应用新技术开展地方文化资源抢救性、再生性保护工作，启动《福建中华老字号》等6部文献专题片资源收集与影像采集制作，开展书院公开课、政府信息公开等公共数字文化工程专题资源建设；完成福建省非物质文化遗产数据库建设——闽台宗祠数据库二期项目建设，完成《非遗传承人抢救性记录》项目建设，建成电视专题片9集、时长270分钟；厦门市图书馆和福州市图书馆先后推出“白鹭分免押金借阅服务”“茉莉分免押金借阅服务”。开展阅读推广活动，打造全民阅读活动品牌。“世界读书日”期间，省图书馆与128家单位、基层图书馆联合举办“读吧！福建”第二届福建文学好书榜评选等十大阅读推广系列活动，受众14万人次。“读中华经典，颂时代华章——礼赞新中国70华诞诵读比赛”省市县三级联动，48家单位565个作品参赛，与省广播影视集团联办的颁奖典礼线上线下近百万人次观看。“我的家国故事”主题图片展以家国情怀为主题，对各地图书馆、博物馆、纪念馆和私人储物间里的数万份历史资料进行挖掘整理，为读者生动讲述福建人跨越70年的家国故事。《福建图书馆学刊》于8月1日获得刊号CN（Q）一第0134号，福建省图书馆学重要学术刊物获得新的发展契机。10月16日，《福建省图书资料系列专业技术职务任职资格评审工作的实施意见》实施。

【文化馆】 2019年，福建省有文化馆（艺术馆、群众艺术馆）97个，其中省级馆1个、设区市级馆9个、县区级馆87个。在第四次全国文化馆评估定级中，全省有79个文化馆评上国家等级馆（达标馆），其中一级馆40个、二级馆29个、三级馆10个。全省文化馆总面积近36万平方米，新建的馆有长乐区文化馆、城厢区文化馆、洛江区文化馆。全省文化馆从业人员1026人，其中编制内人数878人、派遣人员148人。在职高级职称人员有123人，人员学历水平较上年有提高，本科学历人数489人。群众文化活动广泛开展，全年全省各级举办群众文化演出3678场次，观看人数315万人。全省范围内的各类展览1343场次，观众159万人，全省开展培训班2324期，受训人数28万多人次。其中，省艺术馆全年组织26场“百姓大舞台”文化惠民演出，26支文化馆志愿者团队近3000名文化馆志愿者参与演出，观众1.56万人次。志愿服务深入推进，建立艺术扶贫基地275个，2019年参与志愿者万余名，受惠学生将近5万人次。全省村级文化协管员队伍有14019万人。其中，专职3529人，兼职6028人；党员3008人，团员510人；年龄在45周岁以下的2942人，高中以上学历2651人，有特殊技能的920人。省艺术馆每年举办全省村级文化协管员示范培训班，2019年全省举办246期协管员培训班，培训人数25000余人次。全省所有文化馆均免费向群众开放，免费开放项目822个，免费开放经费年度累计金额578万元，免费开放时间超过8小时的馆有88个，开放2～8小时的文化馆有5个。

2019年5月18日，福建博物院举办“华侨旗帜，民族光辉——百国百侨百物展”（省文旅厅供稿）

【博物馆】 至2019年底，福建省有备案博物馆138家，其中国有博物馆103家、非国有博物馆35家。全年新增备案博物馆4家，其中国有博物馆2家、非国有博物馆2家。2019年5月18日，省文物局在泉州海外交通史博物馆举办2019年“5·18国际博物馆日”福建主会场系列活动启动仪式，以及“作为文化中枢的博物馆：传统的未来”专题座谈会，全省各地博物馆围绕国际博物馆日主题举办260余场展览、社教等活动。省文物局举办以陈列展览为主要内容的全省博物馆馆长培训班和全省非国有博物馆藏品管理培训班，取得良好成效。（曹琦）

广播影视

【概况】 2019年，福建省有广播电台4座、电视台5座、广播电视台67座、教育电视台1座。播出公共广播节目93套，开办公共电视节目101套。东南卫视、海峡卫视、厦门卫视3套节目上星。全省广播、电视人口综合覆盖率分别达99.61%、99.7%，综合覆盖率居全国第8位。全省有线广播电视实际用户数727.4万户，数字化率100%。

全年制作广播节目时间26.71万小时、播出广播节目时间53.15万小时，制作电视节目时间7.02万小时、播出电视节目时间41.28万小时。全省广播电视服务业总收入164.11亿元，比上年增长14.82%。事业单位财政补助收入24.89亿元，比上年增长11.98%。实际创收收入129.3亿元，比上年增长11.23%。

【广播电视宣传】 2019年，福建省深化广播电视媒体“头条工程”和视听新媒体“首页首屏首条”建设，办好《牢记总书记嘱托，奋力建设新福建》等重点专栏，做好《习近平在宁德》《习近平在厦门》《习近平在福州》系列采访实录反响、“不忘初心、牢记使命”主题教育等宣传报道，指导办好《中国正在说》《思·享2020》等政论节目，6部广播电视作品获第二十九届中国新闻奖。

围绕庆祝中华人民共和国成立70周年这条主线，配合省委宣传部组织开展“壮丽70年·奋斗新时代——记者再走长征路”主题采访活动，以及“我和我的祖国”群众性主题宣传教育活动，策划推出《福建广播电视70年》等。开展“歌唱祖国·一首歌一座城——福建那么好听”全媒体活动，厦门《鼓浪屿之波》、泉州《爱拼才会赢》、龙岩《采茶扑蝶》、宁德《多彩的山海》、福州《天下福地，最美福州》入选全国70首城市代表性歌曲，数量居全国第1位。组织开展“礼赞新中国，我说新福建”短视频主题活动及集中汇报展演，30部短视频在今日头条、华人头条、抖音等新媒体平台展播。

配合省委宣传部做好元旦、春节、国庆等重要时间节点，以及党的十九届四中全会、全国“两会”、亚洲文明对话大会、第二届数字中国建设峰会、第十一届海峡论坛和“新时代的中国：生态福建 丝路扬帆”外交部福建全球推介活动、“坚定不移推动绿色发展的福建实践——加快建设高素质高颜值的新福建”国务院新闻办公室福建主题新闻发布会等重要活动的宣传报道工作。外交部福建全球推介会活动和国新办福建省主题新闻发布会全网阅读量逾40亿次。

【精品广电】 2019年，福建省设立省级广播电视发展专项资金，出台《福建省广播电视发展专项资金管理办法（暂行）》及7个专项资金申请使用规程配套文件，打造“闽派”广播电视和网络视听文艺精品。电视剧《可爱的中国》、广播剧《闽宁镇》获全国第十五届精神文明建设“五个一工程”奖。纪录片《过台湾》《逐梦山海》获第十五届精神文明建设“五个一工程”福建省贡献奖。平潭·竹屿湾影视基地一期竣工投用，厦门影视基地、泰宁网络剧影视基地等开工建设。

印发实施《关于加强“闽派”重点电视剧选题规划和创作生产的通知》，组织开展“2019—2022年重点电视剧选题”征集工作，确定第一批27部重点电视剧选题片单。全年福建省出品和参与制作的5部电视剧在央视播出，34部电视剧获得广电总局批准立项。福建省出品和参与制作的5部电视剧入选广电总局《2018—2022百部重点电视剧选题片单》。

实施“讴歌新时代 记录新福建”纪录片创作传播工程，组织开展“中国梦·福建故事”短纪录片征集评选活动，全年征集电视纪录片剧本14部、短纪录片55部，创作生产106部265集。7部纪录片入选广电总局2019年优秀国产纪录片推荐目录。纪录片《逐梦山海》获第25届中国纪录片系列片十优作品。电视纪录片《从井冈山到闽西》在央视纪录片频道播出，纪录片《过台湾》在台湾TVBS播出4轮，收视率接近4%，总收视人数近260万人。

省委宣传部、省广电局联合印发《关于实施“闽派”网络视听节目精品创作与传播工程的通知》，开展2019年“弘扬社会主义核心价值观 共筑中国梦”主题原创网络视听节目征集推选和展播活动、“中国经典民间故事动漫创作工程（网络动画片）”扶持项目征集等，启用“重点网络影视剧信息备案系统”，94部重点网络影视剧通过广电总局复核取得规划备案号，通过率70.7%，位居全国前列。

开展“2020—2022重点国产电视动画片”生产创作规划工作，全年24部国产电视动画片通过广电总局制作备案，数量居全国第7位。3部广播剧入选全国40部优秀广播剧展播活动。开展“共筑中国梦 美丽新福建”广播电视公益广告征集评选展播活动，征集庆祝中华人民共和国成立70周年主题等公益广告作品241件，比上年增长254%。省局被广电总局评为年度广播电视公益广告作品征集暨展播活动优秀组织单位。

【智慧广电】 2019年，福建省委宣传部、省广电局等联合印发《关于加强县级融媒体中心建设的实施方案》，全省县级融媒体中心全部挂牌成立。尤溪县融媒体中心获评全国媒体融合优秀典型案例，漳浦电视台获批在全国移动互联网范围内传播互联网视听节目。

打造智慧广电媒体。省委宣传部、省广电局联合印发《关于加快推进“智慧广电”建设的实施意见》《关于加快推进高清和超高清电视发展的意见》，省工信厅、省广电局、省通信管理局联合印发《福建省超高清视频产业发展行动计划（2019—2022年）》，IPTV用户超600万，6个省级电视频道、14个设区市级电视频道完成高清化改造，设区市以上高标清同播频道达20个。

发展智慧广电网络。推进有线电视网络升级改造，新增联网133个行政村，新增覆盖户数近40万户，广电网络双向化比例达91%。福建广电网络集团与华为公司签署战略合作协议，收入连续7年保持增长，第六次被评为福建省文化企业十强。

【惠民广电】 2019年，福建省争取中宣部、中央文明办、广电总局等向福建省41个中央革命老区县12844户贫困户家庭捐赠电视机，惠及25000多名群众。会同省财政厅下达资金3649.7万元，用于全省68座电视发射台站、19座广播试点台站中央广播电视节目无线覆盖运行维护。支持永泰县、古田县等地224个广电有线网络未通达行政村，免费开通直播卫星电视户户通设备3035套，惠及群众50万户。直播卫星"移动通"融合业务首次覆盖平潭"海峡号"客轮，往返闽台两地的乘客可实时收听收看广播电视直播节目。

经广电总局批准，福建电视台乡村振兴·公共频道将于2020年元旦开播。印发实施《广播电视服务打赢脱贫攻坚战三年行动和落实乡村振兴战略规划的实施意见》等，参与新时代文明实践中心建设，指导云霄县外龙村、七高磜村和福安市宝林村等挂钩帮扶村建设农村数字IP广播项目。组织开展农村有线广播"村村响"提升工程，制作播出专题节目"礼赞新中国·在希望的田野上"，实行每周联播，覆盖人群近千万。

【高效广电】 2019年，福建省广播电视综合监管平台二期（监测网部分）建设项目获省发改委批准立项和省财政厅1413.5万元资金支持，完成所有县级电视播出前端监测站点建设。编制完成省级广播电视与视听新媒体监测监管平台建设规划。开展IPTV专项治理，完成省级集成播控分平台和移动、电信、联通三大运营商的规范对接，推进"双计费双认证"系统落地。

全年广播电视安全播出重要保障期共计52天。开展非法卫星电视接收设施专项整治等工作，收缴非法卫星接收设施361套（件），查处并拆除非法设置的卫星接收设施567座，取缔非法销售点4个。全年发送安全播出预警信息55404条次，处理广播电视日常安播事故21起，完成重点时段、重要活动安全播出重点保障任务。

强化监听监看、收听收看和巡回评议，落实导向管理全覆盖要求，组织专家评议员对全省广播频率、电视节目开展跟踪评议，全年开展"走基层、送评议"活动4次，编发《福建收听收看》127期。落实广告每周巡查机制，实现对全省72个市级以上频道频率广告播放情况巡查全覆盖，下达核查整改通知书15份，核查整改违规广告63条次。严格审查涉及民生安全的医疗养生类节目，不予备案3档、重点监管5档节目。关闭10家违规网站。

【视听福建】 2019年，福建省围绕广电总局实施"视听中国"播映工程的部署，在全国率先跟进实施"视听福建"海外播映计划。组织参加亚洲文明对话大会、中国—东盟媒体交流年、巴西电视节里约内容展、首届中国—东盟电视周，举办菲律宾·福建电视周、"视听福建"系列纪录片展播活动、阿联酋"福建影像季"系列纪录片展播活动等。"视听福建"电视节目等在巴西、英国、菲律宾、阿联酋、意大利等国家的媒体播出。省广电局领导在全国广播电视对外工作会议作交流发言。6个项目入选广电总局2019年度"丝绸之路影视桥"项目。纪录片《海上丝绸之路》《逐梦山海》入选广电总局"视听中国 全球播映"活动。省局与印度尼西亚—中国经济、社会和文化合作协会签署《广播电视交流合作备忘录》。泉州广播电视台与菲律宾菲中电视台合办的电视中文频道实现开播。

【重要节展活动】 2019年，福建省举办第十一届海峡论坛·海峡影视季、第四届两岸青年微电影展，海峡影视季获评海峡论坛"十佳活动"项目。首次举办"美在两岸——2019青年网络视听作品创作大赛"，吸引两岸100支青年团队参与合作创作。在第十二届海峡两岸（厦门）文博会首次举办广播电视和网络视听展。举办闽台客家青少年广播电视夏令营、我的海丝行·台湾青年参访"刺桐城"、海峡两岸电视艺术节、两岸广播春节联播、青春最强音等品牌活动。举办第二届影视基地峰会，壮大福建影视基地联盟。参与举办"2019海丝华文媒体发展论坛暨华媒福建行联合采访活动"，指导设立丝路华文媒体协作网，来自海丝沿线24个国家和地区的56家海外华文媒体参与。 （郑剑飞）

新闻出版

【主题宣传】 2019年，福建省新闻出版部门做好习近平总书记有关讲话单行本、党的十九届四中全会文件和《习近平在宁德》《习近平在厦门》等重点政治理论读物的发行，指导出版单位做好《摆脱贫困》西里尔蒙古文版、《福州古厝》修订再版等主题出版。邮政收订党报党刊4.21亿元，比上年增长8.6%。开展庆祝中华人民共和国成立70周年宣传，《福建画报》"日子·70载"专栏入选中宣部庆祝中华人民共和国成立70周年期刊主题宣传引导资助项目。

【闽版精品打造】 2019年，福建省抓好庆祝中华人民共和国成立70周年图书发行，《深蓝色的七千米》等列为中宣部庆祝中华人民共和国成立70周年主题出版重点出版物选题。《海边春秋》获第15届精神文明建设"五个一工程"奖，1个项目入选中宣部中华民族音乐传承出版工程，3种图书入选中宣部首批乡村振兴与扶贫扶志主题出版物，1个项目获得国家古籍整理专项资金资助，19个项目得到国家出版基金扶持。在第七届中华优秀出版物奖评选中，4种书获图书奖，1种书获图书奖提名奖，1种音像制品获音像电子游戏出版物提名奖，1篇论文获优秀出版科研论文奖。做好国家"十三五"重点出版物出版规划项目第3次增补，福建省入选项目调整至50个。《八闽文库》全媒体出版工程启动。10种图书入选年度闽版好书。10个栏目入选省十大报刊名栏目。

在数字出版方面，指导报刊、图书、音像和电子出版单位利用新媒体做好宣传，“闽教学习服务平台”入选新闻出版署数字出版精品遴选推荐计划，“中国中医药知识港系统”入选国家知识服务平台分平台，《激情燃烧的电波》入围“原动力”中国原创动漫出版扶持计划。开展数字出版企业社会效益评估工作，2家网络文学出版企业评为优秀。46款网络游戏通过出版审批。

【公共服务提升】　2019年，福建省推进全民阅读，推选30个全民阅读“七进”示范点。举行庆祝中华人民共和国成立70周年大型诗歌朗诵会暨第13届“书香八闽”全民读书月启动仪式，公布百种优秀图书目录，首次发布“福建省青少年分级阅读推荐书目”，指导各地开展丰富多彩的全民阅读活动。举办第5届海峡读者节，近千家实体书店参与。推进福建印刷文化保护基地建设，组织中国印刷博物馆建阳、连城、宁化分馆参加第3届中国传统出版文化的传承与弘扬研讨会，《建本流香》在第14届加拿大中国电影节上获最佳纪录片奖，福建印刷文化丛书第一本书《谋利而印：11至17世纪福建建阳的商业出版者》出版。推进农家书屋工程建设，省委宣传部等11部门印发《关于贯彻落实〈农家书屋深化改革创新，提升服务效能实施方案〉的实施意见》，1家单位在全国农家书屋数字化建设现场推进会作典型发言，1位农家书屋管理员被评为年度“全国十大读书人物”。加强教材教辅印刷发行管理，建立春秋两季中小学教材印刷发行工作常态化督查机制，联合有关部门制定《福建省中小学教辅材料管理办法》。

【出版高质量发展推动】　2019年，福建省组织出版、发行单位参加第29届全国图书交易博览会、第26届北京国际图书博览会；首次开展社会效益评价考核，69家新华书店全部合格；资助27家优秀民营实体书店；邮政系统报刊发行业务收入2.98亿元，全省人均报刊订阅水平23.4元/人，居全国第5位。印刷业方面，组织15家优秀印刷企业参加中国印刷业创新大会；16家印刷企业进入年度中国印刷包装企业百强榜，入选企业数位居全国第一，其中厦门合兴包装印刷股份有限公司以年销售收入112亿元首次荣登榜首。对台对外交流合作方面，第15届海峡两岸图书交易会在厦门举办，两岸参展图书20万种70万册，举办第14届金门书展、第8届两岸青少年快乐读书会、第6届龙少年文学奖、第3届海峡两岸青年阅读季等活动；支持厦门外图集团设立平潭综合实验区“台湾书店”，1个项目入选国台办重点数字出版选题；第3届东南亚中国图书巡回展分别在6个国家举行，中国（福建）图书展销会在4个国家巡展，2种书入选中宣部丝路书香工程项目。队伍建设方面，组织参加或举办各类新闻出版培训，组织福建考区新闻采编人员采编资格全国统考，组织参加第2届全国报刊编校技能大赛全国总决赛、第6届全国印刷行业职业技能大赛。省期刊协会召开第四次会员代表大会，完成换届工作。

【出版市场监管强化】　2019年，福建省深化“放管服”改革，省级行政服务事项清单由119项压缩为105项，修订“四级四同”通用目录126项，对自贸试验区“证照分离”全覆盖试点涉及省级审批权限的17项事项制定操作规则；自建行政审批服务监管平台网上审批系统，全年办结事项12.25万件，其中全程网络办件11.8万件，占96.38%；梳理权责清单99项、随机抽查事项清单15项、“互联网+监管”事项检查实施清单44项。加强出版管理，抓好选题和书号管理，健全季度总编例会制度；召开部分重点报纸、哲学社会科学类期刊出版单位出版工作推进会，组织落实侨刊乡讯管理意见自查自纠工作；开展出版单位“三审三校”制度执行情况专项检查；开展新闻单位驻地方机构综合评估。加强印刷管理，首次实施印刷复制暨内部资料性出版物各地循环交叉检查。加强出版质量监测，省出版物监测与研究中心通过中宣部出版产品质量监督检测中心考评，开展“质量管理2019”专项工作，创新运用新闻出版监测平台进行内容和编校质量监测，建设印刷质检专家库和“3·15”质检数据库，对产品印装和环保质量进行监测等。加强版权保护，启用“福建省作品自愿登记系统”，作品自愿登记11.2万件，比上年增长16.4%，居全国第6位；查办各类侵权盗版案件128件，增长60%，国家有关部门挂牌督办7件；开展“剑网2019”专项行动，受理处置各类网络举报信息1.4万余条，检查省内个人备案网站20467家，查办案件107件，清理各类有害信息10万余条，下架违法违规APP800余款，关闭侵权盗版网站40多家，注销微信、搜狐号等公众账号20余个，媒体刊播报道约300篇（条）；开展软件正版化工作督查，各级机关采购正版软件授权6.35万个、金额1.08亿元，国有企业开展软件正版化问题整改435家；大力宣传版权，举行“护苗2019”绿书签行动暨知识产权集中宣传周活动，协调播出版权公益广告片5039次，播放版权知识系列动画片；在国家版权局2018年度查处重大侵权盗版案件奖励中，8组13家单位获评有功单位、10组24名个人获评有功个人。开展“扫黄打非”斗争，开展“清源”“固边”“净网”“秋风”“护苗”五大专项行动，查缴各类非法出版物28万余件，清理游商地摊1300余处，删除网络有害信息45万余条，关闭网站（栏目、账号）1.5万个；“扫黄打非”基层站点规范化标准化建设完成90%，其中1个被评为全国示范标兵、4个被评为全国示范点；开展“扫黄打非”宣传，发放宣传册11万多份，播放宣传标语3万余次，举行网络安全课3200多场，媒体报道200多次；在全国“扫黄打非”工作年度评奖中，8个先进集体、7名先进个人受到表彰。

（姜　浩）

【海峡出版发行集团】　2019年，海峡出版发行集团整体实力稳步增强。实现营业收入34.4亿元，比上年增长

5.93%；利润总额 3.64 亿元，比上年增长 8.31%，连续 8 年被评为省文化企业十强，并入选福建省服务业百强企业。推出《摆脱贫困》西里尔蒙古文版，修订再版《福州古厝》。精品出版再创佳绩。148 种图书获省部级以上奖项，其中，1 种图书获中宣部第十五届精神文明建设"五个一工程"优秀作品奖；5 种出版物、1 篇论文获第七届中华优秀出版物奖，首度实现各类别奖项全覆盖。推出《县委书记》等一批优秀主题出版物。5 种图书列入中宣部 2019 年主题出版重点出版物选题目录和全国首批"乡村振兴与扶贫扶智"主题出版物书目，1 个项目获得中宣部 70 年主题报道专项资助。大众健康、教育理论、中医药、宠物园艺等产品线的图书销售码洋在全国细分市场排名居前。13 个出版项目获国家出版基金资助，资助金额创历史新高。4 个选题增补"十三五"国家重点图书出版规划。《八闽文库》全媒体出版工程启动。数字阅读业务继续在全国保持领先地位，"闽教学习服务平台"入选国家新闻出版署数字出版精品遴选推荐计划，是福建省唯一入围项目；"海峡两岸基础教育数字图书馆"项目入选国台办对台重点数字出版选题；"中国中医药知识港系统"入选国家知识服务平台分平台。实体书店改造升级取得新成效，安溪、龙岩书城被评为全国"最美新华书店"。组建新华联合印务集团，开启印务资源整合工作。教材印制质量提升。在全国人教版中小学教材印装质量检测评比中，参评的教材优良品率 68.3%，远高于全国 49.5%的平均水平。

对外对台交流深化拓展。26 种图书向外输出版权，7 个项目分别入选丝路书香工程、中华人民共和国 70 年百种译介图书推荐目录、中宣部图书"走出去"基础目录库、春节文化走出去项目。金门书展、海峡两岸青少年快乐读书会、"新课堂·新教师"海峡两岸基础教育交流研讨活动以及中国（福建）图书展销会暨"清新福建"图片展等，参与面和影响力不断扩大。中国（福建）图书展销会入选"2019—2020 年度国家文化出口重点项目"，省出版对外贸易有限责任公司被评为"2019—2020 年度国家文化出口重点企业"。

（李秀发）

历史文化遗产

【考古发掘与科研】 2019 年，福建省完成连江浦口窑、漳浦石寨窑址等主动性考古发掘项目。完成厦门轨道交通 4 号线等基本建设项目文物调查勘探并出具支持性意见。万寿岩国家考古遗址公园开园。武夷山城村汉城遗址征地工作启动。"南岛语族考古研究高端研讨会"在平潭召开，举行海峡两岸南岛语族考古教学实习基地揭牌仪式。省文物局举办 2019 年全省考古知识和技能培训班。

【重要陈列展览】 2019 年，福建省博物馆举办 1230 余个展览、2940 余场社教活动，参观人数 3560 余万人次。2019 年"5·18"国际博物馆日期间，省文化和旅游厅、省文物局主办，福建博物院承办的"华侨旗帜 民族光辉——百国百侨百物展"获 2018 年度第 16 届全国博物馆十大陈列展览精品奖。围绕庆祝中华人民共和国成立 70 周年，省文物局主办"中国共产党在福建——福建省博物馆馆藏革命文物精品展""庆祝新中国成立 70 周年家国故事图片展"等主题展览，以及"苏维埃血脉——中央红色交通线""刘亚楼将军纪念馆改版提升展""红色印记 革命珍宝——中央苏区（闽西）红军标语展"等专题展览，还主办全省非国有博物馆参加的"华光溢彩——福建省非国有博物馆馆藏精品首次联展"。福州市博物馆与福建省屏南耕读文化博物馆开展国有博物馆与非国有博物馆的"结对帮扶"试点，联合举办"福文化展"，并将该展览带进福州市区中小学校，取得良好成效。福建博物院"革命先驱遗书展"获得国家文物局 2019 年度"核心价值观主题展览"重点推介项目，中央苏区（闽西）历史博物馆"闽西革命文物背后的故事精品展"获得国家文物局 2019 年度"核心价值观主题展览"推介项目。

【文物保护】 2019 年，福建省文物局先后代为起草的《福建省关于加强文物保护利用改革的实施方案》已由省委省政府印发执行，《福建省革命文物保护利用工程实施方案》由省委办公厅、省政府办公厅印发执行。在第 43 届联合国教科文组织世界遗产委员会会议（世界遗产大会）上，世界遗产委员会宣布 2020 年第 44 届世界遗产大会由福建省福州市承办。"泉州：宋元中国的世界海洋商贸中心"被确定为中国 2020 年申报世界文化遗产项目，新增 6 个申报点。全年举办全省分管文物工作领导干部等 10 个业务培训班。印发《福建省乡村建设历史文化保护线划定导则》，组织编制《武夷山城村汉城遗址监测系统方案》《福建土楼监测系统方案》《福建土楼修缮和保养维护技术导则》。全省 45 个县（市、区）列入第一批革命文物保护利用片区分县名单，2019 年完成 26 个革命文物项目修缮工作，启动 33 个项目。

【全国重点文物保护单位保护】 2019 年，福建省 33 处（含 1 处扩展项目）列入第八批全国重点文物保护名单。争取到 7745 万元国家文物保护专项资金，用于 26 项全国重点文物保护单位保护项目的支出。开工实施四堡书坊建筑、凤岐吴氏大宅、崇武城墙（东、西、北段）、南安林氏民居、平和城隍庙、泉州府文庙、振福楼等修缮保护工程。批复通过 20 处全国重点文物保护单位"三防"工程设计技术方案，完成对天中万寿塔等 7 个项目竣工验收，检查 7 处国保"三防"在建工程工地。编制上报凤岐吴氏大宅、瑞岩弥乐造像、安贞堡等文物保护规划。批复同意中央苏区红色交通线保护规划。公布安海龙山寺、西资寺石佛造像、镇海堤等保护规划。

【数字文物】 2019 年，第二届数字中国建设峰会于 5 月在福州举办，省文物局参与承办国家文物局主办的“互联网＋中华文明”展览和由省政府、国家文物局主办的数字海丝分论坛活动。“互联网＋中华文明”展览汇聚“互联网＋中华文明”的优秀项目与最新成果，多方位展示故宫博物院、国家博物馆、敦煌研究院、上海博物馆等全国20余家文博单位的文物互动数字化项目，获得观众的好评和峰会组委会的肯定。省文物局与上海交通大学合作成立“文物数字传播合作基地”，拍摄10个红色文化微视频，并在“学习强国”APP上发布和重点推荐。

【非物质文化遗产】 至2019年底，全省有54个非物质文化遗产馆，76个非遗传习体验中心，270个非遗传习所。全年举办非遗演出宣传、展示等活动2709场，各类民俗活动610场。对非遗传承人培训382场次，参训人员近2万人。全年取得多项非遗普查成果，其中征集实物5050件（套）、文本资料1548册、录音资料769小时、录像资料1353小时、调查报告222篇。创办非遗刊物2.1万册，编印资源清单160册。2018年2月，对外公布福建省第四批非物质文化遗产代表性项目代表性传承人183人；2019年10月，遴选推荐闽派古琴等30个项目申报第五批国家级非物质文化遗产代表性项目评选；2019年12月，闽南文化生态保护实验区通过国家验收，公布为国家级文化生态保护区。2019年，国家非物质文化遗产保护专项经费支持安排273万元，用于全省2所高校的传承人群研培计划，福建艺术职业学院、福建师范大学美术学院全年完成惠安石雕雕刻技艺研修班等5个班次的培训，培训学员150名，涉及福州脱胎漆器髹饰技艺、惠安石雕雕刻技艺、漳州木板年画、漳州雕版印刷技艺等多个福建省非遗代表性项目。福建省南音、花茶制作技艺（福州茉莉花茶窨制工艺）2个项目获评国家级非遗代表性项目优秀保护实践案例，成绩位列全国第二位。在文化和旅游部非遗司指导、中国旅游报社主办的“2019非遗与旅游融合优秀案例征集展示”活动中，福建省“福建龙岩——看世遗永定土楼 体验非遗传经典”获评，成为全国十佳之一。

【海丝文化】 2019年1月，国家确定“泉州：宋元中国的世界海洋商贸中心”为2020年中国世界文化遗产申报项目，2019年5月底6月初迎接国际古迹遗址理事会（ICOMOS）两位评估专家的现场考察和文本编制指导。完成“送王船”非遗项目与马来西亚联合申报2020年联合国教科文组织人类非物质文化遗产代表作名录的材料申报工作。

（曹　琦）

档　案

【概况】 2019年，福建省有档案行政管理机构（含挂牌单位）93个，含省级1个、设区市9个、平潭综合实验区1个、县（市、区）82个。全省各级各类档案馆123个，其中国家综合档案馆94个、国家专门档案馆14个、部门档案馆6个、企业档案馆5个、事业单位档案馆4个。截至年底，各级各类档案馆有馆藏档案1915.1万卷、1536.6万件，资料114.1万册；开放档案181.8万卷、134.9万件。2019年接待利用档案88.4万人次，提供利用档案138万卷（件）次。

【档案管理与服务】 2019年，福建省各级档案部门做好档案管理与服务工作。

社会民生档案工作。全年各级档案馆提供电话、信函、传真、网络等咨询和委托查档、寄件上门等服务，让利用者“最多跑一趟”，甚至“一趟不用跑”，提升群众对档案工作的获得感和满意度。省档案馆以及福州、厦门、漳州、泉州、莆田、南平、龙岩市档案馆新增跨馆利用城市与拓展档案利用领域。漳州市档案宣传服务民生工程系列举措获评全省机关体制机制创新优秀案例三等奖，南平市深化城市社区和学校档案管理，平潭综合实验区及泉港区规范土地房屋征收安置档案整理归档工作取得实效。

经济领域档案工作。省、市档案行政管理部门出台文件，通过开展档案登记、业务指导和专项验收等，服务重点建设项目。省档案局联合福州市档案局等出台地方标准《福建省城市轨道交通工程档案管理规范》，启动建设项目电子文件归档和电子档案管理并确定龙岩东环高速公路项目为全国试点，完成37个省级重点项目档案验收。联合省交通运输厅、水利厅、住建厅等出台公路水运工程、水利工程、建设工程等项目档案验收规范性文件。省档案局对福建省金融、保险、通信等企业档案工作协作组和部分省属及中央在闽企业档案整理质量进行指导，及时审批在改革中资本结构或主营业务发生变化的国有企业新修订的文件材料归档范围和档案保管期限表。各级档案行政管理部门引导指导民营企业规范建档，泉州市开展企业口述档案，三明市加强原破产、兼并重组等国有及集体改制企业档案，南平市规范工业园区档案管理取得实效。

农业农村档案工作。各级档案部门深化农村档案工作，加强对农村土地承包经营权确权登记颁证档案管理的指导，规范收集、整理、验收和移交进馆工作。三明市“村档乡（镇）管”工作模式被国家档案局、民政部确认为“档案工作服务农村基层社会治理试点工作”全国七个整体试点之一，并获全省机关体制机制创新优秀案例评选三等奖；泉州市“乡村记忆文化”项目列入市振兴乡村行动方案，完成首批12个试点村验收；莆田市建立市县镇村四级联动机制深化“乡村记忆档案”项目，被市委、市政府列为全市工作品牌；城厢区“村档镇管”经验做法，在《中国档案》杂志上进行宣传推介；德化县档案局出台农村产权交易档案管理办法。

重大活动档案工作。联合国家档案局中央档案馆等举办的“不忘初心、牢记使命”主题教育档案文献展，列入全省第一批、第二批主题教育工作方案内容，成为重要学习平台，7位省级领导、260位厅级干部（其中正厅级54位）、

767个团队、3.7万人次参展。打造主题教育品牌，档案文献展延伸到漳州、泉州、三明、莆田、宁德、龙岩及海沧、晋江、仙游、浦城等市县（区）举办，接待参观6.8万人次；制作“才溪乡调查”等档案文献展系列精品微视频，扩大受众面。联合福建画报社举办“筑梦新福建——新中国成立70周年档案图片展”，与“1007”福建交通广播推出“我家住在解放路”融媒体系列报道，点击量6.6万人次。为中央电视台大型纪录片《国家荣光》、省委宣传部等拍摄建国70周年微视频《与新中国一起走过》、新华网福建频道建国70周年系列报道“我家在福州”等提供档案资料服务。各设区市、平潭综合实验区和鼓楼、台江、马尾、连江、罗源、永泰、芗城、龙海、石狮、晋江、惠安、三元、梅列、永安、将乐、尤溪、仙游、荔城、城厢、涵江、延平、邵武等档案部门围绕国庆活动，举办档案展览或编研档案书籍。

全面深化改革档案工作。推进“放管服”改革，省、市档案行政管理部门梳理完成权责事项清单，其中省档案局权责事项15项、“互联网＋监管”事项10项，规范档案行政执法行为。联合省市场监管局印发《关于加强档案服务企业监管的意见》，规范档案服务企业行为。福州市档案局推进政务服务事项“最小颗粒化”，为市民提供精准快捷服务。

机关档案工作。各级档案行政管理部门落实省“两办”转发省档案局关于做好市县级机构改革档案工作的意见，对涉改单位上门服务指导全覆盖。省档案局完成55家列入绩效管理范围的省直立档单位归档文件目录电子数据接收与审核，指导57家涉改单位做好档案管理与处置，完成19家新设置、新组建部门或单位的文件材料归档范围和保管期限表审批工作，联合主管部门开展宣传报道、立法、全国污染源普查等专业档案规范建档指导。福州、三明、南平市将档案工作列入市直机关绩效考评内容，南平市完善市直机关档案在线接收管理系统网上监督指导平台建设，创新“政务网＋监督指导”模式。

档案法治建设。各级档案部门组织学习《档案法（修订草案）》，围绕破解档案工作主要矛盾和需要解决的问题，提出可操作的修改意见和建议。跟踪《档案法》修订立法进程，为《福建省档案条例》修订工作做好前期准备。省档案局对省委统战部等23家省直单位和莆田、南平等5个市县区开展档案安全、档案移交、电子文件归档管理等专项检查。福州市档案局联合福州广播电台新闻频道开展档案执法检查全媒体直播，吸引市民在线观看；宁德市档案局构建“三联六步”档案执法机制，并将重点建设项目档案缺失情况作为违纪线索移交市纪委监委处置；龙岩市档案局制定《档案行政执法检查流程及程序规定》，规范档案行政执法；厦门、三明、莆田市和三元、永安、尤溪、宁化等档案部门采取“双随机一公开”形式开展档案执法检查。各级档案部门围绕“国际档案日”“国家宪法日”、社科普及周等时间节点和档案普法“四进”“三下乡”活动，联合媒体开设专栏、选点市民聚集场所，设置展板、悬挂横幅、走上街头分发宣传材料等，深化档案法治宣传，营造知法懂法守法用法的良好社会氛围。

【档案信息资源开发利用】 2019年，福建省各级档案部门做好档案信息资源开发利用工作。

福建学术中心工作。制定世界记忆项目福建学术中心发展规划，与新加坡国家文物局签署《合作谅解备忘录》，国际档案理事会东亚地区分会吸收省档案馆为C类会员单位。联合世界记忆澳门学术中心在澳门城市大学举办“闽澳世界记忆与海上丝绸之路”档案图片展览和学术研讨会。

闽台档案交流合作。组织开展“迁台记忆”项目研究，完成“迁台家族记忆”工程实施规划方案。承办“我家的两岸故事·迁台历史记忆两岸四城巡展”，在台湾高雄市举办“清宫珍档、情系历史”闽台关系档案图片展，相关系列活动连续三年被海峡论坛组委会纳入主体内容。组织人员赴台参加“档案史料编研和展览业务”交流。

侨批档案保护研究。开展省政府立法项目——《福建省侨批档案保护管理办法》调研。协助晋江市档案馆在华侨古村落设立侨批馆。加强与高校、研究机构合作，面向社会聘请专家学者共同参与侨批保护开发。编纂的《福建侨批档案文献汇编》《福建省档案文献遗产名录》和“丝绸之路文献遗产保护和利用国际研讨会”文集取得进展。

档案文化宣传推广。各级档案部门“6·9”国际档案日系列活动丰富多彩，不断扩大社会影响力，为档案工作营造良好氛围。拍摄制作“无悔的选择”——首届全省档案工匠宣传片。“福建档案”“三明档案”微信公众号分别在全国省级档案微信号中名列第三和全国档案微信公众号排名第十，漳州市档案馆入驻全国26家新媒体平台，持续探索融媒体条件下档案宣传工作取得实效。石狮市档案馆“映像石狮”展厅成为全市精神文明建设与党日活动的主阵地。

【档案馆基础业务建设】 2019年，福建省档案馆对照国家档案局关于业务建设评价《问题清单》，制定整改方案，建立每季度通报制度，督促任务落实，基本完成2019年度整改事项，推动业务建设整改“后半篇文章”。省档案局及时将评价结果通报各地党委、政府及档案馆，督促问题整改。

档案资源建设。联合省委宣传部出台《关于加强新闻单位宣传报道档案管理工作的意见》，完善实物档案移交进馆有关规定，开展全省珍贵历史档案资料征集。省档案馆接收的19家省直单位纸质档案，实现同步接收数字化副本；编撰的《明清宫藏闽台关系档案图录》被省政府授予“省第十三届社科优秀成果奖二等奖”，被中国出版协会古籍出版工作委员会评为“2018年度百家图书二等奖”。《厦门改革开放四十周年重要档案文献选编》获第三十三届华东地区优秀哲学社会科学图书一等奖，《厦门轨道交通档案管理模式案例》和福建兆翔机场建设档案汇编、厦门火炬集团档案利用成果展示等档案书籍分别获全国企业档案工作管理创新优秀案例与全国档案信息资源开发利用优秀案例。厦门、宁德市档案馆出台档案鉴定工作规则和档案解密划控使用范围工作细则，东山县档案馆征集一批“台批”信件。

档案信息化建设。以“共享数字档案、普惠社会民生”为主题，在第二届数字中国建设峰会上开设“福建省数字档案共享展示区”，宣介福州、宁德市民生数字档案共享系统，展现福建省档案信息化发展成果。协助国家档案局成功举办全国档案信息化论坛和成果展览，并作为11家国家部委之一，发布档案信息化发展政策。省档案局与新大陆公司、数字福建云计算中心联合成立数字档案共享联合实验室和福建省数字档案研究中心。厦门市档案馆优化馆际共享服务平台，实现开放档案数字资源网络共享。省地方标准《档案数字化操作规程——纸质档案》（DB35/T 1856—2019）发布施行。各级综合档案馆和各部门档案数字化步伐加快，仓山、龙文、漳浦、长泰等档案馆馆藏档案100%数字化。省档案馆“党政机关电子公文处理及归档和电子档案管理系统”通过试点验收，其管理规范作为省地方标准已立项。福州市出台《政务服务事项电子文件归档技术规范（试行）》，推进市县区一体化的“福州市电子档案管理中心项目”建设；龙岩市行政审批电子档案系统投入运行，实现市县乡三级行政审批服务办件“网上申请—网上审批—网上归档”无纸化闭环管理；漳州市积极搭建数字档案馆与机关档案室之间互联互通平台，南平市落实档案数字化三年行动。

档案安全管理工作。各级档案部门对照《档案馆安全风险评估体系》，完善防护措施，建立防台防汛应急抢险工作机制。做好网络与信息安全监管，全年未发生重大网络安全事件。推行全省档案数据异地集中备份工作，省档案馆与宁夏回族自治区档案馆完成异地备份，保障档案数据安全。

【档案馆馆库建设】　2019年，福建省加强市县级综合档案馆项目跟踪指导，纳入中央资金支持范围的51个县级综合档案馆建设项目，有42个建成投用或在二次装修，其他9个进入土建施工或规划设计。

【档案科研和学术研究】　2019年，福建省《胶片数字化中人工智能图像修复技术应用研究》等3项课题获国家档案局科技项目立项，《档案管理责任追溯体系建设研究》等3项课题通过国家档案局验收，《福建省科技计划项目电子文件归档管理研究》获国家档案局优秀科技成果奖三等奖，省档案局、馆5项获奖科技成果在国家档案局档案科研与信息化成果展上展示。

【政府信息公开查阅利用工作】　2019年，福建省各级国家综合档案馆切实履行《政府信息公开条例》赋予的职责，通过现场、网络、电话、信函等查阅方式，为社会公众提供政府信息查阅利用服务，在服务领导决策，为群众落实政策、办理社保、确认工龄、解决纠纷等方面发挥积极作用。2019年，省档案馆政府信息查阅中心接收整理省政府及其35个工作部门主动公开信息纸质文本7845份、电子文本7845份；政府信息查询管理平台全年点击率11.2万人次。

（叶建强）

旅　游　业

【概况】　2019年，福建省接待国内外游客5.37亿人次，比上年增长16.5%。其中接待过夜游客2.65亿人次，比上年增长15.2%；实现旅游总收入8101.21亿元，增长22.1%；游客人均花费1510元，增长4.8%。实现游客总量、逗留天数、消费总额三个显著增长。

【A级旅游景区建设】　2019年，福建省推进旅游景区品牌建设，完成《福建省百家重点A级旅游景区三年行动提升工程方案（2017—2019年）》任务。全年拨补景区提升省级专项资金2200万元，专门用于全省44个重点A级旅游景区游客中心、停车场、游步道及标识标牌等的改造提升。全省新增A级旅游景区46家，其中AAAA级景区4家（大田大仙峰·茶美人景区、邵武市金坑红色旅游景区、尤溪县九阜山景区、永春北溪文苑旅游区），AAA级及以下景区42家。至年底，全省有A级旅游景区375家，其中AAAAA级旅游景区9家10处、AAAA级旅游景区97家、AAA级及以下旅游景区269家。

【A级旅游景区管理】　2019年，福建省进一步健全A级旅游景区动态管理和退出机制。围绕景区安全管理、厕所革命、文明旅游、环境与服务质量等方面存在的问题并结合扫黑除恶等专项斗争，委托社会第三方机构或以随机抽取专家的方式对A级景区开展体验式暗访和明查。全年检查复核120多家A级景区，对其中35家A级旅游景区给予通报批评、严重警告、摘牌等处理并限期整改（包括摘牌1家AAAA景区，严重警告5家AAAA级景区），针对发现的问题督促指导景区整改到位，促进旅游景区的高质量发展。

【旅游公共服务建设】　2019年，福建省推进和实施“厕所革命”、旅游集散服务中心和自驾车旅居车营地建设。开展为民办实事项目，旅游厕所建设年度计划数610座，全年完成656座（含新建、改扩建），占年度计划107.54%。完成2015年以来所建的3439座旅游厕所百度地图标注任务，标注率100%。支持各设区市建设12个旅游集散服务中心和10个自驾车旅居车营地，编制完成《福建省自驾车旅居车旅游营地发展总体规划（2019—2030）》。省级旅游专项资金共补助6142万元，其中旅游厕所3842万元、旅游集散服务中心1800万元、自驾车旅居车营地500万元。

【旅游市场监管】　2019年，福建开展旅游市场专项治理，针对旅游市场乱象开展“体检式”暗访调查，以游客视角问诊行业发展存在的“痛点”，形成整治台账，开展限期治理。全年各地市旅游市场检查出动检查人员5691人次，检查旅行社及其分支机构1395家次，实施旅游行政处罚194起，责令停业整顿20家，吊销业务经营许可证40家，暂扣或者吊销导游证、领队证10家，罚款及没收违法所得金额181.72万元。重新修改完善“放心游福建”旅游综合监管机制和《福建省旅游市场受理投诉责任清单》。省“12315”旅游投诉服务平台登记受理涉旅投诉889件，结案868件，结案率97.64%，其中符合快处先赔案件结案率100%。

2019年7月5日，在北京举办“新时代的中国：生态福建·丝路扬帆”全球推介活动。图为向嘉宾介绍寿山石雕 （省文旅厅供稿）

【导游员管理】 2019年，福建省利用远程教育系统，推出系列云课堂、微课堂等免费网络公开课，全省共8000多名执证导游参与网上学习。注重专题培训。全年举办全省赴台（含金马澎）游领队暨管理人员600人培训班、旅行社安全生产500人培训班、全省红色旅游景区讲解员暨导游员700人培训班等多个专题培训班。组织306人参加中高级导游等级考试，举办2019福建省导游选拔赛，选送2名优秀选手参加第四届全国导游大赛决赛，其中1名选手获“最佳风采奖”，被文化和旅游部评为“优秀组织单位”。开展“金牌导游”“金牌讲解员”评选工作，评出“金牌导游”27名、“金牌讲解员”13名。

【旅游媒体宣传】 2019年，福建省构建全媒体宣传矩阵，连续6年在央视《新闻联播》黄金时段播放生态福建、“清新福建”、“全福游、有全福”形象宣传片，在“三报四网”（《福建日报》、《海峡都市报》、《中国旅游报》、东南网、人民网、新华网、凤凰网）平台上开设全新的“全福游、有全福”宣传专栏。与中国传媒大学合作，制作28部福建文旅公益短视频，挖掘“全福游、有全福”品牌内涵。借助新媒体的技术和传播优势，以今日头条、抖音、西瓜视频等新媒体平台为矩阵进行“全福游、有全福”品牌整合营销，形成“线上+线下+体验”的营销格局。

【旅游推介活动】 2019年3月26日，福建省在北京人民网1号演播大厅举办“全福游、有全福”全媒体推介，全程通过网络平台全球同步在线直播。4月18日，在厦门市天元酒店举办“全福游、有全福”清新之夜推介会。5月19日，在龙岩古田会议会址景区举办2019中国旅游日福建分会场活动，围绕“文旅融合，美好生活”活动主题，发布福建省首批“金牌旅游村”宣传对象名单、推出“中国旅游日”福建旅游惠民措施等。12月5日，在福州举办2019年“全福游、有全福”旅游推介会，保加利亚大使格里戈尔波罗扎诺夫先生及夫人、毛里求斯大使李森光先生及夫人，来自港澳台以及“一带一路”沿线国家和地区的旅行商、采购商和投资商，省内主要旅行商、旅游业界专家学者、文创工艺大师等400多位嘉宾出席推介活动。组织邀请广东、浙江、江西三地十佳旅行商赴闽踩线采风，举办“HI邻里，我是福建”推介活动。先后组织参加首届山东国际精品旅游产业博览会、第六届四川旅交会、第二十四届北方旅交会、2019中国—东盟博览会旅游展、2019海南休博会等5场兄弟省市旅游展会。组织全省文化旅游企业参加亚洲文化旅游展、中国国际旅游交易展、台北两岸观光博览会、香港国际旅游展、澳门国际旅游（产业）博览会，开展“全福游、有全福”宣传活动。

2019年9月28日，三明市泰宁县“八闽点灯·祝福祖国”主题活动三明站启动 （省文旅厅供稿）

【旅游创意营销】　2019年，福建省文旅厅邀请电影演员姚晨担任福建旅游形象大使，为“全福游、有全福”公益代言。拍摄姚晨版《福建如你》MV，获得全国、全省微视频大赛一等奖。开展全国抖音挑战赛，推出“盘个福地上热门”话题活动。推出《全福日记》创意短视频，开展“八闽点灯、祝福祖国”主题活动，分阶段、有重点、多渠道持续全面铺开，取得良好传播效果。实施品牌标识“六进”工程，推动“全福游、有全福”品牌进旅行社门店、酒店、旅游汽车、智慧社区、景区、集散中心等。

【旅游精品线路】　2019年，福建省利用环闽动车串联景区的独特优势，通过一程多站、以站联动的方式，推出“249”精品线路。2条大环线：从福州出发回到福州、从厦门出发回到厦门。4条特色支线：蓝色滨海亲福线、绿色生态享福线、古色民俗纳福线、红色经典集福线。9条特色主题线路：世遗探秘之旅、海丝休闲之旅、世界茶乡之旅、温泉养生之旅、乐享好礼之旅、舌尖品福之旅、研学修身之旅、福地风情之旅、文化体验之旅。

【旅游联合营销】　2019年，福建省联合省内文旅企业加大“全福游、有全福”产品研发力度，推出“全福游、有全福”千团万人福建游系列活动，省旅、省中旅等省内主要旅行社根据“全福游、有全福”主题，研发推出针对不同群体不同时间段的旅游线路，受到游客热捧。引导各地市精心举办特征鲜明、内涵丰富的“全福游、有全福”主题活动，举办第九届宁德世界地质公园文化旅游节、南平市第三届旅游产业发展大会等节庆活动，共同做热省内旅游营销。

【旅游品牌创建】　2019年，福建省围绕全面打响“全福游、有全福”品牌，开展一系列创意营销活动，进一步推动福建文化和旅游产业发展，取得良好的政治、经济和社会效益，“全福游、有全福”品牌逐渐成为新时代新福建一张亮丽的旅游名片，品牌打造工作得到文化和旅游部肯定并在行业内推广。“全福游、有全福”品牌的宣传、营销得到众多的表彰和荣誉。“全福游、有全福”2019福建旅游品牌推广活动获号称为世界旅游学院奖提供中国方案的博鳌国际旅游奖（TC）奖年度文旅案例大奖，也是唯一一个省级旅游推广获奖。央视财经频道将“全福游、有全福”品牌作为“品牌点亮城市”的典型加以报道。

【乡村旅游】　2019年，福建省文旅厅联合省住建厅发布首批30个“金牌旅游村”。寿宁县下党村等11个村入选全国乡村旅游重点村。开展乡村旅游提质升级，新创建13个四星级休闲集镇、34个四星级旅游村，全省有23个四星级休闲集镇、54个四星级旅游村。实施乡村旅游“百镇千村”工程，支持各地打造4个乡村旅游休闲集镇和140个旅游村，至年底，累计培育100个休闲集镇、918个旅游村。下拨专项资金扶持。推动全省乡村旅游基础设施提升完善，下拨资金3680万元，其中，乡村旅游休闲集镇、旅游村专项资金2960万元，扶持4个休闲集镇140个旅游村；乡村旅游提质升级资金720万元，采取以奖代补的方式奖励36个四星级休闲集镇和旅游村。专项资金用于建设游客服务中心、旅游厕所、指示标识标牌等旅游公共服务设施。

【红色旅游】　2019年，福建省文旅厅指导红色旅游景区提质创A，邵武金坑红色旅游景区提升为AAAA级景区，沙县荷山红军遗址提升为AAA级景区，连城县博物馆、建宁客坊乡水尾红色小镇、尤溪坂面闽中红军旧址新晋为AAA级景区。安排专项资金1500万元，用于补助全省50个红色旅游项目建设和完善景区停车场、游客中心、旅游厕所等旅游基础设施。与团省委合作开展“红色传承·福建如你”研学专项行动，编制9条红色旅游线路。

【全域生态旅游】　2019年，福建省开展全域旅游示范区创建工作，永泰县、武夷山市、武平县成功列入首批国家全域旅游示范区，省文化和旅游厅对上述3家国家全域旅游示范区下达每家300万元的资金奖励。

【智慧旅游】　2019年，福建省推进旅游VR资源采编标准化建设，《旅游虚拟现实资源采集、产品制作和网络共享服务技术规范》获文化和旅游部批准立项，是全国首个涵盖旅游VR采编发布全过程的作业标准，填补领域空白。《智慧饭店等级划分与评定》获文化和旅游部旅游质量监督管理所（全国旅游标准化技术委员会）优秀地方标准遴选二等奖。开展智慧景区和智慧饭店评定工作，认定23家景区和13家饭店达到相应的智慧等级标准。出台《福建省智慧旅游发展规划》。通过建设“全福游”智慧旅游服务平台（简称“全福游”APP）实现“一部手机 畅游福建”的目标，项目一期建设初步完成，并在“第三届福建旅游生活展”对公众发布。建成文化和旅游大数据智慧网评系统，实现对福建省景区、饭店、博物馆、图书馆等文旅企业的网评监测，及时掌握文旅企业服务动态，为文旅行业精细化管理、旅游目的地的品牌推广提供可视化的数据服务。以数字文化、智慧旅游项目参加第二届数字中国建设峰会，在数字福建馆“数字海丝”展区展览，全面展现福建省数字文化和智慧旅游建设成果。

【旅游教育培训】　2019年，福建省举办各类培训班77个，投入经费1200万元，培训人数8300多人次。依托文化和旅游部在厦门的培训基地，开展涵盖景区、研学、邮轮、饭店等方面的5期培训班。实施“导游服务提升工程”，线上线下相结合开展在职导游培训。线上平台注册在职导游1.8万余人，在线培训人数达13万多人次。线下于2019年8—12月，在福建、厦门、泉州、宁德四地举办4期培训班，培训在职导游、讲解员600多人。（曹　琦）

编辑：林丹英

卫 生

【概况】 2019年，福建省孕产妇死亡率、婴儿死亡率、5岁以下儿童死亡率分别为10.57/10万、3‰、4.33‰，分别比上年下降11.25%、20.21%、15.1%。人口出生率12.9‰、自然增长率6.8‰。全省卫生机构总数27788所，比上年增加200所。其中，各级各类医院678所，比上年增加37所；社区卫生服务机构663所（社区卫生服务中心228所，社区卫生服务站435所），减少29所（社区卫生服务中心增加1所，社区卫生服务站减少30所）；乡镇卫生院882所（中心卫生院224所，乡卫生院658所），增加1所；村卫生室17596所，减少684所；门诊部和诊所7455所，增加887所；疾病预防控制机构96所，减少1所；卫生监督机构87所，增加1所；专科疾病防治机构24所，减少1所；妇幼保健机构91所，增加1所；计划生育技术服务机构102所，减少35所。

2019年，全省医疗机构床位总数202374张，比上年增加9861张，增长5.12%；全省每千人口医疗机构床位数5.09张，增加0.21张。全省各级各类医疗卫生机构有人员总数334527人，比上年增加16130人，增长5.07%；其中卫生技术人员263427人，增加16081人，增长6.5%，占卫生人员总数的78.75%。卫生技术人员中，执业（助理）医师99532人（其中：执业医师85089人），比上年增加8432人，增长9.26%，占卫技人员的37.78%；注册护士116284人，增加6957人，增长6.36%，占卫技人员的44.14%；药剂、检验等其他卫技人员47611人，增加692人，增长1.45%，占卫技人员的18.08%。全省每千常住人口卫技人员6.63人、执业（助理）医师2.51人、注册护士2.93人，分别比上年增加0.35人、0.2人和0.16人。乡村医生和卫生员21161人。

深化医改取得新突破。福建省和三明医改经验在全国推广，国务院深化医改领导小组2019年8月在三明召开医改推进现场会，国务院副总理孙春兰出席会议并肯定福建省和三明市医改经验做法。2019年11月6日，国务院医改领导小组印发《关于进一步推广福建省和三明市深化医药卫生体制改革经验的通知》，省委省政府进一步组织制定《福建省全面推广“三明经验”深化医药卫生体制改革的意见》和8个配套文件，再次打出一套深化医改“组合拳”。“三医”联动改革向“全联”与“深动”迈进，在全省范围内开展薪酬制度改革，深入实施公立医院院长目标年薪制、薪酬总量核定新办法、三级公立医院绩效考核。遴选44家医院开展现代医院管理制度省级试点，213家医院完成章程制定，6家医院启动总药师制度试点，省属医院实行总会计师制度。公立医院综合改革效果评价连续四年位居全国前列。全省全面跟进实施国家组织药品集中采购和使用试点工作，公立医疗机构共节约药品支出8.68亿元，肿瘤、乙肝、高血压等疾病患者药费显著下降。会同相关部门动态调整医疗服务价格，涉及调价金额3.71亿元。分级诊疗制度加快构建。福州、厦门、三明、泉州市纳入国家城市医疗联合体建设试点，全省2/3以上县域紧密型医共体进入实质运作，26个县（市、区）确认为国家试点县。率先启动省疾控中心综合改革试点，推动医改向公共卫生领域拓展。

医疗卫生补短板加快推进。加快推进省儿童医院、省妇产医院等重点项目建设，2019年全省医疗机构新增床位9861张。首次有2家医院（福建医大附属协和医院、附属第一医院）进入复旦版全国医院百强。全省11个专科进入全国10强提名、6个专科进入华东5强、38所医院70个临床专科获华东5强提名。福建省成为国家确定的8个区域医疗中心试点省份之一，福州滨海新城医院和复旦大学附属中山医院厦门医院列入国家第一批区域医疗中心试点单位。国家卫健委确定福建省为7个委省共建国家区域医疗中心试点省之一。

公共卫生保障有力有效。登革热、H7N9、手足口病等传染病疫情得到及时防控，创建国家级慢性病防控示范区6个，通过国家消除疟疾终审评估。实施尘肺病防治攻坚行动。“健康使命—

2019”等一系列卫生应急演练活动收到预期效果。妇幼健康关键指标稳中有降，基本公共卫生服务项目绩效评价继续位居全国前列。全省累计投入7.43亿元，完成村卫生所标准化建设11063个，5762个村卫生所纳入医保定点范围。完成省级以上重大会议活动医疗卫生保障任务55项。

群众卫生健康获得感持续提升。全省二级以上医院公众满意度89.55分，比上年高出1.03分。遴选确定40个省级中医重点专科、40个农村医疗机构中医特色专科建设项目，新建130家基层中医馆，2人获全国中医药杰出贡献奖，8个中医药重点学科通过国家优秀等次验收。新增医养结合机构58家，医疗卫生机构与养老服务机构签订服务协议增加446对，比上年增长129%、30%。36个城乡社区开展国家老年人心理关爱项目试点，福州、漳州入选国家第2批市级安宁疗护试点。出台0～3岁婴幼儿照护实施意见，开展婴幼儿照护服务试点。全省享受健康扶贫政策对象62.42万人，落实家庭医生签约60.6万人，大病救治病种增至31种，定点医院增至11家，贫困患者分类救治覆盖率99.11%，总报销比例达91.03%，大病专项报销比例达94.04%，均高于国家平均水平。深化扫黑除恶专项斗争，开展非医疗转运服务、无陪护病房试点、规范医疗机构太平间管理活动。全省城乡每万名居民拥有2.2名全科医生数，提前完成“十三五”规划目标。台湾医师在闽注册执业达到624人。获批国家“互联网＋医疗健康”建设示范省，10家互联网医院上线运行。

【2019年全省卫生健康工作视频会议】 2019年1月22日在福州召开。副省长杨贤金出席会议并讲话。会议由省政府副秘书长赖碧涛主持。省卫健委党组书记黄如欣传达2019年全国卫生健康工作会议主要精神，委主任柳红作题为“脚踏实地　接续奋斗　不断为增进人民健康作出新贡献”的工作报告。

【第二届数字中国建设峰会数字健康分论坛】 2019年5月7日在福州长乐滨海新城举行。国家卫生健康委副主任于学军，福建省副省长杨贤金，国际国内著名专家学者、互联网医疗企业领袖、知名医疗机构的管理者和有关省（市）卫健委信息化主管领导等来自政府、医疗机构、研究机构、相关企业的800余名代表出席论坛，共同交流分享新兴信息技术与医疗健康行业深度融合发展的新理念新思路。在本次论坛上，国家卫生健康委与福建等10个省份签署战略合作协议，共同推进“互联网＋医疗健康”示范省建设工作。

【消除疟疾通过国家终审评估】 2019年5月9日，国家卫生健康委办公厅下发《关于山西省等省份通过省级消除疟疾评估的通知》，确认福建省通过省级消除疟疾终审评估，达到全省消除疟疾目标。

【第十一届海峡论坛—卫生健康分论坛】 2019年6月14—16日在厦门举行。国家卫生健康委副主任王贺胜、福建省人大常委会副主任吴洪芹、福建省卫生健康委员会党组书记黄如欣和厦门市副市长国桂荣等出席分论坛开幕式。分论坛以“卫生健康，融通发展”为主题，两岸代表围绕医疗质量管理、基层卫生发展、临床合理用药等9个议题展开交流，两岸医疗卫生界共1200余名代表参会。

【第17批援塞内加尔医疗队全体队员获塞内加尔国家雄狮勋位团骑士勋章】 2019年7月，塞内加尔政府为表彰中国（福建）第17批援塞内加尔医疗队的突出贡献，授予全体13名队员塞内加尔国家雄狮勋位团骑士勋章。

【孙春兰调研福建医改工作】 2019年8月21—23日，国务院副总理、国务院医改领导小组组长孙春兰在福建调研医改工作。在省委书记于伟国、省长唐登杰等陪同下，孙春兰深入三明市尤溪县总医院和西城镇卫生院、龙岩市古田镇卫生院和上郭车村卫生室实地考察，并主持召开全国医改推进现场会。

【深化医药卫生体制改革】 2019年，福建省从全面推广“三明经验”、深化“三医联动”改革、建立健全现代医院管理制度、推进医疗卫生供给侧改革、加强医疗卫生综合监管制度建设等方面，深化医药卫生体制改革。

全面推广“三明经验”。2019年12月24日，省委省政府印发《关于全面推广“三明经验”深化医药卫生体制改革的意见》，深入推进福建省医药卫生体制改革。坚持各级党政“一把手”分别担任医改领导小组组长、第一副组长，强化医改领导推进机制和政府办医责任；将医改重点任务完成情况等纳入政府年度目标管理绩效考核，公立医院综合改革补助等专项资金拨付与医改成效挂钩。建立督导落实机制，对医改工作滞后地区，适时予以通报或对党政负责同志进行约谈。

深化“三医联动”改革。根据省委省政府《关于深化“三医联动”改革的实施意见》等文件，推进医药、价格、医保等领域改革。建立药品耗材采购、配送、监管、结算一体化平台，全省药品货款统一结算率达99.91%；2019年6月1日起，率先以省为单位，全面跟进实施国家药品集中采购和使用试点工作，肿瘤、乙肝、高血压等疾病患者药费负担显著下降。建立医用耗材价格共享机制，价格平均降幅22.59%。逐步调整医疗服务价格，建立公立医院价格补偿机制，将改革红利转化为医疗卫生发展动力，2019年全省各地调价涉及金额3.71亿元。建立城镇职工医保基金全省统筹调剂机制，合理均衡地区间基金负担；2019年，按照各地当年实际征收的30%筹集省级调剂基金，共筹集95.3亿元，分配各统筹区91.78亿元，有6个统筹区受益，金额8.03亿元。推进三明、南平和福建医科大学附属协和医院、福州市第一医院、厦门市第一医院等3所医院实行按疾病诊断相关分组（DRG）收付费试点。

建立健全现代医院管理制度。加强公立医院党的建设，落实党委领导下的院长负责制，核增省属公立医院领导职数，落实相关公立医院党委书记、院长分设，完善党委会议事规则和院长办公会议事规则，明确“三重一大”事项为党委会议决策范围，配备专职纪委书记，组织指导公立医院章程制定试点工作。全面实施以院长目标年薪制、工资总额核定为切入点的薪酬制度改革，出台《福建省省属公立医院工资总额管理办法（试行）》，加强三级公立医院绩效考核，有效调动医务人员的积极性。加强医院精细化管理，推行公立医院预算管理和总会计师制，完善内部控费机制，强化医院成本管控，建立财务报告和信息公开制度。贯彻落实政府会计制度改革工作，2019年福建省组织实施政府会计准则制度成绩突出，获国家卫生健康委通报表扬。在全省二级以上公立医院全面推行临床路径规范化管理。遴选44家医院开展省级以上试点，为建立健全现代医院管理制度积累经验。

持续推进医疗卫生供给侧改革。省委省政府专题研究医疗卫生重点项目建设工作，立足区域发展、着眼长远，明确发展定位和服务功能，创新管理体制机制，加强人才队伍建设。省委编办分别核定省儿童医院和省妇产医院事业编制。财政加大资金投入，保障卫生健康事业发展。2019年省级部门预算下达财政资金56.78亿元，比上年增长6.81%。推进区域医疗中心建设，福州滨海新城医院和复旦大学附属中山医院厦门医院列入国家发改委第一批区域医疗中心试点单位，福建省成为全国8个区域医疗中心建设试点省份之一；国家卫生健康委确定福建省为全国7个委省共建国家区域医疗中心试点省之一。持续推进医疗“创双高”建设，打造3所高水平医院、20个高水平临床医学中心、90个省级临床重点专科，提高疑难重症诊疗技术水平。省儿童医院、省妇产医院等一批重点项目加快建设，厦门大学附属翔安医院等一批医院建成投入使用。2019年全省医疗机构新增床位9861张，床位总量20.2万张，千人均床位5.09张。完善基层中医药服务体系，推进40个农村医疗机构中医特色专科建设，新建130家基层中医馆。全省累计投入7.43亿元，完成村卫生所标准化建设11063个，其中5762个纳入医保定点，打通基层医疗卫生服务“最后一公里”。以县级医院为龙头，逐步整合县乡公立医疗机构和公益性村卫生所，构建紧密型县域医共体（总医院），推行集团化管理、一体化经营和连续式服务，41个总医院进入实质性运作。加快推进城市医联体建设试点，福州、厦门、三明、泉州纳入国家试点。

加强医疗卫生综合监管制度建设。省政府办公厅印发《关于改革完善医疗卫生行业综合监管制度的实施意见》，建立综合监管制度，健全综合监管体系。推进龙岩等地国家首批医疗卫生多元化综合监管试点。强化医疗服务行业秩序和健康产业监管，全面开展医疗机构驻点监督和依法执业督察。启动省属公立医院运营监管系统建设、福建省互联网医院监管系统建设，以及监督电子执法与全过程记录系统建设。

【公共卫生】 2019年，福建省加强疾病预防控制。省深化医药卫生体制改革领导小组颁行《福建省疾控中心综合改革试点方案》，省卫健委成立推进省疾控中心综合改革试点工作领导小组，推进以省疾控中心为试点的公共卫生机构综合改革。开展全省疫苗接种单位全面排查，抽查864个接种单位。开展登革热防控工作。2019年11月，印发《福建省2019—2020年流行季流感防控工作方案的通知》，采取“强化监测预警、免疫重点人群、规范疫情处置、落实医疗救治、广泛宣传动员”的举措，全面开展流感防控，保护群众身体健康。健全完善艾滋病哨点监测系统，设立艾滋病监测哨点39个，2019年新发现艾滋病病毒感染者和病人2810例。印发《福建省遏制结核病行动计划（2019—2022年）实施方案》，开展2个国家级、9个省级监测点的结核病耐药监测，2019年发现并治疗肺结核患者1.47万例，登记满一年患者成功治疗率88.4%。建成6个省级慢性病综合防控示范区和5个国家级慢性病综合示范区。组织开展健康扶贫数据严重精神障碍信息比对核对，为健康扶贫、精准扶贫提供数据支持。确定龙岩市为全国及省级社会心理服务体系建设试点。

爱国卫生工作。印发《福建省2019年新建改造三格化粪池实施方案》《关于做好2019年农户改厕三格化粪池新建改造工作的通知》等文件，指导各地开展农户改厕工作。截至2019年12月31日，全省完成户厕改建新建18.56万户，占任务数113.67%。持续开展卫生城镇创建工作，全省有国家卫生乡镇（县城）9个，省级卫生乡镇155个、卫生村1110个、卫生社区169个。

妇幼健康工作。组织专家团队对孕产妇死亡指标波动较大的设区市母婴安全行动落实情况进行调研。印发《关于做好福建省妇幼保健专科门诊规范化建设的通知》，全省23个省级贫困县妇幼保健院开展完成17个儿童眼保健、口腔保健，围产营养门诊规范化建设。省级财政安排专项经费加强省级出生缺陷防治管理中心建设。为550名符合条件出生缺陷的贫困儿童实施救助项目。开展产前诊断（筛查）母婴保健技术服务人员资格考试，268人通过考试。印发《2019年度省属公立医院院长年度绩效考核妇幼健康工作评分细则》，考核结果与院长年薪和全院职工薪酬挂钩。2019年4月1日起，在全省范围内应用信息系统自动对分娩信息与出生医学证明信息的一致性进行校验，提高分娩信息24小时内上传的及时性，加强出生证信息溯源管理、防范伪假证件。开展全省“出生医学证明”签发或管理机构和辅助生殖机构的专项督查。全省15家辅助生殖机构、19家产前诊断机构完成质检及校验。

卫生应急工作。组织完成交通事故、食物中毒、民房火灾事故等突发事件的紧急医学救援。开展暴雨洪涝和台

2019 年 11 月 15 日，“健康使命—2019”福建省突发急性呼吸道传染病疫情应急处置演练在泉州晋江市举行　　（省卫健委供稿）

风灾害卫生应急工作，指导并支援南平、三明、龙岩等地灾后卫生防病工作。联合海上搜救中心、海洋与渔业局、交通运输部东海第二救助飞行队等单位，开展多起遇险渔船伤员卫生应急救援。全省设区市和县域已设立 71 个直升机医学救援起降点。组织“健康使命—2019”卫生应急演练活动，首次开展国家紧急医学救援（福建）队车载装备海上远程投送、突发事件卫生应急救援专家通用航空投送等科目训练演练，举办突发急性呼吸道传染病疫情应急处置演练。在全省卫生应急队伍中开展“健康使命，壮丽 70 年——福建省卫生应急队伍《歌唱祖国》联唱活动”。做好重要活动节点的全省反恐卫生应急保障工作和省属医疗卫生机构的反恐怖防范工作。卫生健康系统反恐工作、消防安全年度工作分别受到省反恐领导小组和省消防联席会议办公室表扬和肯定。

综合监督工作。召开全省民营医院依法执业承诺大会，组织全省民营医院、医疗服务新业态机构签署依法执业承诺书。2019 年监督检查医疗卫生机构 29287 次，比上年增加 6001 次；查处案件 1781 件，增加 586 件；其中处罚医疗机构 688 件，处罚无证行医 1093 件，吊销《医疗机构许可证》12 件，罚没款 2252.21 万元。开展住宿业公共场所卫生专项整治，检查住宿业公共场所 2374 家，责令整改 416 家，立案查处 23 起，罚款 2.3 万元。开展传染病防治分类监督综合评价，监督评价医疗卫生机构 6542 家，其中优秀 33.8%，重点监督单位 2.8%。完成全省集中消毒餐具饮具追溯系统建设，实现与省“一品一码”食品安全信息追溯管理平台的对接。做好公共场所卫生量化分级评定和学校卫生综合评价。开展农村集中式供水专项调查，初步摸清全省农村集中式供水设施 9576 个，较 2017 年增长 17.67%。组织 5 期 600 多人次的卫生监督员业务培训，3 例执法案例入选国家卫生健康委评选的优秀案例。省级安排专项经费 325 万元，为基层增配全套快检设备。完成全年监督抽查任务，立案查处 243 件，罚款金额 42.51 万元。

食品安全监测评估与标准管理。会同市场监管局等单位制定实施食品安全标准跟踪评价方案，配合国家卫生健康委开展水产品、酒类产品国家标准专项跟踪评价。继续推动金线莲、铁皮石斛花和叶等食品安全地方标准的制定，申请将太子参列入按照传统既是食品又是中药材物质目录管理。健全食品安全风险监测体系，监测范围覆盖所有县级区域并逐步向乡镇延伸，食源性疾病监测医院增加到 735 家，所有二级以上综合性医院均纳入监测范围。制定年度食品污染、放射性污染和有害因素等监测方案，监测样本数量增加到 1.1 万份。向省政府办公厅报送并向相关部门通报监测中发现的食品安全隐患 6 次。推动居民营养计划落实，部署开展全民营养周和“5·20”中国学生营养日主题宣传活动。开展食物消费量调查，2019 年食物消费量调查样本点扩大到 18 个，比上年增长 1 倍。

【医政管理】　2019 年，福建省加强医疗质量监管。拓展质控中心覆盖面并向基层延伸，全省建立 40 个省级、240 个设区市级质控中心，覆盖专科（病种）53 个。对国家级限制临床应用医疗技术实行备案管理，全省 40 所医院开展备案 99 项次，涉及 8 项限制临床应用医疗技术。加强病案质量培训和管理，完成 2016—2019 年三级医院绩效考核病案首页、HQMS（医院质量监测系统）、NCIS（医疗质量控制数据收集系统）数据上报工作。组织开展电子病历分级评估及核查工作，2018 年电子病历分级评估质量排全国前三。制定福建省罕见病诊疗协作网建设实施方案，出台福建省儿童血液病、恶性肿瘤医疗救治及保障管理实施方案，建立省、市两级定点救治网络，成立省级医疗救治临床专家组。开展加速康复外科试点工作，向国家卫生健康委推荐福建省康复外科试点医院 11 家。开展医院感染管理与医疗废物规范化处置情况核查，实地核查医疗机构 28 家、停业整顿 52 家。全面排查医疗机构医疗废物和生活垃圾规范化处置情况，对 39 家医疗机构进行实地抽查、现场评分，印发问题清单，督促落实整改。印发《关于加强小型医疗机构医疗废物安全处置管理工作的通知》。制定福建省重点监控合理用药药品目录，组织研发处方审核点评系统并与医院 HIS 系统对接，落实处方点评制度，对不合理用药处方医师进行通报、约谈。国家监测数据显示，福建省重点监控合理用药药品不合理使用控制在 0.9%以内，处于全国最优水平。制定《福建省全面落实跟进国家组织药品集中采购和使用试点工作的实施方案》，从 2019 年 6 月 3 日起在全省范围内全面启动跟进国家药品集中采购和使用试点工作，公立医疗机构全部参与试点工作。启动新一周期医师定期考核工作，首次采取全省统一平台管理、手机APP全省统考，并实现定考系统与医师电子化注册系统互联互通，验证医师电子注册系统数据的完整性和准确性。全面核查医疗机构、医师、护士电子注册信息，将电子注册核查率纳入2019年度三级医院评价。

持续改善医疗服务。2019年全国“改善医疗服务行动医院擂台赛（城市类）”总决赛中，福建医科大学附属第一医院获得项目金奖，省立医院、厦门大学附属第一医院获得项目银奖，为福建省医疗机构历史以来该赛事最好成绩。在厦门大学附属心血管病医院和省立金山医院开展“无陪护”病房试点。开展医疗乱象专项整治行动，2019年处理违法违规行为766起，吊销医疗机构执业许可证5个，停业整顿11个，罚款702个，总额445.46万元。开展二级以上公立医院满意度调查工作，出院患者满意度测评得分89.55分，比上年增加1.03分。

加强医疗体系建设。与3所创建高水平医院、21个临床医学中心、3个临床试验研究平台和1个实验动物中心，以及90个省级临床重点专科建设项目建设单位签订目标责任书，开展项目资金专项绩效评价。福州滨海新城医院、复旦大学附属中山医院被国家发展改革委、卫生健康委等部门确定为第一批区域医疗中心试点医院。提升县级医院综合能力，全省69个设有公立医院的县（市、区）各依托县级综合医院共建成33个县域消毒供应中心、32个县域临床检验中心、39个县域病理检查中心、57个县域心电诊断中心、47个县域影像诊断中心、32个县域远程医疗服务中心。牵头制定《关于促进社会办医持续健康规范发展的实施办法》。

【2019年卫生重点项目建设】 2019年，福建省卫生系统重点建设项目有：

省儿童医院项目。选址于福州市晋安区横屿组团鹤林片区规划医疗用地内，规划用地面积13.33公顷，总建筑面积22.7万平方米。主要建设内容为医疗综合楼、教学交流中心、生活配套用房、感染楼、配套设施等。设置床位1000张。项目总投资33.4亿元，其中建安工程费用20亿元（不含约为8亿元土地征迁费用），设备投资5.3亿元，信息化建设0.75亿元，人员薪酬培训经费7.59亿元。采用PPP模式开展建设。2019年主体工程封顶，完成投资6.05亿元（含工程预付款和人员经费），占年度计划的121%。

省妇产医院项目。选址于晋安区新店“省拖”片区地块，计划设置床位800张，规划医疗用地10.2公顷，总建筑面积17.72万平方米，建安投资13.84亿元（不含征地拆迁补偿费、信息化、医疗设备购置费）。2019年开始基础施工，完成投资1.5亿元，占年度计划的150%。

省疾控中心迁建项目。选址于福州市晋安区新店镇李园村，占地6.67公顷，总投资3.7亿元，总建筑面积49940平方米，建设方式采用代建制。主要建设内容为综合楼、食品安全风险检测中心、理化实验室、微生物实验室、疫苗保藏中心及生物安全三级实验室等。项目部分单体主体封顶，部分正在基础施工，2019年完成投资0.7亿元，占年度计划的140%。

【2020年卫生健康计划建设项目】 2019年12月，福建医科大学附属第一医院奥体院区、福建医科大学附属协和医院西院（二期）和省立医院金山院区二期列入2020年项目计划。

省立医院金山院区二期。建筑面积9.5万平方米（含感染性疾病大楼1万平方米），设置床位600张，主要建设住院部、医技、门急诊楼、感染性疾病大楼、地下停车库及动力中心等配套设施。建安工程投资7.38亿元。

福建医科大学附属协和医院西院（二期）。设置600张床位，新建住院病房楼、感染楼、各类保障系统用房、地下停车库、高压氧舱、设备用房及附属配套设施。项目建筑面积84000平方米（含感染楼9500平方米），建安工程投资6.98亿元。

福建医科大学附属第一医院奥体院区（含皮肤病性病医院）建设项目（一期）。位于福州市仓山区建新镇福湾路西侧、建新大道南侧规划医疗用地，总规划面积3.78公顷，计划分期建设。总建筑面积20300平方米，设置床位200张。主要建设皮肤病性病院门诊、住院病房楼、各类保障系统用房等。建安工程投资1.7亿元。

【全民健康信息化建设】 2019年，福建省推进全民健康信息化建设。举办第二届数字中国建设峰会“数字健康分论坛”。启动实施省级卫健信息系统整合应用，依托云平台实现省级卫健信息系统统一部署。加强消毒餐饮具、三级公立医院绩效、互联网医院等信息化综合监管。推进基层卫生、全员人口等信息与国家平台互联互通。实施计划免疫、妇幼保健、血液管理、职业病防治等信息系统升级改造。世界银行贷款医改促进信息化项目正式启动建设。推进“互联网+医疗健康”工作，印发《福建省“互联网+医疗健康”示范省建设实施方案》。开展国家电子健康卡“三码融合”创新应用试点，在13家省属医院先行启动应用推广。推进10家互联网医院建设，建立全省统一的福建“12320”卫生健康热线。推进远程医疗服务体系建设，三级公立医院实现远程医疗服务全覆盖。开展“互联网+医疗健康”便民惠民服务，90%的三级医院能提供精确到1小时以内的分时段预约诊疗服务；60%的二级以上医院应用微信、支付宝等第三方支付平台提供移动支付、充值功能，60%的三级医院实现诊间结算。推进政务信息共享便民，利用省网上办事大厅、闽政通APP、政务数据汇聚共享平台等“数字福建”公共平台，推送包括全员人口基础信息、出生医学证明等在内的各类卫生健康政务信息。

【中医药工作】 2019年，福建省加强中医药服务能力建设。将4个国家区域中医（专科）诊疗中心建设（或培育）项目列入福建省医疗“创双高”中医临床医学中心建设。10个国家中医临床重点专科建设项目通过国家评估验收。遴选确定40个省级中医重点专科、40个省级农村医疗机构中医特色专科建设项目，全省已建和在建的国家级中医重点专科40个、省级中医重点专科101个、基层特色专科223个。3所医院中药制剂室被列入第七批省级中医重点专科建设项目。成立福建省中药药事管理质量控制中心。12个中医优势病种被纳入省属医院按病种收付费改革。实施《中医固本工程三年行动计划（2018—2020年）》，推动4个中医医院空白县新建公立中医类医院，2019年有3个县（市）挂牌或即将挂牌试运营。争取预算内投资12663万元，支持4个中医医疗服务基础设施项目建设。实施《福建省基层中医药服务能力提升工程“十三五”行动计划》，2019年建设130家基层医疗卫生机构中医馆，全省累计建设830家，占全省基层医疗机构总数的74.91%。6个全国基层中医药工作先进单位通过期满复审，3个县（区）经过省级评审推荐申报全国基层中医药工作先进单位。

加强中医药人才队伍建设。全省有42个全国名中医传承工作室、22个基层名老中医药专家传承工作室。建成2个全国中医学术流派传承工作室，并列入国家中医药管理局第二轮建设项目。开展22个省级中医学术流派传承工作室建设。8个中医药重点学科被国家中医药管理局验收为优秀等次，2人获全国中医药杰出贡献奖表彰。

加强中药资源普查和道地药材保护。开展第四次全国中药资源普查工作，完成15个县（市、区）的国家验收，发现新种3种，新分布属6个，省级新归化属2个，省级新分布种41种，省级新归化种7种。建立福建省“1个中心+2个监测站”的中药资源动态监测体系，组建中药材产业化技术专家服务队伍，为当地政府、企业、种植加工户等提供技术服务与指导支持2300人次。建设福建省中药药用植物重点物种保存圃20多公顷，收集并保存福建省道地、优质、特有药材种质资源360种，建立植物档案。

推进中医医疗保健服务发展。配合省文旅厅评定20家单位成为第三批省级养生旅游休闲基地，与省林业局等单位共同推进森林康养基地建设，申报三明市泰宁县作为国家森林康养基地建设单位。

【计生服务管理】 2019年，福建省加强母婴设施建设。优先在就医的孕期和哺乳期女性较多的二甲以上公立医院、各级妇幼保健院等医疗机构建设母婴设施。2019年，全省在公共场所配置母婴设施170个，累计1781个。省卫健委联合省总工会、妇联开展寻找2019年度“我最喜爱的妈妈小屋”活动，评选“我最喜爱的妈妈小屋”40个。

促进3岁以下婴幼儿照护服务发展。省卫健委联合省发改委等11部门下发《关于进一步贯彻落实〈国务院办公厅关于促进3岁以下婴幼儿照护服务发展的指导意见〉的通知》。开发福建省婴幼儿照护服务机构信息系统，在全省范围内开展托幼服务机构现状调查。

落实计生家庭奖励扶助政策。2019年全省各类计划生育奖励扶助对象97万人，计生家庭新农合补助25.94万人。各地制定出台计划生育特殊家庭救助行动实施方案，在经济扶助、养老保障、医疗保障、亲情关爱等方面给予计生特殊家庭帮扶，落实特扶对象优先入住养老机构，免费为救助对象办理意外伤害险，扶助对象免交参加城乡居民医保个人缴纳的费用等政策。

推进生育服务管理改革。全面落实生育登记服务制度，实行“一次登记，全程服务”，与孕前优生健康检查、叶酸发放等工作结合。全面推行网上再生育审批、电子生育服务登记证改革。开展“阳光计生”“诚信计生”行动，规范计生政务公开、村务公开制度，落实便民利民措施。规范计划生育证明，落实首问责任制、一次性告知制度，以“方便群众”为原则，落实“马上就办”和“最多跑一趟”等工作要求。

为流动人口提供均等化服务。开展“新市民健康城市行”、流动人口均等化服务国家示范县（市、区）、流动人口健康促进示范企业、学校和健康家庭创建活动，获评全国流动人口健康促进示范企业13家、示范学校14所。

【健康促进】 2019年，福建省加强健康传播力度，省级出版科普图书2本，制作公益广告3部，举办大中型宣传义诊活动18场，发表各类健康科普信息1500多篇、制作健康教育各类电子模板36种，引导公民树立健康理念和健康生活方式。积极开展健康素养监测，2019年全省15岁以上居民总体健康素养水平达21.98%，比2018年提高2.51个百分点，比全国平均水平高2.81个百分点。

开展健康促进县区和医院创建工作。全省3个县区、18家医院参与全国健康促进县区、健康促进医院创建工作。截至2019年底，全省有13个县区、128家医院参与全国健康促进县区、健康促进医院创建工作，6个县区、86家医院通过国家考核验收。

推进戒烟工作。按照国家卫生健康委部署，履行《烟草控制框架公约》，开展戒烟宣传，引导各阶层人群特别是青少年减少烟草消费。全省有国家级戒烟门诊服务19家。2019年全省15岁以上居民吸烟率22.98%，较2015年降低2.32个百分点。

【健康扶贫】 2019年，福建省落实健康扶贫工作责任制。印发《中共福建省卫生健康委员会党组关于调整委领导下基层宣讲宣传习近平新时代中国特色社会主义思想等分工负责联系点的通知》，由委领导分别带队，定期前往设区市开展健康扶贫督导调研工作。

提高大病救治覆盖面。省卫健委联合省医保局等部门印发《进一步加强农村贫困人口大病专项救治工作的通知》，大病救治病种增至31种。贫困患者救治进度比例 99.11%，医疗总费用实际报销比例 91.03%，大病专项救治报销比例 94.04%，四种重点慢病救治进度比例 98.98%，均高于国家平均水平。

提升贫困地区医疗卫生服务能力。加快屏南县、柘荣县、诏安县 3 个省级扶贫开发重点县疾控中心业务用房达标建设。启动新一轮医学定向生培养工作，联合教育厅、财政厅等相关部门印发《福建省 2019—2023 年定向培养西医本科层次临床医学人才工作方案》和《福建省 2019—2023 年定向培养西医高职高专层次医学人才工作方案》，协调省教育厅安排 49 个财力保障县县级医院临床医学本科定向生招生计划 300 人、乡镇卫生院大专层次医学定向生招生计划 403 人。全省投入 360 万元，对 23 个省级重点扶贫县基层中医馆建设进行补助。

【卫生系统对口支援】 2019 年，福建省卫生部门按照国家和省委、省政府部署要求，统筹落实做好援藏援疆援宁各项工作。指定 10 家县以上医院与宁夏建立结对帮扶关系，共选派医疗专技人才 80 人赴宁夏支医，服务时限均为半年以上。协助做好第九批 12 名援藏专技人员选派工作，新一轮援藏干部和援藏医疗卫生专业技术人员已按要求于 7 月全部到位，有序开展援藏支医工作。协助做好新疆来闽进修人员培训和第八批援疆专技人员选派工作。安排工作经费用于确保援疆、援藏、援宁工作顺利进行。安排专项经费用于改善对口帮扶少数民族乡和省级扶贫开发工作重点县医疗服务设施建设。

【卫生科技教育】 2019 年，福建省加大推进毕业后医学教育。在全国住培和助理全科医生培训项目实施绩效考核中获得第三名。组织完成本年度临床、口腔住院医师规范化培训结业考核，2343 人通过考核。选派 13 名优秀毕业生到上海接受住院医师规范化培训。招收临床、口腔住培对象 1742 人。在全国住院医师规范化培训“五个优秀”（优秀带教老师、优秀专业基地主任、优秀住院医师、优秀住培基地负责人、优秀住培管理工作者）评选活动中，8 人获奖。

加强医教协同。启动新一轮医学定向生培养，联合相关部门印发《福建省 2019—2023 年定向培养西医本科层次临床医学人才工作方案》和《福建省 2019—2023 年定向培养西医高职高专层次医学人才工作方案》，提高定向生补助标准，强化履约管理，落实编制待遇，分别完成本年度本专科定向生招生 271 人、380 人。推动厦门医学院麻醉学、预防医学本科紧缺专业设置获批。协调省教育厅安排中职农村医学专业招生计划 701 人。选派 38 名三级医院医师到北京大学医学部各附属医院、复旦大学附属中山医院访学 1 年。

推进全科医生培训。招收全科医生转岗培训对象 261 名、助理全科医生培训对象 299 名。召开福建省全科医生队伍建设新闻发布会，宣传全科医生培养和使用激励相关政策。截至 2019 年底，全省城乡每万名居民拥有全科医生 2.59 名，提前完成“十三五”规划中每万人口拥有 2 名合格全科医生的目标。

做好继续医学教育管理。出台落实为基层减负改进继续医学教育有关工作的通知。推行继续医学教育信息化管理，实现继续医学教育项目申报信息化管理。

推动医疗卫生科研创新工作。协调争取财政、科技等部门支持，制定相关配套政策和高水平科研平台建设。联合省科技厅印发《福建省临床医学研究中心管理办法（修订）》，联合省财政厅制定《福建省卫生健康科技计划项目实施方案》和《福建省卫生健康科技计划项目管理暂行办法》。协调省科技厅依托省疾控中心设立福建省预防医学研究院。组织实施 2019 年卫生健康科研人才培养项目，择优立项 6 大类 480 项，财政资助总额 3346 万元。全省卫生健康系统获 2018 年省科技奖 25 项（含科技进步一等奖 4 项）。

加强实验室生物安全管理。制定年度实验室生物安全检查工作方案，部署开展实验室生物安全专项督查和部分地市的调研抽查，加强高致病性病原微生物实验室活动和菌毒种管控。

加强干细胞临床研究工作监督管理。联合省药监局印发《关于成立福建省干细胞临床研究学术委员会和福建省医学伦理委员会的通知》及《福建省干细胞临床研究机构与项目备案实施细则（试行）》，规范全省干细胞临床研究工作。开展 2019 年度干细胞临床研究项目备案申请工作，组织省级干细胞临床研究学术委员会专家和医学伦理委员会专家对干细胞临床研究机构和项目进行审查。

【职业安全健康监督管理】 2019 年，福建省开展尘毒危害专项治理和尘肺病防治攻坚行动，联合省发改委等 10 部门下发《福建省尘肺病防治攻坚行动实施方案》。省长唐登杰与国家卫健委签订尘肺病防治攻坚行动目标责任书；受省政府委托，省卫健委主任柳红分别与设区市级人民政府、平潭综合实验区管委会主要领导签订尘肺病防治攻坚行动目标责任书，尘肺病防治攻坚行动各项指标均完成国家下达任务。开展尘肺病患者随访与回顾性调查，摸排尘肺病患者 19217 例，完成“一人一档”的建档工作。出台《福建省职业健康检查机构备案管理办法》，全省职业健康检查机构 108 家。开展建设项目职业病防护设施“三同时”监管，全省新增的煤矿、非煤矿、冶金、建材等重点领域“三同时”实施率 96.5%。开展职业健康五大项监测工作，企业工作场所职业病危害因素监测 2657 家，完成率 104%；重点职业病职业健康核心指标主动监测 2428 人，完成率 110.8%；医疗机构医用辐射防护监测 114 家，完成率 228%；医疗机构职业性放射性疾病项目监测 104 家，完成率 208%；非医疗机构放射性危害监测现场抽样监测 62 家，完成率 155%。全省各级卫生健康行政部门监督检查用人单位 3238 家，检查次数 3987 次，下达执法文书 2067 份，立案 96 件，警告 139 家，责令限期整改 920

家，罚款125.1万元。重点行业领域监督覆盖率87.3%，其中煤矿87.4%、非煤矿山91.4%、冶金92.1%、建材87.7%。

【卫生人事人才工作】　2019年，福建加大卫生对台引才引智工作力度，依托第十七届“6·18”海峡两岸人才交流合作大会平台举办台湾医师专场招聘活动，34名台湾医师与省内27家医院签订合作协议。授予2名台湾医师“2017—2018年度福建省卫生健康突出贡献中青年专家”称号。组织开展2018年度全省卫生系列高级职称评审和2019年度高级职称实践技能考试，全省分别有1638人和7385人参加。组织全省52680人参加2019年度全国卫生专业技术资格考试和护士资格考试。组织开展2019届医疗卫生类引进生选拔工作，引进医学类博士研究生23名。　（陈燊燊）

体　育

【群众体育】　2019年，福建省组织开展省级全民运动健身模范市县创建活动。省级全民运动健身模范市和全民运动健身模范县（市、区）创建活动实行届期制，每三年为一届，期满后重新参加申报、评选。每届期在全省范围内评定不超过3个省级全民运动健身模范市、不超过10个省级全民运动健身模范县（市、区）。

发挥体育社会组织作用。坚持问题导向，全面排查福建省体育社会组织存在的问题和短板，创新体制机制，有效破解发展难题，以制度创新推进管理方式创新，研究制定关于促进体育社会组织健康发展的政策措施及相关配套文件。推进政府购买服务，2019年安排340万元，将篮球、羽毛球、体育舞蹈等8个项目赛事列入政府公开招投标，鼓励体育社会组织参与举办赛事。根据福建省行业协会商会与行政机关脱钩联合工作组要求，做好15家全省性协会商会与行政机关脱钩工作。完成三期一级社会体育指导员培训，共195人培训合格，全省社会体育指导员总人数近9万名。

推进全民健身场地设施建设。将全民健身场地设施建设列为省委省政府为民办实事项目。2019年安排资金9930万元，新建90个多功能运动场、60个笼式足球场、30个笼式篮球场、30个门球场和7个智慧体育公园（两年建成），并结合“乡村振兴”战略、新时代文明实践中心建设，对农民体育健身工程进行提档升级。省局党组将全民健身场地设施建设任务（除智慧体育公园）提前至2019年10月底前完成，作为省局主题教育的重要成果，经过省市县各级体育部门的共同努力，除智慧体育公园外，其余项目已全部完成建设并投入使用。继续安排285万元专项资金，支持各地对使用寿命到期和损毁的全民健身路径器材进行更新，完善15分钟健身圈建设。据统计，至年底，全省人均体育场地面积2.28平方米以上，提前完成《福建省全民健身实施计划（2016—2020年）》提出的“到2020年人均体育场地面积2.0平方米”的目标。

全民健身活动蓬勃发展。继续将省全民健身运动会列入省委省政府为民办实事工作，2019年安排资金2500万元，统一以“新时代、新气象，全民健身动起来”为主题，按照“因地制宜、小型多样、就近就便”的原则，开展群众喜闻乐见的全民健身活动，共开展全民健身运动项目50个。全年全省组织各类群众性比赛活动3500多场，直接参与人数170多万人次。从2019年开始，对此前开展的“全民健身百村行”活动进行全面提升，并更名为福建省“运动健身进万家”活动，活动地点从此前的农村向城市街道、社区、机关、企业和学校辐射，使全民健身活动走进千家万户，让更多的群众参与到全民健身活动当中，全年举办10站活动，直接参与人数6000多人。举办“礼赞新中国，奋进新时代”第七届省直机关全民健身系列竞赛活动。组织开展第二届福建省社区（乡村）体育联赛，共有550多名运动员参赛。举办“我爱足球”全省联赛总决赛和“三对三”篮球联赛总决赛。组织开展“运动健身进机关，快乐健康迎新年”2019年省直机关跨年健步走活动，近3000名省直机关干部参与活动。此外，还组团参加第十一届全国少数民族传统体育运动会、第十届全国残疾人运动会暨第七届特殊奥林匹克运动会、第四届全国智力运动会。

开展《福建省全民健身实施计划（2016—2020年）》落实情况调研督查。制定《2019年〈福建省全民健身实施计划〉落实情况督查调研方案》，重点围绕全民健身“多纳入”、全民健身组织领导、全民健身经费保障、全民健身工作推进、群众身边的场地设施、群众身边的健身活动、体育赛事、群众身边的健身组织、群众身边的健身指导、群众身边的体育文化10项内容进行督查调研。2019年完成福州、厦门、漳州、泉州、三明、莆田、南平、龙岩、宁德8个设区市41个县（市、区）的全民健身实施计划落实情况督查工作。

【竞技体育】　2019年，福建省以项目攻关为抓手，竞技体育综合实力稳步提升。完成第二届全国青年运动会参赛任务。本届青运会，福建省派出1376名运动员参加25个大项、666个小项的预赛，其中954名运动员获得决赛资格。在青运会赛场上共获66枚金牌、73枚银牌、92枚铜牌，与上一届相比金牌、奖牌成倍增长。同时，福建省体育代表团被大会组委会评为体育道德风尚奖。

稳步推进足球改革发展工作。贯彻落实《福建省足球改革发展实施方案》《福建省足球中长期发展规划（2016—2050年）》和《福建省足球场地设施建设规划（2016—2020年）》，足球改革发展工作取得成效。推进足球场地建设。会同省发改委共安排投资补助资金3840万元，省级投资新建19片11人制社会标准足球场，撬动项目总投资6309万元。2019年全省新建足球场地130片。积极争取中央预算内投资补助资金，漳州市、南安市被列为全国足球场地建设专项行动试点城市，福州市被列为全国社区足球场地建设试点城市。各项足球赛事遍地开花。2019年省级赛事在继续举办闽超、闽甲、省锦标赛、闽南杯、我爱足球系列赛事的基础上，2019年创建省足协杯、省U10少儿训练营及总决赛、省足球协会青少年锦标赛（U12、U15两个组别）。全年举办各类省级赛事12项，参赛队伍158支，比赛场次334场，参赛人数3254人。足球人才培养稳步提升。2019年全省承办亚足联C级教练员培训班2期48人，承办中国足协D级教练员培训班3期72人，举办福建省足球协会E级教练员培训班30期960人，全年培训教练员1080名；2019年福建省足球协会举办精英裁判员培训班1次、一级裁判员晋级考试1次、裁判员讲师培训班1次，派出讲师指导设区市协会裁判员培训5次，培训裁判员讲师16人、裁判员180人。

全面启动2020年东京奥运会、2021年陕西全运会备战工作。根据2020年东京奥运会竞赛规程的相关规定，结合国家队的备战目标任务及全省运动员的实力现状，在“靠前保障，帮忙不添乱”的原则下，采取项目攻关的形式，制定《福建省备战参加东京奥运会攻关项目方案》，确定14个金牌项目、9个银铜牌项目和15个夺分项目。同时，2021年全运会的项目攻关工作稳步推进，抓紧调整确定各攻关项目。

冰雪项目发展取得零的突破。为贯彻落实中共中央办公厅、国务院办公厅《关于以2022年北京冬奥会为契机大力发展冰雪运动的意见》精神，助力国家备战2022年北京冬奥会，抢抓机遇，立足福建实际，出台《福建省体育局抢抓机遇发展冰雪运动的若干措施》，通过跨项、合作等方式，福建省有50多名运动员首次参加全国冬运会，并在跳台滑雪男子团体标准台获得冠军，实现福建省冬运会金牌零的突破。在福建省民政厅、体育局的指导支持下，福建省冰雪运动协会成立。

【青少年体育】 2019年，福建省着眼后备人才培养，青少年体育工作有力推进。完善注册办法，放开资格限制。修订完善运动员注册办法，放开外省籍青少年的参赛资格要求。全年全省青少年运动员注册人数超过3万人。办好年度比赛，探索赛制改革。全年完成51项年度比赛，全省参赛人数超过1.7万人，大力培养和丰富后备人才队伍。同时，以乒乓球、羽毛球和网球项目等为试点，鼓励俱乐部等社会力量参赛，举办12场巡回赛（排名赛），共吸引2700人参赛，进一步拓宽后备人才培养渠道。新增全省青少年三人篮球、手球锦标赛，两项比赛人数达到685人，不断丰富和完善比赛项目，壮大后备人才队伍。体教携手办赛，完善联赛体系。通过多年努力，与省教育厅联合举办的全省中小学生体育联赛拓展到面向小学、初中、高中，覆盖田径、游泳、足篮排三大球等9项目12赛次，全年省级联赛参赛人数5500人左右，赛事在中小学生中形成较强的影响力。此外，还组织开展青少年“阳光体育”系列赛事14场次，包括模型类、棋牌类、科技创新等，近8200人参加。

布局“一地一品”，推动竞技体育品牌项目建设。经省政府同意，制定出台《福建省竞技体育品牌项目建设实施意见》，全省布点48个竞技体育品牌项目。联合省财政厅出台《福建省竞技体育品牌项目建设专项资金管理办法》，“一地一品”资金保障逐步完善。

完善人才培养体系。推进少体校建设，全省形成以省优秀运动队为引领、省体校及地市体校为龙头、县区级少体校为骨干、体育传统校和青少年体育俱乐部、校外活动中心为补充的体育后备人才培养网络。做好“基地”和“传统校”的激励扶持，下拨专项资金支持20所国家级和40所省级“基地”建设，并对全省119所传统校进行奖励。举办田径等8个项目优秀苗子集训，集训人数300多人次。

以“营动福建”为抓手，完善青少年体育公共服务体系。借助全国青少年体育冬夏令营平台，印发《关于做好2019年全国青少年体育冬夏令营（福建站）暨“营动福建”青少年体育冬夏令营的通知》，在全省范围内广泛开展，打造“营动福建”品牌活动。2019年全省在“赢动少年”线上平台报名人数突破3万人，促进青少年体质健康水平的提升。以举办青少年体育冬夏令营为契机，开展“万人上冰”活动，吸引1.4万名青少年的参与，不断提高参与冰雪运动人口基数。

加强闽台青少年体育活动交流。在福州、泉州等地开展闽台青少年冰球比赛、足球比赛、轮滑比赛和武术夏令营4项活动，合理设置体育技能培训比赛项目和课外文化交流活动，以体育技能培训和比赛为主体，传统文化交流为补充，共吸引近350名台湾青少年参加，促进闽台青少年的交流和互动。

【体育产业】 2019年，福建省发挥政策引领作用，体育产业全面提速增质。制定出台新一轮扶持政策。经省政府批准，在晋江召开福建省体育产业高质量发展现场推进会。会上发布《福建省关于促进体育产业高质量发展的若干措施》，从7个方面提出22条措施，确保2025年全省体育产业增加值达到3000亿元，体育服务业占比30%。同时举行福建省体育产业招商推介活动，推出开工项目15个，签约项目42个，总投资310亿元。建立省、市、县、项目业主组成的动态管理网络，2019年度跟踪项目51个，总投资近215亿元。组织开展体育旅游试点工作，制定《上杭泰宁体育旅游示范区试点建设工作方案》。修订《福建省体育产业发展专项资金管理办法》，下达体育产业专项扶持资金6935万元，带动体育产业投资近40亿元。争取体育总局支持平潭竞赛表演产业发展，重点推动棒垒球基地等一批项目。

抓好体育产业招商引资工作。印制《福建省体育产业招商项目手册》，推介项目104个，总投资350亿元。组织96家企业参加中国国际体育用品博览会，参展企业数创历史新高。组织参加“9·8”厦洽会，签约项目9个，金额15.9亿元。挑选36个项目参加中国体育文化·体育旅游精品项目评选，其中10个项目获得“体育旅游精品项目”，3个项目被评为“十佳精品项目”，省体育局获“优秀组织单位”称号。福州市推动2019招商年，完成海峡奥体运动休闲综合体等11个招商项目，撬动投资15.72亿元。

体育产业基地建设不断加强。推荐奥佳华、云灵山、诺斯蒂、白水洋4个单位（项目）获评为国家级示范基地，27个项目获评为省级体育产业基地。南平市持续提升建瓯小松镇首批国家体育休闲小镇建设，以点带面，示范带动全市健身休闲产业发展，策划生成云灵山体育产业基地等30多个项目，项目总投资20多亿元。

体育产业规模不断壮大。经过努力，福建体育产业已从单一的体育鞋服制造，转型为以体育装备制造为支柱，竞赛表演业和体育培训业为依托，场馆运营、健身休闲、体育中介服务协调发展的现代产业体系。福建体育产业共有规模以上企业4.2万家，全省公共体育设施建设纳入省政府投资工程包项目，年度投资36.79亿元，完成年度目标任务的114%。体育产业在全国率先成为国民经济支柱产业。

体育彩票销售保持良好发展态势。克服国家三部委关于彩票政策的调控影响，全省体育彩票销售91.54亿元，筹集公益金26.58亿元，为体育事业和公益事业发展提供资金保障。其中，泉州市销售体育彩票18.25亿元，位居全省第一。

2019年福建运动员获全国冠军亚洲冠军世界冠军名单汇总表

类别	项目	姓名	赛事名称	比赛小项	备注
国际	帆板	卢云秀	世界杯帆板赛	女子RS：X级场地赛	
国际	排球	林莉	第13届女子排球世界杯	女排	
国际	排球	郑益昕	第13届女子排球世界杯	女排	
国际	皮划艇	林文君	国际皮划艇联合会静水皮划艇项目世界排名	女子200米双人划艇	
国际	射击	张靖婧	2019世界杯总决赛	女子25米手枪个人	
国际	羽毛球	谌龙	苏迪曼杯	混合团体	
国际	羽毛球	韩呈恺	苏迪曼杯	混合团体	
国际	羽毛球	黄东萍	苏迪曼杯	混合团体	
国际	羽毛球	韩悦	苏迪曼杯	混合团体	
国际	羽毛球	何济霆	苏迪曼杯	混合团体	
国际	帆板	卢云秀	世界帆板锦标赛	女子RS：X级场地赛	
国际	击剑	林声	世界击剑锦标赛	女重团体	代表中国队
国际	举重	李发彬	世界举重锦标赛	男子61kg抓举	破世界纪录
国际	举重	李发彬	世界举重锦标赛	男子61kg挺举	
国际	举重	李发彬	世界举重锦标赛	男子61kg总成绩	破世界纪录
国际	举重	邓薇	世界举重锦标赛	女子64kg抓举	破世界纪录
国际	举重	邓薇	世界举重锦标赛	女子64kg挺举	破世界纪录
国际	举重	邓薇	世界举重锦标赛	女子64kg总成绩	破世界纪录
国际	举重	李雯雯	世界举重锦标赛	女子87+kg抓举	

续表

类别	项目	姓名	赛事名称	比赛小项	备注
国际	举重	李雯雯	世界举重锦标赛	女子 87+kg 挺举	破世界纪录
国际	举重	李雯雯	世界举重锦标赛	女子 87+kg 总成绩	破世界纪录
国际	皮划	林文君	世界皮划艇锦标赛	女子 200 米双人划艇	
国际	武术套路	梁永达	第十五届世界武术锦标赛	男子南拳	
亚洲	帆板	叶兵	亚洲帆板锦标赛	男子 RS：X 级场地赛	
亚洲	帆板	黄先婷	亚洲帆板锦标赛	女子 RS：X 级场地赛	
亚洲	风筝板	陈静乐	亚洲风筝板锦标赛	水翼板女子亚洲组	
亚洲	举重	邓薇	亚洲举重锦标赛暨 2020 年东京奥运会资格赛	64kg 级抓举	破世界纪录
亚洲	举重	邓薇	亚洲举重锦标赛暨 2020 年东京奥运会资格赛	64kg 级挺举	破世界纪录
亚洲	举重	邓薇	亚洲举重锦标赛暨 2020 年东京奥运会资格赛	64kg 级总成绩	破世界纪录
亚洲	举重	李雯雯	亚洲举重锦标赛暨 2020 年东京奥运会资格赛	87+kg 级抓举	破世界纪录
亚洲	举重	李雯雯	亚洲举重锦标赛暨 2020 年东京奥运会资格赛	87+kg 级挺举	
亚洲	举重	李雯雯	亚洲举重锦标赛暨 2020 年东京奥运会资格赛	87+kg 级总成绩	
亚洲	举重	李发彬	亚洲举重锦标赛暨 2020 年东京奥运会资格赛	61kg 级抓举	
亚洲	举重	李发彬	亚洲举重锦标赛暨 2020 年东京奥运会资格赛	61kg 级挺举	
亚洲	举重	李发彬	亚洲举重锦标赛暨 2020 年东京奥运会资格赛	61kg 级总成绩	
亚洲	赛艇	夏珂珂	亚洲赛艇锦赛	女子四人单桨	
亚洲	赛艇	夏珂珂	亚洲赛艇锦赛	女子双人单桨	
亚洲	射击	吴亮亮	第九届亚洲飞碟锦标赛（青年组）	男子双向团体	
亚洲	射击	林果	第十四届亚洲射击锦标赛（青年组）	女子多向团体	
亚洲	体操	虞琳敏	亚洲锦标赛女子跳马	女子跳马	
亚洲	体操	虞琳敏	亚洲锦标赛女子团体	女子团体	
亚洲	田径	葛曼棋	亚洲田径锦标赛	女子 4×100 米接力	
亚洲	羽毛球	何济霆	亚洲锦标赛团体冠军	混合团体	
亚洲	羽毛球	韩呈恺	亚洲锦标赛团体冠军	混合团体	

续表

类别	项目	姓名	赛事名称	比赛小项	备注
亚洲	羽毛球	欧烜屹	亚洲锦标赛团体冠军	混合团体	
亚洲	羽毛球	韩悦	亚洲锦标赛团体冠军	混合团体	
全国	冲浪	林珊珊	全国冲浪锦标赛	公开组女子短板	
全国	帆板	卢云秀	全国帆板锦标赛（RS：X级）	女子RS：X级场地赛	
全国	帆船	邱钰龙	全国帆船锦标赛	男子激光级场地赛	
全国	帆船	蔡雅婷	全国帆船锦标赛	激光4.7级公开组场地赛	
全国	帆船	郭烨斌	全国帆船锦标赛（OP）	男子甲组OP级场地赛	
全国	风筝板	陈静乐	全国风筝板锦标赛场地赛总积分成绩	女子双向板TTR级场地赛	
全国	击剑	陈情缘	全国击剑锦标赛	女花个人	
全国	击剑	陈伟全	全国击剑锦标赛	男花团体	
全国	击剑	施嘉洛	全国击剑锦标赛	男花团体	
全国	击剑	陈海威	全国击剑锦标赛	男花团体	
全国	击剑	黄梦恺	全国击剑锦标赛	男花团体	
全国	激流	全鑫	全国皮划艇激流回旋锦标赛	男子公开组单人皮艇	
全国	激流	许燕茹	全国皮划艇激流回旋锦标赛	女子公开组极限激流	
全国	激流	舒亮	全国皮划艇激流回旋锦标赛	男子u20组团体赛单人划艇	
全国	激流	林望远	全国皮划艇激流回旋锦标赛	男子u20组团体赛单人划艇	
全国	激流	梁卢健	全国皮划艇激流回旋锦标赛	男子u20组团体赛单人划艇	
全国	举重	李发彬	全国男子举重锦标赛	61kg级抓举	
全国	举重	李发彬	全国男子举重锦标赛	61kg级挺举	
全国	举重	李发彬	全国男子举重锦标赛	61kg级总成绩	
全国	举重	袁程飞	全国男子举重锦标赛	73kg级抓举	
全国	举重	袁程飞	全国男子举重锦标赛	73kg级挺举	
全国	举重	袁程飞	全国男子举重锦标赛	73kg级总成绩	
全国	举重	王浩	全国男子举重锦标赛	61kg级抓举	
全国	举重	王浩	全国男子举重锦标赛	61kg级总成绩	
全国	举重	黄闽豪	全国男子举重锦标赛	67kg级抓举	
全国	举重	邓薇	全国女子举重锦标赛	64kg级抓举	
全国	举重	邓薇	全国女子举重锦标赛	64kg级挺举	
全国	举重	邓薇	全国女子举重锦标赛	64kg级总成绩	

续表

类别	项目	姓名	赛事名称	比赛小项	备注
全国	举重	李雯雯	全国女子举重锦标赛	87+kg 级抓举	
全国	举重	李雯雯	全国女子举重锦标赛	87+kg 级挺举	
全国	举重	李雯雯	全国女子举重锦标赛	87+kg 级总成绩	
全国	女子水球	张婧	全国女子水球冠军赛	女子水球	
全国	射击	高世超	全国射击团体锦标赛	男子飞碟多向团体	
全国	射击	吴彬彬	全国射击团体锦标赛	男子飞碟多向团体	
全国	射击	宋林毅	全国射击团体锦标赛	男子飞碟多向团体	
全国	射击	朱晓忠	全国射击团体锦标赛	男子 50 米步枪 3 种姿势	
全国	射击	林峰	全国射击团体锦标赛	男子 10 米气步枪团体	
全国	射击	任慧军	全国射击团体锦标赛	男子 10 米气步枪团体	
全国	射击	朱晓忠	全国射击团体锦标赛	男子 10 米气步枪团体	
全国	射箭	戴小祥	全国室外射箭锦标赛	男子反曲弓个人单轮 90 米	
全国	射箭	戴小祥	全国室外射箭锦标赛	男子反曲弓个人单轮全轮	
全国	射箭	戴小祥	全国室外射箭锦标赛	男子反曲弓个人淘汰赛、决赛	
全国	射箭	李晶炜	全国室外射箭锦标赛	反曲弓混合团体淘汰赛、决赛	
全国	射箭	戴小祥	全国室外射箭锦标赛	反曲弓混合团体淘汰赛、决赛	
全国	跆拳道	刘杰鑫	全国跆拳道锦标赛	男子 68kg	
全国	跆拳道	魏小菁	全国跆拳道锦标赛	女子 53kg	
全国	体操	林超攀	全国体操锦标赛	男子单杠	
全国	田径	葛曼棋	全国田径锦标赛	女子 100 米	
全国	田径	曾建航	全国田径锦标赛	男子 110 米栏	
全国	田径	许婷	全国田径锦标赛	女子三级跳远	
全国	田径	王庆铃	全国田径锦标赛	女子七项全能	
全国	武术套路	陈惠颖	全国武术套路冠军赛	女子南刀	
全国	武术套路	陈惠颖	全国武术套路冠军赛	女子南棍	
全国	武术套路	童心	全国武术套路冠军赛	女子太极拳	
全国	游泳	朱嘉铭	全国游泳冠军赛	女子 200 米蝶泳	

（冯松鹏）

编辑：林丹英

居民生活

【城镇居民生活】 2019年，福建省城镇居民生活水平稳步提高。

收入水平。全年全省城镇居民人均可支配收入45620元，比上年增长8.3%，扣除价格因素实际增长5.6%，增幅比上年回落0.8个百分点。从收入来源看：工资性收入依然是拉动城镇居民收入增长的最主要来源。2019年福建城镇居民人均工资性收入27992元，比上年增长8.1%，拉动城镇居民可支配收入增长5个百分点，贡献率达60.1%。经营净收入增长最快。2019年以来，全省实施更大规模减税降费，小微企业普惠性减税、增值税改革、社保费率下降等一系列减税降费措施相继出台，企业受益面更广，发展活力被进一步激发。2019年城镇居民人均经营净收入6211元，比上年增长11.4%，增幅比上年提高3.4个百分点。居民财产净收入增速加快。居民理财意识增强、投资渠道增加、旧城改造力度加大和房租水平持续较高等因素共同推动城镇居民财产净收入快速增长。2019年福建城镇居民人均财产净收入5512元，比上年增长10.6%，增幅提高1.8个百分点。转移净收入保持平稳增长。2019年以来，全省各项扶贫脱贫政策持续加码，企事业单位退休人员基本养老金和失业保险金发放标准进一步提高，财政转移净收入兜底作用增强。2019年福建城镇居民人均转移净收入5905元，比上年增长4.1%。

消费水平。2019年，城镇居民人均消费支出30946元，比上年增长9.9%，扣除价格因素实际增长7.1%，增幅比上年提高0.4个百分点。八大类消费支出特点如下：食品烟酒消费居城镇居民八大类消费之首。2019年城镇居民人均食品烟酒支出9537元，比上年增长6%，增幅提高0.7个百分点，占人均生活消费支出比重达30.8%。衣着消费较快增长。2019年全省城镇居民人均衣着消费支出1659元，比上年增长6.8%。居住消费带动作用最强。2019年城镇居民人均居住支出8955元，比上年增长16.1%，增幅比上年提高3.1个百分点，占人均生活消费支出比重为28.9%，拉动消费增长的贡献率为44.2%，拉动作用居消费八大类之首。生活用品及服务消费低速增长。2019年城镇居民人均生活用品及服务支出1557元，比上年增长2.7%，增幅提高0.1个百分点。交通通信消费有所回落。2019年城镇居民人均交通与通信支出3715元，比上年增长2.3%，增幅回落6个百分点。教育文化娱乐消费加速增长。2019年城镇居民人均教育文化娱乐支出3066元，比上年增长12.4%，增幅提高2.6个百分点。医疗保健消费增幅大幅提高。2019年城镇居民人均医疗保健支出1692元，比上年增长23.0%，增幅提高11.7个百分点。其他用品和服务消费增速明显加快。2019年城镇居民人均其他用品和服务支出765元，比上年增长22.4%，增幅提高20.3个百分点。 （范春霞）

【农村居民生活】 2019年，福建省农村居民生活水平显著提升。

收入水平。2019年，全省农村居民人均可支配收入19568元，比上年增长9.8%，增幅上升0.7个百分点，扣除物价因素实际增长6.9%，增幅回落0.6个百分点。从收入来源看：工资性收入增长依然占据主导地位。全省农村居民人均工资性收入8949元，比上年增长8.9%，增速回落1.9个百分点，占农村居民人均可支配收入比重为45.7%，居四大项收入之首，拉动农村居民人均可支配收入增长4.1个百分点，是农村居民收入增长的首要带动因素。经营净收入是农村居民收入增长的重要来源。全省农村居民人均经营净收入7179元，比上年增长7.1%，增幅上升0.3个百分点，占农村居民人均可支配收入比重为36.7%，拉动农村居民人均可支配收入增长2.7个百分点。财产净收入稳定增长。全省农村居民人均财产净收入345元，比上年增长6.9%，增幅回落4.3个百分点，占农村居民人均可支配收入比重为1.8%，拉动农村居民人均可支配收入增长0.1个百分点。转移净收入快速增长。全省农村居民人均转移净收入3096元，比上年增长20.1%，增速位居四大项收入之首，增幅上升 10.5 个百分点，占农村居民人均可支配收入比重为 15.8%，拉动农村居民可支配收入增长 2.9 个百分点。

消费水平。2019 年全省农村居民人均生活消费支出 16281 元，比上年增长 9.0%，增幅上升 2.3 个百分点；扣除物价因素实际增长 6.1%，增幅上升 1 个百分点。八大类消费特点如下：食品烟酒消费比重最高。农村居民人均食品烟酒支出 5784 元，比上年增长 8.3%，增幅上升 4.9 个百分点，占人均生活消费支出比重为 35.5%，拉动其增长 3.0 个百分点。衣着消费快速增长。全省农村居民人均衣着消费支出 774 元，比上年增长 14.4%，增幅上升 7.1 个百分点。居住消费稳定增长。农村居民人均居住支出 3799 元，比上年增长 4.1%，增幅上升 1.2 个百分点。生活用品及服务消费增速小幅回落。农村居民人均生活用品及服务支出 809 元，比上年增长 5.8%，增速回落 0.3 个百分点。交通通信支出增速回落较快。农村居民人均交通通信支出 1903 元，比上年增长 4.7%，增速大幅回落 12.2 个百分点。教育文化娱乐消费持续快速增长。农村居民人均教育文化娱乐支出 1615 元，比上年增长 18.8%，继上年增长 15.7%后，增幅继续上升 3.1 个百分点，拉动生活消费支出增长 1.7 个百分点。医疗保健消费增幅进一步上升。农村居民人均医疗保健支出 1210 元，比上年增长 19.2%，增幅上升 7.1 个百分点。其他用品和服务消费增幅大幅提升。农村居民人均其他用品和服务支出 386 元，比上年增长 20.7%，增幅上升 16 个百分点。（杨　威）

就业管理

【概况】　2019 年，福建省实现城镇新增就业 64.3 万人，失业人员再就业 25.3 万人，就业困难人员实现就业 3.74 万人，登记失业率 3.50%，控制在 4.2%目标以内。加大就业创业支持力度。省人力资源和社会保障厅落实就业促进政策，进一步支持企业稳定岗位，促进就业创业，强化培训服务，就业局势保持总体稳定；突出以创业带动就业，完善创业扶持政策，培育各类创业孵化载体，累计支持 170 多家孵化基地。“公共就业服务工程”被纳入省委省政府 2019 年度为民办实事项目。

【高校毕业生就业创业】　2019 年，福建省加强全省工作统筹和政策创新，印发《关于做好 2019 年普通高等学校毕业生就业创业工作的通知》，鼓励高校毕业生多渠道就业、创新创业。引导高校毕业生面向基层就业。招募 561 名省级“三支一扶”高校毕业生，其中派遣至省级扶贫开发重点县岗位 285 人；推动落实期满就业优惠政策，期满就业率 91.32%。提升毕业生就业服务。资助 2019 年公益性专场招聘会 63 场，提供岗位 37.3 万个，核发资助资金 193 万元；推进离校未就业毕业生实名制就业服务，登记 2019 届离校未就业高校毕业生 34556 人，登记就业率 97.92%；开展就业“红娘”帮扶行动，帮助 287 名困难毕业生就业；发放毕业生求职创业补贴 2516.2 万元，惠及 12581 名 2019 届高校毕业生。鼓励毕业生创新创业，扶持 110 个毕业生创业项目，共资助 500 万元；支持建设 10 个省级创业孵化基地，共补助 500 万元。加强信息化建设，推行“互联网＋就业创业服务”，开展“减证便民”改革行动，推进主要业务线上办理，为高校毕业生提供方便快捷的服务，全省 65 所高校 14 万应届毕业生档案转递信息实现实时查询。

【职业技能培训】　2019 年，福建省政府办公厅印发《福建省职业技能提升行动实施方案（2019—2021）年》，明确 2019 年至 2021 年，全省开展各类补贴性职业技能培训 75 万人次。全年开展各类补贴性职业技能培训 30.95 万人次，完成 123.8%。开展“春潮行动”，完成农民工职业技能培训 23.83 万人次，完成任务目标的 119.15%。完善职业培训补贴政策，出台《福建省就业补助资金管理实施办法》《关于做好职业培训和技能鉴定等补助资金申报工作的通知》《关于开展免费职业技能培训相关工作的通知》，提高补贴标准、完善补贴流程。省人社厅印发《福建省部分急需紧缺职业（工种）目录》，指导全省人社部门结合当地实际积极推进大规模职业技能培训。

【失业信息监测预警】　2019 年，福建省对 2355 家企业（包括 202 家重点外贸企业）进行失业动态监测；建立失业风险防控平台，对全省 57 万家失业保

2019 年 1 月 5 日，省人力资源和社会保障厅、省教育厅、中国海峡人才市场、福建师范大学、福州市人力资源和社会保障局联合在福建师范大学旗山校区举办 2019 年春季高校毕业生供需见面双向选择大会　　（省人社厅供稿）

险参保企业用工变动进行监测预警。至年底，全省失业动态监测企业在岗职工数119.63万人，较年初减少4.66万人，下降3.75%；涉美贸易重点企业职工总数17.83万人，较年初减少1.06万人，下降5.62%，未出现经营困难性减员。

【就业精准扶贫】 2019年，福建省落实精准就业扶贫补短板政策，拓展就业扶贫政策渠道，支持就近就地就业。至年底，全省有转移就业意愿贫困劳动力79317人，实现就业79275人。

（郑婉菁）

劳动管理

【劳动关系】 2019年，福建省全面实行劳动合同制度，开展非公有制企业落实劳动合同制度专项行动和工资集体协商“要约行动月”活动，至年底，全省各类企业劳动合同签订率97.25%，集体合同签订率88.14%。在全国率先建立劳动关系风险防控机制，加强对重点行业、重点企业劳动关系风险分析研判。出台《关于开展2019年和谐劳动关系创建活动的通知》，明确被认定为省级劳动关系和谐单位可享受的14条激励政策；实施全省首个劳动关系地方性标准——《劳动关系和谐企业评价规范》，开展新一轮省级和谐劳动关系单位创建活动。至年底，全省有6个工业园区、40家企业被评为全国劳动关系和谐工业园区与和谐企业，66个工业园区、1325家企业、20个乡镇、14个街道被评为省级劳动关系和谐工业园区、和谐企业、和谐乡镇（街道）。

【劳动人事争议调解仲裁】 2019年，福建省推进劳动人事争议预防调解工作，联合多部门出台《关于预防和化解劳动人事争议的意见》；省级层面首次向社会公布在人社部门备案的劳动人事争议调解组织和调解员名册；对乡镇（街道）劳动争议调解综合示范工作予以验收。开展“护薪行动”，快速处理农民工工资争议案件，依法保障农民工劳动报酬权益。在全省范围内统一开展以仲裁专递方式邮寄送达劳动人事争议仲裁有关文书工作。落实终局裁决制度，全年终局裁决率46.54%，比上年提高6.77个百分点。推进虚假劳动人事争议仲裁预防工作，总结泉州市、德化县工作经验并向全省推广。推广“互联网+调解”服务平台，优化仲裁办案系统，仲裁机构办案系统覆盖率100%。全年全省处理争议案件5.8万件，比上年上升30.93%。其中，仲裁机构立案受理3.50万件，涉及劳动者5.1万人，涉案金额29.39亿元，仲裁结案率93.14%；各类调解组织共受理1.86万件（含仲裁机构案外调解0.37万件），调解成功率74.56%。

【劳动保障监察】 2019年，福建省成立根治拖欠农民工工资工作领导小组，明确责任分工。开展创建“无欠薪项目部”活动，落实农民工实名制管理、农民工工资专用账户管理、施工总承包单位代发工资等制度，规范施工企业工资支付行为。强化对突出违法问题的专项整治，开展清理整顿人力资源市场秩序专项行动、根治欠薪夏季行动和冬季攻坚行动。推动落实劳动保障诚信制度，加强欠薪失信联合惩戒。全年全省检查用人单位2.35万户，办结案件708件，协调处理案件9637件，为1.97万名劳动者追发工资等待遇1.62亿元。

【劳动能力鉴定】 2019年，福建省受理劳动能力鉴定25429件，其中伤残等级鉴定19628件、因病鉴定1358件、停工留薪期确认4443件；省本级完成786件，其中伤残等级鉴定635件、因病鉴定21件、停工留薪期确认130件。受理鉴定及时办结率100%，再次鉴定改变等级152件，改变率23.17%。信访按时办结率100%，实现零投诉。省本级劳动能力初次鉴定从2019年起全面下放到设区市，实现顺利衔接。

【劳动工资】 2019年，福建省落实国有企业负责人薪酬制度改革任务，出台《福建省深化国有企业负责人薪酬制度改革工作规程》等17个文件，规范组织任命的企业负责人薪酬分配。推进国有企业工资决定机制改革，各设区市、平潭综合实验区均出台改革实施意见及配套政策，省直18个部门出台改革实施办法，涉及60多家省属企业。组织开展国有企业工资内外收入情况调研，规范国有企业工资收入分配秩序。建立企业薪酬调查和发布制度，全年对全省5025家企业、75万余名职工开展薪酬调查工作，按季度对福州、泉州、南平共74家企业开展人工成本监测，指导各地在调查监测基础上发布人力资源市场工资指导价位、行业人工成本和企业工资增长指导线（其中省级企业工资指导线基准线8%，下线3%）。调整高温津贴标准，明确5月按实际高温天数12元/天计发、6—9月按260元/月计发或按实际高温天数12元/天计发。

完善事业单位工资分配激励机制。省人社厅配合省科技厅出台《关于进一步促进高校和省属科研院所创新发展政策贯彻落实的七条措施》，规范科研绩效工资管理，对不纳入绩效工资管理或不受绩效工资总量限制的项目进一步明确，发挥政策激励效用。推进公立医院薪酬制度改革。联合省财政厅、卫健委修订《省属公立医院工资总额管理暂行办法》，建立健全体现行业特点的省属公立医院收入分配制度。支持省疾控中心综合改革方案，在薪酬制度改革方面给予适度倾斜。开展381家省属事业单位第二轮“1+X”专项督查全覆盖交叉检查工作，严肃工资政策，规范津贴补贴发放秩序。推动落实核增中小学绩效工资总量，向重点人员和一线岗位人员倾斜。推进落实林业有毒有害特岗津贴。

（郑婉菁）

人力资源管理

【人才引进与培养】 2019年，福建省

新增省引进高层次人才（ABC类）839人，工科青年人才支持对象1993人。省人社厅会同有关部门举办2019年“中国福建人才创业周”活动，吸引海内外人才及各类机构代表约3800人，累计达成人才全职或柔性引进意向3924人次，项目转化及成果对接意向380项；会同省委组织部举办“人才福建周”活动，接洽高校毕业生1595人次，达成初步意向848人次。开展海外高层次人才福建行活动，达成人才引进和项目合作对接意向或协议47项。创新柔性引才方式，发挥人才服务基层作用，开展“师带徒”医疗帮扶，组织22批136名北京医务专家先后41次赴省内20个革命老区及扶贫开发重点县进行医疗帮扶，其中“龙岩模式”入选人社部“2019年人社扶贫典型事例”；开展“智惠八闽”专家服务乡村振兴专项行动，全年组织14批149人次专家深入基层一线和宁夏开展多种形式的帮扶活动；开展“海归英才八闽行”，组织留学人员前往漳州云霄指导生态农业园区的绿色施肥技术。

【高层次人才选拔与培养】 2019年，福建省推进高层次人才和青年优秀人才选拔，72人入选享受国务政府特殊津贴专家，19人入选省“特支计划”百千万工程领军人才、30人入选省青年拔尖人才，实地考评首批省企事业人才高地建设单位3家。举办高层次人才国情省情研修班两期，有120名高级专家参加。完成发放在闽“两院”院士和百千万人才工程国家级人选年度科研资助经费344万元，下拨第三批省青年拔尖人才和百千万工程领军人才首期补助资金862.5万元。实施“海峡博士后交流资助计划”，引进培养33人，资助600万元。引进招收博士后350人，省级资助640万元，全省在站博士后1079人。

【人才服务保障】 2019年，福建省推进专家服务基地建设，全年新增省级专家服务基地15个（累计57个）。会同省委组织部组织专家参加休假活动4期，共有各类专家及家属109人参加。推进福建留学人员创业园建设，共17家留学人员企业入驻园区；在晋江市创业创新创造园挂牌成立晋江留学人员创业园。全省4家留学人员企业入选人社部“留学人员回国创业启动支持计划”，获得创业启动资金资助110万元。组织第三批福建人才限价房申购选房工作，50名高层次人才顺利购房。

【技能人才队伍建设】 2019年，福建省组织参加技能鉴定21.85万人次，新增技能人才17.53万人，其中高技能人才3.41万人（含技师、高级技师4305人）。推进职业技能资格考试向台湾同胞全面放开，有373名台湾同胞参加鉴定考试，340名取得国家职业技能资格。省人社厅出台《关于开展企业职业技能等级认定试点工作的通知》，全省23家企业成为首批职业技能等级认定试点企业。组织开展机关事业工勤人员升级考核5717人，获得证书2483人，其中高级工485人、技师422人。

技能人才培养。实施高技能人才振兴计划，新增建设国家级高技能人才培训基地5个、国家级技能大师工作室5个、省级技能大师工作室98个。省委办公厅、省人民政府办公厅印发《关于提高技术工人待遇的实施意见》，提出提高技术工人政治、经济和社会待遇的十七条政策措施。

职业技能竞赛。在第45届世界技能大赛中，福建省共5名选手入围全国集训队，福建省集训基地培养的选手获得1个项目金牌、2个项目优胜奖；组织优秀技能人才参加7个场次（30个项目）的全国性职业技能竞赛；全省组织举办省级竞赛24个场次（46个项目）。

技工教育改革发展。推进技工院校基础建设，全省新增达标技工学校1所，完成技师学院评估1所。全年全省技工院校共招收新生4.1万人，在校生总量8.8万人，毕业生2.2万人。组织举办第一届全国技工院校学生创业创新大赛福建省选拔赛，选拔优秀选手集训后参加全国赛，获得一等奖1项。2019年，全省技校评审出高级职称教师42名、中级职称教师27名、初级职称教师25名；至年底，评审出正高级职称教师11名。

【专业技术人才队伍建设】 至2019年底，福建省专业技术人才273万人，其中高级专业技术人才25.9万人。开展各系列（专业）高级职务任职资格评审工作，全省评审通过1.05万人，其中首批正高级工艺美术师8人。组织开展特殊人才认定（评审）工作，57名高层次特殊人才取得相应专业高级职称。开展规划建设类引进生职称直评，2人获工程系列土建专业高级工程师职称，13人获工程师职称。会同相关行业主管部门组织专业技术人员职业资格考试，报考人数近45万人。加强专业技术人才培养，举办专业技术人才知识更新工程国家级高级研修班5期，350多人参加；选送30多名中高级专技人员参加省外举办的国家级高级研修项目；实施全省高级研修项目计划64个，其中示范班43个，并对示范班项目给予7000～9000元的经费补助。

【事业单位人事制度改革】 2019年，福建省人社厅继续做好省直、中直事业单位招聘方案审核、信息发布、人员公示和聘用核准等工作，全年招聘1700人。会同省教育厅组织开展全省中小学幼儿园新任教师公开招聘工作，招聘教师1.3万人；会同有关部门组织实施2019年医疗卫生、地质、气象等行业专项招聘，特岗医师和乡镇卫生院医生、林业站人员定向培养招聘、消防员招聘、公安边防士兵转改聘用工作，为相关行业和基层事业单位补充急需紧缺专业人才。创新台湾居民来闽事业单位就业政策，至年底聘用台湾人才93名。严格审批程序，为福建省属事业单位调配人员1200人次。

事业单位人事管理。贯彻落实《事业单位工作人员奖励规定》，明确定期奖励的周期、比例及一次性奖金标准；依托机关事业单位人事管理平台，办理省属事业单位人员岗位调整备案389件、5000多人次；支持专业技术人员创业创新，全省事业单位专业技术人员离岗创业100多人。

职称制度改革。省人社厅会同省工信厅、省社科院等部门修订工艺美术、社会科学研究、技工院校教师、图书资料等4个系列职称评价标准。畅通人才发展通道，出台《关于支持工程技术领域高技能人才与专业技术人才贯通发展的通知》《关于建立部分专业技术职业资格和职称对应关系的通知》；出台《关于开展台湾地区专门职业及技术人员（技术士）直接采认相应职称有关事项的通知》，首次在平潭综合试验区开展采认工作，颁发7本直接采认大陆职称证书。贯彻落实《福建省高校教师职称评审监管实施细则》，新组建全省高校职称评审委员库，首批入库委员1000多人，为高校职称评审提供评审委员近600人次；开展全省专业技术职称评审委员会清理工作，向社会公布评审委员会749个；按照动态管理原则调整评委库委员3000多人。

【人力资源市场建设】 2019年，福建省深化闽台人力资源服务交流合作，新设立2家台资独资人力资源机构（累计11家）。组织开展人力资源服务机构诚信主题活动，37家机构入选省级人力资源诚信服务示范机构。加强人力资源服务业人才队伍建设，组织人力资源服务机构负责人赴省外高校参加专题培训。加强流动人员人事档案管理服务，推进档案信息化建设工作。（郑婉菁）

社会人群

【妇女儿童】 2019年，福建省常住人口有女性1952万人，占总人口比重49.13%。其中0～14岁女性儿童315万人。

妇幼健康水平有新提升。落实“幼有所育”要求，省卫健委等11家单位联合出台《关于进一步贯彻落实国务院办公厅关于促进3岁以下婴幼儿照护服务发展的指导意见》。推动实施福建省母婴安全行动计划实施方案和健康儿童行动计划实施方案（2018—2020）。2019年省级下达补助资金17.16亿元，统筹用于常住人口儿童健康管理和孕产妇健康管理。基本公共卫生服务项目年人均补助经费标准提高至69元，在国家基本公共卫生服务项目考核中位居前列。继续全力推动省儿童医院、省妇产医院等项目建设，至年底，省儿童医院完成投资3.47亿元，省妇产医院完成投资9380万元。

妇女儿童受教育程度有新提高。2019年，福建省学前教育毛入学率98.55%，义务教育巩固率99.03%，高中阶段毛入学率97.18%，普通高校在校生中女性比例连续10年超过50%。推动学前教育普及普惠发展，继续将公办园建设列入省委省政府为民办实事项目及省政府投资工程包。关爱弱势群体接受教育，2019年义务教育阶段随迁子女进入公办学校就读比例保持在93%，位居全国前列。重视发展残疾儿童特殊教育，实施残疾学生“四免两补”，实现特殊教育学校拎包入学。

妇女参与社会管理水平有新进展。2019年全省新发展女党员2.8万多人，占新发展党员的50.6%。省委组织部、省妇联举办处级女性领导力培训班，培训处级女干部60人次。2018年第13届村委会换届选举工作结束后，福建省女性村主干有1537名，占村总数的10.7%。其中女性村党组织书记897名，占6.2%，全省100%的村“两委”都有女性成员。

妇女创业就业有新推进。省人社厅会同省教育厅等九部门印发《关于进一步规范招聘行为促进妇女就业的通知》，规范招聘用工行为，为妇女提供平等就业机会。开展“春风行动”，为包括妇女在内的求职者提供免费公共就业创业服务36.52万人次。全省参加政府补贴性职业技能培训女性10.58万人，占比52.04%。2019年，省科技厅支持立项的各类科技计划项目2167个，其中项目负责人为女性的有686个，占总数的31.7%。省妇联结合创新创业巾帼行动，2019年“巧妇贷”项目全省新增8.25万名妇女获贷16.58亿元，切实解决妇女创业群体创业资金周转难问题。

妇女儿童社会保障有新发展。省检察院、省妇联联合出台《关于共同做好妇女儿童权益保护工作的意见》，完善维护妇女儿童合法权益机制。省农业农村厅出台政策措施，确保农村妇女土地承包权益不挂“空档”。省总工会牵头修订《福建省女职工劳动保护条例》。省民政厅会同省高院等11部门在全国率先出台《关于加强事实无人抚养儿童

2019年5月13日，由福建省妇联、省体育局和福州市人民政府共同主办的与爱同行——第四届福建省“为爱奔跑·母亲健康1+1”公益募捐活动在福州举办（省妇联供稿）

保障工作的实施意见》，让困境儿童享有更多的福利和服务。2019年，全省有10616名残疾儿童得到康复训练服务和康复救助，比上年增长27%。精准扶贫医疗叠加保险政策的实施，减轻了农村建档立卡贫困妇女的医疗费用负担。

优化妇女儿童生存发展环境有新成效。市场监管局加强妇女儿童学生用品质量安全监管。宣传、广电、报业集团等部门通过刊播先进事迹，制播大型电视访谈节目等方式，引导社会关注关爱妇女儿童。网信办开展“护苗行动”“净网行动”“中国好网民”等系列活动。民宗厅关心关爱少数民族妇女儿童。团省委加强少年儿童思想品德教育。公安机关推进“护校安园”专项行动。文旅厅推进城乡妇女儿童便捷、均等享受公共文化资源。体育局在全国率先开展省级全民运动健身模范市、县创建活动。科协组织参加全国举办的全民科学素质网络竞赛活动，全省有83万人参赛、737万次答题，指标位居全国第一位。

2019年，“两纲”（《中国妇女发展纲要（2011—2020）》《中国儿童发展纲要（2011—2020）》）工作总体成效明显。福建省对应国家“两纲”85个可量化指标中，有77个已提前达标，达标率90.6%。省级“两纲”93个可量化指标中，有82个指标已提前达标，达标率88.2%。（林淑云）

【青年人】 2019年，福建有14～28周岁青年548.34万人，团员194.49万人，团青比为35.47%。团员分布情况：农村占10.51%，城市社区占4.37%，学校占67.13%，机关事业单位占6.09%，国有企业占4.07%，“两新组织”占7.35%。

【老年人】 2019年底，福建省常住人口3973万人，其中60周岁及以上老年人口581.6万人，比上年净增10.2万人，占总人口的14.6%；65周岁及以上老年人口369.5万人，比上年净增14.8万人，占总人口的9.3%。

【残疾人】 据第二次全国残疾人抽样调查，福建省有残疾人221万，占总人口的6.25%。其中，视力残疾35.6万人，听力残疾61.3万人，言语残疾2.7万人，肢体残疾49.9万人，智力残疾19.1万人，精神残疾16.3万人，多重残疾36.2万人。

残疾人康复。通过实施精准康复服务行动，23.2万名残疾儿童及持证残疾人得到基本康复服务，其中0～6岁残疾儿童1万人。推进残疾人基本型辅助器具适配补贴全覆盖制度，5.3万名残疾人得到轮椅、盲杖、助听器等各类辅助器具适配服务。在25个县（市、区）为3046名老年残疾人开展居家康复服务试点工作。至年底，全省有残疾人康复机构317个，康复机构在岗人员7431人。

残疾人教育。全省残疾儿童少年学前至高中阶段15年免费教育稳步推进，残疾学生全部纳入国家资助政策实施范围，1.55万人次残疾人和残疾人子女得到就学资助。至年底，全省有特殊教育普通高中班（部）4个，在校生185人；残疾人中等职业学校（班）7个，在校生428人。240名参加高考、中考的残疾人学生获得合理便利，139名参加高考达到录取线的残疾人全部被录取，32名残疾人进入特殊教育学院学习。571名残疾青壮年文盲接受扫盲教育。

残疾人就业。至年底，全省城乡持证残疾人就业人数20.4万人，其中按比例就业1.5万人、集中就业4753人、个体就业2.1万人、公益性岗位就业2331人、辅助性就业2318人、灵活就业（含社区、居家就业）6.3万人、从事农业种养加9.6万人。本年度持证残疾人新增就业2.28万人，新增残疾人实名培训0.79万人。445名应届高校残疾人毕业生就业率95.36%，创历年新高。全省保健按摩机构384个，医疗按摩机构44个。

残疾人扶贫。贫困残疾人扶持力度进一步加大。4361人次农村残疾人接受实用技术培训，1250名贫困残疾人获得康复扶贫贴息贷款扶持，54个残疾人扶贫基地安置718名残疾人就业，辐射带动1219户残疾人家庭增收。全省投入资金1203.6万元，1805户农村贫困残疾人家庭完成危房改造。

残疾人社会保障。至2019年底，70.6万名残疾人居民参加城乡社会养老保险，其中18.3万名60岁以下参保重度残疾人中，18.2万名得到政府的参保扶助，15.8万名非重度残疾人享受个人缴费资助政策。2.76万户残疾人家庭得到“一户多残”专项补贴，60.3万残疾人建立意外伤害保险。全省残疾人托养服务机构108个，1.9万多名残疾人接受机构托养或居家服务。

残疾人文化体育。至年底，全省有省级电视手语栏目2个；设区市级残疾人专题广播节目4个、电视手语栏目7个。在福建电视台增设《残联时间》宣传专栏。开展“全国特奥日”“残疾人健身周”等活动，残疾人体育锻炼参与率与覆盖率不断提高。（杨瑞芳）

社会保障

【企业职工基本养老保险】 至2019年底，福建省企业职工基本养老保险参保994.29万人，其中在职843.2万人、退休151.09万人。至年底，福建省企业职工基本养老保险费收入588.07亿元，养老金支出470.85亿元，其中，福建省本级企业（含省机关保转企）基本养老保险费收入55.44亿元、养老金支出52.01亿元。继续实行企业和机关事业单位退休人员一致的待遇调整办法，总体调整幅度5%左右，全省为142.08万名退休人员调整养老金，月人均增加149.58元。完善企业职工基本养老保险省级统筹制度，推动厦门执行全省统一政策，并将未在用人单位就业的省内户籍适龄农村居民纳入企业基本养老保险范围；实施《福建省降低社会保险费率综合工作方案》，从5月1日起，企业职工基本养老保险单位缴费费率从18%降至16%，全省减轻企业养老保险缴费负担23.2亿元。

【机关事业单位养老保险】 至2019年底，福建省机关事业单位养老保险参保人数143.06万人（在职95.01万人，退休48.05万人）。其中，福建省本级参保人数19.58万人（在职12.97万人，退休6.61万人）。至年底，福建省基本养老保险费收入195.74亿元，养老金支出280.49亿元；职业年金累计结余220.13亿元。其中，福建省本级基本养老保险费收入34.1亿元，养老金支出42.16亿元；职业年金累计上解归集30.77亿元，累计结余9.38亿元。机关事业单位保险改革重点工作稳步推进，完成征管职责划转税务部门工作；“中人”待遇重算工作全省铺开；职业年金市场化投资运营准备工作基本就绪，完成10个职业年金计划运营管理机构的匹配和合同签订；机关社保网上申报系统（一期）在福建省全省上线使用。

【城乡居民基本养老保险】 至2019年底，福建省城乡居民基本养老保险参保1554.14万人，比上年增加28.5万人，增长1.87%；参保率98.7%。全面实施全民参保计划，推进养老保险参保精准扩面。提高城乡居民基本养老保险养老金标准，省定基础养老金最低标准从每人每月118元调至123元，比国家标准高35元。

【失业保险】 至2019年底，福建省失业保险参保610.62万人，比上年增加40.34万人，增长7.07%。其中，农民工参保165.49万人；领取失业保险金人数5.91万人，比上年增加0.90万人，增长17.82%。调整失业保险金标准，全省月人均领取失业保险金标准上调至1236.81元/月。继续实施失业保险援企稳岗政策，对5.84万家企业发放一般性稳岗返还3.3亿元，对认定的2826家困难企业发放受影响企业稳岗返还资金2.34亿元。

【工伤保险】 至2019年底，福建省工伤保险参保891.15万人，比上年增加37.21万人，增长4.36%，其中农民工参保379.92万人。全省工伤保险实现省级统筹，工伤职工伤残津贴、生活护理费、供养亲属抚恤金三项定期待遇较大幅度提高，全省建筑业在建和新开工项目工伤保险参保率100%。

【社保扶贫】 2019年起，福建省将所有建档立卡贫困人员纳入代缴范围。至年底，累计有65.97万贫困人员（含建档立卡贫困人口、低保对象、特困人员）参加基本养老保险，35.46万人享受贫困人员政府代缴政策，代缴金额7006.17万元。

【社会保险基金监督】 2019年，福建省组织开展社会保险基金管理风险防控专项检查，健全风险防控体系。联合省公安厅开展打击骗取养老、工伤、失业等社会保险金行为专项行动，严肃查处涉及社会保险基金的违法行为。推动基本养老金委托投资工作，与全国社保基金理事会签署保底收益合同，委托投资城乡居民保险基金50亿元，首批委托投资资金32.7亿元已划转到位。

【医疗保障】 2019年，福建省实施医保扶贫3年行动。完善城乡居民大病保险制度，新增财政补助资金的一半用于大病保险，调整完善起付线、封顶线和报销比例，全年赔付金额18.52亿元，比上年增长34.59%；完善精准扶贫医疗叠加保障政策，全省建档立卡贫困人口享受精准扶贫医疗叠加保险共有80445人，发生医疗费用66596.74万元，通过基本医保、大病保险、医疗救助报销52619.58万元，医疗叠加保险政策实际补助9030.12万元（其中第一道实际补助2561.2万元，第二道实际补助4266.46万元，第三道实际补助2202.46万元）。享受补助政策后实际报销金额61649.7元，医疗费用报销比例从79.13%提高到92.57%，其中31种大病从82.95%提高到98.07%。开展打击欺诈骗保“百日专项行动”。随机抽取2110家医药机构开展专项治理，推进定点医药机构稽查全覆盖，现场检查定点医药机构14440家，追回医保基金4.39亿元。福建省和福州市、厦门市分别被国家医保局确定为创新监管方式、诚信体系建设和智能监控系统建设示范（试点）地区。厦门市建成全国首个医保反欺诈宣教展厅。

推进医疗保障制度建设。推进城乡居民医保与城镇职工医保的融合。推进生育保险与职工医保合并实施，实现两险基金合并运行和一体化管理。落实减税降费政策，按全省城镇单位就业人员的年平均工资调整职工医保缴费上下限基数，全省受益411.94万人，企业减负金额12.19亿元。完善城乡居民高血压、糖尿病门诊用药保障政策，“两病”报销比例分别达到73.52%、73.34%。推进医保信息化建设。以纳入国家医保信息化试点省为契机，制定医保信息系统建设规划，统一医保信息化标准，做好与国家标准的对应对接。推广互联网＋医疗保障，率先开展医保电子凭证联合试点，建设全省统一医保互联网应用交换平台，医保移动便民服务平台上线运行。推进医保经办服务能力建设。打造窗口服务品牌，推进窗口服务标准化，推广“简化办”“马上办”“就近办”。深化“放管服”改革，简化服务窗口办事程序，取消办事材料8项，简化10项，压缩时限5项，精简率60%。完善异地就医直接结算工作，省内异地联网定点医疗机构达1200家。福州等地推广定点管理备案制，实现7个工作日内备案开通服务。宁德市推广医保经办窗口集成服务模式，实现“一窗受理，全城通办”。龙岩市推行“诊间结算”模式，把付费结算环节前移到医生工作站。莆田市探索设立大陆首个台胞医保服务中心。三明、漳州、平潭等地结合村卫生所标准化建设，基本实现医保“村村通”。

率先建立“三医联动”医保牵头推进机制。贯彻落实省委深化“三医联动”改革实施意见，发挥医保引擎作用，建立医保推进“三医联动”的五大机制（药品采购激励机制、医疗服务价格调整机制、医保总额预付、按病种收付费改革和紧密型医联体打包支付）、三大渠道（价格调整、医保支付和医院留用），通过“腾空间、调结构、保衔接”，持续向医疗机构和患者释放改革红利，初步形成医疗、医保、医药协同联动的良好局面。率先建立职工医保基金省级统筹机制。以市级统筹为基础，率先在全国实施职工医保基金全省统筹，合理均衡地区间基金负担。2019年全省共统筹集中95.3亿元，分配各统筹区91.78亿元，留存风险调节金3.1亿元、医改激励金0.42亿元，有6个统筹区受益8.03亿元，初步实现预期效果。率先以省为单位全面跟进国家药品集中采购试点。在厦门市实现全国首家挂网采购的基础上，6月起全省跟进实施，完成约定采购量119.96%，节约医药费用6.54亿元；建立药品耗材采购、配送、监管、交易、结算一体化平台，开展药品采购动态调整，高值医用耗材价格全省共享挂网超过3万个。全省药品货款医保统一结算率99.91%，泉州市探索开展耗材货款统一结算，实现全市36家二级以上定点公立医院平台结算全覆盖。率先推进医保收付费改革。全省按病种收付费病种数800个以上，其中省属医院新增病种177个。省市3所医院DRG收付费试点落地实施，三明市实现C—DRG收付费全覆盖，南平市国家DRG付费方式试点稳步推进。41个县域医共体实行医保基金打包支付。同时，完善医疗服务价格动态调整机制，统一价格标准规范，实行价格分类管理。完善3类远程医疗服务收费政策，促进医疗机构规范收费行为。

（林晓丹）

社会救助

【城乡低保】 2019年，福建省民政部门将落实最低生活保障制度作为打赢脱贫攻坚战的重要战役，强化对建档立卡贫困人口和老弱病残等特殊困难群体的兜底保障。从2019年4月起，全省实现低保标准城乡一体化，城乡低保平均标准达每人每年7350元，分别比上年提高86元、201元。至年底，全省城市低保对象6.07万人，累计支出城市低保金3.69亿元（含补贴），月人均补助水平466元；农村低保40.68万人，累计支出农村低保金19.25亿元（含补贴），月人均补助水平383元。城乡低保人均补助水平比上年提高4%。狠抓“支出型贫困”低保政策落地见效，主动排查重度残疾人（含精神或智力三级残疾）、重病患者、未纳入低保的建档立卡贫困户、近年退保对象、近年申请未通过对象等5类重点群体61.84万人次，落实“应保尽保”，全省低保对象比上年底净增2.87万人。（吴艺林）

【特困供养】 2019年，福建省大幅度提高特困供养标准并加快城乡一体化进程，全面排查特困人员集中供养需求，规范落实集中供养和分散供养委托照料服务两个协议签订工作，整合民政养老资源优先为生活不能自理的特困人员提供集中供养服务，通过加强绩效考核和实施乡镇敬老院社会化运营改革，推动提高生活不能自理特困人员集中供养率，通过开展脱贫攻坚巡视整改、社会救助交叉践学等推动特困供养政策落实落地。至年底，全省特困人员67949人，其中城市对象5681人、农村对象62268人；分散供养56008人、集中供养11941人，集中供养率17.6%，比上年提高6.4个百分点；生活不能自理特困人员集中供养率42.2%，比上年提高22.3个百分点。全省于4月份全面实现特困供养标准城乡一体化，平均供养标准1542元/月，城市标准比上年增加237元/月，农村标准比上年增加249元/月。省级财政全年下达补助资金68505万元，比上年增长17.4%；各级财政全年支出特困供养金88066万元，增长5.1%。（卢六周）

【临时救助】 2019年，福建省推进临时救助制度健全和落实落细。省级制定出台《福建省临时救助工作规范》，从拓展救助范围、完善主动发现机制、明确乡镇（街道）审批权限、优化审核审批程序、缩短审批时限等方面，增强临时救助的时效性、主动性和可及性。至年底，全省各县（市、区）全面建立乡镇（街道）临时救助备用金制度，并将3000元以下救助审批权限全部下放到乡镇（街道），建立健全兜底有力、响应及时、覆盖全面的救急难机制。全年继续按户籍人口每人每年不少于7元的标准筹集临时救助资金，全省筹资3.26亿元，其中省级财政下达年度补助资金1.66亿元；实施临时救助15.57万人次，比上年增长15.2%，其中主动发现并实施救助15371人次，救助急难个案490件；支出临时救助金2.47亿元，比上年增长19.9%，人次均救助水平1585元，增长3.9%。（周美锋）

【救助管理】 2019年，福建省救助流浪乞讨人员28715人次，其中未成年人1307人次，智障和精神病人1139人次，护送返乡967人次。建立健全救助管理工作机制。建立福建省流浪乞讨人员救助管理工作联席会议制度，由分管副省长任总召集人。各设区市（含平潭综合实验区）相应建立政府负责人牵头的联席会议机制。加强街面救助。各地开展“寒冬送温暖”“夏季送清凉”专项救助行动，发挥部门联动作用，对陷入困境、居无定所、流落街头的各种生活无着人员积极救助。6月19日，开展全省救助机构和托养机构“开放日”活动，主动开放救助机构和托养机构，宣传救助政策和工作成效，接受社会监督。加大寻亲服务和落户安置力度。各级救助管理机构全面使用全国救助管理信息系统开展工作，对滞留受助人员及时推送全国救助寻亲网、报请公安机关采集DNA血样进行比对并开展人脸识别，全年帮助766名无法查明身份信息的受助人员寻亲返乡。做好滞留人员落户安置工作，落户率70.88%。

（江树跃 周希妍）

基层组织建设

【社区治理】 至2019年底，福建省有城市社区2779个，其中福州市504个、厦门市378个、漳州市426个、泉州市472个、三明市188个、莆田市158个、南平市278个、龙岩市153个、宁德市197个、平潭综合实验区25个。

社区服务更加优化。全省社区服务站平均面积856.8平方米，城市社区综合服务设施覆盖率100%。社区党组织工作经费、社区运转经费、服务群众专项经费和社区人员保障经费纳入财政预算，2019年省级下达运转经费5676万元。完善社区服务功能，政府公共服务在社区100%实行“一站式服务”“一门式办理”，实现居民事务办理、家政养老、文体娱乐等服务集中供给。发挥“三社联动”机制作用，全省试点覆盖200多个城市社区、21个农村社区。建成城市居家社区养老服务中心623所，街道和中心城区乡镇覆盖率90.7%。

示范效应逐步扩大。“以军门社区工作法为引领推进城市社区治理创新——福州市推进城市社区治理创新的探索与实践”入选中组部“不忘初心、牢记使命”主题教育案例。福州市台江区等8家省级社区治理和服务创新实验区完成3年实验目标，在培育多方主体参与、健全“微治理”体系、拓展民主自治功能等方面先行先试，为省内其他地区提供鲜活样板。以军门工作法为示范，各地从社会参与、服务供给、居民自治等角度，总结提炼了27个第二批省级优秀社区工作法。

闽台社区加大交流。6月15日在厦门市举办第六届海峡两岸社区治理论坛暨两岸社区“家”年华，来自海峡两岸200多名嘉宾和媒体记者参加。论坛以“共同参与治理，共建幸福家园”为主题，开展“社区看透透·咱厝风采展”“社区说透透·社区会客厅”“社区走透透·两岸社区‘家’年华”“社区吃透透·厝边有好料”等活动。在海峡论坛组委会发起的“我为海论点赞”活动中，论坛点赞超过10万个，在64个海峡论坛各项活动中名列第3名。

（林　振）

【村民自治】 至2019年底，福建省有建制村14312个，其中福州市2197个、厦门市147个、漳州市1610个、泉州市2055个、三明市1738个、莆田市816个、南平市1635个、龙岩市1786个、宁德市2136个、平潭综合实验区192个。

基层治理不断深化。开展村级组织换届“回头看”，结合扫黑除恶专项斗争加强村级组织建设，及时整顿、调整不符合条件的村（居）委会班子，清理不合格村（居）委会干部。通过开展分级培训，提升村（居）干部带领群众脱贫攻坚能力水平，全省新当选村委会成员培训率100%。推进农村社区综合服务设施建设，整合利用村级组织活动场所、文化室、卫生室、农民体育健身工程等现有场地、设施和资源，2019年底全省农村社区综合服务设施覆盖率69.4%。指导全省所有村（居）修订完善村规民约和居民公约。推进扫黑除恶专项斗争，在基层组织建设、农村老年群众组织、殡葬等重点领域加大整治力度，通过抓行业带系统，推动民政领域扫黑除恶专项斗争向纵深发展。指导晋安区、福鼎市、海沧区创建全国农村社区治理实验区，通过民政部专家组中期评估。

村务公开更加规范。各地民政部门做好县级村务公开目录制定工作，对村务公开目录内容进行细化，指导乡村按照公开目录做好具体实施工作。所有县（市、区）均制定县级村务公开目录，建立村务公开栏14338个，按要求进行村务公开。

（涂定发）

社会福利和慈善事业

【养老服务】 2019年，福建省加快推进养老服务发展，着力扩大养老服务供给、促进养老服务消费。完善政策措施。省政府出台《福建省推进养老服务发展（2019—2022年）行动方案》，指导市、县层面全面编制养老服务设施布局专项规划。深化养老服务放管服改革，全面取消养老机构设立许可，改为登记备案制，实行养老机构分类管理。补齐设施短板。全省新建162所居家社区养老服务照料中心，街道和中心乡镇覆盖率由80.1%提高到90.7%；新改扩建1882所农村幸福院，建制村养老服务设施覆盖率由53%提高到64.5%。全年完成养老服务投资工程包40.95亿元，每千名老人平均拥有养老床位数由33.6张提高到35.5张。强化基础弱项。推进乡镇敬老院转型升级，开展安全达标改造。推广沙县乡镇敬老院社会化运营经验，引导品牌企业连锁运营，乡镇敬老院社会化运营比例提高到68%，床位使用率提高到60%。提升服务质量。开展养老机构质量建设专项行动，通过养老服务督查考评、定期评估、违规退出、星级评定等工作，推动养老服务规范化发展。新增评定26家养老机构、30家居家社区养老服务照料中心、59家农村幸福院为福建省五星级养老服务设施。

（黄云龙）

【儿童福利】 2019年，福建省民政厅会同省高院等11个部门在全国率先出台福建省《关于加强事实无人抚养儿童保障工作的实施意见》，在保障对象实现全覆盖、基本生活按散居孤儿保障标准执行、实行实名制登记管理落实“应保尽保”、参加城乡居民基本医疗保险个人缴费部分全免、认定流程上突出当事人和基层可操作性5个方面创新突破，进一步健全儿童关爱保护政策体系。

完善联席会议。2019年8月底，经省政府同意，福建省农村留守儿童关爱保护工作联席会议制度调整为农村留守儿童关爱保护和困境儿童保障工作联席会议制度，省政府分管领导任总召集人，省政府办公厅分管领导和省民政厅主要负责人任召集人，民政厅、省政法委、省高院、省教育厅等25个部门为成员单位，联席会议办公室设在省民政厅。

开展主题活动。2019年，全省各地举办各类学习班和夏令营800多个，开展爱国主义教育350多场次，举办安全、健康知识讲座430多场次，开展安全防护演练110多次，惠及1.6万名农村留守儿童和困境儿童。针对服刑人员未成年子女社会关爱缺失问题，2019年10月到2020年10月在泉州、莆田和宁德三地开展服刑人员未成年子女关爱保护政府购买服务试点工作，省民政厅对每个试点市下拨专项资金30万元，

打造关爱平台。开展儿童关爱保护“十、百、千”示范创建活动，全省打造儿童关爱服务10个市级样板示范点、100个县级特色示范点、1000个乡村基础示范点。加强典型引领示范，推广厦门、莆田、三明市儿童关爱保护经验，其中“莆田市‘一网四化’构筑留守儿童关爱体系”被评为全国首批18个农村公共服务典型案例，是福建省唯一入选项目，也是全国唯一以留守儿童关爱为主题的入选项目。搭建社会关爱服务对接平台，下达省级福彩公益金500万元用于农村留守儿童、未成年人保护等政府购买服务；加强机构服务能力建设，下达中央福彩公益金871万元，用于儿童福利机构和儿童之家配备相关设施设备购买、未成年人救助保护中心建设及购买服务项目。（连　峰）

【残疾人福利】 2019年，福建省发放补助资金8.37亿元，惠及困难残疾人31万人、重度残疾人35.8万人。加快发展精神障碍社区康复服务。全年各地开展精神障碍社区康复的县（市、区）在40%以上，福州、漳州、泉州、三明、南平各新建3个，宁德、龙岩各新建2个，莆田新建1个。安排彩票公益金924万元，按照各地新建目标任务数进行分配，确保建设任务完成，至12月，全省共有44个县（市、区）在推进建设，其中14个县（市、区）已开展服务。（张倪玲　高凤英）

【收养工作】 2019年，福建省开展儿童福利服务对象合法权益防范化解重大风险活动，组织各地民政部门指导好督促好收留抚养孤弃儿童的民间机构、儿童福利机构和未成年人救助保护机构健全完善管理制度，落实好儿童福利和儿童保护的各项政策。规范宗教界收留抚养孤弃儿童活动，针对宗教界收留抚养孤儿弃婴活动中存在的管理不规范、基本条件欠缺、监管不到位等情况，会同宗教事务部门开展摸底排查和集中整治工作，推进解决私自收养问题，加强规范管理规范，落实孤儿户籍，做好基本生活保障，按照“减少存量、不增新量”原则稳妥解决历史遗留问题。推进莆田SOS儿童村改革问题，针对2019年起国际SOS儿童村组织大幅减少对中国所有国际SOS儿童村组织经费投入保障，2020年将不再给中国SOS儿童村提供经费保障情况，推动将莆田SOS儿童村交由当地政府管理和提供经费保障，保障好该村收养儿童的基本权益。依法规范开展儿童收养登记，规范收养档案管理，举办收养登记员业务培训，加强打拐儿童收养家庭评估工作，推进事实儿童收养历史遗留问题的解决。（连　峰）

【慈善事业】 2019年，福建省出台支持民营企业参与慈善事业、开展“慈善助老超市”建设等系列指导性意见，加快构建完善慈善政策法规体系。指导省慈善总会举办第二届“善行八闽——海峡公益慈善项目大赛”，评选推介在脱贫攻坚、乡村振兴等慈善领域具有示范性的慈善项目。有180个社会组织、企事业单位参与申报，36个优秀公益慈善项目获奖。发挥慈善救助在健康扶贫中的重要补充作用，推动开展“心动八闽——贫困家庭先心病患儿医疗救助”、贫困家庭唇腭裂患者医疗救治等项目，全年近200名患者受益。指导开展“八闽恒爱 情暖童心”——贫困家庭疤痕儿童救助公益项目，为符合条件的100名疤痕儿童免费进行手术修复治疗。全省各地依托“中华慈善日”、“99公益日”、全国扶贫日等重要时间节点，开展慈善文艺晚会、慈善法知识咨询、公益巡游、慈善公益论坛、“慈善一日捐”、慈善宣讲、“我做义工一小时”等特色各异、形式多样的慈善活动，宣传慈善文化，弘扬慈善精神。99公益日，全省24家慈善公益组织发起52个项目，拉动36.85万人次爱心人士参与筹款1239.84万元，比上年增长175%。（王舒凌）

老区建设

【老区法规政策】 2019年，福建省开展《福建省促进革命老区发展条例》修正工作；出台《关于做好革命老区中央苏区脱贫奔小康工作的实施意见》；配合出台《关于做好革命老区中央苏区脱贫奔小康工作的实施意见》（简称《实施意见》），该《实施意见》围绕加快振兴发展，围绕精准扶贫、精准脱贫等5个方面出台26条措施，分解80项任务。为贯彻好《实施意见》精神，省民政厅研究制定《关于深入贯彻落实省委十届八次全会精神的实施意见》，从民生兜底保障、乡村振兴、养老补短板、社会力量参与扶贫等方面，提出一系列推进老区苏区脱贫奔小康的具体措施。2019年9月，省民政厅会同文旅厅印发《关于进一步加强革命遗址保护利用工作的通知》，明确对革命遗址坚持先行保护、逐步修缮、长效管理、合理利用的原则；省级财政从2019年起连续5年每年拼盘1亿元用于革命遗址保护利用，其中文旅厅8000万元用于革命文物的保护利用，省民政厅2000万元用于非革命文物的革命遗址的保护利用。

【老区建设发展】 2019年，福建省下达中央财政老区专项扶贫发展资金3000万元补助老区村扶贫发展项目535个，用于支持老区村交通工程、人饮工程、环境整治等基础设施建设，种植养殖等生产性建设，老年人活动中心建设等项目。修订完善革命遗址名录，初步建成

革命遗址基础数据库；下达省革命老区发展专项资金2000万元补助全省59个革命遗址保护利用。

【五老优待管理】 从2019年8月1日起，福建省对革命“五老”人员每人每月生活定补提高200元，即每人每月从1170元提高到1370元。全年下达省级革命“五老”人员生活定补经费1983.62万元，医疗补助经费72.2万元。在2019年元旦、春节期间，会同省老促会组成慰问组，深入老区乡村，走访慰问革命“五老”人员，发放慰问金485.5万元，发放慰问品1622件。

【老区宣传工作】 2019年，福建省编印《福建省革命老区概览》；通过福建省人民政府门户网站“在线访谈”，解读好《实施意见》；与新华网福建频道等联合开展“革命遗址新故事”系列报道。各地也开展形式多样、富有成效的宣传活动，如三明、泉州、龙岩分别通过体育运动、报纸、电视等开展老区宣传活动。（肖　繁）

婚姻　家庭

【婚姻登记】 2019年，福建省设108个婚姻登记机关，其中市级婚姻登记机关3个（福州、厦门、三明），区县级婚姻登记机关87个，乡镇婚姻登记机关18个。2019年全省结婚登记242663对，离婚登记98514对。其中，国内居民结婚登记237352对，离婚登记97652对；涉台湾居民结婚登记1203对，离婚登记281对；涉香港居民结婚登记1227对，离婚登记125对；涉澳门居民结婚登记69对，离婚登记18对；涉华侨人员结婚登记440对，离婚登记109对；涉外结婚登记2372对，离婚登记329对。

【婚姻登记信息化建设】 2019年，福建省完善全省婚姻登记管理信息系统，加大婚姻信息补录工作力度，适时完成婚姻登记电子证照转化工作，推进婚姻信息归集与共享。根据《婚姻登记严重失信当事人名单管理办法（试行）》，对全国婚姻登记信用信息系统按要求录入有关信息，加强婚姻登记严重失信当事人信用约束和联合惩戒。

【婚俗改革】 2019年，福建省加强宣传舆论引导，日常化开展婚事移风易俗工作宣传。推广结婚登记颁证服务。组织开展免费颁证和主题集体婚礼活动，发放倡议书和宣传册，倡导和宣传“重登记、强责任、崇节俭”的现代婚俗新风，推进婚事新办。50%以上婚姻登记机关设立婚姻家庭辅导室，正确引导青年的婚恋观，促进婚姻家庭和社会和谐。

【首届闽台两岸新人汉式集体婚礼】 2019年8月9日，第七届海峡青年节在福州举行，本届海青节新增海峡两岸集体婚礼暨两岸婚姻和家风家德传承展活动，活动为30对闽台两岸新人举行汉式集体婚礼，传播闽台婚姻传统婚俗文化。（陈　娴　高凤英）

【家庭】 2019年，福建省实施“家家幸福安康工程”。开展寻找“最美家庭”活动，25户家庭入选全国最美家庭，揭晓2019年度福建省最美家庭200户。以“相伴同悦读，共抒家国情”为主题，打造《悦读·家》大型亲子阅读节目和“悦读·家@万家”亲子阅读活动，培育13个省级家庭亲子阅读体验基地、千名家庭亲子阅读推广达人。以“激荡家国情 奋进新时代”为主题，在全省组织开展八闽好家庭好家风巡讲，推动、参与《福建省家庭教育促进条例》的制定。开展全省家庭家教家风建设专题调研，举办全省妇联系统家庭工作能力建设研修班和首届家庭教育讲师风采大赛。全省举办“家庭教育公益大讲堂”近万场。投入资金142万元开展“家政培训提升行动”，举办家政公益培训班49期，年培训新上岗家政员近2万人，发展员工制家政企业，推进家政服务职业化、规范化、标准化建设。发挥妇联22万名执委、78.1万名巾帼志愿者及妇联团体会员等力量，做好暑期家庭教育和关爱儿童服务，开展“把爱带回家”双百万结对寒假特别行动。举办“童愿同心，为爱同行”慈善拍卖晚宴，筹得孤残儿童医疗救助善款468.5万元。“精准扶贫·春蕾圆梦”募集资金114万元资助贫困女大学生228名。（涂少云）

老龄工作

【医养结合机构提质扩面】 2019年，福建省按照国家卫生健康委等12个部委《关于深入推进医养结合发展的若干意见》要求，在两批省级28家医养结合（安宁疗护）试点机构中选取4家开展医养结合机构综合示范培训基地培育建设工作。截至2019年底，全省有医养结合机构103家，医疗机构与养老机构签订合作协议1959对，各级培训医养结合工作人员1939人次，与2018年底的45家1513对1331人次相比分别增长128.9%、29.4%和45.7%。

【老年健康服务】 2019年，福建省开展老年健康宣传周活动，组织各级公立医院的专家教授到活动现场、老人家中、养老机构开展送医送药、入户义诊。开展首批老年人心理关爱项目试点，2019年向国家项目办上报18个试点单位。向国家卫健委争取确定福州市、漳州市为福建省首个、国家第二批安宁疗护试点市。（陈桑桑）

地名　勘界

【地名管理】 2019年，福建省完成第一批地名文化遗产“千年古镇（古村落）”评选认定工作。6月，公布第一批福建省地名文化遗产“千年古镇（古村落）”名单，永泰县嵩口镇、南安市丰州镇、宁化县石壁镇、仙游县枫亭镇、南平市延平区峡阳镇、武夷山市五夫镇、上杭县古田镇、宁德市蕉城区霍童镇8个镇入选“千年古镇”；闽侯县上街镇侯官村、厦门市同安区郭山村、白交祠村、铺前村、厦门市翔安区许厝村、长泰县岩溪镇石铭村、松溪县河东乡大布村、漳平市赤水镇香寮村、福安市罗江街道大留村9个村入选“千年古村落”。开展“千年古县”的申报工作。5月和9月，分别向民政部申报南平市浦城县、龙岩市武平县为“千年古县”。

配合首届《中国地名大会》节目录制。精选360余条地名试题、推荐16名熟悉地名文化的选手上报民政部，2名选手通过初选进入节目录制。

开展普查成果转化应用。5月，“区划地名界线数据库及管理系统”项目通过初验；6月，“全省地名普查数据汇总”项目通过验收，完成省级地名和区划数据库1套、设区市地名和区划数据库9套，形成地名成果总数415260条；组织编纂《中华人民共和国标准地名志》和《中华人民共和国标准地名词典》第1部分释文；编写完成《中华人民共和国标准地名词典》2～8部分词目表。（陈 荔）

【勘界管理】 2019年，福建省制定下发年度省县乡三级界线联检工作方案和闽赣线联检工作计划，完成1条省级界线闽赣线、40条县级和437条乡级界线联检任务。注重夯实界线管理工作基础，宣传界线管理法律法规，建立省县两级界线界桩管护员队伍和经费保障制度。深化平安边界创建，开展行政区域界线领域风险防范化解活动，全省未发生因界线实地位置认定不一致引发的纠纷。（江树跃 周希妍）

殡葬管理

【惠民殡葬】 2019年，福建省推行惠民殡葬政策升级扩面。在全省免除困难群众遗体接运、存放、火化和骨灰寄存4项基本殡葬服务费的基础上，各地加大惠民力度，推动基本殡葬服务从救助型向适度普惠型转变。全省84个县（市、区）有37个免除户籍居民基本殡葬服务费，其中福州8个、厦门6个、漳州12个、泉州2个、三明6个、龙岩2个、平潭综合实验区1个。

【公益性安葬】 2019年，福建省公益性安葬设施建设全面提速。省级财政安排1.16亿元，采取以奖代补方式，从2019年起分3年对财力困难村的公益性骨灰楼堂建设进行补助，重点向老区村倾斜。相关部门联合出台《关于做好公益性殡葬设施用地服务保障工作的通知》《乡村公益性骨灰楼堂建设省级奖补专项资金管理办法》《城乡公益性骨灰楼堂和公墓建设攻坚战实施方案》。省民政厅制定公益性骨灰楼堂、公墓服务管理指南，整理制作乡村骨灰楼堂建筑样式和功能设置范本。总结推广福清、上杭、平和3地做法，在全省起到很好的示范作用。2019年批准在建城市公益性公墓6个，累计建设12个；新建乡村公益性骨灰楼堂（公墓）578个，已累计建成6389个，覆盖率由41%提高至53%。

【散埋乱葬现象有效遏制】 2019年，福建省散埋乱葬现象得到有效遏制。开展大墓、“活人墓”等违建坟墓专项整治。相关部门联合印发《关于进一步加强节地生态安葬工作的通知》《“三沿六区”违建坟墓整治攻坚战实施方案》，落实完善联席会议、联合执法、联合检查、信息共享、情况通报和舆论引导等6项机制。至年底，全省摸排违建坟墓100318个，整治97037个，整治率97%。其中福州市摸排、整治6.2万座，恢复植被47.3万平方米。

【生态文明殡葬】 2019年，福建省生态文明殡葬蔚然成风。总结云霄“集中治丧”、福鼎“规范丧事活动”经验，推进丧葬礼俗改革，鼓励群众自觉将散埋乱葬墓穴，向节地生态公墓或骨灰楼堂迁移，引导群众主动文明治丧、生态安葬。福州、厦门及部分县（市、区）专门出台奖补办法，选择骨灰格位存放、海葬、树葬等安葬方式的人数逐年增多。福州、厦门、泉州每年举行骨灰撒海等公祭活动，至年底，福州有1300多例海葬，厦门有3000多例海葬，泉州有8000多例海葬，漳州有1万多例海葬、树葬、花葬等。全省火化率保持在99.8%以上，节地生态安葬率由68%提高至76%。（周 昊）

社会组织管理

【社会组织监管】 2019年，福建省在全国率先试行省级社会组织年检改年报，开发涵盖社会组织基本信息、内部建设、业务活动、财务报告、党建等内容的年报系统，实现在线填报、后台审查、实时跟踪、搜索查询等功能；对全省约3万个社会组织基础信息数据进行完善；升级改造福建社会组织网和微信公众号，为年报信息公开提供载体；优化年报服务，制作“一图读懂社会组织年报”手册、年报操作指南和视频等，并通过讲座、沙龙等方式向社会组织宣传年报流程，完成全省1万多个社会组织年报试点。依法建立社会组织活动异常名录和严重违法失信名单，将238个省级社会组织列入活动异常名录，并通过福建社会组织网进行公告。对违法违规社会组织负责人依法进行约谈，对社会组织开展随机抽查。

【行业协会商会涉企收费规范】 2019年，福建省民政厅由分管厅领导带队到各地调研行业协会商会涉企收费情况，通过召开座谈会、听取协会商会情况介绍、实地走访协会商会等方式摸清底数，并形成专题调研报告；制定行业协会商会涉企收费10种违法违规情形“负面清单”，设立全省性行业协会商会违规涉企收费举报投诉电话；配合相关部门加强违规涉企收费治理工作，印发《关于进一步规范行业协会商会涉企收费行为的通知》，开展行业协会商会涉企收费清理规范自查自纠工作；持续将行业协会商会涉企收费列入年报、“双随机”抽查等重要内容，对发现的问题联合有关部门采取通报、约谈等措施进行整改。

【社会组织参与脱贫攻坚】 2019年，福建省民政厅瞄准脱贫攻坚主战场，打好建平台促对接、抓项目聚资源、浓氛围添后劲“组合拳”，注重在建立“扶贫信息超市”、引导社会组织搭建扶贫平台、联合省扶贫办实施“阳光1+1（社会组织+老区村）牵手计划”行动等创新举措上下功夫，引导社会组织参与脱贫攻坚，形成“有钱出钱，有力出力，或者出个好主意”良好局面，全省社会组织投入扶贫资金5亿多元，并通过提供服务、智力支持、协助决策等方面参与脱贫攻坚。福建省兴业证券慈善基金会、福建省简单助学公益协会的两个案例入选全国2019“社会组织扶贫50佳案例”。 （李锋华）

民族事务

【民族乡村经济社会发展】 2019年，福建省推进少数民族脱贫攻坚。制定实施《关于推进民族乡村打赢脱贫攻坚战行动计划》。福建省财政厅对2018年人均可支配收入低于4500元的10个村每村每年给予20万元的资金扶持。省农业厅做好少数民族“造福工程”搬迁工作，共下达74户302人少数民族群众叠加补助资金30.2万元。加大推进少数民族自然村的基础设施建设，2018—2019年，全省567个民族行政村外少数民族人口达200人以上的民族自然村建成公路158.27千米。全省性宗教社会组织捐款998万元助力民族乡村脱贫攻坚。至年底，全省少数民族建档立卡贫困户和贫困村已全部脱贫摘帽。全年全省19个民族乡财政总收入79105.99万元，比上年增长5.59%；民族乡农民人均可支配收入18810.46元，比上年增长7.68%，其中，少数民族人均可支配收入17280.97元，增长8.09%。2019年投入少数民族村挂钩帮扶资金9008万元，拉动社会各类资金1.8亿元，实施基础设施、特色产业、民生保障等项目88个。实施全省第四批少数民族特色村寨试点工作，组织开展国家民委第三批中国少数民族特色村寨申报工作，经国家民委组织评审，共有26个村寨被命名为第三批中国少数民族特色村寨，被命名数量位居全国散居省份首位。全年投入资金1855万元，支持第四批53个少数民族特色村寨试点工作。加强少数民族发展资金使用管理，下达2019年中央少数民族发展资金和省级少数民族专项资金6071万元，重点支持23个省级扶贫开发工作重点县中的148个民族村、全省建档立卡少数民族贫困村和人口较少民族（高山族）地区的基础设施建设和特色产业发展。加强资金项目检查，在要求各地自查的基础上，结合调研开展抽查，并将抽查结果予以反馈。开展资金项目库建设，防止资金盲目使用。提高系统监管能力，福建省纪委、财政厅、民族宗教厅通过扶贫（惠民）资金在线监管系统平台，共同对少数民族资金的使用情况、使用质量、管理情况等进行监管，发现问题及时预警并限期整改。开展教育培训工作，举办全省少数民族扶贫（惠民）资金在线监管系统培训班，全省民族宗教系统在线监管系统管理人员84人参加培训。组织资金绩效管理，制定出台资金绩效管理措施，建立扶贫资金预算绩效评估指标库。 （赖龙娣）

【少数民族教育文体事业】 2019年2月8日，福州市长乐区举办首届满族民俗文化旅游节系列活动，活动涵盖“闽台海防文献中的福州三江口水师旗营”图片展、《古韵琴江》“台阁”表演、琴江满族美食体验、清代官宦民俗文化陈列展、满族头饰陶瓷手工制作展示等项目。3月8日，中华一家亲“二月二”会亲节活动在福鼎市佳阳畲族乡双华村举行，来自海峡两岸的少数民族同胞与全国各地游客欢聚一堂，对歌盘歌，共叙情缘。福建省新添2项省级少数民族非遗项目名录。罗源县文化馆申报的畲族婚俗（罗源）入选第六批省级非物质文化遗产代表性项目名录新增项目名录，宁德市原生态畲族文化发展有限公司申报的畲族医药（蕉城）入选第一至第五批省级非物质文化遗产代表性项目名录扩展项目名录。4月7—9日，中华一家亲·2019海峡两岸各民族欢度“三月三”节暨福建省第八届“三月三”畲族文化节、第十二届海峡两岸少数民族丰收节在漳州市举行。文化节期间举办海峡两岸少数民族文艺展演和举办地凤凰旗交接仪式、畲乡美食与产品展销会、大型畲族祭祖典礼、闽台畲族博物馆开馆、民俗文艺汇演等一系列两岸各民族群众共同参与的民族文化活动，召开挂钩帮扶民族乡工作座谈会、脱贫攻坚与产业发展座谈会、海峡两岸少数民族交流座谈会。4月8日，海峡两岸少数民族交流座谈会在漳浦召开，来自台湾盘姓、蓝姓、何姓的30多位宗亲代表与漳浦、福鼎、连江、上杭4个海峡两岸少数民族交流与合作基地负责人参加。漳浦县闽台畲族博物馆重装后于“三月三”开放。闽台畲族博物馆总建筑面积1048平方米，分“漳浦畲族历史文化”和“闽台畲族源”两个展示馆，集中展示畲族文化史迹、生产生活习俗、代表性建筑、传统服饰以及与台湾经贸文化交流往来、闽台畲族族谱对接成果等。7月5日，“畲乡凤来仪”全国畲乡行启动仪式在福州罗源八井畲族村举行，活动通过为期一个月的跨越闽浙赣粤、辐射海峡两岸的美丽畲服探寻之旅，拍摄并征集全国各地最具代表性的畲族服饰，旨在以“凤凰装”为支点，推动福州畲族少数民族乡村振兴和文化旅游发展。8月8日，首届中国畲族传统服饰文化周在福州三坊七巷开幕，开幕式为大型畲族服饰展演秀，以“中国畲、罗源装、闽台情、幸福秀”为主线。9月23日，“八闽庆丰收·礼赞70年”福建省少数民族庆祝2019年“中国农民丰收节”活动在宁德中华畲族文化馆举办，活动由开幕式文艺演出、特色农产品展销、畲族生产性非遗展示、农民画家畲族风情油画展、畲族服饰展、少数民族群众对歌等部分组成。

民族体育方面，第十一届全国少数民族传统体育运动会于2019年9月8—16日在河南省郑州市举行，畲族姑娘钟舒娴和高山族姑娘陈思琦作为火炬手参与火炬传递。由15个民族组成的191人福建省代表团参加蹴球、独竹漂、射弩、陀螺、高脚竞速、板鞋竞速、民族武术7大项46小项竞赛项目和“抛陀螺”“畲家婚庆”“锯木头争上游”3大类8个表演项目的比赛，共获得21枚奖牌，其中一等奖3枚、二等奖7枚、三等奖11枚。9月28日，中国·闽西第三届世界客属龙舟文化旅游节在上杭开幕，来自加拿大、菲律宾以及中国台湾、澳门、广东、福建等地的18支龙舟邀请赛代表队及海外嘉宾、当地群众代表等近千人参加开幕式。活动期间，举办第三届世界客属龙舟邀请赛、第二届东南地区海峡两岸（上杭汀江）公开水域游泳邀请赛、首届客家米酒文化博览会，以及客家美食节、欢动杭川大联唱、客家武林大会、客家民俗（非遗）展演、祭孔大典等一系列文化交流活动。

（叶　丽）

民族教育方面，2019年4月7—9日，福建农林大学、集美大学、闽江学院、福建工程学院、宁德师范学院、福建卫生职业技术学院等举办民族预科班和民族班的高校和厦门内地新疆班部分师生参加在福建漳州举行的中华一家亲·2019海峡两岸各民族欢度“三月三”节暨福建省第八届“三月三”畲族文化节活动。实施民族中小学校提升工程项目。2019年安排省级少数民族补助款301万元，用于扶持27所民族中小学校基础设施建设、“师生阅读书吧”建设、民族文化进校园、少数民族传统体育基地建设、人工草皮足球场建设、少数民族贫困学生助学等31个项目。全年继续在福建农林大学、集美大学、闽江学院、福建工程学院、宁德师范学院、福建卫生职业技术学院开办民族预科班和民族班，招收少数民族学生249名。11月28—30日，宁德市民族中学优秀教师采取公开课和教学教研学科主题交流等形式分别到三明青水畲族乡永安市民族中学、治平畲族乡宁化县民族学校进行送教下乡活动，参加的专家、老师和学生共计277人。

（央金拉姆）

社会事业方面，福建农林大学专家赴漳浦、莆田指导脱贫攻坚和振兴发展。4月8日，福建农林大学新农村发展研究院、园艺学院专家赴漳浦县指导畲乡脱贫攻坚和振兴发展工作。与种植户们就改良品种、科学施肥、病虫害处理、农产品销售等问题和推进产业深度融合发展等方面进行座谈指导。10月24—25日，福建农林大学专家再赴仙游县西苑乡柳园村、前溪村和涵江区白塘镇双福村指导助推民族村振兴发展，并在仙游县委党校举行建设特色村寨、助推乡村振兴专题讲座。福建中医药大学统战部开展“民族团结一家亲，奋进逐梦新时代”活动。5月16日，福建省民族宗教厅民族社会事处党支部联合福建中医药大学统战部组织福建中医药大学畲族、藏族、壮族、回族等30多位少数民族师生代表赴连江小沧畲族乡开展“民族团结一家亲，奋进逐梦新时代”主题党日活动。6月18日，“中国扶贫第一村”宁德市赤溪畲族村和“精准扶贫首倡地”湘西土家族苗族自治州花垣县十八洞村在十八洞村举行缔结脱贫致富奔小康姊妹村签约仪式。7月13日，中华一家亲·少数民族医药发展及学术交流研讨会暨福建省畲医畲药协会成立大会在福州举行，会议以“中华一家亲·健康中国，振兴畲医药”为主题，围绕畲医畲药保护传承和创新发展、畲医药服务大众健康产业、振兴民族乡村、打赢脱贫攻坚战和发展两岸少数民族医药产业及畲医药学术开展交流研讨，并举办“弘扬畲医药文化，推进乡村振兴发展”专题讲座。福建省畲医畲药专家、从业人员及台湾少数民族代表团150人参会。11月18—22日，福建省少数民族职业技能（果蔬种植与加工实用技术）培训班在福建农林大学举办，课程涉及果蔬高优栽培技术、病虫害防控技术、简易加工技术、生产销售策略等8个方面。

（叶　丽）

【民族团结进步创建活动】 2019年，福建省开展评选福建省十佳民族团结进步好故事。4月2日，印发《关于公布“福建省十佳民族团结进步好故事”评选结果的通知》，评选出《实施乡村振兴战略，建设美丽畲村——记罗源县白塔乡南洋畲族村党支部第一书记陈俊峰》《田坪村嬗变之谜——记顺昌洋口镇田坪村村民主任雷财祥》《携手共创畲村致富路，绘就民族团结同心圆——记福安市康厝畲族乡东山村发展之变》《凤凰舞兮，薇梦飞扬——记闽南畲族文化传播大使“凤凰公主”蓝仲薇》《两岸秀珍喜相逢，同名同姓同根源——记闽台少数民族交往交流情深似海》《情注畲乡，矢志教育——记上杭县官庄畲族乡中心小学校长蓝发锦》《质朴乡土情，平凡医者心——记上杭县庐丰畲族乡卫生院院长蓝敬豪》《一棵草，开出了“幸福花”——记蕉城区七都镇北山畲族村党员兰福禄》《爱与责任永远在教育援藏的路上——记全国最美教师三明市列东中学杜成露老师》《结缘闽北的新疆“巴郎亚克西”——记墨玉人食品有限公司米尔阿卜杜拉·赛迪麦麦提》10个好故事为“福建省十佳民族团结进步好故事”。8月23日，中共福建省委宣传部、中共福建省委统战部联合印发《关于开展第十二个民族团结进步宣传月活动的通知》，以“礼赞70年，铸牢中华民族共同体意识”为主题，在全省部署开展第十二个民族团结进步宣传月。宣传月期间，全省各地召开座谈会、学习会、培训会、宣讲会563次，发放宣传资料信息544309份（条），张贴宣传标语、海报、户外广告17423条，开展新闻宣传、电视广告、网络宣传429期，举办文艺演出、民族节活动、民族体育竞技活动220次。12个集体和12名个人分别被国务院授予全国民族团结进步模范集体和模范个人称号。11月12日，国家民委印发《关于命名第六批全国民族团结进步教育基地的决定》，福建省宁德师范学院语言与文化学院被命名为第六批全国民族团结进步教育基地。4 个单位被命名为全国民族团结进步创建活动示范区（单位）。12 月 9 日，国家民委印发《关于命名第七批全国民族团结进步创建示范区（单位）的决定》，福建省泉州市丰泽区、福州市鼓楼区五凤街道天元社区、龙岩市上杭县古田镇苏家坡村、福建省厦门集美中学被命名为第七批全国民族团结进步创建活动示范区（单位）。

（郑桂贵）

【闽台少数民族交流交往】 2019 年 4 月 7—9 日，中华一家亲·2019 海峡两岸各民族欢度“三月三”节暨福建省第八届“三月三”畲族文化节、第十二届海峡两岸少数民族丰收节在漳州市举行，两岸三地 500 多位嘉宾和 5 万多群众参与。4 月 8 日，海峡两岸少数民族交流座谈会在漳浦召开，来自台湾盘姓、蓝姓、何姓的 30 多位宗亲代表与漳浦、福鼎、连江、上杭 4 个海峡两岸少数民族交流与合作基地负责人参加。11 月 26—28 日“中华一家亲·2019 海峡两岸少数民族茶产业振兴暨福建省第五届少数民族名优茶评选活动”在连江举行，来自海峡两岸 100 多位嘉宾参加活动，其中台湾嘉宾 20 人。本次活动评选出名优茶金奖 5 个、银奖 7 个、铜奖 10 个。

（叶　丽　赖龙娣）

宗教事务

【政策举措】 2019 年，福建省制定印发《福建省两类宗教活动场所区分标准暨临时活动地点信教公民数量的有关规定》，下发《关于深入开展民间信仰活动场所联系点、备案管理和民间信仰管理试点工作的通知》，部署开展民间信仰活动场所普查、联系点和登记备案管理、民间信仰管理试点等专项工作。制定下发关于贯彻国家宗教局等 12 部门《关于进一步治理佛教道教商业化的若干意见》的通知，重点推进滥塑大型露天宗教造像治理等工作。天主教工作取得历史性突破，天主教闽东教区主教府项目竣工投用。福州天主教教区按照中国天主教民主办教的规章制度要求，成立“教区管理委员会”，实现福建省天主教推进民主办教工作的新突破。承办全国宗教院校公共课建设座谈会，召开全省宗教院校思政工作座谈会，推动在福建宗教院校开展职业技能融合教育首批试点工作，举办首期宗教院校骨干教师教学科研能力提升培训班。

【宗教界发展建设】 2019 年，福建省全省性宗教团体联席会议审议通过《福建省全省性宗教团体负责人年度述职考核办法》《福建省宗教界关于规范宗教团体自身建设的倡议书》。围绕庆祝中华人民共和国成立 70 周年，省佛教协会举办“不忘初心、爱国爱教——福建省佛教界庆祝新中国成立 70 周年”系列活动；省基督教两会举办基督教中国化圣乐创作和“助力新时代，共筑中国梦”原创圣乐优秀作品音乐会，组织开展神学思想研讨，出版《福建省基督教中国化原创圣乐优秀作品集》《基督教神学思想研究丛书（第一册）》；福州九门局九仙君道院举行“庆祝祖国七十周年华诞，祈福两岸闽台民间宫庙叙缘交流会”，来自两岸 48 家宫庙、团体的 800 多人参加交流活动。全省宗教院校举办“我和我的祖国”演讲比赛。海峡道教学院开展 2019 年全省玄门讲经和全省巡讲活动，并组团参加中国道教协会举办的第十一届玄门讲经抄经比赛暨道教文化节。省伊斯兰教协会“安全、有序、圆满”地完成福建省伊斯兰教界首次朝觐工作。省民族宗教研究所联合中国社会科学院、福建师范大学等主办“地方信俗与乡村振兴”活动，来自美国、新加坡等海外的专家学者 70 多人参加活动。

2019 年 11 月 26—28 日，中华一家亲·2019 海峡两岸少数民族茶产业振兴交流暨福建省第五届少数民族名优茶评选活动在连江贵安举行

（省民族宗教厅供稿）

【交流交往】 以“谒祖会香·同贺国庆”为主题的 2019 年海峡两岸暨香港、澳门道教大会香活动在莆田福莆仙东岳观开幕，来自台港澳地区的宫庙和数百名信众代表前往寻根谒祖会香；由福建省佛教协会、河仁慈善基金会主办，福清黄檗山万福寺承办的首届国际黄檗禅论坛暨隐元禅师东渡 365 周年纪念开幕式在福清举行，来自多个国家和地区的佛教界人士、专家学者和社会各界人士 500 人参加盛会；由福建省佛教协会、福建省民族与宗教研究所、福建省佛教慈善协会联合主办的“第三届海丝佛教·福建论坛暨纪念雪峰义存祖师圆寂 1111 周年系列活动”在福州雪峰崇圣禅寺举行，2000 多名海内外高僧、嘉宾、信众参加活动。“第三届海丝佛教福建

论坛——中国漳州·南山之光系列活动”在漳州南山寺开幕，来自日本、斯里兰卡、泰国、缅甸、越南等21个国家和地区的海内外留学生、护法善信等出席。（高　静）

库区移民

【概况】 2019年，福建省有在建大中型水库25个，工程建设涉及征收各类土地6003.15公顷，其中耕地1313.34公顷，拆迁房屋面积326.54万平方米，搬迁人口52070人，生产安置26194人。全年投入移民资金12.94亿元用于移民后期扶持，其中为47.95万名直补移民发放直补资金2.88亿元。

【移民搬迁安置】 2019年，福建省聚焦“搬得出、稳得住、能致富”，使移民群众更多更公平地共享水利水电工程建设成果。

安置方式。在生活安置方面，按照城乡一体化发展要求，更加注重生态自然、地域特色，更加注重设施配套、公共服务，高起点、高标准打造宜居宜业的移民安置点，力争做到在建项目补齐短板、拟建项目不留短板。在生产安置方面，结合移民安置区的资源环境和移民的就业技能，有针对性地开展移民技能培训，提高移民就业能力。

安置服务。主动加强与项目业主、设计单位和相关部门的沟通衔接，逐地逐个项目协调解决存在的问题，全省在建大中型水利水电工程移民安置工作取得阶段性成效。完成连城福地水库、周宁抽水蓄能电站上水库导（截）流阶段移民安置验收，明溪黄沙坑水库、长泰枋洋水利枢纽工程下闸蓄水阶段移民安置验收，漳平华口水电站工程建设征地移民安置竣工验收。

安置监管。对在（拟）建大中型水利水电工程移民安置情况进行全面分析，掌握好安置进度，及时改进措施，有效破解难题，增强移民安置监管工作的主动性、针对性和实效性。指导项目法人委托有资质的单位，采取驻点跟踪等方式对在建的大中型水利水电工程移民安置进度、质量、资金等进行全方位、全过程监督评估，确保安置实效。

【移民后期扶持】 2019年，福建省多措并举促增收、惠民生。在促进增收致富方面，在平和、大田等地实施移民创业园项目38个，在顺昌、古田等县实施种植大棚1.3万平方米，在永定、漳浦、霞浦等53个县（区）修建改建生产区道路207千米，在蕉城、将乐、新罗等3个县（区）建设生产码头3座，通过资产租赁，发展旅游和特色农业，进一步增加移民财产性、经营性、生产性收入。

在打造美丽家园方面，投入移民资金4.49亿元，对移民人数较多的77个移民村，按照“清理村庄环境、梳理规范管线、修缮房屋立面、配套基础设施、绿化美化环境、加强长效管护”的步骤和要求，推进环境综合整治工作。对移民人数较少的移民村，按照什么问题突出就解决什么问题的原则，实施移民群众最需最盼的环境整治项目840个，有效改善移民群众生产生活条件，打造生态宜居富裕的移民美丽家园。

在推进解困脱贫方面，累计投入移民资金9404.15万元，完成25个移民避险解困集中安置点建设，1620户5631个避险解困对象全部完成建（购）房。对福建工程移民职业技术学校招收的移民及移民子女，开展招生即招工、入校即入厂、校企联合培养，发放移民助学补助资金19.2万元，增强移民劳动力技能素质和后续发展能力，解决移民就业难、能力弱的问题。

【移民资金和项目监管服务】 2019年，福建省加强移民资金使用和项目实施的事中事后监管，确保移民资金和项目管理规范有序安全。

在加强监管方面，省市联动，对22个县（市、区）水库移民后期扶持扶助政策实施情况进行稽查，并对以往年度稽查发现问题整改情况进行“回头看”；围绕项目购置、资金使用、产权分配、招租程序，对7个移民资产型生产开发项目进行专项审计；指导设区市移民管理机构对11个移民村环境综合整治项目开展内部审计，查问题、找原因、促规范。

在成果运用方面，结合2012—2019年度实施的稽查、内审情况，对全省76个县（市、区）移民后期扶持扶助工作开展情况进行全面综合评价，逐地梳理分析问题，评判整改力度及效果，为确定2020年度移民资金重点投向提供参考依据。

在绩效评价方面，根据省水利厅、省财政厅《关于做好水库移民扶持基金预算绩效管理工作的通知》要求，对2018年度中央水库移民扶持基金、地方水库移民扶持基金预算执行情况的真实性、合法性、完整性和有效性开展绩效评价，加强移民资金预算绩效管理，提高移民资金使用效益。（杨　彬）

编辑：林丹英

市县概况

福 州 市

【概况】福州市位于福建省东部。1949年设立地级市。2019年辖6区、6县(1县级市),土地面积11867.2平方千米(其中市区面积1701平方千米)。年末户籍人口710万人;常住人口780万人,其中城镇人口550万人。人口自然增长率6.7‰。耕地面积14.97万公顷,粮食播种面积8.43万公顷,粮食产量46.88万吨。林地面积74.89万公顷,森林覆盖率58.1%。重要矿产资源有砂、石、土、地热等。重要海洋资源有长乐漳港海蚌、连江官坞海带等。主要旅游资源有森林、海滩、温泉、园林等,景点有三坊七巷、鼓山、镇海楼、于山、西湖公园等。地方特色文化有船政文化、海丝文化、侨乡文化等,著名人物有严复、陈景润、林则徐、沈葆桢、林徽因、冰心、林觉民等。2019获得中国领军智慧城市、夜间经济十佳城市、十佳温泉旅游目的地、中欧绿色智慧卓越城市等全国性荣誉称号。

2019年,全市实现地区生产总值9392.3亿元,比上年增长7.9%。其中,第一产业增加值526.47亿元,比上年增长3.8%;第二产业增加值3830.99亿元,增长7.8%;第三产业增加值5034.84亿元,增长8.3%。人均地区生产总值120879元,比上年增长6.9%。一般公共预算总收入1095.36亿元,比上年下降2%,其中地方一般公共预算收入668.08亿元,下降1.8%。工业增加值2610.31亿元,比上年增长8.6%。规模以上工业增加值比上年增长8.7%。农林牧渔业总产值934.92亿元,比上年增长3.8%。固定资产投资比上年增长9%。社会消费品零售总额4198.94亿元,比上年增长9.6%。外贸出口额1802亿元,比上年增长9%;实际利用外资9.4亿美元,增长17.9%。城镇居民人均可支配收入47920元,比上年增长7.8%;农村居民人均可支配收入21320元,增长9.8%。社会用电量479.04亿千瓦小时。年末从业人员161.8万人,城镇登记失业率2.16%。参加城镇职工基本养老保险220.09万人,参加城镇职工基本医疗保险197.2万人,覆盖率90.6%;参加城乡居民基本医疗保险462.1万人,覆盖率90.6%;参加城乡居民社会养老保险224.87万人。城镇生活污水集中处理率93.6%,城镇生活垃圾无害化处理率100%。

福州黎明湖公园,摄于2019年　　(福州市政府办供稿)

【第二届数字中国建设峰会】 于2019年5月6—8日在福州市举行。第二届峰会主题为“以信息化培育新动能,用新动能推动新发展,以新发展创造新辉煌”,主要包括开幕式、主论坛、分论坛、成果展览、报告发布、创新大赛和闭幕式7个环节。第二届峰会围绕“打造我国信息化发展政策发布、电子政务和数字经济发展成果展示、数字中国建设理论经验和实践交流、汇聚全球力量助推数字中国建设”四大平台,吸引参展企业493家,参会嘉宾1500多人;

63项国内自主可控核心技术亮相，163家企业发布新产品、新技术，首展览率超过50%。

第二届峰会期间，全省洽谈对接的数字经济项目587个，总投资超过4500亿元（签约落地项目308个，总投资超过2500亿元），涵盖物联网、大数据、人工智能、芯片等多个领域。其中，福州市引进麦克赛尔数字映像（中国）世界先进车载HUD生产基地，启动建设百度人工智能、今日头条创作空间及东南结算中心、福州高意5G通讯网络的核心应用器件生产基地、锐眼大数据研究中心、曹操出行网约车平台等一大批重点项目。

【“项目年”专项行动】 2019年，福州市坚持结果导向和问题导向，组织开展“项目年”专项行动，强产业、补链条、稳投资、促增长，推动高质量发展落实赶超，取得显著成效。全市引进项目6281个；新开工建设项目2108个，其中产业项目1394个，占开工项目数的66.1%，战略性新兴产业项目495个，占产业项目开工数的35.5%；建成或部分建成项目867个，其中产业项目471个。在“项目年”行动的有力带动下，全市重点项目完成投资比上年增长14%。

【“招商年”专项行动】 2019年，福州市落地招商项目6281个，其中富士康工业互联、华为鲲鹏生态创新中心、兴银理财等产业项目1918个，比上年增长近40%，并呈现出以下3个特点：产业发展新动能加快汇聚。落地北斗网格智能空间、福光AI光学感知器件等数字经济项目776个，总投资1173.87亿元，培育产业发展新动能；引进电商平台、综合服务平台等各类平台经济项目264个，总投资493.37亿元，构建产业发展新模式；以生物医药、新能源、新材料为代表的战略性新兴产业增加项目489个，总投资1424.68亿元，增强产业发展新动力。主导产业链条加快壮大。开展产业链招商，推动精细化工、高端装备、纺织化纤、冶金机械4个主导产业落地项目196个，总投资1046.39亿元，形成申远精细化工产业一体化、长乐外海海上风电场等多个超百亿元重大投资项目。现代服务业比重加快提升。引进日本零售巨头“Seven&11”、周大生区域总部等现代服务业项目741个，总投资1575.2亿元，设立全省第一家银行理财子公司（兴银理财），现代服务业项目辐射带动作用进一步强化。

【“三产年”专项行动】 2019年，福州市组织开展“三产年”专项行动。2019年，第三产业增加值完成5034.8亿元，占全市GDP比重为53.6%，比上年同期（52.9%）提升0.7个百分点，增长8.3%，拉动全市GDP增加4.34个百分点，对全市GDP增长贡献率为55.05%。其中，全市审核通过新增（含提升）限上规上企业1681家，净新增1003家；引进5亿元以上批发销售企业4家、亿元以上营利性服务业企业2家、大中型工业企业发展购销供应链业务企业5家。

2019年，全市服务业重点工作顺利推进，243个项目累计完成投资711.08亿元，完成年度计划的121.94%。各县（市、区）申报推进平台经济项目（企业）203个，实现纳统销售额611.2亿元。

（高进元）

【鼓楼区】 位于福州市西北部。2019年城区辖9个街道1个镇。土地面积35.43平方千米。年末户籍人口58.9万人，常住人口73万人。人口自然增长率7.6‰。耕地面积14.56公顷，林地面积334公顷，森林覆盖率8.96%，活立木蓄积量2.9万立方米。重要矿产资源有地热（温泉）。主要旅游景点有三坊七巷、于山风景名胜公园、福道、源脉温泉、屏山公园（镇海楼）、福州温泉博物馆、福山郊野公园、西湖公园等。在2019年中国城区综合竞争力百强排名中名列第23名，获评全省唯一的中国最具投资价值城区；达明美食街入选全国首批城乡便民消费服务中心。

2019年，全区生产总值1916.7亿元，比上年增长7.6%。其中，第二产业增加值373.8亿元，比上年增长6.8%；工业增加值110.5亿元，增长8.7%；第三产业增加值1542.9亿元，增长7.7%。规模以上工业总产值140.6亿元，比上年增长14.3%。固定资产投资比上年增长12%。社会消费品零售总额1280.2亿元，比上年增长6.9%。外贸出口额411.3万美元，比上年增长16.7%；实际利用外资4.14亿元。一般公共预算总收入50.9亿元，地方一般公共预算收入30.1亿元。城镇居民人均可支配收入56446元，比上年增长7.7%。

福州软件园数字人才工作站成立 5月8日，由数字中国创新大赛组委会、数字中国研究院（福建）指导，福州市大数据发展管理委员会、鼓楼区人民政府主办的“2019数字中国创新大赛人才合作大会暨福州软件园数字人才工作站揭牌仪式”在福州软件园举行。2019数字中国创新大赛总决赛的18支赛队选手、福州市数字经济领军企业、专业投资机构、高校、科研院所负责人近200人参加活动。鼓楼区推出“数字精英人才大礼包”，包括30亿元银行授信支持、10亿元专业资本对接、软件园内10万平方米拎包入驻精装修孵化空间、1000万元云服务支持，支持数字人才发展。

福州软件园A区双创新城完成建设 全年新增建筑面积17.38万平方米，其中，研发楼宇面积10万平方米。双创新城规划的主营行业包括软件类、系统集成研发、数据处理和储存、集成电路设计等。入驻双创新城的相关企业将享受一系列的优惠政策，新引进综合型和职能型总部企业，最高奖励500万元；新设立或新迁入的地区总部的各类金融机构，符合条件的，按租金的30%～40%给予用房租金补助，补助3年。

“鼓楼之夜”夜色经济街区嘉年华精彩上演 12月12—18日，由鼓楼区委、区政府主办，区商务局、东街口商圈管委会、达明美食街管委会等承办，在达明美食街和东街口、五四路、环省体三大商圈推出“夜色撩人——2019‘鼓楼之夜’夜色经济街区嘉年华”活动，初步形成“夜食、夜购、夜娱、夜游”等多种业态、多点开花的夜色经济街区。其中，达明路突出“夜好吃”，举办“八闽美食，百味一心”八闽美食嘉年华；东街口突出“夜时尚”，举办第三届东街口嘉年华，持续擦亮“福建第一商圈”金字招牌；五四路突出“夜美好”，举办“以美好生活，致敬奋斗者”美好生活节；环省体突出“夜精彩”，开展“璀璨夜色，时尚鼓楼”夜色文化节。（吴锦地）

【台江区】 位于福州市中部。2019年辖10个街道52个社区。年末户籍人口31.83万人，常住人口48万人。人口自然增长率2.41‰。土地面积18平方千米，土地利用主要是居住用地、商业用地、工业用地和市政用地。其中，商业服务业用地180.49公顷，工矿用地5.55公顷，住宅用地606.92公顷，公共管理与公共服务用地259.14公顷，特殊用地6.65公顷，交通运输用地300.56公顷，水域及水利设施用地245.11公顷，其他土地104.34公顷。无耕地、园地、林地、草地资源。重点旅游景点有“闽江游”项目、滨江旅游街区、中亭街、闽江公园、茶亭公园、南公园、上下杭历史文化街区、古田会馆、陈文龙纪念馆等。台江区获“2019年全国基层中医药工作先进单位”称号。

2019年，全区生产总值538.6亿元，比上年增长8.4%。其中，第二产业增加值87.55亿元，比上年增长2.3%；工业增加值5.82亿元，增长5%；第三产业增加值451.05亿元，增长9.5%。规模以上工业总产值10.86亿元，比上年增长5.7%。固定资产投资比上年增长21.4%。社会消费品零售总额236.96亿元，比上年增长12.1%。进出口总额114.15亿元，比上年增长33.2%；实际利用外资8.34亿元，比上年增长992.3%。一般公共预算总收入27.01亿元，比上年增长14.4%，其中地方一般公共预算收入17.09亿元，增长12%。城镇居民人均可支配收入52399元，比上年增长8%。

1月23日，南公园片区房屋征收工作中，新港路（二期）地块、竹排埕地块实现100%签约、100%搬迁、100%拆平。

5月6日，第二届数字中国建设峰会重要活动之一——“数字经济·闽江夜话”启幕。

6月19日，第六届世界闽商大会的延续活动——首届全球青年闽商论坛暨“青年闽商看台江”活动在台江举行。

11月21日，福州古厝与文化遗产保护巡回法庭成立，设立上下杭、三坊七巷两个办案点。

12月12日，上下杭历史文化街区举办“八闽美食嘉年华”分会场活动。

【仓山区】 位于福州南大门，辖整个南台岛，区域面积142平方千米，2019年辖8个街道、5个镇，共79个社区、102个行政村。年末户籍人口62.07万人，常住人口85.8万人，人口自然增长率7.9‰。全区有春伦茉莉花茶文化创意产业园、福建索佳艺陶瓷文化创意园等2家国家AAA旅游景区，以及螺洲古镇、林浦古村、烟台山历史风貌区、金山寺、花海公园等重要旅游资源。2019年度全国科技创新百强区（47位），2019年全国绿色发展百强区（48位），获评国家城乡融合发展试验区。

2019年，全区生产总值824.87亿元，比上年增长8.4%。其中，第一产业增加值1.65亿元，比上年增长0.5%；第二产业增加值333.79亿元，增长8.3%；工业增加值272.94亿元，增长8.7%；第三产业增加值489.43亿元，增长8.5%。人均地区生产总值97387元，比上年增长6.3%。农林牧渔业总产值3.29亿元，比上年增长0.5%。固定资产投资比上年增长12.6%。社会消费品零售总额489.44亿元，比上年增长11.0%。实际利用外资13.94万美元。一般公共预算总收入43.85亿元，比上年增长2.2%，其中地方一般公共预算收入28.51亿元，增长0.6%。城镇居民人均可支配收入44495元，比上年增长7.9%。

智能产业　坚持把智能产业作为新兴产业的主攻方向，编制印发《仓山区智能产业三年行动计划（2019—2022）》，引进百度云AI实验室、华为人工智能孵化中心、北京大学北斗网格智能空间协同创新实验室、中国移动5G联创开放实验室、中国信通院数字经济创新发展研究中心等一批重点实验室，构建起互联网小镇、人工智能（AI）小镇、北斗小镇3个产业小镇，初步形成较为完整的产业链条和发展生态。全年累计推动中软国际、字节跳动等108个智能产业项目落地，产值超过100亿元。

福州新区三江口片区建设　推进三江口片区建设，全面完成樟岚收储一二三地块等项目征迁20个，交地227.67公顷、拆迁72万平方米。基础设施持续完善，三江口大桥、双湖新城北侧规划路等12个基础设施项目建成。开展海绵城市建设试点，建成盛景黄山北区海绵化改造等试点项目30个。产业发展持续推进，新引进亚升集团总部等产业项目58个，总投资107.4亿元。

（陈　暖）

【晋安区】 位于福州市东北部。2019年辖4个镇3个街道2个乡。土地面积552平方千米。年末户籍人口42.47万人，常住人口87万人。人口自然增长率6.1‰。耕地面积3224公顷，粮食播种面积431公顷，粮食产量2835吨。林地面积4.28万公顷，森林蓄积量338.37万立方米，森林覆盖率66.75%。重要矿产资源有寿山石、叶蜡石、明矾石、辉绿岩、建筑用花岗岩及高岭土等。主要旅游景点有鼓岭国家级旅游度假区、福州国家森林公园、金鸡山公园、鹤林生态公园、中国寿山石馆、寿山乡九峰村等景点。2019年，晋安区获评全国“七五”普法中期先进区，再次入选全国科技创新百强区、全国投资潜力百强区、全国绿色发展百强区、全国新型城镇化质量百强区。

2019年，全区生产总值884.8亿元，比上年增长7.6%。其中，第一产业增加值7.38亿元，比上年增长3.7%；第二产业增加值261.76亿元，增长5.8%；工业增加值171.64亿元，增长8.6%；第三产业增加值615.67亿元，增长8.4%。人均地区生产总值101294元，比上年增长7.3%。规模以上工业总产值597.81亿元，比上年增长12.3%。农林牧渔总产值12.37亿元，比上年增长3.7%。固定资产投资比上年增长15.1%。社会消费品零售总额894.47亿元，比上年增长11.7%。进出口总额226.8亿元，比上年增长29.1%；实际利用外资64439万元，增长63.4%。一般公共预算总收入38.51亿元，比上年下降11.5%，其中地方一般公共预算收入24.25亿元，下降20.4%。城镇居民人均可支配收入48327元，比上年增长7.6%；农村居民人均纯收入21799元，增长10.2%。

2019年10月22日，全省实施乡村振兴战略暨农村人居环境整治现场推进会在福州召开。会前，全省考察团赴晋安区前洋村、九峰村观摩学习农村人居环境治理经验。

2019年12月10日，“我家门口那条路”福建展示周活动在晋安区寿山乡九峰村启动，晋安区通过公益绿道健步行等系列活动，全方位展示北峰美景和“交通+旅游+农业”的乡村振兴模式。

（周碧云）

【马尾区】 位于福州市东北部。2019年辖1个街道3个镇。土地面积276平方千米。年末户籍人口18.28万人，常住人口26.2万人。人口自然增长率3.59‰。耕地面积1898公顷，粮食播种面积268.6公顷，粮食产量1642吨。林地面积1.5万公顷，森林覆盖率47.15%，活立木蓄积量80.82万立方米。主要旅游景点有罗星塔、船政博物馆、昭忠祠等。2019年被评为全国科技创新百强区、全国新型城镇化质量百强区。

2019年，全区实现地区生产总值576.26亿元，比上年增长5.2%。其中，第一产业增加值5.76亿元，比上年增长3.6%；第二产业增加值339.14亿元，增长3.9%；工业增加值230.05亿元，增长5.2%；第三产业增加值231.36亿元，增长7.2%。人均地区生产总值219946元，比上年增长4.6%。规模以上工业总产值818.84亿元，增长1.1%。农林牧渔业总产值9.82亿元，比上年增长3.6%。固定资产投资比上年下降40.6%。社会消费品零售总额189.28亿元，比上年增长11.6%。外贸出口总额149亿元，比上年下降23.6%；实际利用外资11.31亿元，增长179.1%。一般公共预算总收入34.92亿元，比上年下降2.6%；地方一般公共预算收入22.84亿元，下降4.9%。城镇居民人均可支配收入53119元，比上年增长8.3%；农村居民人均纯收入27599元，增长9.7%。

产业加快转型发展。建成27万平方米物联网产业创新发展中心，引入大唐高鸿、省电子信息集团、中国电信等51家知名企业，新认定物联网企业37家，产值600亿元，比上年增长20%。物联网开放实验室二期加快建设，实验室制定发布技术标准14项，与华为公司共建物联网联合认证实验室，华为全国首个物联网云计算创新中心投入使用。与中央党校合作共建的“智慧后勤”项目建成投用。承办第二届数字中国建设峰会物联网分论坛、福建省第二届工业控制系统信息安全攻防大赛等大型活动，马尾物联网产业的知名度和影响力持续提升。

现代服务业稳步发展。马尾基金小镇设立全国首个私募基金综合服务平台，至年底集聚私募投资机构367家，基金管理规模1444.2亿元，基金小镇被中国母基金联盟评为“2019年中国基金小镇行业年度杰出贡献20强”。做大跨境电商平台，引进网易考拉、菜鸟等跨境电商龙头企业，全年完成500万票交易量。海洋经济加快发展，22个“海上福州”项目完成年计划投资104.1%，深海时代、中交汉吉斯冷链等项目加快推进，海文铭、太古冷链等项目建成投产。

（赵馨怡）

【长乐区】 位于福州市东部。2019年辖4个街道、12个镇、2个乡。土地面积658平方千米。年末户籍人口76.11万人，人口自然增长率9.19‰。耕地面积1.5万公顷，粮食播种面积1.15万公顷，粮食总产量6.78万吨。林业用地面积2.82万公顷，森林覆盖率27.07%，林木蓄积量124.86万立方米。重要矿产资源有金属矿产铁、锰、钨、钼，非金属矿产花岗石、石英砂、砖瓦用黏土、高岭土、叶蜡石、矿泉水等。重要海洋资源有带鱼、大黄鱼、小黄鱼、蓝园鲹、鲐鱼、马鲛鱼等700种海洋鱼类，省级海蚌资源增殖保护区面积2.07万公顷。主要旅游景点有国家级文物保护单位漳港显应宫、圣寿宝塔、九头马古民居，国家级自然保护区、全国“魅力湿地”闽江河口国家湿地公园，中国历史文化名村琴江满族村，福建省级历史文化名村三溪村、二刘村，省革命基点村南阳村，省文学创作中心、对外文学交流中心与省爱国主义教育示范基地冰心文学馆，龙泉寺，晦翁岩，梅花古城，猴屿洞天生态旅游景区，下沙海滨度假村等。2019年，长乐区被文化和旅游部办公厅评为“2018—2020年度中国民间文化艺术（闽剧）之乡”。

2019年，全区生产总值951.52亿元，比上年增长7.7%。其中，第一产业增加值58.44亿元，比上年增长3.8%；第二产业增加值605.93亿元，增长8.6%；工业增加值560.91亿元，增长8.6%；第三产业增加值287.15亿元，增长6.4%。规模以上工业增加值比上年增长8.9%。农林牧渔业总产值104.005亿元，比上年增长3.8%。固定资产投资比上年增长19.2%。社会消费品零售总额160.04亿元，比上年增长5.1%。外贸出口额55.03亿元，比

长乐区新区体育中心及洞江湖公园，摄于2019年　　（长乐区史志办供稿）

上年下降11.3%；实际利用外资2.43亿元，增长72.1%。一般公共预算总收入78.68亿元，比上年增长2.7%；其中地方一般公共预算收入49.42亿元，增长4.3%。城镇居民人均可支配收入49226元，比上年增长7.6%；农村居民人均可支配收入24315元，增长9.5%。

滨海新城建设　2019年，长乐区完成临空经济区分区规划等编制工作，滨海新城核心区控制性详细规划实现全覆盖。滨海新城及其临空经济区全年完成征交地1326.67公顷，拆迁121万平方米。加速推进5批265个重点项目建设，总投资3148亿元；蚂蚁金服、均和集团、东方银星等99个项目引进落地；数字中国会展中心、福州软件职业技术学院、福州三中滨海校区、福州实验学校、融侨赛德伯学校二期与三期等31个项目建成投用。出让CBD核心区输配环地块，推动地铁6号线、316国道漳港至营前段等重大线性工程建设，机场城际铁路（F1线）动工建设。承办第二届数字中国建设峰会长乐分会场、全国信息技术应用创新研讨会等重大活动。

和平街特色历史文化街区建设　和平街特色历史文化街区是长乐老城区保护更新规划的组成部分。一期规划面积20.5公顷，长约800米，范围自长乐一中大门口至吴航街道办事处南边道路，涵盖司马第、太平桥、汾阳溪、东风巷，有28处明清古建筑以及部分民国建筑。2019年末，征收房屋面积14万平方米，签约910户。2019年末，修复古建筑13栋，新建建筑16栋；第一批次7栋商铺（院落）在福州海峡纵横资产租赁交易电子竞价平台挂网公开招租，5栋商铺（院落）成交，2栋（院落）流标；完成士绅文化展示馆、长乐记忆馆装修布展工作。（胡方磊）

【福清市】　位于福州市南部。2019年辖7个街道、17个镇。陆域面积1519平方千米。年末户籍人口139.1万人，常住人口133万人，人口自然增长率7.6‰。耕地面积3.48万公顷，粮食播种面积1.85万公顷，粮食产量10.33万吨。林地面积6.513万公顷，森林覆盖率42.1%，森林总蓄积量530.55万立方米。海岸线总长度408千米，海域面积911平方千米，水产品总产量54.28万吨。优势矿产以非金属矿产居多，以建筑用石料、饰面用石材、叶蜡石为主。主要旅游景点有石竹山风景区、黄檗山风景区、灵石山国家森林公园、后溪旅游区、瑞岩山风景区、东关寨景区、永鸿文化城等。2019年，福清市入选福建省县域经济实力"十强"和县域经济发展"十佳"，在全国综合实力百强县市排名第18位，全国科技创新百强县市排名第12位，全国绿色发展百强县市排名第19位。

2019年，全市实现地区生产总值1150.1亿元，比上年增长7.6%。其中，第一产业增加值100.6亿元，比上年增长4%；第二产业增加值604.2亿元，增长8.7%；工业增加值477.8亿元，增长8.6%；第三产业增加值445.3亿元，增长6.8%。规模以上工业总产值1951.9亿元，比上年增长8.3%。农林牧渔业总产值183.9亿元，比上年增长4%。固定资产投资比上年增长3%。社会消费品零售总额307.98亿元，比上年增长10.4%。外贸出口额427亿元，比上年下降3.4%；实际利用外资56631万元，增长3.3%。一般公共预算总收入139.2亿元，比上年增长8.7%，其中地方一般公共预算收入85亿元，增长11.3%。城镇居民人均可支配收入48559元，比上年增长8.1%；农村居民人均可支配收入25212元，增长10%。

第二届福州（福清）枇杷节　2019年4月13日，第二届福州（福清）枇杷节在福清市一都镇东关寨举行。枇杷节以"枇杷美食＋枇杷美景＋枇杷艺术＋枇杷节庆"为主线，推出系列文旅农融合的活动，现场设有"果真甜"枇杷王集市、"畲乡美"一都镇畲族文化集市等30摊一都集市。一都镇是"全国绿色食品原料（枇杷）标准化生产基地"，枇杷加工产品远销东南亚国家。

首届福清（沙埔）开渔节暨海洋文化旅游节　2019年8月3日，首届福清（沙埔）开渔节暨海洋文化旅游节在福清市沙埔镇开幕。活动由福州市海洋与渔业局、福清市人民政府主办，福清市农业农村局、福清市文化体育和旅游局、福清市旅游事业发展中心、福清市沙埔镇人民政府承办，福州日报社协办。活动以"开洋看海　渔悦沙埔"为主题，组织增殖放流、渔业嘉年华、离岛海钓赛、"众筹一片海"、品尝"沙埔十六碗"等主题活动，吸引不少游客参与。活动中志愿者们共放流日本对虾苗2亿尾、黑鲷鱼10万尾。

首届元洪国际食品交易会　2019年9月10日，首届元洪国际食品交易会在福清元洪在线展示体验交易中心开幕。

2019年11月，历时3年的福清黄檗山万福寺改扩建工程竣工

（福州市政府办供稿）

交易会有参展供应商500余家、采购商2000余家参与洽谈对接，荟萃全球万款食品。交易会期间还分别举办“俄罗斯帝王蟹大宗订货会”“冻品现场采购会”“食品网商采购对接会”“商超现场采购会”4场大型专题对接会。

黄檗山万福寺改扩建工程竣工暨首届国际黄檗禅论坛　位于福清渔溪联华村的黄檗山万福寺始建于唐代，是佛教“临济祖源、黄檗祖庭”。由于年代久远，又曾遭遇山洪火患，寺中藏经、文物消失殆尽。清顺治十一年（1654年），寺院隐元禅师率僧众东渡日本弘法，开创日本的“黄檗宗”文化。1982年该寺被列为全国汉传佛教重点寺院。1997年曾重建，但由于测量技术问题，导致坐标定位偏差，加之寺院受风雨和白蚁侵袭，摇摇欲坠。2016年9月，福清市委、市政府决定重建黄檗山万福寺，并成立“福清市黄檗文化旅游园区建设领导小组”。2016年11月27日，由福耀集团董事长曹德旺捐资的黄檗山万福寺重建工程举行奠基仪式，重建历时3年，于2019年11月完工。2019年11月22日，在福清市举行以“黄檗禅与亚洲文明”为主题的首届国际黄檗禅论坛。论坛活动由福建省佛教协会、河仁慈善基金会主办，海内外佛教界长老、学者及社会人士400人参会。（严　明）

【闽侯县】　2019年，全县实现地区生产总值740.22亿元，比上年增长7.9%。一般公共预算总收入116.31亿元，其中地方一般公共预算收入73.23亿元。固定资产投资增长15.5%。社会消费品零售总额309.40亿元，增长10.2%。出口130.67亿元，增长9.1%。城镇居民人均可支配收入45177元，比上年增长8.8%；农村居民人均纯收入20434元，增长10.5%。县域经济综合竞争力、投资潜力再上全国百强榜，县域经济实力连续10年入围全省“十强县”。获评全国绿化模范单位、省级农产品质量安全县。被确定为建设新时代文明中心第二批全国试点县。

迈入地铁时代　2019年4月26日，福州地铁2号线试运营，苏洋—沙堤—上街—金屿—福州大学—董屿·福建师大—厚庭等7个站点途经闽侯，闽侯成为福州第一个也是福建第一个通地铁的县。

高速落地互通增至全省县级第一　2019年11月5日，位于福银高速公路闽侯县鸿尾乡金沙村段的鸿尾互通通车，标志着闽侯县鸿尾乡融入福州半小时交通圈，同时闽侯高速落地互通增至14个，位居全省县级第一。

2019闽侯发展大会　2019年9月12日，闽侯发展大会举行，企业家代表、高校代表、乡贤代表等数百人参会。此次大会，闽侯县与福建师范大学、福建医科大学、福州大学等7所高校，以及省电子信息集团、省汽集团等2家省企签订战略框架协议，同时还签约项目93个，总投资330.6亿元。

【连江县】　位于福建省东部沿海。2019年辖16个镇6个乡，县域总面积4280平方千米。年末户籍人口67.82万人，人口自然增长率5.16‰。耕地面积1.54万公顷，粮食播种面积0.7万公顷，粮食产量4.09万吨。林地面积7.14万公顷，森林覆盖率52.91%，活立木蓄积量324.6万立方米。境内海岸线长238千米，有三湾（罗源湾、定海湾、黄岐湾）、三口（可门口、闽江口、敖江口），水产品总产量位居全国县级第二、全省第一，是“中国海带之乡”“中国鲍鱼之乡”。可门港一类口岸开放获批，是全省最大的干散货港口，可建万吨级以上码头35个，至年底建成6个5万吨级以上码头（其中30万吨级码头1个）。温泉资源丰富，是“中国温泉之乡”和“全国十大温泉休闲基地”，贵安新天地休闲旅游度假区、溪山休闲旅游度假村是国家AAAA级旅游景区。全县旅外华人华侨和港澳台同胞42.9万人，是福州市著名侨乡和台胞祖籍地。相邻的马祖列岛与黄岐镇最近处仅距8千米，两岸开通黄岐至马祖客运航线。2019年福建连江鲍鱼中国特色农产品优势区入选第三批中国特色农产品优势区。

2019年，全县实现地区生产总值591.56亿元，比上年增长7.5%。其中，第一产业增加值137.64亿元，比上年增长4.7%；第二产业增加值249.05亿元，增长7.6%；工业增加值190.04亿元，增长8.3%；第三产业增加值204.87亿元，增长9.5%。人均地区生产总值99171元。一般公共预算总收入52.96亿元，比上年增长8.8%，其中地方一般公共预算收入33.41亿元，增长4.6%。规模以上工业增加值比上年增长8.3%。农林牧渔总产值248.04亿元，比上年增长4.7%。固定资产投资比上年增长16.1%。社会消费品零售总额129.68亿元，比上年增长12.5%。实际利用外资9.11亿元，比上年增长1587.4%。城镇居民人均可支

沙澳湾国家级鲍鱼健康养殖示范基地，摄于2019年 （连江县政府办供稿）

配收入39176元，比上年增长7.5%；农村居民人均可支配收入19537元，增长9.6%。

在全省率先启动个体鲍鱼养殖户养殖证发放 2月27日，连江县黄岐镇大建村举行水域滩涂养殖证颁发仪式，为首批50名鲍鱼养殖户颁发水域滩涂养殖证，标志着福建省个体鲍鱼养殖户申领养殖证实现零的突破。

福州（连江）国家远洋渔业基地获批动建 6月27日，农业农村部批复同意建设福州（连江）国家远洋渔业基地。基地规划建设面积1533.33公顷，范围覆盖连江县、马尾区和福清市部分渔港和区域，采用“一核心、多节点”方式布局，建设现代远洋渔业产业体系。

向马祖近期供水工程启用 12月27日，福建向马祖近期供水工程启用。原水取自安凯乡郭婆水库和敖江流域塘坂水库，经黄岐半岛水厂净化、消毒后输送到黄岐配水厂，由黄岐配水厂专管送至对台码头，供水能力每小时500吨。

（王 宇）

【闽清县】 2019年，全县实现地区生产总值329.17亿元，比上年增长9.6%。一般公共预算总收入28.9亿元，增长7.6%，其中地方一般公共预算收入15.8亿元，增长9.4%。固定资产投资增长21.6%，其中工业投资增长20.1%。全年出口总额17.9亿元，比上年增长95.5%。实际利用外资3357万元。建筑业总产值751.85亿元，比上年增长18.4%。城镇居民人均可支配收入34230元，比上年增长8.7%；农村居民人均可支配收入16101元，增长9.4%。全年实施县重点项目298个，累计完成投资112.22亿元。

农业 全年农林牧渔总产值56.35亿元，比上年增长4.7%。梅林农牧、同一农牧、麒麟山茶业等产业化项目带动成效明显，新增设施农业20公顷、“三品一标”农产品10个、农业标准化基地5个、农业物联网示范基地2个。改造提升高标准农田1333.33公顷、补充耕地35.2公顷。培育“一村一品”示范村48个，口袋精酿啤酒、豪业生态农业等省级农民创业示范项目通过验收，雄江万喜家庭农场获评省级示范场。举办“2019福州市中国农民丰收节”“中国·福州橄榄节”等活动，梅溪镇入选全国第九批“一村一品”示范村镇。

工业 规模以上工业产值211.88亿元，比上年增长11.29%，新增规模以上工业企业22家，规上工业产值突破200亿元，规上工业增加值增长8.8%。白金工业园区新落地项目14个，总投资31亿元，建成投产拓优陶瓷、双棱竹业、民天食品等项目9个；中建（福建）绿色建筑产业园建设取得新成效，中建钢构、博雀科技等13个产业链项目加速推进，新合发建材、经纬护栏等项目建成投产。全年实施技改项目27个，完成投资22.6亿元。以综合评价第一名再次荣获“福建省县域经济发展十佳县”称号。 （许昌民）

【罗源县】 位于福州市东北部。2019年辖6个镇5个乡。全境面积1187.18平方千米，其中陆地面积1062.2平方千米，海域、滩涂面积124.98平方千米。年末户籍人口26.96万人，常住人口22万人。人口自然增长率4.54‰。粮食播种面积6048.33公顷，粮食产量32581吨。林地面积7.79万公顷，森林覆盖率58.26%，活立木蓄积量446万立方米。重要矿产资源有花岗岩、凝灰岩、辉绿岩、叶蜡石、矿泉水。重要海洋资源有罗源湾天然深水港湾、滩涂、海洋生物资源（海带、紫菜以及石斑鱼、鲨鱼、鲻鱼、鳗鱼、日本鳗鱼、黄鱼、带鱼、目鱼、鲳鱼、马鲛鱼等鱼类资源）。主要旅游景点有罗源湾海洋世界、畲山水、陈太尉宫、碧岩寺、圣水寺。罗源县委获评全国民族团结进步模范集体，罗源县获评省级农产品质量安全县、“平安农机”示范县。

2019年，全县生产总值303.4亿元，比上年增长8.5%。其中，第一产业增加值46.2亿元，比上年增长4%；建筑业增加值19.2亿元，增长9.6%；第三产业增加值86.9亿元，增长10.3%。人均地区生产总值140463万元，比上年增长6.3%。规模以上工业总产值506.7亿元，比上年增长12.1%；规模以上工业增加值增长8.8%。农林牧渔业总产值82.98亿元，比上年增长4%。固定资产投资比上年增长20.2%；工业固定资产投资比上年增长47.9%。社会消费品零售总额48.87亿元，比上年增长13.8%。进出口总额25.8亿元，比上年增长16.1%。实际利用外资8200万元。一般公共预算总收入18.97亿元，其中地方一般公共预算收入11.28亿元。城镇居民人均可支配收入35756元，比上年增长8.6%；农村居民人均可支配收入16449元，增长10.6%。

2019 年 7 月 5 日“畲乡凤来仪”全国畲乡行在松山镇八井村启动

（罗源县政府办供稿）

畲族文化　7 月 5 日，“畲乡凤来仪”全国畲乡行启动仪式在罗源县松山镇八井畲族村举行，采风小组兵分三路，从福建罗源出发，深入走访广东、江西、浙江等地，探寻、征集各地最具代表性的畲族服饰。

乡村振兴　2019 年，举办乡村振兴创业创新大赛，起步镇获批“2019 年全国农业产业强镇”，霍口乡福湖畲村获评全省首批“金牌旅游村”。

体育赛事　12 月 17 日，罗源县第二届“英雄传说·部落战争”斗士杯自由搏击争霸赛在罗源县九大中心体育馆上演，来自全国各地的 16 位自由搏击选手参与现场争霸。（刘宇亮　兰克辉）

【永泰县】　2019 年，全县实现地区生产总值 282.6 亿元，比上年增长 10.8%。财政总收入（不含基金）20.3 亿元，增长 8.6%，其中地方财政收入 12.3 亿元，增长 11.4%。社会消费品零售总额 42.78 亿元，增长 11.5%。城镇居民人均可支配收入 33475 元，增长 8.2%；农村居民人均可支配收入 15856 元，增长 10.7%。共实施重点项目 129 个，完成投资 165.3 亿元，其中，55 个结转项目全部动工，74 个计划新开工项目动工 37 项。固定资产投资比上年增长 21%，其中项目（不含房地产）投资增长 10.4%。

招商引资　实施“2019 招商年”专项行动，赴上海、南京、台湾、北京和青岛等地开展招商工作，共引进自媒体孵化产业园、清控森林康养度假、中医药康养小镇等大项目好项目 636 个，总投资 826.8 亿元。实际利用外资 4481 万元，比上年下降 42.9%。出口总值 90726 万元，增长 46%。

社会保障　建立农村困难边缘群众动态跟踪管理机制和支出型贫困家庭最低生活保障机制，全面消除薄弱村，51.8%的村集体年经营性收入在 10 万元以上。实现农村富余劳动力转移就业 2930 人，新增城镇就业 2001 人，下岗失业人员再就业 201 人，城镇登记失业率降至 2.56%。新改扩建农村幸福院 24 个。动建残疾人康复服务中心。城镇职工基本养老保险覆盖 26403 人，城乡居民养老保险参保率 80%，城镇基本医疗合计参保率 96.7%。

承办全省乡村文化振兴现场会　2019 年 10 月 22—23 日，全省乡村文化振兴现场会在永泰召开。会上，长乐区、云霄县、石狮市蚶江镇、永安市槐南镇、仙游县、松溪县、蕉城区霍童镇授牌为“中国民间文化艺术之乡”。与会人员一行还前往永泰嵩口古镇、月洲村等地展开实地考察，了解近年来永泰推进乡村文化振兴的工作亮点。

中国·永泰首届耕读文化艺术节暨 2019 年农民丰收节　2019 年 9 月 21 日开启，活动突出“耕读传家，自然永泰”主题，划分为大洋、同安两个专场，着重彰显文化、稻田、美食三种元素，包括耕读话丰年版块、稻田嘉年华版块、耕读市集、福建民俗和农耕文化展览、非遗服饰展览、乡村创客市集等。

（陈近光）

厦门市

【概况】　厦门市位于福建省东南端，是中国东南沿海著名的港口风景旅游城市，风景秀丽、四季如春，城在海上、海在城中，素有“海上花园”美誉。1980 年获批设立厦门经济特区，1988 年中央批准实行计划单列，升格为副省级城市，授予地方立法权。2019 年辖思明、湖里、集美、海沧、同安、翔安 6 个行政区，土地面积 1700.61 平方千米（其中城市建成区面积 397.84 平方千米），海域面积 390 平方千米。年末常住人口 429 万人，常住人口城镇化率 89.2%；户籍人口 259 万人，其中城镇人口 224 万人；人口自然增长率 11.2‰。

全年农作物总播种面积 2.21 万公顷，其中粮食播种面积 0.4 万公顷，粮食总产量 2.43 万吨。森林覆盖率 41.65%。重要矿产资源有钍、铁、锰、铜、钨、铅、钛、钼、锌等。海域范围内有各类海洋生物近 2000 种，文昌鱼和中华白海豚为国家一类保护动物，鲎为福建省重点保护的珍奇动物。主要旅游景点有鼓浪屿、中山路、厦门大学、万石植物园、胡里山炮台、南普陀寺、曾厝垵、环岛路等。

市树为凤凰木，市花为三角梅，市鸟为白鹭。南音、高甲戏、歌仔戏、答嘴鼓、漆线雕、讲古、中秋博饼等入选国家级非物质文化遗产。人口中以汉族居多，另有满族、壮族、畲族、苗族、高山族等 20 多个少数民族，是著名的侨乡和台胞的主要祖籍地，通行闽南方言，形成以红砖古厝、嘉庚建筑、鼓浪屿万国建筑等特色历史建筑风格。最具代表性的“鼓浪屿历史国际社区”作为世界文化遗产于 2017 年 7 月被联合国教科文组织列入《世界文化遗产名录》。

2019年，厦门市获评年度“中国最佳表现城市”；城市竞争力进入全球百强；城市综合发展指标位居全国前列；连续23年蝉联“国家卫生城市”称号；入围中国智慧城市十强；获评中国十佳数字阅读城市；服务外包示范城市综合评价位居全国第六；通过国家生态园林城市创建验收；生态文明指数在全国地级及以上城市中排名第一；城市宜居指数位列全国第三；垃圾分类工作在全国考评中名列第一；空气质量在全国168个重点城市排名第四；绿色竞争力跻身全国十强；绿色交通获评中华环境奖；厦门马拉松赛获评全球“绿色环保奖”；入选港口型国家物流枢纽城市；在全国十大海运集装箱口岸营商环境评测中位列第一；获批国家“芯火”双创基地；火炬高新区获评国家知识产权示范园区。

2019年，全市实现地区生产总值5995.04亿元，比上年增长7.9%。其中，第一产业增加值26.49亿元，比上年增长0.7%；第二产业增加值2493.99亿元，增长9.7%；第三产业增加值3474.56亿元，增长6.6%。按常住人口计算人均地区生产总值142739元，折合20961美元。一般公共预算总收入1328.52亿元，比上年增长1.7%，其中地方一般公共预算收入768.37亿元，增长1.8%。规模以上工业增加值1795.95亿元，比上年增长8.6%。农林牧渔业总产值57.4亿元，比上年增长2.8%。固定资产投资比上年增长8.7%。社会消费品零售总额2257.92亿元，比上年增长12.2%。外贸进出口总值6413.41亿元，比上年增长6.9%，其中出口3530.32亿元，增长5.7%；进口2883.09亿元，增长8.3%。合同外资355.17亿元，比上年下降23.8%；实际使用外资134.16亿元，增长25.0%。全年接待国内外游客10012.87万人次。城镇居民人均可支配收入59018元，比上年增长8.5%；农村居民人均可支配收入24802元，增长10.7%。

2019年，全市用电总量282.98亿千瓦时。全市城镇新增就业26.18万人；2019年末，实有城镇登记失业人数2.49万人，城镇登记失业率2.84%。参加城镇职工基本养老保险320.21万人，比上年增长8.2%；参加工伤保险241.95万人，增长7.4%；参加失业保险240.66万人，增长7.2%；参加城镇居民基本医疗保险421.88万人，增长6.1%；参加生育保险227.7万人，增长6.6%。城镇生活污水集中处理率96.36%，城镇生活垃圾无害化处理率100%。

【招商引资】 2019年，厦门市举办“厦洽会”和系列招商大会，全市上下掀起“抓招商促发展”热潮。优化招商体制机制。成立招商引资工作领导小组，建立全链条全周期立体化工作体系，健全招商落实、工作协同、督查问效等工作机制，出台一系列优惠政策和全要素保障措施。加强产业规划引领。制定加快相关产业发展三年行动规划，推出厦门招商地图，滚动发布城市投资机会清单。完善12条千亿元产业链群发展路线图，围绕强链补链延链，建立招商目标企业库。精准聚焦招优引强。成功组织赴北上广深杭和日本、欧洲等境内外大型招商推介活动，取得一批招商引资重大成果。2019年完成招商项目2383个，总投资1.2万亿元，其中天马6代AMOLED、浪潮南方总部制造基地、电气硝子三期、星旅远洋邮轮运营总部、滴滴南方运营总部等439个优质项目落地，投资额1933.2亿元。

【跨岛发展】 2019年，厦门市贯彻落实习近平总书记亲自为厦门擘画的“跨岛发展”战略，加快岛内外一体化进程，在更高水平上实现岛内外协调发展。岛内大提升稳步推进。岛内策划生成首批30个重大项目，总投资2269亿元，中心城区服务功能不断提升。东部城中村整村改造实施，完成拆迁361万平方米，安置房开工建设1019套，改造老旧小区70个，城市更新加速提档。岛外大发展提速提效。按照“一年有突破、两年见成效、三年大变样”目标，重大片区分别制定三年行动规划，总投资超6000亿元，完成年度投资超1530亿元；一批骨干路网加速形成，学校、医院、保障房等一批公建配套全面铺开，中航锂电、华为鲲鹏生态基地等一批重大产业项目落地建设，产城融合更加紧密。基础设施建设取得重大进展。新机场立项和总规获批，航站区轨道工程等关键项目启动建设，机场大道等骨干项目加快推进。轨道交通1号线稳定运营，2号线开通运营，3号线、4号线、6号线建设按序时推进。第二西通道主隧道贯通，第二东通道加速推进，同安大道等提升改造工程竣工。长泰枋

2019年，厦门加快推进交通基础设施建设，绿色交通获评中华环境奖。图为厦门本岛至集美区的跨海大桥 （厦门市政府办供稿）

洋水利枢纽工程基本建成，具备蓄水条件。西水东调管道一期等重点水利工程竣工。

【自贸试验区建设】 2019年，厦门自贸试验片区推进制度创新，不断探索新业态新模式，全年新增企业9485家、注册资本829.92亿元，合同利用外资96.77亿元。持续推出改革创新举措。更好发挥“保税+”“金融+”等特色优势，新推出全国首创创新举措19项，累计82项，保税燃料油跨港区供应模式、海关业务预约平台等5项入选国务院第五批复制推广改革试点经验。加快建设重点产业平台。14个重点产业平台建设取得扎实成效，累计引进118架飞机和1台新飞机发动机，成为全国第三大飞机融资租赁集聚区和第一大二手飞机融资租赁集聚区；跨境电商9610进出口226.3万件，货值2.84亿元，比上年增长309.5%，成为全国第六大跨境电商邮快件进出口岸；在全国率先开展集成电路保税研发试点，获批国家“芯火”双创基地；中欧（厦门）班列开行班次增长32%；43条“丝路海运”航线开行1575航次；国际集拼货值增长46.8%；跨境金融区块链服务平台业务量位居全国第四。

【营商环境建设】 2019年，厦门市对标世界一流标准，出台52条优化营商环境措施，营商环境建设继续走在全国前列。深化“放管服”改革。取消行政许可事项9项，精简前置审批项目14个，97%的事项实现“一网通办”；除涉密事项外100%的依申请审批服务事项均部署至省网办事大厅，808项审批服务事项实现全程网办，82项备案事项实行无纸化全流程网上即办，网上申报、缴税率超过99%，全市“一趟不用跑”事项占比由年初的20%提升至54%。简化企业设立登记。上线企业“一网通”平台2.0版，企业开办压缩至2.5天内。实行企业登记身份管理实名验证，实现全流程、电子化、无纸化设立登记，足不出户即可办理营业执照。加大企业帮扶力度。出台一系列支持企业增资扩产、促进高质量发展等政策措施，下调工商企业用电用气价格，取消“四桥一隧”通行费，全年减税降费超400亿元，清偿民营企业中小企业欠款4.6亿元。健全政银企常态化对接机制，小微贷款余额比上年增长19.7%，银税互动贷款余额增长183%，融资成本降低0.8个百分点，累计使用115亿元应急转贷纾困资金。推进城市信用体系建设。实施《厦门经济特区社会信用条例》，归集5.34亿条信用信息，综合信用指数在36个省会及副省级以上城市排名第二。深化工程建设项目审批改革。一般工程建设项目审批时限从308个工作日压减到50～90个工作日，小型社会投资项目压减到25个工作日以内，31类项目实现环评批复立等可取。提升跨境贸易便利化水平。全面推广国际贸易单一窗口标准版，口岸政府性收费降至大陆最低，通关时间持续缩减，在全国十大海运集装箱口岸营商环境评测中位列第一。（张添财）

【思明区】 位于厦门市南部（含鼓浪屿全岛），三面临海，与小金门诸岛和漳州大陆隔海相望，面积84.28平方千米。2019年，全区常住人口102.3万人，户籍人口84.75万人。下辖10个街道办事处，设有98个社区居委会。主要旅游景点有世界文化遗产鼓浪屿、厦门大学、南普陀寺等。

2019年，全区完成地区生产总值1896.46亿元，比上年增长7.2%。财政总收入252.89亿元，比上年增长5.1%；区级收入58.62亿元，增长5.2%。合同利用外资167.67亿元，比上年增长19%；实际利用外资20.79亿元，增长12.5%；合同利用内资991.58亿元，减少10.7%。固定资产投资增长11.7%。城镇登记失业率2.93%。年度节能减排任务顺利完成。

2019年，思明区坚持总部经济引领。依视路太阳镜区域总部、今日头条旗下西瓜视频及金融板块、好未来教育集团等优质项目接续落地，超百万元重点税源企业税收增速达11.6%，占财政总收入比重超76%。获评国家外贸转型升级基地，社会消费品零售总额比上年增长13.5%。引入红杉资本等顶级基金管理机构，区产业引导基金参股基金总规模超150亿元，撬动资本近12倍，辐射带动多个新兴产业发展。瑞为科技成为全国4家人脸识别A级证书认证企业之一，引进滴滴出行、优刻得、喜马拉雅等新经济领域独角兽企业项目，软件信息业营业收入比上年增长18%。举办会议展览6558场，带动实现经济效益210亿元。举办第三届美哉·思明国际美容产业博览会，引进安捷生物医学等大健康项目48个。世界500强阳光龙净集团养老板块落地。引进高端专业服务业项目77个，总规模7.8亿元。倡导并推动“金鸡百花电影节”落户厦门，举办“思明影视季”系列配套活动，引进华策影视、泰洋川禾、笑果文化等影视传媒项目25个，总投资超60亿元。打造“思明体育时尚季”“厦门音乐季”系列活动，线上线下互动人数5.4亿人次，拉动消费2.5亿元。

人才强区 2019年，思明区加快推进人才强区战略，引进国家、省、市高层次人才60人，20人入选市拔尖人才序列，13人入选台湾特聘专家专才。聘请15名企业家作为首批区级招商顾问。首次举办海峡两岸文创人才对接会，优化台湾人才服务中心等引才引智平台，8家省级台湾青年就业创业基地吸引463个台青团队“登鹭”创业。制定出台大健康产业、高端专业服务业、高成长型企业及规模以上企业人才引进等激励政策。（纪兴塔）

【湖里区】 位于厦门岛北部。2019年辖5个街道55个社区。土地面积73.75平方千米。年末户籍人口36.59万人，常住人口102.6万人。人口自然增长率9.6‰。林地面积361.5公顷，森林覆盖率8.88%，活立木储积量2.07万立方米。重要矿产资源有地热资源。主要旅游景点有惠和石文化园（AAA）、凌云玉石文化馆（AA）、琦丽珊瑚文化馆（AA）、五缘湾、仙岳山等。2019年获评国家级健康促进区，小区治理经验被评为全国创新社会治理典型案例、全国“十大社区发展治理创新案例”。

2019年，全区实现地区生产总值1297.29亿元，比上年增长8.3%。其中，第二产业增加值549.52亿元，比上年增长12.4%；第三产业增加值747.77亿元，增长5.3%。规模以上工业增加值409.16亿元，比上年增长10.5%。固定资产投资比上年增长9.5%。社会消费品零售总额472.07亿元，比上年增长14%。外贸出口额1580.27亿元，比上年增长15.2%；实际利用外资19.51亿元，增长88.7%。一般公共预算总收入216.55亿元，比上年增长7.6%；其中地方一般公共预算收入49.6亿元，增长4.5%。城镇居民人均可支配收入57995元，增长8.1%。

小区治理经验获全国“十大社区发展治理创新案例” 湖里区坚持落实“支部建在小区上”，加大典型社区培育力度，推动党支部与业委会深度融合，引领新时代社会治理风向标，《人民日报》、新华社、中央电视台、《法制日报》、人民网、《中国组织人事报》等先后对小区治理创新实践作集中宣传，小区治理经验从全国近千项社区治理案例中脱颖而出，2019年获全国“十大社区发展治理创新案例”。

举办2019U.I.M.F1摩托艇世界锦标赛中国厦门大奖赛 2019年10月18—20日，2019U.I.M.F1摩托艇世界锦标赛中国厦门大奖赛在湖里五缘湾开赛。本次赛事由国际摩托艇联合会主办，国家体育总局水上运动管理中心、中国滑水潜水摩托艇运动联合会、厦门市体育局、厦门市湖里区政府承办，赛事赛况通过卫星向全球100多个国家和地区进行转播和报道。（蓝芳婷）

【集美区】 位于福建省东南部（集美区位于厦门市西北部）。2019年辖2个镇4个街道。土地面积275.79平方千米。年末户籍人口36.22万人，常住人口74.8万人。

集美区背山面海，各种土地类型自西北向东南呈阶梯状分布。区境山脉属戴云山脉与博平岭的延伸部分，主要山脉相对集中在西北与长泰县、东北与同安区交界处。主要山峰有62座，其中海拔800米以上山峰5座，500米～800米17座，300米～500米22座，100米～300米的低丘18座，最高峰为海拔963米的钉顶尾山。集美区海域为厦门西部海域和同安湾海域的一部分，面积约40平方千米。海岸线起自东安村的后坡，经凤林美、集美、杏林、高浦、马銮至陈井，全长21千米。全区21个村有临海滩涂，总面积3841公顷。区境的河流多发源于西部丘陵山地，具有河面狭、河床浅、支流少、流程短的特点。境内较长的河流有后溪（苎溪）、深青溪和瑶山溪。境内多年平均水资源总量2.17亿立方米，其中地表水1.82亿立方米，地下水0.35亿立方米。全区水能资源理论蕴藏量1926千瓦，可开发总装机容量1605千瓦。林业用地10429.73公顷（含国营坂头林场），约占土地面积的37.82%。森林覆盖率40.7%。列入国家一级保护的陆生野生动物为蟒蛇和白颈长尾雉，国家二级保护的动物有猕猴、穿山甲、小灵猫、鬣羚（别名苏门羚）、红隼、仓鸮、草鸮、猫头鹰；列入CITES公约附录二保护的动物有眼镜蛇。其他森林野生动物尚有松鼠、白鹭、燕子、喜鹊、山猪、豪猪、獐、狐狸、野兔、白环蛇等。全区挂牌保护的古树名木294株，树龄最长的为540岁。全区土地面积275.79平方千米，人口密度（按户籍人口计算）每平方千米959.7人，属土地资源极端超载区。2018年，全区农作物播种面积2640.87公顷，比上年减少1.26%。其中，粮食作物203.67公顷；蔬菜1820.33公顷，总产量4.49万吨；水果2044.4公顷，总产量29021吨；花卉534.73公顷。集美是福建省著名的旅游风景区，厦门四大游览区之一。辖区有4个国家AAAA级景区（鳌园、厦门园博苑、诚毅科技探索中心、厦门老院子景区），2个国家AAA景区（厦门灵玲马戏城、双龙潭景区）。

2019年获评“2019中国创新百强区”和“2019年度全国综合实力百强区”。

2019年全区生产总值789.37亿元，比上年增长7.7%。其中，第一产业增加值2.99亿元，比上年增长3.5%；第二产业增加值386.31亿元，增长8.3%；工业增加值320.91亿元，增长

2019年，厦门着力推进跨岛发展，岛外新城建设提速提效。图为集美新城
（厦门市政府办供稿）

6.9%；第三产业增加值400.06亿元，增长6.9%。规模以上工业总产值1072.59亿元，比上年增长6.8%。农林牧渔业总产值6.43亿元，比上年增长2.9%。固定资产投资330亿元，比上年下降3.7%。社会消费品零售总额179.32亿元，比上年增长12%。城镇居民人均可支配收入52999元，比上年增长8.7%；农村居民人均纯收入29948元，增长10.6%

台商投资区成立三十周年　杏林台商投资区、集美台商投资区分别于1989年5月和1992年12月经国务院批准设立，核定总面积分别为25.21平方千米和6.85平方千米。先后于2004年、2005年通过ISO14001环保体系认证。台商投资区成立30年以来，经济实力显著增强，实现产业结构从以农业为主向二、三产业并重转型，形成机械装备产业、软件和信息服务业、文化创意与旅游业、现代物流业、新材料产业、都市现代农业等六大重点发展的产业链群。2019年，规模以上台资工业企业85家，创造工业产值近330亿元，占规模以上工业产值的1/3。累计引进台（外）资企业876家企业，合同利用外资37.37亿美元，其中台资企业413家，合同利用台资8.2亿美元；2012年起，引进台湾专业顾问机构财团法人中国生产力中心（台湾）辅导企业转型，共诊断企业41家，深度辅导企业33家，企业高管168人次赴台交流学习，经过辅导的企业效益显著提高。全区有台湾青年创业基地6个，其中国家级1个、省级3个。累计向各台湾青创基地兑现奖励资金近1500万元；率先在全市出台《集美区关于鼓励对台青少年来集研学旅行奖励办法（试行）》，累计接待台湾青少年研学、亲子游客近5000人次。厦门（集美）研学旅行基地获评为福建省对台交流和国家第二批港澳青少年内地游学基地；成功打造“嘉庚杯”“敬贤杯”海峡两岸龙舟赛文化品牌；先进制造业快速发展，汽车、机械、水暖厨产业链产值超百亿元，成为海西重要机械产业制造基地。宏发（全球第一大继电器生产商）、路达（亚洲最大卫浴五金专业制造商）、正新（全球轮胎行业排名第九）、华懋（汽车安全气囊国内市场占有率35%）、厦晖（轮胎气门嘴亚洲市场占有率第一）等企业成长为行业龙头。软件园三期入驻企业1021家，员工2.2万人，2019年实现营收176.13亿元。建成基金聚集区，基金规模达到189亿元；各级惠台措施落实到位。重新梳理集美区的惠企78项优惠事项。2019年对申请实施转型升级、全面诊断和深度辅导的企业补助392.16万元，共为108家台资企业兑现转型升级扶持奖励资金5002万元。

（张燕红）

【海沧区】　位于厦门市西南部。2019年辖4个街道28个社区15个建制村及第一农场、海沧农场和天竺山林场3个农（林）场。土地面积186.82平方千米。年末常住人口41.6万人，其中户籍人口23.88万人。户籍人口自然增长率17.44‰。全区耕地面积669公顷，粮食播种面积73公顷，粮食产量347吨。林地面积5818公顷，森林覆盖率39.34%，活立林蓄积量39.36万立方米。重要矿产资源有地热（温泉）、花岗岩、高岭土。重要海洋资源有石斑鱼、鲈鱼、鲢鱼、长毛对虾、斑节对虾、锯缘青蟹、牡蛎、花蛤等。主要旅游景点有日月谷温泉公园景区、天竺山景区、青礁慈济祖宫景区3处国家AAAA级景区。

2019年，全区完成地区生产总值796.87亿元，比上年增长7.8%。其中，第一产业增加值1.64亿元，比上年下降3.9%；第二产业增加值480.7亿元，增长8.2%；工业增加值400.77亿元，增长8.3%；第三产业增加值314.53亿元，增长7.4%。人均地区生产总值201483元，比上年下降0.3%。规模以上工业总产值1304.53亿元，比上年增长9.1%。农林牧渔业总产值3.97亿元，比上年下降4.4%。固定资产投资（不含农户）比上年增长10.4%。社会消费品零售总额294.09亿元，比上年增长10.1%。外贸出口额508.21亿元，比上年增长14.5%。实际利用外资10.35亿元，增长8.47%。全区一般公共预算总收入176.81亿元，比上年增长1.58%，其中地方一般公共预算收入39.84亿元，增长1.87%。城镇居民人均可支配收入5.39万元，比上年增长8.5%；农村居民人均可支配收入3.06万元，增长10.1%。

海沧台助3.0版——海峡城乡发展基金会　2019年，海沧区探索两岸融合发展新模式，持续深化台胞社区主任助理工作，成立海峡城乡发展基金会，推举1名高校教授、1名台助代表牵头组建管理团队，聘请12名两岸专家学者担任顾问，引进11名台胞社区营造员充实台助队伍。基金会按照“顾问团队＋执行团队＋项目化运作”的方式运作，先后承办闽宁协作泾源县乡村振兴培训、两岸乐活长青漫游、丰收节策划、海沧街道小小解说员培训等专项活动，进一步推动台助工作在乡村振兴、社会治理、文化保护和弘扬等方面持续探索创新，引起海峡两岸广泛关注。

战略性新兴产业取得突破性进展　2019年，海沧区集成电路等三大战略性新兴产业加快发展，初步形成集成电路产业集群，以海沧为核心的厦门市生物医药产业入选国家发展改革委战略性新兴产业集群发展工程，成为全国首批入选的17个生物医药领域产业集群之一。集成电路产业快速发展，总投资超300亿元的通富、士兰、金柏等五大重点项目实现试投产、开工、奠基；生物医药产业和新材料均实现150亿元以上产值，并有一批重大重点项目在建、在谈。

（李彩兰）

【同安区】　位于厦门市北部，东与翔安区相连，南与湖里区隔海相望，西南与集美区相连，北与泉州南安市、安溪县交界，西北与漳州长泰县接壤。全区土地面积669.36平方千米，其中下辖6镇2街道，共81个行政村、60个社区。

年末户籍人口40.54万人，常住人口85.3万人。人口自然增长率13.5‰。2019年，林地面积37298.16公顷、森林覆盖率54.43%，活立木蓄积量192.14万立方米。耕地面积8430.3公顷，粮食播种面积2155.87公顷，粮食产量12574吨。海岸线长11千米，重要矿产资源有花岗岩、高岭土、矿泉水等。主要旅游景点有方特旅游区、同安影视城、北辰山、金光湖、古龙酱文化园、通士达光影馆、五峰德安古堡、丽田园等。

2019年，同安区实现地区生产总值551.23亿元，比上年增长8.3%。第一产业增加值10.46亿元，比上年增长0.7%；第二产业增加值298.72亿元，增长7.1%；第三产业增加值242.05亿元，增长10.4%。人均地区生产总值86535元，比上年增长1.3%。规模以上工业增加值241.3亿元，比上年增长6%。全区产值超亿元企业增至198家，完成增加值21.3亿元，增长0.1%。固定资产投资比上年增长16.4%。社会消费品零售总额365.05亿元，比上年增长8.7%。外贸出口额1997208万元，与上年持平。实际利用外资16.32亿元，比上年增长11.3%。一般公共预算总收入96.33亿元，比上年增长6.6%，其中地方一般公共预算收入25.67亿元，增长11.6%。城镇居民人均可支配收入49818元，比上年增长8.5%；农村居民人均可支配收入22942元，增长10.7%。

滨海旅游浪漫线（同安段）二期建成　该项目位于同安环东海域东西溪海岸，起于官浔溪、途径丙洲大桥、中洲大桥、中洲岛，止于丙洲大桥东桥头，全长10.4千米，路幅宽10～12米，建有自行车道、人行道，机动车禁行。项目于2017年12月启动建设，2019年10月建成对外开放，连接一期成为集体育健身、休闲旅游娱乐的产业带和环湾景观带。

百利现代农业科技园区建成　该项目由厦门百利现代农业科技有限公司出资建设，位于厦门市同安区竹坝农场，面积16公顷，投资金额2823.74万元，2017年开工建设，建设6栋工厂化育苗相关生产厂房及土地平整、清淤、挡墙道路、排灌设施等园区基础设施、配套用电工程等。园区经营项目为蔬菜工厂化育苗和种植示范，使用蔬菜嫁接育苗技术、水肥一体化、计算机智能控制等新技术，主要种植品种为茄果类、瓜类蔬菜。

全国首个区级生态文明建设目标评价考核平台建成投用　该平台包含区直考核、街道乡镇、区直审核、统计分析等模块，搜集当年所需数据及佐证材料，对各镇（街）、市直驻区单位、区直部门和重点企事业单位考核。运用互联网技术建立生态文明建设评价考核预警通报、督查督办和定期评估机制，开展全流程跟踪，实现实时调度和过程监控。（黄慧佶）

【翔安区】　位于厦门市东北部，地处厦（门）、漳（州）、泉（州）闽南“金三角”中心地带，东、北与泉州市交界，西与同安区接壤，南与厦门岛、金门岛隔海相望，经翔安隧道可直通厦门本岛。全区陆域总面积412.15平方千米（其中滩涂面积57.9平方千米），大陆海岸线长56.71千米，占厦门市大陆海岸线总长的28.01%。辖4镇1街，有30个村委会、90个社区居委会。2019年末，全区户籍人口37.61万人，常住人口41.4万人，人口出生率14.14‰，人口自然增长率9.19‰。

2019年，翔安区实现地区生产总值663.83亿元，比上年增长9.3%。规模以上工业增加值396.2亿元，增长10.4%。固定资产投资增长9.2%。财政总收入66.95亿元，增长6.3%；区级财政收入20.9亿元，增长5.6%。社会消费品零售总额118.57亿元，增长12.5%。限额以上批发零售额416.76亿元，增长29%。城镇居民人均可支配收入41968元，增长8.3%；农村居民人均可支配收入22467元，增长10.8%。

招商引资　2019年，翔安区创新思路增强招商实效。成立区属招商集团，构建“一个中心、三个平台、五张图”体系，招商引资全要素全周期服务保障机制不断完善。建成厦大国家大学科技园主园区，数字经济产业园新入驻52家企业。招商平台持续拓展，承办翔台医疗健康创新项目对接会、“魅力金嶝”两岸旅游推介会，依托数字中国建设峰会、厦洽会、新经济大会、闽港“一带一路”高峰研讨会等各类招商平台推介翔安、对接项目，全年累计签约项目69个，其中34个项目已落地、17个项目投入运营。合同利用台资5914万美元，比上年增长830%。全年179个招商项目纳入市级项目库。（许晨光）

厦门翔安南部新城，摄于2019年　（翔安区政府办供稿）

漳 州 市

【概况】 漳州市位于福建省最南端。1985年设立地级市。2019年辖8县2区1市和4个国家级开发区，陆域面积1.29万平方千米，海域面积1.86万平方千米。年末户籍人口522.31万人，常住人口516万人，其中城镇常住人口309.6万人。人口自然增长率7.25‰。粮食总产量40.82万吨，森林覆盖率64.78%。全年平均气温22.6℃，空气质量达到及好于二级标准355天。漳州海岸线长715千米，公路通车里程1.26万千米，其中高速公路595千米。片仔癀、八宝印泥、水仙花被誉为“漳州三宝”。

2019年，全市实现地区生产总值4741.83亿元，比上年增长6.5%。一般公共预算总收入356.2亿元，比上年增长1.2%，其中地方一般公共预算收入219.41亿元，增长0.3%。全部工业增加值1862.24亿元，比上年增长9%。农林牧渔业总产值882.2亿元，增长4%。社会消费品零售总额1786.35亿元，比上年增长9.8%。外贸出口469.6亿元，下降12%；实际利用外资（验资口径）38.1亿元，下降16.6%。对美国出口额101.9亿元，比上年下降6.2%；从美国进口额8.3亿元，下降34.2%。城镇居民人均可支配收入38975元，比上年增长8.3%；农村居民人均可支配收入19885元，增长9.3%。

【工业】 2019年，漳州市围绕“建设工业新城”主题，成立重大工业项目统筹协调领导小组，出台支持工业招商引资、加快工业设计产业发展、加强金融服务工业发展、工业厂房产权分割等政策，兑现省市各类奖励扶持资金3.1亿元。全年减免税费48亿元，完成清理拖欠民营企业、中小企业账款年度任务，全市新增各类市场主体78827户，比上年增长19.5%。片仔癀药业获福建省政府质量奖，成为漳州继龙溪轴承、立达信绿色照明的第三家企业获奖。成立装备制造、钢铁、食品等5家产业技术研究院，培育省级以上企业技术中心33家，国家高新技术企业达到241家。漳州恒丽电子工业设计中心被确定为全市首家国家级工业设计中心。中沙（古雷）乙烯获批列入国家石化产业规划布局，漳州核电和云霄抽水蓄能电站开工建设，金龙客车实现首车下线，枋洋水利枢纽工程上存大坝主体封顶。

【高质量发展】 2019年，三宝钢铁进入中国民营企业500强，联盛纸业、福欣特钢等9家企业上榜福建百强企业，古雷开发区获评中国化工潜力园区10强第一位。融入闽西南协同发展区建设，签订《厦漳经济合作区合作备忘录》。探索开发区“区地合一”体制机制改革，基本实现区内事区内办。龙海市、长泰县获评全省县域经济实力“十强”县（市），南靖县、云霄县入选全省县域经济发展“十佳”县。厦门地铁6号线漳州（角美）延伸段开工，福厦（漳）客专顺利推进，云平高速、后石港区3号泊位等一批重点工程竣工投用。漳州最长跨海大桥，全长3554米的漳江湾跨海特大桥通过验收试通车。新改扩建城市道路184.7千米、农村公路225千米。编制《漳州市全域旅游发展总体规划》，新开辟精品旅游线路21条。新增2家国家级、59家省级农业产业化龙头企业，建成1.74万公顷高标准农田。漳州市电商助力精准扶贫案例入选《全国脱贫攻坚典型案例选编》，2019年6月实现农村建档立卡贫困人口、贫困村、贫困县全域脱贫。

【生态文明】 2019年，漳州市完成造林绿化1.04万公顷，漳浦、东山两县获评省级森林城市（县城）。推进114个美丽乡村建设，长泰县入选全国乡村治理体系建设首批试点单位，是漳州唯一入选。平和灵通山获评国家地质公园。诏安县全县有百岁老人70位，是世界长寿乡和中国长寿之乡，还是中国书画艺术之乡、中国青梅之乡和中国海峡硒都。开展“百路千村”专项行动，处置违法用地违法建设面积823.2万平方米。深化高铁高速公路沿线环境整治，新建改造城乡公厕460座，整治裸房9882栋，配备在册农村保洁员8507名。常山、蒲姜岭二期垃圾焚烧发电厂投入运行。

【社会事业】 2019年，闽南文化生态保护区包含漳州、泉州、厦门三地，入列国家级文化生态保护区。谷文昌干部学院建设工程获“鲁班奖”，是漳州公共建筑项目、本地建筑企业首次获此

2019年9月27日，漳州沿海大通道漳江湾特大桥及连接线工程竣工通车
（云霄县政府办供稿）

奖。谷文昌纪念馆入选全国爱国主义教育示范基地，是漳州首家。东山关帝庙维修项目获全国优秀古迹遗址保护项目，是福建省唯一获评的项目。省委党校和省行政学院与漳州市委共建谷文昌干部学院现场教学基地。位于漳浦赤岭乡的闽台畲族博物馆正式开放，分为“漳浦畲族历史文化”和“闽台畲族源”两个展示馆。新增东美曾氏番仔楼、东溪窑遗址、黄道周讲学处、歪嘴寨闽粤边区乌山游击队指挥部旧址4处全国重点文物保护单位。在第二届全国青运会上有89名漳籍运动员获奖。新建续建职教园区、漳州一中新高中部等370个教育补短板项目，新增义务教育学位1.66万个、公办幼儿园学位3.5万个，加快建设市医院总部院区，完成县级医院“五大中心”建设，新增床位4275张、卫技人员3785名。新建农村幸福院305个，新增养老床位4913张，市社会福利中心投入运营。新增城镇就业3.94万人。开工建设保障性安居工程15133套，解决不动产权证办理历史遗留问题4904套。

【会展经济】 2019年，漳州市举办第四届海峡两岸（漳州）工业设计创新大赛、中国（蓝光杯·漳州）钟表设计大赛。举办第十一届农博会、第二十一届花博会、第二届中国食品名城（漳州）食品交易会暨首届龙海国际休闲食品博览会、第二届全球未来食品论坛等活动。举办2019福建企业100强研究发布暨福建企业家高峰论坛大会和福建百强企业授牌仪式。举办第十三届中国蘑菇节、第六届海峡（漳州）茶会。举办第十二届中华武术大家练、第六届南靖土楼国际马拉松赛、南靖土楼职业健美钻石联赛暨国际健美传统赛、首届中国钟表名城（漳州）钟表文化节、全国百家媒体聚焦花样漳州（第三季）文化旅游新闻摄影采访活动。举办第六届长泰芦柑节暨长泰土特产丰收集市、中国龙文第四届国际山地自行车邀请赛、林语堂文化艺术节。首演大型原创情景音乐剧《花样漳州让世界听见》。举办华安九龙江龙舟邀请赛、南靖南坑乡村半程马拉松赛暨南坑咖啡文化节、福建东山城市定向赛。

【关帝文化旅游节】 2019年，第二十八届海峡两岸（福建东山）关帝文化旅游节在东山开幕。来自海峡两岸及海外的关帝信众、企业家、艺术家等各界嘉宾1400多人齐聚东山，共襄盛典。《鼓神汉舞》《想欲吃好鱼，请你到东山》《英歌舞》3个开幕式节目展现大陆与台湾的合作交流。

【环东山湾中国汽车拉力赛】 2019年12月8日，环东山湾“片仔癀杯”中国汽车拉力锦标赛在东山海科园超级短道赛场开赛。环东山湾站是收官之站，设有东山、云霄、诏安、常山开发区4个赛区7个赛段，比赛路段125.44千米。共有来自国内30个参赛车队77辆赛车154名参赛选手。（谢王辉）

【芗城区】 位于福建省东南部。2019年辖4个镇6个街道办事处和1个管委会。土地面积264.59平方千米。年末户籍人口47.5万人，常住人口60.23万人。户籍人口自然增长率4.6‰。常住人口自然增长率5.8‰。耕地面积0.23万公顷，粮食播种面积563公顷，粮食产量2932吨。林地面积10523公顷，森林覆盖率41.17%，活立木蓄积量28.47万立方米。重要矿产资源有地热、高岭土、建筑用花岗岩、建筑用砂岩等。主要旅游景点有漳州古城、林语堂文化园、漳州牛庄文创园、西院湖生态园、威镇阁等。2019年，芗城区被评为“2018年度全国综合减灾示范社区”。

2019年，全区实现地区生产总值771.36亿元，比上年增长6.6%；农林牧渔业总产值19.94亿元，增长5.5%。规模工业总产值977.64亿元，增长9.4%，规模工业增加值247.19亿元，增长9.1%。固定资产投资增长4.3%。一般公共预算总收入30.61亿元，比上年下降2.6%，其中地方一般公共预算收入15.9亿元，比上年下降5.50%。实际利用外资1.39亿元，外贸出口60.37亿元。社会消费品零售总额324.49亿元，增长10%。城镇居民人均可支配收入43720元，增长8.8%；农村居民人均可支配收入19762元，增长8.9%。完成年度节能减排降碳任务。

西院湖生态园二期开园　1月1日，西院湖生态园二期开园。二期项目总用地面积12公顷，水体面积4公顷，是一个集生态环境保护、市民健身休闲、湿地科普教育等功能于一体的湿地公园。

全省首批、全市首个精神障碍社区康复服务试点项目康乐家园揭牌成立　2月20日，芗城区康乐家园揭牌成立。作为全省首批、全市首个精神障碍社区康复服务试点，该项目由芗城区民政局主办，漳州市福康医院提供全面技术支持，将为符合条件的稳定期患者免费提供康复服务。芗城区康乐家园项目采用政府购买服务方式，福康医院社工、心理咨询师、医护人员三方合力，构筑专业综合服务团队。

漳州科华建成全省规模最大的EMC检测实验室　3月10日，漳州科华技术有限公司建成全省规模最大的EMC（电磁兼容性）检测实验室，以满足国内及国际电磁兼容标准要求。该实验室项目投入2000万元，主要包含10米法半电波暗室，全套EMC测试系统，复合天线、人工电源网络及抗扰度设备等，可开展传导、辐射、静电放电、电快速瞬变脉冲群、浪涌等测试。

漳州首家专业化工仓储园区“鑫展旺化工物流园”竣工　3月28日，漳州首家专业的化工仓储园区“鑫展旺化工物流园”举行竣工仪式。该项目是截至2019年漳州唯一一家通过政府规划可以储存化工品的专业物流园。鑫展旺化工仓储物流园占地14.67公顷，分为办公区、库区、储罐区三大功能区，一期建有甲类、乙类、丙类仓库面积共计2万多平方米，甲乙类和酸碱罐合计3000立方米。

漳州闽光公司技改项目竣工　6月26日，漳州闽光公司总投资3.13亿元的漳州闽光带钢厂技改项目竣工，并组织专业人员对设备、电路、管线等系统进行试运行。该技改项目配置智能视觉出钢系统、自动打捆机、自动称重系统、智能喷码机器人和自动激光测宽测厚仪等先进设备，并依托OA系统、MES系统、ERP系统的搭建，实现办公、生产线管控、供应链管理的信息化、智能化。

国内跨径最大最长廊桥——金峰大桥建设进入收尾 12月27日，国内跨径最大最长廊桥——金峰大桥建设进入收尾阶段。金峰大桥项目路线全长1.96千米，主线桥梁全长1122米，双向双幅八车道。（林良益 张振拓）

2019年7月1日，龙文区朝阳农贸市场经过改造建设后正式投入使用
（龙文区政府办供稿）

【龙文区】 位于漳州市东部。2019年辖5个街道、1个镇和1个省级开发区（漳州蓝田经济开发区）。土地面积126平方千米。年末户籍人口16.95万人，常住人口19.56万人。龙文是国家生态区、国家森林城市和全国文明城市。全区城市建成区面积21.7平方千米、城镇化率86.2%，建成区绿化覆盖率43.9%，人均公园绿地率15.74平方米。主要旅游景点有国家AAAA级旅游景区云洞岩、碧湖生态公园、西溪亲水公园、湘桥历史文化名村、扶摇关帝庙、九十九湾闽南水乡。2019年获第四次全国经济普查国家级先进集体。

2019年，全区实现地区生产总值361.36亿元，比上年增长7.2%。其中，第一产业增加值6亿元，比上年增长0.3%；第二产业增加值138.3亿元，增长9.3%；工业增加值100.8亿元，增长9.3%；第三产业增加值217.05亿元，增长6.0%。规模以上工业总产值335.55亿元，比上年增长10%。农林牧渔业总产值10.63亿元，比上年增长0.3%。固定资产投资比上年增长8.5%。社会消费品零售总额234.13亿元，比上年增长4.7%。一般公共预算总收入17.94亿元，比上年增长5.4%，其中地方一般公共预算收入11.53亿元，增长12.1%。规模以上工业增加值95.99亿元，比上年增长9.7%。城镇居民人均可支配收入44420元，比上年增长8.4%；农村居民人均可支配收入21378元，增长9.1%。

首届中国钟表名城（漳州）钟表文化节 2019年12月12日在闽南水乡开幕，为期4天。文化节期间举行多场活动，举办“奇珍月恒”古董钟表展；在融信皇冠假日酒店设有第四届中国（蓝光杯·漳州）钟表设计大赛获奖作品展、国内品牌手表展、国际品牌手表和瑞士独立制表展等；开设多场国内外专家学者讲座。漳州是全球最大的石英钟生产基地，拥有上百家生产时钟及配件的企业、全国最完整的钟表产业链、最大的钟表产业品牌集群，钟表产品出口覆盖165个国家和地区。（林宝卿）

【龙海市】 位于福建省东南部，漳州市东部。2019年辖15个乡（镇）场，土地面积1120平方千米（不含台商投资区、漳州开发区，下同）。年末户籍人口72.15万人，常住人口70.3万人。人口自然增长率6.34‰。耕地面积2.17万公顷，粮食播种面积10.37万公顷，粮食产量4.8万吨。林地面积6.57万公顷，森林覆盖率53.50%，活立木蓄积量437.34亿立方米。重要矿产资源有花岗岩、高岭土、温泉、矿泉水。重要海洋资源有江海岸线长290多千米，海域面积1004平方千米。主要旅游景点有白塘湾旅游综合体、西溪生态文化园、月港历史风貌区、埭美古村落群、田头闽南水乡等。2019年获中国工业百强县（市）称号。

2019年，全市实现地区生产总值646.96亿元，比上年增长7.5%。其中，第一产业增加值69.44亿元，比上年增长4.4%；第二产业增加值368.28亿元，增长9.6%；工业增加值250.52亿元，增长9.6%；第三产业增加值209.24亿元，增长6%。人均地区生产总值92343元。规模以上工业总产值798.98亿元，比上年增长10%。规模以上工业增加值221.5亿元，比上年增长9.7%。农林牧渔业总产值121.53亿元，比上年增长3.8%。固定资产投资比上年增长5.8%。社会消费品零售总额189.96亿元，比上年增长9.9%。外贸出口额32.89亿元，实际利用外资0.78亿元。一般公共预算总收入46.09亿元，比上年增长7.4%，其中地方一般公共预算收入24.02亿元，增长12.3%。城镇居民人均可支配收入40053元，比上年增长8.1%；农村居民人均纯收入20935元，增长10.1%。

4月6—8日，中华一家亲·2019海峡两岸各民族欢度“三月三”节暨福建省第八届“三月三”畲族文化节·第十二届海峡两岸少数民族丰收节举行，龙海市隆教畲族乡设分会场，千余名来自海峡两岸的少数民族代表受邀参与。

8月1日，漳州高新区体制机制改革创新工作启动，龙海市九湖镇、颜厝镇成建制委托漳州高新区管理，实行

“区地合一”、委托管理体制。

12月6—9日，坐落在龙海市海澄镇的中国休闲食品名城龙海博览园举办第二届中国食品名城（漳州）食品交易会暨首届龙海国际休闲食品博览会。

12月28日，位于龙海港尾镇的金龙新能源汽车产业基地，首台车——金旅星辰纯电动客车下线。（许英杰）

【漳浦县】 地处福建省南部沿海，县域总面积2146.22平方千米（航拍），海岸线216千米。2019年辖17个镇、2个乡、2个少数民族乡。有19个民族，其中汉族占96.49%。年末户籍人口94.43万人，常住人口86.05万人，人口自然增长率9.0‰。耕地面积3.74万公顷，粮食播种面积1.58万公顷，粮食产量11.05万吨。林地面积11.97万公顷（有林地10.60万公顷），森林覆盖率55%，活立木蓄积量470.8万立方米。境内矿产资源有花岗岩、玄武岩、铝土矿、硅砂、稀土、高岭土等，其中花岗岩储量7.2亿立方米，硅砂储量2亿吨、高岭土储量500万吨，铝土矿储量77.64万吨。全县海域面积703.91平方千米，滩涂面积343公顷，有东山湾、浮头湾、佛昙湾3个海湾，古雷半岛、六鳌半岛、整美半岛3个半岛。旅游资源有国家AAAA级旅游景区5个——滨海火山地质公园、翡翠湾、天福茶博物院、天福石雕园、东南花都；有国家AAA级旅游景区1个——龙美湾旅游区；有国家级文物保护单位6处——赵家堡、诒安堡、文庙大成殿、锦江楼、蓝廷珍府第、黄道周讲学处，省级文物保护单位16处。2019年，赤岭乡获“全国民族团结进步模范集体”，漳浦一中获“全国教育系统先进集体”，广播连续剧《闽宁镇》获得第十五届全国精神文明建设“五个一工程”奖，黄道周讲学处入选第八批全国重点文物保护单位，龙美湾旅游区被评为国家AAA级旅游景区。

2019年，全县实现地区生产总值520.3亿元（含古雷开发区，下同），比上年增长7.2%。其中，第一产业增加值83.68亿元，比上年增长3.9%；第二产业增加值188.57亿元，增长5.2%；工业增加值158.35亿元，增长9.7%；第三产业增加值248.05亿元，增长9.9%。人均地区生产总值61061元，比上年增长5.7%。规模以上工业总产值695.4亿元，比上年增长10.9%。农林牧渔业总产值152.72亿元，比上年增长3.9%。固定资产投资比上年增长15.2%。社会消费品零售总额249.10亿元，比上年增长12.3%。外贸出口额42.45亿元，比上年下降13.74%；实际利用外资15.87亿元，增长25%。一般公共预算总收入42.62亿元，比上年增长30.8%，其中地方一般公共预算收入26.01亿元，增长22.2%。城镇居民人均可支配收入39447元，比上年增长9.4%；农村居民人均纯收入21700元，增长9.8%。

“三月三”畲族文化节 4月7日，中华一家亲·2019海峡两岸各民族欢度“三月三”节暨福建省第八届“三月三”畲族文化节、第十二届海峡两岸少数民族丰收节在漳浦县举行。此次文化节主会场设在县城区，在赤岭畲族乡、湖西畲族乡及龙海市隆教畲族乡设3个分会场。来自海峡两岸的1600多名少数民族同胞参加在主会场举行的开幕式。

古雷、霞美、杜浔、沙西等乡镇成建制委托古雷开发区管理 根据漳州市委、市政府5月8日下发《关于古雷港经济开发区体制机制改革创新的意见》，古雷港经济开发区规划范围内的古雷、霞美、杜浔、沙西4个乡镇成建制委托古雷港经济开发区管理，实行“区地合一”、委托管理体制。漳浦县与下蔡林场的关系相应移交给古雷港经济开发区。6月13日，漳浦县召开古雷开发区体制机制改革创新划转动员会，宣布拟划转到古雷港区的70名干部名单。

第十一届海峡论坛·第六届海峡（漳州）茶会在漳浦马口花博园举行 6月14日，以“绿色食品·融合发展”为主题的第十一届海峡论坛·第六届海峡（漳州）茶会在漳浦马口东南花都花博园开幕，来自海峡两岸的专家学者、茶界精英、茶企、茶农参加。茶会设置8个展区，面积5000多平方米，展示来自海峡两岸各地的乌龙茶、白茶、黑茶、绿茶、红茶及新疆、西藏、宁夏等地企业带来的特色养生茶等多种茶类。茶会配套举办茶产业发展研讨交流会、产销对接会、品牌推介会、海峡两岸新型农民茶业培训等活动。会期3天。

赤岭畲族乡获评全国民族团结进步模范集体 9月27日，漳浦县赤岭畲族乡获评为“全国民族团结进步模范集体”。赤岭畲族乡位于漳浦县东北部，面积101.04平方千米，辖9个建制村、6个场，人口1.43万人，其中畲族人口1.24万人，占90%，是福建省畲族人口比例最高的民族乡。连年来，赤岭畲族乡引导农民走现代农业富民之路，发展花卉、油茶、台湾高优农业，注册“叭叭跑”“畲乡土鸡”“畲乡杨梅”“畲乡蜜柚”等品牌农业商标，推动畲乡社会经济稳步增长。

黄道周讲学处公布为第八批全国重点文物保护单位 10月，黄道周讲学处被公布为第八批全国重点文物保护单位。黄道周讲学处位于县城东郊石斋村，系明代大儒黄道周故居。黄道周25岁居此施教，称“东皋书舍”，后扩建成四合院，改称“明诚堂”，南明隆武朝赐“文明书院”，1961年辟为纪念馆。是典型的明代闽南古民居建筑。

（林雪芬）

【云霄县】 位于福建省南部，2019年辖6个镇、3个乡、1个工业开发区。土地面积1166平方千米。年末户籍人口46.78万人，常住人口41.23万人。人口自然增长率8.1‰（含常山华侨经济开发区）。耕地面积12022.32公顷，粮食播种面积7074.33公顷，粮食产量49291吨。林地面积6.9万公顷，森林覆盖率67.78%，活立木蓄积量310万立方米。重要矿产资源有地热水（海水温泉、淡水温泉）。重要海洋资源有浅海、滩涂。主要旅游景点有将军山旅游风景区、乌山旅游风景区、天地会遗址、漳江口红树林国家级自然保护区、

2019年10月1日，云霄南湖生态园二期开园　（云霄县政府办供稿）

南湖生态公园。2019年获2018—2020年度中国民间文化艺术之乡（书画），连续4年获得“福建省县域经济发展十佳县”称号。

2019年，全县生产总值260.72亿元，比上年增长4.54%。其中，第一产业增加值37.32亿元，比上年增长3.8%；第二产业增加值124.3亿元，增长6.7%；工业增加值109.52亿元，增长7.8%；第三产业增加值99.09亿元，增长1.7%。人均地区生产总值约62068元，比上年增长5.9%（含常山华侨经济开发区）。规模以上工业总产值266.15亿元，比上年增长10.5%。农林牧渔业总产值63.49亿元，比上年增长3.6%。固定资产投资比上年增长12.5%。社会消费品零售总额131.71亿元，比上年增长11.4%。生产型外贸企业出口额6.94亿元，比上年增长19.18%。实际利用外资3580万元。一般公共预算总收入99128万元，比上年增长0.06%，其中地方一般公共预算收入67748万元，增长2%。城镇居民人均可支配收入34686元，比上年增长6.9%；农村居民人均纯收入18388元，增长9.4%。

摘掉“省级贫困县”帽子　脱贫攻坚战打响以来，云霄县深入开展精准扶贫精准脱贫，创新“五业五共五查”工程，脱贫攻坚取得显著成效：地区生产总值年均增长10.3%，农村居民人均可支配收入年均增长9.6%，均超过全省平均水平；全县所有建档立卡贫困户实现脱贫，41个贫困村全部如期实现脱贫出列，省级扶贫开发重点县实现脱贫摘帽；建成农业大观园10个特色园区，实施完成370多个扶贫项目建设，解决207户无房户和546户危房户的安全住房问题，创新形成产业扶贫、社会扶贫、电商扶贫、“扶贫信息采集人制度”等一批扶贫长效机制；在全市脱贫攻坚年度考核中均位居前列，并连续4年进入福建省县域经济发展十佳县。

漳州核电华龙一号开工建设　2019年10月16日，中核集团在福建漳州宣布华龙一号在云霄县开工建设。中核国电漳州能源有限公司是由中国核能电力股份有限公司控股的综合性能源公司，作为项目业主，负责漳州核电项目的投资、建设及运行管理。漳州核电厂规划建设6台百万千瓦级第三代核电机组，一期工程2台机组采用华龙一号技术。

（黄志钦　张　琳）

【诏安县】　位于福建省南部。2019年辖10个镇5个乡（辖33个社区、217个村）。土地面积1566.4平方千米（其中陆域面积1293.88平方千米、海域面积272.52平方千米）。年末户籍人口68.49万人，常住人口62.8万人。人口自然增长率8.5‰。耕地面积2.13万公顷，粮食播种面积1.03万公顷，粮食产量7.03万吨。林地面积8.31万公顷，森林覆盖率65.2%。境内地表水资源主要来自降雨。河流以东溪、西溪为主，还有庵下溪、金溪、梅洲溪、公子店溪、林埯溪和石飒溪等。重要矿产资源有金属类矿产主要有钛锆砂、铅、锌、钨，非金属类主要有花岗石、硅砂（标准砂）、建筑用河砂、高岭土。县境海岸线长88千米，诸多港湾形成大片的浅海腹地。主要旅游景区景点有乌山红色景区、梅岭滨海景区、九侯山朝圣景区、丹诏古城文化景区等。2019年，诏安被认证为“世界长寿乡”。

2019年，全县实现地区生产总值284.87亿元，比上年增长4.4%。其中，第一产业增加值51.66亿元，比上年增长4.4%；第二产业增加值138.21亿元，增长8.3%；第三产业增加值95.01亿元。人均地区生产总值45456元，比上年增长3.7%。规模以上工业总产值382.51亿元，比上年增长9.7%。规模以上工业增加值112.06亿元，比上年增长9.4%。农林牧渔业总产值91.77亿元，比上年增长4.5%。社会消费品零售总额105.57亿元，比上年增长9.6%。外贸出口额33.65亿元，比上年增长2.8%。实际利用外资2.17亿元，增长5.1%。一般公共预算总收入10.31亿元，其中地方一般公共预算收入6.36亿元。城镇居民人均可支配收入32124元，比上年增长8.6%；农村居民人均可支配收入17734元，增长9.2%。

获评福建首个联合国老龄所认证的“世界长寿乡”　2019年5月20日，经联合国老龄所积极老龄化专家委员会认证，诏安县获“世界长寿乡”称号。本次国际会议由联合国老龄所主办、积极老龄化专家委员会协办，来自马耳他、加拿大、中国等专家学者出席会议。会上，诏安县有关负责人介绍该县区域长寿的自然与人文因素、康养资源及经验。专家委员会按照国际区域人口长寿指数要求，对诏安县进行科学评估，最终认证为“世界长寿乡”。

诏安县歪嘴寨闽粤边区乌山游击队指挥部旧址入选第八批全国重点文物保护单位　2019年10月7日，国务院核定公布，文化和旅游部、国家文物局确定，诏安县歪嘴寨闽粤边区乌山游击队指挥部旧址入选第八批全国重点文物保护单位。这是诏安县第一个国家级文物保护单位。（许渊彪）

【东山县】 东山县位于福建省东南部。2019年辖7个镇（辖19个社区61个行政村）。土地面积248.9平方千米。年末户籍人口22.17万人，常住人口22.6万人。人口自然增长率7.5‰。耕地面积0.28万公顷，粮食播种面积0.14万公顷，粮食产量0.89万吨。林地面积6923公顷，森林覆盖率27.86%，活立木蓄积量36.53万立方米。重要矿产资源有硅砂。重要海洋资源有渔场、浅海、滩涂、盐场港道、纳潮沟及围垦区，全县水产养殖面积7599公顷。主要旅游景点有铜山古城、风动石景区、九仙山景区、马銮湾景区、东门屿景区、海湾公园、苏峰山景区、中驰山庄等。

2019年，谷文昌纪念馆获评全国爱国主义教育示范基地；谷文昌干部学院一期工程获中国建设工程鲁班奖；林建德获“第七届全国诚实守信道德模范”称号；沈汉元获“中国见义勇为好人”称号；林剑弟获“中国助人为乐好人”称号。

2019年，全县生产总值257.68亿元，比上年增长6.3%。其中，第一产业增加值38.03亿元，比上年增长3.1%；第二产业增加值132.3亿元，增长8.3%；工业增加值105.21亿元，增长9.2%；第三产业增加值87.35亿元，增长4.6%。人均地区生产总值114372元，比上年增长5.6%。规模以上工业总产值373.75亿元，比上年增长9.8%。农林牧渔业总产值79.88亿元，比上年增长3.4%。固定资产投资比上年增长0.4%。社会消费品零售总额87.24亿元，比上年增长12.1%。外贸出口额61.68亿元，比上年下降26.9%。实际利用外资1.66亿元，下降22%。一般公共预算总收入15.6亿元，比上年下降9.3%，其中地方一般公共预算收入10.44亿元，下降5.7%。城镇居民人均可支配收入38928元，比上年增长8.2%；农村居民人均纯收入22436元，增长7.9%。

谷文昌干部学院揭牌　2019年9月12日，全省各级党员干部代表齐聚东山，在谷文昌精神发祥地福建东山举行谷文昌干部学院揭牌仪式。中央党校副校长谢春涛，市委书记、谷文昌干部学院院长邵玉龙为谷文昌干部学院揭牌，市委副书记、市长刘远主持揭牌仪式。

谷文昌干部学院自2016年9月开工建设。一期工程概算总投资6.5亿元，总占地面积约222亩（14.8公顷），包括综合教学楼、教学实践中心、文体中心、食堂、专家公寓、学员宿舍及相应配套设施等。作为以谷文昌精神为主题的全国性党员领导干部党性教育培训基地，该学院建成后将与谷文昌纪念园、谷文昌精神现场体验教育专线站点融合，形成一体化的教育培训新格局，打造成为集教学、培训等于一体的标志性项目。至年底，学院被中组部列入干部党性教育基地备案目录，被确定为省纪检监察干部教育培训基地、省党员教育培训示范基地、省人大代表培训基地、省委党校教学基地。谷文昌干部学院建设工程采用建筑业10项新技术中的7项19小项，施工全过程未发生任何质量安全事故；桩基工程总数1038根方桩各项检测一次性全数合格，其中Ⅰ类桩达99.1%，获“2018—2019年度中国建设工程鲁班奖（国家优质工程）”，这是漳州公共建筑项目、本地建筑企业第一次获此称号。该工程还先后获得“2017年福建省工程建设优秀QC小组一等奖”“2017年度华东片区优质结构示范工程”、2018年度“水仙杯”“闽江杯”优质工程奖、“福建省建筑施工安全生产标准化优良项目”、2019年度勘察设计质量奖、国家“绿色建筑标志”等称号。（谢惠英）

【平和县】 位于漳州市西南部。2019年辖10个镇、5个乡、1个农场、1个省级工业园区。土地面积2334平方千米。年末户籍人口61.9万人，常住人口52.4万人。人口自然增长率7.2‰。耕地面积2.62万公顷，粮食播种面积0.4万公顷，粮食产量2.43万吨。林地面积16.91万公顷，森林覆盖率73.20%，活立木蓄积量0.11亿立方米。拥有琯溪蜜柚、白芽奇兰茶等绿色品牌，先后被命名为“中国琯溪蜜柚之乡”“中国白芽奇兰茶之乡”“中国十大最美茶乡”等。其中，琯溪蜜柚种植面积4.51万公顷，产量184万吨、产值50亿元、出口17万吨，连续多年创下全国柚类种植面积、产量、产值、品牌、市场份额、出口量六个第一，被认定为“中国驰名商标”、“中国名牌农产品”、欧盟十大地理标志保护产品之一，证明商标在17个国家成功注册，产品畅销欧盟等海内外市场；白芽奇兰茶获“中国驰名商标”称号，成为全国首个国家生态原产地产品保护认定的乌龙茶品种。主要旅游景点有三平寺、灵通山、高峰谷、绳武楼等。

2019年，全县实现地区生产总值276.68亿元，比上年增长5.4%。其中，第一产业增加值52.37亿元，比上年增长4.8%；第二产业增加值89.31亿元，增长7.6%；工业增加值73.83亿元，增长9.2%；第三产业增加值135亿元，增长4.2%。规模以上工业总产值218.74亿元，比上年增长9.7%。农林牧渔业总产值98.02亿元，比上年增长4.8%。固定资产投资比上年下降21.4%。社会消费品零售总额106.45亿元，比上年增长7%。外贸出口额2.02亿元，比上年下降26.8%。实际利用外资8238万元。一般公共预算总收入9.43亿元，比上年增长0.7%，其中地方一般公共预算收入6.32亿元，增长2.7%。城镇居民人均可支配收入34424元，比上年增长8.3%；农村居民人均纯收入19285元，增长9.3%。2019年退出省级扶贫开发工作重点县，被评为“国家农产品质量安全县”“中国特色农产品优势区”。

现代农业　2019年，平和县争取并实施国家现代农业（蜜柚）产业园建设项目，3年计划投资3亿元；出台促进蜜柚产业高质量发展19条措施，退果还林还茶完成819.93公顷，鼓励创办蜜柚深加工企业；举办第十五届平和蜜柚节，成立“平和琯溪蜜柚科技小院”，“平和琯溪蜜柚”获金芒果好地标年度十大推荐品牌；高位嫁接葡萄柚、泰国青柚等优新品种0.29万公顷。建设生态茶园，开展春、秋茶王赛，参加“第六届海峡（漳州）茶会”。持续扩大百香果、青枣、芭乐等种植面积，促进产业结构调整。建设11个优质农产品标准化示范基地，新增省级农业产业化重点龙头企业5家，新认证绿色食品企业3家、有机食品5家。推广应用微耕机、果（茶）园轨道搬运机等新机具6000多台（套），建设蜜柚净化分选分级包装生产线32条。

第三产业　2019年，平和县新增限上企业18家。旅游业持续发展，坂仔西坑、南胜邦寮等红色文化旅游异军突起，九龙江高峰谷、北斗七星土楼群、蔡家堡乡村旅游等项目加快建设；“灵通山国家地质公园”得到命名，芦溪镇蕉路村入选省首批“金牌旅游村”；“过春节·趣平和”“踏青赏花游”等主题旅游季活动方兴未艾，接待旅游人数368万人次，比上年增长14%，旅游总收入43亿元，增长18%。推动国家级电子商务进农村综合示范县、“十县百镇千村”信息化示范建设、“互联网+蜜柚产业”试点等数字经济发展，建成“云柚工场”众创空间、蜜柚互联网产业园等平台，举办“天猫·平和琯溪蜜柚”采摘节正宗原产地品牌宣传活动，电子商务交易额23.18亿元，比上年增长17.7%。（林淑丽）

长泰立达信智能制造车间，摄于2019年　（长泰县史志办供稿）

【南靖县】　位于漳州市西北部。2019年辖11个镇、1个国家级高新技术产业园，共201个村（居）。土地面积1962平方千米。年末户籍人口36.05万人，常住人口35.34万人。人口自然增长率4.73‰。耕地面积2.65万公顷，粮食播种面积5787公顷，粮食产量3.7万吨。林地面积14.66万公顷，森林覆盖率73.43%，活立木蓄积量801.64万立方米。重要矿产资源有地热、钼矿、水泥用灰岩、华安玉、饰面石材等。主要旅游景点有福建土楼（南靖）景区、科岭AAA级红色旅游景区。2019年获全国县域数字农业农村发展百强先进县称号，入选2019年中国最美县域榜单。

2019年，全县实现地区生产总值374.8亿元，比上年增长6.9%。其中，第一产业增加值69.6亿元，比上年增长4.1%；第二产业增加值185.1亿元，增长9.1%；工业增加值162亿元，增长9.3%；第三产业增加值120.1亿元，增长5.1%。规模以上工业总产值529.2亿元，增长9.9%。农林牧渔业总产值136.5亿元，比上年增长4.2%。固定资产投资比上年增长6.7%。社会消费品零售总额135.5亿元，比上年增长12.2%。外贸出口额14.7亿元，比上年增长6.6%。实际利用外资1.6亿元。一般公共预算总收入14.7亿元，比上年增长11.9%，其中地方一般公共预算收入9亿元，增长7.3%。城镇居民人均可支配收入35426元，比上年增长8.6%；农村居民人均可支配收入18895元，增长9.3%。

举办福建省闽台精密机械项目技术成果对接活动　2019年9月27—28日，南靖县举办以“第一家园、合作共赢”为主题的福建省闽台精密机械项目技术成果对接活动，通过开展“百亿投资签约、百项成果对接、百名人才引进、百个项目剪彩”“四百”活动，进一步深化闽台经贸交流。（钟丽萍）

【长泰县】　位于福建省东南部。2019年辖6个乡镇（场）、1个省级经济开发区、1个市级工业区和1个市级生态旅游区，有58个建制村、26个居委会。土地面积912.67平方千米。年末户籍人口21.19万人，常住人口22.87万人。人口自然增长率7.9‰。耕地面积1.36万公顷，粮食播种面积0.59万公顷，粮食产量3.8万吨。林地面积0.62万公顷，森林覆盖率67.26%，活立木蓄积量0.04亿立方米。县境内探明矿藏29种，探测矿藏62处。已开发矿产有花岗岩、铅锌矿、银矿、钨矿、叶蜡石、硅石、温泉、河砂卵石、砖瓦黏土、九龙玉石等。2019年获得福建省县域经济实力“十强县”，连续13年获评“福建省县域经济发展十佳县”。

2019年，全县实现地区生产总值357.7亿元，比上年增长6.3%，三次产业比例为5.1∶69.3∶25.6。固定资产投资下降5.8%。一般公共预算总收入21.2亿元，下降8.7%，其中地方一般公共预算收入12.78亿元，下降6.7%。农业总产值34.09亿元，增长5.9%。出口总额67.45亿元，下降0.16%。社会消费品零售总额89.43亿元，增长10.9%。城镇居民人均可支配收入40251元，增长7.30%；农村居民人均可支配收入20950元，增长9.4%。

工业经济　全县规模工业产值630.4亿元，比上年增长8.7%；规模工业增加值179.6亿元，增长8.4%。宏发电声等3家企业入选福建制造业百强企业，建霖实业等6家企业入选工业和信息化省级龙头企业，立达信获中国轻工业科技进步一等奖、省科技进步二等奖；新增国家级高新技术企业7家、省级高新技术企业11家、高成长企业10家、“专精特新”中小企业5家、智能制造试点示范企业4家；全社会研究与试验发展经费支出占GDP比重3.2%；工业税收占财政税收比重53.5%。

现代农业　全县农林牧渔业总产值34.1亿元，比上年增长5.9%。获批省级现代水果产业园；培育省级农业龙头企业3家、省级家庭农场2个、优质农产品标准化示范基地4个；鸿森蛋鸡获评省级现代农业智慧园；村级集体经济“破壳消薄”稳步推进；农村集体产权制度改革基本完成；特色现代农业初具规模。（张键青　董　婕）

【华安县】　位于福建省南部（华安县区位于漳州市北部）。2019年辖6个镇、3个乡、1个省级华安经济开发区、1个市级闽台农业开发区，共91个行政村、9个社区、2个国有林场。土地面积1277.6平方千米。年末户籍人口16.74万人，常住人口16.61万人。人口自然增长率7.1‰。耕地面积1.27万公顷，粮食播种面积0.25万公顷，粮食产量1.76万吨。林地面积10.1万公顷，森林覆盖率72.73%，活立木蓄积量0.07亿立方米。主要旅游景点有福建土楼（华安旅游区）、华安玉石文化旅游区、官畲风景区、坪水乡村旅游村、贡鸭山景区。2019年，华安县获2018年度全国县域数字农业农村发展水平评价先进县。华安东溪窑遗址被列入第八批全国重点文物保护单位名单。

2019年，全县实现地区生产总值175.83亿元，比上年增长7.1%。其中，第一产业增加值33.67亿元，比上年增长4.1%；第二产业增加值94.29亿元，增长8.2%；工业增加值83.57亿元，增长9.1%；第三产业增加值47.87亿元，增长6.9%。人均地区生产总值105573元，比上年增长7.1%。规模以上工业总产值247.62亿元，比上年增长9.5%。农林牧渔业总产值56.44亿元，比上年增长4.1%。固定资产投资比上年增长16.2%。社会消费品零售总额43.6亿元，比上年增长13.9%。外贸出口额5.25亿元，比上年增长116.33%；实际利用外资1.02亿元，下降60.5%。一般公共预算总收入7.82亿元，比上年下降0.1%，其中地方一般公共预算收入4.93亿元，增长0.5%。规模以上工业增加值70.44亿元，比上年增长9.2%。城镇居民人均可支配收入36309元，比上年增长8.3%；农村居民人均可支配收入19610元，比上年增长10.4%。

4月9日，全国政协委员、政协人口资源环境委员会副主任、中国岩画学会首席顾问、名誉会长任亚平，世界岩画组织联合会执行主席、《岩画研究》主编罗伯特·贝德纳里克，中国岩画学会会长王建平等一行30多名国内外专家学者到华安县沙建镇仙字潭摩崖石刻开展岩画学术实地调研考察活动。

6月2日，“两岸心·龙舟情”2019漳州旅投杯·海峡两岸华安九龙江龙舟邀请赛在华安县举行。

11月30日，全国台联副会长杨毅周到华安县少数民族特色村寨新圩镇官畲村和仙都镇送坑村两个漳台交流基地开展工作调研。

11月30日晚，“清新福建，美丽之旅”第69届世界小姐中国福建赛区总决赛在华安县官畲风景区举行。

12月1日，2019福建（华安）土楼国际马拉松赛在华安大地土楼群鸣枪开跑，共有来自肯尼亚、爱尔兰等6个国家和全国16个省市的2000余名选手参赛。（郑雪慧）

【漳州台商投资区】　位于漳州市区东部，于2012年1月获国务院批准设立，辖区实行以区带镇管理模式。2019年下辖角美镇及46个村（居、场）。区域总面积163.7平方千米，总人口30.1万人，户籍人口14.7万人。角美镇连续五届蝉联“全国文明乡镇”称号，位列“2019年度全国综合实力千强镇”第49名。

2019年，全区实现地区生产总值353.17亿元，比上年增长7.2%；固定资产投资202.45亿元。规模工业总产值750.72亿元，增长9.4%；规模工业增加值204.07亿元，增长9.1%。一般公共预算总收入34.46亿元，其中地方一般公共预算收入21.19亿元。社会消费品零售总额36.79亿元，增长8.4%。实际利用外资38028万元。外贸出口总值78.18亿元，增长1.5%。城镇居民人均可支配收入40053.1元，增长8.1%；农村居民人均可支配收入20935元，增长10.1%。

厦门轨道交通6号线漳州（角美）延伸段动工　这是漳州市第一条地铁项目，工程总投资84.07亿元，同步建设工程总投资13.35亿元。线路起于台商区角美龙江明珠站，止于厦门市轨道交通6号线一期工程起点林埭西，设站7座，全长9.8千米，同时新建社头车辆段和社头主变电所，控制中心接入厦门园博苑控制中心。

漳州台商投资区保税物流中心（B型）通过验收　6月12日，漳州台商投资区保税物流中心（B型）通过厦门海关、财政部福建监管局、国家税务总局福建省税务局、国家外汇管理局福建省分局等相关部门联合验收。漳州台商投资区保税物流中心（B型）总投资2亿元，是漳州首个、福建省第三个保税物流中心（B型）。至验收时，该中心设立海关监管场所建筑面积50980平方米。

举办第四届海峡两岸（漳州）工业设计大赛　大赛于2019年4月30日启动，收到国（境）内外167所院校及59家设计机构、468家制造业企业和设计人士提交的作品7737件，最终评出特别奖2项、一等奖（金奖）11项、二等奖（银奖）22项、三等奖（铜奖）66项。（徐　臻）

泉州市

【概况】 泉州市位于福建省东南部，1986年设立地级市。2019年辖鲤城、丰泽、洛江、泉港4个区，晋江、石狮、南安3个市，惠安、安溪、永春、德化、金门（待统一）5个县和泉州经济技术开发区、泉州台商投资区，土地面积11015平方千米。年末户籍人口760.7万人，常住人口874万人，其中城镇人口587.3万人。人口自然增长率5‰。

2019年，全市耕地面积14.51万公顷，粮食播种面积8.59万公顷，粮食产量48.98万吨。林地面积68.33万公顷，森林覆盖率58.7%。

泉州市拥有煤、地热、铁矿、金矿、铅锌矿、钼矿、高岭土、陶瓷土、叶蜡石、萤石、水泥用灰岩、玻璃用砂、建筑用石料等重要矿产资源，其中锌矿、钼矿、玻璃用砂等矿产资源尚未开发。泉州市海域面积11360平方千米。海岛总数270个（含金门县），其中有居民海岛4个（惠屿、浮山，大、小金门岛），无居民海岛中，大坠岛、大竹岛、大百屿、黄干岛等较具开发价值。大陆海岸线长541千米，拥有湄洲湾、大港湾、泉州湾、深沪湾、围头湾、安海湾六大海湾。泉州是国务院首批公布的24个历史文化名城之一，有全国重点文物保护单位44处、省级文物保护单位96处、各级不可移动文物近3000处。全市有A级旅游景区49家，其中，AAAAA级1家，AAAA级12家，AAA级22家，AA级14家。清源山（含老君岩、九日山、伊斯兰教圣墓）是全市唯一一家AAAAA级景区；AAAA级景区有开元寺、安溪清水岩旅游区、牛姆林生态旅游区、崇武古城风景区、德化石牛山景区、中国闽台缘博物馆、泉州市博物馆、德化九仙山、晋江五店市、源和“1916”创意产业园、泉州安平桥（五里桥）、永春北溪文苑生态旅游区12家。全市建立完善非物质文化遗产四级名录体系，有县级以上代表性项目505个（其中包括国家级代表性项目34个、省级代表性项目98个、市级代表性项目224个）。泉州是中国唯一囊括联合国教科文组织非物质文化遗产保护三大名录的城市，南音、联合申报的中国传统木结构建筑（闽南民居）营造技艺2个项目入选“人类非物质文化遗产代表作名录”，水密隔舱福船制造技艺项目入选“急需保护的非物质文化遗产名录”，福建木偶戏传承人培养计划项目入选“非物质文化遗产优秀实践名册”。

2019年，获批全国首个预包装食品出口试点，获批国家级海峡两岸集成电路产业合作试验区，获批国家跨境电子商务综合试验区，泉州装备所获批国家级重大创新平台，入选全国深化民营和小微企业金融服务综合改革试点城市，国家级闽南文化生态保护区公布，获“国家节水型城市”称号。

2019年，全市实现地区生产总值9946.66亿元，比上年增长8%。其中，第一产业增加值218.61亿元，比上年增长2.4%；第二产业增加值5855.27亿元，增长8.3%；工业增加值5167.98亿元，增长8.6%；第三产业增加值3872.78亿元，增长7.8%。人均地区生产总值114067元，比上年增长7.4%。一般公共预算总收入838.97亿元，比上年下降2.6%，其中地方一般公共预算收入457.75亿元，下降3.5%。规模以上工业增加值4501.41亿元，比上年增长8.6%。农林牧渔业总产值394.75亿元，比上年增长2.4%。固定资产投资比上年增长6.1%。社会消费品零售总额5351.87亿元，比上年增长10.2%。外贸出口额1453.49亿元，比上年增长21.9%。实际利用外资44.13亿元，增长5.3%。城镇居民人均可支配收入49592元，比上年增长7.5%；农村居民人均纯收入22142元，增长9.2%。社会用电量515.25亿千瓦时。城镇登记失业率1.05%。全市参加城镇职工基本医疗保险96.01万人，参加城乡居民基本医疗保险607.15万人，基本医保参保率95.58%。城镇生活污水集中处理率93.96%，城镇生活垃圾无害化处理率100%。

2019年9月16日，泉州后渚大桥东立交桥通车 （泉州市政府办供稿）

【承办全国加快传统产业改造提升现场会】 2019年11月20日，国家发展和改革委员会、工业和信息化部主办的全国加快传统产业改造提升现场会在泉州召开。会议期间，参会代表实地考察九牧集团、九牧王公司、华宝智能科技公司等改造提升成效明显的传统制造业企业。

【泉州列入国家级文化生态保护区】 2019年12月25日，泉州闽南文化生态保护实验区入选文化和旅游部公布的国家级文化生态保护区名单。泉州市制定《〈闽南文化生态保护区总体规划〉泉州市实施方案》，规划期从2011年至2025年，分近期（2011—2015年）、中期（2016—2020年）、长期（2021—2025年）3个阶段实施，将保护区范围内包括34项国家级非物质文化遗产名录、53位国家级非遗代表性传承人在内的各级非物质文化遗产代表性项目以及代表性传承人作为核心保护对象。泉州现已完成近期、中期预期建设目标。

【泉州非物质文化遗产馆开馆暨第二届海上丝绸之路非物质文化遗产展举办】 2019年11月23日，泉州非物质文化遗产馆开馆暨第二届海上丝绸之路非物质文化遗产展启动仪式在泉州市举行。本届非遗展的主题是“一条海上丝路，万千非遗瑰宝”，展出来自亚洲、欧洲、非洲12个国家（含中国）的130个非遗项目、千余件展品。 （郭垚宏）

【鲤城区】 位于泉州市中心城区，因古城形似鲤鱼得名，陆域面积53.74平方千米，2019年辖8个街道和泉州高新技术产业园区（江南园），共82个社区居委会。常住人口44.5万人，自然增长率2.1‰。2019年获评省级慢性病综合防控示范区。

第三产业 开展“第三产业提升年”活动，17个服务业在建重点项目完成投资8.6亿元。推动发展数字动漫等新兴产业，培育14个省、市级数字经济项目，总投资12.6亿元。限上电子商务实现零售额16.51亿元，比上年增长16.1%。现代商贸持续集聚壮大，整治提升幸福街电商生态圈，吸引532家企业（个体）入驻；南环路汽车贸易走廊销售额连续3年突破120亿元；新天城市广场、开元盛世、温陵商贸中心等都市商圈人气商气加速集聚，实现销售额15.12亿元。文旅休闲业态向街巷厝埕拓展，打造小西埕、金鱼巷、侨光印象等一批古城“网红打卡地”，持续开展“听鲤的声音”等系列活动，形成文旅活动新品牌，全年接待游客940多万人次，实现旅游收入约138亿元，分别比上年增长23.2%和28.8%。

生态建设 打好污染防治攻坚战，开展城市宜居、碧水、蓝天、净土“四大工程”。完成生态保护红线调整，全省首批通过第三次全国国土调查国检复核。全面落实双河长制，启动晋江南岸（鲤城段）岸线整治，加强流域水质提升治理和重点水体巡查整治，按时完成锦坑沟和新天城市广场水体等截污、清淤工程，新建和改建污水管网5千米，南北二路渠水质明显改善，集中式饮用水源地和地表水水质达标率100%。全年空气质量优良率98.8%；PM_{10}、$PM_{2.5}$平均浓度持续下降。

（陈乐怀 林孙民）

【丰泽区】 地处泉州市区中心区域，2019年，辖8个街道、81个社区。陆地面积105.84平方千米，城市建成区面积66.2173平方千米，森林面积32.7平方千米，水域面积23.79平方千米，海岸线长16.6千米。常住人口60.3万人，户籍人口28.5万人，人口自然增长率12.4‰。耕地面积425.93公顷，粮食播种面积45.6公顷，粮食产量210吨。

2019年，全区实现地区生产总值723.85亿元，比上年增长7.2%。其中，第一产业增加值1.84亿元，比上年下降4.8%；第二产业增加值155.34亿元，增长2.8%；工业增加值90.53亿元，增长1.6%；第三产业增加值566.67亿元，增长8.5%。人均地区生产总值122065元，比上年增长5%。规模以上工业总产值285.62亿元，比上年增长1.2%。农林牧渔业总产值3.78亿元，比上年下降3.7%。固定资产比上年增长10.1%。社会消费品零售总额529.35亿元，比上年增长11.4%。外贸出口额145198万美元，比上年下降7.93%。实际利用外资22631万元，增长5.1%。一般公共预算总收入33亿元，比上年下降16.5%，其中地方一般公共预算收入20.06亿元，下降10.5%。城镇居民人均可支配收入58405元，比上年增长7.2%。（卢承志）

【洛江区】 位于泉州市中心城区东北部。2019年辖2个街道、3个镇、1个乡。土地面积374.81平方千米。年末户籍人口20.5万人，常住人口21.9万人。人口自然增长率4.7‰。耕地面积0.36万公顷，粮食播种面积0.18万公顷，粮食产量1.09万吨。林地面积2.31万公顷，森林覆盖率64.31%，活立木蓄积量126.30万立方米，森林蓄积量123.69万立方米。矿产资源有高岭土、陶瓷土、耐火用黏土、砖瓦用黏土、建筑用花岗岩（凝灰岩）、饰面用及雕刻用辉长岩、冶金用石英岩、建筑用砂、矿泉水等。主要旅游景点有洛阳古桥、国家AAA级景区仙公山、蔡襄祠、俞大猷公园、施琅将军陵、仰恩湖、海丝野生动物园、罗溪省级森林公

2019年12月14日，洛江区图书馆开馆 （洛江区政府办供稿）

园、虹山瀑布、石龙谷生态旅游景区等，此外还有马甲炉田村、罗溪洪四村省级乡村旅游特色项目。

2019年，全区实现地区生产总值282.1亿元，比上年增长8.8%。其中，第一产业增加值5.2亿元，比上年增长3.4%；第二产业增加值183.47亿元，增长10.4%；工业增加值154.78亿元，增长12.1%；第三产业增加值93.43亿元，增长5.5%。人均地区生产总值129109元，比上年增长7.8%。规模以上工业总产值605.57亿元，比上年增长15.4%。农林牧渔业总产值9.68亿元，比上年增长3.9%。固定资产投资比上年增长13%。社会消费品零售总额65.82亿元，比上年增长14.1%。实际利用外资47486万元，比上年增长226.2%。一般公共预算总收入21.3亿元，比上年增长1%，其中地方一般公共预算收入12亿元，增长2.5%。城镇居民人均可支配收入43268元，比上年增长7.2%；农村居民人均可支配收入18777元，增长9.2%。

洛江区全民阅读活动　4月21日，“悦读生活·书香家园”2019年洛江区全民阅读活动在河市镇乡韵花湾启动。4—10月，洛江区开展书香校园、书香企业、书香家庭、阅读达人、阅读推广员系列评选，举办“图书巡展”“全城寻书”“阅读文化讲座”“网络诵读征集展播”等多形式阅读活动。12月14日，洛江图书馆开放，该馆建筑面积6345.62平方米，拥有纸质图书23万册、电子图书5万种、名师讲坛资源1000集、远程期刊数据7000多种。

泉州首个5G电话在洛江拨通　4月30日，泉州市首个5G语音和高清视频电话在洛江区西人马联合测控（泉州）科技有限公司内成功拨出。同时，泉州第一个“中国移动5G智慧园区”也在西人马集团开通。

香港参访团到洛考察智能制造产业　6月20日，香港特区高级公务员清华大学国家事务研习班一行26人到洛江区参访，实地参观嘉泰数控科技股份有限公司展厅、加工车间，听取企业相关负责人介绍，并详细询问了解企业发展方向、产品技术、自主研发能力及“数控一代”产品的应用和发展现状。

洛江区与清华大学达成校地合作　10月22日，洛江区与清华大学举行校地合作座谈会暨初心服务站签约仪式。洛江区与清华大学双方签订《共建清华大学研究生社会实践洛江区“初心服务站”协议书》。（赖云鹏）

【泉港区】　位于泉州市东北部，2019年辖6个镇、1个街道，土地面积341平方千米。年末户籍人口42.19万人，常住人口33.6万人，人口自然增长率6.5‰。粮食播种面积0.2万公顷，粮食总产量1.12万吨。林业用地12220.47公顷，森林覆盖率41.47%。海水养殖产量6.12万吨，主要有牡蛎、鲍鱼、鲈鱼、海带、紫菜等。主要旅游景点有中国历史文化名村后龙镇土坑村、涂岭镇樟脚村，全国文明村界山镇东张村，中国美丽休闲乡村南埔镇惠屿村，山腰盐场，峰尾古城等。2019年，获评全国科技创新百强区，被国家中医药管理局授予“2016—2018创建周期全国基层中医药工作先进单位”称号。

2019年，泉港区实现地区生产总值720.99亿元，比上年增长7.6%。其中，第一产业增加值11.08亿元，比上年增长1.6%；第二产业增加值576.54亿元，增长8.1%；第三产业增加值133.37亿元，增长5.9%。农林牧渔业总产值20.48亿元，比上年增长1.7%。工业增加值510.66亿元，比上年增长7.8%，其中规模以上工业增加值476.88亿元，比上年增长7.8%。固定资产投资（不含农户）比上年增长16.1%。社会消费品零售总额158.88亿元，比上年增长11.9%。实际利用外资1.39亿元，比上年下降35.2%。一般公共预算总收入25.32亿元，比上年下降28%；一般公共预算支出32.94亿元，下降7.8%。城镇居民人均可支配收入37951元，比上年增长7.6%；农村居民人均可支配收入21471元，增长9.1%。

探索“505”救助新模式　2019年，泉港区在全区101个村（社区）各征集5个贫困家庭微心愿共505个，拓展“救急难”微公益救助渠道，创建“505”微公益救助平台，通过一对一、一对多、多对一网络平台捐赠认领形式，从困境家庭衣食住行等小心愿、小需求入手，帮助困难群众。年内全区开展“505”微公益主题活动16场次，累计征集微心愿1005个，派送微心愿物品1360多份，落实帮扶资金107万元，参与征集、认领、派送等活动人数12000人次。并以挂钩帮扶西藏自治区昌都市洛隆县为契机，推动“505”微心愿活动走进藏区。（陈小燕）

【石狮市】　位于福建省东南沿海突出部。2019年辖2个街道、7个镇，土地面积178.4207平方千米。年末户籍人口35.11万人，常住人口69.4万人。人口自然增长率8.27‰。耕地面积2334公顷，粮食播种面积0.11万公顷，粮食产量0.48万吨。林地面积1313公顷，森林覆盖率10.8%。主要旅游资源有万寿塔、六胜塔、石湖码头、峡谷旅游路、红塔湾、古浮湾、宝盖山风景区、永宁古卫城、黄金海岸、石狮服装城、茂险王主题乐园等。2019年获得国家级紧密型医疗卫生共同体建设试点县称号，石狮服装城入选中国十大服装专业市场。

2019年，石狮市实现地区生产总值917.84亿元，比上年增长7.6%。其中，第一产业增加值25.06亿元，比上年下降2.4%；第二产业增加值429.78亿元，增长5.3%；工业增加值379.63亿元，增长4.9%；第三产业增加值463亿元，增长10.5%。规模以上工业总产值1276.998亿元，比上年增长4.5%。农林牧渔业总产值50.16亿元，比上年下降2.4%。固定资产投资比上年增长1.7%。社会消费品零售总额559.48亿元，比上年增长11.6%。外贸出口额289.36亿元，比上年增长104.95%。实际利用外资6.24亿元，增长8.4%。一般公共预算总收入58.8

亿元，比上年下降9.6%，其中地方一般公共预算收入36.75亿元，下降12.1%。城镇居民人均可支配收入62881元，比上年增长6.7%；农村居民人均纯收入27380元，增长9.7%。

被认定为国家外贸转型升级基地 2019年8月，商务部公布2019年新认定国家外贸转型升级基地名单，福建省石狮市国家外贸转型升级基地（纺织服装）成功获评。此前，石狮还被认定为福建省外贸转型升级基地。

石狮获批预包装食品出口试点 2019年9月27日，国家海关总署食品局批复，同意在石狮服装城开展市场采购贸易方式出口预包装食品试点。石狮成为全国首个也是截至2019年唯一一个预包装食品出口试点。

石狮市场采购贸易方式出口货值破百亿元 至2019年9月28日，当年度石狮以市场采购贸易方式出口共申报16230票报关单，出口货值14.61亿美元，折合人民币100.16亿元。出口商品包括纺织服装、鞋、建材等12大类，涉及菲律宾、越南等国家和地区共计133个，带动外贸出口增长71.8%，带动石湖港外贸集装箱出口箱量增长60.2%。 （江芳玲）

2019年11月21日至12月1日，2019年国际大体联足球世界杯在晋江举办。图为开幕式 （晋江市政府办供稿）

【晋江市】 位于福建省东南部，2019年辖13个镇、6个街道以及晋江经济开发区和泉州出口加工区。土地面积649平方千米。2019年末户籍人口119.37万人，常住人口211.9万人。人口自然增长率4.7‰。2019年获中国十大慈善城市、中国快递示范城市、全国县域旅游竞争力百强、全国乡村治理体系试点示范县、中国纺织产业基地市、中国泳装产业名城、中国华侨国际文化交流基地，全省首批县域集成改革试点、省级教育强市、全省“七五”普法中期先进市等称号。

2019年，全市生产总值2546.18亿元，比上年增长8%。其中，第一产业增加值20.43亿元，比上年下降1.9%；第二产业增加值1586.89亿元，增长8.3%；工业增加值1511.75亿元，增长8.3%；第三产业增加值938.86亿元，增长7.7%。人均地区生产总值120387元，比上年增长7.6%。规模以上工业总产值5489.1亿元，比上年增长9.5%。农林牧渔业总产值39.83亿元，比上年下降1.6%。固定资产投资比上年增长2.5%。社会消费品零售总额1511.56亿元，比上年增长8%。商品出口总值590.11亿元，比上年增长8.1%；实际利用外资（验资口径）15.01亿元，增长7.5%。一般公共预算总收入221.62亿元，比上年下降3.6%，其中地方一般公共预算收入137.91亿元，增长2%。城镇居民人均可支配收入53185元，比上年增长7.0%；农村居民人均可支配收入25965元，增长9.2%。县域经济基本竞争力全国第四，城市投资潜力、营商环境位居全国县域第二位，经济实力连续26年居福建省县域首位。

晋江经验 2019年7月19日，国务院新闻办公室福建主题新闻发布会在北京举办。福建省委书记于伟国作“坚定不移推动绿色发展的福建实践——加快建设高素质高颜值的新福建”主题介绍时，专门强调“晋江经验”的重要意义。

第18届世界中学生运动会 8月27日，第18届世界中学生运动会组织委员会成立，并召开第一次全体会议。组委会主席、教育部部长陈宝生，组委会主席、福建省省长唐登杰出席会议并讲话。现场举行第18届世界中学生运动会组织委员会揭牌仪式，听取筹办工作进展及下一步工作计划，审议通过《第18届世界中学生运动会总体工作方案》。

高等教育事业发展 2019年6月28日，泉州职业技术大学揭牌，成为全国首批、福建首家本科层次职业教育试点学校。学校首批设置机械设计制造及其自动化、汽车服务工程、计算机应用工程、土木工程、油气储运工程、财务管理、电子商务、服装与服饰设计、数字媒体艺术、学前教育等10个本科专业，2019年8月开始招收第一届本科生。

晋江入选福布斯“中国十大慈善城市” 7月25日，福布斯中国发布2019中国慈善榜，晋江以县级市身份入围中国十大慈善城市，成为入选福布斯“中国十大慈善城市”唯一县级市。至2019年12月31日，晋江市慈善总会2019年募集各项慈善资金3.94亿元，投入慈善工程2.06亿元。

“福州大学—晋江微电子研究院”签约 11月12日，晋江市与福州大学签约，共建“福州大学—晋江微电子研究院”，研究院将面向产业与应用，开展新材料、新器件、新工艺和新产品研发，服务传统产业转型和区域经济发展。

中国科学院大学福建学院智能制造学院落地晋江 11月19日，中国科学院大学、中国科学院海西研究院、泉州市人民政府、晋江市人民政府在北京签订合作办学协议，中国科学院大学福建学院智能制造学院落地晋江。学院以研究生培育为主体，2020年开始招生。

（林荣国）

【南安市】 位于福建省南部、泉州市西南部，2019年辖23个乡镇、3个街道、2个省级经济开发区。土地面积2036平方千米。年末户籍人口166.51万人，人口自然增长率12.7‰。耕地面积3万公顷，粮食播种面积2.53万公顷，粮食产量15.07万吨。林地面积10.93万公顷，森林覆盖率52.7%，活立木蓄积量473.64万立方米。海岸线长32.8千米。重要矿产资源有铁锰矿、钼矿、钨矿、泥炭、饰面用花岗岩、饰面用闪长岩、工艺用辉绿岩、建筑用花岗岩、建筑用凝灰岩、建筑用砂、陶瓷土、高岭土、绢云母、伊利石、叶蜡石。主要旅游景点有九日山风景旅游区、郑成功文化旅游区、蔡氏古民居建筑群、五里桥、凤山寺风景区、灵应寺风景旅游区、天柱山休闲旅游区、雪峰寺、黄巢山自然风景区、山美湖风景区、光前学村等。2019年，南安市位居全国中小城市百强第29位、最具投资潜力百强第11位、综合经济竞争力百强第40位、工业百强第24位，上榜全面小康指数百强第68位、全国营商环境百强第16位，分别比上年提升5位和30位，获评全国基层中医药工作先进单位、中国曲艺之乡。

2019年，全市实现地区生产总值1295.44亿元，比上年增长8%。其中，第一产业增加值30.55亿元，比上年增长5.5%；第二产业增加值770.36亿元，增长8.1%；工业增加值711.44亿元，增长8.5%；第三产业增加值494.53亿元，增长8%。规模以上工业总产值2600.1亿元，比上年增长8%。农林牧渔业总产值54.48亿元，比上年增长5.6%。固定资产投资比上年增长15.2%。社会消费品零售总额773.38亿元，比上年增长9.6%。外贸出口额224.98亿元，比上年增长18.3%。实际利用外资3.82亿元，增长14.2%。一般公共预算总收入89.23亿元，比上年增长11.6%，其中地方一般公共预算收入50.05亿元，增长8.8%。城镇居民人均可支配收入49340元，比上年增长7.1%；农村居民人均可支配收入23698元，增长9.6%。

第15届中国（南安）国际水暖泵阀暨消防器材交易会　2019年2月7—9日，第15届中国（南安）水暖泵阀暨消防器材交易会在成功国际会展中心举行，交易会设展位1490个，展会面积3.5万平方米，对接招商项目81个，参观人次近10万，签订意向金额78亿元。

纪念郑成功诞辰395周年系列活动　6月10—12日，南安市举办纪念郑成功诞辰395周年系列活动，活动包括两岸文艺汇演，纪念大会暨南安市郑成功故里“海峡两岸交流基地”，郑成功庙“福建省民间信仰活动场所联系点”授牌仪式，民俗活动——郑成功庙进香，“明郑四代的历史贡献”主题讲座，成功故里游等。两岸知名人士、郑成功宫庙代表、郑氏宗亲代表、社团代表、学生代表等500多人参加活动。

第12届海峡两岸（泉州）农产品采购订货会　9月7—9日，第12届海峡两岸（泉州）农产品采购订货会在南安成功国际会展中心举行，设有农业电商峰会、十佳伴手礼评奖等14场配套活动和“海峡两岸农产品供需洽谈对接会”等专场对接会。农订会室内展厅面积2.5万平方米，设置800个国际标准展位，人流量超过15万人次，现场销售额近4500万元。

第20届中国（南安）水头国际石材博览会　11月8—10日，第20届中国（南安）水头国际石材博览会在南安市石材产业展示中心举行，本届博览会由材料产业展升级为设计应用展，设11个展区，设置展位2.8万个，展会面积91.1万平方米，主展馆参展企业689家，观展人数10.8万人次，达成购销意向2080单，贸易总额127.37亿元。

（王靖茹）

【惠安县】 位于福建省东南沿海突出部，介于泉州湾与湄洲湾之间。全县陆域面积（不含泉州台商投资区，下同）489.42平方千米，海域面积1725平方千米，下辖12个镇、218个村（社区），人口81.45万人。耕地面积1.53万公顷，粮食产量4.8万吨。林业用地积1.57万公顷，森林蓄积量61.5万立方米，森林覆盖率29.43%。主要矿产资源有花岗石。海岸线长129千米。有10米等深线内海海域面积260平方千米，10～40米等深线海域面积1044平方千米，潮间带滩涂面积78.06平方千米。主要养殖品种有牡蛎、紫菜、海带、江蓠、花蛤、缢蛏、鲍鱼等。主要旅游景点有国家AAAA级景区1个、AAA级景区1个、省级观光工厂4个、省级旅游休闲集镇2个、省级旅游特色村7个、省级生态旅游示范区1个、省级旅游度假区1个、省级森林公园3个以及各类县级乡村旅游景点30多个。2019年获全国中小城市“百强”第35位、全国县域工业经济竞争力百强县、全国中小城市科技创新百强、全国中小城市绿色发展百强、全国工业百强县。

2019年，全县实现生产总值（不含泉州台商投资区，下同）987.77亿元，比上年增长8.7%，其中，第一产业增加值28.21亿元，第二产业增加值709.66亿元，第三产业增加值249.9亿元。农林牧渔业总产值52.21亿元，比上年增长4.4%。固定资产投资比上年增长16.0%，其中工业投资增长31.9%。社会消费品零售总额268.39亿元，增长14.6%。完成一般公共预算总收入79.99亿元，比上年增长6.3%，其中地方一般公共预算收入37.93亿元，下降3.8%。全体居民人均可支配收入35592元，比上年增长9%。

举办2019年佛文化艺术品博览会　3月15日，“2019佛博会”在惠安雕艺文创园举行。本次佛博会以“弘扬海丝佛教文化，展示闽南佛国魅力”为主题。本次展会以惠安本土雕艺企业为主，汇聚各省市以及海内外各企业近200家企业共同参展。400个展位涵盖佛像佛雕、佛具法器、香品香具、佛教工艺品、禅意文创等各类佛文化艺术品。

（杨开炜）

【安溪县】 位于福建省东南部。2019年辖13个镇、11个乡（城区辖3个乡、镇）。土地面积3057.28平方千米。年末户籍人口121.1万人，常住人口102.7万人。人口自然增长率5.3‰。耕地面积3.19万公顷，粮食播种面积1.81万公顷，粮食产量8.74万吨。林地面积21.9万公顷，森林覆盖率65.77%，活立木蓄积量779.47万立方米。主要旅游景点有清水岩风景区、凤山风景旅游区、洪恩岩风景区、志闽生态旅游区、国心绿谷生态茶庄园和花千谷景区6家A级景区，此外还有李光地故居、云中山、白石岩等旅游景点。2019年获评世界藤铁工艺之都、电子商务促进乡村振兴十佳县域、中国团餐之乡、国家农产品质量安全县。

2019年，全县生产总值731.49亿元，比上年增长7.9%。其中，第一产业增加值52.58亿元，比上年增长4.1%；第二产业增加值377.38亿元，增长8.3%；工业增加值311.62亿元，增长9%；第三产业增加值301.53亿元，增长8%。人均地区生产总值71296元，比上年增长7.4%。规模以上工业总产值938.94亿元，比上年增长11.6%。农林牧渔业总产值88.37亿元，比上年增长4.2%。固定资产投资比上年增长3.3%。社会消费品零售总额563.2亿元，比上年增长14%。外贸出口额38.59亿元，比上年增长6.3%。实际利用外资1.21亿元，增长27.2%。一般公共预算总收入51.28亿元，比上年增长2.3%，其中地方一般公共预算收入31.02亿元，增长1.9%。城镇居民人均可支配收入34579元，比上年增长8.2%；农村居民人均可支配收入18028元，增长9.1%。

安溪县获评“世界藤铁工艺之都” 2019年5月15—17日，由世界手工艺理事会亚太地区主席嘎达·席佳薇，副主席满佳丽·尼茹拉、凯文·穆雷等组成的考评专家组，对安溪县申报“世界手工艺理事会手工艺城市——藤铁工艺之都”工作进行实地考评验收。8月20日，由世界手工艺理事会及亚太地区理事会、中国工艺美术协会、安溪县人民政府主办并召开的新闻发布会宣布，安溪被授予“世界藤铁工艺之都”称号。

获评“国家农产品质量安全县” 2019年11月2日，在江苏徐州举行的第二届国家农产品质量安全县与农产品经销企业产销对接活动中，农业农村部授予安溪县“国家农产品质量安全县”称号。安溪是中国乌龙茶（名茶）之乡、名茶铁观音的发源地，连续10年位列全国重点产茶县首位。全县围绕国家农产品质量安全县创建目标，“产”“管”并举，实现源头严防、过程严管、产品严检、违法严惩四种监管，构筑质量联控、一品一码、社会共治、品牌支撑四个体系，系统性地提高全县农产品质量安全水平。

安溪白濑水利枢纽主体工程开工 2019年12月31日，安溪白濑水利枢纽工程项目主体工程开工，工程施工总工期为54个月，建设征地涉及安溪、永春两县6个乡镇的24个行政村以及2个集镇及相关设施，搬迁安置4万人，概算总投资142.69亿元。

安溪“青阳冶铁遗址”列入世界遗产申报项目 2019年1月，国务院确定“古泉州（刺桐）史迹”作为2020年世界遗产申报项目［2020年4月“古泉州（刺桐）史迹”更改为“泉州：宋元中国的世界海洋商贸中心”］。经组织专家多次勘探、查证，8月，安溪冶铁遗址列入泉州申遗项目。遗址位于尚卿乡青洋村（青洋冶铁遗址为第一批安溪县文物保护单位，1985年公布）。2019年9月底，安溪冶铁遗址“申遗”考古发掘工作启动。

（王秋霞）

【德化县】 位于福建省中部，泉州市西北部。2019年辖12个镇、6个乡。土地面积2232.16平方千米。年末户籍人口35.19万人，常住人口29.7万人。耕地面积16892.79公顷，粮食播种面积8941公顷，粮食产量5.83万吨。林地面积17.8万公顷，森林覆盖率78.4%，森林蓄积量1847万立方米。全县可供开发的水力资源30.2万千瓦，有水电装机容量28.48万千瓦，位居福建省前列，是中国首批100个农村电气化试点县之一。有黑鸡、黑兔、淮山、黄花菜、十八学士茶花、德化梨、德化黑羊、大铭生姜8个国家农产品地理标志，重要矿产资源有高岭土、煤炭、石灰石、铁矿石、泥煤、叶蜡石、金、铅、锌、铜、钨、锰等矿藏40多种，其中铁矿石、高岭土、石灰石储量均在亿吨以上，已探明黄金储量20吨以上。主要旅游景点有戴云山国家级自然保护区、岱仙湖国家级水利风景区、龙门湖国家级水利风景区、石牛山国家AAAA级旅游景区、九仙山国家AAAA级旅游景区、云龙谷国家AAA级旅游景区、石牛山国家地质公园、石牛山国家森林公园。2019年获评全国发展农村电商和产销对接十大典型县、国家级电子商务进农村综合示范县，受到国务院办公厅通报表彰。获评2019年度“中国天然氧吧”。

2019年，全县实现地区生产总值278.15亿元，比上年增长8.5%。其中，第一产业增加值13.62亿元，比上年增长3.7%；第二产业增加值166.83亿元，增长9.9%；工业增加值129.77亿元，增长9.1%；第三产业增加值97.69亿元，增长6.5%。人均地区生产总值93810元，比上年增长7.7%。规模以上工业产值357.41亿元，比上年增长10.8%。农林牧渔业总产值22.89亿元，比上年增长3.9%。固定资产投资比上年增长17.2%。社会消费品零售总额127.92亿元，比上年增长12.1%。一般公共预算总收入18.82亿元，比上年增长3.1%，其中地方一般公共预算收入11.97亿元，增长1.2%。城镇居民人均可支配收入36608元，比上年增长8.1%；农村居民人均纯收入16984元，增长9.8%。

2019年10月12—15日，2019中国

德化陶瓷博览会暨茶具文化节在中国茶具城举行，由中国陶瓷工业协会、中国茶叶流通协会、中国工艺美术学会、中国收藏家协会主办，以“中国白·德化瓷”为主题，吸引来自全国各地的543家企业、20多位工艺美术大师、陶瓷艺术大师参展。

2019年10月29日，世界瓷都德化·国际陶瓷艺术城开工奠基。该项目以陶瓷营销展示为主题，以表现德化陶瓷艺术魅力为主要特征，是德化县全力打造的陶瓷文化创意产业基地。

（郑建明）

【永春县】 位于福建省东南部。2019年辖18个镇4个乡。土地面积1468平方千米。年末户籍人口60.36万人，常住人口46.8万人。人口自然增长率3.7‰。耕地面积1.93万公顷，粮食播种面积1.43万公顷，粮食产量8.83万吨。林地面积10.59万公顷，森林面积10.29万公顷，森林覆盖率69.5%，活立木蓄积量539万立方米，林地保有量10.58万公顷，是全省重点林区县之一。农产品主要有芦柑、荔枝、龙眼、茶叶、食用菌、毛麻竹等。水资源总量18.21亿立方米，其中可供开发量11.9万千瓦。流域面积1652.85平方千米，境内流域面积达50平方千米以上的溪流有12条。全县已发现各类矿产资源30种。全县有13个国家A级景区，其中2个国家AAAA级旅游区永春牛姆林、北溪文苑生态旅游区，7项国家地理标志产品永春芦柑、永春佛手、永春篾香、永春老醋、永春漆篮、永春纸织画、岵山荔枝。2019年获全国农村人居环境整治成效明显激励县、全国平安农机示范县、全国推进美丽乡村经营管护机制改革试点县、国家卫生县城、全国基层中医药工作先进单位等称号。

2019年，全县实现地区生产总值484.1亿元，比上年增长8.2%。其中，第一产业增加值25.17亿元，比上年增长3.8%；第二产业增加值305.58亿元，增长8.9%；工业增加值269.18亿元，增长10.9%；第三产业增加值153.35亿元，增长7.3%。规模以上工业总产值793.95亿元，比上年增长13.2%。农林牧渔业总产值43.28亿元，比上年增长4%。固定资产投资比上年增长15.8%。社会消费品零售总额173.5亿元，比上年增长10%。实际利用外资0.55亿元，比上年增长6.0%。一般公共预算总收入19.4亿元，比上年下降4%，其中地方一般公共预算收入12.27亿元，增长0%。城镇居民人均可支配收入34448元，比上年增长7.5%；农村居民人均可支配收入17142元，增长8.4%。

高新产业蓄势待发 2019年，九牧永春智慧制造产业园一期建成试投产、二期开工建设，与华为、中国电信合作，打造智能5G工厂新模式。博纯材料完成股份制改革，三期COS半导体材料生产线项目加快建设。佳联矿业、美宏科技、爵能厨卫、鑫舟生物、九州通医药等一批大项目好项目落地开工。

生态文明建设 2019年，永春县持续推进国家重点生态功能区建设，获国家财政转移支付、省级综合性补偿8299万元。全域生态综合体模式被列为国家生态文明试验区第三批改革成果。推动省级生态产品市场化改革试点，构建生态产品市场化改革“三级市场”。

全国重点文物保护单位“零”的突破 2019年，永春苦寨坑窑遗址（古遗址类）、永春文庙（古建筑类）、魁星岩摩崖造像（石刻类），永春福兴堂（近现代重要史迹及代表性建筑）入选第八批全国重点文物保护单位，实现永春县全国重点文物保护单位“零”的突破。

（黄培坦 肖华烽）

【泉州台商投资区】 位于泉州市东部，2019年辖3个镇、1个乡。土地面积219平方千米。年末户籍人口22.51万人，常住人口25.9万人。人口自然增长率7.18‰。耕地面积0.42万公顷，粮食播种面积0.16万公顷，粮食产量0.78万吨。林地面积0.45万公顷，森林覆盖率20.83%，活立木蓄积量19.37万立方米。矿产资源以花岗岩为主。主要旅游景点有洛阳桥（国家级文保单位）、洛阳古街、海丝艺术公园、海丝生态公园、华光文博园（AAA）、月亮湾、上塘雕艺街（省级旅游特色街区）等。2019年，福建省泉州丝路文化艺术展览馆被国务院授予“全国民族团结进步模范集体”称号。泉州台商投资区公共资源交易中心获“2019年度全国公共资源交易十佳最具公信力机构”称号。

2019年，全区实现地区生产总值330.34亿元，比上年增长8.6%。其中，第一产业增加值4.67亿元，比上年增长0%；第二产业增加值251.57亿元，增长7.7%；工业增加值217.85亿元，增长8.5%；第三产业增加值74.1亿元，增长13.4%。人均地区生产总值125744元，比上年增长12.8%。规模

泉州台商投资区湖东片区新貌，摄于2019年 （台商投资区管委会供稿）

以上工业总产值797.44亿元，比上年增长9.6%。农林牧渔业总产值9.15亿元，比上年增长0.1%。社会消费品零售总额97.41元，比上年增长11.3%。外贸出口额35584万美元。实际利用外资9449万美元，增长1%。一般公共预算总收入20.05亿元，比上年增长16.0%，其中地方一般公共预算收入11.65亿元，增长16.4%。城镇居民人均可支配收入46743元，比上年增长7.8%；农村居民人均可支配收入22711元，增长9.9%。

2019年6月1日至8月30日，泉州台商投资区承办2019年“创客中国”两岸三地新兴产业中小企业创新创业大赛，共185个项目报名参赛，涵盖新能源、新材料、生物技术等领域。

2019年7月16日，泉州台商投资区举办“工业设计暨台湾大学生来泉工作座谈会”和“2019泉州海峡两岸工业设计大赛暨海峡两岸大学生设计工作坊启动仪式”。

2019年7月29日，中国大陆首个台籍职工法律服务工作站在泉州台商投资区成立。

2019年9月16日，泉州后渚大桥东桥头互通通车。

2019年9月30日，海上丝绸之路生态公园开园。该项目是泉州环湾城市建设的重点项目之一，公园占地面积308.03公顷，分为东、西两个园区，中间由百崎湖水系贯穿而过，有山、水、林、田、塘、湿地等自然景观。

2019年10月14日，在台商区医院设立上海市胸科医院何奔“名医工作室”，至此，2019年度在区医院设立上海长征医院谢渭芬、上海九院骨科谢幼专、中国人民解放军南部战区总医院中医院孙维峰、上海市胸科医院何奔4个“名医工作室”。

2019年10月18日，中国大陆首个项目建设工地的“流动职工之家”在泉州台商投资区投入使用。

2019年10月21—23日，世界性惠安泉港泉州台商区籍乡亲的联谊活动——世界惠安泉港泉州台商投资区同乡联谊会在泉州台商投资区召开，11个国家和地区28个同乡社团3家异地商会参加联谊活动。

2019年11月28日，泉州台商投资区与首都师范大学在北京举行基础教育合作办学签约仪式，首都师范大学附属泉州学校（中、小学）落户台商区。

（林清波）

【泉州经济技术开发区】 泉州经济技术开发区地处泉州南大门，于1996年12月开始开发建设，2010年6月升格为国家级经济技术开发区。经国务院批准纳入国家级开发区范围的面积为12.5平方千米（含综合保税区3平方千米）；与晋江市合作开发的泉州特种汽车基地4平方千米；与南安市政府合作开发的官桥园区15平方千米。人口40926人（其中流动人口36800人、户籍人口4126人）。全区有各类市场主体13409家，规上工业企业112家，限上商贸企业94家；拥有产值超亿元企业58家；税收超亿元企业2家，超千万元企业11家；上市企业8家，挂牌企业11家；拥有中国驰名商标11件、省著名商标42件，作为主要起草单位参与国家行业标准制定企业17家；国家级工程研究中心等“国字号”科技品牌52家（项），科技小巨人领军企业21家，国家高新技术企业39家，国家知识产权优势企业5家。形成纺织鞋服、电子信息、机械制造、医药食品等4个主导产业。每万人发明专利拥有量71.19件，高新技术产业产值占全区工业总产值的33.9%。是全省首个被联合国工发组织授予的“绿色开发区”。在省级以上开发区综合发展水平评价中，泉州开发区综合实力位居全省第五位，管理服务质量位居全省第一。

2019年，开发区实现地区生产总值228.09亿元，比上年增长10%；工业增加值178.5亿元，增长7.9%；建筑业增加值3.3亿元，增长58.4%；第三产业增加值46.32亿元，增长17.3%。一般公共预算总收入16.37亿元，其中地方一般公共预算收入8.08亿元，增长2.4%。全社会固定资产投资增长12%。社会消费品零售额77.29亿元，增长6.9%。出口商品总值59.27亿元，增长41.03%。实际利用外资（验资口径）1.24亿元。

9月5日，意大利蒙卡诺集团主席多里安诺率领的意大利经贸代表团莅临开发区参观考察中意产业园、锐驰智能展示厅、FILA（斐乐）公司等产业项目。

9月20日，福建省商务厅外经贸干部培训中心西葡法部代表团带领“非洲法语国家行政管理能力建设研修班”学员来泉州开发区调研。来自吉布提、塞内加尔、尼日尔等国从事行政管理工作的28位官员代表实地考察泉州开发区行政服务中心，详细听取开发区智能审批的有关情况介绍，并实地查看个体工商户智能审批的全过程。

11月8日，中意智能清洗研发中心在泉州开发区揭牌成立。中意智能清洗研发中心是2019年泉州市招商代表团赴德国、意大利开展招商推介签约项目，也是福建首个智能清洗领域研发中心。

（徐勤友）

三明市

【概况】 三明市位于福建省中部，1958年成立三明重工业建设委员会开始工业建设，1960年设立省辖三明市，1963年成立三明地区行署，1983年地市合并设立省辖三明市。2019年辖内2区、9县、1市，土地面积2.29万平方千米，其中市区面积1151.42平方千米。年末户籍人口288.52万人；常住人口259万人，其中城镇常住人口157.8万人。人口自然增长率7.0‰。

三明是福建省主要农作物产区，粮食、水果、笋竹、食用菌和苗木花卉等产量居全省前列，2019年耕地面积19.6万公顷，粮食播种面积15.89万公顷，粮食产量93.09万吨，比上年下降

0.3%。全市森林覆盖率78.1%，森林面积约占福建省的1/4，活立木蓄积量占全省的1/3，是中国最绿省份的最绿城市之一，被誉为“中国绿都”“绿色宝库”。拥有各类矿产79种，探明储量的有49种，其中煤储量占福建省的37.2%，钨、锰、铁、铅、锌、石灰石、萤石、稀土等矿产储量在福建乃至全国都占有重要位置。水资源总量144.5亿立方米，占全省的17.9%。旅游景点和景区密度居福建省首位，拥有泰宁世界自然遗产、世界地质公园和180个国家级旅游品牌。三明建市时间不久，但历史悠久，是闽江之源，三明万寿岩发现的古人类遗址，把福建人类活动的历史推向18万年前；“闽学四贤”中的杨时、罗从彦、朱熹都出生在三明；三明是客家祖地，宁化石壁是中国历史上客家人大迁徙的中转站，建有世界唯一的客家公祠，是世界客属寻根谒祖的朝圣中心。

三明全域都是中央苏区县，自1927年开始，中国共产党就在宁化、清流、归化、建宁、泰宁、将乐、沙县、永安、尤溪、大田等县传播革命思想，进行革命活动。进入20世纪30年代前期，普遍建立工农政权苏维埃政府。三明是中央红军长征的4个出发地之一。

2019年，三明市位列中国百强品牌城市第40位，被民政部评为全国居家和社区养老服务改革试点优秀城市。

2019年，全市实现地区生产总值2601.56亿元，比上年增长8%。其中，第一产业增加值303.11亿元，比上年增长3.8%；第二产业增加值1402.92亿元，增长9%；工业增加值1044.37亿元，增长8.7%；第三产业增加值895.52亿元，增长8.0%。人均地区生产总值100641元，比上年增长7.6%。一般公共预算收入168.41亿元，增长1.63%，其中地方一般公共预算收入107.76亿元，增长0.11%。规模以上工业增加值比上年增长8.8%。农林牧渔业总产值513.04亿元，比上年增长3.9%。固定资产投资增长9.3%。社会消费品零售总额784.09亿元，增长10.2%。外贸出口176.65亿元，增长7.5%。实际利用外资1.32亿元，下降49.7%。城镇居民人均可支配收入37942元，增长8.8%；农村居民人均可支配收入18312元，增长10.3%。全社会用电量163.95亿千瓦小时。城镇登记失业率2.4%。参加城镇职工基本养老保险62.77万人；参加城镇职工基本医疗保险41.44万人；参加城乡居民基本医疗保险221.29万人；参加城乡居民基本养老保险135.53万人，参保率98.55%。城市生活污水集中处理率91.37%，城镇生活垃圾无害化处理率99.84%。

【特色改革持续深化】 2019年，三明市出台深化提升医改工作18条措施，探索创新“以人民健康为中心”的医改3.0版新经验，对全市2019年度C—DRG分组及定额标准进行测算和修订，进一步落实惠民便民政策，国务院医改领导小组发文向全国进一步推广三明医改经验，全国、全省医改推进现场会在三明召开。林业金融改革。探索试行“林票”制度，创新推出“益林贷”“金林贷”“振兴贷”普惠金融产品，新增林权抵押贷款5.01亿元，全市新型林业经营组织经营面积覆盖面61%；在全省率先出台加快推进绿色金融改革创新7条措施，全市排污权出让成交总额3.84亿元，居全省首位。国企改革。整合重组市属国有企业，组建三明市投资发展集团、城市建设发展集团、交通建设发展集团，逐渐理顺人财物管理机制，市文旅集团等7家二级企业完成组建，市城投集团发行定向债务融资工具5亿元。教育改革。三明市出台促进基础教育高质量发展16条措施和深化基础教育“三大机制”改革14条措施，全市组建“总校制”学校57个，覆盖学校158个，实现县（市、区）和基础教育各学段两个全覆盖，受益学生8万人。初中“壮腰”工程入选教育部基础教育改革试点项目，成为全省唯一入选“福建省基础教育改革实验区”的设区市。

【四个专项行动集中开展】 2019年，三明全市集中开展4个专项行动。开展“五个一批”项目攻坚专项行动，列入重点攻坚的343个项目273个实现转化，三明市获得全省“五个一批”项目正向激励奖励；开展重点产业招商引资专项行动，出台《重点产业招商引资专项工作方案》《三明市招商引资项目引荐人奖励办法》，组建驻外招商联络组，建立专班推进重中之重招商项目工作机制，全年新增签约项目1032个，总投资1412亿元；开展环保督察问题整改专项行动，第一轮中央生态环保督察转办的248.5件信访件全部完成整改，第二轮转办的200.5件办结185件，整改完成率92.3%；开展城市管理“五难”治理专项行动，全市新增停车泊位5779个、新（改）建公厕159座、整治农贸市场23座、治理背街小巷132条、治理物业管理难小区51个。

【闽西南协同发展区建设主动融入】 2019年，三明市以产业协同为突破口，推进三明与厦门共建厦明经济合作区、厦明火炬新材料产业园，与泉州共建泉三高端装备产业园。厦明火炬新材料产业园达成合作意向项目10多个，签约6个，总投资21.8亿元；泉三高端装备产业园对接企业50余家，签约28家，总投资71亿元。

【“e三明”平台服务群众网上办事平台搭建】 2019年，三明市建成“e三明”政务服务平台，连接网上便民服务事项94项，开通全程网办事项36项，开通“随手拍”功能，注册用户55万，“12345”便民服务平台共受理办结群众反映事项8.85万件，群众满意率99.8%。

（潘　烨）

【三元区】 位于三明市区西南部。2019年辖2镇、2乡、4个街道，土地面积800.23平方千米。年末户籍人口13.52万人，常住人口20.6万人。人口自然增长率－0.7‰。耕地面积5029.37万公顷，粮食播种面积0.23万公顷，

2019年10月13日，“橘颂三元”三明蜜橘品牌推介暨三元区2019年“中国农民丰收节”在三元区莘口镇西际村隆重启幕　　（三明市政府办供稿）

粮食产量1.53万吨。林地面积63025公顷，森林覆盖率78.93%，活立木蓄积量701.58万立方米。重要矿产资源有煤、水泥用石灰石、萤石等。主要旅游景点有岩前万寿岩旧石器时代文化遗址、格氏栲森林公园、忠山十八寨古民居等。2019年，三明市三元区司法局富兴堡司法所被司法部评为全国先进司法所。三明市公安局三元分局白沙派出所获公安部全国首批100个“枫桥式公安派出所”命名。

2019年，三元区实现地区生产总值238.96亿元，比上年增长7.6%。其中，第一产业增加值12.67亿元，比上年增长3.5%；第二产业增加值146.57亿元，增长9%；第三产业增加值79.72亿元，增长5.9%。规模以上工业总产值496.79亿元，增长12%。农林牧渔业总产值21.58亿元，比上年增长3.6%。社会消费品零售总额80.83亿元，比上年增长12.5%。外贸出口额19406万美元，比上年增长4.84%。一般公共预算总收入7.05亿元，比上年增长10.1%，其中地方一般公共预算收入4.59亿元，增长4.8%。规模以上工业增加值比上年增长8.7%。农林牧渔业总产值21.58亿元，比上年增长3.6%。城镇居民人均可支配收入41212元，比上年增长8.8%；农村居民人均纯收入21001元，增长9.3%。

生态文明建设　2019年，三元区坚持联合管控，辖区空气质量稳中有升，工业固废物实现“减量化、资源化、无害化”；突出“生态、生产、生活”管控，打造“河湖长制”升级版，小流域水质均达Ⅲ类标准以上。攻坚山水林田湖草项目，建成市区饮用水源综合管理中心。第二轮中央生态环境保护督察信访件全部办结。2019年7月，创建万寿岩文旅小镇国家AAA级旅游景区，启动万寿岩—格氏栲片区城市重要文旅服务消费点建设，栲林花海、森林学社等项目开工建设。

三化元福新材料有限公司投产　2019年11月，福建三化元福新材料有限公司投入生产运行。三化元福新材料有限公司氟化渣及福建三钢烧结脱硫灰循环综合利用项目总投资2192万元，占地面积2.27公顷，可综合处理氟化渣，稳定消化三钢的固废脱硫渣2万多吨，产石膏22万吨。福建三化元福新材料有限公司2018年7月入驻岩前镇吉口循环经济产业园。　　（凌汉荣）

【梅列区】　位于三明市西北部。2019年辖3个街道、2个镇、1个省级经济开发区。土地面积351.18平方千米。年末户籍人口15.33万人，常住人口18.9万人。人口自然增长率4.91‰。耕地面积1938.6公顷，谷物播种面积472公顷，粮食产量3812吨。林地面积35177公顷，森林覆盖率80.59%，活立木蓄积量379万立方米。主要矿产资源有铁矿（保有量32.07万吨）、硫铁矿（保有量17.58万吨）等及丰富的天然矿泉水资源。主要旅游景点有国家AAAA级旅游景区瑞云山风景区，国家AAA级旅游景区仙人谷国家森林公园与清枫谷景区。

2019年，全区实现地区生产总值343.94亿元，比上年增长10.3%。其中，第一产业增加值5.35亿元，比上年增长3.5%；第二产业增加值168.35亿元，增长8.1%；第三产业增加值170.24亿元，增长12.7%。规模以上工业增加值比上年增长8.2%。农林牧渔业总产值9.39亿元，增长3.6%。固定资产投资增长6.1%。社会消费品零售总额111.48亿元，增长11.9%。外贸出口14.85亿元，增长3%。财政总收入10.48亿元，比上年下降2%，其中地方公共财政收入7.66亿元，下降1.4%。全体居民可支配收入43101元，比上年增长9.4%，其中城镇居民人均可支配收入44015元，增长9.3%；农村居民人均可支配收入20187元，增长10.1%。

全区组建5个“总学校”，受益学生超过2万人，基本形成义务教育和学前教育“总校制”办学改革链条，入选“省级基础教育改革发展实验区”，辖区中小学省级义务教育“管理标准化学校”和“教改示范校”创建率为全市最高，基础教育质量走在全市前列。

1月2日，国家卫健委办公厅公布2018年度国家慢性病综合防控示范区复审结果，梅列区成为国家第二批、福建省首批通过国家复审评估的慢性病综合防控示范区之一。

梅列籍运动员邓薇2019年三度打破举重世界纪录，夺得举重世界杯、世锦赛、亚锦赛三项桂冠，当选2019年中国十佳运动员。　　（雷文春　王培敏）

【永安市】　位于三明市南部。2019年辖8个镇、3个乡、4个街道。土地面积2931平方千米。年末户籍人口32.95万人，常住人口35.8万人。人口自然增长率2.81‰。耕地面积179.82平方千米，粮食播种面积1.05万公顷，粮

2019 年 11 月 6—8 日，2019 年国际（永安）竹居博览会在永安市举办

（永安市史志办供稿）

食产量 6.34 万吨。林业用地面积 2432.96 平方千米，森林覆盖率 76.25%以上，森林蓄积量 2451 万立方米。重要矿产资源有石灰石、无烟煤、石墨资源、重晶石。主要旅游景点有桃源洞—鳞隐石林国家级风景名胜区、桃源洞 AAAA 级旅游景区、天宝岩国家级自然保护区、九龙竹海国家森林公园、安砂龙头国家湿地公园、小陶甘乳岩·玉带龙泉、霞鹤生态农庄、青水畲寨、槐南安贞堡、竹天下文化旅游产业园等。

2019 年，全市实现地区生产总值 431.65 亿元，比上年增长 7.5%。其中，第一产业增加值 35.93 亿元，比上年增长 3.1%；第二产业增加值 264.93 亿元，增长 9.4%；工业增加值 220.67 亿元，增长 9.1%；第三产业增加值 130.8 亿元，增长 5.1%。人均地区生产总值 120742 元，比上年增长 7.1%。一般公共预算总收入 27.02 亿元，比上年增长 3.7%，其中地方一般公共预算收入 18.24 亿元，增长 1.1%。规模以上工业增加值比上年增长 9.1%。农林牧渔业总产值 61.18 亿元，比上年增长 3.1%。固定资产投资比上年增长 5.7%。社会消费品零售总额 125.62 亿元，比上年增长 7.8%。外贸出口额 17.87 亿元，比上年增长 6.9%。实际利用外资 909 万元。城镇居民人均可支配收入 38910 元，比上年增长 8%；农村居民人均纯收入 19671 元，增长 10.1%。

2019 中国福建（永安）石墨烯创新创业大赛在永安举行　6 月 1 日，2019 中国福建（永安）石墨烯创新创业大赛在福建永安举行。本届大赛旨在贯彻落实《福建省石墨烯产业发展规划（2017—2025 年）》和《福建省人民政府关于加快石墨烯产业发展六条措施的通知》的精神，推动福建省和永安市石墨烯产业快速发展，促进项目、技术、资金、人才等石墨烯创新资源向福建永安集聚，开展项目对接和精准招商，推动一批优质项目入园落地。大赛项目从基础制备到工业应用，从居家生活到未来智能，涵盖石墨烯技术在纤维纺织、热管理应用、农林生产、柔性穿戴、绿色化工、高端电子、新能源等行业的多方面应用。经过层层筛选、激烈角逐，大赛的 15 支队伍中有 6 个项目分获大赛的一、二、三等奖。

2019 年国际（永安）竹居博览会在永安举行　11 月 6—8 日，以“竹家居、竹生活、竹永安”为主题的 2019 年国际（永安）竹居博览会在永安市竹天下文化广场举行，本届竹博会是第十五届海峡两岸（三明）林业博览会的分会场，参会嘉宾 500 余人。竹博会期间，还举行项目签约仪式，项目总签约 11 个，总投资 9.83 亿元，其中，5 成以上的项目直接投资在竹产业链领域。

金牛水泥项目一期全面投产　永安金牛水泥是省级重点建设项目，该项目计划投资建设两条日产 4500 吨新型干法水泥生产线，总投资 12 亿元，分两期建设。永安金牛水泥有限公司年生产能力为 200 万吨，采用国内最先进的工艺设备。2019 年 10 月，项目一期全面投产。

（杨宇凡）

【清流县】　位于三明市西部，2019 年辖 7 镇、6 乡。土地面积 1806.33 平方千米。年末户籍人口 15.46 万人，常住人口 13.6 万人，人口自然增长率 5.45‰。耕地面积 1.4 万公顷，粮食播种面积 1.5 万公顷，粮食产量 7.87 万吨。林地面积 15.44 万公顷，森林覆盖率 80.1%，活立木蓄积量 1594 万立方米。重要矿产资源有无烟煤、钨、铅、锌、萤石、石灰石、辉绿岩、稀土、地热、矿泉水等 17 种。主要旅游景点有 AAAA 级景区天芳悦潭生态旅游区，AAA 级景区中华桂花文化园、清流赖坊古镇、清流林畲红色小镇、李家冷泉小镇等。

2019 年，清流县实现地区生产总值 147.18 亿元，比上年增长 7.9%。其中，第一产业增加值 23.19 亿元，比上年增长 3.8%；第二产业增加值 81.16 亿元，比上年增长 8.9%；第三产业增加值 42.83 亿元，比上年增长 8.2%。人均地区生产总值 107823 元，比上年增长 8.3%。规模以上工业总产值 154.09 亿元，比上年增长 9.3%。农林牧渔业总产值 39.34 亿元，比上年增长 3.8%。固定资产投资比上年增长 7.9%。社会消费品零售总额 48.69 亿元，比上年增长 11.5%。外贸出口额 12.65 亿元，比上年增长 4.55%。实际利用外资 415 万元，下降 90.6%。一般公共预算总收入 7.33 亿元，比上年增长 7%，其中地方一般公共预算收入 4.12 亿元，增长 5.2%。城镇居民人均可支配收入 33268 元，比上年增长 8.8%；农村居民人均纯收入 17423 元，增长 10%。

生态文明建设　2019 年，清流县开展生态环境问题整改专项行动，推进落实党政领导生态环境保护目标责任书 75

2019 年 3 月 30 日，首届清流（林畲）跑步节在清流举行

（清流县政府办供稿）

个重点建设项目，完成第一轮、第二轮中央环保督察反馈信访件问题整改 21 件。推进水环境综合治理五项专项行动，在全市率先实施“政府＋企业”“专管员＋第三方”河道管养分离模式，完成观音堂存量垃圾移除、九龙湖网箱清理等重难点问题整治，全县集中式饮用水源达标率 100％。开展新型合作造林，新增林权抵押贷款 0.76 亿元，福林贷余额 0.73 亿元。城区空气质量优良率 99.6％，居全省 58 个县（市）第三名。全年审批建设项目环境影响报告书 2 个，环境影响报告表项目 19 个，发放排污许可证 12 本，否决污染项目审批 2 个。

脱贫攻坚　2019 年 6 月，清流县退出省级扶贫开发重点县，林畲镇、里田乡脱贫摘帽，赖坊镇通过市级评审验收。实施消费扶贫和产业提升工程，贫困村贫困户新增花卉种植 54 公顷、豆腐皮生产线 48 条、村企合作项目 65 个，贫困发生率降至零。

首届清流（林畲）跑步节　2019 年 3 月 30 日，首届清流（林畲）跑步节清流县林畲镇举行。活动以“健康清流·追梦林畲”为主题，由清流县林畲镇人民政府、清流县文体和旅游局、清流县卫生健康局主办，三明学院、厦门市集美区杏林街道办事处联办。1000 余名跑步爱好者参加，观众 2000 余名。　（夏永麟）

【宁化县】　位于三明市西部。2019 年辖 11 个镇、5 个乡。土地面积 2407.19 平方千米。年末户籍人口 37.52 万人，常住人口 28.8 万人。人口自然增长率 11.3‰。耕地面积 2.82 万公顷，粮食播种面积 3.12 万公顷，粮食产量 17.48 万吨。林地面积 18.61 万公顷，森林覆盖率 74.97％，活立木蓄积量 0.14 亿立方米。重要矿产资源有钨、锡、锌、稀土、萤石、石灰岩等。主要旅游景点有天鹅洞群国家地质公园、牙梳山省级自然保护区、东华山省级森林公园、蛟湖、蛟湖小镇、客家祖地、北山革命纪念园、红军长征出发地纪念广场。

2019 年，全县实现地区生产总值 195.14 亿元，比上年增长 8.7％。其中，第一产业增加值 28.24 亿元，比上年增长 4.2％；第二产业增加值 89.11 亿元，增长 9.9％；工业增加值 49.04 亿元，增长 9.3％；第三产业增加值 77.79 亿元，增长 9.2％。农林牧渔业总产值 47.81 亿元，比上年增长 4.3％。社会消费品零售总额 61.21 亿元，比上年增长 12％。一般公共预算总收入 9.63 亿元，比上年增长 2.7％，其中地方一般公共预算收入 6.71 亿元，增长 1.3％。城镇居民人均可支配收入 30469 元，比上年增长 9.1％；农村居民人均纯收入 16783 元，增长 10.5％。

第 25 届世界客属石壁祖地祭祖大典　2019 年 10 月 12 日，由三明市客家联谊会、马来西亚居銮客家公会、厦门市客家经济文化促进会、宁化县石壁客家宗亲联谊会、客家文化交流研究中心、客家祖地管理中心、福建省姓氏源流研究会李氏委员会宁化理事会等单位和社团组织共同主办的第 25 届世界客属石壁祖地祭祖大典在宁化石壁举行。来自海内外 145 个客属社团的客属嘉宾及本地宗亲 1.2 万人齐聚祖地，寻根谒祖，共话发展。祭祖大典遵循古礼，依次升祭旗、敬献花篮、行上香礼、行奠帛礼、行奠酒礼、恭颂祭文、诵读祖训、乐舞告祭、祈福发彩。其间还举办第七届石壁客家论坛、第二届客家武术大赛、第二届海峡两岸客家姓氏族谱展示交流对接会、第六届宁化客家小吃节、第二届宁台农特产品展销会、海丝核心区现代农业峰会暨河龙贡米国际品牌发展峰会、宁化招商项目推介会、客家风情文艺晚会、宁化李氏宗亲联谊会等系列活动。

“记者再走长征路”主题采访活动　2019 年 6 月 11 日，“壮丽 70 年·奋斗新时代——记者再走长征路”主题采访活动在江西于都、瑞金，福建长汀、宁化 4 个中央红军长征出发地同时启动。启动仪式的宁化分会场设在宁化县红军长征出发地纪念广场。11—15 日，100 余名记者组成联合采访团追随当年红军长征步伐，到宁化革命纪念园、淮土、石壁、泉上、曹坊等乡（镇）及清流县里田乡、林畲镇实地采访，挖掘宁化革命故事及红军事迹。1934 年 10 月，中国工农红军第一、第三、第五军团（亦称中央红军）从福建西部的长汀、宁化和江西南部的瑞金、于都等地出发，开始战略性大转移。宁化是中央红军 4 个长征出发地之一，也是路途最远的出发地。

鸡公岽风电项目竣工　宁化县鸡公岽风电场是福建省重点建设项目、三明首个风电场，是华电福建公司的“能源＋扶贫”项目。位于宁化县治平畲族乡高峰村鸡公岽一带，设计总装机容量 48 兆瓦，安装 24 台 2 兆瓦风电机组。项目总投资 4.13 亿元，2016 年 9 月开工，2018 年 12 月首台风机并网发电，2019 年 5 月全部风机并网发电。至 2019 年

底，累计发电 9649.97 万千瓦时，实现产值 5335.95 万元。（赖慧珍）

【建宁县】 位于三明市西北部。辖区总面积 1718 平方千米。其中陆地 1686.86 平方千米，占 98.2%；水域 31.14 平方千米，占 1.8%。2019 年辖 4 个镇 5 个乡。年末户籍人口 15.51 万人，常住人口 12.1 万人。2019 年全县出生人口 1564 人。耕地面积 17.16 万公顷，粮食播种面积 1.39 万公顷，粮食产量 8.87 万吨。林地面积 13.14 万公顷，森林覆盖率 76.56%，活立木蓄积量 1130.56 万立方米。建宁县水资源丰富，境内河流属闽江流域。主要溪河 13 条，其中濉溪及其 11 条支流属闽江支流富屯溪的金溪水系；发源于境内均口镇严锋山的台田溪为宁化县水茜溪的上游支流，其源头为闽江的正源头。境内河流总长度 1005.9 千米，年径流总量 9.26 亿立方米。河流流域面积 1685.7 平方千米。濉溪是境内主要河流，也是金溪水系上游的主要河流。重要矿产资源有混合花岗岩带、普遍含独居石、磷钇矿及伴生的锆英石，地质储量为 4.89 万吨，矿床有一定规模；石英、云母、高岭土、瓷土、硅石、花岗岩石等非金属矿在境内广泛分布。红色游景点有中央苏区反“围剿”纪念馆，客坊乡水尾村红军村红色教育基地；绿色游景点有秀起东南第一巅的金铙山景区，高峰漂流，四季花海游；农家休闲游有上坪古村，建宁贡莲小镇，高峰农家乐。2019 年，建宁县获评全省县域经济发展“十佳县”。入选“2019 中国最美县域榜单”，被评为中国最美花海；建宁法院被最高人民法院评为全国优秀法院。建宁县被国家信访局授予 2018 年度信访工作“三无”县（市、区）。

2019 年，建宁县实现地区生产总值 132.97 亿元，比上年增长 8.2%。其中，第一产业增加值 18.56 亿元，比上年增长 4.2%；第二产业增加值 77.49 亿元，增长 9.4%；第三产业增加值 36.92 亿元，增长 7.9%。规模以上工业企业累计完成产值 194.4 亿元，工业总产值比上年增长 8.6%。规模以上工业增加值 42 亿元，增长 8.4%。农林牧渔业总产值 32.88 亿元，比上年增长 4.5%。社会消费品零售总额 36.08 亿元，比上年增长 12.4%。一般公共预算总收入 4.85 亿元，比上年增长 6.5%，其中地方一般公共预算收入 3.32 亿元，增长 1.3%。城镇居民人均可支配收入 31424 元，比上年增长 8.7%；农村居民人均纯收入 17073 元，增长 10.4%。全社会工业用电量 2.19（亿千瓦时）。

建宁获多项国家级农业品牌　2019 年，建宁通心白莲获评“中国农业品牌”，上榜首批“全国地理标志农产品保护工程”名单；建宁再获国家制种超级大县奖励资金 4500 万元；“溪源明笋”取得国家知识产权局商标局证明商标注册；鑫锦宏农牧获评“国家级生猪标准化示范场”；建宁获评全国第四批率先基本实现主要农作物生产全程机械化示范县；入选全国农民合作社质量提升整县推进试点单位。

第四届建宁花海越野马拉松赛　2019 年 3 月 31 日，第四届建宁花海跑暨 2019 建宁花海越野马拉松在建宁户外运动休闲公园开跑。参赛者有国内跑步爱好者和来自肯尼亚、美国、巴基斯坦、印度等世界各地选手 1000 人。

甘家隘风电项目实现全容量并网发电　2019 年 12 月 18 日，建宁甘家隘风电项目实现全容量并网发电。该项目场址位于建宁县黄埠、里心两个乡镇境内，建设项目由国家电力投资集团公司投资建设，是三明市重点建设项目之一。项目范围面积 4.98 平方千米，规划容量 6 万千瓦时，项目概算总投资 5.29 亿元，年设计上网电量 1.2 亿千瓦时，年实现销售收入 7200 万元。截至 12 月 19 日，建宁风电完成发电量 3780.93 万千瓦时。（黄日辉）

【泰宁县】 位于三明市西北部。2019 年辖 3 个镇、6 个乡（城区辖 1 个镇）。土地面积 1528.82 平方千米。年末户籍人口 13.81 万人，常住人口 11.6 万人。人口自然增长率 4.3‰。耕地面积 1.13 万公顷，粮食播种面积 0.95 万公顷，粮食产量 5.7 万吨。林地面积 12.6 万公顷，森林覆盖率 78.38%，空气质量综合指数居全省首位，活立木蓄积量 0.12 亿立方米。重要矿产资源有黄金、高岭土、硅石、花岗岩石材等 28 种。主要旅游景点有大金湖、上清溪、寨下大峡谷、九龙潭、状元岩、猫儿山、泰宁古城和地质博物苑等。2019 年，泰宁县成为国家农产品质量安全县、全省乡村振兴重点县，列入全国森林康养基地试点建设县、新时代文明实践中心试点县、妇幼保健机构体制机制创新试点县，上榜 2019 最美县域和旅游影响力年度县区，际溪村成为全国乡村旅游重点村。

2019 年 7 月 23 日，2019 年福建省水上突发事件应急救援综合演练在泰宁大金湖举行。图为演练现场（泰宁县政府办供稿）

2019年，全县实现地区生产总值99.51亿元，比上年增长7.8%。其中，第一产业增加值14.51亿元，比上年增长3.4%；第二产业增加值49.75亿元，增长9.3%；工业增加值30.4亿元，增长8.3%；第三产业增加值35.26亿元，增长7.7%。人均地区生产总值86159.7元，增长6.9%。规模以上工业总产值123.73亿元，比上年增长16%。农林牧渔业总产值25.4亿元，比上年增长3.7%。固定资产投资比上年增长7.7%。社会消费品零售总额31.2亿元，比上年增长4.8%。外贸出口额15000万美元，比上年增长3%；一般公共预算总收入3.8亿元，下降1.3%，其中地方一般公共预算收入2.71亿元，下降3.5%。规模以上工业增加值比上年增长8.5%。城镇居民人均可支配收入34777元，比上年增长8.5%；农村居民人均纯收入17307元，增长10.3%。

全省水上突发事件应急救援综合演练在泰宁举行 2019年7月23日，2019年福建省水上突发事件应急救援综合演练在泰宁大金湖举行，这是福建省首次举办内陆水上突发事件应急演练。本次演练共调用市、县、企业26支队伍400余人参演，出动各类船只50余艘。先后调用“智慧海事”综合监管平台、车载应急指挥通信系统、车载应急供电系统、直升机、气垫船、冲锋舟、快艇等，还专门为这次演练建立全省首个县级电信5G基站，通过5G赋能应急救援指挥系统，传输救援指挥信息，实现市、县应急指挥互联。

2020年全国“三下乡”福建分会场集中示范活动在泰宁启动 2019年12月24日，2020年全国文化科技卫生“三下乡”福建分会场集中示范活动在三明市泰宁县下渠镇举行。此次活动由全国妇联、中共福建省委、福建省人民政府共同主办，中共福建省委宣传部、福建省科技厅、福建省文化和旅游厅、福建省卫生健康委、福建省科协等54个单位联合承办，捐赠惠农款物、项目2100多万元。 （杨少花）

【明溪县】 位于福建省三明市西北部。2019年辖4个镇5个乡。土地面积1730平方千米。年末户籍人口11.8万人，常住人口10.3万人。人口自然增长率4.14‰。耕地面积1.31万公顷，粮食播种面积1.41万公顷，粮食产量7.9万吨。林地面积14.78万公顷，森林覆盖率81.97%，森林蓄积量1653万立方米。重要矿产资源有较为丰富的非金属矿产资源。全县发现石灰石、萤石、硅石、蓝宝石及稀土等各类矿产品，探明储量15种，矿产资源探明重晶石、萤石、宝石的量位居全市前三位。主要旅游景点有君子峰国家级自然保护区、雪峰山省级森林公园、紫云省级森林公园、鸣溪省级湿地公园、入选“2017年中国六大考古发现”的南山古人类文化遗址、明溪火山口地质公园、闽学鼻祖杨时的诞生地——龙湖杨时故里、国家AAA级景区夏阳乡御帘古村、玉虚洞、显应庙、明溪革命纪念园、归化战役遗址。明溪是全球候鸟迁徙的三个通道之一、福建省十大观鸟旅游线路之一，拥有国家一级保护鸟类4种，是中国黄腹角雉之乡。2019年，明溪县获“第三批国家生态文明建设示范县”称号。

2019年，全县实现地区生产总值107.34亿元，比上年增长8.5%。其中，第一产业增加值20.04亿元，比上年增长3.3%；第二产业增加值53.6亿元，增长9.9%；第三产业增加值33.7亿元，增长9.7%。三次产业结构由2018年的22.9∶43.0∶34.1调整为18.7∶49.9∶31.4。全年完成农林牧渔业总产值33.35亿元，比上年增长3.4%。规模以上工业产值143.14亿元，增加值增长8.9%。固定资产投资增长8.3%。社会消费品零售总额23.97亿元，增长8.2%。外贸出口额11.07亿元，增长8.96%。实际利用外资3367万元，下降4.56%。公共财政预算收入5.27亿元，增长7.7%，其中县级公共财政预算收入3.28亿元，增长1.9%。城镇居民人均可支配收入32596元，增长8.4%；农村居民人均可支配收入16962元，增长11.2%。

明溪县精准脱贫取得决定性胜利 2019年，明溪县不断提高脱贫质量，30个建档立卡贫困村全部退出，1641户4922名贫困人口全部脱贫。深化产业扶贫，完成新一轮“菜单制”扶贫，建成瀚仙硒锌食用菌扶贫工厂、温庄粮食烘干厂等壮大村集体经济项目；加强就业扶贫，落实雨露计划、创业农户培训等1214人，公益岗位就业覆盖率81%；推进教育扶贫，建立“一函两单三扶”工作机制，全面兑现教育补助4636人次467.8万元，九年义务教育巩固率98.42%；完善健康扶贫和贫困群众就医保障，贫困群众医疗费用报销比例达95%；加大住房安全保障力度，完成易地搬迁474户、危房改造490户、修缮

2019年1月，明溪县南山考古遗址公园被列入第一批省级考古遗址公园名单
（明溪县政府办供稿）

加固228户，6户贫困户灾后重建搬入新居。实施农村供水工程及饮水安全提升工程339处，农村集中式供水率96.89%。

获第三批“国家生态文明建设示范县”称号 2019年，明溪县鸣溪省级湿地公园总体规划获批，5个村命名省级森林村庄，12条主要小流域水质全部达到或优于国家地表水Ⅲ类标准，水质达标率100%，空气质量持续保持全省前列。深入实施山水林田湖草一体化生态保护和修复，国际候鸟迁徙通道保护与修复、武夷山国家森林步道（明溪段）等项目有序推进，自然资源管理水平居全市第2位。11月16日，第三批国家生态文明建设示范市县和“绿水青山就是金山银山”实践创新基地命名表彰大会在湖北十堰召开，明溪县被生态环境部授予国家生态文明建设示范市县称号。

明溪县南山考古遗址公园列入第一批省级考古遗址公园名 2019年1月，省文物局公布第一批省级考古遗址公园，明溪县南山考古遗址公园列入评定名单。南山遗址位于明溪县城郊狮子山的南侧，1986年文物普查时首次发现。这是一处洞穴和旷野相结合的史前文化遗存，地层保存较好、时代跨度较大，2013年被评为第七批全国重点文物保护单位。2012年至2017年，经国家文物局批准，社科院考古所、福建博物院与县博物馆对南山遗址进行考古发掘。除大量炭化稻谷外，考古队发现墓葬8座，大型蓄水池2座，灰坑10余个，近百个柱洞，以及陶、石、骨器千余件，取得重要的学术成果。在南山遗址4号洞的新石器时代文化层上发现上万颗炭化稻谷，表明南山遗址古代先民已经掌握相对较发达的农业生产方式，这意味着中国首次发现会“种田”的穴居人。出土的粟和黍两种小米是截至2019年在整个华南地区包括岭南地区和武夷山脉以东地区发现的最早的小米遗存。该遗址还挖掘出5座保存有人骨的墓葬，这是福建省内除昙石山遗址外最为丰富的史前人骨材料。

建成全市首个淮山品种示范（展示）园和品种提纯扩繁基地 2019年，明溪县与三明市农业科学研究院合作，在淮山主产核心区城关乡王桥村谢厝，建设0.67公顷淮山品种示范展示园，4.13公顷淮山品种提纯扩繁基地，并引进23个品种，配套建设0.22千米设施步道长廊。全年淮山总产量150吨，是三明市首个淮山品种示范（展示）园和品种提纯扩繁基地。（李桂花 邓静倩）

【将乐县】 位于三明市西北部。2019年辖8个镇、5个乡。土地面积2246平方千米。年末户籍人口18.68万人，常住人口15.4万人。人口自然增长率5.24‰。耕地面积1.4万公顷，粮食播种面积1.2万公顷，粮食产量7.61万吨。林地面积19.6万公顷，森林覆盖率81.17%，活立木蓄积量2233万立方米。重要矿产资源有石灰石、煤、铅锌矿、萤石矿、方解石等。主要旅游景点有国家AAAA级旅游景区玉华洞、天阶山、国家自然保护区龙栖山、文博旅游小镇、常上湖森林康养基地等。2019年保持并创建国家生态文明建设示范县、全国文化先进县、国家森林康养基地、全国信访工作“三无县”、全省乡村振兴重点县、省农产品质量安全县、省级双拥模范县等称号。

2019年，全县实现地区生产总值157.96亿元，比上年增长8.7%。其中，第一产业增加值19.64亿元，比上年增长4.5%；第二产业增加值80.92亿元，增长9.8%；工业增加值59.54亿元，增长9.5%；第三产业增加值57.4亿元，增长8.4%。规模以上工业增加值比上年增长9.7%。农林牧渔业总产值32.52亿元，比上年增长4.6%。固定资产投资比上年增长5.9%。社会消费品零售总额51.38亿元，比上年增长12.8%。外贸出口额15.18亿元，比上年增长9.37%。实际利用外资4014万元。一般公共预算总收入10.8亿元，比上年增长20.1%，其中地方一般公共预算收入6.46亿元，与上年持平。城镇居民人均可支配收入36386元，比上年增长9%；农村居民人均纯收入18395元，增长12.3%。

乡村振兴迈出新步伐 2019年，高唐镇被确定为全省乡村振兴特色镇和市级综合试验示范镇，常口等10个村被列入全省乡村振兴试点村。生态养禽、芙蓉李、烟叶、水稻制种、食用菌等特色产业生产基地规模不断扩大，突出产业扶贫，健全利益联结机制，建档立卡贫困乡、贫困村实现摘帽，贫困人口实现全部脱贫。以点带面推进农村人居环境整治，从2019年开始，用3年时间逐步将金溪流域沿线72个村打造成生态宜居的美丽乡村，建成农村生活污水处理设施71座，农村生活污水处理率不断上升。

森林康养取得新进展 规划建设龙栖山、鹭鸣湾、玉华洞和常上湖四大康养板块，设立1000万元产业专项引导基金。牵手省旅游集团投资6亿元建设回头山森林康养基地等项目，联合举办中国旅游投资高峰论坛。入选全国森林康养基地试点建设乡（镇）4个、市级森林康养基地建设试点2个。

生态建设 抓好中央环保督察反馈问题整改，加强河道采砂、小水电、畜禽养殖等问题整治，强化扬尘、挥发性有机物、秸秆焚烧等污染控制，全年饮用水源地水质达标率100%，空气质量优良率100%。常上湖生态保护修复项目被列为省级示范项目，获得省市奖补资金2700万元。新增造林绿化0.13万公顷、森林抚育0.97万公顷。在全市生态环境保护目标责任考核中位列第一。

（张光水）

【沙县】 位于福建省中部偏西北。2019年辖6个镇4个乡（城区辖2个街道）。土地面积1798.83平方千米。年末户籍人口27.12万人，常住人口23.4万人，人口自然增长率2.7‰。耕地面积145.17平方千米，粮食播种面积1.17万公顷，粮食产量7.41万吨。林地面积1468.5平方千米，森林覆盖率77.86%，森林蓄积量1463万立方米。重要矿产资源有建筑用砂、石灰石、石

2019 年 10 月 7 日，沙县水美土堡被国务院核定为第八批全国重点文物保护单位 （沙县政府办供稿）

英石、建筑石料、萤石等。主要旅游景点有沙县小吃文化城（AAAA）、生态新城湿地公园（AAA）、沙县富口镇荷山红军遗址（AAA）、大佑山—小佑山—七仙洞三明郊野国家地质公园、淘金山（省级风景名胜区）、马岩生态园、富口镇白溪村—荷山村和夏茂镇俞邦村—文昌宫—宏苑茶文化产业园两条福建省“全福游、有全福”旅游精品线路等景区。

2019 年，沙县实现地区生产总值 314.04 亿元，比上年增长 7.7%，其中第一产业增加值 31.42 亿元，增长 4.1%；第二产业增加值 190.98 亿元，增长 8.8%；第三产业增加值 91.65 亿元，增长 6.7%。全年游客接待总量 545 万人次，增长 20.3%，旅游总收入 54.48 亿元，增长 25%。规模以上工业总产值比上年增长 12%。农林牧渔业总产值 53.35 亿元，增长 4.1%。固定资产投资增长 7.9%。社会消费品零售总额 94.82 亿元，增长 10.2%。外贸出口额 19.13 亿元，增长 8.88%。实际利用外商直接投资 200 万元。一般公共预算总收入 13.80 亿元，下降 7.2%，其中地方一般公共预算收入 9.92 亿元，下降 3%。城镇居民人均可支配收入 38698 元，增长 8.2%；农村居民人均纯收入 20528 元，增长 9.7%。

沙县小吃中央厨房投入使用 2019 年 4 月 15 日，国内首条机械化沙县小吃核心产品生产线试生产。以中央厨房为牵引，沙县启动小吃产业园以及周边核心区域食品产业园建设 233.33 公顷。该项目总投资超 2300 万元，建设内容包括标准化食品生产车间、研发品控中心、物流配送中心等，实现扁肉、蒸饺等各类“拳头”产品自动化、流水线生产。

水美土堡群入选第八批全国重点文物保护单位 2019 年 10 月 7 日，水美土堡被国务院核定为第八批全国重点文物保护单位。水美土堡群位于沙县县城西南 7.5 千米处的水美村“岭美乾”盆地，占地总面积 1.34 万平方米，总建筑面积 1.23 万平方米，由双吉、双兴、双元三座土堡呈“品”字形分布。依托砖木土石结构，其依山、依坡、多级台基构筑为主要特征，防御居住并重。水美土堡群是三明地区唯一的土堡聚集建造的例证，是沙县第一处全国重点文物保护单位。

沙县被确定为全省县域集成改革试点 2019 年 10 月 16 日，沙县被确定为全省县域集成改革试点，是全省唯一山区县。11 月，与福建农林大学新农村发展研究院签订合作协议，成立海峡两岸乡村振兴研究院沙县分院，组建专家顾问委员会。

全省首个跳伞基地落户沙县 2019 年 12 月 8 日，福建省首个跳伞基地——沙县德扬特色航空跳伞项目落户沙县。项目总投资 1.5 亿元，购置 4～6 架大棕熊 100 陆地型和水陆两栖型飞机，引进休闲娱乐飞行，打造集航空体育赛事、低空旅游、体育旅游、观光农业于一体的休闲体育旅游运营综合体。至年底，5000 平方米的临时降落区投入运营，可开展高空跳伞、短途运输、空中游览、航空摄影、航空科普等通航业务。

沙县七峰叠翠梦幻森林公园建成 2019 年 12 月 8 日，七峰叠翠梦幻森林公园项目完工并投入使用。该项目建有七峰东路、真隐路、妙高路、朝阳路等路面工程，真趣谷、百花谷、桃花溪、映翠溪等水系项目，凝翠东亭、漱心亭、真隐桥、特色滨水步道、真隐塔遗址公园及夜色景观等工程建设。

（肖广奇）

【尤溪县】 位于福建省中部、三明市东部。2019 年，辖 10 个镇、5 个乡。土地面积 3420.37 平方千米。年末户籍人口 45.21 万人，年末常住人口 36.3 万人。人口自然增长率 10.07‰。耕地面积 2.86 万公顷，粮食播种面积 2.23 万公顷，粮食产量 13.38 万吨。林地面积 28.09 万公顷，森林覆盖率 78.04%，活立木蓄积量 2504 万立方米。流域面积 9440 平方千米，可开发水力资源装机容量 81.67 万千瓦。重要矿产资源有黄金矿、铅锌矿、石灰岩、大理岩、白云岩等。主要旅游景点有农业文化遗产——联合梯田，国家水利风景区——闽湖，侠天下、朱子文化园、桂峰古村落、九阜山生态旅游区 4 个国家 AAAA 级旅游景区，高春生态旅游区、枕头山省级森林公园、古溪星河休闲旅游度假区、半山三诚文化旅游区、尤溪古银杏林生态旅游区、联合梯田等 9 个国家 AAA 级旅游景区。

尤溪县是福建省首个获得联合国地名专家组命名的“千年古县”，涌现出南宋著名理学家朱熹等。朱熹遗址遗迹得到保护开发，初步形成朱子文化园、紫阳公园等人文景观，朱熹诞生地被列为国家海峡两岸交流基地。是原中央苏区县。县域内分布着众多精美古建筑，有 1 个中国历史文化名村（洋中镇桂峰村)、1个国家级文物保护单位(玉井坊郑氏大厝)、14个国家级传统村落。2019年,尤溪县入选首批“美丽中国·深呼吸小城高质量发展实验区”“2019年中国最美县域”,被确定为2019年全国森林康养基地试点建设县,被列入新一批国家电子商务进农村综合示范县、全国农村电商升级版创建单位、国家第一批革命文物保护利用片区分县名单、全国农村创新创业典型县名单。洋中镇桂峰村被确定为全国首批乡村旅游重点村、全省首批“金牌旅游村”。

2019年,尤溪县实现地区生产总值215.05亿元,比上年增长6.6%。其中,第一产业增加值50.19亿元,增长4.4%;第二产业增加值84.45亿元,增长8.7%;第三产业增加值80.42亿元,增长5.6%。人均地区生产总值5.93万元。一般公共预算总收入12.09亿元,下降1.2%,其中地方一般公共预算收入8.12亿元,增长0.8%。规模以上工业增加值比上年增长8.5%。农林牧渔业总产值83.42亿元,比上年增长4.4%。固定资产投资比上年增长6.4%。社会消费品零售总额65.51亿元,比上年增长9.5%。外贸出口额16.76亿元,比上年增长6.5%。实际利用外资3453万元。城镇居民人均可支配收入36429元,比上年增长10.0%;农村居民人均可支配收入18729元,增长10.3%。

社会工业用电量11.31亿千瓦时。城镇新增就业1568人,失业人员再就业626人,城镇登记失业率2.79%。参加机关事业单位养老保险0.94万人;参加企业职工基本养老保险2.41万人;参加城乡居民养老保险22.76万人;参加工伤保险4.04万人;参加失业保险1.84万人;全年征收基金2.68亿元,基金支出4.32亿元。城镇生活污水集中处理率92%,城镇生活垃圾无害化全县全覆盖。

脱贫攻坚　2019年,尤溪县建立乡村振兴“资金池”,新培育家庭农(林)场7个、专业合作社6个。完成造福工程搬迁5户20人,累计发放扶贫小额信贷5480.7万元,扶持1084户贫困户发展生产,全县建档立卡贫困户全部实现脱贫,36个贫困村和24个空壳村全部实现摘帽。

中国古村落文化遗产保护高峰论坛在尤溪县召开　2019年12月2—5日,由中国民间文艺家协会、福建省文学艺术界联合会、三明学院联合主办的中国古村落文化遗产保护高峰论坛在尤溪县举行,全国各地的古建筑、文物、文化遗产研究、高校、新闻传播等多个领域的100多名专家学者参加活动。与会人员探索古村落保护和发展融入“乡村振兴战略”的有效途径,为古村落保护和发展出谋划策。

第三届海峡两岸书院创新与融合论坛在尤溪县举行　2019年6月24—28日,“第十一届海峡论坛”子项目——第三届“海峡两岸书院创新与融合论坛”在尤溪县举办。论坛包括启动仪式、两岸名家主旨演讲、“海峡两岸书院联盟”签约及书院文化之旅等。

福建省中国农民丰收节在尤溪县举行　2019年9月16日,由省农业农村厅、三明市政府、省广播影视集团主办的“八闽庆丰收礼赞新中国”福建省2019年“中国农民丰收节”主会场活动在尤溪县紫阳公园举行。此次丰收节组织开展农民歌舞、农事体验、农产品展示、农民体育赛事、农耕文化和民俗表演等形式多样的系列活动。

香精香料产业园开园　2019年12月13日,尤溪县举行第四季度“五比五晒”项目集中开竣工暨香精香料产业园开园仪式。中国香料香精化妆品工业协会、上海食品添加剂和配料行业协会、昆山香料香精化妆品工业协会、香精香料企业以及园区建设相关单位部门的近百位专家、客商参加。香精香料产业园位于溪尾乡,总规划面积306.67公顷。2019年完成征地80公顷和其他配套工作,签约项目10个,总投资11.2亿元。

全省首场巡回审判网络直播　2019年11月25日,尤溪县在台溪乡凤山村巡回审理尤溪县首例刑事附带民事公益诉讼案,并通过网易平台同步直播,建立“巡回审判+在线直播+普法宣传”模式。该案是福建省法院组织开展的首场“带着国徽去办案”巡回审判网络直播,63万名网友在线观看。　(肖玉兰)

【大田县】　位于三明市东南部。2019年辖12个镇、6个乡(城区辖8个居委会1个镇)。土地面积2294平方千米。年末户籍人口41.61万人,其中城镇人口13.78万人,城镇化率33.12%。人口自然增长率7.94‰。耕地面积2.02万公顷,粮食播种面积1.6万公顷,粮食产量8.62万吨。林地面积17.3万公顷,森林覆盖率73.07%,活立木蓄积量1255.5万立方米。重要矿产资源有煤、铁、硫、铅、锌、石灰石、瓷土等。主要旅游景点有大仙峰·茶美人、灵动济阳、中国·桃源里、五龙山生态旅游区、五彩大石景区。2019年获评全国首批生态旅游胜地、中国森林旅游美景推广地;桃源最氧睡眠小镇被授予“全国森林康养基地试点建设单位”“中国睡眠康养示范基地”称号。

2019年,全县实现地区生产总值217.81亿元,比上年增长6.8%。其中,第一产业增加值43.39亿元,比上年增长3.3%;第二产业增加值115.62亿元,增长8.5%;第三产业增加值58.79亿元,增长6.1%。规模以上工业总产值比上年增长11.9%。农林牧渔业总产值72.83亿元,比上年增长3.2%。固定资产投资比上年增长6.5%。社会消费品零售总额53.27亿元,比上年增长6.8%。外贸出口额11.73万元,比上年增长8.91%。实际利用外资10.15万元,增长3%。一般公共预算总收入11.05亿元,比上年下降1.8%,其中地方一般公共预算收入7.21亿元,下降3.9%。城镇居民人均可支配收入37678元,比上年增长9.2%;农村居民人均纯收入18309元,增长9.6%。

新能源微型公交车投入城区运营　7月11日,大田县闽通大田分公司投资1028万元,引进100辆新能源微型公交车在城区投入运营，设置汽车站、公园、大南门、石牌汽车站等 8 个发车区，取代已取缔的三轮车载客。大田县政府按总车价款 40%，分 3 年时间给予运输企业补助。

打击治理电信网络违法犯罪　11 月 1 日，大田县委、县政府召开打击治理电信网络新型违法犯罪工作会议。至年底，劝返出境人员 1467 人，摧毁电信诈骗窝点 7 个，抓获犯罪嫌疑人 85 人，破案 246 件。（林生钟）

莆田市

【概况】 位于福建省中部。1983 年设立地级市。2019 年辖 4 个区、1 个县、1 个国家旅游度假区、1 个经济开发区，土地面积 4131.67 平方千米。年末户籍人口 363.5 万人，常住人口 291 万人，其中城镇人口 179.55 万人。人口自然增长率 6.5‰。境内耕地面积 7.33 万公顷，粮食播种面积 3.01 万公顷，粮食产量 18.3 万吨。林地面积 23.3952 万公顷，森林覆盖率 60.17%。境内矿产矿种少，以非金属矿建筑用石料和饰面用石材为主。建筑用石料资源丰富，能满足辖区内各项建设要求。金属矿产少，仅铅、锌、银、钼等有一定的储量。能源矿产有地下热水，储量丰富。境内海洋矿产资源主要有浅海砂矿资源以及相邻的台湾海峡海底油气资源。全市有浅海砂矿区 3 处，面积 295.21 公顷，乌蚯屿凹陷油气区位于乌蚯屿东南方约 50 千米处，初步勘探油气区面积约 6000 平方千米，生油地层平均厚度 0.8～1 千米，石油储量 2.7 亿吨。境内盐业资源丰富，拥有原盐生产面积 1322 万平方米，年产食盐 13 万吨，为福建省三大主要产盐区之一。

境内海域面积 1.1 万平方千米，海洋功能区划面积 4098 平方千米，从东至南有兴化湾、平海湾、湄洲湾 3 大海湾。海岸线总长 443 千米，其中大陆岸线 336 千米，海岛 267 个。湾内有南日岛、乌坵岛、湄洲岛等岛屿，海洋资源丰富。

境内海湾一般水深港阔，不淤不冻，湾外岛屿拱卫，两侧有半岛或岬角环抱，形成“口小腹大”的地理形势，避风条件良好，位于台湾海峡中部的湄洲港是“中国少有，世界不多”的天然深水良港，北距福州港 126 海里，南距厦门港 96 海里，东距台中港仅 72 海里，是中国对外开放的重点地带和对台往来的交通中枢，湄洲湾水深港阔，10 万吨级船舶可自由进出，水深 10 米以下的深水岸线长 21.4 千米。港湾较多，多处可供建 1 万吨至 30 万吨码头泊位，湾内水域广阔，泊稳条件较好，底质为黏土粉沙，抓锚力好，避风锚地众多，是建设大型港口的天然港湾。

境内滩涂面积 281.18 平方千米，而且地势平缓，淹没时间长，受风面小，有利于水产养殖和盐业生产。全市淤泥岸线长 177.1 千米，占大陆岸线总长的 65.21%，拥有海泥土滩涂 129.46 平方千米和海泥沙土滩涂 97.51 平方千米，分别占全市滩涂面积的 46.04% 和 34.68%。

境内沿海风能资源丰富，年有效风能 338.2 千瓦小时/平方米，年有效风速小时 2312 小时。兴化湾和湄洲湾两大海湾潮汐能，可开发的装机容量 360 万千瓦，占全省海洋潮能总容量的 36%。

境内海洋生物资源丰富，其中脊椎动物 323 种，无脊椎动物有 306 种，其中可供养殖的具有很高经济价值的有虾、蟹、贝、螺、蛏、牡蛎、花蛤、泥蚶等 38 种。兴化湾有 769 种海洋生物，其中浮游生物 225 种、底栖生物（包括潮间带）544 种、经济种 200 多种，可供养殖的有数十种。湄洲湾、平海湾、兴化湾渔业品种有 350 余种，其中主要分布优势鱼类 100 余种、甲壳动物 30 余种、藻类 10 多种。莆田市水产养殖业较为发达，而且品种繁多，贝类主要有海蛎、鲍鱼、缢蛏、花蛤等，海藻主要有海带、紫菜、龙须菜、红毛藻、麒麟菜等，以及石斑鱼、海蜇、海参、青蟹等。境内平海湾及南日岛海域是福建省主要水产养殖区和多种经济鱼虾类产卵，繁殖饵料的优良渔场。

境内有海上和平女神妈祖的故乡、国家旅游度假区、国家 AAAA 级旅游景区湄洲岛，素有“南国蓬莱”“东方夏威夷”的美誉。有以湖、洞、瀑、石四奇著称，尤以飞瀑为最，素有“九鲤飞瀑天下奇”之美誉，被明代大旅行家徐霞客把它与武夷山、玉华洞并称“福建三绝”AAAA 级旅游风景区九鲤湖。全国重点文物保护单位木兰陂。始建于北宋治平元年（1064 年），是世界灌溉工程遗产，著名的古代大型水利工程，全国五大古陂之一，至今仍保存完整并发挥其水利作用。有福建“四大禅林”的千年古刹广化寺。还有菜溪岩、天马山、壶公山、九华山、九龙谷等，还有莆田工艺美术城、瑞云山等国家 AAAA 级旅游景区。

妈祖文化是莆田劳动人民千百年来尊崇、信仰妈祖过程中遗留和传承下来的物质及精神财富的总称，是中华民族重要文化瑰宝之一。作为中国海洋文化的代表，妈祖文化近千年来一直与中国诸多和平外交活动、海上交通贸易，密切关联。2009 年，“妈祖信俗”被联合国教科文组织列入《人类非物质文化遗产代表作名录》，妈祖文化成为全人类尤其是 21 世纪海上丝绸之路沿线国家共属的精神财富。全世界拥有妈祖宫庙 1 万多座，妈祖信众有 2 亿多人。

莆仙戏是源于唐，成于宋，盛于明清，闪光于现代，现存的中国最古老而又独特的地方剧种之一，素有“宋元南戏活化石”“南戏遗响”之美誉。2006 年被列入国务院公布的《第一批国家级非物质文化遗产名录》。莆仙戏现有传统剧目 5000 多个，音乐曲牌有 1200 多题，锣鼓经 400 多套。中华人民共和国成立后，莆仙戏涌现《团圆之后》《春草闯堂》《状元与乞丐》《新亭泪》《秋风辞》《鸭子丑小传》《江上行》等经典剧目。全国 600 多个剧团移植上演莆仙戏《春草闯堂》，300 多个剧团移植排演

《状元与乞丐》。《团圆之后》《秋风辞》曾被列入中国当代十大悲剧，《春草闯堂》被列入中国当代十大喜剧。2018年，《海神妈祖》等多个剧目列入文化部、国家艺术基金、省级舞台艺术精品等省级以上艺术创作扶持项目，争取扶持资金854万元。新创剧目《踏伞行》《林龙江》获得第七届福建艺术节·第27届全省戏剧会演剧目一、二等奖。《踏伞行》参加第十六届中国戏剧节并获得优秀剧目奖。32人次获得福建省第九届青年演员比赛奖项、第27届全省戏剧会演个人奖项。复排传统剧目《王魁与桂英》《团圆之后》，新创作莆仙戏剧本《陈文龙》《蔡襄》《平民县长原鲁山》，完成13出折子戏传承复排、38折传统折子戏影像录制。3出折子戏分别参加由文化和旅游部主办的百戏盛典展演、首届名家传戏——当代地方戏曲名家收徒传艺工程成果汇报演出活动。征集文明小戏剧本34本，与市纪委监委、市委文明办联合开展“看好戏·做好人”和百场莆仙戏文明小戏、廉政小戏巡演活动，组织百家院团进乡村、进社区、进校园、进场馆、进基层演出百余场。

2019年，全市实现地区生产总值2595.39亿元，比上年增长6.6%。其中，第一产业增加值123.65亿元，比上年增长2.8%；第二产业增加值1377.98亿元，增长7.3%；第三产业增加值1093.76亿元，增长6.2%。人均地区生产总值89342元，比上年增长6.4%。一般公共预算收入226.39亿元，比上年增长0.2%，其中地方一般公共预算收入143.12亿元，增长1.5%。规模以上工业增加值比上年增长8.6%。农林牧渔业总产值231.85亿元，比上年增长3%。固定资产投资比上年增长（不含铁路）6%，固定资产投资增长（含铁路）比上年增长6.3%。社会消费品零售总额1625.57亿元，比上年增长9%。外贸出口总额230.43亿元，比上年增长2.7%。实际利用外资90035万元。城镇居民人均可支配收入40065元，比上年增长7.8%；农村居民人均可支配收入19687元，增长9.4%。

全社会用电量比上年下降0.5%。城镇新增就业18953人，城镇登记失业率1.84%。参加城镇职工养老保险46.76万人，参加城乡居民养老保险201.42万人，基本养老保险参保率96.6%。参加城乡居民基本医疗保险298.152万人。

【木兰溪治理实践入选中组部编选的全国党员干部学习的案例】 2019年7月22日，由中央组织部编选，党建读物出版社出版的《贯彻落实习近平新时代中国特色社会主义思想在改革发展稳定中攻坚克难案例·生态文明建设》，该文为入选全国30个案例之一。

【北京理工大学东南信息技术研究院揭牌仪式在莆田学院举行】 2019年12月27日，北京理工大学东南信息技术研究院揭牌仪式在莆田学院举行揭牌仪式。北京理工大学东南信息技术研究院是由莆田市人民政府、北京理工大学共同举办。研究院着力推动研究生、博士后等高层次人才培养工作，发挥研究院人才优势，支持新工科产业学院建设，加强高科技人才的引进，加大技术研发和科研成果引进转化力度。

【《莆田市湄洲岛保护管理条例》颁布实施】 《莆田市湄洲岛保护管理条例》（简称条例）由莆田市人大常委会牵头，湄洲岛管委会负责起草。莆田市七届人大常委会经三次审议后于2019年4月23日表决通过。7月26日，条例在福建省十三届人大常委会第十一次会议上获得通过，10月1日起施行。

【莆田木兰溪入选全国首批示范河湖建设名单】 2019年11月12日，莆田木兰溪入选水利部拟建设示范河湖。示范河湖将围绕责任体系、制度体系、基础工作、管理保护、水域岸线空间管控、河湖管护成效等标准建设，通过实施系统治理和综合治理，建设一批“河畅、水清、岸绿、景美、人和”的示范河湖，形成治水效果明显、管护机制完善、可复制可推广的典型案例。

【第四届世界妈祖文化论坛在湄洲岛举行】 2019年11月1日，以“妈祖文化·海洋文明·人文交流”为主题的第四届世界妈祖文化论坛暨第二十一届中国·湄洲妈祖文化旅游节在莆田市湄洲岛举行。同期还举办妈祖文化与两岸心灵家园、妈祖文化与海洋生态文明、第五届国际妈祖文化学术研讨会、妈祖与航海、妈祖文化与旅游融合发展、“莆田黄金珠宝产业优化升级”高峰论坛、第二届“一带一路”跨境电商国际合作高峰论坛、妈祖文化与产业融合、妈祖文化与海洋牧场、妈祖文化与医疗健康论坛等10个平行论坛。论坛发出《第四届世界妈祖文化论坛共识》。

【“海峡两岸生技和医疗健康产业合作区”获批】 2019年12月11日，国台办批复同意福建省在莆田市设立“海峡两岸生技和医疗健康产业合作区”（简称合作区），是全国首个国家级生技和医疗健康类对台经贸合作载体平台。合作区通过承接中国台湾地区健康产业转移，吸引高端医疗技术、医疗专业人才、知名医疗机构、健康管理机构等落地，集高端专科医院集群、医学研发转化中心、民营医院管理总部、药械制造基地、医疗大数据中心、医疗人才培训基地于一体。（陈颖兴　刘剑星）

【仙游县】 位于福建省东南沿海中部。2019年辖1个街道、12个镇、5个乡。土地面积1851.5平方千米。年末户籍人口117.68万人，常住人口86.7万人。人口自然增长率6.8‰。耕地面积2.82万公顷，粮食播种面积1.33万公顷，粮食产量8.3万吨。林地面积13.33万公顷，森林覆盖率71.08%，活立木蓄积量697万立方米。重要矿产资源以非金属矿为主，主要有高岭土、叶蜡石、花岗岩、石英石、伊利石、温泉及矿泉水等。平均地表水资源虽然丰富，但年内分配不均。地下水补给资源主要来自大气降水。重要海洋资源为渔业。主要旅游景点有仙水洋、九鲤湖、菜溪岩、天马山、仙门寺等等。

2019年，全县实现地区生产总值533.52亿元，比上年增长7.5%。规模以上工业增加值195.5亿元，增长8.2%。固定资产投资增长10.5%。一般公共预算总收入40.1亿元，增长8.7%，其中地方一般公共预算收入26.3亿元，增长7.5%。外贸出口总额21.5亿元。社会消费品零售总额361.98亿元，增长10.2%。农林牧渔业总产值38.92亿元，增长5.2%。居民人均可支配收入24312元，增长9.1%。2019年获“第二批国家农产品质量安全县”“中国民间文化艺术之乡”“省级乡村振兴重点县”“省级卫生县城”“全省七五普法中期先进县”等称号，并再次入选“全国最美县域”。

现代农业　城区中心农贸市场、农产品批发市场、机械化屠宰场竣工。新增无公害农产品认定5个、绿色食品认证9个。新增家庭农场100家，完成高标准农田建设0.27万公顷、土地流转0.2万公顷和县级土地开发40.2公顷，新增耕地52.33公顷。

第三产业　全年新增规模以上服务业企业10家、限额以上商贸企业70家。限额以上电商企业85家，完成交易额超25亿元。平台经济累计交易额突破71亿元。全年接待游客突破750万人次、景区门票收入突破3100万元，分别比上年增长7.8%、15.7%。九鲤湖景区入选全省首批避暑清凉福地名单，签约常态化合作旅行社30家。大济乌石等7个村荣获省级旅游特色村。

2019年，中国家具产业品牌集群在仙游县设立联合秘书处。仙作作为全国首个县域品牌入选新华社民族品牌工程，发布全国首个红木行业发展指数。

（陈开枝）

【荔城区】　位于福建东南沿海中部。2019年辖4个镇、2个街道。常住人口52.5万人。陆地面积269平方千米，海域面积55.89平方千米。耕地面积0.95万公顷，粮食播种面积0.44万公顷，粮食产量2.58万吨。林地面积0.65万公顷，森林覆盖率24.09%，活立木蓄积量24万立方米。区内有壶山兰水、荔林水乡的自然景观，及南少林寺、三清殿、古谯楼等国家级、省级文物保护单位，以及梅妃故里、九华叠翠、紫霄怪石等著名景点。2019年，通过国家级“慢性病综合防控示范区”考核验收，获省级“基础教育（学前教育学段）改革发展试验区”称号。

2019年，全区实现地区生产总值565.79亿元，比上年增长6.8%。财政总收入47.59亿元，连续8年总量全市第一。社会消费品零售总额449.74亿元，增长1.1%。外贸出口66.94亿元。居民人均可支配收入37823元，增长8.8%。实际利用外资6.46亿元，增长3621.4%。固定资产投资增长12.7%。规上工业产值728.5亿元，增长12.8%。农林牧渔业总产值32.47亿元，增长3.1%。

项目建设　全年新增“五个一批”项目180个，总投资2172亿元。415个重点项目预计完成投资285亿元，实现88个项目开工建设、96个项目竣工投产。列入市三十大重点攻坚项目取得新进展，莆田学院一期搬迁，莆田大学城初具规模；创世纪超算中心项目实现主体封顶，为筹建数字经济产业园打下坚实基础；玉湖新城开发建设取得新突破，玉湖环湖公园、文献路东拓加快建设，玉湖新城市政设施配套更加完善；全省城区最大的城市公园——绶溪公园二期开工建设。

城乡建设　推进木兰、莆阳新城、高铁三大片区开发，开工建设磐龙府，新建5个住宅小区，建发央著、保利香盛公馆、建工ECO状元府等楼盘销售火爆。加快安置房项目建设，莆兴路二期沙坂龙渡、莆田四中旧校区改造等12个安置区完成主体建设，南郊濠浦三期、七境园中村、下江头等8个安置区共2345户群众回迁。加强城乡土地规划管理，处置“两违”建筑31.9万平方米。加快补齐基础设施短板，开工建设木兰支线，滨溪北路、壶公路宁海新桥至仕方桥连接段实现通车，完成6个易涝点整治。优化城市出行环境，新增公共自行车5100辆，竣工投用2座人行天桥。新建、改建农村公路9千米，农村公路通车总里程740千米，实现村村通客车。启动兴化府历史文化街区修缮整治工程，开展历史文物修缮保护。

（翁建伟）

【城厢区】　位于福建省沿海中部、莆田市中部。2019年城区辖3个街道4个镇。土地面积505平方千米。年末户籍人口43.67万人，常住人口43.4万人，人口自然增长率4‰。耕地面积6069公顷，粮食播种面积1889.4公顷，粮食产量11894吨。林地面积3.328万公顷，森林覆盖率71.32%，活立木蓄积量127万立方米。重要矿产资源有镍矿、化肥用蛇纹岩、滑石、高岭土。境内海洋国土资源面积33平方千米，海岸线长度24千米，拥有滩涂面积24.54平方千米，浅海面积6.14平方千米。地下水资源量为1.03亿立方米。盛产莆田四大名果——荔枝、龙眼、枇杷、橄榄。境内有全国重点文物保护单位宋代大型水利工程木兰陂和广化寺释迦文佛塔2个；省级文物保护单位有石室岩砖塔、延寿桥、林兆恩墓、李富墓、东汾五帝庙5个；国家级森林公园九龙谷国家森林公园1个，省级森林公园天马山公园1个；全国农业旅游示范点九龙谷景区1个；省级风景名胜区凤凰山公园1个；还有55处市、区文物保护单位。国家级AAAA级旅游风景区九龙谷景区1个，国家AAA级旅游风景区有御庄园温泉度假村、绶溪公园、花果华亭、乡村岭下、红色马院人家5个。

2019年，全区实现地区生产总值475.64亿元，比上年增长6.1%。其中，第一产业增加值9.86亿元，比上年增长3.8%；第二产业增加值180.92亿元，增长6.9%；工业增加值114.50亿元，增长9.5%；第三产业增加值284.85亿元，增长5.7%。规模以上工业总产值375.04亿元，比上年增长11.4%。农林牧渔业总产值19.62亿元，比上年增长5.9%。固定资产投资比上年增长8.8%。社会消费品零售总额518.43亿元，比上年增长15.5%。外贸出口额67.53亿元，比上年增长7.93%。实际利用外资12335万元，下降77.1%。一般公共预算总收入34.96亿元，比上年增长1.3%，其中地方一般公共预算收入24.36亿元，增长5.1%。城镇居民人均可支配收入45848元，比上年增长7.8%；农村居民人均可支配收入21709元，增长9.0%。

城厢区新增两大电商交易中心　2019年，城厢区中国·莆田电子商务区域创新合作中心、中国（国际）油画交易中心建成投入运营。中国·莆田电子商务区域创新合作中心建有产品展示及物流配套综合服务区、示范企业及推广营销团队办公区、众创孵化及经验分享交流区等四大功能区，建立莆田与海丝沿线国家的交易展示窗口，入驻企业36家，主要有鞋类、服装、运动、眼镜、床上用品等产品货源供应商，以及国内大型优质跨境电商办公团队，孵化50多家跨境电商企业。2019年底该平台框架和数据展示基本完成。

莆田·中电科创城落地城厢　11月26日，城厢区政府与中电光谷联合控股公司就共同建设运营莆田·中电科创城举行签约仪式。中电光谷通过产业投资方式，发挥产业资源共享平台优势，调动全国各产业项目，打通与莆田·中电科创城项目相关的产业链体系资源，实现与莆田的产业资源联动，打造以产城融合发展为特色，以软件服务、电子信息、智能制造为支撑的现代化产业园区，培育莆田经济产业高质量发展新动能。

承办“一带一路”电子商务国际合作论坛　11月29—30日，2019年“一带一路”电子商务国际合作论坛在莆田举行，论坛主题为“共建‘开放·普惠·创新’数字丝绸之路”。论坛举行高峰论坛和跨境电商、平台经济、新业态新模式三场主题分论坛；发布《2019全球跨境电商发展报告》《2019全球人工智能应用报告》两项报告。论坛期间举行莆田市平台经济暨“一带一路”电子商务国际合作项目签约仪式，共24个项目在本次签约仪式上进行现场签约，项目涵盖跨境集采中心、网络直播基地、共享经济服务平台、农产品新零售平台等发展热点。（郑星星）

【涵江区】　位于福建省沿海中部、莆田市的东北隅，全区土地面积799.5平方千米。2019年辖2个街道、9个镇、1个乡。年末户籍人口45.1万人，常住人口48.8万人。人口密度561人/平方千米。盛产枇杷、龙眼、荔枝、柿子等四大水果。海岸线长26千米，可供养殖的滩涂面积1333.33公顷；森林覆盖率67.09%。矿产资源主要有金属类、非金属类和能源，开发利用的有铝锌矿、叶蜡石、高岭土、建筑石料、荒料石材、建筑用砂和地热水、矿泉水等。境内旅游资源有白塘湖、雁阵山、瑞云山、夹漈山、永兴岩，还有千年古刹囊山寺、国欢寺，省级森林公园大洋瑞云山森林公园、新县夹漈山森林公园等。

2019年，全县实现地区生产总值545.22亿元，比上年增长6.1%。规模以上工业企业产值1100亿元，增长9.8%。社会消费品零售总额173.29亿元，增长11.7%。固定资产投资增长2%。一般公共预算总收入40.5亿元，其中地方一般公共预算收入23.9亿元。外贸出口总额41.5亿元。实际利用外资1.3亿元。居民人均可支配收入34120元，增长8.3%。

城乡一体融合　2019年，涵江区优化城乡发展布局，不断拓宽发展新空间。城市更新改造有序推进，加快塘北、兴涵水都、国际商贸城三大片区开发，累计出让经营性土地6幅320亩（21.33公顷），出让金额18亿元。萝苜田片区入选第三批省级历史文化街区。霞江、黄霞二期、火车站等棚户区改造加快，旧车站、人民街涵东、新港综合体等5个安置区实现回迁，建成棚改房1400套，办理安置房历史遗留产权证1.3万套。乡村振兴战略有力实施。三江口国家级啤酒小镇、萩芦省级体育小镇加快建设，百威中国世界级啤酒博物馆开馆运营。成立乡村生态产业振兴研究院，新建2个科技特派员工作站，18个村纳入省、市级乡村振兴试点村，江口镇、梧塘镇分别获评省级侨乡文化名镇、省级历史文化名镇。农村人居环境有效改善，整治铁路、高速公路沿线建筑30万平方米，城乡配套更加完善。完成乌溪水库清库闭矿、西音水库坝址征迁，启动建设大洋水厂，新改建农村公路14千米、安保20千米。（范　将）

【秀屿区】　位于莆田市东南部。2019年辖7个镇。土地面积544.9平方千米。年末户籍人口73.5万人，常住人口50.3万人。耕地面积1.71万公顷，粮食播种面积0.63万公顷，粮食产量3.71万吨。林地面积0.87万公顷，森林覆盖率17.59%，活立木蓄积量0.0043亿立方米。重要矿产资源有铁矿、钨矿、铜矿、铅矿、钼矿、风能、潮汐能等。海域面积2800平方千米，海岸线总长248.5千米，湄洲湾、平海湾、兴化湾以及海上141个岛屿礁成为秀屿区海洋资源的天然宝库，重要海洋资源有海盐、浅海砂矿区、海洋捕捞、海港、海岛等。主要旅游景点有平海天后宫、平海卫城遗址、青峰岩、大蚶山风景区、天马晴岚、九重山、皇帝山等景点。

2019年，全区实现地区生产总值361.44亿元，比上年增长7.5%。规模以上工业总产值679亿元，增长13.3%。全社会固定资产投资401.9亿元，下降4.3%。财政总收入22.6亿元，下降3.2%。社会消费品零售总额65.43亿元，增长4.9%。农业总产值79.05亿元，增长0.6%。外贸出口总额22亿元，下降16.9%。城镇居民人均可支配收入33587元，增长7.9%；农村居民人均可支配收入20564元，增长10%。

莆田市对台商贸海运航线开通　2019年4月2日，满载着台湾五金配件、企业生产辅料等产品的台湾籍货轮“辑薪”号，驶入莆田港莆头港区2号码头，标志着莆田市对台商贸海运航线——“莆田港莆头港区—金门（集中）—台北、台中、高雄”海上货运直航航线开通。

南日产鲍鱼竞得中国“鲍王”称号　5月18日，在广东珠海国际会展中心举办的“寻找中国最大鲍鱼”活动中，秀屿南日东禹水产养殖公司选送的鲍鱼，以单体702克的重量获得本届“鲍王”称号。

福能集团首个海上风电项目首批风机并网发电实现首批风机上半年并网发电目标　6月22日，福能三川海上风电公司海上风电S17风机并网，福能集团主导开发的首个海上风电项目首次发电。福能三川公司在莆田投资平海湾海上风电和石城海上风电两个海上风电场项目，总投资74.5亿元，总装机40万千瓦。项目分别于2018年8月21日、11月30日开工建设。

全国海钓竞赛训练基地·福建南日矾钓邀请赛举行　11月23—24日，2019年全国海钓竞赛训练基地·福建南日矾钓邀请赛在秀屿区南日镇举行。来自全国各省市及港台地区的54支代表队共108名选手参加竞技。（林煌柏）

【湄洲湾北岸经济开发区】　位于莆田市东南部。2019年辖3个镇。土地面积131.2平方千米。年末户籍人口18万人，常住人口6.2万人。人口自然增长率4.11‰。北岸经开区海岸线长75千米，其中深水岸线15千米，可规划建设万吨级以上泊位59个，形成综合通过能力2.7亿吨。北岸经开区东吴港区是湄洲湾港的主要深水港区，是大陆离台湾直线距离最短的港口。耕地面积0.29万公顷，粮食播种面积0.68万公顷，粮食产量0.25万吨。林地面积0.072万公顷，森林覆盖率9.28%，活立木蓄积量3.96万立方米。重要矿产资源有饰面用花岗岩、矽线石。海域总面积1250平方千米，其中浅海滩涂面积5000公顷，养殖区面积1123公顷。2019年海水养殖产量16.2万吨、捕捞产量2.4万吨。主要旅游景点有贤良港天后祖祠、妈祖阁、莆禧古城、紫霄洞、大屿岛、盘屿岛。2019年12月，国台办批复同意福建省在莆田市北岸经开区设立“海峡两岸生技和医疗健康产业合作区”，是全国首个国家级生技和医疗健康类对台经贸合作载体平台。

2019年12月19日，湄洲湾北岸经开区孝文化教育基地揭牌开放

（湄洲湾北岸经开区管委会供稿）

2019年，全区实现地区生产总值95.3亿元，比上年增长5%。其中，第一产业增加值13.67亿元，比上年增长4.7%；第二产业增加值40.41亿元，增长4.4%；工业增加值21.75亿元，下降5.4%；第三产业增加值41.22亿元，增长6.3%。人均地区生产总值148187元，比上年增长0.4%。规模以上工业总产值82.57元，比上年下降4%。农林牧渔业总产值25.22亿元，比上年增长5.3%。固定资产投资208.25亿元，比上年增长22.8%。社会消费品零售总额16.26亿元，比上年增长15.3%。外贸出口额8.18亿元，比上年增长99.5%。一般公共预算总收入9.01亿元，比上年增长6%，其中地方一般公共预算收入5.46亿元，下降6.1%。城镇居民人均可支配收入33587元，比上年增长7.9%；农村居民人均纯收入20564元，增长10%。

省委书记于伟国到北岸调研平台经济项目建设　4月17日，省委书记于伟国带领省委、省政府工作检查组到北岸调研平台经济项目建设，实地查看罗屿东南铁矿石码头及“56找货”无车（船）承运平台、妈祖智慧健康城医疗大数据平台项目。（吴建洪）

南平市

【概况】　南平市位于福建省北部，1994年设立地级市，2019年辖2区、5县、3市，土地面积2.63万平方千米。2019年末户籍人口318.26万人；常住人口269万人，其中城镇常住人口154.68万人。全年出生人口3.31万人，出生率12.3‰，死亡率6.7‰，自然增长率5.6‰。

南平是国家级生态示范区，全市森林覆盖率78.29%，空气质量连续5年居全省第一，$PM_{2.5}$平均浓度优于欧盟标准，空气中负氧离子含量最高达每立方厘米13.8万个。境内主要河流Ⅰ～Ⅲ类水质比例100%，土壤环境质量优良，生态环境位居全国全省前列。

全市耕地面积23.84万公顷，林地面积216.86万公顷，均占福建1/4，林木蓄积量占福建1/3，毛竹林面积占全国1/10，素有“福建粮仓”“南方林海”“中国竹乡”之美誉。已发现各种矿产70多种，探明储量的有59种，其中叶蜡石、铌钽矿蕴藏量居全国前列。旅游资源得天独厚，境内的武夷山为全国4

个世界文化与自然双遗产地之一，被列为国家公园体制试点，还有延平溪源峡谷、邵武天成奇峡、顺昌宝山等一批国家级旅游景区。同时，10个县（市、区）均为原中央苏区和革命老区，拥有丰富红色旅游资源。

南平有4000多年的历史，是中国南方开发最早的地区之一，10个县（市、区）建县都在千年以上，福建的“建”字来自建州，就是现在南平的建瓯市。文化积淀深厚，是闽越文化、朱子文化等发源地，著名理学家朱熹在南平传书授教，“琴书五十载”。还培育出宋慈、柳永等历史名人，被誉为“朱子故里”“理学摇篮”。

2019年，南平市成功创建国家森林城市、全国水生态文明城市，获批国家森林康养基地试点建设市，并被列入全国第四批居家和社区养老服务改革试点。

2019年，全市地区生产总值1991.57亿元，比上年增长6%。其中，第一产业增加值315.43亿元，比上年增长3.4%；第二产业增加值831.32亿元，增长5.8%；工业增加值611.55亿元，增长7.1%；第三产业增加值844.82亿元，增长7.1%。全年人均地区生产总值74036元，比上年增长5.8%。一般公共财政总收入149.1亿元，比上年增长1%，其中地方一般公共财政收入96.23亿元，增长1.8%。规模以上工业增加值611.55亿元，增长7.1%。农林牧渔业总产值558.90亿元，比上年增长3.5%。固定资产投资（不含铁路）比上年增长0.1%。社会消费品零售总额730.62亿元，比上年增长10.7%。外贸进出口121.87亿元，比上年增长8.4%。城镇居民人均可支配收入为35148元，比上年增长8.2%；农村居民可支配收入17385元，增长9.6%。

社会用电量116.53亿千瓦小时，比上年下降5.3%，其中工业用电量66.18亿千瓦小时，下降13%。全市从业人员213.76万人，城镇新增就业1.78万人，城镇登记失业率2.31%。全年参加城镇职工基本养老保险参保70.53万人，失业保险参保20.46万人，工伤保险参保57.7万人，生育保险参保20.84万人，城镇职工居民医疗保险参保41.6万人，城乡居民医疗保险参保246.16万人。

七大绿色产业 372个绿色产业重点支撑项目扎实推进，完成投资占固投的比重提升4个百分点，新增国家级高新技术企业20家、省级科技“小巨人”领军企业18家、省政府质量奖提名奖企业2家。现代绿色农业逐步做强，新增省级农业产业化重点龙头企业29家、“三品一标”农产品26个、农产品初加工中心30个、优质农产品示范基地47个、省级“一村一品”示范村54个。圣农白羽肉鸡祖代鸡培育取得重大突破，完全实现国产化。旅游产业竞争力提升，主动融入“全福游、有全福”，举办第三届旅发大会，开展“请到武夷来吃茶”“醉美武夷·向往的民宿”等活动，武夷山获批首批国家全域旅游示范区，新增四星级旅游饭店3家、四星级乡村旅游休闲集镇2个，旅游接待总人数5875万人次，增长17.7%，旅游总收入958亿元，增长21.3%。先进制造业向高端化发展，3家企业被认定为国家绿色工厂，52家企业通过国家两化融合管理体系贯标评定，6家企业项目入选省级智能制造重点项目库，新增省级高成长培育企业36家、制造业单项冠军企业（产品）2家、“专精特新”中小企业18家。生物产业高位嫁接，推动新武夷制药、元力股份、青松股份与国内外知名企业开展战略合作，贤邦医药、圣维生物、光泽中药产业园等9个项目建成或部分建成投产，浦潭生物专业园加速发展。数字信息产业持续培育，编制完成人工智能产业发展规划，超200家企业入驻武夷智谷软件园，浪潮大数据、商汤科技等入园企业加快发展，数字信息产业增加值比上年增长11%。健康养生产业稳步发展，32个先行示范项目完成投资15.3亿元，光泽健康养老中心、松溪生态养老康复项目等开工建设，武夷山荣昌汇、建瓯百龄帮颐养中心、政和湖屯休闲健身项目竣工。文化创意产业更富活力，南平文化创意产业园、建阳考亭旅游文化度假区等项目加快推进，印象大红袍公司获全国文化企业30强提名，文化创意产业增加值比上年增长14.7%。

三大创新 召开绿色发展研讨会、新时代生态文明治理现代化高峰论坛，助推绿色发展。“武夷品牌”走出南平，探索“1+N”母子品牌运作模式，建立健全“武夷山水”品控体系，“武夷品牌”宣介活动在北京、上海、深圳成功举办，“武夷山水”连续两年在中国区域品牌联盟评选中位列前三。“生态银行”成效初显，推动自然资源全域化整合、市场化运作、多元化增值，形成顺昌“森林”、武夷山五夫“文化”、建阳“建盏”、延平巨口“古厝”等多种“生态银行”运作模式，并设立全省首家“林权+金融”模式的绿昌融资担保公司。“水美经济”拓展延伸，创新“商、居、文、体、游”一体的水岸经济模式，建设安全生态水系58千米，水美南平项目完成投资82.6亿元。水利部水规总院以南平为样板，编制《水美城市建设规划导则》，为全国推广制定标准。

项目提升 深入开展“项目提升年”活动，新增“五个一批”项目2108个，总投资3422亿元，南平和4个县（市）分别获得全省“五个一批”项目正向激励综合考评奖励。项目建设质效提升。坚持“市领导挂钩重大项目”“千名干部服务千个重点项目”机制，持续开展每月项目集中开竣工活动，69个在建赶超重大项目完成投资111亿元，328个省市在建重点项目完成投资410亿元，34个投资工程包完成投资135亿元，佳龙国际旅游度假区、建瓯利树循环经济能源岛、邵武永和新型环保制冷剂、顺昌浙商出口家具产业园、政和中国白茶城等97个重点项目开工建设，三元硅胶和生物质碳棒、建阳恒亮蛋鸡、松溪无纺布等重大产业项目建成投产。衢宁铁路进入铺轨阶段，武沙高速、温武吉铁路等重大前期项目取得突破性进展，顺邵高速建成通车，全市高速公路通车总里程 1045 千米，持续保持全省第一。项目招引水平提升。紧盯长三角、珠三角，深化“一把手”招商、产业链招商、以商招商，实施回归工程，设立回归办，积极参加进博会、数字中国峰会、“9·8”投洽会、两岸企业家峰会、“6·18”项目成果交易会，举办第十三届海峡两岸茶博会、第三届食博会、中国有机 30 年大会，全市新引进总投资超 5000 万元的产业项目 425 个，其中泰盛纸业、三爱富氟新材料等项目总投资超 50 亿元。项目集聚能力提升。完善园区基础设施和公共服务配套，闽北经济开发区入选国家首批双创特色载体，2 个园区列入省第三批循环经济示范试点。清理整顿盘活闲置土地 933.33 公顷，全市省级工业园区平均工业用地固定资产投资强度比上年增长 18.6%，工业用地亩均税收增长 27%。

城市建设　成立建筑环境艺术委员会，严格中心城市景观风貌管理。武夷新区规划持续提升，建设持续提速，城市框架基本拉开，绕城高速、快速通道、核心区“四横五纵”路网、引水工程、云谷小区一期、大剧院、市民公园等重大项目和一批搬迁必备的教育、医疗等服务设施投入使用。建阳城区旧城改造和西区生态新城建设加速推进，建盏文化创意园、正达商业中心、考亭古街、武夷悦酒店等一批项目投入使用，为城市带来新景观。延平城区建设同步推进，杨真隧道建成通车，九峰山空中栈道正式开放，闽江水口至沙溪口航道整治工程、新港路一期全面完工。各县（市、区）持续做好市政基础、公共服务设施建设和景观风貌提升，新建改建城市道路 140.7 千米、绿道 150.8 千米、管网 528.5 千米，实施一批公共停车场、农超市场、城市公园等补短板项目，城市功能颜值显著提升，城市管理日趋精细，3 个县（市）列入国家生态文明建设示范县（市）。

乡村振兴　开展“机关联乡村、党建促振兴”活动，实施“十大工程”，成立振兴乡村基金，打造“1 带 N 点”示范模式，126 个乡村振兴示范村、21 个民企带村共建村和 3 个圆梦村示范加快推进，新增国家级农业产业强镇 2 个、全国乡村旅游重点村 1 个、省首批“金牌旅游村”4 个。突出精准脱贫，开展市县乡三级领导干部驻村蹲点调研，解决一批老区苏区脱贫奔小康问题；开展医疗扶贫慈善救助、“百企帮百村”等活动，圣农以“公司＋村办企业＋农户”模式有效助推扶贫；实施“五个一百”示范带动工程，创新运用“七销扶贫”形式，推动贫困群众的产品变商品、收成变收入，顺昌、浦城和松溪脱贫摘帽，政和达到脱贫退出标准，贫困村全部脱贫出列，建档立卡贫困户全部脱贫。开展人居环境整治大会战，新建改造乡村公厕 478 座、三格化粪池 3.5 万户，拆除乱建乱搭 9.6 万平方米、整治农房 2.9 万栋，基本实现乡镇污水处理设施全覆盖，36 个高铁沿线村环境综合整治扎实推进。改善农村生产生活条件，治理水土流失 2.64 万公顷，连续 20 年实现耕地占补平衡，解决 4.2 万人的农村饮水安全问题，新改建农村公路 351 千米，松溪获评“四好农村路”全国示范县。积极应对多轮暴雨洪水灾害，开展抗灾救灾和灾后恢复重建，转移安置受灾群众 9.8 万人次，灾后重建购房签约 136 户、分散重建 321 户、集中重建 144 户，受灾群众实现温暖过冬。

改革开放　重点领域改革强力推进。市县两级机构改革和综合行政执法改革基本完成。“互联网＋放管服”改革不断深化，审批服务事项标准化加快推进，工程建设项目审批制度改革全面推开，97.4%的审批服务事项实现“一趟不用跑”和“最多跑一趟”。全年减税降费 19.9 亿元。全面实施预算绩效管理加速推进，财政资金使用效益有力提升。完善国有资产监管权责清单和投资负面清单，制定国有企业产业基金管理办法，推进国有资产监管规范化；完成 6 家企业的混合所有制改革和国有企业职工家属区“三供一业”分离移交。扎实推进国家生态文明试验区改革试点，45 项改革任务全部完成，武夷山国家公园体制、生态系统价值核算、重点生态区位商品林赎买等试点工作深入推进。领导干部自然资源资产离任审计“南平做法”成为国家审计署培训科目。金融风险监测预警和应急处置机制持续完善，全市不良贷款率降至 1.3%，债务余额严格控制在省政府核定的债务限额之内。组建武夷旅游产业振兴基金，推动武夷山旅游股份公司重组。“南平机制”继续深化，设立科技特派员服务云平台，制定科特派团体标准，成立科特派学院，南平市在全国科特派制度推行 20 周年总结会议上作典型发言。农村集体产权制度改革稳步实施，104 个村完成经营性资产股份合作制改革，农村土地确权颁证率达 99.5%。第三次全国国土调查完成质量全省第一，第四次全国经济普查数据顺利通过国家质量抽查。对外开放持续扩大。探索南台融合发展新路，落实“两个同等待遇”，推动南台绿色建筑、农业等领域行业标准采认；与台湾南投开展乌龙茶文化交流与合作，与台湾金门签订旅游战略合作协议，成立“同心公司”，共同打造两岸“同心同源”系列产品。主动融入“一带一路”海丝核心区、闽东北协同发展区建设，举办闽浙赣皖福州经济协作区第二十一次市长联席会，用好“武夷之友”平台，增进与台港澳青年间的交流。南平与韩国密阳市、北京市东城区缔结友好市（区）关系；武夷山与法国波尔多市、凯阳市在茶、酒、文化等领域开展全方位务实合作。推进武夷山航空口岸扩大开放，年出入境人数达 7 万余人，比上年增长 1.7 倍。

民生事业　民生支出占一般公共预算支出比重达 82%，26 项为民办实事项目全面完成。打好污染防治攻坚战，办结第二轮中央生态环保督察交办信访件 204 件；全面落实河湖长制，巩固畜禽养殖污染整治成果，境内 3 条主要河流水质状况优，16 个集中式生活饮用水水源地水质达标率 100%，空气平均达标天数比例 99.6%；顺昌生态巡查机制被中央督查组列为福建省贯彻落实中央一号文件典型经验，光泽“无废城市”试点稳步推进，建阳、武夷山生活垃圾分类试点实施，生态环境质量保持全省前列。突出打赢“教育翻身仗”，编制完成中心城区教育用地布局专项规划，全市新建改扩建公办幼儿园11所，普惠性学前教育资源覆盖率87.8%，提高12.1个百分点；创建义务教育管理标准化学校164所，乡村小规模学校100%达到省定基本办学标准；高考再创佳绩，“211”以上高校录取887人，比上年增长7.4%。实施“健康南平2030”行动，成功列入DRG付费国家试点，紧密型医共体实现全覆盖，城镇职工、城乡居民医保住院报销比例分别提升8.7%、5.3%，基层医疗卫生机构门诊量占比53.5%，人均基本公共卫生服务经费补助标准从55元提高到69元。“健共体”项目全面启动，通过“互联网+医疗”将基本公共卫生服务向基层延伸。成立中医医疗联盟，建成中医馆24个。延平区通过国家级慢性病综合防控示范区建设验收。强化社会保障，推进城乡统筹就业，城镇新增就业1.8万人，城镇登记失业率2.3%，参加基本养老保险207万人，低保覆盖面达到全市人口的1.6%；建成居家养老服务照料中心25个、农村幸福院231个，新增养老床位1900张。推进既有住宅增设电梯工作，改善老旧小区居住环境。推进文体事业发展，实施文艺“五个一百”工程，“万里茶道”列入中国世界文化遗产预备名单，朱子祭祀大典启动申报国家级非遗，举办武夷山国际马拉松赛、中国龙舟公开赛、全国郊野钓鱼大赛等活动，10个县（市、区）全部列入第一批革命文物保护利用片区。深化“平安南平”建设，推进扫黑除恶专项斗争，坚决抓好中央扫黑除恶督导反馈问题整改；加强和创新社会治理，实施“七五”普法，总结推广“四无”平安村创建、高速高铁平安联勤、信访“吸附行动”“接管通”等做法；加强全市城区公共场所养犬管理；强化安全生产和食品药品监管，获省政府安全生产和消防工作目标责任管理第一名。解决延平库区用电秩序、违规违法开垦茶山等历史遗留问题。大棚房问题专项清理整治通过国家验收，违建别墅清查整治扎实推进。妇女儿童发展纲要全面实施，民族宗教、外事侨务、台港澳事务、老区库区、气象防震、人民防空、档案方志等工作继续加强，群团改革深入推进。全力支持国防和军队建设，推进军民融合深度发展，军政军民关系融洽和谐。

【南平行政中心完成驻地搬迁】 2014年，国务院批复同意南平市行政区划调整方案，同意撤销建阳市，设立南平市建阳区，以原建阳市的行政区域为建阳区的行政区域，同意南平市政府驻地由南平市延平区八一路439号迁至南平市建阳区南林大街36号。按照国务院的批复精神和南平市第五次党代会的部署要求，2019年12月底，南平市行政中心驻地由延平区迁至建阳区。

【全省首创政企互联互派互学】 2019年，南平市为加强政企互动沟通，营造良好营商环境，在市直单位与民营企业建立互联互派互学工作机制，构建“亲”“清”新型政商关系。7月1日，选派首批“互联互派互学”成员20人，为期3个月。其中民营企业选派人员，重点安排在市发改委、工信局、自然资源局等市直经济部门，围绕着力提高政治素质、着力提升经营水平、着力增强综合素质、着力提升社会责任感等“四个着力”开展学习锻炼；市直单位选派干部，重点安排在南平市上市公司、“新三板”企业和小巨人领军企业，围绕帮助企业协调解决一些实际困难和问题、搭建一个民营企业与政府部门沟通交流的平台、建立健全一批现代企业管理制度、推动创建一批金星红星企业党组织等“四个一”工作职责开展服务调研。活动开展期间，驻企干部帮助企业协调解决技术升级改造、项目建设、人才引进等方面的问题40多个，帮助争取项目资金、筹融资等1500多万元。新生代民营企业家在闽北遭遇特大洪灾后，积极履行社会责任，第一时间参与全市统一战线抗洪救灾暨“慈善一日捐”捐赠活动，捐款30多万元用于灾后重建家园。

【中国有机30年大会】 2019年11月13—16日，以“有机30年，致敬绿水青山”为主题的中国有机30年大会在南平市举办。来自国际组织、政府机构、专家学者、采购商、平台机构和全国各地有机生产企业、有机销售组织、有机服务机构、有机认证机构代表以及有机消费者等400余人参加会议。本届大会通过主旨演讲、主题演讲、有机30年座谈会、产销对接会、分论坛、参观考察等多种形式，聚焦“有机30年，致敬绿水青山”主题，共同回顾中国有机产业30年所走过的风雨历程，共话中国有机的今天和未来，共同为南平推进有机产业高质量发展和打造“武夷山水”品牌建言献策。（沈日康 张 磊）

【延平区】 位于南平市南部。2019年辖13个镇、2个乡（城区辖6个街道）。土地面积2652.84平方千米。年末户籍人口49.76万人，常住人口47万人，人口自然增长率5.4‰。耕地面积1.6万公顷，粮食播种面积9880公顷，粮食产量5.75万吨。全区林业用地面积21.03万公顷，其中有林地面积19.3万公顷，生态林地面积4.23万公顷，森林覆盖率达74.5%，森林蓄积量2107.22万立方米。竹林4.04万公顷，立竹株数13505万株。辖区内有国家AAAA旅游景区——溪源峡谷；有国家级自然保护区（茫荡山）1处，面积9413.33公顷。境内矿产资源丰富，有中国罕见的特大型铌钽矿床、中型锡矿床（铌钻矿床伴生矿）、水泥用灰炭矿床、全省规模最大的透辉石矿，还有重晶石等30余种矿产，其中“青云石”“南平黑”“南平青”花岗石在国内外享有盛誉。

2019年，全区地区生产总值405.83亿元，比上年增长5.4%。其中，第一产业增加值34.6亿元，比上年增长5.6%；第二产业增加值173.9亿元，增长3.9%；第三产业增加值197.33亿元，增长6.7%。一般公共预算总收入12.19亿元，其中地方一般公共预算收入7.29亿元。固定资产投资比上年增长5.8%。验资口径实际利用外资完成2004万元。社会消费品零售总额109.02亿元，比上年增长11.6%。城镇居民、农村居民人均可支配收入36161元、19162元，分别增长8.1%、9.7%。节能减排降碳目标任务全面完成。

第三产业　2019年，延平区培育亲水旅游、滨水体育等新业态，实施富屯溪右岸王台来舟段滨江风光带、溪源峡谷AAAA景区水美提升工程等6个水美项目。推进王台百合特色小镇、“成功山水”休闲养生公园、游乐产业集聚园区、炉下斜溪洲头旅游4个特色项目建设。以举办第三届旅发大会为契机，举办2019年中国龙舟公开赛总决赛、首届全国郊野钓鱼大赛、第二届中国延平乡村艺术季、第二届福建省社区（乡村）体育联赛、第三届“环延平湖”健康跑等旅游节庆和体育赛事活动，全年接待游客总人数1187.1万人次，比上年增长23.6%；实现旅游总收入175.1亿元，增长26.7%。

特色产业集聚　2019年，延平区扩大保温、游乐、酒店三大特色产业规模效应和优势，加快与金融、旅游、文创等产业深度融合发展，引导相关产业向产业园区集聚。保温总部大楼封顶，具有一级专业承包资质的企业发展到30余家，保温业全年完成税收入库1.3亿元。打造数字游乐产业园区，举办2019年数字游乐产业园项目对接会，10余家企业入驻延平新城低碳科技园。整合酒店业资源，延平区酒店业总部经济回归茶话会在福州举行，延平区酒店行业技术交流协会成功注册。（叶　宇）

【建阳区】　位于南平市中部。2019年辖8镇、3乡、2街道。辖区面积3383平方千米。年末户籍人口35.9万人，人口自然增长率3.31‰。耕地面积3.38万公顷，粮食播种面积3.14万公顷，森林覆盖率78.21%，活立木蓄积量2562万立方米，为全国南方重点林区。重要的矿产资源有蛇纹岩、萤石、石墨、铅、锌和金矿。主要旅游景点有国家AAAA旅游景点花花世界景区，国家AAA旅游景点麻沙南木林景区、黄坑景区、生态溪源景区。2019年建阳西区生态城商圈获评"省级示范商圈"，水吉镇获评"省级商务特色镇"，小湖镇荣获“2019中国最美村镇—乡村振兴榜样奖”，漳墩镇荣获“中国小白茶之乡”称号。

2019年，建阳区实现生产总值248.5亿元，比上年增长4.5%。一般公共预算总收入19.8亿元，增长7.7%。其中地方一般公共预算收入13.2亿元，增长2.6%。农林牧渔业总产值67.6亿元，增长3.6%。规模工业增加值增长2.1%。社会消费品零售总额92.37亿元，增长5.6%。城镇居民人均可支配收入35796元，增长8.3%；农村居民人均可支配收入17347元，增长9.1%。

服务新区　做好各项服务保障工作，开展“决胜搬迁攻坚战”活动，拔钉子、保施工、促落地，完成武夷新区征地181.24公顷、拆迁2万平方米。配合武夷新区建设，绕城高速、引水工程、云谷小区一期等重大项目和一批搬迁必备的教育、医疗等服务设施建成投入使用，南平市行政中心正式迁驻新区。加强与武夷新区产业错位互补发展，推进25.7平方千米，总投资85.5亿元的建阳经济开发区建设，新引进浙江润彤、云祥药业等14家企业入驻，实现迈拓钢竹家居、博宏新材料竣工投产，新增产值4亿元、税收5000万元。

经济发展　围绕“3+2+2”绿色产业布局，实施82项总投资223.2亿元的绿色产业发展项目，七大绿色产业完成投资占固投的48.4%，规上工业增加值占全区地区生产总值的43.5%。现代农业发展壮大。获评“全国中高端鲜食玉米生产示范基地”。推进葡萄、茶叶、蛋鸡养殖等现代绿色农业发展，打造水吉仁山至麻沙水南0.13万公顷葡萄产业带，华东六省最大的蛋鸡养殖基地恒亮生态禽业建成投产，漳墩镇获“中国小白茶之乡”称号。完成粮食播种面积3.14万公顷，水稻种植保险面积1.42万公顷。工业经济稳中有进。年产值亿元以上企业84家，金石氟业、安顺变压器、碧全集团产值超5亿元，青松股份产值突破15亿元。开展“实体经济服务月”活动，加大企业扶持力度，为24家民营企业转贷91笔，放款4.3亿元。推动13项总投资24.8亿元的市级重点技改项目实施，技改投资比上年增长15%。三产活力逐步彰显。围绕打造“全福游、有全福”品牌，紧扣“绿色南平、书香建阳”主题，承办南平市第三届旅游产业发展大会，举办2019“万里茶道”文化和旅游国际营销论坛、中国旅行社协会年会、中国陶瓷品牌集群成立大会、中美协“闽北苏区行”美术创作及作品展、第三届建窑建盏文化博览会、首届“大武夷赶山节”、第二届建本文化研讨会、第三届朱子祭祀大典等精彩纷呈的主题活动。全年旅游接待总人数达638万人次，比上年增长26.7%；旅游总收入96亿元，增长31.9%。繁荣商贸流通，打造潭人街夜市等一批夜间经济项目，西区生态城商圈获评“省级示范商圈”，水吉镇获评“省级商务特色镇”。房地产市场健康稳定发展，完成商品房成交10617套，成交面积108万平方米。项目建设质效提升。开展“项目提升年”活动，实现90个项目集中开工，31个项目集中竣工。全年新增“五个一批”项目103项，总投资188.9亿元。4个在建赶超重大项目完成投资5.1亿元，40个省市重点项目完成投资24.7亿元。加强招商引资，新引进超5000万元产业合同项目47个，总投资85.7亿元，转开工44项。

（范振福）

【邵武市】　位于福建省西北部。2019年辖12个镇、3个乡、4个街道。土地总面积2860平方千米。年末户籍人口

30.4万人，常住人口27.7万人。人口自然增长率4.4‰。耕地面积27110.60公顷，粮食播种面积46.34万亩，粮食产量17.64万吨。林地面积22.49万公顷，森林覆盖率78.76%，活立木蓄积量2328万立方米。重要矿产资源有金、铜、铅、锌、铁、钼、钨、铀等。主要旅游景点有和平古镇、金坑红色旅游景区、天成奇峡、武夷温泉度假区、云灵山峡谷漂流5个国家AAAA级景区及小隐竹源、卫闽迷宫小镇等4个国家AAA级景区。2019年全市生产总值244.25亿元，比上年增长5.2%。其中，第一产业增加值30.18亿元，增长3.4%；第二产业增加值117.66亿元，增长3%，其中工业增加值94.88亿元，增长3.2%；第三产业增加值96.41亿元，增长8.8%。人均地区生产总值88018元，增长5.2%。规模以上工业增加值增长0.8%。农林牧渔业总产值52.32亿元，增长3.5%。固定资产投资下降6.5%。社会消费品零售总额117.69亿元，增长11.9%。外贸出口额24.35亿元，下降0.6%；实际利用外资60万元。一般公共预算总收入18.85亿元，下降0.8%，其中地方一般公共预算收入12.78亿元，增长2.3%。城镇居民人均可支配收入37111元，增长7.9%；农村居民人均可支配收入19991元，增长9.5%。

强化项目带动　2019年，邵武市新增“五个一批”项目474项，总投资977.17亿元。全年新引进项目154项，总投资162.5亿元，其中投资亿元以上项目36项，三爱富氟新材料项目总投资超50亿元。坚持“四个一”项目推进工作机制和大督查工作机制，持续开展每月项目集中开竣工活动，全年开工项目128项，总投资395.77亿元；竣工或投产项目160项，总投资295.2亿元。温武吉快速铁路项目前期工作取得突破性进展，顺邵高速公路建成通车，华电邵武火电厂三期扩建项目两台机组竣工投产。多渠道筹措项目建设资金，争取上级各类项目补助资金14.39亿元、地方政府债券资金9.12亿元，保障项目建设资金需要。

推进产业升级　2019年，邵武市扎实推进平台建设，经济开发区安置房、道路、污水治理、供水排水等基础设施日趋完善，启动机械制造产业园、食品加工产业园建设；加快推进金塘工业园区污水处理厂及配套管网改造提升、应急救援中心、热电联产、企业职工公寓等配套设施项目建设。永晶含氟医药、贤邦医药、穗福纺织高档针织面料等项目建成投产，含香烤鳗、永和新型制冷剂、帝盛紫外线吸收剂等项目加快建设。鼓励企业创新发展，新增省级高成长培育企业13家、“专精特新”中小企业2家、“科技小巨人”领军企业12家，远翔新材料入选工信部专精特新“小巨人”企业和福建省制造业单项冠军企业（产品）名录，永晶科技技术中心被认定为省级企业技术中心。推进工业“两化融合”，诚安蓝盾家居生产线完成智能化改造，6家企业通过国家“两化融合”管理体系贯标评定。成功举办第三届福建省“张三丰杯”竹产业国际工业设计大赛和中国（邵武）氟化工产业发展高峰论坛。加快发展第三产业，成立武阳旅游文化发展公司，推进旅游景区市场化运营。主动融入“全福游、有全福”活动，借助南平市第三届旅游产业发展大会，持续完善旅游景区基础设施，水北体育小镇、拿口千岭湖度假区等项目加快建设，培育和平古镇业态。金坑红色旅游小镇获评国家AAAA级景区，桂林乡被评为福建省首批避暑清凉福地，和平镇和平村被评为福建省首批金牌旅游村。推进商贸物流业发展，海关在邵武设立专门办事机构，企业在“家门口”即可办理通关业务。黄峭广场家居体验馆、永同盛闽赣（邵武）农副产品批发市场和宏林世纪城、财富天下商业广场（二期）城市商贸综合体投入运营，打造福山夜市、美食街。新增电商企业22家，全市电商交易额9.92亿元。房地产市场健康发展，全年商品房销售面积56.09万平方米。

夯实“三农”基础　2019年，邵武市全力打好精准脱贫攻坚战，深化挂钩帮扶制度，全面落实“两不愁三保障”，精准扶贫对象（含低保户）“一站式”结算医疗费用补偿金额2205.38万元，发放各类助学资金168.4万元。实施产业扶贫“五个一百”示范带动工程，新增小额扶贫贷款292.75万元，打造产业扶贫示范村8个，培育扶贫龙头企业11个，提升扶贫产业合作社9个。全市现行标准下的贫困人口全部脱贫，建档立卡贫困村全部摘帽。落实粮食播种面积46.3万亩，实现产量17.64万吨；种植烤烟4.13万亩、食用菌1.78万亩、优质水果6200亩。制定出台促进乡村产业振兴若干意见，加快发展“八个一”现代特色农业，发展中药材6.5万亩、林下经济6500亩、特色苗木4400亩，新增农业龙头企业9家、农民专业合作社83家、家庭农场23家。邵武国家农业科技园区（中药材为主）通过科技部验收，获批设立省级邵武闽台农业融合发展（果业）产业园，大竹省级现代农业综合开发示范园、拿口绿色农业产业园加快建设，引进伟农现代农业、润身药业等农业龙头企业。借助“武夷山水”区域公用品牌，推进质量兴农、品牌强农，新增优质农产品示范基地3个、绿色食品企业2家。深化科技特派员制度，全市建立科特派工作站56个、示范基地147个，实施科技特派员项目97个，推广农业“五新”技术341个。建设高标准农田8740亩。全面落实“路长制”，改造农村公路26千米，建设错车台116个。

建设美丽城乡　加快水美邵武建设，补齐城市基础设施短板，完成历史文化名城保护、城市综合交通、公共停车设施、电动汽车充电基础设施专项规划编制工作。解放东路提升改造项目竣工，张三丰大道人行过街天桥和青少年校外活动中心、行政服务中心地下停车场建成，新增公共停车位856个。新建（改造）市政管网13.5千米，改造提升城市绿道4.85千米，新增城市绿地3.84万平方米。向上争取老旧小区改造资金1.14亿元，改造老旧小区15个。

开展以环境卫生、交通秩序、经营秩序、拆违治违为重点的城市环境综合整治，城市环境品质持续提升。编制乡村振兴战略规划，建立市领导挂点联系乡村振兴示范村工作机制，推进沿316国道和219省道邵武段26个乡村振兴示范村建设。水北镇龙斗村入选全国乡村治理示范村名单，和平镇、卫闽镇获评福建省四星级休闲集镇，5个村列入省级“一村一品”示范村名单。开展人居环境整治，新建（改造）农村公厕15座、三格化粪池1008户，拆除乱建乱搭5.12万平方米，整治农房259栋。加大城区周边“散乱污”企业整治力度，完成33家竹木制品、机制炭企业“退城进园”，全年空气质量优良天数比例为100%。落实“河湖长制”，加大城乡重点流域综合整治力度，城区和园区污水处理厂提标扩容工程加快建设，溪北路和紫东工业园区污水管网改造工程完工，主要流域水质功能达标率为100%。实施国家储备林质量精准提升工程，完成商品林赎买2.7万亩、集约人工林栽培4.4万亩、林改培2.9万亩、绿化造林2.4万亩、治理水土流失3.15万亩。卫闽国有林场被评为全国绿化模范单位。

深化改革创新 2019年，邵武市稳步推进农村集体产权制度改革，66个行政村完成经营性资产股份合作制改革，77个村成立经济合作社。探索推进生态文明体制改革，依托永同盛（邵武）闽赣农副产品批发市场、邵武市振鑫农业综合开发有限公司，开展农业“生态银行”探索实践，加快构建资源变资产、资产变资本的转化平台，推进绿水青山转化为金山银山。完善人才发展体制机制，落实各项人才优惠政策，135套人才公寓、20套人才奖励房实现拎包入住，为709名人才发放购（租）房补贴1382.6万元。推进市属国有企业改革，成立市国有建设发展有限公司，构建现代企业治理架构，加快推进实体化运作。加大“放管服”改革力度，全面推行“一趟不用跑”和“最多跑一趟”，重点项目实行全程代办服务机制，深入推进“互联网＋政务服务”，行政服务中心扩容改造提升（一期）工程建成投入使用。深化商事制度改革，推行企业登记全程电子化，压缩企业开办时间，新增各类市场主体5010户。

改善民生福祉 2019年，邵武市实施30项为民办实事项目，全年民生支出23.3亿元，占财政总支出的79.5%。坚持教育优先发展，第二实验小学、六中城南校区建成投入使用，第一幼儿园迁建、通泰小学分校主体工程竣工。实施“健康邵武”行动，市总医院门诊医技综合大楼、市人民医院整体迁建项目加快推进。深化“四医联动”公立医院改革，构建紧密型医共体，推进“健共体”建设，落实分级诊疗、双向转诊制度。城镇职工、城乡居民医保住院报销比例分别提升至67%、58.7%，基层医疗卫生机构门诊量占比达53.57%。新建居家养老服务照料中心4个、农村幸福院8个，新增养老床位268张。加快文体事业发展，古山溪左岸体育中心项目加快建设，投入906万元改善文化体育阵地设施，成功举办全省青少年武术散打锦标赛、张三丰故里·云灵山山地户外节等体育赛事。健全社会保障体系，新增城镇就业1615人，城镇登记失业率1.88%，城乡居民参保率98.3%，全年累计发放城乡低保金2303.7万元。新建保障性安居工程372套，累计配租保障性住房1868套，发放廉租住房补贴1361.54万元。完成农村危房改造73户，分类处置重大安全隐患房屋523栋。加强社会治理创新，完善“民生110”网格化服务机制和“随手拍”社会化监督机制，受理群众服务需求21072件，办结率98.42%，满意率98.57%。（肖家荣）

【武夷山市】 位于福建省西北部，2019年辖3个街道、3个镇、4个乡、4个场，土地面积2802.7平方千米。年末户籍人口24.67万人，常住人口23.8万人，人口自然增长率6.8‰。耕地面积2.54万公顷，粮食播种面积1.48万公顷，粮食产量9.81万吨。林地面积23.74万公顷，森林覆盖率80.5%，活立木蓄积量0.19亿立方米。重要矿产资源有铁、铜、铅、锌、锡、钼、金、银、铀、钨等各类矿产27种（包括亚矿种）。主要旅游景点有AAAAA级国家风景名胜区武夷山风景名胜区，AAAA级景区大安源旅游景区、大红袍体验中心、自遊小镇汽车主题乐园景区、香江茗苑等。武夷山张山头红军墓群和武夷山闽赣古驿道列入第八批全国重点文物保护单位。2019年获评首批国家全域旅游示范区、第二批国家农产品质量安全县（市）、全国森林康养基地试点建设市。

2019年，全市实现生产总值207.12亿元，比上年增长7.8%。其中，第一产业增加值27.76亿元，比上年增长4.3%；第二产业增加值82.09亿元，增长8%；工业增加值64.78亿元，增长8.5%；第三产业增加值97.26亿元，增长8.8%。人均地区生产总值87023元，比上年增长7.6%。规模以上工业总产值增长7.6%。农林牧渔业总产值46.36亿元，比上年增长4.5%。固定资产投资比上年增长5.3%。社会消费品零售总额66.84亿元，比上年增长10.1%。实际利用外资1825万美元。一般公共预算总收入13.01亿元，比上年增长5.13%，其中地方一般公共预算收入9.04亿元，增长4.13%。旅游接待总人数1625.66万人次，比上年增长7.3%；旅游总收入359.11亿元，增长16.5%。城镇居民人均可支配收入36298元，增长8.1%；农村居民人均可支配收入18791元，增长8.7%。

2019年2月，国家发展改革委、农业农村部等7部委联合印发《关于印发首批国家农村产业融合发展示范园名单的通知》，全国认定100个示范园，武夷山入选，成为全国唯一的县级茶产业融合示范园。

3月8日，国家文物局同意将“万里茶道”列入《中国世界文化遗产预备名单》。“万里茶道”申报世界文化遗产涉及湖北、福建、江西、湖南、河南、山西、河北、内蒙古8省（区）遗产点45处。作为“万里茶道”起点城市，武夷山下梅村、武夷古茶园等20多处遗迹遗存已被列入“万里茶道”保护文本。

5月9日，2019年中国品牌价值评价发布，武夷岩茶品牌价值在地里标志产品区域品牌榜单上位居第5位，品牌价值居全国茶叶类第2位。

7月3日，武夷山国家气候观象台、武夷山国家公园气象台揭牌，这是福建省唯一的国家气候观象台、全国首个专为国家公园成立的气象台。

11月16日，第十三届海峡两岸茶业博览会在武夷山举行，茶博会主题为“缘聚武夷，茶和天下”，展馆面积4.3万平方米，设标准展位1360个。

12月20日，在北京举行“2019中国区域农业品牌发展论坛暨2019中国区域农业品牌年度盛典”系列活动上，“武夷岩茶”“正山小种”分别获得中国农业区域品牌影响力排行榜茶叶产业类别第一位和第八位。（章　玲）

【建瓯市】　位于福建省北部，闽江上游，武夷山脉东南侧。2019年辖10个镇、4个乡、4个街道。土地总面积4233平方千米。年末户籍人口54.91万人，常住人口45.5万人。人口自然增长率1.7‰。林业用地面积35.06万公顷，森林覆盖率79.8%，是全国重点林业县（市）。建瓯河流主要属闽江建溪流域，主要河流有建溪、南浦溪、崇阳溪、松溪、吉溪、武步溪等，发现的矿种计有30种，探明有资源储量的矿产16种。主要旅游景区景点有归宗岩、万木林自然保护区、黄华山公园、坑里公园、云际山公园、省四星级乡村旅游村小松湖头等景区，建宁府孔庙、东岳庙、光孝禅寺、鼓楼、通仙门、中共闽北临委旧址、北苑御茶园摩崖石刻等。

2019年，全市实现地区生产总值291.72亿元，比上年增长6.2%。其中，第一产业增加值51.72亿元，增长3.9%；第二产业增加值120.14亿元，增长6.6%；第三产业增加值119.86亿元，增长7%。人均地区生产总值64044元，比上年增长6.2%。规模以上工业完成产值331.45亿元，增长11.2%。农林牧渔业总产值88.38亿元，增加值53.66亿元，均比上年增长4%。社会消费品零售总额152.66亿元，比上年增长11.6%。进出口企业71家，进出口额238541万元，比上年增长33.9%，其中，出口企业71家，完成出口额238176万元，增长36.07%；进口额365万元，下降64.28%。一般公共预算总收入14.69亿元，比上年增长1.2%，其中，地方一般公共预算收入9.99亿元，增长4.6%。城镇居民人均可支配收入35139元，比上年增长9.2%；农村居民人均可支配收入19031元，增长10.3%。

1月10日，福建省农科院闽北分院项目举行开工仪式。该院是福建省农科院与建瓯市院县合作的一个项目，项目位于建瓯市小松镇穆墩村，占地11.13公顷，计划投资6000多万元。

5月20日，建瓯市举办第二届中国笋竹高峰论坛。来自中国工程院、中国林学会竹子分会、国家林业和草原局竹子研究开发中心等专家学者和来自全国各地的企业家共500多人，为建瓯笋竹产业发展建言献策，促进资本对接和产学研深度合作。

10月7日，建瓯市迪口镇明代值庆桥被列为第八批全国重点文物保护单位。该桥建于明弘治三年（1490年），承袭宋代风格。是截至2019年全国可考年代最早的一座木伸臂廊桥之一，也是第三次全国文物普查“百大发现之一”。（詹水全）

全国重点文物保护单位建瓯市迪口值庆桥，摄于2019年

（建瓯市史志办供稿）

【顺昌县】　位于福建省西北部。2019年辖1个街道、8个镇、3个乡，土地面积1980平方千米。年末户籍人口23.3万人，常住人口19.2万人，人口自然增长率6.0‰。境内土地总面积19.8万公顷，年末耕地面积1.69万公顷，林业用地面积16.64万公顷。全县森林覆盖率80.12%，森林总蓄积量1600万立方米，是全国首个“中国杉木之乡”。境内5000米以上的河流有61条，富屯溪为主干流，可开发利用的水力资源蕴藏量20.7万千瓦，可开发量13.7万千瓦。已探明有色金属、非金属25个矿种127个矿点，主要有铁、铜、铅锌、钨、锰、石灰石、花岗石、高岭土、铅锌矿、蛇纹石、萤石、瓷土等。主要旅游景点有宝山、华阳山、合掌岩、元坑古镇、狮峰山等风景名胜。顺昌建县于后唐长兴四年（933年），北宋工部尚书廖刚、南宋理学名家廖德明、明朝吏部尚书李默为顺昌历史名人。顺昌齐天大圣信俗文化发源千年，现存大量历史文化遗存，宝山寺2001年被列入第五批国家重点文物保护单位，其元代全仿木石构建筑为全省唯一、全国罕

2019年11月29日，第五届海峡两岸（福建顺昌）齐天大圣文化交流活动在顺昌县开幕 （顺昌县史志办供稿）

见。2019年顺昌县获“2019年全国森林康养基地试点县”“文旅融合特色创新示范县”“2019年度最具影响力宜居生态县”称号。

2019年，全县地区生产总值133.18亿元，比上年增长7.6%。其中，第一产业增加值20.74亿元，比上年增长4.6%；第二产业增加值56.74亿元，增长8.2%；规模以上工业增加值增长8.1%；第三产业增加值55.7亿元，增长8.1%。农林牧渔业总产值35.69亿元，比上年增长4.8%。固定资产投资比上年增长13.9%。财政总收入8.52亿元，其中地方财政收入5.49亿元，分别比上年增长7.4%和4.2%。社会消费品零售总额32.81亿元，增长10.3%。城镇居民人均可支配收入32045元，农村居民人均可支配收入16582元，分别增长7.9%和9.1%。三次产业结构调整为15.6∶42.6∶41.8。

顺邵高速通车　1月18日，顺邵高速通车仪式在顺昌县大干收费站举行。顺昌至邵武高速公路起于顺昌县双溪街道井垄村，接延顺高速公路；终于邵武市下沙镇张家际，接武邵高速公路。全长66.56千米，双向四车道，路基宽24.5米，设计速度80千米/小时。

顺昌特色走进榕城　3月8—10日，以“顺心顺意·有味有福”为主题的顺昌特色文化展示及顺昌武夷品牌、旅游推介活动走进“有福之州”，在国家AAAAA级旅游景区三坊七巷展示“清新福建·绿色南平·清心顺昌”魅力。此次活动由南平市文化和旅游局、中共顺昌县委、顺昌县人民政府共同主办。在启动仪式上，南平市文旅局进行全福游·大武夷旅游推介。

抗洪抢险　6月6—11日、6月21—25日、7月5—9日，顺昌县持续普降暴雨，尤其是7月5—9日，部分乡镇大暴雨，平均雨量165.6毫米，全县19个站点中有16个雨量超过100毫米，3个站点雨量超过200毫米。连续3次的持续强降雨，造成全县12个乡镇（街道）全面受灾。全县5.15万人口受灾，直接经济损失9.5亿元。全县房屋倒塌82户291间，农村公路塌方1141处、21.6万立方米，公路路基冲毁213处、10.2万立方米，路面冲毁93处、2.7万平方米，桥涵全毁149座（道），造成道路中断187处。全县受灾农田面积4229.67公顷，水利设施损坏1200多处，冲毁塘坝29座。顺昌的灾情引起省市领导的高度重视，全县紧急转移安置群众8554人次，紧急救援受困群众36人，未出现人员伤亡。截至7月10日上午10时，全县恢复通信；境内国道、省道和县通乡镇、行政村道路全部临时应急抢通。 （吴建桥）

【浦城县】　位于福建省北部。2019年辖9个镇、8个乡（城区辖2个街道）。土地面积3383平方千米。年末户籍人口43万人，常住人口30万人，人口自然增长率5.8‰。国有耕地面积3.58万公顷，山地面积29.16万公顷，林地2.69万公顷。粮食播种面积3.12万公顷，粮食产量20.58万吨，森林覆盖率76.81%，活立木蓄积量0.16亿立方米。重要矿产资源有铀矿、硫铁矿、铅锌矿、萤石矿等大型石料矿床，探明矿产资源储量的矿区31个。主要旅游景点有匡山国家森林公园、省级风景名胜区浮盖山、省级历史文化名村观前村、九石渡、AAAA级景区中国包酒文化博览园等。2019年获“中国包酒文化之乡”、全国森林康养基地试点建设县，国家级“森林康养最佳目的地”称号。

2019年，全县实现地区生产总值166.62亿元，比上年增长7.4%。其中，第一产业增加值35.65亿元，比上年增长2.3%；第二产业增加值60.22亿元，增长11.4%；工业增加值47.74亿元，增长9.2%；第三产业增加值70.74亿元，增长6.9%。农林牧渔业总产值66.31亿元，增长2.5%。固定资产投资比上年增长17.6%。社会消费品零售总额44.55亿元，比上年增长11.8%。一般公共预算总收入10.02亿元，比上年增长2.7%，其中地方一般公共预算收入6.79亿元，增长2.7%。城镇居民人均可支配收入33191元，比上年增长8.9%；农村居民人均纯收入15908元，增长9.8%。

2019年，深入推进粮食产业转型升级，推动“浦城大米”品牌。全县粮食种植面积3.53万公顷，水稻种植面积3.01万公顷，总产量20.4万吨。落实优质稻推荐品种种植面积0.67万公顷，辐射带动全县推广优质稻2.47万公顷，1.35万公顷绿色食品原料（水稻）标准化生产基地通过中国绿色食品发展中心验收，40家粮食类生产和加工主体列为“一品一码”追溯管理，在《中国一分钟》栏目专题推介“浦城大米”，2019年3月28日，举办“武夷山水·浦稻天成”浦城大米品牌发布会，启动“浦城大米”品牌建设。年内，推进“中国好粮油”示范县建设，建立“绿色食品原料（水稻）标准化生产基地”1.35万公顷，落实优质稻推荐品种种植面积0.73万，建设“一品一码”粮食质量安全追溯平台和食品检验检测中心，制定并严格按照《浦城大米团体标准》进行生产加工，在《中国一分钟》和“6·18”海交会、中国数字峰会、“9·8”厦门投洽会等活动中举办推介活动，打响“浦城大米”品牌，浦城大米增产增收效益显著。

2019年6月20日，浦城县退出省级扶贫开发工作重点县。全县建档立卡贫困户5338户10243人（国定4444户8269人，省定894户1974人），综合贫困发生率降至0.006%，农村居民人均可支配收入比上年增长9.3%，全县贫困村70个，实现出列64个，占比91.43%。

2019年9月23日，浦城县举办“2019年浦城县中国农民丰收节”。作为2019年“中国农民丰收节”全国70个现场直播点之一，浦城县秉承“庆祝丰收、弘扬文化、振兴乡村”宗旨，坚持以农民为主体、引导带动全县广泛开展喜闻乐见的庆丰收活动。（潘金志）

【光泽县】 位于福建省西北部，武夷山脉北段，闽江支流富屯溪上游。2019年辖3个镇、5个乡，土地面积2240.25平方千米，2019年末户籍人口16.24万人，常住人口13.8万人，人口自然增长率6.3‰。耕地面积1.56万公顷，粮食播种面积0.97万公顷，粮食产量6.07万吨。林业用地面积19.09万公顷，占土地总面积的85.2%，森林覆盖率79.65%。光泽县是“中国特色竹乡”“中国厚朴之乡”，有国家自然保护区1个，面积1.83万公顷；自然保护小区22个，面积1.4万公顷。境内探明地下矿藏有22种。全县人均拥有水资源量21657立方米。主要旅游景点有乌君山景区、神山景区、白云山景区、金仙崖、商周古文化遗址、中共苏区革命根据地、九关十三隘等旅游景点；“武夷天池”被评为国家级森林公园、省级水利风景名胜区。2019年获评国家生态文明建设示范县、国家级信访“三无县”。

光泽高速公路——铁关大桥，摄于2019年 （光泽县史志办供稿）

2019年，全县生产总值114.53亿元，比上年增长4.7%。其中，第一产业增加值43.14亿元，比上年增长1%；第二产业增加值38.67亿元，增长9.9%；工业增加值32.88亿元，增长8.4%；第三产业增加值32.72亿元，增长3.9%。农林牧渔业总产值81.73亿元，比上年增长1.1%。固定资产投资比上年增长21.1%。社会消费品零售总额21.74亿元，比上年增长10.7%。一般公共预算总收入6.81亿元，比上年增长6.3%，其中地方一般公共预算收入4.53亿元，增长0.9%。城镇居民人均可支配收入31849元，比上年增长8.5%；农村居民人均纯收入15124元，增长10.5%。

2019年3月6日，泽汇渔业（光泽）与中建安装集团签约现代渔业产业园项目在光泽县数字影院举行。该项目位于光泽县寨里镇百石村，紧邻优质水资源地的肖家坑水库。项目总投资20亿元，总占地面积53.33公顷，总建筑面积约34万平方米，引进全球最先进的循环水养殖设计团队以及顶尖品牌设备，建成后将成为全球最大的内陆循环水鳗鱼生态养殖基地。

2019年4月30日，生态环境部发出公告，确定深圳市、三亚市等11个大中城市作为“无废城市”建设试点，光泽县作为全国唯一县级城市代表与河北雄安新区、江西瑞金市等城市作为特例，参照“无废城市”建设试点一并推动。

2019年5月13日，圣农集团在全国率先成功研发培育自主知识产权的原种鸡，一举打破多年来中国白羽祖代种鸡完全依赖进口的局面。

2019年7月31日，福建省人民医院和光泽县人民政府达成合作共建医疗联合体协作医院的共识，并在光泽县总医院进行签约和揭牌仪式。（何钟萍）

【松溪县】 位于南平市东北部。2019年辖2个镇、6个乡（城区辖1个街道）。土地面积1043平方千米。年末户籍人口16.8万人，常住人口12.3万人。人口自然增长率6.4‰。耕地面积11102.4公顷，粮食播种面积0.76万公顷，粮食产量4.98万吨。林地面积85478公顷，森林覆盖率75.56%，活立木蓄积量633万立方米。重要矿产资源有饰面用花岗岩矿，储量居全市前列。主要旅游景点有湛卢山、白马山、龙头山、梅口埠（国家AAA级）景区、福当山（国家AAA级）景区、文秀湖健身主题园（国家AAA级）景区、诰屏山（国家AAA级）景区、招沙甲（国家AAA级）景区、龙源茶庄（国家AAA级）景区。2019年获评“国家电子商务进农村综合示范县”；“松溪百年蔗”获得非主要农作物品种登记证书；“松溪绿茶”“松溪红茶”入选“2019中国区域农业品牌影响力排行榜”茶叶产业品牌；获评“中国九龙大白茶之乡”；获评“福建省科普示范县”。

2019年11月4日，闽瑞新合纤股份有限公司新型复合纤维扩建项目（三期）现场，工人正在调试、检测生产设备　（松溪县政府办供稿）

2019年，全县生产总值81.54亿元，比上年增长6.5%。其中，第一产业14.11亿元，比上年增长4%；第二产业33亿元，增长7.5%；规模以上工业增加值7.8%；第三产业34.43亿元，增长6.6%。农林牧渔业总产值23.84亿元，比上年增长4.1%。固定资产投资比上年增长11.5%。社会消费品零售总额35.28亿元，比上年增长11.7%。一般公共预算总收入3.97亿元，比上年增长1.4%，其中地方一般公共预算收入2.74亿元，增长0.5%。城镇居民人均可支配收入31001元，比上年增长8.5%；农村居民人均可支配收入13428元，增长9.5%。

创建国家生态文明建设示范县　实施建设《松溪县生态文明建设示范县规划（2017—2025）》，国家生态文明建设示范县建设指标的6个领域34项指标达到创建要求，建成13个现场考察点，10月10日通过省级预验收，11月13日生态环境部公告命名松溪县为“国家生态文明建设示范县”。

打造“四好农村路”全国示范县　2019年，制定出台《松溪县人民政府关于进一步创新农村公路管理体制机制的实施意见》《农村公路建设信用考核标准》《松溪县公路工程质量监督管理办法》《松溪县人民政府关于进一步加强全县农村公路养护管理工作的实施意见》等长效机制。成立3个专业养护团队，以政府购买形式实现农村公路养护市场化运作，将738.9千米的农村公路全部列入养护里程。11月4日，交通运输部、农业农村部、国务院扶贫办联合印发《关于命名“四好农村路”全国示范县的通知》，松溪县被命名为2019年“四好农村路”全国示范县。　（兰　泓）

【政和县】　位于福建省东北部。2019年辖4个镇、5个乡、1个街道。土地面积平方1744.24千米。年末户籍人口23.77万人，常住人口16.9万人，人口自然增长率6.4‰。林地面积14.05万公顷，森林覆盖率79.5%，活立木蓄积量0.11亿立方米。共有耕地面积1.51万公顷，粮食播种面积116734亩（7782.27公顷），粮食产量48788吨。已探明的矿藏有金银矿、铅锌矿、硫铁矿等26种。主要旅游景点有国家级风景名胜区、国家级地质公园佛子山，省级风景名胜区洞宫山，环石圳湾景区，国家非物质文化保护遗产杨源四平戏，5个国家AAA级旅游景区，有132座古廊桥、华东地区最大的千棵百亩楠木林、锦屏古银矿遗址、大岭银杏、镇前、杨源鲤鱼溪、念山、稠岭梯田等名胜古迹。2019年被授予“2016—2018年度全国森林防火工作先进单位”；入选首批“美丽中国·深呼吸小城高质量发展实验区”城市；“政和白茶”获中国驰名商标、2019年全国绿色农业十大领军地标品牌。

2019年，全县生产总值98.27亿元，比上年增长5.7%。其中，第一产业增加值17.79亿元，比上年增长2.8%；第二产业增加值40.66亿元，增长7.5%；第三产业增加值39.82亿元，增长5.1%。人均地区生产总值58146元，比上年增长5.4%。规模以上工业增加值比上年增长8.2%。农林牧渔业总产值31.16亿元，增长2.9%。固定资产投资比上年增长20.4%。社会消费品零售总额57.66亿元，增长11.7%。外贸出口额35188.01万美元，增长13.56%。一般公共预算总收入56354万元，增长5.1%，其中地方一般公共预算收入37456万元，增长1.3%。城镇居民人均可支配收入31081元，比上年增长7.7%；农村居民人均纯收入13823元，增长10.3%。

（政和）白茶城项目落地政和　白茶城由中国农批（中国供销农产品批发市场控股有限公司）和政和县人民政府联合出资兴建，由中国农批控股并负责实施建设和运营的重大项目。11月26日开工建设，项目占地8公顷，总建设面积18万平方米，总投资5亿元。

建设衢宁铁路政和站　衢州至宁德铁路位于浙西南和闽东北地区，北起浙江省衢州市，线路全长379.2千米，其中福建省境内172.1千米，项目投资概算总额300.83亿元，政和段于2015年10月21日开工建设，计划2020年9月底通车，政和站位于政和县城以南的星溪乡林屯村。

南平同心（政和）220千伏输变电工程　同心（政和）220千伏输变电工程位于南平市政和县石屯镇，项目总投资1.8亿余元，2017年10月12日开工建设，2019年5月1日完工，总建筑面积741平方米，站址总用地面积9685平方米，变电站围墙内用地面积8475平方米，站内安装2台180兆伏安主变，为（政和）经济开发区内中小型企业、政和县部分地区的居民生活用电及衢宁铁路110千伏建瓯东牵引站、松溪牵引站的供电。　（陈诗豪）

龙 岩 市

【概况】 位于福建省西部，通称闽西，东与泉州、漳州两市接壤，西与江西省赣州市交界，南邻广东省梅州市，北接三明市。1997年5月撤地设市，2019年辖2区1市4县，户籍人口318万，总面积1.9万平方千米。

龙岩是全国文明城市、国家园林城市、国家森林城市、全国绿化模范城市、全国生态文明建设试点地区；是福建三大江——闽江、九龙江、汀江的发源地，拥有3个国家级自然保护区和4个国家级森林公园，森林覆盖率79.4%，居福建第一、全国前列。龙岩矿产资源丰富，金、铜、煤炭、高岭土、石灰石等14种矿产探明储量居全省首位。主要旅游景点有2个国家AAAAA级旅游景区和10个国家AAAA级旅游景区，长汀是国家级历史文化名城，连城冠豸山被评为国家自然遗产和国家地质公园。龙岩市75%以上人口是客家人，长汀被称为“客家首府”，汀江被誉为“客家母亲河”，永定客家土楼被列入世界文化遗产名录。闽西是国家客家文化生态保护实验区，闽南文化、客家文化和土著文化在这里相互融合，养育“岭南画派”鼻祖上官周、“扬州八怪”黄慎、华喦等一批名震海内外的一代艺术宗师，张九龄、朱熹、王阳明、纪晓岚等历史文化名人在这里留下历史足迹。

2019年，全市实现地区生产总值2679亿元，比上年增长7.1%。人均生产总值10.1万元，增长7.1%。其中，第一产业增加值288亿元，比上年增长3.4%；第二产业增加值1218亿元，增长8.2%；第三产业增加值1173亿元，增长6.7%。三次产业结构比例由上年的10.2∶47.9∶41.9调整为10.7∶45.5∶43.8。

农业经济　农林牧渔业总产值503.3亿元，比上年增长3.5%。粮食播种面积12.5万公顷，粮食总产量80.7万吨，比上年下降1.6%。蔬菜产量148.9万吨，比上年增长5.4%。肉蛋奶总产量66.7吨，比上年增长2.2%。水产品总产量6万吨，比上年增长5.2%。毛竹产量1.02亿根，比上年增长4.5%。全年新增和恢复有效灌溉面积533.3公顷。

工业经济　全部工业增加值838亿元，比上年增长7.9%，其中规模以上工业增加值增长8.2%，工业投资增长20.1%；企业经济效益综合指数432.4%。有色金属、机械装备两大工业主导产业产值分别达到910亿元、530亿元。龙净环保入选中国机械工业百强企业，紫金铜业获省政府质量奖。卓越新能源、赛特新材在科创板成功上市。高技术产业增加值比上年增长18.7%，研发经费占GDP比重达1.85%，新增国家级高新技术企业50家、“专精特新”小巨人企业3家，210家企业“上云上平台”。

第三产业　文旅康养产业总收入突破1000亿元，新增规模以上服务业企业32家、限上商贸企业78家，古田干部学院被列入中组部干部党性教育培训基地备案目录。社会消费品零售总额1312.96亿元，比上年增长7.7%。全年接待旅游总人数5504万人次，增长19.5%；旅游总收入576.5亿元，增长27%。年末公路通车总里程14752千米，其中高速公路673千米，铁路营业里程592千米，航空旅客吞吐量23.1万人次。年末机动车保有量109万辆。年末互联网用户110.2万户，固定及移动电话用户350.3万户。

建筑业　建筑业产值1267.71亿元，比上年增长18.3%，增速排名全省第一，高于全省平均水平4.6个百分点，成为全市第一个年产值突破“千亿”的产业。2019年底，龙岩市有851家建筑施工企业，其中施工总承包一级企业37家、专业承包一级企业65家。拥有省级企业技术中心5家，院士工作站1家。企业实力不断增强，产值1亿元以上企业191家，10亿元以上企业39家。

固定资产投资　全年固定资产投资比上年增长6.4%。按产业分：第一产业投资比上年下降11.2%；第二产业投资增长16.8%；第三产业投资增长3.2%。按领域分：工业投资比上年增长20.1%；房地产开发投资增长10.4%；基础设施投资下降10.1%。按类别分：民间投资比上年下降0.3%；国有投资下降5.8%。

财政金融　一般公共预算总收入324.9亿元，比上年增长9.5%，其中地方一般公共预算收入155.6亿元，增长2.9%。财政支出324.6亿元，增长7.7%。税收收入295.8亿元，比上年增长6.7%。年末金融机构本外币各项存款余额2104.4亿元，比上年增长9.9%；金融机构本外币各项贷款余额2166.7亿元，增长16%。全市保险企业各项保费收入61.3亿元，比上年增长1.7%。全市不良贷款率仅0.81%，保持全省较低水平。

对外经贸　进出口总额304.5亿元，比上年增长8.5%，其中进口124.59亿元，增长10.5%；出口179.88亿元，下降7.2%。新批外商直接投资项目50个，新增合同外资金额2.84亿美元，比上年增长21%；外商直接投资3.28亿元，增长10%。

城乡建设　推进“一市两区三组团”，推动市区同城一体化，研究制定支持新罗区、永定区和龙岩经开区、厦龙合作区加快发展政策措施，规划建设东肖生态新城、北部“未来城”，加快实施城际快速通道、莆永高速坎市互通等“互联互通”项目。龙雁、高坎、古蛟三大组团建设全面铺开，已征收土地0.11万公顷，新签约项目48个，总投资306亿元。龙雁组团同步推进三创产业园、数智科创园、龙净智慧环保产业园、智能制造产业园建设，引进新兴纺织等一批项目。高坎组团完成文秀产业园一期土地征收，国动通信、土楼云谷等重大项目签约落地。古蛟组团启动建设古田梅花山文旅康养试验区，古田至小池快速通道建成通车。开展中心城市品质提升行动，新改扩建城市道路11千米，新增公共停车泊位2000多个、人行天桥5座，龙岩大道高架桥主塔封顶，完成一批交通拥堵节点和易涝点整治，基本消除中心城区黑臭水体。火车站北站房及周边综合整治取得明显成效。改造提升老旧小区28个，华龙社区等棚户区改造取得突破性进展。全面启动生活垃圾分类工作。

乡村振兴　农村人居环境整治“一革命四行动”成效显著，无害化卫生厕所普及率95.3%，完成农房整治169万平方米，乡镇污水处理设施实现全覆盖。铁路、高速公路沿线环境综合整治成效明显，拆除“空心房”10.5万平方米，新建扩建绿地面积20万平方米。加快补齐农村基础设施短板，巩固提升农村饮水安全工程、新增受益人口6.7万人，新改建农村公路360千米、危桥改造56座。1个镇和4个村被评为全国乡村治理示范村镇，7个村入选第七批中国历史文化名村，35个村入选第五批中国传统村落名录。

人民生活　全体居民人均可支配收入28737元，比上年增长9.5%，其中城镇居民人均可支配收入38815元，增长8.5%；农村居民人均可支配收入18859元，增长9.9%。城镇登记失业率2.73%，城镇新增就业1.92万人。居民人均生活消费支出19684元，比上年增长10.1%。年末参加城镇基本养老保险人数60.7万人，比上年增加2.57万人。城乡居民基本养老保险金提高至每人每月148元，高于省定标准25元。城乡居民大病保险报销比例提高至60%，建档立卡贫困人口提高至65%。机构养老快速发展，年末养老机构总床位数2.17万张，每千名老人拥有床位数41.9张，社区居家养老服务站覆盖率达90%以上。

社会事业　持续加大民生投入，全市公共财政80%以上用于各类民生支出，26项为民办实事项目基本完成。全面完成义务教育薄弱学校改造任务。全市新增中小学学位2.5万个、幼儿园学位4200个，普惠性幼儿园覆盖率提高至83.4%，中心城区新建扩建15所学校秋季全部投入使用。龙岩技师学院获评国家级高技能人才培训基地。公立医院改革主要效果指标居全省前列，长汀公立医院综合改革受国务院通报表彰。实施医疗服务提升行动，推出诊间结算、门诊一站式服务等12项创新举措，群众看病就医更便捷。持续推进医疗“创双高”工程，加强妇产科、儿科、老年科等薄弱学科建设，龙岩市中医院获评三甲医院。全市同步启动“110”勤务机制改革暨社会面防控新机制。推进扫黑除恶专项斗争，破获黑恶势力犯罪案件227件、九类涉恶案件433件。打击整治涉麻制毒、电信网络诈骗经验做法在全国推广，被评为全国禁毒示范创建工作先进城市。　　（游友荣）

【新罗区】　位于龙岩市中东部、中心城市所在地。2019年辖7个街道、13个镇。土地面积2673.1平方千米。年末户籍人口58.1万人，常住人口74.2万人，人口自然增长率7.34‰。全区林地占土地总面积84%，耕地占6.5%。全年农作物播种面积1.41万公顷，粮食播种面积7744.6公顷，比上年下降2.8%；粮食总产量49520吨，下降1.6%。森林覆盖率79.18%，森林蓄积量2092.4万立方米，林地面积22.47万公顷。境内探明矿产60余种，其中无烟煤探明储量4亿吨、铁矿5亿吨、石灰石8亿吨、优质高岭土5000万吨，均为福建省之最。境内河流广布，绝大部分属于九龙江水系，多年平均径流总量45.97亿立方米，地表水多年平均总量28.77亿立方米。多年平均地下水资源储存量6.75亿立方米，可开发利用的水能蕴藏量30多万千瓦。主要旅游景区景点有国家AAAA级旅游风景区龙硿洞，AAA级旅游风景区有竹贯古村落、培斜福海龙乡、东肖红色旧址群、闽西革命历史博物馆、七彩蓝田度假村、紫金山体育公园，江山风景区有世界上独一无二的象形山江山“睡美人”，以及红色金融一条街、毛泽东旧居、红四军司令部旧址、后田暴动陈列馆等多处革命遗址。2019年获得“中国百强工业区”“全国综合实力百强区”“全国绿色发展百强区”“全国投资潜力百强区”“全国科技创新百强区”“全国新型城镇化质量百强区”称号。

2019年，全区实现地区生产总值946.5亿元，比上年增长6.6%。其中，第一产业增加值49亿元，比上年增长3.4%；第二产业增加值463.2亿元，增长7.5%；第三产业增加值434.3亿元，增长5.7%。三次产业比重由上年的4.6∶48.8∶46.6调整为5.2∶48.9∶45.9。全年财政总收入完成36.6亿元，比上年增长0.9%，其中地方财政收入完成24亿元，增长1.6%。全年财政支出45.8亿元，比上年增长12.8%。农林牧渔业实现总产值89.9亿元，比上年增长3.5%。规模以上工业实现增加值352亿元，比上年增长7.6%。社会消费品零售总额498.9亿元，比上年增长3.9%。实际利用外资直接投资6710万元，比上年增长758%。城镇居民人均可支配收入43405元，比上年增长8.3%；农村居民人均可支配收入22560元，增长9.6%。

第八届世界龙岩同乡恳亲联谊大会在澳大利亚举行　10月28日，第八届世界龙岩同乡恳亲联谊大会在澳大利亚悉尼国际会议中心举行。福建省副省长郭宁宁、中国驻悉尼总领事顾小杰、新南威尔士州下议院议长奥代、新州卧龙岗市市长布拉德伯里以及当地主要侨领、海内外龙岩乡亲等600多人出席。大会活动包括开幕式、龙岩经贸文旅推广论坛、商贸项目洽谈会等。

张靖婧夺得国际射联步手枪世界杯冠军　11月19—22日，在福建省莆田市举行的2019国际射联步手枪世界杯总决赛上，来自34个国家和地区的115名运动员同台竞技，共同角逐步枪、手枪项目10枚金牌。中国龙岩新罗籍选手张靖婧以37中的成绩获得女子25米手枪速射决赛冠军。

（李雄辉　刘可明）

【永定区】 位于福建省西南部、龙岩市南部。2019年辖1个街道、14个镇、9个乡。土地面积2226平方千米。年末户籍人口48.97万人，常住人口36万人。人口自然增长率5.64‰。耕地面积2.59万公顷，粮食播种面积1.58万公顷，粮食产量9.81万吨。林地面积16.67万顷，森林覆盖率74.88%，活立木蓄积量1183万立方米。已探明矿物有13种，其中能源矿产2种（煤和地热）、金属矿产7种（铁、锰、铅、锌、钼、银、铜）、非金属矿产4种（水泥用灰岩、饰面用花岗岩、砂岩、耐火黏土）、水气矿产1种，重要矿产资源有煤炭、地热、水泥灰岩、饰面石材、铁、锰、铅、锌、钼、耐火黏土等10种。水力资源理论蕴藏量121.7万千瓦，可开发73.1万千瓦，已开发70.5万千瓦，境内装机容量60万千瓦的棉花滩水电厂为福建省第二大水电厂。地热资源已开发利用的温泉有9处。主要旅游景点有福建土楼景区、天子生态旅游区、下洋中川景区、金砂红色旧址群景区、岐岭牛牯扑红色旅游景区、龙湖风景区、客家博览园、王寿山、东华山、茫荡洋、南华山、西陂天后宫以及中央红色交通线旧址等。其中，福建土楼景区是世界文化遗产、国家AAAAA级旅游景区，天子生态旅游区是国家AAAA级旅游景区，福建土楼博物馆、胡文虎纪念馆是“中国华侨国际文化交流基地”。2019年获“中国最美县域”“全国绿化模范单位”称号；永定入选文化和旅游部“2019非遗与旅游融合10大优秀案例”。

2019年，永定区实现地区生产总值267.1亿元，比上年增长6.1%。其中，第一产业增加值35.8亿元，增长3.2%；第二产业增加值108.9亿元，增长6%；第三产业增加值122.4亿元，增长6.9%。一般公共预算总收入16.3亿元，增长0.5%，其中地方一般公共预算收入10.9亿元，增长4.3%。规模以上工业增加值增长3.5%。固定资产投资增长11.7%，其中工业投资增长24.8%。实际利用外资3803万元。城镇居民人均可支配收入40820元，增长9.4%；农村居民人均可支配收入19843元，增长9.8%。

建设高坎组团文秀产业园 2019年7月30日，位于永定区坎市镇文馆村、秀山村的文秀产业园开工奠基，该园是龙岩国家高新技术产业开发区的重要组成部分，规划面积1.17公顷。其中，一期323公顷，计划总投资36.5亿元，按照“一心一轴一环五片区”规划布局，重点培育引进军民融合、高端装备制造、节能环保三大主导产业，培育新一代信息技术、新能源汽车、新材料三大新兴产业，发展商贸、物流两大现代服务业。至2019年底，产业园区完成第一期323公顷征地、176户5.8万平方米房屋拆迁等各项任务，完成场地平整73.33公顷，园区干道、标准厂房建设全面开工，产业园雏形逐渐显现。全年对接洽谈产业项目37个，投资32亿元的中国土楼云谷、投资80亿元的国动通信产业南方基地等5个项目签约落地，总部经济字节跳动指悦科技项目落地运营，实现营收4.35亿元，缴纳税费1530万元。 （陈志霞）

永定城区寨下新区，摄于2019年 （永定区政府办供稿）

【上杭县】 位于龙岩市中部。2019年辖17个镇、5个乡（含2个畲族乡）。土地面积2879平方千米。年末户籍人口52.48万人，其中城镇人口21.02万人。人口自然增长率6‰。耕地面积2.91万公顷，粮食播种面积2.38万公顷，粮食产量15.44万吨。林地面积22.79万公顷，森林覆盖率77.5%。重要矿产资源有金、铜、铀、钼、铁、锰、铅、锌、稀土、石灰石、白云岩、萤石、瓷土、矿泉水和地热等矿种43个，查明矿点355处。金、铜及稀土资源量在全省具有较大的优势。全县开发利用矿种6个，主要有金矿、铜矿、建筑用花岗岩、建筑用砂岩、制灰用灰岩、萤石等。主要旅游景点有古田会议旧址、毛泽东才溪乡调查旧址、梅花山国家自然保护区、上杭国家森林公园、紫金山国家矿山公园、城区汀江绿道等国家级旅游品牌，先后获“中国优秀旅游县”、全国十大“县域旅游之星”、全国“休闲农业与乡村旅游示范县”等称号。2019年，上杭县获第三批国家生态文明建设示范县、“四好农村路”全国示范县称号；获评新一轮殡葬改革入选全国殡葬综合改革试点优秀案例、国家级农产品质量安全县和国家级畜牧业绿色发展示范县；被列为全国50个新时代文明实践中心试点县之一；连续四年获“福建省县域经济实力十强县”等称号。

2019年，全县实现地区生产总值402.5亿元，比上年增长8.6%。其中，第一产业增加值55.2亿元，比上年增长3.7%；第二产业增加值171.7亿元，增长9.4%；工业增加值增长10.1%；第三产业增加值175.6亿元，增长9.1%。规模以上工业总产值828.16亿元，比上年增长23.3%。农林牧渔业总产值92.4亿元，增长3.7%。社会消费品零售总额161.98亿元，比上年增长9.4%。19家外贸企业实现出口40.3亿元，实际利用外资589万元。一般公共预算总收入39.24亿元，比上年增长5.6%，其中地方一般公共预算收入27.38亿元，增长4.3%。规模以上工业增加值比上年增长10.9%。城镇居民人均可支配收入42288元，比上年增长8.5%；农村居民人均纯收入18444元，增长9.9%。

龙岩市首届文化旅游产业发展大会在上杭古田召开 2019年4月30日，由福建省文化和旅游厅、龙岩市委、市政府主办，市文化和旅游局、上杭县委、县政府承办的“全福游·有全福”系列活动——福建省龙岩市首届文化旅游产业发展大会在上杭县古田镇开幕。本届大会持续至5月4日，以“红色圣地、客家祖地、养生龙岩”为主题，是福建省“全福游·有全福”品牌系列活动之一，大会活动共有12项子活动，分为红色魅力、客家神韵、畅游龙岩和文旅融合四大篇章，包含中国（龙岩）红色文化旅游高峰论坛、龙岩民俗展演狂欢节、龙岩市首届文旅康养产业博览会、闽西旅游美食文化节、抖音区域互动赛、“红古田”龙岩风情全国摄影大展、文旅康养项目现场点评、千名“红军”徒步越野行军等子活动。

纪念古田会议90周年大会在古田镇召开 2019年12月28日上午，纪念古田会议90周年大会在福建龙岩上杭古田召开。中共中央政治局委员、中宣部部长黄坤明出席并讲话，28日下午，纪念古田会议90周年暨第四届全国“红地标党校”理论研讨会在上杭古田干部学院召开。来自中共中央党校、中共中央党史和文献研究院、国防大学及相关单位的专家、学者等100余人参加。

龙岩至龙川铁路开工建设 2019年9月28日，龙岩至龙川铁路（龙岩段）控制性工程开工暨征迁动员会在古田镇新阳明山隧道左线进口召开。龙岩至龙川铁路龙岩至武平段项目全长92.6千米，上杭段53.7千米，沿线经过古田、蛟洋、白砂、临城、湖洋。

上杭常青新能源三元前驱体生产项目竣工 2019年1月22日，上杭常青新能源三元前驱体生产项目开工仪式在蛟洋循环经济工业园区举行，该项目首期投资65.89亿元，由世界500强企业吉利集团、中国500强企业杉杉能源、紫金矿业共同投资建设。项目规划用地76.67公顷，建成后可实现每年15万吨锂电池资源化利用和10万吨三元前驱体生产的产能。

中国影像方志（上杭篇）在央视播出 2019年12月25日，CCTV－10播出《中国影像方志——福建卷·上杭篇》。该片于3月开机拍摄，是中央电视台大型文化影像工程，被列入中宣部中华优秀传统文化传承发展重点选题。该片借鉴地方志的体例风格，通过影像记录上杭县独特的历史文化、社会发展、经济建设、生态文明等方面取得的巨大成就，展示上杭县丰富多彩的文化，讲述可歌可泣的上杭故事，彰显党史方志在宣传红色文化中的独特作用。

（上杭县委党史方志办）

【武平县】 位于福建省西部。2019年辖17个乡镇（街道）、225个村（居）。土地面积2635.13平方千米。年末户籍人口39.93万。常住人口27.6万人，其中城镇人口14.13万人。人口自然增长率6.1‰。土地面积26.35万公顷。粮食播种面积2.38万公顷，粮食产量15.28万吨。森林覆盖率79.7%。共有河流234条，总长度2641千米，流域面积2573平方千米。有矿产37种，已探明或部分探明储量的有金、银、铜、稀土、石灰石、煤炭、白云岩、萤石、钼、高岭土、大理石、锰矿、膨润土等13种。重要矿产资源有煤炭、石灰岩、白云岩、膨润土、银铜多金属、高岭土。主要旅游景点有梁野山国家级自然保护区、岩前狮岩景区2个AAAA级景区，文博园、平桥翠柳森林公园、刘亚楼将军故居，以及中山河国家湿地公园、梁野山国家森林步道、中山国家历史文化名镇等。2019年获评首批国家全域旅游示范区，梁野山国家级自然保护区被确定为首批国家森林养生重点建设基地。

2019年，全县实现地区生产总值255.49亿元，比上年增长7.4%。其中，第一产业增加值37.08亿元，比上年增长3.5%；第二产业增加值110.75亿元，增长8.7%；工业增加值71.32亿元，增长8.8%；第三产业增加值107.66亿元，增长7.2%。人均地区生产总值92400元，增长7.6%。规模以上工业总产值比上年增长9.5%。农林牧渔总产值66.61亿元，比上年增长3.5%。固定资产投资比上年增长7.7%。社会消费品零售总额138.03亿元，增长13.8%。实际利用外资2880

梁野山生态旅游区，摄于2019年 （武平县史志办供稿）

万元，比上年增长83.7%。一般公共预算总收入14.23亿元，比上年增长3.2%，其中地方一般公共预算收入9.6亿元，增长7%。城镇居民人均可支配收入36593元，比上年增长8.7%；农村居民人均可支配收入18036元，增长10.4%。

退出省级扶贫开发工作重点县　2019年底，全县5个贫困乡镇、58个贫困村、建档立卡贫困人口6033户17369人全部脱贫，“两不愁三保障”以及农村饮水安全问题得到有效解决。武平退出省级扶贫开发工作重点县。

龙龙铁路武平段开工建设　2019年9月28日，龙岩至龙川铁路武平段控制性工程开工，项目经上杭县至武平县，新建正线64.34千米，双线、高速铁路，设计时速250千米，新建上杭北、武平2座车站，总投资85.6亿元，建设工期4年，计划2023年底建成通车。

（李　娟）

【长汀县】　位于龙岩市西北部。2019年辖13个镇、5个乡（城区辖2个镇）。土地面积3104平方千米。年末户籍人口54.91万人，常住人口40.1万人。人口自然增长率12.2‰。山地面积23.7万公顷，耕地面积2万公顷，粮食播种面积2.49万公顷，粮食产量16.77万吨。林地面积25.95万公顷，森林覆盖率80.31%，活立木蓄积量0.2282亿立方米。金属矿有稀土、钨、铁、锡、金、银等，其中稀土储备量居全省之首；非金属矿有黄铁矿、石灰石、白云石、花岗岩、石英砂、硅石等。境内地下水资源和地热资源丰富，河田温泉属国内罕见，温度高达80℃，日流量4000吨以上。长汀县是国家历史文化名城，全县有全国重点文保单位4处12个点、省级文保单位36处48个点、县级文保单位58处58个点，中国历史文化名村5个，中国历史文化名街1条，中国传统村落6个，国家工业遗产1处。主要旅游景点有长汀红色旧址群AAAA级旅游景区（包括中共福建省委旧址、福建省苏维埃政府旧址、福音医院旧址，红四军司令部、政治部旧址等全国重点文物保护单位和全国重点烈士纪念建筑物保护单位瞿秋白纪念园等著名红色景点），长汀历史文化名城旅游区（包括汀州古城墙、四大历史街区、卧龙书院、汀州八喜馆、大夫第等），汀江源国家自然保护区、汀江国家湿地公园、客家山寨丁屋岭等。2019年长汀县获“全国绿化模范单位”称号，中央红色交通线旧址——春生公祠被列为第八批国家文物保护单位，福建红旗机器厂入选第三批国家工业遗产名单，古城镇丁黄村、濯田镇水头村、四都镇汤屋村被评为第七批中国历史文化名村，童坊镇彭坊村、河田镇蔡坊村、南山镇桥下村、濯田镇水头村、濯田镇同睦村、铁长乡洋坊村被列入第五批中国传统村落名录，福建汀江源国家级自然保护区入选“中国森林氧吧”榜单。

2019年，全县实现地区生产总值289.75亿元，比上年增长7.4%。其中，第一产业增加值38.05亿元，比上年增长3.5%；第二产业增加值132.1亿元，增长8.8%；工业增加值91.18亿元，增长8.5%；第三产业增加值119.6亿元，增长6.9%。人均地区生产总值72167元，比上年增长7.5%。规模以上工业总产值256.08亿元，比上年增长12.5%。固定资产投资比上年增长12.1%。社会消费品零售总额156.79亿元，比上年增长8.5%。外贸出口额3.3亿美元，比上年增长0.5%。实际利用外资8800万元，增长64%。财政总收入14.44亿元，比上年增长4.4%，其中地方一般公共预算收入9.56亿元，增长6.4%。规模工业增加值比上年增长9.2%。农林牧渔业总产值67.37亿元，比上年增长3.6%。城镇居民人均可支配收入27846元，比上年增长9.2%；农村居民人均纯收入16883元，增长10%。

公立医院综合改革工作获国务院通报表扬　5月7日，国务院办公厅发布《关于对2018年落实有关重大政策措施真抓实干成效明显地方予以督查激励的通报》，长汀县在公立医院综合改革方面成效较为明显，受到表扬。2019年，国家卫生健康委、财政部对长汀县在公立医院综合改革中央财政补助资金分配中予以倾斜，新增安排中央资金500万元。

“长汀县持续推进水土流失治理”入选中组部工作案例　2019年8月，由中央组织部组织编选、党建读物出版社出版的《贯彻落实习近平新时代中国特色社会主义思想在改革发展稳定中攻坚克难案例·生态文明建设》出版发行。该书共选编全国30个生态文明建设案例，《红土地上的绿色革命——福建长汀县持续推进水土流失治理的启示》入选其中。该批工作案例共7本，包括经济建设、政治建设、文化建设、社会建设、生态文明建设、党的建设、防范化解重大风险7个领域172个案例，展示习近平新时代中国特色社会主义思想在波澜壮阔的社会实践中的巨大指导作用。

《突出党建引领，助推精准扶贫》入选“守初心　担使命”全国党刊基层党建优秀创新案例　12月14日，“守初心　担使命”全国党刊基层党建创新案例遴选活动评选结果在广州揭晓，长汀县《突出党建引领，助推精准扶贫》入选优秀创新案例。本次活动由中国期刊协会党刊分会、南方杂志社、全国党刊研究会主办，全国党刊红色教育联盟、南方党建智库承办。经层层遴选推荐，共有113个案例被各地党刊推荐为入选案例，经过初核、展示、初评、公示、终评等环节，最终遴选出“十佳创新案例”和20个“优秀创新案例”。

纪念“红四军首次入闽90周年”系列活动在长汀举行　4月18日，由中共龙岩市委主办，中共龙岩市委党史和地方志研究室、中共长汀县委承办的“纪念红四军首次入闽90周年”系列活动在长汀举行。来自北京、江西、福建等省内外党史专家学者50余人参加会议。与会人员向瞿秋白烈士纪念碑敬献花篮，参观瞿秋白烈士纪念馆、省苏旧址、辛耕别墅，参加“中央红军纪念（文化）园奠基仪式”参观改版提升后

的“红四军首次入闽纪念馆”等系列纪念活动。（陈李萍）

【连城县】 位于龙岩市西北部。2019年辖10个镇、7个乡（城区辖1个镇）。土地面积2579平方千米。年末户籍人口34.45万人，常住人口24.6万人。人口自然增长率7.7‰。耕地面积2.5万公顷，粮食播种面积1.98万公顷，粮食产量12.44万吨。林地面积22.01万公顷，森林覆盖率81.45%，活立木蓄积量0.17亿立方米。重要矿产资源有煤、锰、铁、铅、锌、铜、钼、钨等。主要旅游景点有冠豸山、九龙湖、赖源溶洞、梅花山、培田古村落、四堡雕版印刷旧址群。

2019年，全县生产总值258.66亿元，比上年增长8.4%。其中，第一产业增加值37.85亿元，比上年增长3.2%；第二产业增加值118.03亿元，增长10.5%；工业增加值82.76亿元，增长10.4%；第三产业增加值102.78亿元，增长7.8%。人均地区生产总值104932元，比上年增长8.6%。规模以上工业总产值比上年增长11.2%。农林牧渔业总产值64.76亿元，比上年增长3.3%。固定资产投资比上年增长15.2%。社会消费品零售总额121.99亿元，比上年增长12%。外贸出口额9.317万美元，比上年增长19%。实际利用外资2678.5万美元，增长8.53倍。一般公共预算总收入10.08亿元，比上年增长4.4%，其中地方一般公共预算收入6.53亿元，增长10.6%。城镇居民人均可支配收入33392元，比上年增长7.8%；农村居民人均纯收入17132元，增长10.3%。（陈炳旺）

2019年3月3日，2019年中国·漳平（永福）樱花国际马拉松赛在漳平市永福镇举行（漳平市史志办供稿）

【漳平市】 位于龙岩市的东部。2019年辖11个镇、3个乡（城区辖2个街道）。土地面积2956.24平方千米。年末户籍人口29.36万人，常住人口24.1万人。人口自然增长率4.6‰。全市耕地面积17286.67公顷，粮食播种面积0.92万公顷，粮食产量5.98万吨。林地面积25.38万公顷，森林覆盖率80.3%，活立木蓄积量2140万立方米。境内多年平均水资源量28.79亿立方米，具有多处地下热水，已发现的出露温泉有陈田、象湖、明山、梅水坑、南洋等6处，总流量84.73万立方米/年。境内已发现矿产资源26种，主要矿种有煤、铁、钼、锡、钨、铅、锌、硫铁矿、石墨、石英、石灰岩、高岭土等。境内野生维管束植物1839种、野生脊椎动物290种。漳平是全国休闲农业与乡村旅游示范市，主要旅游景点有国家AAAA级景区九鹏溪景区，AAA级景区象湖红色革命旧址群、漳平市大陆阿里山，全国休闲农业与乡村旅游示范点永福高山休闲农业旅游区，全国特色景观旅游名村赤水镇香寮村，国家历史文化名村双洋镇东洋村，省级历史文化名镇双洋镇，省级文物保护单位双洋麟山塔、灵地泰安堡、新桥虎符祖殿、新桥华唐阁、漳平文庙、象湖红军留言墙，天台山国家森林公园。

2019年，全市实现地区生产总值259.05亿元，比上年增长6%。其中，第一产业增加值35.22亿元，比上年增长3.2%；第二产业增加值113.36亿元，增长7.8%；工业增加值80.75亿元，增长7.3%；第三产业增加值110.47亿元，增长4.9%。人均地区生产总值107269元，比上年增长6.2%。规模以上工业总产值235.2亿元，比上年增长10.3%。农林牧渔业总产值58.85亿元，比上年增长3.2%。固定资产投资比上年增长13.3%。社会消费品零售总额104.02亿元，比上年增长7.4%。外贸出口额24.89亿元，比上年增长0.1%。实际利用外资8502万元，下降43%。一般公共预算总收入14.41亿元，比上年增长9.7%，其中地方一般公共预算收入9.08亿元，增长10%。规模以上工业增加值比上年增长7.7%。城镇居民人均可支配收入36945元，比上年增长8.4%；农村居民人均可支配收入18945元，增长9.2%。

举行2019中国·漳平（永福）樱花国际马拉松赛 3月3日，2019中国·漳平（永福）樱花国际马拉松赛在永福镇举行。此次赛事主题为“漳平乡村兴、两岸茶香浓、游者樱花醉、跑友体验新”，设男子21.0975千米（半程马拉松）组、女子21.0975千米（半程马拉松）组和6千米樱花休闲跑3个组别，吸引来自肯尼亚、日本、美国等十几个国家和全国各地超过2000名选手参赛。

2019年海峡两岸茶产业发展论坛在漳平举行 3月31日，2019年海峡两岸茶产业发展论坛在漳平市举行。活动中，福建农林大学、协同创新院茶产业分院分别与漳平台创园区管委会及台创园台资茶企签署合作协议；省人社厅、福建农林大学分别向漳平台创园区管委会授予“省级专家服务基地”“福建农林大学校外实习基地”的牌匾。两岸茶叶学者、茶商茶农还就如何打通销售渠道、利用互联网推动茶叶发展等进行讨论交流。

漳平水仙茶行业标准获国家批复发布 4月，《漳平水仙茶》（标准号：GH/T 1241—2019）行业标准通过中华全国供销合作社总社审批并发布。《漳平水仙茶》行业标准由漳平市农业农村局负责组织有关专家学者，按照《行业标准管理办法》等要求，经立项起草及多次征求意见、修改完善。

台品樱花茶园荣登世界地理杂志 4月，两幅盛开的樱花在碧浪般的茶丛间蔓延开来的照片荣登美国《世界地理》杂志，向世人展示台品樱花茶园的美景。《世界地理》杂志配文介绍："郁郁葱葱的茶田和火烈鸟一样粉红可人的樱花相互辉映，犹如世外桃源。"

漳平市特校运动员刘艳清获特奥会三金一银 8月，在全国第十届残运会暨第七届特奥会上，漳平市选送的特校运动员刘艳清摘得特奥会女子田径12～15岁组"三金一银"（400米金牌、4×400米金牌、1500米金牌、4×100米银牌）。

漳平工业园区集中供热投入使用 10月31日，漳平工业园区集中供热项目投入运行。该项目由华电（漳平）能源有限公司负责施工建设，集中供热范围可覆盖西园、富山、芦芝、和安机械小区、木竹孵化园、新材料产业园等区域。项目投入运行后，可为园区企业提供每小时超过200吨的蒸汽量，满足各个片区企业用热需求。

（陈龙林 陈波秀）

宁德市

【概况】 宁德地处福建省东北部。2000年11月撤地设市，下辖1区、2市、6县及一个国家级经济技术开发区。土地面积1.35万平方千米。户籍人口356万。地处大陆黄金海岸线中段，北接温州、南连福州、西傍南平、东望台湾，独具"北承南联、西进东出"区位优势。沈海高速公路、宁武高速公路、温福铁路临港临城穿越，合福高铁穿境而过，衢宁铁路加快建设，县县通高速。随着港口和交通基础设施的不断完善，将形成"一核六放射"综合交通运输布局，成为中国中部地区最便捷出海口之一。境内海域面积4.45万平方千米，大陆海岸线1046千米，均占全省1/3。坐拥"世界不多、中国仅有"的东方大港三都澳，澳内海域714平方千米，10米以上深水水域174平方千米，深水岸线88千米，主航道水深30至115米，无碍航暗礁，50万吨级巨轮可全天候自由进出，是建设大型物流港、储备港和中转港的理想港址。拥有全球最大的聚合物锂离子电池生产基地和全球最大的不锈钢生产基地，不锈钢新材料产业已突破千亿元产值，锂电新能源产业2020年有望形成千亿元产值规模。随着上汽宁德基地项目、中铜项目投产达产，未来宁德将成为中国东南沿海最具竞争力的新能源汽车产业基地和最先进的铜产业基地。宁德四季分明，气候宜人，生态环境和空气质量保持全优。集山、海、川、岛、湖、林、洞于一体，拥有"海上仙都"太姥山、"亲水天堂"白水洋、"全国独有"鸳鸯溪、"名山奇峡"白云山、"海上天湖"三都澳、"华东第一瀑"九龙漈等一批国家级和省级风景名胜区。

宁德红色文化、宗教文化、畲族文化、廊桥文化、海洋文化交相辉映，是中央红军长征前与中央革命根据地并存的全国八大老革命根据地之一，老一辈无产阶级革命家陶铸、邓子恢、叶飞、曾志等都在此领导过革命斗争；是全国畲族聚居地，畲族人口20万人，占全国1/4、全省1/2。

2019年，全市实现地区生产总值2451.7亿元，比上年增长9.2%。一般公共预算总收入221.58亿元，其中地方一般公共预算收入126.8亿元，分别增长10.3%、5.3%。进出口总值426.4亿元，增长20.3%。实际利用外资增长17.2%。固定资产投资增长6.8%。社会消费品零售总额848.53亿元，增长10.4%。城镇登记失业率2.72%。城镇居民人均可支配收入3.59万元，增长9%；农村居民人均可支配收入1.78万元，增长10.3%。

【打好"三大攻坚战"】 2019年，宁德市全力打好防范化解重大风险、精准脱贫、污染防治的攻坚战。全市7.2万建档立卡贫困户全面实现脱贫，453个贫困村和古田、屏南、寿宁3个省级扶贫开发工作重点县实现"摘帽"，柘荣、周宁2个省级扶贫开发工作重点县达到退出标准。市扶贫办获全国脱贫攻坚奖"组织创新奖"。扶贫开发"宁德模式"吸引老挝、柬埔寨、越南、南非等国家政党考察团前来学习考察。确定省级乡村振兴特色乡镇12个、试点村110个，甄选产业薄弱村306个，发放各类产业专项资金1.8亿元，选派首批乡村振兴指导员28名、选认科技特派员829名进驻乡村第一线。金融生态明显改善。国家普惠金融改革试验区获批创建。设区市级综合信用指数全国排名从上年初第223位跃升至第76位。不良贷款余额和不良贷款率连续五年实现"双下降"。引进招商银行、深圳前海勤智资本、上汽股权投资、中信建投证券。金融机构本外币存贷款余额均突破2000亿元，分别比上年增长11.57%、15.05%，增幅均居全省第二。制造业融资余额362亿元，增长45.8%。小微企业贷款余额突破300亿元。环境治理持续加强。推进中央生态环境保护督察、国家自然资源督察反馈问题整改，一批突出环境问题得到解决。中心城区空气质量优良天数比例98.4%，比上年提高3.1个百分点。县级以上集中式饮用水水源地水质100%达标，重点流域水质保持优良。福鼎城乡供水一体化试点经验在全省推广。中心城区黑臭水体整治取得阶段性成效，水环境质量持续改善。海上养殖综合整治取得决定性成果，完成禁养区渔排清退总任务的92%，提前完成藻类清退总任务，分别完成渔排和藻类升级改造总任务的89%、99%，成为全国水产养殖高质量绿色发展典型案例。治理水土流失1.35万公顷，超额完成废弃矿山年度复绿任务。全国农村人居环境整治暨“厕所革命”现场会在宁德市召开。评选认定香樟、桂花为市树市花。宁德市获国家森林城市称号。福安、寿宁分别获评全国绿化模范市、国家生态文明建设示范县。屏南成为全国开展美好环境与幸福生活共同缔造活动试点县。

【区域协同发展】 2019年，宁德市坚持区域统筹、山海联动协同发展。主导产业全域布局。三都澳湾区四大主导产业全面发力，北部新城、湾坞半岛两大片区持续壮大，龙头企业辐射带动效应不断增强，产业配套从中心城区向周边县市延伸、从沿海向山区推进。福宁湾产业布局实现突破，时代一汽一期等项目开工建设，时代科士达储能设备项目签约落地。沙埕湾开发推进，邦普产业园、国泰华荣电解液、鼎盛精品钢一期等项目加快建设，天赐电解液项目签约落地。周宁不锈钢深加工产业园项目实现当年引进、当年开工。屏南时代一期建成投产、二期加快建设。古田杉杉一期建成投产。柘荣不锈钢产业园项目加快建设。寿宁三祥锆镁新材料系列项目签约落地。中心城区功能增强。产业经济的主导地位更加突出。东侨国家级经济技术开发区综合考核全国排名从第153位跃升至第49位，居全省第一。交通完备、配套齐全的现代化三屿汽车城如期建成。锂电新能源小镇建设全面展开，发展经验成为全国典型。福宁北路延伸段、七都溪特大桥、疏港路一级主干道建成通车。主城区主干道7个交叉路口完成优化改造。新增路外公共停车位744个、充电桩750个。东湖塘25孔闸改造全面完成。人民广场、东湖南岸公园二期、镜台山公园登山道建成开放。基础设施互联互通。融入闽东北协同发展区建设，确定宁德（福安）至福州长乐机场城际铁路建设方案。衢宁铁路宁德段率先完成架梁铺轨。漳湾作业区7号泊位建成投用，湾坞作业区8号泊位开工建设。沈海复线宁德段全线贯通，打通第二条南北向大通道。沙埕湾跨海公路路基主体工程基本建成。宁古高速开工建设。建成国省干线93.1千米、农村公路241千米。新增502辆荣威新能源汽车投入农村客运，全面实现“村村通客车”。

【全国农村人居环境整治暨“厕所革命”现场会在宁德召开】 2019年5月30日，全国农村人居环境整治暨“厕所革命”现场会在宁德市召开，中共中央政治局委员、国务院副总理胡春华出席会议并讲话。会后，胡春华到宁德市蕉城区金涵畲族乡、霍童镇、八都镇实地了解农村人居环境整治和改厕工作情况。

【上汽集团乘用车宁德基地项目竣工投产】 2019年9月28日，上汽宁德基地竣工投产，新能源新车名爵eHS下线，标志着福建最大、全国靠前的“汽车城”在此崛起。上汽宁德基地位于宁德市三屿园区，项目总用地面积458公顷，总投资超200亿元，是上汽乘用车第四大生产基地。

【宁德获“国家森林城市”称号】 2019年11月15日，宁德市被批准为“国家森林城市”。自2016年12月启动创森工作以来，全市累计新增造林面积24256.5公顷，新改扩建城市公园36个，打造41.01千米的林荫大道，人均公园绿地面积提高到15平方米。截至2019年底，全市森林覆盖率69.81%，森林蓄积量5242.6万立方米，持续位居全省沿海设区市第一。

【闽东乡村振兴学院（研究院）挂牌成立】 2019年11月15日，闽东乡村振兴学院（研究院）挂牌成立。为深入贯彻落实习近平总书记给下党乡乡亲们的回信重要精神，市委、市政府研究决定依托宁德师范学院、宁德职业技术学院分别成立闽东乡村振兴学院、闽东乡村振兴研究院，并分别在寿宁县下党乡、福鼎市柏洋村、赤溪村成立闽东乡村振兴学院（研究院）分院，着力打造乡村人才振兴的“闽东模式”和服务乡村振兴的“高校样本”。

【宁德市第五届运动会举行】 2019年10月23—29日，宁德市第五届运动会举行。本届市运会设青少年组、行业组、群众组、学校组，共19个比赛项目，近3500名运动员、裁判员参加，是规模最大、参赛人数最多的一届市运会，共2人1项打破省中学生运动会纪录，34人22项打破市中小学运动会纪录。

（龚美华）

【蕉城区】 蕉城区地处福建东北的鹫峰山南麓、三都澳之滨。土地面积1665平方千米，海岸线总长211千米，海域总面积280平方千米。常住人口46万人。2019年辖11镇、3乡（含1民族乡）、2街道办事处及1个省级开发区（三都澳经济开发区）。

2019年，全区完成地区生产总值679.37亿元，比上年增长16.5%，总量跃居全市第一。公共财政总收入40.28亿元，增长27.5%，其中地方公共财政收入22.18亿元，增长23.4%。固定资产投资增长12.1%。农林牧渔业总产值81.51亿元，增长1.4%。规上工业增加值增长53.8%。社会消费品零售总额173.31亿元，增长8.8%。出口总值104.39亿元，增长70%。实际利用外资177万元，下降93.3%。城镇居民人均可支配收入37784元，增长9.8%；农村居民人均可支配收入18022元，增长10.6%。三次产业结构调整为6.1∶61.6∶32.3。

现代农业 获评“第二批国家农产品质量安全县”“2019年中国茶业百强县”。农业供给侧结构性改革深入推进，新增国家级农业龙头企业2家、省级农民专业合作社示范社2家、省级家庭农场示范场4家、“三品一标”认证20个。农业园区（基地）建设水平持续提升，赤溪龟山万亩生态茶园初具规模，累计建成农业标准化生产基地109个。

培育“一村一品”特色农业产业示范村5个。累计升级改造渔排6.9万框，打造“礁头—白基湾—泥土澳”新型渔排示范走廊，形成秋竹、大湾、白基湾3个示范点，建成两个藻类升级改造万亩示范基地。水产加工业实现产值67亿元，比上年增长16%。

工业经济　锂电新能源、新能源汽车、铜材料三大产业形成“三足鼎立”格局。锂电新能源两家龙头企业持续扩能增效，年产值637亿元，比上年增长35%。宁德时代新能源公司上榜2019年《财富》未来50强位列第四，获评全国第一批“智能制造标杆企业”、福建省政府质量奖、上市公司科技创新百强企业“领军者”等；宁德新能源科技公司入选国家制造业单项冠军示范企业，被确定为福建省循环经济示范企业。宁德时代湖西二期和新能源科技二期、三期（第一批）建成投产，时代三期动力电池扩建项目动工建设；思客琦、时代电机、博发等新能源配套产业链项目建成投产。上汽宁德基地实现量产，超万辆整车下线，配套供应商逐步投产。中铝宁德铜冶炼项目产能加快释放，实现产值135.5亿元，与之配套的铜渣综合利用项目动工建设。（杨　涛）

福安不锈钢新材料千亿元产业集群，摄于2019年　（福安市史志办供稿）

【福安市】　位于福建省东北部。2019年辖2个省级经济开发区、18个乡镇、4个街道。全市总面积1880平方千米，海岸线长167千米。年末户籍人口67.76万人，常住人口57.7万人。人口自然增长率6.2‰。耕地面积2.32万公顷，粮食播种面积1.59万公顷，粮食产量7.51万吨。林地面积12.85万公顷，森林覆盖率69.2%，活立木蓄积量834.97万立方米。重要矿产资源有银、金、钼、铜、铅、锌、饰面用石材、叶蜡石、高岭土、脉石英、建筑用砂石等。重要海洋资源有大黄鱼、梅童鱼、凤尾鱼、虾蟹类、贝类苗种等高经济价值水生生物305种，海砂储量4660万立方米，建有大黄鱼、红树林保护区和白海豚观测点等。主要旅游景点有世界地质公园，国家AAAA级旅游景区——白云山，国家AAA级旅游景区、中国历史文化名村——廉村，国家AAA级旅游景区、全国第一条葡萄溪——溪塔，刺桫椤省级自然保护区——瓜溪，“闽东延安”红色旅游基地——柏柱洋，坦洋工夫历史文化名村——坦洋等。2019年获得电机电器国家外贸转型升级基地、第二批国家区域性良种（茶树）繁育基地、中国特色巨峰葡萄之乡、中国茶叶百强县、“四好农村路”全国示范县、全国绿化模范市、全国民族团结进步模范集体、中国畲族医药文化之乡、全国社会治理创新典范城市等称号。

2019年，全市实现地区生产总值569.01亿元，比上年增长10%。其中，第一产业增加值51.65亿元，比上年增长4%；第二产业增加值361.97亿元，增长11.3%；工业增加值316.89亿元，增长12.6%；第三产业增加值155.40亿元，增长9.1%。人均地区生产总值98616元，比上年增长9.9%。规模以上工业总产值1379.18亿元，比上年增长9.9%。农林牧渔业总产值88.83亿元，比上年增长4.1%。固定资产投资比上年增长2.2%。社会消费品零售总额146.08亿元，比上年增长11%。外贸出口额53.52亿元，比上年增长4.8%。实际利用外资4595万元（验资口径），下降18.2%。一般公共预算总收入49.89亿元，比上年增长9.5%，其中地方一般公共预算收入26.71亿元，增长4.9%。城镇居民人均可支配收入38203元，比上年增长8.9%；农村居民人均纯收入18514元，增长9.7%。

获全国民族团结进步模范集体称号　福安市畲族人口7.67万人，是全国畲族人口最多的县（市）。9月27日，全国民族团结进步表彰大会在北京举行，授予福安市人民政府“全国民族团结进步模范集体”称号。

本扬到下白石下岐村考察精准扶贫工作　4月29日，正在对中国进行国事访问的老挝人民革命党中央总书记、国家主席本扬到福安市下白石镇下岐村考察精准扶贫工作，这是外国国家元首第一次到福安考察工作。

福安市穆阳溪成为全国首条“智慧河湖”　5月6日，在福州召开的第二届数字中国建设峰会上，全国“首条智慧河湖——福安市穆阳溪”亮相，成为福建省安全生态水系样板工程。

（敖荣增　钟国烽）

【福鼎市】　福鼎市位于福建省东北部。2019年辖3个街道、10个镇、3个乡、1个开发区。土地面积1526.31平方千米。年末户籍人口60.49万人，常住人口54.20万人。人口自然增长率6.3‰。土地总面积154204.63公顷。耕地面积24773.2公顷，粮食播种面积1.27万公顷，粮食产量6.09万吨。林地面积108388.18公顷，森林面积9.81万公顷，森林覆盖率62.6%，森林蓄积量321.64万立方米。发现的矿产有铜、铅锌、银、镉、铁、稀土、叶蜡石、玄武岩、花岗岩等30余种，矿产地、矿点及矿化点165处。探明储量的有铅锌、银、铜、镉、硫铁矿、叶蜡石、玄武岩、花岗岩等。主要旅游景点有世界地质公园、国家AAAAA级旅游景区、国家级风景名胜区太姥山，中国十大最美海岛嵛山岛，国家AAA级旅游景区牛郎岗，中国体育旅游精品景区九鲤溪，江南最大古民居翠郊古民居，中国扶贫第一村赤溪，福建十大最美海岛台山岛，省级水乡渔村沙埕小白鹭、硖门柏洋、嵛山月亮湾等。2019年，福鼎市获得全国首个“美食地标城市”、中国茶业十强县（第8位）、中国十大生态产茶县、全国茶产业知名品牌创建示范区称号。

2019年，全市实现地区生产总值418.04亿元，比上年增长1.2%。其中，第一产业增加值58.46亿元，比上年增长4.9%；第二产业增加值229.66亿元，下降2.3%；工业增加值194.93亿元，下降2%；第三产业增加值129.91亿元，增长6.7%。人均地区生产总值77128元，比上年增长1.1%。农林牧渔业总产值100.47亿元，比上年增长4.9%。规模以上工业增加值比上年下降19%。固定资产投资比上年下降13.3%。社会消费品零售总额204.08亿元，比上年增长11%。实际利用外资1300万元。一般公共预算总收入29.81亿元，比上年增长5.5%，其中地方一般公共预算收入18.60亿元，增长0.1%。城镇居民人均可支配收入38307元，比上年增长8.7%；农村居民人均可支配收入17933元，增长9.3%。

《中国影像志福建名镇名村志·潋城》摄制播出 4月12日，由中共福建省委党史研究和地方志编纂办公室、福建省广播影视集团联合摄制的大型高清纪录片《中国影像志福建名镇名村影像志·潋城》在太姥山镇潋城村开拍。该片是福鼎市第一部影像方志，于2019年9月28日在福建电视台综合频道首播。

福鼎厨师在第八届全国烹饪技能竞赛上摘金夺银 5月21—23日，福鼎市8名厨师代表参加第八届全国烹饪技能竞赛（福建赛区），取得个人赛7金1银，福鼎市餐饮烹饪与服务行业协会获“优秀组织奖”。

闽浙台农贸城在福鼎市动建 8月28日，位于福鼎工业园双岳项目区的闽浙台农贸城在福鼎市开建。该项目总投资超30亿元，占地46.67公顷，分美食街、中国白茶城、副食品城、综合特产城、仓储物流、游客集散中心六大核心区。项目计划2023年全面落成并投入运营。

全国首个“美食地标城市”落户福鼎 11月16日，中国“美食地标城市”授牌仪式在福鼎市桐江溪畔举行，中国烹饪协会授予福鼎市为全国首个“美食地标城市”称号。2019年7月起，中国烹饪协会专家从餐饮经营、食品卫生、人才培养等方面对全国各地的美食城市进行考察评审。经过层层选拔，福鼎市成为首个进入中国“美食地标城市”名录的城市。（董其勇　张媛钰）

【霞浦县】 位于福建省东北部。2019年辖12个乡镇、2个街道。土地面积1716平方千米。年末户籍人口55.09万人，常住人口46.7万人。常住人口自然增长率6.5‰。耕地面积2.29万公顷，粮食播种面积0.82万公顷，粮食产量4.17万吨。林地面积10.42万公顷，森林覆盖率66.42%，活立木蓄积量501万立方米。海域面积2.89万平方千米、海岸线505千米、浅海滩涂17万公顷、岛屿411个，均居福建省沿海县份首位。三沙渔港经济区被列入全省首批渔港经济区建设规划，溪南半岛、东冲半岛等地拥有宝贵的港口岸线和充裕的土地后备资源，深水岸线长61千米，可建3万～50万吨深水泊位100多个，蕴藏着发展机械重工、港口物流等临海产业的战略优势。盛产大黄鱼、海带、紫菜、刺参、鲍鱼等，享有“中国海带之乡”“中国紫菜之乡”“中国南方海参之乡”“中国刺参南方养殖基地”的美誉。境内有杨家溪、罗汉溪、樱花谷等风景名胜区和自然宗教人文景观，拥有大京、高罗等10多个沙滩，存有大京、传胪、外浒等27座古城堡。2019年，霞浦县荣登首届中国“小镇美学榜样”榜单，获2019中国千山·金峰奖之“最美全域旅游取景地”称号；获评“福建省农产品质量安全县”；获“中国南方海参之乡”称号。

2019年，全县实现地区生产总值254.61亿元，比上年增长5.1%。其中，第一产业增加值67.44亿元，比上年增长4.3%；第二产业增加值70.11亿元，增长4.6%；工业增加值52.71亿元，增长4.6%；第三产业增加值117.06亿元，增长6%。人均地区生产总值54462元，比上年增长5.1%。规模以上工业总产值比上年下降22.8%。农林牧渔业总产值125.37亿元，比上年增长4.4%。固定资产投资比上年增长21%。社会消费品零售总额99.25亿元，比上年增长10.6%。外贸出口额26.32亿美元，比上年增长23.8%。实际利用外资211万美元，比上年增长111.0%。一般公共预算总收入12.89亿元，其中地方一般公共预算收入8.71亿元。城镇居民人均可支配收入35602元，比上年增长9.0%；农村居民人均可支配收入18051元，增长10.2%。

宁德港口岸霞浦三沙港区扩大开放通过国家验收 2019年11月8日，国家口岸办验收组一行，莅临霞浦进行宁德港口岸三沙港区扩大开放验收指导。三沙港区是经福建省政府批准保留的对台小额贸易口岸，是福建省乃至国家对台的重要窗口。自2016年8月3日，国务院批复同意三沙港区扩大开放以来，市县两级持续推进三沙港区建设，相关基础设施不断完善。根据国家口岸验收有关要求，验收组一致认为霞浦三沙港区基础设施建设符合国家要求，同意三沙港区通过国家级验收。

获“中国南方海参之乡”称号 近年来，随着海参（刺参）养殖由原产地

辽东、胶东半岛向苏、浙、闽沿海地区扩展，霞浦县委、县政府顺势而为，凭借县域内东吾洋与官井洋得天独厚的自然条件，致力海参养殖产业规模发展，培育的海参突棘粗大，肉质肥厚，鲜嫩可口，深受广大消费者的喜爱和青睐，先后获中国地理标志证明商标、“福建省十大渔业名牌”等称号。至2019年，全县成品参年产量2万多吨，产值30亿元以上，产量约占全国海参总量的1/3。霞浦快速成为中国“北参南养”的主产区、海参拉缸盐的集散中心，并将逐步成为海参生物科技拓展的试验区。2019年11月20日，中国水产流通与加工协会发文，授予霞浦县“中国南方海参之乡”称号。

霞浦被列入国家城乡融合发展试验区名单　2019年12月19日，国家发展改革委、中央农村工作领导小组办公室、农业农村部等18个部门联合印发《国家城乡融合发展试验区改革方案》，公布11个国家城乡融合发展试验区名单。霞浦县被列入福州东部片区成为首批国家城乡融合发展试验区之一。

（谢　伟）

2019年12月17日，中国煤炭文工团到寿宁县下党乡慰问演出

（寿宁县史志办供稿）

【寿宁县】　位于宁德市东北部。2019年辖8个镇、6个乡。土地面积1433平方千米。年末户籍人口26.52万人，常住人口17.9万人。人口自然增长率6.1‰。林地面积11.43万公顷，森林覆盖率72%，活立木蓄积量614.28万立方米。耕地面积1.73万公顷，粮食播种面积1.01万公顷，粮食产量5.2万吨。大小径流1700余条，年平均流量22亿立方米，水能蕴藏量50万千瓦，年发电量达16亿千瓦时。重要矿产资源有叶蜡石、饰面石材、建筑用石料、白云岩、脉石英、明矾石、硫铁矿、矿泉水等。主要旅游景点有难忘下党红色旅游区、西浦AAA级旅游景区、杨梅洲峡谷国家森林公园、官台山古银硐国家矿山公园、梦龙天池、三峰公园、省级地质公园南山风景区、水洋万亩樱花园等。2019年获“国家生态文明建设示范县”“全国农村创新创业典型县”“2019中国茶业百强县”等称号。

2019年，全县实现地区生产总值100.57亿元，比上年增长7.7%，其中第一产业增加值16.73亿元，增长4.1%；第二产业增加值40.05亿元，增长10.4%；工业增加值24.71亿元，增长13.9%；第三产业增加值43.79亿元，增长6.6%。人均地区生产总值55718元，比上年增长8.3%。规模以上工业增加值比上年增长12.3%。农林牧渔业总产值28.24亿元，比上年增长4.2%。固定资产投资比上年增长10.5%。社会消费品零售总额31.36亿元，比上年增长11.4%。实际利用外资695万元，比上年增长104.4%。一般公共预算总收入5.13亿元，比上年增长1.1%，其中地方一般公共预算收入3.11亿元。城镇居民人均可支配收入28023元，比上年增长9.1%；农村居民人均可支配收入15359元，增长10.2%。

习近平给寿宁县下党乡乡亲们回信　2019年8月4日，中共中央总书记、国家主席、中央军委主席习近平给寿宁县下党乡的乡亲们回信，祝贺他们实现脱贫，鼓励他们发扬滴水穿石精神，走好乡村振兴之路。习近平在回信中说，得知下党实现了脱贫，乡亲们的日子越过越红火，非常高兴。向大家致以衷心的祝贺！习近平表示，“车岭车上天，九岭爬九年”。当年“三进下党”的场景，至今还历历在目。经过30年的不懈奋斗，下党天堑变通途、旧貌换新颜，乡亲们有了越来越多的幸福感、获得感，这生动印证了弱鸟先飞、滴水穿石的道理。希望乡亲们继续发扬滴水穿石的精神，坚定信心、埋头苦干、久久为功，持续巩固脱贫成果，积极建设美好家园，努力走出一条具有闽东特色的乡村振兴之路。

三祥新材与宁德时代、宜安科技、万顺集团合作投资20亿镁合金项目　8月26日，东莞宜安科技、宁德时代、寿宁三祥新材和江苏万顺机电集团在寿宁县举行镁系合金材料合作项目签约仪式。该项目累计投资共计20亿元，其中一期投资5亿元。

“寿宁高山茶”获选第十五届世界武术锦标赛官方指定用茶　2019年7月16日，第十五届世界武术锦标赛官方供应商签约仪式在中国上海举行，“寿宁高山茶”成为大赛官方指定用茶。寿宁产茶历史悠久，《霞浦县志》和明朝冯梦龙所著《寿宁待志》均有记载。

（陈志强）

【周宁县】　位于福建省东北部。2019年辖6个镇、3个乡。土地面积1047平方千米。年末户籍人口21.26万人，常住人口12.3万人。人口自然增长率9.9‰。粮食播种面积0.46万公顷，粮食产量2.6万吨。林地面积8.42万公

2019 年 9 月 25 日，第九届宁德世界地质公园文化旅游节在周宁县开幕。图为开幕式晚会（周宁县史志办供稿）

顷，森林覆盖率 72.3%，活立木蓄积量 396 万立方米。重要矿产资源有铅、锌、铁、高岭土、珍珠岩等。主要旅游景点有九龙漈·鲤鱼溪、陈峭、仙凤山、苏家山、蝙蝠洞等。2019 年获评为全国“平安农机示范县”。

2019 年，全县生产总值 72.44 亿元，比上年增长 10.7%。其中，第一产业增加值 7.88 亿元，比上年增长 4.7%；第二产业增加值 26.48 亿元，增长 18.3%；工业增加值 14.54 亿元，增长 17.5%；第三产业增加值 38.08 亿元，增长 7%。人均地区生产总值 58891 元，比上年增长 10.2%。农林牧渔业总产值 14.25 亿元，比上年增长 4.7%。固定资产投资比上年增长 24.4%。社会消费品零售总额 27.68 亿元，比上年增长 10.9%。实际利用外资 1235 万元，比上年增长 95.1%。一般公共预算总收入 5.54 亿元，比上年下降 3.1%，其中地方一般性公共预算收入 3.7 亿元，下降 8.3%。一般公共预算支出 18.30 亿元，增长 9.9%。全县税收收入 4.06 亿元，增长 3.3%。农村居民人均可支配收入 16547 元，比上年增长 10.4%；城镇居民人均可支配收 30809 元，增长 8.3%。农村居民人均生活消费支出 12751 元，比上年增长 9.6%；城镇居民人均生活消费支出 19947 元，增长 9.9%。

第九届宁德世界地质公园文化旅游节暨宁德市文化旅游、花卉产业发展大会　2019 年 9 月 25—27 日，周宁县举办第九届宁德世界地质公园文化旅游节暨宁德市文化旅游、花卉产业发展大会。本次文化旅游节以“清新福建·绿色宁德·云端周宁”为主题，由文化旅游节暨文旅产业发展大会、花卉产业发展大会、系列演艺和展示展销活动三大部分组成，设 13 项子活动。节会期间还举行招商推介与项目签约会，签约文旅项目 17 个，总投资 31.5 亿元。

（张常文）

【柘荣县】　位于宁德市东北部。2019 年辖 2 个镇、7 个乡。年末户籍人口 11 万人，常住人口 9 万人。人口自然增长率 6.2‰。耕地面积 5600.73 公顷，粮食播种面积 4122.4 公顷，粮食总产量 2.29 万吨。林地面积 4.48 万公顷，森林覆盖率 71.1%，活立木蓄积量 162 万立方米。重要矿产资源有银、铅、锌和凝灰岩、花岗岩。主要旅游景点有鸳鸯草场、东狮山、九龙井风景区。

2019 年，全县实现地区生产总值 71.42 亿元，比上年增长 10.4%。其中，第一产业增加值 8.53 亿元，比上年增长 4%；第二产业增加值 32.44 亿元，增长 12.7%；工业增加值 23.15 亿元，增长 14.8%；第三产业增加值 30.45 亿元，增长 9.8%。人均地区生产总值 78483 元，比上年增长 11%。规模以上工业增加值比上年增长 10%。农林牧渔业总产值 15.22 亿元，比上年增长 4%。固定资产投资比上年增长 13.4%。社会消费品零售总额 33.96 亿元，比上年增长 11.2%。实际利用外资 200 万元。一般公共预算总收入 4.36 亿元，比上年下降 4.4%，其中地方一般公共预算收入 2.58 亿元，下降 7.3%。城镇居民人均可支配收入 29229 元，比上年增长 8.8%；农村居民人均可支配收入 15791 元，增长 10.3%。

柘荣县获福建省第十六届运动会“优秀赛区”称号　福建省第十六届运动会期间，柘荣县围绕竞赛组织，在场馆建设、项目备战、运行保障、宣传报道等方面做了大量工作，被省运会组织

2019 年 9 月 26 日，首届世界非遗柘荣剪纸文创周启动仪式在柘荣举行（柘荣县政府办供稿）

委员会评为“优秀赛区”。在本届省运会上，柘荣县体育代表团获得金牌9枚、银牌7枚、铜牌5枚，取得总积分205.58的历史最佳成绩，实现办赛参赛“双丰收”。

2019中国太子参·柘荣特色产业招商会举行　7月28日，2019中国太子参·柘荣特色产业招商会在县体育中心开幕。本次招商会以“特色、务实、创新、共赢”为主题，采用“会议＋展示对接＋行业论坛＋企业考察”形式，通过项目签约，促进更多资本、更先进技术进入柘荣，助力柘荣特色产业做大做强。本次招商会对接项目59个，投资金额40.16亿元。其中签约项目25个，投资金额21.98亿元。招商会期间还分别举行医药论坛和旅游养生论坛，围绕中国医药产业发展形势探讨、新药审批方向、太子参种研发方向、柘荣主题化康养旅游发展路子等展开讨论，为柘荣太子参产业、医药产业、旅游养生产业发展拓宽思路。

柘荣县鸳鸯草场景区获评国家AAA级旅游景区　9月24日，鸳鸯草场景区获评国家AAA级旅游景区，是柘荣县继东狮山风景区、九龙井风景区之后又一个国家AAA级旅游景区。鸳鸯草场位于东源乡鸳鸯头村，平均海拔1000多米，面积1148公顷，是福建省最大的天然草场。该景区由省旅游发展集团与县政府共同投资开发，总投资8亿元。

柘荣县青岚水库水系连通工程完工　柘荣县青岚水库水系连通工程总投资11042.88万元，被列入2017年全国江河湖库水系连通建设项目。2017年12月开工建设，2019年9月4日下闸蓄水，10月，大坝、引水隧洞、河道综合整治全面完工，建成94.8万立方米水库1座、2.39千米引水隧洞1条以及生态护岸7.2千米、护脚0.79千米、巡库通道1.8千米、巡河通道1.8千米、滚水坝4座、亲水平台4处。（吴开钊）

2019年3月4日，古田县在县体育馆广场举办学雷锋志愿服务月启动仪式

（古田县政府办供稿）

【古田县】　位于福建省中部偏东北方。辖8镇、4乡、2街道。土地面积2377平方千米。年末户籍人口42.7万人，常住人口33万人。人口自然增长率4.9‰。耕地面积2.78万公顷，粮食播种面积2万公顷，粮食产量11.41万吨。林地面积17.79万公顷，森林覆盖率70.87%，活立木蓄积量1005.60万立方米。重要矿产资源有非金属有矿高岭土、叶蜡石、泥炭土、花岗岩；金属矿有钨、铁、铜、铋、金。主要旅游景点有翠屏湖景区、临水宫景区、大白溪景区、蘑菇部落、金翼之家、白岩洞、圆瑛法师故里。2019年获全国“七五”普法中期先进县、“国家电子商务进农村综合示范县”称号；“古田水蜜桃”获评国家地理标志证明商标；临水宫景区通过国家AAA级景区考评验收。

2019年，全县实现生产总值196.8亿元，比上年增长7.3%。其中，第一产业增加值46.85亿元，增长4%；第二产业增加值52.05亿元，增长18.4%；工业增加值增长23.9%；第三产业增加值97.89亿元，增长3.3%。规模以上工业增加值比上年增长14%。农林牧渔业总产值81.03亿元，比上年增长4%。农林牧渔业增加值47.98亿元，增长4%。固定资产投资比上年增长10.6%。社会消费品零售总额94.39亿元，比上年增长9.7%。实际利用外资1750万元。一般公共预算总收入11.91亿元，比上年增长1.3%，其中地方公共预算收入8.04亿元，增长3.4%。城镇居民人均可支配收入33746元，比上年增长9.4%；农村居民人均可支配收入18894元，增长10.4%。

“古田银耳”品牌推介会暨“第二届中国（古田）食用菌大会”新闻发布会　4月22日，在新华社举办。中国供销集团、全国农业技术推广服务中心、新华社新闻信息中心、国家市场监督管理总局、商务部国际贸易经济合作研究院、中国食品土畜进出口商会食用菌分会、农业农村部规划设计研究院等有关部委领导和食用菌行业专家及新华社、《人民日报》、中央电视台等媒体代表共100余人应邀出席。

第二届中国（古田）食用菌大会　5月5—8日举行。来自国内外专家学者、行业从业人员等1500余人参加。大会举行主旨演讲、专题营销论坛、采购商对接会、菌类美食品鉴会、珍稀食用菌专题讨论及古田籍菌业精英联谊会等活动。

第十一届海峡论坛·陈靖姑文化旅游节　6月12—14日举行。此次文化旅游节以“千年临水情、两岸一家亲”为主题，来自台湾、香港、澳门和福建、浙江、江西等省的宫庙代表及信众、专家学者等1500余人参加。

古田临水宫祖庙陈靖姑信俗文化两岸交流活动　11月1—16日举行。此次交流活动是国台办2019年对台重点交流项目，由古田县临水宫管委会与台湾顺天圣母协会共同主办。陈靖姑金身绕境巡游台湾台北、新北、桃园、新竹、台中、彰化、嘉义、台南、高雄、屏东、台东、花莲、宜兰、基隆等19个县（市），31个临水宫分庙接驻驾，举行祈福法会30多场，在台参与信众逾300万人。

脱贫攻坚　2019年，古田县在册建档立卡贫困户1270户4497人全部脱贫，71个建档立卡贫困村全部脱贫退出。6月20日，省委省政府公示公告古田县退出省级扶贫开发工作重点县。

成立乡村振兴学院　8月29日，率先成立宁德市首个乡村振兴学院。由福建省美丽乡村发展促进会乡村振兴培训专业委员会向古田县乡村振兴学院授牌成立"古田县乡村振兴学院、古田县美丽乡村职业培训学校"。开设乡村振兴大讲堂，举办乡村讲解员专题培训班和乡村振兴战略政策解读专题培训班。9月28日，协助福建省社科联、福建省经济体制改革研究会在桃溪村举办第二届福建乡村振兴论坛。（陈　菁）

【屏南县】　位于福建省东北部。2019年辖5镇、6乡。县域面积1487平方千米。户籍人口19.08万人。屏南是高山生态县，有独特的生态气候优势，平均海拔830米，森林覆盖率76.2%，绿化率92.2%。被列入国家重点生态功能区、省级生态县、省十佳林业县。主要旅游景点有世界地质公园，国家级风景名胜区、国家AAAAA级景区白水洋·鸳鸯溪，AAA级景区漈头古村落、北墘黄酒文化旅游景区、双溪旅游景区，国家森林公园天星山等，被列入国家绿色旅游示范基地、国家红色旅游经典景区、中国传统村落文化创意产业发展示范县、国家东部生态文明旅游区、国家全域旅游示范区创建名单和省全域化旅游试点县。屏南是中国木拱廊桥文化之乡，境内现存古代廊桥56座，万安桥是全国现存最长的古代木拱廊桥，木拱桥传统营造技艺被列入世界急需保护的非物质文化遗产名录；万安桥、千乘桥、百祥桥、漈下建筑群入选全国重点文物保护单位。

屏南长桥夜景，摄于2019年　（屏南县政府办供稿）

2019年，全县实现地区生产总值89.45亿元，比上年增长10.5%。规上工业增加值增长21.3%。固定资产投资增长12%。社会消费品零售总额38.42亿元，增长11.4%。实际利用外资2788万元，增长85.9%。一般公共预算总收入6.64亿元，增长6.2%，其中地方一般公共预算收入4.32亿元。城镇居民人均可支配收入30021元，增长9.2%；农村居民人均可支配收入16159元，增长10.5%。

乡村建设　完成乡村振兴战略规划、乡村振兴产业发展规划及10个省级乡村振兴试点村村庄规划编制。坚持"一村一品"，形成王林芙蓉李、半圳茶树菇、仕洋高山蔬菜、岭下高山葡萄、村头百香果、北墘老酒、降龙脐橙等一批产业特色村。建成先锋厦地水田书店、前汾溪中国美院社会美育综合实践基地等乡村文创项目，实现龙潭—四坪、厦地—前汾溪、双溪—前洋等文创基地集聚发展，促进乡村经济全面发展。（林承龙）

平潭综合实验区

【概况】　位于福建省东部。2009年9月，成立福州（平潭）综合实验区。2010年2月，福州（平潭）综合实验区更名为福建省平潭综合实验区，行政级别升格为正厅级。2019年土地面积393.5平方千米。年末户籍人口45.17万人，常住人口46万人，其中城镇人口23.69万人。人口自然增长率10.04‰。耕地面积0.74万公顷，粮食播种面积0.36万公顷，粮食产量1.72万吨。林地面积10531公顷，森林覆盖率37%。重要矿产资源有花岗岩、石英砂。重要海洋资源有海洋能资源、风能资源。平潭四面环海，海洋、海岛资源和旅游景观极具代表性，是国家重点风景名胜区，列入国家自然遗产名录以及世界自然遗产预备名单。有海坛湾、坛南湾和石牌洋三大滨海旅游休闲娱乐区，以及山岐澳海滨度假区、海岛国家森林公园等，海蚀地貌景观遍及全区，拥有世界级的水下文物资源。景点有半洋石帆、海坛天神、将军山、东海仙境等。

平潭历史上是东南沿海对台贸易和海上通商中转站，是改革开放以来全国最早设立台轮停泊点和开展对台小额贸易的地区之一。平潭与台湾隔海相望，是祖国大陆距离台湾岛最近的地方，最近距离68海里。平潭的海坛岛也是福建省第一大岛，中国第五大岛，是福建的"马尔代夫"，同时也是著名的渔业基地。2019年获"2019中国最美县域"、2019全国投资潜力百强市（县）、"2019中国体育旅游十佳目的地"等称号。

2019年，全区生产总值282.85亿

平潭北部湾生态廊道，摄于2019年　（平潭综合实验区管委会供稿）

元，比上年增长8.1%。其中，第一产业增加值35.9亿元，比上年增长2.2%；第二产业增加值80.64亿元，下降2.5%；工业增加值7.65亿元，增长3.6%；第三产业增加值166.31亿元，增长15.3%。人均地区生产总值61489元，比上年增长7%。一般公共预算总收入70.83亿元，比上年增长17%，其中地方一般公共预算收入45.51亿元，增长18.4%。规模以上工业增加值比上年增长3.1%。农林牧渔业总产值68.03亿元，比上年增长2.4%。固定资产投资比上年增长0.8%。社会消费品零售总额65.91亿元，比上年增长4.7%。外贸出口额5.64亿美元，比上年增长144.8%。实际利用外资132108万元，下降18.6%。城镇居民人均可支配收入41646元，比上年增长7.8%；农村居民人均纯收入17577元，增长9.8%。

社会用电量10.22亿千瓦小时。年末从业人员3.08万人。参加城镇职工基本养老保险5.8万人，参加城镇职工基本医疗保险4.34万人，参加城乡居民基本医疗保险35.35万人，参加新型农村社会养老保险19.82万人。城镇生活污水集中处理率94%，城镇生活垃圾无害化处理率98%。

【全国首个台胞台企服务中心投用】 2019年4月17日，平潭综合实验区行政服务中心在台胞服务室的基础上，组建全国首个台胞台企服务中心，首创由台湾青年直接服务台胞台企，实现“接待服务＋实体办事”一体化融合，服务功能覆盖行政审批、公共服务、便民事项等各个方面。

【第八届共同家园论坛举行】 2019年6月17日，以“融合发展　互利共赢”为主题的第八届共同家园论坛在平潭开幕。两岸各界人士汇聚一堂，共同为促进岚台融合发展、深化两岸交流合作牵线搭桥，是历届以来两岸基层参与面最广、两岸业界参与度最深、配套活动实效最凸显的一次盛会。两岸嘉宾、村居代表共900多人出席论坛。论坛期间还同时举办第四届海峡两岸村里长交流大会、2019两岸（平潭）农渔产品交易会、第二届海峡仲裁论坛和赶海Vlog挑战赛等活动。

【“海峡号”首航高雄】 2019年7月11日，“海峡号”高速客滚船首次驶进台湾高雄港。满载着700多名旅客的“海峡号”从平潭澳前客运码头解缆起航，航线总里程178海里。这是岚台间开通的第三条海上客运直航航线，平潭在大陆率先实现与台湾北、中、南部港口客货运直航全覆盖，两岸间的“黄金水道”全面连通。

【平潭机构改革工作全面启动】 2019年8月14日，平潭综合实验区召开机构改革动员部署大会，启动全区机构改革工作。此次机构改革后，实验区党政工作机构限额18个，先行设立对台工作部门、旅游文化部门、经济发展部门等16个党政工作机构，挂牌机构控制在4个以内。此次机构改革重新组建片区管理机构，将全区划分为金井片区、海坛片区、君山片区、苏平片区4个片区，并组建相应的片区管理局，负责相应片区经济开发建设，并履行对应乡镇党委和人民政府的职责。平潭还进一步整合优化事业单位设置，将除学校、医院、执法机构、片区乡镇所属事业单位之外的122个事业单位整合为15个，包括实验区党工委党校、实验区台胞台企服务中心、实验区融媒体中心、实验区自然资源服务中心等。

【世界最长跨海公铁大桥全线贯通】 2019年9月25日，随着重达473吨的钢桁梁完成精准联结，福建平潭海峡公铁两用大桥鼓屿门航道桥合龙，标志着世界最长、中国首座跨海峡公铁两用大桥全线贯通。平潭海峡公铁两用大桥全长16.34千米，起于长乐松下镇，经人屿岛、长屿岛、小练岛、大练岛，依次跨越元洪航道、鼓屿门水道、大小练岛水道、北东口水道。上层设计为时速100千米的六车道高速公路，下层设计为时速200千米的双线Ⅰ级铁路。大桥于2013年10月31日动工，在近六年的建设过程中，多项技术、装备创下国内外纪录。

【全媒体问政节目《问政平潭》上线】 2019年5月9日，全省首档省地联合全媒体问政节目《问政平潭》上线。《问政平潭》节目以播放暗访短片，曝光问题为主线，穿插主持人问答、单位亮相、问政代表提问、现场回应、场外互动等多种形式，内容涵盖旅游发展、产业培育、民生短板、基础设施完善配套、基层治理、体制机制改革创新六大主题。

（蔡　荫）

编辑：林丹英

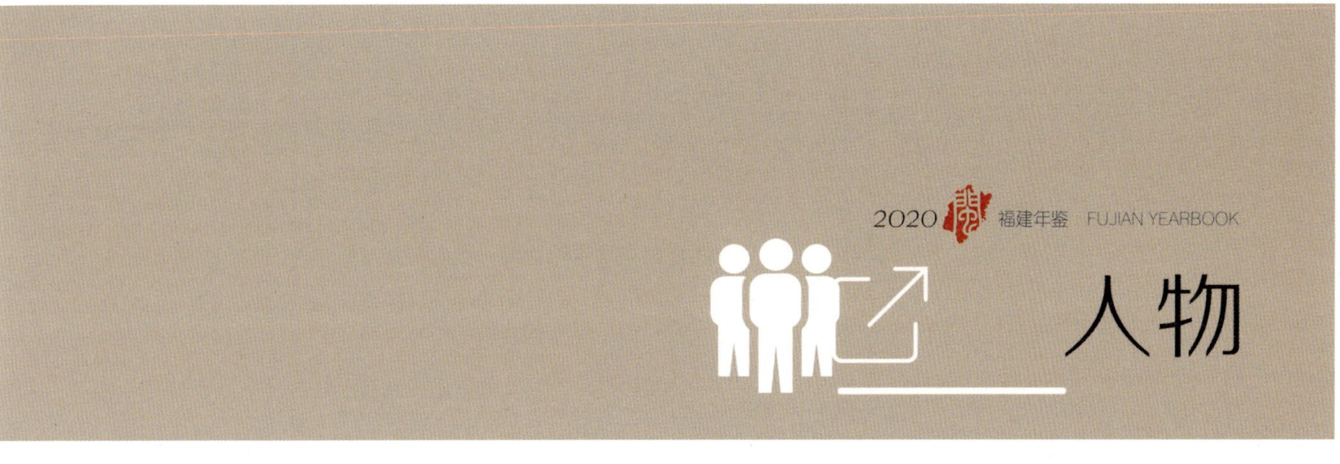

先进人物

【2019 年获省部级劳模名单】

谢家华　林德（中国）叉车有限公司党委书记、工会主席

郑湘国　福州市总工会党组书记、副主席

郑文煌　莆田市总工会宣教与网络工作部部长

汪学东　福建（漳平）煤业有限公司吾祠煤矿掘六队队长

黄远福　福建省永安煤业有限责任公司仙亭煤矿采煤队队长

范雪春　福建博物院考古研究所副所长

李　华　邵武市人民检察院侦查监督科科长

徐晋雄　莆田市城厢区人民检察院侦查监督科副科长

郑书天　福建省交通战备办公室副主任

邹锦山　莆田市慈康医院副院长、主任医师

夏慧秀　三明市民政局福利慈善科科长

林建忠　漳州市福康医院副院长、主任医师

郑樟銮　宁德市民政局救灾科科长、机关党委专职副书记

史东华　厦门市救助管理站职工

李惠琼　南安市社会福利中心主任

田　丰　建瓯市殡仪馆接运组组长

邱榕生　上杭县田古镇人民政府民政办公室主任

林小红　福州市人大常委会办公厅接待处处长

张白茹　晋江市卫健局党组成员、副局长

蔡奋山　福建省审计厅主任科员

陈长力　福建省审计厅主任科员

【2019 年全国五一劳动奖章获得者】

张建银　中建海峡建设发展有限公司福州数字中国会展中心项目项目经理

叶寒辉　福建医科大学孟超肝胆医院副院长

黄月喜　福建经纬集团有限公司生产厂长

刘子芳　厦门星星工艺品有限公司车间主任

周云明　厦 EPCOS 有限公司焊片制造部现场主管

谢文英　福建省东山第一中学教师

张剑平　泉州市公安局丰泽派出所所长

苏文连　泉州市泉港区后龙镇人民政府环卫工人

张文山　福建泉州市无匠堂创意工艺制品有限公司艺术总监

罗秀贞　沙县总医院副院长兼重症医学科主任

林丽钗　仙游县榜头镇金品世家古典家具厂技术总监

阮志武　百威雪津啤酒有限公司工艺工程师

黄喜珍　福建省鑫森炭业股份有限公司车间副主任

余　莲　福建省龙岩市第一医院血液风湿科主任

周小明　青拓集团有限公司连铸技术员

翁国星　福建省立医院胸心外科主任

【2019 年福建省五一劳动奖章获得者】

杨　利　倪筱蓉　江　涛　严道清
钱宏伟　张　敏　冯　亮　赵进文
张保林　王德志　王荣勇　王　荣
范　增　刘贵芳　陈礼彪　吴先孟
肖　波　谢　锋　林　睿　张建银
李　涛　周可航　杨银渠　黄小平
李国清　陈永攀　赖月英　陈光明
黄美珍　徐凡铭　林庆洪　修人立
郭汉刚　王东波　姚兴南　张瑞琴
陈鲤萍　董秀玉　石青萍　汤海凤
董　晴　蒋永美　曹春新　董永建
李章平　俞裕文　符　磊　刘水琼
吴其法　陈劲成　任丽飞　卢　巍
林　重　孙梓清　李　涛　刘文刚
翁秀英　王文静　林　武　黄华辉
夏让欣　镇千金　赵舒妮　黄小靖
杨　晓　李白蕾　何泽舜　林　芸
何士涛　张颖华　黄向红　陈苏萍
邹春龙　谢锦盛　林碧玲　沈志刚
郑庆辉　黄　芸　程法祥　杨　杰
陈瑜谦　赖巧英　彭玉珊　许旭波
陈　珣　姚　博　杨成祥　蔡一珺
龚　宁　林朝辉　王　宏　陈小海
陈智猛　许翠艳　陈真真　陈启明
张小敏　潘进格　徐子杰　林蔼蔡
吴有林　吴耀钦　陈淑贞　曾凤英
李炎春　洪树棠　黄江峰　周志强

陈一秀　袁　滨　林晓红　邹瑞荣
游淑华　岳鹏翔　郭晶晶　许晋平
庄良辉　林雪玉　洪碧清　陈乘顺
高国强　张河水　洪彦伟　蔡志群
陈海鹏　傅贵华　李　苏　柯天启
罗明芳　黄燕霞　刘劲松　李斌凤
林友达　吴德强　王烈平　吴国雄
王美芳　鲁本利　郭艳娜　洪新典
吕德文　郑雄彭　李桂婷　卢文扁
白孝均　陈为藩　张彩云　王璞宣
高颖秋　黄　柠　郑乃吉　曾小玲
尹　刚　黄文新　邱俊杰　张松辉
郑凌峰　傅燕珠　邓建东　黄源平
杨桂兰　叶雪娥　李儒辉　赵艳清
章晓龙　傅学仁　梁生亮　张勇昌
罗鸣灶　王新华　张海娟　冯华英
马自强　郭秋桥　雷明珠　吴丽茹
郑美妹　曹尚操　林艺龙　王　丹
陈素琴　王华育　蔡朝云　方光宇
陈丽华　林爱琼　王新芳　李锦煌
黄国强　郑玲峰　黄　震　方世国
饶仲燕　薛吉峰　林振清　黄　芳
兰学文　谢建娘　潘　凌　林秋芳
张建光　温兆果　刘淑娇　李　晔
闵龙林　谢祥英　陈道先　林丹霓
阙金梅　李建平　周志攀　刘梓富
钟菊文　邹海忠　钟桂芳　陈椿水
钟福福　杨兴泼　陈文标　丘友青
徐　霓　刘　志　黄震标　陈　静
李关发　程树春　龚惠珍　王银燕
丁国龙　陈　锋　蔡海虹　周昌荣
余红辉　薛立刃　邱　健　吴锦新
王育平　刘运杰　陈春美　项裕兴
郑少泉　余　颖　张美洁　庄树裕
王颂捷　陈孝湘　余华龙　陈小玮
谢小丹　王锦文　陈海清　陈良龙
陈为新　吴君心　李　喆　沈慧琴
欧阳恩山　翁训龙　王道荣　陈新星
王潮端　陈仕源　欧丽彬　陆金喜
陆桂梅　潘建基　林彬龙　严顺龙
林上斗　陈云忠　谢清忠　何吓俊
李文军　彭宇国　郭雯雯　范新锋
揭金德　黄海波　吴雪冰　曾奕明
张　婧　黄梦恺　林　声　王哲林
张伟杰

【2019年度“全国优秀共青团员”获得者】

邱婉婷　林　淦　张泽丹　林诗琳
陈致远　陈　颖　付翔雨　吴忱恬
柯秀婷　陈兴琳　周世花　胡雪妍
赖鑫怡　冯重豪

【2019年度“全国优秀共青团干部”获得者】

葛志勇　林　檬　陈　祥　卢　捷
林炜坚　吴惠芬　丘锦元　张梅妹
吴满玲　杨荣章

【第十七届“福建青年五四奖章标兵”获得者】

纪荣嵘　李璋高　吴伟锋　何伙珍
何金兰　张长禄　林思彤　卓惠长
郑艺娟　程贤芳

【第十七届“福建青年五四奖章”获得者】

李圆圆　陈燕金　雷金玉　王亚东
王家政　朱清强　严登峰　李　乍
张天水　陈小波　陈明伟　林华春
郭贵勇　雷金彪　付进华　朱建亭
陈　星　徐通达　黄　彬　崔志香
韩瑞峰　程栋梁　魏展画　卞国平
朱华银　刘洁君　吴宇春　陈胜男
陈婷婷　林　敏　林娇鸿　郭　婕
潘进格　王　钻　王隆元　朱才华
杨　辉　何加伟　余鸿侠　陈晓君
林　溱　林　聪　洪炳煌　洪镗淮
高锦海　韩　婷　曾嘉濠　潘德标
吴志鸿　何　佳　陈安邦　周志豪
郭屹凡　彭欧雅　蔡志阳　蔡佩纭
潘　达　吴玉季　张　洁　陈跃腾
吴鸿珍　林卫军　颜　鹏　庄智敏
宋惠雯　张炎达　林　韦　尚秀玲
刘博娴　许大东　许玮玮　阮昭群
苏武源　陈茂旺　郑荣跃　郑航毅
徐澄钰　黄相钰　黄裕林　马鸿伟
王　旌　叶　冰　许婉婷　陈黄冰
林世丹　林春锦　郑　翔　郑丽玲
柯伟龙　涂思义　杨　波

【2019年度“福建省十佳共青团员”获得者】

毛俊伟　方涵宇　朱　炜　李前毅
吴滢滢　张　毅　陈和平　林泽彬
蓝丽容　蓝钰菱

【2019年度“福建省十佳共青团干部”获得者】

王　晓　毛一根　朱丽娟　汤鹭红
李　滔　李宇航　邱震滨　林　茵
林　彬　黄怡璇

【2019年全国三八红旗手标兵获得者】

沈腾香

【2019年全国三八红旗手获得者】

王　波　蒋　月　林丽娜　杨　晓
林月莲　陈少莺　蒋洪斌　高少萍

【2019福建省三八红旗手标兵获得者】

黄銮英　付　虹　黄丽玲　张丽华
李少霞　李秀妃　马雪梅　郑诗斌
许红琳　任　希

【2019福建省三八红旗手获得者】

吴梦妤　刘云平　黄巧曦　陈惠珍
程　民　程　清　夏　金　陈丽琴
张雪容　黄丹晶　陈月香　孙秀娟
钱黎芳　林　静　林　穆　潘云苓
刘　燕　朱　玲　何晓斌　王　静
蒋佩琪　吴文靖　鄢继恩　周　梅
纪小琴　王迎春　李佩珍　牛建平
邵　真　黄锦英　万文蓉　王象红
谢志芳　庄风华　徐　惟　于　翔
夏江平　陈燕惠　陈珊芬　黄凤英
蔡燕斌　蔡亚华　黄妙龄　谢婉丝
郑艺娟　曾祥莹　吕海云　蔡金莲
陈晓玲　李雪映　汤穗穗　方彩虹
杨武勤　蔡三梅　卢淑蓉　黄毅芳
连　洁　李黎萌　吴远凤　庄燕华
林伊莎　钟文玲　丁秀德　黄柳霖
王英珠　杨嘉红　陈梅阳　谢惠华
许婷婷　林　康　郑琳珊　池珠香
庄颜瑜　李嫣红　谢宝缘　杨亚红
孙志英　林菊雅　陈秀贞　肖源红
连秀明　刘　薇　张金艳　洪桂贤
余小妹　姜　明　郑美玉　周丽婷
张秀平　钱　清　张银珠　陈　端

李金红　戴清华　李海鹰　刘桂秋
刘雪冬　官秀金　马丽娜　许丽红
陈玲亚　肖　娴　郑碧娥　陈　瑜
林春烟　严松莉　戴梅芳　王中晓
蔡秀珍　林亚男　蔡秀金　姚冰珊
黄秀凤　吕国娟　陈青梅　邓炜华
丘　敏　张丽珠　郑碧晶　廖正花
吴龙花　杨双梅　范素爱　郑丽敏
林　芳　吴宏玲　胡敬兰　魏秀容
罗　青　徐桂玲　傅丽华　李仁娟
赖春蕾　郑秋娣　张清梅　梁永英
傅晓晖　雷　璀　曾三娣　李　娟
饶小琼　林　娜　胡红梅　陈小琳
施　薇　付红霞　余海燕　林雪柳
周妙荣　林　芳　王金花　苏　欣
吴雄英　王雪平　吴映晨　厉晓灵
林旭华　郭萼苓　谢　云　陈银平
曾　鸣　黄小红　周小云　曾宁旖
念喜琴　林　婕　李晓音　庄　馥
余　晖　林月娥　胡　熠　黄　捷
陈鲤群　张丽钦　连巧霞　张志幸
黄柳萍　谢　净　魏云妹　邢杨柳
吴　兵　陈荣珠　陈育红　王锦珊
万　丹　林钰泓　林　英　庄海蓉
程　琳　颜　昱　严雪蕾　林　青
涂　梅　刘筱敏　陈晓芬　胡学敏
王雅霜　李　琦　岳　虹

（省总工会、团省委、省妇联供稿）

新增闽籍和在闽工作院士

朱永官　1967年8月出生于浙江桐乡，环境土壤学家。1989年毕业于浙江农业大学，获学士学位，1992年在中国科学院南京土壤所获理学硕士学位，1998年获英国帝国理工学院博士学位。2007年7月至2009年12月任中国科学院城市环境研究所副所长，2009年12月至2018年5月任中国科学院城市环境研究所所长，2018年5月起任中国科学院城市环境研究所党委书记、副所长，中国科学院福建物质结构研究所副所长。

他长期从事环境土壤学和环境生物学研究，在典型区域土壤污染特征、元素生物地球化学过程与机制、土壤修复等方面取得系统性的创新成果。先后主持国家自然科学基金委重大项目和中国科学院先导专项等，主要研究成果获得国家自然科学奖二等奖（第一完成人）和发展中国家科学院（TWAS）农业科学奖等。已在国际主流刊物Science，Nature，Nature Microbiology，Nature Plants，PNAS等刊物发表学术论文300余篇，研究成果多次得到Science，Nature，Cell Press，Trends in Plant Science等国际著名刊物报道或专文评述。

2019年当选中国科学院院士。

涂善东　1961年11月出生于福建永定（籍贯广东大埔），化工装备安全技术专家。1982年毕业于南京化工学院化工机械专业，获学士学位，1985年、1988年分别获该校化工过程机械工学硕士与博士学位。1989年至1990年在西南交通大学力学所从事博士后研究工作；1990年至1993年受邀担任瑞典皇家理工学院客座研究员；1993年至2001年先后担任南京化工大学、南京工业大学副教授、教授、博士生导师、副校长兼机械工程学院院长等职；2002年起受聘为华东理工大学教授；2006年6月至2015年7月担任华东理工大学副校长。

他长期从事高温高压设备安全技术研发，创新发展高温承压设备安全维修、安全评价以及本质安全调控等技术，成功应用于石化、能源等重化工业领域安全保障工程，为我国万台承压设备事故率逐年下降做出贡献；推广应用于大型反应器、换热器、汽轮机、高端阀门等产品的可靠性设计制造，为企业创造了显著经济效益。获国家科技进步奖二等奖3项（2项为第一完成人）、一等奖1项（第二完成人），国家技术发明奖二等奖1项（第二完成人），省部级特等奖、一等奖10项。获授权国家发明专利69件、国际专利4件，发表论文354篇。积极倡导全面工程教育，获国家教学成果奖二等奖1项（第一完成人），已培养博士40余名，一批学生成为高校和企业的优秀人才。兼任国际压力容器学会亚大地区主席、国际机构学与机器科学联合会可靠性委员会委员、先进材料和标准凡尔赛合作组织分技术委员会共同主席、英国诺丁汉大学荣誉教授、中国石化炉管质量检测检验与评估中心技术委员会主任、中国航发商发航空发动机寿命预测技术联合创新中心（UIC）首席科学家、上海市航空发动机工程技术研究中心技术委员会主任，以及国内外多个学术期刊的副主编或编委。

2019年当选中国工程院院士。

逝世人物

何少川（1938年5月至2019年1月22日）　男，汉族，福建泉州人。中共党员。原中共福建省委副书记、福建省政协原副主席，于2019年1月22日在福州逝世，享年82岁。1959年毕业于厦门大学中国语言文学专业。历任厦门大学中文系助教，1963年8月调福建日报社工作，先后任编辑、总编室副主任、副处长、副总编辑，1983年调中共福建省委工作，历任中共福建省委常委、宣传部部长，中共福建省委副书记兼省委党校校长，福建省政协副主席，高级编辑。全国第八、九届人大代表。

（纪港华）

编辑：林丹英

国民经济和社会发展结构指标

单位：%

项目	1978	1990	2000	2010	2018	2019
一、人口						
(一)性别结构						
男	51.7	51.4	51.5	51.4	51.2	50.9
女	48.3	48.6	48.5	48.6	48.8	49.1
(二)城乡结构						
城镇			42.0	57.1	65.8	66.5
乡村			58.0	42.9	34.2	33.5
二、就业产业结构						
第一产业	75.1	58.4	46.8	28.4	21.0	19.7
第二产业	13.4	20.6	24.5	36.6	35.2	32.7
第三产业	11.5	21.1	28.7	35.0	43.8	47.6
三、国民经济核算						
地区生产总值产业结构						
第一产业	36.0	28.1	16.4	8.5	6.1	6.1
第二产业	42.5	33.4	43.1	51.4	48.7	48.6
第三产业	21.5	38.4	40.5	40.2	45.2	45.3
四、固定资产投资						
(一)产业结构						
第一产业				1.6	2.0	1.8
第二产业				35.8	28.3	30.5
第三产业				62.6	69.7	67.7
(二)登记注册类型结构						
＃国有企业				32.9	15.7	13.2
集体企业				2.8	1.7	1.0
私营企业				24.5	33.5	32.3
外商及港澳台投资企业				13.3	5.6	6.0
五、能源						
能源消费结构						
＃煤炭	63.7	67.0	54.4	55.4	48.4	47.3
石油	12.9	12.1	23.3	24.8	22.5	23.0
天然气				4.2	5.1	4.8
水电	23.4	20.9	22.3	15.2	7.4	9.6
核电					14.6	13.5
六、农业						
(一)农林牧渔业产值结构						
农业	77.7	52.1	40.6	40.4	39.1	38.3
林业	6.4	9.5	7.9	8.5	9.2	9.0
牧业	10.5	22.9	20.1	18.6	17.0	19.7
渔业	5.5	15.6	31.4	28.8	31.2	29.4
农林牧渔服务业				3.7	3.5	3.6
(二)农作物播种面积						
粮食作物	81.9	75.8	65.5	55.3	51.4	49.9
非粮作物	19.1	24.2	34.5	44.7	48.6	50.1

续表

项目	1978	1990	2000	2010	2018	2019
七、工业						
规模以上工业企业资产结构						
大型企业			22.0	23.7	40.1	38.5
中型企业			13.5	40.9	28.2	27.9
小微企业			64.5	35.4	31.7	33.6
八、建筑业						
建筑业总产值结构						
国有企业	56.8	41.1	48.6	14.6	5.3	5.6
集体企业	39.9	34.7	33.0	2.0	1.1	1.3
港澳台商投资企业				1.1	0.3	0.2
外商投资企业				0.08	0.03	0.01
其他				82.2	93.3	92.8
九、交通运输业						
(一)货运量结构						
铁路	25.9	9.4	8.4	5.7	2.6	3.1
公路	54.8	82.2	77.8	68.9	70.5	65.3
水运	19.1	8.4	13.8	25.4	26.9	31.6
民航			0.020	0.024	0.020	0.021
(二)客运量结构						
铁路	9.1	3.1	3.2	4.7	23.5	25.8
公路	79.3	92.8	94.3	91.7	66.3	63.2
水运	11.7	4.0	1.6	1.9	3.7	3.7
民航	0.0	0.1	0.8	1.8	6.5	7.3
十、国内贸易						
社会消费品零售总额结构						
按销售单位所在地分组						
城镇				86.8	86.8	86.6
乡村				13.2	13.2	13.4
按商品形态分						
餐饮收入额					10.9	11.0
商品零售额					89.1	89.0
十一、海关货物进出口						
(一)进口货物总额						
初级产品			12.3	27.5	46.5	56.1
工业制成品			87.7	72.5	53.5	43.9
(二)出口货物总额						
初级产品			10.6	7.4	9.4	8.3
工业制成品			89.4	92.6	90.6	91.7
十二、国际旅游						
来华旅游人数结构						
外国人		14.9	30.8	31.3	38.2	38.9
台湾同胞		51.3	29.6	42.6	40.3	40.5
港澳同胞		33.9	39.5	26.1	21.5	20.6
十三、科技						
(一)研究与试验发展经费来源						
#政府资金			14.6	10.3	10.7	11.1
企业资金			74.5	86.9	86.6	86.9
国外资金			1.7	0.8	0.2	
(二)研究与试验发展经费支出						
基础研究			3.1	2.5	3.9	4.8
应用研究			6.7	5.6	7.4	6.7
试验发展			86.4	92.0	88.8	88.5
十四、居民消费						
(一)城镇居民消费结构						
食品烟酒			44.7	39.3	32.0	30.8
衣着			8.7	8.7	5.5	5.4
居住			9.4	10.9	27.4	28.9
生活用品及服务			8.6	6.6	5.4	5.0
交通通信			8.6	14.9	12.9	12.0
教育文化娱乐服务			10.4	12.1	9.7	9.9
医疗保健			4.7	4.2	4.9	5.5
其他用品及服务			4.9	3.4	2.2	2.5
(二)农村居民消费结构						
食品烟酒			48.7	46.1	35.7	35.5
衣着			4.9	5.6	4.5	4.8
居住			14.6	15.7	24.4	23.3
生活用品及服务			4.6	5.3	5.1	5.0
交通通信			8.6	11.6	12.2	11.7
教育文化娱乐服务			10.6	8.4	9.1	9.9
医疗保健			3.6	4.6	6.8	7.4
其他用品及服务			4.6	2.6	2.1	2.4

国民经济和社会发展总量及速度指标

项　目	总量指标						平均增长速度(%)				2019年比上年增长(%)
	1978	1990	2000	2010	2018	2019	1979—2019	1991—2019	2001—2019	2011—2019	
人口与就业											
年末总人口(万人)	2446	3037	3410	3693	3941	3973	1.19	0.93	0.81	0.82	0.81
#城镇人口		642	1432	2109	2593	2642		5.00	3.28	2.54	1.89
年末从业人员(万人)	924.41	1348.38	1660.19	2241.59	2791.37	2781.26	2.72	2.53	2.75	2.43	−0.36
城镇登记失业人员(万人)	20.82	9.00	9.10	14.49	17.33	16.81	−0.52	2.18	3.28	1.66	−3.00
城镇单位在岗职工平均工资(元)	567	2162	10584	32647	76266	84374	12.98	13.47	11.55	11.13	10.63
国民经济核算											
地区生产总值(亿元)	66.37	522.28	3764.54	15002.51	38687.77	42395.00	12.1	12.3	11.0	9.5	7.6
第一产业	23.93	147.01	616.37	1269.87	2379.02	2596.23	5.4	4.8	3.2	3.4	3.5
第二产业	28.19	174.47	1622.33	7705.25	18847.75	20581.74	14.6	15.2	12.9	10.6	8.3
第三产业	14.25	200.80	1525.83	6027.39	17461.00	19217.03	12.4	11.5	10.5	9.2	7.3
主要行业											
工业	23.85	150.55	1422.34	6532.27	14781.03	16170.45	15.0	15.5	13.0	10.8	8.7
建筑业	4.34	23.92	206.11	1201.07	4131.38	4482.03	8.6	12.8	12.1	10.0	6.4
人均地区生产总值(元)	273	1763	11194	40773	98542	107139	10.8	11.2	10.0	8.7	6.7
固定资产投资											
固定资产投资(亿元)	9.45	90.51	995.38	8067.33			21.8	22.3	19.8	16.1	5.9
项目投资		77.04	788.01	6248.48				22.1	20.0	16.8	2.3
房地产投资		13.47	207.37	1818.86	4940.34	5673.13		23.2	19.0	13.5	14.8
能源生产与消费											
一次能源生产总量(万吨标准煤)	461.00	966.52	1654.17	3260.42	4083.65	4353.87	5.6	5.3	5.2	3.3	6.6
能源消费总量(万吨标准煤)	688.00	1458.30	2942.60	9189.42	13131.01	13718.31	7.6	8.0	8.4	4.6	4.5
财政											
一般公共预算总收入(亿元)	15.13	57.06	369.67	2056.01	5045.49	5147.25	15.3	16.8	14.9	10.7	2.0
地方一般公共预算收入(亿元)			234.11	1151.49	3007.41	3052.93			14.5	11.4	1.5
一般公共预算支出(亿元)	15.14	68.45	324.18	1695.09	4832.69	5077.93	15.2	16.0	15.6	13.0	5.1
金融											
金融机构人民币各项存款余额(亿元)	25.95	359.45	3114.32	18309.45	44677.70	48754.92	20.2	18.4	15.6	11.5	9.1
#财政存款			39.59	678.08	1305.78	1017.18			18.6	4.6	−22.1
金融机构人民币各项贷款余额(亿元)	31.43	381.93	2438.82	15231.36	45173.87	51396.64	19.8	18.4	17.4	14.5	13.8
#短期贷款			1728.01	6594.50	14726.54	16552.98			12.6	10.8	12.4
中长期贷款			510.32	8372.64	28439.09	32205.10			24.4	16.1	13.2
保险公司赔款及给付金额(亿元)			17.76	102.90	346.27	364.19			17.2	15.1	5.2
价格指数(上年=100)											
居民消费价格指数	100.2	99.3	102.1	103.2	101.5	102.6	4.7	3.7	2.0	2.3	2.6
工业生产者出厂价格指数			100.5	103.2	102.8	100.6			0.2	0.3	0.6
工业生产者购进价格指数			112.4	107.7	102.8	99.0			2.2	0.3	−1.0
固定资产投资价格指数			100.2	103.3	104.9	101.5		3.6	1.9	1.9	1.5
农业											
农林牧渔业总产值(亿元)	36.33	227.12	1037.27	2226.41	4229.52	4636.56	5.8	5.4	3.4	3.5	3.6
主要农产品产量(万吨)											
粮食	744.90	879.64	854.68	584.65	498.58	493.90	−1.0	−2.0	−2.8	−1.9	−0.9
油料	13.80	17.66	25.79	22.08	21.24	22.03	1.1	0.8	−0.8	0.0	3.7
甘蔗	288.03	344.28	82.71	55.69	26.13	26.25	−5.7	−8.5	−5.9	−8.0	0.5
烤烟	1.23	4.26	9.14	11.52	10.68	9.40	5.1	2.8	0.1	−2.2	−12.0
茶叶	2.03	5.82	12.60	25.83	41.83	43.99	7.8	7.2	6.8	6.1	5.2
园林水果	10.10	75.78	356.44	495.03	639.82	681.61	10.8	7.9	3.5	3.6	6.5

续表

项目	总量指标						平均增长速度(%)				2019年比上年增长(%)
	1978	1990	2000	2010	2018	2019	1979—2019	1991—2019	2001—2019	2011—2019	
肉类	24.27	71.83	145.92	192.61	256.06	255.15	5.9	4.5	3.0	3.2	−0.4
禽蛋		12.94	40.69	30.54	44.32	48.58		4.7	0.9	5.3	9.6
奶类	0.93	4.87	9.91	13.24	14.31	14.99	7.0	4.0	2.2	1.4	4.8
水产品	54.44	145.59	527.89	587.42	782.12	814.58	6.8	6.1	2.3	3.7	4.2
食用菌		18.24	46.25	76.27	126.28	133.36		7.1	5.7	6.4	5.6
造林面积(万亩)	292.07	455.87	36.75	44.81	9.78	14.97	−7.0	−11.1	−4.6	−11.5	53.1
工业											
工业总产值(亿元)	63.14	531.49	3994.86	23805.32	57732.35	63172.56	17.6	18.1	14.9	11.3	8.8
规模以上工业主要产品产量											
原煤(万吨)	423.05	925.37	375.03	2442.73	918.87	831.72	1.7	−0.4	4.3	−11.3	−9.5
原盐(万吨)	94.67	67.21	28.37	33.39	23.00	21.83	−3.5	−3.8	−1.4	−4.6	−5.1
罐头(万吨)	4.10	14.41	26.78	203.21	316.18	297.96	11.0	11.0	13.5	4.3	−5.8
布(亿米)	1.12	2.26	5.59	31.20	107.94	102.75	11.7	14.1	16.6	14.2	−4.8
纱(万吨)	1.84	5.48	14.36	184.74	569.21	580.91	15.1	17.4	21.5	13.6	2.1
机制纸及纸板(万吨)	20.08	52.09	85.07	432.06	771.41	805.13	9.4	9.9	12.6	7.2	4.4
农用化肥(万吨)	16.40	43.64	61.38	57.87	68.16	90.27	4.2	2.5	2.1	5.1	32.4
烧碱(万吨)	4.32	8.70	15.64	20.11	37.06	38.98	5.5	5.3	4.9	7.6	5.2
水泥(万吨)	120.45	540.04	1513.64	5921.20	8783.18	9443.13	11.2	10.4	10.1	5.3	7.5
平板玻璃(万重量箱)	43.59	66.06	479.87	2765.35	4949.48	5113.94	12.3	16.2	13.3	7.1	3.3
生铁(万吨)	26.57	62.60	149.37	558.81	982.31	1038.08	9.4	10.2	10.7	7.1	5.7
钢材(万吨)	13.82	56.28	283.79	1340.56	2915.94	3737.66	14.6	15.6	14.5	12.1	28.2
彩色电视机(万台)		123.14	204.19	903.10	979.49	790.85		6.6	7.4	−1.5	−19.3
微型电子计算机(万台)			88.77	738.27	1183.63	2192.40			18.4	12.9	85.2
汽车(万辆)	0.09	0.07	2.96	19.50	23.95	16.95	13.6	20.8	9.6	−1.5	−29.2
发电量(亿千瓦小时)	40.69	136.65	403.73	1356.32	2342.54	2406.44	10.5	10.4	9.9	6.6	2.7
规模以上工业企业主要经济指标(亿元)											
资产总计			3368.64	16058.70	36858.81	39551.81			13.8	10.5	7.3
主营业务收入		352.56	2468.69	21479.37	50640.07	56787.62		19.2	17.9	11.4	12.1
利润总额	6.75	16.09	110.80	1754.18	4180.27	4326.54	17.1	21.3	21.3	10.6	3.5
建筑业											
建筑业企业从业人员(万人)	4.54	30.98	41.37	229.57	488.76	457.00	11.9	9.7	13.5	7.9	−6.5
建筑业总产值(亿元)	3.31	32.54	271.15	3062.17	11941.56	13164.44	22.4	23.0	22.7	17.6	10.2
房屋施工面积(万平方米)	416.57	969.35	4085.40	28406.86	72704.00	76606.34	13.6	16.3	16.7	11.7	5.4
房屋竣工面积(万平方米)	183.40	499.30	1729.00	9095.78	17644.24	17810.53	11.8	13.1	13.1	7.8	0.9
交通运输邮电											
铁路营业里程(公里)	1009	1021	1454	2110	3509	3509	3.1	4.3	4.7	5.8	0.0
公路通车里程(公里)	29109	41011	53506	91015	108901	109785	3.3	3.5	3.9	2.1	0.8
#高速公路			351	2351	5155	5347			15.4	9.6	3.7
内河通航里程(公里)	3629	3888	3701	3245	3245	3245	−0.3	−0.6	−0.7	0.0	0.0
客运量(万人)	7928	39495	44203	77153	51435	49379	4.6	0.8	0.6	−4.8	−4.0
铁路	718	1234	1428	3640	12096	12741	7.3	8.4	12.2	14.9	5.3
公路	6285	36639	41696	70714	34081	31199	4.0	−0.6	−1.5	−8.7	−8.5
水运	924	1567	726	1444	1929	1821	1.7	0.5	5.0	2.6	−5.6
民航	1	55	353	1356	3330	3618	21.7	15.5	13.0	11.5	8.7
货运量(万吨)	4871	20321	29483	66159	136974	133693	8.4	6.7	8.3	8.1	−2.4
铁路	1261	1902	2475	3765	3518	4086	2.9	2.7	2.7	0.9	16.1
公路	2671	16710	22924	45575	96576	87317	8.9	5.9	7.3	7.5	−9.6
水运	929	1708	4078	16803	36854	42263	9.8	11.7	13.1	10.8	14.7
民航	0.02	0.83	5.84	15.81	26.98	27.71	19.3	12.9	8.5	6.4	2.7

续表

项目	总量指标						平均增长速度(%)				2019年比上年增长(%)
	1978	1990	2000	2010	2018	2019	1979—2019	1991—2019	2001—2019	2011—2019	
沿海主要港口货物吞吐量(万吨)	408.13	1496.50	6944.17	32687.01	55806.88	59483.99	12.9	13.5	12.0	6.9	6.6
邮电业务											
函件(万件)	8790	16228	24163	25198	9301	4755	−1.5	−4.1	−8.2	−16.9	−48.9
移动电话年末用户(万户)			441.00	3022.00	4553.52	4720.32			13.3	5.1	3.7
固定电话年末用户(万户)	5.88	22.82	562.70	1046.00	732.73	763.71	12.6	12.9	1.6	−3.4	4.2
国内贸易											
社会消费品零售总额(亿元)	30.56	207.74	1393.93	6015.22	17178.37	18896.83	17.0	16.8	14.7	13.6	10.0
进出口											
海关进出口总额(亿美元)	2.03	43.39	212.23	1087.80	1875.76	1930.86	18.2	14.0	12.3	6.6	2.9
出口总额	1.90	24.49	129.08	714.93	1156.85	1201.83	17.0	14.4	12.5	5.9	3.9
进口总额	0.13	18.90	83.15	372.87	718.90	729.03	23.4	13.4	12.1	7.7	1.4
旅游											
接待入境游客人数(万人次)		70.79	161.33	368.14	901.24	958.28		9.4	9.8	11.2	6.3
外国人		10.54	49.75	115.27	344.19	373.23		13.1	11.2	13.9	8.4
台湾同胞		36.28	47.79	156.92	363.50	387.64		8.5	11.6	10.6	6.6
港澳同胞		23.97	63.80	95.94	193.55	197.40		7.5	6.1	8.3	2.0
国际旅游外汇收入(亿美元)			8.94	29.78	90.92	102.43			13.7	14.7	12.7
教育											
在校学生数(万人)											
普通高等学校	2.05	5.56	13.14	64.78	77.24	86.12	9.5	9.9	10.4	3.2	11.5
普通中等学校	119.98	120.69	269.46	260.22	233.77	242.69	1.7	2.4	−0.5	−0.8	3.8
普通小学	370.23	337.08	369.10	238.89	321.39	334.40	−0.2	0.0	−0.5	3.8	4.1
科技											
研究与试验发展经费内部支出(亿元)			21.19	170.90	642.79	753.75			20.7	17.9	17.3
技术市场成交额(亿元)		0.44	17.26	38.12	110.95	145.94		22.2	11.9	16.1	31.5
专利情况(项)											
申请量		540	4211	21994	166610	153279		21.5	20.8	24.1	−8.0
授权量		276	3003	18063	102622	98955		22.5	20.2	20.8	−3.6
发明专利拥有量				3295	38522	43791				33.3	13.7
文化											
图书出版总印数(万份)	6818	16312	20298	7749	11461	14385	1.8	−0.4	−1.8	7.1	25.5
期刊出版总印数(万份)	388	3157	4463	2940	2481	2158	4.3	−1.3	−3.8	−3.4	−13.0
报纸出版总印数(万份)	14784	41455	68897	99982	78555	73810	4.0	2.0	0.4	−3.3	−6.0
电视节目制作时间(小时)			16519	55424	62379	70246			7.9	2.7	12.6
公共图书馆(座)	23	74	81	86	91	93	3.5	0.8	0.7	0.9	2.2
博物馆(个)	13	58	81	94	128	130	5.8	2.8	2.5	3.7	1.6
居民生活											
城镇居民人均可支配收入(元)	371	1749	7432	21781	42121	45620	12.5	11.9	10.0	8.6	8.3
城镇居民人均消费支出(元)	285	1431	5639	14750	28145	30946	12.1	11.2	9.4	8.6	10.0
城镇居民人均住房建筑面积(平方米)		18.1	28.0	38.5	43.1	43.5		3.1	2.3	1.4	0.9
农村居民人均可支配(纯)收入(元)	138	764	3230	7427	17821	19568	12.9	11.8	9.9	11.4	9.8
农村居民人均生活消费支出(元)	113	708	2410	5498	14943	16281	12.9	11.4	10.6	12.8	9.0
卫生											
卫生机构数(个)	3809	4885	9807	6999	9308	10192	2.4	2.6	0.2	4.3	9.5
#医院、卫生院	1111	1198	1323	1325	1522	1560	0.8	0.9	0.9	1.8	2.5
卫生技人员数(人)	54855	86772	97569	140133	247346	263427	3.9	3.9	5.4	7.3	6.5
医生	22097	35696	41461	55402	91100	99532	3.7	3.6	4.7	6.7	9.3
卫生机构床位数(张)	51505	68073	90091	112334	192513	202374	3.4	3.8	4.4	6.8	5.1
#医院、卫生院	45331	60664	82389	103933	178757	188416	3.5	4.0	4.4	6.8	5.4

主要年份地区生产总值

单位：亿元

年份	地区生产总值	第一产业	第二产业	第三产业	工业	建筑业	人均GDP（元）
1952	12.73	8.39	2.42	1.92	2.17	0.25	102
1957	22.03	12.31	5.20	4.52	4.23	0.97	154
1962	22.12	10.26	5.12	6.74	4.00	1.12	137
1965	28.81	13.48	8.31	7.02	6.55	1.76	166
1970	34.70	15.34	10.64	8.72	8.56	2.08	173
1975	46.48	19.43	17.81	9.24	14.29	3.52	203
1978	66.37	23.93	28.19	14.25	23.85	4.34	273
1979	74.11	27.97	31.37	14.77	26.20	5.17	300
1980	87.06	31.95	35.68	19.43	29.55	6.13	348
1981	105.62	39.30	39.75	26.57	33.16	6.59	416
1982	117.81	44.24	42.92	30.65	35.25	7.67	457
1983	127.76	47.27	46.05	34.44	37.76	8.29	487
1984	157.06	55.72	56.39	44.95	44.47	11.92	591
1985	200.48	68.13	72.56	59.79	62.09	10.47	737
1986	222.54	72.24	82.19	68.11	67.06	15.13	809
1987	279.24	89.24	101.28	88.72	82.69	18.59	999
1988	383.21	118.16	141.82	123.23	120.45	21.37	1349
1989	458.40	135.77	163.82	158.81	142.45	21.37	1589
1990	522.28	147.01	174.47	200.80	150.55	23.92	1763
1991	619.87	168.64	217.74	233.49	188.29	29.45	2041
1992	784.68	188.70	290.56	305.42	241.78	49.82	2533
1993	1114.20	246.25	454.15	413.80	381.95	73.84	3556
1994	1644.39	351.24	718.31	574.84	618.06	102.91	5193
1995	2094.90	449.77	879.12	766.01	748.92	133.42	6536
1996	2484.25	519.84	1022.88	941.53	875.50	151.14	7658
1997	2870.90	556.45	1210.34	1104.11	1039.62	175.19	8775
1998	3159.91	586.99	1330.18	1242.75	1132.79	202.26	9603
1999	3414.19	607.07	1429.01	1378.11	1230.22	204.08	10323
2000	3764.54	616.37	1622.33	1525.83	1422.34	206.11	11194
2001	4072.85	624.15	1796.68	1652.02	1586.48	217.02	11883
2002	4467.55	659.51	2029.19	1778.85	1808.95	228.02	12910
2003	4999.59	682.06	2329.67	1987.86	2059.30	279.24	14330
2004	5712.08	762.85	2738.71	2210.52	2422.22	326.91	16248
2005	6415.47	792.53	3095.92	2527.02	2744.68	363.03	18107
2006	7468.57	828.83	3629.68	3010.06	3189.45	453.94	20915
2007	9325.62	951.21	4521.78	3852.63	3956.44	582.36	25915
2008	10931.80	1096.10	5386.98	4448.72	4676.93	730.16	30153
2009	12418.09	1108.80	6129.07	5180.22	5218.63	932.88	33999
2010	15002.51	1269.87	7705.25	6027.39	6532.27	1201.07	40773
2011	17917.70	1492.21	9316.55	7108.94	7823.21	1526.98	48341
2012	20190.73	1628.94	10527.00	8034.79	8711.23	1853.23	54073
2013	22503.84	1745.18	11805.50	8953.16	9650.19	2196.81	59835
2014	24942.07	1855.85	13165.07	9921.15	10682.19	2528.81	65810
2015	26819.46	1932.84	13735.68	11150.94	11008.70	2774.37	70162
2016	29609.43	2145.10	14683.72	12780.61	11711.98	3022.46	76778
2017	33842.44	2215.12	16290.02	15337.30	12864.85	3481.15	86943
2018	38687.77	2379.02	18847.75	17461.00	14781.03	4131.38	98542
2019	42395.00	2596.23	20581.74	19217.03	16170.45	4482.03	107139

主要年份地区生产总值指数

单位：以 1952 年为 100

年 份	地区生产总值	第一产业	第二产业	第三产业	工 业	建筑业	人均 GDP
1952	100.0	100.0	100.0	100.0	100.0	100.0	100.0
1957	172.0	137.1	226.0	233.3	200.7	452.0	150.0
1962	159.8	86.4	259.5	317.5	193.1	885.4	122.3
1965	215.1	132.1	363.8	348.9	319.7	759.5	153.2
1970	255.9	146.5	480.3	400.0	425.5	969.2	157.4
1975	331.5	171.0	810.3	423.9	723.4	1495.8	179.7
1978	451.2	188.5	1207.1	698.2	1197.8	1095.1	229.5
1979	476.1	197.7	1324.7	690.9	1282.1	1505.1	238.3
1980	563.9	225.3	1564.4	868.4	1455.1	2334.6	279.3
1981	651.1	244.4	1725.4	1183.8	1655.8	2124.0	318.2
1982	711.6	261.1	1866.4	1351.6	1731.0	2865.6	342.1
1983	755.3	273.2	2002.4	1439.1	1858.8	3057.8	357.2
1984	890.7	300.8	2408.9	1788.3	2321.9	2865.6	415.3
1985	1047.5	316.7	2968.2	2207.8	2884.7	3318.8	477.4
1986	1107.3	323.4	3354.0	2194.6	3033.9	5873.0	498.8
1987	1257.9	357.5	3689.9	2674.7	3554.0	4426.5	557.7
1988	1437.6	366.7	4616.0	2933.4	4716.4	2993.7	627.7
1989	1549.3	402.3	4842.1	3246.6	5118.2	1533.5	665.9
1990	1665.8	409.0	5233.3	3615.6	5595.3	975.0	696.9
1991	1902.8	446.1	6384.1	4030.9	6919.7	1084.3	776.4
1992	2288.8	492.8	8205.4	4835.4	8776.3	1524.9	924.1
1993	2806.1	539.1	11118.3	5710.6	12207.8	1720.1	1120.0
1994	3375.7	589.3	14720.7	6453.0	16334.1	2098.5	1332.8
1995	3868.6	645.2	17237.9	7362.9	18980.2	2627.3	1508.7
1996	4383.1	702.0	19685.7	8430.5	21827.2	2827.0	1688.3
1997	4996.7	758.2	22835.4	9644.5	25385.1	3205.8	1907.8
1998	5536.3	809.0	25644.1	10676.4	28532.8	3577.7	2102.4
1999	6084.4	855.1	28541.9	11722.7	32070.9	3645.7	2297.9
2000	6650.3	877.3	31681.5	12883.3	35951.5	3660.3	2470.2
2001	7228.9	908.0	34913.0	14081.4	39834.2	3865.2	2635.7
2002	7966.2	932.6	39731.0	15362.8	45849.2	4027.6	2875.6
2003	8882.3	963.3	45929.1	16868.4	52910.0	4740.5	3180.4
2004	9894.9	1005.7	53139.9	18335.9	61534.3	5280.9	3517.5
2005	11042.7	1032.9	59676.1	20829.6	69164.5	5893.4	3893.9
2006	12688.1	1041.1	69701.7	24349.8	80300.0	7160.5	4439.0
2007	14604.0	1071.3	82387.4	27880.5	95075.2	8334.9	5069.3
2008	16487.9	1115.2	94910.3	31281.9	109431.6	9635.1	5682.7
2009	18515.9	1152.0	108102.9	35129.6	123876.6	11446.5	6336.2
2010	21089.6	1187.8	127777.6	38853.3	146174.4	13655.7	7166.3
2011	23683.7	1224.6	148605.3	42427.9	170877.8	15471.9	7990.4
2012	26407.3	1271.1	170004.5	46331.2	194629.9	18148.5	8845.4
2013	29312.1	1310.5	192445.1	50640.0	219542.5	20889.0	9747.6
2014	32214.0	1357.7	215346.1	54741.9	246107.1	23186.7	10634.7
2015	35081.0	1401.1	234081.2	60270.8	267026.2	25505.4	11485.4
2016	38027.8	1443.2	250935.0	66900.6	286252.1	27290.8	12346.8
2017	41108.1	1496.6	269002.4	73590.6	309152.3	28409.7	13223.5
2018	44520.1	1547.5	292674.6	79919.4	337594.3	30370.0	14202.0
2019	47903.6	1601.6	316966.6	85753.5	366965.0	32313.7	15153.5

农林牧渔业总产值和指数

年份	农林牧渔业总产值(亿元)					农林牧渔业总产值指数(1952年=100)				
	总产值	#农业	#林业	#牧业	#渔业	总指数	#农业	#林业	#牧业	#渔业
1952	11.07	8.44	0.65	1.42	0.56	100.0	100.0	100.0	100.0	100.0
1957	17.05	11.32	2.16	2.35	1.22	143.8	126.6	283.6	165.0	189.6
1962	14.81	11.23	0.63	1.75	1.20	93.6	94.5	91.7	69.8	142.2
1965	18.80	13.50	1.23	2.84	1.23	140.4	130.7	188.5	162.6	175.8
1970	21.12	15.49	1.49	2.66	1.48	153.6	147.4	186.8	152.3	213.3
1975	27.06	20.45	1.86	3.24	1.51	181.6	166.0	249.8	209.6	237.0
1978	36.33	28.22	2.31	3.82	1.98	217.3	204.2	280.3	216.8	282.8
1979	43.11	29.29	3.27	7.00	3.55	232.0	214.5	301.1	257.0	304.1
1980	45.49	31.13	3.41	7.38	3.57	244.0	227.8	313.6	260.3	305.7
1981	56.11	37.93	4.62	8.75	4.81	258.2	239.4	366.3	276.5	312.2
1982	63.73	42.74	4.90	10.38	5.71	277.8	257.5	382.4	300.2	343.6
1983	68.08	44.11	5.57	11.48	6.92	292.0	259.8	447.7	339.8	403.8
1984	80.66	50.81	7.07	14.39	8.39	332.6	286.6	593.6	410.9	447.4
1985	99.05	59.34	9.13	19.62	10.96	360.6	302.9	644.5	478.7	515.5
1986	107.07	60.76	10.29	22.02	14.00	368.7	300.3	642.8	529.3	581.8
1987	132.97	72.08	13.57	27.75	19.57	402.1	324.6	703.0	553.0	722.2
1988	182.00	94.08	17.50	39.65	30.77	433.1	341.2	789.5	609.7	826.0
1989	209.92	108.10	18.41	51.95	31.46	461.4	360.9	834.4	646.9	926.3
1990	227.12	118.31	21.54	51.93	35.34	478.9	368.4	911.6	675.4	991.7
1991	253.51	133.34	25.40	54.36	40.40	517.7	398.6	974.0	722.0	1089.9
1992	295.24	150.64	29.21	61.75	53.63	560.7	424.1	1076.1	784.1	1212.8
1993	386.34	190.28	36.39	74.86	84.82	621.8	453.6	1220.0	838.2	1482.3
1994	574.05	260.69	46.95	113.35	153.06	710.1	493.1	1370.9	950.5	1882.9
1995	738.63	340.48	59.24	144.45	194.47	806.7	547.3	1510.7	1062.7	2288.2
1996	850.67	383.18	66.94	165.50	235.05	893.0	599.8	1654.2	1122.2	2613.1
1997	925.56	391.30	75.80	193.66	264.80	1002.8	645.4	1819.6	1268.1	3138.3
1998	973.37	410.96	78.35	200.18	283.78	1064.0	667.3	1874.2	1373.4	3439.6
1999	1010.82	425.19	80.16	201.99	303.48	1132.1	726.7	1932.3	1421.5	3642.5
2000	1037.27	420.98	82.29	208.18	325.82	1167.6	714.3	2046.2	1499.1	3907.6
2001	1061.61	433.25	82.34	215.50	330.52	1213.7	752.0	2021.9	1556.7	4073.3
2002	1125.29	450.75	78.49	213.08	332.92	1256.2	775.3	2064.4	1623.6	4236.2
2003	1170.54	461.72	79.25	234.54	341.40	1284.4	786.8	2095.5	1691.1	4307.6
2004	1315.10	514.53	86.18	284.86	374.26	1326.3	807.9	2217.0	1773.1	4438.7
2005	1373.01	552.74	96.92	266.81	396.78	1368.8	820.7	2383.3	1874.9	4539.3
2006	1449.78	602.00	105.78	266.75	410.75	1389.6	833.0	2500.1	1891.7	4554.2
2007	1672.67	670.95	120.81	342.47	468.06	1435.6	860.9	2696.7	1878.0	4754.9
2008	1931.36	731.60	150.00	439.87	534.94	1496.3	883.7	2927.6	1990.4	4965.7
2009	1957.62	776.16	162.59	398.00	543.86	1556.9	907.6	3127.5	2098.4	5159.9
2010	2226.41	899.39	190.13	414.49	640.19	1603.7	914.5	3350.6	2210.6	5325.6
2011	2614.57	1025.03	239.00	527.12	733.83	1653.8	938.9	3589.4	2290.9	5443.2
2012	2843.47	1119.42	258.06	533.56	836.57	1713.8	960.0	3703.6	2442.9	5630.8
2013	3057.36	1196.59	296.02	558.67	902.18	1777.1	982.5	3911.8	2573.9	5832.3
2014	3247.11	1307.63	326.31	574.60	926.08	1843.4	1017.5	4136.9	2636.9	6054.3
2015	3399.30	1358.58	317.70	633.83	967.02	1905.9	1051.9	4315.3	2649.0	6324.7
2016	3784.24	1474.49	318.28	768.11	1091.29	1965.6	1068.5	4484.7	2782.5	6540.0
2017	3947.16	1527.00	327.73	750.49	1202.05	2039.3	1110.3	4667.9	2841.9	6827.0
2018	4229.52	1653.45	389.00	718.42	1318.20	2110.9	1162.7	4860.7	2781.0	7173.8
2019	4636.56	1774.77	417.33	914.39	1361.68	2187.1	1209.1	5062.1	2796.3	7485.6

注：1. 2003年起采用国民经济行业分类GB/T 4754—2002，其他年份均采用GB/T 4754—94。2. 2007—2017年数据根据2016年农普结果进行了调整。

房地产开发企业（单位）投资和销售情况

年 份	本年完成投资（亿元）	#住 宅	商品房销售额（亿元）	#住 宅	商品房销售面积（万平方米）	#住 宅
1986	3.57				73.14	
1987	3.25				51.33	
1988	7.13				92.88	
1989	11.01				102.55	
1990	13.47				107.79	
1991	21.07		9.16		111.44	
1992	41.03		16.77		134.99	
1993	60.93		26.61		248.91	
1994	101.98	69.96	39.37	26.03	241.31	188.96
1995	151.37	88.51	66.16	46.14	368.65	309.44
1996	151.69	75.29	48.59	37.61	273.51	234.28
1997	148.33	72.49	83.50	62.04	426.88	346.14
1998	165.63	85.44	105.10	78.71	515.20	441.67
1999	178.62	105.08	123.75	92.54	599.68	511.64
2000	207.37	125.07	168.96	119.39	810.65	675.73
2001	225.49	145.22	199.08	150.75	987.81	843.00
2002	248.99	160.78	225.28	153.95	1047.05	882.92
2003	362.07	237.67	287.16	222.46	1250.10	1083.79
2004	477.79	308.45	354.47	281.26	1384.83	1224.61
2005	540.39	363.72	605.09	481.90	1913.84	1720.56
2006	787.36	511.68	807.46	637.34	2021.69	1743.39
2007	1132.49	778.39	1134.53	938.33	2421.97	2096.39
2008	1129.09	735.93	712.61	562.26	1625.67	1250.00
2009	1136.35	743.27	1477.83	1299.09	2723.23	2420.83
2010	1818.86	975.13	1611.32	1300.13	2575.62	2139.26
2011	2402.61	1591.56	2101.58	1649.34	2706.72	2213.30
2012	2824.12	1751.98	2817.70	2293.90	3258.94	2741.96
2013	3702.97	2402.08	4232.08	3410.57	4676.16	3957.46
2014	4567.40	2917.17	3763.52	2939.58	4119.48	3324.10
2015	4469.61	2864.95	3585.81	2839.76	4037.76	3315.69
2016	4588.83	2999.29	4530.79	3793.41	4915.35	4134.46
2017	4794.23	3236.51	5705.19	4202.00	5854.05	4526.13
2018	4940.34	3456.86	6579.49	5074.52	6213.40	4781.58
2019	5673.13	4076.31	6938.79	5685.25	6456.13	5073.73

房地产开发投资完成情况

年　份	企业个数（个）	本年完成投资（亿元）	施工面积（万平方米）	竣工面积（万平方米）	商品房销售面积（万平方米）	商品房销售额（亿元）
1986	102	3.57	220.84	133.25	73.14	
1987	118	3.25	216.38	98.74	51.33	
1988	174	7.13	368.04	154.12	92.88	
1989	168	11.01	413.56	183.73	102.55	
1990	190	13.47	427.57	193.92	107.79	
1991	241	21.07	561.56	215.98	111.44	9.16
1992	391	41.03	842.30	258.48	134.99	16.77
1993	856	60.93	1258.69	307.55	248.91	26.61
1994	1279	101.98	1889.94	470.78	241.31	39.37
1995	1256	151.37	2506.77	732.63	368.65	66.16
1996	1407	151.69	2283.80	526.28	273.51	48.59
1997	1465	148.33	2401.24	662.77	426.88	83.50
1998	1783	165.63	2748.79	578.74	515.20	105.10
1999	1909	178.62	3166.96	788.82	599.68	123.75
2000	1922	207.37	3422.88	1009.36	810.65	168.96
2001	1941	225.49	3717.31	1280.79	987.81	199.08
2002	1869	248.99	4114.64	1323.49	1047.05	225.28
2003	1900	362.07	4891.04	1362.95	1250.10	287.16
2004	2433	477.79	5795.69	1523.91	1384.83	354.47
2005	2596	540.39	6107.75	1576.16	1913.84	605.09
2006	2755	787.36	6992.74	1408.32	2021.69	807.46
2007	2693	1132.49	9651.58	1711.33	2421.97	1134.53
2008	3268	1129.09	11459.72	1906.15	1625.67	712.61
2009	3316	1136.35	11668.17	2240.26	2723.23	1477.83
2010	3634	1818.86	14189.73	2242.47	2575.62	1611.32
2011	3576	2402.61	18937.98	2651.71	2706.72	2101.58
2012	3140	2824.12	21121.50	2232.78	3258.94	2817.70
2013	3187	3702.97	26287.28	3369.76	4676.16	4232.08
2014	3280	4567.40	30051.77	3583.57	4119.48	3763.52
2015	3151	4469.61	30891.14	3436.56	4037.76	3585.81
2016	3177	4588.83	31064.14	3665.25	4915.35	4530.79
2017	3240	4794.23	31939.55	4266.69	5854.05	5705.19
2018	3351	4940.34	32825.97	3739.02	6213.40	6579.49
2019	3519	5673.13	34140.18	2882.29	6456.13	6938.79

城镇居民家庭基本情况

年份	平均每户家庭人口(人)	平均每户就业人数(人)	平均每户就业面(%)	平均每一就业者负担人数(人)	平均每人全年可支配收入(元)	平均每人消费性支出(元)	平均每人住房建筑面积(平方米)
1952					106	96	
1957					165	131	
1959	4.72	1.40	29.7	3.37	206	190	
1962	5.46	1.72	31.5	3.17	203	186	
1963	5.40	1.50	27.8	3.60	207	189	
1964	5.33	1.53	28.8	3.48	211	194	
1965	5.13	1.65	32.2	3.12	217	201	
1966	5.00	1.40	28.0	3.40	223	186	
1975	4.97	2.05	41.3	2.42	333	297	
1978	3.87	2.40	62.0	1.61	371	285	
1980	4.53	2.32	51.2	1.95	450	392	11.3
1981	4.51	2.40	53.2	1.88	452	405	11.7
1982	4.44	2.48	55.9	1.79	520	466	12.1
1983	4.36	2.41	55.3	1.80	573	504	13.2
1984	4.27	2.37	55.5	1.80	582	494	14.3
1985	4.06	2.25	55.4	1.81	733	675	15.3
1986	4.00	2.23	55.8	1.79	929	790	15.7
1987	3.97	2.25	56.6	1.77	1021	893	16.5
1988	3.77	2.10	55.7	1.79	1236	1077	17.2
1989	3.70	2.09	56.5	1.77	1555	1340	17.6
1990	3.64	2.09	57.4	1.74	1749	1431	18.1
1991	3.43	2.00	58.3	1.72	1953	1659	19.5
1992	3.39	2.03	59.9	1.67	2351	1942	20.9
1993	3.35	2.01	60.0	1.67	2923	2418	21.5
1994	3.29	1.92	58.4	1.71	3935	3351	24.1
1995	3.27	1.93	59.0	1.69	4853	4132	24.3
1996	3.25	1.94	59.7	1.68	5574	4568	24.5
1997	3.28	1.96	59.8	1.67	6144	4936	25.6
1998	3.23	1.90	58.8	1.70	6486	5181	26.8
1999	3.22	1.90	59.0	1.69	6860	5267	27.2
2000	3.23	1.80	55.7	1.79	7432	5639	28.0
2001	3.20	1.80	55.3	1.78	8313	6015	28.2
2002	3.13	1.73	55.3	1.81	9189	6632	28.4
2003	3.08	1.72	55.8	1.79	10000	7356	29.8
2004	3.05	1.58	51.8	1.93	11175	8161	31.1
2005	3.04	1.60	52.6	1.90	12321	8794	31.4
2006	3.04	1.64	53.9	1.86	13753	9808	32.1
2007	3.01	1.60	53.2	1.90	15505	11055	33.5
2008	3.14	1.69	53.8	1.86	17961	12501	37.5
2009	3.12	1.72	55.1	1.81	19577	13451	37.5
2010	3.08	1.71	55.5	1.80	21781	14750	38.5
2011	3.12	1.68	53.8	1.86	24907	16661	37.9
2012	3.10	1.68	54.2	1.85	28055	18593	38.2
2013	2.97	1.58	53.2	1.88	28174	20565	38.7
2014	2.99	1.61	53.8	1.86	30722	22204	40.7
2015	3.08	1.59	51.7	1.93	33275	23520	42.5
2016	3.13	1.62	51.8	1.93	36014	25006	42.7
2017	3.14	1.62	51.6	1.94	39001	25980	43.4
2018	2.93	1.53	52.2	1.92	42121	28145	43.1
2019	3.08	1.56	50.6	1.97	45620	30946	43.5

注:2012年及以前为老口径数据。

农村居民家庭基本情况

年　份	调查户数（户）	平均每户常住人口（人）	平均每户整半劳动力（人）	平均每个劳动力负担人口（人）	农村居民人均住房使用面积（平方米）	农村居民人均住房建筑面积（平方米）	农村居民人均可支配（纯）收入（元）	农村居民人均生活消费支出（元）
1952				2.20			69.97	67.52
1957				2.39			112.13	101.60
1962				2.38			154.57	131.36
1965				2.87			128.74	114.15
1970				2.71			120.70	107.87
1978		6.50	2.22	2.92			137.54	112.73
1979		6.38	2.16	2.88			142.20	132.57
1980		6.25	2.06	3.03			171.74	157.67
1981		6.23	2.10	2.97	8.30		231.65	199.25
1982		6.27	2.27	2.76	7.67		268.16	231.14
1983		6.29	2.60	2.42	10.44		301.84	261.86
1984	1820	6.19	2.66	2.32	11.73		344.94	287.87
1985	1820	5.74	2.95	1.94	14.47		396.45	350.57
1986	1820	5.69	2.99	1.90	15.10		418.51	394.10
1987	1820	5.51	3.08	1.82	15.86		484.88	442.83
1988	1820	5.56	3.09	1.80	16.18		613.41	570.73
1989	1820	5.54	3.09	1.79	16.65		697.34	652.58
1990	1820	5.50	3.03	1.81	18.47		764.41	707.97
1991	1820	5.37	3.03	1.77	19.14		850.05	746.99
1992	1820	5.31	3.05	1.74	19.64		984.11	820.74
1993	1820	5.24	3.10	1.69	22.38		1210.51	1069.79
1994	1820	5.17	3.13	1.65	24.62		1577.74	1439.53
1995	1820	4.91	3.02	1.62	22.88		2048.59	1793.68
1996	1820	4.87	2.98	1.63	23.37		2492.49	2033.54
1997	1820	4.77	2.96	1.61	23.74		2785.67	2119.56
1998	1820	4.70	3.00	1.57	24.87		2946.37	2192.35
1999	1820	4.62	2.95	1.56	26.40		3091.39	2252.09
2000	1820	4.24	2.70	1.57	32.14		3230.49	2409.69
2001	1820	4.17	2.68	1.56	33.82		3380.72	2503.07
2002	1820	4.07	2.57	1.58	35.68		3538.74	2583.16
2003	1820	4.08	2.83	1.44	35.96		3733.93	2717.92
2004	1820	4.02	2.71	1.48	38.18		4089.38	3015.22
2005	1820	4.05	2.77	1.47	40.15		4450.36	3292.63
2006	1820	4.03	2.77	1.45	42.35		4834.75	3591.40
2007	1820	4.00	2.77	1.44	44.50		5467.08	4053.47
2008	1820	3.98	2.78	1.43	46.13		6196.07	4661.94
2009	1820	3.98	2.78	1.43	46.76		6680.18	5015.72
2010	1820	3.94	2.77	1.43	47.54		7426.86	5498.33
2011	1820	3.84	2.73	1.40	49.82		8778.55	6540.85
2012	1820	3.84	2.71	1.41	50.80		9967.17	7401.92
2013	1859	3.29	2.22	1.48		63.71	11404.85	9986.15
2014	1848	3.25	2.21	1.47		60.83	12650.19	11055.93
2015	1883	3.20	2.20	1.45		63.48	13792.70	11960.79
2016	1917	3.21	2.24	1.43		66.47	14999.19	12910.84
2017	1940	3.17	2.21	1.43		68.00	16334.79	14003.40
2018	1690	3.03	2.09	1.45		78.90	17821.19	14942.80
2019	1690	3.24	2.17	1.49		76.34	19568.35	16281.35

注：2012年及以前为老口径数据。

2019年居民消费价格指数

单位：以2018年为100

项 目	全 省	城 市	农 村
居民消费价格指数	**102.6**	**102.6**	**102.7**
一、按商品和非商品分			
消费品价格指数	103.8	103.8	103.7
服务项目价格指数	100.8	100.7	100.9
二、按类别分			
食品烟酒	107.3	107.2	107.6
衣着	102.7	103.2	101.1
居住	100.5	100.4	100.6
生活用品及服务	100.6	100.7	100.4
交通和通信	97.8	97.8	97.7
教育文化和娱乐	101.4	101.3	101.8
医疗保健	101.4	101.6	100.8
其他用品和服务	103.1	103.0	103.6

主要年份地方一般公共预算收入

单位：万元

项 目	2000	2005	2010	2018	2019
收入合计	**2341061**	**4326003**	**11514923**	**30074087**	**30529297**
1. 增值税	353461	731267	1411033	8387410	8500081
2. 营业税	582053	1246076	3197000	13349	
3. 企业所得税	321959	542646	1569118	4117518	3990164
4. 个人所得税	247517	274137	563374	1780418	1689055
5. 资源税	7007	21436	64550	122227	91738
6. 城市维护建设税	97646	185544	431149	1256766	1239005
7. 房产税	95496	169576	317362	872014	874682
8. 印花税	18309	55267	171193	401048	395737
9. 城镇土地使用税	15746	29400	263343	445286	348741
10. 土地增值税	4326	40785	628057	2623677	2545301
11. 车船税	6055	12662	59863	220938	243521
12. 烟叶税			32896	54330	51936
13. 耕地占用税	13474	32003	181050	152964	150255
14. 契税	55799	209093	770908	1902847	1933138
15. 国有资本经营收入			219530	326047	255253
16. 国有资源(资产)有偿使用收入			414662	2149560	3179030
17. 行政性收费收入	74946	290876	481761	942239	800676
18. 罚没收入	101764	213993	292226	791305	1017392
19. 专项收入	64036	120693	352274	2893006	2672608
20. 其他收入	127716	48254	93574	597705	550984

主要年份地方一般公共预算支出

单位：万元

项　目	2010	2015	2016	2017	2018	2019
支出合计	**16950906**	**40015778**	**42754043**	**46841517**	**48326930**	**50779329**
1. 一般公共服务	2119124	3080207	3382106	3808446	4294732	4587841
2. 外交		10646	3000			1127
3. 国防	32680	68544	63361	51409	50731	60947
4. 公共安全	1206017	2252409	2573245	3300205	3388110	3328555
5. 教育	3277681	7575096	7891067	8422065	9250606	9685449
6. 科学技术	323057	766007	802823	994414	1152537	1334065
7. 文化体育与传媒	271014	848159	812542	873406	847306	1040040
8. 社会保障和就业	1482366	3417705	3489923	3945581	4681506	5078865
9. 医疗卫生	1175835	3511905	3775786	4204356	4416958	4677641
10. 环境保护	397865	955694	1303491	1206481	1240388	1795465
11. 城乡社区事务	1076788	3786992	5722395	7280802	6235168	5588739
12. 农林水事务	1603355	4418607	4105751	4477013	4315149	4420628
13. 交通运输	1252071	3461952	2876640	2636805	2689926	2550023
14. 工业商业金融等事务	1044916	4080809	4768708	4895770	5125957	628542
15. 其他支出	1688137	1781046	1183205	744764	637856	6001402

进出口总额

年 份	进出口总额（万美元）	出 口	进 口	进出口总额（万元）	出 口	进 口
1981	6.08	4.01	2.07	10.83	7.14	3.68
1982	5.51	3.70	1.80	10.63	7.15	3.48
1983	5.64	3.70	1.94	11.05	7.25	3.80
1984	6.65	3.92	2.73	18.55	10.93	7.62
1985	9.01	5.57	3.44	26.39	16.33	10.07
1986	13.48	6.86	6.61	50.13	25.54	24.60
1987	18.45	9.04	9.41	68.63	33.63	35.01
1988	28.43	14.16	14.27	105.76	52.68	53.08
1989	34.22	18.28	15.94	161.18	86.10	75.08
1990	43.39	24.49	18.90	226.50	127.84	98.66
1991	57.48	31.47	26.00	311.53	170.91	140.62
1992	80.59	43.87	36.72	463.38	252.23	211.14
1993	100.42	51.59	48.83	581.42	298.69	282.73
1994	121.90	64.30	57.59	1039.77	548.50	491.27
1995	144.46	79.08	65.38	1210.55	662.70	547.85
1996	155.20	83.82	71.37	1288.14	695.74	592.40
1997	179.53	102.56	76.97	1486.13	848.96	637.17
1998	171.61	99.64	71.97	1420.56	824.81	595.75
1999	176.20	103.52	72.68	1458.55	856.93	601.61
2000	212.23	129.08	83.15	1756.87	1068.55	688.32
2001	226.26	139.22	87.04	1872.98	1152.49	720.49
2002	283.99	173.71	110.28	2350.85	1437.96	912.89
2003	353.26	211.32	141.94	2924.25	1749.28	1174.96
2004	475.27	293.95	181.32	3933.81	2433.00	1500.81
2005	544.11	348.42	195.69	4457.21	2854.15	1603.06
2006	626.59	412.62	213.97	4937.55	3251.43	1686.12
2007	744.51	499.40	245.10	5661.24	3797.47	1863.77
2008	848.21	569.92	278.29	5890.90	3958.14	1932.76
2009	796.49	533.19	263.30	5440.85	3642.22	1798.63
2010	1087.80	714.93	372.87	7363.88	4839.73	2524.15
2011	1435.22	928.38	506.85	9269.83	5996.21	3273.62
2012	1559.38	978.33	581.05	9843.58	6175.68	3667.90
2013	1693.22	1064.74	628.47	10486.43	6594.17	3892.26
2014	1774.08	1134.52	639.56	10897.33	6968.92	3928.41
2015	1688.46	1126.80	561.66	10478.39	6991.76	3486.62
2016	1568.19	1036.72	531.47	10344.96	6833.66	3511.30
2017	1710.35	1049.32	661.03	11590.98	7113.92	4477.06
2018	1875.76	1156.85	718.90	12357.29	7624.07	4733.21
2019	1930.86	1201.83	729.03	13307.35	8281.55	5025.81

实际利用外商直接投资金额

单元：万美元

年份	合计	合资企业	合作企业	独资企业
1979	83	15	68	
1980	363	288	75	
1981	150	40	110	
1982	121	5	16	100
1983	1438	1026	158	254
1984	4828	3526	1179	123
1985	11782	8566	2950	266
1986	6149	4121	1913	115
1987	5139	3097	1479	563
1988	13017	9273	2369	1375
1989	32880	13814	6384	12682
1990	29002	12617	2780	13605
1991	64449	22682	14775	26992
1992	141633	48528	26132	66973
1993	286745	98484	33498	154763
1994	371200	145518	34469	191213
1995	403881	124872	54073	224936
1996	407876	129778	50497	227601
1997	419666	112293	60175	247198
1998	421211	90295	50778	280138
1999	402403	99542	42121	260180
2000	380386	74548	13263	291365
2001	391804	74092	7248	309068
历史可比口径				
2002	424995	84669	11587	316240
2003	499329			
2004	531802			
2005	622984			
2006	718489			
2007	813093			
2008	1002556			
2009	1006481			
2010	1031552			
2011	1104447			
2012	1218541			
全口径				
2004	222120	41952	4324	163490
2005	260775	31021	670	222422
2006	322047	49684	2327	268789
2007	406058	68686	4670	332015
2008	567171	137758	2284	416441
2009	573747	104761	1372	458815
2010	580279	97974	2126	475199
2011	620111	94469	774	479782
2012	633774	130747	1325	399721
2013	667896	93411	3349	554906
2014	711499	136702	1200	558117
2015	768339	176361	2010	504258
2016	819465	191096	307	515657
2017	857672	265543	1306	471358
2018	445477	154603	202	259092
2019	460953	110641	291	313507

主要年份各类运输总量

年份	客运量(万人)	旅客周转量(亿人千米)	货运量(万吨)	货物周转量(亿吨千米)
1952	251	1.72	156	1.44
1957	1966	8.81	1553	10.07
1962	2634	16.97	1845	21.65
1965	3226	16.22	2948	39.47
1970	3324	17.59	2862	40.92
1975	5887	28.36	3747	53.73
1978	7928	35.73	4871	74.03
1979	9996	43.71	5149	80.63
1980	16676	62.37	7979	100.34
1981	20013	73.45	8302	103.34
1982	22570	82.01	9077	120.39
1983	24620	91.50	10175	131.78
1984	29155	109.50	11479	151.61
1985	33984	130.33	13317	161.97
1986	34426	137.09	16931	195.48
1987	35693	159.38	18231	225.02
1988	37216	175.91	20131	242.02
1989	39622	173.66	19859	270.06
1990	39495	175.40	20321	272.71
1991	34038	186.70	12124	267.26
1992	36283	205.17	19836	347.28
1993	40465	232.27	25824	434.02
1994	36416	240.56	28447	577.73
1995	40080	247.65	28922	608.61
1996	42956	267.20	30593	590.58
1997	43658	253.15	30496	605.78
1998	42047	279.76	30010	661.61
1999	41413	301.58	28637	746.71
2000	44203	333.97	29483	687.65
2001	47393	372.72	30547	779.92
2002	49134	392.00	31837	827.44
2003	48097	386.19	33422	1223.82
2004	53950	441.40	37279	1401.26
2005	55615	477.82	40400	1576.12
2006	59369	524.99	44304	1904.36
2007	64244	587.90	50500	2083.72
2008	72742	561.77	57254	2401.41
2009	76121	597.75	58231	2477.46
2010	77153	648.76	66159	2983.52
2011	81082	723.83	75272	3404.11
2012	83725	771.93	84417	3877.73
2013	56965	785.01	96718	3943.77
2014	60765	902.36	111779	4783.48
2015	54031	915.21	111063	5450.96
2016	54237	987.52	120379	6074.83
2017	54118	1086.22	132252	6785.16
2018	51435	1153.28	136974	7652.89
2019	49379	1190.02	133693	8296.62

注:2013年客运量数据因交通运输业统计范围变化有调整。

金融机构人民币各项存款和贷款余额

单位：亿元

年　份	各项存款	＃城乡居民储蓄存款	财政存款	各项贷款	＃短期贷款	中长期贷款
1990	359.45			381.93		
1991	477.45			453.10		
1992	667.01			589.74		
1993	824.37			774.65	554.06	153.33
1994	1101.81			954.73	698.86	180.89
1995	1451.68			1176.63	860.09	221.09
1996	1901.71			1467.79	1060.12	294.42
1997	2192.74		15.40	1750.38	1279.40	329.60
1998	2557.30		28.11	1942.78	1423.39	368.87
1999	2924.61		41.24	2255.50	1612.59	476.85
2000	3114.32		39.59	2438.82	1728.01	510.32
2001	3614.26		45.94	2864.76	1656.70	902.35
2002	4253.07		55.21	3110.05	1809.88	1065.11
2003	5178.29		51.74	3837.51	2039.25	1422.42
2004	5984.32		92.63	4367.05	2213.05	1799.83
2005	7248.40		128.33	5068.68	2366.93	2350.80
2006	8836.26		219.38	6447.72	2956.98	3203.04
2007	10040.15		328.32	8065.67	3555.92	4318.81
2008	11804.40		457.26	9585.92	3895.16	5146.37
2009	14702.34		549.46	12360.32	5215.58	6625.53
2010	18309.45		678.08	15231.36	6594.50	8372.64
2011	21055.49		834.38	18165.19	7836.03	9906.51
2012	24283.68		741.75	21209.82	9451.96	11133.74
2013	28043.82		905.62	24487.53	10752.70	13137.82
2014	30747.61		1450.40	28417.70	11785.72	15861.63
2015	35576.06	13931.21	1169.62	32132.96	12209.64	18530.82
2016	39275.82	15122.76	1230.32	36356.06	12620.98	21631.79
2017	42794.79	16583.08	1361.81	40484.93	14040.45	25317.11
2018	44677.70	18278.38	1305.78	45173.87	14726.54	28439.09
2019	48754.92	20954.92	1017.18	51396.64	16552.98	32205.10

注：1. 2004 年起含外资银行。

主要年份年末常住人口及人口变动

年份	常住总人口（万人）	按性别分类		按城乡分		人口出生率（‰）	人口死亡率（‰）	人口自然增长率（‰）	人口密度（人/平方千米）
		男	女	城镇	农村				
1952	1270					37.92	13.32	24.60	102
1957	1461					37.56	9.80	27.76	118
1962	1602					41.14	11.65	29.49	129
1965	1759					41.19	7.92	33.27	142
1970	2020					34.23	6.98	27.25	163
1975	2297					29.19	6.58	22.61	185
1978	2446					25.35	6.31	19.04	197
1979	2487					22.91	6.28	16.63	201
1980	2519					18.68	6.27	12.41	203
1981	2563					23.40	6.25	17.15	207
1982	2620					27.91	6.35	21.56	211
1983	2668					24.53	6.31	18.22	215
1984	2720					25.68	6.25	19.43	219
1985	2769					23.88	6.18	17.70	223
1986	2820					24.02	5.85	18.17	227
1987	2875					24.91	5.79	19.21	232
1988	2929					24.34	5.81	18.53	236
1989	2984					24.67	6.10	18.57	241
1990	3037					24.44	6.71	17.73	245
1991	3079					20.03	6.26	13.77	248
1992	3116					18.18	6.02	12.16	251
1993	3150					16.72	5.62	11.10	254
1994	3183					16.24	5.95	10.29	257
1995	3227					15.20	5.90	9.30	261
1996	3261					13.22	5.94	7.28	263
1997	3282					12.41	6.09	6.32	265
1998	3299					11.53	6.20	5.33	266
1999	3316					11.06	5.85	5.21	267
2000	3410	1757	1653	1432	1978	11.60	5.85	5.75	275
2001	3445	1775	1670	1473	1972	11.56	5.52	6.04	278
2002	3476	1790	1686	1587	1889	11.35	5.57	5.78	280
2003	3502	1805	1697	1624	1878	11.43	5.58	5.85	282
2004	3529	1818	1711	1681	1848	11.58	5.62	5.96	285
2005	3557	1793	1764	1758	1799	11.60	5.62	5.98	287
2006	3585	1810	1775	1807	1778	12.00	5.75	6.25	289
2007	3612	1824	1788	1856	1756	12.00	5.90	6.10	291
2008	3639	1830	1809	1929	1710	12.20	5.90	6.30	293
2009	3666	1848	1818	2019	1647	12.20	6.00	6.20	296
2010	3693	1900	1793	2109	1584	11.27	5.16	6.11	298
2011	3720	1912	1808	2161	1559	11.41	5.20	6.21	300
2012	3748	1927	1821	2234	1514	12.74	5.73	7.01	302
2013	3774	1938	1836	2293	1481	12.20	6.01	6.19	304
2014	3806	1936	1870	2352	1454	13.70	6.20	7.50	307
2015	3839	1949	1890	2403	1436	13.90	6.10	7.80	310
2016	3874	1970	1904	2464	1410	14.50	6.20	8.30	313
2017	3911	1997	1914	2534	1377	15.00	6.20	8.80	316
2018	3941	2016	1925	2593	1348	13.20	6.20	7.00	318
2019	3973	2021	1952	2642	1331	12.90	6.10	6.80	321

2019年地区生产总值

单位:亿元

地区	地区生产总值	第一产业	第二产业	第三产业	工业	建筑业	人均GDP(元)
全省	**42395.00**	**2596.23**	**20581.74**	**19217.03**	**16170.45**	**4482.03**	**107139**
福州市	**9392.30**	**526.47**	**3830.99**	**5034.84**	**2610.31**	**1241.22**	**120879**
福州市辖区							
鼓楼区	1916.75		373.84	1542.91	110.50	263.51	260782
台江区	538.60		87.55	451.05	5.82	81.96	111511
仓山区	824.87	1.65	333.79	489.43	272.94	62.37	97387
马尾区	576.26	5.76	339.14	231.36	230.05	109.53	219946
晋安区	884.80	7.38	261.76	615.67	171.64	90.42	101294
长乐区	951.52	58.44	605.93	287.15	560.91	45.19	127806
福清市	1150.15	100.55	604.25	445.35	477.77	126.76	86935
闽侯县	740.22	45.71	394.53	299.98	317.41	77.40	101053
连江县	591.56	137.64	249.05	204.87	190.04	70.83	99171
罗源县	303.40	46.18	170.28	86.94	151.31	19.22	140463
闽清县	329.17	34.31	180.78	114.07	79.38	103.84	135739
永泰县	282.62	52.94	134.43	95.25	21.69	112.80	111048
平潭县	282.85	35.90	80.64	166.31	7.65	73.18	61489
厦门市	**5995.04**	**26.49**	**2493.99**	**3474.56**	**1908.94**	**613.99**	**142739**
厦门市辖区							
思明区	1896.46	2.69	313.50	1580.27	82.01	231.49	186110
海沧区	796.87	1.64	480.70	314.53	400.77	79.93	201483
湖里区	1297.29		549.52	747.77	419.19	159.27	126134
集美区	789.37	2.99	386.31	400.06	320.91	65.41	109029
同安区	551.23	10.46	298.72	242.05	279.72	19.00	86535
翔安区	663.83	8.71	465.23	189.89	406.34	58.89	167634
莆田市	**2595.39**	**123.65**	**1377.98**	**1093.76**	**1094.55**	**286.10**	**89342**
莆田市辖区							
城厢区	475.64	9.86	180.92	284.85	114.50	66.70	109720
涵江区	545.22	15.44	356.31	173.46	295.58	61.46	111840
荔城区	565.79	17.58	309.21	239.00	242.76	67.06	107975
秀屿区	475.22	59.94	242.69	172.59	193.07	50.05	79869
仙游县	533.52	20.83	288.85	223.85	248.62	40.83	61679
三明市	2601.56	303.11	1402.92	895.52	1044.37	362.56	100641
三明市辖区							
梅列区	343.94	5.35	168.35	170.24	145.76	22.66	183434
三元区	238.96	12.67	146.57	79.72	105.47	41.37	116284
永安市	431.65	35.93	264.93	130.80	220.67	44.75	120742
明溪县	107.34	20.04	53.60	33.70	35.68	18.00	104212
清流县	147.18	23.19	81.16	42.83	42.85	38.52	107823
宁化县	195.14	28.24	89.11	77.79	49.04	40.56	67876
大田县	217.81	43.39	115.62	58.79	103.61	12.38	67747
尤溪县	215.05	50.19	84.45	80.42	71.39	13.36	59325
沙县	314.04	31.42	190.98	91.65	139.53	52.54	134495
将乐县	157.96	19.64	80.92	57.40	59.54	21.66	102905
泰宁县	99.51	14.51	49.75	35.26	30.40	19.47	86160
建宁县	132.97	18.56	77.49	36.92	40.44	37.29	109890
泉州市	**9946.66**	**218.61**	**5855.27**	**3872.78**	**5167.98**	**695.92**	**114067**
泉州市辖区							
鲤城区	648.41	0.19	341.88	306.34	314.86	27.14	146038
丰泽区	723.85	1.84	155.34	566.67	90.53	64.96	122065

续表

地区	地区生产总值	第一产业	第二产业	第三产业	工业	建筑业	人均GDP（元）
洛江区	282.10	5.20	183.47	93.43	154.78	28.69	129109
泉港区	720.99	11.08	576.54	133.37	510.66	66.02	214581
石狮市	917.84	25.06	429.78	463.00	379.63	50.31	132349
晋江市	2546.18	20.43	1586.89	938.86	1511.75	81.97	120387
南安市	1295.44	30.55	770.36	494.53	711.44	59.56	85847
惠安县	1318.11	32.88	961.22	324.00	783.77	177.77	129163
安溪县	731.49	52.58	377.38	301.53	311.62	65.94	71296
永春县	484.10	25.17	305.58	153.35	269.18	36.49	103439
德化县	278.15	13.62	166.83	97.69	129.77	37.07	93810
漳州市	**4741.83**	**480.90**	**2315.26**	**1945.67**	**1862.24**	**457.10**	**92074**
漳州市辖区							
芗城区	771.36	11.21	335.27	424.87	250.04	85.23	128271
龙文区	361.36	6.00	138.30	217.05	100.80	37.50	185121
龙海市	1100.46	79.22	641.77	379.47	486.51	155.26	114661
云霄县	260.72	37.32	124.30	99.09	109.52	14.78	62068
漳浦县	520.30	83.68	188.57	248.05	158.35	34.30	61061
诏安县	284.87	51.66	138.21	95.01	123.57	14.64	45456
长泰县	357.74	18.14	247.81	91.79	208.84	38.97	156903
东山县	257.68	38.03	132.30	87.35	105.21	27.09	114372
南靖县	374.84	69.60	185.13	120.11	161.99	23.14	106459
平和县	276.68	52.37	89.31	135.00	73.83	15.47	52913
华安县	175.83	33.67	94.29	47.87	83.57	10.71	105573
南平市	**1991.57**	**315.43**	**831.32**	**844.82**	**611.55**	**220.13**	**74036**
南平市辖区							
延平区	405.83	34.60	173.90	197.33	82.84	91.15	86072
建阳区	248.52	39.73	108.23	100.56	86.45	21.83	76232
邵武市	244.25	30.18	117.66	96.40	94.88	22.83	88018
武夷山市	207.12	27.76	82.09	97.26	64.78	17.32	87024
建瓯市	291.72	51.72	120.14	119.86	96.97	23.24	64044
顺昌县	133.18	20.74	56.74	55.70	48.49	8.28	69362
浦城县	166.62	35.65	60.22	70.74	47.74	12.51	55540
光泽县	114.53	43.14	38.67	32.72	32.88	5.80	83294
松溪县	81.54	14.11	33.00	34.43	22.18	10.83	66292
政和县	98.27	17.79	40.66	39.82	34.33	6.34	58146
龙岩市	**2678.96**	**288.23**	**1218.00**	**1172.73**	**838.39**	**379.61**	**101476**
龙岩市辖区							
新罗区	946.50	49.05	463.18	434.27	356.94	106.24	128165
永定区	267.05	35.78	108.88	122.39	60.71	48.17	73975
漳平市	259.05	35.22	113.36	110.47	80.75	32.61	107269
长汀县	289.75	38.05	132.10	119.60	91.18	40.92	72167
上杭县	402.46	55.20	171.70	175.56	94.73	76.97	107467
武平县	255.49	37.08	110.75	107.66	71.32	39.43	92400
连城县	258.66	37.85	118.03	102.78	82.76	35.27	104932
宁德市	**2451.70**	**313.33**	**1256.01**	**882.36**	**1032.12**	**225.40**	**84251**
宁德市辖区							
蕉城区	679.37	41.29	418.52	219.56	349.80	69.06	149312
福安市	569.01	51.65	361.97	155.40	316.89	45.50	98616
福鼎市	418.04	58.46	229.66	129.91	194.93	35.17	77128
霞浦县	254.61	67.44	70.11	117.06	52.71	17.64	54462
古田县	196.80	46.85	52.05	97.89	38.29	13.78	59277
屏南县	89.45	14.50	24.73	50.22	17.10	7.66	62995
寿宁县	100.57	16.73	40.05	43.79	24.71	15.35	55718
周宁县	72.44	7.88	26.48	38.08	14.54	11.93	58891
柘荣县	71.42	8.53	32.44	30.45	23.15	9.32	78483

2019 年地区生产总值指数

单位：以 2018 年为 100

地区	地区生产总值	第一产业	第二产业	第三产业	工业	建筑业	人均 GDP（元）
全省	**107.6**	**103.5**	**108.3**	**107.3**	**108.7**	**106.4**	**106.7**
福州市	**107.9**	**103.8**	**107.8**	**108.3**	**108.6**	**105.7**	**106.9**
福州市辖区							
鼓楼区	107.6	100.0	106.8	107.7	108.7	105.9	107.9
台江区	108.4	100.0	102.3	109.5	105.0	102.1	108.7
仓山区	108.4	100.5	108.3	108.5	108.7	106.4	106.3
马尾区	105.2	103.6	103.9	107.2	105.2	100.8	104.6
晋安区	107.6	103.7	105.8	108.4	108.6	99.6	107.3
长乐区	107.7	103.8	108.6	106.4	108.6	108.2	106.2
福清市	107.6	104.0	108.7	106.8	108.6	109.5	106.6
闽侯县	107.9	104.0	109.6	105.9	108.9	113.8	106.0
连江县	107.5	104.7	107.6	109.5	108.3	105.4	106.4
罗源县	108.5	104.0	108.9	110.3	108.8	109.6	106.3
闽清县	109.6	104.7	108.3	113.1	108.7	108.0	108.5
永泰县	110.8	104.0	110.7	115.8	107.4	111.5	110.6
平潭县	108.1	102.2	97.5	115.3	103.6	96.8	107.0
厦门市	**107.9**	**100.7**	**109.7**	**106.6**	**108.4**	**115.1**	**104.3**
厦门市辖区							
思明区	107.2	121.6	112.9	106.1	105.2	116.8	106.4
海沧区	107.8	96.1	108.2	107.4	108.3	107.4	99.7
湖里区	108.3	100.0	112.4	105.3	110.3	118.7	108.6
集美区	107.7	103.5	108.3	106.9	106.9	118.6	102.2
同安区	108.3	100.7	107.1	110.4	106.1	130.8	101.3
翔安区	109.3	94.5	109.4	110.1	110.2	103.1	101.8
莆田市	**106.6**	**102.8**	**107.3**	**106.2**	**108.5**	**102.3**	**106.4**
莆田市辖区							
城厢区	106.1	103.8	106.9	105.7	109.5	101.9	106.0
涵江区	106.1	104.3	105.8	107.0	106.6	101.3	106.0
荔城区	106.8	102.4	108.0	105.5	109.4	102.2	106.6
秀屿区	106.5	101.7	109.0	104.9	110.2	103.5	106.3
仙游县	107.5	104.8	107.4	108.0	107.9	103.3	107.3
三明市	108.0	103.8	109.0	108.0	108.7	110.2	107.6
三明市辖区							
梅列区	110.3	103.5	108.1	112.7	108.2	108.0	108.8
三元区	107.6	103.5	109.0	105.9	108.5	110.2	107.1
永安市	107.5	103.1	109.4	105.1	109.1	111.1	107.1
明溪县	108.5	103.3	109.9	109.7	108.7	112.7	108.5
清流县	107.9	103.8	108.9	108.2	109.2	108.6	108.3
宁化县	108.7	104.2	109.9	109.2	109.3	110.7	108.4
大田县	106.8	103.3	108.5	106.1	108.2	111.0	106.3
尤溪县	106.6	104.4	108.7	105.6	108.3	111.1	106.3
沙县	107.7	104.1	108.8	106.7	108.7	108.9	107.2
将乐县	108.7	104.5	109.8	108.4	109.5	110.8	107.9
泰宁县	107.8	103.4	109.3	107.7	108.3	110.9	106.9
建宁县	108.2	104.2	109.4	107.9	108.4	110.5	109.1
泉州市	**108.0**	**102.4**	**108.3**	**107.8**	**108.6**	**105.5**	**107.4**
泉州市辖区							
鲤城区	109.0	106.1	108.2	110.0	108.1	109.1	108.2
丰泽区	107.2	95.2	102.8	108.5	101.6	105.1	105.0
洛江区	108.8	103.4	110.4	105.5	112.1	100.0	107.8
泉港区	107.6	101.6	108.1	105.9	107.8	110.7	107.3

续表

地区	地区生产总值	第一产业	第二产业	第三产业	工业	建筑业	人均GDP（元）
石狮市	107.6	97.6	105.3	110.5	104.9	108.6	107.3
晋江市	108.0	98.1	108.3	107.7	108.3	106.3	107.6
南安市	108.0	105.5	108.1	108.0	108.5	102.9	107.6
惠安县	108.7	103.7	108.8	108.8	109.4	105.7	108.2
安溪县	107.9	104.1	108.3	108.0	109.0	104.3	107.4
永春县	108.2	103.8	108.9	107.3	110.9	93.2	107.8
德化县	108.5	103.7	109.9	106.5	109.1	113.4	107.7
漳州市	**106.5**	**103.9**	**107.6**	**105.5**	**109.0**	**101.2**	**105.8**
漳州市辖区							
芗城区	106.6	105.4	106.8	106.5	109.1	99.0	106.2
龙文区	107.2	100.3	109.3	106.0	109.3	107.6	106.5
龙海市	106.9	102.9	108.2	105.3	109.0	102.6	106.1
云霄县	104.5	103.8	106.7	101.7	107.8	97.1	105.9
漳浦县	107.2	103.9	105.2	109.9	109.7	95.9	105.7
诏安县	104.4	104.4	108.3	98.8	109.1	99.7	103.7
长泰县	106.3	105.7	106.9	104.6	108.2	98.2	105.4
东山县	106.3	103.1	108.3	104.6	109.2	103.3	105.6
南靖县	106.9	104.1	109.1	105.1	109.3	107.4	106.1
平和县	105.4	104.8	107.6	104.2	109.2	99.1	104.8
华安县	107.1	104.1	108.2	106.9	109.1	100.6	107.1
南平市	**106.0**	**103.4**	**105.8**	**107.1**	**107.1**	**101.8**	**105.8**
南平市辖区							
延平区	105.4	105.6	103.9	106.7	106.7	101.1	106.3
建阳区	104.5	103.5	103.0	106.7	105.9	91.2	102.7
邵武市	105.2	103.4	103.0	108.8	103.2	102.2	105.2
武夷山市	107.8	104.3	108.0	108.8	108.5	105.8	107.6
建瓯市	106.2	103.9	106.6	107.0	108.8	96.9	106.2
顺昌县	107.6	104.6	108.2	108.1	108.6	106.0	107.3
浦城县	107.4	102.3	111.4	106.9	109.2	122.2	107.2
光泽县	104.7	101.0	109.9	103.9	108.4	121.4	103.9
松溪县	106.5	104.0	107.5	106.6	108.7	104.8	106.0
政和县	105.7	102.8	107.5	105.1	108.8	100.2	105.4
龙岩市	**107.1**	**103.4**	**108.2**	**106.7**	**107.9**	**108.9**	**107.1**
龙岩市辖区							
新罗区	106.6	103.4	107.5	105.7	107.4	108.0	106.0
永定区	106.1	103.2	106.0	106.9	103.5	110.0	106.5
漳平市	106.0	103.2	107.8	104.9	107.3	109.3	106.2
长汀县	107.4	103.5	108.8	106.9	108.5	109.4	107.5
上杭县	108.6	103.7	109.4	109.1	110.1	108.4	108.7
武平县	107.4	103.5	108.7	107.2	108.8	108.6	107.6
连城县	108.4	103.2	110.5	107.8	110.4	110.6	108.6
宁德市	**109.2**	**103.8**	**112.2**	**107.1**	**114.2**	**101.9**	**109.1**
宁德市辖区							
蕉城区	116.5	101.1	123.3	107.8	128.1	100.0	115.0
福安市	110.0	104.0	111.3	109.1	112.6	101.2	109.9
福鼎市	101.2	104.9	97.7	106.7	98.0	95.4	101.1
霞浦县	105.1	104.3	104.6	106.0	104.6	104.6	105.1
古田县	107.3	104.0	118.4	103.3	123.9	102.4	107.7
屏南县	110.5	104.7	121.1	107.3	122.9	116.5	110.1
寿宁县	107.7	104.1	110.4	106.6	113.9	104.1	108.3
周宁县	110.7	104.7	118.3	107.0	117.5	119.4	110.2
柘荣县	110.4	104.0	112.7	109.8	114.8	106.6	111.0

2019年末户籍统计人口数

单位：万人

地　区	年末户籍统计总人口	按城乡分		按性别分	
		城　镇	乡　村	男	女
全　省	**3896.47**	**1960.06**	**1936.41**	**2003.26**	**1893.21**
福州市	**710.08**	**408.59**	**301.50**	**361.72**	**348.36**
福州市辖区	289.66	242.73	46.93	144.61	145.04
鼓楼区	58.90	58.90		28.97	29.93
台江区	31.83	31.83		15.66	16.17
仓山区	62.07	62.07		30.33	31.74
马尾区	18.28	13.32	4.96	9.07	9.20
晋安区	42.47	39.04	3.43	20.78	21.69
长乐区	76.11	37.57	38.54	39.80	36.31
福　清　市	139.12	60.13	79.00	71.66	67.47
闽　侯　县	70.33	31.97	38.37	35.82	34.52
连　江　县	67.82	30.23	37.59	35.16	32.66
罗　源　县	26.96	10.22	16.74	14.06	12.90
闽　清　县	32.49	10.52	21.97	17.10	15.39
永　泰　县	38.57	9.93	28.65	20.47	18.10
平　潭　县	45.12	12.85	32.27	22.84	22.28
厦门市	**259.24**	**224.22**	**35.02**	**127.54**	**131.70**
厦门市辖区	259.24	224.22	35.02	127.54	131.70
思明区	84.75	84.75		41.20	43.54
海沧区	23.88	23.88		11.56	12.32
湖里区	36.39	36.39		18.11	18.28
集美区	36.22	28.64	7.58	17.69	18.53
同安区	40.39	21.01	19.38	20.18	20.21
翔安区	37.61	29.55	8.06	18.80	18.82
莆田市	**363.50**	**169.04**	**194.46**	**185.71**	**177.79**
莆田市辖区	245.82	119.43	126.39	124.89	120.93
城厢区	43.67	21.84	21.83	21.89	21.79
涵江区	45.10	29.33	15.76	22.39	22.71
荔城区	60.59	37.36	23.22	30.30	30.29
秀屿区	96.46	30.89	65.57	50.32	46.15
仙　游　县	117.68	49.61	68.07	60.82	56.86
三明市	288.52	107.21	181.31	150.86	137.65
三明市辖区	28.85	23.33	5.52	14.33	14.52
梅列区	15.33	14.06	1.27	7.53	7.80
三元区	13.52	9.27	4.25	6.80	6.72
永　安　市	32.95	18.02	14.93	16.93	16.03
明　溪　县	11.80	3.78	8.02	6.13	5.67
清　流　县	15.46	4.65	10.81	8.10	7.36
宁　化　县	37.52	9.13	28.39	19.69	17.82
大　田　县	41.61	13.78	27.82	22.63	18.98
尤　溪　县	45.21	11.89	33.32	24.31	20.90
沙　　县	27.12	9.40	17.73	13.94	13.19
将　乐　县	18.68	6.09	12.59	9.71	8.97
泰　宁　县	13.81	3.66	10.14	7.14	6.67
建　宁　县	15.51	3.48	12.04	7.96	7.55
泉州市	**760.70**	**400.90**	**359.80**	**393.86**	**366.85**
泉州市辖区	140.86	95.16	45.70	70.64	70.21
鲤城区	27.11	27.11		13.23	13.89
丰泽区	28.50	28.50		13.72	14.77
洛江区	20.54	6.38	14.16	10.67	9.87
泉港区	42.19	22.77	19.42	21.70	20.50

续表

地 区	年末户籍统计总人口	按城乡分		按性别分	
		城 镇	乡 村	男	女
石狮市	35.11	27.38	7.73	17.80	17.30
晋江市	119.37	69.85	49.52	60.95	58.42
南安市	166.51	90.62	75.89	87.74	78.77
惠安县	104.72	51.34	53.38	52.94	51.78
安溪县	121.10	35.43	85.67	64.48	56.62
永春县	60.36	28.69	31.67	31.96	28.41
德化县	35.19	12.84	22.35	18.67	16.51
漳州市	**522.31**	**259.22**	**263.08**	**267.87**	**254.44**
漳州市辖区	82.41	66.05	16.36	40.30	42.11
芗城区	47.46	40.50	6.96	23.24	24.22
龙文区	16.95	14.98	1.97	8.35	8.60
龙海市	90.16	40.50	49.66	45.27	44.89
云霄县	46.78	18.64	28.14	24.65	22.13
漳浦县	94.43	48.55	45.89	48.56	45.87
诏安县	68.49	25.63	42.86	35.75	32.74
长泰县	21.19	11.33	9.87	10.76	10.43
东山县	22.17	13.14	9.03	11.15	11.02
南靖县	36.05	15.17	20.87	18.45	17.60
平和县	61.88	23.21	38.67	32.99	28.90
华安县	16.74	7.59	9.16	8.69	8.05
南平市	**318.26**	**113.92**	**204.34**	**164.18**	**154.07**
南平市辖区	85.69	38.13	47.56	43.86	41.83
延平区	49.76	24.90	24.86	25.48	24.28
建阳区	35.93	13.23	22.70	18.37	17.56
邵武市	30.39	12.53	17.87	15.54	14.85
武夷山市	24.67	10.77	13.90	12.52	12.15
建瓯市	54.91	17.29	37.62	28.36	26.55
顺昌县	23.25	8.34	14.91	11.99	11.26
浦城县	42.58	9.71	32.86	21.95	20.62
光泽县	16.24	4.50	11.74	8.47	7.77
松溪县	16.76	4.80	11.96	8.75	8.01
政和县	23.77	7.85	15.92	12.75	11.02
龙岩市	**318.24**	**144.55**	**173.69**	**165.22**	**153.02**
龙岩市辖区	107.10	59.92	47.18	54.55	52.55
新罗区	58.13	44.89	13.25	28.84	29.29
永定区	48.97	15.04	33.93	25.71	23.26
漳平市	29.36	12.23	17.13	15.45	13.91
长汀县	54.91	21.79	33.12	29.09	25.83
上杭县	52.48	21.02	31.46	27.07	25.41
武平县	39.93	17.24	22.69	20.76	19.17
连城县	34.45	12.36	22.10	18.30	16.16
宁德市	**355.63**	**132.41**	**223.22**	**186.31**	**169.32**
宁德市辖区	51.76	24.67	27.08	26.19	25.57
蕉城区	51.76	24.67	27.08	26.19	25.57
福安市	67.67	26.28	41.39	35.62	32.04
福鼎市	60.49	20.67	39.82	31.36	29.14
霞浦县	55.09	20.03	35.06	28.98	26.11
古田县	42.75	13.75	29.01	22.60	20.16
屏南县	19.08	6.45	12.63	10.20	8.88
寿宁县	26.52	8.97	17.55	14.20	12.32
周宁县	21.26	7.37	13.89	11.44	9.82
柘荣县	11.00	4.22	6.79	5.73	5.27

注:泉州市辖区户籍人口数包括台商投资区。漳州市辖区户籍人口数包括漳州市台商投资区和漳州开发区。

2019年末常住人口数

单位：万人

地　区	常住人口数	城镇人口	乡村人口	城镇化水平（%）
全　省	**3973.00**	**2642.05**	**1330.95**	**66.5**
福州市	**780.00**	**549.90**	**230.10**	**70.5**
福州市辖区	395.00	354.23	40.77	98.0
鼓楼区	73.00	73.00		100.0
台江区	48.00	48.00		100.0
仓山区	85.80	85.80		100.0
马尾区	26.20	20.54	5.66	78.4
晋安区	87.00	86.39	0.61	99.3
长乐区	75.00	40.50	34.50	54.0
福清市	133.00	69.16	63.84	52.0
闽侯县	74.00	42.48	31.52	57.4
连江县	60.00	28.80	31.20	48.0
罗源县	22.00	10.82	11.18	49.2
闽清县	24.50	10.05	14.45	41.0
永泰县	25.50	10.74	14.76	42.1
平潭县	46.00	23.69	22.31	51.5
厦门市	**429.00**	**382.67**	**46.33**	**89.2**
厦门市辖区	429.00	382.67	46.33	89.2
思明区	102.30	102.30		100.0
海沧区	41.60	37.90	3.70	91.1
湖里区	102.60	102.60		100.0
集美区	74.80	65.82	8.98	88.0
同安区	66.30	47.87	18.43	72.2
翔安区	41.40	26.16	15.24	63.2
莆田市	**291.00**	**179.55**	**111.45**	**61.7**
莆田市辖区	204.30	136.11	68.19	66.6
城厢区	43.40	30.81	12.59	71.0
涵江区	48.80	38.36	10.44	78.6
荔城区	52.50	38.75	13.75	73.8
秀屿区	59.60	28.19	31.41	47.3
仙游县	86.70	43.44	43.26	50.1
三明市	259.00	157.80	101.20	60.9
三明市辖区	39.50	36.75	2.75	93.0
梅列区	18.90	18.64	0.26	98.6
三元区	20.60	18.11	2.49	87.9
永安市	35.80	25.20	10.60	70.4
明溪县	10.30	5.60	4.70	54.4
清流县	13.60	6.80	6.80	50.0
宁化县	28.80	13.30	15.50	46.2
大田县	32.20	17.00	15.20	52.8
尤溪县	36.30	17.20	19.10	47.4
沙县	23.40	15.50	7.90	66.2
将乐县	15.40	8.70	6.70	56.5
泰宁县	11.60	6.07	5.53	52.3
建宁县	12.10	5.70	6.40	47.1
泉州市	**874.00**	**587.33**	**286.67**	**67.2**
泉州市辖区	160.30	135.89	24.41	84.8
鲤城区	44.50	44.50		100.0
丰泽区	60.30	60.30		100.0
洛江区	21.90	13.05	8.85	59.6
泉港区	33.60	18.04	15.56	53.7

续表

地　区	常住人口数	城镇人口	乡村人口	城镇化水平（%）
石狮市	69.40	55.45	13.95	79.9
晋江市	211.90	142.82	69.08	67.4
南安市	151.00	91.36	59.64	60.5
惠安县	102.20	60.86	41.34	59.6
安溪县	102.70	50.32	52.38	49.0
永春县	46.80	28.17	18.63	60.2
德化县	29.70	22.45	7.25	75.6
漳州市	**516.00**	**309.60**	**206.40**	**60.0**
漳州市辖区	79.79	72.55	7.24	90.9
芗城区	60.23	54.93	5.30	91.2
龙文区	19.56	17.62	1.94	90.1
龙海市	96.31	58.27	38.04	60.5
云霄县	41.23	21.73	19.50	52.7
漳浦县	86.05	46.98	39.07	54.6
诏安县	62.80	29.52	33.28	47.0
长泰县	22.87	12.88	9.99	56.3
东山县	22.60	13.58	9.02	60.1
南靖县	35.34	19.26	16.08	54.5
平和县	52.40	25.94	26.46	49.5
华安县	16.61	8.89	7.72	53.5
南平市	**269.00**	**154.68**	**114.32**	**57.5**
南平市辖区	79.80	52.19	27.61	65.4
延平区	47.00	32.38	14.62	68.9
建阳区	32.80	19.81	12.99	60.4
邵武市	27.70	19.28	8.42	69.6
武夷山市	23.80	14.04	9.76	59.0
建瓯市	45.50	23.89	21.61	52.5
顺昌县	19.20	9.85	9.35	51.3
浦城县	30.00	14.70	15.30	49.0
光泽县	13.80	6.62	7.18	48.0
松溪县	12.30	5.99	6.31	48.7
政和县	16.90	8.11	8.79	48.0
龙岩市	**264.00**	**153.12**	**110.88**	**58.0**
龙岩市辖区	110.20	73.99	36.21	67.1
新罗区	74.20	56.39	17.81	76.0
永定区	36.00	17.60	18.40	48.9
漳平市	24.10	13.54	10.56	56.2
长汀县	40.10	21.09	19.01	52.6
上杭县	37.40	18.40	19.00	49.2
武平县	27.60	14.13	13.47	51.2
连城县	24.60	11.96	12.64	48.6
宁德市	**291.00**	**167.62**	**123.38**	**57.6**
宁德市辖区	46.00	30.64	15.36	66.6
蕉城区	46.00	30.64	15.36	66.6
福安市	57.70	37.45	20.25	64.9
福鼎市	54.20	33.06	21.14	61.0
霞浦县	46.70	23.02	23.68	49.3
古田县	33.00	16.10	16.90	48.8
屏南县	14.20	6.55	7.65	46.1
寿宁县	17.90	8.88	9.02	49.6
周宁县	12.30	6.36	5.94	51.7
柘荣县	9.00	5.56	3.44	61.8

2019 年城镇单位在岗职工(含劳务派遣人员)平均工资

单位:元

地　区	在岗职工平均工资	国　有	城镇集体	其　他	在岗职工平均工资比上年增长(%)
全　省	**84374**	**111211**	**79508**	**76019**	**10.6**
福州市	**88952**	**113272**	**83183**	**82572**	**6.9**
福州市辖区	92178	116493	87950	86664	7.6
鼓楼区	97108	119427	77912	92348	4.2
台江区	94105	141477	59925	83007	19.5
仓山区	84065	107418	78417	77800	8.4
马尾区	92875	108612	73385	91376	10.4
晋安区	93818	112818	146499	83712	9.1
长乐区	76529	97593	54235	71867	7.1
福清市	76075	89594	101128	72564	−0.6
闽侯县	102339	135430	64525	77904	16.9
连江县	82725	95565	83005	73963	11.7
罗源县	72091	98236	50101	63935	2.7
闽清县	78400	93786	46268	76617	−0.9
永泰县	71254	94185	52916	65588	
平潭县	89644	120168	67257	64383	14.3
厦门市	**97779**	**170030**	**93056**	**85449**	**14.8**
厦门市辖区	97779	170030	93056	85449	14.8
思明区	107047	188182	83412	88129	10.7
海沧区	85023	150798	77333	78723	9.2
湖里区	111669	153773	65921	105348	35.4
集美区	89770	167788	86360	77721	12.7
同安区	83811	136362	127667	71560	10.1
翔安区	81992	169872	126730	73944	15.0
莆田市	**70204**	**91736**	**87872**	**64390**	**7.3**
莆田市辖区	71069	96544	97400	65228	6.8
城厢区	85160	107571	127536	72069	6.9
涵江区	61941	90102	60278	60638	1.8
荔城区	65214	89166	65035	63279	2.1
秀屿区	74005	84681	72719	70537	14.6
仙游县	63734	75478	98526	55413	7.2
三明市	**86559**	**96123**	**62264**	**76998**	**9.3**
三明市辖区	94843	105697	87843	88511	8.3
梅列区	104331	103705	97867	105104	13.0
三元区	81840	111017	52093	72893	20.9
永安市	82143	100878	41590	65411	7.7
明溪县	84454	90016	49858	70739	22.2
清流县	81826	94360	66155	51503	12.9
宁化县	100724	105418	27244	94364	27.3
大田县	73950	84474	51606	51725	6.3
尤溪县	82322	93365	92267	59704	10.1
沙县	75449	86731	62138	65637	1.4
将乐县	78147	84981	55682	58795	3.0
泰宁县	94645	96229		86705	10.1
建宁县	75390	84486	64758	65497	9.8
泉州市	**72321**	**111390**	**82408**	**64132**	**9.7**
泉州市辖区	81696	110751	82642	69535	9.3
鲤城区	74854	96985	87065	64268	19.6
丰泽区	96716	131672	71417	81206	40.6
洛江区	62304	113266	94926	55296	7.1
泉港区	76791	89011	17884	69827	6.2

续表

地区	在岗职工平均工资	国有	城镇集体	其他	在岗职工平均工资比上年增长(%)
石狮市	71679	131076	85031	66625	16.2
晋江市	73550	134186	94815	66062	13.5
南安市	68930	96710	59571	62876	10.3
惠安县	63652	106730	90609	59065	2.7
安溪县	70496	113485	96212	63941	6.6
永春县	59601	107111	46570	50427	4.5
德化县	61989	81441	50833	50498	11.9
漳州市	**83421**	**104995**	**90028**	**73226**	**11.9**
漳州市辖区	87187	125707	80776	71790	12.4
芗城区	88923	129948	81603	70670	12.1
龙文区	81561	105996	45083	74952	16.2
龙海市	88778	106878	150539	83136	14.4
云霄县	74100	83523	40566	63453	10.9
漳浦县	77978	86520	76183	72742	5.9
诏安县	69118	90420	78158	54988	10.2
长泰县	74385	107368	70043	66213	9.9
东山县	89123	106055	82406	68203	7.2
南靖县	84030	104693	65864	70956	9.8
平和县	82972	85274	76512	79587	22.8
华安县	81664	103707	75145	70016	6.6
南平市	**76230**	**90645**	**59476**	**61773**	**8.9**
南平市辖区	79151	96617	56150	65410	7.0
延平区	79389	99580	52653	66994	7.0
建阳区	78570	91887	61342	59495	7.3
邵武市	72833	86450	64749	63134	11.5
武夷山市	75698	85625	64447	63671	10.9
建瓯市	75976	88369	61353	59055	6.6
顺昌县	76491	89869	54721	52579	10.5
浦城县	74836	90579	58938	58672	12.2
光泽县	83227	90897	59241	48209	12.7
松溪县	68195	84416	49667	41481	1.7
政和县	65362	77180	69957	51224	9.4
龙岩市	**78850**	**96621**	**73053**	**66088**	**12.5**
龙岩市辖区	88703	102457	88064	76313	14.0
新罗区	91260	107372	93992	78836	12.3
永定区	77972	88637	48073	59601	21.3
漳平市	61488	90254	52244	52093	9.9
长汀县	68377	90254	60632	59019	14.3
上杭县	82647	98743	87623	73083	12.7
武平县	72287	95587	54028	46230	9.3
连城县	71769	76703	60608	61237	8.8
宁德市	**82982**	**83995**	**56985**	**82756**	**13.7**
宁德市辖区	93649	96129	73112	92440	14.8
蕉城区	93649	96129	73112	92440	14.8
福安市	84337	81471	36215	87567	6.8
福鼎市	73817	84565	54968	67242	10.1
霞浦县	74161	71202	51912	86162	22.5
古田县	70127	81026	60346	55787	9.3
屏南县	84151	85872	84134	77742	12.9
寿宁县	70666	76499	19082	58980	2.2
周宁县	74568	74441	20000	75335	21.4
柘荣县	73254	75829	39250	68166	9.6

2019年城乡居民人均可支配收入

单位：元

地区	城镇居民人均可支配收入		农村居民人均可支配收入	
	数值	比上年增长(%)	数值	比上年增长(%)
全省	**45620**	**8.3**	**19568**	**9.8**
福州市	**47920**	**7.8**	**21320**	**9.8**
福州市辖区				
鼓楼区	56446	7.7		
台江区	52399	8.0		
仓山区	44495	7.9		
马尾区	53119	8.3	27599	9.7
晋安区	48327	7.6	21799	10.2
长乐区	49226	7.6	24315	9.5
福清市	48559	8.1	25212	10.0
闽侯县	45177	8.8	20434	10.5
连江县	39176	7.5	19537	9.6
罗源县	35756	8.6	16449	10.6
闽清县	34230	8.7	16101	9.4
永泰县	33475	8.2	15856	10.7
平潭县	41646	7.8	17577	9.8
厦门市	**59018**	**8.5**	**24802**	**10.7**
厦门市辖区				
思明区	71162	8.8		
海沧区	53925	8.5	30557	10.1
湖里区	57995	8.1		
集美区	52999	8.7	29948	10.6
同安区	49818	8.5	22942	10.7
翔安区	41968	8.3	22467	10.8
莆田市	**40065**	**7.8**	**19687**	**9.4**
莆田市辖区				
城厢区	45848	7.8	21709	9.0
涵江区	38062	8.5	18972	8.9
荔城区	44771	7.3	22145	9.4
秀屿区	33587	7.9	20564	10.0
仙游县	34519	7.7	17910	9.9
三明市	37942	8.8	18312	10.3
三明市辖区				
梅列区	44015	9.3	20187	10.1
三元区	41212	8.8	21001	9.3
永安市	38910	8.0	19671	10.1
明溪县	32596	8.4	16962	11.2
清流县	33268	8.8	17423	10.0
宁化县	30469	9.1	16783	10.5
大田县	37678	9.2	18309	9.6
尤溪县	36429	10.0	18729	10.3
沙县	38698	8.2	20528	9.7
将乐县	36386	9.0	18395	12.3
泰宁县	34777	8.5	17307	10.3
建宁县	31424	8.7	17073	10.4
泉州市	**49592**	**7.5**	**22142**	**9.2**
泉州市辖区				
鲤城区	47755	7.6		
丰泽区	58405	7.2		
洛江区	43268	7.2	18777	9.2
泉港区	37951	7.6	21471	9.1

续表

地 区	城镇居民人均可支配收入		农村居民人均可支配收入	
	数 值	比上年增长(%)	数 值	比上年增长(%)
石 狮 市	62881	6.7	27380	9.7
晋 江 市	53185	7.0	25965	9.2
南 安 市	49340	7.1	23698	9.6
惠 安 县	46743	7.8	22711	9.9
安 溪 县	34579	8.2	18028	9.1
永 春 县	34448	7.5	17142	8.4
德 化 县	36608	8.1	16984	9.8
漳州市	**38975**	**8.3**	**19885**	**9.3**
漳州市辖区				
芗城区	43720	8.8	19762	8.9
龙文区	44420	8.4	21378	9.1
龙 海 市	40053	8.1	20935	10.1
云 霄 县	34686	6.9	18388	9.4
漳 浦 县	39447	9.4	21700	9.8
诏 安 县	32124	8.6	17734	9.2
长 泰 县	40251	7.3	20950	9.4
东 山 县	38928	8.2	22436	7.9
南 靖 县	35426	8.6	18895	9.3
平 和 县	34424	8.3	19285	9.3
华 安 县	36309	8.3	19610	10.4
南平市	**35148**	**8.2**	**17385**	**9.6**
南平市辖区				
延平区	36161	8.1	19162	9.7
建阳区	35796	8.3	17347	9.1
邵 武 市	37111	7.9	19991	9.5
武夷山市	36298	8.1	18791	8.7
建 瓯 市	35139	9.2	19031	10.3
顺 昌 县	32045	7.9	16582	9.1
浦 城 县	33191	8.9	15908	9.8
光 泽 县	31849	8.5	15124	10.5
松 溪 县	31001	8.5	13428	9.5
政 和 县	31081	7.7	13823	10.3
龙岩市	**38815**	**8.5**	**18859**	**9.9**
龙岩市辖区				
新罗区	43405	8.3	22560	9.6
永定区	40820	9.4	19843	9.8
漳 平 市	36945	8.4	18945	9.2
长 汀 县	27846	9.2	16883	10.0
上 杭 县	42288	8.5	18444	9.9
武 平 县	36593	8.7	18036	10.4
连 城 县	33392	7.8	17132	10.3
宁德市	**35887**	**9.0**	**17804**	**10.3**
宁德市辖区				
蕉城区	37784	9.8	18022	10.6
福 安 市	38203	8.9	18514	9.7
福 鼎 市	38307	8.7	17933	9.3
霞 浦 县	35602	9.0	18051	10.2
古 田 县	33746	9.4	18894	10.4
屏 南 县	30021	9.2	16159	10.5
寿 宁 县	28023	9.1	15359	10.2
周 宁 县	30809	8.3	16547	10.4
柘 荣 县	29229	8.8	15791	10.3

2019 年地方一般公共预算收入

单位：万元

地　区	地方一般公共预算收入	增值税	营业税	企业所得税	个人所得税
全　省	**30529297**	**8500081**	**3990164**	**1689055**	
福州市	**6680760**	**1838682**	**943425**	**388228**	
福州市辖区					
鼓楼区	300739	86845	81008		
台江区	170946	47451	34437		
仓山区	285059	88610	43202		
马尾区	228435	63307	36604	1573	
晋安区	242515	73764	45911		
长乐区	494172	168427	36971	41065	
福　清　市	850410	215953	115782	85031	
闽　侯　县	732343	197697	85701	11879	
连　江　县	334057	121063	27916	18444	
罗　源　县	112775	35058	24358	2798	
闽　清　县	157736	100605	14958	4625	
永　泰　县	122908	37940	21687	6013	
平　潭　县	455138	121520	48395	32357	
厦门市	**7683751**	**1855726**	**1061536**	**841427**	
厦门市辖区					
思明区	586246	154760	99934	124777	
海沧区	398351	83419	45082	13041	
湖里区	495977	119230	93677	89901	
集美区	378859	77117	42024	21779	
同安区	256692	77109	42781	13791	
翔安区	208952	50634	29224	6284	
莆田市	**1431215**	**416952**	**154876**	**38155**	
莆田市辖区					
城厢区	243619	55021	29630	4322	
涵江区	234420	77443	37679	3992	
荔城区	283776	94747	30782	5350	
秀屿区	209746	78143	23457	2879	
仙　游　县	262014	79053	18956	17196	
三明市	1077607	353335	92087	34401	
三明市辖区					
梅列区	76620	18052	4802	1879	
三元区	45925	16287	4604	879	
永　安　市	182449	51799	19378	2676	
明　溪　县	32774	12047	3710	1028	
清　流　县	41239	14705	9877	1029	
宁　化　县	67141	16219	6241	1156	
大　田　县	72148	26209	5524	1468	
尤　溪　县	81209	26024	5237	2052	
沙　　　县	99156	24158	6022	2482	
将　乐　县	64629	15939	5983	11330	
泰　宁　县	27052	6102	2199	460	
建　宁　县	33185	8609	3267	584	
泉州市	**4577535**	**1499390**	**581410**	**239626**	
泉州市辖区					
鲤城区	112443	42308	12898	3212	
丰泽区	200597	62315	26915	8808	
洛江区	119918	46366	16042	2715	
泉港区	253158	116842	19542	4158	

续表

地　区	地方一般公共预算收入	增值税	营业税	企业所得税	个人所得税
石狮市	367535	125622	36940	14080	
晋江市	1379111	369559	174873	98924	
南安市	500506	196356	54787	46983	
惠安县	379288	156377	56094	23632	
安溪县	310195	78311	67858	4146	
永春县	122700	45199	11206	2152	
德化县	119735	39824	12122	3459	
漳州市	**2194126**	**655135**	**269293**	**53326**	
漳州市辖区					
芗城区	160635	61862	18330	7541	
龙文区	115252	32633	14956	3869	
龙海市	240225	76167	47741	3289	
云霄县	67748	15376	7321	2176	
漳浦县	260106	60927	29382	4134	
诏安县	63580	23694	7531	1611	
长泰县	127798	54095	14920	4153	
东山县	104443	34530	8344	2328	
南靖县	89769	33838	12328	2176	
平和县	63191	19837	5352	1414	
华安县	49299	22565	3170	651	
南平市	**962277**	**289630**	**88613**	**24503**	
南平市辖区					
延平区	72854	26254	9354	1993	
建阳区	131769	34744	15194	2339	
邵武市	127802	37638	10460	2738	
武夷山市	90399	23952	4944	3264	
建瓯市	99908	27621	6714	2390	
顺昌县	54930	22134	3669	722	
浦城县	67912	18409	6328	1133	
光泽县	45291	8550	5694	3036	
松溪县	27441	8038	1870	452	
政和县	37456	11302	3352	870	
龙岩市	**1556192**	**468354**	**156620**	**33078**	
龙岩市辖区					
新罗区	243513	69475	23499	5490	
永定区	108694	30049	11987	2521	
漳平市	90804	32719	10148	2144	
长汀县	95600	27190	10435	2252	
上杭县	273774	51625	35152	7226	
武平县	96033	23077	11858	1980	
连城县	65285	19414	7399	1996	
宁德市	**1268005**	**451307**	**241680**	**36302**	
宁德市辖区					
蕉城区	221848	82540	57480	8075	
福安市	267124	112910	72103	4416	
福鼎市	185988	69373	18181	7156	
霞浦县	87113	25482	7610	1915	
古田县	80385	23449	7971	1629	
屏南县	43296	14727	3826	1280	
寿宁县	31086	12271	3845	988	
周宁县	37037	11798	3472	460	
柘荣县	25810	12798	2266	656	

2019年地方一般公共预算支出

单位：万元

地　区	地方一般公共预算支出	一般公共服务支出	教育支出	科学技术支出	农林水事务支出
全　省	**50779329**	**4587841**	**9685449**	**1334065**	**4420628**
福州市	**9497604**	**896747**	**1819641**	**287913**	**650620**
福州市辖区					
鼓楼区	379484	48641	101196	12776	5243
台江区	211978	29419	61532	5280	3865
仓山区	409674	61152	112591	11219	10008
马尾区	346398	47033	81770	22741	12915
晋安区	315252	33467	64786	7371	16006
长乐区	649809	54803	140277	12632	50764
福清市	1170408	78607	232567	15442	82179
闽侯县	1062951	87277	193972	38041	66322
连江县	714604	119069	162617	6488	90412
罗源县	323621	34110	50746	2475	66373
闽清县	322649	25775	61921	2793	44179
永泰县	316190	35011	66830	1305	61410
平潭县	953051	80476	102355	92130	57081
厦门市	**9129770**	**824299**	**1476725**	**384332**	**235384**
厦门市辖区					
思明区	1003757	78536	229409	38100	1378
海沧区	809526	66942	189620	20951	24553
湖里区	584885	72660	137383	8830	3960
集美区	679858	54656	183657	26317	45668
同安区	646202	41757	173373	62283	42642
翔安区	519428	59250	139766	5619	20365
莆田市	**2358640**	**236478**	**580855**	**24260**	**253290**
莆田市辖区					
城厢区	272430	21457	78980	3410	21323
涵江区	296786	42878	79664	6662	28633
荔城区	331825	27198	92088	3453	24687
秀屿区	321349	45246	103435	1132	36551
仙游县	566535	42724	146494	1069	81505
三明市	3165751	323135	642519	32087	477811
三明市辖区					
梅列区	112054	9312	22348	374	14239
三元区	112573	11099	28368	2049	16080
永安市	325338	57105	72152	6115	41131
明溪县	161976	17358	29493	1928	36329
清流县	213200	17477	40486	3097	43184
宁化县	315575	29124	65429	4051	54843
大田县	280108	21455	81628	569	34517
尤溪县	303687	22048	75358	821	61263
沙县	275426	47759	58671	1449	45482
将乐县	214377	17861	42464	2587	36481
泰宁县	170666	14990	26683	793	34216
建宁县	177346	11942	27770	797	39377
泉州市	**6582451**	**525129**	**1509125**	**157351**	**653081**
泉州市辖区					
鲤城区	155154	14499	48182	7363	2536
丰泽区	235792	21866	61568	10065	7735
洛江区	173601	21587	40686	4437	15576
泉港区	329826	28968	82313	6696	29505

续表

地区	地方一般公共预算支出	一般公共服务支出	教育支出	科学技术支出	农林水事务支出
石狮市	432758	38450	86346	10204	41988
晋江市	1387888	77325	311067	42984	139629
南安市	793271	60864	203612	17989	81150
惠安县	552158	41791	135696	10930	60315
安溪县	723848	56806	190066	7643	75235
永春县	333014	31379	87048	3488	47093
德化县	282641	25461	70242	5197	47267
漳州市	**4404412**	**417634**	**836216**	**55114**	**430439**
漳州市辖区					
芗城区	259006	31574	48351	5521	12541
龙文区	153401	21626	37713	5208	5123
龙海市	421745	41667	98219	4889	40868
云霄县	264443	22482	70165	1565	35521
漳浦县	573275	38275	116910	8244	60876
诏安县	282448	25437	61876	1435	51503
长泰县	225755	22294	46339	10847	27215
东山县	229187	32336	37734	1844	39629
南靖县	277625	29629	46895	2649	45678
平和县	354841	28397	65281	1338	58542
华安县	160840	21050	24841	785	21164
南平市	**3104115**	**252564**	**570662**	**33879**	**474508**
南平市辖区					
延平区	247210	18412	53166	2793	46423
建阳区	290176	24958	60662	3194	46057
邵武市	288934	24614	60111	1710	43560
武夷山市	277761	21642	42666	2341	60690
建瓯市	355301	22885	85231	6978	55533
顺昌县	218210	22051	39098	2147	38060
浦城县	333055	23109	60103	2580	68023
光泽县	187604	16540	42812	1792	37450
松溪县	156810	15000	29147	1998	24472
政和县	182068	15071	30772	2187	41911
龙岩市	**3222765**	**306069**	**687776**	**133880**	**461801**
龙岩市辖区					
新罗区	458178	44820	125746	32211	61089
永定区	291505	23985	76213	4186	50466
漳平市	246869	26462	61556	5506	40750
长汀县	381248	26477	84697	20889	77016
上杭县	503896	40061	97185	41478	72066
武平县	329565	32455	71530	17264	70689
连城县	296182	27008	65168	3843	67218
宁德市	**3394394**	**318283**	**629459**	**102543**	**506115**
宁德市辖区					
蕉城区	392411	42354	76608	30598	79465
福安市	470453	59365	113353	29788	68833
福鼎市	404935	29748	88536	1123	75742
霞浦县	378853	31333	78568	738	83623
古田县	285567	24265	57904	794	45965
屏南县	214035	16887	43932	898	40906
寿宁县	209307	17070	39311	1144	35111
周宁县	176942	14070	30954	2702	26698
柘荣县	134025	13458	26119	1276	26621

2019年普通教育专任教师及在校学生数

单位：人

地区	专任教师数			在校生数		
	普通高中	普通初中	小学	普通高中	普通初中	小学
全省	**51952**	**104637**	**177930**	**639259**	**1364564**	**3343976**
福州市	**8770**	**18165**	**32240**	**112689**	**257483**	**619568**
福州市辖区	4065	7451	14456	55852	118863	296419
鼓楼区	1351	1787	2978	18683	29406	58576
台江区	454	698	1262	6733	11025	26902
仓山区	818	1775	4400	11860	29712	84604
马尾区	369	612	963	4171	7080	17106
晋安区	399	986	2008	5328	18696	52502
长乐区	674	1593	2845	9077	22944	56729
福清市	1654	3753	6259	21310	53935	122102
闽侯县	684	1681	2876	8694	24542	61058
连江县	755	1774	2939	8854	20638	51075
罗源县	269	612	1309	2835	6743	19307
闽清县	358	932	1439	3931	9464	19415
永泰县	361	867	1206	4184	9598	19742
平潭县	624	1095	1756	7029	13700	30450
厦门市	**4057**	**8890**	**18264**	**52050**	**125920**	**347811**
厦门市辖区	4057	8890	18264	52050	125920	347811
思明区	1734	2531	4360	22148	36670	79072
海沧区	269	928	2036	3519	12402	38217
湖里区	151	1261	3202	2076	19392	60552
集美区	819	1620	3356	9462	23153	65005
同安区	721	1734	3765	9481	23404	67038
翔安区	363	816	1545	5364	10899	37927
莆田市	**5048**	**8710**	**15644**	**66812**	**122223**	**276975**
莆田市辖区	3530	5863	11155	46612	86856	200052
城厢区	902	1444	2367	10831	20905	42011
涵江区	682	1157	2056	9369	13742	34093
荔城区	1096	1529	3071	14902	26450	64215
秀屿区	850	1733	3661	11510	25759	59733
仙游县	1518	2847	4489	20200	35367	76923
三明市	3879	7700	12470	46718	84845	213929
三明市辖区	606	992	1525	8721	12520	29218
梅列区	244	560	800	3866	7190	16602
三元区	362	432	725	4855	5330	12616
永安市	515	1013	1598	5730	11496	26704
明溪县	152	274	481	1472	2276	5975
清流县	193	345	675	2174	4191	10585
宁化县	465	785	1309	5583	9369	23637
大田县	412	998	1902	4606	11223	34700
尤溪县	534	1207	1625	6226	9521	26947
沙县	453	968	1323	5816	11277	24769
将乐县	243	462	770	2802	5322	13330
泰宁县	158	302	620	1806	3675	8802
建宁县	148	354	642	1782	3975	9262
泉州市	**10847**	**21923**	**36203**	**136594**	**308407**	**801744**
泉州市辖区	2759	4718	7921	33034	64653	148309
鲤城区	1278	1822	2843	15981	27753	51738
丰泽区	563	1151	2284	7133	17334	43374
洛江区	376	582	1076	4290	7956	19754
泉港区	542	1163	1718	5630	11610	33443

续表

地区	专任教师数			在校生数		
	普通高中	普通初中	小学	普通高中	普通初中	小学
石狮市	754	1255	2252	11738	24934	66296
晋江市	1902	3905	6800	27572	66497	188304
南安市	1848	3861	5728	21312	46935	134273
惠安县	1304	2793	4028	15205	29557	86911
安溪县	1199	3101	6088	14647	49582	112556
永春县	656	1443	2096	7637	15502	38456
德化县	425	847	1290	5449	10747	26639
漳州市	**7105**	**14087**	**21618**	**82638**	**175779**	**384335**
漳州市辖区 1576	2405	3612	19964	38278	72437	
芗城区	1302	1859	2323	16913	29880	48745
龙文区	274	546	1289	3051	8398	23692
龙海市	1399	2485	3998	15188	29065	72227
云霄县	606	1312	2124	7415	16071	31086
漳浦县	1036	2467	3238	12589	29596	66559
诏安县	632	1459	2393	7424	18738	46251
长泰县	252	589	895	2419	5635	16967
东山县	303	520	869	2841	5775	15477
南靖县	399	808	1318	4424	8925	19916
平和县	648	1599	2416	8103	17987	33807
华安县	254	443	755	2271	5709	9608
南平市	**3776**	**8031**	**13124**	**45559**	**98490**	**204931**
南平市辖区	1015	2222	3921	12601	28641	58855
延平区	601	1333	2267	7120	15915	33189
建阳区	414	889	1654	5481	12726	25666
邵武市	343	859	1203	4012	8835	19192
武夷山市	267	645	1132	3468	8118	19133
建瓯市	610	1275	2118	6847	17100	36239
顺昌县	441	712	837	5684	5615	11164
浦城县	443	1052	1542	5798	13858	22329
光泽县	220	409	812	2655	5337	9585
松溪县	190	367	633	1966	4627	11488
政和县	247	490	926	2528	6359	16946
龙岩市	**4323**	**8476**	**13627**	**45558**	**87684**	**227519**
龙岩市辖区	1596	3183	5836	18208	36628	95323
新罗区	969	1852	3725	12002	24276	64733
永定区	627	1331	2111	6206	12352	30590
漳平市	318	838	1346	4139	7847	21809
长汀县	726	1279	2062	8177	15029	38578
上杭县	749	1223	1725	6398	11992	30648
武平县	457	993	1397	4622	8627	21451
连城县	477	960	1261	4014	7561	19710
宁德市	**4147**	**8655**	**14740**	**50641**	**103733**	**267164**
宁德市辖区	740	1410	2920	8669	18074	53473
蕉城区	740	1410	2920	8669	18074	53473
福安市	944	1710	2865	11802	24854	55941
福鼎市	640	1396	2241	8539	16913	46481
霞浦县	529	1192	2093	7093	14903	44067
古田县	418	1090	1503	4762	9115	22219
屏南县	213	484	794	2157	4317	10998
寿宁县	287	665	948	3441	7085	12960
周宁县	236	473	828	2596	5166	12240
柘荣县	140	235	548	1582	3306	8785

2019年规模以上工业企业主要财务指标

单位：亿元

地　区	固定资产合计	流动资产合计	主营业务收入	利润总额	利税总额
全　省	**11515.84**	**20046.89**	**57552.52**	**4326.54**	**5830.19**
福州市	**2597.84**	**3682.95**	**9996.41**	**595.12**	**770.07**
福州市辖区	1021.90	1772.94	5481.27	266.85	349.60
鼓楼区	306.20	133.24	452.30	6.68	21.08
台江区	1.63	15.88	9.17	0.82	1.03
仓山区	69.87	309.99	952.18	40.78	66.41
马尾区	93.28	387.62	761.16	26.21	35.31
晋安区	44.35	123.38	578.07	18.64	28.98
长乐区	506.58	802.84	2728.38	173.74	196.80
福清市	942.51	1060.60	1851.13	114.84	147.59
闽侯县	153.27	374.99	1114.08	59.50	93.94
连江县	208.34	219.28	726.27	112.41	120.06
罗源县	155.99	150.47	508.07	13.43	19.28
闽清县	61.06	67.15	221.50	26.22	35.36
永泰县	23.10	21.06	67.78	2.54	4.31
平潭县	31.67	16.46	26.31	−0.67	−0.06
厦门市	**1501.52**	**3948.59**	**6678.77**	**357.80**	**552.90**
厦门市辖区	1501.52	3948.59	6678.77	357.80	552.90
思明区	194.87	244.22	400.73	26.28	37.79
海沧区	308.01	910.14	1306.59	105.82	210.78
湖里区	143.83	805.53	1836.62	92.64	109.67
集美区	178.22	699.71	914.20	60.15	82.39
同安区	198.89	592.33	922.24	48.71	68.08
翔安区	477.70	696.67	1298.39	24.20	44.18
莆田市	**745.22**	**979.52**	**3645.82**	**306.23**	**382.51**
莆田市辖区	651.00	791.36	2961.25	255.53	321.77
城厢区	78.93	89.41	429.18	31.66	39.26
涵江区	181.98	202.76	1041.45	92.60	126.37
荔城区	42.23	219.04	724.37	43.67	55.10
秀屿区	347.85	280.15	766.24	87.60	101.03
仙游县	94.22	188.16	684.57	50.70	60.74
三明市	658.18	783.20	5011.70	197.65	269.98
三明市辖区	267.09	218.15	1209.00	84.78	115.03
梅列区	157.96	153.49	723.88	50.53	66.23
三元区	109.13	64.66	485.12	34.25	48.80
永安市	119.38	166.36	1090.77	20.20	30.68
明溪县	17.38	17.80	140.30	6.56	8.63
清流县	21.30	20.80	153.55	18.21	21.93
宁化县	27.85	17.50	167.50	6.06	8.50
大田县	56.39	58.04	503.92	6.29	13.50
尤溪县	33.28	59.13	345.02	6.66	10.62
沙　县	52.93	152.85	863.35	32.38	38.58
将乐县	25.99	37.62	222.42	5.89	8.79
泰宁县	19.10	16.71	122.00	3.56	4.72
建宁县	17.49	18.23	193.86	7.07	8.99
泉州市	**2706.08**	**5144.84**	**17332.59**	**1470.80**	**2029.04**
泉州市辖区	820.77	1032.09	3892.40	312.40	463.34
鲤城区	297.01	447.20	1175.90	63.11	91.22
丰泽区	19.88	86.30	196.48	24.38	28.40
洛江区	98.09	121.51	604.07	71.32	78.68

续表

地区	固定资产合计	流动资产合计	主营业务收入	利润总额	利税总额
泉港区	405.78	377.08	1915.96	153.59	265.04
石狮市	256.77	423.64	1251.91	81.76	101.88
晋江市	437.31	1978.52	5125.76	321.95	450.19
南安市	231.80	811.01	2580.09	243.90	288.73
惠安县	657.74	559.81	2483.02	282.75	453.27
安溪县	227.35	185.78	890.24	119.78	138.19
永春县	37.88	102.50	790.20	94.60	109.84
德化县	36.48	51.49	318.97	13.66	23.60
漳州市	**1228.61**	**2106.94**	**6275.27**	**658.49**	**785.75**
漳州市辖区	233.97	358.40	1329.26	133.63	165.46
芗城区	187.73	247.43	985.42	102.13	126.60
龙文区	46.24	110.97	343.84	31.50	38.86
龙海市	344.42	623.06	1633.32	163.55	201.35
云霄县	32.04	78.84	323.41	30.29	34.25
漳浦县	300.34	356.14	592.30	67.63	77.26
诏安县	54.30	90.20	375.55	46.39	52.14
长泰县	91.47	197.83	628.03	70.30	84.92
东山县	41.33	105.35	373.12	29.91	37.63
南靖县	61.11	169.47	539.05	68.25	75.02
平和县	23.22	44.05	226.97	20.16	25.02
华安县	46.40	83.60	254.27	28.36	32.71
南平市	**417.91**	**565.54**	**2153.82**	**174.45**	**217.50**
南平市辖区	150.81	208.51	616.39	37.14	51.84
延平区	117.50	119.11	340.75	18.53	27.00
建阳区	33.31	89.40	275.64	18.61	24.84
邵武市	48.29	87.30	382.77	33.50	45.23
武夷山市	16.27	24.28	150.51	5.57	6.87
建瓯市	25.19	60.42	304.01	14.45	20.30
顺昌县	24.86	31.43	176.51	9.70	11.54
浦城县	47.87	43.64	181.67	20.34	23.55
光泽县	58.05	63.23	149.69	37.08	37.80
松溪县	9.73	20.48	94.58	8.19	10.01
政和县	36.84	26.26	97.70	8.48	10.38
龙岩市	**517.44**	**1044.13**	**3025.57**	**179.91**	**362.34**
龙岩市辖区	283.26	563.34	1258.45	73.70	217.58
新罗区	217.68	501.30	1102.38	66.88	206.21
永定区	65.58	62.04	156.06	6.82	11.38
漳平市	61.70	78.73	224.79	18.19	24.81
长汀县	30.74	59.86	258.09	27.23	41.07
上杭县	88.57	252.84	848.53	24.79	33.33
武平县	30.14	50.72	192.35	18.85	24.53
连城县	23.02	38.64	243.36	17.15	21.01
宁德市	**1143.05**	**1791.18**	**3432.58**	**386.09**	**460.10**
宁德市辖区	402.74	973.81	1187.53	174.06	203.02
蕉城区	402.74	973.81	1187.53	174.06	203.02
福安市	181.41	498.72	1379.38	142.25	156.58
福鼎市	479.84	195.49	570.23	48.15	72.35
霞浦县	26.55	52.23	106.49	6.11	7.93
古田县	16.23	23.83	59.60	5.09	6.67
屏南县	12.94	13.00	13.12	1.15	1.89
寿宁县	11.98	14.46	45.12	3.40	4.23
周宁县	4.07	5.36	14.23	0.74	1.02
柘荣县	7.29	14.28	56.88	5.15	6.41

2019年城镇单位从业人员平均劳动报酬

单位：元

项　目	单位从业人员	在岗职工	劳务派遣人员	其他从业人员
合　计	**81814**	**87117**	**58066**	**56546**
按企事业机关分				
企业	75384	78465	61906	60254
事业	105976	116863	50633	39276
机关	106713	128508	46516	38576
按国民经济行业分				
农、林、牧、渔业	51430	64591	36718	22859
采矿业	61314	60062	99019	68664
制造业	71641	71600	60486	92491
电力、热力、燃气及水生产和供应业	119694	128380	68142	51331
建筑业	64846	65818	61506	64442
批发和零售业	82363	84072	60094	68165
交通运输、仓储和邮政业	90085	93558	69366	54885
住宿和餐饮业	46387	46648	49291	37374
信息传输、软件和信息技术服务业	124370	126897	70158	94147
金融业	116732	173602	83150	44222
房地产业	81052	83526	57568	46095
租赁和商务服务业	62639	65659	48127	41335
科学研究和技术服务业	118649	124193	76120	59562
水利、环境和公共设施管理业	62162	67133	41359	35423
居民服务、修理和其他服务业	66063	67087	50975	56294
教育	96557	104712	47526	36420
卫生和社会工作	119961	127791	62951	61996
文化、体育和娱乐业	84160	93254	47049	36344
公共管理、社会保障和社会组织	106176	127501	46858	37764
按三次产业分				
第一产业	51430	64591	36718	22859
第二产业	70108	71486	61501	66536
第三产业	95811	105315	53443	44688

社会保险情况

项 目	2010	2018	2019
养老保险			
城镇企业职工养老保险			
期末参加基本养老保险职工人数(万人)	466.88	789.47	843.20
期末领取基本养老保险离退休人数(万人)	93.33	144.03	151.08
基本养老保险基金收入(亿元)	149.55	534.02	628.82
基本养老保险基金支出(亿元)	135.85	444.96	484.92
基本养老保险基金累计结余(亿元)	104.63	762.65	794.55
机关事业单位养老保险			
期末参加基本养老保险职工人数(万人)	54.93	94.19	95.01
期末领取基本养老保险离退休人数(万人)	20.13	46.58	48.05
基本养老保险基金收入(亿元)	55.32	216.67	195.74
基本养老保险基金支出(亿元)	52.65	279.67	297.24
基本养老保险基金累计结余(亿元)	36.60	175.95	181.66
城乡居民社会养老保险			
期末参加基本养老保险人数(万人)		1525.64	1554.14
基本养老保险基金收入(亿元)		103.61	120.12
基本养老保险基金支出(亿元)		81.97	90.20
基本养老保险基金累计结余(亿元)		165.54	195.46
医疗保险			
期末参加基本医疗保险人数(万人)	1226.25	3804.74	3788.10
城镇职工	554.67	853.06	841.38
城镇居民	671.58	2951.68	2946.72
基本医疗保险基金收入(亿元)	113.72	537.94	588.55
城镇职工	106.22	324.96	354.41
城镇居民	7.50	212.98	234.14
基本医疗保险基金支出(亿元)	96.01	455.11	520.93
城镇职工	88.96	249.42	278.93
城镇居民	7.05	205.69	242.00
基本医疗保险基金累计结余(亿元)	174.86	713.83	783.29
城镇职工	169.99	610.23	687.55
城镇居民	4.87	103.60	95.74
基本医疗保险基金收缴率(%)	99.29	99.50	99.60
失业保险			
期末参加失业保险人数(万人)	374.18	570.27	610.62
期末领取失业保险金人数(万人)	3.17	5.05	5.91
失业保险基金收入(亿元)	11.63	22.77	24.64
失业保险基金支出(亿元)	5.60	16.41	19.96
失业保险基金累计结余(亿元)	52.25	177.95	147.03
工伤、生育保险			
期末参加工伤保险的城镇企业职工人数(万人)	417.74	853.94	891.15
工伤保险基金收入(亿元)	5.90	20.23	19.81
工伤保险基金支出(亿元)	2.86	18.60	20.88
工伤保险基金累计结余(亿元)	22.37	63.92	62.85
期末参加生育保险的职工人数(万人)	374.41	651.87	621.73
生育保险基金收入(亿元)	4.32	17.08	18.95
生育保险基金支出(亿元)	2.95	19.30	18.61
生育保险基金累计结余(亿元)	8.18	14.86	13.38

注:2017年起,城镇居民参加基本医疗保险数据包含新农合数据在内。

领导机构党派团体及领导人

【中共福建省委书记、副书记、常委、正副秘书长名单】

书　　记：于伟国
副 书 记：唐登杰　王　宁
常　　委：张志南　胡昌升
刘学新　梁建勇
周联清　邢善萍*
苏保成　杨贤金
郑新聪
秘 书 长：郑新聪
副秘书长：林钟乐　吴子东
李建成　肖友梅
周宽奋　吴汉斌

【中共福建省委所属机构负责人名单】

省委办公厅
主　　任：林钟乐
厅务会议成员：吴子东　李建成
肖友梅　卓兆水
周宽奋　吴汉斌
陈巧玲*　陈　琪
张源生　施宇辉
胡为兴　陈燕喜
严　诚
副 主 任：张源生　施宇辉
严　诚
纪检监察组长：陈　琪

省委组织部（省公务员局）
部　　长：杨贤金
常务副部长：杨国豪
副 部 长：林承通　何国辉
张晓华　陈炎标
陈学平
局　　长：张晓华
纪检监察组长：杜金瀛
部务会议成员：孙智英

省委宣传部（省新闻出版局）
部　　长：梁建勇
常务副部长：
副 部 长：张宗云　陈立华
许守尧　肖贵新
叶雄彪　叶　燊
局　　长：肖贵新
纪检监察组长：李东河
部务会议成员：陈添贵　陈辉宗

省委统战部
部　　长：邢善萍*
常务副部长：臧杰斌
副 部 长：冯志农　李家荣
李　韧　黄进发
章正样　翁雄宇
纪检监察组长：陈永文
部务会议成员：王秋美　郑惠文

省委政法委员会
书　　记：
常务副书记：王敏夫
副 书 记：马必钢　袁超洪
纪检监察组长：张佩煌
委务会议成员：傅建飞　邓佳文
郑　辉　何晓清*
江敏琛

省委政策研究室
主　　任：吴子东
副 主 任：王耀明　卢沛伦
谭亚川

省委全面深化改革委员会办公室
主　　任：郑新聪（兼）
常务副主任：
副 主 任：吴亮碧　林向东

省委国家安全委员会办公室（略）

省委网络安全和信息化委员会办公室
主　　任：许守尧
副 主 任：叶得盛　黄逸群
许明峰

省委机构编制委员会办公室
主　　任：林晓英*
副 主 任：杨　俊　江忠欣
陈松声　赵志强

省委军民融合发展委员会办公室
主　　任：张志南（兼）
常务副主任：林　杰
副 主 任：陈煊云　黄建清

省委（省政府）台港澳工作办公室
主　　任：王　玲*
副 主 任：刘良辉　郑一贤
宋志强　吴一明
钟志刚

省委省直机关工作委员会
书　　记：郑新聪
常务副书记：董建洲
副 书 记：林江铃*　黄　青
刘用通
委　　员：陈金城　方月兴
王　旋*　张文胜

省委巡视工作领导小组办公室

主　　　任：游美萍*
副　主　任：杨义猛

省委老干部局

局　　　长：何国辉
副　局　长：谢宜萍　沈再生　张国茂

省委非公企业和社会组织工委

书　　　记：林承通
专职副书记：孙智英

省委党校（福建行政学院）

校长（院长）：杨贤金
常务副校长（常务副院长）：胡忠昭
副校长（副院长）：姜　华*　刘大可　徐小佶　魏良文　杜丕谦　温敬元　林　红*

省委党史研究和地方志编纂办公室

主　　　任：黄　誌
副　主　任：汪一朝　俞　杰　黄　玲*　林　浩　王盛泽

省档案馆

馆　　　长：卓兆水
副　馆　长：黄建峰　马俊凡*　游富明

福建日报社

社　　　长：张宗云
总　　　编：王金福
副　社　长：薛中文
副　总　编：饶新冬　潘贤强　陈建荣　任君翔*

省社会主义学院

院　　　长：邢善萍*
党组书记：李　韧
副　院　长：马建荣　王　岩

省委机要局（省密码管理局）★

局　　　长：陈巧玲*

省委保密委员会办公室（省国家保密局）★

主任（局长）：胡为兴

省专用通信局★

局　　　长：陈燕喜

省委精神文明建设办公室★

主　　　任：陈添贵

省委讲师团★

团　　　长：陈辉宗

【中共福建省各设区市委领导名单】

中共福州市委

书　　　记：王　宁
副　书　记：尤猛军
常　　　委：林　飞　修兴高　陈　晔*　高　明　蔡战胜　吴深生　张　忠　阮孝应　刘卓群　周强国

中共厦门市委

书　　　记：胡昌升
副　书　记：庄稼汉　陈秋雄
常　　　委：蔡建新　林文生　孙明忠　黄　强　李伟华　倪　超*　黄文辉　陈沈阳　张毅恭　李辉跃

中共漳州市委

书　　　记：邵玉龙
副　书　记：刘　远　阮开森
常　　　委：林叶萍*　沈金水　张琳光　吴文团　黄水木　刘伟泽　张慧德　张世永　沈志平

中共泉州市委

书　　　记：康　涛
副　书　记：王永礼　张永宁
常　　　委：孔繁军　游宇飞　林万明　林锦明　刘建军　刘文儒　季翔峰　洪自强

中共莆田市委

书　　　记：林宝金
副　书　记：李建辉　周青松
常　　　委：李飞亭　郑春洪　吴桂芳　傅冬阳　卓晓銮*　吴立新　沈伯麟　陈　超

中共三明市委

书　　　记：林兴禄
副　书　记：余红胜　王进足
常　　　委：黄建波　祝荣亮　纪熙全　肖明光　林　斌*　徐林森　刘宝怀

中共南平市委

书　　　记：袁　毅
副　书　记：刘洪建
常　　　委：张培栋　伍　斌　庄　莉*　丘　毅　陈云水　林旭阳　陈荣海

中共龙岩市委

书　　　记：许维泽
副　书　记：王　龙
常　　　委：詹昌建　邓菊芳*　李桂义　魏　东　毛高良　余学斌　张春秋　陈厦生　柳　军

中共宁德市委

书　　　记：郭锡文
副　书　记：梁伟新　曾智勇
常　　　委：林　鸿　陈力达　陈其春　王世雄　谢再春　郭学斌　杨凯兵　缪绍炜

中共平潭综合实验区工委

书　　　记：陈善光
副　书　记：林文耀
委　　　员：赖继秋　林共妙　许永西　欧阳晓波　吴礼源　蔡福勇　许标旗

【中共福建省各县（市、区）委正职名单】

中共鼓楼区委

书　　　记：朱训志

中共台江区委

书　　　记：李　凡

中共仓山区委

书　　　记：蔡战胜

中共晋安区委

书　　　记：张定锋

中共马尾区委

书　　　记：游通铃

中共长乐区委

书　　记：何杰民

中共福清市委

书　　记：刘卓群

中共闽侯县委

书　　记：李永祥

中共连江县委

书　　记：周应忠

中共闽清县委

书　　记：陈忠霖

中共罗源县委

书　　记：刘晓强

中共永泰县委

书　　记：陈　斌

中共思明区委

书　　记：廖华生

中共湖里区委

书　　记：林　建

中共集美区委

书　　记：

中共海沧区委

书　　记：林文生

中共同安区委

书　　记：

中共翔安区委

书　　记：

中共芗城区委

书　　记：胡栋良

中共龙文区委

书　　记：朱　真*

中共龙海市委

书　　记：郑隆松

中共漳浦县委

书　　记：戴平忠

中共东山县委

书　　记：洪泰伟

中共长泰县委

书　　记：方木荣

中共华安县委

书　　记：朱百里

中共平和县委

书　　记：郭德志

中共南靖县委

书　　记：黄劲武

中共诏安县委

书　　记：陈文聪

中共云霄县委

书　　记：王金狮

中共鲤城区委

书　　记：黄阳春*

中共丰泽区委

书　　记：黄景春

中共洛江区委

书　　记：洪飞跃

中共泉港区委

书　　记：梁炳辉

中共石狮市委

书　　记：蔡萌芽*

中共晋江市委

书　　记：刘文儒

中共南安市委

书　　记：林荣忠

中共惠安县委

书　　记：黄文胜

中共永春县委

书　　记：

中共安溪县委

书　　记：高向荣

中共德化县委

书　　记：梁玉华*

中共荔城区委

书　　记：杨朝东

中共城厢区委

书　　记：王文才

中共涵江区委

书　　记：陈万东

中共秀屿区委

书　　记：郑加清

中共仙游县委

书　　记：郑亚木

中共梅列区委

书　　记：杨　胜

中共三元区委

书　　记：杨国昕

中共永安市委

书　　记：蒋先东

中共将乐县委

书　　记：刘润宇

中共沙县县委

书　　记：杨兴忠

中共尤溪县委

书　　记：杨永生

中共大田县委

书　　记：陈文华

中共明溪县委

书　　记：李　腾

中共宁化县委

书　　记：余建地

中共建宁县委

书　　记：郑剑波

中共泰宁县委

书　　记：吕国健

中共清流县委

书　　记：池芝发

中共延平区委

书　　记：赵明正

中共建阳区委

书　　记：杨新强

中共邵武市委

书　　记：何光松

中共武夷山市委

书　　记：江建华

中共建瓯市委

书　　记：陈建新

中共顺昌县委

书　　记：邱建彬

中共光泽县委

书　　记：陈敏辉

中共浦城县委

书　　记：周永和

中共政和县委

书　　记：黄爱华*

中共松溪县委

书　　记：黄美萍*

中共新罗区委

书　　记：陈金龙

中共永定区委

书　　记：

中共漳平市委

书　　记：陈论生

中共武平县委

书　　记：廖卓文

中共上杭县委

书　　记：傅藏荣

中共长汀县委

书　　记：廖深洪

中共连城县委

书　　记：钟勇强

中共蕉城区委

书　　　记：

中共福安市委

书　　　记：叶其发

中共福鼎市委

书　　　记：刘振辉

中共霞浦县委

书　　　记：郭文胜

中共寿宁县委

书　　　记：汤孔忠

中共周宁县委

书　　　记：包江苏

中共柘荣县委

书　　　记：郭宋玉*

中共古田县委

书　　　记：钟昌华

中共屏南县委

书　　　记：吴允明

中共平潭县委

书　　　记：陈善光

【福建省人大常委会正副主任、正副秘书长】

主　　　任：于伟国

副　主　任：张广敏　雷春美*
黄琪玉　邓力平
潘　征　吴洪芹*
檀云坤

秘　书　长：刘道崎

副秘书长：卢厚实　李　鸣
郑国华

【福建省人大法制委员会、财政经济委员会、社会建设委员会、监察和司法委员会】

法制委员会

主任委员：杨益民

副主任委员：李明蓉*　丁志隆

财政经济委员会

主任委员：陈青文*

副主任委员：梁晋阳　林少雄

社会建设委员会

主任委员：张立先

副主任委员：叶辉玲*　孔繁圣

监察和司法委员会

主任委员：卢厚实

副主任委员：朱淑芳*　陈永正

【福建省人大常委会各委、办、室、局】

办公厅

主　　　任：卢厚实

副　主　任：翁祖根　苏永革

研究室

主　　　任：冯潮华

副　主　任：陈书侨

人事代表工作室

主　　　任：陈元邦

副　主　任：苏金祥

法制工作委员会

主　　　任：李明蓉*

副　主　任：王少伟　徐　华*

监察和司法工作委员会

主　　　任：朱淑芳*

副　主　任：黄发模　林端宇

农业与农村工作委员会

主　　　任：陈则生

副　主　任：黄子曦　谢小平

财政经济工作委员会

主　　　任：梁晋阳

副　主　任：刘尚逊　张炯佳
曹世民

教育科学文化卫生工作委员会

主　　　任：林　辉

副　主　任：林　尧

华侨工作委员会（台胞工作委员会）

主　　　任：陈　雄

副　主　任：王维川　叶勇鹏

环境与城乡建设工作委员会

主　　　任：朱　华*

副　主　任：王　芳*

信访局

局　　　长：蔡闽民*

【福建省纪委、监委派驻省人大常委会机关纪检监察组】

组　　　长：皮华林

【福建省各设区市人大常委会正副职、县（市、区）人大常委会正职名单】

福州市人大常委会

主　　　任：陈为民

副　主　任：鄢　萍*　陈建平*
陈春光　关瑞祺
林　峰　肖　华

鼓楼区人大常委会

主　　　任：胡道坦

台江区人大常委会

主　　　任：何长嘉

仓山区人大常委会

主　　　任：阮　锋

晋安区人大常委会

主　　　任：赵　坚

马尾区人大常委会

主　　　任：

长乐区人大常委会

主　　　任：吴文琪

福清市人大常委会

主　　　任：林　中

闽侯县人大常委会

主　　　任：

连江县人大常委会

主　　　任：张金潮

闽清县人大常委会

主　　　任：刘久兴

罗源县人大常委会

主　　　任：肖永建

永泰县人大常委会

主　　　任：王德冠

厦门市人大常委会

主　　　任：陈家东

副　主　任：叶重耕　刘育生
陈紫萱*　陈　琛*
刘绍清*　林德志
郑岳林

思明区人大常委会

主　　　任：吕永辉

湖里区人大常委会

主　　　任：黄　炜

集美区人大常委会

主　　　任：陈建荣

海沧区人大常委会

主　　　任：江根云

同安区人大常委会

主　　　任：王秀珠*

翔安区人大常委会

主　　　任：林进胜

漳州市人大常委会

主　　　任：陈汉夫

副　主　任：吴达金　李珊珊*
刘加来　方木荣

余　溪

芗城区人大常委会
主　　任：严国梁
龙文区人大常委会
主　　任：戴志嵩
龙海市人大常委会
主　　任：郑明福
漳浦县人大常委会
主　　任：刘达文
云霄县人大常委会
主　　任：施仲达
诏安县人大常委会
主　　任：沈义和
东山县人大常委会
主　　任：柳亚殊
平和县人大常委会
主　　任：曾　民
南靖县人大常委会
主　　任：曾连端
长泰县人大常委会
主　　任：叶亚强
华安县人大常委会
主　　任：曾果生
泉州市人大常委会
主　　任：陈灿辉
副 主 任：朱团能　张建生
曾　巍　许文贵
吴友才　蔡思红*
鲤城区人大常委会
主　　任：郑进发
丰泽区人大常委会
主　　任：林建扬
洛江区人大常委会
主　　任：蔡永生
泉港区人大常委会
主　　任：陈守川
晋江市人大常委会
主　　任：林仁达
南安市人大常委会
主　　任：洪顺昌
石狮市人大常委会
主　　任：上官跃进
惠安县人大常委会
主　　任：张培坤
安溪县人大常委会
主　　任：廖皆明

德化县人大常委会
主　　任：王传敬
永春县人大常委会
主　　任：康思坚
三明市人大常委会
主　　任：詹积富
副 主 任：张知通　王　庆
廖小华*　陈仪代
肖长根　刘万年
三元区人大常委会
主　　任：邓秀忠
梅列区人大常委会
主　　任：张淑华*
永安市人大常委会
主　　任：曾　胜
清流县人大常委会
主　　任：张仕权
宁化县人大常委会
主　　任：潘闽生
建宁县人大常委会
主　　任：吴国根
泰宁县人大常委会
主　　任：黄志远
明溪县人大常委会
主　　任：廖善朋
将乐县人大常委会
主　　任：
沙县人大常委会
主　　任：杨兴忠
尤溪县人大常委会
主　　任：杨永生
大田县人大常委会
主　　任：陈汉良
莆田市人大常委会
主　　任：阮　军
副 主 任：郑祖杰　王玉芳*
林金波　何金清
宋建新　沈萌芽*
仙游县人大常委会
主　　任：黄一敏
荔城区人大常委会
主　　任：谢珍裕
城厢区人大常委会
主　　任：王国太
涵江区人大常委会
主　　任：黄茂森

秀屿区人大常委会
主　　任：黄启荣
南平市人大常委会
主　　任：罗志坚
副 主 任：武　勇　符水俊
翁明亮　潘剑才
何光松　潘敏芳*
延平区人大常委会
主　　任：王周同
建阳区人大常委会
主　　任：胡宗礼
邵武市人大常委会
主　　任：熊贻荣
武夷山市人大常委会
主　　任：陈先珍
建瓯市人大常委会
主　　任：陈祥平
顺昌县人大常委会
主　　任：李嘉兴
浦城县人大常委会
主　　任：吴　斌
光泽县人大常委会
主　　任：刘　雄
松溪县人大常委会
主　　任：蔡廷才
政和县人大常委会
主　　任：郑满生
龙岩市人大常委会
主　　任：张天洲
副 主 任：廖德槐　张琼珊*
邓振春　冯添桂
阙朝阳　苏立波
新罗区人大常委会
主　　任：郭益健
永定县人大常委会
主　　任：苏贤添
上杭县人大常委会
主　　任：梁八生
武平县人大常委会
主　　任：王民发
长汀县人大常委会
主　　任：蔡金旺
连城县人大常委会
主　　任：江维民
漳平市人大常委会
主　　任：陈金文

宁德市人大常委会

主　　任：

副主任：许青云　雷维善　刘信华　冯桂华　陈　梅*　章允斌

蕉城区人大常委会

主　　任：何邦恒

福安市人大常委会

主　　任：郑战雄

福鼎市人大常委会

主　　任：蔡梅生

霞浦县人大常委会

主　　任：陈　健

寿宁县人大常委会

主　　任：郭海鸣

周宁县人大常委会

主　　任：叶健松

柘荣县人大常委会

主　　任：朱建波

古田县人大常委会

主　　任：陈绍莲*

屏南县人大常委会

主　　任：周少川

平潭综合实验区人大工委

主　　任：陈善光

副主任：成苏明　赖德芳　游小峰　陈时雄　陈国华

平潭县人大常委会

主　　任：成苏明

【福建省人民政府省长、副省长、正副秘书长名单】

省　　长：唐登杰

副省长：张志南　李德金　田湘利　郑建闽　郭宁宁*　林宝金

秘书长：黄新銮

副秘书长：蒋少云　曹建平　李　斌　赖碧涛　詹志洁　谌庆福　方寿中　尤思德

【福建省人民政府所属机构、企事业单位负责人名单】

省政府办公厅

主　　任：曹建平

党组成员：李　斌　赖碧涛　詹志洁　谌庆福　方寿中　尤思德　陈子舟

副主任：陈起东　林依钦　李志忠

纪检监察组长：陈章栋

省发展和改革委员会

主　　任：张灿民

副主任：张福寿　吴亮碧　许碧瑞　潘乙凡　詹晨辉　叶飞文

纪检监察组长：徐　敏

党组成员：陈荣辉　魏明镇　孙建平

总规划师：江智光

省教育厅（省委教育工作委员会）

厅　　长：林和平

副厅长：薛卫民　刘　健　李　迅　吴伟平　王　飚

纪检监察组长：陈　仁

党组成员：王建南

省科学技术厅

厅　　长：陈秋立

副厅长：林岗然　周世举　游建胜　林伯德

纪检监察组长：赖土发

省工业和信息化厅

主　　任：翁玉耀

副主任：吴添富　郭学军　陈建业　厉　云　兰　文　陈传芳

纪检监察组长：李长根

总工程师：

省民族与宗教事务厅

厅　　长：黄进发

副厅长：兰秀珍*　宋　哩*　张东晖

纪检组长：陈永文

省公安厅

厅　　长：田湘利

副厅长：张东鸣　杜清森　许耀鹏　章丽婕*　郑雷声

政治部主任：陈育煌

纪检监察组长：李应良

党委委员：薛祺安　潘东升

省民政厅

厅　　长：池秋娜*

副厅长：程　强　赵荣生　陈丽华*　林　弘

纪检监察组长：陈兆文

省司法厅

厅　　长：邬勇雷

副厅长：黄岩生　庄天从　林德明

纪检监察组长：张宝华

政治部主任：林安泰

党委委员：李杰鹏　柯南木

省财政厅

厅　　长：余　军

副厅长：杨　隽*　韩　健　林贻武　陈　强　黄剑青

纪检监察组长：许发荣

总会计师：谢隆进

省人力资源和社会保障厅

厅　　长：林卫宠

副厅长：吴小颖　高　榕*　温惠榕　洪长春

纪检监察组长：张永生

省自然资源厅

党组书记、副厅长：林文斌

厅　　长：叶　敏

副厅长：何南飞　江敦岚　翁惠明　黄立峰

纪检监察组长：江显木

总规划师：周锦来

省生态环境厅

厅　　长：付朝阳

副厅长：洪　平　黄书林　徐　威　郑志忠

纪检监察组长：郑培华

总工程师：郑　彧

监察专员：吴成球　郭海阳　秦　明

省住房和城乡建设厅

厅　　长：林瑞良

副厅长：王　海　王胜熙　蒋金明　王明炫

纪检监察组长：邱文高
总工程师：陈义雄

省交通运输厅

厅长：黄祥谈
副厅长：梁金焰　雷文忠　李　擎
纪检监察组长：陈善凤
总工程师：王增贤

省水利厅

厅长：赖　军
副厅长：丘汀萌　陈宜国　梅长河
纪检监察组长：林国闪
总工程师：林　捷

省农业农村厅（省委农办、扶贫办、乡村振兴办）

厅长：黄华康
副厅长：姜绍丰　王智桢　陈明旺　黄书荣　李岱一*
纪检监察组长：严志铭
总畜牧兽医师：梁全顺
党组成员：陈东荣

省商务厅

厅长：吴南翔
副厅长：陈安生　黄德智　黄娜恩*　钟木达　刘德培　陈　靖
纪检监察组长：王庆亮

省文化和旅游厅

党组书记、副厅长：石建平
厅长：吴贤德
副厅长：林守钦　黄苇洲　苏庆赐　肖长培
纪检监察组长：郑祥煌
党组成员：傅柒生

省卫生健康委员会

党组书记、副主任：黄如欣
主任：柳　红*
副主任：陈　辉　陈厚銮　王喜瑛*　张永裕
纪检监察组长：黄来渊
党组成员：方少雄

省退役军人事务厅

厅长：陈奕辉
副厅长：辛志华　郑　敏*　罗庆春

省应急管理厅

党组书记、副厅长：郑李亭
厅长：刘　琳
副厅长：欧阳德　姚朝钟　邓　冈
纪检监察组长：郑子龙
总工程师：郭金星

省审计厅

厅长：杨　红*
副厅长：王成章　吴克昌　许克付　廖德铨
纪检监察组长：张利生
总审计师：林建苍
审计办主任：陈敬辉

省政府外事办公室

主任：王天明
副主任：林学锋　黎　林　陈出新
党组成员：罗冠升

省国有资产监督管理委员会

主任：
副主任：林　立　左　宇　刘宝和
纪检监察组长：陈柏生

省林业局

局长：陈照瑜
副局长：刘亚圣　谢再钟　王宜美　林雅秋　林旭东　郑　健
纪检监察组长：郭　延*

省海洋与渔业局

局长：林锡能
副局长：林月玲*　钟　声　邱章泉　翁新平
纪检监察组长：罗长祥
总工程师：叶建平

省市场监督管理局

党组书记、副局长：严效东
局长：黄培惠
副局长：俞开海　黄　玲*　刘先义
纪检监察组长：刘小宁
食品安全总监：张剑平
总工程师：张元榕
党组成员：颜志煌

省广播电视局

局长：李　强
副局长：张丽娟*　毛文航*　张明生
纪检监察组长：林亚贵

省体育局

局长：林作明
副局长：李　静*　唐佑明　周耀龙
纪检监察组长：邓世章

省统计局

局长：张国旺
副局长：林英厦　杨洪春
总统计师：翁福官

省人民防空办公室

主任：林凤祥
副主任：刘革生　薛依强　张祖明　王雷火

省医疗保障局

局长：赖诗卿
副局长：梁步腾　刘家城

省地方金融监督管理局

局长：薛鹤峰
副局长：温正斌　谢建潮
纪检监察组长：朱则辉

省委省政府信访局

局长：李　斌
副局长：林本正　范志平　张　辉

省政府驻北京办事处

主任：林　光
副主任：潘弘图

省计划生育协会

常务专职副会长：陈　星
专职副会长：陈友茂　刘腾发

省地质矿产勘查开发局

局长：林文芳
副局长：倪　超　郑荣富　韩康平
纪检组长：吴晓明
总工程师：周珍琦

中国海峡人才市场

董事长、总经理：廖世铢
副总经理：游诚志　杨　石　叶金山

省供销合作社联合社

主　　　任：张作兴
副　主　任：占飞豹　邱志向
　　　　　　林　勤
纪检组长：郑恢先

省政府发展研究中心
主　　　任：陈秋平
副　主　任：胡建荣　廖荣天

省农业科学院
党委书记：陈永共
院　　　长：翁启勇
副　院　长：余文权　汤　浩
　　　　　　黄勤楼
纪委书记：陈世奎

省政府投资项目评审中心（省工程咨询中心）
主　　　任：张福寿
副　主　任：柳树青　陈时傲

福建社会科学院
院　　　长：张　帆
党组书记、副院长：陈祥健
副　院　长：李鸿阶　刘小新
　　　　　　游炎灿

省广播影视集团
董　事　长：曾祥辉
总　经　理：庄志松
副董事长：刘宜民　刘　毅
　　　　　　杨国和

省政府驻上海办事处★
主　　　任：萨支申

省政府驻广州办事处★
主　　　任：王建富

省政府驻深圳办事处★
主　　　任：陈福民

省机关事务管理局★
局　　　长：陈子舟

省数字福建建设领导小组办公室（省大数据管理局）★
主　　　任：陈荣辉

省粮食和物资储备局★
党组书记：孙建平
局　　　长：赖应辉

省监狱管理局★
第一政委：邬勇雷
局　　　长：李杰鹏
政　　　委：陈由顺

省文物局★
局　　　长：傅柒生

省药品监督管理局★
局　　　长：俞开海

省海洋渔业执法总队★
总　队　长：
政　　　委：

省水利水电工程移民发展中心★
主　　　任：卞宏达

省测绘地理信息发展中心★
主　　　任：林孝文

省知识产权发展保护中心★
主　　　任：颜志煌

省水利水电勘测设计院★
党委书记：郭　武
院　　　长：何文兴

省疾病预防控制中心★
主　　　任：郑奎城

省教育考试院★
院　　　长：陈明庆

省节能监察（监测）中心★
主　　　任：曾　斌

省经济信息中心★
主　　　任：蔡荣富

中国闽台缘博物馆★
党委书记：黄衆问
馆　　　长：

省铁路建设发展中心★
主　　　任：史原增

省公共资源交易中心★
主　　　任：邱元霖

省煤田地质局★
党委书记、副局长：林　杰
局　　　长：黄玉荣

省投资开发集团有限责任公司
董　事　长：严　正
总　经　理：万崇伟
党委副书记：陈国发
副总经理：王　非　林　崇
　　　　　　蔡　琳　刘珠雄
总会计师：陈　杰
纪委书记：郑清华

省冶金（控股）有限责任公司
董　事　长：郑　震
总　经　理：张　玲
副总经理：赖兆奕　许继松
　　　　　　侯孝亮　周　闽
　　　　　　范建敏
纪检组长：林　坚

省能源集团有限责任公司
董　事　长：林金本
总　经　理：谢荣兴
党委副书记：
副总经理：周必信　吴维加
　　　　　　黄友星
总会计师：卢范经
纪委书记：李寿发

省交通运输集团有限责任公司
董　事　长：李兴湖
总　经　理：陈可香
党委副书记：
副总经理：黄循铀　肖祖建
　　　　　　陈乐章　杨锦昌
　　　　　　吴厚生
纪委书记：李建谋

省高速公路集团有限公司
董　事　长：涂慕溪
总　经　理：陈岳峰
党委副书记：吴毅荣
副总经理：张　明　潘向阳
　　　　　　邱　淮　蒋建新
总会计师：黄　晞
纪委书记：沈觉新

中国（福建）对外贸易中心集团有限责任公司
总　经　理：陈军华
党委副书记：游向阳
副总经理：赖建国　宋福鋆
　　　　　　方炬洋　王向东
总会计师：许文章
纪委书记：吴祥明

厦门航空有限公司
董　事　长：赵　东
总　经　理：王志学
副总经理：黄火灶　林朝阳
　　　　　　黄国辉　汤建其
　　　　　　倪良胜
纪委书记：蔡顺驰
党委委员：周卫东

省船舶工业集团公司
董　事　长：赵金杰
党委副书记：陈　晞
副总经理：陈光灿　李振均

纪委书记：陈　幸
总会计师：李永忠

福建炼油化工有限公司

董事长：顾越峰
总经理：刘向东
副董事长：林金本
党委副书记、纪委书记、工会主席、监事会主席：杨洪斌
副总经理：张西国　胡红页　陈飞山　赵天星　林　栩
总会计师：李思阳*

省轻纺（控股）有限责任公司

总经理：黄文定
副总经理：陈国樑　郑书雄　黄金镖
纪检组长：潘士颖
总会计师：林兵霞*

省旅游发展集团有限责任公司

董事长：陈扬标
党委副书记：游克安
副总经理：丁炳华　刘学忠　林女超*
纪委书记：陈占隆
总会计师：余运庄

福建建工集团有限责任公司

董事长：林增忠
总经理：刘晓群
党组副书记、纪检组长：徐　凯
副总经理：丘亮新
总工程师：阮锦发
总会计师：张　琪*

省电子信息（集团）有限责任公司

董事长：宿利南
总经理：钟　军
党委副书记：陈施清
副总经理：林　升　黄　舒　卢文胜　卞志航
总会计师：黄旭晖*
纪委书记：刘松明

省汽车工业集团有限公司

董事长：黄　莼
总经理：
副总经理：李岩峰　陈文豪　陈　锋　谢思瑜
纪检组长：杨本南

省石油化工集团有限责任公司

董事长：林金本
总经理：徐建平
党委副书记：吴　宏
副总经理：刘　强　朱玉武　黄仔清
纪委书记：柯南进

省机电（控股）有限责任公司

董事长：王会锦
总经理：董飞龙
副总经理：陈伯炜　吴大文
纪委书记：林心銮

省招标采购集团有限公司

董事长：陈　武
副总经理：丁宗庭　程立平　张亲议
纪委书记：赵　斌
总会计师：周辉芳

兴业银行

董事长：
行长：陶以平
监事长：蒋云明
副行长：陈锦光　李卫民　陈信健　孙雄鹏
纪检监察组长：张国明
党委委员：黄金琳

省农村信用社联合社

主任、副理事长、党委副书记：张镇雄
副主任：林章毅　张永良　刘爱晖*　陈金德
纪检监察组长：詹生根

海峡出版发行集团公司

董事长：蒋达德
总经理：林义良
党委副书记：杨　杰
副总经理：林　彬*　何　强
总会计师：陈逢淮
纪委书记：孙　强

福建广电网络集团公司

董事长：张　远
总经理：
总会计师：周　萍*
副总经理：梁章林　林剑生
纪委书记：黄善贺
总工程师：刘敏文

【福建省各设区市人民政府领导名单】

福州市政府

市长：尤猛军
副市长：林　飞　严可仕　潘东升　杭　东　杨新坚　李　春*　林中麟

厦门市政府

市长：庄稼汉
副市长：黄　强　国桂荣*　孟　芊　韩景义　卢炳椿　黄燕添　黄晓舟

漳州市政府

市长：刘　远
副市长：张慧德　谢毅泰　黄华安　张翼腾　兰万安　陈水树　吴卫红*　侯为东

泉州市政府

市长：王永礼
副市长：洪自强　周真平*　李伙金　吕　刚　肖汉辉　朱启平

莆田市政府

市长：李建辉
副市长：傅冬阳　陈志强　吴健明　陈惠黔*　郑瑞锦　胡国防　陈　枫

三明市政府

市长：余红胜
副市长：黄建波　林俊德　张元明　张文珍*　程鹏鹰　王锡章　郑剑波　陈瑞喜

南平市政府

市长：刘洪建
副市长：伍　斌　罗恩平　钟文龙　梁廉荣　朱仁秀*　黄苏福　何明星

龙岩市政府

市长：
副市长：王　龙　郭丽珍*　黄庆辉　张　斌

王建生　谢海波
张朝阳　柳　军

宁德市政府
市长：梁伟新
副市长：缪绍炜　黄建龙
黄国璋　杨　方*
胡　楠　吴允明
毛祚松

平潭综合实验区管委会
主任：林文耀
副主任：赖继秋　许永西
欧阳晓波　吴礼源
蔡福勇

【福建省各县（市、区）人民政府正职名单】

鼓楼区政府
代区长：黄建新

台江区政府
区长：叶仁佑

仓山区政府
区长：梁　栋

晋安区政府
代区长：林　涛

马尾区政府
区长候选人：许用贵

长乐区政府
区长：蔡劲松

福清市政府
市长：张　帆

闽侯县政府
县长候选人：王建生

连江县政府
县长：郑立敏

闽清县政府
县长候选人：郑子记

罗源县政府
代县长：孙　利

永泰县政府
县长：雷连鸣

思明区政府
区长：夏长文

湖里区政府
区长：林重阳

集美区政府
区长：何东宁

海沧区政府
代区长：游文昌

同安区政府
区长：王雪敏*

翔安区政府
区长：胡　盛

芗城区政府
区长：石振棋

龙文区政府
区长：

龙海市政府
市长：何才成

漳浦县政府
县长：黄庆华

东山县政府
县长：

长泰县政府
县长：

华安县政府
县长：简洪坤

平和县政府
县长：吴丁顺

南靖县政府
县长：钟　科

诏安县政府
县长：李亚容

云霄县政府
县长：张明东

鲤城区政府
区长：

丰泽区政府
区长候选人：高金全

洛江区政府
区长：

泉港区政府
区长：颜朝晖

石狮市政府
市长：黄春辉

晋江市政府
市长：张文贤

南安市政府
市长：

惠安县政府
县长：赖清正

永春县政府
县长：庄永智

安溪县政府
县长：刘林霜

德化县政府
县长：黄文捷

荔城区政府
区长：柯金国

城厢区政府
区长：吴文恩

涵江区政府
区长：连向红*

秀屿区政府
代区长：张伯松

仙游县政府
县长：吴国顺

梅列区政府
区长：张昌平

三元区政府
区长：廖卫国

永安市政府
市长：温欣传

将乐县政府
县长：温　毅

沙县县政府
县长：汪志红*

尤溪县政府
县长：廖金辉

大田县政府
县长：林金龙

明溪县政府
县长：苏迎平

宁化县政府
县长：姚文辉

建宁县政府
县长：陈显卿

泰宁县政府
县长：王胜文

清流县政府
县长：张春华

延平区政府
区长：

建阳区政府
区长：魏敦盛

邵武市政府
市长：丁贵生

武夷山市政府
市长：谢启龙

建瓯市政府
市　长：周安有
顺昌县政府
县　长：余向红*
光泽县政府
县　长：赵大建
浦城县政府
县　长：沈晓文
政和县政府
县　长：张行书
松溪县政府
县　长：苏建旗
新罗区政府
区　长：张　锋
永定区政府
区　长：陈荣水
漳平市政府
市　长：马　勇
武平县政府
县　长：
上杭县政府
县　长：王　波
长汀县政府
县　长：马水清
连城县政府
县　长：詹崇仁
蕉城区政府
区　长：何必良
福安市政府
市　长：钟宜国
福鼎市政府
市　长：袁华军
霞浦县政府
县　长：陈贵裕
寿宁县政府
县　长：张成慧
周宁县政府
县　长：黄桂诚
柘荣县政府
县　长：雷祖铃
古田县政府
县　长：党　帅
屏南县政府
县　长：柳　岳
平潭县政府
县　长：林文耀

【中央有关部委驻闽直属机构负责人名单】

省国家安全厅
厅　长：蒋少云
新华社福建分社
社　长：邹声文
副社长：梅永存　顾钱江
纪检组长：黎　勇
党组成员：项开来
中科院福建物质结构研究所
所　长：曹　荣
党委书记：黄艺东
党委副书记、纪委书记：方荣良
副所长：朱永官　兰国政　林文雄　卢灿忠
中科院城市环境研究所
所　长：曹　荣
党委书记、副所长：朱永官
党委副书记、纪委书记：陈少华
党委副书记：白国华
副所长：兰国政　林文雄　卢灿忠
国家林业和草原局驻福州森林资源监督专员办事处
专　员：王剑波
党组成员：李彦华
副专员：吴满元
财政部驻福建监管局
局　长：梁　勇
副局长、纪检组长：陈雪敏
国家统计局福建调查总队
总队长：郭国云
党组成员：康　君
副总队长：郑蔚菱*
国家税务总局福建省税务局
党委书记、副局长：林京华
局　长：赵　静*
副局长：陈慕斌　郑孝真　林茂椿　林国镜
总会计师：曾钟滔
总经济师：郑元芳
总审计师：陈　艳*　李建功
省气象局
局　长：潘敖大
副局长：邓　志　冯　玲*
纪检组长：陈　彪
党组成员：葛小清
省地震局
局　长：刘建达
副局长：朱海燕　林　树　鲍　挺　谢志招
纪检组长：龙清风
福建海事局
局　长：徐增福
纪检组长：陈　凯
副局长：黄丹华*　李恩东　宋剑华
厦门出入境边防检查总站
总站长：毛　旭
福建煤矿安全监察局
局　长：郑李亭
副局长：戴文鹏　朱石福
福州海关
关　长：宇方成
副关长：于正中　叶　云*
政治部主任：戴志成
纪检组长：张政武
党委委员：林光龙　郗俊江
厦门海关
关　长：郑巨刚
副关长：叶超俊　陈　宇　张冬冬　娄传永
政治部主任：林　高
纪检组长：周　力
党委委员：崔庆超
国网福建省电力有限公司
董事长：谭永香
总经理：金　炜
总会计师：李随东
副总经理：郑家松　李功新　黄惠英*　周　刚
纪委书记：郝　睿
党委委员：李学军*
总工程师：陈玉树
国电福建电力有限公司
总经理：李达彪
党委书记、副总经理：钟鲁文
纪委书记：梁庆廉

副总经理：涂朝阳
总会计师：

中国华电集团公司福建分公司
党委书记、执行董事：杜将武
总经理：邓平强
副总经理：陈瑞兴 曾庆华 黄彪斌 杨为城
总会计师：林茂绩
党委委员：王卫红*
纪委书记：牛拥军

中国华能集团公司福建分公司
党委书记、执行董事：蔡永强
总经理、党委副书记：钟明
副总经理：郭国明 陈辉 朱金美
纪委书记：邓海

福建福清核电有限公司
党委书记：徐利根
总经理：陈国才
副书记：朱鸿伟
纪委书记：杨景龙
总会计师：谢永辉
副总经理：林传清 侯英东 陈宇肇 宋林

中国核工业集团福建联络部
主任：何辉
副主任：王秋洪

中核华辰建设有限公司
董事长：董德建
总经理：张国华
副总经理：王国庆 李兰川
总会计师：邓小康
纪委书记：刘洪
党委委员、工会主席：邓燕宁

中国水利水电第十六工程局有限公司
董事长：林文进
党委副书记、总经理：金建国
党委副书记、纪委书记：徐炳春
副总经理：杨伟明 吴广忠 王文飞 蓝荣和 谢亚章 潘金仁 吴秀荣 陈祖荣 黄国超
总会计师：曾继亮

省邮政管理局★
局长：
副局长：王文胜 孙超
纪检组长：陈华

省通信管理局
局长：程建军
副局长：何强
党组成员：洪晓旻

中国邮政集团公司福建省分公司
总经理：裴英杰
副总经理：黄志斌 王全江 叶军

纪检组长：姜峰

中国电信福建分公司
总经理：高金兴
党委副书记、副总经理：王志芳
副总经理：叶凯 宋友重
纪委书记：蒋保灿

中国移动福建分公司
董事长、总经理：刘坚
副总经理：张莉* 首建国 邱宝华 尹壮志
纪委书记：阳礼泉

中国联通福建分公司
总经理：欧阳恩山
副总经理：王为民 杨暐 张毅
纪委书记：张鹏

中国铁通福建分公司
总经理：赵余平
副总经理：卢军 王恒祥 许加煊
总会计师：叶志刚

民航福建安全监督管理局★
局长：潘军
党委副书记、纪委书记：叶嘉斌
副局长：邓歼 夏国明 张雄光

中国石化福建石油分公司
总经理：丁春生
党委书记、副总经理：刘春波
党委副书记、纪委书记：陈必文
副总经理：王琴* 刘玉涛 戴尽良
副总经理、总会计师：施尚强

中国石油福建销售分公司★
总经理：王明富
常务副书记：韩非
副总经理：陈勇 袁铨
总会计师：齐峰
纪委书记：王洪利

中化泉州石化有限公司
总经理：张强
常务副总经理：唐汇云
纪委书记：吴琦
党委副书记、副总经理：钱立新
财务总监：宋吉峰
副总经理：胡福磊 王学利

中国航空技术进出口福建公司
总经理：方艾*
副总经理：江捷*

省烟草专卖局（公司）
局长、总经理：李民灯
副局长：黄星光 孔祥统
副总经理：尤清河 林师训 周志攀
纪检组长：纪任德

福建中烟工业有限责任公司
总经理：王志江
副总经理：王道宽 邱全胜 伍达明 林荣欣 廖材河 吴志文
纪检组长：林建红*

中储粮福建分公司
党委书记、副总经理：王涛
副总经理：卓国锋
纪检组长：

中国冶金地质勘查工程总局二局★
局长：孙修文
纪委书记：张韶华
副局长：黄树峰 张庆鹏
总会计师：刘伟

中国长江三峡集团福建分公司
总经理：孙强
副总经理：雷增卷

神华（福建）能源有限责任公司
董事长：吴优福
党委副书记、总经理：赵世斌
纪委书记：何文强
副总经理：董飞 魏星 李富军

财务总监：刘科明

国家电力投资集团福建分公司★

总经理：鲁 珏

副总经理：吴国光 丁鸣东 常 鸿

中核国电漳州能源有限公司

董事长：何 辉

常务副总经理：岑小路

副总经理：蒋祖跃 商幼明 钟健康 高顺龙 黄传文

纪委书记：初海华

华能霞浦核电有限公司

总经理：万 骥

副总经理：林 卫 王 煊 陈京川

中核霞浦核电有限公司

董事长：郑砚国

党委副书记、总经理：黄志军

副总经理：李鹏辉 都继超 乐庆明 王海平

总会计师：杨明栋

纪委书记：李海涛

福建省电力建设有限公司★

总经理：林炳润

党委书记、副总经理：林德斌

副总经理：陈金辉 陈开荣 苏永强

总会计师：陈建来

总工程师：蒋文建

纪委书记：林存镇

大唐集团福建分公司

总经理：杨升军

党委书记、副总经理：方庆安

纪检组长：肖敏文

副总经理：马占兵 潘松林

党委委员：万长明

福建宁德核电有限公司★

总经理：蒋兴华

党委副书记、副总经理：魏利锋 张和林

副总经理：李树荣 田辉宇 孟晓雄 吴江涛

纪委书记：杨 军

总会计师：王楚亮

总审计师：李 涌

中铝瑞闽股份有限公司

董事长：蔡 峰

党委副书记、总经理：张荣旺

党委副书记：李 铁

副总经理：黄旭东 夏 超

纪委书记：刘晓辉

中铝东南铜业有限公司

董事长、总经理 于 健

党委副书记：叶小林

副总经理：郭汉刚 杨美彦 高立东

财务总监：张 东

纪委书记：李 伟

银保监会福建监管局

局长：丛 林

副局长：徐金玲* 柯甫榕 陈树福 汪祺臻

纪委书记：柯愈华

证监会福建监管局

局长：鲁颂宾

副局长：苏文贤 张 庆

纪委书记：屈 伟

中国人民银行福州中心支行

行长：单 强

副行长：陈 耕 时 东 江 涛

党委委员：周惠钦*

中国工商银行福建省分行

行长：俞 龙

副行长：李良茂 王升烽 陈建兴 杨海涛

纪委书记：林建忠

中国农业银行福建省分行

行长：黄 海

副行长：潘佐标 陈展红 黄秋华* 傅金荣 吴 刚

纪委书记：尹秀文

中国建设银行福建省分行

行长：黄惠玲*

副行长：王东标 黄 汾 林 平 黄建锋

纪委书记：郑碧玲*

中国银行福建省分行

行长：杨展鹏

副行长：林传伟 林炳政 陈 敏* 黄德根 宋福林 林振闽 周和华

纪委书记：吕立中

中国农业发展银行福建省分行

行长：王京春

副行长：黄本文 杜洪星

纪委书记：石汝杰

国家开发银行福建省分行

行长：曾丽卿*

副行长：刘喜荣 郑书月 郝 玮

副行长、纪委书记：邓 勇

中国进出口银行福建省分行

行长：王须国

副行长：林育浩

副行长、纪委书记：张永祥

中信银行福州分行

行长：姜雨林

副行长：林大业 章英芬* 沈明忠

纪委书记：

党委委员：陈 曦 林海峰*

交通银行福建省分行

行长：王文进

副行长：官惠宣* 张 兵 黎建华 唐海萍 杨卫东 黄恒盛

纪委书记：陈素梅

长城资产管理公司福州办事处

党委书记、总经理：赖 杰

副总经理：陈昌龙

纪委书记：魏铁军

中国信达资产管理公司福建分公司

总经理：周洪炎

副总经理：王晓洁

副总经理、纪委书记：林 峰

华融资产管理公司福建分公司

总经理：应安华

党委副书记、副总经理：陈 虎

党委委员：刘秋勇 林湲沧 李 乇

东方资产管理公司福州办事处

总经理：何庆东

纪委书记：陈志勇

党委委员：余 竑

中国人民财产保险公司福建分公司

总经理：骆少鸣

副总经理：黄忠新 陈 珍* 叶远航 池仕贵 伍朝晖

纪委书记：郑旺生

中国人寿保险公司福建分公司

总经理：江龙海

纪委书记：王立华

副总经理：阮 健* 林向阳 蒋利成 汤小雄*

中国人民人寿保险公司福建分公司

总经理：刘 庆

副总经理、纪委书记：侯景辉

党委委员：张震宇 李荣荃

中国人寿财产保险公司福建分公司

总经理：刘国钦

副总经理、纪委书记：郭艺荣

副总经理：陈 峰

纪委书记：卢 川

党委委员：苏新华 林金德

中国出口信用保险公司福建分公司

总经理：夏晓冬

中国人民健康保险公司福建分公司

总经理：黄伟纲

党委委员：张 力 李自力

【福建省政协主席、副主席、正副秘书长名单】

主席：崔玉英*

副主席：王惠敏 魏克良 洪捷序 薛卫民 张兆民 杜源生 王光远 阮诗玮 刘献祥

秘书长：陆开锦

副秘书长：黄树清 廖小军 曾少鸿 翁雄宇 董良瀚 刘 泓 王宁新* 林全金 杨 琳 吴棉国 陈美琼* 柯连妹* 陈建强

【福建省政协办公厅、专委会领导名单】

主任：黄树清

副主任：董 奕 陈善平

纪检监察组组长：周春明

研究室主任：陈熙满

委员工作室主任：林彩英*

提案委员会主任：黄汉升

专职副主任：张贵明

经济委员会主任：姜榕兴

专职副主任：邹国辉

农业和农村委员会主任：刘宏伟

专职副主任：

人口资源环境委员会主任：叶木凯

专职副主任：高扬增

教科卫体委员会主任：黄红武

专职副主任：江登峰

社会和法制委员会主任：吴晓丁

专职副主任：张长松

民族和宗教委员会主任：杨江帆

专职副主任：阙永善

港澳台侨和外事委员会主任：吴国盛

专职副主任：卢德昌

文化文史和学习委员会主任：陈必滔

专职副主任：凌 冰*

【福建省各设区市政协正副职领导，各县、市（区）政协正职领导名单】

福州市政协主席：何静彦*

副主席：雷成财 林治良 林绍彬 林恒增 郑云春* 王绍知 林 锋 罗蜀榕

鼓楼区政协主席：李瑞琨

台江区政协主席：邓万铣

仓山区政协主席：陈 峰

晋安区政协主席：魏晓辉*

马尾区政协主席：张 林*

长乐区政协主席：陈增国

福清市政协主席：翁芳明

闽侯县政协主席：林建善

连江县政协主席：林承祥

闽清县政协主席：毛行青

罗源县政协主席：董志干

永泰县政协主席：陈家恬

厦门市政协党组书记：魏克良

政协主席：张 健

副主席：高玉顺 江曙霞* 陈昌生 黄世忠 黄培强 黄学惠* 陈永裕 黄国彬 王 焱

思明区政协主席：陈炳良

湖里区政协主席：林 凡

集美区政协主席：胡亚才

海沧区政协主席：曹 放

同安区政协主席：黄小林

翔安区政协主席：周鲁闽

漳州市政协主席：张祯锦

副主席：柳建聪 黄井南 杨胜华* 周小华 吴芳华* 陈跃鸿 何伟燕*

芗城区政协主席：沈龙顺

龙文区政协主席：陈禹生

龙海市政协主席：高伟强

漳浦县政协主席：林培兴

云霄县政协主席：林达祥

诏安县政协主席：陈一森

东山县政协主席：朱展发

平和县政协主席：张茂杞

南靖县政协主席：李涌华

长泰县政协主席：曾剑平

华安县政协主席：曾贵森

泉州市政协主席：李转生

党组副书记：林万明

副主席：骆沙鸣 陈铭福 王祖耀 王瑞强 陈 益* 洪川夫 林志建 刘志平（副主席候选人）

王春金
（副主席候选人）
鲤城区政协主席：郭成宗
丰泽区政协主席：上官蓝波
洛江区政协主席：王伊景
泉港区政协主席：朱云鹏
（至12月20日）
陈龙津
石狮市政协主席：林自育
晋江市政协主席：林仁达
（至12月26日）
许宏程
南安市政协主席：黄华强
惠安县政协主席：蒋向群
安溪县政协主席：梁金良
永春县政协主席：林海鸥
德化县政协主席：温文英*
三明市政协党组书记：黄鹤麟
政协主席：朱昌贤
副主席：李茂胜　许清华
曾明生　朱一勤
伍成康　蔡光信
陈　欣　蒋先东
包　萍*
梅列区政协主席：范纯文
（至12月30日）
方剑锋
三元区政协主席：李世福
永安市政协主席：范纯文
明溪县政协主席：吴焰生
清流县政协主席：邓炳辉
宁化县政协主席：李平生
建宁县政协主席：陈海涛
泰宁县政协主席：高惠斌
沙县政协主席：王盛雄
将乐县政协主席：吴国宝
尤溪县政协主席：林思文
大田县政协主席：余真华
莆田市政协主席：林庆生
副主席：彭丽靖*　李力利
蒋志雄　林惠中
王少华　赵爱红*
张亦兵　黄　华
林玉瑞
仙游县政协主席：林志良
荔城区政协主席：郑占林
城厢区政协主席：黄志强
涵江区政协主席：邹荔平
秀屿区政协主席：郑永祥
南平市政协主席：黄健平
副主席：卓立筑　郭翠莲*
张　皓*　潘丽贞*
余建坤　黄亚惠*
严　明　黄艳珠*
江建华
延平区政协主席：刘启财
建阳区政协主席：吴少华
邵武市政协主席：蔡忠明
武夷山市政协主席：杨永华
建瓯市政协主席：叶国壮
顺昌县政协主席：易才卿
浦城县政协主席：张建斌
光泽县政协主席：王寅生
松溪县政协主席：吴海舰
政和县政协主席：倪顺才
龙岩市政协主席：黄福清
副主席：赖招源　李新春
郑玉琳*　张子平
姚植华　陈晓东
刘友洪　赖双奇
张　凌
新罗区政协主席：张志佳
永定区政协主席：廖方顺
上杭县政协主席：林英峰*
武平县政协主席：王云川
长汀县政协主席：丘发添
连城县政协主席：赖小香*
漳平市政协主席：于新远
宁德市政协主席：兰斯琦
党组副书记：林　鸿
副主席：林　寿　王代忠
章瑞进　刘登健
黄家盛　刘水金
程树平　刘国平
陈美莺*
蕉城区政协主席：蓝晓平*
古田县政协主席：刘振茂
屏南县政协主席：陆泽干
周宁县政协主席：周建斌
寿宁县政协主席：陈信文
福安市政协主席：陈昌东
柘荣县政协主席：吴秀兰*
福鼎市政协主席：李绍美
霞浦县政协主席：韦大兴
省政协平潭综合实验区工委主任：
（缺）
省政协平潭综合实验区工委常务副主任：刘建宁
副主任：陈亨雄　林　润
俞兆强　周训岚
卢　斌*
平潭县政协主席：刘建宁

【福建省高级人民法院】

院长：吴偕林
副院长：周瑞春　罗志沙
谢开红　欧岩峰
吴钟夏　林玫瑰*
纪检监察组长：陈灿寿
党组成员：段思明　严　峻
政治部主任：王汉宏

【福建省人民检察院】

检察长：霍　敏
常务副检察长：欧秀珠*
副检察长：叶燕培　洪　清
纪检监察组长：王文德
党组成员：王小青*
政治部主任：王金文

【中共福建省纪委书记、副书记、常委、秘书长名单】

书记：刘学新
副书记：黄汉升　洪仕建
薛云官
常委：刘学新　黄汉升
洪仕建　薛云官
游美萍*　张淑萍*
邱天华　方齐苗
王　强
秘书长：陈志斌

【福建省监委主任、副主任、委员名单】

主任：刘学新
副主任：黄汉升　洪仕建

薛云官
委　　员：张淑萍　邱天华
方齐苗　肖仁辉
陈志斌

【福建省各设区市纪委监委正副职领导及各县、市（区）纪委监委正职领导名单】

福州市纪委书记（监委主任）：
修兴高
副书记（监委副主任）：
张娇兴　肖敦颖
叶　谊
鼓楼区纪委书记（监委主任）：
陈一飞
台江区纪委书记（监委主任）：
陈自勇
仓山区纪委书记（监委主任）：
李　雄
晋安区纪委书记（监委主任）：
林隆佈
马尾区纪委书记（监委主任）：
苏　建
福清市纪委书记（监委主任）：
罗明炜
长乐区纪委书记（监委主任）：
林　盛
闽侯县纪委书记（监委主任）：
郭建刚
连江县纪委书记（监委主任）：
程　靖
闽清县纪委书记（监委主任）：
赵　勇
罗源县纪委书记（监委主任）：
杨大兴
永泰县纪委书记（监委主任）：
郑建双
厦门市纪委书记（监委主任）：
孙明忠
副书记（监委副主任）：
黄聪敏　周　进
柯　军
思明区纪委书记（监委主任）：
苏德本
湖里区纪委书记（监委主任）：
黄绿青*
集美区纪委书记（监委主任）：
刘琦龙
海沧区纪委书记（监委主任）：
黄炳文
同安区纪委书记（监委主任）：
许永良
翔安区纪委书记（监委主任）：
施耿瑶*
漳州市纪委书记（监委主任）：
林叶萍*
副书记（监委副主任）：
李铁军　林文井
蔡总平
芗城区纪委书记（监委主任）：
沈洪坤
龙文区纪委书记（监委主任）：
赖晓勤*
龙海市纪委书记（监委主任）：
陈群伟
漳浦县纪委书记（监委主任）：
林志辉
云霄县纪委书记（监委主任）：
庄跃庆
诏安县纪委书记（监委主任）：
罗云生
东山县纪委书记（监委主任）：
郑凤义
平和县纪委书记（监委主任）：
欧阳劲松
南靖县纪委书记（监委主任）：
李　琳*
长泰县纪委书记（监委主任）：
杨尚庞
华安县纪委书记（监委主任）：
陈　志
泉州市纪委书记（监委主任）：
游宇飞
副书记（监委副主任）：
邓安娜*　许锦聪
苏双喜
鲤城区纪委书记（监委主任）：
洪金城
丰泽区纪委书记（监委主任）：
林添盛
洛江区纪委书记（监委主任）：
郑进锡
泉港区纪委书记（监委主任）：
陈沙龙
石狮市纪委书记（监委主任）：
林振海
晋江市纪委书记（监委主任）：
许仰东
南安市纪委书记（监委主任）：
李岩华
惠安县纪委书记（监委主任）：
林育伟
安溪县纪委书记（监委主任）：
林文超
德化县纪委书记（监委主任）：
黄俊荣
永春县纪委书记（监委主任人选）：
陈守林
三明市纪委书记（监委主任）：
祝荣亮
副书记（监委副主任）：
黄金伙　黄惠元
三元区纪委书记（监委主任）：
揭卫华
梅列区纪委书记（监委主任）：
杨通盛
永安市纪委书记（监委主任）：
徐　文
清流县纪委书记（监委主任）：
苏　洁*
宁化县纪委书记（监委主任）：
江向荣
建宁县纪委书记（监委主任）：
邓军安
泰宁县纪委书记（监委主任）：
乐仁昌
明溪县纪委书记（监委主任）：
谭细华
将乐县纪委书记（监委主任）：
江太生
沙县县纪委书记（监委主任）：
吴江潮
尤溪县纪委书记（监委主任）：
杨金笔
大田县纪委书记（监委主任）：

黄家发
莆田市纪委书记（监委主任）：
吴立新
副书记（监委副主任）：
邱文高　林清忠
潘冬英*
仙游县纪委书记（监委主任）：
施晓阳
荔城区纪委书记（监委主任）：
沈堂明
城厢区纪委书记（监委主任）：
余丽红*
涵江区纪委书记（监委主任）：
胡志坚
秀屿区纪委书记（监委主任）：
陈四海
南平市纪委书记（监委主任）：
陈云水
副书记（监委副主任）：
胡锡安　余文新
延平区纪委书记（监委主任）：
林华生
建阳区纪委书记（监委主任）：
连大松
邵武市纪委书记（监委主任）：
谢　琦
武夷山市纪委书记（监委主任候选人）：叶　强
监委主任：涂桦忠
建瓯市纪委书记（监委主任候选人）：朱忽翀
监委主任：杨　銮
顺昌县纪委书记（监委主任）：
谢舜宏
浦城县纪委书记（监委主任）：
郑　辉
光泽县纪委书记（监委主任）：
黄　河
松溪县纪委书记（监委主任）：
虞朝兵
政和县纪委书记（监委主任）：
陆学锋
龙岩市纪委书记（监委主任）：
余学斌
副书记（监委副主任）：
邓伟斌　张金滨
罗　剑
新罗区纪委书记（监委主任）：
杨　丹*
永定区纪委书记（监委主任）：
谢洪才
上杭县纪委书记（监委主任）：
胡长松
武平县纪委书记（监委主任）：
傅衍华
长汀县纪委书记（监委主任）：
熊瑞春
连城县纪委书记（监委主任）：
张前茂
漳平市纪委书记（监委主任）：
黄佐清
宁德市纪委书记（监委主任）：
陈力达
副书记（监委副主任）：
卢明光　林　海
李　琳*
蕉城区纪委书记（监委主任）：
刘东忠
福安市纪委书记（监委主任）：
阮志勇
福鼎市纪委书记（监委主任）：
林　东
霞浦县纪委书记（监委主任）：
叶　毅
寿宁县纪委书记（监委主任）：
孙绍洪
周宁县纪委书记（监委主任）：
陈为忠
柘荣县纪委书记（监委主任）：
缪生悍
古田县纪委书记（监委主任）：
魏红都
屏南县纪委书记（监委主任）：
魏宏峰
平潭综合实验区纪工委书记（监委主任）：林共妙
副书记（监委副主任）：
郑晓东
陈昌慧（挂职）
平潭县纪委书记（监委主任）：
林共妙

【各民主党派福建省委和福建省工商联负责人名单】

民革福建省委

主　　委：邓力平
副 主 委：柳　红*　余文森
樊美清　董良瀚
吴少华　叶少珍*
林　锋　林惠中
秘 书 长：敖　钧*

民盟福建省委

主　　委：阮诗玮
副 主 委：陈昌生　焦念志
刘　泓　陈礼辉
谢良地　赵爱红*
洪南福　杨永平
姚立纲
秘 书 长：刘丹艳*

民建福建省委

主　　委：吴志明
副 主 委：黄世忠　郭学军
王宗华　戴仲川
王宁新（专职）
吕培榕　黄卫东
罗蜀榕

民进福建省委

主　　委：严可仕
副 主 委：郑家建　翁国星
张　兰　刘　健
林全金　吴丽冰
马建荣　温　青
秘 书 长：林龙金

农工党福建省委

主　　委：刘献祥
副 主 委：赖应辉　王　焱
李笃妙
杨　琳（专职）
侯建明　郭丽珍*
曹　荣　吴健明
郑伟达

致公党福建省委

主　　委：薛卫民
副 主 委：刘　珂*　徐平东
兰万安　叶　敏

吴棉国 罗恩平

秘书长：王惠忠

九三学社福建省委

主任委员：洪捷序

副主任委员：吴小颖 赵 静*

陈美琼* 马祥庆

王长平 蔡 锋

刘明华

台盟福建省委

主委：郑建闽

副主委：江尔雄* 廖明宏

陈 椿 李珊珊*

柯连妹* 苏耿聪

秘书长：叶 鸣

福建省工商业联合会（总商会）

主席（会长）：王光远

党组书记、常务副主席（副会长）：

李家荣

副会长：李建南

党组成员、副主席（副会长）：

陈建强

党组成员、副主席（副会长）兼秘书长：陈 飚

党组成员、副主席（副会长）：

刘 军

【福建省各群众团体省级机构负责人名单】

福建省总工会

主席：黄琪玉

党组书记、副主席：丁文清

共青团福建省委

书记：肖华鑫

副书记、省青联主席：陈 涛

副书记：杨 溢 陈志勇

李文捷 连占记

刘安娟*

福建省妇联

党组书记、主席：徐姗娜*

党组成员、副主席：

包 方* 陆 菁*

陈铁晗* 袁素玲*

张 莉*（挂职）

福建省科协

主席：郑兰荪

党组书记：曾能建

党组成员：林学理 史 斌

鲁伟群*

副主席：曾能建 林学理

史 斌 鲁伟群*

田中群 焦念志

付贤智 徐西鹏

陈立典 杨江帆

江云宝 王长平

兰思仁 陈晓春

李清彪 曹 荣

翁启勇 朱鹏立

涂慕溪

汪世华（挂职）

福建省社科联

主席：梁建勇（兼）

党组书记、副主席：

林蔚芬* 王秀丽*

陈文章

党组成员、秘书长：

陈 飞

福建省文联

党组书记、书记处书记：

张作兴

（至2019年3月）

党组成员、书记处书记：

林瑞发 陈毅达

王来文

党组成员、秘书长：

邱守杰

主席：张 帆

副主席：张作兴 林瑞发

陈毅达 王来文

杨少衡 陈秋平

范碧云* 罗训通

柯云瀚 唐晓燕*

舒 婷* 曾静萍*

福建省侨联

党组书记、主席：陈式海

党组成员、副主席：

翁小杰 林俊德

张 瑶*

党组成员、办公室主任：

朱根娣*

秘书长：吴武煌

福建省台联

党组书记：江荣全

会长：江尔雄

福建省金联

会长：陈笃彬

副会长：林 荣 陈 呈

黄万益 谢国勇

李亚容

秘书长：方 冷

福建省残联

党组书记、理事长：邵 旭

福建省贸促会

会长、党组书记：陈 震

副会长、党组成员：

傅 健 谢续华

陈 扬

秘书长：杨立云

福建省中华职教社

主任：吴志明

党组书记、副主任：王秋梅*

福建省红十字会

党组书记、常务副会长：林圣魁

党组成员、专职副会长：毛文航

党组成员、秘书长：张建林

福建省留学生同学会（福建留学人员联谊会）

会长：郑传芳

副会长：王 非 王 健

王长平 李珊珊*

杨 辉 吴季怀

陆开锦 陈忠苏

陈昌生 林建华

郑 健 黄炎和

曾祥辉 游建胜

詹心丽*

秘书长：陈 安

注：标*为女同志，★为二级单位。（名单以2019年12月底在职者为准，相同职务人员做适当归类，不作为排序依据，由省委组织部、省人大、省政协、省纪委、各民主党派福建省委、省工商联、各群众团体省级机构提供）

编辑：林忠玉

政府工作报告

——2020 年 1 月 11 日在福建省第十三届人民代表大会第三次会议上

福建省人民政府省长　唐登杰

各位代表：

现在，我代表福建省人民政府，向大会报告政府工作，请予审议，并请省政协委员提出意见。

一、2019 年工作回顾

2019 年是新中国成立 70 周年，是福建改革发展进程中具有重要意义的一年。习近平总书记亲临十三届全国人大二次会议福建代表团发表重要讲话、亲自给寿宁县下党乡乡亲们回信，给全省人民以巨大鼓舞。在以习近平同志为核心的党中央坚强领导下，我省各级政府坚持以习近平新时代中国特色社会主义思想为指导，全面贯彻落实习近平总书记对福建工作的重要讲话重要指示批示精神，认真落实党中央、国务院和省委决策部署，坚持稳中求进工作总基调，坚定不移贯彻创新、协调、绿色、开放、共享的新发展理念，深化供给侧结构性改革，打好精准脱贫、污染防治、防范化解重大风险三大攻坚战，着力稳就业、稳金融、稳外贸、稳外资、稳投资、稳预期，围绕省十三届人大二次会议明确的目标任务，奋力推进高质量发展落实赶超，机制活、产业优、百姓富、生态美的新福建建设迈出新步伐，全面建成小康社会取得新的重大进展。

初步统计，2019 年全省生产总值同比增长 8%左右，总量跃上 4 万亿元台阶；一般公共预算总收入 5147 亿元，增长 2%；地方一般公共预算收入 3052 亿元，增长 1.5%；固定资产投资增长 6%；进出口增长 7.8%，其中出口增长 8.7%；实际使用外资增长 3.3%；社会消费品零售总额增长 10%；居民消费价格总水平上涨 2.6%；城镇登记失业率 3.5%；城镇居民人均可支配收入 45620 元，增长 8.3%；农村居民人均可支配收入 19568 元，增长 9.8%；节能减排降碳年度目标可以实现。一年来的主要工作和成效是：

（一）围绕机制活，着力深化改革扩大开放，高质量发展活力持续增强

重要领域改革取得新突破。全面落实中央改革部署，省委确定的 238 项改革举措稳步推进。地方政府机构改革全面完成，组织机构和管理体制进一步优化。坚持市场化、法治化、国际化原则，深化“放管服”改革，落实市场准入负面清单制度，推进工程建设项目审批“四统一”，全面推行“双随机、一公开”监管，行政审批和公共服务事项“一趟不用跑”和“最多跑一趟”占比超过 90%。全省半数以上县域组建紧密型医共体，率先全省跟进国家药品集中采购和使用试点，率先实行职工医保基金省级统筹，我省和三明市深化医改经验在全国进一步推广。稳步推进普惠金融和绿色金融改革创新，国务院批准宁德、龙岩设立普惠金融改革试验区，金融服务实体经济作用增强。稳妥处置各类金融风险，地方政府债务余额控制在中央核定限额内，不良贷款率比 2019 年初下降 0.33 个百分点，区域金融形势总体稳定。推进国有资本投资、运营公司改革试点，混合所有制经济加快发展。农村承包地确权登记颁证全面到户，农村集体产权制度改革覆盖全省，国有林场改革通过国家验收。全面取消高速公路省界收费站。高质量完成第四次全国经济普查。审计“经济体检”作用有效发挥。

供给侧结构性改革进一步深化。落实巩固、增强、提升、畅通的方针，“三去一降一补”成果不断巩固，市场主体活力明显增强，优质产品和服务有效供给持续增加。运用市场化、法治化手段促进产能过剩行业加快出清，规模以上工业增加值增长 8.8%、利润总额增长 8.5%。落实更大规模减税、更大力度降费政策，一般工商业电价降幅超过 10%，用电容量 160 千瓦以下的小微企业用电实现“零费用”接入，省定涉企行政事业性收费实现“零收费”，全年新增减税降费超过 600 亿元，减轻企业负担超过 900 亿元。完成了清理拖欠民营企业中小企业账款的年度目标任务。以有效投资补短板、增后劲，制造业投资增长 16.2%，技改投资增长 19%。

区域协调和城乡融合发展取得新进展。编制完成闽东北、闽西南协同发展区发展规划，实施区域协作项目 226 个，推动区域协作常态化、市场一体化、基本公共服务均等化，区域协调发展向更高层次迈进。平潭海峡公铁大桥正式合龙即将通车，福州至长乐机场城际铁路及双龙铁路开工建设，厦门新机场、长乐机场二期扩建工程立项获批。光电信息、生物医药领域山海协同创新中心启动建设。统筹城乡基础设施建设，新改扩建城市道路 1500 千米、各类市政管网 5700 千米，新增城乡公共停车泊位 8 万个，新建改造城乡公厕 3500 座，新建改建农村公路 1930 千米，全省农村集中供水率 93.4%、高于全国平均水平。深入实施乡村振兴十大行动，

50个重点县、100个特色乡镇、1000个建制村试点示范建设取得实效。

对外开放向纵深推进。主动融入国家开放大局，积极发挥多区叠加优势，对外开放水平进一步提升。丝路海运、丝路飞翔等海丝核心区建设八大工程深入实施，丝路海运突破1800个航次，丝路飞翔空中航线近400条，与共建“一带一路”国家和地区贸易额增长16.3%。国际友城达109对，“朋友圈”进一步扩大。36项自贸试验区创新成果在全国复制推广，率先建成国际贸易单一窗口3.0版，率先开展海关“两步申报”改革试点。积极应对中美经贸摩擦影响，支持企业拓展多元化市场，市场采购贸易、跨境电商等外贸新业态发展壮大。积极参加第二届中国国际进口博览会，采购成交和招商引资成果丰硕，全年亿元以上外资大项目增长26.9%。外交部福建全球推介活动、2019厦洽会暨丝路投资大会、海丝博览会成功举办。外事、侨务服务大局能力增强，闽港闽澳交流合作更加密切。

闽台融合发展迈出新步伐。积极探索新路，坚持应通尽通，落实惠台利民政策，闽台交流合作不断深化。全面推开台资企业资本项目便利化试点政策，实际使用台资增长8.1%。向金门地区供水稳定运行，向马祖近期供水工程启用，与金马通电通气通桥前期工作有序推进。平潭“一岛两窗三区”建设提质增速，对台交流、产业培育、生态优化实现新提升。平潭与台北、台中、高雄三大港口实现客货并行，马尾琅岐对台客运码头建成投用。深化行业标准共通，4500多名在闽台胞取得国家职业技能资格。厦门长庚医院成为大陆首家台资三甲医院。海峡论坛、世界妈祖文化论坛、海峡青年节、旅博会等成功举办。入闽台胞超过387万人次，来闽实习就业创业台湾青年超过3.6万人。

（二）围绕产业优，着力创新驱动转型升级，高质量发展支撑更加有力

创新动力持续增强。坚持创新引领，以“用”为导向，打通创新链、产业链、价值链，新动能对稳增长、扩就业、调结构发挥了重要支撑。强化科技创新激励，加强知识产权保护，14项成果获2019年度国家科学技术奖、实现翻番，每万人拥有发明专利11.1件、增长12.8%。全省参与制定和修订国家标准123项、行业标准65项，新增地方标准86项。光电信息、能源材料、化学工程、能源器件等4家省创新实验室和10个省级科技创新平台启动建设。构建高技术企业成长加速机制，大力培育“双高”企业和“专精特新”企业，高成长企业超过400家，高新技术企业达4500家。精准帮扶民营企业，深入开展“三个一百”活动，引导民营企业创新转型，高新技术企业中民营企业占98%。

制造业加快高质量发展。以智能制造为主攻方向，加快传统产业改造升级步伐，智能制造试点示范企业达125家，国家级制造业单项冠军数量居全国第五位。大力推进两化融合，深化“互联网＋先进制造”，3.3万家企业用上了云计算平台。推进制造业与现代服务业融合发展，服务型制造示范企业达108家。着力建链、强链、补链，提升产业链水平，新型显示、集成电路、半导体照明等实现全产业链发展，以上汽宁德基地为龙头的新能源汽车产业集群加快形成，中化泉州乙烯、古雷炼化一体化等石化重大项目加快推进。实施百亿龙头成长计划和千亿集群培育计划，主营业务收入超百亿元的工业企业达45家，产值超千亿的产业集群达18个。

新兴产业加速成长。大力实施新兴产业倍增工程，完善“一个行业一个规划一个政策”工作机制，新型功能材料、生物医药等4个集群入围国家战略性新兴产业集群，战略性新兴产业增加值达5400亿元，增长25%。成功举办第二届数字中国建设峰会，中国人工智能大赛永久落户我省，5G商用正式启动，物联网产业产值超千亿元，数字经济规模约1.7万亿元，数字产业化、产业数字化加快推进。国家海洋经济发展示范区建设开局良好，一批智慧海洋、蓝色产业项目加快建设，海洋生产总值增长11%。实施促进平台经济、总部经济发展的政策措施，新业态新模式成为经济发展新亮点，规模以上服务业营业收入增长15.4%。推动文旅深度融合，武夷山、永泰和武平获评首批国家全域旅游示范区，“全福游、有全福”品牌效应显现，游客总量、消费总额分别增长16.5%和22.1%。

特色现代农业提质增效。实施特色现代农业“五千工程”，十大乡村特色产业全产业链总产值达1.78万亿元，千亿产业增至8个，规模以上农产品加工企业销售收入超万亿元，无公害、绿色、有机和地理标志农产品达4450个。出台《关于新时代坚持和深化科技特派员制度的意见》，省级科技特派员覆盖所有乡镇，带动了3.57万户农民创业增收。非洲猪瘟、松材线虫病等重大动植物疫病有效防控，生猪产能加快恢复，猪肉市场供应基本稳定。建成130万亩高标准农田，划定800万亩水稻生产功能区，粮食生产保持稳定。

（三）围绕百姓富，着力保障和改善民生，高质量发展成果全民共享

脱贫攻坚取得重大进展。聚焦“两不愁三保障”，突出精准、注重实效，坚决打好精准脱贫攻坚战，全省建档立卡贫困人口全部脱贫，贫困村全部摘帽，剩下的6个省级扶贫开发工作重点县全部达到退出标准。加快老区苏区脱贫奔小康，老区苏区生产总值增速、农民人均可支配收入增速均高于全省平均水平。少数民族聚居区、海岛等欠发达地区加快发展。援疆援藏援宁援甘扎实有效。

基本公共服务进一步改善。坚持就业优先，加大援企稳岗力度，完成职业技能提升培训30万人次，城镇新增就业64.3万人、失业人员再就业25.3万人，就业形势总体稳定。聚焦办好人民满意的教育，大力促进教育公平，新建公办幼儿园200所、新增学位6万多个，义务教育城乡一体化步伐加快，高考综合改革稳步实施，职业教育改革深入推进，“双一流”建设加快，教育发展主要指标居全国前列。推进医疗资源提质扩容，2家医院进入全国最佳医院百强，69个县（市、区）公立综合医院医疗服务能力进一步提升，福州滨海新城医院、复旦大学附属中山医院厦门医院列入国家区域医疗中心首批建设单位，省儿童医院、妇产医院、疾控中心、川大华西厦门医院等卫生健康重点项目加快建设。城乡居民基本医疗保险和城乡医疗救助省级财政补助超过100亿元。城乡居民省级基础养老金最低标准提高到123元，高出国家标准35元，城镇职工养老保险退休人员基本养老金提高5%，居家、社区、机构养老服务覆盖面进一步扩大。退役军人五级服务保障体系实现全覆盖，合法权益得到有效维护。坚持“房住不炒”定位，强化精准调控，完成棚户区改造6.4万套，新增供应租赁住房和共有产权房超过1万套，多主体供给、多渠道保障、租购并举的住房制度加快建立。完善公共文化服务体系，基层综合性文化服务中心实现乡镇（街道）全覆盖，新增全国文物保护单位32处、中国历史文化名镇名村34个、传统村落265个，6部作品获中宣部“五个一工程”奖，获奖数全国第二，金鸡奖落户厦门精彩开局。成功举办国际大体联足球世界杯，在第二届全国青运会上获得金牌和奖牌数量均实现倍增，全民健身广泛开展。

社会治理能力稳步提高。坚持和发展新时代“枫桥经验”，福州军门和厦门深田社区治理经验在全国推广。扫黑除恶专项斗争深入推进，群众安全感率达98.9%。严格落实安全生产责任和管理制度，强化安全风险分级管控和隐患排查治理双重预防，安全生产形势总体稳定，生产安全事故起数、死亡人数分别下降17.7%和9.5%。加强应急管理和防灾减灾救灾能力建设，防抗台风强降雨、地灾等自然灾害有力有效。坚持“四个最严”要求，深化“餐桌污染”治理，有效保障食品药品安全。民族团结进步事业深入推进，宗教工作法治化水平不断提升。工会、共青团、妇女、儿童、老年人工作持续加强，社会福利、残疾人、慈善、人防等工作取得新成效，社会救助标准实现城乡一体化。深入推进军民融合发展，双拥共建创新提升，现代化国防动员体系不断完善。

（四）围绕生态美，着力深化生态省建设，高质量发展优势不断拓展

生态文明体制改革成效显著。坚持绿水青山就是金山银山，扎实推进国家生态文明试验区建设，22项改革经验在全国推广，实现“三年三步走、年年出成果”。武夷山国家公园体制试点有力推进，排污权、碳排放权、用能权交易体系基本健全，区域空间生态环境评价全面推开，生态司法保护机制不断完善，环保垂管改革基本完成，建成全国首个生态环境亲清服务平台。木兰溪系统治理经验在全国宣传推广，南平、三明、龙岩等地绿色发展创新实践取得新实效。

环境保护和污染防治力度加大。实施“1＋7＋N”污染防治攻坚战计划，蓝天、碧水、净土三大保卫战有力推进。九市一区空气质量达标天数比例98.3%，PM2.5年均浓度下降至每立方米24微克。12条主要河流优良水质比例96.5%，县级以上饮用水水源地水质达标率100%、饮用水综合合格率99.8%。土壤环境风险防控体系加快建立，重点行业企业用地调查全面铺开。闽江流域山水林田湖草生态保护修复工程深入实施。中央生态环境保护督察反馈意见整改落实扎实推进，解决群众身边突出生态环境问题的长效机制不断健全。

绿色生产生活方式加快形成。有效落实绿色产业指导目录，水电、核电、风电等清洁能源装机比重超过56%。推广绿色出行，“电动福建”加快建设，城市公交车中新能源汽车占65%。城镇新建民用建筑全面执行绿色建筑标准。深入开展“一革命四行动”，农村人居环境持续改善。厦门市、福州五城区垃圾分类全面推行。完成植树造林超过107万亩，城市绿道超过1100公里，人均公园绿地面积14.6平方米，九市一区全部晋级国家森林城市，全省森林覆盖率继续保持全国首位。

过去一年，我们牢记政府前面的“人民”二字，加快建设廉洁、勤政、务实、高效的服务型政府。扎实开展“不忘初心、牢记使命”主题教育，增强“四个意识”、坚定“四个自信”、做到“两个维护”。认真落实“基层减负年”要求，坚决整治形式主义、官僚主义，积极解决群众最急最忧最盼的问题，一批信访积案有效化解。严格落实中央八项规定及其实施细则精神和我省实施办法，深化落实省委“五抓五看”“八个坚定不移”具体部署，扎实推进党风廉政建设和反腐败斗争。2019年，提请省人大常委会审议地方性法规草案3件，制定省政府规章4件；办理省人大代表建议892件、省政协提案825件，办结率均为100%。

成绩来之不易，靠的是习近平总书记掌舵领航，靠的是以习近平同志为核心的党中央坚强领导，靠的是习近平新时代中国特色社会主义思想科学指引，靠的是全省人民攻坚克难和各方面大力支持。我代表省人民政府，向全省人民，向各民主党派、工商联、各人民团体和各界人士，向中央和国家机关及其驻闽机构，向人民解放军、武警驻闽部队、公安干警和消防救援队伍，向所有关心支持福建发展的台港澳同胞、海外乡亲和国际友人，表示衷心感谢！

我们清醒认识到，当前发展中存在不少困难和挑战，主要是：经济下行压力较大，实体经济发展仍面临不少困难；发展不平衡不充分问题还较突出，区域协作、城乡一体化水平有待提升；巩固拓展生态环境优势还要下更大力气；安全生产风险防控能力和防灾减灾救灾能力还要进一步提高；政府治理能力还需加强，机关效能建设还要进一步深化。我们将坚持底线思维、问题导向，勇于担当、砥砺奋进，全力做好各项工作，不辜负全省人民的期待。

二、奋发有为做好2020年工作

今年经济社会发展的主要预期目标是：全省生产总值同比增长7%－7.5%；一般公共预算总收入增长2.5%左右，地方一般公共预算收入增长2%左右；固定资产投资增长

7.5%左右；进出口增长3%，实际使用外资增长3%；社会消费品零售总额增长9.5%，居民消费价格总水平涨幅3.5%左右；城镇登记失业率控制在4.2%以内；城镇居民、农村居民人均可支配收入分别增长8%和8.5%；完成节能减排降碳目标。

2020年是全面建成小康社会和“十三五”规划收官之年，也是为“十四五”良好开局打下基础的关键之年，做好今年工作意义重大。我们要以习近平新时代中国特色社会主义思想为指导，全面贯彻党的十九大和十九届二中、三中、四中全会精神，坚决贯彻党的基本理论、基本路线、基本方略，增强“四个意识”、坚定“四个自信”、做到“两个维护”，紧扣全面建成小康社会目标任务，坚持稳中求进工作总基调，坚持新发展理念，坚持以供给侧结构性改革为主线，坚持以改革开放为动力，推动高质量发展落实赶超，坚决打赢三大攻坚战，全面做好“六稳”工作，统筹推进稳增长、促改革、调结构、惠民生、防风险、保稳定，保持经济运行在合理区间，努力在营造良好发展环境上再创佳绩，在推动两岸融合发展上作出示范，做好革命老区、中央苏区脱贫奔小康工作，加快建设机制活、产业优、百姓富、生态美的新福建，确保全面建成小康社会和“十三五”规划圆满收官，得到人民认可、经得起历史检验。

（一）坚持创新发展，最大限度释放创新创业创造动能。深入实施创新驱动发展战略，着力营造有利于创新创业创造的良好发展环境，推进质量变革、效率变革、动力变革迈出新步伐，加快建设现代化经济体系。

对标先进打造一流营商环境。贯彻落实国务院《优化营商环境条例》，持续推进简政放权、放管结合、优化服务，营造各类市场主体公平竞争的市场环境、政策环境、法治环境。推进“证照分离”改革，进一步压减行政许可和企业开办时间，基本建成全省统一的工程建设项目审批和管理体系。严格市场监管、质量监管、安全监管，加强信用监管。全面推广证明事项告知承诺制。深化“最多跑一趟”改革，让“马上办、网上办、一次办”成为常态。大力巩固和拓展减税降费成效，进一步清理涉企收费，推动降低企业用电、用气、物流和制度性交易成本，大力减轻企业负担，让企业有更多获得感。深化政银企对接，用好金融服务云平台，发挥政府性融资担保机构作用，引导银行业金融机构创新产品和服务，推动城商行、农商行、农信社业务回归本源，加大力度培育上市企业，支持符合条件的企业扩大股权融资、知识产权质押融资和债券融资，更好缓解民营和中小微企业融资难融资贵问题。贯彻落实中共中央、国务院《关于营造更好发展环境支持民营企业改革发展的意见》，创新发展“晋江经验”，全面落实各项支持政策，真心实意帮助民营企业实现创新发展。清理与企业性质挂钩的歧视性规定和做法，进一步放开民营企业市场准入，破除招投标隐性壁垒。建立清理和防止拖欠民营企业中小企业账款长效机制。完善构建亲清政商关系的政策体系，建立健全企业家参与涉企政策制定机制，深化“三个一百”活动，提升“政企直通车”服务效能，依法平等保护民营企业和企业家的合法权益。

积极培育充满活力的创新生态。发挥福厦泉国家自主创新示范区改革试验田作用，实施高新区创新提升计划，打造区域创新增长极。实施“三高”企业培育工程，力争高新技术企业突破5000家，涌现更多高成长、高附加值企业。创新管理体制和运行模式，高标准建设省创新研究院、创新实验室，加快建设“国字号”研发机构、重点实验室、工程研究中心、制造业创新中心、企业技术中心等创新平台，发展市场化新型研发机构，完善“基础研究＋技术攻关＋成果产业化＋科技金融”全过程创新生态链，集中突破一批关键共性技术。健全科技成果转化机制，在省科学技术奖中增设科技成果转化奖项，推动重大创新技术和产品应用。抓好国家技术转移海峡中心和中科院科技服务网络福建中心建设，办好第18届“6·18”创新项目成果交易会。支持企业拥有更多的标准制定权，强化知识产权保护，增强知识产权创造能力。

以更大力度更实举措激发人才创造活力。突出“松绑”“放活”，赋予科研机构和创新团队更大的人财物支配权和技术路线决策权。健全以使用和效用为导向，以创新能力、业绩、贡献为重点的人才评价体系，建立与科研人员科研能力和贡献相称的薪酬分配制度，支持以参股、项目合作等方式引进海内外高层次人才团队，促进劳动力和人才社会性流动。深入实施“海纳百川”高端人才聚集计划、“八闽英才”培育工程、高技能人才振兴计划、重点产业精准引才专项行动。积极增加优质教育和高端医疗资源有效供给，完善生活服务等配套设施，提升人才综合服务水平。大力弘扬科学精神和工匠精神，打造优秀企业家队伍。

努力提升产业基础能力和产业链水平。支持龙头企业发挥带动作用，加强上下游产业协同和技术攻关，增强产业链韧性。拓展提升现有主导产业，力争电子信息、机械装备、石油化工产业产值均超万亿元。在数字产业、先进制造、新能源新材料、特色现代农业、时尚消费、康养文旅体育等领域，培育壮大新的主导产业，打造更多千亿级、万亿级产业集群。实施工业互联网“十百千万”工程，大力发展智能制造、服务型制造，推动先进制造业和现代服务业深度融合发展。推动服务业优结构上水平，促进生产性服务业向专业化和价值链高端延伸，促进生活性服务业向高品质和多样化升级。大力发展现代物流业，培育壮大一批国家A级物流企业，完善快递末端网络。围绕改造提升传统产业，开展新一轮技改专项行动，实施500项省重点技改项目，省技改投资基金扩大至200亿元，力争技改投资完成5000亿元。开展工业园区标准化试点建设，依法有序推动工业企业“退城入园”。加快发展新一代信息技术、新能源汽车、生物医药等战略性新兴产业，力争增加值突破6000亿元。加快发展平台经济、总部经济，促进产业链、供应链、金融链贯通融合。深化数字福建建设，高标准办好第三届数字中国建设峰会，高起点建设国家数字经济创新发展试验区，实施区块链技术创新和产业培育专项行动，加快5G商用步伐，促进人工智能、大数据、物联网和经济社会融合发展，力争数字经济规模超2万亿元。加强海洋强省建设，科学开发利用海峡、海湾、海岛、海岸资源，加快完善海洋设施，提升海洋科技水平，壮大深海养殖、海工装备等海洋产业，保护海洋生态，加强海洋管理，力争海洋生产总值突破1.3万亿元。大力发展绿色建筑，力争建筑业产值突破1.3万亿元。

充分挖掘内需潜力。一是发挥投资的关键作用。创新“五个一批”项目推进机制，实施扩大有效投资“百千万”计划，抓好一批总投资超百亿元重大投资项目，滚动推进千个重点项目，保持在建项目投资规模超万亿元。今年安排省重点项目1565个、完成投资5000亿元。健全固定资产投资项目资本金管理，按照“资金跟项目走”的原则，用好地方政府专项债券，尽快形成实物工作量。充分发挥工商联、商会桥梁纽带作用，健全常态化民企投资项目对接机制，集中推介一批投资回报机制明确、商业潜力大的投资项目。实施新一轮基础设施补短板工程，加大综合交通网络、轨道交通、市政管网、5G、物流枢纽、冷链物流、海铁联运、港口集疏运等领域投资力度，推动全省基础设施整体水平跃上新台阶。全力创建交通强国先行区，加快打造中心城区至县城1小时交通圈，力争高速公路通车里程突破6000公里、铁路在建和运营里程突破5000公里。二是发挥消费的基础作用。顺应居民消费升级趋势，努力增加高品质、多样化的产品和服务供给，完善促进消费体制机制，改善居民消费能力和预期，力争社会消费品零售总额突破1.7万亿元。鼓励汽车、家电、电子产品更新消费，推进老旧机动车报废更新，加快城市停车场建设。完善便利店、社区菜市场等便民消费设施。完善食品检验检测服务机制，健全农产品批发市场体系，扩大农村物流覆盖面，打造更多农村电商亿元村。加快建设一批地标性商圈、高品位步行街、产业直播基地、夜间经济示范区，打响“商博会”“八闽美食嘉年华”“茶酒两红”等品牌。培育主题鲜明的文旅融合新产品新业态，建设一批金牌旅游村、全域旅游小镇，打造特色邮轮航线，扩大“全福游、有全福”品牌效应。

（二）坚持协调发展，推动区域优势互补、城乡融合发展。落实主体功能区战略，完善体制机制，发挥比较优势，加快建立协调联动的城乡区域发展体系，开拓发展新空间，增强发展新动能。

加快构建区域协调发展新机制。发挥福州、厦门龙头带动作用，加快闽东北和闽西南协同发展区建设。以实施200个区域协作项目为抓手，全力推进基础设施联通、产业配套协作、公共资源共享和生态协同保护。加快建设福平铁路、衢宁铁路、福厦客专、兴泉铁路、厦门地铁6号线漳州角美延伸段、沙埕湾跨海通道等在建项目，加快推进漳汕高铁、温武吉铁路、温福高铁等前期项目，实现天然气“县县通”。推进福州新区全域开发，加快滨海新城重点组团建设。支持厦门建设金砖国家新工业革命伙伴关系创新基地。统筹推进以人为核心的新型城镇化，提高中心城市综合承载能力，优化城区、做强县城、培育小镇，促进城市建设与乡村振兴战略联动。全面对接粤港澳大湾区建设，积极融入长三角一体化发展，更好服务国家重大战略的实施。

带着感情带着责任促进老区苏区振兴发展。发扬“滴水穿石”精神，做好革命老区、中央苏区脱贫奔小康工作。落实《福建省促进革命老区发展条例》，坚持同等优先、适当倾斜，支持老区苏区加快建设铁路、高速公路、“四好农村路”，支持老区苏区改善基本公共服务、补齐民生短板、保护生态环境，支持老区苏区强化产业支撑、人才支撑和红色文化支撑。开展千家社会组织“一对一”帮扶老区村行动。

加快推进城乡融合发展。坚持农业农村优先发展，建立健全城乡融合发展体制机制和政策体系，推动城乡各类要素合理配置、基本公共服务普惠共享、基础设施一体化发展，走具有福建特色的乡村振兴之路。坚持和深化新时代科技特派员制度，用科技助力脱贫攻坚和乡村振兴。因地制宜、突出特色，加快建设特色现代农业，推动农村一二三产业深度融合发展，力争十大乡村特色产业全产业链总产值突破2万亿元。抓好“米袋子”“菜篮子”，加强高标准农田建设，巩固提升粮食产能，保障生猪等重要农产品供给，打造更多“福”字号优质农产品。完善面向小农户的社会化服务体系，发展多种形式规模经营。实施乡镇便捷通高速工程，让更多乡镇、产业园区、旅游景区30分钟内上高速，进一步织密路网、提速增效。

推动军民融合深度发展。支持国防和军队改革发展，全力支持驻闽部队改革落地和练兵备战，加强国防基础设施建设。落实国防动员体制和征兵工作改革。持续落实干部转业、家属就业、子女入学等政策，完善退役军人服务保障体系，维护军人军属合法权益，做好新一届全国双拥模范城创建工作，巩固军政军民团结良好局面。积极创建军民融合创新示范基地，加快建设海洋船舶产业军民融合试验基地，办好“中国航天日”主场活动。

（三）坚持绿色发展，确保生态美成为新福建的永续优势。深入践行习近平生态文明思想，做好经济发展与生态保护相协调相促进的文章，让青山常在、绿水长流、空气常新。

积极建设生态文明先导区。全面总结国家生态文明试验区建设成效，持续推出更多创新举措。全面建立资源高效利用制度，强化能源消费总量和强度“双控”。健全生态保护和修复制度，落实生态补偿和生态环境损害赔偿制度，推进山水林田湖草系统治理，建立以国家公园为主体的自然保护地体系。大力弘扬长汀经验，推进新一轮水土流失治理。深化生态云平台建设，实施生态环境监管能力提升行动。完善污染防治区域联动机制和陆海统筹的生态环境治理体系。加大对绿色环保产业的支持力度，培育绿色经济增长点。

坚决打好污染防治攻坚战。认真整改落实中央生态环境保护督察反馈意见，坚决打赢蓝天、碧水、净土保卫战。深化工业、机动车等污染源综合治理，完善臭氧污染防控体系。深入践行木兰溪治水理念，全面落实河湖长制，实行全省水系治理“一张图”，共抓闽江、九龙江流域大保护大治理，加强重点流域、重点海域综合治理，彻底消除小流域“牛奶溪”，地级城市建成区消灭黑臭水体。实施饮用水安全“六个100%”工程，提升城乡饮用水水质。严格建设用地环境准入，推进耕地安全利用与治理修复。优化危废利用处置设施布局。全省普遍推行垃圾分类处理，积极倡导绿色生产生活方式。

下更大力气提升城乡面貌品质。加快编制省市县三级国土空间规划，注重留白、留绿、留旧、留文、留魂，强化“多规合一”，提升城乡规划建设和管理服务水平。推进“两违”综合治理，加快处置批而未供和闲置土地。加大城市更新和存量住房改造提升力度，以设施配套、功能提升、环境美化、安全宜居为重点，统筹推进老旧小区、街区片区和老城区改造。加快改造老旧水电气和通信管线管网，新建改建城市供水管网1000公里、污水管网1000公里。编制新一轮农村供水规划，新建改建农村供水管网6000公里。强化乡村规划引领，实施村庄基础设施建设工程。高质量完成农村人居环境整治三年行动计划。实施“百城千村、百园千道、百区千带”绿化美化行动，为人民群众创造更多生态产品、绿色福利。

（四）坚持开放发展，力争在建设开放型经济新体制上走在前头。抓住新一轮高水平对外开放的机遇，深度融入“一带一路”建设，着力形成全面开放新格局，以开放促改革、促发展、促创新。

加快打造新时代对外开放新高地。实施海丝核心区建设提升行动，持续推进数字丝路、丝路投资、丝路贸易、人文海丝、生态海丝、海丝茶道等八大工程。加快建设“一带一路”两国双园。积极推动我省和印度泰米尔纳德邦、泉州市和金奈城建立友好省城关系，谱写海上丝绸之路新篇章。鼓励自贸试验区大胆试大胆闯，培育发展一批重点平台和重点业态，力争取得更多标识度高、影响力大的制度创新成果。着力稳外贸，积极引导和支持企业开拓多元化市场，大力发展外贸新业态和新兴服务贸易，推进贸易高质量发展。借力中国国际进口博览会，扩大高质量产品和服务进口。拓展国际贸易单一窗口功能，进一步提升贸易便利化水平。着力稳外资，全面贯彻外商投资法及配套法规，创新招商方式，加大招商力度，促进开发区高质量发展，推动中沙古雷乙烯等一批大项目好项目落地建设，加快集中集聚优质生产要素。精耕细作第21届“9·8”投洽会，打造国际化、专业化、品牌化的精品。发挥闽籍侨亲、侨商优势，在深化闽港闽澳合作、共建“一带一路”上有更大作为。

积极探索海峡两岸融合发展新路。认真落实、持续完善推动两岸融合发展的政策措施，加快建设台胞台企登陆的第一家园。一是以“通”促融。推进经贸合作畅通，促进优势产业融合发展，加快对台金融合作先行先试，推动对台农业合作持续走前头，提升对台贸易便利化水平。持续推进金门、马祖同福建沿海地区通水通电通气通桥，促进厦金、福马率先融合发展。加快平潭开放开发和国际旅游岛建设。二是以“惠”促融。贴近台胞需求，推进基本公共服务均等化、普惠化、便捷化。发挥各类闽台交流基地、台青就业创业基地等作用，支持台湾各类人才来闽实习就业创业，扩大对台招生规模。三是以“情”促融。办好海峡论坛、海峡青年节等活动，加强基层民众交流交往。办好“福建文化宝岛行”、林博会、文博会、旅博会等，促进心灵契合。

推动全面深化改革落细落实。围绕推进新时代新福建治理现代化，认真落实省委十届九次全会部署，更加注重系统集成、协同高效，把坚持和完善社会主义基本经济制度、统筹城乡的民生保障制度、生态文明制度体系等11个方面53项重点任务落到实处。完善风险防控机制，把防范化解重大风险工作做实做细做好。健全金融风险应急处置和防控协作机制，完善地方金融监管体系，加强金融诚信体系建设，加强地方政府债务管理，打好防范化解金融风险攻坚战。认真贯彻积极的财政政策，大力提质增效，坚持以收定支，更加注重结构调整，全面实施预算绩效管理，探索运用零基预算理念。各级政府要带头过紧日子，精打细算、厉行节约，坚决压缩一般性支出，严控“三公”经费预算，有效保障重点支出。落实全面深化医药卫生体制改革“1＋8”政策，推动医改工作继续走在全国前列。完善企业职工养老保险省级统筹，持续推进机关事业单位养老保险制度改革，健全城乡居民养老保险缴费激励机制。实施国企改革三年行动，完善以管资本为主的国有资产监管体制，促进国有企业做强做优做大。坚持市场化、法治化处置，实现“僵尸企业”基本出清。落实保持土地承包关系稳定并长久不变的政策，深化农村集体产权、集体林权等改革。统筹推进自然资源产权制度改革。高质量编制“十四五”规划，充分发挥规划的战略导向作用。

（五）坚持共享发展，使改革发展成果更多更公平惠及全体人民。坚持以人民为中心，尽力而为、量力而行，加强普惠性、基础性、兜底性民生建设。今年投入415.5亿元，办好28件省委省政府为民办实事项目。

确保实现脱贫攻坚目标任务。坚持精准施策、精准发力，突出老区苏区、少数民族聚居区脱贫攻坚，强化产业、就业等长效帮扶措施，补齐“三保障”和饮水安全短板，做到扶贫工作务实、脱贫过程扎实、脱贫结果真实，确保贫困人口、贫困地区与全省一道进入全面小康。坚持摘帽不摘责任、不摘政策、不摘帮扶、不摘监管，巩固脱贫成果。完善返贫监测预警机制，对已脱贫但不够稳定的重点帮扶对象，分户造册、单列管理，强化帮扶、防止返贫。全面落实兜底保障制度。建立解决相对贫困的长效机制，加强脱贫攻坚与乡村振兴的有机衔接。加强东西部对口协作，深化闽宁扶贫协作，做好援疆援藏援甘工作。

深入推进基本公共服务均等化。重点抓好五个方面：一是健全有利于更充分更高质量就业的促进机制。实施优先的就业政策，抓好高校毕业生、退役军人、下岗失业人员、农民工等重点群体就业，力争城镇新增就业50万人。建立促进创业带动就业、多渠道灵活就业机制，对就业困难人员实行托底帮扶。推动校企深度合作，实施职业技能提升和高职扩招提质两个“三年行动”。二是构建服务全民终身学习的教育体系。发展多种形式的就近便捷托育服务，扩大普惠性学前教育资源供给，有效解决进城务工人员子女上学难问题，改善薄弱中小学校办学条件，促进普通高中多样化有特色发展，加快职业教育改革，提高“双一流”和应用型高校建设水平，办好老年教育、特殊教育。三是完善覆盖全民的社会保障体系。深入实施全民参保计划，扩大社会保障覆盖面，加快落实社保转移接续、异地就医结算制度，探索建立长期护理保险制度试点。改进流浪乞讨人员救助管理，有针对性地帮扶城乡无供养老年人、孤儿、残疾人等特殊困难人群。四是强化提高人民健康水平的制度保障。深入实施健康福建战略，积极增加优质医疗卫生资源供给，全面推进医疗“创双高”建设，加快国家区域医疗中心建设。推进“互联网＋医疗健康”示范省建设，加强公共卫生防疫和重大传染病防控，健全重特大疾病医疗保险和救助制度。促进中医药传承创新发展。优化生育政策，提高人口质量。积极应对人口老龄化，加快建设居家社区机构相协调、医养康养相结合的养老服务体系。五是推动房地产市场平稳健康发展。聚焦稳地价、稳房价、稳预期，落实城市主体责任，完善长效调控机制，盘活土地和房屋资源，大力发展租赁住房，稳步推进棚户区改造，新增公租房2.47万套、租赁住房1.3万套。

繁荣发展社会主义先进文化。贯彻《新时代公民道德建设实施纲要》《新时代爱国主义教育实施纲要》，以社会主义核心价值观引领文化建设。繁荣文化艺术创作，弘扬优秀传统文化，打造一批文艺精品，加强公共文化服务体系建设。精心筹办第44届世界遗产大会，像爱惜自己的生命一样保护好文化遗产，落实文化和自然遗产保护利用“六个一批”任务，持续推进历史文化名城名镇名村、传统村落和历史建筑保护利用，推动古泉州（刺桐）史迹申遗和“万里茶道”等文化遗产申遗前期工作，支持三明、龙岩规划建设长征国家文化公园，支持福州船政文化城建设。加快推进智慧广电，发展超高清视频产业，深化拓展中国电影金鸡奖活动，繁荣影视创作，推动影视基地建设。以承办第18届世界中学生运动会为契机，促进全民健身，发展老年体育，扩大体育消费，壮大体育产业。推进哲学社会科学、科普、档案、地方志等事业发展，提升新型智库建设水平。

加快构建共建共治共享的社会治理格局。加强系统治理、依法治理、综合治理、源头治理，建设更高水平的平安福建。完善信访制度，健全人民调解、行政调解、司法调解联动工作体系。加强社会治安防控，有效防范个人极端暴力犯罪，建立健全扫黑除恶长效常治机制。树牢安全发展理念，落实安全生产责任，深化危险化学品、道路交通等重点领域专项整治，建立公共安全隐患排查和安全预防控制体系，坚决防范遏制重特大安全事故发生，切实保障人民群众生命财产安全。优化应急管理能力体系建设，提高防灾减灾救灾能力。贯彻落实食品安全法实施条例和药品管理法，加强和改进食品药品安全监管。开展县域集成改革试点，着力提升县域治理效能，推动社会治理和服务重心向基层下移，不断增强人民群众获得感、幸福感、安全感。做好第七次全国人口普查工作，完成妇女、儿童发展纲要目标，支持工青妇等群团组织更好发挥作用。健全志愿服务体系。推进民族团结进步事业发展，健全宗教工作体制机制。

三、构建职责明确、依法行政的政府治理体系

坚持和完善中国特色社会主义制度，推进国家治理体系和治理能力现代化，着力固根基、扬优势、补短板、强弱项，自觉尊崇制度、严格执行制度、坚决维护制度，严格按照制度履行职责、行使权力、开展工作，把制度优势更好转化为治理效能。坚持和完善中国特色社会主义行政体制，坚持一切行政机关为人民服务、对人民负责、受人民监督，建设人民满意的服务型政府。

加强政治建设，做到“两个维护”。不断推动学习贯彻习近平新时代中国特色社会主义思想往深里走、往心里走、往实里走，锤炼忠诚干净担当的政治品格，增强“四个意识”，坚定“四个自信”，坚决维护习近平总书记党中央的核心、全党的核心地位，坚决维护党中央权威和集中统一领导。大力纠治形式主义、官僚主义，大力弘扬“四下基层”“四个万家”“马上就办、真抓实干”优良作风。巩固深化“不忘初心、牢记使命”主题教育成果，把初心和使命变成锐意进取、开拓创新的精气神和埋头苦干、真抓实干的原动力。夯实管党治党政治责任，以勇于自我革命精神推动全面从严治党向纵深发展，一体推进不敢腐、不能腐、不想腐。自觉接受人大监督、民主监督、监察监督，高度重视行政监督、司法监督、群众监督、舆论监督，更好发挥审计监督、统计监督作用，确保党和人民赋予的权力始终用来为人民谋幸福。

创新行政方式，提高行政效能。持续转变政府职能，深化政府权责清单制度，履行好推动经济社会发展、管理社会事务、服务人民群众的重大职责。推进数字政府建设，实施“链上政务”工程，加强数据有序共享和业务协同，提升一体化政务服务平台功能，运用大数据、人工智能、区块链等技术手段进行行政管理，依法保护个人信息。坚持和完善机关效能建设，推行政务服务“好差评”制度。加强重大决策的调查研究、科学论证、风险评估，健全部门协调配合机制，提高政府执行力和公信力。

坚持依法行政，建设法治政府。严格遵守宪法和法律，提高运用法治思维和法治方式深化改革、推动发展、化解矛盾、维护稳定、应对风险的能力。完善行政立法机制，坚持科学民主依法立法。深化行政执法体制改革，进一步整合行政执法队伍，最大限度减少不必要的行政执法事项，严格规范公正文明执法，压减权力设租寻租空间。坚持权责透明，完善各领域办事公开制度。加大全民普法工作力度，完善公共法律服务体系。

各位代表，确保全面建成小康社会和“十三五”规划圆满收官，使命光荣、责任重大。让我们更加紧密地团结在以习近平同志为核心的党中央周围，在中共福建省委的领导下，不忘初心、牢记使命，锐意进取、开拓创新，奋力谱写新福建建设新篇章，为实现“两个一百年”奋斗目标、实现中华民族伟大复兴的中国梦而努力奋斗！

关于福建省2019年国民经济和社会发展计划执行情况及2020年国民经济和社会发展计划草案的报告

——2020年1月11日在福建省第十三届人民代表大会第三次会议上

福建省发展和改革委员会

各位代表：

受福建省人民政府委托，现将福建省2019年国民经济和社会发展计划执行情况及2020年国民经济和社会发展计划草案提请省十三届人大三次会议审议，并请省政协各位委员和其他列席人员提出意见。

一、2019年国民经济和社会发展计划执行情况

2019年，全省各级各部门坚持以习近平新时代中国特色社会主义思想为指导，全面贯彻党的十九大和十九届二中、三中、四中全会精神，深入贯彻落实习近平总书记对福建工作的重要讲话重要指示批示精神，增强"四个意识"、坚定"四个自信"、做到"两个维护"，按照党中央、国务院和省委决策部署，坚持稳中求进工作总基调，坚持新发展理念，坚持以供给侧结构性改革为主线，坚持高质量发展落实赶超，认真执行省十三届人大二次会议审议批准的《政府工作报告》和2019年国民经济和社会发展计划，落实省人大财政经济委员会的审查意见，全力做好"六稳"工作，全省经济运行总体平稳、稳中提质。

初步统计，2019年全省生产总值同比增长8%左右，总量跃上4万亿元台阶；一般公共预算总收入增长2%，地方一般公共预算收入增长1.5%；固定资产投资增长6%；进出口增长7.8%，其中出口增长8.7%；实际使用外资增长3.3%；社会消费品零售总额增长10%；居民消费价格总水平上涨2.6%；城镇登记失业率3.5%；城镇居民人均可支配收入增长8.3%，农村居民人均可支配收入增长9.8%；节能减排降碳年度目标可以实现。

一年来国民经济和社会发展成效主要体现在六个方面：

（一）着力提升产业素质，供给质量得到改善

创新能力进一步增强。制定营造有利于创新创业创造良好发展环境实施意见，高成长企业达406家，全年新增高新技术企业700家，每万人发明专利拥有量11.1件、增长12.8%。实施福建省工程研究中心三年行动计划，推动223项关键技术开展攻关，宁德时代国家工程研究中心技术攻关步伐加快。加快组建省创新研究院。打造高水平实验室，光电信息、能源材料、化学工程、能源器件等首批4家省创新实验室启动建设。第十七届中国·海峡创新项目成果交易会共对接合同项目7106项、总投资1786亿元。科技特派员制度深入实施，乡镇覆盖率达到100%。实施数字经济领跑行动，成功举办第二届数字中国建设峰会，获批设立国家数字经济创新发展试验区，5G商用正式启动，人工智能双百工程顺利实施，数字经济规模约1.7万亿元。

制造业高质量发展取得新成效。开展主导产业研究和梳理，实施千亿产业集群推进计划，规上工业增加值增长8.8%，高技术产业和三大主导产业增加值分别增长12.3%、9.8%，产值超千亿元集群达18个、主营业务收入超百亿元工业企业45家，国家专精特新"小巨人"企业10家、国家级制造业单项冠军企业（产品）22家。福州新型功能材料、厦门新型功能材料、厦门生物医药及莆田新型功能材料等四个集群纳入国家战略性新兴产业集群发展工程，战略性新兴产业增加值达5400亿元。海洋生产总值1.18万亿元、增长11%。中化泉州乙烯、古雷炼化一体化等石化重大项目加快推进，中沙古雷乙烯项目正式列入国家石化产业规划布局，上汽宁德基地、莆田钧石能源HDT高效异质结太阳能电池一期项目投产，组织实施重点技改项目738项，省技改基金扩大至120亿元。

现代服务业平稳增长。新增国家A级物流企业54家，总数达377家，居全国第四位；厦门市入选2019年国家物流枢纽建设名单；厦门市、泉州市入选家政服务业提质扩容"领跑者"行动重点推进城市。金融业运行平稳，不良贷款率下降至1.14%，"海峡科创板"推出，118家科创型企业举行签约挂牌仪式。"全福游、有全福"品牌打响，全省接待国内外游客5.36亿人次、增长16.5%，旅游总收入8058亿元、增长22%。新经济领域服务业加快发展，规上互联网平台营业收入增长39.9%。

农业生产保持稳定。粮食安全省长责任制考核取得优异成绩，得到国家通报表扬。划定800万亩水稻生产功能区，建成高标准农田130万亩。十大乡村特色产业全产业链总产值突破1.7万亿元、千亿产业增至8个。全面实施特色现代农业"五千工程"，累计创建省级以上特色农产品优势区84个、现代农业产业园60个，形成安溪铁观音、古田食用菌等一批产值超百亿元产业强县。优质绿色农产品供给明显增加，

质量安全监测总体合格率98.6%。非洲猪瘟疫情有效防控。

（二）着力拓展内需市场，需求结构逐步改善

投资结构继续优化。围绕万亿有效投资计划，实施稳投资26条措施，加大基础设施重点领域补短板力度。制造业投资增长16.2%，其中高技术制造业投资增长17%。

全力推进“五个一批”项目攻坚。深化“五个一批”项目推进机制，强化正向激励，全省入库“五个一批”项目34915个，总投资18.4万亿元，其中本年新增开工项目3083个、总投资8004亿元。1200个省在建重点项目完成投资4948亿元，完成年度计划的108%。宁德时代一汽动力电池、泉州泉港百宏年产250万吨精对苯二甲酸、漳州古雷奇美化工ABS及AS、龙岩龙净环保输送装备及智能制造等项目开工建设。福州地铁2号线开通试运营，平潭海峡公铁大桥正式合龙即将通车，泉州三安半导体、三明建宁明一生态乳业加工、南平铝业轻量化车厢和物流车等项目投产或部分投产。厦门新机场、长乐机场二期扩建工程立项获批。

消费市场持续增长。出台完善促进消费体制机制进一步激发居民消费潜力实施方案及进一步促进消费增长若干措施。成功举办首届福建商圈（步行街）博览会暨消费品采购会，打造“闽货卖全球、全球买闽货”商贸对接平台。实施促进夜间消费用电激励举措，因地制宜培育一批富有地方特色的夜间经济集聚区。建立“电商富农”产销机制，新创建8个国家级电子商务进农村综合示范县，网上商品零售额增长24.1%。

（三）着力推进改革开放，发展活力不断增强

营商环境持续优化。聚焦企业关切，持续减环节减时限减负担，实现开办企业时间、不动产一般登记和抵押登记时间压缩至5个工作日以内。切实减轻企业负担，全年新增减税降费超过600亿元。完成清理拖欠民营企业中小企业账款年度目标任务。企业养老保险缴费费率降至16%。全年新登记各类市场主体97.6万户，增长9.4%。社会信用体系建设稳步推进。

深化“放管服”改革。推行“政府做的好不好群众来打分”的“好差评”制度。落实市场准入负面清单制度，推动“非禁即入”普遍实现。加快推进“互联网＋政务服务”，全省依申请审批服务事项网上可办率97.55%。推进投资项目审批制度改革，企业投资项目前置审批事项从原来的76项减少至40项。推进工程建设项目审批“四统一”，全面推行“双随机、一公开”监管，行政审批和公共服务事项“一趟不用跑”和“最多跑一趟”占比超过90%。推进全省政务服务事项“四级四同”，“放管服”改革标准化工作走在全国前列。

重点领域改革取得新进展。财税改革持续深化，明确共同财政事权转移支付项目，出台基本公共服务保障地区标准备案办法。完善金融风险监测、评估和处置机制，设立总规模150亿元的省级纾困基金，互联网金融风险专项整治扎实有效。稳步推进电力体制改革，加快实施增量配电业务试点项目。水、电、天然气等价格改革持续推进，全面完成工商业用电并类，全省一般工商业电价降幅达10.02%。大力推进公共资源交易机制改革。加快完善国有企业法人治理结构，推进国有资本投资、运营公司改革试点，推动国有企业混合所有制改革。

积极应对经贸摩擦。建立“六稳”情况部门通报会商机制，加快落实稳定和促进外经贸发展政策措施，进出口13306.7亿元，其中出口8277.9亿元、进口5028.8亿元，进口规模跃居全国第7位。新设外商投资企业2300家，实际使用外资315.4亿元。

海丝核心区、福建自贸试验区等改革试点加快推进。深入推进海丝核心区建设，积极实施丝路海运、丝路飞翔、数字丝路等八大工程。成功举办首届丝路海运国际合作论坛，加入丝路海运的国际集装箱航线达到60条，突破1800个航次。丝路飞翔空中航线近400条。继续扩大海上丝绸之路博览会、国际电影节等影响。扩大经贸合作，与共建“一带一路”国家和地区贸易额增长16.3%。积极推进自贸试验区改革创新，深化方案136项重点试验任务实施率达92%；累计推出410项创新举措，其中全国首创157项，对台89项。

闽台、闽港澳侨交流不断深化。落实落细惠台措施，获批设立“海峡两岸集成电路产业合作试验区”和“海峡两岸生技和医疗健康产业合作区”，平潭至高雄货运、客运航线实现首航并常态化运营。向金门地区供水稳定运行，向马祖近期供水工程启用，与金马通电通气通桥前期工作有序推进。入闽台胞超过387万人次，来闽实习就业创业台湾青年超过3.6万人。闽港、闽澳新一轮交流合作取得新进展，成功举办闽港“一带一路”高峰研讨会，第六届世界闽商大会顺利召开。

（四）着力优化区域布局，城乡发展更趋协调

闽东北、闽西南协同发展区建设加快推进。深入贯彻落实中央财经委员会第五次会议精神，推动形成优势互补高质量发展的区域经济布局，出台关于建立更加有效的区域协调发展新机制的实施方案，编制完成闽东北、闽西南协同发展区发展规划，实施区域协作项目226个。重大协作项目取得突破，福州至长乐机场城际铁路、厦门地铁6号线漳州角美延伸段、双龙铁路开工建设；漳汕高铁完成预可研审查。

脱贫攻坚取得新成效。深入贯彻习近平总书记给下党乡乡亲的回信精神，严格按照“一个都不掉队”“两不愁三保障”要求，全面实施精准扶贫精准脱贫基本方略，全省建档立卡贫困人口全部脱贫，贫困村全部摘帽，剩下的6个省级扶贫开发工作重点县全部达到退出标准。做好产业扶贫、就业扶贫、金融扶贫、教育扶贫、医疗扶贫、低保兜底等精准帮扶工作。出台关于做好革命老区中央苏区脱贫奔小康工作的实施意见。理顺对口支援工作机制，加大工作推进力度。

深入实施乡村振兴战略。深入实施乡村振兴十大行动，推进50个重点县（市、区）、100个特色乡镇、1000个建制村试点示范建设。实施农村人居环境整治“一革命四行动”，开展村庄清洁行动，农村无害化卫生户厕覆盖率达95%，83个村开展生活垃圾干湿分类试点。发布首批30个“金牌旅游村”，寿宁县下党村等11个村入选全国乡村旅游重点村。农村承包地确权登记颁证全面到户，农村集体产权制度改革覆盖全省。

新型城镇化建设扎实有序推进。常住人口城镇化率、户籍人口城镇化率分别达到66.5%、50.3%。制定促进城乡融合发展实施方案，持续推动国家级、省级新型城镇化试点，继续探索新型城镇化路径。特色小镇创建取得新进展，宁德锂电新能源小镇创建经验被国家选为全国典型示范小镇总结推广。

（五）着力推进生态文明建设，生态环境保持优良

扎实推进国家生态文明试验区建设。38项重点改革任务全面组织实施，连江生态产品市场化改革等第三批12项改革成果在全省复制推广，莆田木兰溪系统治理、南平深化集体林权制度改革等22项改革经验在全国复制推广，实现“三年三步走、年年出成果”。试验区创新探索实践入选十大“2019中国改革年度案例”。

大力推动绿色发展。统筹推进省市县国土空间规划编制工作，全面推开全省区域空间生态环境评价。加强滨海湿地保护，推动武夷山国家公园体制试点。组织实施绿色产业指导目录，在8个县开展生态产品市场化改革试点。建立多元化、市场化生态保护补偿机制，落实全流域生态保护补偿。落实能耗总量与强度“双控”，有序发展新能源和可再生能源。完善环境权益交易体系，全省排污权累计成交金额13.13亿元。全面推进生活垃圾分类，厦门市连续六个季度在住建部考评中排名全国第一。

坚决打好污染防治攻坚战。实施“1＋7＋N”污染防治攻坚战作战计划，九市一区城市空气质量优良天数比例98.4%，全省12条主要河流143个水质评价断面总体水质为优，Ⅰ—Ⅲ类水质比例96.5%；全省近岸海域优良水质比例80%。坚决打赢蓝天保卫战，加快推进核电、天然气等清洁能源项目建设，有效减少60%以上的污染天数。坚决打好碧水保卫战，深入推进闽江流域山水林田湖草生态保护修复，加大九龙江、木兰溪等重点流域整治力度，县级及以上饮用水水源地水质达标率100%，全省9个设区市建成区87条黑臭水体基本消除黑臭。坚决推进净土保卫战，完成农用地土壤详查工作，全部完成2385个重点行业企业地块的基础信息采集，实现乡镇生活垃圾转运系统全覆盖，行政村生活垃圾治理常态化。

（六）着力保障和改善民生，人民群众获得感持续增加

为民办实事项目全面落实。27件省委省政府为民办实事项目完成年度目标任务，省级以上补助资金下达140.7亿元，占年度计划的126.8%。民生相关支出占一般公共预算支出比重为76.7%。修订缓解生猪市场价格周期性波动调控预案，将冻肉储备调节工作纳入“菜篮子”市长负责制，强化猪肉市场应急保障能力。全面启动平价商店销售机制，严格落实物价上涨挂钩联动机制，累计向547万余人次困难群众发放价格临时补贴2.8亿元。房地产市场保持平稳健康发展，完成棚户区改造6.4万套。严格落实安全生产责任，各类生产安全事故起数、死亡人数分别下降17.3%和8.2%，没有发生重大以上事故。

就业保持稳定。落实创业带动就业政策，新建10家省级创业孵化基地。做好高校毕业生、退役军人、农民工、就业困难人员等重点群体就业工作。实施职业技能提升行动，推进重点群体职业技能提升培训。城镇新增就业64.3万人，城镇失业人员再就业25.3万人，就业困难人员就业3.74万人，均完成年度任务。

教育事业稳步发展。教育事业发展主要指标稳中有升、位居全国前列，学前三年入园率98.6%，九年义务教育巩固率99%，高中阶段毛入学率97.2%，高等教育毛入学率56.7%，主要劳动年龄人口受过高等教育比重达26.3%。统筹推进县域内城乡义务教育一体化改革发展，制定实施高中教育质量提升计划，扎实推进高考综合改革，深入推进国家和省级“双一流”建设。落实扩大普惠性学前教育资源、推进义务教育质量提升、职业院校基础能力建设工程，完成200所公办幼儿园建设任务。义务教育阶段大班额数占比下降到1.6%，超过70%小规模学校达到省定基本办学标准。

医疗健康服务更加完善。福州滨海新城医院、复旦中山厦门医院列入首批国家区域医疗中心。实施全民健康保障工程，省儿童医院、妇产医院、疾控中心、川大华西厦门医院等医疗卫生项目加快建设。进一步推广三明医改经验，率先全省跟进国家药品集中采购和使用试点，全省半数以上县域组建紧密型医共体。推进县级公立医院能力提升项目，69个县（市、区）已建成33个县域消毒供应中心、37个县域临床检验中心、45个县域病理检查中心、46个县域医学影像中心、55个县域心电诊断中心和34个县域远程会诊中心。新建130个基层医疗卫生机构中医馆。积极创建国家“互联网＋医疗健康”示范省，三级医疗机构39项检查检验结果实现网络互认。

养老、文旅、体育等社会事业加快发展。推进居家和社区养老服务改革试点，全面取消养老机构设立许可，实施社会服务兜底工程、城企联动普惠养老专项行动，新增各类养老服务床位1.5万张，街道和中心乡镇居家养老服务照料中心覆盖率由80.1%提高到90.7%，建制村养老服务设施覆盖率由53%提高到64.5%。文化公共服务建设迈出新步伐，广播电视业加快发展，福州成功申办2020年第44届世界遗产大会，第28届金鸡百花电影节在厦门成功举办。全域生态旅游和优质旅游加快发展，武夷山市、永泰县、武平县列入首批国家全域旅游示范区，平潭国际旅游岛加快建设。新建90个多功能运动场、60个笼式足球场、30个笼式篮球场和30

个门球场，漳州市、南安市入选全国社会足球场地设施建设专项行动试点城市。

总的看，2019年全省经济运行保持在合理区间，主要指标增速好于全国，经省十三届人大二次会议审议通过的国民经济和社会发展计划主要预期指标完成情况总体较好。GDP、进出口、城乡居民人均可支配收入、就业、物价、节能减排等指标运行情况符合或好于年度预期目标，投资指标与预期目标存在一些差距，经济社会发展还面临不少困难和问题。一是经济下行压力较大。受中美经贸摩擦、全球经济下行等因素影响，企业投资、生产、经营更趋谨慎。二是实体经济发展仍较困难。企业竞争力有待提高，实体经济特别是中小企业融资难融资贵问题依然存在，原材料、劳动力等成本仍然较高。三是高质量发展短板制约仍有待突破。全社会研发投入仍然低于全国平均水平，科技成果转化率不高，创新资源相对薄弱，创新领军人才匮乏，企业创新引领能力不强，发展新动能有待进一步增强。教育、医疗、养老等公共服务领域短板还不少。四是营商环境仍需不断优化。对标国际国内先进水平、对标企业和群众的期待，营商环境还有不少短板弱项，“放管服”改革有待进一步深化，市场主体的获得感、满意度还有待提高。面对这些困难和问题，我们要高度重视，着力加以解决。

二、2020年国民经济和社会发展主要预期目标和任务

政府工作报告提出2020年经济社会发展工作的总体要求是：以习近平新时代中国特色社会主义思想为指导，全面贯彻党的十九大和十九届二中、三中、四中全会精神，坚决贯彻党的基本理论、基本路线、基本方略，增强“四个意识”、坚定“四个自信”、做到“两个维护”，紧扣全面建成小康社会目标任务，坚持稳中求进工作总基调，坚持新发展理念，坚持以供给侧结构性改革为主线，坚持以改革开放为动力，推动高质量发展落实赶超，坚决打赢三大攻坚战，全面做好“六稳”工作，统筹推进稳增长、促改革、调结构、惠民生、防风险、保稳定，保持经济运行在合理区间，努力在营造良好发展环境上再创佳绩，在推动两岸融合发展上作出示范，做好革命老区、中央苏区脱贫奔小康工作，加快建设机制活、产业优、百姓富、生态美的新福建，确保全面建成小康社会和“十三五”规划圆满收官，得到人民认可、经得起历史检验。

2020年经济社会发展的主要预期目标是：全省生产总值同比增长7%—7.5%；一般公共预算总收入增长2.5%左右，地方一般公共预算收入增长2%左右；固定资产投资增长7.5%左右；进出口增长3%，实际使用外资增长3%；社会消费品零售总额增长9.5%，居民消费价格总水平涨幅3.5%左右；城镇登记失业率控制在4.2%以内；城镇居民、农村居民人均可支配收入分别增长8%和8.5%；完成节能减排降碳目标。

为实现上述目标，重点要做好七个方面工作：

（一）切实加快构建现代化经济体系

深入实施创新驱动发展战略。大力实施质量强省、知识产权强省战略，加快提升企业技术创新能力，扶持一批国家级企业技术中心，完善科技人才、技能人才发现培养激励机制，建立与科研人员科研能力和贡献相称的薪酬分配制度，大力引进海内外高层次科技人才团队，提升人才综合服务水平。打造国家级、省级梯次布局的高水平创新平台体系，力争在新材料、新能源领域再获批设立国家工程研究中心。以高端人才为先导、机制创新为引擎，高标准建好省创新研究院、创新实验室。全社会研发经费投入增长22%，力争高新技术企业突破5000家。深入实施科技创新链和产业链精准对接，办好第18届中国·海峡创新项目成果交易会。实施军民融合产业发展专项行动，推动军民融合深度发展和国防动员体系建设。坚持和深化新时代科技特派员制度。

大力推动制造业高质量发展。发挥优势提升产业基础能力，对接国家工业强基工程专项行动，实施一批省级工业强基工程重点项目，争取形成20个产值超千亿元集群。提升产业链发展水平，梳理主要产业链缺失与薄弱环节，加强建链、延链、补链、壮链。加快主导产业梳理，推动现有三大主导产业内涵深化、外延拓展，围绕战略性新兴产业、数字经济、海洋经济、生态经济等领域进行扶持培育，推动形成新的主导产业。推进传统制造业优化升级，促进传统产业向数字化、网络化、智能化、绿色化、服务化升级，组织实施500项省重点技改项目，省技改投资基金扩大至200亿元，力争技改投资增长10%以上。加快培育和发展新兴产业，战略性新兴产业增加值突破6000亿元。开展工业园区标准化建设试点，盘活园区土地，落实退城入园政策。推动海洋产业发展，海洋生产总值突破1.3万亿元。

依靠市场机制和现代科技创新推动服务业发展。推动先进制造业和现代服务业深度融合发展。继续发展总部经济，大力争取闽商回归，吸引央企和省外大型民企在闽设立区域总部。推动生产性服务业向专业化和价值链高端延伸，推进冷链物流、港区物流基础设施建设以及高速公路服务区和落地互通服务业示范工程项目。支持银行业金融机构加强产品创新和信贷服务，支持符合条件的企业扩大区域性股权融资、知识产权质押融资和债券融资。推动生活性服务业向高品质和多样化升级，打造全域生态旅游省，深入实施“放心游福建”服务承诺。

发展特色现代农业。推进800万亩水稻生产功能区建设，实施地力提升“3323工程”，粮食指导性计划播种面积1250万亩、总产500万吨。推动农村一二三产业深度融合，力争十大乡村特色产业全产业链总产值突破2万亿元。大力发展农产品深加工，积极培育休闲农业、乡村物流、乡村旅游等新产业新业态。创建250个优质农产品标准化示范基地。加强农产品质量安全监管，大力推进源头赋码、“一品一码”。实施生猪产业转型升级三年行动计划，生猪存栏恢复到900万头。

推动数字经济加快发展。高标准办好第三届数字中国建设峰会。总结推广“数字福建”20年建设经验，高水平推进国家数字经济创新发展试验区建设，深化政务数据和社会数据融合应用，围绕数字丝路、智慧海洋、卫星应用等方面组织开展区域特色试验。实施区块链技术创新和产业培育专项行动，支持5G技术创新、产品研发和示范应用，建成百项人工智能应用示范项目，推动中电、华为、浪潮等自主生态基地、京东数字经济产业园、百度人工智能、海康威视物联网产业基地、比特大陆区域总部等一批数字经济重点项目加快建设，力争数字经济规模超2万亿元。

（二）切实培育内需新增长点

强化“五个一批”机制。狠抓产业项目特别是新兴产业、现代服务业项目储备招商，大力推进产业链延伸、产业群壮大项目建设，推动形成项目滚动接续良好态势。紧盯关键环节，聚焦要素制约，促进项目尽早开工、多形成实物工作量。全力协调服务，做好竣工验收，推动尽快投产达产。谋划梳理一批战略性、基础性、支撑性和投资带动力强的重大项目，对部分拟在“十四五”实施的重大项目，积极创造条件争取提前实施。

深化重大项目攻坚。深入开展重大项目集中开工、“重中之重”项目集中协调，初步计划安排全省重点项目1565个，年度投资5000亿元，计划新开工重点项目155个，建成或部分建成155个。重点推进福厦客专、福平铁路、衢宁铁路、兴泉铁路、福州地铁、厦门地铁、莆炎高速公路尤溪中仙至建宁段、霞浦核电、漳州核电、省委党校新校区、省儿童医院、省妇产医院等在建重大项目加快建设，推动厦门新机场、长乐机场二期扩建工程等重大项目尽快开工建设。全年新增高速公路通车里程400千米、铁路营业里程260千米、电力装机容量200万千瓦。

强化项目资金和要素保障。加强重大工程项目与财政性建设资金、债券资金、银行贷款、社会资本等匹配。用好用足地方政府专项债券资金，继续谋划后续批次专项债券项目。加强用地用林用海等协调服务，提高用地环评等前期手续办理效率，做好征地拆迁、市政配套、水电接入等准备工作，推动项目加快实施。

拓展补短板领域投资。实施新一轮基础设施补短板工程，加大综合交通网络、轨道交通、市政管网、5G、物流枢纽、冷链物流、海铁联运、港口集疏运等领域投资力度。加大城镇老旧小区改造、城乡历史风貌保护利用、城市停车场、农村饮水安全巩固提升、新一轮农网改造升级等补短板力度，优化生成一批新的补短板投资工程包。落实鼓励民间投资各项政策措施，推介一批优质项目，激发民间有效投资活力。

促进消费扩容提质。完善促进消费体制机制，挖掘消费潜力，力争社会消费品零售总额突破1.7万亿元。扩大智能产品和绿色产品供给，推进老旧家用汽车、家电、公交车等报废更新升级，支持新能源汽车、5G手机等消费。加快线上线下融合等新消费发展，鼓励建设一批新消费体验馆，创建一批省级示范商圈、步行街，推动便利店品牌化连锁化发展。大力发展夜间经济，培育特色精品夜市，建设一批夜间经济示范区。推动文化旅游消费升级，推动创建文化旅游消费示范和试点城市。推动医养结合，着力培育一批家政龙头企业。促进户外运动等体育消费。进一步释放农村网购和乡村旅游消费潜力，推动工业品下乡、农产品进城双向流动。加强商品流通网络建设，推动冷链物流、智慧物流、国际物流发展。组织好中国品牌日活动。

（三）切实推进更高水平对外开放

统筹推进海丝核心区建设。扩大丝路海运品牌效应，办好第二届丝路海运国际合作论坛。加快推进丝路飞翔，加密空中航线。加快实施数字丝路，拓展数字经济合作领域。培育丝路投资品牌，引导我省优势产能行业加快全球布局。支持跨境电商仓储物流企业加快“一带一路”沿线海外仓布局。推动实施人文海丝等重点工程。推动与日本关西地区合作，探索建立福建至关西地区“海空大通道”，高位对接“神户医疗产业都市”。推动福建和印度泰米尔纳德邦、泉州市和金奈城建立友好关系。

促进进出口平衡发展。落实落细国务院和我省稳外贸系列措施，保护产业链稳定发展。继续深入实施“百展万企”“助力万企成长”工程，加快壮大市场主体，支持企业拓展多元市场。大力推进市场采购贸易方式、跨境电商等新业态。鼓励企业通过进博会、海关特殊监管区等平台扩大进口。

优化双向投资水平。加强外商投资促进和保护，落实外商投资法及配套法规，推动新开放领域招商引资，全面落实外商投资准入前国民待遇加负面清单管理制度。统筹用好国外优惠贷款，谋划确定新一批备选项目。引导境外投资健康有序发展，切实规范企业境外经营行为。发挥自贸试验区改革开放试验田作用，力争取得更多标识度高、影响力大的制度创新成果。

深化闽台港澳交流合作。加快应通尽通，探索闽台经贸合作畅通、基础设施联通、能源资源互通、行业标准共通新路径。推动闽台优势产业融合发展，增强各类载体和平台承载能力。完善福建自贸试验区、平潭综合实验区等对台先行先试的制度创新体系，继续推进与金门马祖通水、通电、通气、通桥。落实落细各项惠台利民政策措施，持续推进基本公共服务均等化、普惠化、便捷化，健全台湾青年来闽实习就业创业的开放机制和市场机制，逐步构建完善台胞台企登陆的第一家园服务体系。深化闽台文化交流，完善海峡论坛等民间交流机制化平台。发挥闽籍侨亲、侨商优势，加强闽港、闽澳合作会议机制建设，推进“并船出海”，打造综合服务平台，主动对接粤港澳大湾区建设。

（四）切实深化改革优化环境

打造市场化法治化国际化营商环境。全面落实国务院《优化营商环境条例》，强化评估督导，推出有针对性的营商环境改革举措。完善构建亲清新型政商关系的政策体系，建立政府重大经济决策主动向企业家问计求策的程序性规范。弘扬优秀企业家精神，加大企业家队伍特别是年轻企业家培养力度。制定营造更好发展环境支持民营企业改革发展的实施意见，支持民营企业心无旁骛做实业，营造各种所有制主体依法平等使用资源要素、公开公平公正参与竞争、同等受到法律保护的市场环境。开展“信易贷”平台建设，有效拓宽中小微企业融资渠道。落实减税降费政策，进一步清理规范涉企收费，降低企业用电、用气、物流等成本。继续深化商事制度改革，推进我省商事登记监管条例立法。推动实施分级分类监管，构建以信用为基础的新型监管机制。

深入推进“放管服”改革。践行“马上就办”，努力提高全程网办率、“一趟不用跑”“最多跑一趟”事项占比，增强政务数据汇聚共享、一网通办、异地可办等能力。构建以闽政通APP为基础架构的全省一体化掌上便民服务平台。推动“集成套办”，全面梳理“一件事”集成套餐服务涉及多部门服务事项；加快“一窗通办”，加强线上线下融合。深化工程建设项目审批制度改革。进一步压减行政许可和企业开办时间。

扎实推进重点领域改革。推进新时代新福建治理现代化，认真落实省委十届九次全会部署，抓好11个方面53项重点任务的落实。加快金融体制改革，提高上市公司质量，支持符合条件的企业到境内外资本市场上市融资，推动中小银行聚焦主责主业，深化农村信用社改革，鼓励保险公司回归保障功能。坚决落实金融风险防范处置责任，做好重点领域风险防控工作。深化财税体制改革，加快推进我省分领域财政事权和支出责任划分改革，加强政府债务管理，防范化解隐性债务风险。深化国资国企改革，实施国企改革三年行动，加快推进综合改革“双百行动”试点、员工持股试点、国有资本投资运营公司改革试点。推动“僵尸企业”尽快出清，盘活有效资产。深化电力市场化改革，持续推进增量配电业务改革，进一步规范试点项目配电设施建设和运营。修订我省定价目录，进一步缩减政府定价项目。继续推进水电油气等商品价格改革。

（五）切实优化区域发展格局

加快闽东北、闽西南两大协同发展区建设。努力推动都市圈建设和湾区经济发展。抓好闽东北、闽西南协同发展区发展规划实施。加强基础设施互联互通，推进铁路、城际轨道交通、高速公路等基础设施统筹规划和协同建设。加强产业配套协作，完善共建园区利益共享制度，提升32个山海协作产业园建设水平。加强公共服务资源共享，加快建设一批公共服务平台，支持集团化办学办医、远程教学医疗、教师和医护人员轮岗交流，支持有条件的三级医院异地设置分支机构。

深入实施乡村振兴战略。全面推进乡村振兴试点示范，培育各具特色的福建乡村振兴示范样板。持续实施“一革命四行动”，打好村庄清洁行动战役。稳慎推进农村宅基地管理与改革，推进农村承包地“三权分置”、农村集体产权制度改革。建设新型农业经营体系，实施农民合作社规范提升行动、家庭农场培育计划等，引导小农户融入现代农业发展轨道。

统筹推进新型城镇化。优化城镇化空间布局，提升中心城市对周边城市辐射带动作用，加快培育发展中小城市，分类发展小城镇，持续开展特色小镇创建示范。加快推动城乡融合发展，推进城乡要素合理配置、基本公共服务普惠共享、基础设施一体化，推进国家城乡融合发展试验区建设。

加快老区苏区发展步伐。落实做好革命老区中央苏区脱贫奔小康工作的实施意见和推进革命老区发展条例，支持老区苏区加快建设铁路、高速公路、“四好农村路”，办好老区苏区教育，提高医疗卫生服务水平。支持老区苏区强化产业支撑和人才支撑，推进红色旅游景区建设。深化闽粤、闽赣省际边界地区合作。

（六）切实推动绿色发展

加快生态文明先导区建设。总结国家生态文明试验区建设成效，强化改革成果复制推广，继续加强整体设计、提升思路，提炼成行之有效的制度。深入探索生态产品价值实现路径，着力推动生态产品市场化改革，完善多元化市场化生态保护补偿机制和绿色金融支持体系。完善自然资源资产产权制度，探索推进差别化用途管制，完成全省自然生态空间统一确权登记。健全完善生态司法保护制度体系和生态文明法制保障机制，建立更加成熟更加定型的生态文明制度体系。

持续推进生态环境保护治理和修复。突出精准治污、科学治污、依法治污，全面打好污染防治攻坚战，深入实施蓝天保卫战三年作战计划，完善臭氧污染防控体系，强化区域联防联控。深入实施水污染防治行动计划，全面落实河湖长制，共抓闽江、九龙江等重点流域大保护大治理，巩固小流域、饮用水水源地和城市建成区黑臭水体整治等成果，城市污水处理率达94%。持续实施土壤污染防治行动计划，严格建设用地环境准入，推进耕地安全利用与治理修复，新增建设用地控制在国家下达的用地计划指标范围内。加强海洋环境保护陆海统筹，持续加强重点海域综合治理。推进重要湿地生态系统保护和修复，实施生物多样性保护工程。大力实施“三个百千”绿化美化行动，完成植树造林90万亩。

着力推动产业绿色发展。组织实施绿色产业指导目录，探索建立促进绿色发展的政策配套制度。实施绿色制造工程，推进绿色工厂、绿色园区建设，开发绿色设计产品。强化生态红线意识，严禁山区盲目发展落后产能的工业项目或园区。实行资源总量管理和全面节约制度，完成国家下达的万元地区生产总值能耗降低目标，万元地区生产总值用水量降低6.6%。

切实提高全民生态自觉。组织开展绿色生活创建，积极开展节约型机关、绿色家庭、绿色学校、绿色社区、绿色出行、绿色建筑等创建工作。全面推行生活垃圾分类，加快推进市政公用工程设施和城乡公共服务设施绿色化，新增城市公园绿地面积900公顷以上。积极倡导绿色消费，提倡绿色出行。

（七）切实做好惠民生各项工作

确保高质量打赢脱贫攻坚战。加快补齐“三保障”和饮水安全短板，巩固拓展脱贫攻坚成果，确保贫困人口、贫困地区与全省一道进入全面小康社会。构建防止返贫和稳定脱贫长效机制，及时做好返贫人口和新发生贫困人口的监测和帮扶，持续强化产业、就业、教育、健康、生态、兜底保障等精准扶贫措施，促进已脱贫建档立卡贫困人口稳定脱贫。深入推进项目支援、产业合作、智力帮扶、交往交流交融等援疆援藏工作，深度开展闽宁合作，全面提升各领域东西部扶贫协作和对口支援工作水平。

深入落实就业优先政策。稳定就业总量，改善就业结构，提升就业质量。突出抓好重点群体就业，落实好援企稳岗等各项政策，健全失业风险防范应急机制，全面落实促进毕业生就业政策措施，对就业困难人员实行托底帮扶。大力推进职业技能提升行动，计划三年内完成补贴性职业技能培训75万人次，其中2020年完成25万人次。

进一步提高民生领域公共服务水平。完善教育公共服务体系，有效解决进城务工人员子女上学难问题。九年义务教育巩固率保持在98%以上，高中阶段教育毛入学率保持在96%以上。持续推进国家和省级“双一流”建设，打好全面振兴本科教育攻坚战，加快推进天津大学福州国际校区建设。加大省级医疗卫生资金投入力度，加快国家区域医疗中心建设，积极支持省属医院“创双高”。实现紧密型医共体县域全覆盖，推进多层次医保体系建设。积极应对人口老龄化，优化生育政策。完善社会保障体系，参加城镇职工基本养老保险人数和基本医疗保险人数分别增长1.5%、0.35%。推进公共文化服务体系建设取得新突破，继续实施福建省舞台艺术精品工程。加快发展智慧广电，积极发展广播电视和网络视听产业，繁荣影视创作，推动影视基地建设。兜住基本生活底线，确保养老金按时足额发放。重视解决好“一老一小”问题，加强面向社区的养老服务供给和设施建设，全年新增各类养老床位不少于1万张，居家社区养老服务照料中心覆盖所有街道和中心城区乡镇，持续扩大普惠性学前教育资源，支持社会力量发展普惠性托育服务。实施公共体育普及工程，落实全国社会足球场地设施建设专项行动。落实安全生产责任和管理制度，全力防范化解重大安全风险。

全力做好保供稳价工作。继续做好粮食安全省长责任制和“菜篮子”市长负责制工作，实行省级粮食储备订单收购直补和最低收购价政策，继续实行引粮入闽奖励政策，大力实施优质粮食工程，保障粮油肉蛋果蔬等重要农产品市场供应和价格稳定。加强价格监测预警，落实好平价商店销售机制、社会救助和保障标准与物价上涨挂钩联动机制。坚持房子是用来住的原则，加大城市困难群众住房保障工作，加快培育和发展住房租赁市场，做好城镇老旧小区改造。健全稳地价、稳房价、稳预期长效管理调控机制，促进房地产市场平稳健康发展。

各位代表，做好“十四五”规划编制工作是今年一项十分重要的任务。要做深做实前期研究，按照统一规划体系要求，认真谋划一批事关全局发展的重大政策、重大工程和重大举措，同步编制一批省级重点专项规划，凝聚各方智慧力量，高质量推进《纲要》编制，努力使“十四五”规划顺应人民期盼、引领经济社会发展。

各位代表，做好2020年经济社会发展工作意义重大、任务艰巨。我们要更加紧密地团结在以习近平同志为核心的党中央周围，以习近平新时代中国特色社会主义思想为指导，不折不扣贯彻落实党中央、国务院和省委决策部署，认真落实省十三届人大三次会议决议，自觉接受人大法律监督和工作监督、政协民主监督、监察机关监督，高度重视省人大代表和政协委员意见建议，改革创新、锐意进取，为全面建成小康社会，建设机制活、产业优、百姓富、生态美的新福建而努力奋斗！

关于福建省2019年预算执行情况及2020年预算草案的报告

——2020年1月11日在福建省第十三届人民代表大会第三次会议上

福建省财政厅

各位代表：

受福建省人民政府委托，现将福建省2019年预算执行情况及2020年预算草案提请省十三届人大三次会议审议，并请省政协各位委员和其他列席人员提出意见。

一、2019年预算执行情况

2019年，全省各级各部门以习近平新时代中国特色社会主义思想为指导，深入贯彻落实习近平总书记在参加十三届全国人大二次会议福建代表团审议时的重要讲话和对福建工作的重要指示批示精神，认真贯彻落实党中央、国务院决策部署，按照省委和省政府工作要求，坚持稳中求进工作总基调，坚持以供给侧结构性改革为主线，严格执行省十三届人大二次会议审查批准的预算，深化财税体制改革，加强预算执行管理，财政运行情况总体平稳。

（一）2019年预算收支情况

1. 一般公共预算

2019年，省人大通过的全省代编预算收入预期目标为：一般公共预算总收入5272亿元，增长4.5%左右；地方一般公共预算收入3098亿元，增长3%左右。年度预算执行中，中央出台的更大规模减税降费政策超出我省年初预期，共减少一般公共预算总收入156亿元，其中：地方一般公共预算收入73亿元。按同口径匡算，全省收入预算目标相应为：一般公共预算总收入5116亿元，增长1.4%左右；地方一般公共预算收入3025亿元，增长0.6%左右。

据快报数统计，2019年，全省一般公共预算总收入完成5147.04亿元，增长2.01%，其中：地方一般公共预算收入完成3052.72亿元，增长1.51%，超过上述收入预期目标。若将减税降费等政策性因素还原回去，2019年全省一般公共预算总收入和地方一般公共预算收入同口径增幅分别为6.7%、7.9%。全省一般公共预算支出5097.25亿元（含中央补助收入、上年结转和一般债券安排的支出），增长5.5%。

省本级地方一般公共预算收入309.63亿元，增长16.9%。省本级一般公共预算支出595.98亿元（含中央补助收入、上年结转和一般债券安排的支出），增长12.2%。中央税收返还和转移支付1448亿元，增长11%，其中，中央转移支付1138亿元，增长13.3%。省对市县的税收返还和转移支付1311亿元，增长8.8%。

2. 政府性基金预算

全省政府性基金预算收入2569.68亿元，下降0.7%，为预算的102.7%，主要是城市基础设施配套费收入减收影响。全省政府性基金预算支出3208.16亿元（含中央补助收入、上年结转和专项债券安排的支出），增长10%，主要是专项债券安排的支出增加271亿元。

省本级政府性基金预算收入24.7亿元，下降11.4%，为预算的104.4%，主要是国家重大水利工程建设基金政策性减收影响。省本级政府性基金预算支出33.45亿元（含中央补助收入、上年结转和专项债券安排的支出），增长28.3%，主要是专项债券安排的支出增加10.71亿元。

3. 国有资本经营预算

全省国有资本经营预算收入118.45亿元，增长21.2%，为预算的129.5%，主要是提高省属国企国有资本收益提取比例。除按政策调入一般公共预算29.5亿元后，全省国有资本经营预算支出52.62亿元，下降1.3%，结转下年支出36.33亿元。

省本级国有资本经营预算收入50.19亿元，增长30.1%，为预算的101.5%。除按政策调入一般公共预算4.8亿元后，省本级国有资本经营预算支出18.39亿元，增长41.3%，结转下年支出27亿元。

4. 社会保险基金预算

全省社会保险基金预算收入1759.09亿元，增长8.3%，为预算的100.8%。全省社会保险基金预算支出1649.44亿元，增长18.2%。全省社会保险基金滚存结余2148.76亿元。

省本级社会保险基金预算收入790.65亿元，增长28%，为预算的102.6%。省本级社会保险基金预算支出768.4亿元，增长41.8%。收支增幅较大，主要是根据中央部署，2018年7月1日起将厦门市企业职工基本养老保险基金收支纳入省级统筹管理，且2018年我省企业职工基本养老保险基金中央调剂金按半年数缴纳，基数较低。省本级社会保险基金滚存结余877.56亿元。

财政部核定我省地方政府债务限额7799.2亿元，其中，2019年新增政府债务限额1009亿元，增长37.1%。全省地方政府债务余额预计执行数7031.96亿元，其中：一般债务3048.51亿元，专项债务3983.45亿元，严格控制在核定限额内。

以上快报数在决算编制中可能还会有所变动，决算编成后再按规定报省人大常委会审批。

（二）落实省人大及其常委会有关决议情况

按照预算法、人大预算审查监督重点向支出预算和政策拓展的有关规定，严格落实省十三届人大二次会议预算决议和省人大常委会有关审议意见的要求，坚持贯彻“巩固、增强、提升、畅通”八字方针，加力提效实施积极的财政政策，全面落实减税降费政策，全力支持做好“六稳”工作，加大对供给侧结构性改革、三大攻坚战、民生等重点领域的支持力度，全力服务我省高质量发展落实赶超和新福建建设。

1. 实打实、硬碰硬抓好更大规模减税降费政策落实

不折不扣执行中央政策。落实深化增值税改革。自2019年4月1日起，将制造业等行业税率从16%降至13%，将交通运输业、建筑业等行业税率从10%降至9%。扩大进项税额抵扣范围，实行生产、生活性服务业加计抵减进项税额政策和增值税期末留抵税额退税制度。落实小微企业普惠性减税政策。在2019年至2021年三年内，将增值税小规模纳税人免税销售额从每月3万元提高到10万元；放宽小型微利企业标准，年应税所得额不超过100万元的部分，实际税负为5%，年应税所得额超过100万元但不超过300万元的部分，实际税负为10%。落实个人所得税专项附加扣除政策。自2019年1月1日起，在将个人所得税起征点从每月3500元提高到5000元的基础上，实施子女教育、继续教育、大病医疗、住房贷款利息或者住房租金、赡养老人等6项个人所得税专项附加扣除政策。

按最高限度制定我省落实政策。减免地方“六税两费”。在2019年至2021年三年内，对增值税小规模纳税人减按50%（中央授权的最高限度）征收地方“六税两费”，即：资源税、城市维护建设税、房产税、城镇土地使用税、印花税、耕地占用税和教育费附加、地方教育附加。降低社保费率。自2019年5月1日起，将城镇职工基本养老保险单位缴费比例从18%降至16%，改按全口径城镇单位就业人员平均工资核定缴费基数上下限，继续阶段性降低失业保险、工伤保险费率。同时，对自主就业退役士兵和重点群体创业就业按中央授权的最高限度给予税收优惠政策。减半征收文化事业建设费，延续暂停征收我省工业企业和物流企业江海堤防工程维护管理费，最大限度释放政策红利。

多措并举确保政策落实到位。坚持将减税降费作为2019年积极财政政策的头等大事，建立减税降费工作协同共治机制，加大政策宣传解读和培训力度，加强减税降费政策措施实施效果监督检查，推动政策落地见效，全年全省新增减税降费超600亿元，让广大人民群众和企业有实实在在的获得感。

2. 全力支持打好三大攻坚战

深入推进精准脱贫。着力抓好财政支持脱贫攻坚政策措施落实，大力推进老区苏区脱贫奔小康工作，省级财政共下达扶贫资金75.5亿元，并争取中央专项扶贫资金6.13亿元。支持建档立卡贫困户造福工程易地搬迁、产业、就业、健康、教育、低保兜底等综合扶贫政策开展，全省建档立卡贫困人口全部脱贫。继续在695个建档立卡贫困村开展扶持村级集体经济发展试点工作，2017—2019年，累计投入11.61亿元，全省2201个建档立卡贫困村全部脱贫摘帽。从财力、专项、贴息、机制等方面加大扶持力度，对贫困县脱贫攻坚和民生事业给予倾斜支持，17个省级扶贫开发工作重点县已完成摘帽，剩下的6个县全部达到退出标准。福建省扶贫（惠民）资金在线监管系统竣工验收并全面推广运行，全流程监管专项资金增至37项，累计涉及资金超150亿元，惠及人数超600万，访问量超1800万人次。

大力支持污染防治。资金投入向污染防治攻坚战倾斜，坚持投入同攻坚任务相匹配，逐步建立常态化、稳定的财政资金投入机制。落实生态保护激励机制，结合上年度水质、森林覆盖率、空气质量等生态指标情况，下达生态保护财力转移支付22.14亿元。加快推进闽江流域山水林田湖草生态保护修复工程试点，累计下达20亿元中央基础奖补资金，并设立10亿元省级正向激励资金，激励各地加快试点工作推进和精品示范工程建设，试点工程累计完成投资93.49亿元。探索开展九龙江流域山水林田湖草生态保护修复。持续推进汀江—韩江流域生态补偿长效机制，进一步完善重点流域生态补偿机制，下达重点流域生态补偿资金、小流域治理资金17.8亿元。开展综合性生态补偿试点，下达23个综合性生态保护补偿实施县提升性补偿资金3.3亿元。积极争取中央财政补助，2019年莆田市蓝色港湾整治项目和黑臭水体治理示范城市建设分别获得中央补助3亿元。

有效防控政府债务风险。研究制定我省防范化解隐性债务风险实施意见和分工落实方案，提出强化政府债务管理、防范化解债务风险等相关措施，强化责任落实。积极稳妥推进隐性债务化解，“一地一策”指导推进重点区域化债，督促高风险地区制定化债实施方案，严格落实化债计划，通过安排预算资金、盘活存量资产等多渠道化解存量债务，逐步降低债务率。通过发行再融资债券优化债务期限结构，缓解各地偿债压力。认真贯彻落实中央关于做好地方政府专项债券发行及项目配套融资工作等有关要求，出台指导意见，推进专项债券项目配套融资相关工作。完善政府绩效考核指标，将隐性债务风险防范化解情况纳入考核范围，督促各地更好地落实债务风险防控工作，压实债务管理主体责任。完善债务风险评估和监测预警，建立债务风险化解情况与新增债务限额分配挂钩机制。根据财政部通报结果，我省一般债务率、专项债务率、综合债务率等各项指标均低于警戒线，债务风险总体可控。

3. 有力推动经济高质量发展

营造有利于创新创业创造的良好发展环境。支持创新引领发展，启动省创新实验室建设，落实企业研发投入财政奖补等财税政策，下达企业研发经费分段补助资金3亿元，科技小巨人领军企业研发费用加计扣除奖励资金1.7亿元，省级高新技术企业培育资金1.35亿元。设立2亿元专项资金，为全省科技型中小微企业贷款提供风险补偿和增信支持。推动产业转型升级，落实工业企业技改完工后奖励、企业技改设备补助、“机器换工”奖励等政策，省技改基金规模从80亿元扩大至120亿元，累计投放119.25亿元，带动980亿元社会资本投入我省技改项目。支持实施数字经济领跑行动，推动数字经济重点领域、重点项目和应用示范，下达数字福建专项、数字经济发展专项等资金5.2亿元。支持引进和培育一批高层次创业创新人才和研发团队，下达人才专项资金3.4亿元。优化科研经费管理，实施以增加价值为导向的收入分配制度。出台进一步促进总部经济发展的补充意见，加大对总部经济的支持和服务力度。出台促进开发区创新提升和促进口岸通关便利等政策措施，激励开发区和口岸优化营商环境。完善金融领域财政奖补、风险补偿、贷款贴息等政策，激励和引导金融机构助力民营企业、小微企业和“三农”发展。

支持扩大有效投资。支持铁路、公路、港口、民航等基础设施建设，累计统筹下达各类资金336.93亿元。支持设立总规模100亿元的铁路投资基金和总规模50亿元的高速公路产业投资基金，在统筹原渠道财政资金的基础上，2019—2023年每年分别新增补助1亿元，用于设立投资基金的融资支持。支持保障性安居工程、产业创新和两大协同发展区重大项目等重点领域建设，下达预算内基建资金99.6亿元。新增债务资金1009亿元重点用于扶贫、乡村振兴、生态环保、交通路网、棚户区改造、水利、城镇基础设施建设等重点领域，支持重大在建和补短板项目，促进稳投资、扩内需。加快政府投资基金运作，省级政府投资基金累计投资项目130个，投资金额158亿元，带动项目总投资1195亿元。规范推广政府和社会资本合作（PPP）模式，全省管理库项目344个，总投资3418亿元。

推进实施乡村振兴战略。持续推进涉农资金统筹整合工作，省直涉农部门预算归并保留涉农大专项18项，比2018年减少12项，按照“大专项＋任务清单”管理模式，从制度层面规范涉农资金统筹整合管理，切实提高财政支农政策效果和支农资金使用效益。2019—2022年，全省筹措资金100亿元，开展乡村振兴试点示范工作，用于推进50个乡村振兴重点县（市、区）、100个特色乡（镇）和1000个试点村建设。落实以绿色生态为导向的农业补贴制度改革，下达省级以上资金45.65亿元支持现代农业体系建设。持续推进农业信贷担保体系建设，引导和推动金融资本投入农业农村工作。支持实施农村人居环境整治三年行动，深入开展“一革命四行动”，推进改善农村人居环境示范县、示范村建设，下达18亿元。支持全省“四好农村路”建设，下达省级以上农村公路建设和养护资金20.88亿元。积极支持新型职业农民素质提升工程、新型职业农民培育工程，下达省级以上资金0.84亿元。

4. 着力保障和改善民生

加大民生投入力度。全省与民生相关支出3911.28亿元，占一般公共预算支出的76.7%，持续保持在超七成水平。省级财政下达27项省委省政府为民办实事项目资金140.7亿元，完成计划126.8%。支持受暴雨袭击地区推进防灾、救灾和灾后重建工作，拨付省级以上资金8.4亿元。

兜牢兜实基层“三保”底线。按照“县级为主、省级兜底”的原则，督促各地把“三保”（保工资、保运转、保基本民生）放在支出顺序首位，全面落实“三保”工作责任。严格落实“三保”预算安排事前审核和备案审查制度，加强预算执行监控，建立“定期报告＋重点关注”制度和预警应急处置机制。优化转移支付结构，提高一般性转移支付占比，增加对下转移支付补助资金规模，并向老区苏区等基层财政困难和受减税降费影响较大的地区倾斜，增强基层“三保”保障能力。实时关注各级财政库款，加强资金调度，在财力范围内做到对下转移支付资金应调尽调，全年对下拨付调度资金1140亿元，增长8.4%。

推进民生事业补短板。加大对学前教育投入，支持新建、改扩建200所公办幼儿园，增加4万个学位，下达6.03亿元。完善城乡一体的义务教育经费保障机制，推动高中质量提升建设，促进职业教育发展。改革完善省属高校年初生均拨款制度，省属本科高校年初生均综合定额拨款从7000元/生提高到12000元/生，高职院校从5000元/生提高到12000元/生。将基本公共卫生人均筹资标准从55元提高到69元，下达基本公共卫生服务2019年度省级补助资金17.16亿元。支持开展医疗“创双高”建设，下达3.25亿元。保障省儿童医院等省级重点基建项目建设，下达5.03亿元。推进养老服务发展，下达资助各类养老项目专项资金4.38亿元。加快构建现代公共文化服务体系，下达2.8亿元，支持庆祝新中国成立70周年宣传、文化馆站免费开放、实施新闻出版广电文化惠民工程等。支持体育事业发展，下达4.19亿元，推动全民健身、体育场所开放和开展体育竞技活动。

筑牢社会保障体系。从失业保险基金结余资金中筹集35.6亿元，并下达就业专项资金6.98亿元，支持提升公共就业服务水平。按照5%的幅度提高退休职工养老金，城乡居民基础养老金省定标准从每人每月118元提高到123元。建立职工基本医疗保险省级统筹调剂制度，有效发挥医保基金互助共济作用。持续提高医疗保障水平，下达城乡居民基本医疗保险和城乡医疗救助省级财政补助100.09亿元。推进城乡低保标准一体化建设，将省定农村低保标准从年均3350元提高到3700元，下达城乡低保、特困补助资金17.89亿元，下达困难残疾人生活补贴和重度残疾人护理补贴 3.91 亿元。完善住房保障体系建设，下达保障性安居工程建设专项补助资金 38.77 亿元。

5. 稳步推进重点领域改革

深化财税制度改革。认真落实国务院《实施更大规模减税降费后调整中央与地方收入划分改革推进方案》，研究测算改革对我省影响，不折不扣落实增值税留抵退税政策。稳步推进相关领域省与市县财政事权和支出责任划分改革。完善省对下转移支付制度，设立共同财政事权转移支付，将改革前一般性转移支付和专项转移支付安排的基本公共服务领域共同财政事权事项统一纳入共同财政事权转移支付。出台《福建省基本公共服务保障地区标准备案暂行办法》，规范基本公共服务保障地区标准的制定和执行，加快推进基本公共服务均等化。按照税负总体平移、不增加企业负担原则，提出耕地占用税我省适用税额方案，经省人大常委会审议通过后于 2019 年 9 月 1 日起正式实施。

推动国资国企改革。制定出台关于推进国有资本投资、运营公司改革试点实施方案，推动国有资本保值增值。认真落实省委和省政府关于完善国有金融资本管理的实施意见，出台具体贯彻措施，加强统一管理、穿透管理和全流程管理，依法依规履行国有金融资本出资人职责。制定省级行政事业单位经营性国有资产集中统一监管实施意见，推进行政事业单位所属企业分类监管和出租类资产规范管理。加强国有文化资产监管，着力推进文化企业改革。

推进财政“放管服”改革。完善行政权责清单制度，实行行政审批和公共服务事项目录动态调整机制，推进网上办事和电子证照在行政审批系统中的应用。出台《关于提升政府采购领域营商环境的实施意见》，提升政府采购透明度，降低企业参与成本，营造公平竞争的市场环境，我省政府采购透明度在财政部评估中位居全国第 2。规范工程项目评审管理，切实保障评审业务参与者权益。启动非税收入收缴电子化和电子票据管理改革，解决缴费“最后一公里”问题。

6. 持续加强财政管理

依法接受人大监督。认真落实省人大及其常委会关于 2019 年预算草案、预算调整方案和 1—8 月预算执行情况等决议、审查报告，精心组织预算执行。制定出台贯彻人大预算审查监督重点向支出预算和政策拓展的 24 条具体措施，严格落实向省人大及其常委会报告预算执行情况、国有资产管理情况等制度。对 2018 年度省级预算执行和其他财政收支审计发现的问题，逐项明确整改责任主体、整改时限、整改目标要求，按要求向省人大常委会报告。

推进预算绩效管理。落实省委和省政府关于全面实施预算绩效管理的实施意见，出台 25 条具体措施和加强财政管理绩效工作“1＋3”推进方案，初步搭建分行业、分领域、分层次的核心绩效指标和标准体系，加快建设预算绩效信息系统。部门整体绩效管理全面铺开，县级财政管理绩效综合评价工作逐步完善，示范县创建稳步推进。组织对新增重大政策和项目开展事前绩效评估，绩效目标与部门预算和转移支付同步批复、下达，对预算执行情况和目标完成情况实施“双监控”，推动部门全面开展绩效自评，对 140.84 亿元财政资金开展绩效重点评价，评价结果与预算安排和政策调整相挂钩。试编省级国有资本经营预算、社会保险基金预算绩效目标，加强四本预算之间的衔接，省级层面提前一年实现绩效管理覆盖四本预算。

强化预算收支管理。坚持依法组织税收收入，主动挖潜非税收入。加强预算统筹，全省共调入预算稳定调节基金 299 亿元，清理盘活存量资金 146.92 亿元，省国资委监管企业国有资本收益收取比例由 19％提高到 24.5％，并按 19％比例调入一般公共预算。在严格落实年初既定的一般性支出压减 5％的基础上，进一步加大压减幅度。加强财政性投资项目评审管理，涉及评审金额 32.22 亿元，节约财政资金 2.5 亿元。对 12 项惠民惠农财政补贴资金“一卡通”管理情况和资金管理使用发放情况开展专项检查，扎实推进落实中央八项规定精神“1＋X”和公共卫生服务补助资金“最后一公里”专项监督工作。

总的看，2019 年预算执行情况总体平稳，财政改革发展工作取得新进展。这是省委和省政府科学决策的结果，是省人大、省政协以及代表委员们监督指导的结果，是各级各部门以及全省人民共同努力的结果。同时，我省预算执行和财政工作中仍然存在着一些困难和问题，主要是：经济下行压力加大，财政增收难度增大，财政支出刚性较强，部分基层财政运行比较困难；一些部门的预算绩效管理意识还比较薄弱，财政资金使用效益还需进一步提升；个别市、县（区）政府债务率偏高，偿债压力较大，防控风险任务较重。我们高度重视这些问题，将积极采取措施加以解决。

二、2020 年预算草案

2020 年是全面建成小康社会和“十三五”规划收官之年，也是为“十四五”良好开局打下基础的关键之年。做好 2020 年预算编制和财政工作，要以习近平新时代中国特色社会主义思想为指导，全面贯彻党的十九大和十九届二中、三中、四中全会精神，坚决贯彻党的基本理论、基本路线、基本方略，增强“四个意识”、坚定“四个自信”、做到“两个维护”，紧扣全面建成小康社会目标任务，坚持稳中求进工作总基调，坚持新发展理念，坚持以供给侧结构性改革为主线，坚持以改革开放为动力，落实中央及省委经济工作会议部署，推动高质量发展落实赶超，坚决打赢三大攻坚战，全面做好“六稳”工作，统筹推进稳增长、促改革、调结构、惠民生、防风险、保稳定。大力提质增效实施积极的财政政策，更加注重结构调整，巩固和拓展减税降费成效；认真贯彻“以收定支”原则，加大优化财政支出结构力度，坚持政府过紧日子，切实做到有保有压；优化省与市县政府间事权和财权划分，完善标准科学、规范透明、约束有力的预算制度；加强地方政府债务管理，严控并逐步化解隐性债务风险，为加快建设机制活、产业优、百姓富、生态美的新福建，全面建成小康社会和“十三五”规划圆满收官提供坚实的财力保障。

（一）2020年预算编制原则

1. 实事求是、科学预测

收入预算要与经济社会发展相适应，与财政政策相衔接。既综合考虑我省坚持高质量发展落实赶超的战略要求，又充分考虑减税降费政策翘尾等因素的影响。

2. 以收定支、突出重点

支出预算要严格控制，坚持量入为出，切实落实政府过紧日子的要求。加大支出结构调整力度，全力保障中央和省委、省政府确定的重点领域支出，严格控制和压减一般性支出，把有限的财政资金用在刀刃上。大力盘活存量、用好增量，提高财政资金配置效率和使用效益。

3. 尽力而为、量力而行

综合考虑经济社会发展阶段、财力状况和人民群众现实需求，合理确定基本民生支出标准，加强重大建设项目财政承受能力评估，按照可持续、保基本安排好各项民生支出，注重普惠性、基础性、兜底性。规范政府举债融资行为，稳妥化解隐性债务风险，增强财政可持续性。

4. 均衡财力、兜牢底线

进一步优化对市县的转移支付制度，完善共同财政事权转移支付办法，推动专项资金实质性整合。积极统筹中央奖补资金，进一步加大对市县转移支付，促进地区间财力均衡，全面落实基层“三保”预算管理工作机制，支持基层保工资、保运转、保基本民生。

5. 注重绩效、打破固化

全面实施预算绩效管理，探索运用零基预算理念。坚持目标和结果导向，将绩效评价结果、审计发现问题与预算安排、政策调整和改进管理挂钩，完善能增能减、有保有压的分配机制，打破支出固化僵化格局。削减低效无效和长期沉淀资金，政策到期项目原则上不再延续。

（二）2020年全省代编和省级一般公共预算

1. 全省代编一般公共预算

受经济下行压力持续加大等因素影响，财政收入增长动力减弱，价格对财政收入的拉动作用减小，预计2020年财政收入增长将明显放缓，实现财政收支平衡的压力增加。综合考虑财政收入与经济发展的关联程度、大规模减税降费政策带来的减收效应持续释放等政策性因素，2020年全省代编一般公共预算总收入预计增长2.5%左右，按2.5%编制，总收入为5275.72亿元；地方一般公共预算收入预计增长2%左右，按2%编制，地方级收入为3113.77亿元。若将减税降费等因素还原回去，2020年全省一般公共预算总收入和地方一般公共预算收入同口径增幅分别为6.8%和6.7%。

地方一般公共预算收入加上中央体制净补助1195亿元、动用预算稳定调节基金276亿元、调入资金258亿元，以及财政部提前下达的2020年新增一般债务限额137亿元，全省收入合计4979.77亿元。按照以收定支原则，相应安排全省一般公共预算支出4979.77亿元，剔除财政部提前下达新增一般债务限额，增长7.1%。

2. 省级一般公共预算

省本级一般公共预算收入按280亿元编制，同口径比上年增长2%。省本级一般公共预算收入加上中央税收返还和转移支付1133.07亿元、市县财政上解收入303.97亿元、动用省级预算稳定调节基金120亿元和调入资金16.79亿元后，省级收入1853.83亿元。按规定将财政部提前下达2020年福建地区新增一般债务限额126亿元编入预算后，省级收入合计1979.83亿元。按照以收定支原则，相应安排省级支出1979.83亿元，剔除财政部提前下达一般债务限额，增长10.2%。

省级一般公共预算支出扣除应上解中央支出以及对市县的税收返还和补助支出1206.71亿元、一般债务还本支出10.94亿元、新增一般债务限额全部转贷市县支出126亿元后，省本级支出636.18亿元，增长2.2%。

（三）其他三本预算

1. 政府性基金预算

全省政府性基金预算收入按2585.48亿元编制，增长0.6%。按规定将财政部提前下达的2020年新增专项债务限额636亿元编入预算后，全省收入合计3221.48亿元，增长11.3%。按照以收定支原则，相应安排全省政府性基金预算支出3221.48亿元。

省本级政府性基金预算收入按25.21亿元编制，增长2.1%。加上中央补助收入20.59亿元、调入专项债券还本付息资金2.81亿元，省级收入48.61亿元。按规定将财政部提前下达2020年福建地区新增专项债务限额486亿元编入预算后，省级收入合计534.61亿元。按照以收定支原则，相应安排省级政府性基金预算支出534.61亿元，扣除新增专项债务限额转贷市县支出448.26亿元后，省级政府性基金支出86.35亿元，其中：补助市县支出29.27亿元、债务还本支出1.8亿元、省本级政府性基金支出55.28亿元。

2. 国有资本经营预算

全省国有资本经营预算收入按109.58亿元编制，下降7.5%。按照以收定支原则，相应安排全省国有资本经营预算支出109.58亿元。

省本级国有资本经营预算收入按49.33亿元编制，下降1.7%。其中：省国资委监管企业国有资本经营预算收入18.68亿元、省级金融企业国有资本经营预算收入30.18亿元、省属文化企业国有资本经营预算收入0.47亿元。按照以收定支原则，扣除省国资委监管企业国有资本经营预算按30%比例调入一般公共预算5.6亿元、金融企业国有资本经营预算调入一般公共预算用于还本付息8.37亿元后，省本级国有资本经营预算支出按35.36亿元编制。

3. 社会保险基金预算

全省社会保险基金预算收入按1903.81亿元编制，增长8.2%。全省社会保险基金预算支出按1844.38亿元编制，增长11.8%。

省本级社会保险基金预算收入按874.36亿元编制，增长10.6%。省本级社会保险基金预算支出按864.73亿元编制，增长12.5%。

（四）2020年省级四本预算支出安排情况

2020年，省级全口径预算统筹安排支出2802.53亿元（不含财政部提前下达2020年新增债务限额），其中：一般公共预算支出1853.83亿元、政府性基金预算支出48.61亿元、国有资本经营预算支出35.36亿元、社会保险基金预算支出864.73亿元。除保运转支出外，对照省政府工作报告部署内容，做好以下五个方面的支出保障：

——支持创新发展，最大限度释放创新创业创造动能方面，安排197.55亿元，增长16.8%

推进实施创新驱动发展战略，着力营造有利于创新创业创造的良好发展环境。用好普惠金融发展专项等资金，发挥政府性融资担保机构作用，更好缓解民营和中小微企业融资难融资贵问题。完善福厦泉国家自主创新示范区专项资金正向激励机制。支持创新管理体制和运行模式，高标准建设省创新研究院、创新实验室。支持实施“三高”培育工程，大力发展高新技术、高成长、高附加值企业。推动重大创新技术和产品应用，办好第18届“6·18”创新项目成果交易会。用好人才专项等资金，支持实施“海纳百川”高端人才聚集计划、“八闽英才”培育工程、高技能人才振兴计划、重点产业精准引才专项行动。支持拓展提升现有主导产业，培育壮大新的主导产业，加快发展战略性新兴产业，提升产业基础能力和产业链水平。开展新一轮技改专项行动，省技改投资基金扩大至200亿元。整合相关部门资金，支持工业园区标准化试点建设，推动工业企业“退城入园”。支持深化数字福建建设，高标准办好第三届数字中国建设峰会，高起点建设国家数字经济创新发展试验区。用好海洋经济发展专项等资金，加强海洋强省建设。利用好预算内投资等财政专项资金，支持实施扩大有效投资“百千万”计划和新一轮基础设施补短板工程。完善促进消费体制机制，用好省级服务业发展引导资金，实施促进消费正向激励。

——支持协调发展，推动区域优势互补、城乡融合发展方面，安排273.06亿元，增长13.8%

推进主体功能区建设，加快建立协调联动的城乡区域发展体系。支持闽东北和闽西南协同发展区加快建设，全力推进基础设施联通、产业配套协作、公共服务资源共享和生态协同保护。统筹推进以人为核心的新型城镇化，优化城区、做强县城、培育小镇，促进城市建设与乡村振兴战略联动。加大财力下沉力度，增强困难地区和基层政府“三保”能力。带着感情带着责任，认真落实《福建省促进革命老区发展条例》，坚持同等优先、适当倾斜，持续加大老区苏区发展扶持力度。坚持农业农村优先发展，建立健全城乡融合发展体制机制和政策体系。加快建设特色现代农业，推动农村一二三产业深度融合发展。抓好“米袋子”“菜篮子”，加强高标准农田建设，巩固提升粮食产能，保障生猪等重要农产品供给。深入实施科技特派员制度，用科技助力脱贫攻坚和乡村振兴。推动军民融合深度发展，支持国防和军队改革发展，推进完善国防动员体系，完善退役军人服务保障体系，做好双拥优抚工作。

——支持绿色发展，确保生态美成为新福建的永续优势方面，安排140.28亿元，增长16%

推进国家生态文明试验区建设，加快完善有利于环境保护和资源节约的财政政策体系。健全生态保护和修复制度，落实生态补偿和生态环境损害赔偿制度，推进山水林田湖草系统治理，建立以国家公园为主体的自然保护地体系。支持深化生态云平台建设，实施生态环境监管能力提升行动。加大对绿色环保产业的支持，推动发展生态绿色经济，培育绿色经济增长点。坚决打赢蓝天、碧水、净土保卫战。深化工业、机动车等污染源综合治理，完善臭氧污染防控体系。深入践行木兰溪治水理念，全面落实河湖长制，共抓闽江、九龙江流域大保护大治理，加强重点流域、重点海域综合治理。支持实施饮用水安全“六个100%”工程，提升城乡饮用水水质。弘扬长汀经验，推进新一轮水土流失治理。支持全省普遍推行垃圾分类处理。加大城市更新和存量住房改造提升力度，统筹推进老旧小区、街区片区和老城区改造。加快改造老旧水电气和通信管线管网，新建改建一批城市和农村供水管网。高质量完成农村人居环境整治三年行动计划。

——支持开放发展，力争在建设开放型经济新体制上走在前头方面，安排80.15亿元，增长13.6%

推进新一轮高水平对外开放，深度融入“一带一路”大格局。支持实施海丝核心区建设提升行动，扎实推进丝路海运、丝路飞翔、数字海丝等重点工程，加快建设“一带一路”两国双园。落实进一步稳外贸稳外资措施，创新金融机构支持外贸企业融资奖励等正向激励政策，大力发展外贸新业态和新兴服务贸易，促进开发区高质量发展。支持办好第21届“9·8”投洽会。支持发挥闽籍侨亲、侨商优势，深化闽港闽澳合作、共建“一带一路”。认真落实、持续完善推动两岸融合发展的政策措施，加快建设台胞台企登陆的第一家园。支持两岸经贸合作，促进优势产业融合发展，推动对台农业合作。支持平潭加快开放开发和国际旅游岛建设。贴近台胞需求，推进基本公共服务均等化、普惠化、便捷化。支持办好海峡论坛、海峡青年节、“福建文化宝岛行”、文博会、旅博会等活动。

——支持共享发展，使改革发展成果更多更公平惠及全

体人民方面，安排1562.11亿元，增长10.6%

推进普惠性、基础性、兜底性民生建设，坚持和完善统筹城乡的民生保障制度。认真落实省委省政府为民办实事项目资金筹措工作。突出老区苏区、少数民族聚居区脱贫攻坚，补齐“三保障”和饮水安全短板。巩固脱贫成果，坚持摘帽不摘责任、不摘政策、不摘帮扶、不摘监管，强化帮扶已脱贫但不够稳定的重点帮扶对象，防止返贫。实施优先的就业政策，抓好高校毕业生、退役军人、下岗失业人员、农民工等重点群体就业。继续做好城镇困难职工解困脱困工作。支持发展多种形式的就近便捷托育服务，扩大普惠性学前教育资源供给，改善薄弱中小学办学条件，促进普通高中多样化有特色发展，加快职业教育改革，提高“双一流”和应用型高校建设水平，办好老年教育、特殊教育。深入实施全民参保计划，扩大社会保障覆盖面。支持深入实施健康福建战略，积极增加优质医疗卫生资源供给，全面推进医疗“创双高”建设，推进“互联网＋医疗健康”示范省建设。支持加快建设居家社区机构相协调、医养康养相结合的养老服务体系。盘活土地和房屋资源，大力发展租赁住房，稳步推进棚户区改造。支持打造一批文艺精品，加强公共文化服务体系建设。加快推进智慧广电，繁荣影视创作，推动影视基地建设。支持办好第44届世界遗产大会，持续推进历史文化名城名镇名村、传统村落和历史建筑保护利用。促进全民健身，发展老年体育，扩大体育消费，壮大体育产业。支持加强社会治安防控，优化应急管理能力体系建设，加强和改进食品药品安全监管，加快构建共建共治共享的社会治理格局。

此外，财政部提前下达的2020年福建地区新增债务限额612亿元，用于公益性资本支出，优先保障在建项目，其中：一般债务限额126亿元，全部转贷市县，由市县统筹使用；新增专项债务限额486亿元，安排省本级37.74亿元，转贷市县448.26亿元。专项债券按照项目收益与融资自求平衡的原则，重点用于铁路、高速公路、轨道交通、城市停车场、产业园区基础设施、农林水利、污水垃圾处理、教育、医疗卫生等国家确定重点支持的领域。

三、扎实做好2020年财政改革发展工作

围绕上述指导思想和预算安排，我们将深入贯彻预算法，全面落实好省十三届人大三次会议决议要求，大力提质增效实施积极的财政政策，精准发力做好财政改革发展各项工作，确保全年预算目标顺利完成。

（一）进一步深化财税体制改革，加快建立完善现代财政制度

一是稳步推进财政体制改革。根据国务院《实施更大规模减税降费后调整中央与地方收入划分改革推进方案》，以及财政部等部门制定的具体实施办法，研究调整省与市县财政相应收入划分，明确省以下增值税留抵退税分担机制。密切跟踪中央分领域财政事权和支出责任划分改革进展，适时研究出台我省分领域财政事权和支出责任划分方案，完善共同财政事权分类分档转移支付制度，指导各地推进省以下改革工作。二是持续推动预算管理改革。完善预算支出标准体系，深入推进预算公开。进一步树立“花钱必问效、无效必问责”的绩效意识，2020年底省级层面基本建成全方位、全过程、全覆盖的预算绩效管理体系。深入推动预算和绩效管理一体化，促进预算绩效管理系统与财政核心业务一体化系统的互联互通，更好地运用绩效管理手段强化激励和约束。三是积极落实税收制度改革。密切关注增值税、消费税、城市维护建设税等立法进程，巩固和深化增值税改革成果，落实好部分消费税税目征收环节后移并下划地方的改革工作，研究地方税体系建设。

（二）进一步落实好积极的财政政策，着力培育厚植财源

一是巩固拓展减税降费成效。密切跟踪减税降费政策执行情况，及时研究解决政策实施过程中的问题，不断完善政策举措。增强服务意识，加强对企业家的宣介和对企业财务人员的培训。加强监督检查，确保各项措施落实到位。二是有效发挥投资拉动作用。注重财政政策与货币政策协同精准发力，加强与就业、消费、投资、产业、区域政策协调配合，引导资金投向先进制造、民生建设、基础设施短板等领域，促进产业和消费“双升级”。加快债券发行和使用进度，加强项目储备与审核，抓紧推进项目实施。加强政府投资基金管理，引导社会各类资本投向重点领域和薄弱环节，支持创新创业，促进产业集聚发展。规范推广政府和社会资本合作（PPP）模式，充分发挥政府购买服务、政府采购等引导带动作用，撬动社会资本加大投资。三是加快促进总部经济发展。指导各地进一步促进总部经济发展，加大对总部经济的培育扶持和服务力度。在引进新的总部企业方面，着重引进知名企业、职能型和区域型总部、“互联网＋”等新业态。在支持现有总部企业发展方面，着重支持企业品牌升级、发展壮大、扩展省外业务、增加职能和管理区域。落实好对总部企业人才奖励政策和服务保障。

（三）进一步加强财政管理，开源节流平衡预算

一是坚持政府带头过紧日子。牢固树立艰苦奋斗、勤俭办事、厉行节约的思想，从严从紧编制部门预算。大力压减非刚性、非重点、非急需项目支出，一般性支出在上年压减5%的基础上，最低按5%比例进一步压减，总压减比例达到10%以上。从严从紧控制“三公”经费和会议费、培训费支出，加强对相关支出事项必要性、合理性的审核，不得安排无实质内容的公务活动。落实地方政府主体责任，坚持把“三保”放在地方财政支出的优先位置，加大省对市县转移支付补助力度，持续兜牢兜实“三保”底线。二是加大各类资金统筹力度。大力调整优化支出结构，存量资金要优先保障中央和省委、省政府确定的重大政策支出。加强一般公共预算、政府性基金预算、国有资本经营预算的统筹衔接。做好

我省划转部分国有资本充实社保基金工作。完善企业职工养老保险省级统筹，持续推进机关事业养老保险制度改革，健全城乡居民养老保险缴费激励机制。加大部门结转资金与年度预算的统筹力度，对于预计结转资金规模较大的项目，不再安排或减少预算安排。三是继续清理整合专项资金。取消政策到期、预定目标实现等已无必要继续实施的专项，及时调整无法完成目标、执行严重滞后等绩效低下的专项，切实整合政策目标相似、资金投入方向类同、资金管理方式相近的专项，进一步压缩专项资金项目数量。

（四）进一步强化政府债务管理，坚决防控债务风险

一是严格落实规范管理要求。按照中央下达的政府债务限额，组织做好新增政府债务限额分配，按程序将债务收支纳入预算管理，严格将地方政府债务还本、付息资金列入预算，强化预算约束。继续推进专项债券管理改革，建立健全地方政府债券项目库，管好用好专项债券资金，坚持“资金跟项目走”，优化投向结构，提高使用效益。支持做好专项债券项目配套融资工作，依法合规推进重大项目融资。二是防范化解政府债务风险。督促各地落实债务化解方案，严格落实化债计划，采取有力措施化解存量债务特别是隐性债务。加强对债务风险较高的市、县（区）的化债指导，以点带面，推动全省化债工作。坚决遏制隐性债务增量，严禁违法违规举债融资行为，对发现的违法违规举债融资行为，按照终身问责、倒查责任的要求，依法依规实施问责。三是注重加强风险监测预警。强化全口径债务动态监测管理，完善政府债务风险预警提示通报机制，启动隐性债务风险等级通报制度。针对不同风险等级精准施策，特别是对列入债务风险红色等级的少量市、县（区），建立主要领导亲自抓化债工作的机制，逐步降低债务风险指标，积极稳妥防范化解债务风险。

（五）进一步筑牢法治意识，推进依法行政依法理财

一是深入推进财政法治建设。牢固树立预算法治意识，硬化预算执行约束，严格执行省人大批准的预算，从严控制预算调剂事项。严格执行预决算公开相关规定，主动接受社会监督。二是依法行使财政监督职能。深入贯彻执行《福建省行政执法条例》，严格规范执法监督检查、审理等程序，推进“双随机一公开”。持续加强对脱贫攻坚、预决算公开、地方政府债务和财政专项资金等领域财政政策执行情况监督，加大违法行为惩处力度。三是不断提高依法监管水平。坚持“制度创新＋科技创新”，积极推进财政核心业务一体化系统建设，整合预算编制、预算执行、决算、绩效管理等业务环节，通过运用现代信息技术，实现各级财政部门对预算管理的动态反映和有效控制，促进建立全面规范透明、标准科学、约束有力的预算制度。

（六）进一步提升自觉接受监督的意识，支持和配合人大依法开展预算审查监督

一是切实履行报告工作制度。认真贯彻执行省人大及其常委会有关预算决算的决议，严格落实向省人大常委会报告预算执行、政府债务管理、国有资产管理情况等。二是持续改进预算执行管理。进一步贯彻落实中央及省委关于人大预算审查监督重点向支出预算和政策拓展改革精神，提高支出预算和政策的科学性有效性。紧紧围绕贯彻落实党中央、国务院重大决策部署和省委、省政府的工作要求，结合省人大代表和人民群众普遍关心的热点难点问题、审计查出的突出问题、制约事业发展的关键问题等，不断完善支出预算和政策。三是加强服务代表委员工作。充分研究吸纳代表委员的意见和建议，在加强日常沟通交流、优化预算报告和草案编制、提高建议提案办理质量、解决代表委员关注的实际问题等方面下更大功夫。

各位代表，新的一年，我们将更加紧密地团结在以习近平同志为核心的党中央周围，以习近平新时代中国特色社会主义思想为指导，在省委和省政府的领导下，自觉接受省人大的监督指导，虚心听取省政协的意见建议，坚定信心、艰苦奋斗，开拓进取、攻坚克难，扎实做好财政各项工作，为加快新时代新福建建设，全面建成小康社会和“十三五”规划圆满收官作出更大贡献。

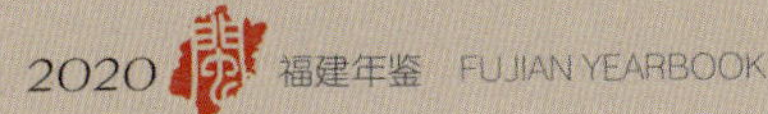

索引

说　　明

一、本索引为内容分析索引

二、本索引按汉语拼音字母（同音字按声调）顺序排列。

三、每一词条后的数字表示该词条所在页码；页数后字母 A、B、C 分别表示所在页码的左、中、右栏。

四、本卷中“特载”“八闽关注”“大事记”“统计资料”及“附录”，不列入本索引检索范围。

1～9

H

J

K

N

P

Q